U0916138

中国铁建年鉴

CHINA RAILWAY CONSTRUCTION CORPORATION LIMITED YEARBOOK

2018

《中国铁建年鉴》编委会 编

图书在版编目（CIP）数据

中国铁建年鉴. 2018 / 《中国铁建年鉴》编委会编.

—北京：中国经济出版社，2019.7

ISBN 978-7-5136-5751-8

Ⅰ. ①中… Ⅱ. ①中… Ⅲ. ①铁路工程-中国-2018-年鉴 Ⅳ. ① F532.3-54

中国版本图书馆CIP数据核字（2019）第133418号

中国铁建年鉴（2018）

责任编辑：李祥柱　李玄璇

责任印制：马小宾

出版发行：中国经济出版社

承　　印：北京富泰印刷有限责任公司

经　　销：各地新华书店

开　　本：787mm × 1092 mm　1/16

印　　张：50

插页印张：3

字　　数：1800千字

版　　次：2019年7月第1版

印　　次：2019年7月第1次印刷

定　　价：300.00元

广告经营许可证：京西工商广字第8179号

中国经济出版社　**网址** www.econmyph.com　**社址** 北京市西城区百万庄北街3号　**邮编** 100037

本版图书如存在印装质量问题，请与本社发行中心联系调换（联系电话：010-68330607）

《中国铁建年鉴》编委会

编　辑　工　作　人　员

编辑说明

一、《中国铁建年鉴》是一部概览中国铁建系统各方面情况的综合性、资料性工具书，1993年创刊，本期年鉴为第26卷。全书全面、系统地反映2017年度中国铁建的基本概貌、改革发展、施工生产、经营管理、科技教育、党群工作等方面取得的新成果、新经验以及重要活动信息。

二、本年鉴记载时间跨为2017年1月1日—12月31日，内容采用文章、条目、图片、表格等表现形式。年鉴体例采用分类编辑法，全书由类目、分目、条目3个层次组成，个别类目如“工程施工”“党的工作”，为表述清楚设次分目。本期年鉴增设区域经营机构类目，共计17个类目，类目下设分目90个、次分目51个、条目1638条、表格100份、文章9篇。

三、本年鉴注重图片资料收录，以彩页和压题、补白的形式编录，力求全书图文并茂地反映企业的发展历程。

四、本年鉴稿件由中国铁建总部机关各部门及所属各单位提供，并经其主管领导审核把关。年鉴文章、条目、图表中涉及的一些数据，是不同口径、不同渠道提供的，如有矛盾之处，应以经营计划和财务部门提供的数据为准。

五、本年鉴根据行文实际需要，单位名称全称和简称并用。

六、本年鉴卷首有详细的目录，卷末有按汉语拼音顺序排列的主题分析索引，文中所有信息均可由目录、索引、书眉检索。

七、本年鉴坚持“质量第一、读者第一、服务第一”的宗旨，篇幅适当、内容丰满、信息密集、数据详实，且数据信息图表化，注重实用功能和数据对比分析，为读者了解、认识、研究中国铁建提供真实可靠、可鉴、可用的翔实资料。从年鉴内容到格式均按《编辑出版法规手册》等有关规定进行规范。为进一步提高编纂质量，诚盼读者提出宝贵意见。

八、《中国铁建年鉴》的编辑出版，得到中国版协年鉴工作委员会、中国经济出版社和兄弟单位的指导、帮助，得到中国铁建系统各级领导、部门的关心、支持，得到各单位史志工作者的密切配合，我们在此一并致谢。

2017年5月12日，越南国家主席陈大光（右）在钓鱼台国宾馆亲切会见中国铁建董事长、党委书记孟凤朝（左）。图为越南国家主席陈大光与孟凤朝亲切交谈。（焦 洋 摄）

2017年5月13日，埃塞俄比亚总理海尔马里亚姆·德萨莱尼在北京千禧酒店亲切会见中国铁建总裁庄尚标。图为埃塞俄比亚总理海尔马里亚姆（右）与庄尚标（左）合影留念。（李志远 摄）

中国铁建大桥工程局、中铁二十局集团有限公司参建的上瑞国道主干线湖南省邵阳至怀化高速公路工程获第14届中国土木工程詹天佑奖。

（马宏远 提供）

中铁十一局、中铁二十三局、中铁二十四局集团有限公司参建的上海市轨道交通16号线工程获第14届中国土木工程詹天佑奖。（林海斌 摄）

中铁第一勘察设计院、中铁十一局、中国铁建大桥工程局、中铁十九局、中铁建设、中铁第五勘察设计院集团有限公司参建的新建铁路哈尔滨至大连铁路客运专线工程获第14届中国土木工程詹天佑奖。

（李 辉 摄）

中铁十一局集团有限公司承建，中铁第四勘察设计院集团有限公司设计的武汉至广州铁路客运专线新建武汉动车段工程获第14届中国土木工程詹天佑奖。（徐云华 摄）

中铁十七局集团有限公司参建的郑州东站工程获第14届中国土木工程詹天佑奖。（卫建胜 提供）

中铁十二局、中铁十五局集团有限公司参建的深圳地铁2号线工程获第14届中国土木工程詹天佑奖。图为中铁十二局集团有限公司承建的新秀站。（张亮木 提供）

中铁第四勘察设计院集团有限公司设计，中铁十二局集团有限公司参建的广深港高速铁路狮子洋隧道工程获第14届中国土木工程詹天佑奖。（张启山 摄）

中铁十六局集团有限公司参建的福建省泉州至三明高速公路工程获第14届中国土木工程詹天佑奖。（冯 爽 提供）

中铁十八局、中铁第五勘察设计院集团有限公司参建的北京地铁15号线工程获第14届中国土木工程詹天佑奖。图为中铁十八局集团有限公司承建的国展车站。（王会堂 摄）

中铁十四局集团有限公司承建的武汉市轨道交通8号线一期土建3标段（越江隧道）工程获全国建筑业创新技术应用示范工程。

（曹 茜 提供）

中铁十八局集团有限公司承建的滨海新区交通Z4线一期工程土建施工2合同段工程获全国建筑业创新技术应用示范工程。 （宋健明 摄）

中铁十二局集团有限公司承建的新建蒙西至华中铁路煤运通道工程汾河特大桥工程获全国建筑业创新技术应用示范工程。 （张亮术 提供）

中铁十七局集团有限公司承建的太原市妇幼保健院迁建工程获全国建筑业创新技术应用示范工程。（岳永秀 提供）

中铁十八局集团有限公司承建的厦门第二西通道（海沧海底隧道）工程获全国建筑业创新技术应用示范工程。（王会堂 摄）

中铁十六局集团有限公司承建的昌赣客运专线赣州赣江特大桥工程获全国建筑业创新技术应用示范工程。（冯 爽 提供）

中国铁建大桥工程局集团有限公司承建的重庆轨道环线鹅公岩轨道专用桥工程获全国建筑业创新技术应用示范工程。（李仕兵 摄）

中铁建设集团有限公司承建的北京通州区运河核心区Ⅷ-10～Ⅷ-12地块综合体工程获全国建筑业创新技术应用示范工程。

（章 梅 提供）

中铁城建集团有限公司承建的内蒙古冰上运动训练中心建设项目——大道速滑馆工程获全国建筑业创新技术应用示范工程。

（贾鸣慧 提供）

2017年9月28日，中国铁建与中国银河金控在北京签署协议，共同设立“铁建银河‘一带一路’基金”。
（陈 聪 摄）

2017年6月14日，中国铁建与成都市人民政府“十三五”战略合作框架协议签约仪式在成都举行。（王博成 摄）

2017年9月25日，中国铁建与中国进出口银行在北京签署战略合作协议。
（陈 聪 摄）

2017年12月12日，中国铁建与山西省人民政府签署战略合作协议。（范仁保 摄）

2017年11月29日，中国铁建重工集团有限公司与长沙经开区管委会签署合作协议，将投资100亿元在长沙建设全球领先、品种齐全的新型轨道交通装备产业园。（陈海燕 提供）

2017年6月6日，中国铁建国际集团有限公司与法国SYSTRA公司签订合作协议。（姚林博 摄）

中铁十八局集团有限公司承建，中铁十五局集团有限公司参建的沙特南北铁路CTW200标段工程获2017年度中国建设工程鲁班奖（国家优质工程）。

（王会堂 摄）

中铁十四局集团有限公司承建，中铁十四局集团隧道公司、大盾构公司、电气化公司、北京中铁房山桥梁公司、四公司、建筑公司参建的扬州市瘦西湖隧道工程获2017年度中国建设工程鲁班奖（国家优质工程）。

（曹 茜 提供）

中铁十六局、中铁十四局集团有限公司承建，中铁十六局集团北京轨道交通工程建设公司参建的杭州市紫之隧道（紫金港路—之江路）工程获2017年度中国建设工程鲁班奖（国家优质工程）。

（冯 爽 提供）

中铁十九局集团六公司承建的河南鹤壁鹤淇电厂“上大压小”新建工程获2017年度中国建设工程鲁班奖（国家优质工程）。（侯云峰 提供）

中铁十二局集团有限公司及其二公司参建的乐昌至广州高速公路大瑶山1号隧道工程获2017年度中国建设工程鲁班奖（国家优质工程）。（张亮术 提供）

中铁建设集团有限公司承建，中铁十一局集团有限公司、中铁建设集团设备安装公司、北京中铁装饰公司参建的合肥枢纽南环线合肥南站工程获2017年度中国建设工程鲁班奖（国家优质工程）。（田 菲 提供）

中铁建设集团有限公司承建的中国人寿研发中心一期工程获2017年度中国建设工程鲁班奖（国家优质工程）。

（田 菲 提供）

中国土木工程集团有限公司承建，中铁二十四局、中国铁建电气化局集团有限公司参建的尼日利亚铁路现代化项目阿布贾至卡杜纳段工程获2017年度中国建设工程鲁班奖（国家优质工程）。

（赵 亮 摄）

中铁十二局集团三公司承建的中国文昌航天发射场工程获2017年度国家优质工程金质奖。

（张亮术 提供）

中铁上海设计院集团有限公司勘察设计，西安铁一院工程咨询监理公司监理，中铁十八局、十一局、十六局和中国铁建大桥工程局集团有限公司参建的南昌轨道交通1号线一期工程获2017年度国家优质工程金质奖。　（徐云华　摄）

中铁十一局、十九局集团有限公司施工总承包，中铁第四勘察设计院集团有限公司设计，中铁十一局集团有限公司及其一公司、四公司、五公司、六公司、桥梁公司，中铁十九局集团六公司、中铁十八局集团有限公司、中铁二十四局集团有限公司参建的新建合肥至福州客运专线（闽赣段）I、II标段综合工程获2017年度国家优质工程奖。（金　伟　摄）

中国铁建电气化局集团有限公司、中铁二十一局集团电务电化公司施工总承包，中铁第一勘察设计院集团有限公司设计，北京铁城建设监理公司、甘肃铁一院工程监理公司监理，中国铁建电气化局集团南方公司、一公司、三公司参建的新建兰新铁路第二双线（新疆段）“四电”集成工程获2017年度国家优质工程奖。　（白树江　摄）

中铁第一勘察设计院集团有限公司设计的新建西安至宝鸡铁路客运专线咸阳西立交特大桥工程获2017年度国家优质工程奖。

（张孟桥 摄）

中铁十一局集团有限公司施工总承包，中铁第四勘察设计院集团有限公司设计，中铁十一局集团三公司、五公司、桥梁公司参建的新建杭州至长沙铁路客运专线义乌东特大桥工程获2017年度国家优质工程奖。 （徐云华 提供）

中铁二十一局集团有限公司施工总承包，中铁第一勘察设计院集团有限公司设计，中铁二十一局集团三公司参建的新建拉萨至日喀则铁路宗嘎1号隧道工程获2017年度国家优质工程奖。

（郝正荣 摄）

中铁十一局集团有限公司施工总承包，中铁第四勘察设计院集团有限公司设计，中铁十一局集团四公司、三公司参建的新建武汉至黄石城际铁路余家湾上行特大桥工程获2017年度国家优质工程奖。

（李秀杰 摄）

中铁十七局集团有限公司施工总承包，中铁十七局集团建筑公司参建的吉林市人民大剧院工程获2017年度国家优质工程奖。（岳永秀 提供）

中铁十七局、中铁建设集团有限公司施工总承包，中铁十七局集团电气化公司、上海轨道交通公司、建筑公司，中铁建设集团设备安装公司、北京中铁装饰公司参建的宁波站改建工程获2017年度国家优质工程奖。

（陈 盼 提供）

中铁第四勘察设计院集团有限公司设计，北京铁城建设监理公司、铁四院（湖北）工程监理咨询公司监理的新建杭州至长沙铁路客运专线“四电”系统集成及相关工程获2017年度国家优质工程奖。（张启山 摄）

中铁十九局、十一局集团有限公司施工总承包，中铁第一勘察设计院集团有限公司设计，中铁十九局集团一公司、五公司、六公司、矿业投资公司和中铁十一局集团三公司参建的新建兰新铁路第二双线张掖至红柳河段站前工程疏勒河特大桥获2017年度国家优质工程奖。（王 健摄）

中铁十八局集团有限公司施工总承包，中铁第四勘察设计院集团有限公司设计，中铁十八局集团五公司、四公司参建的新建向塘至莆田铁路建宁隧道工程获2017年度国家优质工程奖。（李长生 摄）

中铁第四勘察设计院集团有限公司设计，铁四院（湖北）工程监理咨询公司监理的新建杭州至长沙铁路客运专线江西段电力、牵引供电系统集成、防灾安全监控及相关工程获2017年度国家优质工程奖。（张启山 摄）

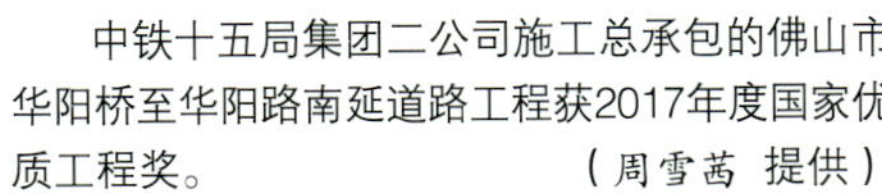

中铁十五局集团二公司施工总承包的佛山市华阳桥至华阳路南延道路工程获2017年度国家优质工程奖。（周雪茜 提供）

中铁第四勘察设计院集团有限公司沪昆客运专线杭长段建设指挥部设计的沪昆铁路杭长客运专线浙江段Ⅰ标段工程获2017年度国家优质工程奖。（欧 威 摄）

中铁二十二局集团有限公司施工总承包，中铁二十二局集团哈尔滨铁路建设集团公司参建的哈齐客运专线松花江特大桥工程获2017年度国家优质工程奖。

（王智海 摄）

中铁十九局集团一公司参建的重庆至长沙高速公路武隆至水江段白云隧道工程获2017年度国家优质工程奖。（丁 爽 提供）

中铁城建集团有限公司施工总承包，中铁第一勘察设计院集团有限公司设计，中铁城建集团三公司，中铁二十二局集团有限公司及其电气化公司、哈尔滨铁路建设集团公司参建的哈尔滨铁路集装箱中心站工程获2017年度国家优质工程奖。

（李怀志 提供）

中铁建设集团有限公司施工总承包，中铁建设集团北京中铁装饰公司、设备安装公司参建的海口市第二办公区C区公安局警务指挥中心工程获2017年度国家优质工程奖。

（田　菲　提供）

中铁二十局集团一公司参建的苏州市中环快速路高新区段（312国道—玉山路南）工程获2017年度国家优质工程奖。　（王　婷　提供）

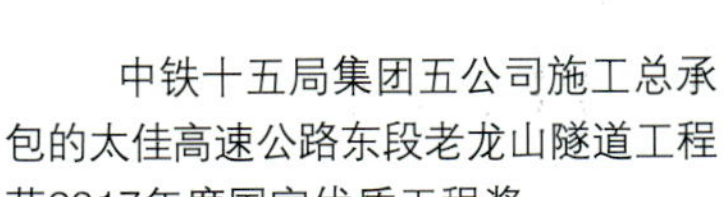

中铁十五局集团五公司施工总承包的太佳高速公路东段老龙山隧道工程获2017年度国家优质工程奖。

（郑良凡　提供）

中铁十六局集团有限公司施工总承包，中铁十六局集团五公司参建的曹妃甸工业区甸头立交桥工程获2017年度国家优质工程奖。

（冯　爽　提供）

中铁十八局集团二公司承建的南通市东快速路高架桥工程获2017年度国家优质工程奖。

（丁　迪　摄）

中铁十一局集团有限公司施工总承包，中铁第四勘察设计院集团有限公司设计，中铁十一局集团六公司、建筑安装公司、电务公司参建的中国高速铁路培训院工程获2017年度国家优质工程奖。

（徐云华　提供）

中铁十八局集团有限公司及其二公司、中铁十一局集团有限公司参建的西安至铜川高速公路工程获2017年度国家优质工程奖。图为中铁十八局集团二公司承建的西铜高速赵氏河大桥。（丁 迪 摄）

中铁十二局集团有限公司施工总承包，中铁第五勘察设计院集团有限公司设计，中铁十二局集团二公司参建的新建大准至朔黄铁路联络线工程朔州隧道工程获2017年度国家优质工程奖。

（张亮术 提供）

中铁十九局集团三公司参建的泗县至宿州高速公路工程获2017年度国家优质工程奖。（冯小宁 提供）

中铁第一勘察设计院集团有限公司设计，北京铁城建设监理公司监理的新建兰新铁路第二双线张掖至红柳河段站前工程西店村2号特大桥工程获2017年度国家优质工程奖。

（姜宁宁 提供）

中铁十四局集团有限公司施工总承包，中铁十二局集团有限公司及其四公司、中铁十四局集团五公司参建的青岛至兰州公路（宁夏境）东山坡至毛家沟高速公路六盘山隧道工程获2017年度国家优质工程奖。

（曹 茜 提供）

中铁第一勘察设计院集团有限公司设计，北京铁城建设监理公司监理的新建兰新铁路第二双线西宁至大通段站前工程西宁隧道工程获2017年度国家优质工程奖。

（姜宁宁 提供）

中铁二十三局集团一公司参建的福银高速九江长江公路大桥工程获2017年度国家优质工程奖。

（邓东林 提供）

中铁建设集团有限公司施工总承包的中国华能集团人才创新创业基地（实验楼B座、后勤服务中心）工程获2017年度国家优质工程奖。

（张丽平 摄）

中铁第四勘察设计院集团有限公司设计的金华至温州铁路扩能改造工程站前工程JWSG-Ⅳ标段油竹隧道工程获2017年度国家优质工程奖。

（杨 剑 提供）

中铁二十二局集团五公司参建的兰州至海口高速公路广元至南充段工程获2017年度国家优质工程奖。（华建宇 摄）

中铁第四勘察设计院集团有限公司设计，中铁建设集团有限公司承建的新建云桂铁路引入昆明枢纽昆明南站站房工程获第12届第2批中国钢结构金奖。（陈 静摄）

中国土木工程集团有限公司承建的澳门熊猫馆建造工程屋面钢结构及ETFE膜天幕工程获第12届第2批中国钢结构金奖。图为澳门熊猫馆正面全貌。（孙湛云 提供）

中铁城建集团有限公司承建的包头万郡大都城二期2标段住宅小区钢结构工程获第12届第2批中国钢结构金奖。（秦班超 摄）

中铁十七局集团有限公司承建的大同市北环路御河桥钢结构工程获第12届第2批中国钢结构金奖。（罗平政 摄）

中铁城建集团有限公司承建的唐山勒泰中心1标段8号裙房AB区钢结构工程获第12届第2批中国钢结构金奖。（贾鸣慧 提供）

2017年9月29日，中铁第一勘察设计院集团有限公司总体设计，中铁十一局、十二局集团有限公司，中国铁建大桥工程局和中铁十六局、十八局、十九局、二十一局及中国铁建电气化局集团有限公司等单位参建的兰渝铁路开通运营。（张亮术 提供）

中铁十二局集团有限公司承建的西成高速铁路得利隧道工程。
（张亮术 提供）

2017年6月21日，中铁二十二局集团有限公司承建的成昆铁路复线花龙门至彭山段铁路双线自动闭塞开通，并实现通车。图为一列货车通过成昆铁路复线成峨段岷江桥，图左边是运营了47年的成昆铁路岷江桥。
（孔祥文 摄）

2017年6月30日，中铁十四局、二十一局集团有限公司等单位参建的天津大北环铁路工程正式开通运营。图为中铁二十一局集团六公司承建的津保铁路津保山岭子站。

（方 兴摄）

2017年9月21日，中铁第四勘察设计院集团有限公司设计，中铁十一局、十八局、二十四局及中铁城建集团有限公司等单位参建的武九高速铁路开通运营。（江 涛 提供）

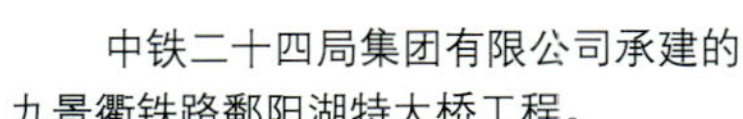

中铁二十四局集团有限公司承建的九景衢铁路鄱阳湖特大桥工程。

（黄 殖 提供）

中铁十二局集团有限公司与中国铁建电气化局集团有限公司联合施工的兰渝铁路“四电”工程。图为中铁十二局集团有限公司承建的柔性钢棚洞内的接触网。（杨茂森 摄）

中铁二十五局集团四公司承建的南昆铁路南百增建二线马村特大桥工程。（吴盛洋 摄）

中铁十八局集团建筑安装公司承建的京沈高速铁路沈阳北动车检修库工程。（张建国 摄）

中国铁建大桥工程局集团有限公司承建的长白铁路跨珲乌高速特大桥工程。（李仕兵 摄）

中国铁建电气化局集团三公司承建的北屯至阿勒泰铁路“四电”工程。图为阿勒泰站灯柱。（刘增光 提供）

中铁十五局集团有限公司承建的杭黄高速铁路北村特大桥工程。（王立栋 摄）

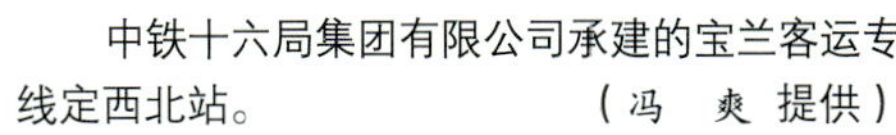

中铁十六局集团有限公司承建的宝兰客运专线定西北站。（冯 爽 提供）

中铁十九集团有限公司承建的兰渝铁路胡麻岭隧道工程。（张振宇 提供）

中国铁建大桥工程局集团有限公司承建的全运会重点工程——天津外环津汉路立交桥主线通车。图为建成通车后的天津外环津汉路立交桥。

（李仕兵 摄）

中铁十七局集团四公司承建的国道349泽当至贡嘎机场段工程。（岳永秀 提供）

中铁十一局集团四公司参建的山西原神高速公路神池特大桥工程。（肖 帆 摄）

中铁十二局集团有限公司承建的“海上丝绸之路核心区”福建省厦门市海沧区马青路新建高架桥工程。（武 羽 摄）

中铁十五局集团城建公司承建的广东揭（阳）惠（来）高速公路湖心枢纽互通工程。

（常万陶 提供）

中铁十七局集团四公司承建的亚洲首座双塔双索面预应力混凝土边主梁斜拉桥——广西壮族自治区贵港市青云大桥工程。

（张 鹏 摄）

中铁二十三局集团有限公司承建的厦门至沙县高速公路工程。（邓东林 提供）

中铁十六局集团五公司承建的永宁黄河公路大桥工程。（许鹏健 摄）

中铁十五局集团二公司承建的东昌高速公路丰城南枢纽工程建成通车。（冯 浩 摄）

中铁二十局集团有限公司承建的简蒲高速公路成渝铁路跨线桥工程。（唐晶晶 提供）

中铁十二局集团一公司承建的西安渭河左岸高陵泾河口堤防交通桥工程。（武 羽 摄）

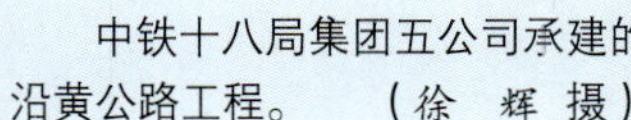

中铁十八局集团五公司承建的沿黄公路工程。（徐 辉 摄）

中国政府援助，中铁十四局集团有限公司承建的尼泊尔国家武警学院项目。（曹 茜 提供）

中铁十九局集团有限公司承建的塔吉克斯坦瓦亚铁路工程。图为总统专列进入典礼现场。（侯 莹 提供）

中国土木工程集团埃塞俄比亚公司承建和运营管理的阿瓦萨工业园项目。（杨源源 提供）

中铁二十一局集团国际公司建设的巴基斯坦萨希瓦尔燃煤电站铁路专用线工程。图为首列火车进厂情景。（汤庆雷 提供）

中铁十七局集团有限公司参建的中国援巴基斯坦国道公路网修复项目。图为车辆行驶在该项目修复开通的N35公路上。（周福荣 摄）

中铁十五局集团有限公司承建的全长9.142千米的坦桑尼亚基隆贝罗桥工程。（赵向国 摄）

中铁建设集团有限公司承建的唐山香格里拉大酒店工程获北京市安装工程优质奖。 （田 菲 提供）

中铁城建集团有限公司承建的湖南湘西土家族苗族自治州文化体育会展中心。 （杜进才 摄）

中铁二十二局集团四公司承建的贵州茅台酒厂新建厂区工程。 （李明伦 提供）

中铁建设集团有限公司承建的中铁创业大厦获北京市安装工程优质奖。 （田 菲 提供）

中铁十八局集团轨道公司承建的北京地铁16号线农大南路站获北京市市政基础设施长城杯金质奖。图为洋溢着“中国风”的农大南路站。

（伍 振 摄）

中铁建昆仑投资集团有限公司代表中国铁建投资建设的成都首条地铁机场专线——地铁10号线一期开通试运营。（刘建伟 摄）

中铁第四勘察设计院集团有限公司总体设计的苏州地铁4号线及支线正式开通试运营。图为苏州地铁4号线松陵车辆段鸟瞰图。

（邵 澎 提供）

2017年1月14日，国产首台最小直径敞开式岩石隧道掘进机（TBM）在湖南长沙中国铁建重工集团有限公司成功下线。 （陈海燕 提供）

中国铁建研制的“中原一号”盾构机开挖直径12.81米，是中国首台铁路双线大直径盾构机。图为“中原一号”盾构机在河南郑州豫机城际铁路中铁十六局集团有限公司管段施工。

（成海忠 摄）

2017年8月，中铁十四局集团北京房山桥梁公司参与研发制造的全国首台“抹面机器人”在济南地铁项目部正式投入使用。 （曹 茜 提供）

中铁第一勘察设计院集团有限公司总体设计的兰新高速铁路获国际咨询工程师联合会（FIDIC菲迪克）2017年度杰出项目奖。（张孟桥 摄）

中铁第四勘察设计院集团有限公司设计的佛山西站工程。（张启山 摄）

2017年12月6日，中铁第一勘察设计院集团有限公司勘察设计的西成高速铁路开通运营。（张孟桥 摄）

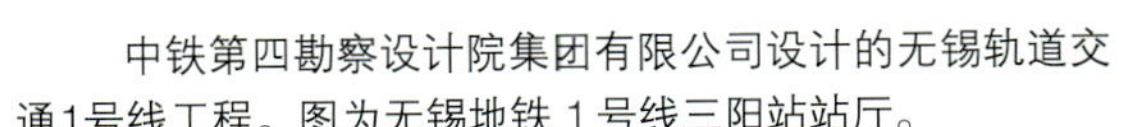

中铁第四勘察设计院集团有限公司设计的无锡轨道交通1号线工程。图为无锡地铁 1 号线三阳站站厅。（欧 威 摄）

中铁城建集团有限公司承建的铁五院办公楼工程。（马会会 提供）

中国铁建房地产集团华南有限公司开发的南宁·江湾山语城洋房。（何洛锋 摄）

中铁城建集团有限公司承建的成都铁建广场项目。（马会会 提供）

中铁建设集团房地产公司开发的大连中国铁建·国滨苑项目。（赵文崧 摄）

2017年4月30日，中铁建昆仑投资集团有限公司首个以银企合作模式实施的市政工程项目——成都市元华路神仙树立交桥正式开通试运行。图为神仙树高架工程。

（邓 军 摄）

中铁城建集团有限公司承建的中国铁建PPP项目——张家港香山花苑安置房项目。图为全部竣工的张家港香山花苑安置房。

（黄国江 摄）

2017年12月29日，中国铁建投资集团有限公司和中铁第一勘察设计院集团有限公司组成联合体投资的BOT项目——广西资源（梅溪）至兴安高速公路开通运营。图为资兴高速公路杨家湾大桥。

（郭天红 摄）

2017年12月8日，中国铁建"不忘初心，牢记使命"主题演讲比赛10名获奖选手在总部机关汇报展演。图为中国铁建领导班子成员与10名获奖选手合影。

（赵桂军 摄）

中铁二十三局集团有限公司为使新入职的毕业生传承铁道兵的优良传统，在岗前培训中增加了军训科目。图为新员工在中国铁建与中铁二十三局旗帜下敬礼。

（马鹏飞 摄）

2017年7月6日，中铁十九局集团有限公司团委举办"干好在建工程，青年冲锋在前"主题演讲。

（戴宝瑞 摄）

中铁二十局集团莫桑比克公司为那米亚罗（Namialo）政府免费修建压水井，供当地村民饮水使用。

（符妮娜 提供）

2017年6月24日5时45分左右，四川省阿坝藏族羌族自治州茂县叠溪镇新磨村新村组富贵山突发山体高位垮塌。灾害发生后，中国铁建以最快的速度抢险救援。图为中铁十六局集团二公司成兰二期项目参与抢险救援。

（冯 爽 提供）

中铁十九局集团有限公司党委为定点扶贫对象张家口市尚义县下马圈乡南朝碾村建立“中铁十九局爱心书屋”。图为村里的学生在“爱心书屋”查阅学习资料。

（张修竹 摄）

目录

特载

大事记

2017 年中国铁建大事记

概况

2017 年中国铁建发展概况

董事会工作

2017 年中国铁建董事会工作

工程施工

工程管理

铁路工程

·京张铁路及崇礼铁路·

·蒙华铁路·

·京沈铁路客运专线·

·成贵铁路·

·郑万铁路·

海外经营 境外工程

经营管理

企业管理

经营计划

房地产开发与监管

资本运营与管理

财务管理

综合管理

机关政务　行政事务

人力资源

信息化建设

科技管理

党的工作

综合工作

组　　织

团委工作

所属单位

中国土木工程集团有限公司

中铁十一局集团有限公司

中铁十九局集团有限公司

中铁二十局集团有限公司

中铁二十一局集团有限公司

中铁建设集团有限公司

中国铁建电气化局集团有限公司

中国铁建港航局集团有限公司

中国铁建房地产集团有限公司

中铁城建集团有限公司

中国铁建投资集团有限公司

中国铁建财务有限公司

区域经营机构

人　物

模范人物

逝世人物

统计资料

文献辑要

附　录

索　引

2018 年 2 月 2 日,中国铁建二届三次职工代表大会暨 2018 年工作会议在中国铁建大厦召开。(范少文 摄)

特　载

定位高质量　展示新作为
以坚定的新发展理念迈向新时代新征程

——党委书记、董事长孟凤朝在中国铁建党委一届二次全体会议上的工作报告

（摘　要）

（2018年2月1日）

一、2017年党委工作回顾

2017年，股份公司党委认真贯彻落实党的十九大精神，以习近平新时代中国特色社会主义思想为指导，认真履行全面从严治党主体责任，充分发挥各级党组织的领导核心和政治核心作用，助推企业市场经营成果丰硕，施工生产有序可控，改革创新走向纵深，转型升级进展加快，基础建设全面加强。

（一）强化思想武装，深入学习宣传贯彻党的十九大精神

1. 坚持领导带头，迅速行动。党的十九大召开后，股份公司党委高度重视，精心组织，周密部署，迅速在全系统掀起学习宣传贯彻热潮。党委班子成员率先垂范，先学一步、学深一层，深入基层联系点和所在支部讲十九大专题党课，充分发挥以上率下的示范带领作用。所属各级党组织也以高度的政治自觉、思想自觉和行动自觉，发挥党组织学习的辐射引领作用。

2. 坚持创新方式，全员覆盖。通过党委理论学习中心组、专题教育培训、专家辅导讲座、手机报、微信等方式，深入推进学习教育。组织开展党委书记宣讲十九大、书法比赛、演讲比赛、与老外共话十九大"四大主题活动"，在党校举办3期党员领导干部培训班，邀请国内知名专家学者和股份公司领导做专题讲座，深入解读十九大精神。所属各级党组织积极开展十九大精神宣讲进机关、进项目、进班组、进岗位、进宿舍。股份公司党委组成5个督导组对全系统宣讲情况进行督查，确保宣讲全覆盖。

3. 坚持注重实效，推动发展。股份公司党委主动把改革发展新的战略考量和路径措施，调整到十九大精神的要求上来，聚焦建设具有全球竞争力的世界一流企业，重点抓好管党治党、战略规划、深化改革等9个方面工作。所属各级党组织坚持问题导向，坚持务求实效，把解决转型升级、基础管理、作风建设等问题，作为学习十九大精神的切入点和落脚点，党员干部的学习力较好地转化成企业的发展力。

（二）注重政治引领，党对企业的领导作用充分发挥

1. 健全党委发挥领导作用的体制机制。年内股份公司党委召开总公司第三次（股份公司第一次）党代会，所属30家二级单位党委按期换届。全系统集中开展《公司章程》修订工作，把党对企业的政治、思想、组织领导和党组织的职责权限、机构设置、运行机制、基础保障等内容写进章程，明确企业党组织研究讨论"三重一大"的前置程序，明晰党委会、董事会、监事会、经理层等治理结构的权责边界，保证党组织有效参与企业决策。全年股份公司党委召开常委会31次，涉及议题123项。其中，学习习近平新时代中国特色社会主义思想、贯彻党中央重要决策部署、研究从严管党治党、制定发展规划等重大决策74项，重要干部任免15项，重要机构、部门撤并、安全生产和大额资金使用14项，确保中央大政方针和企业重大决策落到实处。

2. 严格落实全国国有企业党的建设工作会议精

神。股份公司党委成立专项工作领导小组，召开专题会议研究讨论贯彻落实的具体措施，明确职责分工，层层压实责任，限定完成时限，确保4个方面28项任务落地落实。所属各单位党委积极行动，扎实推进，企业党的建设得到全面加强。

3. 深入开展“两学一做“学习教育。股份公司党委常委带头落实联系点制度，带头以普通党员身份参加所在党支部专题组织生活会，参加联系点的组织生活会和民主评议党员。各级党委分别派出督导组深入所属单位指导开展学习教育，全年全系统8000多个党支部召开专题组织生活会，开展民主评议党员工作。贯彻中央和国资委党委关于“两学一做”学习教育常态化制度化要求，各级党组织围绕生产经营中心，开展丰富多彩的学习教育活动，引导全体党员在改革发展中建功立业，发挥先锋模范作用。

（三）抓住“三个基本”，党建基础工作得到夯实

1.“四个同步”“四个对接”得到落实。各级党组织认真贯彻落实习近平总书记在全国国有企业党的建设工作会议上的讲话精神，把坚持党的领导作为深化国有企业改革必须坚守的政治方向和政治原则，坚持党的建设与企业改革同步谋划、党的组织及工作机构同步设置、党组织负责人及党务工作人员同步配备、党的工作同步开展，实现体制对接、机制对接、制度对接和工作对接，充分发挥党委的领导作用、基层党支部的战斗堡垒作用和广大党员的先锋模范作用。

2. 党建工作责任制趋于完备。各级党组织层层签订党建工作责任书，建立起一级抓一级，层层抓落实的党建工作责任体系。认真开展党建工作量化考核，抓好党委书记抓党建工作述职评议，建立考核结果与“四好”领导班子评比和经营绩效奖金兑现挂钩的机制，从根本上解决管党治党责任不明确、不落实、不追究的问题。

3. 基层党组织建设持续加强。举办基层党支部书记集中轮训试点班，召开党支部建设工作现场推进会，逐级开展党支部建设工作情况督查，对十八大以来党支部建设工作情况进行系统全面梳理，总结经验，查找问题，及时整改，切实加强基层支部建设。股份公司党委统一部署，各单位全面自查，对部分单位重点抽查，推动完善党建机构，配备党务力量，保障党建工作经费。积极调研和探索海外党建工作模式，制定《关于加强境外单位党建工作的指导意见》，为开展海外党建工作提供了明确的规范和依据。

（四）坚持党管干部，干部人才队伍不断优化

1. 进一步完善管理体制，优化制度程序。落实“干部人事管理和基层党建一个部门抓”的要求，将原人力资源部（党委干部部）中的部分干部管理职能调整到党委组织部。建立起以《领导人员管理规定》为主，《领导人员选拔任用事项动议酝酿办法》等8个办法为辅的领导人员管理体系，从制度上对选人用人进行全面规范。按照“对党忠诚、勇于创新、治企有方、兴企有为、清正廉洁”20字要求选拔领导人员，在考察中坚持做到“五凡五必”，即：干部档案凡提必审，个人有关事项报告凡提必核，纪检监察部门意见凡提必听，反映违规违纪问题线索具体、有可查性的信访举报凡提必查，新选拔干部廉洁从业凡提必备。

2. 加大调整配备力度，努力打造“四铁”干部队伍。抓好领导人员选拔使用，认真做好年度综合考核评价，全面、客观、科学地掌握所属单位领导班子和领导人员的德才表现。年内对31家二级单位进行后备干部初步人选推荐，形成领导人员后备人才库的动态管理。持续加强所属单位领导班子建设，全年调整补充46个次领导班子，先后提拔、调整161人次。积极探索选聘所属单位领导人员方式，在全系统公开遴选总会计师6名，通过委托推荐方式选拔副总经理2名，对其中1名采取市场化选聘、契约化管理。

3. 加强日常管理监督，提升队伍纯洁性和战斗力。年内对股份公司管理的干部个人事项报告进行随机抽取和重点抽查，对出现漏报、瞒报人员进行函询、处理。加强备案管理，对所属二级单位副处以上干部和项目经理跨集团调动进行审查，办理批复手续45批次、134人次。做好领导人员兼职管理工作，开展全系统违规经商办企业专项治理、领导人员亲属在本单位工作情况排查，加强领导人员因私出国（境）管理。修订印发《教育培训管理》等制度办法，规范人力资源管理工作。加强专家队伍和高技能人才队伍建设，人才素质结构不断优化。

（五）围绕中心工作，宣传思想工作成效斐然

1. 构筑思想建设阵地，企业凝聚力日益增强。广泛开展专题形势宣传教育活动，夯实企业发展的思想基础。加强意识形态管控，完善责任链条，确保意识形态领域安全，有关做法在国资委专题会议上作经验交流。积极推动精神文明建设，系统内5家单位新增为全国文明单位。评选表彰第二届“永远的铁道兵杯”十大楷模和第五届中国铁建“十佳道德模范”。“背着父亲建高铁”的90后祁建光，荣获第六届全国道德模范提名奖；全国“三八红旗手标兵”关改玉以新时代“工匠精神”在全国引起强烈反响。各单位不断创新道德讲堂形式内容，在弘扬道德、凝聚人心、团队建设等方面发挥巨大作用。

2. 构筑全媒体传播平台，企业形象日益优化。中国铁建的精彩故事在国内外高端主流媒体平台上得到高频率、大篇幅、多形式、立体化的传播，中央主流媒体刊播1120条，其中央视新闻联播播出63条，极大提升了企业的社会形象和广大干部职工的信心。《中国铁道建筑报》紧紧围绕企业发展中心工作，不断加大党建工作、深化改革、提质增效、“一带一路”建设、科技创新等宣传力度，提升思想引领、讲好铁建故事，为企业全面发展提供强大的舆论支持。所属各单位完善舆情处置体制机制，及时回应关切，有效引导舆论，营造良好外部环境。

3. 构筑企业文化高地，企业软实力日益强大。制定企业文化建设“十三五”规划。首次评选出“十大品牌”和企业文化建设示范基地，优秀企业文化的示范引领作用更加凸显。传承铁道兵精神，发挥铁道兵纪念馆的作用，全年接待团体400多个，参观人数近3万人。大路美术群体持续在社会上创造亮点，有力提升了企业文化品味。

（六）落实“两个责任”，党风廉政建设扎实推进

1. 强化履职担当，“两个责任”落实落细。通过层层签订《党风廉政建设责任书》，明确工作重点和内容，一级抓一级、逐级抓落实。班子成员积极落实一岗双责要求，抓好分管领域和部门的管党治党工作，年终向党委报告履责情况，倒逼“两个责任”有效落实。实现二级单位班子成员集体谈话和纪委书记约谈全覆盖。启动纪委书记履职专项考核工作，出台《贯彻落实〈中国共产党问责条例〉实施办法》。

2. 驰而不息贯彻中央八项规定，“四风”问题得到有效遏制。股份公司党委带头落实中央八项规定精神，紧盯领导人员、关键岗位等重点对象，紧盯节假日等重要时间节点，一个节点一个节点抓，一个问题一个问题解决，带动作风整体转变。各级纪委把“四风”问题作为巡视监督和执纪审查的重点，2017年查处违反中央八项规定精神问题23起，通报曝光23起，处理人员34人，其中党政纪处分27人，不断巩固拓展落实中央八项规定精神成果，推动企业风气向好向善。

3. 用好巡视利剑，震慑遏制的治本作用得到进一步彰显。深化政治巡视、聚焦“三大问题”，认真组织开展对11家单位党组织的巡视；开展专项巡视，推进专项治理，实现对所属单位巡视全覆盖。坚决落实国资委党委关于巡视整改的部署要求，跟踪督办2016年巡视“回头看”整改情况；全面启动巡视整改自查自纠，抓好问题整改，得到国资委党委充分肯定。

4. 持续高压反腐，“不敢腐”的威慑作用得到进一步发挥。党委支持纪委加大监督执纪问责力度，坚持有腐必反、有贪必肃，有效遏制腐败蔓延势头。纪委落实线索具体、必查必核原则，着力查处职工群众反映强烈的突出问题、审计和巡视移交的问题线索、亏损项目背后隐藏的腐败问题等。2017年党政纪处分1692人，刑事处理22人，挽回经济损失1.5亿元。

5. 加强制度建设，“不能腐”的氛围逐渐形成。成立规章制度专项整改工作领导小组，针对审计、巡视发现的普遍性、典型性问题，对现行规章制度进行“立改废”。出台《建立容错纠错机制的实施办法》等6项制度；修订《职工违纪违规处分暂行规定》，不断扎紧制度笼子，“不能腐”的氛围逐渐形成。

（七）服务职工群众，统战群团工作活力迸发

1. 群团组织服务生产经营迈出新步伐。积极组织开展技术比武、技能竞赛活动，组织首届盾构机操作手大赛。劳动竞赛与生产经营中心结合更加紧密，劳模创新工作室创建全面展开，弘扬劳模精神、工匠精神形成风尚。2017年全系统有1家单位获得全国五一劳动奖状，7人获得全国五一劳动奖章，9个集体获得全国工人先锋号。团委大力组织“创新发展，青年当先”主题实践活动，开展创建“青年文明号”，组建“青年突击队”，开展中国铁建第八届“十大杰出青年”“十佳青年技术能手”评选活动。全年有11个青年集体和1名青年受到团中央的表彰;1名青年被国资委党委评为“中央企业十大青年先锋”;23个青年集体和17名青年受到中央企业团工委的表彰。

2. 权益维护和民主管理工作取得新进步。全年所属各二三级单位职代会实现召开率100%,民主管理工作日趋深化。普遍开展民主评议领导干部、职工代表巡视等活动,企务公开工作逐步向项目物资采购、外部劳务录用等拓展,公开内容逐步向职工关心的热点、难点和敏感问题延伸,广大职工的知情权、表达权、参与权、监督权得到有效落实。

3. 服务职工群众和团员青年展现新作为。股份公司各级工会持续加大建家建线投入,基层一线的工作生活条件全面改善,职工文体活动不断丰富。认真做好送温暖工作,积极推进精准帮扶,着重解决职工婚恋交友困难等问题。不断增强女职工自我保护意识,切实维护女职工合法权益。团委开展“团组织就在我身边”帮扶行动,开展“导师带徒”活动,从生活和工作上帮助青年成长成才。2017年,股份公司党委和有关单位认真贯彻落实精准扶贫、精准脱贫基本方略,遵循“真心扶贫、精准扶贫、共赢扶贫、创新扶贫、干净扶贫”理念,精准发力,聚力攻坚,定点扶贫和援青援藏援疆工作成效显著,获得“2017年度中国上市公司精准扶贫优秀案例”和“青海省扶贫工作先进单位”等多项荣誉。参与多米尼克飓风救援、九寨沟抗震抢险等突发事件,展示中央企业的责任与担当,受到党和国家领导人的表扬。深化国家安全教育,提高职工国家安全意识,防控海外人员资产风险,得到北京市有关部门的充分肯定。保密工作坚持多措并举,全年无失、泄密事件发生,在中央企业保密评价工作中,获得国务院国资委“2016年度保密工作标杆企业”称号。全面推进法治铁建建设,为保障企业实现稳中求进、依法合规科学发展发挥积极作用。做好统战工作,加强与各党派、各阶层联系。落实老干部政策待遇和改进服务管理,进一步发挥老干部的独特优势和积极作用。扎实开展信访维稳工作,抓好对各类事件的及时处置处理,不断化解矛盾,凝聚人心,汇集起做强做优做大中国铁建的强大动力。

二、站在时代新起点,开启筑梦新征程

党的十九大的胜利召开,意味着走过96年不平凡道路的中国共产党,开启了属于新时代的伟大征程。面对新时代新要求,中国铁建要有新气象新作为。要准确把握习近平新时代中国特色社会主义思想的深刻内涵,切实把思想和行动统一到党中央对当前形势的科学判断和重大决策部署上来,全面从严治党,深化企业改革,着力科技创新,不断推动企业实现更高质量的发展。

(一)十九大提出的新号召、新要求、新指引,需要中国铁建在推进企业改革、实现高质量发展中,焕发新气象、展示新作为

(二)实现企业做强做优做大的“铁建梦想”,需要中国铁建在推进党的建设新的伟大工程中,担当新使命、迈向新征程

(三)企业内不平衡、不充分发展的现状,需要中国铁建在自我革新、奋发图强中,开拓新思路、创造新辉煌

三、2018年党委主要任务

2018年,股份公司党委工作主要思路是:以全面贯彻落实党的十九大精神为主线,以习近平新时代中国特色社会主义思想为统领,认真贯彻落实全国国有企业党的建设工作会议、中央经济工作会议、中央企业地方国资委负责人会议精神,坚持稳中求进工作总基调,坚持新发展理念,按照高质量发展要求,深入推进“中央企业党建质量提升年”,统筹抓好基层党组织建设、领导班子建设、干部人才队伍建设、宣传思想文化工作、党风廉政建设和反腐败工作及群团工作,为把中国铁建建设成为具有全球竞争力的高价值的综合建筑产业集团提供坚强的思想保证、政治保证和组织保证。

(一)面向新征程,坚持高站位学习贯彻十九大精神

1. 要坚持带着感情学,学出忠诚来。牢固树立政治意识、大局意识、核心意识、看齐意识,在思想上政治上行动上同以习近平总书记为核心的党中央保持高度一致,自觉增强对习近平总书记的政治认同、思想认同、感情认同,始终拥戴核心、维护核心、紧跟核心,坚决做到对以习近平总书记为核心的党中央绝对忠诚,始终成为中国共产党关键时刻听指挥、拉得出,危急关头冲得上、打得赢的基本队伍。

2. 要坚持带着信念学，学出自信来。坚定道路自信、理论自信、制度自信、文化自信。增强搞好企业的信心和决心，按照“培育具有全球竞争力的世界一流企业”的要求，坚定做好“六种角色”，即：做“一带一路”建设的先锋队，做交通强国的主力军，做智能制造的特种兵，做新型轨道交通的探索者，做国际交往的和平使者，做加强党建工作的践行者。

3. 要坚持带着使命学，学出担当来。不断强化敢于担当的精神和勇气，不断增强善于担当的能力和本领，真正把功夫下到察实情、出实招、办实事、求实效上，聚焦党建和改革发展重点难点问题，聚焦工作中存在的差距和不足，增强风险和忧患意识，在难题面前敢闯敢试，在矛盾面前敢抓敢管，推动各项工作取得新的成绩，推动企业实现更高质量的发展。

（二）站在新起点，锻造高质量执企兴业能力

1. 充分发挥党的领导作用，全面落实中央和上级部署。要把政治建设放在首位，严明政治纪律和政治规矩，严肃党内政治生活，在政治立场、政治方向、政治原则、政治道路上坚定同以习近平总书记为核心的党中央保持高度一致，任何情况下都要做到政治信仰不变、政治立场不移、政治方向不偏。要充分发挥各级党组织的积极性、主动性、创造性，把企业改革发展中热点难点作为党建工作的重点，把保证和促进企业改革发展、提高生产经营成效作为党建工作的出发点和落脚点，确保党中央的重大战略和决策部署不折不扣落到实处。

2. 加强领导班子建设，增强谋划全局的能力。把加强“四好班子”建设作为推动高质量发展的“龙头”工程，着力在提高整体素质、发挥核心作用上下功夫，进一步增强各级班子的感召力、创造力和执行力。要提高领导人员的素质。要增强领导班子的执企能力。要发挥班子的整体功能。

3. 全面落实责任，加大考核力度。要落实《中国铁建党建工作责任制实施办法》，强化党建工作考核评价。要把党的建设考核同企业领导班子综合考评、经营业绩考核衔接起来，同企业领导人员任免、薪酬、奖惩挂起钩来。要高扬问责追责利器。

（三）瞄准新目标，强化高水平党建基础工作

1. 健全党建工作机制。按照“四同步”“四对接”要求，大力加强中央企业基层党建的基本组织、基本队伍、基本制度建设。深入开展“不忘初心、牢记使命”主题教育，推进“两学一做”学习教育常态化制度化。

2. 加强党建工作力量。要按照“在中央企业自上而下健全党务工作机构，尽快配齐配强党务工作人员，保证党务干部与经营管理干部同级同酬”的要求，加强企业党务工作力量。

3. 夯实基层党建基础。把基层党组织打造成为宣传党的主张、贯彻党的决定、领导基层治理、团结动员群众、推动改革发展的坚强战斗堡垒。要积极拓展境外党建工作新方式，抓实境外党建组织体系、制度体系基础，推行境外支部工作标准化、规范化，使海外党组织成为“走出去”的堡垒。要发挥榜样的示范作用，在全系统范围内命名第二批“示范党支部”。做好各项日常基础工作。

（四）展示新作为，打造高素质干部人才队伍

1. 坚持党管干部原则，建设高素质干部队伍。健全党管干部、党管人才工作体制机制，严格执行民主集中制，严格规范动议提名、组织考察、讨论决定等程序，保证党对干部人事工作的领导权和对重要干部的管理权。积极推进竞争性、市场化选聘领导干部。完善干部考核评价机制，建立激励机制和容错纠错机制。

2. 狠抓人才队伍建设，奠定企业兴盛之基。进一步打造规模适度、素质优良、专业匹配、结构合理、高端引领的人才队伍。进一步优化人才布局，逐步提升新兴产业板块和海外板块的人才占比。优化人员招聘机制，加大高层次人才和紧缺型人才的引进力度。

3. 加强跟踪培养力度，持续提升队伍素质。制定有针对性的领导干部总体培养方案。要进一步加强员工培训体系和轮岗制度的建设，提高人才使用效能。动态调整领导干部后备库。要构建海外人才培训体系。要实施高层次人才储备与跟踪管理，建立长效培训机制，持续抓好高端人才培训。

（五）彰显新形象，提升高品位思想文化内涵

1. 宣传思想要占据新高地。要以学习宣传贯彻习近平新时代中国特色社会主义思想为主线，深入贯彻落实党的十九大精神。要以党委理论学习中心组为龙头，做好党中央、国务院、国资委、股份公司等重要会议精神的学习宣传工作。要落实意识形态工作责任制。要全面推进精神文明建设。组织开展首都(省部级)文明单位和全国文明单位创建工作。要开展形势任务教育。要开展政研课题研究工作。要加强典型选树。

2. 新闻舆论要展示新风采。要传播铁建好声音,围绕企业重点人物、重要事件、重大项目,组织中央主流媒体开展正面宣传。做好《中国铁道建筑报》的编辑、出版、发行工作。要持续创新推进官方新媒体建设。要强化舆情监测研判处置工作。

3. 企业文化要激发新活力。要围绕铁道兵成立70周年,开展系列纪念活动。要开展纪念股改上市10周年系列活动。开展企业文化巡查活动。开展企业文化——诚信之"契约意识"督查活动。做好铁道兵纪念馆参观接待、设备维护与场馆管理工作。高质量办好第十八届大路画展。

(六)形成新风尚,构筑高标准反腐倡廉体系

1. 坚持以党的政治建设为统领,坚决维护党中央权威和集中统一领导。要把党的政治建设摆在首位。严格执行《新形势下党内政治生活的若干准则》。要强化党内监督,自觉同违反党章、破坏党的纪律、危害党中央集中领导和团结统一的言行作斗争。

2. 锲而不舍落实中央八项规定精神,坚决反对"四风"。以钉钉子精神驰而不息纠正"四风"。要把贯彻落实中央八项规定精神、改进作风与企业文化建设结合起来。要加强监督执纪问责,严肃查处"四风"问题。

3. 全面加强纪律建设,用严明纪律管党治党。要敢抓敢管,严格执纪,使纪律真正成为带电的高压线。要把握运用好"四种形态"。着力巩固完善制度体系建设。2018年要完成公司本级的廉洁风险排查,完善廉洁风险防控手册。制定《工程项目廉洁风险防控指导意见》和《境外资产廉洁风险防控指导意见》。

4. 深化标本兼治,夺取反腐败斗争压倒性胜利。推进巡视巡察向纵深发展。要严肃查处违纪违规行为。持续加大整治基层项目上的不正之风和群众身边的腐败问题力度。

(七)适应新形势,构建高层次群团工作格局

1. 坚持主体地位,强化民主管理。发挥好工会组织联系职工的桥梁作用,提高职代会召开质量,落实工资集体协商制度。完善帮扶救助体系,加大送温暖、送清凉、金秋助学、团组织关爱行动的工作力度。

2. 落实依靠方针,激发创业活力。进一步做实劳动竞赛品牌。全面推进劳模创新工作室工作。大力弘扬劳模精神、工匠精神。发挥好共青团组织的助手作用。

3. 强化服务职能,凝聚职工群众。扩大精准帮扶、个性服务的对象范围,让职工群众共享发展成果。以"我与企业共发展"主题活动为载体,帮助青年成长成才。

各单位要继续做好扶贫开发工作,落实精准扶贫、精准脱贫,开展扶贫领域作风问题专项治理,确保扶贫资金及时到位,扶贫措施有效管用。要关心支持挂职扶贫干部的成长,解决工作中的困难,全面完成中央和地方政府交给的扶贫任务,打赢脱贫攻坚战。要扎实做好保密和国家安全工作,加强教育,健全制度,确保无失泄密事件发生,维护国家安全利益。要全面落实各级企业主要负责人履行法治建设第一责任人职责,全方位发挥法律合规服务和支持保障作用,持续提升依法治企能力水平。要顺应新形势下的统战工作,团结带领全系统内各民主党派人士,汇聚推动企业改革发展的不竭动力。要关心尊重离退休老干部,真心真意为他们办实事、解难事,使他们老有所养、老有所乐、老有所为。

全系统各级党组织和广大党员干部要遵守中央八项规定精神,坚决防止"四风"反弹;要安排好困难职工生活,坚决避免拖欠职工、农民工工资;要做好信访维稳工作,化解各类矛盾,确保社会稳定、企业稳定;要抓好安全生产,坚决杜绝重大安全事故,确保广大干部职工度过一个欢乐祥和的新春佳节。

迈入新时代　展现新作为
奋力谱写中国铁建改革发展新篇章

——董事长、党委书记孟凤朝在中国铁建二届三次职工代表大会暨2018年工作会议上的讲话

(摘　要)

(2018年2月2日)

一、关于2017年工作的总体评价

2017年,在党中央、国务院、国务院国资委的坚强领导下,中国铁建系统各级领导和广大干部员工,面对国内外复杂多变的政治经济形势,全面准确把握战略机遇期内涵的深刻变化,变压力为动力,化机遇为挑战,积极实施"建筑为本、相关多元、协同一体、转型升级"发展战略,以强烈的使命感、责任感、紧迫感,保持定力、开足马力、激发活力、精准发力,以超常的举措、超强的力度、超快的节奏,推动企业改革发展迈上新台阶,各项工作取得较好成绩。

1. 生产经营跃上新台阶。全年新签合同额15083.12亿元,同比增长23.72%;完成营业收入6809.81亿元,同比增长8.21%;实现利润总额212.56亿元,同比增长12.05%;资产总额达到8218.88亿元,同比增加625.42亿元;资产负债率78.26%,同比下降2.16个百分点。安全生产总体平稳,发展的活力、动力和潜能进一步释放,经济运行的质量和效益有新的提升。在最新《财富》世界500强排名第58位,中国企业500强排名第14位,全球最大250家工程承包商排名第3位。

2. 公司治理迈出新步伐。中国铁道建筑总公司改制为中国铁道建筑有限公司,所属7家全民所有制企业完成改制,实现由全民所有制企业向公司制企业转变。完成中国铁建董事会、监事会、经理层的换届工作,进一步修订完善《中国铁道建筑有限公司章程》《股份公司章程》等规章制度。获得"主板优秀董事会""2017年度中国上市公司最受尊敬董事会"等称号。

3. 产业建设取得新成效。"十三五"战略规划顺利实施,专项产业规划和配套政策措施陆续推出。工程承包产业稳中有进,铁路、公路、城轨、房建、市政五大千亿级市场得到巩固。勘察设计板块稳步增长,设计领域不断拓宽。装备制造取得持续突破。高速公路运营里程逐年增加,运营资产初步形成规模。物资物流、金融产业增速明显。

4. 改革发展取得新突破。制定下发《全面深化改革总体方案》《发展混合所有制经济指导意见》,明确改革方向、目标和相关政策措施。供给侧改革深入推进。三项制度改革深入推进。教育培训机构改革有新思路。大集体改革稳步推进,"三供一业"分离移交全面推开。进一步做实区域经营机构,平台公司布局基本完成。"瘦身健体"扎实推进,完成压减法人企业139户,累计压减192户。改革红利和企业活力进一步释放。

5. 科技创新取得新成就。进一步健全科技创新管理体制机制。系统内3个项目分别获得2017年度国家科技进步一等奖和二等奖,获省部级科技进步奖62项,国家级勘察设计奖8项,中国土木工程詹天佑奖10项,授权专利1719件,其中发明专利375件。

6. 外经工作取得新进展。海外经营布局进一步优化,业务范围扩展至世界118个国家或地区,其中在"一带一路"42个国家,实施项目225个。海外风险管控力度加大,及时化解多起经营风险事件,有力保障海外经营的平稳推进。

7.党的建设开创新局面。2017年,中国铁建系统1家单位获全国五一劳动奖状,7人获全国五一劳动奖章,9个集体获全国工人先锋号。11个青年集体和1名青年受到团中央的表彰,23个青年集体和17名青年受到中央企业团工委的表彰。5家单位新增为全国文明单位。

2017年取得的成绩,是习近平新时代中国特色社会主义思想科学指引的结果,是国务院国资委、国资委监事会和中央国家部委正确领导和大力支持指导的结果,是中国铁建总部机关各部门、各层级单位、项目公司、项目部通力协作、密切配合、不断进取的结果,是全系统广大干部职工勇于进取、攻坚克难、奋发作为的结果。

二、以党的十九大精神为指引,全力打造最具价值创造力的综合建筑产业集团

1.深刻领会习近平新时代中国特色社会主义思想,增强推进做强做优做大中国铁建的政治自觉和战略定力。

2.深刻认识制约中国铁建改革发展的主要矛盾,推动中国铁建转入高质量发展轨道。

3.深刻把握中国铁建发展的历史定位,找准做强做优做大中国铁建的着力点。一要推进战略变革,走紧跟融入国家战略的发展道路。具体说,要实现“五个聚焦”:一是聚焦国家政策窗口;二是聚焦“一带一路”;三是聚焦军民融合发展;四是聚焦重点战略区域;五是聚焦绿色环保产业。二要推进质量变革,走转型升级的发展道路。三要推进效率变革,走深度协同的发展道路。四要推动动力变革,走创新驱动的发展道路。

三、关于2018年重点工作

2018年,是深入学习贯彻落实党的十九大精神的开局之年,是决胜全面建成小康社会的关键之年,是实施“十三五”规划承前启后的奋进之年,是纪念铁道兵组建70周年光辉历程的缅怀之年,做好各项重点工作具有重大意义和深远影响。必须精心谋划、精心布局、精准施策、强力推进;必须高度关注把握国内外政治经济形势变化;必须树立强烈忧患意识、危机意识、市场意识、竞争意识、赶超意识;必须统一思想、坚定信心、强力推进。确保世界500强排名有新的提高,确保股份公司下达的目标任务全面完成,确保国资委考核A级排名不掉队。

2018年工作的指导思想是:全面学习贯彻落实党的十九大精神,以习近平新时代中国特色社会主义思想为指导,按照中央经济工作会议和中央企业负责人会议要求,坚持稳中求进总基调,坚持新发展理念,以提升发展质量和价值创造为核心,以推进落实股份公司发展任务为目标,强化改革推动、创新驱动、融合带动,推动产业变革、质量变革、效率变革、动力变革,加快开发新市场、拓展新空间、培育新产业、发展新动能,努力成为具有全球竞争力的最具价值创造力的综合建筑产业集团,为促进国家经济和社会持续健康发展作出新贡献。

重点工作是:

1.抓好十九大精神的学习贯彻落实。

在学懂十九大精神上下功夫,就是要站准政治定位。学习贯彻党的十九大精神,最根本的是学习贯彻习近平新时代中国特色社会主义思想,要深刻领会这一重要思想的历史地位、精神实质和丰富内涵,坚决维护习近平总书记党的领袖、党的核心地位,坚决听从以习近平总书记为核心的党中央指挥和召唤。要把贯彻落实十九大各项重大部署作为检验绝对可靠、绝对忠诚的重要标准,以只争朝夕、时不我待的精神状态,用新的思路、新的举措、新的办法,把十九大精神转化为企业改革发展的生动实践,把习近平总书记擘画的蓝图变为美好现实。

在弄通十九大精神上下功夫,就是要重新武装头脑。要切实增强“四个意识”,牢固树立“四个自信”,准确把握“八个明确”,遵循“十四个坚持”的基本方略,使学习贯彻习近平新时代中国特色社会主义思想的过程,成为提升党性修养、思想境界、道德水平的过程,成为完善工作思路、破解工作难题、提升工作水平的过程,真正把学习贯彻成效转化为做好改革各项工作、推动企业持续发展的强大动力。

在做实十九大精神上下功夫,就是要担当履职奉献。要紧密结合“两学一做”学习教育常态化制度化,以及开展的“不忘初心、牢记使命”主题教育,按照习近平总书记的要求,既要矢志抓发展,又要善于抓发展;既要勇于抓改革,又要善于抓改革;既要敢于直面矛盾和问题,又要善于化解矛盾和问题;既要有想干

事、真干事的自觉，又要有会干事、干成事的干劲，还要有解难题、求实效的本领。带着问题学、盯着问题干，坚持需求导向、问题导向、效果导向，查找和补上短板弱项，拿出推进企业发展实打实的干货，端出一道道硬菜。按照十九大确定的改革发展方向，主导企业在正确道路上前进，用行动诠释忠诚、用担当彰显信仰。

2. 抓好企业深化改革。

要进一步规范集团公司法人治理结构。按照《二级公司董事会规范运作指导意见》，进一步厘清股份公司与集团公司之间，集团公司党委会、董事会、监事会与经理层之间，董事长与总经理之间的关系、权责。按照职数，配齐配强董事会、监事会、经理层人员。按照《股份公司外部董事管理办法》要求，在一定范围内抓紧推进外部董事制度，解决党委会、董事会、经理层人员高度重叠，职责不清，履职不到位等问题，增强董事会决策能力和整体功能。要高度重视外部董事的人选，选对人、选准人。要强化对集团公司董事会规范运作情况的考核评价，并把考核结果与集团公司领导班子绩效考核挂钩。

要深入推进混合所有制改革取得实质进展。要按照股份公司《发展混合所有制经济指导意见》的总体部署，不断总结实践经验，扩大试点范围，拓宽试点领域。通过混合所有制改革，不断增强国有经济活力、控制力、影响力。

要继续推进供给侧结构性改革。按照既定部署，继续在“压、退、治、挖、剥”五个字上下功夫，进一步压缩管理层级、减少法人数量；积极稳妥处置“僵尸企业”和特困企业，建立有进有退、优胜劣汰的市场退出机制；强力整治亏损企业、亏损项目；深挖降本潜力；彻底解决历史遗留问题，剥离处置低效无效资产。

要深入推进三项制度改革。要抓好股份公司下发的机构编制管理办法的落实，合理控制员工总量。建立人员能进能出的长效机制，规范劳动用工管理，畅通员工“出”的通道。深化人事制度改革。进一步完善员工的劳动合同管理及分类管理，明确岗位职责和任职条件，加强和改进覆盖全体员工的综合考核评价，不断拓宽各类人员职业发展通道和交流任职渠道，畅通管理人员“下”的通道。积极推进分配制度改革。强化工资效益联动机制，完善与企业功能定位相适应的工资总额分类调控机制。

3. 抓好海外经营。

要紧跟国家战略。要紧盯多边、双边合作框架下的关键通道、关键节点和重点工程，从国内、国外两个方面综合用力，通过规划引领，做好需求对接、产能承接和项目对接，主动创造一批项目，主动推动一批项目，积极推动一批项目投融资落地，不断开创中国铁建海外经营的新局面。

要提升国际化经营能力。一是增强战略管理能力。二是强化体制机制创新。三是提升并购整合能力。四是培养国际化人才。

要合规经营、防范风险。必须牢固树立依法经营、诚实守信的意识，恪守国际规则和商业信用，严格遵守所在国的法律法规，自觉维护、严格遵守所在国的经济秩序、行业规范，及时足额纳税、重视履行合同，杜绝商业腐败和欺诈行为。同时，必须切实提升风险防控能力，坚决不踩红线，不越底线，不碰高压线。要将项目尽职调查、评估论证作为海外项目风险防控的前置环节，切实做好对潜在的安全、政策法规、经营、财务、税收、环保、工会等各类风险的预防和应对。要进一步完善海外风险管理组织体系与内控制度，加大海外项目的现场管理和过程控制，通过合规管理和内部控制，提前预防、有效降低各类风险。

4. 抓好核心能力建设。

要强化高端经营能力。一要强化高层对接沟通。二要强化核心地域、核心市场。三要强化核心客户管理。四要强化内外协同经营能力。

要强化科技创新能力。建设创新型企业，要掌握一批核心技术。通过科技创新驱动，继续巩固企业在高寒、高原、复杂山区、特殊地质条件下的高速铁路设计、建造核心技术，擦亮“中国高铁”名片；继续巩固扩大TBM、盾构等施工装备设计制造和铁路大型养路机械制造等领域国内领先的优势，紧盯国际领先水平，充分发挥科技创新平台的聚合作用，集中优势资源，实现弯道超车，创造“中国智造”名片；继续保持在高速铁路、水下隧道施工、新型轨道交通等领域的国际领先水平，加强升级换代研究，力争将优势进一步扩大，体现“中国速度”；着眼长远发展，把握世界建筑领域科技发展新趋势，超前部署前沿技术和基础性研究，做好技术储备，在未来发展中占领新的技术制高点，打造“中国品牌”。要造就一批领军人才。汇集全系统科技精英,形成以院士、大师和百千万人才领衔的高端创新团队。要转化一批创新成果,紧紧围绕现场的技术难题,借助科技创新平台,组织科技攻关,扫清现场障碍,取得科技成果,并努力促进成果转化。

要强化资源整合能力。打破行业、地域、身份等等各种壁垒,只要需要,即可联合;只要互补,即可联合;只要双赢,即可联合。中国铁建的发展,既要眼睛向内,善于整合发挥好企业在技术、资金、人才、设备等方面的优势,人尽其才、物尽其用、协同发展、全产业链发展,更要善于整合利用好各种外部资源,优势互补、互利互惠、合作共赢,努力壮大中国铁建的影响力、带动力、聚合力,以有限的资源投入获得更大更好更快的发展。

5. 抓好基础管理。

要千方百计降本增效。要有“大成本”思维,不能局限于传统的成本管控模式,应放宽视野,从更宽领域、更深层次、更新视角和更大力度上提质降本增效。要从战略布局中降成本,从结构优化中降成本,从生产过程中降成本,从人力资源开发中降成本,从资金流中降成本,从物流中降成本,从强化监管中降成本,从加快信息化建设中降成本。

要切实抓好安全生产和质量管控。要始终坚持以安全才能生产、生产必须安全,人命关天、命比天大的理念引领安全生产;始终坚持纵向到底、横向到边,系统建设的思想构建安全生产体系;始终坚持以员工的知识、技能及整体素质的提高保障安全生产;始终坚持强化辨识隐患、预测预防、预控风险;始终坚持着眼长远、抓好当前,标本兼治、重在治本,致力于建立安全发展的长效机制;始终坚持加大安全投入,加大科技创新,优化设计,完善系统,更新装备,增强安全基础保障;始终坚持把追求一流安全作为中国铁建的信仰和价值观,系统建立、总结、推广中国铁建安全文化。

6. 抓好全面从严治党。

突出“加强”和“完善”,坚定不移坚持和加强党的领导。贯彻落实新时代党的建设总要求和重点任务,必须坚持“严”字当头、“实”字托底。管党治党的认识和要求要严;党内政治生活要严;对干部的选拔教育要严;正风肃纪要严;落实管党治党责任要严,不断开创新时代党的建设新局面。

突出“发展”和“中心”,坚持把生产经营作为重中之重。要切实加强重大决策党委前置程序的建设,健全和完善研究改革发展战略、分析经济市场形势、实施重大决策决议的工作机制,提高科学决策、科学管理、依法治企水平。要对照新时代、新要求,展现新气象、实现新作为,在做实上下功夫。把根植改革发展和经营中心不偏离,推动生产经营跃上新台阶,作为各项工作的出发点和落脚点,作为发挥核心作用的试金石和磨刀石。

突出“关键”和“作风”,以永远在路上的韧劲锤炼作风。要深入贯彻落实《中共中央政治局贯彻落实中央八项规定的实施细则》精神,完善修订股份公司有关贯彻落实办法,加强对作风建设各项制度执行情况的监督检查,全面提升总部机关自身建设,严防“四风”回弹返潮。要抓好“关键少数”,坚持领导干部带头转作风,身体力行、以上率下,形成“头雁效应”。要大力发扬真抓实干、求真务实作风,讲真话、察实情、报真数、谋实招、办实事、求实效,确保每一项工作都能落到实处。要聚焦形式主义、官僚主义等突出问题,形式主义、官僚主义新表现值得警惕。

突出“民生”和“共享”,坚持党的依靠方针和宗旨意识。认真践行以员工为中心的发展思想,让改革发展成果更多惠及全体员工。发展中国铁建既要靠企业家,也要全心全意依靠广大职工。要切实解决好职工群众关心关切的实际问题,实现职工群众对社会公平正义的渴求,满足职工群众对过上美好幸福生活的期盼,让企业发展成果更多、更好、更公平、更实在地惠及职工群众。要关注、关心、关爱青年,鼓励青年成长成才,支持青年创新创效。要坚定不移聚焦对口帮扶责任,更追求效率、更追求效益、更追求效果。积极扩大中国铁建友善、包容、爱心,全心全意履行责任、回馈社会、服务公众的良好形象。

确保完成稳增长任务　扎实推进高质量发展 为打造具有全球竞争力的世界一流企业努力奋斗

——总裁庄尚标在中国铁建二届三次职工代表大会暨2018年工作会议上的报告

（摘　要）

（2018年2月2日）

一、2017年工作回顾

2017年是中国铁建稳中求进、改革创新、承上启下的关键一年。一年来，面对巨大压力和严峻挑战，全系统紧密团结在以习近平总书记为核心的党中央周围，在国资委的正确领导下，在国务院监事会的有力监督指导下，凝心聚力，攻坚克难，圆满完成全年总体目标任务，各项工作都取得新的成效。

1. 主要指标稳中有进、稳中向好。在“世界500强”的排名攀升至第58位，在“中国企业500强”排名第14位。

2. 市场经营成果丰硕、再攀新高。狠抓市场经营不放松，科学制订年度计划，压实各级经营责任，强化高端经营对接，加强体制机制建设，加大投资驱动力度，全年国内经营、生产经营、投融资经营新签合同额均再攀新高。一年来，签约企业有史以来最大的总承包项目广州轨道交通18号、22号线，深圳地铁16号线、牡佳铁路、郑许市域铁路、京新高速公路、钦州产业园特色扶贫小镇、非洲第一高楼摩洛哥拉巴特塔、尼日利亚阿布贾城铁二期、斯里兰卡国家医院门诊楼等一大批有影响力的重点项目；成功进入莫斯科地铁市场；自主研制盾构机首次进入台北捷运工程，打破日本长达30年的垄断。全年新获得特级资质26项，实现水利水电、港口与航道特级资质零的突破，全系统特级资质总数达到65项，位居建筑央企首位，为经营提供强大支撑。

3. 施工生产有序推进、总体可控。主要实物工程完成量和重点产品产量保持高位。宝兰、武九、西成、石济客专，兰渝、北阿铁路，简蒲、共玉高速公路，青岛、福州、石家庄、厦门等地有关城轨地铁，青岛港全自动化集装箱码头等重点工程开通运营；世界最大断面公路隧道港珠澳大桥拱北隧道、“国内罕见、世界难题”胡麻岭隧道、博鳌海底隧道等重难点隧道实现贯通；世界最大重量转体斜拉桥菏泽丹阳立交桥正式通车；马来西亚四季酒店顺利封顶，北非最长隧道甘塔斯隧道正式贯通。狠抓安全质量管理，出台一系列规章制度，进一步健全安全质量和项目管理体系。2017年获得中国建设工程鲁班奖8项，国家优质工程奖35项，国家级优秀QC成果170项。

4. 转型升级多方发力、进展加快。大力推进从承包商、建造商向投资商、运营商转型。海外运营服务业务取得重大突破，亚吉铁路正式运营，尼日利亚阿布贾城铁一期和以色列红线轻轨运营合同相继签订；成立国际轨道交通运营公司，为海外运营业务构建专业平台。加快推进结构调整、产业升级。

5. 改革创新力度加大、纵深推进。改革方面：强化改革顶层设计；加大资源整合重组力度，组建中铁建华南建设有限公司、中铁建北部湾建设投资有限公司、中铁建城市建设投资有限公司、中铁建西北投资建设有限公司，重组中铁海峡建设集团有限公司，整合中国铁建重工集团有限公司与中国铁建高新装备股份有限公司组建新中国铁建重工集团有限公司；累计压减法人单位192个；完成总公司和相关企业改制工作；改进绩效考核体系；按照上级要求积极稳妥推进“三供一业”分离移交、“大集体”改革和企业办培训医疗机构改革工作。创新方面：大力加强科技创新，召开科技创新大会，出台一系列制度，明确目标，打通通道，规范管理。2018年获得国家科技进步奖3项，省部级科技进步奖62项，国家级勘察设计奖8项，菲迪克奖4项，省部级勘察设计奖226项，中国土木工程詹天佑奖10项，授权专利1719件。加强经营协同创新、商业模式创新。

6. 提质增效多措并举、富有成效。一是扎实推进责任成本管理和亏损治理,加大亏损追责和成本责任落实力度。二是强力控负债、压“两金”、去库存。三是严控“三项费用”、强化集中管理。

7. 基础建设全面加强、不断巩固。一是扎实推进党的建设。二是大力加强队伍建设。三是有效强化内部监督与管控。四是持续加强文化建设。五是不断强化群团工作。六是着力保障和改善民生。七是认真履行社会责任,卓有成效开展对口扶贫,大量创造就业机会,积极投身四川茂县山体滑坡、阿坝地震等重大灾害救援抢险,特别是在多米尼克人员撤离中,中国铁建不畏艰险,有力组织,并“让其他同胞先撤”,充分彰显铁军本色和铁建担当,受到有关部委和社会舆论的高度赞誉。

2017 年工作取得的成绩为十八大以来的五年画上圆满句号。五年来,中国铁建坚决贯彻党中央、国务院决策部署,认真落实国资委工作要求,较好地履行了经济责任、政治责任和社会责任,结构调整、转型升级、提质增效、改革创新和党的建设、队伍建设、作风建设、文化建设、民生建设等都取得新的成就。

在总结成绩的同时,更要敢于直面问题。从企业总体宏观层面看,问题主要表现在:一是基础基层管理依然薄弱;二是安全质量问题较为突出;三是发展质量不高;四是海外发展与标杆央企的差距加大,亟待打开新局面;五是同质化发展、同质化竞争的现象普遍存在;六是新兴产业、新兴业务发展步伐缓慢、效果不佳;七是一些关键性改革“只喊号子、不迈步子”,“吃大锅饭”现象依然普遍;八是内部协同欠缺;九是职工总量庞大而人才数量不足、结构不尽合理、关键性人才极为短缺;十是执行力不足,制约企业发展。

二、2018 年工作基本要求

2018 年,是贯彻十九大精神的开局之年,是落实“十三五”规划的关键之年,是改革开放 40 周年、铁道兵成立 70 周年、中国铁建股改上市 10 周年。站在新的历史起点,把握新的历史方位,要开启新征程、迈入新时代、展现新作为,必须落实以下 3 点基本要求:

1. 必须认真学习贯彻党的十九大精神,坚持以习近平新时代中国特色社会主义思想为指导。要把学习贯彻党的十九大精神作为 2018 年和今后一个时期的首要政治任务,把思想统一到党的十九大精神上来,把力量凝聚到实现党的十九大确定的目标任务上来,在学懂弄通做实上狠下功夫,既要准确领会、真学真懂,又要全面系统、融会贯通,更要拿出实实在在的举措,狠抓落实,在学习贯彻十九大精神的实践中推动企业转型升级、加快发展。要把习近平新时代中国特色社会主义思想作为当前和今后工作的理论指引和行动指南,牢固树立政治意识、大局意识、核心意识、看齐意识,坚决维护习近平总书记核心地位、维护党中央集中统一领导,在思想上政治上行动上与以习近平同志为核心的党中央保持高度一致,在新时代中国特色社会主义伟大征程中“逢山凿路、遇水架桥”,不畏艰险、再立新功。

2. 必须准确把握企业面临的新形势、新变化,紧跟国家战略,坚定信心,顺势而为、乘势而上。面对新形势、新变化、新机遇、新挑战,一方面要保持战略定力,坚定信心和决心,坚定不移紧跟国家战略,积极投身“一带一路”建设、京津冀协同发展、长江经济带发展,雄安新区、粤港澳大湾区建设,乡村振兴战略,新型城镇化、美丽中国、交通强国、制造强国建设等。另一方面要主动顺应变化,锐意改革创新,勇于自我革命,推动企业发展质量变革、效率变革、动力变革,进行适应性、引领性的机构变革、流程再造、队伍建设,真正跟上乃至引领变化的节奏。

3. 必须深入落实“两个贯穿、五个坚持”基本思路,坚持以确保稳增长和高质量发展为着力方向。“稳增长、高质量”,是在经济发展进入新时代的大背景下,中央企业必须完成的政治任务和经济任务,也是做强做优做大、建设世界一流企业的必然要求。2018 年要在确保稳增长的基础上,扎扎实实推进企业提质增效、沿着高质量发展道路加速前进。

中国铁建各级党政主要领导是完成稳增长任务、推进高质量发展的关键,一定要在状态、有激情、敢担当,勇于挑最重的担子、啃最硬的骨头,把具有标志性、引领性、支柱性的改革发展任务牢牢抓在手上,做到重要工作亲自部署、重大方案亲自把关、关键环节亲自协调、落实情况亲自督查,扑下身子、狠抓落实,盯着抓、反复抓,直到抓出成效,真正把稳增长、高质量的各项工作落到实处。

2018 年工作的总体思路是:坚持以习近平新时代中国特色社会主义思想为指导,认真学习贯彻党的十九大和中央经济工作会议精神,全面落实中央企业、地方国资委负责人会议精神,贯彻新发展理念,深入落实“两个贯穿、五个坚持”的基本思路,坚持质量第一、效益优先,以供给侧结构性改革为主线,拓市场、强管理、提质量、增效益、抓改革、促创新、防风险、夯基础,确保完成稳增长任务,扎实推进高质量发展,加快做强做优做大中国铁建,奋力打造具有全球竞争力的世界一流企业。

三、2018 年重点工作安排

1. 落实“一加四升”,强化目标导向。按照稳增长和高质量的要求,2018 年生产经营指标计划安排的总体原则是“一加四升”,“一加”是“实际 +”,即 2018 年的指标要在2017年的实际完成数上增加;“四升”是提升四个占比,即在巩固工程承包产业、铁路业务、传统市场、国内业务优势的同时,进一步提升非工程承包产业、路外业务、新兴市场和海外业务的占比,持续优化产业与产品结构。

2. 加强市场开拓,提升经营能力。始终坚持市场经营的龙头地位不动摇。一是夯实经营责任。各级主管领导、分管领导、经营团队要进一步强化经营责任担当,原则上各级经营主体责任人、责任单位担负的经营指标在2017年实际完成基础上只增不减。二是优化区域经营。切实加强城市经营、属地经营。三是加大海外经营力度。要稳住心神,狠抓落实,更加注重海外高端经营,紧跟国家战略不放松;更加注重海外区域经营与属地化经营,深度融入区域市场,打造海外经营“四梁八柱”;更加注重项目资金落实,提高海外经营质量。四是加强专业化经营。“一无所优就是一无所有”,要集中力量培育专业优势市场,通过专业化经营赢得差异化竞争优势;要以市场为引领,加快培育一批全国乃至全球的“单项冠军”,支撑企业发展。五是加强经营谋划。聚焦“高端市场、高端业主、高端项目”,创造市场、创造需求、创造项目,提升经营品质。六是加强经营与生产一体化。贯彻“干好在建就是最好的经营”;生产管理、项目管理团队要进一步强化经营责任,树立强烈的“以干促揽、滚动经营”意识,出亮点、创信誉、促经营。

3. 坚决守住底线,平稳推进生产。牢固树立安全发展理念,坚持生命至上、安全第一,百年大计、质量为本,坚决守住安全质量底线。严格落实安全质量责任。持续开展安全质量大反思、大排查、大整改。在守住底线的基础上,巩固安全生产良好形势,不断提升工程质量、产品质量、服务质量。继续大力贯彻工程项目“1234 +”管理思路,重点在“ + ”上下功夫,着力加强精益生产,认真落实实施性施组设计等管理要求,进一步提升生产效率和创誉创效水平。一是提高项目管理效率。二是改进劳务队伍选择与管理。三是在更大范围、以更大力度集中管理和调配生产资源。四是健全施工生产综合监控体系。

4. 坚持“两高三低”,改善经济运行。“两高三低”即:利润总额增幅确保高于营业收入增幅,经营性现金净流量确保高于利润总额,应收客户合同工程款、应收账款、存货、管理费用、财务费用5项指标增幅均确保低于营业收入增幅,销售费用增幅确保低于新签合同额增幅,生产经营性有息负债、资产负债率确保低于2017年。各单位要总体按照这一要求安排2018年的全面预算和有关工作,大力加强责任成本管理,大力推进降本增效,大力提升经济运行质量。2018年要狠抓5个重点:一是狠抓现金流管理,切实增强“现金为王”的意识,把现金流指标作为衡量企业、项目、产业和业务的核心指标;二是降杠杆减负债;三是控支出减费用;四是全面去化库存;五是加强亏损治理。

5. 加快转型升级,培育新增长点。紧跟国家战略,顺应市场变化,摒弃“干一天活挣一天钱”的包工头、打工仔思维,坚持从铁路承包商向综合承包商转变,从承包商、建造商向投资商、运营商、服务商、制造商、集成商转变,加快推进企业转型、产业升级,培育新的经济增长点。一是加快发展环保节能业务。二是稳步发展持有性运营业务。三是加快发展生产性服务业。四是加快发展新型装备与优质工业产品制造业务。五是加快发展军民融合业务。六是大力完善产业链,加快发展装配式建筑、建筑工厂化、砂石骨料开发、装饰装修、机电安装、桥梁钢结构制造、商砼供应等业务。要围绕以上产业升级任务,加快培育专业化发展平台,做强产品、做优服务、做大规模,尽快培育增长新动能。

6. 扎实推进改革,激发发展活力。按照国资国企改革“1 + N”系列文件部署要求,落实《中国铁建全面深化改革总体方案》,在继续稳妥推进混合所有制改革、股权多元化、“三供一业”分离移交、“大集体”问题解决、企业办培训医疗机构改革的同时,扎实有效、有针对性地推进其它相关改革。一是推进“三项制度”改革。建立健全岗位职责管理体系,建立培训待岗和依法解聘机制,畅通优秀员工选拔任用渠道,建立完善与劳动力市场基本适应、与企业经济效益、发展质量和劳动生产率挂钩的工资总额调控机制和正常增长机制。二是推进各级机关“放管服”改革。“放”就是简政放权,“管”就是优化监管,“服”就是强化服务。三是推进内外资源整合。继续开展子分公司压减撤并和专业化、属地化重组,重点撤并“空壳僵尸”、低效无效、设置重叠、规模畸小的子分公司;要强化资本市场策划运作和跨界整合,围绕瓶颈制约、发展急需,坚持风险可控,稳妥推进对外兼并重组,整合外部资源为企业所用。

7. 加强科技创新,支撑引领发展。全面深入贯彻落实中国铁建科技创新大会精神,对会上确定的各项目标任务进行细化分解,确保各项工作落到实处。一是以科技创新引领产业升级。瞄准企业转型目标,集中全系统力量办大事,加大新型装备制造、环保节能、装配式建筑、军民融合等领域的科技研发与技术储备。二是以科技创新支撑平稳高效生产。围绕保安全、保质量、提高生产率,坚持施工生产现场问题导向,全面加强在建项目重难点攻关、一线技术创新、小改小革、万众创新、劳模创新,有针对性地总结成果、经验和教训,做好推广、普及与共享。三是大力加强科技创新平台与团队建设。进一步强化各级总工或技术分管领导的责权利,以加强平台和团队考核管控为着力点,加大做实力度,做到有平台、有团队就要有课题、有成果、有应用、有效益。四是细化落实创新制度。

8. 强化协同融合,增强发展动力。要把握市场规律、坚持市场导向,主要运用市场化手段,推进内外部协同融合,汇聚发展合力,增强发展动力。一是大力开展外部联合。要以开放共享的态度融入经济发展大潮;要稳妥有效推进与大型国有企业的交叉持股;要大力推进与知名企业和铁路局等“大地主”在地产业务上的合作。二是大力加强产融结合。坚持以融促产、以产促融,打通金融这一实体经济发展的血脉。一方面,在严控风险的前提下,广泛开展与外部金融机构的合作;另一方面,内部金融产业单位要坚守服务实体主业的产业金融定位不动摇,强化协同合作,创新服务模式,提升服务能力和质量。三是大力推进产业协同。充分发挥设计院在境内外市场的项目总体总包、交通规划、城市规划等方面的前端优势,建立内部产业联盟和业务联盟,强化内部各级产业单位、专业单位之间的协同,加强沟通交流,汇聚产业力量,提升行业地位。四是加强内部市场协同。五是加强信息智能技术与生产经营管理融合。打造“数字铁建”“智能铁建”。统筹推进智能制造和施工生产智能化,以信息智能技术与主业实体的融合,促进产业升级与效率提升。

9. 加强风险防范,确保平稳发展。牢固树立忧患意识,坚持底线思维,全面防范各类风险,积极投身国家防范化解重大风险攻坚战。一是严明制度规矩。要增强规矩意识,严守制度规定。二是注重事前预防。全面加强重大生产经营项目和投融资、房地产、金融、海外项目的可行性分析与评审工作;坚持有所为、有所不为的经营取向;坚持依法治企、合规管理。三是坚持量力而行。做好资源优化配置、专业技术支撑、人才合理安排等工作。四是强化过程管控。健全各级、各产业、各业务风险监控体系和预警机制。五是加强责任落实。管产业必须防风险、管业务必须控风险,形成风险防控责任的管理闭环。六是做好风险事件处置。要制定务实管用的应急预案,开展必要的应急演练;同时要妥善处置法律纠纷案件。

10. 坚持人才兴企,加强队伍建设。要全面贯彻落实人力资源“十三五”规划,系统推进人才队伍建设。一是加强人才引进。在坚持高标准、高质量引才,提升引才计划性的同时,根据不同地域、不同发展阶段的实际,明确差异化人才招聘的标准和要求。二是切实留住人才。要系统谋划落实事业、感情、待遇留人的措施,把企业的宝贵人才留住。三是有效利用外部人才和非在岗人才资源。坚持“不求所有、但求所用”,挖掘储备、整合利用一批有能力、有责任心、有工作热情的外部专家、内部老专家等方面的人才。四是持续强化人才职业化发展。按照既有通道设计,大力加强技术专家、首席技师队伍建设;强化项目经理职业化发展。五是加强校企合作。加强与有关高校在人才培养、引进、培训等方面的务实合作,探索建立中国铁建国内外人才定向培养、委托培养、助学奖学机制。六是加强青年人才培养。关心、爱护、信任青年,搭台子、压担子、指路子,培养有理想、有本领、有担当的铁建青年一代。七是全面开展立体化教育培训。开展“全员素质提升工程”,建设“学习型铁建”,广泛开展全方位、多层次、大强度、高质量的立体化教育培训。

11. 加强党的建设,改进文化作风。始终坚持党的领导,加强党的建设,进一步加强和改进企业文化建设和队伍作风建设,筑牢“根”与“魂”,凝聚“精气神”。一是推进“两学一做”学习教育常态化制度化,开展“不忘初心、牢记使命”主题教育,深入推进党风廉政建设和反腐败工作,坚决反对“四风”,坚持用习近平新时代中国特色社会主义思想武装公司全体党员。二是继续大力弘扬令行禁止、顽强拼搏的铁道兵精神,爱岗敬业、认真负责的主人翁精神和踏实严谨、精益求精的工匠精神等“三种精神”;继续大力推动企业管理者牢记“六个根本”,以责任担当为立身之本、以求真务实为治企之本、以勤勉敬业为履职之本、以精诚团结为成事之本、以崇德尚学为修身之本、以遵纪守法为律己之本;继续大力开展“除积弊、知荣辱”机关作风建设;大力开展铁建青年“志存高远、脚踏实地”作风教育。三是大力加强正面宣传,通过各种内外平台、文化活动,讲好铁建故事、唱响铁建声音、传播铁建能量,为企业发展提供有力保障。

12. 维护职工权益,建设美好生活。确保按时足额发放职工工资、缴纳“五险两金”,狠抓农民工工资“治欠保支”工作;做好内部帮扶济困和对口扶贫工作,积极投身精准脱贫攻坚战;保障职工健康待遇;落实职工带薪休假制度;切实加强海外员工人身安全保障;充分发挥群团组织桥梁纽带作用,深化和谐企业和幸福家庭建设,认真做好女职工和离退休职工工作;开好各级职工代表大会,健全民主管理制度;对干部政治上激励、工作上支持、待遇上保障、心理上关怀,让职工安心、安身、安业,最大限度地调动广大干部职工积极性、主动性、创造性。

全面贯彻落实党的十九大精神 以习近平新时代中国特色社会主义思想为指导 推动中国铁建全面从严治党向纵深发展

——纪委书记李春德在2018年中国铁建党风廉政建设和反腐败工作会议上的报告

（摘 要）

（2018年2月3日）

会议的主要任务是：深入学习贯彻党的十九大和十九届中央纪委二次全会精神，以习近平新时代中国特色社会主义思想为指导，贯彻落实中央企业党风廉政建设和反腐败工作会议部署，总结2017年党风廉政建设和反腐败工作，分析面临的形势任务，按照股份公司党委一届二次全会的要求，研究部署2018年工作，推动全面从严治党向纵深发展。

一、牢记使命担当、扎实有序推进，党风廉政建设和反腐败工作成效显著

2017年，在中央纪委驻国资委纪检组和股份公司党委的正确领导下，公司纪委紧紧围绕迎接学习宣传贯彻党的十九大这条主线，认真贯彻落实党的十八届六中全会、十八届中央纪委七次全会和全国国企党建会议精神，认真落实国资委党委、驻委纪检组部署要求，全面履行管党治党政治责任，严肃党内政治生活，强化党内监督，聚焦主责主业，突出挺纪在前，深入贯彻落实中央八项规定精神，加大正风肃纪反腐力度，党风廉政建设和反腐败工作不断取得新成效。

（一）注重思想引领，纪律规矩意识明显增强

各级党委按照“两学一做”学习教育常态化制度化要求，组织党员干部认真学习党章党规党纪，系统学习习近平总书记系列重要讲话精神。特别是把学习宣传贯彻党的十九大精神作为首要政治任务，认真组织、扎实推进，持续掀起学习宣传贯彻热潮。各级党委、纪委突出挺纪在前，特别是把严明政治纪律和政治规矩摆在首位，认真组织开好年度民主生活会，用好批评和自我批评武器。坚持正面教育提醒和反面警示教育相结合，开展形式多样的宣传教育活动。通过层层宣传教育，有力营造崇廉拒腐、尚俭戒奢的廉洁从业文化氛围，广大党员干部的纪律观念、规矩意识显著增强。

（二）落实“两个责任”，强化履职担当

股份公司党委制定《党建工作责任制实施办法》，修订完善《党风廉政建设责任书》；股份公司纪委建立纪委书记报告工作、述职述责和纪委书记履职专项考核制度。公司党委班子成员积极抓好分管领域和部门的管党治党工作，年终向党委报告履责情况。年内公司党委书记先后约谈二级单位主管领导136人次，纪委负责人先后约谈119人次；公司纪委先后到13家二级单位、7家三级单位和17个基层项目检查督导工作，与班子成员集体谈话；年中对所有二级单位纪委书记逐一约谈，面对面点评工作、指出问题、提出要求，实现二级单位班子成员集体谈话和纪委书记约谈全覆盖。

（三）保持高压态势，严肃执纪问责

2017年，中国铁建全系统受理来信来访同比增长11%；处置问题线索同比增长59%；初核同比增长133%；立案同比增长28%；结案同比增长25%；给予党政纪处分同比增长5%。积极寻求最高检、最高法、公安部和驻委纪检组的支持，协调、配合司法机关做好有关性质恶劣、影响重大的涉法大案要案侦办工作，坚决惩治腐败，维护国有资产安全。同时，严肃亏损项目问责，坚持失责必问、问责必严。

(四)突出监督重点,强化正风肃纪

各级纪委在重大节假日,通过短信、微信等方式进行廉洁提醒,开展明察暗访、突击检查。组织开展违规公款购买消费高档白酒问题线索集中排查整治,对违纪违规问题严肃处理。年内完成所属二、三级单位领导班子成员违规领取津补贴等费用的清理。对“四风”问题坚持露头就打,严格执纪,不断巩固拓展落实中央八项规定精神成果。各级党委、纪委严把选人用人政治关、廉洁关、形象关,严防“带病提拔”“带病上岗”。全年全系统上下着力规范干部选任和管理,选人用人风气进一步净化。承担扶贫任务的二、三级单位党委、纪委认真做好扶贫领域作风和腐败问题监督检查,压实脱贫攻坚政治责任和社会责任。

(五)提高政治站位,高悬巡视利剑

深化政治巡视,聚焦“三大问题”,公司党委认真组织开展对11家单位党组织的巡视,所属单位有序推进对200家基层党组织的巡察。截至2017年底,公司党委实现对所属单位巡视全覆盖,二级单位党委巡察覆盖面达到一半以上。全系统上下联动,形成巡视巡察监督立体网络格局。公司党委坚决落实国资委党委关于巡视整改的部署和要求,跟踪督办国资委党委2016年巡视“回头看”整改情况,全面启动巡视整改自查自纠工作。针对国家审计移交的问题线索,开展领导人员及其亲属违规经商办企业专项巡视,组织开展全系统违规经商办企业专项治理。

(六)健全规章制度,创新工作机制

针对审计、巡视发现的普遍性、典型性问题,公司党委成立由总会计师、纪委书记任组长的规章制度专项整改工作领导小组,由法律合规部牵头,对现行规章制度进行梳理,查漏补缺,全方位扎紧制度的笼子。公司党委出台《建立容错纠错机制的实施办法》等制度,公司纪委集中力量组织修订《职工违纪违规处分暂行规定》。在强化监督执纪问责的同时,着力加强自身建设。组织开展第二批次二级单位纪委书记备用人选推荐工作;各级纪委加大培训力度,全年培训2695人次,不断提升政治素质和履职能力;同时,加强自身管理和监督。

二、提高政治站位、把握形势任务,始终坚持党风廉政建设和反腐败工作的正确政治方向

党的十九大提出新时代党的建设总要求,对推动全面从严治党向纵深发展作出战略部署。习近平总书记在十九届中央纪委二次全会上发表重要讲话,站在新时代党和国家事业发展全局的高度,深刻阐述党的十九大关于全面从严治党的战略部署,进一步总结党的十八大以来全面从严治党的重要经验,深入分析党面临的风险和挑战,明确提出当前和今后一个时期全面从严治党的总体要求和主要任务。中央企业党风廉政建设和反腐败工作会议明确2018年主要任务和具体要求。中国铁建各级党委、纪委必须紧密联系实际,认真学习、深刻领会,切实把思想和行动统一到中央对党风廉政建设和反腐败斗争形势判断上来,统一到中央对新时代全面从严治党的战略部署上来,以“越是艰险越向前”的英雄气概和“狭路相逢勇者胜”的斗争精神,以永远在路上的韧劲和执着,把“严”字长期坚持下去,一以贯之、坚定不移,重整行装再出发,鼓足干劲开新局。

三、扛起政治责任、狠抓贯彻落实,推动党风廉政建设和反腐败工作取得新成效

2018年党风廉政建设和反腐败工作总体要求是:深入学习贯彻党的十九大和中央纪委二次全会精神,以习近平新时代中国特色社会主义思想为指导,认真贯彻中央企业党风廉政建设和反腐败工作会议部署要求,切实增强“四个意识”,坚定“四个自信”,紧紧围绕坚持和加强党的全面领导,紧紧围绕维护以习近平同志为核心的党中央权威和集中统一领导,全面落实新时代党的建设总要求,坚持以政治建设为统领,严明党的政治纪律和政治规矩,持之以恒贯彻中央八项规定精神,保持惩治腐败高压态势,深入推进巡视巡察工作,全面加强纪律建设,深化标本兼治,推动全面从严治党向纵深发展。

(一)把党的政治建设摆在首位,坚定维护以习近平同志为核心的党中央权威和集中统一领导

各级党委要把党的政治建设摆在首位,以政治建设为统领,旗帜鲜明讲政治。要不断增强“四个意识”,始终保持对党绝对忠诚,坚决维护习近平总书记作为党中央的核心、全党的核心,坚决维护党中央权威和集中统一领导。要严明政治纪律和政治规矩,在政治立场、政治方向、政治原则、政治道路上同以习近平总书记为核心的党中央保持高度一致。要严格执行新形势下党内政治生活若干准则,发展积极健康的党内政治文化,在选人用人中把好政治关、廉洁关、形象关,树立正确用人导向。各级纪委作为党内监督的专责机关,既要带头加强党的政治建设,又要加强监督检查。着重加强对党的十九大精神贯彻落实情况的监督检查,确保党的路线方针政策得到不折不扣贯彻落实。要坚定执行党的政治路线,严格遵守政治纪律和政治规矩,加强对党内政治生活、民主集中制、选人用人、民

主生活会等情况的监督检查，自觉抵制商品交换原则对党内生活的侵蚀，营造风清气正的良好政治生态。

（二）持续巩固拓展，锲而不舍贯彻落实中央八项规定精神

持续整治享乐主义和奢靡之风。紧咬不放、紧盯不松，坚决防止回潮复燃。要紧盯年节假期，严防死守，一寸不让；加大点名道姓通报曝光力度，形成有力震慑；畅通监督举报渠道，充分发挥社会监督作用。大力整治形式主义和官僚主义。要深挖根源，找准“病灶”，抓住典型、严肃查处。要坚决反对特权思想和特权现象，督促党员干部求真务实、埋头苦干、不浮躁、不浮夸，认真开展调查研究，解决突出问题，追求实实在在的工作业绩。不断强化压力传导。要坚持一把手负总责，层层落实责任，切实担负起反对“四风”的政治责任；各级领导人员要自觉向党中央看齐，以身作则、以上率下，形成“头雁效应”。健全作风建设长效机制。对照中央八项规定实施细则，制定完善本单位贯彻落实办法，针对制度执行过程中出现的问题，抓紧细化配套措施，明确执行标准。

（三）突出政治定位，推进巡视巡察向纵深发展

不断深化政治巡视。要坚决贯彻落实巡视工作条例，深化政治巡视，在政治高度上突出党的全面领导，在政治要求上抓住党的建设，在政治定位上聚焦全面从严治党。紧盯被巡视党组织的政治立场和政治生态，着力发现形式主义、官僚主义问题。全面启动新一届党委巡视全覆盖工作。建立完善上下联动的巡视巡察监督网，形成上下联动的工作机制。深化巡视巡察成果运用。各级党委要落实巡视巡察整改主体责任，加大整改力度，坚决做到条条整改、件件落实，对整改不力的要严肃问责。

（四）突出挺纪在前，全面加强党的纪律建设

加强纪律教育。各级党委、纪委要积极开展经常性纪律教育，使纪律意识内化于心、外化于行。要加大反面典型警示教育力度。强化纪律执行。突出“严”字当头，强化日常监督执纪，加大对违反“六大纪律”的查处力度，重点强化政治纪律和组织纪律，带动廉洁纪律、群众纪律、工作纪律和生活纪律立起来、严起来、执行到位。深化运用监督执纪“四种形态”。坚持抓早抓小、防微杜渐；做好分类处置，把握好各形态之间的转换条件和要求；更加注重执纪审查的综合效果，综合考虑保护国有资产安全、打击惩治腐败、惩前毖后等多方因素，实现惩治极少数、教育大多数的目的，激发和保护干部干事创业的积极性。

（五）保持高压态势，强化“不敢腐”的震慑

各级党委、纪委要以坚如磐石的决心，坚持无禁区、全覆盖、零容忍，坚持重遏制、强高压、长震慑，严肃查处违纪违规行为。要进一步突出惩治重点，把“三类人”作为重中之重。进一步做好违规经商办企业专项治理有关问题的处理。继续抓好亏损项目和重大安全质量事故责任追究。下大力气加强境外廉洁风险防控，规范境外单位的权力运行，加大境外资产监管和惩治腐败力度。认真组织开展扶贫领域腐败和作风问题专项治理，加强监督检查，为打赢脱贫攻坚战提供纪律保证。各级纪委要提升主动发现问题的能力，围绕惩治重点和职工群众关切，着力查处一批反面典型，严肃执纪问责，形成强大震慑。

（六）扎紧制度笼子，构建“不能腐”的体制机制

完善制度体系。各级各单位要针对发现的问题，查找制度漏洞和空白，深入剖析原因，举一反三，有针对性地建章立制，建立健全行权履职约束制度，扎紧“不能腐”的笼子。全面启动廉洁风险防控建设。整合监督资源。建立完善党风廉政建设和反腐败联席会议制度，整合财务审计、组织人事、法律合规、物资设备等监督资源，加强部门间的沟通联系、信息共享、协调配合，发挥好职工监督、舆论监督的作用，形成“大监督”格局。落实好“三重一大”决策制度。

（七）层层传导压力，落实落细全面从严治党责任

各级党委要切实履行主体责任。党委书记要把第一责任抓在手上、扛在肩上，敢抓敢管、常抓常管。完善党委领导反腐败工作、全力领导和支持纪委履行监督责任的工作体制、决策机制及实施举措，逐级压实责任。要认真贯彻公司党委出台的《贯彻落实〈中国共产党问责条例〉实施办法》，以强力问责倒逼责任落实。各级纪委要有效履行监督责任。认真落实“三为主”要求，增强纪委监督的独立性、权威性和有效性。持续深化“三转”，聚焦主责主业。

打铁必须自身硬。广大纪检监察干部要带头学习贯彻习近平新时代中国特色社会主义思想，永葆政治本色，坚决做到对党忠诚、政治过硬。各级纪委要继续加大分层次培训力度，不断提升纪检监察干部履职能力。2018 年为“纪检基础工作全面提升年”，不断夯实基础工作，提升工作规范化水平。要严明作风和纪律，按照信任不能代替监督的要求，加强对纪检干部的教育、管理和监督，切实做到忠诚坚定、担当尽责、遵纪守法、清正廉洁。

2017 年 3 月 31 日，中国共产党中国铁道建筑总公司党员代表大会在北京召开。（赵渊青 摄）

大 事 记

2017 年中国铁建大事记

1 月

▲5 日 国有重点大型企业监事会主席潘良一行在中国铁建总会计师、总法律顾问王秀明等陪同下，到中国铁建海南片区调研。

▲5 日 中国铁建总裁庄尚标等 55 家中央企业负责人参加在天津市举行的天津市与中央企业落实京津冀协同发展战略恳谈会。天津市委书记李鸿忠，国务院国资委主任肖亚庆出席会议并讲话。

▲5 日 中国铁建党委副书记、总裁庄尚标在中铁十八局集团有限公司机关主持召开中国铁建 2016 年党员领导干部民主生活会征求意见座谈会，听取中国铁建天津片区 14 家单位 18 名党员、干部和群众的意见和建议。中国铁建党委组织部负责人等参加座谈会。

▲6 日 中国铁建董事长、党委书记孟凤朝在乌鲁木齐市会见新疆维吾尔自治区党委书记、新疆生产建设兵团党委第一书记、第一政委陈全国，自治区党委副书记、自治区主席雪克来提・扎克尔等，双方就进一步加强全方位深度合作、加快推进新疆丝绸之路经济带核心区建设进行友好交流，达成广泛共识。中国铁建副总裁夏国斌参加会见。

▲6 日 中国铁建工会微信公众号——“中国铁建职工 E 家”正式上线，同步开通的还有职工电子书屋。

▲6 日 中国铁建所属中铁十一局集团有限公司、中国铁建大桥工程局集团有限公司、中铁十七局集团有限公司等单位参建的福建首条地铁——福州地铁 1 号线(一期)全线试运营。

▲6 日 《中国铁道建筑报》在第 12 届中国传媒大会上被授予“金长城传媒奖・2016 中国十大专业报”。

▲9 日 中国铁建所属中铁第四勘察设计院集团有限公司与中国铁建电气化局集团有限公司等单位共同完成的“基于耦合动力学的高速铁路接触网/受电弓系统技术创新及应用”科技成果获 2016 年度国家科技进步二等奖。

▲10 日 中铁十四局集团有限公司等多家单位参与施工的亚吉铁路首列电气化旅客列车在吉布提那噶德车站成功发出。吉布提总统盖莱，埃塞俄比亚总理海尔马里亚姆偕两国交通部部长，中国驻吉布提大使符华强，国际铁路联盟、非洲铁路联盟、中国进出口银行等代表出席始发仪式。亚吉铁路于 2016 年 10 月 5 日建成通车。

▲10 日 中国铁建党委书记、董事长孟凤朝在中国铁建总部机关会议室主持召开中国铁建 2016 年党员领导干部民主生活会征求意见座谈会，听取中国铁建 12 家单位 12 名党员、干部和群众的意见和建议，为开好党员领导干部民主生活会做准备。

▲12 日 中国铁建举办中央企业高速铁路“走出去”产业联盟第 4 次会议。

▲13 日 中国铁建房地产集团有限公司开发的中国铁建・江湾山语城被评为 2016—2017 年中国百城建筑新地标。

▲14 日 国产首台最小直径敞开式硬岩隧道掘进机(TBM)在湖南省长沙市中国铁建重工集团有限公司成功下线，拓展了掘进机在国内工程领域特别是水利工程建设中的应用。

▲16 日 中国铁建党委举行 2017 年首次中心组学习会议，传达中央企业负责人会议、中央企业党风廉政建设和反腐败工作会议精神并研究贯彻落实意见。

▲17 日 中国铁建党委二届十三次全委(扩大)会议在中国铁建大厦 3 层报告厅召开。会议听取并审议通过中国铁建党委书记、董事长孟凤朝所作的题为《切实增强“四个意识”，全面加强党的建设，以优异成绩迎接党的十九大胜利召开》工作报告。会议由中国铁建党委副书记、总裁、执行董事庄尚标主持。中国铁建党委常委、副总裁夏国斌、刘汝臣，党委常委、总会计师、总法律顾问王秀明，党委常委、纪委书记李春德出席会议。中国铁建党委委员、纪委委员出席会议。非党委委员单位的党委书记，中国铁建总经济师、工会主席、总工程师、董事会秘书、纪委副书记及相关部门负责人列席会议，总计 63 人出席。

▲17 日 中国铁建二届二次职工代表大会预备会议在中国铁建大厦 3 层报告厅召开。预备会由中国

铁建董事长、党委书记孟凤朝主持。中国铁建总裁庄尚标，副总裁夏国斌、刘汝臣，总会计师、总法律顾问王秀明，纪委书记李春德和251名职工代表参加会议。

▲18—19日　中国铁建二届二次职工代表大会暨2017年工作会议在中国铁建大厦召开。国有重点大型企业监事会主席潘良，中国铁建董事长、党委书记孟凤朝在大会上讲话，总裁庄尚标作行政工作报告。副总裁夏国斌主持上午会议，副总裁刘汝臣主持下午会议。总会计师、总法律顾问王秀明，纪委书记李春德，非执行董事葛付兴，国有重点大型企业监事会第五办事处主任刘珊、副主任苏慧娟，中国铁建工会主席、大会秘书长史道泉出席会议。参会代表应到273人，实到257人，达到法定人数。

▲20日　中国铁建总裁庄尚标在中国铁建大厦会见来访的纳米比亚国有企业部部长利昂·尤斯特一行。双方就进一步加强和深化中国铁建与纳米比亚政府之间在基础设施建设领域的合作进行会谈并交换意见。

▲31日　中铁二十三局集团二公司员工王利民获2017年1月“中国好人榜”敬业奉献模范称号。

2月

▲8日　中国铁建董事长、党委书记孟凤朝在铁建大厦总部机关会见安永会计师事务所中国区域主席、大中华首席合伙人吴港平一行，双方就相关事宜进行沟通交流并达成共识。中国铁建总会计师、总法律顾问王秀明参加会见。

▲9日　兼任中国专利保护协会第四届理事会会长的中国铁建董事长、党委书记孟凤朝，在国家知识产权局会见国家知识产权局党组成员、副局长贺化。

▲10日　中铁第四勘察设计院集团有限公司管理成果《高铁轨道工程设计建造一体化的协同管理》获第23届全国企业管理现代化创新成果一等奖。

▲14日　中国铁建总裁庄尚标与亚洲基础设施投资银行行长金立群进行会晤，双方就深化“一带一路”合作、积极拓展海外业务进行深入交流并达成共识。

▲14日　中国铁建总裁庄尚标在中国铁建大厦会见广东省清远市委书记葛长伟一行，双方就进一步深化在基础设施建设领域的合作进行会谈并交换意见。

▲15日　北京银监局党委书记、局长苏保祥一行就供给侧结构性改革有关情况到中国铁建财务有限公司进行调研。中国铁建总会计师、总法律顾问王秀明参加。

▲18日　中铁十八局集团二公司参建的国内首座集公路、有轨电车、输水、电网、燃气、光纤六大通道功能于一体的跨海大桥——海口如意岛跨海大桥开工建设。

▲20日　国务院国资委党委第六巡视组对中国铁建党委反馈巡视整改“回头看”情况。国务院国资委党委第六巡视组组长倪小庭代表巡视组做意见反馈，巡视工作领导小组成员、巡视办主任阮国平提出整改要求，巡视组副组长谢琳出席会议。中国铁建党委书记、董事长孟凤朝做表态发言，党委副书记、总裁庄尚标主持会议。

▲20日　中国铁建在北京召开2017年党风廉政建设和反腐败工作会议，全面贯彻落实党的十八届六中全会、全国国有企业党的建设工作会、中央纪委七次全会及中央企业党风廉政建设和反腐败工作会议精神，推动中国铁建全面从严治党向纵深发展。中央纪委驻国务院国资委纪检组副组长李正义出席会议并讲话。

▲21日　中国铁建召开2016年度二级单位党委书记抓党建述职评议大会。

▲22—23日　中国铁建党委常委、副总裁刘汝臣到中铁二十二局集团有限公司指导工作，参加集团党委领导班子民主生活会、北京地铁6号线西延5标段项目部党支部“两学一做”专题组织生活会和民主评议党员。

▲23日　中国铁建董事长、党委书记孟凤朝在铁建大厦会见到访的商务部副部长钱克明一行。双方就中国铁建海外项目推进以及“一带一路”建设的有关情况进行深入交流并达成共识。

▲23日　中国铁建总裁庄尚标到中铁十六局集团置业公司开发的中国铁建青秀城（南昌）地产项目调研。

▲24日　中国铁建总裁庄尚标出席在九江市召开的中央企业入赣投资合作洽谈会。会前，庄尚标会见江西省委书记鹿心社。

▲27日　内蒙古自治区与中央企业合作恳谈会在北京国家会议中心举行。国务院国资委党委书记郝鹏，内蒙古自治区党委书记、自治区人大常委会主任李纪恒出席会议并讲话，会议由内蒙古自治区党委副书记、自治区主席布小林主持。国家有关部委领导，中国铁建董事长、党委书记孟凤朝等100多家中央企业、金融机构的主要负责人出席会议。

▲27日　中国铁建总裁庄尚标陪同中共中央政治局委员、广东省委书记胡春华，省委副书记、省长马兴瑞，省委副书记、广州市委书记任学锋等视察中国铁建广州南沙项目。

▲27日　中铁十七局集团铺架分公司工会副主

席、唐曹铁路项目探伤工关改玉被全国妇联授予“全国三八红旗手标兵”称号。

▲27 日至 3 月 3 日　中国铁建团委二届三次全委（扩大）会暨团干部培训班在中国铁建股份有限公司北京培训中心（党校）举办。

▲28 日　中国铁建总裁庄尚标在西安市会见陕西省委常委、西安市委书记王永康，双方就进一步深化基础设施领域投资建设合作深入交换意见，并达成系列重要共识。

3 月

▲1 日　中国铁建董事长、党委书记孟凤朝在济南会见济南市委副书记、代市长王忠林，双方就进一步深化基础设施领域投资建设合作和华山北片区项目合作进行深入交流。

▲2 日　中国铁建召开安全生产工作视频会议。中国铁建总裁庄尚标作讲话，副总裁刘汝臣作报告，总会计师、总法律顾问王秀明宣读 2016 年安全生产达标单位通报、工程局集团 2016 年下半年安全隐患排查治理考核通报，纪委书记李春德宣读 2016 年安全包保责任书兑现通报，副总裁夏国斌主持会议。

▲2 日　中国铁建总裁庄尚标在包头与内蒙古自治区党委常委、包头市委书记张院忠就加强沟通联系、促进共同发展进行座谈。

▲2 日　在中国铁建党委书记、董事长孟凤朝，党委常委、副总裁夏国斌陪同下，中宣部原副部长王世明参观铁道兵纪念馆（中国铁建展览馆），并参加座谈。

▲2 日　中国铁建国际集团有限公司阿尔及利亚贝佳亚连接线项目 42 千米优先段实现通车。中国铁建系统中铁第一勘察设计院集团有限公司和中铁十二局、十四局、十七局、十九局集团有限公司参与建设。

▲3 日　中铁十四局集团有限公司施工的尼泊尔阿尼哥公路复通。中国与尼泊尔在尼泊尔首都加德满都举行援尼泊尔阿尼哥公路保通项目交接仪式，中国驻尼泊尔大使于红与尼泊尔基础设施建设与运输部部秘（常务副部长）塔芒分别签署交接证书。

▲6 日　在中国铁建董事长、党委书记孟凤朝，中国电信董事长、党组书记杨杰的共同见证下，中国铁建与中国电信在中国电信总部签订战略合作协议。中国铁建副总裁夏国斌、中国电信副总经理陈忠岳分别代表双方在协议书上签字。

▲7—22 日　中国铁建党委副书记、总裁庄尚标，党委常委、副总裁夏国斌、刘汝臣，党委常委、总会计师、总法律顾问王秀明，党委常委、纪委书记李春德等以及中国铁建党委巡视工作领导小组成员，分别带队向中国铁建国际集团有限公司、中国铁建高新装备股份有限公司、中国铁建电气化局集团有限公司、中铁第五勘察设计院集团有限公司、中铁上海设计院集团有限公司等 16 家单位党委反馈 2016 年第二、三轮巡视情况。

▲8 日　中国铁建董事长、党委书记孟凤朝在中国铁建房地产集团有限公司总部出席中铁地产品牌发布暨 10 周年表彰会。

▲8 日　中国铁建总裁庄尚标在洛阳会见河南省委常委、洛阳市委书记李亚和市委副书记、市长刘宛康，双方就进一步深化基础设施领域投资建设合作深入交换意见并达成一系列重要共识。

▲9 日　中国铁建董事长、党委书记孟凤朝在中国铁建大厦会见到访的巴西驻华大使马尚，双方就加强中国铁建与巴西在基础设施建设领域的合作进行友好交流并达成共识。

▲9 日　中国铁建党委书记、董事长孟凤朝在中国铁建大厦接见全国三八红旗手标兵、中铁十七局集团有限公司钢轨探伤女工关改玉，并号召全系统职工学习关改玉甘于奉献的敬业精神、精益求精的工匠精神。

▲10 日　中国铁建总裁庄尚标在中国铁建大厦会见来访的天津市滨海新区区长张勇一行，双方围绕投资合作事宜进行深入洽谈。

▲13 日　中国铁建工会一届九次全委（扩大）会议在北京召开。中国铁建党委书记、董事长孟凤朝，党委常委、总会计师、总法律顾问王秀明出席会议并讲话，工会主席史道泉代表全委会作工作报告，工会副主席、女工委主任白晶主持会议。

▲13 日　中国铁建高新装备股份有限公司与奥地利普拉塞・陶依尔公司联合开发生产的 QS－1200 Ⅱ全断面道砟清筛机通过试用评审。该设备是目前世界上作业效率最高、自动化程度最高、回填效果最佳的枕底清筛机。

▲15 日　中国铁建总裁庄尚标在中国铁建大厦会见来访的安哥拉财政部部长阿谢尔・曼格拉、水电部部长若昂・巴蒂斯塔・波耶斯、建设部部长阿了杜・卡洛斯・富杜那杜等一行。双方就进一步加强合作，推进安哥拉基础设施建设等有关事宜进行洽谈。

▲15 日　中国铁建总裁庄尚标及 41 家中央企业负责人出席在北京举行的四川省与世界 500 强央企投资合作座谈会暨项目合作协议签署仪式。国务院国资委党委书记郝鹏，四川省委书记王东明出席并讲话。四川省委副书记、省长尹力，国务院国资委副主任徐福顺，四川省副省长朱鹤新出席会议。

▲17 日　中国铁建财务有限公司与中铁十一局

集团有限公司在武汉市签署"财企直联业务合作协议",标志着中国铁建财务有限公司与中国铁建成员单位首单财企直联业务合作成功。

▲20日　中国土木工程集团有限公司承建的乌本戈立交桥工程在坦桑尼亚达累斯萨拉姆市举行奠基仪式,坦桑尼亚总统马古富力、世界银行行长金墉、中国驻坦桑尼亚大使吕友清、中国驻坦桑尼亚经济商务代表林治勇等出席活动。

▲21日　中国铁建总裁庄尚标在河南省三门峡市会见三门峡市委书记刘南昌,双方就进一步深化基础设施建设等方面的合作进行深入交流。

▲23日　中国铁建总裁庄尚标在中国铁建大厦会见到访的中国国新总经理莫德旺一行,双方就进一步加强金融等领域的合作进行深入交流。

▲27日　共青团中央表彰2015—2016年度全国青年文明号,中铁十二局集团建筑安装公司第21项目部,中铁十四局集团房地产开发有限公司,中铁十七局集团有限公司安哥拉项目经理部,中铁十九局集团有限公司哈牡铁路客运专线工程7标段项目经理部,中铁十九局集团有限公司乌努格吐山铜钼矿项目部,中铁二十局集团有限公司巴基斯坦卡·拉公路3标段项目部,中铁二十局集团有限公司安哥拉罗安达、本格拉铁路大修工程和重庆铁发遂渝高速公路有限公司G93沙坪坝收费站8个青年集体被授予"全国青年文明号"称号。

▲28日　中国铁建党委召开2017年巡视工作动员部署会议,全面总结2016年巡视工作取得的成效,部署安排2017年巡视工作。

▲29日　中铁十四局集团有限公司承建的厄瓜多尔洋洒洒医院开业。厄瓜多尔总统科雷亚通过视频发表讲话,副总统桑德拉出席开业仪式并讲话。

▲30日　在中国铁建总裁庄尚标、中水北方勘测设计研究有限责任公司董事长李孝振的共同见证下,中国铁建与中水北方公司在中国铁建大厦签订战略合作框架协议。中国铁建总工程师雷升祥、中水北方公司副总经理兼总工程师杜雷功分别代表双方在协议书上签字。签约仪式由中国铁建总经济师孙公新主持。

▲30日　中国铁建党委理论学习中心组举行2017年第2次集中学习。会议组织学习《中国共产党党委(党组)理论学习中心组学习规则》《关于推进"两学一做"学习教育常态化制度化的意见》等中央和国务院国资委党委重要文件并传达相关会议精神

▲30日　中铁二十局集团有限公司设计施工总承包的世界最大重量转体斜拉桥菏泽丹阳立交桥正式通车。该桥攻克超大吨位斜拉桥转体等一系列技术难题,创造目前世界转体重量最重(2.48万吨)、转体长度最长(238米)、单球铰直径最大(4.5米)3项纪录。

▲30日　在塞尔维亚雷斯尼克火车站,"铁路线汇合点G—拉科维察—雷斯尼克"段铁路修复改造项目举行开工典礼,塞尔维亚副总理兼建设、交通和基础设施部部长米哈伊洛维奇出席。中国土木工程集团有限公司担负施工任务。

▲31日　中国共产党中国铁道建筑总公司党员代表大会在北京召开。会议以差额选举、无记名投票的方式选举孟凤朝、庄尚标、李春德等11人为总公司出席中央企业系统(在京)党代表会议代表。

4月

▲5日　中国铁建董事长、党委书记孟凤朝在铁建大厦会见来访的德勤全球首席执行官浦仁杰、德勤中国首席执行官曾顺福一行。双方就进一步深化合作伙伴关系,拓展合作领域、创新合作模式进行深入探讨并达成共识。

▲5日　中国铁建召开第139次党委常委会,传达学习中共中央、国务院关于设立河北雄安新区的通知精神,研究部署参与雄安新区建设的工作。

▲5日　中国铁建总裁庄尚标在南宁市会见广西壮族自治区党委书记彭清华,双方就全面深化战略合作进行深入交谈。

▲5日　在中国铁建总裁庄尚标和南宁市市长周红波的共同见证下,中国铁建与南宁市政府在南宁签订城市基础设施建设合作框架协议。中国铁建总经济师孙公新、南宁市常务副市长张文军分别代表双方在协议书上签字。

▲6日　苏丹总统奥马尔·哈桑·艾哈迈德·巴希尔一行在埃塞俄比亚总理海尔马里亚姆的陪同下,参观考察由中国土木工程集团埃塞俄比亚公司承建和运营管理的阿瓦萨工业园。

▲6—7日　经中国铁建党委批准,2017年中国铁建党委第一轮巡视工作正式启动。党委巡视组分别进驻中铁物资集团有限公司、广西指挥部、福建指挥部和北京通达京承高速公路有限公司开展巡视,进驻中铁二十局集团有限公司开展专项巡视。

▲9—13日　中国铁建人力资源部门负责人培训班在中国人民大学劳动人事学院举办。中国铁建总裁助理、人力资源部(党委干部部)部长鲁斌出席开班典礼并讲话。

▲10日　中国铁建总裁庄尚标在中国铁建大厦会见到访的中国证券业协会会长、中央汇金投资公司副总经理、中国银河金融控股公司董事长陈共炎一行,双方围绕聚集金融资源、以产融结合推动企业转型升

级等内容进行深入交流并达成共识。

▲12日　中国援建的阿富汗国家职业技术学院项目开工典礼隆重举行。阿富汗首席执行官阿卜杜拉、议会上院第一副主席阿拉姆、教育部部长巴尔希，中国驻阿富汗大使姚敬出席开工典礼。中铁十四局集团有限公司担负施工任务。

▲12日　为深入学习贯彻中办、国办印发的《关于深化国有企业和国有资本审计监督的若干意见》（以下简称《意见》），相互交流审计工作经验做法，国家审计署驻济南特派办企业处在北京中国铁建总部组织开展以贯彻落实《意见》为主题的座谈交流活动，中国铁建、中航科技、中国中化、中国节能环保、中国林业5家中央企业审计部门应邀出席会议。

▲13日　原铁道兵顾问王贵德遗体告别仪式在北京解放军总医院西院告别厅举行。习近平、李克强、张德江、俞正声、王岐山、张高丽、朱镕基、温家宝、吴官正等送了花圈。中国人民政治协商会议全国委员会，中央军委办公厅、中央军委政治工作部、中央军委装备发展部，南部战区、中部战区，福建省委省政府、河北省委省政府、贵州省委省政府等送了花圈。王贵德因病医治无效，于2017年4月7日1时12分在解放军总医院逝世，享年103岁。

▲14日　中国铁建总裁庄尚标在重庆市会见重庆市委副书记、市长张国清，就进一步加强基础设施建设领域合作等事宜进行深入交流并达成系列重要共识。

▲14日　第十四届中国土木工程詹天佑奖颁奖大会在北京举行。中国铁建承建的武汉至广州客运专线新建武汉动车段等9项工程获得表彰。中国铁建9项获奖工程中，主持项目2项、参建项目7项。分别是中铁十一局集团有限公司承建，中铁第四勘察设计院集团有限公司设计的武汉至广州客运专线新建武汉动车段工程；中铁第四勘察设计院集团有限公司设计，中铁十二局集团有限公司参建的广深港高速铁路狮子洋隧道工程；中铁十七局集团有限公司参建的郑州东站工程；中铁第一勘察设计院集团有限公司、中铁十一局集团有限公司、中国铁建大桥工程局集团有限公司、中铁十九局集团有限公司、中铁建设集团有限公司、中铁第五勘察设计院集团有限公司参建的新建铁路哈尔滨至大连铁路客运专线工程；中国铁建大桥工程局集团有限公司、中铁二十局集团有限公司参建的上瑞国道主干线湖南省邵阳至怀化高速公路工程；中铁十六局集团有限公司参建的福建省泉州至三明高速公路工程；中铁十一局、二十三局、二十四局集团有限公司参建的上海市轨道交通16号线工程；中铁十八局集团有限公司、中铁第五勘察设计院集团有限公司参建的北京地铁15号线工程；中铁十二局、十五局集团有限公司参建的深圳地铁2号线工程。

▲17日　中国铁建董事长、党委书记孟凤朝在中国铁建大厦会见到访的阿根廷交通部副部长佩德罗·索洛普一行，双方就进一步加强中国铁建与阿根廷在基础设施建设和投融资领域的合作进行友好交流并达成共识。

▲17日　中国铁建总裁庄尚标在成都会见四川省委常委、成都市委书记范锐平，双方就进一步强化战略合作关系、有效拓宽合作领域、不断提升合作层次等进行深入磋商。

▲18日　中国铁建党委召开常委会，传达学习中办印发的《关于推进“两学一做”学习教育常态化制度化的意见》和习近平总书记作出的重要指示精神以及国务院国资委党委贯彻落实《中央企业党建工作责任制实施办法》座谈会精神，研究中国铁建贯彻落实的具体方案和措施。

▲18日　中国铁建董事长、党委书记孟凤朝，总裁庄尚标在天津市会见天津市委书记李鸿忠，市委副书记、市长王东峰。双方就进一步加强在基础设施建设领域合作进行深入交流。

▲18—22日　中国铁建党委在中国铁建股份有限公司北京培训中心（党校）举办两期基层党支部书记集中轮训试点班，380多名来自生产工作一线和企业机关的基层党支部书记参加培训。

▲19日　中国铁建召开2017年审计工作会暨审计整改部署动员会。中国铁建董事长、党委书记孟凤朝出席会议并做重要讲话，总裁庄尚标做审计整改部署，党委副书记、副总裁夏国斌主持会议，副总裁刘汝臣宣读“双先”表彰决定，总会计师、总法律顾问王秀明作配合国家审计工作总结。中国铁建纪委书记李春德、国有重点大型企业监事会第五办事处处长李勇出席会议。中国铁建审计监事局局长刘正昶做审计工作报告。

▲20日　中国铁建董事长、党委书记孟凤朝在海南省陵水黎族自治县会见县委书记，海南国际旅游岛先行试验区党工委书记、管委会主任麦正华，双方就进一步加强中国铁建在陵水黎族自治县相关产业板块的发展、深化基础设施领域投资建设合作等进行深入交流。

▲20日　中国铁建与银川市政府战略合作框架协议签约仪式在银川国际交流中心举行。中国铁建总裁庄尚标，宁夏回族自治区党委常委、银川市委书记徐广国，银川市委副书记、市长白尚成等出席签约仪式。

▲21日　中国铁建与广州市战略合作签约仪式在广州市举行。中国铁建董事长、党委书记孟凤朝，广

州市委副书记、市长温国辉出席仪式，并就进一步加强在基础设施建设领域合作进行深入交流。中国铁建总经济师孙公新，广州市委常委、常务副市长陈志英分别代表双方在战略合作协议上签字。

▲21 日　中国铁建总裁庄尚标在银川市会见宁夏回族自治区党委书记、自治区人大常委会主任李建华，自治区党委副书记、自治区主席咸辉。双方希望充分发挥各自优势，建立互利共赢、长期稳定的合作伙伴关系并签署战略合作协议。

▲22 日　中国铁建总裁庄尚标在四川省南充市会见南充市委书记宋朝华，双方就以南充"五大板块重大工程项目"投资建设为合作平台、共同融入成渝城市群建设、拓宽合作领域深入交换意见并达成共识。

▲24 日　中铁十七局集团有限公司唐曹铁路项目探伤工、技师关改玉被中华全国总工会评为全国"最美职工"。

▲26 日　中国铁建工会女职工委员会一届五次（扩大）会议在中国铁建大厦召开。

▲26 日　中国铁建工会在中国铁建大厦举行全国三八红旗手标兵关改玉先进事迹报告会。

▲27 日　由国家发改委组织的"一带一路"沿线国家官员考察团到位于贵州省的中铁十一局集团有限公司渝黔铁路和遵义高速铁路新城工地考察。考察团对中国铁建工程建设管理水平表示赞赏，并表达了与中国铁建在基础设施建设领域深入开展合作的意愿。该考察团由"一带一路"沿线的马其顿、巴基斯坦、蒙古等 10 个国家 39 位司局级政府官员组成，该活动是国家发改委在"一带一路"国际合作高峰论坛举办期间组织的系列交流活动的一部分。

▲28 日　中铁第四勘察设计院集团有限公司总体设计的宁杭高速铁路、郑徐高速铁路和龙厦铁路获水利部"2016 年度国家水土保持生态文明工程"称号。

▲28 日　第十二届中国 CFO 高峰论坛在北京举行。中国铁建获得 2016 中国管理会计创新奖。

▲29 日　中国铁建系统吴刚、关改玉、潘建立、孙圣杰、蔡俊福、梅志文、彭京平 7 人获得全国五一劳动奖章，中铁十一局集团桥梁公司铁路制品分公司（轨枕厂）、中铁十二局集团有限公司太铁佳苑棚户区改造项目部、中铁十八局集团二公司成贵铁路项目部、中铁十八局集团国际公司燕郊项目部、中铁建设集团有限公司昆明南站站房项目部、中国铁建电气化局集团有限公司联合体港珠澳大桥交通工程项目总经理部联合设计小组、中国铁建重工集团有限公司掘进机事业部 7 个集体获得"全国工人先锋号"称号。

▲30 日　中铁建昆仑投资集团有限公司首个以银企合作模式实施的市政工程项目——成都市元华路神仙树立交群正式开通试运行。

5 月

▲5 日　中国铁建在北京召开 2017 年国内经营工作专题会议，总结 2016 年国内经营工作，分析研判当前市场形势，部署 2017 年国内生产经营、投融资经营、二次经营工作。

▲5 日　中国铁建在总部机关召开房地产业务协同经营推进会。中国铁建总裁庄尚标出席会议并强调，要发挥中国铁建区域经营和全产业链的经营优势，拓宽房地产业务土地获取渠道，全面推进房地产协同经营，进一步做强做优做大房地产板块。

▲7—11 日　中国铁建 2017 年第一期纪检干部培训班在中国铁建股份有限公司北京培训中心（党校）举办。

▲8 日　中国铁建设备物资部沙明元、中铁第四勘察设计院集团有限公司邱绍峰、中铁十四局集团有限公司陈健、中铁第一勘察设计院集团有限公司刘彦明、中国铁建大桥工程局集团有限公司樊立龙、中铁二十三局集团有限公司彭继安、中铁第五勘察设计院集团有限公司汤友富、中铁十六局集团有限公司王武现 8 人获 2016 年度茅以升铁道工程师奖。

▲8 日　中国铁建重工集团有限公司与中信重工机械股份有限公司、洛阳轨道交通公司在洛阳市举行合资合作协议签约仪式，三方携手在洛阳成立一家集隧道装备设计、加工制造、组装调试、技术服务、配件销售、再制造、营销租赁于一体的合资公司——中信铁建重工掘进装备有限公司。

▲10 日　中国铁建以网络方式召开 2016 年度利润分配方案网络投资者说明会。会上，公司通过上海证券交易所"上证 e 互动"平台，对 2016 年度利润分配方案进行说明，投资者就现金分红有关问题进行提问并得到公司的在线答复。中国铁建董事长、党委书记孟凤朝，总会计师、总法律顾问王秀明，董事会秘书余兴喜和董事会秘书局、财务部等有关部门负责人参加说明会。

▲10 日　巴基斯坦总理谢里夫在巴基斯坦国家公路局主席沙希德等政府官员陪同下，视察中铁二十局集团有限公司卡・拉高速公路 3 标段项目，再次对中铁二十局创造的"中国速度"和"中国质量"给予高度赞扬。

▲11 日　中国铁建总会计师、总法律顾问王秀明在济南市山东大厦会见山东省委书记刘家义，双方就进一步加强基础设施建设领域合作进行深入交流。

▲12 日　越南国家主席陈大光在钓鱼台国宾馆

会见中国铁建董事长、党委书记孟凤朝,双方围绕基础设施建设领域合作进行友好交流并达成共识。越南国事访问代表团全体成员会谈时在座。

▲12 日　中国铁建总裁庄尚标在中国铁建大厦会见海南省交通运输厅厅长董宪曾,双方就进一步加强基础设施建设项目合作事宜进行友好会谈并达成共识。

▲12 日　中国铁建总裁庄尚标与马来西亚交通部长廖中莱一行在北京举行会晤,双方就推进马来西亚南部铁路建设及其他相关领域合作进行深入交流。

▲12 日　中国铁建投资集团有限公司与招商新能源集团在北京签署投资合作框架协议。

▲13 日　埃塞俄比亚总理海尔马里亚姆·德萨莱尼在北京千禧酒店会见中国铁建总裁庄尚标。双方围绕埃塞俄比亚基础设施建设领域合作进行友好交流并达成共识。埃塞俄比亚国事访问代表团主要成员会见时在座。

▲14 日　“一带一路”国际合作高峰论坛在北京盛大开幕。中国国家主席习近平出席开幕式并发表主旨演讲。中国铁建董事长、党委书记孟凤朝参加开幕式和高级别全体会议。

▲14 日　在“一带一路”国际合作高峰论坛“加强政策沟通和战略对接”平行主题会议签约仪式上,中国土木工程集团有限公司董事长、党委书记袁立与昆山市市长杜小刚、埃塞俄比亚工业园发展公司总裁西塞·格米丘签订《埃塞俄比亚德雷达瓦中土工业园合作谅解备忘录》。

▲15 日　首届“一带一路”产业金融高级国际研讨会在北京开幕,中国铁建董事长、党委书记孟凤朝受邀出席会议并致辞。孟凤朝表示,中国铁建愿在丝路产业与金融国际联盟的平台上,加强与“一带一路”沿线各国的联系,打造多渠道融资体系,全面参与“一带一路”建设,共同开创全球经济合作新格局。

▲15 日　中国铁建总裁庄尚标在中国铁建大厦会见泰国正大集团资深董事长谢国民一行。双方希望能够在实施“一带一路”倡议的过程中携起手来,加强全方位合作,实现资源共享、优势互补,促进共同发展。

▲15 日　白俄罗斯经济部部长弗拉基米尔·季诺夫斯基带领白俄罗斯政府代表团到访中国铁建,中国铁建总经济师赵晋华与弗拉基米尔·季诺夫斯基就进一步加深基础设施建设领域合作进行友好交流并达成共识。

▲16 日　阿根廷总统毛里西奥·马克里与中国铁建董事长、党委书记孟凤朝在北京国贸大酒店举行会谈,双方围绕铁路等基础设施投资、建设领域合作进行友好交流。阿根廷国事访问代表团多位部长及相关领域负责人会谈时在座。

▲16 日　中国—阿根廷贸易投资论坛在北京国贸大酒店举行。正在对中国进行国事访问,出席“一带一路”国际合作高峰论坛的阿根廷总统毛里西奥·马克里出席论坛并致辞。中国铁建总裁庄尚标参加论坛并会见阿根廷交通部长迪特里希。

▲17 日　中国铁建总裁庄尚标在北京国贸大酒店会见肯尼亚交通与基础设施部部长马查里亚,双方就进一步深化重点项目合作、推进在建项目建设等方面进行深入交流并达成共识。

▲17 日　由中国铁建国际集团有限公司牵头与摩洛哥当地企业 TGCC 组成的联合体成功中标摩洛哥拉巴特塔建造项目。这座位于摩洛哥首都拉巴特的现代纪念建筑,总高度 250 米,建成后将成为非洲第一高楼。

▲18 日　中国铁建召开全系统安全生产专题视频会议。中国铁建总裁庄尚标出席会议并讲话,党委副书记、副总裁夏国斌主持会议并传达国务院国资委领导批示、通报生产安全事故的处罚决定,副总裁刘汝臣部署安全生产工作。

▲19 日　中亚区域经济合作组织考察团一行 50 余人参观中铁二十三局集团有限公司承建的格鲁吉亚现代化铁路项目 T9 隧道工程。

▲19 日　俄罗斯铁路考察团一行 5 人考察中铁十四局集团有限公司承建的京沈高速铁路京冀段 12 标段工程。

▲21 日　中国铁建总裁庄尚标会见山西省委常委、省委秘书长、太原市委书记罗清宇和太原市市长耿彦波,双方就寻求多领域的合作机会、深化合作模式、实现互利共赢等方面进行交流。

▲22 日　2017 年央企助力山西转型综改会议暨签约仪式在山西省太原市举行。山西省委书记骆惠宁,国务院国资委副主任徐福顺出席签约仪式并讲话。中国铁建总裁庄尚标,山西省副省长王一新分别代表中国铁建、山西省政府签署战略合作框架协议。签约仪式结束后,庄尚标与山西省省长楼阳生会谈,双方就进一步加强合作进行交流。

▲22 日　总投资约 10 亿元的中国铁建包头高端装备制造基地工程在包头装备制造产业园区开工建设。

▲23 日　中国土木工程集团尼日利亚公司与尼日利亚联邦首都地区部正式签署阿布贾城铁一期运营服务、动车组及车辆段设备采购、城铁二期工程施工 3 项合同,合同总金额 17.93 亿美元(折合人民币123.74 亿元)。

▲24 日　国有重点大型企业监事会主席潘良、监

事会第五办事处主任刘珊一行在中国铁建总会计师、总法律顾问王秀明等陪同下，到中国铁建成都片区调研。

▲25 日　中国铁建总裁庄尚标一行在赴马来西亚参加外事活动期间，在中国铁建国际集团马来西亚公司召开中国铁建马来西亚现场座谈会，就深度开发、统筹管理马来西亚市场提出明确要求。座谈会上，庄尚标听取中铁建设集团有限公司、中国铁建国际集团有限公司、中国土木工程集团有限公司、中铁十一局集团有限公司、中国铁建大桥工程局集团有限公司、中铁十七局集团有限公司等单位关于马来西亚市场经营情况的汇报。

▲26 日　马来西亚总理纳吉布与中国铁建总裁庄尚标举行会谈，双方围绕马来西亚基础设施建设领域合作进行友好交流。

▲27 日　中国铁建董事长、党委书记孟凤朝在昆明市会见云南省委书记陈豪，双方围绕全面深化战略合作进行深入交流。云南省委常委、副省长、省委秘书长刘慧晏，昆明市委副书记、市长王喜良参加会谈。

▲27 日　以中国工程院院士、中国铁路总公司总工程师何华武为主要负责人，中国勘察设计大师、中铁第四勘察设计院集团有限公司副院长王玉泽等为核心成员的高速铁路技术攻关组获全国首届创新争先奖。

▲31 日　中央企业支持澳门中葡平台建设高峰会在澳门举行，全国政协副主席何厚铧，澳门特别行政区行政长官崔世安，国务院国资委党委书记郝鹏，中央人民政府驻澳门特别行政区联络办公室主任王志民，葡萄牙外交部对外贸易和投资促进国务秘书高德志以及中国铁建董事长、党委书记孟凤朝等出席会议。

6 月

▲1 日　中国铁建党委理论学习中心组举行学习国家《网络安全法》专题辅导讲座，特邀公安部网络安全保卫局总工程师郭启全授课。中国铁建党委副书记、总裁庄尚标主持学习会。

▲2 日　中国铁建董事长、党委书记孟凤朝在广州市会见广州市副市长、南沙区委书记蔡朝林，双方围绕全面深化项目合作展开高效务实交流。

▲2 日　中国铁建董事长、党委书记孟凤朝在深圳会见深圳地铁集团董事长、党委书记林茂德，双方就深化项目合作达成广泛共识。

▲2 日　中国铁建在北京召开境外党建工作调研座谈会。

▲4 日　中国铁建董事长、党委书记孟凤朝到中铁建南方建设投资有限公司总承包的省市重点工程——深圳国际会展中心配套项目工地检查指导工作。

▲6 日　中国铁建在西南交通大学举办 2017 年第一期国际高级管理人员培训班。

▲6 日　中国铁建国际集团有限公司与法国 SYSTRA 公司签订合作协议，双方将在项目信息交流、前期设计等方面加强合作，实现双赢。

▲6—11 日　中国铁建党委常委、纪委书记李春德先后到中铁二十局集团有限公司蒙华铁路项目，中铁十七局集团有限公司贵安新区综合管廊试验段和一体化服务中心、贵州百马立交枢纽，中铁建昆仑投资集团有限公司昆明福宜高速公路和巫家坝土地一级开发，西南总部基地，中铁十七局集团有限公司大瑞铁路项目等工程项目调研，对基层党的建设、党风廉政建设和反腐败工作进行现场指导。在昆明市期间，李春德先后会见昆明铁路运输检察分院副检察长易昆渝和交通银行云南省分行主要负责人栾立冰，分别就加强检企联系配合和银企合作的有关事项进行友好交流。

▲6—8 日　中国铁建直属机关党委党务骨干培训班在陕西省延安市举办。

▲7 日　中国铁建总裁庄尚标在中国铁建大厦会见来访的澳大利亚麦格理公司高级董事总经理、澳洲建筑行业主管多米尼克·麦格一行。双方就进一步拓展合作空间、创新合作模式进行友好交流。

▲7 日　中铁十九局集团六公司承建的鹤壁鹤淇电厂“上大压小”新建工程获 2017 年度中国电力优质工程奖。

▲8—9 日　中国铁建二级公司董事会工作机构座谈会在山西省太原市召开。中国铁建董事长、党委书记孟凤朝到会并讲话。

▲9 日　中国铁建与西南交通大学在中国铁建总部签署磁浮技术研发战略合作协议。

▲10 日　中国铁建电气化局集团三公司等单位参建的北屯至阿勒泰铁路正式开通运营。

▲12 日　国务院国资委和青海省政府在西宁市举行央企助力青海持续健康发展座谈会暨战略合作签约仪式，国务院国资委主任、党委副书记肖亚庆，青海省委书记、省人大常委会主任王国生出席会议并讲话，青海省委副书记、省长王建军主持座谈会，中国铁建总裁庄尚标等 33 家中央企业负责人应邀出席会议。在青海期间，庄尚标拜会王建军和青海省委常委、省交通运输厅厅长马吉孝，就进一步加强战略合作进行会谈并达成重要共识。

▲14 日　中国铁建董事长、党委书记孟凤朝，总裁庄尚标在成都市会见四川省省长尹力，双方就进一步拓展和深化战略合作进行友好会谈。

▲14 日　中国铁建与成都市"十三五"战略合作框架协议签约仪式在成都举行，这是双方在 2016 年 2 月签署"深化战略合作协议"之后的又一次紧密牵手。在四川省委常委、成都市委书记范锐平，中国铁建董事长、党委书记孟凤朝的共同见证下，成都市副市长刘守成与中国铁建总裁庄尚标代表双方签署合作协议，成都市委常委、秘书长王波主持仪式。

▲14 日　中国铁建资本运营项目专项审计调查动员部署暨审计进点会在中国铁建总部召开。中国铁建总会计师、总法律顾问王秀明出席会议并作动员讲话。

▲15 日　中国铁建 2016 年度股东大会在中国铁建大厦召开。中国铁建董事长、执行董事、党委书记孟凤朝，执行董事、总裁、党委副书记庄尚标，非执行董事葛付兴，独立非执行董事辛定华、承文、路小蔷，副总裁、党委副书记夏国斌，总会计师、总法律顾问王秀明，纪委书记李春德出席会议。会议由孟凤朝主持。会议审议通过董事会 2016 年度工作报告、监事会 2016 年度工作报告，2016 年度财务决算、利润分配方案、年报及其摘要等 15 项议案。此次股东大会以现场和网络投票的方式进行表决，出席现场会议和网络投票的股东及股东代理人共 35 人。

▲16—18 日　中铁二十局集团有限公司参加在西安市曲江国际会展中心举行的第七届中国西部国际物流产业博览会暨中国（西安）智慧交通博览会，采用多媒体电子显示屏、展板和产品模型等多种方式，介绍中国铁建装备制造、低速磁浮、智慧驻车、勘察设计等板块业务。展会期间，中铁二十局阿达驻车投资管理有限公司代表中国铁建参加智慧交通、城市智能停车主题论坛并演讲。

▲19 日　中国铁建总裁庄尚标在中国铁建大厦会见到访的中软国际董事局主席、CEO 陈宇红一行。双方希望能够在实施"一带一路"倡议的过程中携起手来，加强全方位合作，优势互补，促进共同发展。中国铁建副总裁李宁参加会见。

▲20 日　中国铁建副总裁汪文忠在中国铁建大厦会见到访的中国驻毛里求斯候任大使孙功谊一行。

▲20 日　河南省副省长徐光考察中铁十六局集团轨道公司豫机城际铁路项目。

▲21 日　中国铁建董事长、党委书记孟凤朝在中国铁建大厦会见湖南省省长许达哲一行，双方就深化战略合作，加强在"一带一路"倡议下与湘企合作对接展开深入交流。

▲21 日　中国铁建总裁庄尚标在西安市会见陕西省委书记娄勤俭，省委副书记、省长胡和平，并共同见证中国铁建与陕西省交通运输厅相关协议签约仪式。

▲21 日　中国铁建党委常委、总会计师、总法律顾问王秀明到工作联系点和党建联系点中铁二十五局集团二公司调研。

▲22 日　国务院国资委党委委员、秘书长阎晓峰一行到中国铁建调研审计信息化工作。国资委监督一局副局长方炳兴参加调研。中国铁建总会计师、总法律顾问王秀明向调研组简要汇报中国铁建 2017 年以来的生产经营情况以及内部审计工作有关情况。中国铁建副总裁鲁斌主持调研座谈会。

▲22 日　由湖南省政府主办的"落实'一带一路'高峰论坛精神，湖南与央企合作对接会"在北京举行。国务院国资委党委书记郝鹏，湖南省委副书记、省长许达哲出席会议并讲话。国家有关部委领导，相关国家驻华使节，中国铁建董事长、党委书记孟凤朝以及多家中央企业和金融机构主要负责人出席会议。

▲22—25 日　中国铁建参加第二十届中国（重庆）国际投资暨全球采购会。

▲24 日　5 时 45 分左右，四川省阿坝藏族羌族自治州茂县叠溪镇新磨村新村组富贵山突发山体高位垮塌，造成 40 余户农房被掩埋、100 余人失联。灾害发生后，中国铁建、中国铁建党委高度重视，党委书记、董事长孟凤朝，总裁庄尚标第一时间进行安排部署，要求各有关单位坚决贯彻落实习近平总书记、李克强总理的重要指示、批示精神，坚决按照国务院国资委的要求，迅速响应、全力以赴参与抢险救援，切实履行中央企业的社会责任。同时，要科学抢险，防止次生灾害发生，确保人员、设备安全，并确保四川茂县及周边所属工程项目的安全。

▲26 日　中国铁建党委理论学习中心组举行 2017 年第 4 次集中学习。中心组组织学习习近平总书记在深改组第 33 次会议上的重要讲话和对推进"两学一做"学习教育常态化制度化的重要指示，王岐山、赵洪祝关于纪检监察工作的讲话精神以及当前意识形态工作的有关文件要求，研究中国铁建贯彻落实的具体方案和措施。中国铁建党委书记、董事长孟凤朝主持学习会。

▲26 日　中国铁建非执行董事葛付兴，独立非执行董事王化成、承文到中铁第一勘察设计院集团有限公司秘鲁利马地铁 2 号线综合监理项目调研。

▲28 日至 7 月 1 日　中国铁建非执行董事葛付兴，独立非执行董事王化成、辛定华、承文到厄瓜多尔所属项目进行调研。

▲30 日　中央企业系统（在京）党代表会议选举

产生出席中国共产党第十九次全国代表大会代表53人。中国铁建党委书记、董事长孟凤朝当选党的十九大代表。

▲30日　中国政府援助，中铁十四局集团有限公司建设的尼泊尔国家武警学院项目在尼泊尔加德满都正式移交。交接仪式上，中国驻尼泊尔大使于红高度评价中国铁建建设者在克服诸多困难的情况下确保工程优质按期完工，称赞该工程为中国对外援助的典范工程。

7月

▲2—4日　中国铁建董事长、党委书记孟凤朝，非执行董事葛付兴，独立非执行董事王化成、辛定华、承文到中国铁建国际集团加勒比公司调研。调研期间，孟凤朝拜会中国驻特多大使馆临时代办张海涛、经商处负责人王健、特多城镇发展有限公司董事长诺埃尔·加西亚和多巴哥议会最高行政长官凯尔文·查尔斯。

▲3日　中央企业助推“美好新海南”建设座谈会在海口市举行。国务院国资委主任肖亚庆，海南省委书记刘赐贵出席会议并讲话，海南省省长沈晓明介绍海南省产业发展情况，中国铁建总裁庄尚标与其他46家中央企业负责人出席会议。在琼期间，庄尚标会见沈晓明和海南省委常委、海口市委书记张琦，双方围绕建设“美好新海南”、全面深化战略合作进行友好会谈。

▲3日　中国铁建在中国铁建股份有限公司北京培训中心(党校)召开审计机构成立30周年会议。

▲3日　雄安新区容城县人民政府与中国铁建举行劳务用工对接签约仪式。首批30名农民工赴中铁十四局集团北京房山桥梁公司上岗就业。央视新闻网、搜狐网等媒体进行了报道。

▲4日　中国铁建大桥工程局集团有限公司与中国工程院院士王浩签订协议，共建“海绵城市院士工作站”，这是中国铁建系统首个“院士工作站”。

▲5日　中国铁建总裁庄尚标在南通会见南通市委书记陆志鹏、副市长吴永宏等，双方就深化南通市基础设施投资合作事宜进行交流并达成一系列重要共识。

▲6日　中国铁建总裁庄尚标在中国铁建大厦会见广州市副市长，南沙开发区党工委书记、管委会主任，南沙区委书记蔡朝林一行。双方就进一步深化合作，实现共赢发展等事宜进行深入交流并达成共识。

▲7日　中央外事工作领导小组办公室副主任乐玉成一行到中国铁建，就企业实施“走出去”战略和参与“一带一路”建设等情况进行调研。中国铁建总裁庄尚标主持调研会。

▲8日　由萍乡市政府主办，中国铁建大桥工程局集团有限公司承办的海绵城市建设论坛在江西省萍乡市举办。论坛以“创新海绵城市，绿色循环发展”为主题，中国铁建总工程师雷升祥做主题演讲。

▲9日　中铁第一勘察设计院集团有限公司设计，中铁第五勘察设计院集团有限公司咨询，中铁十二局、十四局、十六局、十七局、十九局、二十局、二十一局、二十五局集团有限公司和中国铁建大桥工程局集团有限公司为主力承建的宝兰高速铁路正式开通运营。

▲10—14日　中国铁建2017年第一期责任成本管理高级培训班在中国铁建股份有限公司北京培训中心举办。中国铁建总会计师、总法律顾问王秀明出席培训班开班典礼。

▲11日　中国铁建与招商局集团在北京签署战略合作框架协议。在中国铁建董事长、党委书记孟凤朝，招商局集团董事长、党委书记李建红的共同见证下，中国铁建总裁庄尚标、招商局集团总经理李晓鹏代表双方签署协议。中国铁建党委副书记、副总裁夏国斌，招商局集团副总经理苏新刚出席签约仪式。

▲12日　国务院国资委发布2016年度中央企业负责人经营业绩考核A级企业名单，中国铁道建筑总公司获评A级。

▲12日　中国铁建党委常委、总会计师、总法律顾问王秀明在中国铁建大厦会见团中央国际联络部副部长、全国青联副秘书长贾波和萨尔瓦多议会经济委员会顾问迪亚斯带领的“未来之桥”拉美青年领导人代表团一行。

▲12—13日　中国铁建党委书记、董事长孟凤朝一行到中国铁建定点扶贫对口区县河北省张家口市万全区、尚义县实地调研扶贫工作。中国铁建党委常委、副总裁鲁斌安排任期届满扶贫干部的考核工作，同时介绍两位新任驻村第一书记情况，张家口市委副书记、市长武卫东参加万全区的扶贫调研。

▲13日　中央建筑施工企业分包管理现场会在中铁十四局集团有限公司京沈高速铁路望京隧道项目部召开。会议由国务院国资委综合局局长刘建波主持，国务院国资委副主任徐福顺讲话，中国铁建总裁庄尚标，副总裁刘汝臣与其他12家中央建筑施工企业相关人员参加会议。

▲14日　中国铁建总裁庄尚标在福州会见福州市委副书记、市长尤猛军，双方就深化福州市基础设施建设，参与福州市国有企业转型升级等合作事宜进行交流。

▲18—19日　中国共产党中国铁道建筑总公司

第三次(中国铁建股份有限公司第一次)代表大会在北京召开。会议听取和审议孟凤朝代表上届党委所做的党委工作报告,李春德所做的纪委工作报告,选举产生中共中国铁道建筑总公司第三届(中国铁建股份有限公司第一届)委员会和纪律检查委员会。会议应出席代表328人,实到320人。国务院国资委党委组织部副部长熊洁,国有重点大型企业监事会第五办事处主任刘珊,中央纪委驻国务院国资委纪检组副局级纪律检查员周志伟,国务院国资委党委组织部组织处处长白峰出席开幕式。

▲19日　中国共产党中国铁道建筑总公司第三届(中国铁建股份有限公司第一届)委员会举行第一次全体会议。新当选的27名党委委员出席会议。孟凤朝主持会议。会议通过无记名投票,选举产生新一届党委常务委员会委员:孟凤朝、庄尚标、夏国斌、刘汝臣、王秀明、李春德、鲁斌、李宁、汪文忠。孟凤朝当选新一届党委书记,庄尚标、夏国斌当选党委副书记。会议通过中国共产党中国铁道建筑总公司(中国铁建股份有限公司)纪律检查委员会第一次全体会议的选举结果。李春德当选纪委书记,钱桂林、由建当选纪委副书记。

▲19日　中国铁建2017年中工作会议在北京召开。中国铁建董事长、党委书记孟凤朝,总裁庄尚标在会上做重要讲话。国有重点大型企业监事会第五办事处主任刘珊,非执行董事葛付兴出席会议。会上,中国铁建总会计师、总法律顾问王秀明通报2017年上半年经济运行及子公司负责人2016年度绩效考核情况,副总裁刘汝臣通报2016年度工程公司营业收入20强、经济效益20强,设备物资部对《关于推行区域物资集中采购的决定》做了说明。

▲20日　中国铁建与中国煤炭地质总局在中国铁建大厦签署战略合作协议。中国铁建董事长、党委书记孟凤朝,总裁庄尚标,中国煤炭地质总局局长、党委书记赵平出席签约仪式。中国铁建副总裁李宁,中国煤炭地质总局副局长王海宁分别代表双方在协议书上签字。

▲20日　2017年《财富》世界500强榜单揭晓,中国铁建位列排行榜第58位。

▲21日　中国铁建审计监事局与北京市审计局在中国铁建总部机关举行调研交流会。中国铁建总会计师、总法律顾问王秀明会见出席交流会的北京市审计局副局长郭彤一行。

▲22日　中铁十四局集团有限公司党委书记、董事长张挺军获“2016—2017年度全国企业文化建设突出贡献人物”称号;中国铁建国际集团有限公司《跨文化管理助推企业更好更快“走出去”》、中铁十四局集团建筑公司《以文化融合为引领,推动企业中心工作持续发展》获2016—2017年度全国企业文化优秀成果奖。

▲23日　中国铁建与中国农业银行、中国政企合作投资基金管理公司在乌鲁木齐市举行政银企座谈,并举行“2017·丝绸之路经济带核心区银企战略合作备忘录”和“京新高速(G7)公路项目合作框架协议”签约仪式。中国铁建总裁庄尚标出席座谈及签约仪式。

▲25日　中国铁建与中国平安保险(集团)在上海签署战略合作协议。在中国铁建董事长、党委书记孟凤朝,中国平安保险(集团)董事长兼首席执行官马明哲及与会嘉宾的共同见证下,中国铁建总会计师、总法律顾问王秀明与中国平安保险(集团)总经理任汇川分别代表双方签署协议。

▲26日　中国铁建与招商银行在深圳市举行战略合作协议签约仪式。中国铁建董事长、党委书记孟凤朝,招商银行行长田惠宇出席仪式。中国铁建总会计师、总法律顾问王秀明,招商银行党委委员兼金融总部总裁施顺华分别代表双方签署协议。

▲27日　中国铁建在总部机关召开固定资产建设项目专题会议。

▲27日　中铁二十局集团有限公司设计—采购—施工总承包的安哥拉本格拉铁路全线交付运营。本格拉铁路于2007年开工建设,2014年8月13日全线完工,2015年2月4日通车试运营,安哥拉、赞比亚、刚果(金)三国总统为铁路剪彩。

▲28日　中国铁建在总部机关召开清收清欠暨有息负债压降工作会议。

▲28日　中铁十七局集图铺架分公司唐曹铁路项目探伤工关改玉获“中央企业青年先锋”称号。

▲29日　中国铁建局级领导干部(高级经营管理人员)培训成果汇报会暨结业仪式在国家行政学院举行,中国铁建总裁庄尚标出席并讲话,副总裁兼人力资源部(党委干部部)部长鲁斌主持结业仪式。培训班于4月24日开班,为期12天的集中培训分3个阶段(4月、5月和7月)进行。

8月

▲1日　刚果(布)国土整治及大型工程部部长布雅带领刚果(布)政府代表团访问中国铁建。中国铁建董事长、党委书记孟凤朝与布雅一行就进一步加深基础设施建设领域合作进行友好交流并达成共识。

▲1日　中国铁建所属中铁十一局、十二局、十五局、十六局、二十局、二十一局集团有限公司等单位参

建的青海共(和)玉(树)高速公路全线建成通车。

▲1—10日　中国铁建党委副书记、副总裁夏国斌到中国铁建在以色列、埃塞俄比亚、尼日利亚的相关公司、项目调研党建工作。

▲2日　中国铁建党委召开常委会,传达学习习近平总书记7月26日在省部级主要领导干部"学习习近平总书记重要讲话精神,迎接党的十九大"专题研讨班开班式上的重要讲话及中央纪委驻国资委纪检组组长江金权集体约谈中央企业党委书记的讲话精神。中国铁建党委书记、董事长孟凤朝主持会议。

▲2日　中国铁建总裁庄尚标在中国铁建大厦会见来访的北京外国语大学校长彭龙,副校长贾德忠一行。双方就拓展校企合作空间,实现互利互惠、携手发展进行友好交流并达成共识。中国铁建副总裁鲁斌参加会见。

▲2日　中国铁建党委常委、副总裁刘汝臣到工作联系点和党建联系点中铁二十二局集团一公司,就生产经营和党建工作进行调研指导。

▲2—15日　中国铁建联合西南交通大学在成都举办中国铁建第一期总工程师培训班。

▲3日　中国铁建与武汉市战略合作协议签约仪式在武汉市举行。中国铁建董事长、党委书记孟凤朝,总裁庄尚标;湖北省委副书记、武汉市委书记陈一新,市委副书记、市长万勇出席签约仪式。签约仪式由武汉市政府秘书长刘志辉主持,中国铁建总经济师孙公新与武汉市副市长徐洪兰代表双方签署协议。

▲3日　中铁十一局、十九局集团有限公司等单位参建的张呼铁路客运专线乌兰察布至呼和浩特东段开通运营。

▲4日　中国铁建总裁庄尚标在武汉市会见湖北省委常委、襄阳市委书记李乐成,双方就全面深化战略合作,积极探索以BT、BOT、PPP等形式,参与襄阳市政、环保、轨道交通等基础设施建设进行深入交流并达成重要共识。

▲6日　中国铁建重工集团有限公司自主研制的全断面双护盾岩石隧道掘进机(TBM)在伊朗西南部引水隧洞工程顺利始发。这是中国铁建TBM首次出口到海外市场并在工程施工中应用。

▲7日　中国铁建总裁、党委副书记庄尚标到工作联系点和党建联系点中铁物资集团有限公司,就生产经营和党建工作进行调研指导并召开座谈会。

▲7—10日　中国铁建党委常委、副总裁刘汝臣到中国铁建定点扶贫对口县青海省甘德县实地调研扶贫工作,并将新任驻村第一书记调派到村。

▲7—16日　中国铁建总经济师赵晋华带队的中国铁建党委境外党建工作调研检查组,分别赴阿尔及利亚、塞尔维亚、白俄罗斯开展党建调研检查工作。

▲8日　21时19分,四川省阿坝州九寨沟县发生7.0级地震后,中国铁建、中国铁建党委高度重视,董事长、党委书记孟凤朝,总裁庄尚标要求,各有关单位要坚决落实习近平总书记、李克强总理的重要指示批示精神,坚决按照国务院国资委的要求,在确保九寨沟震区周边所属工程项目安全的同时,迅速响应、全力以赴参与地震抢险救援。

▲15日　中国铁建党委书记、董事长孟凤朝到工作联系点和党建联系点中铁二十局集团二公司进行调研指导并召开座谈会。中国铁建党委常委、副总裁鲁斌陪同调研。

▲15日　中铁二十局集团安哥拉国际公司承建的首都罗安达市最大规模立交桥罗德里格斯大桥提前3个月完工。安哥拉总统多斯桑托斯出席通车典礼。

▲15—16日　中国铁建副总裁汪文忠一行赴卡塔尔进行市场调研。其间,汪文忠一行考察了卢赛尔体育场等项目,拜访项目业主、合作伙伴及中国驻卡塔尔大使馆,并召开现场办公会。中国铁建海外部,中国铁建国际集团有限公司、中国土木工程集团有限公司、中铁十八局集团有限公司相关负责人参加上述活动。

▲17—20日　中国铁建副总裁汪文忠一行到坦桑尼亚调研。在坦期间,汪文忠会见中国驻坦桑尼亚大使吕友清,陪同国务院国资委副主任刘强凭吊中国专家公墓,考察坦赞铁路,参加中国土木工程集团东非公司乌本戈立交桥项目"职工之家"揭牌仪式和中央企业在坦机构党建工作座谈会。

▲18日　中国铁建2017年全面从严治党"两个责任"促进会在北京召开。

▲21日　中国铁建党委常委、副总裁鲁斌到联系点中铁十八局集团四公司进行调研指导并召开座谈会。

▲21—25日　中国铁建副总裁汪文忠一行赴沙特进行市场调研。其间,汪文忠会见中国驻沙特大使李华新,参加中沙投资合作论坛活动,考察所属各单位在沙项目并召开沙特国别市场分析会,明确在沙特市场下一步的工作重点和方向。

▲23—24日　中国铁建董事长、党委书记孟凤朝到蒙西至华中煤运铁路(简称蒙华铁路)山西、河南段部分标段调研,并进行安全检查。

▲25日　中国铁建总裁庄尚标在中国铁建大厦与到访的乌干达议长卡达加一行举行会谈。

▲28日　中国铁建总裁庄尚标在中国铁建大厦会见来访的唐山市委常委、曹妃甸区委书记孙贵石一行,双方就进一步深化合作,实现共赢发展等事宜进行深入交流并达成共识。中国铁建副总裁李宁参加

会见。

▲29 日　中国铁建党委理论学习中心组召开科技创新专题学习(扩大)视频会议。会议邀请系统内 6 名博士,围绕“企业科技创新发展”主题,重点阐释企业发展战略、科技创新、技术管理、海外可持续发展、前沿技术等方面的系统思考,进一步宣贯党中央、国务院关于加快实施创新驱动发展战略的部署和要求。

▲30 日　中国铁建召开 2017 年中期业绩发布电话会。发布会上,中国铁建总会计师、总法律顾问王秀明介绍公司上半年主要业绩情况,发布会由中国铁建董事会秘书余兴喜主持,机关有关部门负责人出席会议。

▲30 日　中国铁建党委常委、副总裁李宁到工作联系点和党建联系点中国铁建房地产集团北方公司,就生产经营和党建工作进行调研指导。

▲31 日　中国铁建总裁庄尚标到京张高速铁路项目和兴延高速公路项目,现场实地调研项目进展情况,并进行安全生产检查。

▲31 日　中国铁建党委常委、副总裁汪文忠一行到工作联系点和党建联系点中国铁建国际集团有限公司,与集团领导和管理人员、党员干部进行座谈,就生产经营和党建工作进行调研指导。

9 月

▲2 日　中国铁建董事长、党委书记孟凤朝在北京瑞吉酒店会见来华参加金砖国家领导人会晤的巴西计划、发展和管理部部长迪奥戈·奥利维拉,双方就进一步加强基础设施领域合作等有关事宜进行友好交流。

▲2 日　来自中国铁建、外交部、商务部、中联部及中国铁路总公司等单位的 179 名单身青年欢聚中土大厦,共同参加由中国铁建工会主办,中国土木工程集团有限公司承办的“情牵海外、缘定金秋”青年联谊活动。中国铁建党委书记、董事长孟凤朝以及国家相关部委、单位领导出席联谊会并发表致辞。中国铁建工会主席史道泉,工会副主席、女工委主任白晶出席活动。

▲3—4 日　2017 年金砖国家工商论坛在厦门市举行,中国国家主席习近平出席开幕式并发表主旨演讲。中国铁建党委常委、副总裁汪文忠代表中国铁建参加开幕式和主题讨论。

▲5 日　中国铁建在中土大厦举行《纪念坦赞铁路 50 年文集》首发仪式,纪念坦赞铁路协定签署 50 周年。中国铁建总裁庄尚标,坦桑尼亚驻中国大使凯鲁基,赞比亚驻中国公使班达等出席活动。

▲5—6 日　中国铁建党委副书记、副总裁夏国斌一行到工作联系点和党建联系点中国铁建重工集团有限公司,就企业改革发展、生产经营和党建工作进行调研指导。

▲5—6 日　中国铁建党委常委、纪委书记李春德到联系点中铁十九局集团五公司调研指导党建和纪检工作,讲授“两学一做”主题党课,并到中国铁建大桥工程局集团一公司、中国铁建房地产集团北方公司大连事业部及有关项目调研指导。

▲6 日　中国铁建董事长、党委书记孟凤朝,总裁庄尚标在雄安新区会见河北省委常委、副省长,雄安新区党工委书记、管委会主任陈刚,双方就雄安新区建设等有关事宜进行深入交谈并达成共识。雄安新区党工委副书记、管委会常务副主任刘宝玲,临时党委副书记、中国雄安建投集团董事长张维亮,中国铁建副总裁李宁参加会谈。

▲6 日　“2017 中国—阿拉伯国家博览会”在宁夏回族自治区银川市开幕。中国铁建副总裁汪文忠代表中国铁建参加开幕式和“2017 中国—阿拉伯国家博览会”高速铁路分会。

▲6 日　中铁建昆仑投资集团有限公司代表中国铁建投资建设的成都首条地铁机场专线——地铁 10 号线一期开通试运营。该线为中国铁建在西南地区首次采用全产业链模式建设的城市轨道交通项目。

▲7 日　中国铁建信访工作(视频)会议在北京召开。国务院国资委办公厅副主任范建林,中国铁建总裁庄尚标出席会议并讲话,党委副书记、副总裁夏国斌主持会议,副总裁鲁斌做题为《强化责任担当,防范化解风险,努力开创中国铁建信访工作新局面》的讲话。

▲7 日　中国铁建在中国铁建股份有限公司北京培训中心(党校)召开“三供一业”分离移交工作培训研讨推进会。中国铁建副总裁李宁出席会议并讲话。

▲8 日　中国铁建董事长、党委书记孟凤朝在中国铁建大厦会见中国驻刚果(布)大使夏煌,双方就加强中国铁建与刚果(布)的项目合作、拓宽市场领域进行深入沟通。中国铁建副总裁汪文忠参加会见。

▲8 日　国务院国资委“互联网 + 党建”课题组到中国铁建就发挥“互联网 + ”优势,加强企业党建进行调研,课题组充分肯定中国铁建对“互联网 + 党建”作出的探索和取得的成绩。

▲8 日　中国铁建党委常委、纪委书记李春德参加全国纪检监察系统先进集体先进工作者表彰大会,中国铁道建筑总公司纪委被评为全国纪检监察系统先进集体。

▲9 日　中国铁建总裁庄尚标在中国铁建大厦与到访的呼和浩特市委副书记、代市长、内蒙古和林格尔

新区党工委书记冯玉臻，呼和浩特市委常委、常务副市长刘文玉一行进行会谈。中国铁建副总裁李宁参加会谈。

▲10日　中国企业联合会、中国企业家协会共同发布“2017中国企业500强”排行榜，中国铁建排名第14位，与2016年度持平。

▲11日　香港特别行政区政府与香港贸易发展局合办的第二届“一带一路”高峰论坛在香港湾仔会展中心举行，香港特别行政区行政长官林郑月娥，国家发展和改革委员会副主任宁吉喆，商务部副部长高燕等出席论坛，中国铁建董事长、党委书记孟凤朝应邀出席论坛并就基建投资、东盟机遇等话题进行交流探讨。中国铁建副总裁汪文忠参加论坛活动。

▲11—16日　中国铁建非执行董事葛付兴，独立非执行董事王化成、辛定华、承文、路小蔷，在中国铁建董事会秘书余兴喜和董事会秘书局相关人员陪同下，先后调研中铁十九局集团有限公司、中铁二十二局集团有限公司、中铁建设集团有限公司、中铁第五勘察设计院集团有限公司、中铁十四局集团有限公司5家集团公司及其所属的5个项目。

▲12日　中国铁建副总裁鲁斌赴中铁十八局集团建筑安装公司下访并做专题调研，就贯彻落实中国铁建信访工作会议精神，做好今后一个时期的信访维稳工作提出要求。

▲14日　中国铁建地下工程装备西南产业基地在云南省昆明市正式启用，填补西南地区地下工程装备产业空白。

▲15日　中国铁建总裁庄尚标在河南省许昌市会见许昌市委书记武国定，市委常委、常务副市长石迎军，双方就进一步加强在城市快轨、棚户区改造、地下综合管廊、海绵城市等重大基础设施建设领域中的合作进行深入交流并达成重要共识。

▲15日　中国铁建“新媒体建设示范基地”揭牌仪式暨“17玩转新媒体”沙龙在中铁十七局集团有限公司太原片区举行。

▲18日　中国铁建党委常委、纪委书记李春德到中国土木工程集团有限公司调研。

▲19日　中国铁建在北京召开海外业务座谈会。中国铁建总裁庄尚标出席会议并讲话。会议传达孟凤朝董事长在香港市场经营座谈会上的讲话精神和商务部相关会议精神。会上，中国铁建副总裁汪文忠对下一步海外工作提出要求。

▲20日　中国铁建与中国再保险集团股份有限公司在中国铁建大厦举行战略合作协议签约仪式。中国铁建总会计师、总法律顾问王秀明与中再集团常务副总裁和春雷分别代表双方签署协议。

▲21日　中国铁建总裁庄尚标到中铁二十三局集团有限公司调研。

▲21日　中国铁建总裁庄尚标在武汉市会见武汉市蔡甸区委书记、中法武汉生态示范城管委会主任刘子清，蔡甸区长彭巧娣等，双方就共同推进有关项目合作进行座谈并达成系列共识。

▲21日　中国铁建副总裁鲁斌一行到联系点中铁十八局集团四公司所属兰州榆中迎宾大酒店项目部进行调研指导并召开座谈会。

▲21日　中铁第四勘察设计院集团有限公司设计，中铁十一局、十八局、二十四局集团有限公司和中铁城建集团有限公司等单位参建的武九高速铁路全线开通运营。

▲21—22日　中国铁建高速铁路CRTSⅢ型先张法轨道板技术交流会在北京召开。中国铁建总工程师雷升祥出席会议并讲话。技术交流会上，中国铁道科学研究院、中铁第四勘察设计院集团有限公司和中铁二十二局、二十三局、十九局集团有限公司的5位技术专家，分别从CRTSⅢ型先张法预应力混凝土无砟轨道板研制、设计、单元台座法制板、机组流水线法制板及铺设施工5个专项进行讲解并与参会人员互动交流。

▲22日　中国铁建党委常委、纪委书记李春德到中国铁建国际集团有限公司调研。

▲24日　中国铁建在2017年全国建筑业财税知识竞赛总决赛中获优秀组织奖、团体奖10项，个人金奖10项，先进单位奖9项。中国铁建总会计师、总法律顾问王秀明出席颁奖仪式。

▲24日　国产首台常压换刀式超大直径泥水平衡盾构机“沅安号”在长沙市验收下线。该设备由中国铁建重工集团有限公司、中铁十四局集团有限公司联合研制，具有完全自主知识产权，填补了中国国产盾构机常压换刀技术领域的空白。

▲25日　5集大型纪录片《难忘铁道兵》在中央电视台第四套《国家记忆》栏目首播。

▲25日　中国铁建召开降杠杆工作视频会议，贯彻落实党中央、国务院以及国务院国资委降杠杆减负债决策部署和有关会议精神，安排部署中国铁建降杠杆减负债相关工作。中国铁建总裁庄尚标出席会议并讲话。

▲25日　中国铁建与中国进出口银行在北京签署战略合作协议。签约仪式前，中国铁建董事长、党委书记孟凤朝与中国进出口银行董事长、党委书记胡晓炼就进一步深化双方在“一带一路”建设等领域的合作进行深入交流并达成共识。中国铁建总会计师、总法律顾问王秀明与中国进出口银行副行长袁兴永分别代表双方签署协议。

▲25—28 日　中国铁建 2017 年经营管理人员法律培训班在中国铁建股份有限公司北京培训中心(党校)举办。

▲28 日　中国铁建与中国银河金控在北京签署协议,共同设立“铁建银河‘一带一路’基金”。中国铁建董事长、党委书记孟凤朝,中国银河金控董事长、党委书记陈共炎出席签约仪式。中国银河金控总经理杜平主持仪式。中国铁建总会计师、总法律顾问王秀明与中国银河金控副总经理宋卫刚分别代表双方签署协议。

▲28 日　中国铁建党委常委、纪委书记李春德应邀出席广东省人民检察院广州铁路运输分院“预防职务犯罪铁路网”系列活动,先后在广州铁路(集团)公司和中铁二十五局集团有限公司出席活动启动仪式和座谈会,并分别致辞和发言。

▲29 日　中国铁建总裁庄尚标在杭州市会见浙江省委副书记、省长袁家军,副省长高兴夫等领导,双方就推进浙江省基础设施建设、进一步深化战略合作进行深入交流并达成重要共识。

▲29 日　中铁第一勘察设计院集团有限公司总体设计,中铁十一局、十二局、十六局、十八局、十九局、二十一局集团有限公司,中国铁建大桥工程局集团有限公司和中国铁建电气化局集团有限公司 8 家单位参建的兰渝铁路开通运营。

10 月

▲2 日　国际咨询工程师联合会(FIDIC 菲迪克)2017 年度工程项目奖颁奖仪式在印度尼西亚雅加达召开。中铁第一勘察设计院集团有限公司总体设计的兰新高速铁路摘得最高奖——“年度杰出项目奖”桂冠,全球仅有 3 个项目获奖。至此,铁一院已连续 5 年斩获这一堪称国际工程咨询界的“诺贝尔奖”,先后有 11 个项目和 1 名个人获得该组织颁发的各类奖项,成为全球获奖最多的企业。

▲9 日　中国铁建总裁庄尚标在长沙市会见湖南省委常委、长沙市委书记胡衡华,双方就进一步做大做强装备制造产业、推进基础设施建设等有关事宜进行深入会谈,并达成共识。中国铁建副总裁李宁,长沙市委常委、市委秘书长夏建平,副市长廖建华参加会见。

▲12—17 日　中国铁建党委常委、纪委书记李春德率队先后到中国铁建在白俄罗斯和俄罗斯的所属单位和工程项目调研,检查指导境外资产监管和廉洁风险防控工作。

▲13 日　中国铁建党委在郑州市召开党支部建设工作现场推进会,进一步深入贯彻落实全国国有企业党的建设工作会议精神。

▲15 日　国务院国资委主任肖亚庆,副主任徐福顺一行到中国铁建所属中铁十六局集团有限公司北京地铁 8 号线三期 1 标段王府井北站项目,检查督导安全稳定及环保工作。中国铁建党委书记、董事长孟凤朝,总裁庄尚标,副总裁刘汝臣陪同。

▲16 日　中国铁建总裁庄尚标到中铁二十局集团有限公司调研。

▲20 日　在北京出席中国共产党第十九次全国代表大会的中国铁建党委书记、董事长孟凤朝代表接受境内外数十家媒体的集体专访。

▲23 日　中国铁建总裁庄尚标在中国铁建大厦会见来访的沙特阿美石油公司高级副总裁艾哈迈德·萨迪一行。双方就加强合作深入交换意见。

▲27 日　中国铁建党委召开党的十九大精神传达学习动员部署视频会议。

▲27 日　中国铁建广州市轨道交通 18 号线和 22 号线及同步实施场站综合体设计施工总承包项目上场动员大会在广州市举行。中国铁建总裁庄尚标,广州地铁集团董事长丁建隆、总经理何霖出席动员大会。

▲27 日　中国铁建总裁庄尚标在广州市会见广州市委常委、黄埔区委书记,广州开发区党工委书记、管委会主任周亚伟,双方就共同深入推进企地合作进行友好交流并达成系列共识。

▲28 日至 11 月 2 日　中国铁建副总裁汪文忠一行赴阿尔及利亚参加中国土木工程集团有限公司甘塔斯隧道贯通仪式并调研阿尔及利亚市场。

▲30 日　中国铁建在铁建大厦召开 2017 年第一次临时股东大会。会议按照国务院国有资产监督管理委员会关于将中央企业党建工作要求纳入公司章程和全面推进法治央企建设的有关要求,修订《中国铁建股份有限公司章程》相关条款。

▲31 日至 11 月 7 日　国务院国资委境外国有资产检查组到中国铁建所属中国土木工程集团埃塞俄比亚公司开展检查。国有重点大型企业监事会第五办事处主任刘珊一行在中国铁建总会计师、总法律顾问王秀明陪同下检查指导工作。

▲10 月　中国驻安提瓜和巴布达使馆、商务部和国务院国资委相继向中国铁建发来感谢信和表扬信,对中国铁建在飓风“玛利亚”营救行动中主动承担并圆满完成中方人员转移接返工作表示感谢。

11 月

▲2 日　中国铁建总裁庄尚标在中国铁建大厦会见重庆市两江集团党委书记、董事长李谨一行。双方

围绕加快两江新区建设发展，进一步加强合作进行深入交流。

▲2 日　中国铁建在总部机关召开铁建银信业务推广视频会议。

▲3 日　中国铁建与同济大学在中国铁建大厦签署战略合作协议。中国铁建董事长、党委书记孟凤朝与同济大学校长钟志华（院士）分别代表双方在协议书上签字。

▲3 日　中国铁建举办以“书写新时代”为主题的书法大赛，推进全系统深入学习宣传贯彻党的十九大精神。

▲3 日　中国内部审计协会在北京召开学习党的十九大精神暨全国内部审计先进集体和先进工作者表彰大会。中国铁道建筑总公司审计局，中铁十七局集团有限公司审计处被授予“全国内部审计先进集体”称号；中国铁道建筑总公司审计局副局长李忠心，审计局北京分局局长边元双，中铁十一局集团有限公司总会计师方永利，中铁十六局集团有限公司审计部部长朱长安获“全国内部审计先进工作者”称号。

▲7 日　中国铁建党委常委、副总裁李宁接受凤凰卫视《龙行天下》栏目组专访，就中国铁建参与尼日利亚莱基自贸区建设以及建设境外经贸合作区与国家“一带一路”建设、国际产能合作战略间的关系等方面问题回答记者提问。

▲7 日　安哥拉新任总统若昂·洛伦索视察中国铁建国际集团有限公司卡宾达机场项目和中铁二十局集团有限公司卡宾达供水项目并给予高度赞誉。

▲8 日　中国铁建总裁庄尚标在黑龙江省哈尔滨市会见中共中央候补委员、黑龙江省委常委、哈尔滨市委书记王兆力。双方就进一步推进哈尔滨基础设施建设等有关事宜进行交流并达成共识。

▲8 日　国务委员王勇在国务院国资委党委书记郝鹏陪同下，参观央企创新成就展中国铁建展位，听取中国铁建董事长、党委书记孟凤朝对企业主要创新成果的介绍。王勇对中国铁建创新发展取得的成就给予充分肯定。

▲8—9 日　中国铁建党委常委、纪委书记李春德一行到中国铁建对口扶贫的张家口市万全区、尚义县调研督查对口扶贫工作成效和扶贫干部履职情况。

▲9 日　经国家住房和城乡建设部认定，中铁十四局集团有限公司获“国家装配式建筑示范产业基地”称号。

▲10 日　中国铁建总裁庄尚标在河源市会见广东省河源市委书记丁红都，双方就进一步加强合作，携手推动河源市经济社会发展进行深入交流并达成一系列共识。

▲13 日　中国铁建纪委在中铁十八局集团有限公司机关召开 2017 年纪委书记座谈会。

▲15—23 日　中国铁建副总裁汪文忠先后到新加坡参加中新高速铁路技术研讨会，到巴基斯坦参加中巴经济走廊第七次联委会并调研市场开发和项目建设情况。

▲16 日　中国铁建董事长、党委书记孟凤朝在银川市先后会见宁夏回族自治区党委书记石泰峰，党委副书记、银川市委书记姜志刚，就进一步加强中国铁建与宁夏回族自治区和银川市的战略合作，拓展合作领域、提升合作水平，促进基础设施建设等多领域深入合作进行亲切交谈并达成共识。

▲16—19 日　中国铁建资本运营业务培训班在中国铁建股份有限公司北京培训中心（党校）举办。

▲17 日　中国铁建与沧州市政府战略合作框架协议签约仪式在沧州举行。中国铁建总裁庄尚标，沧州市委书记杨慧，市委副书记、市长梅世彤等领导出席签约仪式。中国铁建总经济师孙公新，沧州市副市长鞠志杰分别代表中国铁建和沧州市政府签署战略合作框架协议。

▲18—19 日　第十七届中国上市公司百强高峰论坛暨第三届中国百强城市全面发展论坛在北京举行，中国铁建董事会秘书余兴喜代表公司出席论坛并领奖。论坛上，中国铁建获中国明星企业奖，中国百强企业奖；董事长孟凤朝获得中国百强杰出企业家奖，余兴喜获得中国百强优秀董秘奖。

▲19 日　中国铁建总裁庄尚标与正在中国进行国事访问的巴拿马总统巴雷拉进行会谈。双方就进一步加强在巴拿马基础设施投资和建设方面的合作进行深入交流。巴拿马副总统兼外交部长德圣马洛，巴拿马运河部部长罗伊，巴拿马驻华大使埃斯科巴等参加会见。

▲20 日　中国铁建在北京召开科技创新大会，回顾总结“十一五”以来的科技创新工作，研究部署今后一个时期科技创新的重点工作，凝聚创新驱动发展共识与合力，推进十九大“加快建设创新型国家”决策部署在中国铁建落地。中国铁建董事长、党委书记孟凤朝做书面讲话，总裁庄尚标出席会议并讲话，党委副书记、副总裁夏国斌主持会议。中国工程院院士梁文灏，中国铁建总会计师、总法律顾问王秀明，纪委书记李春德，副总裁鲁斌、李宁以及 6 位中国铁建系统全国工程勘察设计大师出席会议。

▲20 日　中国铁建在北京召开责任成本管理工作会议。中国铁建董事长、党委书记孟凤朝，总裁庄尚标，党委副书记、副总裁夏国斌，总会计师、总法律顾问王秀明，纪委书记李春德，副总裁鲁斌、李宁出席会议。

会上庄尚标做讲话，夏国斌主持会议，王秀明宣读《关于表彰责任成本管理工作先进单位和先进个人的通报》，李春德宣读《关于表彰“中国铁建创效功臣”的通报》，中国铁建总经济师赵晋华就责任成本管理工作做专题报告。

▲20—25 日　中国铁建党委常委、纪委书记李春德率队到中国铁建驻坦桑尼亚有关单位和项目，对境外资产监管和廉洁风险防控工作进行调研和检查指导。

▲21 日　中国铁建董事长、党委书记孟凤朝在哈尔滨市会见黑龙江省委书记、省人大常委会主任张庆伟。双方就进一步推进黑龙江省基础设施建设等有关事宜进行深入交流并达成共识。

▲21—23 日　中国铁建董事长、党委书记孟凤朝到中铁十八局集团有限公司、中国铁建大桥工程局集团有限公司、中铁二十二局集团有限公司等单位东北片区项目调研并看望慰问一线员工。

▲22 日　国务院国资委副主任黄丹华一行 6 人到中国铁建国际集团有限公司摩洛哥拉巴特塔项目部考察。

▲22 日　党的十九大代表，中国铁建党委书记、董事长孟凤朝在探访铁道兵诞生地——哈尔滨极乐寺后，在中国铁建大桥工程局集团四公司机关宣讲党的十九大精神。

▲22 日　中国铁建召开 2017 年度计划统计工作会议。

▲23 日　中国铁建与北京外国语大学全面战略合作框架协议签字仪式在北京外国语大学举行。中国铁建总裁庄尚标和北京外国语大学校长彭龙共同见证签约。中国铁建副总裁鲁斌与北京外国语大学副校长贾德忠分别代表双方在协议书上签字。

▲23 日　中国铁建副总裁汪文忠在巴基斯坦参加中巴经济走廊第七次联委会期间，会见巴基斯坦总理沙希德·哈坎·阿巴西。双方就进一步加强在巴基斯坦基础设施投资建设等方面的合作进行深入交流。

▲23 日　由金融界主办的“金智奖”上市公司价值评选颁奖典礼在北京举行。中国铁建获 2017 年度中国上市公司最受尊敬董事会、2017 年度中国上市公司精准扶贫优秀案例两个奖项。

▲24 日　国务院国资委副主任王文斌一行到中国铁建京张高速铁路清华园隧道项目部调研，检查中国铁建学习宣传贯彻党的十九大精神情况。中国铁建总裁庄尚标陪同调研。

▲27 日　中国铁建总裁庄尚标在中国铁建大厦会见长沙理工大学党委书记付宏渊一行，双方就进一步加强校企合作，推动人才培养、科研攻关等方面达成广泛共识。

▲27 日　中国铁建党委理论学习中心组举行学习贯彻党的十九大精神专题研讨会。

▲28 日　中国铁建在中铁第五勘察设计院集团有限公司机关举行专利工作推进会暨海外专利培训班开班仪式。中国铁建董事长、党委书记孟凤朝，国家知识产权局副局长、党组成员贺化出席会议并共同为中国铁建知识产权中心揭牌。中国铁建党委副书记、副总裁夏国斌主持会议并宣读《关于成立中国铁建知识产权中心的通知》。中国铁建总工程师雷升祥做专利工作报告。

▲28—30 日　中国铁建盾构机操作技能大赛在长沙市举办。中国铁建党委常委、副总裁、大赛组委会主任鲁斌出席开幕式并讲话。中铁十四局、十八局、十二局集团有限公司分别获得团体前三名；中铁十二局集团有限公司井庆宝，中铁十六局集团有限公司章卫和中铁二十一局集团有限公司张培佳分别获得盾构机操作手前三名；中铁十二局集团有限公司程佳琛，中铁十一局集团有限公司张文桂和中铁十七局集团有限公司肖力分别获得机电维修工前三名；中铁十四局集团有限公司王海昭，中铁十八局集团有限公司宋亚萌和中铁十九局集团有限公司杨永刚分别获得机液维修工前三名。中国铁建、中国铁建工会分别授予各专项成绩前三名选手“中国铁建技术能手”称号和中国铁建工人先锋奖章，中国铁建团委授予 35 周岁以下获奖选手“中国铁建青年岗位能手”称号，中国铁建授予中国铁建重工集团有限公司大赛优秀组织奖。

▲29 日　中国铁建董事长、党委书记孟凤朝，总裁庄尚标在长沙市会见湖南省委书记、省人大常委会主任杜家毫，双方就基础设施建设、推动新型轨道交通装备产业发展等有关事宜进行深入交谈并达成共识。湖南省委常委、长沙市委书记胡衡华，湖南省委常委、省委秘书长谢建辉，湖南省副省长、省国资委党委书记张剑飞，中国铁建总经济师孙公新参加会谈。随后，孟凤朝、庄尚标和胡衡华、长沙市市长陈文浩共同见证中国铁建重工集团有限公司、长沙市经开区新型轨道交通装备产业园项目签约。

▲29 日　中国铁建总裁庄尚标会见湘潭市委书记曹炯芳，市长谈文胜。双方就进一步推进湘潭有关项目的合作进行友好交流。

▲30 日　中国铁建总裁庄尚标在中国铁建大厦会见中央军委后勤保障部军事设施建设局副局长唐敏一行，双方就进一步加强军企沟通协作，深入推动军民融合，开展军队工程建设、装备技术合作等内容达成重要共识。

▲30 日　在第七届中国证券金紫荆奖颁奖典礼上，中国铁建获得最具投资潜力上市公司奖；董事会秘书余兴喜获得最佳上市公司董事会秘书奖。

▲30 日至 12 月 3 日　中国共产党与世界政党高层对话会在北京举行。中共中央总书记、国家主席习近平出席高层对话会开幕式并发表主旨讲话。中国铁建党委副书记、总裁庄尚标参加开幕式和第一次全体会议并在“共建‘一带一路’：政党的参与和贡献”专题研讨会上发表演讲。

12 月

▲1 日　中国铁建副总裁鲁斌在中国铁建大厦会见阿尔及利亚民族解放阵线党领导人、国民议会副议长穆罕默德·穆萨乌贾，民族民主联盟领导人、国民议会副议长阿明·森努希一行，双方就基础设施建设等有关事宜进行深入交流并达成共识。

▲1 日　中铁二十局集团有限公司被评为对外承包工程 AAA 级企业。

▲4 日　中国铁建重工集团有限公司在台北与台湾荣工工程、大陆工程分别签订台北捷运万大线 2 台 6 米级土压平衡盾构机供货合同。这是大陆盾构机首次进入台湾地区市场，打破日本企业在台湾地区 30 多年的市场垄断。至此，中国铁建的业务版图实现历史性跨越——全国 34 个省级行政区，包括 23 个省、5 个自治区、4 个直辖市、2 个特别行政区全覆盖。中国铁建董事长、党委书记孟凤朝，台湾亚翔集团董事长姚祖骧，台湾欣陆控股集团执行长洪义乾出席签约仪式。

▲6 日　中铁第一勘察设计院集团有限公司勘察设计，中铁十一局、十二局、十六局、十七局、十九局、二十局集团有限公司和中国铁建电气化局集团有限公司等单位参建的西成高速铁路正式开通运营。

▲6—8 日　2017 年《财富》全球论坛在广州市举行，中国国家主席习近平致贺信，中共中央政治局常委、国务院副总理汪洋出席论坛开幕式并发表主旨演讲。国务院国资委主任肖亚庆及国家有关部委领导，中国铁建总裁庄尚标等应邀出席。论坛前夕，庄尚标会见广东省委副书记、广州市委书记任学锋。

▲7 日　中国铁建国际集团马来西亚公司董事长赵光明与马来西亚 M101 实体有限公司首席执行官拿督叶廷浩正式签约吉隆坡 M101 摩天轮酒店和写字楼项目。吉隆坡 M101 摩天轮酒店和写字楼地上总高度 316 米。

▲7—8 日　中国铁建总裁庄尚标到中铁十五局集团有限公司、中铁二十四局集团有限公司、中铁上海设计院集团有限公司等中国铁建上海片区单位调研，了解各单位学习贯彻党的十九大精神、生产经营、党建工作等方面的情况。

▲8 日　中国铁建总裁庄尚标在上海会见上海市副市长时光辉。双方围绕充分发挥各自优势，建立互利共赢、长期稳定的合作伙伴关系进行深入探讨与交流并达成共识。

▲8 日　在中国铁建党委理论学习中心组（扩大）会上，中国铁建“不忘初心，牢记使命”主题演讲比赛 10 名获奖选手在总部机关汇报展演。中国铁建国际集团有限公司选手王纪玮以《丝路上的铁兵故事》获一等奖；中铁十六局集团有限公司张媛媛，中铁二十局集团有限公司张丽远，中国土木工程集团有限公司温凯分别获得二等奖；中铁十九局集团有限公司夏荔，中铁第一勘察设计院集团有限公司许江浩，中国铁建电气化局集团有限公司程鹏，中铁第四勘察设计院集团有限公司唐涛，中铁十七局集团有限公司黄磊，中铁城建集团有限公司倪雯雯分别获得三等奖。

▲11 日　中国铁建在北京召开全系统信用评价专题会议，梳理各行业市场的信用评价开展情况。中国铁建副总裁李宁出席会议并讲话。

▲11 日　中国铁建在北京召开海外业务信息服务系统二期培训视频会议，安排部署各单位海外业务信息填报工作。中国铁建副总裁汪文忠出席会议并讲话。

▲12 日　在山西省省长楼阳生，中国铁建总裁庄尚标等共同见证下，中国铁建与山西省政府在太原市签署战略合作协议。中国铁建副总裁李宁与山西省副省长王一新分别代表中国铁建、山西省政府在协议上签字。

▲12 日　中国铁建副总裁李宁在中国铁建大厦会见巴西巴伊亚州副州长若昂·里昂，双方就进一步加强基础设施建设领域合作进行深入交流并达成共识。

▲13 日　中国知识产权高峰论坛在北京国家会议中心举行，中国铁建董事长、党委书记，中国专利保护协会会长孟凤朝致辞并为第十九届中国专利奖获奖代表颁奖。

▲13 日　中国铁建总裁、党委副书记庄尚标到中铁十二局集团有限公司、中铁十七局集团有限公司等中国铁建太原片区相关单位调研，深入了解生产经营、经济管理、人才培养等情况。

▲15 日　中国铁建与安徽省政府在合肥市签署战略合作框架协议。双方将在城市开发和基础设施建设等领域建立长期、稳固、友好的项目合作伙伴关系。中国铁建总裁庄尚标会见安徽省省长李国英并出席签约仪式。中国铁建副总裁李宁与安徽省副省长方春明分别代表中国铁建、安徽省政府在协议上签字。

▲15 日　中国铁建直属机关党委在北京召开党的十九大精神辅导报告会，特邀北京大学教授、博士生导师岳庆平做党的十九大精神辅导报告。中国铁建党委书记、董事长孟凤朝主持会议并讲话。

▲16 日　土耳其副总理西姆谢克在土耳其驻华大使约南陪同下访问中国铁建。在中国铁建大厦，西姆谢克与中国铁建董事长、党委书记孟凤朝进行亲切友好交流并就基础设施建设有关事宜达成共识。

▲22 日　中国铁建 2017 年第二次临时股东大会在中国铁建大厦举行。会议由中国铁建董事长、党委书记孟凤朝主持，非执行董事葛付兴，独立非执行董事王化成、承文、路小蔷以及中国铁建其他董事及监事、高级管理人员出席会议。会议审议通过《关于公司公开发行 A 股可转换公司债券方案的议案》等 12 项议案。

▲25 日　中国铁建第二届“十大楷模”、第五届“十佳道德模范”、首届“十大品牌”表彰大会暨官方动漫形象发布会在北京举行。授予中铁十二局集团铁路养护公司安多班组等 10 个集体和个人中国铁建第二届“永远的铁道兵杯”十大楷模称号；授予汪鹏等 10 人中国铁建第五届“十佳道德模范”称号；授予中铁十四局集团有限公司大盾构等 10 个品牌中国铁建首届“十大品牌”称号。会议现场以播放发布视频的形式，正式对外发布官方动漫形象“福鹿娃”。

▲25—27 日　中国铁建建设项目档案管理培训班在中国铁建股份有限公司北京培训中心（党校）举办。所属各单位档案管理部门负责人、科技档案管理人员、建设项目档案资料管理员 270 余人参加培训。

▲26 日　中国铁建科技设计部在北京组织召开兴延高速公路石峡隧道施工技术研讨会。会议邀请石家庄铁道大学教授朱永全，中铁第一勘察设计院集团有限公司副总工程师、全国工程勘察设计大师李国良等隧道专家出席会议。

▲26 日　中铁第四勘察设计院集团有限公司总体设计的武汉市 3 条地铁线——轨道交通 8 号线、阳逻线、1 号线径河延伸线同时开通试运营。

▲27 日　中国铁建大桥工程局集团有限公司与孟加拉国铁路局签署总投资 15.45 亿美元的孟加拉国铁路阿考拉至锡莱特米轨转换混合轨改造项目商务合同。

▲27 日　中国铁建电气化局集团南方公司联手华为技术有限公司，与山西省太谷县人民政府、山西农谷管理委员会正式签署智慧城市和农谷—华为大数据中心战略合作协议，共同推进农业大数据和智慧城市平台建设。

▲28 日　中国铁建总部机关及部分在京单位领导干部赴司法部燕城监狱，零距离接受法治警示教育。

▲28 日　中国铁建投资建设，中铁二十局集团有限公司施工总承包的成都市经济区环线高速公路简阳至蒲江段开通运营。

▲29 日　中铁磁浮交通投资建设有限公司承建的中国首条中低速磁浮旅游专线——清远市磁浮旅游专线在广东省清远市开工建设。

▲29 日　中国铁建投资集团有限公司和中铁第一勘察设计院集团有限公司组成联合体投资的 BOT 项目——广西资源（梅溪）至兴安高速公路开通运营。

2017 年 8 月 18 日,中国铁建 2017 年全面从严治党“两个责任”促进会在北京召开。（李锦龙 摄）

概 况

2017 年中国铁建发展概况

【中国铁建简况】 前身是中国人民解放军铁道兵的中国铁建股份有限公司(中文简称“中国铁建”,英文简称CRCC),由中国铁道建筑总公司(2017 年 12 月改制为中国铁道建筑有限公司,下同)独家发起设立,于 2007 年 11 月 5 日在北京成立,为国务院国有资产监督管理委员会管理的特大型建筑企业。2008 年 3 月 10 日和 3 月 13 日,分别在上海证券交易所(A 股,代码 601186)和香港联合证券交易所(H 股,代码 1186)上市。

截至 2017 年底,中国铁建下辖二级子公司和单位 43 家;三级法人企业 497 家。其中,工程公司 172 家、四级法人企业 282 家、五级法人企业 6 家。在职员工 261333 人。其中,管理人员 57614 人,占 22.05%;专业技术人员 122315 人,占 46.8%;技能人员 81404 人,占 31.15%。拥有 1 名中国工程院院士、8 名国家勘察设计大师、11 名“百千万人才工程”国家级人选、237 名享受国务院特殊津贴的专家。

中国铁建业务涵盖工程承包、勘察设计咨询、工业制造、房地产开发、物流与物资贸易等,具有科研、规划、勘察、设计、施工、监理、维护、运营和投融资等完善的行业产业链。在高原铁路、高速铁路、高速公路、桥梁、隧道和城市轨道交通工程设计及建设领域,确立行业领导地位。公司经营范围遍及包括台湾省在内的全国 32 个省、自治区、直辖市和香港、澳门特别行政区以及世界 120 个国家,是中国乃至全球最具实力、最具规模的特大型综合建设集团之一。

自 20 世纪 80 年代以来,中国铁建在工程承包、勘察设计咨询等领域获得国家级奖项 731 项。其中,国家科技进步奖 72 项;国家勘察设计“四优”奖 141 项;中国土木工程詹天佑奖 90 项;中国建设工程鲁班奖 122 项;国家优质工程奖 306 项。累计拥有专利 8346 项、获国家级工法 292 项。连续 13 年入选《财富》杂志“世界 500 强”,2017 年排名第 58 位;连续 22 年入选美国《工程新闻记录》(ENR)杂志“全球 250 家最大承包商”,2017 年排名第 3 位;连续 16 年入选“中国企业 500 强”,2017 年排名第 14 位。 (杨启燕)

【主要财务指标完成情况】 2017 年,中国铁建完成营业收入 6809.81 亿元,同比增长 8.21%;实现利润 212.56 亿元,同比增长 12.05%;上缴税金 239.76 亿元,实现利税 452.32 亿元,同比降低 9.50%;实现净利润 169.19 亿元,同比增长 13.93%;基本每股收益 1.16 元。截至 2017 年底,资产总额 8218.87 亿元,负债总额 6432.39 亿元,资产负债率 78.26%。所有者权益总额 1786.49 亿元,其中归属于上市公司股东权益 1494.12 亿元,归属于上市公司股东的每股净资产 11.00元。

2016—2017 年中国铁建主要经济技术指标完成情况

项　　目	2017 年	2016 年	同比增长或下降(%)
资产总额(亿元)	8218.87	7593.45	8.24
所有者权益(亿元)	1786.49	1487.16	20.13
营业收入(亿元)	6809.81	6293.27	8.21
利润总额(亿元)	212.56	189.70	12.05
净利润(亿元)	169.19	148.51	13.93
归属于母公司所有者的净利润(亿元)	160.57	140.00	14.69
技术开发投入(亿元)	109.99	100.12	9.86
利税总额(亿元)	452.32	499.81	-9.50
应缴税金总额(亿元)	237.20	310.12	-23.51
加权平均净资产收益率(%)	10.30	10.70	减少 0.40 个百分点
总资产报酬率(%)	3.42	3.28	增加 0.14 个百分点
总公司国有资本保值增值率(%)	111.00	110.50	增加 0.50 个百分点

(制表:丁亚杰)

【市场经营】 2017年,中国铁建深入推进经营机制改革与市场布局调整,压实各级经营责任,强化高端经营对接,科学制定年度计划,加大投资驱动力度,全年工程经营领域进一步拓宽,工程承包经营、资本运营、房地产经营取得较大进展,工业制造能力、机械化施工能力显著增强。全年新签合同额15083.12亿元,同比增长23.72%。其中,国内业务新签合同额14033.23亿元,占新签合同总额的93.04%,同比增长26.28%;海外业务新签合同额1049.88亿元,占新签合同总额的6.96%,同比下降2.65%。工程承包板块新签合同额12931.85亿元,占新签合同总额的85.74%,同比增长22.08%。其中,铁路工程新签合同额2152.62亿元,占工程承包板块新签合同额的16.65%,同比减少18.80%;公路工程新签合同额3978.89亿元,占工程承包板块新签合同额的30.77%,同比增长51.95%;城市轨道工程新签合同额2047.56亿元,占工程承包板块新签合同额的15.83%,同比增长19.53%;房屋建筑工程新签合同额2054.13亿元,占工程承包板块新签合同额的15.88%,同比增长34.62%;市政工程新签合同额1971.34亿元,占工程承包板块新签合同额的15.24%,同比增长41.32%;水利电力工程新签合同额242.07亿元,占工程承包板块新签合同额的1.87%,同比增长29.84%;机场码头工程新签合同额97.62亿元,占工程承包板块新签合同额的0.75%,同比减少6.09%。

非工程承包板块新签合同额2151.28亿元,占新签合同总额的14.26%,同比增长34.58%。其中,勘察设计咨询新签合同额170.78亿元,同比增长36.49%;工业制造新签合同额283.76亿元,同比增长42.15%;物流与物资贸易新签合同额823.21亿元,同比增长26.75%;房地产开发新签合同额684.13亿元,同比增长38.26%。年内签约企业有史以来最大的总承包项目广州轨道交通18号、22号线以及深圳地铁16号线、牡佳铁路、郑许市域铁路、京新高速公路、钦州产业园特色扶贫小镇、非洲第一高楼摩洛哥拉巴特塔、尼日利亚阿布贾城铁二期、斯里兰卡国家医院门诊楼等一大批有影响力的重点项目;成功进入莫斯科地铁市场;自主研制盾构机首次进入台北捷运工程,打破日本长达30年的垄断。全年获得特级资质26项,实现水利水电、港口与航道特级资质零的突破,全系统特级资质总数达到65项,为经营提供强大支撑。

（杨启燕）

【施工生产】 2017年,中国铁建狠抓安全质量管理,出台一系列规章制度,进一步健全安全质量和项目管理体系;开展安全质量大反思、大排查、大整改,强力推进高速铁路质量隐患排查整治工作;进一步建立健全内部市场和各行业市场信用评价管理机制;切实加强质量创优和信用评价管理,全年获得中国建设工程鲁班奖8项、国家优质工程奖35项、国家级优秀质量管理小组活动成果170项。主要实物工程完成量和重点产品产量保持高位,全年完成公路3186千米,同比增长40.66%;城市轨道427千米,同比增长21.65%;完成隧道1329千米,桥梁1562千米,铺轨4130千米;房屋施工面积1.74亿平方米,房屋竣工面积2281万平方米;土石方13.85亿立方米。生产盾构设备112台(套),特种装备产品616台(套),大型养路机械设备57台(套)。年内宝兰、武九、西成、石济客运专线,兰渝、北阿铁路,简蒲、共玉高速公路,青岛、福州、石家庄、厦门等地城轨地铁,青岛港全自动化集装箱码头等重点工程开通运营;世界最大断面公路隧道港珠澳大桥拱北隧道、“国内罕见、世界难题”胡麻岭隧道、博鳌海底隧道等重难点隧道实现贯通;世界最大重量转体斜拉桥菏泽丹阳立交桥正式通车;马来西亚四季酒店顺利封顶,北非最长隧道甘塔斯隧道正式贯通。

（杨启燕）

【公司治理】 2017年,中国铁道建筑总公司改制为中国铁道建筑有限公司,所属7家全民所有制企业完成改制,实现由全民所有制企业向公司制企业转变。年内完成中国铁建董事会、监事会、经理层的换届工作,进一步修订完善《中国铁道建筑有限公司章程》《中国铁建股份有限公司章程》等规章制度,公司董事会治理规范完善、决策科学高效,受到国资委和相关机构、投资者的好评。获得主板优秀董事会、年度中国上市公司最受尊敬董事会等称号。在二级公司层面,着力解决董事会虚设问题,制定下发《二级公司董事会规范运作指导意见》《二级公司董事会规范运作考核评价暂行办法》《外部董事管理办法》等制度,为进一步规范二级公司法人治理结构奠定制度基础。

（杨启燕）

【改革发展】 制定中国铁建全面深化改革总体方案和发展混合所有制经济指导意见,强化改革顶层设计。供给侧改革深入推进,中国铁建房地产集团有限公司去库存成效明显;中铁二十三局集团有限公司、中铁建设集团有限公司处置“僵尸企业”扎实开展,职工安置工作平稳有序。加大资源整合重组力度,顺应市场形势与政府要求,在既有区域指挥部等机构基础上组建中铁建华南建设有限公司、中铁建北部湾建设投资有限公司、中铁建城市建设投资有限公司、中铁建西北投资建设有限公司、中铁建雄安投资发展有限公司,重组中铁海峡建设集团有限公司，整合中国铁建重工集团有限公司与中国铁建高新装备股份有限公司。“瘦身健体”扎实推进，2017年压减法人企业139户，累计压减192户，较好完成国务院国资委下达的指标。改进绩效考核体系，加强对子公司负责人的战略引领考核，按照“管产业必须管经营”要求初步实现产业经营发展指标与总部产业管理部门负责人绩效挂钩；按照上级要求积极稳妥推进“三供一业”分离移交、“大集体”改革和企业办培训医疗机构改革工作。（杨启燕）

【产业建设】 中国铁建“十三五”战略规划顺利实施，专项产业规划和配套政策措施陆续推出。工程承包产业稳中有进，铁路、公路、城市轨道、房屋建筑、市政五大千亿级市场得到巩固。所属中国铁建投资集团有限公司、中铁十六局集团有限公司、中铁二十局集团有限公司、中铁十一局集团有限公司、中国铁建大桥工程局集团有限公司、中铁十二局集团有限公司、中铁十八局集团有限公司7个集团公司承揽突破千亿关口。中铁十四局集团有限公司大盾构产业品牌日益巩固，话语权不断提升；中铁十五局集团有限公司积极思变，激活沉睡资产，降债降率，加强与地方投资平台公司合作，江浙市场开发成效明显。勘察设计板块稳步增长，设计领域不断拓宽。装备制造取得持续突破，中国铁建重工集团有限公司加强产用对接，个性化定制、智能化生产、信息化协同、服务型制造等新模式、新业态日渐丰富；中铁磁浮交通投资建设有限公司磁浮产业取得突破，清远项目、长沙试验线开工建设。高速公路运营里程逐年增加，运营资产初步形成规模。物资物流、金融产业增速明显。（杨启燕）

【转型升级】 一是大力推进从承包商、建造商向投资商、运营商转型。2017年新增投融资项目119个，投融资经营新签项目合同额3774亿元，在手投融资项目342个。高速公路、城市轨道、综合管廊、地方铁路、停车场等运营类项目初具规模。海外运营服务业务取得重大突破，亚吉铁路正式运营，尼日利亚阿布贾城铁一期和以色列红线轻轨运营合同相继签订；成立中铁建国际轨道交通运营有限公司，为海外运营业务构建专业平台。二是加快推进结构调整、产业升级。非工程承包产业新签合同额、营业收入、利润总额占比分别达到14.26%、18.26%、50.68%，同比分别增长34.58%、16.32%、10.09%。（杨启燕）

【技术创新】 2017年，中国铁建大力加强科技创新，召开科技创新大会，发布进一步加强科技创新工作的决定，出台《中国铁建股份有限公司科技创新平台管理办法》等科技创新重大制度，开展科技创新先进单位、杰出科技创新带头人和十大科技创新成就评选表彰，进一步健全科技创新管理体制机制，为中国铁建科技创新提供强有力的制度保障。中铁第四勘察设计院集团有限公司“复杂环境下高速铁路无缝线路关键技术及应用”获国家科技进步一等奖；中国铁建大桥工程局集团有限公司承建的主跨1038米棋盘洲悬索桥是中国铁建首个单跨超千米桥梁；中国铁建重工集团有限公司成功研制国内首台常压换刀式超大直径泥水平衡盾构机。全年获得国家科技进步奖3项，省部级科技进步奖62项，国家级勘察设计奖8项，国际咨询工程师联合会菲迪克奖4项，省部级勘察设计奖226项，中国土木工程詹天佑奖10项；授权专利1719件，其中发明专利375件，中国专利优秀奖4项。（杨启燕）

【管理创新】 加强经营协同创新、商业模式创新。广州南沙综合开发项目、成都铁路局项目、武汉蔡甸项目和昆明巫家坝等协同项目顺利落地；21个PPP项目被列为国家示范项目；广东清远磁浮旅游专线正式开工；中铁十四局集团有限公司被住房和城乡建设部认定为首批装配式建筑产业基地；成立中铁建商业保理有限公司、铁建结构调整基金（有限合伙）、铁建平安基础设施投资基金；以融资租赁形式租购盾构设备135台，获取“产业链金融”资质；创新“铁建银信”“铁建票据”产品，产融结合、以融促产力度进一步加大。（杨启燕）

【国内工程】 2017年，中国铁建系统完成施工产值6027.8亿元，5000万元以上的在建项目有3030项，其中铁路工程579项、公路工程635项、市政工程337项、城市轨道交通工程649项、水利水电工程135项、房屋建筑工程620项、其他工程75项。国内在建重点工程38项。其中，铁路工程19项：京张铁路，蒙华铁路通道，京沈铁路客运专线，成贵铁路客运专线，郑万铁路客运专线，石济铁路客运专线，武九铁路客运专线，西成铁路客运专线，宝兰铁路客运专线，兰渝铁路，玉磨铁路，黔张常铁路，成兰铁路，济青高速铁路，昌赣铁路客运专线，九景衢铁路，汉十铁路客运专线，吴忠至中卫城际铁路，广州南沙港铁路；公路工程3项：兴延高速公路，成都经济区环线高速公路浦江至都江堰段，安岳至合川、合川至璧山至江津高速公路；市政工程3项：芜湖城南过江隧道，南京市江北新区综合管廊二期工程，郑州综合交通枢纽地下交通工程；城市轨道交通工程7项：北京地铁（8号线三期、16号线、17号线），成都地铁5号线，乌鲁木齐地铁2号线，深圳地铁

(6 号线、20 号线),青岛地铁 1 号线,昆明地铁 5 号线,厦门地铁(1 号线、2 号线);水利、电力工程 3 项:苏通 GIL 综合管廊工程,引汉济渭工程,吉林中部引松供水工程;房屋建筑工程 3 项:乌鲁木齐宝能城,银川绿地中心项目,福建福清清利嘉中心。

2017 年,世界最大断面公路隧道港珠澳大桥珠海连接线的拱北隧道,东北地区最长铁路客运专线隧道京沈铁路客运专线辽西隧道,辽宁省在建最长单线铁路隧道田桓铁路摩天岭隧道,中国最大规模、世界罕见的岩堆隧道田桓铁路大前石岭隧道,成贵铁路大方隧道,哈牡铁路客运专线第二长隧威虎山隧道,“国内罕见、世界难题”兰渝铁路胡麻岭隧道,永广铁路妥安隧道,蒙华铁路蒙陕段首座特长隧道——张家园隧道,成兰铁路金瓶岩隧道,被誉为“川藏第一隧”的雅康高速公路二郎山特长隧道,世界上海拔最高、环境最恶劣的高速公路隧道雪山一号隧道,汶(川)马(尔康)高速公路汶川一号隧道贯通。亚洲首座采用预应力混凝土边主梁钢横梁斜拉桥贵港铁路青云大桥、跨度列世界上同类型结构桥梁之最的闽江特大桥连续刚构梁、国内首座铁路混合梁独塔斜拉桥江汉铁路岳口汉江特大桥实现合龙,世界最高桥 100 大名录的永吉高速全线重点控制性工程——猛洞河特大桥主体完工,国内跨度最大的重载铁路斜拉桥的蒙华铁路汉江特大桥主塔封顶,世界最大重量转体斜拉桥菏泽丹阳立交桥正式通车。 (刘　辉　扈士琰)

【外经工作】 2017 年,中国铁建海外经营布局进一步优化,业务范围扩展至世界 120 个国家或地区。其中在“一带一路”42 个国家,实施项目 225 个。中国铁建重工集团有限公司生产的盾构首次跨海销售台湾地区,并出口土耳其、俄罗斯等多个国家和地区。特别是盾构销售台湾地区,打破日本企业在台湾地区 30 多年的市场垄断。中国土木工程集团有限公司亚吉铁路运营正式起步;中国铁建国际集团有限公司承建的马来西亚吉隆坡四季酒店正式封顶;中铁二十局集团有限公司巴基斯坦卡拉高速公路年完成营业额 43 亿元。海外风险管控力度加大,及时化解多起经营风险事件,有力保障海外经营的平稳推进。 (杨启燕)

【党建工作】 2017 年,中国铁建党委认真贯彻落实党的十九大精神,以习近平新时代中国特色社会主义思想为指导,认真履行全面从严治党主体责任,充分发挥各级党组织的领导作用,助推企业市场经营成果丰硕,施工生产有序可控,改革创新走向纵深,转型升级进展加快,基础建设全面加强。(1)健全党委发挥领导作用的体制机制,召开中国铁道建筑总公司第三次(中国铁建股份有限公司第一次)党代会,所属 30 家二级单位党委按期换届。修订公司章程,明确企业党组织研究讨论“三重一大”的前置程序,明晰党委会、董事会、监事会、经理层等治理结构的权责边界,保证党组织有效参与企业决策。落实“三重一大”集体决策制度,确保中央大政方针和企业重大决策落到实处。严格落实全国国有企业党的建设工作会议精神,中国铁建党委成立专项工作领导小组,确保 4 个方面 28 项任务落地落实。深入开展“两学一做”学习教育,建立党委常委带头落实联系点制度。(2)完善党建工作责任制,各级党组织层层签订党建工作责任书,开展党建工作量化考核,抓好党委书记抓党建工作述职评议,建立考核结果与“四好”领导班子评比和经营绩效奖金兑现挂钩的机制。持续加强基层党组织建设,举办基层党支部书记集中轮训试点班,召开党支部建设工作现场推进会,逐级开展党支部建设工作情况督查。制定《关于加强境外单位党建工作的指导意见》。(3)坚持党管干部,不断优化干部人才队伍。进一步完善管理体制,优化制度程序。将原人力资源部(党委干部部)中的部分干部管理职能调整到党委组织部。建立以《领导人员管理规定》为主,《领导人员选拔任用事项动议酝酿办法》等 8 个办法为辅的领导人员管理体系。按照“20 字”要求选拔领导人员,在考察中坚持做到“五凡五必”(凡提必审、凡提必考、凡提必谈、凡提必看、凡提必践)。加大调整配备力度,努力打造“四铁”(铁一般的信仰、铁一般的信念、铁一般的纪律、铁一般的担当)干部队伍。加强日常管理监督,提升队伍纯洁性和战斗力。加强备案管理,对所属二级单位副处以上干部和项目经理跨集团调动进行审查。做好领导人员兼职管理工作,开展全系统违规经商办企业专项治理、领导人员亲属在本单位工作情况排查。(4)加强宣传思想文化工作,开展专题形势宣传教育活动,加强意识形态管控,确保意识形态领域安全。推动精神文明建设,系统内 5 家单位新增为全国文明单位。评选表彰第二届“永远的铁道兵杯”十大楷模和第五届中国铁建“十佳道德模范”。构筑全媒体传播平台,中国铁建故事在国内外高端主流媒体平台上得到高频率、大篇幅、多形式、立体化的传播,中央主流媒体刊播 1120 条,其中央视新闻联播播出 63 条。构筑企业文化高地,制定企业文化建设“十三五”规划,首次评选出“十大品牌”和企业文化建设示范基地。(5)落实“两个责任”,层层签订《党风廉政建设责任书》。班子成员积极落实一岗双责要求。实现二级单位班子成员集体谈话和纪委书记约谈全覆盖。启动纪委书记履职专项考核工作,出台《贯彻落实〈中国共产党问责条例〉实施办法》。继续贯彻中央八项规定,“四风”问题得到有效遏制。开展专项巡视,推进专项治理,实现对所属单位巡视全覆盖。持续高压反腐,进一步发挥“不敢腐”的威慑作用。党委支持纪委加大监督执纪问责力度,有效遏制腐败蔓延势头。出台《建立容错纠错机制的实施办法》等6项制度;修订《职工违纪违规处分暂行规定》。(6)强化群团工作,全系统各级群团组织围绕生产经营中心,不断加强民主管理,广泛开展劳动竞赛、青年突击队竞赛、建家建线、导师带徒、青年联谊,创新开展工会区域联动、“员工讲堂”“幸福家庭”“最美员工”“微心愿”等特色文化活动;全年有1家单位获全国五一劳动奖状,7人获全国五一劳动奖章,9个集体获全国工人先锋号;1名青年被国资委党委评为“中央企业十大青年先锋”,11个青年集体和1名青年受到团中央表彰。 (耿仁胜)

【社会责任】 (1)中国铁建持续优化治理结构,维护投资者权益,努力推进企业稳定、健康发展。2017年获中国上市公司最具核心竞争力100强、中国上市公司最具创新力企业、中国上市公司诚信企业百佳、最具投资潜力上市公司奖、最佳董事会等称号。(2)坚持稳中求进总基调,以客户满意为宗旨,以技术优势引领行业发展,履行安全生产责任,强化精益管理,为客户奉献优质精品和贴心服务。(3)细致关怀和呵护员工,从员工需求入手,让员工切实感受到企业的重视和温暖,增强员工对企业的认同感和归属感,凝心聚力共建幸福铁建。全年培训员工408669人次;筹集送温暖资金7181万元,慰问困难员工家庭15544户,慰问劳模先进、一线员工、离退休员工和农民工73401人次。(4)践行“绿水青山就是金山银山”理念,坚持绿色发展,在生产运营过程中节约资源,减少污染、节能降耗、提高资源利用效率,做行业绿色发展表率,推动企业与环境自然和谐发展。全年能耗总量569万吨标煤,企业万元营业收入综合能耗(可比价)0.0891吨标煤,比2016年下降1.66%。(5)积极履行企业公民责任,实施精准扶贫,热心社会公益,投身抢险救灾,带动社会就业,用铁建人的真情助力社会和谐发展。全年派出定点扶贫干部21人;直接资金投入1733万元,物资折款1678万元;实施帮扶项目80个,帮助引进项目16个、引入资金1247万元。 (何燕军)

【企业资质】 截至2017年底,中国铁建系统有施工资质1548项,其中总承包资质711项、专业承包资质837项。全年新取得特级资质26项,实现水利水电、港口与航道特级资质零突破,全系统特级资质总数达到65项,“四特”企业达到5家。 (董 凌)

【管辖单位】 截至2017年底,中国铁建股份有限公司下辖中国土木工程集团有限公司,中铁十一、十二局集团有限公司,中国铁建大桥工程局集团有限公司、中铁十四至二十五局集团有限公司,中铁建设集团有限公司、中国铁建电气化局集团有限公司、中国铁建港航局集团有限公司、中国铁建房地产集团有限公司,中铁第一、第四、第五勘察设计院集团有限公司,中铁上海设计院集团有限公司、中铁物资集团有限公司、中国铁建重工集团有限公司、中国铁建国际集团有限公司、中铁城建集团有限公司、中国铁建投资集团有限公司、中国铁建财务有限公司、诚合保险经纪有限公司、中铁建商务管理有限公司、中铁建南方建设投资有限公司、中铁建昆仑投资集团有限公司、中铁建华北投资发展有限公司、中铁建金融租赁有限公司、中铁磁浮交通投资建设有限公司、中铁建重庆投资集团有限公司、中铁建资产管理有限公司、中铁建华南建设有限公司、中铁海峡建设集团有限公司、中铁建北部湾建设投资有限公司、北京培训中心(党校)43家二级子公司和单位;三级法人企业497家,其中工程公司172家;四级法人企业282家;五级法人企业6家。 (陈向阳)

【对外并购重组】 2017年11月,中国铁建投资集团有限公司为进一步优化产业结构,延伸产业链条,增强企业综合竞争能力,以不超过3420万元的价格,采取协议转让的方式收购苏州市交通设计研究院有限责任公司95%的股权。

2017年12月,中国铁建房地产集团有限公司为实现设计与开发业务一体化,提升产品竞争力和溢价能力,完善品牌体系建设,以不高于1396.23万元的价格,通过产权交易中心摘牌方式并购重庆华森工程设计顾问有限公司100%的股权。

2017年12月,中铁建重庆投资集团有限公司为进入公路交通安全设施工程领域,进一步完善全产业链条,增强持续发展能力,出资2209.8万元对重庆金路交通工程有限责任公司进行增资扩股。增资后,重庆金路公司注册资本3157万元,重庆投资集团对重庆金路公司出资所占股比70%。 (陈向阳)

【结构调整、内部重组】 2017年1月19日,为把握广州经济快速发展的大好机遇,落实股份公司与广东省、广州市签署的战略合作框架协议和达成的共识,在广州市南沙自贸区成立中铁建华南建设有限公司。公司注册资本10亿元,定位为管理型公司,代表股份公司负责在广州建筑市场的经营承揽、在建项目管理、投资基础设施建设项目。

2017年3月27日,为集聚内部经营力量,统一开发福建、江西及台湾地区建筑市场,加强各类风险防范,提升项目管控能力,将股份公司福建指挥部、福州分公司和中铁海峡建设集团有限公司合并,将华中指挥部负责的江西省区域经营划入福建指挥部;经营区域调整后福建指挥部更名为东南指挥部,东南指挥部与福州分公司、海峡公司合署,共为“一个机构、三块牌子”,中铁海峡建设集团有限公司列股份公司二级单位序列,负责中国铁建全系统在福建、江西及台湾地区的市场开发统筹及项目管理等工作。

2017 年 6 月 30 日,为深化企业内部改革,加快企业转型升级、结构调整,集中集聚装备制造资源,做强做大装备制造产业,将中国铁建高新装备股份有限公司和中国铁建重工集团有限公司进行整合重组,组建新的中国铁建重工集团有限公司。

2017 年 12 月 29 日,为适应国家经济发展新常态,抢抓广西壮族自治区经济快速发展大好机遇,落实股份公司与广西壮族自治区、南宁市签署的战略合作框架协议和达成的共识,在南宁市成立中铁建北部湾建设投资有限公司。公司注册资本 10 亿元,与股份公司广西指挥部共为“一套人马、两块牌子”。公司定位为总部管理服务型公司,面向湄公河区域及东南亚经济圈、大西南出海通道枢纽的战略支点机构。(陈向阳)

【总部机关机构、编制定员调整】 2017 年 3 月 17 日,成立股份公司党委巡视组,定员 4 人,保留纪委办公室,将执法和效能监察室更名为党风政风监督室(党委巡视工作办公室),案件检查室更名为纪检监察室。纪委办公室定员由 5 人调整为 6 人,党风政风监督室定员 5 人,纪检监察室定员由 6 人调整为 7 人。将原设立的两个纪委派驻纪检组撤销,“总部机关增设 3 名巡视组组长”的通知不再执行。

2017 年 6 月 15 日,为加强对总公司存续资产管理,理清资产权属关系,将锦鲤资产管理中心编制定员调整至 5 人,设主任 1 人,副主任 1 人,工作人员 3 人(其中财务人员 1 人),增加人员由机关内部调剂。

2017 年 7 月 20 日,为加强企业内部治安保卫工作,股份公司机关设立保卫部,与办公室合署,共为“一个机构、两块牌子”,负责全系统内部治安保卫工作,并指导、监督所属单位做好内部治安保卫工作。

2017 年 8 月 2 日,为推进总部机关机构改革,加强党对国有企业的领导,理顺领导干部管理与人力资源其他业务工作管理关系,对人力资源部(党委干部部)和党委组织部职能和编制进行调整,将人力资源部领导干部处、干部监督处人员及职能并入党委组织部;将人力资源部人事处管理的总部机关部门副职及以上人员的选拔、提名、考核、推荐、公示、任免、调整、劳动合同签订等工作改由领导干部处管理(部门副职以下人员仍由人事处负责);对所属单位领导干部和总部机关部门副职以上领导干部的教育培训统一纳入党委组织部党员教育处管理。调整后党委组织部定员 15 人,撤销党委组织部组织员编制;领导干部处和干部监督处及相关职能从人力资源部划出后,人力资源部名称不变,不再挂党委干部部的牌子,定员调整为 14 人。

2017 年 12 月 11 日,为进一步加强股份公司在新疆地区市场开发、经营承揽及反恐维稳工作,同时解决指挥部人员落地归属问题,将股份公司新疆指挥部人员关系委托中国铁建投资集团有限公司管理。新疆指挥部作为股份公司的经营平台,继续行使股份公司区域经营协调及反恐维稳职能。新疆指挥部人员仍由股份公司任命。(陈向阳)

【机构设立审批】 1 月 9 日,中国铁建股份有限公司成立中国铁建股份有限公司福州分公司。

同日,中铁二十一局集团有限公司成立中铁二十一局集团巴基斯坦分公司。

1 月 10 日,中国铁建房地产集团有限公司与中铁十四局集团有限公司合资成立中铁房地产集团济南第六大洲有限公司(为项目公司)。公司注册资本 10 亿元。其中,中铁地产占 80% 的股权;十四局占 20% 的股权。

1 月 12 日,中铁建资产管理有限公司与北京久其软件股份有限公司合资成立北京久其金建互联科技有限公司。公司注册资本 3000 万元。其中,久其软件公司占 75% 的股权;资产公司占 25% 的股权。

1 月 16 日,中铁十七局集团有限公司成立马来西亚分公司、玻利维亚分公司。

同日,中国铁建房地产集团设计咨询有限公司成立天津分公司、长春分公司、大连分公司、上海分公司、杭州分公司、合肥分公司、南京分公司、成都分公司、西安分公司、贵阳分公司、广州分公司、南宁分公司和长沙分公司 13 家分公司。

同日,中国铁建港航局集团有限公司成立中国铁建港航局集团路桥分公司,与路桥工程有限公司共为“一个机构、两块牌子”。

同日,中国铁建重工集团有限公司成立广州铁建重工有限公司(为项目公司)。

1 月 20 日,中铁十五局集团有限公司成立中铁浙江投资开发有限公司、中铁十五局集团轨道交通运营公司。

同日,中铁十一局集团有限公司成立云南长铁建筑工程有限公司(为项目公司)。

2月10日，中国铁建房地产集团西南有限公司与深圳安创投资管理有限公司合资成立成都中铁华府置业有限公司（为项目公司）。公司注册资本2000万元。其中，西南公司和安创投资公司各占50%的股权。

同日，中国铁建房地产集团北方有限公司成立北京欣达置业有限公司（为项目公司）。

2月15日，中国铁建房地产集团北方有限公司成立大连京信置业有限公司（为项目公司）。

2月17日，中铁二十五局集团有限公司成立中铁二十五局集团孟加拉有限责任公司。

2月18日，中国铁建股份有限公司成立中国铁建股份有限公司卡塔尔分公司，由中国铁建国际集团有限公司代管。

2月21日，中铁建设集团有限公司成立中铁建设集团蓉盛成都天府新区投资有限公司。公司注册资本3亿元。其中，中铁建设占7.5%的股权；成都天投实业有限公司占5%的股权；青岛国兴直管区投资基金企业（有限合伙）占87.5%的股权。

同日，中国铁建重工集团有限公司与大连华锐重工集团股份有限公司合资成立大连华锐铁建重工有限公司。公司注册资本5000万元。其中，铁建重工占40%的股权；大连华锐重工占60%的股权。

2月27日，中铁二十三局集团有限公司与平度市城市建设投资开发有限公司合资成立青岛秦皇河建设工程有限公司。公司注册资本1000万元。其中，二十三局占65%的股权；平度城投公司占35%的股权。

同日，中国铁建房地产集团华南有限公司成立中铁房地产集团（福州）有限公司。

3月2日，中铁物资集团有限公司成立中铁物资集团港澳有限公司（印尼代表处）。

3月7日，中铁城建集团有限公司成立中铁城建集团物业管理有限公司天津分公司。

3月8日，中铁十五局集团有限公司成立中铁建海升（上海）投资开发合伙企业（有限合伙）。公司注册资本10亿元。其中，中铁十五局占21%的股权；中国人保资产管理有限公司占79%的股权。

同日，中铁十七局集团有限公司成立中铁十七局集团有限公司综合管廊分公司。

3月9日，中国铁建房地产集团有限公司成立中铁房地产集团苏州置业有限公司（为项目公司）。

同日，中铁十七局集团有限公司成立中铁十七局集团印度尼西亚有限责任公司（为项目公司）。

3月13日，中铁二十一局集团有限公司成立中铁二十一局集团有限公司突尼斯办事处。

3月14日，中铁建昆仑投资集团有限公司成立中铁建贵州建设有限公司（为项目公司）。

同日，中铁二十局集团有限公司成立中铁二十局集团有限公司通州分公司（为项目公司）。

3月17日，中国铁建股份有限公司成立中铁建渝东南（重庆）高速公路有限公司（为项目公司）。公司注册资本2.0115亿元。其中，中国铁建占21%的股权；广德铁建蓝海辉路投资中心（有限合伙）占60%的股权；重庆市黔江区城市建设（集团）有限公司占19%的股权。

同日，中国铁建股份有限公司与中铁十七局集团有限公司、石家庄市城市建设投资控股集团有限公司合资成立石家庄嘉盛管廊工程有限责任公司（为项目公司）。公司注册资本25990.8万元。其中，中国铁建占72%的股权；十七局占8%的股权；石家庄市城投占20%的股权。由中铁建华北投资发展有限公司负责管理。

3月20日，中国铁建股份有限公司成立重庆铁发双合高速公路有限公司（为项目公司）。公司注册资本4.2735亿元。其中，中国铁建占20%的股权；广德铁建蓝海辉路投资中心（有限合伙）占60%的股权；重庆高速集团有限公司占20%的股权。

3月22日，中铁二十五局集团有限公司成立中铁二十五局集团赣州工程有限公司（为项目公司）。

同日，中铁二十局集团有限公司与外单位合资成立黄平县中铁建旧纸公路建设有限公司（为项目公司）。公司注册资本6559万元。其中，二十局占80%的股权；黄平县人民政府占20%的股权。

3月23日，中国铁建股份有限公司成立重庆永泸高速公路有限公司（为项目公司）。公司注册资本4405万元。其中，中国铁建占40%的股权；广德铁建蓝海辉路投资中心（有限合伙）占60%的股权。

3月27日，中国铁建投资集团有限公司合资成立中铁建南京新市镇开发有限公司（为项目公司）。公司注册资本1亿元。其中，投资集团占60%的股权；中铁建设集团有限公司占20%的股权；南京江宁城市建设集团有限公司占20%的股权。

同日，中国铁建投资集团有限公司与中铁十五局集团有限公司、中铁十八局集团有限公司合资成立中铁建湖南安慈高速公路有限公司（为项目公司）。公司注册资本1亿元。其中，投资集团占99.5%的股权；十五局、十八局各占0.25%的股权。

同日，中铁建设集团有限公司与洛阳国展资产管理有限公司合资成立洛阳国展铁建建设有限公司（为项目公司）。公司注册资本2667万元。其中，中铁建设占40%的股权；洛阳国展占60%的股权。

3月28日，中铁二十局集团有限公司与外单位合资成立西安汉唐高性能混凝土制品有限公司。公司注册资本8000万元。其中,二十局占60%的股权;西安市地下铁道有限责任公司占30%的股权;陕西合力拓科技工贸有限公司占10%的股权。

3月29日,中铁十一局集团有限公司成立中铁十一局集团有限公司马里分公司。

同日,中国铁建投资集团有限公司撤销中铁建西南(重庆)投资建设管理有限公司、中铁建华东投资有限公司、中铁建南方投资有限公司3个区域子公司,同时成立中国铁建投资集团有限公司西南公司、华东公司、南方公司3个分公司。

4月12日,中铁城建集团有限公司与外单位合资成立天津铁建金钰置业有限公司。公司注册资本1亿元。其中,城建集团占49%的股权;天津市金钰城市建设有限公司占51%的股权。

同日,中铁十一局集团有限公司与外单位合资成立青岛青平铁城建设工程有限公司。公司注册资本1000万元。其中,十一局占51%的股权;平度市城市建设投资开发公司和青岛(平度)城乡社区建设投资公司各占24.5%的股权。

4月24日,中国土木工程集团有限公司成立中国土木工程集团有限公司哈萨克斯坦分公司。

同日,中国土木工程集团有限公司成立中国土木工程集团有限公司吉尔吉斯斯坦分公司。

同日,中国铁建港航局集团有限公司成立中铁建港航局长寿二桥投资建设有限责任公司(为项目公司)。公司注册资本5000万元。其中,港航局占18%的股权;重庆长寿经济技术开发区开发投资集团占2%的股权;广德铁建蓝海丰铁投资中心(有限合伙)占80%的股权。

同日,中铁二十二局集团有限公司合资成立中铁建(广州)北站新城投资建设有限公司(为项目公司)。公司注册资本1亿元。其中,二十二局占19%的股权;广州北站开发建设有限公司占10%的股权;中铁第四勘察设计院集团有限公司占1%的股权;广州金控花都金融投资有限公司占70%的股权。

4月25日,中铁二十二局集团有限公司成立中铁二十二局集团第三工程有限公司广州分公司、中铁二十二局集团第四工程有限公司广州分公司。

同日,中国铁建高新装备股份有限公司成立包头铁建重工有限公司(为项目公司)。公司注册资本1亿元。其中,高新装备占90%的股权;包头市地铁投资(集团)有限公司占10%的股权。

4月27日,中铁第四勘察设计院集团有限公司合资成立昆明轨道交通5号线建设运营有限公司(为项目公司)。公司注册资本1亿元。其中,铁四院投资公司占9.4%的股权;昆明轨道交通5号线投资管理有限公司占15.6%的股权;广德铁建蓝海兴路投资中心(有限合伙)占75%的股权。

同日,中铁十一局集团有限公司合资成立荆门铁诚道路工程投资有限责任公司(为项目公司)。公司注册资本3000万元。其中,十一局占90%的股权;荆门市掇刀区汇资市政工程公司占10%的股权。

5月2日,中铁二十二局集团有限公司合资成立广州北广市政投资建设有限公司(为项目公司)。公司注册资本1000万元。其中,二十二局占40%的股权;广州广花基金公司占60%的股权。

同日,中铁二十三局集团有限公司成立中铁二十三局集团轨道交通佛山工程有限公司。公司注册资本5000万元。其中,二十三局轨道公司占55%的股权;深圳锦昌源建筑投资控股有限公司占45%的股权。

5月3日,中国土木工程集团有限公司成立中国土木工程集团有限公司厄立特里亚分公司。

同日,中铁二十二局集团有限公司成立中铁二十二局集团有限公司建筑工程公司。

同日,中铁建设集团有限公司成立中铁建设集团北京景晟房地产有限公司(为项目公司)。公司注册资本1亿元。其中,中铁建设占15%的股权;青岛国星永晟股权投资基金企业(有限合伙)占85%的股权。

5月11日,中国铁建房地产集团西南有限公司成立成都中铁瑞兴房地产开发有限公司(为项目公司)、西安中铁京茂房地产开发有限公司(为项目公司)。

同日,中铁十九局集团有限公司成立中铁十九局集团有限公司阿塞拜疆分公司。

同日,中国铁建国际集团有限公司成立中国铁建国际集团有限公司孟加拉分公司。

5月15日,中铁建华北投资发展有限公司成立中铁建正定新区投资建设有限公司。

同日,中铁建设集团有限公司成立中铁建设铜仁工程投资有限公司(为项目公司)。公司注册资本5000万元。其中,中铁建设占40%的股权;国泰租赁占60%的股权。

同日,中铁十二局集团有限公司合资成立南京大桥北环境综合治理有限公司(为项目公司)。公司注册资本1.2亿元。其中,十二局占10%的股权;南京大桥北建设发展有限公司占10%的股权;广德铁建蓝海丰铁投资中心(有限合伙)占80%的股权。

5月17日,中铁物资集团有限公司撤销中铁物资集团海南、江苏两个子公司,同时成立中铁物资集团华南有限公司海南分公司、中铁物资集团华东有限公司南京分公司。

5月25日,中铁建资产管理有限公司成立中铁建商业保理有限公司。

5月26日,中铁十九局集团有限公司成立中铁十九局集团矿业投资有限公司白石湖分公司(为项目公司)。

同日,中铁十九局集团有限公司成立中铁十九局集团矿业投资有限公司新巴尔虎右旗分公司(为项目公司)。

同日,中铁二十局集团有限公司成立中铁二十局集团西乡康卫建设有限公司(为项目公司)。公司注册资本1000万元。其中,二十局占8%的股权;工银瑞信投资管理有限公司占72%的股权;西乡县康卫医疗基础设施建设有限公司占20%的股权。

6月2日,中铁十一局集团有限公司成立中铁十一局集团有限公司驻中非共和国办事处。

6月6日,中铁十六局集团有限公司成立中铁十六局集团有限公司福州分公司。

同日,中铁二十局集团有限公司成立赤峰市君圣工程项目管理有限责任公司(为项目公司)。

同日,中铁二十局集团有限公司成立中铁二十局日喀则农村公路建设项目管理有限公司(为项目公司)。

6月12日,中铁十六局集团有限公司成立中铁十六局集团第三工程有限公司奉化分公司。

6月15日,中国铁建股份有限公司成立中国铁建股份有限公司物资集中采购北京中心、上海中心、广州中心、武汉中心和西安中心。

同日,中国铁建股份有限公司成立呼和浩特市地铁2号线建设管理有限公司,委托中铁十六局集团有限公司管理。公司注册资本30亿元。其中,中国铁建占51%的股权;呼市城市轨道交通建设管理公司占49%的股权。

6月27日,中铁二十局集团有限公司成立马鞍山郑蒲港铁路有限公司(为项目公司)。公司注册资本4.42亿元。其中,二十局占10.5%的股权;建信(北京)投资基金管理公司占59.5%的股权;马鞍山市骏马交通运输建设投资公司和马鞍山郑蒲港新区建设投资公司各占15%的股权。

6月28日,中铁二十三局集团有限公司成立中铁二十三局集团轨道交通惠州工程有限公司。

同日,中国铁建房地产集团有限公司成立北京嘉达置业有限公司(为项目公司)。

同日,中国铁建房地产集团有限公司合资成立广州鼎信德盈投资合伙企业(有限合伙)。合伙企业总认缴出资额70.02亿元。首泰金信(北京)股权投资基金管理股份有限公司和中铁地产北京投资管理公司各占0.014%的份额;华夏久盈资产管理有限责任公司和中铁地产各占49.986%的份额。

同日,中铁十六局集团有限公司成立中铁十六局集团西藏工程有限公司。

同日,中铁二十五局集团有限公司引入产业基金成立长春城投南溪湿地生态治理建设投资有限公司(为项目公司)。公司注册资本2000万元。其中,二十五局占15%的股权;长春城投建设投资公司占40%的股权;广德铁建蓝海丰铁投资中心(有限合伙)占45%的股权。

6月29日,中铁十四局集团有限公司成立青岛藏马山基础设施建设管理有限公司(为项目公司)。

7月14日,中国土木工程集团有限公司成立中国土木工程集团有限公司贝尔格莱德分公司。

同日,中国铁建股份有限公司成立中国铁建股份有限公司巴基斯坦代表处,委托中国铁建国际集团有限公司管理。

同日,中铁建资产管理有限公司与深圳市招银前海金融资产交易中心有限公司合资成立铁建宏图(天津)投资管理有限公司。公司注册资本2000万元。其中,资产管理公司和招银前海公司各占50%的股权。

7月20日,中铁十六局集团有限公司成立中铁十六局永兴投资管理有限公司。公司注册资本1000万元。其中,十六局和浦耀信晔公司各占50%的股权。

同日,中铁建资产管理有限公司成立中铁建投资基金管理有限公司。

同日,中铁城建集团有限公司成立中铁城建集团有限公司株洲分公司(为项目公司)。

7月21日,中铁城建集团有限公司成立中铁城建集团第三工程有限公司天津北辰分公司。

7月26日,中铁二十局集团有限公司合资成立西安中铁建阿达停车管理有限公司(为项目公司)。公司注册资本26443.69万元。其中,二十局和铁一院各占9.8%的股权;建信(北京)投资公司占73.5%的股权;阿达驻车投资公司占4.9%的股权;西安城市公共停车设施建设管理有限公司占2%的股权。

同日,中铁二十二局集团有限公司合资成立北京中实置业有限公司。公司注册资本5000万元。其中,二十二局房地产公司占65%的股权;北京实兴腾飞置业发展公司占35%的股权。

同日,中国铁建股份有限公司成立中铁建(山东)高东高速公路有限公司(为项目公司),委托中国铁建投资集团有限公司负责管理。公司注册资本6亿元。其中,中国铁建占15%的股权;投资集团占14.17%的股权;广德铁建大秦投资合伙企业(有限合伙)占70%的股权;大桥局、十五局和二十局各占0.092%的股权;陕西路桥集团有限公司占0.554%的股权。

7月27日,中国铁建股份有限公司成立中国铁建股份有限公司洛阳分公司。

同日,中国铁建股份有限公司成立中铁建陕西高速公路有限公司(为项目公司),委托中国铁建投资集团有限公司管理。公司注册资本6亿元。其中,中国铁建出资占15%的股权;投资集团占14.17%的股权;广德铁建大秦投资合伙企业(有限合伙)占70%的股权;大桥局、十五局和二十局各占0.092%的股权;陕西路桥集团有限公司占0.554%的股权。

同日,中国铁建国际集团有限公司成立中国铁建国际集团有限公司摩洛哥分公司,同时注销摩洛哥代表处。

7月31日,中国铁建国际集团有限公司成立中国铁建国际集团有限公司中美洲分公司,同时注销中国铁建中美洲有限公司。

8月7日,中国铁建投资集团有限公司成立中铁建新疆京新高速公路有限公司(为项目公司)。公司注册资本15亿元。其中,投资集团占18.5%的股权;广德铁建创信投资合伙企业(有限合伙)占70%的股权;铁一院占8.5%的股权;新疆交通投资有限责任公司占1%的股权;中国政企合作投资基金股份有限公司占0.667%的股权;十二局、十五局、十九局和二十一局各占0.333%的股权。

8月10日,中国铁建股份有限公司成立苏州众和交通设计咨询有限公司。公司注册资本1000万元。其中,中铁第五勘察设计院集团有限公司占51%的股权;苏州交投规划设计建设公司占49%的股权。该公司与铁五院江苏分公司为“一个机构、两块牌子”。

同日,中铁第五勘察设计院集团有限公司成立中铁第五勘察设计院集团有限公司广州分院。

同日,中国土木工程集团有限公司成立中国土木工程集团有限公司菲律宾分公司。

同日,诚合保险经纪有限公司成立新疆、山东、四川、北京、天津和福建分公司。

8月14日,中国铁建股份有限公司成立昆明三清高速公路有限公司(为项目公司),委托中铁建昆仑投资集团有限公司管理。公司注册资本1亿元。其中,中铁建云南投资有限公司代中国铁建出资占10%的股权;广德铁建蓝海达仑投资中心(有限合伙)占55%的股权;中国政企合作投资基金股份有限公司占25%的股权;昆明市交通投资有限责任公司占6%的股权;云南交商交通产业基金合伙企业(有限合伙)占4%的股权。

同日,中国铁建股份有限公司成立昆明福宜高速公路有限公司(为项目公司),委托中铁建昆仑投资集团有限公司管理。公司注册资本1亿元。中铁建云南投资有限公司代中国铁建出资占10%的股权;广德铁建蓝海达仑投资中心(有限合伙)占55%的股权;中国政企合作投资基金股份有限公司占25%的股权;昆明市交通投资有限责任公司占6%的股权;云南交商交通产业基金合伙企业(有限合伙)占4%的股权。

8月15日,中国铁建房地产集团有限公司成立中铁房地产集团合肥京丰置业有限公司(为项目公司)。

8月18日,中国铁建股份有限公司成立中国铁建股份有限公司阿根廷分公司,由中国铁建国际集团有限公司代管。

9月8日,中铁建昆仑投资集团有限公司成立中铁建昆明地铁建设有限公司(为项目公司)。

9月12日,中铁十九局集团有限公司成立中铁十九局集团矿业投资有限公司岚县分公司(为项目公司)。

9月13日,中铁十二局集团有限公司成立中铁十二局集团有限公司吉林省分公司(为项目公司)。

9月14日,中铁十一局集团有限公司合资成立铁建昌吉(武汉)投资发展合伙企业(有限合伙)。出资额及占比:合伙企业总认缴出资额22.87亿元。其中,建信(北京)投资基金管理有限责任公司认缴出资10万元,占0.0044%的股权,为产业基金管理人;建信信托有限责任公司和十一局各认缴出资11.4345亿元,各占49.9978%的股权。

同日,中国铁建房地产集团北京投资管理有限公司与新兴发展集团有限公司合资成立新兴建新(深圳)开发控股有限公司和广州新铁鑫建投资有限公司。新兴建新公司注册资本9亿元。新铁鑫建公司注册资本1000万元。北京投资管理公司和新兴发展公司各持有50%的股权。

同日,中国土木工程集团有限公司成立中国土木工程集团有限公司乌兹别克斯坦代表处。

同日,中国土木工程集团有限公司成立中国土木工程集团埃塞俄比亚工业园开发有限公司。

同日,中铁十四局集团有限公司成立中铁十四局太原房地产开发有限公司(为项目公司)。

9月15日,诚合保险经纪有限公司成立诚合瑞正风险管理咨询有限公司。

9月22日,中铁十八局集团有限公司成立南方一八工程有限公司。

9月25日,中铁建昆仑投资集团有限公司所属成都中铁建项目建设管理有限公司成立中铁建昆仑天府绿道建设有限公司(为项目公司)。

同日,中铁十四局集团有限公司成立中铁十四局集团有限公司南太分公司。

同日,中铁物资集团有限公司成立中铁物资集团东北有限公司石家庄分公司。

同日,中铁二十一局集团有限公司成立中铁二十一局集团第二工程有限公司安宁分公司、兰州新区分公司(为项目公司)。

9月26日,中铁二十一局集团有限公司成立中铁二十一局集团重庆置业有限公司(为项目公司)。

同日,中铁二十一局集团有限公司成立中铁二十一局集团赣州工程有限公司(为项目公司)。

10月9日,中铁二十五局集团有限公司成立中铁二十五局集团有限公司科特迪瓦分公司(为项目公司)。

同日,中铁建设集团有限公司成立中铁建设集团澳大利亚有限公司(为项目公司)。

10月13日,中铁十五局集团有限公司成立中铁十五局集团有限公司朔黄铁路运输处。

10月17日,中铁二十五局集团有限公司成立中铁二十五局集团斯里兰卡分公司。

同日,中铁建重庆投资集团有限公司成立中铁建顺达(重庆)驻车管理有限公司(为项目公司),与中铁建渝东南(重庆)高速公路有限公司为"一套人马、两块牌子"。

10月23日,中铁十六局集团有限公司成立中铁十六局集团置业投资有限公司顺昌分公司和海南分公司。

同日,中铁十四局集团有限公司合资成立新疆塔恰公路项目管理有限公司(为项目公司)。公司注册资本10000万元。其中,十四局占24%的股权;广德铁建永泰投资合伙企业(有限合伙)占56%的股权;青河县泽惠交通建设投资有限公司占20%的股权。

同日,中铁海峡建设集团有限公司成立中铁建福州工程有限公司(为项目公司)。

同日,中国铁建投资集团有限公司合资成立中铁融创城市运营投资有限公司。公司注册资本35亿元。其中,投资集团和融创房地产集团各占50%的股权。

10月24日,中铁十六局集团有限公司成立福建中铁建华兴物业管理有限公司北京分公司、江西分公司、梧州分公司、通辽分公司、海南分公司、定安分公司6家物业分公司。

同日,中铁物资集团有限公司注销海南中铁建混凝土有限公司、青岛中铁混凝土有限公司、贵阳中铁混凝土有限公司3家子公司,同时成立中铁物资集团混凝土管理有限公司青岛分公司和贵阳分公司。

10月28日,中国铁建房地产集团有限公司合资成立北京锐达置业有限公司(为项目公司)。公司注册资本2000万元。其中,中铁地产北方有限公司占32%的股权;北京碧桂园公司占33%的股权;北京国瑞兴业公司占35%的股权。

10月31日,中铁第五勘察设计院集团有限公司与外单位合资成立北京铁五院工程设计咨询有限公司。公司注册资本1000万元。其中,铁五院占60%的股权;惟思拓达公司占40%的股权。

11月1日,中国土木工程集团有限公司成立中铁建国际轨道交通运营有限公司。

11月8日,中国铁建股份有限公司与外单位合资成立石家庄嘉泰管廊运营有限公司(为项目公司)。公司注册资本500万元。其中,中国铁建占72%的股权;十七局占8%的股权;石家庄地铁公司占20%的股权。

同日,中铁第五勘察设计院集团有限公司与宜兴市交通产业集团有限公司合资成立中铁路通工程设计咨询江苏有限公司。公司注册资本1000万元。其中,铁五院与宜兴市交通产业集团各占50%的股权。

11月9日,中铁城建集团有限公司成立中铁城建集团有限公司通州分公司(为项目公司)。

11月10日,中国铁建房地产集团有限公司与中铁十五局集团有限公司合资成立郑州中铁房地产开发有限公司(为项目公司)。公司注册资本2000万元。其中,中铁地产华东公司占51%的股权;十五局四公司占49%的股权。

11月14日,中铁二十二局集团有限公司成立中铁二十二局集团第二工程有限公司格尔木分公司(为项目公司)。

11月21日,中铁十六局集团有限公司成立中铁十六局集团有限公司吉木萨尔县分公司(为项目公司)。

同日,中铁二十局集团有限公司成立中铁二十局集团有限公司新建分公司(为项目公司)。

同日,中铁第五勘察设计院集团有限公司成立铁研(福州)建设监理有限责任公司(为项目公司)。

11月24日,中铁二十一局集团所属德盛和置业有限公司成立西宁铁盛置业有限公司(为项目公司)。

11月28日,中铁建重庆投资集团有限公司与外单位合资成立太白虢川河建设工程有限责任公司(为项目公司)。公司注册资本4670万元。其中,重庆投资占55%的股权;二十三局占35%的股权;太白县博达城市建设工程有限公司作为政府出资代表占10%的股权。

同日,中国铁建房地产集团有限公司与深圳联新投资管理有限公司合资成立重庆建联新房地产开发有限公司(为项目公司)。公司注册资本2000万元。其中,中铁地产西南公司和深圳联新各占50%的股权。

同日,中国铁建投资集团有限公司与中铁十八局集团有限公司合资成立中铁建万方张家口置业有限公司(为项目公司)。公司注册资本 1 亿元。其中,投资集团占 80% 的股权;十八局占 10% 的股权;张家口市万方房地产开发集团有限公司作为政府出资代表占 10% 的股权。

12 月 5 日,中铁十六局集团有限公司成立中铁十六局集团第三工程有限公司福州分公司(为项目公司)。

12 月 6 日,中铁建昆仑投资集团有限公司与海南省国际旅游岛开发建设有限公司合资成立海南双子星投资有限公司。公司注册资本 1200 万元。其中,昆仑投资占 75% 的股权;海南国际旅游岛开发公司占 25% 的股权。

同日,中铁十一局集团有限公司成立中铁十一局集团有限公司喀麦隆分公司。

12 月 7 日,中铁二十二局集团有限公司成立中铁二十二局集团建筑构件有限公司。

12 月 13 日,中铁十九局集团有限公司成立中铁十九局集团有限公司吉尔吉斯斯坦分公司。

同日,成立中铁建设基础设施投资中心(有限合伙)。该合伙企业总规模不超过 12.51 亿元。中国铁建作为 LP1 出资 10 亿元;中铁建设集团有限公司作为 LP2 出资 2.5 亿元;中铁建投资基金管理有限公司作为 GP 出资 0.01 亿元。

12 月 15 日,中铁十七局集团有限公司成立中铁十七局集团有限公司运维分公司。

同日,中铁建昆仑资产管理有限公司、中国铁建房地产集团西南有限公司和深圳联新投资管理有限公司合资成立中铁建昆仑云南房地产有限公司(为项目公司)。公司注册资本 2000 万元。其中,昆仑资产和中铁地产西南公司各占 35% 的股权;深圳联新占 30% 的股权。

同日,成立铁建结构调整基金(有限合伙)。该合伙企业总规模 62.51 亿元。重庆国际信托股份有限公司作为 LP1 出资 50 亿元;中铁建资产管理有限公司作为 LP2 出资 12.5 亿元;中铁建投资基金管理有限公司作为 GP 出资 0.01 亿元。

同日,中铁建昆仑投资集团有限公司为进一步拓宽资金融资渠道,降低企业负债率,合资成立昆仑基础设施投资中心(有限合伙)。该合伙企业总规模不超过 12.51 亿元。中国铁建作为 LP1 出资 10 亿元;昆仑投资作为 LP2 出资 2.5 亿元;中铁建投资基金管理有限公司作为 GP 出资 0.01 亿元。

12 月 18 日,中铁十一局集团有限公司与银川市兴庆区国有资产投资控股有限公司合资成立宁夏银兴铁发工程管理有限公司(为项目公司)。公司注册资本 5100 万元。其中,十一局占 70% 的股权;兴庆区国投公司作为政府出资代表占 30% 的股权。

12 月 19 日,中铁十五局集团有限公司成立中铁十五局集团第一工程有限公司曲江分公司(为项目公司)。

同日,中铁十二局集团有限公司成立中铁十二局集团赣州建设工程有限公司(为项目公司)。

同日,中铁二十三局集团有限公司成立中铁二十三局集团有限公司龙泉驿分公司(为项目公司)。

同日,中铁十七局集团有限公司成立中铁十七局集团有限公司长春分公司(为项目公司)。

12 月 20 日,中国铁建房地产集团有限公司与中铁第四勘察设计院集团有限公司合资成立中铁房地产武汉蔡甸有限公司(为项目公司)。公司注册资本 2000 万元。其中,中铁地产西南公司和铁四院房地产开发公司各占 50% 的股权。

12 月 22 日,中铁二十三局集团有限公司成立中铁二十三局集团第六工程有限公司南昌市新建区分公司(为项目公司)。

12 月 25 日,中国铁建投资集团有限公司与中铁第五勘察设计院集团有限公司、青旅城市商业管理(北京)有限公司合资成立扬州湾头玉器特色小镇有限公司(为项目公司)。公司注册资本 10 亿元。其中,投资集团和铁五院各占 8% 的股权;广德铁建蓝海隆信投资中心(有限合伙)占 40% 的股权;扬州市运和新城建设有限公司作为政府出资代表占 20% 的股权;国联信托股份有限公司占 20% 的股权;青旅公司占 4% 的股权。

同日,中铁二十三局集团有限公司成立中铁二十三局集团轨道交通佛山工程有限公司广州分公司。

12 月 26 日,中国铁建重工集团有限公司与南通城市建设集团有限公司合资成立铁建重工华东有限公司。公司注册资本 1 亿元。其中,铁建重工占 90% 的股权;南通城建占 10% 的股权。

12 月 27 日,中国铁建股份有限公司与中铁十六局集团有限公司等单位合资成立北京华北投新机场北线高速公路有限公司(为项目公司)。公司注册资本 561260.3857 万元。其中,中国铁建占 50% 的股权;十六局、大桥局各占 0.5% 的股权;北京市首都公路发展集团有限公司占 49% 的股权。

12 月 28 日,中铁建设集团有限公司成立中铁建设集团有限公司濮阳分公司(为项目公司)。

同日,中国铁建房地产集团有限公司与广州新铁鑫建投资有限公司合资成立佛山市顺德区顺昊房地产有限公司(为项目公司)。公司注册资本 2000 万元。其中,中铁地产华南公司和新铁鑫建公司各占 50% 的股权。

同日，中国铁建房地产集团有限公司与广州新铁鑫建投资有限公司合资成立佛山市顺德区顺嘉房地产有限公司（为项目公司）。公司注册资本2000万元。其中，中铁地产华南公司占50%的股权；新铁鑫建公司占35%的股权；中土集团占15%的股权。（陈向阳）

【机构更名】 1月22日，中铁十五局集团河南置业有限公司更名为中铁十五集团东来地产投资开发有限公司。

1月24日，中铁十五局集团有限公司所属河南四通工程检测有限公司更名为华东中铁工程检测有限公司，注册地址变更为浙江省宁波市国家高新技术开发区。

2月27日，中铁十五局集团第七工程有限公司更名为中铁十五局集团城市建设工程有限公司。

4月27日，中铁十八局集团有限公司所属中国海诚长沙工程院更名为中国海诚长沙工程有限公司；所属湖南长轻置业发展总公司更名为湖南长轻置业有限公司。

6月19日，中铁建重庆投资有限公司将中油铁发渝遂实业公司更名为重庆中油铁建实业有限公司。

7月21日，中国铁建房地产集团有限公司所属中铁建（北京）物业管理有限公司更名为中铁建物业管理有限公司。

11月2日，中铁四院集团华东有轨电车交通设计研究有限公司更名为中铁四院集团新型轨道交通设计研究院有限公司。

11月3日，中铁建重庆投资有限公司集团母公司名称变更为中铁建重庆投资集团有限公司。

（陈向阳）

【注销机构】 1月3日，中铁十一局集团有限公司注销中铁十一局集团襄阳市荣铁劳务有限公司。

同日，中铁十二局集团有限公司注销中铁十二局集团辽宁兴昌建筑工程有限公司。

1月4日，中铁十一局集团有限公司注销中铁十一局集团长春建筑工程有限公司。

同日，中铁十七局集团有限公司注销中铁十七局集团青岛铁建宾馆有限公司。

1月5日，中铁十七局集团有限公司注销中铁十七局集团山西兴华建筑设计院有限公司。

1月6日，中铁十六局集团有限公司注销中铁十六局集团安徽省芜湖市恒才建设有限公司。

1月9日，中铁二十五局集团有限公司注销中铁二十五局集团中铁建重工（珠海）有限公司。

1月11日，中铁二十一局集团有限公司注销中铁二十一局集团吉林工程有限公司。

1月13日，中铁二十一局集团有限公司注销中铁二十一局（南苏丹）有限公司。

同日，中铁城建集团有限公司注销中铁城建集团长春源茂建筑工程有限公司。

1月17日，中铁十八局集团有限公司注销中铁十八局集团芜湖工程有限公司。

1月22日，中国土木工程集团有限公司注销中国土木工程集团海口烨主物业管理有限公司。

同日，中铁十九局集团有限公司注销中铁十九局集团岚县矿山工程有限公司。

1月23日，中铁十四局集团有限公司注销中铁十四局集团青岛德容工程项目管理有限公司。

2月21日，中国土木工程集团有限公司注销中国土木工程集团中土港澳建筑工程（澳门）有限公司。

2月23日，中铁二十局集团有限公司注销中铁二十局集团长春工程有限公司。

3月3日，中国土木工程集团有限公司注销中国土木工程集团中非尼日利亚物流莱基自贸区有限公司。

3月7日，中国土木工程集团有限公司注销中国土木工程集团（利比里亚）有限公司。

同日，中铁十四局集团有限公司注销中铁十四局集团天津鲁泰建设工程有限公司。

同日，中铁十五局集团有限公司注销中铁十五局集团临沂东来物业服务有限公司。

同日，中铁二十四局集团有限公司注销中铁二十四局集团南昌铁路工程材料有限责任公司。

3月9日，中铁十五局集团有限公司注销中铁十五局集团周口东来物业服务有限公司。

同日，中国铁建投资集团有限公司注销中国铁建投资集团中铁建山东投资有限公司。

3月13日，中铁十一局集团有限公司注销中铁十一局集团马里有限公司。

3月15日，中铁十五局集团有限公司注销中铁十五局集团物资工程有限公司。

3月21日，中国铁建国际集团有限公司注销中国铁建国际集团中国铁建中美洲有限公司。

3月23日，中国土木工程集团有限公司注销中国土木工程集团（贝宁）有限公司。

3月24日，中铁第五勘察设计院集团有限公司注销中铁第五勘察设计院集团北京铁五院置业有限公司。

3月29日，中国铁建港航局集团有限公司注销中国铁建港航局集团大连工程有限公司。

3月31日，中国铁建港航局集团有限公司注销中国铁建港航局集团广东省粤航轮船有限公司。

同日，中铁第五勘察设计院集团有限公司注销中铁第五勘察设计院集团芜湖铁城工程监理有限公司。

4月17日，中铁十一局集团有限公司注销中铁十一局集团大连工程有限公司。

同日，中铁二十二局集团有限公司注销中铁二十二局集团吉林工程有限公司。

4月18日，中铁十九局集团有限公司注销中铁十九局集团长春建筑工程有限公司。

同日，中铁二十局集团有限公司注销中铁二十局集团西安诚成之星宾馆。

4月19日，中铁十四局集团有限公司注销中铁十四局集团天津祥达建设工程有限公司。

4月20日，中铁二十局集团有限公司注销中铁二十局集团咸阳商贸有限公司。

同日，中铁二十四局集团有限公司注销中铁二十四局集团蚌埠上铁工程劳务有限公司。

4月24日，中国土木工程集团有限公司注销中国土木工程集团汉晟工程管理咨询(北京)有限公司。

4月25日，中铁上海设计院集团有限公司注销中铁上海设计院集团上海铁路局工程咨询有限责任公司。

同日，中铁城建集团有限公司注销中铁城建集团江西顺兴房地产开发经营有限公司。

4月28日，中国土木工程集团有限公司注销中国土木工程集团(莱索托)有限公司。

5月2日，中铁二十五局集团有限公司注销中铁二十五局集团湖南铁诚工程检测咨询有限公司。

5月4日，中国土木工程集团有限公司注销中国土木工程集团(加纳)有限公司。

同日，中铁十九局集团有限公司注销中铁十九局集团第二工程(西藏)有限公司。

5月5日，中铁第四勘察设计院集团有限公司注销铁道第四勘察设计院科协科技咨询服务中心。

5月8日，中铁十八局集团有限公司注销中铁十八局集团国际工程有限公司。

同日，中铁物资集团有限公司注销中铁物资集团鞍山有限公司。

5月9日，中铁建商务管理有限公司注销北京中铁建第三招待所。

5月11日，中铁二十局集团有限公司注销中铁二十局集团重庆中景置业有限公司。

同日，中铁第四勘察设计院集团有限公司注销武汉铁四院控制爆破技术有限公司。

同日，中国铁建高新装备股份有限公司注销昆明中铁恒源商务服务有限公司。

5月12日，中国铁建大桥工程局集团有限公司注销中铁建大桥工程局集团天津工程科技有限公司。

同日，中铁二十一局集团有限公司注销中铁二十一局集团新疆永旭房地产开发有限公司。

同日，中国铁建电气化局集团有限公司注销中铁建电气化局集团长春工程有限公司。

同日，中铁第一勘察设计院集团有限公司注销中铁第一勘察设计院集团甘肃预应力技术开发有限公司。

同日，中铁物资集团有限公司注销中铁物资集团芜湖中铁科吉富轨道销售有限公司。

5月16日，中铁十七局集团有限公司注销中铁十七局集团西宁铁建宾馆有限公司。

同日，中铁二十四局集团有限公司注销中铁二十四局集团上海铁路建设集团建筑装饰有限公司。

5月17日，中铁二十一局集团有限公司注销中铁二十一局集团青海舆丰置业有限公司。

同日，中铁二十三局集团有限公司注销中铁二十三局集团(深圳)地铁维保有限公司和齐齐哈尔远景经贸有限责任公司。

同日，中铁二十四局集团有限公司注销中铁二十四局集团上海铁程经济发展有限责任公司。

同日，中铁建设集团有限公司注销中铁建设集团西北设计有限公司。

同日，中铁物资集团有限公司注销中铁物资集团北京五棵松国际航空服务有限公司。

5月18日，中国铁建大桥工程局集团有限公司注销中铁建大桥工程局集团钢结构工程有限公司和哈尔滨远达绕城高速公路有限责任公司。

同日，中铁十六局集团有限公司注销中铁十六局集团海南雅豪物业服务有限公司。

同日，中铁第四勘察设计院集团有限公司注销中铁四院集团武汉物业管理有限公司。

5月19日，中铁十六局集团有限公司注销中铁十六局集团北京博远技术培训有限公司和中铁十六局集团北京市铁鑫水泥制品有限公司。

5月24日，中铁十五局集团有限公司注销中铁十五局集团上海中土大厦酒店有限责任公司。

同日，中铁二十三局集团有限公司注销中铁二十三局集团长春工程有限公司。

5月26日，中铁二十局集团有限公司注销中铁二十局集团南通建筑市政工程有限公司。

5月30日，中铁十六局集团有限公司注销中铁十六局集团太和县京宇建筑工程有限公司。

5月31日，中铁二十五局集团有限公司注销中铁二十五局集团辽宁工程有限公司。

6月2日，中铁二十二局集团有限公司注销中铁二十二局哈尔滨铁路建设集团天津建筑工程有限公司。

6月7日，中铁十八局集团有限公司注销中铁十八局集团第六工程有限公司。

同日，中国铁建港航局集团有限公司注销中国铁建港航局集团广东航建有限公司。

6月21日，中国铁建高新装备股份有限公司注销中国铁建高新装备集团昆明中铁鑫瑞通物资设备有限公司。

7月3日，中国土木工程集团有限公司注销中国土木工程集团（南非）有限公司。

同日，中铁二十三局集团有限公司注销中铁二十三局集团日照市铁鑫混凝土有限公司。

7月4日，中铁十六局集团有限公司注销中铁十六局集团秦皇岛铁指经贸有限公司。

7月7日，中国土木工程集团有限公司注销中国土木工程集团中铁建中非建设南非商贸物流有限公司。

7月12日，中铁十九局集团有限公司注销中铁十九局集团（辽宁）灯辽公路投资建设有限公司。

7月18日，中铁城建集团有限公司注销中铁城建集团天津铁建物业管理有限公司。

7月21日，中铁建商务管理有限公司注销中铁建商务管理公司北京铁建餐饮有限公司。

8月14日，中国土木工程集团有限公司注销中国土木工程集团中铁建塞内加尔股份有限公司。

同日，中国铁建电气化局集团有限公司注销中铁电气化局集团大连安装工程有限公司。

8月16日，中铁二十一局集团有限公司注销中铁二十一局集团甘肃大唐盛合房地产开发有限公司。

8月21日，中铁十一局集团有限公司注销中铁十一局集团重庆路辉房地产开发有限公司。

8月25日，中铁第四勘察设计院集团有限公司注销中铁四院集团（香港）工程设计咨询有限公司。

8月30日，中铁二十三局集团有限公司注销中铁二十三局集团四川铁建川东工程有限公司。

9月21日，中铁十一局集团有限公司注销中铁十一局集团喀麦隆有限公司。

同日，中铁第五勘察设计院集团有限公司注销中铁第五勘察设计院集团中德工程咨询（尼日利亚）自贸区公司。

9月29日，中国铁建电气化局集团有限公司注销中铁建电气化局集团渭南电气化制品有限公司。

9月30日，中铁十六局集团有限公司注销中铁十六局集团福建省顺昌远宏房地产开发有限公司。

10月10日，中铁二十三局集团有限公司注销中铁二十三局集团重庆铁盛建筑工程质量检测有限公司。

10月16日，中铁二十一局集团有限公司注销中铁二十一局集团乌鲁木齐铁路工程采石爆破有限责任公司。

10月19日，中铁二十三局集团有限公司注销中铁二十三局集团齐齐哈尔铁路天工建筑安装有限责任公司。

10月23日，中铁城建集团有限公司注销中铁城建集团天津北龙园林工程有限责任公司。

10月24日，中铁十八局集团有限公司注销中铁十八局集团西南工程有限公司。

10月25日，中铁物资集团有限公司注销中铁物资集团陕西瑞中贸易有限公司。

10月30日，中铁物资集团有限公司注销中铁物资集团珠海华铁商贸实业有限公司。

11月7日，中国土木工程集团有限公司注销中国土木工程集团世纪科技有限公司。

11月13日，中铁物资集团有限公司注销中铁物资集团北京铁印宾馆有限责任公司。

11月15日，中铁第五勘察设计院集团有限公司注销中铁第五勘察设计院集团北京大地盛景环境工程有限公司。

11月16日，中铁二十五局集团有限公司注销中铁二十五局集团泰国有限公司。

11月21日，中铁十九局集团有限公司注销中铁十九局集团（辽宁）辽滨疏港公路投资建设有限公司。

11月22日，中铁十八局集团有限公司注销中铁十八局集团阿曼公司。

11月24日，中铁二十二局集团有限公司注销中铁二十二局集团泰柯玛国际贸易有限公司。

11月27日，中铁十九局集团有限公司注销中铁十九局集团辽宁永达工程检测有限公司。

11月29日，中铁二十五局集团有限公司注销中铁二十五局集团（珠海）建设开发有限公司。

11月30日，中铁十六局集团有限公司注销中铁十六局集团北京地产投资开发有限公司。

同日，中铁十九局集团有限公司注销中铁十九局集团辽宁铁赢工程检测有限公司。

12月1日，中铁十八局集团有限公司注销中铁十八局集团新亚美谷工程管理有限公司。

12月4日，中铁二十五局集团有限公司注销中铁二十五局集团柳州恒建工程质量检测有限公司。

12月6日，中国土木工程集团有限公司注销中国土木工程集团鑫诺帕拉贡发展有限公司。

12月14日，中国铁建房地产集团有限公司注销中铁房地产集团北京丰基置业有限公司。

同日，中国铁建国际集团有限公司注销中国铁建国际集团委内瑞拉有限公司。

12月15日，中铁二十三局集团有限公司注销中铁二十三局集团信息技术有限公司。

同日，中国铁建投资集团有限公司注销中国铁建投资集团中铁建西南(重庆)投资建设管理有限公司。

12月18日，中铁二十二局集团有限公司注销中铁二十二局集团太原铁建天瑞物业管理有限公司。

12月21日，中国土木工程集团有限公司注销中国土木工程集团正合工程有限公司。

同日，中铁十六局集团有限公司注销中铁十六局集团海南椰竺置业有限公司。

同日，中铁建设集团有限公司注销中铁建设集团北京中铁建设有限公司。

同日，中铁城建集团有限公司注销中铁城建集团南昌铁诚建设工程劳务有限公司。

12月25日，中铁十二局集团有限公司注销中铁十二局集团山西中油通达石油销售有限公司。

同日，中铁十六局集团有限公司注销中铁十六局集团海南京博房地产有限公司。

同日，中铁十七局集团有限公司注销中铁十七局集团福州唐城大酒店有限公司。

12月26日，中铁十二局集团有限公司注销中铁十二局集团陕西工程有限公司。

12月27日，中铁建设集团有限公司注销中铁建设集团中加伟业房地产有限公司。 (陈向阳)

【区域经营机构、直管、托管项目设立、变更】 1月4日，成立中国铁建股份有限公司深圳市前海市政工程VI标段集群管理部，定员18人，委托中铁建南方建设投资有限公司管理。

同日，成立中国铁建股份有限公司佛山市城市轨道交通3号线工程3206标段指挥部，定员15人，委托中铁建南方建设投资有限公司管理。

2月13日，成立中国铁建股份有限公司福州地铁6号线土建1标段项目部，定员20人，为中国铁建直管项目部。

3月14日，成立中国铁建股份有限公司厦门市轨道交通4号线工程土建4标段项目部，定员18人，委托中铁海峡建设集团有限公司管理。

同日，成立中国铁建股份有限公司珠三角城际广佛环线GFHD－2标段项目经理部，定员25人，委托中铁建南方建设投资有限公司管理。

3月28日，成立中国铁建股份有限公司南京南部新城指挥部，定员20人，为中国铁建直管项目部。

6月16日，成立中国铁建股份有限公司贵安新区核心区段地下空间及联络通道配套工程项目经理部，定员18人，委托中铁建昆仑投资集团有限公司管理。

7月20日，成立中国铁建股份有限公司南宁市轨道交通2号线东延工程指挥部，定员20人，为中国铁建直管项目部。

7月27日，成立中国铁建股份有限公司洛阳地铁1号线土建1标段工程指挥部，定员20人，为中国铁建直管项目部。

9月13日，成立中国铁建股份有限公司南宁市轨道交通5号线01标段工程指挥部，定员20人，为中国铁建直管项目部。

10月23日，成立中国铁建股份有限公司南京地铁7号线工程施工总承包D7－TA03标段项目部，定员30人，为中国铁建直管项目部。

同日，成立中国铁建股份有限公司包头市城市轨道交通1号线首开段工程项目经理部，定员19人，委托中铁十六局集团有限公司管理。

同日，将中国铁建股份有限公司管理的昆明轨道交通6号线二期工程以及站后工程项目划转移交中铁建昆仑投资集团有限公司管理。

10月31日，成立中国铁建股份有限公司福州轨道交通5号线一期工程3标段项目部，定员25人，委托中铁海峡建设集团有限公司管理。

11月27日，成立中国铁建股份有限公司南通轨道交通1号线一期工程04标段指挥部，定员20人，为中国铁建直管项目部。 (陈向阳)

【主要技术设备】 截至2017年底，中国铁建拥有机械设备122098台(套)。其中，泥水盾构机28台，土压平衡盾构机254台，复合式盾构机4台，全断面掘进机TBM 10台；铁路客运专线用900吨运架一体机11台，架桥机223台，运梁车86台，提移梁机147台(套)；常规铁路架桥机51台，铺轨机56台；电气化施工设备309台(套)；大型机械化整道设备121台。 (张宏成)

中国铁道建筑总公司领导人员名单

董事长、党委书记　孟凤朝
总经理、党委副书记、董事　庄尚标
党委副书记　夏国斌
党委常委　刘汝臣
王秀明
党委常委、纪委书记　李春德
党委常委　鲁　斌
李　宁
汪文忠

中国铁建股份有限公司领导

董事长、党委书记　孟凤朝
总裁、执行董事、党委副书记　庄尚标
党委副书记、执行董事　夏国斌
党委常委、执行董事　刘汝臣
党委常委、总会计师 、总法律顾问　王秀明
党委常委、纪委书记　李春德
党委常委、副总裁　鲁　斌
李　宁
汪文忠
总经济师　赵晋华
孙公新
工会主席　史道泉
监事会主席　黄少军
总工程师　雷升祥
董事会秘书　余兴喜
监　事　李学福
职工监事　张良才（享受三总师副职待遇）
安全总监　辛　实
副总工程师　王清明
陈勇鹏
副总经济师　赵登善
郝趁义
扆守义
李学福
纪委副书记　由　建
钱桂林
工会副主席兼女工委主任　白　晶
副总法律顾问　王甲国
海外部总经理　武宪功

中国铁建股份有限公司部门正副职领导

董事会秘书局
主　任　靖　菁
副主任　王　强
证券事务代表　谢华刚
副巡视员　卢富平

办公室
主　任　戴开扬
副主任兼行政保卫处处长　樊祜修
副主任　马总路
李　冰
副巡视员　曹　军

发展规划部
部长兼企协秘书长　扆守义（兼）
副部长　李吉锋
副部长　杜经红
企协副秘书长　董跃君（享受部门副职待遇）

人力资源部
副部长　赵玉林（主持工作）
副巡视员　刘爱波

科技设计部(技术中心办公室)
部长兼技术中心办公室主任 王清明(兼)
技术中心办公室副主任 贾志武
副部长 许和平
经营计划部
部　长 乔志东
副部长 吴文钊
工程管理部
部长兼总公司战备局局长 高晓东
副部长 刘　晖
总公司战备局副局长 贾国林
安全质量监督部
部长兼安全生产应急救援(指挥)中心
主　任 秦正刚
安全副总监 李春霞
副部长 彭　锋
魏向阳
安全生产应急救援(指挥)中心
副主任 杨生荣
房地产开发部
部　长 楼　翱
设备物资部
部　长 覃为刚
总机械师 沙明元(享受部门正职待遇)
副部长 白云飞
资本运营部
部　长 张沛然
副部长 吴万良
陈梦月
总经济师 荀照杰
财务部
部长兼治亏办副主任 曹锡锐
副部长 王　磊
乔国英
高继红
审计监事局
局　长 刘正昶
副局长 李忠心
法律合规部
部　长 王甲国(兼)
副部长 刘　兵
海外部
执行总经理 曹保刚
执行总经理、外事办主任 廖　军
副总经理、外事办副主任 王永强
副总经理、外事办副主任 朱　勇
信息化管理部
部　长 曾宗根
巡视员 肖新华
副部长 孙永利
经济管理部(整治亏损项目办公室)
治亏办常务副主任 王旭永
治亏办副主任 郭双来
经济管理部部长 王旭永
经济管理部副部长 郭双来
党委办公室
主　任 赵登善(兼)
副主任(保密办公室主任) 梁树峰
党委组织部(党委干部部)
部　长 张良才(兼)
副部长 康福祥
杨　赳
副巡视员 王子利
党委宣传部(企业文化部)
部长、新闻发言人 刘树山
副部长 钱东锋
政研会副秘书长(部门副职待遇) 王　洋
铁道兵纪念馆馆长(部门副职级) 赵其红
纪委办公室
主　任 陈建宏
纪委党风政风监督室(党委巡视工作办公室)
主　任 张晓明
党委巡视组
组　长 董海军
副组长 毕天尧
纪委纪检监察室
主　任 杜庆吉
副主任 杜　军

纪检监察专员　王共明

工会生产综合部

部长兼火车头体协秘书长　李　睿

组织权益和女工部

部　长　顾传智

副部长兼工会生产综合部综合处

处　长　李智伟

副巡视员　何庆安

机关工会

副主席　吕向东

机关房地产管理中心

主　任　周步科

副主任　童联合

机关离退休职工管理部

部长、党总支书记　马吉财

副部长　高尚升

卜锦华

副巡视员　曾初雄

非领导职务　郭品云(部门副职待遇)

中国铁道建筑报社

社　长　刘树山(兼)

副社长、副总编辑　王　利

副总编辑　汪元章

副巡视员兼广告部主任　梅梓祥

(王　炽)

中国铁道建筑总公司所属单位组织序列

（2017年）

- 中国铁道建筑总公司
  - 中国铁建股份有限公司
    - 中国土木工程集团有限公司
    - 中铁十一至十二局集团有限公司
    - 中国铁建大桥工程局集团有限公司
    - 中铁十四至二十五局集团有限公司
    - 中铁建设集团有限公司
    - 中国铁建电气化局集团有限公司
    - 中国铁建港航局集团有限公司
    - 中国铁建房地产集团有限公司
    - 中铁第一、第四、第五勘察设计院集团有限公司
    - 中铁上海设计院集团有限公司
    - 中铁物资集团有限公司
    - 中国铁建重工集团有限公司
    - 中国铁建国际集团有限公司
    - 中铁城建集团有限公司
    - 中国铁建投资集团有限公司
    - 中国铁建财务有限公司
    - 诚合保险经纪有限公司
    - 中铁建商务管理有限公司
    - 中铁建南方、昆仑、华北、重庆、磁浮、北部湾投资有限公司
    - 中铁建金融租赁有限公司
    - 中铁建资产管理有限公司
    - 中铁建华南建设、海峡建设有限公司
    - 北京培训中心（党校）
  - 中铁建锦鲤资产管理有限公司
    - 划入总公司存续企业的北京锦成宏资产管理咨询有限公司等二十一家单位（股权）
  - 其他控股公司
    - 北京通达京承高速公路有限公司

（制表：陈向阳）

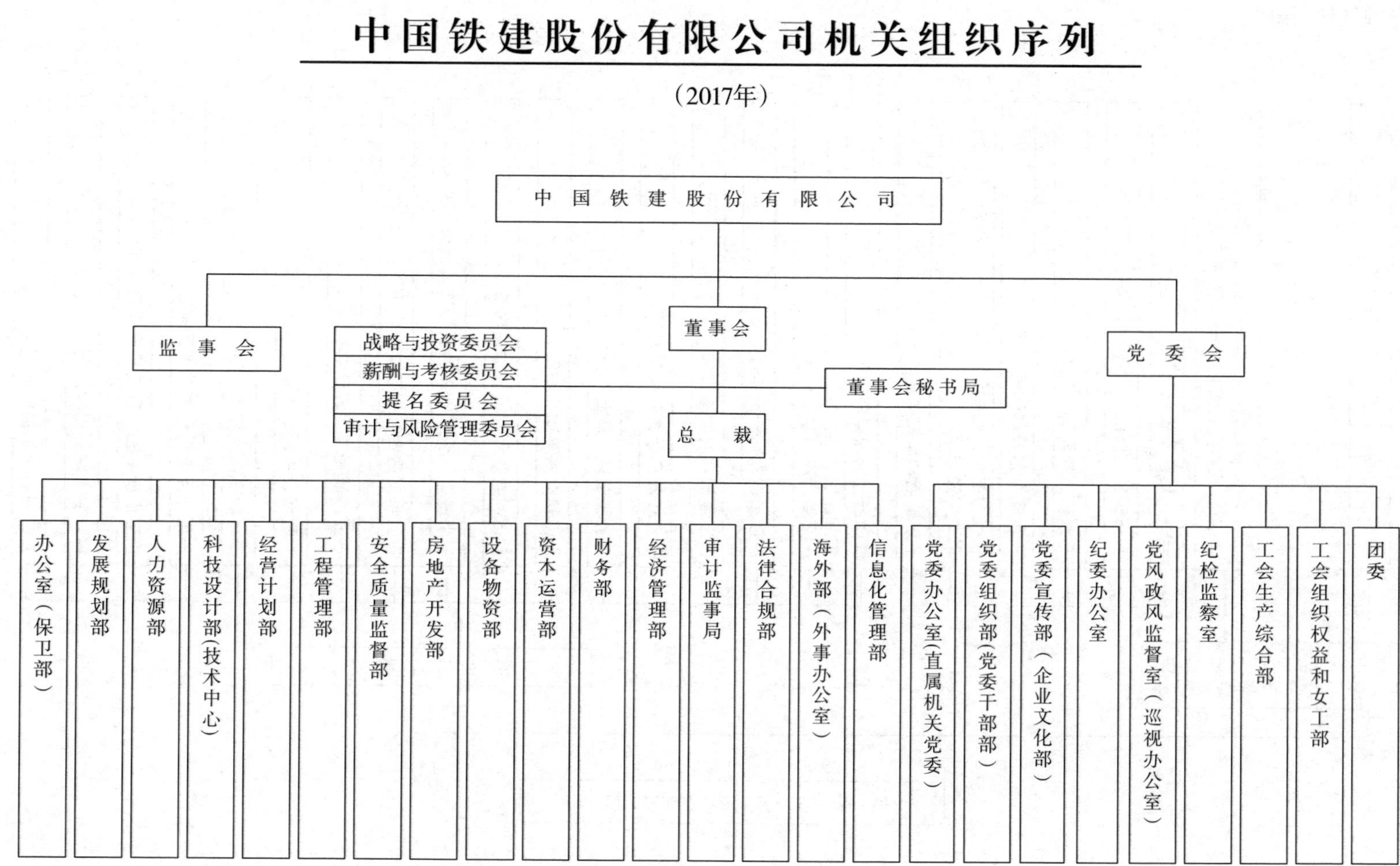
中国铁建股份有限公司机关组织序列
（2017年）
中国铁建股份有限公司
监事会
战略与投资委员会
薪酬与考核委员会
提名委员会
审计与风险管理委员会
董事会
董事会秘书局
党委会
总裁
办公室（保卫部）
发展规划部
人力资源部
科技设计部(技术中心)
经营计划部
工程管理部
安全质量监督部
房地产开发部
设备物资部
资本运营部
财务部
经济管理部
审计监事局
法律合规部
海外部（外事办公室）
信息化管理部
党委办公室(直属机关党委）
党委组织部(党委干部部）
党委宣传部（企业文化部）
纪委办公室
党风政风监督室（巡视办公室）
纪检监察室
工会生产综合部
工会组织权益和女工部
团委
（制表：陈向阳）

中国铁建股份有限公司所属二级单位组织序列

（2017年）

中国铁建股份有限公司

- 中国土木工程集团有限公司
- 中铁十一局集团有限公司
- 中铁十二局集团有限公司
- 中国铁建大桥工程局集团有限公司
- 中铁十四局集团有限公司
- 中铁十五局集团有限公司
- 中铁十六局集团有限公司
- 中铁十七局集团有限公司
- 中铁十八局集团有限公司
- 中铁十九局集团有限公司
- 中铁二十局集团有限公司
- 中铁二十一局集团有限公司
- 中铁二十二局集团有限公司
- 中铁二十三局集团有限公司
- 中铁二十四局集团有限公司
- 中铁二十五局集团有限公司
- 中铁建设集团有限公司
- 中国铁建电气化局集团有限公司
- 中国铁建港航局集团有限公司
- 中国铁建房地产集团有限公司
- 中铁第一勘察设计院集团有限公司
- 中铁第四勘察设计院集团有限公司
- 中铁第五勘察设计院集团有限公司
- 中铁上海设计院集团有限公司
- 中铁物资集团有限公司
- 中国铁建重工集团有限公司
- 中国铁建国际集团有限公司
- 中铁城建集团有限公司
- 中国铁建投资集团有限公司
- 中国铁建财务有限公司
- 诚合保险经纪有限公司
- 中铁建商务管理有限公司
- 中铁建南方建设投资有限公司
- 中铁建昆仑投资集团有限公司
- 中铁建华北投资发展有限公司
- 中铁建金融租赁有限公司
- 中铁磁浮交通投资建设有限公司
- 中铁建重庆投资集团有限公司
- 中铁建资产管理有限公司
- 中铁建华南建设有限公司
- 中铁海峡建设集团有限公司
- 中铁建北部湾建设投资有限公司
- 北京培训中心（党校）

（制表：陈向阳）

中国铁道建筑总公司党组织序列

（2017年）

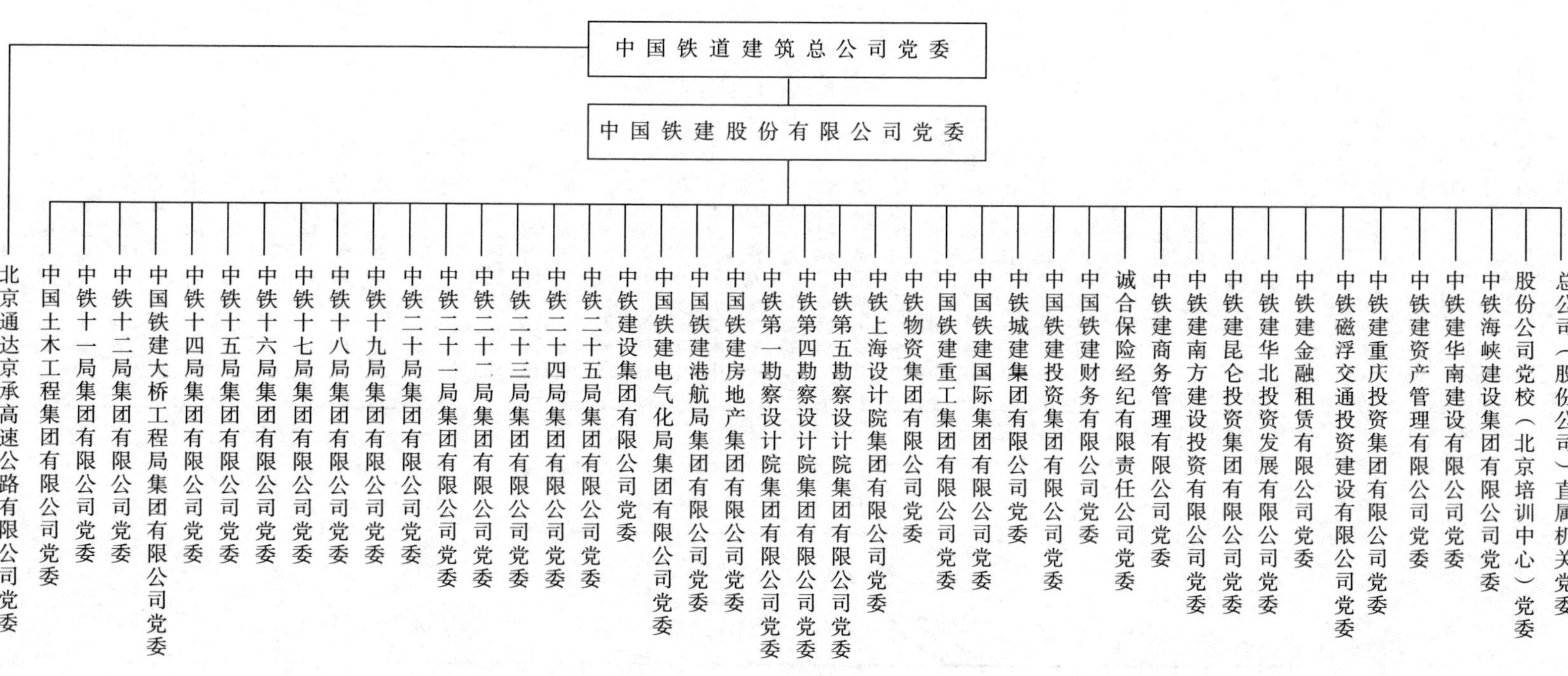

（制表：张桉楠）

中国铁道建筑总公司工会组织序列

（2017年）

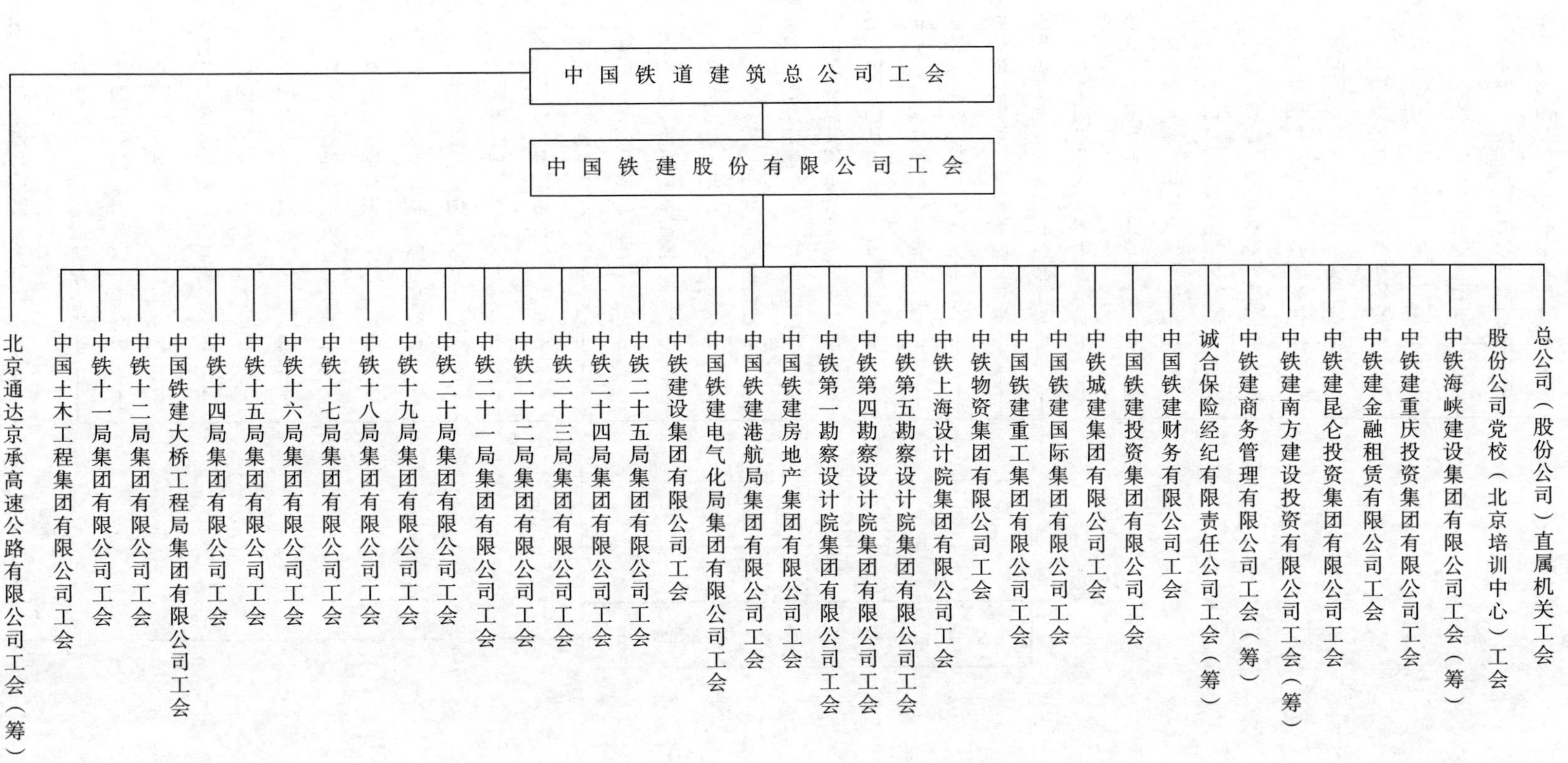

（制表：张桉楠）

中国铁道建筑总公司共青团组织序列

（2017年）

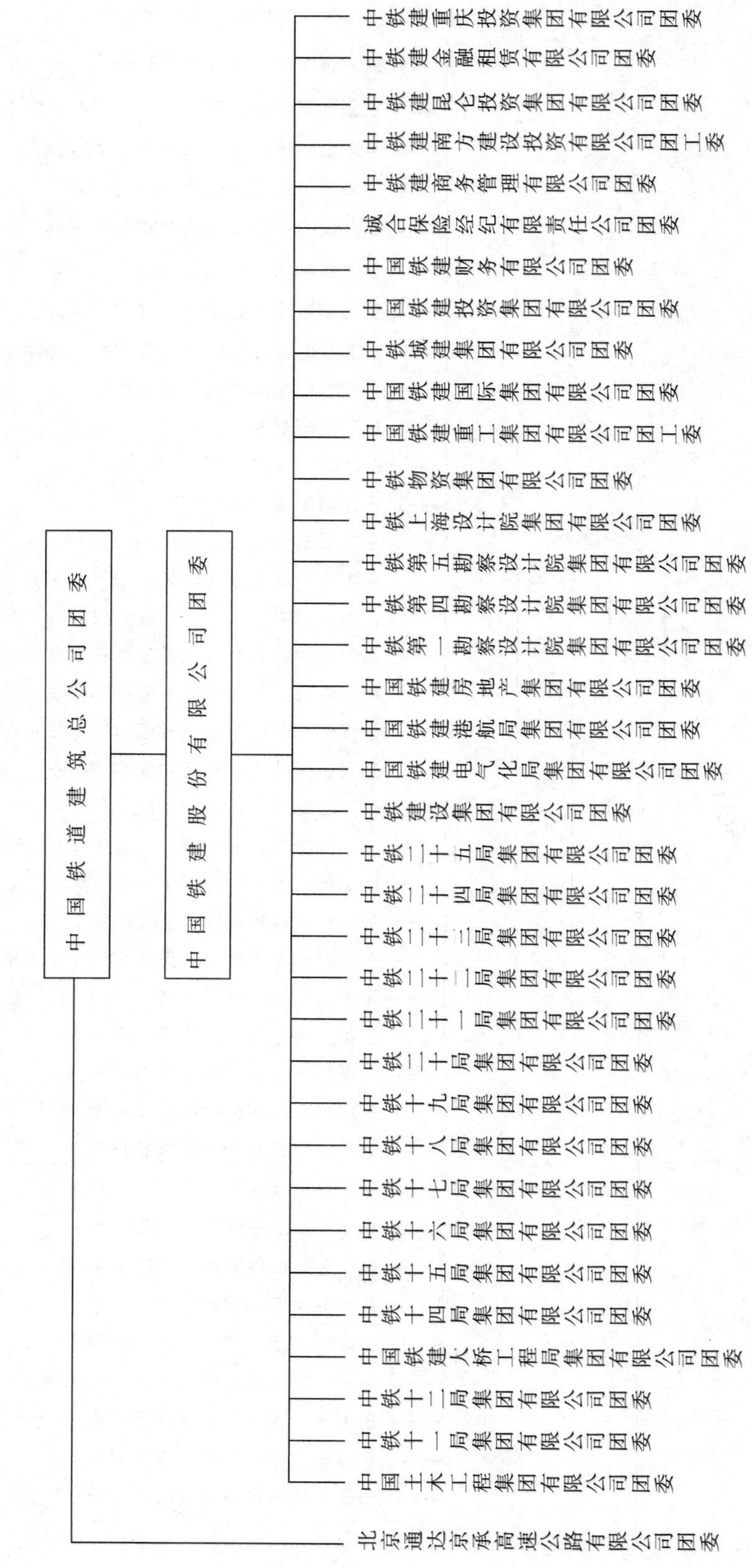

（制表：张桉楠）

2017 年 6 月 15 日，中国铁建 2016 年度股东大会在中国铁建大厦召开。　（张　晶摄）

董事会工作

2017 年中国铁建董事会工作

【中国铁道建筑总公司董事会】 中国铁道建筑总公司(以下简称“总公司”)董事会由孟凤朝、庄尚标 2 名董事组成,孟凤朝为总公司董事长、党委书记,庄尚标任董事、总经理。 (余兴喜)

【中国铁道建筑有限公司董事会】 2017 年 10 月 27 日,国资委下发《关于中国铁道建筑总公司改制有关事项的批复》(国资改革〔2017〕1128 号),批复中国铁道建筑总公司由全民所有制企业改制为国有独资公司,改制后公司名称为中国铁道建筑有限公司(以下简称“有限公司”)。2017 年 12 月 4 日,国资委下发《关于孟凤朝、庄尚标职务任免的通知》(国资任字〔2017〕120 号),任命孟凤朝为有限公司董事长,庄尚标为有限公司董事。2017 年 11 月 15 日,国资委下发《关于同意中国铁道建筑有限公司职工董事人选的函》(国资党委干二〔2017〕307 号),同意提名夏国斌为有限公司职工董事人选;12 月 8 日,该提名经职工代表会议审议通过。中国铁道建筑有限公司董事会由孟凤朝、庄尚标、夏国斌 3 名董事组成。 (余兴喜)

【有限公司总经理聘任】 2017 年 12 月 4 日,国资委下发《关于孟凤朝、庄尚标职务任免的通知》(国资任字〔2017〕120 号),提名庄尚标为有限公司总经理人选。2017 年 12 月 29 日,有限公司召开第一届董事会第 1 次会议,同意聘任庄尚标为有限公司总经理。 (余兴喜)

【规范董事会工作】 总公司(有限公司)董事会按照国资委关于建设规范董事会相关规定,不断完善公司法人治理,提高董事会决策的合规性、科学性。总公司(有限公司)董事会积极组织董事参加国资委培训,不断提高履职能力。2017 年 7 月 20 日,总公司向国资委上报《中国铁道建筑总公司关于中国铁建董事会 2016 年度工作情况的报告》(中铁建董〔2017〕65 号)。 (靖 菁)

【总公司董事会第 28 次临时会议】 2017 年 1 月 25 日召开,会议审议通过《关于总公司 2017 年度预算报告的议案》《关于修订〈中国铁道建筑总公司章程〉的议案》。 (孙 瞻)

【总公司董事会第 29 次临时会议】 2017 年 4 月 10 日召开,会议审议通过《关于向中国铁建财务有限公司同比例增加注册资本金的议案》和《关于总公司 2017 年度工资总额预算方案报告的议案》。(孙 瞻)

【总公司董事会第 30 次临时会议】 2017 年 6 月 16 日召开,会议审议通过《关于总公司〈2016 年度工资总额预算执行情况报告〉》和《关于总公司 2017 年度债务风险管控方案的议案》。 (孙 瞻)

【总公司董事会第 31 次临时会议】 2017 年 8 月 11 日召开,会议审议通过《关于中国铁道建筑总公司增加注册资本金的议案》。 (孙 瞻)

【总公司董事会第 32 次临时会议】 2017 年 9 月 5 日召开,会议审议通过《关于总公司子企业功能界定与分类方案的议案》。 (孙 瞻)

【总公司董事会第 33 次临时会议】 2017 年 9 月 19 日召开,会议审议通过《关于总公司与中国国新控股有限责任公司、国新投资有限公司签订关于中国铁建股份有限公司部分国有股份无偿划转协议的议案》《关于总公司与中国诚通控股集团有限公司、北京诚通金控投资有限公司签订关于中国铁建股份有限公司部分国有股份无偿划转协议的议案》。 (孙 瞻)

【总公司董事会第 34 次临时会议】 2017 年 9 月 21 日召开,会议审议通过《关于总公司公司制改制实施方案的议案》《关于修订公司章程的议案》。(孙 瞻)

【总公司董事会第 35 次临时会议】 2017 年 11 月 3 日召开,会议审议通过《关于总公司增加注册资本金的议案》《关于总公司各级子企业功能界定与分类结果的议案》。 (孙 瞻)

【总公司董事会第36次临时会议】 2017年11月6日召开,会议审议通过《关于中国铁建股份有限公司公开发行A股可转换公司债券的议案》。 (孙 瞻)

【总公司董事会第37次临时会议】 2017年11月17日召开,会议审议通过《关于向中国铁建股份有限公司2017年第二次临时股东大会提交临时提案选举中国铁建股份有限公司第四届董事会董事和第四届监事会股东代表监事的议案》。 (孙 瞻)

【有限公司第一届董事会第1次临时会议】 2017年12月29日召开,会议审议通过《关于聘任庄尚标为中国铁道建筑有限公司总经理的议案》《关于中国铁道建筑有限公司2017年度工资总额预算调整的议案》。 (孙 瞻)

【股东大会】 股东大会是股份公司的权力机构,依法行使下列职权:决定公司的经营方针和投资计划;选举和更换非由职工代表担任的董事、监事,决定有关董事、监事的报酬事项;审议批准董事会报告;审议批准监事会报告;审议批准公司的年度财务预算方案和决算方案;审议批准公司的利润分配方案和弥补亏损方案;对公司增加或者减少注册资本作出决议;对发行公司债券作出决议;对公司合并、分立、解散、清算或者变更公司形式作出决议;制定和修改公司章程,并批准《股东大会议事规则》《董事会议事规则》《监事会议事规则》;对公司聘用、解聘或者不再续聘会计师事务所作出决议;审议单独或者合计持有公司百分之三以上有表决权股份的股东提出的议案;审议批准公司在一年内购买、出售重大资产超过公司最近一期经审计总资产30%的事项;审议批准变更募集资金用途事项;审议批准股权激励计划;审议批准公司章程规定的对外担保事项;审议法律和公司股票上市地的证券监督规则规定的应当由股东大会审议批准的关联交易;审议法律、公司股票上市地的证券监督管理机构的相关规定及公司章程规定应当由股东大会决定的其他事项。 (靖 菁)

【2016年度股东大会】 2017年6月15日,中国铁建股份有限公司(以下简称"公司")2016年度股东大会以现场与网络相结合的方式召开,会议审议并通过《关于董事会2016年度工作报告的议案》《关于监事会2016年度工作报告的议案》《关于公司2016年度财务决算报告的议案》《关于公司2016年度利润分配方案的议案》《关于公司2016年年报及其摘要的议案》《关于核定公司2017年全资子公司担保额度的议案》《关于转让2015年非公开发行股票部分募集资金投资项目公司股权并将所得资金及剩余未投入募集资金永久补充流动资金的议案》《关于公司与中铁建金融租赁有限公司重签〈服务互供框架协议〉的议案》《关于支付2016年度年报审计等相关费用的议案》《关于支付2016年度内部控制审计费用的议案》《关于公司变更2017年度外部审计机构的议案》《关于2016年度董事、监事薪酬的议案》《关于修订〈中国铁建股份有限公司董事会议事规则〉的议案》《关于公司在中国银行间市场交易商协会注册发行债务融资工具的议案》《关于授予董事会发行股份一般性授权的议案》,听取公司独立董事2016年度履职情况报告。 (王 强)

【2017年第一次临时股东大会】 2017年10月30日,公司2017年第一次临时股东大会以现场与网络相结合的方式召开,会议审议并通过《关于修订〈中国铁建股份有限公司章程〉的议案》。 (孙 瞻)

【2017年第二次临时股东大会】 2017年12月22日,公司2017年第二次临时股东大会以现场与网络相结合的方式召开,会议审议并通过《关于公司符合公开发行A股可转换公司债券条件的议案》《关于公司公开发行A股可转换公司债券方案的议案》《关于公司公开发行A股可转换公司债券预案的议案》《关于公开发行A股可转换公司债券摊薄即期回报及填补措施的议案》《关于公司公开发行A股可转换公司债券募集资金使用可行性分析报告的议案》《关于公司前次募集资金使用情况报告的议案》《关于公司公开发行A股可转换公司债券之债券持有人会议规则的议案》《关于公司未来三年(2018—2020年)股东回报规划的议案》《关于控股股东可能参与认购本次公开发行A股可转换公司债券优先配售的议案》《公司关于房地产开发业务的专项自查报告的议案》《公司控股股东、董事、监事及高级管理人员关于相关房地产企业合规性的承诺的议案》《关于选举中国铁建股份有限公司第四届董事会董事和第四届监事会股东代表监事的议案》。 (孙 瞻)

【中国铁建股份有限公司董事会】 公司第三届董事会由7名董事组成:执行董事、董事长孟凤朝,执行董事、总裁庄尚标,非执行董事葛付兴,独立非执行董事王化成、辛定华、承文、路小蔷。2017年12月22日,公司董事会履行换届程序,公司第四届董事会由9名董事组成:执行董事、董事长孟凤朝,执行董事、总裁庄尚标,执行董事夏国斌、刘汝臣,非执行董事葛付兴,独立非执行董事王化成、辛定华、承文、路小蔷。

董事会对股东大会负责,按照《中国铁建股份有限公司章程》依法行使职权。董事会下设提名、战略与投资、薪酬与考核、审计与风险管理4个专门委员会。董事会制定《董事会议事规则》、各专门委员会工作细则及《独立董事工作制度》等法人治理相关工作制度。 (余兴喜)

【董事会提名委员会】 提名委员会负责规范公司董事、总裁及其他高级管理人员的选择标准和程序、执行及检讨董事会成员多元化政策等。公司第三届董事会提名委员会由孟凤朝、王化成、辛定华、承文4名董事组成,孟凤朝任提名委员会主席。2017年12月22日起,公司第四届董事会提名委员会由孟凤朝、夏国斌、王化成、辛定华、承文5名董事组成,孟凤朝任提名委员会主席。2017年,提名委员会分别于6月15日、11月24日、12月22日召开会议3次,审议5项议题。 (余兴喜)

【董事会战略与投资委员会】 战略与投资委员会负责对公司发展战略规划和重大投资决策进行研究并提出建议。公司第三届董事会战略与投资委员会由庄尚标、葛付兴、王化成、辛定华4名董事组成,庄尚标任战略与投资委员会主席。2017年12月22日起,公司第四届董事会战略与投资委员会由庄尚标、刘汝臣、葛付兴、王化成、辛定华5名董事组成,庄尚标任战略与投资委员会主席。2017年,战略与投资委员会分别于1月16日、3月28日、4月28日、5月25日、6月15日、7月11日、7月31日、8月21日、8月28日、10月19日、10月27日、11月24日、12月15日、12月21日召开会议14次,审议66项议题。 (余兴喜)

【董事会薪酬与考核委员会】 薪酬与考核委员会负责制定、审查公司董事及高级管理人员的薪酬政策与方案;负责研究公司董事及高级管理人员的考核标准、进行考核并提出建议。公司第三届、第四届薪酬与考核委员会由承文、葛付兴、路小蔷3名董事组成,承文任薪酬与考核委员会主席。2017年,薪酬与考核委员会分别于3月29日、4月27日、8月28日、9月11日召开会议4次,审议5项议题。 (余兴喜)

【董事会审计与风险管理委员会】 审计与风险管理委员会主要负责提议公司外部审计机构的聘请、更换;公司内部审计制度的监督;公司内外部审计的沟通、监督和核查;财务信息及其披露的审阅;内控制度的审查;公司风险管理策略和解决方案的制定,重大决策、重大事件、重要业务流程的风险控制、管理、监督和评估等工作。公司第三届、第四届审计与风险管理委员会由王化成、葛付兴、辛定华、承文、路小蔷5名董事组成,王化成任审计与风险管理委员会主席。2017年,审计与风险管理委员会分别于1月16日、3月13日、3月28日、4月27日、7月31日、8月28日、10月27日、11月6日、12月21日召开会议9次,审议25项议题。 (余兴喜)

【董事会秘书】 公司设董事会秘书1名,由董事会聘任和解聘。董事会秘书为公司的高级管理人员,对董事会负责。其主要职责:(1)组织筹备并列席董事会会议及其专门委员会会议、监事会会议和股东大会会议。(2)确保公司董事会决策的重大事项严格按规定的程序进行。根据董事会的要求,参加组织董事会决策事项的咨询、分析,提出相应的意见和建议。受委托承办董事会及其有关委员会的日常工作。(3)作为公司与证券监管部门的联络人,负责组织准备和及时递交监管部门所要求的文件,负责接受监管部门下达的有关任务并组织完成。(4)负责协调和组织公司信息披露事宜,建立健全有关信息披露的制度,参加公司所有涉及信息披露的有关会议,及时知晓公司重大经营决策及有关信息资料。(5)负责公司股价敏感资料的保密工作,并制定行之有效的保密制度和措施。对于各种原因引起公司股价敏感资料外泄,要采取必要的补救措施,及时加以解释和澄清,并通告公司股票上市地监管机构。(6)负责公司投资者关系管理事务,完善公司投资者的沟通、接待和服务工作机制。(7)负责协调来访接待,保持与新闻媒体的联系,负责协调解答社会公众的提问,并组织向中国证监会报告有关事宜。(8)协助公司董事会制定公司资本市场发展战略,协助筹划或者实施公司资本市场再融资或者并购重组事务。(9)保证公司的股东名册妥善设立,保证有权得到公司有关记录和文件的人及时得到有关记录和文件;负责公司股权管理事务,包括保管公司股东持股资料,办理公司限售股相关事项,督促公司董事、监事、高级管理人员及其他相关人员遵守公司股份买卖相关规定及其他公司股权管理事项。(10)协助董事及总裁在行使职权时切实履行境内外法律、公司章程及其他有关规定。在知悉公司作出或可能作出违反有关规定的决议时,有义务及时提醒,并有权如实向中国证监会及其他监管机构反映情况。(11)协调向公司监事会及其他审核机构履行监督职能提供必要的信息资料,协助做好对有关公司财务负责人、公司董事和总裁履行诚信责任的调查。(12)履行董事会授予的其他职权以及公司股票上市地要求具有的其他职权。 (余兴喜)

【第三届董事会第 38 次会议】 2017 年 1 月 16 日在中国铁建大厦 14 层第 2 会议室召开。会议审议通过《关于公司 2016 年生产经营计划执行情况和 2017 年生产经营计划的议案》《关于公司 2016 年企业投资完成情况和 2017 年企业投资方案的议案》《关于公司 2017 年主要经济指标计划的议案》《关于公司本部银行综合授信的议案》《关于中铁十二局集团有限公司与广德铁建蓝海丰铁投资中心（有限合伙）组建联合体参与南京市桥北地区河道及防涝设施综合整治工程 PPP 项目投标的议案》《关于中铁二十二局集团有限公司、中铁第四勘察设计院集团有限公司联合参与广州北站综合交通枢纽 PPP 项目投标的议案》《关于中铁建设集团有限公司参与北京市顺义区南法信镇一级开发的议案》《关于中国铁建投资集团有限公司继续投资北京市丰台区东铁营棚户区改造和环境整治项目的议案》《关于中国铁建投资集团有限公司与中铁建设集团有限公司继续参与南京市江宁区江宁街道新市镇土地一级开发的议案》《关于公司与安徽省交通控股集团有限公司、中国建筑股份有限公司组建联合体参与 G4012 溧阳至宁德高速黄山至千岛湖段、G42S 上海至武汉高速无为至岳西段高速公路 PPP 项目投标的议案》《关于公司参与遂宁至德阳高速公路 BOT 项目投标的议案》《关于公司变更 2017 年度外部审计机构的议案》《关于在阿根廷合资设立贝铁货运联合体的议案》《关于〈中国铁建股份有限公司 2016—2020 年企业发展战略与规划〉的议案》。 （孙 瞻）

【第三届董事会第 39 次会议】 2017 年 3 月 29 日在中国铁建大厦 14 层第 2 会议室召开。会议审议通过《关于公司 2016 年度财务决算报告的议案》《关于公司 2016 年度利润分配方案的议案》《关于核定公司 2017 年全资子公司担保额度的议案》《关于公司募集资金存放与实际使用情况专项报告的议案》《关于公司在中国银行间市场交易商协会注册发行债务融资工具的议案》《关于转让募集资金投资项目公司股权并将所得资金永久补充流动资金的议案》《关于公司与中铁建金融租赁有限公司重签〈服务互供框架协议〉的议案》《关于公司 2016 年年报及其摘要的议案》《关于公司 2016 年度董事会工作报告的议案》《总裁 2016 年度工作报告》《关于公司 2016 年度社会责任报告的议案》《关于公司 2016 年度内部控制评价报告的议案》《关于支付 2016 年度年报审计等相关费用的议案》《关于支付 2016 年度内部控制审计费用的议案》《关于 2016 年度董事、监事薪酬的议案》《关于修订〈中国铁建股份有限公司董事会审计与风险管理委员会工作细则〉的议案》《关于〈中国铁建董事会 2017 年工作要点〉的议案》《关于授予董事会发行股份一般性授权的议案》《关于召开公司 2016 年年度股东大会审议相关事宜的议案》《关于中铁二十局集团有限公司参与新建瓮马铁路南北延伸线 PPP 项目投标的议案》《关于公司投资发起设立信德人寿保险股份有限公司的议案》《关于中铁十五局集团有限公司、中国铁建投资集团有限公司联合体参与国道 310 洛三界至豫陕界段南移新建工程 PPP 项目投标的议案》《关于中国铁建投资集团有限公司参与山东高唐至东阿高速公路 BOT 项目投标的议案》《关于向部分二级单位增加注册资本金的议案》。 （孙 瞻）

【第三届董事会第 40 次会议】 2017 年 4 月 28 日在中国铁建大厦 14 层第 2 会议室召开。会议审议通过《关于公司 2017 年第一季度报告的议案》《关于董事会对总裁 2016 年度绩效考核结果的议案》《关于董事会对总裁 2017 年度绩效考核方案的议案》《关于〈公司 2017 年度全面风险管理报告〉的议案》《关于向中国铁建财务有限公司同比例增加注册资本金的议案》《关于修订〈中国铁建股份有限公司对外投资管理制度〉的议案》《关于修订〈中国铁建股份有限公司总裁工作细则〉的议案》《关于公司参与陕西合阳至铜川、吴起至华池高速公路 PPP 项目投标的议案》。

（孙 瞻）

【第三届董事会第 41 次会议】 2017 年 5 月 25 日以通讯表决方式召开。会议审议通过《关于中铁建资产管理有限公司等子公司出资设立商业保理公司的议案》《关于设立中国铁建股份有限公司菲律宾分公司的议案》《关于中铁十六局集团有限公司参与山东东营港疏港铁路 PPP 项目投标的议案》《关于中国铁建投资集团有限公司、中铁第五勘察设计院集团有限公司联合参与扬州湾头玉器特色小镇 PPP 项目投标的议案》《关于中国铁建投资集团有限公司以联合体形式参与京新高速（G7）新疆梧桐大泉至木垒公路 PPP 项目投标的议案》。 （孙 瞻）

【第三届董事会第 42 次会议】 2017 年 6 月 15 日在中国铁建大厦 14 层第 2 会议室召开。会议审议通过《关于聘任鲁斌等 3 人为公司副总裁的议案》《关于中国铁建房地产集团有限公司对参股公司提供担保的议案》《关于中铁建重庆投资集团有限公司、中铁十二局集团有限公司、中铁第四勘察设计院集团有限公司、中铁十六局集团有限公司参与安徽阜阳市城市水系统综合整治（含黑臭水体治理）PPP 项目投标的议案》《关于设立中国铁建股份有限公司巴基斯坦代

表处的议案》。（孙　瞻）

【第三届董事会第 43 次会议】 2017 年 7 月 11 日以通讯表决方式召开。会议审议通过《关于设立中国铁建股份有限公司阿根廷分公司的议案》《关于中铁十一局集团有限公司等单位参与新疆昌吉州 2017 年重点公路工程 PPP 项目第一工程包投标的议案》《关于中铁十四局集团有限公司参与新疆维吾尔自治区阿勒泰地区青河县 S18 塔克什肯至恰库尔图公路 PPP 项目投标的议案》《关于中国铁建投资集团有限公司等单位参与杭州湾地区并行线 G92N（杭甬高速复线）宁波段一期工程 PPP 项目投标的议案》《关于公司参与包头市城市轨道交通 1 号线、2 号线一期工程及沿线综合管廊工程 PPP 项目投标的议案》《关于中铁十一局集团有限公司联合体参与荆州市城北快速路 PPP 项目投标的议案》。（孙　瞻）

【第三届董事会第 44 次会议】 2017 年 7 月 31 日在中国铁建大厦 14 层第 2 会议室召开。会议审议通过《关于公司根据 2016 年年度股东大会一般性授权发行境外上市外资股（H 股）的议案》《关于公司使用部分闲置募集资金暂时补充流动资金的议案》《关于转让中铁建山东济徐高速公路济鱼有限公司等 4 家公司部分股权的议案》《关于子公司发起设立并认缴天津铁建宏图丰创投资基金份额的议案》《关于公司签署阿根廷圣马丁货运铁路改造项目合同授权事项的议案》。（孙　瞻）

【第三届董事会第 45 次会议】 2017 年 8 月 21 日以通讯表决方式召开。会议审议通过《关于中国铁建投资集团有限公司、中铁二十一局集团有限公司等单位组成联合体参与甘肃兰州 G309 线金崖至河口（张家台）段公路改建工程 PPP 项目投标的议案》。（孙　瞻）

【第三届董事会第 46 次会议】 2017 年 8 月 29 日在中国铁建大厦 14 层第 2 会议室召开。会议审议通过《关于公司 2017 年半年报及其摘要的议案》《关于公司募集资金存放与实际使用情况专项报告的议案》《关于公司会计政策变更的议案》《关于公司 2016 年度高管绩效考核结果报告和 2017 年度高管绩效考核方案的议案》《关于公司 2017 年度内部控制评价及考核工作实施方案的议案》《关于修订〈中国铁建股份有限公司章程〉的议案》《关于中铁二十局集团有限公司参与陕西榆蓝高速 G65E 黄渭线黄龙至蒲城高速公路项目投标的议案》《关于中铁建设集团有限公司、中国铁建大桥工程局集团有限公司参与重庆郭家沱大桥及南延伸段 PPP 项目投标的议案》《关于中铁建设集团有限公司、中国铁建大桥工程局集团有限公司参与重庆市快速路二横线西段 PPP 项目投标的议案》《关于公司参与长沙市轨道交通 6 号线工程中段（东区、西区）土建施工“投资 + 总承包”项目投标的议案》。（孙　瞻）

【第三届董事会第 47 次会议】 2017 年 9 月 11 日以通讯表决方式召开。会议审议通过《关于召开 2017 年第一次临时股东大会的议案》《关于 2016 年度公司高级管理人员薪酬方案的议案》。（孙　瞻）

【第三届董事会第 48 次会议】 2017 年 10 月 19 日以通讯表决方式召开。会议审议通过《关于成立中铁建北部湾建设投资有限公司的议案》《关于公司参与新机场北线高速公路（北京段）项目投标的议案》。（孙　瞻）

【第三届董事会第 49 次会议】 2017 年 10 月 30 日在中国铁建大厦 14 层第 2 会议室召开。会议审议通过《关于公司 2017 年第三季度报告的议案》《关于向中国铁建投资集团有限公司增加注册资本金的议案》《关于中铁建资产管理有限公司与重庆国际信托有限公司共同发起设立铁建结构调整基金的议案》《关于公司和中铁建资产管理有限公司与平安资产管理有限责任公司共同发起设立铁建平安基础设施投资基金的议案》《关于续签〈房屋租赁框架协议〉和拟定 2018—2019 年持续关连交易上限的议案》《关于公司未来三年（2018—2020 年）股东回报规划的议案》《关于中国铁建投资集团有限公司、中铁十八局集团有限公司联合体参与张家口市桥西区棚户区改造项目投标的议案》《关于公司参与大连地铁 4 号线 PPP 项目投标的议案》《关于中国铁建投资集团有限公司等单位组成联合体参与甘肃张掖至汶川（G0611）张掖至扁都口段公路工程 PPP 项目投标的议案》《关于〈中国铁建股份有限公司二级公司董事会规范运作指导意见〉的议案》《关于〈中国铁建股份有限公司二级公司董事会规范运作考核评价暂行办法〉的议案》。（孙　瞻）

【第三届董事会第 50 次会议】 2017 年 11 月 6 日在中国铁建大厦 14 层第 2 会议室召开。会议审议通过《关于公司符合公开发行 A 股可转换公司债券条件的议案》《关于公司公开发行 A 股可转换公司债券方案的议案》《关于公司公开发行 A 股可转换公司债券预案的议案》《关于公开发行 A 股可转换公司债券摊薄即期回报及填补措施的议案》《关于公司公开发行A股可转换公司债券募集资金使用可行性分析报告的议案》《关于公司前次募集资金使用情况报告的议案》《关于控股股东可能参与认购本次公开发行A股可转换公司债券优先配售的议案》《关于聘请独立财务顾问及组成独立董事委员会的议案》《关于公司公开发行A股可转换公司债券之债券持有人会议规则的议案》《关于房地产开发业务的专项自查报告的议案》《关于公司控股股东、董事、监事及高级管理人员相关房地产企业合规性的承诺的议案》《关于提请召开2017年第二次临时股东大会的议案》。 （孙 瞻）

【第三届董事会第51次会议】 2017年11月24日以通讯表决方式召开。会议审议通过《关于将中国铁道建筑总公司提交的〈关于选举第四届董事会董事和第四届监事会股东代表监事的议案〉提交公司2017年第二次临时股东大会审议的议案》《关于公司投资子公司基础设施投资平台的议案》。 （孙 瞻）

【第三届董事会第52次会议】 2017年12月15日以通讯表决方式召开。会议审议通过《关于中国铁建投资集团有限公司、中铁十二局集团有限公司等组成联合体参与江苏盐城市快速路网三期工程PPP项目投标的议案》。 （孙 瞻）

【第四届董事会第1次会议】 2017年12月22日在中国铁建大厦14层第2会议室召开。会议审议通过《关于选举公司第四届董事会董事长的议案》《关于第四届董事会各专门委员会组成人员的议案》《关于聘任公司总裁的议案》《关于聘任公司副总裁等高级管理人员的议案》《关于聘任公司董事会秘书的议案》《关于公司在南京、西安设立法人实体公司的议案》《关于公司整合京津冀指挥部、雄安新区工作组及在雄安新区设立法人实体公司的议案》《关于中国铁建房地产集团有限公司以增资扩股方式引进投资者的议案》《关于公司使用2015年非公开发行股票节余募集资金永久补充流动资金的议案》《关于中国铁建财务有限公司开展货币基金投资业务的议案》《关于公司与农业银行开展结构性融资的议案》《关于中铁建资产管理有限公司投资部分子公司永续债权的议案》《关于中铁十四局集团有限公司与中铁二十一局集团有限公司等单位组成联合体参与新疆巴音郭楞蒙古自治州塔什店—上库工业园等6个公路项目(B项目包)PPP项目投标的议案》《关于中铁十八局集团有限公司联合体参与新疆塔城地区S343线等国省干线及农村公路包PPP项目投标的议案》《关于公司参与河南上蔡至罗山高速公路(驻马店市境、信阳市境)PPP项目投标的议案》《关于公司参与河南兰考至原阳高速公路封丘至原阳段PPP项目投标的议案》《关于中国铁建投资集团有限公司与中铁十五局集团有限公司等单位组成联合体参与河南省濮阳至湖北阳新高速公路宁陵至沈丘段高速公路PPP项目投标的议案》《关于中国铁建投资集团有限公司联合体参与山东济阳滨河新区PPP项目投标的议案》《关于中铁二十五局集团有限公司参与广西柳州磨滩片区改造项目土地熟化投标的议案》《关于中铁建重庆投资集团有限公司参与重庆巫溪至山西镇坪(重庆段)高速公路PPP项目投标的议案》《关于公司参与昆明(岷山)至楚雄(广通)高速公路扩容工程PPP项目投标的议案》。（孙 瞻）

【完善公司法人治理制度】 董事会继续加强制度建设,按照国资委、中国证监会、证券交易所等监管机构的有关规定,结合企业实际情况,进一步完善法人治理制度。2017年,修订《中国铁建股份有限公司章程》《中国铁建股份有限公司董事会议事规则》《中国铁建股份有限公司总裁工作细则》《中国铁建股份有限公司董事会审计与风险管理委员会工作细则》《中国铁建股份有限公司对外投资管理制度》,制定《二级公司董事会规范运作指导意见》《二级公司董事会规范运作考核评价暂行办法》。 （王 强）

【外部董事专题调研】 2017年6月25日至7月6日,股份公司党委书记、董事长孟凤朝带队,非执行董事葛付兴,独立非执行董事王化成、辛定华、承文,在董事会秘书余兴喜和董事会秘书局、海外部等有关人员陪同下,到秘鲁、厄瓜多尔和特多,考察调研中铁第一勘察设计院集团有限公司、中国铁建投资集团有限公司、中国铁建国际集团有限公司等单位相关海外项目及南美地区海外经营与新兴市场开拓情况。

2017年9月11—16日,股份公司非执行董事葛付兴,独立非执行董事王化成、辛定华、承文、路小蔷,与董事会秘书余兴喜,董事会秘书局等有关人员一道,先后调研中铁十九局集团有限公司、中铁二十二局集团有限公司、中铁建设集团有限公司、中铁第五勘察设计院集团有限公司、中铁十四局集团有限公司5家二级单位及其所属的5个重点项目。 （孙 瞻 王海强）

【组织公司董事、董秘参加培训】 按照国资委、上海证券交易所等有关监管机构要求,组织公司董事、董事会秘书参加董事会规范运作专题研讨及上市公司合规运作专题培训活动。2017年,组织公司董事、董事会秘书参加相关培训7人次。 （王海强）

【董事会秘书局】　董事会秘书局为公司董事会的常设工作机构，负责公司董事会日常工作事务，负责筹备、组织股东大会、董事会及其各专门委员会会议，负责董事会决议执行情况的监督和信息反馈；负责起草董事会重要文件，建立健全董事会各项工作制度；负责董事会印章管理，处理法人代表授权委托事项；负责为董事履职提供工作服务；负责公司投资者关系管理，管理股东名册，接待投资者来访，与投资者保持良好的日常沟通与交流；组织编制年报、半年报、季度报告等定期报告；负责安排、组织业绩路演、推介活动；负责董事会与公司内外部的联络与沟通，协调与境内外监管机构的关系；负责公司内部重大信息的收集、整理与汇总，对外进行信息披露；负责对所属上市公司信息披露业务进行指导；负责参加子公司股东大会的股东代表和公司委派到子公司的外部董事参加董事会行使决策意见的沟通与协调；负责公司董事会与全资、控股子公司董事会的业务联系与沟通，持续完善全资、控股子公司法人治理制度建设，规范董事会运作；参与公司股票、债券及其衍生品的发行工作，参与所属子公司分拆上市等资本市场融资工作；承办总公司（有限公司）董事会相关工作；完成领导交办的其他工作。董事会秘书局下设秘书处、投资者关系处和股权代表管理处，定员14人，现员11人。设主任1人、副主任1人，证券事务代表1人。

2017年，董事会秘书局在公司董事会、公司领导、董事会秘书领导下，按照《董事会2017年工作要点》的总体部署，围绕董事会规范运作，持续完善公司治理与制度建设，筹备召开各类决策会议，做好信息披露与投资者关系管理，进一步加强二级公司董事会建设，开展股权再融资工作，为企业改革与发展服务，依法合规办事，注重工作实效。（靖　菁）

【公司章程修订】　根据国务院国有资产监督管理委员会关于将中央企业党建工作要求纳入公司章程和全面推进法治央企建设的有关要求，根据中国证券监督管理委员会、上市地证券交易所以及国家有关管理部门新出台的有关规定，结合实际情况，股份公司对《公司章程》进行修订，并经10月30日公司2017年第一次临时股东大会审议通过。11月1日，正式印发《中国铁建股份有限公司章程》（中国铁建董〔2017〕185号）。（李　静）

【公司董事会议事规则修订】　根据公司管理实际需要，股份公司对《董事会议事规则》进行修订，并经6月15日公司2016年年度股东大会审议通过。6月20日，正式印发《中国铁建股份有限公司董事会议事规则》（中国铁建董〔2017〕116号）。（李　静）

【公司总裁工作细则修订】　根据国资委对中央企业投资的监管要求和企业管理需要，股份公司对《总裁工作细则》进行修订，并经4月28日公司第三届董事会第40次会议审议通过。5月18日，正式印发《中国铁建股份有限公司总裁工作细则》（中国铁建董〔2017〕101号）。（李　静）

【公司董事会审计与风险管理委员会工作细则修订】　根据国务院国资委《关于全面推进法治央企建设的意见》（国资发法规〔2015〕166号）和《关于做好法治央企建设进展情况统计报告工作的通知》要求及国资委领导讲话精神，结合企业实际，股份公司对《董事会审计与风险管理委员会工作细则》进行修订，并经3月29—30日第三届董事会第39次会议审议通过。4月24日，正式印发《中国铁建股份有限公司董事会审计与风险管理委员会工作细则》（中国铁建董〔2017〕80号）。（李　静）

【公司对外投资管理制度修订】　为加强风险防控、强化企业投资项目管理，根据国资委对中央企业的监管要求，结合企业实际，股份公司对《对外投资管理制度》进行修订，并经4月28日第三届董事会第40次会议审议通过。5月23日，正式印发《中国铁建股份有限公司对外投资管理制度》（中国铁建董〔2017〕102号）。（李　静）

【二级公司董事会规范运作指导意见印发】　为进一步健全中国铁建全资、控股子公司法人治理结构，规范董事会运作，切实解决二级公司董事会虚设问题，促进科学决策，防范经营风险，实现企业持续健康发展，股份公司制定《二级公司董事会规范运作指导意见》，并经10月30日公司第三届董事会第49次会议审议通过。11月13日，正式印发《中国铁建股份有限公司二级公司董事会规范运作指导意见》（中国铁建董〔2017〕205号）。（李　静）

【二级公司董事会规范运作考核评价暂行办法印发】为建立规范的公司治理机制，推进中国铁建全资、控股子公司规范董事会建设，切实解决二级公司董事会虚设问题，促进科学决策，防范经营风险，实现企业持续健康发展，股份公司制定《二级公司董事会规范运作考核评价暂行办法》，并经10月30日第三届董事会第49次会议审议通过。11月14日，正式印发《中国铁建股份有限公司二级公司董事会规范运作考核评价暂行

办法》(中国铁建董〔2017〕206 号)。 (李 静)

【**加强二级公司董事会规范运作**】 加强二级公司法人治理制度建设,按照《二级公司董事会规范运作指导意见》《二级公司董事会规范运作考核评价暂行办法》的要求,督促所属二级公司及时修订、完善、印发法人治理制度,并建立定期自查机制;督促二级公司严格执行法人治理制度,重大事项必须按照制度规定履行相关决策程序,切实提高制度的执行力。2017 年 6 月,召开二级公司董事会工作机构座谈会,开展业务培训与交流,部署 2017 年度二级公司董事会规范运作考核评价工作。加强与二级公司董事会工作机构的业务联系与交流,通过 QQ 工作群、电话和邮箱等多种形式,交流业务资料,解答各类问题。 (徐 红)

【**重大信息内部报告**】 2017 年收集全系统各类重大信息 36 条,整理披露临时公告 15 份,确保股份公司内部重大信息迅速、顺畅的流动、归集和有效管理。

(徐 红)

【**公司派往二级单位外部董事代表出资人行使决策意见的沟通与协调**】 2017 年,会同机关相关部门对中国铁建高新装备股份有限公司 1 次股东大会、7 次董事会,共 23 项议案进行审阅,形成初步意见,报公司领导审阅后,由派往二级单位外部董事代表出资人参与表决。8 月,经股份公司领导批示,对高新装备董事会、股东大会议案不再审核,协助做好股份公司派代表出席高新装备股东大会相关工作。 (徐 红)

【**资本市场获奖情况**】 2017 年,中国铁建在品牌建设、规范治理、信息披露、投资者关系、社会责任等方面获得诸多奖项。公司先后获得第八届中国上市公司与城市发展投资交流会“2017 中国上市公司最具核心竞争力 100 强”“2017 中国上市公司最具创新力企业”;第六届中国上市公司诚信高峰论坛“2017 中国上市公司诚信企业百佳”;第十七届中国上市公司百强高峰论坛“中国明星企业奖”“中国百强企业奖”;第七届中国证券金紫荆“最具投资潜力上市公司奖”;“金港股”洞见港股新价值高峰论坛“最佳投资者关系管理上市公司”等奖项。

公司董事会获评中国上市公司投资者关系“主板优秀董事会”;“金智奖”上市公司价值评选“2017 年度中国上市公司最受尊敬董事会”;“2017 年度中国上市公司精准扶贫优秀案例”;第十三届“金圆桌”上市公司董事会“最佳董事会奖”等奖项。董事长孟凤朝获得“2017 中国上市公司最受尊敬行业领军企业家”“企业家精神奖”“中国百强杰出企业家奖”等奖项;董事会秘书余兴喜获得“最佳上市公司董事会秘书奖”“中国百强优秀董秘奖”“功勋董秘”“金牌董秘”等奖项。 (徐 衍)

【**合规披露公司信息**】 2017 年,公司在上海证券交易所披露文件资料 170 份;在香港联交所披露中文文件 154 份、英文文件 108 份。信息披露文件除在交易所网站披露外,并分别在《中国证券报》《上海证券报》《证券日报》《证券时报》4 家指定报纸和《中国铁道建筑报》及公司网站披露。 (赫东娜)

【**公司定期报告编制**】 2017 年,完成公司 2016 年年度报告及 2017 年第一季度报告、中期报告、第三季报的编制与披露工作,定期报告未出现重大差错或遗漏。同时,按期完成定期报告的翻译、校对、排版、挂网、印刷、邮寄和分发等相关工作。

(谢华刚 李 静 何 珊)

【**投资者关系管理**】 公司贯彻落实《国务院办公厅关于进一步加强资本市场中小投资者合法权益保护工作的意见》、上海证券交易所《关于进一步加强上市公司投资者关系管理工作的通知》和北京证券监督管理局《关于集中开展投资者保护宣传工作的通知》精神,按照《中国铁建股份有限公司投资者关系工作制度》的规定,开展投资者关系管理工作。公司设立投资者关系热线电话,接听投资者和分析师咨询,及时回答相关问题。设立投资者关系专用邮箱,为投资者及分析师提供便利的沟通条件。2017 年,接听热线电话 2000 余次,回复邮件 500 余封。对投资者普遍关注的热点问题,及时汇总并上报。全年接待投资者 74 场 445 人次;参加投资机构举行的投资者论坛 17 次 72 场,接待投资者 248 人次。 (卢富平 何 珊 徐 衍)

【**上证 e 互动平台管理**】 公司利用上海证券交易所“上证 e 互动”网络平台,重视和加强与投资者的互动和交流,对投资者提出的问题给予及时回复,并上传机构投资者来访调研记录等资料,并利用“上证 e 互动”平台召开现金分红网络说明会,回答投资者提出的问题。 (何 珊 卢富平 徐 衍)

【**投资者关系管理网站内容更新**】 为加强投资者关系管理工作的主动性和互动性,畅通与投资者沟通的渠道和方式,进一步完善信息披露工作,及时更新公司网站中有关投资者关系管理的内容。完善“投资者关系”栏目内容,及时更新数据,增强投资者关系栏目的针对性、及时性和准确性。

（卢富平　何　珊　徐　衍）

【**业绩发布和路演**】　公司配合定期报告的披露，及时召开业绩发布会。2017 年，召开业绩发布现场会议 1 次、电话会议 4 次，发布公司经营业绩，回答投资者和分析师普遍关注的问题。配合年报的发布，公司领导带队在香港和新加坡进行业绩路演，全年召开投资者会议 39 场，会见投资者和分析师 100 人次，获得资本市场的普遍认可。　（卢富平　徐　衍）

【**内幕信息管理**】　公司按照中国证监会等监管机构的相关要求和《中国铁建股份有限公司内幕信息知情人管理制度》的规定，进一步加强内幕信息管理，完善内幕信息知情人登记备案制度，管控重点事项，严格规范内幕信息知情人的行为，有效保护股东、公司及其他利益相关方的合法权益。2017 年，登记内幕信息知情人 221 人次。　（谢华刚　徐　衍）

【**2016 年度分红派息**】　制定工作计划，明确工作流程、时间节点及分工建议，整体筹划分红派息工作，与财务部等部门密切配合，2017 年 8 月，公司完成 2016 年度分红派息工作。　（卢富平　赫东娜）

【**证券事务中介机构**】　2017 年，公司组织完成对所聘 4 家上市合规类中介机构的年度考核工作。组织年度考核，对各中介机构年度工作情况进行评议，并提出改进建议。经协商，决定继续聘任北京德恒律师事务所（境内律师）、贝克・麦坚时律师事务所（境外律师）、香港中央证券登记有限公司（境外股东登记服务机构）、香港皓天财经集团有限公司（境外财经公关公司和印刷商）4 家上市合规类服务机构，签署年度服务协议和保密协议，并支付上一年度服务费用。　（卢富平）

【**公司股东名册管理**】　公司 A 股、H 股股东情况和相关数据分别由中国证券登记结算公司上海分公司和香港中央证券进行管理。做好 A 股股东名册管理工作，定期下载公司前百名大股东名册数据和股息红利差异化计税补缴明细数据，在召开股东大会、分红派息、业绩发布等期间进行股东名册的申请、下载、汇总、对比和查询。做好 H 股股东名册管理工作，定期从香港中央证券网站下载公司全部股东名册等统计表格，及时掌握公司股份分布情况和大股东权益变动情况。截至 2017 年 12 月 31 日，公司股东总数 300112 户，其中 A 股股东 283161 户、H 股股东 16951 户。

（赫东娜　徐　衍）

2017 年 3 月 2 日，中国铁建召开安全生产工作视频会议。（赵渊青 摄）

工程施工

工程管理

【工程管理部】 是中国铁建股份有限公司工程管理、工程调度、抗洪抢险、抗震救灾、环境保护及铁路战备综合管理职能部门。主要职责:管理、指导全系统工程管理工作,负责组织制定建设项目施工管理、竣工验收管理等各项规章制度,负责交流推广先进项目管理经验,负责组织有关部门处理和解决公司承建的重点工程中的施工组织、施工难点问题和竣工验收交接工作,负责工程调度和重难点工程的信息工作,负责公司总承包项目和本级工程项目的施工组织管理指导工作,负责工程项目环境保护、节能减排、防洪、抗震减灾等工作;参与公司总体发展战略及中长期规划的研究制订、社会责任报告编撰并提供相关资料,参与全面风险管理和内控相关工作,参与绩效考核、经济对标、信息化建设、责任成本管理、全面预算管理及概预算梳理、设计变更、经济索赔工作;承办总公司管理的国家铁路战备及总公司经营项目工程管理工作。下设综合处、工程管理处、调度处、节能环保处。

(刘　辉　扈士球)

【施工生产综述】 2017 年,中国铁建系统完成施工产值 6027.8 亿元,占年度计划的 99.5%,同比增加 531 亿元。全系统超过 5000 万元以上的在建项目 3030 项。其中,铁路工程 579 项;公路工程 635 项;市政工程 337 项;城市轨道交通工程 649 项;水利水电工程 135 项;房屋建筑工程 620 项;其他工程 75 项。

中国铁建国内在建重点项目 38 项。其中,铁路工程 19 项,即京张铁路、蒙华铁路通道、京沈铁路客运专线、成贵铁路客运专线、郑万铁路客运专线、石济铁路客运专线、武九铁路客运专线、西成铁路客运专线、宝兰铁路客运专线、兰渝铁路、玉磨铁路、黔张常铁路、成兰铁路、济青高速铁路、昌赣铁路客运专线、九景衢铁路、汉十铁路客运专线、吴忠至中卫城际铁路、广州南沙港铁路;公路工程 3 项,即兴延高速公路、成都经济区环线高速公路浦江至都江堰段、安岳至合川、合川至璧山至江津高速公路;市政工程 3 项,即芜湖城南过江隧道、南京市江北新区综合管廊二期工程、郑州综合交通枢纽地下交通工程;城市轨道交通 7 项,即北京地铁、成都地铁 5 号线、乌鲁木齐地铁 2 号线、深圳地铁、青岛地铁 1 号线、昆明地铁 5 号线、厦门地铁;水利电力工程 3 项,即苏通 GIL 综合管廊工程、引汉济渭工程、吉林中部引松供水工程;房屋建筑工程 3 项,即乌鲁木齐宝能城、银川绿地中心项目、福建福清利嘉中心。

2017 年,中国铁建参建的世界最大断面公路隧道港珠澳大桥珠海连接线的拱北隧道、东北地区目前最长铁路客运专线隧道京沈铁路客运专线辽西隧道、辽宁省在建最长单线铁路隧道田桓铁路摩天岭隧道、中国最大规模及世界罕见的岩堆隧道田桓铁路大前石岭隧道、成贵铁路大方隧道、哈牡铁路客运专线第二长隧威虎山隧道、国内罕见及世界难题兰渝铁路胡麻岭隧道、永广铁路妥安隧道、蒙华铁路蒙陕段首座特长隧道——张家园隧道、成兰铁路金瓶岩隧道、被誉为“川藏第一隧”的雅康高速公路二郎山特长隧道、目前世界上海拔最高与环境最恶劣的高速公路隧道雪山一号隧道、汶(川)马(尔康)高速公路汶川一号隧道贯通。参建的目前亚洲首座采用预应力混凝土边主梁钢横梁斜拉桥贵港铁路青云大桥、跨度列世界上同类型结构桥梁之最的闽江特大桥连续刚构梁、国内首座铁路混合梁独塔斜拉桥江汉铁路岳口汉江特大桥实现合龙,世界最高桥 100 大名录的永吉高速全线重点控制性工程——猛洞河特大桥主体完工,国内跨度最大的重载铁路斜拉桥的蒙华铁路汉江特大桥主塔封顶,世界最大重量转体斜拉桥菏泽丹阳立交桥正式通车。

(刘　辉　扈士球)

【项目管理先进单位】 2017 年,20 家单位被评为年度中国铁建项目管理先进单位。

中铁十一局集团一公司
中铁十一局集团二公司
中铁十二局集团建筑安装公司
中铁十二局集团七公司
中国铁建大桥工程局集团四公司
中国铁建大桥工程局集团电气化公司
中铁十四局集团大盾构公司
中铁十六局集团电气化公司
中铁十七局集团一公司
中铁十八局集团五公司
中铁十九局集团矿业投资公司
中铁二十局集团市政工程公司
中铁二十二局集团房地产开发公司
中铁二十三局集团轨道交通公司
中铁二十四局集团路桥分公司
中铁建设集团北京中铁装饰工程有限公司
中国铁建电气化局集团北方公司
中国铁建电气化局集团一公司
中国铁建(加勒比)有限公司
中铁城建集团一公司

(刘　辉　扈士球)

【优秀项目经理部】 2017年,43个项目经理部被评为中国铁建优秀项目经理部。

中国土木工程集团有限公司尼日利亚铁路现代化项目阿布贾至卡杜纳段工程项目经理部

中铁十一局集团有限公司汉十铁路HSSG－4标段项目经理部

中铁十一局集团有限公司西成铁路客运专线项目部

中铁十一局集团有限公司商合杭铁路站前12标段项目经理部

中铁十二局集团有限公司蒙华铁路MHSS－2标段项目经理部

中铁十二局集团有限公司成蒲铁路CPZQ－3标段项目经理部

中铁十二局集团有限公司衢宁铁路浙江段站前工程先建段项目经理部

中国铁建大桥工程局集团有限公司快速路系统二期项目——外环线东北部调线工程第1标段项目经理部

中国铁建大桥工程局集团一公司临沂市陶然路沂河大桥项目经理部

中铁十四局集团有限公司仁新高速公路TJ5合同段项目经理部

中铁十四局集团有限公司武汉天河机场三期扩建工程主进场路项目经理部

中铁十五局集团六公司乌鲁木齐集装箱中心站项目经理部

中铁十六局集团有限公司南宁轨道交通3号线01标段机电7工区项目部

中铁十六局集团有限公司温州市域铁路S1线一期工程机场段轨道区间2标段项目经理部

中铁十七局集团有限公司蒙华铁路MHTJ－4标段项目经理部

中铁十七局集团有限公司京沈客运专线辽宁段TJ－8标段项目经理部

中铁十八局集团有限公司天津地铁1号线东延至国家会展中心项目土建施工第1合同段项目经理部

中铁十八局集团有限公司蒙华铁路MHTJ－5标段项目经理部

中铁十九局集团有限公司沪通铁路工程站前2标段项目部

中铁二十局集团有限公司防城港市江山半岛环岛东路扩建工程项目部

中铁二十局集团有限公司四川简蒲高速公路施工总承包指挥部

中铁二十一局集团有限公司济青高速铁路项目部

中铁二十一局集团有限公司芜广铁路电气化改造站后工程项目部

中铁二十二局集团有限公司长春地铁2号线BT6标段项目经理部

中铁二十二局集团有限公司深圳国际会展中心配套市政项目4标段项目部

中铁二十三局集团有限公司简蒲高速公路JPTJ－13标段项目经理部

中铁二十三局集团有限公司通辽至让湖路铁路电气化改造工程(沈阳局管内)TRSG－1标段项目经理部

中铁二十四局集团有限公司昭通市大山包一级公路第2标段项目部

中铁二十四局集团有限公司新建九景衢铁路江西段JQJXZQ－1标段项目经理部

中铁二十五局集团一公司深茂铁路项目部

中铁建设集团有限公司张家港保税区滨江大厦工程项目经理部

中铁建设集团有限公司金成时代广场二期工程项目经理部

中铁建设集团有限公司中节能(江西)总部基地工程项目经理部

中国铁建电气化局集团有限公司滨洲铁路电气化改造工程项目部

中国铁建电气化局集团有限公司广大铁路站后工程项目经理部

中国铁建港航局集团有限公司鱼山19号地块项目经理部

中国铁建港航局集团有限公司达州基础设施投资建设工程项目部

中铁城建集团有限公司广大铁路站后工程项目经理部

中国铁建股份有限公司山东济鱼高速公路工程建设指挥部

中铁建昆仑投资集团有限公司成都元华路神仙树节点工程项目经理部

中铁建昆仑投资集团有限公司成都地铁10号线项目管理指挥部

中国铁建股份有限公司厦门市轨道1号线一期土建2标段项目部

中铁建北部湾建设投资有限公司南宁轨道交通3号线01标段工程指挥部 (刘 辉 扈士琰)

【优秀项目经理】 2017年,中国铁建表彰优秀项目经理60人。

叶胜伟 董瑞武 刘华荣 王采成 翁长根

张国永	郝文广	高兴良	王晋生	刘　阳
张志刚	窦洪羽	葛照国	刘朝阳	吴　瑞
张喜胜	赵　永	马宝利	郭　震	陈自明
李熙颖	李树文	王维新	曾凡伟	郭志强
黄忠强	王福兴	韩　峰	张　品	吴生荣
王忠诚	陈小科	刘　斌	孟　磊	刘小东
代永翔	李宝成	刘加华	杜巍林	张念国
张　平	江政杰	张恩桥	谢碧辉	文雪峰
邓凌青	张荣伟	李　庆	张　凯	蔡俊福
张德君	李继亮	王小坤	苏洪斌	伍　敏
陈坚刚	李靖滨	尹玉平	张海林	赵建宇

（刘　辉　扈士琰）

铁路工程

·京张铁路及崇礼铁路·

【工程概况】 新建北京至张家口铁路位于北京市西北、河北省北部，本线起自北京北站，经北京市海淀区、昌平区、延庆县，跨官厅水库，河北省怀来县、下花园区、宣化区，西迄张家口南站。新建正线全长173.964千米。其中，北京市境内70.503千米；河北省境内103.461千米。设计时速350千米，设车站10座，桥隧长度占线路全长的65.96%。该项目的建设还包括延庆支线改造工程、北京枢纽配套改建工程、河北省配套改建工程。崇礼城际铁路处于河北省张家口市境内，南起在建京张高速铁路下花园北站，途径下花园区、宣化区、赤城县、北起崇礼区太子城奥运村，是京津冀地区城际铁路网的重要组成部分。线路全长52千米，设计时速250千米。计划2019年底建成通车。中国铁建所属十四局、十八局、二十局集团有限公司参加工程建设。（刘　辉　扈士琰）

【参建标段】 中铁十四局集团有限公司京张铁路JZSG－1标段工程　项目部驻北京市海淀区，项目负责人赵海涛。合同投资188116万元，线路长10.5千米。主要工程量：路基土石方26.7万立方米，隧道1座5267延长米，涵洞548横延米，铺轨10.5千米。

中铁十八局集团有限公司京张铁路JZSG－4标段工程　项目部驻河北省怀来县，项目负责人李维宏。合同投资182250万元，线路长19.1千米。主要工程量：路基土石方199.9万立方米，桥梁3座14500延长米，隧道1座4970延长米，无砟道床9740米，铺轨4510米，通信线路66.1千米。

中铁二十局集团有限公司京张铁路CLSG－2标段工程　项目部驻河北省张家口市，项目负责人崔双杰。合同投资183174万元，线路长30千米。主要工程量：路基土石方538.1万立方米，桥梁27座18900延长米，隧道2座3594延长米，涵洞2座598横延米，铺轨103.4千米。（刘　辉　扈士琰）

·蒙华铁路·

【工程概况】 蒙西至华中铁路煤运通道工程起自内蒙古自治区鄂尔多斯市浩勒报吉，途经内蒙古、陕西、山西、河南、湖北、湖南、江西7省（自治区），终至江西省吉安市。线路全长1837千米，国铁Ⅰ级，电力牵引，客货混跑，浩勒报吉至岳阳段为双线，岳阳至吉安段为单线并预留双线条件。设计时速120千米，正线为有砟轨道，长度6千米以上隧道内铺设弹性支承块式无砟轨道。工程投资1700亿元。2015年7月开工建设，计划2020年竣工。中国铁建所属十一、十二局，大桥局，十四、十六、十七、十八、十九、二十、二十一、二十二、二十四局，电气化局集团有限公司参加工程建设。（刘　辉　扈士琰）

【参建标段】 中铁十一局集团有限公司蒙华铁路MHTJ－20标段工程　项目部驻湖北省襄阳市，项目负责人李文俊。合同投资290417万元，线路长69.4千米。主要工程量：路基土石方1070.6万立方米，桥梁42座24500延长米，隧道1座123延长米，涵洞159座4235横延米，车站2座。

中铁十二局集团有限公司蒙华铁路MHSS－2标段工程　项目部驻山西省万荣县，项目负责人鲍海荣。合同投资80104万元，线路长8.6千米。主要工程量：路基土石方14.9万立方米，隧道1座7683延长米。

中铁十二局集团有限公司蒙华铁路MHTJ－11标段工程　项目部驻山西省运城市，项目负责人胡建国。合同投资305322万元，线路长46.4千米。主要工程量：路基土石方1182.1万立方米，桥梁18座15700延长米，隧道1座5089延长米，涵洞69座1474横延米。

中国铁建大桥工程局集团有限公司蒙华铁路MHTJ－13标段工程　项目部驻河南省三门峡市，项目负责人李庆丰。合同投资341977万元，线路长12.8千米。主要工程量：路基土石方589万立方米，桥梁14座10400延长米，隧道7座4371延长米，涵洞12座475横延米，站场1座。

中铁十四局集团有限公司蒙华铁路 MHTJ－23 标段工程　项目部驻湖北省荆州市，项目负责人刘志波。合同投资 273187 万元，线路长 70.7 千米。主要工程量：路基土石方 970 万立方米，桥梁 27 座 21400 延长米，涵洞 182 座 6898 横延米，站场 3 座。

中铁十六局集团有限公司蒙华铁路 MHSS－4 标段工程　项目部驻河南省灵宝市，项目负责人郧志炯。合同投资 158667 万元，线路长 25.5 千米。主要工程量：路基土石方 2 万立方米，隧道 2 座 48700 延长米，涵洞 1 座 27 横延米，无砟道床 50.9 千米。

中铁十六局集团有限公司蒙华铁路 MHTJ－26 标段工程　项目部驻湖南省岳阳市，项目负责人刘彬。合同投资 181173 万元，线路长 36.6 千米。主要工程量：路基土石方 483 万立方米，桥梁 11 座 28200 延长米，涵洞 31 座 1691 横延米，站场 2 座。

中铁十七局集团有限公司蒙华铁路 MHTJ－4 标段工程　项目部驻陕西省靖边县，项目负责人陈自明。合同投资 228403 万元，线路长 30.9 千米。主要工程量：路基土石方 120 万立方米，桥梁 16 座 2886 延长米，隧道 10 座 23900 延长米，涵洞 16 座 575 横延米，无砟道床 52 千米，有砟道床 9.6 千米。

中铁十八局集团有限公司蒙华铁路 MHTJ－5 标段工程　项目部驻陕西省安塞区，项目负责人高双涛。合同投资 263474 万元，线路长 35.9 千米。主要工程量：路基土石方 358.2 万立方米，桥梁 24 座 3369 延长米，隧道 14 座 27400 延长米，无砟道床 55.1 千米，车站 1 座。

中铁十九局集团有限公司蒙华铁路 MHSS－7 标段工程　项目部驻江西省铜鼓县，项目负责人孙茂明。合同投资 78844 万元，线路长 15.6 千米。主要工程量：路基土石方 3.5 万立方米，隧道 1 座 15400 延长米，涵洞 1 座 25 横延米，无砟道床 30.6 千米，车站 1 座。

中铁二十局集团有限公司蒙华铁路 MHSS－1 标段工程　项目部驻陕西省延安市，项目负责人钟选良。合同投资 70220 万元，线路长 11.9 千米。主要工程量：路基土石方 4.1 万立方米，桥梁 1 座 60 延长米，隧道 1 座 12000 延长米，无砟道床 23.4 千米。

中铁二十局集团有限公司蒙华铁路 MHTJ－7 标段工程　项目部驻陕西省延安市，项目负责人康玮。合同投资 261960 万元，线路长 35.7 千米。主要工程量：路基土石方 43 万立方米，桥梁 11 座 3099 延长米，隧道 13 座 31900 延长米，无砟道床 66.5 千米。

中铁二十一局集团有限公司蒙华铁路 MHTJ－8 标段工程　项目部驻陕西省宜川县，项目负责人冯建军。合同投资 171908 万元，线路长 39.2 千米。主要工程量：路基土石方 423 万立方米，桥梁 16 座 6342 延长米，隧道 3 座 1770 延长米，车站 1 座。

中铁二十二局集团有限公司蒙华铁路 MHTJ－33 标段工程　项目部驻江西省吉安县，项目负责人陈延军。合同投资 162577 万元，线路长 64.5 千米。主要工程量：路基土石方 860 万立方米，桥梁 39 座 15200 延长米，隧道 3 座 6245 延长米。

中铁二十四局集团有限公司蒙华铁路 MHTJ－32 标段工程　项目部驻江西省新余市，项目负责人王平。合同投资 184862 万元，线路长 54.2 千米。主要工程量：路基土石方 740 万立方米，桥梁 26 座 10100 延长米，隧道 14 座 15700 延长米，涵洞 126 座 4052 横延米，车站 4 座。

中国铁建电气化局集团有限公司蒙华铁路 MHQG－1标段工程　项目部驻陕西省延安市，项目负责人李瑞青。合同投资 31755 万元，线路长 482 千米。主要工程量：电力线路迁改 623 处，通信线路迁改 1090 处。

中国铁建电气化局集团有限公司蒙华铁路 SYMHQG－1 标段工程　项目部驻山西省运城市，项目负责人李瑞青。合同投资 13641 万元，线路长 632 千米。主要工程量：电力线路交叉迁改 362 处，电力线路平行迁改 26.15 千米，通信线路交叉迁改 901 处，通信线路平行迁改 147.26 千米。　（刘　辉　扈士瑛）

·京沈铁路客运专线·

【工程概况】　北京至沈阳铁路客运专线是国家中长期铁路网规划（2008 年调整）当中“四纵四横”高速铁路重要组成部分，由原铁道部、北京市、河北省、辽宁省合资建设，线路全长 699.8 千米。其中，新建铁路 693 千米，自北京站引出，经北京市，河北省承德市，辽宁省朝阳市、阜新市，利用既有秦沈线引入沈阳北站。设计时速 350 千米，工程投资 1042.2 亿元。2014 年开工建设，计划 2018 年底竣工。中国铁建所属十一、十二局，大桥局，十四、十六、十七、十九、二十二、二十三局集团有限公司参加工程建设。　（刘　辉　扈士瑛）

【参建标段】　中铁十一局集团有限公司京沈铁路客运专线河北段 7 标段工程　项目部驻河北省承德市，项目负责人朱嘉斌。合同投资 184789 万元，线路长 29.5 千米。主要工程量：路基土石方 54 万立方米，桥梁 12 座 4532 延长米，隧道 11 座 23500 延长米，无砟道床 59 千米。

中铁十二局集团有限公司京沈铁路客运专线河北段 2 标段工程　项目部驻河北省平泉市，项目负责人朱锴。合同投资70467万元,线路长10.7千米。主要工程量:路基土石方4.4万立方米,桥梁2座297延长米,隧道2座10100延长米,涵洞2座52横延米,铺轨21.4千米。

中铁十二局集团有限公司京沈铁路客运专线辽宁段2标段工程　项目部驻辽宁省凌源市,项目负责人谢卫林。合同投资91938万元,线路长13.2千米。主要工程量:隧道1座13200延长米,无砟道床26.4千米。

中国铁建大桥工程局集团有限公司京沈铁路客运专线辽宁段10标段工程　项目部驻辽宁省黑山县,项目负责人张德伟。合同投资169845万元,线路长30.9千米。主要工程量:路基土石方333万立方米,桥梁10座16200延长米,隧道1座440延长米,涵洞26座668横延米,站场1座,无砟道床61千米。

中铁十四局集团有限公司京沈铁路客运专线北京段站12标段工程　项目部驻北京市朝阳区,项目负责人周庆合。合同投资179403万元,线路长5.3千米。主要工程量:路基土石方88.1万立方米,隧道1座3840延长米,无砟道床9.63千米。

中铁十六局集团有限公司京沈铁路客运专线辽宁段7标段工程　项目部驻辽宁省北票市,项目负责人王洪友。合同投资243142万元,线路长36.4千米。主要工程量:路基土石方420万立方米,桥梁20座18900延长米,隧道4座3297延长米,涵洞21座655横延米,铺轨72.8千米。

中铁十七局集团有限公司京沈铁路客运专线辽宁段8标段工程　项目部驻辽宁省阜新市,项目负责人眭爱宏。合同投资220760万元,线路长35.6千米。主要工程量:路基土石方331万立方米,桥梁12座20800延长米,隧道2座1624延长米,涵洞30座956横延米,站场2座,铺轨71千米。

中铁十九局集团有限公司京沈铁路客运专线河北段8标段工程　项目部驻河北省承德市,项目负责人高峰。合同投资172017万元,线路长25.8千米。主要工程量:路基土石方177万立方米,桥梁9座20800延长米,隧道9座22500延长米,涵洞21座1135横延米,站场1座,无砟道床50千米。

中铁十九局集团有限公司京沈铁路客运专线辽宁段3标段工程　项目部驻辽宁省凌源市,项目负责人李智。合同投资211850万元,线路长22.8千米。主要工程量:路基土石方170万立方米,桥梁4座5263延长米,隧道3座13900延长米,涵洞6座498横延米,站场1座,铺轨426千米。

中铁二十二局集团有限公司京沈铁路客运专线北京段9标段工程　项目部驻北京市密云区,项目负责人张国华。合同投资300051万元,线路长34.3千米。主要工程量:路基土石方146.2万立方米,桥梁13座13900延长米,隧道5座12400延长米,涵洞26座716横延米。

中铁二十二局集团有限公司京沈铁路客运专线辽宁段13标段工程　项目部驻辽宁省沈阳市,项目负责人施德旭。合同投资211618万元,线路长25.7千米。主要工程量:路基土石方96.5万立方米,桥梁3座23800延长米,涵洞3座175横延米,站场1座,铺轨50.12千米。

中铁二十三局集团有限公司京沈铁路客运专线龙城制板场　项目部驻辽宁省朝阳市,项目负责人王玉策。合同投资37000万元。主要工程量:轨道板预制36544块。

（刘　辉　扈士琰）

·成贵铁路·

【工程概况】　成贵铁路西起四川省乐山市,向东经四川省犍为县、宜宾市、长宁县、兴文县,云南省威信县、镇雄县,贵州省毕节市、大方县、黔西县,东至贵阳市,跨越西南三省。线路全长519千米,设计时速250千米,工程投资780亿元。2013年开工建设,计划2019年建成通车。中国铁建所属十一、十二、十五、十六、十七、十八、十九、二十局,电气化局集团有限公司参加工程建设。

（刘　辉　扈士琰）

【参建标段】　中铁十一局集团有限公司成贵铁路16标段工程　项目部驻贵州省贵阳市,项目负责人谢敬平。合同投资255727万元,线路长31.7千米。主要工程量:路基土石方253.6万立方米,桥梁25座14800延长米,隧道16座15300延长米,涵洞13座382横延米,站场1座,铺轨568千米。

中铁十二局集团有限公司成贵铁路11标段工程　项目部驻云南省昭通市,项目负责人邸建玄。合同投资205737万元,线路长26.6千米。主要工程量:路基土石方93.9万立方米,桥梁8座1160延长米,隧道8座23400延长米,涵洞9座344横延米。

中铁十五局集团有限公司成贵铁路13标段工程　项目部驻贵州省大方县,项目负责人田兴柏。合同投资188864万元,线路长33.1千米。主要工程量:路基土石方324.2万立方米,桥梁26座7896延长米,隧道8座17000延长米,涵洞16座378横延米,站场1座,无砟道床67.1千米。

中铁十六局集团有限公司成贵铁路8标段工程　项目部驻四川省兴文县,项目负责人卢永堂。合同投资238059万元,线路长34.4千米。主要工程量:路基土石方165万立方米,桥梁19座11000延长米,隧道11.5座19900延长米,涵洞11座405横延米,站场1座,无砟道床69.6千米,铺轨69.3千米。

中铁十六局集团有限公司成贵铁路1标段三电管线迁改工程　项目部驻四川省宜宾市,项目负责人赵奇峰。合同投资19084万元,线路长258.6千米。主要工程量:电力迁改10千伏线路过轨201处,低压线路过轨696处,变电站21座,通信迁改1407处,给排水管线迁改38千米,油气管线迁改54处。

中铁十七局集团有限公司成贵铁路14标段工程　项目部驻贵州省毕节市,项目负责人石满刚。合同投资55000万元,线路长7.8千米。主要工程量:路基土石方10.3万立方米,桥梁2座864.7延长米,隧道4座6326延长米,涵洞2座37.7横延米。

中铁十八局集团有限公司成贵铁路14标段工程　项目部驻贵州省大方县,项目负责人程跃胜。合同投资240454万元,线路长33.9千米。主要工程量:路基土石方183万立方米,桥梁28座12500延长米,隧道16座14000延长米,涵洞20座378横延米,无砟道床53.8千米。

中铁十九局集团有限公司成贵铁路12标段工程　项目部驻贵州省毕节市,项目负责人郝万福。合同投资254488万元,线路长29.8千米。主要工程量:路基土石方325万立方米,桥梁20座9189延长米,隧道14座16600延长米,涵洞9座406横延米,站场1座,无砟道床30千米。

中铁二十局集团有限公司成贵铁路7标段工程　项目部驻四川省长宁县,项目负责人赵崇科。合同投资166830万元,线路长41.4千米。主要工程量:路基土石方366万立方米,桥梁43座11900延长米,隧道11座18500延长米,涵洞42座987横延米,站场1座,铺轨83千米。

中国铁建电气化局集团有限公司四电系统集成1标段工程　项目部驻四川省成都市,项目负责人刘兴晨。合同投资261385万元,线路长515千米。主要工程量:通信专业干线光缆1200千米,铁塔262座;信号专业光电缆3057千米,道岔安装及配线205组,CTC设备14套;电力专业贯通电缆3671千米,10千伏配电所12座,箱变283座;牵引变电专业牵引变电所11座,分区所11座,AT所14座;接触网专业H型钢柱12571根,附加导线1016千米,承导线1351千米;房建专业区间四电房屋建筑20282平方米;客服信息专业车站客服信息系统工程13站。

(刘　辉　扈士琰)

·郑万铁路·

【工程概况】　郑州至万州铁路客运专线起源于郑州南站,通过联络线连接郑州东站,经河南省开封市、长葛市、禹州市、平顶山市、南阳市、邓州市,进入湖北省襄阳市襄城区、南漳县、保康县、神农架林区、兴山县、恩施州巴东县,进入重庆市巫山县、奉节县、云阳县,至万州区连接渝万铁路,线路全长818千米。设计时速350千米,工程投资1180亿元。河南段2015年10月底开工建设,设车站10座,计划2019年底建成通车;全线计划2022年建成通车。中国铁建所属十一、十二、十五、十六、十七、十八、十九、二十局和中铁建设集团有限公司公司参加工程建设。

(刘　辉　扈士琰)

【参建标段】　中铁十一局集团有限公司郑万铁路湖北段5标段工程　项目部驻湖北省襄阳市,项目负责人黎建华。合同投资257574万元,线路长35.1千米。主要工程量:路基土石方61.6万立方米,桥梁26座18000延长米,隧道6座14100延长米,涵洞3座52横延米,无砟道床71.2千米,车站1座。

中铁十一局集团有限公司郑万铁路重庆段9标段工程　项目部驻重庆市云阳县,项目负责人于涛。合同投资251253万元,线路长27.4千米。主要工程量:路基土石方63.7万立方米,桥梁9座4474延长米,隧道6座22000延长米,无砟道床55.9千米,铺轨370千米。

中铁十二局集团有限公司郑万铁路湖北段7标段工程　项目部驻湖北省襄阳市,项目负责人王立军。合同投资321572万元,线路长35千米。主要工程量:桥梁5座3591延长米,隧道5座31000延长米,车站1座。

中铁十五局集团有限公司郑万铁路河南段站前7标段工程　项目部驻河南省南阳市,项目负责人金国海。合同投资231514万元,线路长37.6千米。主要工程量:路基土石方78万立方米,桥梁4座34000延长米,涵洞9座210横延米,站场1座,无砟道床74.9千米。

中铁十六局集团有限公司郑万铁路重庆段站前6标段工程　项目部驻重庆市奉节县,项目负责人陈鹰。合同投资109264万元,线路长13.5千米。主要工程量:路基土石方1.5万立方米,隧道1座13000延长米,铺轨13.5千米。

中铁十七局集团有限公司郑万铁路河南段8标段工程　项目部驻河南省南阳市,项目负责人范三庆。

合同投资239467万元,线路长43.1千米。主要工程量:路基土石方109.7万立方米,桥梁40000延长米,涵洞12座398横延米,车站1座。

中铁十七局集团有限公司郑万铁路重庆段站前8标段工程　项目部驻重庆市万州区,项目负责人郭俊勇。合同投资94418万元,线路长12.3千米。主要工程量:路基土石方2.5万立方米,桥梁1座258延长米,隧道2座12000延长米,铺轨24.6千米。

中铁十八局集团有限公司郑万铁路河南段5标段工程　项目部驻河南省平顶山市,项目负责人杨国良。合同投资44468万元,线路长13.9千米。主要工程量:桥梁1座13000延长米。

中铁十八局集团有限公司郑万铁路重庆段2标段工程　项目部驻重庆市巫山县,项目负责人刘晓树。合同投资171628万元,线路长16.6千米。主要工程量:隧道1座16000延长米,站后场坪3处,改移道路1条。

中铁十九局集团有限公司郑万铁路湖北段3标段工程　项目部驻湖北省襄阳市,项目负责人李锐。合同投资267724万元,线路长22千米。主要工程量:路基土石方206.8万立方米,桥梁8座29600延长米,隧道1座317延长米,站场1座,铺轨43千米。

中铁二十局集团有限公司郑万铁路河南段4标段工程　项目部驻河南省平顶山市,项目负责人张林。合同投资266333万元,线路长44.9千米。主要工程量:路基土石方214.9万立方米,桥梁5座25600延长米,无砟道床44.3千米。

中铁建设集团有限公司郑万铁路河南段站房及相关工程2标段工程　项目部驻河南省南阳市,项目负责人李双来。合同投资81168万元。主要工程量:站房建筑68666平方米。　(刘　辉　扈士琰)

·石济铁路客运专线·

【工程概况】　石济铁路客运专线是太(原)青(岛)铁路客运专线的一部分,东接已经建成通车的胶济铁路客运专线,西连已经通车的石太铁路客运专线,是国家规划“四横四纵”快速铁路网的“一横”。石济高速铁路西起石家庄北站和石家庄东站(部分列车石家庄东发出),中间主要经过衡水北站、德州东站,东止济南新东站;石济铁路客运专线建成通车后,太青铁路客运专线将全线贯通,沟通山西、河北和山东三省。2013年8月底开工建设,2017年12月28日开通运营。中国铁建所属十一、十二、十四、十六、十七、十八、十九、二十、二十五局集团有限公司参加工程建设。

(刘　辉　扈士琰)

【参建标段】　中铁十一局集团有限公司石济铁路客运专线SJZ－1标段工程　项目部驻河北省石家庄市,项目负责人王金柱。合同投资169395万元,线路长31.3千米。主要工程量:路基土石方60万立方米,桥梁2座22800延长米,涵洞6座117横延米,站场1座,铺轨368.6千米。

中铁十二局集团有限公司石济铁路客运专线SJZ－2标段工程　项目部驻山东省济南市,项目负责人王学申。合同投资32700万元,线路长6.6千米。主要工程量:路基土石方17万立方米,桥梁3座5108延长米,涵洞6座94横延米,有砟道床9.3千米。

中铁十四局集团有限公司石济铁路客运专线SJZ－4标段工程　项目部驻河北省武邑县,项目负责人王焕。合同投资261472万元,线路长45.4千米。主要工程量:路基土石方103.4万立方米,桥梁4座39500延长米,涵洞14座384横延米,站场1座,有砟道床45.4千米。

中铁十六局集团有限公司石济铁路客运专线SJZ－3标段工程　项目部驻河北省衡水市,项目负责人王振浩。合同投资64000万元,线路长12.3千米。主要工程量:路基土石方98.7万立方米,桥梁2座9574延长米,涵洞2座55横延米,站场1座。

中铁十七局集团有限公司石济铁路客运专线SJZ－6标段工程　项目部驻山东省陵县,项目负责人刘朝林。合同投资117956万元,线路长28.6千米。主要工程量:路基土石方1.8万立方米,桥梁3座26600延长米,涵洞1座180横延米。

中铁十八局集团有限公司石济铁路客运专线SJZ－6标段工程　项目部驻山东省平原县,项目负责人王志杰。合同投资246143万元,线路长41.9千米。主要工程量:路基土石方54.5万立方米,桥梁9座48500延长米,涵洞7座334横延米。

中铁十九局集团有限公司石济铁路客运专线SJZ－3标段工程　项目驻河北省衡水市,项目负责人李庆林。合同投资235982万元,线路长38.5千米。主要工程量:路基土石方230.8万立方米,桥梁4座26700延长米,涵洞29座298横延米,车站1座。

中铁二十局集团有限公司石济铁路客运专线SJZ－4标段工程　项目驻河北省景县,项目负责人李志勇。合同投资65903万元,线路长7.5千米。主要工程量:路基土石方49万立方米,桥梁3座3250延长米。

中铁二十五局集团有限公司石济铁路客运专线SJZ－1标段工程　项目部驻河北省石家庄市,项目负责人王发明。合同投资36740万元,线路长13.8千米。主要工程量:桥梁8037延长米,既有线4.4千米。

(刘　辉　扈士琰)

·武九铁路客运专线·

【工程概况】 武九铁路客运专线,起于武(昌)汉站,经湖北省鄂州市、黄石市、阳新县,江西省瑞昌市、九江县;从已建成的武黄城际铁路黄石大冶北站延伸至江西省九江县庐山站,并与九江县沙河街附近利用联络线接驳昌九城际铁路至九江站。线路全长 198 千米(含已建成通车的武黄城际铁路 95 千米),设计时速 250 千米,2017 年 9 月 21 日开通运营。中国铁建所属十一、十八、二十三局和城建集团有限公司参加工程建设。 (刘 辉 扈士琰)

【参建标段】 中铁十一局集团有限公司武九铁路客运专线 DYSG－1 标段工程 项目部驻湖北省黄石市,项目负责人丁永全。合同投资 157189 万元,线路长 29.7 千米。主要工程量:路基土石方 243 万立方米,桥梁 23 座 15100 延长米,隧道 7 座 3530 延长米,涵洞 47 座 1090 横延米。

中铁十八局集团有限公司武九铁路客运专线湖北段 2 标段工程 项目部驻湖北省黄石市,项目负责人丁永全。合同投资 151396 万元,线路长 23 千米。主要工程量:路基土石方 139 万立方米,桥梁 12 座 12600 延长米,隧道 2 座 4473 延长米,涵洞 23 座 625 横延米,铺轨 144.6 千米。

中铁二十三局集团有限公司武九铁路客运专线湖北段铺轨工程 项目部驻湖北省武汉市,项目负责人范学峰。合同投资 5876 万元,线路长 136 千米。主要工程量:铺轨 144 千米,铺道岔 31 组,铺道砟 50.6 万立方米。

中铁城建集团有限公司武九铁路客运专线站房及相关工程 项目部驻湖北省武汉市,项目负责人庄泽。合同投资 8799 万元。主要工程量:白沙站及枫林站的站房工程、站台雨棚、站台铺装地道照明装修等站房相关工程;阳新站的站台雨棚、站台铺装、天桥和地道照明装修等相关工程。 (刘 辉 扈士琰)

·西成铁路客运专线·

【工程概况】 西安至成都高速铁路由新建西安至江油铁路客运专线与成绵乐城际铁路两段组成,线路自西安北站引出,向西南方向途经汉中、广元、绵阳、德阳接入成都东站。线路全长 660 千米,为双线电气化客运专线。其中,陕西省境内 343 千米;四川省境内 317 千米。设计时速 250 千米,工程投资 400 亿元。2012 年 10 月 27 日开工建设,工期 5 年,2017 年 12 月 6 日开通运营。中国铁建所属十一、十二、十六、十七、十九、二十局和电气化局集团有限公司参加工程建设。

(刘 辉 扈士琰)

【参建标段】 中铁十一局集团有限公司西成铁路 XCZQ－12 标段工程 项目部驻陕西省西安市,项目负责人荆山。合同投资 179606 万元,线路长 15.5 千米。主要工程量:路基土石方 162 万立方米,桥梁 7 座 12500 延长米,涵洞 10 座 374 横延米,车站 1 座,有砟轨道 12.5 千米,无砟道床 31.2 千米。

中铁十二局集团有限公司西成铁路 XCZQ－4 标段工程 项目部驻陕西省佛坪县,项目负责人雷军。合同投资 220000 万元,线路长 31.1 千米。主要工程量:桥梁 4 座 1266 延长米,隧道 5 座 29900 延长米,车站 1 座。

中铁十六局集团有限公司西成铁路三电迁改 1 标段工程 项目部驻陕西省户县,项目负责人李克庆。合同投资 11568 万元,线路长 117 千米。主要工程量:5 千伏临时开关站 2 座,35 千伏永临结合电源线 48 千米,35 千伏临时电力 171 千米,电力迁改和通信迁改线路 117 千米。

中铁十七局集团有限公司西成铁路 XCZQ－2 标段工程 项目部驻四川省广元市,项目负责人罗海鹏。合同投资 194487 万元,线路长 15.7 千米。主要工程量:路基土石方 100.3 万立方米,桥梁 14 座 5189 延长米,隧道 9 座 7023 延长米,涵洞 9 座 352 横延米,无砟道床 169.9 千米。

中铁十七局集团有限公司西成铁路 XCZQ－3 标段工程 项目部驻陕西省宁陕县,项目负责人陈自明。合同投资 231161 万元,线路长 30.3 千米。主要工程量:路基土石方 1.9 万立方米,桥梁 4 座 1453 延长米,隧道 5 座 28800 延长米,站场 1 座,铺轨 62.8 千米。

中铁十九局集团有限公司西成铁路 XCZQ－1 标段工程 项目部驻四川省广元市,项目负责人张玉。合同投资 293945 万元,线路长 38.9 千米。主要工程量:路基土石方 86 万立方米,桥梁 10 座 7105 延长米,隧道 3 座 26500 延长米,涵洞 5 座 72 横延米。

中铁十九局集团有限公司西成铁路 XCZQ－7 标段工程 项目部驻陕西省汉中市,项目负责人李华伟。合同投资 260994 万元,线路长 34.7 千米。主要工程量:路基土石方 139.9 万立方米,桥梁 4 座 29800 延长米,涵洞 24 座 452 横延米,站场 1 座,铺轨 761.9 千米。

中铁二十局集团有限公司西成铁路 XCZQ－8 标段工程 项目部驻陕西省汉中市,项目负责人雷卫东。

合同投资255041万元,线路长33.5千米。主要工程量:路基土石方4.2万立方米,桥梁2座32700延长米,隧道3座17000延长米,站场1座,铺轨68.1千米。

中国铁建电气化局集团有限公司西成铁路四电系统集成工程　项目部驻陕西省西安市,项目负责人王志国。合同投资329579万元,线路长342.9千米。主要工程量:通信光电缆敷设1863.6千米,信号电缆敷设2329千米,10千伏电缆线路敷设866.4千米,接触网982条千米,附加导线架设686.4条千米。

中国铁建电气化局集团有限公司西成铁路四电系统集成XCSDJC-1-2标段工程　项目部驻四川省广元市,项目负责人罗世昌。合同投资142477.6万元,线路长165.8千米。主要工程量:通信光电缆874.6千米,区间电缆874.8条千米,正线电缆高压电缆380.1千米,接触网444.6条千米,附加导线架设663.5条千米,房屋建筑28954平方米。

（刘　辉　扈士琰）

·宝兰铁路客运专线·

【工程概况】　宝鸡至兰州铁路客运专线是国家中长期铁路网规划中徐州至兰州客运专线的西段,宝兰铁路客运专线自西宝铁路客运专线陕西省宝鸡市南站引出,途经甘肃省天水市、定西市和兰州市,正线全长403千米,全线按国铁I级双线电气化设计。速度时速250千米,工程投资535亿元。2012年10月开工建设,2017年7月9日开通运营。中国铁建所属十一、十二局,大桥局,十四、十七、十九、二十、二十一、二十三、二十五局集团有限公司参加工程建设。

（刘　辉　扈士琰）

【参建标段】　中铁十一局集团有限公司宝兰铁路客运专线BLTJ-3标段工程　项目部驻甘肃省天水市,项目负责人卢芝海。合同投资78428万元,线路长7.9千米。主要工程量:桥梁2座2780延长米,隧道3座5154延长米。

中铁十二局集团有限公司宝兰铁路客运专线BLTJ-4标段工程　项目部驻甘肃省天水市,项目负责人宋振军。合同投资165997万元,线路长14.7千米。主要工程量:路基土石方3.6万立方米,桥梁2座2606延长米,隧道3座11700延长米,涵洞2座42横延米。

中国铁建大桥工程局集团有限公司宝兰铁路客运专线BLTJ-2标段工程　项目部驻甘肃省天水市,项目负责人王保国。合同投资168247万元,线路长32.4千米。主要工程量:路基土石方31.8万立方米,桥梁2座140延长米,隧道3座30500延长米,涵洞6座153横延米,无砟道床64.8千米。

中铁十四局集团有限公司宝兰铁路客运专线BLTJ-2标段工程　项目部驻甘肃省天水市,项目负责人王勇。合同投资70319万元,线路长14.6千米。主要工程量:桥梁1座70延长米,隧道2座14500延长米。

中铁十四局集团有限公司宝兰铁路客运专线BLTJ-13标段工程　项目部驻甘肃省榆中县,项目负责人管振祥。合同投资213884万元,线路长25.1千米。主要工程量:路基土石方149万立方米,桥梁6座6585延长米,隧道4座5709延长米,涵洞16座568横延米,铺轨25千米,房屋建筑16441平方米。

中铁十七局集团有限公司宝兰铁路客运专线BLTJ-6标段工程　项目部驻甘肃省秦安县,项目负责人冯广利。合同投资268049万元,线路长32.6千米。主要工程量:路基土石方128万立方米,桥梁13座15700延长米,隧道2座12900延长米,涵洞4座114横延米,无砟轨道64.7千米。

中铁十九局集团有限公司宝兰铁路客运专线BLTJ-7标段工程　项目部驻甘肃省秦安县,项目负责人丁礼建。合同投资194562万元,线路长24.3千米。主要工程量:桥梁3座448延长米,隧道3座23600延长米,无砟道床48.5千米。

中铁二十局集团有限公司宝兰铁路客运专线BLTJ-8标段工程　项目部驻甘肃省通渭县,项目负责人刘文武。合同投资197480万元,线路长23.7千米。主要工程量:路基土石方70.4万立方米,桥梁9座11500延长米,隧道5座9176延长米,涵洞11座351横延米。

中铁二十一局集团有限公司宝兰铁路客运专线BLTJ-3标段工程　项目部驻甘肃省天水市,项目负责人张天舒。合同投资296008万元,线路长26.8千米。主要工程量:路基土石方166.70万立方米,桥梁8座16500延长米,隧道3座8595延长米,涵洞3座157横延米,无砟道床54.5千米,房屋建筑10482平方米。

中铁二十一局集团有限公司宝兰铁路客运专线兰州枢纽BL-LZSN-1标段工程　项目部驻甘肃省兰州市,项目负责人赵彦旭。合同投资196073万元,线路长28.1千米。主要工程量:路基土石方967.5万立方米,桥梁20座5248延长米,涵洞33座2345横延米,铺轨27.2千米。

中铁二十一局集团有限公司宝兰铁路客运专线三电及管线迁改和临电工程BLQG-2标段工程　项目

部驻甘肃省定西市，项目负责人石双宏。合同投资16519万，线路长301.4千米。主要工程量：电力线路迁改，通信线路迁改，热力管网、给排水管道迁改及临电工程。

中铁二十一局集团有限公司宝兰铁路客运专线兰州枢纽工程BL－LZSN－5标段工程　项目部驻甘肃省兰州市，项目负责人吴刚。合同投资25292万，线路长8.8千米。主要工程量：接触网34条千米，电源电缆线路8.2千米，高压干线电缆线路49.3千米，低压电缆线路89.3千米，信号联锁道岔109组。

中铁二十三局集团有限公司宝兰铁路客运专线BLTJ－13标段工程　项目部驻甘肃省榆中县，项目负责人申瑞灿。合同投资49536万元，线路长9.4千米。主要工程量：路基土石方26万立方米，桥梁6座6271延长米，隧道3座2026延长米，涵洞4座158横延米。

中铁二十五局集团有限公司宝兰铁路客运专线BLTJ－6标段工程　项目部驻甘肃省天水市，项目负责人靳建朝。合同投资47247万元，线路长7.6千米。主要工程量：路基土石方28万立方米，桥梁2座5023延长米，隧道1座2262延长米。（刘　辉　扈士琰）

·兰渝铁路·

【工程概况】　兰渝铁路北起甘肃省兰州市枢纽兰州东站，在南充分线，一条经武胜县到重庆市，另一条经广安市、三汇坝到重庆市。线路全长873千米，属国铁Ⅰ级双线电气化客货共线快速铁路。设计时速160～250千米，工程投资829.16亿元。2008年9月开工建设，计划建设工期6年，后由于甘肃段地质构造复杂，建设总工期定为8年，2017年9月29日开通运营。中国铁建所属十一局，大桥局，十六、十八、十九、二十一、二十三局和电气化局集团有限公司参加工程建设。

（刘　辉　扈士琰）

【参建标段】　中铁十一局集团有限公司兰渝铁路客运专线LYS－4标段工程　项目部驻甘肃省宕昌县，项目负责人汪伟。合同投资127865万元，线路长26千米。主要工程量：路基土石方4万立方米，桥梁3座627延长米，隧道3座25600延长米，涵洞1座27横延米，无砟道床53.7千米，有砟道床0.7千米，宕昌车站。

中国铁建大桥工程局集团有限公司兰渝铁路客运专线LYS－4标段工程　项目部驻甘肃省宕昌县，项目负责人李素清。合同投资310000万元，线路长66千米。主要工程量：路基土石方79.9万立方米，隧道12座39000延长米，桥梁15座22000延长米，涵洞22座436横延米。

中国铁建大桥工程局集团有限公司兰渝铁路兰州枢纽工程　项目部驻甘肃省兰州市，项目负责人李维瑞。合同投资89978万元。主要工程量：路基土石方710万立方米，桥梁1座276延长米，隧道2座853延长米，铺轨51千米，房屋建筑77177平方米。

中铁十六局集团有限公司兰渝铁路客运专线LYS－2标段工程　项目部驻甘肃省渭源县，项目负责人薛瑞林。合同投资278243万元，线路长54千米。主要工程量：路基土石方435万立方米，桥梁15座10300延长米，隧道13座49200延长米，涵洞28座1360横延米，车站2座。

中铁十八局集团有限公司兰渝铁路客运专线XQLS1标段工程　项目部驻甘肃省武都区，项目负责人苏睿。合同投资163996万元，线路长31千米。主要工程量：路基土石方20万立方米，桥梁2座176延长米，隧道2座29800延长米。

中铁十八局集团有限公司兰渝铁路客运专线LYS－9标段工程　项目部驻四川省元坝区，项目负责人王中会。合同投资53653万元，线路长9千米。主要工程量：土石方7.9万立方米，桥梁3座397延长米，隧道1座8200延长米，涵洞1座23横延米。

中铁十九局集团有限公司兰渝铁路客运专线LYS－1标段工程　项目部驻甘肃省定西市，项目负责人曲桂有。合同投资212818万元，线路长39千米。主要工程量：路基土石方97.4万立方米，路基2.5千米，桥梁4座640延长米，隧道5座35000延长米，涵洞7座500横延米，铺轨5.8千米，车站1座。

中铁二十一局集团有限公司兰渝铁路客运专线LYS－7标段工程　项目部驻甘肃省榆中县，项目负责人张柳春。合同投资181572万元，线路长30千米。主要工程量：路基土石方405万立方米，桥梁20座14700延长米，隧道3座6968延长米，涵洞96座1779横延米，铺轨75千米，通信光缆30千米。

中铁二十三局集团有限公司兰渝铁路客运专线重庆枢纽1标段工程　项目部驻重庆市北碚区，项目负责人李建军。合同投资217369万元，线路长48千米。主要工程量：路基土石方2527万立方米，桥梁12座4601延长米，隧道7座8697延长米，涵洞98座4531横延米，有砟道床47千米，铺轨450千米。

中国铁建电气化局集团有限公司兰渝铁路渭沱合川站后代建工程　项目部驻重庆市合川区，项目负责人罗世昌。合同投资10695万元，线路长4.3千米。主要工程量：渭沱合川两站通信、信号、电力，承导线32.3条千米，回流线14.1条千米，供电线8.4条千米。

（刘　辉　扈士琰）

·玉磨铁路·

【工程概况】 玉磨铁路是指玉溪—普洱—景洪—磨憨的铁路，是泛亚铁路中线的重要组成部分，是云南省乃至中国通向老挝、缅甸、泰国、马来西亚、新加坡的重要国际大通道的连接线，线路全长507.4千米，属于客货共线铁路，等级为Ⅰ级，采用电力牵引方式，玉溪至景洪双线，景洪至磨憨单线。旅客列车设计时速160千米，工程投资507.4亿元，工期6年。中国铁建所属十一、十二、十五、十六、十七、十八、十九、二十一、二十二、二十五局集团有限公司参加工程建设。

（刘　辉　扈士琰）

【参建标段】 中铁十一局集团有限公司玉磨铁路YMZQ－9标段工程　项目部驻云南省墨江哈尼族自治县，项目负责人王力。合同投资163910万元，线路长20.5千米。主要工程量：路基土石方13.2万立方米，桥梁1座94延长米，隧道2座20400延长米，无砟道床20.5千米。

中铁十二局集团有限公司玉磨铁路YMZQ－2标段工程　项目部驻云南省玉溪市，项目负责人张隽。合同投资185570万元，线路长32.2千米。主要工程量：路基土石方90.7万立方米，桥梁4座910700延长米，隧道6座27300延长米。

中铁十五局集团有限公司玉磨铁路YMZQ－20标段工程　项目部驻云南省西双版纳傣族自治州，项目负责人王青海。合同投资164494万元，线路长37千米。主要工程量：路基土石方115.6万立方米，桥梁13座4413延长米，隧道7座30000延长米，涵洞8座188横延米，铺轨20.9千米。

中铁十六局集团有限公司玉磨铁路YMZQ－8标段工程　项目部驻云南省普洱市，项目负责人王青海。合同投资155441万元，线路长20.9千米。主要工程量：桥梁1座109延长米，隧道3座20800延长米，无砟道床36.9千米。

中铁十七局集团有限公司玉磨铁路YMZQ－4标段工程　项目部驻云南省玉溪市，项目负责人张建峰。合同投资184530万元，线路长27.4千米。主要工程量：路基土石方277.1万立方米，桥梁3座708延长米，隧道3.5座24500延长米，涵洞7座584横延米，站场1座，无砟道床33.5千米。

中铁十八局集团有限公司玉磨铁路YMZQ－12标段工程　项目部驻云南省普洱市，项目负责人李小丰。合同投资152987万元，线路长25.3千米。主要工程量：路基土石方3.4万立方米，桥梁5座765延长米，隧道6座24300延长米，无砟道床28.3千米。

中铁十九局集团有限公司玉磨铁路YMZQ－7标段工程　项目部驻云南省普洱市，项目负责人张松。合同投资157863万元，线路长19.9千米。主要工程量：路基土石方312万立方米，桥梁2座650延长米，隧道2座18400延长米，涵洞2座302横延米，站场1座，无砟道床36.6千米。

中铁二十一局集团有限公司玉磨铁路YMZQ－10标段工程　项目部驻云南省普洱市，项目负责人柴颖鹏。合同投资147500万元，线路长22.4千米。主要工程量：路基土石方31.9万立方米，桥梁4座902延长米，隧道3座20700延长米，涵洞3座124横延米，站场1座，无砟道床30.6千米。

中铁二十二局集团有限公司玉磨铁路YMZQ－18标段工程　项目部驻云南省西双版纳傣族自治州，项目负责人司瑞明。合同投资152497万元，线路长38.9千米。主要工程量：路基土石方153.6万立方米，桥梁7座5791延长米，隧道9座27800延长米，涵洞23座615横延米，站场3座，无砟道床10.6千米。

中铁二十五局集团有限公司玉磨铁路YMZQ－21标段工程　项目部驻云南省勐腊县，项目负责人李连海。合同投资105086万元，线路长26千米。主要工程量：路基土石方287万立方米，桥梁16座6001延长米，隧道5座15000延长米，车站2座。（刘　辉　扈士琰）

·黔张常铁路·

【工程概况】 渝长厦快速铁路的一段，起于重庆市黔江区黔江站，途经湖北省咸丰县、来凤县，湖南省龙山县、永顺县、桑植县、张家界市永定区、慈利县、桃源县，止于常德市武陵区常德站。线路全长340千米，为客货共线的国铁Ⅰ级双线电气化快速铁路。设计时速200千米，工程投资384.4亿元，总工期5年6个月，其中建设期5年。中国铁建所属十一、十四、十六、十七、十八、二十一局集团有限公司参加工程建设。

（刘　辉　扈士琰）

【参建标段】 中铁十一局集团有限公司黔张常铁路QZCZQ－6标段工程　项目部驻湖南省张家界市，项目负责人李小红。合同投资213864万元，线路长32.6千米。主要工程量：路基土石方287万立方米，桥梁21座8253延长米，隧道14座20200延长米，站场2座，无砟道床12.9千米。

中铁十四局集团有限公司黔张常铁路QZCZQ－4标段工程　项目部驻湖北省恩施土家族苗族自治州，项目负责人林存友。合同投资188609万元，线路长28.5

千米。主要工程量:路基土石方232.4万立方米,桥梁16座5850延长米,隧道14座18100延长米,涵洞15座707横延米,站场1座,有砟道床28.4千米。

中铁十六局集团有限公司黔张常铁路QZCZQ-8标段工程　项目部驻湖南省张家界市,项目负责人李志荣。合同投资194255万元,线路长27.6千米。主要工程量:路基土石方217万立方米,桥梁9座9627延长米,隧道7座15000延长米,车站1座。

中铁十七局集团有限公司黔张常铁路QZCZQ-3标段工程　项目部驻湖北省恩施土家族苗族自治州,项目负责人周建富。合同投资148518万元,线路长26.3千米。主要工程量:路基土石方347.5万立方米,桥梁21座8423延长米,隧道15座12300延长米,站场1座。

中铁十八局集团有限公司黔张常铁路QZCZQ-1标段工程　项目部驻湖南省张家界市,项目负责人侯守江。合同投资139858万元,线路长18.9千米。主要工程量:路基土石方2.3万立方米,隧道3座18800延长米,无砟道床26.4千米。

中铁二十一局集团有限公司黔张常铁路QZCZQ-9标段工程　项目部驻湖南省常德市,项目负责人张同猛。合同投资139858万元,线路长18.9千米。主要工程量:路基土石方548.3万立方米,桥梁46座10800延长米,隧道7座14600延长米,站场2座,无砟道床21.6千米。

(刘　辉　扈士琰)

中铁十六局集团有限公司成兰铁路CLZQ-4标段工程　项目部驻四川省安县,项目负责人刘生龙。合同投资125717万元,线路长19.2千米。主要工程量:路基土石方320.2万立方米,桥梁2座480延长米,隧道2座11800延长米,涵洞34座1281横延米,铺轨101.9千米。

中铁十七局集团有限公司成兰铁路CLZQ-7标段工程　项目部驻四川省茂县,项目负责人唐波涛。合同投资108314万元,线路长7.3千米。主要工程量:路基土石方105万立方米,桥梁3座1213延长米,隧道1座6000延长米,涵洞1座21横延米,无砟轨道129.8千米。

中铁十九局集团有限公司成兰铁路CLZQ-5标段工程　项目部驻四川省安县,项目负责人周宝春。合同投资133078万元,线路长18.1千米。主要工程量:路基土石方2.6万立方米,桥梁1座235延长米,隧道2座17600延长米,站场1座。

中铁二十五局集团有限公司成兰铁路CLZQ-13标段工程　项目部驻四川省松潘县,项目负责人庞尔林。合同投资157087万元,线路长22.9千米。主要工程量:路基土石方293万立方米,路基5.3千米,桥梁14座6388延长米,隧道2座11200延长米,涵洞11座751横延米,铺轨102千米,车站2座。

(刘　辉　扈士琰)

·成兰铁路·

【工程概况】　成兰铁路起于四川省成都市青白江区,经广汉市、什邡市、绵竹市、安县、茂县、九寨沟县、松潘县,在甘肃省内接正在建设的兰渝铁路哈达铺站,哈达铺至兰州段与兰渝铁路共线,线路全长780千米,属于国家铁路Ⅰ级电气化铁路。设计时速200千米,工程投资619万元。2011年2月26日开工建设,计划2019年竣工。中国铁建所属十二、十四、十六、十七、十九、二十五局集团有限公司参加工程建设。

(刘　辉　扈士琰)

【参建标段】　中铁十二局集团有限公司成兰铁路CLZQ-8标段工程　项目部驻四川省茂县,项目负责人王毅东。合同投资158755万元,线路长18.2千米。主要工程量:桥梁1座171延长米,隧道2座18000延长米。

中铁十四局集团有限公司成兰铁路CLZQ-11标段工程　项目部驻四川省松潘县,项目负责人张立丰。合同投资147335万元,线路长24.2千米。主要工程量:桥梁1座2473延长米,隧道5座42000延长米。

·济青高速铁路·

【工程概况】　济青高速铁路是中国"四纵四横"铁路网太青铁路客运专线的重要组成部分,线路自济南东客站引出,经邹平、淄博、潍坊、高密、胶州,引入青岛枢纽红岛站,线路全长307千米,为双线电力牵引高速铁路。设计时速350千米,工程投资520亿元。2014年开工建设,计划2018年底建成通车。中国铁建所属十一、十二、二十一局集团有限公司参加工程建设。

(刘　辉　扈士琰)

【参建标段】　中铁十一局集团有限公司济青高速铁路JQGTSG-4标段工程　项目部驻山东省桓台县,项目负责人董瑞武。合同投资239493万元,线路长32.4千米。主要工程量:路基土石方130万立方米,桥梁1座27700延长米,涵洞2座47横延米,站场2座,无砟轨道63.7千米。

中铁十二局集团有限公司济青高速铁路JQGTSG-10标段工程　项目部驻山东省胶州市,项目负责人李卫民。合同投资228602万元,线路长27.7千米。主要工程量:路基土石方95.29万立方米,桥梁2座

23100 延长米，隧道 1 座 2150 延长米，涵洞 1 座 102 横延米，站场 1 座，无砟道床 58.9 千米，铺轨 59.7 千米。

中铁二十一局集团有限公司济青高速铁路 JQGTSG－8 标段工程　项目部驻山东省潍坊市，项目负责人董金堂。合同投资 206118 万元，线路长 23.7 千米。主要工程量：路基土石方 249 万立方米，桥梁 1 座 16200 延长米，涵洞 11 座 543 横延米，站场 1 座，铺轨 47 千米。

（刘　辉　扈士琰）

·昌赣客运专线·

【工程概况】　南昌至赣州铁路客运专线（简称昌赣客运专线），北起南昌，南至赣州，线路全长 415.743 千米。全线设南昌、横岗、丰城、樟树东、新干东、峡江、吉水西、吉安西、泰和、万安、兴国西、赣县北、赣州西站，为江西省“十二五”期间江西铁路建设的头号工程，其北接合肥至南昌段规划高速铁路，向南延伸至深圳，与沪昆铁路客运专线相交，在南昌构成江西省“十”字形的高速铁路主骨架。设计时速 350 千米，工程投资 507.5 亿元。2014 年 12 月 20 日开工建设，计划 2020 年建成通车。中国铁建所属十一、十六、十七、二十一、二十四局集团有限公司参加工程建设。

（刘　辉　扈士琰）

【参建标段】　中铁十一局集团有限公司昌赣客运专线 CGZQ－3 标段工程　项目部驻江西省宜春市，项目负责人刘守成。合同投资 262826 万元，线路长 37.6 千米。主要工程量：路基土石方 225 万立方米，桥梁 14 座 25000 延长米，涵洞 43 座 1139 横延米，站场 2 座，铺轨 339 千米。

中铁十六局集团有限公司昌赣客运专线 CGZQ－8 标段工程　项目部驻江西省泰和县，项目负责人赵永。合同投资 211980 万元，线路长 32.8 千米。主要工程量：路基土石方 369.5 万立方米，桥梁 14 座 18500 延长米，涵洞 45 座 1028 横延米，无砟道床 65.671 千米。

中铁十七局集团有限公司昌赣客运专线 CGZQ－6 标段工程　项目部驻江西省吉安市，项目负责人雎爱宏。合同投资 264863 万元，线路长 41.6 千米。主要工程量：路基土石方 428.9 万立方米，桥梁 21 座 23700 延长米，涵洞 46 座 1324 横延米，站场 2 座，铺轨 81.8 千米。

中铁二十一局集团有限公司昌赣客运专线 CGZQ－12标段工程　项目部驻江西省赣州市，项目负责人庄纪栋。合同投资 392742 万元，线路长 43.1 千米。主要工程量：路基土石方 693 万立方米，桥梁 58 座 37800 延长米，隧道 16 座 6148 延长米，涵洞 39 座 1745 横延米，站场 2 座，无砟道床 88.7 千米。

中铁二十四局集团有限公司昌赣客运专线 CGZQ－1标段工程　项目部驻江西省南昌市，项目负责人李长元。合同投资 166870 万元，线路长 37.4 千米。主要工程量：路基土石方 984 万立方米，桥梁 12 座 17500 延长米，涵洞 39 座 1663 横延米，有砟轨道 57.7 千米。

（刘　辉　扈士琰）

·九景衢铁路·

【工程概况】　九景衢铁路西起江西省九江市，东至浙江省衢州市，自京九线九江枢纽引出，经景德镇、婺源、常山至衢州，跨江西、浙江两省，线路全长 333 千米。其中，新建线路 276.6 千米，利用既有铜九铁路（安徽省铜陵市至江西省九江市）、衢常铁路（浙江省衢州市至浙江省常山县），沿原线增加一条 72 千米的轨道，按国家铁路 Ⅰ 级、双线设计，设车站 15 座，其中新建车站 7 座；利用既有车站 8 座。设计时速 200 千米，工程投资 265.56 亿元。2013 年 10 月开工建设，2017 年 12 月 28 日开通运营。中国铁建所属大桥局，十七、二十四、二十五局，中铁建设，电气化局集团有限公司参加工程建设。

（刘　辉　扈士琰）

【参建标段】　中国铁建大桥工程局集团有限公司九景衢铁路江西段 JQJXZQ－6 标段工程　项目部驻江西省婺源县，项目负责人张锦辉。合同投资 201844 万元，线路长 42.8 千米。主要工程量：路基土石方 546 万立方米，桥梁 29 座 6424 延长米，隧道 29 座 21.2 千米，车站 2 座。

中铁十七局集团有限公司九景衢铁路江西段 JQJXZQ－3 标段工程　项目部驻江西省潘阳县，项目负责人李惠。合同投资 171497 万元，线路长 52.1 千米。主要工程量：路基土石方 900 万立方米，桥梁 35 座 22800 延长米，隧道 12 座 3368 延长米，涵洞 124 座 4528 横延米。

中铁二十四局集团有限公司九景衢铁路江西段 JQJXZQ－1 标段工程　项目部驻江西省湖口县，项目负责人江政杰。合同投资 164060 万元，线路长 45.5 千米。主要工程量：路基土石方 292 万立方米，桥梁 23 座 8832 延长米，隧道 1 座 284 延长米，涵洞 97 座 1563 横延米，站场 1 座，铺轨 168 千米。

中铁二十四局集团有限公司九景衢铁路浙江段 JQZJZQ－1 标段工程　项目部驻浙江省衢州市，项目负责人阚宏明。合同投资 195888 万元，线路长 38.4 千米。主要工程量：路基土石方 297 万立方米，桥梁

21 座 6080 延长米,隧道 23 座 26900 延长米,涵洞 36 座 1441 横延米,站场 2 座。

中铁二十五局集团有限公司九景衢铁路江西段 JQJXZQ-2 标段工程　项目部驻江西省都昌县,项目负责人贺胜槐。合同投资 130009 万元,线路长 50.4 千米。主要工程量:路基土石方 578.8 万立方米,桥梁 31 座 19200 延长米,隧道 6 座 4078 延长米,涵洞 131 座 3188 横延米,站场 2 座。

中铁建设集团有限公司九景衢铁路开化、常山站站房及相关工程　项目部驻浙江省衢州市,项目负责人王硕。合同投资 15851 万元。主要工程量:铁路房屋建筑 35927 平方米,其中车站 2 座 3.5 万平方米;变配电所 2 处。其中,开化站为小型铁路客运站,车场设计规模 2 站 6 线;常山站为小型铁路客运站,车场设计规模 2 站 4 线。

中国铁建电气化局集团有限公司九景衢铁路江西段四电系统集成及配套工程 JQJXSD 标段工程　项目部驻江西省景德镇市,项目负责人廖军华。合同投资 154295 万元,线路长 245 千米。主要工程量:干线光缆敷设 523.1 条千米,短段光缆敷设 264.9 条千米,铁塔(杆)基础制作及组立 131 座,视频杆基础制作及组立 305 处。　(刘　辉　扈士琰)

·汉十客运专线·

【工程概况】 汉十铁路客运专线由湖北省和中国铁路总公司共同筹资建设,将从在建的汉孝城际铁路孝感东站引出,经云梦北、安陆西、随州南、随县、枣阳、襄阳东津、马集、老河口南、谷城北、丹江口南、武当山西,终到十堰北,线路全长 395.1 千米,设车站 14 座。设计时速 350 千米,工程投资 527.5 亿元。2015 年 6 月开工建设,计划工期 4 年。中国铁建所属十一、十二局,大桥局,十五局集团有限公司参加工程建设。

(刘　辉　扈士琰)

【参建标段】 中铁十一局集团有限公司汉十客运专线 HSSG-4 标段工程　项目部驻湖北省十堰市,项目负责人李小红。合同投资 516855 万元,线路长 75.8 千米。主要工程量:路基土石方 1337 万立方米,桥梁 54 座 31000 延长米,隧道 14 座 20000 延长米,涵洞 79 座 2079 横延米。

中铁十一局集团有限公司汉十客运专线 HSSG-5 标段工程　项目部驻湖北省枣阳市,项目负责人云天才。合同投资 190183 万元,线路长 33.1 千米。主要工程量:路基土石方 297.5 万立方米,桥梁 26 座 15900 延长米,涵洞 51 座 1048 横延米,站场 1 座,无砟道床 67.7 千米。

中铁十二局集团有限公司汉十客运专线 HSSG-10 标段工程　项目部驻湖北省谷城县,项目负责人洪成林。合同投资 232439 万元,线路长 39.4 千米。主要工程量:路基土石方 120 万立方米,桥梁 29 座 25100 延长米,隧道 5 座 3460 延长米,涵洞 20 座 438 横延米,站场 1 座,无砟道床 79 千米。

中国铁建大桥工程局集团有限公司汉十客运专线 HSSG-1 标段工程　项目部驻湖北省随州市,项目负责人崔晨光。合同投资 71700 万元,线路长 25 千米。主要工程量:路基土石方 285 万立方米,桥梁 21 座 10800 延长米,涵洞 32 座 672 横延米,铺轨 50 千米。

中国铁建大桥工程局集团有限公司汉十客运专线 HSSG-4 标段工程　项目部驻湖北省随州市,项目负责人于文山。合同投资 58000 万元,线路长 16.2 千米。主要工程量:路基土石方 200 万立方米,桥梁 18 座 7376 延长米,隧道 2 座 393 延长米,涵洞 39 座 928 横延米,无砟轨道 16 千米。

中铁十五局集团有限公司汉十客运专线 HSSG-6 标段工程　项目部驻湖北省襄阳市,项目负责人张海亮。合同投资 204941 万元,线路长 36.4 千米。主要工程量:路基土石方 166.7 万立方米,桥梁 22 座 24900 延长米,涵洞 29 座 581 横延米,无砟道床 72.9 千米。　(刘　辉　扈士琰)

·吴忠至中卫城际铁路·

【工程概况】 吴忠至中卫城际铁路由银西线吴忠站南端引出,向南沿京藏高速经关马湖和滚泉,穿越牛首山丘陵区至中宁东设站,向西沿黄河南岸经宣和至中卫市设中卫南站,是中国快速铁路网的重要干线,将与京张、呼张客运专线共同构成北京至兰州的京呼银兰快速客运通道。线路全长 136.05 千米,设计时速 250 千米,预留时速 350 千米条件。中国铁建所属十六、十八、十九、二十一、二十三局和电气化局集团有限公司参加工程建设。

(刘　辉　扈士琰)

【参建标段】 中铁十六局集团有限公司吴忠至中卫城际铁路先期开工标段工程　项目部驻宁夏回族自治区吴忠市,项目负责人张旭东。合同投资 8453 万元,线路长 3.6 千米。主要工程量:路基土石方 54 万立方米,桥梁 4 座 1289 延长米,涵洞 7 座 159 横延米。

中铁十六局集团有限公司吴忠至中卫城际铁路 1、4、6—9 标段工程　项目部驻宁夏回族自治区吴忠市,项目负责人罗生宏。合同投资 689463 万元,线路长82.2千米。

中铁十八局集团有限公司吴忠至中卫城际铁路2标段工程　项目部驻宁夏回族自治区吴忠市，项目负责人文凯。合同投资37687万元，线路长10.3千米。主要工程量：路基土石方156.8万立方米，桥梁6座4058延长米，涵洞10座328横延米。

中铁十九局集团有限公司吴忠至中卫城际铁路3标段工程　项目部驻宁夏回族自治区吴忠市，项目负责人高岩。合同投资103266万元，线路长25.2千米。主要工程量：路基土石方351万立方米，桥梁16座6872延长米，车站1座。

中铁二十一局集团有限公司吴忠至中卫城际铁路电力迁改工程　项目部驻宁夏回族自治区银川市，项目负责人袁明杰。合同投资17896万元，线路长135.1千米。主要工程量：35千伏以上电力线路迁改62处，电力线路平移迁改37.1千米；35千伏以下电力线路迁改428处，电力线路平移迁改2千米。

中铁二十三局集团有限公司吴忠至中卫城际铁路吴忠南运架工程　项目部驻宁夏回族自治区吴忠市，项目负责人南树宏。合同投资1349万元，线路长25千米。主要工程量：标段内415榀箱梁架设。

中国铁建电气化局集团有限公司吴忠至中卫城际铁路四电集成工程　项目部驻宁夏回族自治区吴忠市，项目负责人周炳学。合同投资44782万元，线路长1364千米。主要工程量：四电集成。

（刘　辉　扈士琰）

·广州南沙港铁路·

【工程概况】　广州南沙港铁路位于广东省南部，珠江三角洲中部地区。线路自广珠铁路鹤山南站（新建）引出，向东南方向经鹤山市雅瑶镇，江门市蓬江区，佛山市顺德区均安镇，中山市小榄、东凤、南头、黄圃等镇，广州市南沙区万顷沙镇，止于南沙港区，线路全长88.026千米。其中，鹤山南站至南沙港站新建双线长79.559千米；南沙港站至南分区车场新建单线长8.467千米。可研批复建设总工期4年。中国铁建所属十一、十二、二十五局集团有限公司参加工程建设。

（刘　辉　扈士琰）

【参建标段】　中铁十一局集团有限公司广州南沙港铁路NSGZQ－3标段工程　项目部驻广东省佛山市，项目负责人李明。合同投资168125万元，线路长15.8千米。主要工程量：路基土石方0.3万立方米，桥梁1座15800延长米。

中铁十二局集团有限公司广州南沙港铁路NSGZQ－4标段工程　项目部驻广东省中山市，项目负责人张学文。合同投资171685万元，线路长18.8千米。主要工程量：路基土石方83.9万立方米，桥梁6座16700延长米。

中铁二十五局集团有限公司广州南沙港铁路NSGZQ－2标段工程　项目部驻广东省江门市，项目负责人李映宣。合同投资170446万元，线路长14.5千米。主要工程量：路基土石方68.4万立方米，桥梁10座12900延长米，涵洞7座117横延米，铺轨8千米。

（刘　辉　扈士琰）

公路工程

·兴延高速公路·

【工程概况】　兴延高速公路，位于京藏高速（京张、八达岭高速）公路以西，呈南北走向，南起北京西北六环路兴隆口，北至京藏高速营城子立交收费站以北，全长42.4千米，设收费站4座。山区段设计时速80千米；平原段设计时速100千米，工程投资131亿元。2015年底开工建设，计划2018年底建成通车。中国铁建所属十二局，大桥局，十四、十六、十八、十九、二十、二十二局集团有限公司参加工程建设。

（刘　辉　扈士琰）

【参建标段】　中铁十二局集团有限公司兴延高速公路5标段工程　项目部驻北京市昌平区，项目负责人王晋生。合同投资71258万元，线路长5.2千米。主要工程量：路基土石方63万立方米，桥梁2座550延长米，隧道4座8283延长米，涵洞6座244横延米。

中国铁建大桥工程局集团有限公司兴延高速公路1标段工程　项目部驻北京市昌平区，项目负责人张春荣。合同投资58275万元，线路长3.5千米。主要工程量：路基土石方58万立方米，桥梁11座14800延长米。

中铁十四局集团有限公司兴延高速公路7标段工程　项目部驻北京市延庆区，项目负责人刘啸。合同投资80609万元，线路长6.1千米。主要工程量：路基土石方175万立方米，桥梁2座405延长米，隧道2座4677延长米。

中铁十六局集团有限公司兴延高速公路2标段工

程　项目驻北京市昌平区，项目负责人卜凡龙。合同投资44343万元，线路长9.3千米。主要工程量：路基土石方192万立方米，梁桥17座2454延长米。

中铁十八局集团有限公司兴延高速公路3标段工程　项目驻北京市昌平区，项目负责人丁元利。合同投资53684万元，线路长7.3千米。主要工程量：路基土石方84万立方米，桥梁3座1025延长米，隧道1座3510延长米。

中铁十九局集团有限公司兴延高速公路8标段工程　项目驻北京市延庆区，项目负责人程显春。合同投资58986万元，线路长4.9千米。主要工程量：路基土石方158万立方米，桥梁14座6356延长米，隧道1座1324延长米，涵洞13座349横延米。

中铁二十局集团有限公司兴延高速公路6标段工程　项目驻北京市昌平区，项目负责人崔双杰。合同投资23700万元，线路长3.9千米。主要工程量：隧道2座3967延长米。

中铁二十二局集团有限公司兴延高速公路4标段工程　项目驻北京市昌平区，项目负责人邢立军。合同投资49862万元，线路长3.8千米。主要工程量：路基土石方3万立方米，桥梁1座5068延长米，隧道1座2955延长米。（刘　辉　扈士琰）

·成都经济区环线高速公路浦江至都江堰段·

【工程概况】　中国铁建与中国中铁联合体于2016年4月21日中标成都新机场高速公路、成都经济区环线高速公路浦江至都江堰段项目，联合体双方各占50%的股份，共同进行投资建设和运营。中国铁建负责成都经济区外环线蒲江至都江堰段，总投资175.49亿元。项目起点为蒲江县，终点为都江堰市，主线全长101.3千米，按双向6车道高速公路标准建设，设计时速120千米。2017年1月1日开工建设，计划2019年12月31日完工，2020年1月1日开始运营，2049年6月30日结束，收费期29年6个月。中国铁建所属十一局，大桥局，十四、十五、十六、十八、十九、二十二、二十三、二十四局，港航局集团有限公司参加工程建设。（刘　辉　扈士琰）

【参建标段】　中铁十一局集团有限公司成都经济区环线高速公路浦江至都江堰段1标段工程　项目部驻四川省浦江县，项目负责人张胜利。合同投资59204万元，线路长12.1千米。主要工程量：路基土石方395万立方米，桥梁8座3823延长米，互通服务区2处。

中国铁建大桥工程局集团有限公司成都经济区环线高速公路浦江至都江堰段4标段工程　项目部驻四川省邛崃市，项目负责人姚汪明。合同投资53696万元，线路长9.7千米。主要工程量：路基土石方388万立方米，桥梁16座3514延长米，涵洞31座1483横延米，互通服务区3处。

中铁十四局集团有限公司成都经济区环线高速公路浦江至都江堰段2标段工程　项目部驻四川省浦江县，项目负责人沈强。合同投资55651万元，线路长10.4千米。主要工程量：路基土石方225.5万立方米，桥梁8座3128延长米，互通服务区3处。

中铁十五局集团有限公司成都经济区环线高速公路浦江至都江堰段6标段工程　项目部驻四川省大邑县，项目负责人胡双印。合同投资53729万元，线路长6.5千米。主要工程量：路基土石方304.5万立方米，桥梁10座3281延长米，涵洞9座287横延米，互通服务区1处。

中铁十六局集团有限公司成都经济区环线高速公路浦江至都江堰段7标段工程　项目部驻四川省大邑县，项目负责人张加明。合同投资61910万元，线路长7.7千米。主要工程量：路基土石方229万立方米，桥梁18座2298延长米，涵洞10座125横延米，互通服务区1处。

中铁十八局集团有限公司成都经济区环线高速公路浦江至都江堰段8标段工程　项目部驻四川省崇州市，项目负责人崔晏宁。合同投资34922万元，线路长9千米。主要工程量：路基土石方606万立方米，桥梁8座1780延长米，互通服务区1处。

中铁十九局集团有限公司成都经济区环线高速公路浦江至都江堰段11标段工程　项目部驻四川省都江堰市，项目负责人隋广余。合同投资70939万元，线路长8.4千米。主要工程量：路基土石方89万立方米，桥梁1座6464延长米，涵洞22座554横延米，互通服务区1处。

中铁二十二局集团有限公司成都经济区环线高速公路浦江至都江堰段9标段工程　项目部驻四川省崇州市，项目负责人杜凤余。合同投资44970万元，线路长8千米。主要工程量：路基土石方272万立方米，桥梁1座2119延长米，互通服务区2处。

中铁二十三局集团有限公司成都经济区环线高速公路浦江至都江堰段5标段工程　项目部驻四川省邛崃市，项目负责人巨建基。合同投资71530万元，线路长12.4千米。主要工程量：路基土石方544万立方米，桥梁8座2918延长米，隧道1座375延长米，涵洞24座1845横延米，互通服务区2处。

中铁二十四局集团有限公司成都经济区环线高速公路浦江至都江堰段3标段工程　项目部驻四川省邛

峡市，项目负责人李小飞。合同投资49221万元，线路长9.7千米。主要工程量：路基土石方417.8万立方米，桥梁9座1842延长米，涵洞19座1045横延米，互通服务区1处。

中国铁建港航局集团有限公司成都经济区环线高速公路浦江至都江堰段10标段工程　项目部驻四川省都江堰市，项目负责人赵建胜。合同投资51830万元，线路长7.8千米。主要工程量：路基土石方235万立方米，桥梁6座894延长米，涵洞36座1658横延米，互通服务区1处。

（刘　辉　扈士琰）

·安岳至合川、合川至璧山至江津高速公路·

【重庆合川至四川安岳高速公路】　重庆市合川区至四川省安岳县高速公路（重庆段）BOT项目由中铁建重庆投资集团有限公司投资。线路起于合川草街，与三环高速、渝武高速、潼荣高速相交，止于崇龛镇附近川渝界与四川资潼高速相接。线路全长95.143千米，2017年11月开工建设，计划2020年11月竣工，合同工期3年。中国铁建所属十二、十五、十七、二十三、二十五局集团有限公司参加工程建设。

中铁十二局集团有限公司重庆合川至四川安岳高速公路（重庆段）1标段工程　项目部驻重庆市合川区，项目负责人池雁彬。合同投资154200万元，线路长19.2千米。主要工程量：路基土石方383万立方米，桥梁9座3330延长米，隧道1座695延长米，互通式立交3处。

中铁十五局集团有限公司重庆合川至四川安岳高速公路（重庆段）4标段工程　项目部驻重庆市潼南区，项目负责人何勇。合同投资79500万元，线路长13.4千米。主要工程量：路基土石方345万立方米，桥梁8座2526延长米，互通式立交3处。

中铁十七局集团有限公司重庆合川至四川安岳高速公路（重庆段）5标段工程　项目部驻重庆市潼南区，项目负责人何勇。合同投资134500万元，线路长27.1千米。主要工程量：路基土石方817万立方米，桥梁19座6853延长米，互通式立交2处。

中铁二十三局集团有限公司重庆合川至四川安岳高速公路（重庆段）3标段工程　项目部驻重庆市合川区，项目负责人张功波。合同投资80700万元，线路长12.7千米。主要工程量：路基土石方422万立方米，桥梁11座3308延长米。

中铁二十五局集团有限公司重庆合川至四川安岳高速公路（重庆段）2标段工程　项目部驻重庆市合川区，项目负责人梁济强。合同投资76000万元，线路长22.6千米。主要工程量：路基土石方564万立方米，桥梁7座1917延长米，互通式立交2处。

（刘　辉　扈士琰）

【重庆合川至璧山至江津高速公路】　重庆市合川区至璧山区至江津区高速公路BOT项目由中铁建重庆投资集团有限公司投资。线路全长96.446千米，设计时速100千米，工程投资117亿元。2017年开工建设，计划2021年竣工，合同工期4年。中国铁建所属十一、十二局，大桥局，十九、二十一局集团有限公司参加工程建设。

中铁十一局集团有限公司重庆合川至璧山至江津高速公路2标段工程　项目部驻重庆市合川区，项目负责人陈家亮。合同投资34482万元，线路长5.7千米。主要工程量：路基土石方182万立方米，桥梁1座160延长米，隧道2座6138延长米，涵洞24座1286横延米。

中铁十二局集团有限公司重庆合川至璧山至江津高速公路1标段工程　项目部驻重庆市合川区，项目负责人曹钢龙。合同投资35613万元，线路长5.8千米。主要工程量：路基土石方65万立方米，桥梁8座2350延长米。

中国铁建大桥工程局集团有限公司重庆合川至璧山至江津高速公路5标段工程　项目部驻重庆市江津区，项目负责人刘志。合同投资135283万元，线路长13.5千米。主要工程量：路基土石方586万立方米，桥梁8座3344延长米，涵洞41座2141横延米，枢纽互通1处。

中铁十九局集团有限公司重庆合川至璧山至江津高速公路4标段工程　项目部驻重庆市璧山区，项目负责人王广波。合同投资259647万元，线路长44.2千米。主要工程量：路基土石方771万立方米，桥梁22座4242延长米，涵洞134座3567横延米，枢纽互通2处。

中铁二十一局集团有限公司重庆合川至璧山至江津高速公路3标段工程　项目部驻重庆市璧山区，项目负责人谈红福。合同投资151773万元，线路长25.7千米。主要工程量：路基土石方480万立方米，枢纽互通2处。

（刘　辉　扈士琰）

城市轨道交通工程

·北京地铁8号线·

【工程概况】　北京地铁8号线是一条南北中轴线路，线路全长45.6千米，设车站35座、车厂2座和停车场

1座。一二期工程已经完工,三期工程计划2018年底开通。中国铁建所属十一、十四、十六、十八、十九局集团有限公司参加工程建设。　（刘　辉　扈士琰）

【参建标段】 中铁十一局集团有限公司北京地铁8号线三期9标段工程　项目负责人曾恕辉。合同投资33627万元。主要工程量:大红门站;大红门站至大红门桥站区间。

中铁十四局集团有限公司北京地铁8号线三期3标段工程　项目负责人赵光泉。合同投资56026万元。主要工程量:前门站;王府井站至前门站区间。

中铁十六局集团有限公司北京地铁8号线三期1标段工程　项目负责人王海明。合同投资48203万元。主要工程量:王府井北站;起点至王府井北站区间,王府井北站至王府井站区间。

中铁十八局集团有限公司北京地铁8号线三期14标段工程　项目负责人邱青春。合同投资29939万元。主要工程量:六营门站;西洼地站至六营门站区间,六营门站至五福堂站区间。

中铁十九局集团有限公司北京地铁8号线三期8标段工程　项目负责人贾常志。合同投资31521万元。主要工程量:木樨园桥南站;木樨园桥南站至大红门站区间(含联络线)。　（刘　辉　扈士琰）

·北京地铁16号线·

【工程概况】 北京地铁16号线是北京地铁的一条南北向骨干线,途经丰台、西城、海淀3个行政区。线路南起丰台区宛平城站,经过北京丽泽金融商务区、西城三里河、国家图书馆、苏州街、永丰科技园区、海淀山后地区,北至海淀区北安河。线路全长49.8千米,全部为地下线,设车站29座、车辆基地2座。北安河至西苑段已在2016年12月31日开通。中国铁建所属十一、十四、十六、十八、十九局集团有限公司参加工程建设。　（刘　辉　扈士琰）

【参建标段】 中铁十一局集团有限公司北京地铁16号线2标段工程　项目负责人夏国松。线路长2千米,合同投资43269万元。主要工程量:温阳路站;温阳路站至稻香湖路站区间。

中铁十二局集团有限公司北京地铁16号线17标段工程　项目负责人王鹏程。线路长1千米,合同投资46002万元。主要工程量:玉渊潭东门站;甘家口站至玉渊潭东门站区间。

中铁十四局集团有限公司北京地铁16号线11标段工程　项目负责人冯振鲁。线路长0.6千米,合同投资50261万元。主要工程量:苏州街站;站后停车线区间。

中铁十五局集团有限公司北京地铁16号线19标段工程　项目负责人宋延涛。线路长0.6千米,合同投资41633万元。主要工程量:达官营站;木樨地站至达官营站区间。

中铁十六局集团有限公司北京地铁16号线15标段工程　项目负责人吴宝华。线路长1.7千米,合同投资47998万元。主要工程量:二里沟站;国家图书馆站至二里沟站区间。

中铁十八局集团有限公司北京地铁16号线8标段工程　项目负责人王志杰。线路长2.5千米,合同投资56132万元。主要工程量:肖家河站;肖家河站至西苑站区间。

中铁十八局集团有限公司北京地铁16号线16标段工程　项目负责人陈典华。线路长1.1千米,合同投资46877万元。主要工程量:甘家口站;二里沟站至甘家口站区间。

中铁十九局集团有限公司北京地铁16号线25标段工程　项目负责人王永文。线路长1.3千米,合同投资31867万元。主要工程量:榆树庄站;看丹站至榆树庄站区间,榆树庄站至盾构始发井(含出入线)区间。　（刘　辉　扈士琰）

·北京地铁17号线·

【工程概况】 北京地铁17号线位于北京市东部地区,是一条贯穿中心城南北方向的轨道交通干线,属于大运量等级快线。线路全长49.7千米,全部为地下线,设车站20座,换乘站9座。列车采用标准A型车8辆编组,设计时速45千米,全线单向旅行时间约56分钟。线路串联通州、东城、朝阳、昌平4个行政区,支持和带动亦庄新城站前区、垡头工业区、朝阳港、CBD及未来科技城的发展。同时,服务潘家园、太阳宫、望京西、天通苑等城市重点居住区,为城市东部居民出行带来便利,实现客流的快速引导和疏散。中国铁建所属十二、十四、十六、十九、二十、二十一局集团有限公司参加工程建设。　（刘　辉　扈士琰）

【参建标段】 中铁十二局集团有限公司北京地铁17号线15标段工程　项目负责人谢卫林。线路长4千米,合同投资57625万元。主要工程量:朝阳港站;朝阳港站至十里河站区间。

中铁十四局集团有限公司北京地铁17号线12标段工程　项目负责人温盛科。线路长2千米,合同投资70688万元。主要工程量:广渠门外站;广渠门外站至永安里站区间。

中铁十六局集团有限公司北京地铁17号线01标段工程　项目负责人汪春生。线路长2.9千米，合同投资71907万元。主要工程量：未来科技城南区站，未来科技城北区站；天未区间盾构井至未来科技城南区站区间，未来科技城南区站至未来科技城北区站区间，未来科技城北区站至终点区间。

中铁十六局集团有限公司北京地铁17号线10标段工程　项目负责人徐福田。线路长1.2千米，合同投资82074万元。主要工程量：东大桥站；东大桥站至工人体育场站区间。

中铁十九局集团有限公司北京地铁17号线11标段工程　项目负责人李刚。线路长1.4千米，合同投资58397万元。主要工程量：永安里站；永安里站至东大桥站区间。

中铁二十局集团有限公司北京地铁17号线4标段工程　项目负责人刘召臣。线路长3.4千米，合同投资50020万元。主要工程量：清河营站；清河营站至天通苑东站区间，勇士营站至清河营站区间。

中铁二十一局集团有限公司北京地铁17号线8标段工程　项目负责人高文。线路长2.4千米，合同投资52813万元。主要工程量：西坝河站；香河营站至西坝河站区间。（刘　辉　扈士琰）

·成都地铁5号线·

【工程概况】　成都地铁5号线一二期工程由北至南，自成都国际商贸城，经大丰镇、五块石，后沿一环路横穿成都市中心，经高新区至天府新区。线路全长49千米，设车站41座（地下站36座、高架站5座），车辆段1座，停车场2座，培训基地1处。工程投资172亿元，2015年9月30日开工建设，计划2019年开通运营。中国铁建所属十一、十二局，大桥局，十四、十五、十六、十七、十八、十九、二十、二十一、二十二、二十三局，中铁建设，电气化局，城建集团有限公司参加工程建设。

（刘　辉　扈士琰）

【参建标段】　中铁十一局集团有限公司成都地铁5号线轨道1标段工程　项目负责人刘建东。合同投资58000万元。主要工程量：大丰车辆站。

中铁十一局集团有限公司成都地铁5号线土建9标段工程　项目负责人刘育鸿。合同投资72000万元。主要工程量：石羊立交站，市一医院站，交子大道站；神仙树路站至石羊立交站区间，石羊立交站至市一医院站区间，市一医院站至交子大道站区间，交子大道站至锦城大道站盾构区间。

中铁十二局集团有限公司成都地铁5号线轨道2标段工程　项目负责人余浩。合同投资38000万元。主要工程量：九兴大道站至线路终点。

中铁十二局集团有限公司成都地铁5号线土建3标段工程　项目负责人净少敏。合同投资60000万元。主要工程量：九道堰站，杜家碾站，大丰站；幸福桥站至九道堰站明挖区间，九道堰站至杜家碾站明挖区间，九道堰站至杜家碾站盾构区间，杜家碾站至大丰站盾构区间，大丰站至石犀公园站盾构区间。

中铁十二局集团有限公司成都地铁5号线机电安装及装饰工程2标段工程　项目负责人马勇军。合同投资51000万元。主要工程量：九道堰北站，大丰站，大丰三元站，大丰镇站，皇花村站，古柏树站，沙湾源站，洞子口站，九里堤北路站，五块石站；九道堰北站至五块石站区间范围内的风、水、电、气灭及装修（含钢结构雨棚装饰）、导向及车站附属设施。

中国铁建大桥工程局集团有限公司成都地铁5号线土建6A标段工程　项目负责人王义全。合同投资82000万元。主要工程量：五块石站，赛云台站，西北桥站；五块石站至赛云台站区间，赛云台站至北站西二路区间，北站西二路至西北桥站盾构区间。

中国铁建大桥工程局集团有限公司成都地铁5号线土建6B标段工程　项目负责人赵何明。合同投资68000万元。主要工程量：花牌坊站，抚琴站，中医大省医院站；西北桥站至花牌坊站区间，花牌坊站至抚琴站区间，抚琴站至中医大区间。

中国铁建大桥工程局集团有限公司成都地铁5号线机电安装及装饰工程4标段工程　项目负责人薛腾。合同投资50500万元。主要工程量：永丰站，神仙树站，石羊立交站，繁雄大道站，锦程大道站，元华站，大源站，三江站；元华停车场及出入线、肖家河站至三江站区间范围内的风、水、电、气灭及装修（含钢结构雨棚装饰）、导向及车站附属设施。

中铁十四局集团有限公司成都地铁5号线土建7标段工程　项目负责人刘守文。合同投资82000万元。主要工程量：青羊宫站，省骨科医院站，科园站；中医药大学省人民医院站至青羊宫站盾构区间，青羊宫站至省骨科站区间，骨科站至高升桥区间，高升桥站至科园站区间。

中铁十五局集团有限公司成都地铁5号线土建5标段工程　项目负责人辛松鹤。合同投资89000万元。主要工程量：古柏站，泉水路站，洞子口站，福宁路站；古柏站至泉水路站区间，泉水路站至洞子口站区间，洞子口站至福宁路站区间，福宁路站至五块石站盾构区间。

中铁十六局集团有限公司成都地铁5号线土建

10标段工程　项目负责人何双良。合同投资98000万元。主要工程量：一场段锦城大道站，锦城湖站；锦城大道站至锦城湖站区间，锦城湖站至大源站区间，元华出入段线区间，元华车辆段。

中铁十七局集团有限公司成都地铁5号线机电安装及装饰工程5标段工程　项目负责人丁艳林。合同投资44800万元。主要工程量：大成二街站，迎宾路站，双华站，二江寺站，牧华路站，鹤高路站，蒋家店站，回龙路站；回龙停车场及出入线、三江站至线路终点区间范围内的风、水、电、气灭及装修（含钢结构雨棚装饰）、导向及车站附属设施。

中铁十八局集团有限公司成都地铁5号线土建4标段工程　项目负责人房金财。合同投资47000万元。主要工程量：石犀公园站，皇花园站；石犀公园站至皇花园站区间，皇花园站至古柏站盾构区间。

中铁十九局集团有限公司成都地铁5号线土建11标段工程　项目负责人王冰。合同投资55000万元。主要工程量：大源站，民乐站；大源站至民乐站盾构区间，民乐站至骑龙站盾构区间。

中铁二十局集团有限公司成都地铁5号线土建13标段工程　项目负责人任高峰。合同投资50000万元。主要工程量：南湖立交站，高峰站；二江寺站至南湖立交站区间，南湖站至高峰站区间。

中铁二十一局集团有限公司成都地铁5号线土建8标段工程　项目负责人幸小兵。合同投资50000万元。主要工程量：九兴大道站；科园站至九兴大道站区间，九兴大道站至神仙树站区间。

中铁二十二局集团有限公司成都地铁5号线土建12标段工程　项目负责人马杰。合同投资66000万元。主要工程量：骑龙站，警官学院站，二江寺站；骑龙站至警官学院站区间，警官学院站至二江寺站区间。

中铁二十三局集团有限公司成都地铁5号线土建14标段工程　项目负责人李全社。合同投资57000万元。主要工程量：回龙路站，龙马路站；高峰站至龙马路站区间，龙马路站至回龙站区间。

中铁建设集团有限公司成都地铁5号线土建1标段工程　项目负责人黎家国。合同投资67000万元。主要工程量：华桂路站，柏水场站，廖家湾站，北部商贸城站，幸福桥站；起点至华桂路站区间，华桂路站至柏水场站区间，柏水场站至廖家湾站区间，廖家湾站至北部商贸城站区间，北部商贸城站至幸福桥站区间，幸福桥站至九道堰站区间，大丰出入线。

中铁建设集团有限公司成都地铁5号线弱电综合工程　项目负责人杨金国。合同投资37000万元。主要工程量：全线范围内全部弱电综合工程，包括综合监控系统、火灾自动报警系统、环境与设备监控系统、门禁系统等设备安装及服务。

中铁建设集团有限公司成都地铁5号线机电安装及装饰工程3标段工程　项目负责人周益金。合同投资61100万元。主要工程量：北广场西站，城北客运中心站，沙湾站，西门站，二道河站，中医大省医院站，青羊宫站，大石西路站，高升桥站，肖家河站；培训中心及五块石至肖家河站区间范围内的风、水、电、气灭及装修（含钢结构雨棚装饰）、导向及车站附属设施。

中国铁建电气化局集团有限公司成都地铁5号线通信系统集成工程　项目负责人卢云。合同投资57600万元。主要工程量：全线范围内全部通信专业内容，包括专用通信系统、公安通信系统及乘客信息系统和部分民用通信系统等集成安装及服务。

中国铁建电气化局集团有限公司成都地铁5号线供电系统工程　项目负责人罗李。合同投资109800万元。主要工程量：全线范围内的中压供电环网、牵引变电所、降压变电所、接触网系统、电力监控系统、杂散电流腐蚀防护系统等设备的安装及服务。

中铁城建集团有限公司成都地铁5号线土建2A标段工程　项目负责人王羽生。合同投资48000万元。主要工程量：大丰停车场。

中铁城建集团有限公司成都地铁5号线土建2B标段工程　项目负责人田玉江。合同投资10000万元。主要工程量：培训基地。

中铁城建集团有限公司成都地铁5号线土建2C标段工程　项目负责人吕红星。合同投资17000万元。主要工程量：回龙停车场，回龙停车场出入段线。

中铁城建集团有限公司成都地铁5号线机电安装及装饰工程1标段工程　项目负责人商成剑。合同投资45200万元。主要工程量：商贸城站，斑竹园站，毗河站，金新路站，商贸城北站；大丰车辆段及出入线、线路起点至高架桥台尾及地面区间范围内的风、水、电、气灭及装修（含钢结构雨棚装饰）、导向及车站附属设施。

（刘　辉　扈士瑛）

·乌鲁木齐地铁2号线·

【工程概况】　乌鲁木齐地铁2号线是乌鲁木齐市地铁中南部至西北方向的主骨架线路，贯穿老城中心区、高速铁路片区，远期连接三坪新区，规划线路全长44.4千米，设车站26座。全线分两期建设，其中一期工程线路全长19.1千米，涉及天山区、沙依巴克区、高新区（新市区）3个行政区，将城市中心区与城市总体规划中城市近期重点发展区域紧密衔接起来，设车站16

座，工程投资146亿元。2016年开工建设，计划2020年底建成通车。中国铁建所属十一局，大桥局，十五、十六、十八、十九、二十、二十一局集团有限公司参加工程建设。（刘　辉　扈士琰）

【参建标段】　中铁十一局集团有限公司乌鲁木齐地铁2号线A－07区段　项目负责人韩卫能。线路长0.3千米，合同投资2978万元。主要工程量：碾子沟站。

中国铁建大桥工程局集团有限公司乌鲁木齐地铁2号线A－08区段　项目负责人张树奎。线路长3千米，合同投资51269万元。主要工程量：南梁坡站；碾子沟站至南梁坡站区间，南梁坡站至农业大学站区间。

中铁十五局集团有限公司乌鲁木齐地铁2号线A－09区段　项目负责人汪泱。线路长2.2千米，合同投资53200万元。主要工程量：农业大学站，马料地站；农业大学站至马料地站区间，马料地站至平川路站区间。

中铁十六局集团有限公司乌鲁木齐地铁2号线A－05区段　项目负责人侯睿。线路长1.7千米，合同投资68323万元。主要工程量：幸福路中站，幸福路西站；幸福路中站至幸福路西站区间，幸福路西站至南门站区间。

中铁十八局集团有限公司乌鲁木齐地铁2号线A－06区段　项目负责人章小华。线路长1.8千米，合同投资29329万元。主要工程量：中桥站；南门站至碾子沟站区间，中桥站至碾子沟站区间。

中铁十九局集团有限公司乌鲁木齐地铁2号线A－03区段　项目负责人柏威。线路长1.9千米，合同投资43330万元。主要工程量：延安路站，向阳坡站；延安路站至向阳坡站区间，向阳坡站至大湾站区间。

中铁二十局集团有限公司乌鲁木齐地铁2号线A－04区段　项目负责人张仕海。线路长2.2千米，合同投资56540万元。主要工程量：大湾站，黑甲山站；大湾站至黑甲山站区间，黑甲山站至幸福路中站区间。

中铁二十一局集团有限公司乌鲁木齐地铁2号线A－02区段　项目负责人王天亮。线路长0.8千米，合同投资11992万元。主要工程量：车场出入线区间。（刘　辉　扈士琰）

·深圳地铁6号线·

【工程概况】　深圳地铁6号线是一条中线路，线路由深圳北站至松岗，全长37.7千米，设车站20座，其中换乘站6座。工程投资1.97万亿元，2014年底开工建设。中国铁建所属中土集团，十一局，大桥局，二十三局集团有限公司参加工程建设。（刘　辉　扈士琰）

【参建标段】　中铁十一局集团有限公司深圳地铁6号线6101标段三工区　项目负责人沈显才。合同投资80428万元。主要工程量：石岩站，观光站，上屋北站，光明中心站；大浪站至石岩站区间，石岩站至上屋北站区间，上屋北站至长圳站区间，观光站至光明中心站区间。

中国铁建大桥工程局集团有限公司深圳地铁6号线6101标段一工区　项目负责人姜立国。合同投资82663万元。主要工程量：深圳北站，红山站，上塘北站，元芬站，大浪站；深圳北站至红山站区间，红山站至上塘北站区间，上塘北站至元芬站区间，元芬站至大浪站区间。

中国铁建大桥工程局集团有限公司深圳地铁6号线6101标段二工区　项目负责人陈博。合同投资53007万元。主要工程量：大浪站至羊台山隧道进口桥台高架区间。

中铁二十三局集团有限公司深圳地铁6号线6101标段四工区　项目负责人范丰波。合同投资23849万元。主要工程量：长圳站；长圳站至观光站区间，车辆段出入线。

中铁二十三局集团有限公司深圳地铁6号线6101标段梁场　项目负责人黄静。合同投资36930万元。主要工程量：本标段全线318跨636片U型梁的制运架工作。（刘　辉　扈士琰）

·深圳地铁20号线·

【工程概况】　深圳国际会展中心配套市政项目，线路正线全长8.36千米，起自宝安机场T4航站楼，止于国际会议中心站，设车站5座、区间4个、车辆段1座。其中，正线为地下工程，区间为3个盾构区间和1个明挖区间，其中机场北站至重庆路站、重庆路站至会展南站、会展北站至会议中心站为盾构区间；会展南站至会展北站为明挖区间。合同投资59.33亿元（暂定），合同工期2016年10月1日至2018年12月30日。中国铁建所属十一、十二局，大桥局，十四、十五、十六、十九、二十二、二十五局，电气化局，城建集团有限公司参加工程建设。（刘　辉　扈士琰）

【参建标段】　中铁十一局集团有限公司深圳地铁20号线1标段工程　项目负责人柯尊伟。合同投资45700万元。主要工程量：机场北站；机场北站至吊出井盾构区间。

中铁十二局集团有限公司深圳地铁20号线8标段工程　项目负责人王喜。合同投资33400万元。主要工程量:会展南站至会展北站明挖区间。

中国铁建大桥工程局集团有限公司深圳地铁20号线7标段工程　项目负责人王齐。合同投资29900万元。主要工程量:会展南站。

中铁十四局集团有限公司深圳地铁20号线2标段工程　项目负责人李正中。合同投资42800万元。主要工程量:车辆段出入段线区间,中间风井至重庆路站区间。

中铁十五局集团有限公司深圳地铁20号线3标段工程　项目负责人郭鹏飞。合同投资19300万元。主要工程量:中间风井至吊出井区间。

中铁十六局集团有限公司深圳地铁20号线9标段工程　项目负责人刘元鹏。合同投资34200万元。主要工程量:会展北站。

中铁十九局集团有限公司深圳地铁20号线5标段工程　项目负责人邓江龙。合同投资39900万元。主要工程量:车辆段U型槽。

中铁二十二局集团有限公司深圳地铁20号线4标段工程　项目负责人刘强军。合同投资48600万元。主要工程量:重庆路站;重庆路站至会展南站区间。

中铁二十五局集团有限公司深圳地铁20号线10标段工程　项目负责人刘国山。合同投资43100万元。主要工程量:会议中心站;会展北站至会议中心站区间。

中铁城建集团有限公司深圳地铁20号线车辆段工程　项目负责人王俊河。合同投资40000万元。主要工程量:车辆段库区。

中国铁建电气化局集团有限公司深圳地铁20号线设备安装工程　项目负责人邓武和。合同投资38600万元。主要工程量:车站设备区常规设备、系统设备(材料)采购及安装工程以及建筑装饰工程。

(刘　辉　扈士琰)

·青岛地铁1号线·

【工程概况】　青岛地铁1号线位于青岛市黄岛区、市南区、市北区、李沧区、城阳区,线路起自黄岛峨眉山路站,终至城阳镇东郭庄,形成贯通青岛市南北的快速轨道交通走廊。线路全长59.95千米,设车站40座,均为地下站,平均站间距1524米。2016年开工建设,计划2020年建成通车。中国铁建所属十二、十四、十六、十七、十八、十九、二十、二十二、二十五局集团有限公司参加工程建设。(刘　辉　扈士琰)

【参建标段】　中铁十二局集团有限公司青岛地铁1号线08工区　项目负责人郝文广。线路长3.9千米,合同投资50464万元。主要工程量:庙头站;流亭机场站至庙头站区间,庙头站至文阳路站区间,文阳路站至正阳路站区间。

中铁十四局集团有限公司青岛地铁1号线04工区　项目负责人王春国。线路长3.4千米,合同投资57385万元。主要工程量:小村庄站;海泊桥站至小村庄站区间,小村庄站至北岭站区间,北岭站至水清沟站区间。

中铁十六局集团有限公司青岛地铁1号线03工区　项目负责人郭保飞。线路长3.4千米,合同投资36279万元。主要工程量:中山路站,江苏路站,广饶路站。

中铁十七局集团有限公司青岛地铁1号线06工区　项目负责人李彬。线路长2.4千米,合同投资45248万元。主要工程量:安顺路站;安顺路站至青岛北站区间,胜利桥站至安顺路站区间。

中铁十八局集团有限公司青岛地铁1号线02工区　项目负责人施红忠。线路长5.9千米,合同投资66298万元。主要工程量:海泊桥站;青岛站至中山路站区间,中山路站至江苏路站区间,江苏路站至广饶路站区间,广饶路站至台东站区间,台东站至海泊桥站区间。

中铁十八局集团有限公司青岛地铁1号线过海段　项目负责人张斌。线路长2.1千米,合同投资23390万元。主要工程量:瓦屋庄站至贵州路站区间海域段单洞双线1.9千米、陆域段0.2千米。

中铁十九局集团有限公司青岛地铁1号线05工区　项目负责人李长城。线路长4.1千米,合同投资70580万元。主要工程量:北岭站,水清沟站,开封路站;水清沟站至开封路站区间,开封路站至胜利桥站区间。

中铁二十局集团有限公司青岛地铁1号线07工区　项目负责人周玉斌。线路长4.1千米,合同投资50868万元。主要工程量:汽车北站;瑞金路站至汽车北站区间,汽车北站至流亭机场站区间。

中铁二十二局集团有限公司青岛地铁1号线01工区　项目负责人周清福。线路长2.8千米,合同投资58220万元。主要工程量:贵州路站,西镇站,青岛站;团岛始发井至贵州路站区间,贵州路站至西镇站区间,西镇站至青岛站区间。

中铁二十五局集团有限公司青岛地铁1号线09工区　项目负责人姜智斌。线路长5.8千米,合同投资86001万元。主要工程量:胜利桥站,流亭机场站,文阳路站,正阳路站,春阳路站。(刘　辉　扈士琰)

·昆明地铁5号线·

【工程概况】 昆明地铁5号线北起世博园站，南止宝丰半岛，线路全长25.96千米，全地下敷设，设车站22座，换乘站9座，车辆段和停车场各1座。其中，在昆明北站设与4号线联络线，在世博园站设与8号线联络线，在福海立交周边设主变电1座。工程投资233.52亿元，2016年8月10日开工建设，计划2020年底通车试运行。中国铁建所属十一局，大桥局，十六、十八、十九、二十局集团有限公司，铁四院联合体参加工程建设。 （刘　辉　扈士琰）

【参建标段】 中铁十一局集团有限公司昆明地铁5号线KMG5TJ－08标段工程　项目负责人李飞鹏。线路长4.6千米，合同投资72716万元。主要工程量：滇池卫城站，金海新区站，福保站；滇池卫城站至金海新区站区间，金海新区站至福保站区间，福保站至会展中心站区间。

中国铁建大桥工程局集团有限公司昆明地铁5号线KMG5TJ－02标段工程　项目负责人贺玉。线路长5.6千米，合同投资44883万元。主要工程量：世博园站，龙庆路站；世博车辆段出入段线区间，世博园站至龙庆路站区间。

中铁十六局集团有限公司昆明地铁5号线KMG5TJ－03标段工程　项目负责人张士强。线路长4.2千米，合同投资75719万元。主要工程量：白云路站，穿金路站，圆通公园站；龙庆路站至白云路站区间，白云路站至穿金路站区间，穿金路站至昆明北站区间，昆明北站至圆通公园站区间。

中铁十八局集团有限公司昆明地铁5号线KMG5TJ－04标段工程　项目负责人陈雅辉。线路长2.1千米，合同投资67577万元。主要工程量：翠湖站，五一路站；圆通公园站至翠湖站区间，翠湖站至五一路站区间。

中铁十九局集团有限公司昆明地铁5号线KMG5TJ－05标段工程　项目负责人祁世亮。线路长3.7千米，合同投资85650万元。主要工程量：弥勒寺站，五华体育馆站，青少年宫站；五一路站至弥勒寺站区间，弥勒寺站至五华体育馆站区间，五华体育馆站至青少年宫站区间。

中铁二十局集团有限公司昆明地铁5号线KMG5TJ－06标段工程　项目负责人乔文件。线路长3.1千米，合同投资53253万元。主要工程量：怡心桥站，广福路站；青少年宫站至怡心桥站区间，怡心桥站至广福路站区间，广福路站至河尾村站区间。

（刘　辉　扈士琰）

·厦门地铁1号线·

【工程概况】 厦门地铁1号线全长31.7千米，设车站24座、高崎停车场1座、置岩内综合维修基地1处。其中，地下线27.1千米；地面线2.3千米；高架线2.3千米。合同工期2013年10月至2017年12月。中国铁建所属十一、十二、十七、十八、二十四局，电气化局集团有限公司参加工程建设。 （刘　辉　扈士琰）

【参建标段】 中铁十一局集团有限公司厦门地铁1号线轨道工程施工2标段　项目负责人罗旭光。合同投资21454万元。主要工程量：铺轨33.782千米，P60－9号－5米交叉渡线1组，道岔14组。

中铁十二局集团有限公司厦门地铁1号线土建工程1标段二工区　项目负责人安刘生。合同投资59165万元。主要工程量：将军祠站，文灶站，湖滨东路站；军祠站至文灶站区间，文灶站区间至湖滨东路站区间。

中铁十二局集团有限公司厦门地铁1号线土建工程2标段二工区　项目负责人陈俊。合同投资34531万元。主要工程量：软件园站，集美大道站；诚毅广场站至软件园站区间，软件园站至集美大道站区间。

中铁十七局集团有限公司厦门地铁1号线土建工程1标段一工区　项目负责人樊志忠。合同投资58989万元。主要工程量：镇海路站，中山公园站；镇海路站至中山公园站区间，中山公园站至将军祠站区间。

中铁十七局集团有限公司厦门地铁1号线土建工程2标段一工区　项目负责人王双龙。合同投资48700万元。主要工程量：董任站车站，集美中心站车站，诚毅广场站车站；董任站至集美中心站区间，集美中心站至诚毅广场站区间。

中铁十八局集团有限公司厦门地铁1号线土建工程1标段三工区　项目负责人吴颖宁。合同投资82385万元。主要工程量：莲坂站，莲花路口站，吕厝站；湖滨东路站至莲坂站区间，莲坂站至莲花路口站区间，莲花路口站至吕厝站区间。

中铁十八局集团有限公司厦门地铁1号线土建工程2标段三工区　项目负责人沈启炜。合同投资37804万元。主要工程量：天水路站；集美大道站至天水路站区间，天水路站至厦门北站工作井区间。

中铁二十四局集团有限公司厦门地铁1号线土建工程1标段四工区　项目负责人张兴元。合同投资10010万元。主要工程量：塘边站。

中铁二十四局集团有限公司厦门地铁 1 号线土建工程 2 标段四工区　项目负责人陈桂林。合同投资 36202 万元。主要工程量:岩内北广场站;厦门北站至岩内北广场站区间,厦门北站至厦门北车辆基地区间,岩内北广场站至厦门北车辆基地区间,厦门北车辆基地。

中国铁建电气化局集团有限公司厦门地铁 1 号线 35 千伏变电所安装工程 2 标段　项目负责人陆子清。合同投资 5603 万元。主要工程量:牵引降压混合变电所 7 座、降压变电所 6 座、跟随式降压变电所 3 座的安装调试工程。（刘　辉　扈士琰）

·厦门市轨道交通 2 号线·

【工程概况】 厦门市轨道交通 2 号线一期工程为芦坑站至五缘湾站,全长 26.1 千米,设车站 23 座,均为地下站。分两期建设:一期工程西起海沧区芦坑站,东至本岛五缘湾站;二期工程由一期起点进一步向西延伸至天竺山。中国铁建所属大桥局,十四、十六、十七、十八局集团有限公司参加工程建设。

（刘　辉　扈士琰）

【参建标段】 中国铁建大桥工程局集团有限公司厦门市轨道交通 2 号线 2 标段三工区　项目负责人任国青。线路长 2 千米,合同投资 48359 万元。主要工程量:中孚花园站,江头站;吕厝站至江头站区间,江头站至中孚花园站区间。

中铁十四局集团有限公司厦门市轨道交通 2 号线 1 标段二工区　项目负责人陈建福。线路长 3.2 千米,合同投资 89919 万元。主要工程量:中孚花园站,江头站;吕厝站至江头站区间,江头站至中孚花园站区间。

中铁十六局集团有限公司厦门市轨道交通 2 号线 1 标段一工区　项目负责人王炜。线路长 3.2 千米,合同投资 67099 万元。主要工程量:芦坑站,海沧 CBD 站;起点至芦坑站区间,芦坑站至海沧 CBD 站区间,海沧 CBD 站至海沧大道站区间。

中铁十七局集团有限公司厦门市轨道交通 2 号线 2 标段一工区　项目负责人花树立。线路长 1.2 千米,合同投资 20362 万元。主要工程量:湖滨中路站;湖滨中路站至体育中心站区间。

中铁十八局集团有限公司厦门市轨道交通 2 号线 2 标段二工区　项目负责人沈启炜。线路长 2.1 千米,合同投资 48936 万元。主要工程量:育秀东路站;体育中心站至育秀东路站区间,育秀东路站至吕厝站区间。（刘　辉　扈士琰）

市政工程

·芜湖城南过江隧道工程·

【工程概况】 芜湖城南过江隧道工程位于长江皖江段“大拐弯”处,隧道北连接芜湖市鸠江区二坝镇纬一路,下穿长江,南接芜湖市弋江区大工山路。工程设计为城市快速通道,隧道长 5 千米,双向 6 车道。设计时速 80 千米。项目为 PPP 模式,投资方三家单位,分别是:芜湖长江隧道有限责任公司、芜湖市建设投资有限公司、中国铁建投资集团有限公司。中国铁建所属十四局集团有限公司承担施工任务。

（刘　辉　扈士琰）

·南京市江北新区综合管廊二期工程·

【工程概况】 江北新区核心区及其周边地区的浦滨路、横江大道、七里河大街、定山大街等 18 条路段新建地下综合管廊,总长度 53 千米。其中,干线综合管廊 31.29 千米;支线综合管廊 22.12 千米。工程包含:既有管线改迁、交通导改、土方开挖、地基处理及支护、盾构(顶管)施作、管廊本体及排水、消防、通风、电气、监控(含监控中心)、道路及绿化恢复等工程。中铁十七局集团有限公司占合同总额的 45%;中铁十八局集团有限公司和中铁二十五局集团有限公司合占合同总额的 45%;共建中心负责(政府)合同总额的 10%。中国铁建所属十七、十八、二十五局集团有限公司参加工程建设。（刘　辉　扈士琰）

【参建单位】 中铁十七局集团有限公司南京市江北新区综合管廊二期工程　项目部驻江苏省南京市浦口区,项目负责人吴传模。线路长 30.6 千米,合同投资 194355 万元。主要工程量:9 条路段新建地下综合管廊,总长度 30.62 千米。其中,浦滨路 9180 米;横江大道 4790 米;七里河大街 3300 米;定山大街 3840 米;浦辉路 2220 米;康华路 3640 米;广西埂大街 2000 米;兴浦路 820 米;万寿路 830 米。

中铁十八局集团有限公司南京市江北新区综合管廊二期工程　项目部驻江苏省南京市浦口区,项目负责人吴利民。线路长 12.2 千米,合同投资 103656 万元。主要工程量:6条路段新建地下综合管廊,总长度12.21千米。其中,浦滨路1500米;横江大道1500米;兴隆路2860米;沿山大道2810米;石佛大街2700米;镇南河路840米。

中铁二十五局集团有限公司南京市江北新区综合管廊二期工程　项目部驻江苏省南京市浦口区,项目负责人徐敦敏。线路长10.6千米,合同投资90699万元。主要工程量:6条路段新建地下综合管廊,总长度10.58千米。其中,浦乌路3570米;绿水湾路2420米;浦滨路1015米;珍珠南路1780米;胜利路930米;商务西街880米。（刘　辉　扈士琰）

·郑州综合交通枢纽地下交通工程·

【工程概况】　项目位于郑州东站站房东侧,郑州长途汽车站南侧,107国道以东、莆田西路以西、动力南路与动力北路之间的地块内,郑州地铁1号线新博区间从东广场中间穿过。总建筑面积113367.8平方米。其中,地下一层建筑面积36510.6平方米;地下二层(停车场)建筑面积38428.6平方米;地下三层(停车场)建筑面积38428.6平方米。施工项目主要分为围护结构和主体结构,其中围护结构包括三轴搅拌桩、SMW工法桩、地下连续墙、围护桩、抗拔桩、边坡支护等项目;主体结构包括北侧主体结构、南侧主体结构、联络通道主体结构和北侧出入口主体结构,南、北主体结构又分中心岛顺作区和边跨逆作区。中国铁建所属铁四院集团有限公司设计,二十一局集团有限公司承担施工任务。合同投资81827万元。项目负责人孟磊。（刘　辉　扈士琰）

水利工程

·引汉济渭工程·

【工程概况】　引汉济渭工程是陕西省"南水北调"工程,该工程将汉江水引入渭河以补充西安、宝鸡、咸阳等5个大中城市的给水量。引汉济渭工程是由汉江向渭河关中地区调水的省内南水北调骨干工程,是缓解近期关中渭河沿线城市和工业缺水问题的根本性措施。该工程是经国务院批复的《渭河流域重点治理规划》中的水资源配置骨干项目,也是国务院批准颁布的《关中—天水经济区规划》的重大基础设施建设项目。中国铁建所属十七、十八、二十一局集团有限公司参加工程建设。（刘　辉　扈士琰）

【参建单位】　中铁十七局集团有限公司引汉济渭黄金峡枢纽工程　项目负责人曹长明。线路长1.2千米,合同投资2842万元。主要工程量:土石方5.6万立方米,桥梁1座260延长米。

中铁十八局集团有限公司引汉济渭5号、6号、7号洞工程　项目负责人李瑛。线路长9千米,合同投资134200万元。主要工程量:TBM施工段岭北工程514米,TBM检修洞30米,拆卸洞50米,掘进施工段16096米;5号支洞长4595米、斜长4620米。

中铁二十一局集团有限公司引汉济渭1标段、11号洞工程　项目负责人李瑛。线路长7.9千米,合同投资134200万元。主要工程量:黄三段隧洞1标段总长7929米。（刘　辉　扈士琰）

·吉林中部引松供水工程·

【工程概况】　吉林省中部城市引松供水工程位于吉林省中部,工程供水范围为长春市、四平市、辽源市及所属的九台市、德惠市、农安县、公主岭市、梨树市、伊通县、东辽县、长春双阳区等11个市、县、区的城区以及供水线路附近25个镇。引松花江水入长春工程线路全长634.96千米,从丰满水库调水至吉林省中部地区,由输水总干线、输水干线和输水支线组成。设计水平年平均引水量73.1立方米;远景水平年平均引水量86.6立方米。丰满水库进水口设计引水流量38.0立方米,设计水平年为2020年,远景水平年为2030年。中国铁建所属十八、二十三局集团有限公司参加工程建设。（刘　辉　扈士琰）

【参建单位】　中铁十八局集团有限公司吉林省中部城市引松供水工程1标段工程　项目负责人王雁军。线路长2.3千米,合同投资11977万元。主要工程量:隧洞2.3千米。

中铁十八局集团有限公司吉林省中部城市引松供水工程2标段工程　项目负责人陈立和。线路长22.6千米,合同投资84503万元。主要工程量:隧洞22.6千米。

中铁二十三局集团有限公司吉林省中部城市引松供水工程6标段工程　项目负责人校来顺。线路长18.7千米,合同投资58884万元。主要工程量:隧洞15.9千米,涵洞1066横延米,调压井兼通风竖井,永久支洞。（刘　辉　扈士琰）

电力工程

·苏通GIL综合管廊工程·

【工程概况】 淮南—南京—上海1000千伏交流特高压输变电工程建设为落实国家能源战略,推动能源消费革命,对改善长三角地区大气污染、推动经济社会持续健康发展具有战略意义。同时工程建成后将形成长三角特高压受端环网和"三纵三横"骨干网架,有利于提高华东负荷中心接纳区外大容量电力的能力,提升区内电力交换能力,提高电网的安全稳定水平和"皖电东送"送电可靠性,对支持安徽电力建设,缓解江苏、上海地区用电紧张局面,增强长三角电网抵御重大故障的能力。特高压苏通GIL管廊过江工程作为1000千伏泰州—苏州交流特高压线路的跨江段部分,是1000千伏泰州—苏州交流特高压线路建成的保证。国家电网苏通GIL管廊工程是淮南—南京—上海1000千伏交流特高压输变电工程的单项越江工程,越江线位位于G15沈海高速苏通长江大桥上游附近徐六泾节点缩窄段。工程南起苏州侧工作井(始发)及施工通道,北至南通侧工作井(接收)。主要工程量:江南工作井(含综合楼)及施工通道,江北工作井(含综合楼),江中盾构隧道工程5467米。中国铁建所属铁四院集团有限公司设计,十四局集团有限公司承担建设任务。项目负责人陈鹏 。

(刘 辉 扈士琰)

房建工程

·乌鲁木齐宝能城项目·

【工程概况】 乌鲁木齐宝能城项目位于乌鲁木齐市经济技术开发区二期延伸区,玄武湖路以东,岳麓山街以南,天柱山街以北,西邻万达广场(在建),东临高速铁路片区卫星路(在建),由1~4号4个地块组成,总建筑面积175万平方米。本项目建在宝能城1号、2号地块,两个标段。1标段总建筑面积741188.5平方米。其中,地上建筑面积548896.6平方米、地下建筑面积192291.9平方米。1标段商业建筑面积402250万平方米,主楼建筑面积340130万平方米,其中包括商业办公3栋、集中商业、街区商业、地下室(商业+停车及设备用房)。2标段总建筑面积330609平方米。其中,地上建筑面积293556平方米、地下建筑面积37053平方米;包括2-02号楼地下3层、地上58层,高度243.10米;2-03号楼地下3层、地上58层,高度253.20米,集中商业、街区商业、地下室(商业+停车及设备用房)。合同工期2016年4月至2021年1月,合同投资22亿元。中国铁建所属中铁建设集团有限公司承担施工任务。

(刘 辉 扈士琰)

·银川绿地中心项目·

【工程概况】 银川绿地中心项目位于宁夏回族自治区银川市阅海湾中央商务区,业态包括超五星级酒店、国际顶级写字楼、总裁行政公馆、摩天会所沙龙、会议中心、高端精品百货、高端商业都会等,是一个集高端购物、休闲餐饮、娱乐沙龙、商务办公、酒店接待为一体的摩天城市综合体。项目1标段为地上59层办公楼及酒店;地下3层车库(以米轴为界)、机电用房及后勤物业用房;裙房1~3层为设备与会议用房。地下建筑面积39064平方米,北塔楼建筑面积113507平方米,其中裙房建筑面积8758平方米,总建筑面积161329平方米,总建筑高度301米。合同工期2015年6月至2019年5月,合同投资6亿元。中国铁建所属中铁城建集团有限公司承担施工任务。

(刘 辉 扈士琰)

·福建福清利嘉中心项目·

【工程概况】 福建福清利嘉中心项目位于福建省福清市,为商业、写字楼、酒店、高级公寓、高级住宅及相关配套设施工程,总建筑面积100万平方米。合同工期2013年11月至2017年12月,合同投资20亿元。中国铁建所属中铁十一局集团有限公司承担施工任务。

(刘 辉 扈士琰)

安全质量监督

【中国铁建股份有限公司安全生产委员会】 2007年成立。中国铁建股份有限公司总裁庄尚标任主任委员;副总裁刘汝臣(分管安全生产)等任副主任委员;

部门以上领导及机关有关部门负责人任委员。安全生产委员会办公室设在安全质量监督部，办公室主任由部长担任，日常工作由业务部门具体承办。中国铁建股份有限公司安全生产委员会的主要职责：规划、监督、指导全系统安全生产工作；审议安全生产规章制度；评估安全生产状况，提出强化监管举措；对安全生产重大问题提出决策性意见；实施安全生产奖惩；对安全生产事故提出处理意见。（郭　宏）

【安全质量监督部】 是监督、管理中国铁建系统劳动安全、人身安全、锅炉压力容器安全、运输安全和工程质量、计量、试验工作，在安全、质量管理和"三标"体系运行工作中发挥规划、监督、管理和服务作用的职能部门。主要职责：贯彻国家有关部委和国务院国有资产监督管理委员会安全质量工作的法律法规，制定公司安全生产和质量工作的规章制度并组织实施；负责公司系统安全生产、质量的监督、检查、指导工作；负责公司总承包项目和本级经营项目的安全生产监督和质量监督工作；较大安全伤亡事故、质量事故的协助调查；组织签订安全生产责任书；负责安全风险与内控管理工作；负责公司生产安全事故应急响应预案的编制控制，对重大安全质量风险源控制情况进行监督检查；负责股份公司（总公司）机关及所属单位交通安全管理工作；参与中国建设工程鲁班奖、铁路优质工程、铁道部火车头优质工程、国家优质工程的初审、推荐、申报工作以及组织股份公司优质工程和安全标准工地复查工作；与国家安全生产监督管理总局、国务院国有资产监督管理委员会及相关部委、地方政府质量安全监管部门沟通联系，防范和化解安全、质量风险；负责总公司经营项目的安全生产、质量监督工作；负责公司总部贯标认证工作。参与公司总体发展战略及中长期规划的研究制定工作；参与公司社会责任报告的编撰并提供相关资料；参与全面风险管理和内控相关工作；参与绩效考核工作；参与经济对标工作；参与信息化建设工作；参与全面预算管理工作；参与施工重难点问题的解决。下设安全监督处、质量监督处和贯标办公室，定员 11 人，设部长 1 人、副部长 1 人、安全生产应急救援（指挥）中心副主任（部门副职）1 人。现员 12 人。其中，教授级高级工程师 3 人，高级工程师 6 人，高级经济师 1 人，高级编辑 1 人，经济师 1 人。（郭　宏）

【安全质量工作综述】 2017 年，中国铁建重点围绕"管事""管人"两方面开展安全工作，加强安全管理基础建设，制定《安全生产工作评价办法》《安全生产工作评价细则》以及有关事故管理、工程项目内部安全许可、安全生产约谈等规定。进一步完善安全管理平台，结合新出台的《安全生产工作评价细则》，对 9 个方面的评价内容纳入股份公司安全管理平台。推行安全质量标准化建设，按照股份公司《安全质量标准工地（车间）评价办法》，严格审查所属单位申报股份公司安全质量标准工地条件符合性，推进安全质量标准化工作。加强安全质量教育培训，开展安全生产检查督查。强化生产安全事故管理，研究制定《生产安全事故管理补充规定》，出台《生产安全事故约谈制度》，年内先后 3 次对事故单位的分管领导、主管领导进行集体约谈和个别约谈，并以安全生产视频会议、安全专题会议的方式，对发生事故的单位及事故处理情况在全系统进行通报。推行精品战略，以优质促进质量提升。

2017 年，中国铁建系统获得中国建设工程鲁班奖 8 项，国家优质工程奖 35 项，国家级优秀 QC 成果 170 项。年内配合蒙华铁路公司，深入推进蒙华铁路班组长质量责任制的同时，逐步在全系统推行质量终端责任制；顺利通过认证中心的年度监督审核，确保质量环境职业健康安全管理体系运行的有效性。

（郭　宏　孙胜考　袁邦民）

【安全质量工作视频会议】 2017 年 5 月 18 日，中国铁建召开安全生产专题视频会议，部署当前安全生产工作，深入贯彻落实国家对安全生产工作的新指示和新要求，采取果断措施，坚决遏制安全生产形势恶化的趋势，稳定安全生产局面，确保为企业发展创造安全的环境。（袁邦民）

【安全工作"包保责任状"】 2017 年初，中国铁建与所属 46 家单位签订《2017 年安全工作包保责任状》。根据安全包保责任书条款内容，依据所属各单位安全目标完成情况和安全生产工作开展情况，年终综合考核排名，按内插法给予奖励。（袁邦民）

【全国"安全生产月"活动】 根据国务院安全生产委员会办公室《关于开展 2017 年全国"安全生产月"和"安全生产万里行"活动的通知》精神，全系统于 6 月组织开展第 16 个全国"安全生产月"活动。活动期间，各单位紧紧围绕"全面落实企业安全生产主体责任"活动主题，结合企业实际，认真组织，周密部署，深入开展系列活动，取得很好的效果；各单位在工地、驻地等处悬挂标语、挂图、展板、旗类等宣传品，同时利用网站、报纸、板报、工地广播、微信等平台开展宣传，组织开展广场咨询日、知识竞赛及事故警示教育等活动，营造出浓厚的安全生产氛围，提高全员安全意识；各单

位还以工程施工、雨季、汛期安全生产为重点，发动全员进行隐患排查治理和应急演练活动。（袁邦民）

【安全生产应急管理】 一是针对高风险、长大隧道多的特点，中国铁建统筹考虑，合理布局，依托中铁十七局集团有限公司隧道救援队，将自行研制的隧道液压顶管救援设备投放到风险高、隧道集中的云南玉溪、四川乐山、福建三明、甘肃敦煌、吉林长春、山西晋中（救援队基地）6 个地区的项目上，以实现就近参加抢险救援。二是组织开展隧道塌方救援专项演练，针对中铁二十二局集团有限公司玉磨铁路曼么 1 号隧道发生塌方关门导致 9 人被困这一险性事件，将抢险救援与应急演练结合起来，以实战的方式，检验全系统应对生产安全突发事件的应急处置能力和水平。在该次实战演练中，从就近项目和周边地区调集钻机和顶管救援设备 15 台（套）、抢险人员 400 多人，不仅为抢险救援提供设备和人员支持，具有很强的针对性；而且进一步锻炼队伍，强化应急响应机制。三是强化救援队伍建设，中国铁建给予中铁十七局集团有限公司救援队 400 万元的年度经费补贴。2017 年，救援队先后参加 2 次隧道坍塌抢险救援，在 9 月 30 日河北涞源荣乌高速公路营尔岭隧道坍塌抢险救援中，第一时间出动人员 26 人、设备车辆 6 台（套）赶赴现场，及时打通泄水孔排水，为成功救出 9 名被困人员发挥重要作用。

（杨生荣）

【全国“质量月”活动】 根据国家质量监督检验检疫总局联合国家相关部门、相关联合会、行业协会等下发的《关于开展 2017 年全国“质量月”活动的通知》精神，全系统开展 2017 年“质量月”活动。各单位结合本单位实际，围绕“大力提升质量，建设质量强国”这一主题，开展广泛深入的宣传教育活动，建设质量文化，提高质量意识。深入宣传贯彻《质量发展纲要（2011—2020 年）》，充分发挥企业的主体作用，提高质量竞争力，提升质量总体水平，着力在质量提升上下功夫，深入开展群众性质量活动，促进质量提升。全面开展质量整治、确保安全、强化过程质量控制活动，在企业中形成质量兴企、人人有责的良好氛围。通过开展质量专项检查、QC 小组活动、举办质量管理干部培训班、召开质量事故分析会、举行消除质量通病评比竞赛、开展“五小”（小建议、小革新、小攻关、小发明、小创造）、岗位练兵、技术比武等群众性质量活动，进一步提高企业员工的质量意识和产品与服务质量水平。开展“质量管理思路创新”活动，组织员工进行广泛深入的讨论，促使质量管理工作深入持续改进。工程承包企业组织开展工程质量通病治理专项行动，消除质量通病，提高工程质量。其他业务板块企业有针对性地开展产品质量、服务质量提升活动，创建产品和服务品牌。（孙胜考）

【水利安全生产标准化】 按照水利部规定，水利安全生产标准化等级是体现水利生产经营单位安全生产管理水平的重要标志，可作为业绩考核、行业表彰、信用评级以及评价水利生产经营单位参与水利市场竞争能力的重要参考依据。2017 年，中铁十二局、十七局集团有限公司 2 家单位取得水利部颁发的“水利安全生产标准化一级”证书。截至 2017 年底，全系统有 10 家单位获得此证书。

（杨生荣）

【贯标工作】 依据质量管理体系 GB/T19001 - 2008/ISO9001：2008、环境管理体系 GB/T24001 - 2004/ISO14001：2004、职业健康安全管理体 GB/T28001 - 2011/OHSAS18001：2007 标准和 GB/T50430 - 2007 规范，以及股份公司管理手册（2012 版）、国家、行业及地方有关的法令、法规，华夏认证中心于 2017 年 5—6 月对股份公司机关及部分在建铁路、公路、地铁项目部体系运行情况进行年度监督审核，认为股份公司保持质量、环境和职业健康安全管理体系符合性、有效性，并签发保持认证资格证书，满足公司经营活动需求。从 10 月份开始，根据已发布的新版质量、环境管理体系标准，策划并组织编写公司新版体系文件。（郭 宏）

【安全先进工作者】 2017 年，中国铁建表彰安全先进工作者 139 人。

戴秋平	吴晋岩	闫振宝	杨江平	王俊生
漆洪生	孙 震	王本和	王 忠	邹 胜
张春旭	张 磊	刘建丰	吕永峰	王三羊
邹 磊	徐金领	郑世伟	袁长安	张 敏
李 军	司发旺	王广周	于学义	王海明
陈 锋	张晓健	周 江	梁 进	赵文忠
李晋魁	张 丽	张湘涛	李 杨	马 帅
彭 亮	高玉权	李美洲	庞克辉	张乾俊
吕中英	刘百成	王维军	李新凯	陈正方
邓国荣	朱 宇	孙刚刚	狄 佳	窦 刚
付启海	邹梦宇	孙 博	王 匡	赵连堂
杨培龙	谭清标	陆 庆	张卫彪	韦 光
李勇良	罗宇辉	刘 平	尚高科	迟文俊
吴庆华	任向阳	陈吉申	雷佳锡	王建东
王海军	田奇伟	管湘洪	田 野	彭 阳
张洪国	刘喜文	余 滔	唐 英	曲东兰
卢 赟	刘文武	张标东	包宗象	陈曦林
吴泽群	徐德祥	高南林	王兴盛	宇廷武

宋立新　任国阳　田学运　陈卫星　智国锋
叶文斌　乙雪奎　马青云　宋启铭　许春尧
陈　昌　耿会勇　李传智　郑玉锁　黎　硕
赵　军　王　艳　郭　毅　隋　宇　莫庆平
耿延超　孟丽坡　寇　宏　储洪正　闫玉林
张景权　崔俊唯　张佳育　黄　寅　李志林
田红旗　张志超　毛　俊　张东强　陈金荣
王　哲　梁坤鹏　计孝龙　辛　实　马总路
刘　晖　袁邦民　康　琳　高继红　张晓川
袁英奇　张崇良　刘明先　李健学

（袁邦民）

【质量管理先进个人】　2017 年，中国铁建表彰质量管理先进个人 119 人。

吴付才　夏晓龙　闫路平　张　浩　葛和焰
李秀杰　刘　涛　梁正安　张秀玉　刘志荣
马惠萍　肖　敏　张广涛　唐小军　曹冬雷
岳博文　胡晋春　周宗梅　孟凡伦　林　昊
陈　燕　熊海亮　田全玲　姚铁军　张　凤
张晓建　陈久龙　苑仁增　贾伟龙　谈小武
禹国军　李少雷　常建梅　吴忠良　刘浩波
温淑荔　邢丽杰　韩振东　张维刚　张　琪
梁绒鑫　曹运祥　李洁勇　任志强　赵江英
王武高　王　娜　李建民　谢红山　邬梦宇
李宝成　韩志强　吕仲斌　马　飞　潘　朔
孙　彦　陈希茂　赵李君　方国开　韦　光
兰天仕　牟振涛　黄春夏　石炜华　李长勇
赵克逊　王　伟　汪诗超　李文彬　刘玖林
张爱军　唐爱军　雷明深　杨　飞　李宪杰
孔　洁　付宏平　赵新贞　秦　岭　肖国平
刘长志　王少华　边晓春　沈海宏　刘毅然
刘诗禹　李　强　谭元键　吴宝权　杨方杰
田学运　申永新　赵锐麟　张鑫全　沈科元
赵　雯　焦计军　毛东晖　郑玉锁　付　饶
张丽霞　任小平　段宪锋　陈　兵　张　泉
刘连欢　冯明艳　唐清照　陈　泉　蔚东绪
曲怀志　代均德　蔡豪学　陈勇鹏　李庆民
王朝晖　魏向阳　孙胜考　刘宝庆

（孙胜考）

【安全质量标准工地】　2017 年，全系统有 99 个项目被评为中国铁建安全质量标准工地（车间）。

中国土木工程集团埃塞俄比亚有限公司阿瓦萨工业园

中铁十一局集团二公司汉十高速铁路 4 标段余家山隧道

中铁十一局集团电务公司张呼铁路站后工程 ZHSD－1 标段

中铁十一局集团建安公司上海铁路局新龙华单位租赁房项目 B 地块工程

中铁十一局集团城轨公司武汉市轨道交通 2 号线南延线第 7 标段土建工程

中铁十二局集团二公司怀邵衡铁路站前 2 标段黄岩隧道

中铁十二局集团三公司青连铁路 ZQ－3 标段

中铁十二局集团四公司衢宁铁路浙江段先期工程

中铁十二局集团建安公司重庆西站站房及相关工程

中铁十二局集团电气化公司青岛蓝色硅谷城际轨道交通机电系统设备 LGJD－2 标段

中国铁建大桥工程局集团一公司重庆市轨道环线鹅公岩轨道专用桥

中国铁建大桥工程局集团四公司天津地铁 5 号线第 R6 合同段

中国铁建大桥工程局集团西北公司新建银西铁路银川至吴忠客运专线 YWZQ－1 标段

中国铁建大桥工程局集团有限公司福平铁路 FPZQ－4 标段

中铁十四局集团有限公司仁新高速公路 TJ7 合同段

中铁十四局集团有限公司厦蓉高速漳州段改扩建工程 A3 标段

中铁十四局集团有限公司深圳市城市轨道交通 8 号线 8133 标段望基湖停车场及出入线综合工程

中铁十四局集团有限公司武汉轨道交通 8 号线一期土建 3 标段

中铁十五局集团轨道公司郑州轨道交通 5 号线土建施工 01 标段

中铁十五局集团城建公司江苏省南京市浦口区扬子江隧道江北连接线快速化改造工程 SD－SG1 标段

中铁十五局集团有限公司北京地铁 16 号线 19 标段

中铁十五局集团有限公司上海 G318 沪青平公路嘉松公路跨线桥新建工程

中铁十六局集团一公司国道 G104 五河淮河特大桥

中铁十六局集团二公司成都有轨电车蓉 2 号线及市政改造工程

中铁十六局集团五公司昌赣铁路客运专线赣州赣江特大桥

中铁十六局集团轨道公司常州市轨道交通 1 号线一工程土建施工 03 标段

中铁十六局集团城建公司10万吨非晶带材及高磁感铁芯材料厂项目

中铁十七局集团有限公司渝黔铁路CQSN－1标段

中铁十七局集团有限公司新建南昌至赣州铁路客运专线工程CGZQ－6标段

中铁十七局集团有限公司柞山高速公路LJ－3合同段

中铁十七局集团三公司京沈铁路客运专线辽宁段TJ－8标段

中铁十七局集团建筑公司京沈铁路客运专线辽宁段ZF－1标段

中铁十八局集团三公司西咸创新大厦项目

中铁十八局集团四公司成都地铁6号线一二期工程土建4标段

中铁十八局集团四公司商合杭铁路站前4标段项目部一分部

中铁十八局集团五公司郑阜铁路河南段铺架项目部

中铁十八局集团隧道公司鄂北地区水资源配置工程

中铁十九局集团有限公司杭州地铁2号线SG2－14标段

中铁十九局集团有限公司新建蒙西至华中地区铁路煤运通道重点控制工程MHSS－7标段

中铁十九局集团有限公司新建郑阜铁路河南段站前工程ZFZQ－3标段

中铁十九局集团有限公司赤峰至喀左铁路客运专线CFSG－3标段

中铁二十局集团一公司苏州城北路综合管廊4标段

中铁二十局集团五公司西安市地铁4号线工程土建施工项目D4TJSG－12标段

中铁二十局集团市政公司兰州新区职教园区商业综合配套一期

中铁二十局集团有限公司石黔高速施工总承包指挥部神仙岭隧道

中铁二十一局集团有限公司青藏铁路格拉扩能改造工程指挥部玉珠峰车站

中铁二十一局集团有限公司平天高速PTKZ1标段项目部关山隧道进口

中铁二十一局集团有限公司温州市域铁路S1线一期工程土建施工SG11B标段

中铁二十一局集团有限公司济青高速铁路8标段跨荣潍高速公路特大桥

中铁二十二局集团一公司深圳国际会展中心配套市政项目4标段重庆路站工程

中铁二十二局集团二公司新建大同至张家口高速铁路1标段

中铁二十二局集团四公司叶柏寿至赤峰铁路扩能改造工程2标段站区整合工程

中铁二十二局集团五公司重庆轨道环线二期土建1标段

中铁二十三局集团二公司银川市滨河新区德安康复中心

中铁二十三局集团四公司中铁西派城（1标段）A地块房建项目工地

中铁二十三局集团六公司邛崃市火车站站前广场

中铁二十三局集团轨道交通公司深圳地铁6号线6101标段四工区U型梁制梁场

中铁二十四局集团安徽公司合安铁路HAZQ－7B一分部

中铁二十四局集团浙江公司杭黄铁路站前3标段传芳桥项目分部

中铁二十四局集团新余公司成都经济区环线蒲江至都江堰段TJ－3标段

中铁二十四局集团轨道公司青岛蓝色硅谷城际轨道交通工程07标段

中铁二十五局集团四公司南百增建二线1标段项目

中铁二十五局集团五公司淮安德科码半导体有限公司年产24万片12英寸集成电路芯片生产线项目

中铁二十五局集团六公司南宁轨道交通3号线01标段机电一工区项目

中铁二十五局集团房地产公司天津鑫海家园住宅小区项目

中铁建设集团有限公司前海华润金融中心T1、T3施工总承包工程

中铁建设集团有限公司中国铁建·领秀城福山园工程

中铁建设集团有限公司柳州站站房扩建工程

中铁建设集团有限公司上海立达职业技术学院新建学生公寓工程

中国铁建电气化局集团有限公司港珠澳大桥交通工程施工CA02合同段

中国铁建电气化局集团二公司新建西安至成都铁路客运专线工程（四川段）

中国铁建电气化局集团五公司成都地铁10号线一期机电工程

中国铁建电气化局集团南方公司大汉阳地区现代有轨电车试验线工程

中国铁建港航局集团有限公司南宁市邕宁水利枢

纽工程航运过坝项目

中国铁建房地产集团有限公司中国铁建·国际城(贵阳)G组团

中铁第一勘察设计院集团有限公司太原轨道交通项目

中铁第四勘察设计院集团有限公司海南省文昌至琼海高速公路项目

中铁第五勘察设计院集团北京铁五院工程机械有限公司组装车间

中铁上海设计院集团有限公司连镇铁路配合施工指挥部

中铁物资集团西北有限公司钢铁物流园

中国铁建重工集团有限公司高新装备制造总厂总装分厂

中国铁建国际集团沙特公司阿美达赫兰社区别墅扩展项目第4包工程

中铁城建集团有限公司广大铁路扩能改造站后工程(楚雄北站)

中铁城建集团有限公司新建济南至青岛高速铁路临淄北站站房及相关工程

中铁城建集团有限公司成都地铁5号线土建2C标段

中铁城建集团有限公司怀邵衡铁路站房、生产生活房屋及相关配套工程HSHFJ－1标段

中铁建商务管理有限公司大厦服务中心

中国铁建投资集团重庆轨道环线建设有限公司重庆轨道环线二期

中铁建重庆投资集团重庆铁发遂渝高速公路有限公司大路服务区

中铁建昆仑投资集团有限公司成都地铁5号线一二期工程土建3标段

中铁建南方建设投资有限公司深圳地铁10号线1012标段上李朗车站

中铁建南方建设投资有限公司新白广城际XBZH－1标段镇龙站

中铁海峡建设集团有限公司厦门市轨道1号线一期土建1标段

中铁海峡建设集团有限公司厦门市轨道1号线一期土建2标段

中国铁建股份有限公司山东指挥部青岛地铁1号线土建2标段项目部8工区

中国铁建股份有限公司山东指挥部青岛地铁2号线一期工程土建2标段08工区

中国铁建股份有限公司山东指挥部青岛地铁2号线一期工程辽阳东路车辆基地

中国铁建股份有限公司贵阳轨道交通1号线第8工作段

中国铁建股份有限公司昆明绕城高速公路东南段A标段杨林隧道 （郭　宏）

【全国安全生产标准化工地】 2017年,全系统有17个项目被评为“2017年全国学习交流建设工程项目施工安全生产标准化工地”。

中铁十二局集团建筑安装工程公司CROSS万象汇工程(2标段)

中铁十四局集团有限公司快速路一横线歇马至蔡家段中梁山歇马隧道

中铁十六局集团有限公司德丰大厦

中铁十八局集团有限公司天津地铁1号线东延至国家会展中心项目土建施工第1合同段

中铁二十局集团有限公司青岛蓝色硅谷城际轨道交通工程10标段

中铁建设集团有限公司华东总部基地1号、2号办公楼、地库、辅助用房及道路雨污水工程

中铁建设集团有限公司龙光国际工程

中铁城建集团有限公司中国铁建·洋湖垸项目一期

中铁城建集团有限公司湘西州文化体育会展中心PPP项目

中铁十四局集团有限公司沣镐七里镇安置项目DK1(陕西)

中铁建设集团有限公司66－01号限价商品房住宅楼7项〔丰台区花乡白盆窑1516－0665等地块(丰台区城乡一体化白盆窑村旧村改造一二期)二类居住及基础教育用地(配建限价商品房)项目〕

中铁十八局集团有限公司天津地铁4号线南段工程土建施工第10合同段

中铁十五局集团有限公司上海轨道交通18号线土建4标段

中铁十六局集团有限公司重庆市轨道交通4号线一期工程土建5标段

中铁十二局集团有限公司贵阳市轨道交通1号线剩余土建结构工程施工总承包第8工作段

中铁二十局集团有限公司兰州新区宗家梁(棚改)安置房项目1标段

中铁城建集团有限公司中车国际广场一期1号、2号、3号楼及地下车库(一)工程 （郭　宏）

2017 年中国铁建优秀质量管理小组

序号	获 奖 小 组	获 奖 成 果
1	中国土木工程集团有限公司 55 千米铁路复线项目中土项目部质量管理 QC 小组	提高铝热焊接焊头质量
2	中国土木工程集团有限公司阿布贾航站楼项目部质量管理 QC 小组	减少抹灰墙面裂缝,提高抹灰质量
3	中铁十一局集团六公司青岛辽东车辆基地项目“匡艳超”QC 小组	提高后张法预应力梁质量验收合格率
4	中铁十一局集团建筑安装工程公司遵义高速铁路新城项目 QC 小组	管线综合应用 BIM 技术优化
5	中铁十一局集团二公司严寒地区连续梁混凝土外观质量控制 QC 小组	严寒地区连续梁混凝土外观质量控制
6	中铁十一局集团桥梁公司淄博制梁场 QC 小组	提高后张法预应力混凝土简支整孔箱梁泄水孔四周汇水坡的施工质量
7	中铁十一局集团三公司大机养分公司 QC 小组	提高大型养路机械整道一次合格率
8	中铁十二局集团建筑安装工程公司高新 NEWORLD 项目 QC 小组	提高型钢混凝土组合结构梁柱节点施工质量
9	中铁十二局集团四公司“实干”QC 小组	城市道路井盖安装质量控制
10	中铁十二局集团一公司衢宁铁路郭瑞 QC 小组	提高隧道衬砌钢筋挤压套筒连接合格率
11	中铁十二局集团二公司蒙华铁路 MHSS－2 标段 QC 小组	研究隧道仰拱长栈桥仰拱混凝土施工的新方法
12	中铁十二局集团三公司三南三项目部 QC 小组	减少弹性支承块式无砟轨道道床裂缝
13	中铁十二局集团电气化工程公司昆明枢纽项目部 QC 小组	提高主导电回路中电连接安装合格率
14	中国铁建大桥工程局集团有限公司白居寺长江大桥 QC 小组	提高钢筋机械连接合格率
15	中国铁建大桥工程局集团有限公司张裕 2 号隧道 QC 小组	提高隧道湿喷机械手喷射砼施工质量合格率
16	中国铁建大桥工程局集团有限公司机西高速 2 期 ZT－2 标段小件预制 QC 小组	提高小型预制构件的外观合格率
17	中国铁建大桥工程局集团四公司机关档案管理 QC 小组	确保档案 A 级评审一次通过
18	中国铁建大桥工程局集团五公司雅道线密瓦段 2 标段鏖战高原 QC 小组	提高大直径桩人工挖孔效率
19	中铁十四局集团三公司黄大铁路黄河特大桥技术创新 QC 小组	大跨度钢桁梁全悬臂顶推施工技术创新
20	中铁十四局集团隧道工程公司青岛地铁 2 号线项目部 QC 小组	提高 EPB 在上软下硬地层掘进施工技术
21	中铁十四局集团四公司蓬栖高速公路项目部 QC 小组	提高预制箱梁钢筋保护层厚度合格率
22	中铁十四局集团五公司歇马隧道 QC 小组	降低大断面隧道爆破对周边环境的影响率
23	中铁十四局集团一公司仁新 5 标段顶进框构桥 QC 小组	多孔并行大跨径顶进框构桥顶进就位精度控制
24	中铁十四局集团电气化工程公司广州地铁机电安装 QC 小组	减少 FAS 线路故障率
25	中铁十五局集团二公司永吉高速公路第 3 合同段猛洞河大桥钢管拱 QC 小组	提高钢管拱拱桥焊接合格率

续表

序号	获 奖 小 组	获 奖 成 果
26	中铁十五局集团五公司北京地铁16号线19标段QC小组	降低PBA法地铁车站导洞施工地表沉降量
27	中铁十五局集团轨道交通运营公司朔黄铁路运输处QC小组	降低SS4改型电力机车安全装备故障率
28	中铁十五局集团七公司湖州长东花园QC小组	降低外墙保温砂浆空鼓率
29	中铁十五局集团城市轨道交通工程公司山西小浪底7标段QC活动小组	提高冬季室外管片生产外观质量一次合格率
30	中铁十六局集团二公司挺进大别山QC小组	提高砌体工程一次验交合格率
31	中铁十六局集团二公司厦门环岛路QC小组	提高厦门环岛路下穿隧道止水带施工一次验交合格率
32	中铁十六局集团二公司祥云QC小组	提高CRTSⅢ型板式无砟轨道底座板伸缩缝合格率
33	中铁十六局集团铁运工程公司神朔指机车QC小组	减少SS4改机车蓄电池亏电故障
34	中铁十六局集团北京轨道交通工程公司常州地铁1号线9标段神舞QC小组	降低全断面砂层盾构施工地表沉降量
35	中铁十七局集团一公司贵安新区中心大道1标段项目QC小组	提高管廊止水带施工合格率
36	中铁十七局集团二公司张呼项目怀安制梁场QC小组	700吨箱梁预应力施工质量控制
37	中铁十七局集团三公司石家庄市正定新区市政预留工程QC小组	降低外界因素对地铁车站钢支撑轴力的影响
38	中铁十七局集团五公司拉林项目米林隧道QC小组	采用聚能光面水压爆破,降低隧道爆破超挖量
39	中铁十七局集团铺架分公司石家庄地铁项目第一QC小组	提高地铁道床施工质量一次性合格率
40	中铁十八局集团四公司南港四街QC小组	提高吹填地区大管径深埋排水管道安装一次合格率
41	中铁十八局集团五公司“遁地虎”顶管QC小组	降低顶管下穿铁路沉降不合格率
42	中铁十八局集团二公司大瑞铁路项目经理部QC小组	大断面竖井开挖施工质量控制
43	中铁十八局集团三公司太原地铁QC小组	提高玻璃纤维筋钢筋笼安装效率
44	中铁十八局集团一公司青岛地铁1号线过海段QC小组	提高海底隧道光面爆破施工质量
45	中铁十九局集团二公司内蒙古公路210线项目预制梁质量控制QC小组	高寒地区先张板梁质量控制
46	中铁十九局集团五公司赤喀客运专线CFSG-3标段勇攀高峰QC小组	降低长大隧道喷射混凝土损耗率
47	中铁十九局集团六公司连镇铁路项目部QC小组	提高桥墩墩顶吊篮U型螺栓一次预埋合格率
48	中铁十九局集团七公司成兰铁路隧道工程技术质量攻关QC小组	隧道仰拱中埋止水带张拉式施工方法的研发
49	中铁十九局集团轨道交通工程公司贵阳轨道交通1号线第6工作段项目经理部QC小组	悬臂掘进机在城市暗挖隧道中的应用
50	中铁二十局集团一公司山东荷泽丹阳路项目QC小组	降低精轧螺纹钢筋预应力锚固损失
51	中铁二十局集团四公司第二铁运分公司QC活动小组	降低内燃机车柴油机极限调速器故障率

续表

序号	获 奖 小 组	获 奖 成 果
52	中铁二十局集团五公司乌市轨道飞鹰 QC 小组	提高地铁隧道 EVA 防水板施工质量合格率
53	中铁二十局集团二公司雅康高速项目二衬质量控制 QC 小组	提高大柏牛隧道二衬施工质量
54	中铁二十局集团电气化工程公司电力 QC 小组	电力预分支电缆施工技术研制
55	中铁二十一局集团一公司成都客技站 QC 小组	提高检修地沟轨排安装精度
56	中铁二十一局集团二公司幸福港住宅小区工程项目部 QC 小组	提高铸铁排水管的安装初验合格率
57	中铁二十一局集团四公司“高原先锋号”QC 小组	提高高寒地区三维网植草成活率
58	中铁二十一局集团四公司“飞鹰”QC 小组	提高隧道二衬环向止水带安装一次合格率
59	中铁二十一局集团有限公司昌赣客运专线指挥部“飞鹰”QC 小组	提高骨架护坡混凝土外观质量
60	中铁二十二局集团四公司北京密云制梁场 QC 小组	提高箱梁支座预埋钢板安装合格率
61	中铁二十二局集团二公司京沈铁路客运专线北京巨各庄制板场轨道板生产 QC 小组	提高高速铁路 CRTSⅢ型板式无砟轨道先张法轨道板顶面平整度的质量
62	中铁二十二局集团一公司北京地铁 6 号线西延 5 标段 QC 小组	提高区间二衬钢边止水带安装合格率
63	中铁二十二局集团一公司珠三角城际新白广 XBZH－1 标段四工区项目部液压无轨行走系统衬砌台车 QC 小组	液压无轨行走系统衬砌台车的研发
64	中铁二十二局集团三公司灌新路工程马銮湾海底隧道 QC 小组	提高盘扣式支架支撑体系稳定性
65	中铁二十三局集团二公司信息中心 QC 小组	降低公司机关网络故障率
66	中铁二十三局集团四公司引松供水工程 QC 小组	提高引水隧洞开挖质量
67	中铁二十三局集团二公司大庆高新项目部 QC 小组	提高道钉锚固施工效率
68	中铁二十三局集团一公司东昌高速公路 QC 小组	提高桥面铺装外观质量
69	中铁二十三局集团三公司试刀山项目部 QC 小组	降低隧道爆破对既有线路扰动
70	中铁二十四局集团福建铁路建设公司厦门市翔安中心储备粮库二期工程屋架 QC 小组	30 米跨预制屋架质量控制
71	中铁二十四局集团南昌铁路工程公司昆明绕城高速 A5 工区 QC 小组	提高桥梁墩柱钢筋保护层合格率
72	中铁二十四局集团安徽工程公司九景衢铁路 QC 小组	确保站台梁混凝土浇筑一次成优
73	中铁二十四局集团江苏工程公司商合杭二分部 QC 小组	提高支承垫石一次施工合格率
74	中铁二十四局集团浙江工程公司路基石灰改良土填筑施工质量控制 QC 小组	路基石灰改良土填筑施工质量控制
75	中铁二十五局集团一公司成兰铁路项目部 QC 小组	提高隧道初期支护工序循环作业效率
76	中铁二十五局集团二公司茂名制梁场 QC 小组	提高预制铁路简支 T 梁施工质量
77	中铁二十五局集团三公司阳大铁路项目部 QC 小组	提高单线隧道洞身开挖质量

续表

序号	获 奖 小 组	获 奖 成 果
78	中铁二十五局集团四公司南百项目部 QC 小组	提高深水裸露斜岩异型双壁钢围堰安装合格率
79	中铁二十五局集团五公司长沙地铁 3 号线 14 标段项目经理部 QC 小组	降低成型隧道管片破损率
80	中铁建设集团有限公司土木年华 QC 小组	装配式成品分隔缝施工工艺
81	中铁建设集团有限公司龙光志成 QC 小组	提高总包管理服务满意度
82	中铁建设集团有限公司南昌站改造工程 QC 小组	提高大型站房雨棚管桁架焊接一次合格率
83	中铁建设集团华中分公司第六项目部 QC 小组	楼梯踏步模板支撑体系的研发
84	中铁建设集团设备分公司十八项目 QC 小组	提高室内穿梁套管安装质量合格率
85	中国铁建电气化局集团一公司九景衢铁路变电 QC 小组	提高牵引变电所设备线夹的安装一次合格率
86	中国铁建电气化局集团二公司西成客运专线信号 QC 小组	研制新型客专无砟轨道电缆放线车
87	中国铁建电气化局集团四公司九景衢电力专业 QC 小组	缩短电力架空线路电杆组立时间
88	中国铁建电气化局集团康远新材料公司设备改进 QC 小组	降低挤压设备的使用成本
89	中国铁建电气化局集团北方公司渝万四电项目变电 QC 小组	降低联调联试期间 220 千伏断路器故障率
90	中国铁建电气化局集团北京中铁建电气化设计研究院呼局通信网扩容 QC 小组	响沙湾站车间、班组数据接入网组网方式的研究
91	中国铁建电气化局集团北京中铁建电气化设计研究院哈牡线电力 QC 小组	改进哈牡线水害、沼泽等特殊地带 10 千伏电力杆基础处理方案
92	中国铁建港航局集团有限公司邕宁水利枢纽工程航运过坝项目 QC 小组	提高船闸基岩固结灌浆施工质量一次验收合格率
93	中国铁建港航局集团路桥工程公司达州金南大桥主梁施工 QC 小组	提高斜拉桥主梁线形控制质量
94	中国铁建港航局集团总承包分公司黄杨大道路面改造工程 QC 小组	提高混凝土路面病害处理质量
95	中国铁建港航局集团三分公司日钢项目部 QC 小组	新型水下施工测量方法的研究
96	中国铁建港航局集团一分公司福州港罗源湾港区可门作业区下屿 1—4 号泊位工程 QC 小组	提高高桩码头斜桩沉桩正位率
97	中铁第一勘察设计院集团有限公司银西客运专线渭河特大桥结构设计 QC 小组	新型钢腹杆组合结构设计研究
98	中铁第一勘察设计院集团有限公司黄韩侯铁路通信系统设计 QC 小组	提高隧道内通信电缆过轨保护管贯通率
99	中铁第一勘察设计院集团有限公司青岛地铁 2 号线利津路站结构设计 QC 小组	直出法解决复杂城市环境下车站出入口设置研究
100	中铁第一勘察设计院集团有限公司青岛地铁蓝色硅谷电力设计 QC 小组	降低地铁车站应急照明控制系统能耗
101	中铁第一勘察设计院集团有限公司行车最大坡度设计 QC 小组	新建黔张常铁路最大坡度专题研究
102	中铁第四勘察设计院集团有限公司设备处长沙中低速磁浮工程机械 QC 小组	长沙中低速磁浮工程低动力放大倍数道岔研制
103	中铁第四勘察设计院集团有限公司城地院隧道所研发敏感环境软弱地层 QC 小组	研发敏感环境软弱地层隧道施工新方法

续表

序号	获 奖 小 组	获 奖 成 果
104	中铁第四勘察设计院集团有限公司地路处路基设计研究 QC 小组	路基工程挡墙墙背新型反滤层的研制
105	中铁第四勘察设计院集团有限公司工勘院航空摄影测量 QC 小组	提高张吉怀铁路制图精度
106	中铁第四勘察设计院集团有限公司建筑院站房结构设计 QC 小组	减小昆明南站桥建结合处柱截面
107	中铁第四勘察设计院集团有限公司岩土公司桥梁纠偏 QC 小组	降低高速铁路桥墩纠偏日回弹率
108	中铁第五勘察设计院集团有限公司徐盐高速铁路路基优化设计 QC 小组	缩短路基振动台试验模型的制作周期
109	中铁第五勘察设计院集团有限公司路基检测仪器质量控制 QC 小组	降低铁路路基不良填料的冻胀率
110	中铁第五勘察设计院集团有限公司捷奥斯 QC 小组	降低青岛地铁 1 号线海底隧道净空收敛监测误差
111	中铁第五勘察设计院集团有限公司穿山甲 QC 小组	提高公路隧道设计效率
112	中铁第五勘察设计院集团有限公司应用奥维地图提高复杂山区铁路工程地质调查效率 QC 小组	应用奥维地图提高山区铁路工程地质调查效率
113	中铁上海设计院集团有限公司线站 QC 小组	降低中电投分宜电厂扩建工程铁路专用线初步设计总概算
114	中铁上海设计院集团有限公司设计文件质量研究 QC 小组	地铁车站电子制图新标准的编制
115	中铁上海设计院集团有限公司既有铁路路堑病害整治时间研究 QC 小组	缩短既有铁路路堑病害整治的时间
116	中铁上海设计院集团有限公司环境工程处给排水 QC 小组	提高淮南西站货场供水水质
117	中铁上海设计院集团有限公司车辆段选址优化 QC 小组	减少地铁车辆段选址设计工程投资
118	中铁物资集团有限公司防范经营合同风险与提升评审效率管理 QC 小组	解决经营合同风险较高与评审效率较低问题
119	中铁物资集团港澳有限公司肯尼亚市场开发 QC 小组	肯尼亚市场深度经营
120	中国铁建高新装备昆明广维通机械设备有限公司铸造 QC 小组	提高碱酚醛树脂砂模拟仿真的精准度
121	中国铁建高新装备股份有限公司捣固稳定车 QC 小组	提高捣固车记录仪系统精度
122	中国铁建重工集团有限公司高锰钢辙叉质量改进 QC 小组	高锰钢钝角辙叉心轨质量改进
123	中国铁建重工集团有限公司生产部液压总装 QC 质量小组	盾构液压系统油液收集
124	中国铁建国际集团马来西亚公司四季酒店 QC 小组	提高压型钢板栓钉焊接一次合格率
125	中国铁建国际集团阿尔及利亚公司贝佳亚连接线质量管理 QC 小组	在欧洲规范下桥梁沥青防水层材料选择及施工质量控制
126	中铁城建集团有限公司银川绿地中心 QC 小组	提高超高层钢结构一次焊接合格率
127	中铁城建集团有限公司钢柱改造 QC 小组	提高负荷状态下钢柱截面改造施工效率
128	中铁城建集团三公司香山之星 QC 小组	提高节能型泡沫混凝土构造层施工质量一次验收合格率
129	中铁城建集团一公司金刚里项目部 QC 小组	提高砂质地层预应力锚索支护一次验收合格率
130	中铁城建集团南昌建设公司小山羊 QC 小组	提高水包水岩彩涂料仿真度

（制表:孙胜考）

中国铁建 1984—2017 年获奖优质工程统计

项目 / 数量 / 年度	中国建设工程鲁班奖（国家优质工程）	国家优质工程	铁道部（铁路）优质工程	火车头优质工程	总公司（股份公司）优质工程	中国铁建杯优质工程奖
1984 年		1			1	
1985 年		1	1		7	
1986 年		1	4			
1987 年		1	3			
1988 年			3			
1989 年		2	7			
1990 年	2	2	2			
1991 年	1	2			10	
1992 年			1		12	
1993 年			5		14	
1994 年					9	
1995 年			24		19	
1996 年	3		12		20	
1997 年	4		20		29	
1998 年	2		27		27	
1999 年	2	4	24		54	
2000 年	3	5	13		41	
2001 年	5	1	21		61	
2002 年	6	5	9	12	64	
2003 年	9	5	18	28	55	
2004 年	6	10		14	48	
2005 年	4	13		29	78	
2006 年	5	11		56	90	
2007 年	5	23		61	110	
2008 年	8	18		71	99	
2009 年	6	20		63	91	
2010 年	3	17	31	47	143	
2011 年	7	15		54	124	
2012 年	5	24	52			144
2013 年	4	16				98
2014 年	4	16	27			126
2015 年	9	24				133
2016 年	10	34	30			137
2017 年	8	35				123
合　计	121	306	334	435	1206	761
总　计	427		769		1967	

（制表：孙胜考）

2017 年中国铁建获得中国建设工程鲁班奖情况

序号	获 奖 工 程	施 工 单 位
1	河南鹤壁鹤淇电厂“上大压小”新建工程	中铁十九局集团有限公司
2	合肥枢纽南环线合肥南站工程	中铁建设集团有限公司及其设备安装公司、北京中铁装饰公司,中铁十一局集团有限公司
3	杭州市紫之隧道(紫金港路—之江路)工程	中铁十六局集团有限公司及其北京轨道交通工程建设公司、中铁十四局集团有限公司
4	乐昌至广州高速公路大瑶山 1 号隧道工程	中铁十二局集团有限公司及其二公司
5	扬州市瘦西湖隧道工程	中铁十四局集团有限公司及其隧道公司、大盾构公司、电气化公司、北京中铁房山桥梁公司、四公司、建筑公司
6	中国人寿研发中心一期工程	中铁建设集团有限公司
7	沙特南北铁路 CTW200 标段工程	中铁十八局集团有限公司、中铁十五局集团有限公司
8	尼日利亚铁路现代化项目阿布贾至卡杜纳段工程	中国土木工程集团有限公司、中铁二十四局集团有限公司、中国铁建电气化局集团有限公司

(制表:孙胜考)

2017 年中国铁建获得国家优质工程奖情况

序号	获 奖 工 程	施 工 单 位
金质奖		
1	中国文昌航天发射场工程	中铁十二局集团有限公司
2	南昌轨道交通 1 号线一期工程	中铁十八局集团有限公司、中铁十一局集团有限公司、中铁十六局集团有限公司、中国铁建大桥工程局集团有限公司、中铁上海设计院集团有限公司、中铁第一勘察设计院集团西安铁一院工程咨询监理有限责任公司
国优奖		
3	金华至温州铁路扩能改造工程站前工程 JWSG－Ⅳ标段油竹隧道工程	中铁第四勘察设计院集团有限公司
4	新建杭州至长沙铁路客运专线江西段电力、牵引供电系统集成、防灾安全监控及相关工程	中铁第四勘察设计院集团有限公司及其铁四院(湖北)工程监理咨询有限公司
5	新建西安至宝鸡铁路客运专线咸阳西立交特大桥工程	中铁第一勘察设计院集团有限公司
6	新建合肥至福州客运专线(闽赣段)Ⅰ、Ⅱ标段综合工程	中铁十一局集团有限公司及其一、二、四、五、六、桥梁公司,中铁十九局集团有限公司及其六公司,中铁第四勘察设计院集团有限公司,中铁二十四局集团有限公司,中铁十八局集团有限公司
7	新建大准至朔黄铁路联络线工程朔州隧道工程	中铁十二局集团有限公司及其二公司、中铁第五勘察设计院集团有限公司
8	新建向塘至莆田铁路建宁隧道工程	中铁十八局集团有限公司及其四、五公司,中铁第四勘察设计院集团有限公司
9	新建兰新铁路第二双线张掖至红柳河段站前工程疏勒河特大桥工程	中铁十九局集团有限公司及其一、五、六、矿业投资公司,中铁十一局集团有限公司及其三公司,中铁第一勘察设计院集团有限公司,中铁第五勘察设计院集团北京铁研建设监理有限责任公司
10	新建拉萨至日喀则铁路宗嘎 1 号隧道工程	中铁二十一局集团有限公司及其三公司、中铁第一勘察设计集团有限公司
11	哈齐客运专线松花江特大桥工程	中铁二十二局集团有限公司及其哈尔滨铁路建设公司
12	哈尔滨铁路集装箱中心站工程	中铁城建集团有限公司及其三公司,中铁第一勘察设计院集团有限公司,中铁二十二局集团有限公司及其电气化公司、哈尔滨铁路建设公司

续表

序号	获 奖 工 程	施 工 单 位
13	新建杭州至长沙铁路客运专线四电系统集成及相关工程	中铁第四勘察设计院集团有限公司及其铁四院(湖北)工程监理咨询有限公司、中铁第五勘察设计院集团北京铁城建设监理有限责任公司
14	沪昆铁路杭长客运专线浙江段Ⅰ标段工程	中铁第四勘察设计院集团有限公司沪昆客运专线杭长段建设指挥部
15	新建兰新铁路第二双线西宁至大通段站前工程西宁隧道工程	中铁第一勘察设计院集团有限公司、中铁第五勘察设计院集团北京铁城建设监理有限责任公司
16	新建兰新铁路第二双线张掖至红柳河段站前工程西店村2号特大桥工程	中铁第一勘察设计院集团有限公司、中铁第五勘察设计院集团北京铁城建设监理有限责任公司
17	宁波站改建工程	中铁建设集团有限公司及其设备安装公司、北京中铁装饰公司,中铁十七局集团有限公司及其电气化公司、上海轨道交通工程公司、建筑工程公司
18	新建兰新铁路第二双线(新疆段)四电集成工程	中国铁建电气化局集团有限公司及其一、三、南方公司,中铁二十一局集团电务电化工程公司,中铁第一勘察设计院集团有限公司及其甘肃铁一院工程监理有限责任公司,中铁第五勘察设计院集团北京铁城、北京铁研建设监理有限责任公司
19	新建杭州至长沙客运专线义乌东特大桥工程	中铁十一局集团有限公司及其三、五、桥梁公司,中铁四勘察设计院集团有限公司
20	新建武汉至黄石城际铁路余家湾上行特大桥工程	中铁十一局集团有限公司及其三、四公司,中铁四勘察设计院集团有限公司
21	重庆至长沙高速公路武隆至水江段白云隧道工程	中铁十九局集团一公司
22	青岛至兰州公路(宁夏境)东山坡至毛家沟高速公路六盘山隧道工程	中铁十四局集团有限公司及其五公司、中铁十二局集团有限公司及其四公司
23	佛山市华阳桥—华阳路南延道路工程	中铁十五局集团二公司
24	太佳高速公路东段老龙山隧道工程	中铁十五局集团五公司
25	曹妃甸工业区甸头立交桥工程	中铁十六局集团有限公司及其五公司
26	南通市东快速路高架工程	中铁十八局集团二公司
27	苏州市中环快速路高新区段(312国道—玉山路南)工程	中铁二十局集团一公司
28	泗县至宿州高速公路工程	中铁十九局集团三公司
29	兰州至海口高速公路广元至南充段工程	中铁二十二局集团有限公司
30	西安至铜川高速公路工程	中铁十八局集团有限公司及其二公司、中铁十一局集团有限公司
31	福银高速九江长江公路大桥工程	中铁二十三局集团一公司
32	中国华能集团人才创新创业基地(实验楼B座、后勤服务中心)工程	中铁建设集团有限公司
33	吉林市人民大剧院工程	中铁十七局集团有限公司及其建筑工程公司
34	中国高速铁路培训院工程	中铁十一局集团有限公司及其六公司、建筑安装工程公司、电务工程公司,中铁第四勘察设计院集团有限公司
35	海口市第二办公区C区公安局警务指挥中心工程	中铁建设集团有限公司及其北京中铁装饰工程公司、设备安装公司

(制表:孙胜考)

2017年中国铁建杯优质工程奖获奖情况

序号	获 奖 工 程	施 工 单 位
1	新加坡轨道交通大士西延长线工程	中铁十一局集团有限公司及其桥梁公司、六公司、建筑安装公司
2	新建呼准铁路大路黄河特大桥工程	中铁十一局集团有限公司及其建筑安装公司
3	佛肇城际铁路绥江特大桥工程	中铁十一局集团有限公司及其一、六公司
4	新建敦煌至格尔木铁路甘肃段沙山沟特大桥工程	中铁十一局集团有限公司及其一、三、桥梁公司
5	保宜高速公路红岩寺隧道工程	中铁十一局集团有限公司及其五公司、中铁十五局集团有限公司及其二公司
6	南昌市轨道交通1号线蛟桥停车场工程	中铁十一局集团六公司
7	新建南京至安庆铁路四电集成及相关工程	中铁十一集团有限公司及其电务工程公司、中铁十二局集团电气化工程公司
8	麻竹高速公路随州西段、襄阳东段、宜城至保康段综合工程	中铁十一局集团有限公司及其二、三、四、五公司,中铁二十局集团有限公司
9	武汉轨道交通机场线综合工程	中铁十一局集团有限公司及其一、三、四公司和城市轨道公司、电务公司、桥梁公司
10	广州市轨道交通6号线二期施工4标段土建工程	中铁十一局集团城市轨道公司
11	新建郑州至徐州铁路客运专线徐州特大桥工程	中铁十二局集团有限公司及其三、七公司
12	新建铁路重庆至万州御临河双线特大桥工程	中铁十二局集团一公司
13	宝鸡至兰州客运专线南河川渭河特大桥工程	中铁十二局集团四公司
14	新建南京至安庆客运专线白浪湖特大桥工程	中铁十二局集团三公司
15	新建铁路贵阳至广州线贵阳至贺州段天平山隧道工程	中铁十二局集团有限公司及其二公司
16	重庆三江至南川线扩能改造工程南平隧道工程	中铁十二局集团三公司
17	新建兰州至重庆铁路站后四电系统集成工程	中铁十二局集团电气化公司、中国铁建电气化局集团有限公司
18	石红高速公路八抱树特大桥工程	中铁十二局集团一公司
19	西安地铁3号线一期工程港务区车辆段与综合基地工程	中铁十二局集团有限公司及其建筑安装公司
20	合肥至福州铁路代桥河特大桥工程	中国铁建大桥工程局集团有限公司
21	新建铁路兰州至乌鲁木齐第二双线甘青段大通河特大桥工程	中国铁建大桥工程局集团有限公司
22	新建金华至温州铁路扩能改造工程站前工程泽雅隧道工程	中国铁建大桥工程局集团有限公司
23	京秦高速公路天津段工程第3合同段工程	中国铁建大桥工程局集团有限公司
24	南京地铁4号线土建工程D4－TA10标段工程	中国铁建大桥工程局集团有限公司
25	南宁市轨道交通1号线一期工程土建施工TJSG－05标段工程	中国铁建大桥工程局集团二公司
26	宁波市轨道交通2号线一期工程TJ2105－1标段工程	中国铁建大桥工程局集团有限公司
27	新建郑州至徐州铁路客运专线商丘特大桥工程	中铁十四局集团有限公司及其三、五公司
28	新建额济纳至哈密铁路1标段综合工程	中铁十四局集团有限公司及其三、五公司

续表

序号	获 奖 工 程	施 工 单 位
29	潮州至惠州高速公路工程	中铁十四局集团有限公司、中铁十二局集团有限公司、中铁二十局集团有限公司、中铁十一局集团有限公司、中铁二十三局集团有限公司、广东冠粤路桥有限公司与中国中铁股份有限公司(联合体)、中交一公局厦门工程有限公司、中铁隧道集团有限公司、中交第二公路工程局有限公司、广东省长大公路工程有限公司、贵州省公路工程集团有限公司、中交二航局集团有限公司、广东晶通公路工程建设集团有限公司
30	津汉高速公路互通式立交桥工程	中铁十四局集团五公司、中铁十六局集团二公司、中铁十八局集团五公司
31	武汉天河机场三期扩建主进场路南北连通明挖隧道工程	中铁十四局集团有限公司及其二公司
32	青岛蓝色硅谷城际轨道交通工程崂山隧道工程	中铁十四局集团有限公司及其二公司
33	中国铁建·国际城公建项目B、C座及附属工程	中铁十四局集团有限公司及其建筑工程公司
34	安徽省亳州市涡阳县涡河三桥工程	中铁十五局集团一公司
35	北京地铁14号线12标段十里河车站工程	中铁十五局集团五公司
36	东莞市城市快速轨道交通R2线工程2303A标段工程	中铁十五局集团有限公司
37	和榆高速公路(二期)云山隧道工程	中铁十五局集团四公司、中铁十七局集团五公司
38	吉县至河津高速公路吉县枢纽互通立交工程	中铁十五局集团五公司
39	厦漳高速公路A3合同段青礁枢纽互通立交工程	中铁十五局集团二公司
40	连云港港北疏港高速北固山隧道工程	中铁十五局集团四公司
41	西安地铁3号线一期工程试验段——3标段土建施工项目	中铁十五局集团一公司
42	河北联合大学新校园建设工程之冀唐学院及配套服务区工程	中铁十五局集团五公司
43	许昌恒大绿洲三期(1号、2号、5号—7号楼、幼儿园)主体及配套工程	中铁十五局集团城市建设工程公司
44	成渝客运专线资阳沱江多线特大桥工程	中铁十六局集团有限公司及其四公司
45	上海市轨道交通13号线一期工程	中铁十六局集团有限公司、中铁十七局集团有限公司、中铁十九局集团有限公司、中国铁建电气化局集团有限公司、中铁十一局集团电务工程公司、中铁十四局集团电气化公司、中铁五局集团有限公司、上海隧道工程有限公司、上海市安装工程集团有限公司、宏润建设集团股份有限公司、中建三局东方装饰设计工程有限公司、上海海直建设工程有限公司、上海市基础工程集团有限公司、上海建工二建集团有限公司、中铁二局工程有限公司、上海杰东系统工程控制有限公司
46	永宁黄河公路大桥工程	中铁十六局集团有限公司及其五公司
47	苏州中环快速路北段(312国道苏州段分流线工程共线段)工程阳澄湖隧道工程	中铁十六局集团三公司
48	北京地铁7号线工程土建施工04合同段工程	中铁十六局集团有限公司及其地铁公司
49	北京市轨道交通昌平线二期06标段工程	中铁十六局集团有限公司及其地铁公司
50	广州市轨道交通7号线一期工程施工3标段土建工程	中铁十六局集团有限公司及其北京轨道交通工程公司

续表

序号	获 奖 工 程	施 工 单 位
51	合肥市轨道交通1号线一二期工程土建施工4标段工程	中铁十六局集团有限公司及其北京轨道交通工程公司
52	苏州轨道交通2号线延伸线工程土建施工项目Ⅱ-Y-TS-05标段工程	中铁十六局集团有限公司及其北京轨道交通工程公司
53	广中江高速公路项目第TJ14合同段龙溪互通立交工程	中铁十七局集团有限公司
54	汾阳至邢台高速公路榆社至和顺段(二期)LJ3合同段云山隧道工程	中铁十七局集团五公司
55	新建织金至毕节铁路架盖河特大桥工程	中铁十七局集团有限公司
56	云桂铁路云南段六郎隧道工程	中铁十七局集团有限公司及其四公司
57	新建厦门前场铁路大型货场工程	中铁十七局集团六公司
58	石家庄市城市轨道交通3号线一期工程首开段工程	中铁建华北投资发展有限公司、中铁十七局集团有限公司、中国铁建电气化局集团有限公司、中铁建设集团有限公司
59	苏州市轨道交通4号线及支线工程Ⅳ-TS-18标段工程	中铁十七局集团上海轨道交通工程公司
60	长沙大河西先导区雷梅片区地下配套交通一期工程土建施工1标段、2标段工程	中铁十七局集团六公司
61	新建郑徐铁路客运专线商丘站房工程	中铁十七局集团建筑工程公司
62	天津临港经济区粮油物流中心一期项目筒仓及配套项目	中铁十八局集团建筑安装公司
63	六盘水市内环快线工程	中铁十八局集团隧道公司
64	南京地铁4号线TA05标段工程	中铁十八局集团有限公司
65	宁和城际轨道交通一期TA11标段工程	中铁十八局集团有限公司
66	吐鲁番至库尔勒增建二线中天山隧道工程	中铁十八局集团有限公司
67	杭州市余杭区星河路隧道工程	中铁十八局集团有限公司
68	新建云桂铁路(云南段)5标段、6标段工程	中铁十八局集团有限公司、中铁十七局集团有限公司、中铁一局集团有限公司、中铁建工集团有限公司、中铁电气化局集团有限公司
69	新建云桂铁路(云南段)南盘江特大桥工程	中铁十八局集团有限公司
70	海南琼海博鳌民用机场工程飞行区场道工程	中铁十九局集团二公司
71	福州市轨道交通1号线工程土建施工10合同段工程	中铁十九局集团轨道交通工程公司
72	京福铁路客运专线闽赣段3标段北武夷山隧道工程	中铁十九局集团有限公司、中铁二十四局集团有限公司
73	滨绥线牡丹江至绥芬河段扩能改造工程双丰隧道工程	中铁十九局集团二公司
74	滨绥线牡丹江至绥芬河段扩能改造工程绥阳(寒葱河)隧道工程	中铁十九局集团二公司
75	沪宁城际铁路南京站增建北站房工程	中铁十九局集团六公司
76	南宁市轨道交通1号线一期工程土建施工19标段工程	中铁十九局集团轨道交通工程公司
77	塔吉克斯坦杜尚别—库尔干—秋别新建铁路速尔托诺伯德隧道工程	中铁十九局集团国际建设分公司
78	新建铁路天水至平凉线关山隧道工程	中铁十九局集团有限公司

续表

序号	获 奖 工 程	施 工 单 位
79	黄陵至韩城至侯马铁路 HHZQ－1 标段北塬隧道工程	中铁二十局集团三公司
80	安哥拉本格拉铁路大修工程	中铁二十局集团有限公司
81	厦蓉高速公路(贵州境)毕节至生机段法朗沟特大桥工程	中铁二十局集团二公司
82	新建黄陵—韩城—侯马铁路(西安局管内)四电工程	中铁二十局集团电气化公司
83	黄陵至韩城至侯马铁路新黄河特大桥工程	中铁二十二局集团一公司
84	青荣城际铁路蓁山隧道工程	中铁二十二局集团四公司
85	西安市地铁 3 号线一期工程(鱼化寨—保税区)土建施工 TJSG－14 标段工程	中铁二十局集团有限公司及其五公司
86	西宝高速改扩建工程唐家塬隧道工程	中铁二十局集团一公司
87	海东市中心城区海东大道二期 3 号桥桥梁工程	中铁二十一局集团有限公司及其四公司
88	新建铁路兰新第二双线兰州枢纽引入工程 LX－LZSN－1 标段南山路立交特大桥工程	中铁二十一局集团有限公司及其二公司
89	青藏花园五期 B 标段工程	中铁二十一局集团有限公司及其四公司
90	新建呼和浩特至准格尔铁路工程跨呼大高速公路特大桥工程	中铁二十一局集团有限公司及其五公司
91	新建铁路天水至平凉线唐杨隧道工程	中铁二十一局集团有限公司及其五公司
92	厦门软件园三期高速路以北研发区一期工程 A04 号楼工程	中铁二十二局集团三公司
93	民安大道与翔安大道立交工程	中铁二十二局集团三公司
94	青岛地铁 2 号线一期工程海安路站至石老人浴场站(含石老人浴场站)区间主体工程	中铁二十二局集团一公司
95	昆玉铁路铺架工程	中铁二十二局集团二公司
96	长株潭城际铁路株洲醴潭高速立交特大桥工程	中铁二十二局集团四公司
97	新建兴县至保德地方铁路一期工程冯家川煤炭储运装系统工程	中铁二十二局集团四公司
98	济南至徐州高速公路济宁至鱼台段高速公路工程	中铁二十三局集团有限公司、中铁十四局集团有限公司、中铁十七局集团有限公司、中铁十八局集团有限公司、中铁二十局集团有限公司、中铁二十一局集团有限公司、中铁二十四局集团有限公司
99	福建省重点少年儿童业余体校搬迁施工工程	中铁二十四局集团有限公司及其福建铁路建设公司
100	昆山正仪林场 S1 地块定销类保障性用房项目	中铁二十四局集团上海铁建工程公司
101	长株潭城际铁路湘潭特大桥工程	中铁二十五局集团三公司
102	徐州市三环西路高架快速路第 5 标段工程	中铁二十五局集团四公司
103	青岛市湾底疏港路高架工程第 3 标段工程	中铁二十五局集团五公司
104	新建云桂铁路引入昆明枢纽昆明南站站房工程	中铁建设集团有限公司、中铁十一局集团有限公司
105	新建九江至南昌城际铁路工程南昌站改造工程	中铁建设集团有限公司
106	张家港保税区滨江大厦工程	中铁建设集团有限公司

续表

序号	获 奖 工 程	施 工 单 位
107	东航技术应用研发中心工程	中铁建设集团有限公司
108	南京市栖霞区万寿村季家街01地块一期1标段工程	中铁建设集团有限公司
109	广西九洲国际工程	中铁建设集团有限公司
110	新建沈阳南站SYNS-4标段工程	中国铁建电气化局集团三公司
111	金华至温州铁路扩能改造工程站后四电集成及相关工程	中国铁建电气化局集团南方公司
112	新建贵广铁路(肇庆至广州南段)四电系统集成工程	中国铁建电气化局集团南方公司
113	滨绥铁路牡丹江至绥芬河段扩能改造工程	中国铁建电气化局集团三公司
114	新建佛山至肇庆城际轨道交通四电系统集成及相关工程	中国铁建电气化局集团四公司
115	宁西铁路西安至合肥段增建第二线工程(武汉局管段)站后工程	中国铁建电气化局集团南方公司
116	A栋实验楼等4项(中铁第五勘察设计院集团有限公司研发实验中心及附属用房)项目	中铁城建集团有限公司及其一公司、中铁建设集团有限公司
117	中铁第四勘察设计院集团有限公司总部设计大楼项目	中铁城建集团有限公司及其一公司
118	建发大阅城(一期)1标段工程	中铁城建集团有限公司及其北京工程公司
119	呼和浩特国家公路运输枢纽汽车客运东枢纽站工程	中铁城建集团有限公司及其北京工程公司
120	日照港岚山港区北作业区一期工程	中国铁建港航局集团有限公司
121	镇江港新民洲港区码头二期工程	中国铁建港航局集团有限公司
122	尼铁现代化项目——阿布贾至卡杜纳段工程	中国土木工程集团有限公司
123	埃塞俄比亚阿瓦萨工业园项目	中国土木工程集团有限公司

（制表:孙胜考）

2017年中国铁建生产安全事故情况

事故类别	总 计（起数）	死亡人数（人）	重伤人数（人）	直接经济损失（万元）	备注
一般事故					
较大事故	3	9			
重大事故	1	12			
特别重大事故					
其 他					
合 计	4	21			

（制表:郭 宏）

中国铁建兵改工以来职工因工死亡人数逐月统计

项目 数量 年度	一月	二月	三月	四月	五月	六月	七月	八月	九月	十月	十一月	十二月	全年合计		
													职工人数（人）	死亡人数（人）	千人死亡率（‰）
1984 年	1	4	1	1	3	1	3	2	3	1	4	3	150549	27	0.179
1985 年		1	3	1	2	10	4	2	4	6	2	1	153134	36	0.235
1986 年	4	1	1	5	3	3	7	5	6	5	3	1	151620	44	0.29
1987 年			4	12	2		9	8	3	4	2	1	151428	45	0.297
1988 年			4	1	5	1	2		3		2	3	146855	21	0.143
1989 年	3		4	2	3		3	1	1	3			150962	20	0.132
1990 年	1				1		3		1		2		153288	8	0.053
1991 年			1	1	1		3		5	9	4		158588	24	0.151
1992 年	1					1	1	2	1	1	2	6	160379	15	0.094
1993 年	1	2	1		1	3	1	2	1	6	1		145876	19	0.13
1994 年		3		2			5		1	1		2	145368	14	0.096
1995 年		3		5		1		1		1	1	2	145608	14	0.096
1996 年	1	1			1	1				1	1		146871	6	0.041
1997 年	1	9		3	4	1	1	3	4		2		141327	28	0.198
1998 年			2								2		139731	4	0.029
1999 年			1	7	2	2	1	5	3	1		10	171445	32	0.187
2000 年	6		4				1	5	1	1	1	1	200850	20	0.1
2001 年	2				2		2	2	6		7	3	186680	24	0.129
2002 年											1		186000	1	0.005
2003 年			2			1	1						176000	4	0.023
2004 年	1				1		2	1	1		1	4	227650	11	0.048
2005 年		7	4		1			2	7			12	230533	33	0.143
2006 年	1	8		1						4		6	237232	20	0.084
2007 年	4		6	4	1	4			3				242168	22	0.091
2008 年			5		3			2					184868	10	0.054
2009 年			5					3		6		6	209103	20	0.096
2010 年		2	12	4	3		10	1	2	1	7		228004	42	0.184
2011 年	3		6		7			5	1	25		2	240660	49	0.2036
2012 年					3	3	1			13	4		287568	24	0.0835
2013 年	3			3	3		3					3	287341	15	0.0522
2014 年	3								5	3	7	5	296983	23	0.0774
2015 年													298424		
2016 年	1		1	2		6	1	2	2	2		6	350964	23	0.0655
2017 年		3			12	3		3					364964	21	0.0384
合计	37	44	67	54	64	41	64	57	64	94	56	77		719	0.1093

（制表：郭　宏）

原铁道兵部队和中国铁建逐年事故死亡人数统计

项目 数量 年度	死亡人数	千人死亡率(‰)	项目 数量 年度	死亡人数	千人死亡率(‰)
1948 年	21		1984 年	27	0.179
1949 年	96		1985 年	36	0.235
1950 年	36		1986 年	44	0.29
1951 年	365		1987 年	45	0.297
1952 年	521		1988 年	21	0.143
1953 年	448		1989 年	20	0.132
1954 年	33		1990 年	8	0.053
1955 年	157	1.55	1991 年	24	0.151
1956 年	144	1.26	1992 年	15	0.094
1957 年	60	0.58	1993 年	19	0.13
1958 年	125	1.24	1994 年	14	0.096
1959 年	235	1.53	1995 年	14	0.096
1960 年	249	1.77	1996 年	6	0.041
1961 年	151	1.17	1997 年	28	0.198
1962 年	63	0.64	1998 年	4	0.029
1963 年	137	0.68	1999 年	32	0.187
1964 年	106	0.51	2000 年	20	0.1
1965 年	336	1.63	2001 年	24	0.129
1966 年	436	1	2002 年	1	0.005
1967 年	351	1	2003 年	4	0.023
1968 年	263	0.6	2004 年	11	0.048
1969 年	373	0.58	2005 年	33	0.143
1970 年	404	0.7	2006 年	20	0.084
1971 年	536	1.3	2007 年	22	0.091
1972 年	371	0.71	2008 年	10	0.054
1973 年	254	0.61	2009 年	20	0.096
1974 年	291	0.67	2010 年	42	0.184
1975 年	263	0.56	2011 年	49	0.2036
1976 年	257	0.74	2012 年	24	0.0835
1977 年	216	0.64	2013 年	15	0.0522
1978 年	193	0.58	2014 年	23	0.0774
1979 年	192	0.51	2015 年		
1980 年	177	0.58	2016 年	23	0.0655
1981 年	116	0.52	2017 年	21	0.0384
1982 年	121	0.62			
1983 年	76	0.47			
铁道兵合计	8173	0.88	中国铁建合计	719	0.1093

（制表：郭　宏）

中国铁建兵改工以来伤亡事故统计

项目 / 数量 / 年度	合计				职工因工伤亡事故				职工在国有公路上发生交通事故				职工非因工事故				中国铁建主要责任造成群众伤亡事故				外部劳务伤亡事故			
	起数	轻伤	重伤	死亡	起数	轻伤	重伤	死亡	起数	轻伤	重伤	死亡	起数	轻伤	重伤	死亡	起数	轻伤	重伤	死亡	起数	轻伤	重伤	死亡
1984 年	312	187	107	79	219	162	69	27					36	7	9	24	57	18	29	28				
1985 年	241	168	58	52	215	157	51	36					17	3	4	10	9	8	3	6				
1986 年	259	160	61	77	217	156	47	44					26	3	6	19	16	1	8	14				
1987 年	166	99	38	63	145	92	36	45					13	5	2	11	8	2		7				
1988 年	117	64	23	45	92	60	21	21	4		1	3	15		1	15	6	4		6				
1989 年	111	76	26	33	87	56	19	20	14	20	5	5	10		2	8								
1990 年	113	89	18	31	86	69	15	8	12	17	3	8	12	3		12	3			3				
1991 年	128	99	24	38	107	84	21	24	7	9	4		11			11	3	6		3				
1992 年	144	113	15	28	130	112	13	15	6	1	2	4	6			7	2			2				
1993 年	144	131	28	32	129	119	21	19	10	9	6	11	3	1		2	2	2	1		11			20
1994 年	107	97	8	21	99	94	6	14	3	3	2	2	5			5	1	2		4	9	10	6	33
1995 年	92	85	15	14	92	85	15	14													4	3		6
1996 年	72	62	9	8	70	62	9	6					2			2					3			9
1997 年	87	72	11	36	85	72	11	28					2			8					4	5		7
1998 年	66	59	7	6	64	59	7	4					2			2					4	2	1	9
1999 年	103	86	9	37	98	86	9	32					5			5					2			4
2000 年	66	74	13	21	65	74	13	20					1			1					3	1	1	5
2001 年	66	80	14	30	62	80	14	24					4			6					1			1
2002 年	79	70	7	2	78	70	7	1					1			1					2	1	2	4
2003 年	72	67	10	4	72	67	10	4													2	1		4
2004 年	76	79	7	12	75	79	7	11					1			1								
2005 年	57	63	10	33	57	63	10	33													3			3
2006 年	60	60	11	20	60	60	11	20													1	3		3
2007 年	67	70	14	22	67	70	14	22													3			4
2008 年	4	2	2	10	1			4													3	2	2	6
2009 年	8			20	6			15													2			5
2010 年	10	3		42	1	3		7													9			35
2011 年	11			49																	11			49
2012 年	6	22	7	24																	6	22	7	24
2013 年	5			15																	5			15
2014 年	5			23																	5			23
2015 年																								
2016 年																					16			23
2017 年	4			21																	4			21
合　计	2858	2237	552	948	2479	2091	456	518	56	59	23	33	172	22	24	150	107	43	41	73	113	50	19	313

（制表：郭　宏）

中国铁建兵改工以来各单位逐年职工因工死亡人数统计

数量/年度 单位	一九八四年	一九八五年	一九八六年	一九八七年	一九八八年	一九八九年	一九九〇年	一九九一年	一九九二年	一九九三年	一九九四年	一九九五年	一九九六年	一九九七年	一九九八年	一九九九年	二〇〇〇年	二〇〇一年	二〇〇二年	二〇〇三年	二〇〇四年	二〇〇五年	二〇〇六年	二〇〇七年	二〇〇八年	二〇〇九年	二〇一〇年	二〇一一年	二〇一二年	二〇一三年	二〇一四年	二〇一五年	二〇一六年	二〇一七年	合计
	职工因工死亡人数																																		
中国土木工程集团有限公司																																			
中铁十一局集团有限公司	2	7	6	4	2	2	1	1	7	1	5						2	2		2		1	4				2			3			1		55
中铁十二局集团有限公司	2	1	1	2	4										2	2		14					2	9		2	10				3		1		55
中国铁建大桥工程局集团有限公司	1	2		2	4	3		1	1	1			1			4				1			1	1			7			3	7				40
中铁十四局集团有限公司	1	3	1	6	1	1	1	4	2				1	1		1	1					6				6		3		3			5	3	50
中铁十五局集团有限公司	3	2		2	2	4		6	2	3	4			1		8	6	1					1	3	1			5					1	12	67
中铁十六局集团有限公司	6	8	11	4	1	2	1	2	2	3	1	2	1	20				1			1	8		3		5	2								84
中铁十七局集团有限公司	1		2	3		1	1	1			3												9	4	4	1	2	2		3					37
中铁十八局集团有限公司	5	4	9	16	3		2	1		3		6	1			2	2	1						1	5	3	10	1	13		3		1		92
中铁十九局集团有限公司	1		4	1	1	3		3		5		1		1	1	10	8				1	12		1				24			5		1		83
中铁二十局集团有限公司	1	6	7	5	3	4	1	1	1							4		2			2		3					11							51
中铁二十一局集团有限公司																													7	3					10
中铁二十二局集团有限公司																						3					1		1				3	3	11
中铁二十三局集团有限公司																												1	3		5		4		13
中铁二十四局集团有限公司																					4					2	7						1		14
中铁二十五局集团有限公司																										1	1								2
中铁建设集团有限公司		1	1																									2					2		6
中国铁建电气化局集团有限公司																																		3	3
中国铁建港航局集团有限公司																																			
中国铁建房地产集团有限公司																																			
中铁第一勘察设计院集团有限公司																																			
中铁第四勘察设计院集团有限公司																					1												3		4
中铁第五勘察设计院集团有限公司																			1																1
中铁上海设计研究院集团有限公司																																			
中铁物资集团有限公司			1										1																						2
中国铁建重工集团有限公司																					1														1
中铁建北京商务管理有限公司																					1	3													4
中国铁建直属单位	4	2	1				1	4		3	1	5	1	5	1	1	1	3		1															34
合计	27	36	44	45	21	20	8	24	15	19	14	14	6	28	4	32	20	24	1	4	11	33	20	22	10	20	42	49	24	15	23		23	21	719

注：中国铁建直属单位包括原工厂局、国内工程公司、铁路运输处、铁道战备舟桥处。

（制表：郭　宏）

设备物资

【设备物资部】 主要职责:贯彻执行国家有关设备、运输、物资、工业管理的方针、政策和法规;组织制定股份公司系统设备、运输、物资、工业管理的各项规章制度;负责股份公司主要物资和大型专用设备的集中招标采购和大型专用施工设备的内部调配;组织设备重大技术的推广和交流;负责利用外资贷款购置设备,协调总承包工程项目和本级经营项目主要物资的供应;负责股份公司系统铁路路料运输、工程路用车、铁路机车车辆调拨、铁路自轮运转特种设备管理;负责铁路集采专供物资、油料、民爆器材计划和协调工作;负责工业企业建设和工业产品技术研发、引进、消化和吸收,以及工业企业资源优化配置、产品调整的研究论证;负责组织股份公司系统设备、运输、物资检查及年度统计报表的汇总上报工作;负责组织设备、运输、物资业务培训;负责部门相关要素的贯标认证工作。参与公司总体发展战略及中长期规划的研究制定工作;参与公司社会责任报告的编撰并提供相关资料;参与全面风险管理和内控相关工作;参与绩效考核工作;参与经济对标工作;参与信息化建设工作;参与责任成本管理工作;参与年度及任期经济责任考核指标的确定工作;参与全面预算管理工作。定员 9 人,现员 8 人,设部长 1 人、总机械师 1 人、副部长 1 人;下设设备处、物资处、工业处。 (张宏成)

【主要技术设备】 截至 2017 年底,中国铁建拥有机械设备 122098 台(套),固定资产原值 663.85 亿元、净值 259.13 亿元,成新率 39.03%。较 2016 年相比,增加设备 3324 台(套),原值增加 3.68%,净值增加 7.75%,成新率增加 1.76%。主要设备:盾构机、TBM 296 台,铁路客运专线用 900 吨运架一体机 11 台、架桥机 223 台、运梁车 86 台、提移梁机 147 台(套),移动模架 17(套);节段拼装造桥机 2 台,常规铁路架桥机 51 台,铺轨机 56 台;电气化施工设备 309 台(套);大型机械化整道设备 121 台。主要施工设备实力继续提高,特别是大型设备保有量稳步提升,提高中国铁建的市场竞争力,在工程投标和施工任务完成中发挥重要作用。 (张宏成)

【设备管理专业人员】 2017 年,中国铁建系统有设备管理专业技术人员 12404 人。其中,高级工程师 666 人、工程师 2182 人。设备技术工人 21160 人,机械司机 10900 人,汽车驾驶员 10099 人,修理工 2891 人。所属单位全年完成专业技术培训 846 期,培训人员 13705 人。 (张宏成)

【物资管理专业人员】 2017 年,中国铁建系统有物资管理人员 17496 人。其中,高级职称 446 人、中级职称 2081 人、初级职称 5198 人、其他管理人员 9771 人。所属单位全年完成业务培训 978 期,培训人员 11401 人次。 (刘宝庆)

【内部产品采购】 中国铁建不断加大内部产品特别是盾构机和铁路大型养路机械内部采购管理力度。2017 年,公司坚持先购置内部产品,租赁先考虑内部产品的原则,通过召开所属工程局与内部工厂设备购置、租赁协调会,协调盾构机 77 台、焊轨机 1 台,总金额 381749 万元。协调工程局与工业工厂达成一致意见,促使工程局由最初购买或租赁外部产品意向改为选择内部产品,为今后工程局类似采购提供先例,必须采购和租赁内部产品为优先选择,加大采购管理力度。 (张宏成)

【物资供应】 2017 年,中国铁建系统组织采购供应物资 2287.56 亿元,消耗物资 2282.18 亿元。其中,供应钢材 1894 万吨、水泥 6158 万吨、钢轨 10.65 万吨、柴油 117 万吨、炸药 12 万吨,满足施工生产的物资需求,确保施工生产的顺利进行。 (刘宝庆)

【物资集中采购】 2017 年,中国铁建系统工程施工物资采购总额 2287.56 亿元,物资集中采购总金额 2063.26亿元,集采率 90.19%,节约资金 65.24 亿元,节资率 3.07%。 (刘宝庆)

【中国铁建物资集中采购推进会】 2017 年 8 月 8 日召开,全系统 116 人参加会议。会议介绍区域物资集采试点情况和《关于推行区域物资集中采购的决定》主要内容,对区域物资集采工作进行部署并对下一步区域中心及所属各单位的区域集采的工作提出具体要求,落实主体责任,强化服务意识,加强沟通、协作,共同推进物资集中采购工作,实现中国铁建整体利益最大化。推进会还分别组织召开所属工程局集团公司设备物资分管领导座谈会;中国铁建各投资公司、区域指挥部、直管项目部物资负责人座谈会。 (刘宝庆)

【大型设备购置论证审批】 2017 年,中国铁建加大对大型设备的购置论证力度与审批工作,在购置审批环节对重点大型设备购置中反复多次论证,达到最优配置，充分满足投资、施工需求。年内组织中国铁建港航局集团有限公司购置风电安装船项目评审会，中铁建华南建设有限公司双轮铣槽机设备采购论证会，通过对港航局、华南建设项目投资建设的可行性等相关报告研究和论证，强化技术方案，改善购置方案，使工程局设备资源配置达到最优。（张宏成）

【境外资产清查】 2017 年，按照国务院国有资产监督管理委员会境外检查通知要求，中国铁建下发境外设备、物资资产清查通知，开展境外资产清查工作。经统计，中国铁建系统在海外组建资产公司 14 家；设备实力 17951 台（套），原值 748279.28 万元，净值143195.44万元；小型设备机具及周转材料原值40379.49万元。通过清查，整改所属各公司资产规范管理、账物对应相符。（张宏成）

【设备集中采购】 2017 年，中国铁建系统采购设备 6349 台（套），预算金额 62.41 亿元，合同金额 57.78 亿元，节约资金 4.62 亿元，节资率 7.41%。（张宏成）

【行业交流评选】 2017 年，中国铁建组织所属各单位学习行业内先进技术和经验，并进行推广。转发关于《中国设备管理协会专家服务中心组织申报全国交通运输行业设备管理创新成果（2014—2016 年度）的通知》，要求各单位结合实际，申报管理成果。中铁第四勘察设计院集团有限公司《高速铁路站台门关键技术研究及工程应用》获得一等奖；中国土木工程集团有限公司《海外施工特种设备的安全管理》获得二等奖；张浩获评“全国交通运输行业设备管理创新人物”。年内组织在北京单位设备物资管理部门 10 名管理人员参加设备 2017 年施工企业设备管理创新发展论坛，学习、交流行业先进设备管理经验。（张宏成）

【铁路运输保障任务】 2017 年，中国铁建办理机车驾驶员 358 人次，自轮运转设备（大型养路机械、轨道车、接触网作业车）驾驶员 68 人次的证照申请和更换，有效缓解现场机车车辆驾驶员不足状况。全年完成申请路用车 3712 辆，保证施工现场的设备及时到位和物资顺利转运。（张宏成）

【工业制造】 2017 年，中国铁建工业制造板块紧扣“产业联动、协同发展”战略主线，有效促进工业制造产业健康发展，实现经营承揽、内部协同持续增长，产业布局逐步完善。年内中国铁建重工集团有限公司与中国铁建高新装备股份有限公司完成合并重组，成立新中国铁建重工集团有限公司，工业制造板块由原来 12 家变为 11 家。其中，二级企业为中国铁建重工集团有限公司，三级企业（局属工业企业）10 家，分别是：中铁十一局集团汉江重工有限公司，中铁十六局集团建工机械有限公司，中铁十八局集团水泵厂和三公司机械厂，中铁二十局集团长安重工有限公司，中国铁建电气化局集团康远新材料有限公司及轨道交通器材有限公司、科技有限公司、西安电气化制品有限公司，中铁第五勘察设计院集团北京铁五院工程机械有限公司。11 月，中国铁建代表团赴伊朗参加“2017 中国工程技术暨产能合作与装备制造展览会”及由承包商会、商务部外贸发展事务局主办的“中国—伊朗基础设施合作论坛”，展示中国装备制造综合实力和专业技术水平，提升中国铁建装备制造产业在伊朗的知名度，加强中国企业与所在国相关政府部门、企业等业界的合作。年内中国铁建重工集团有限公司在新疆乌鲁木齐高端装备产业园、长沙第二产业园等一批高标准、有特色的产业基地相继建成投产，成都、太原、洛阳等联合制造基地高效运行；中铁十一局集团汉江重工加大对桥梁钢结构的生产研发和硬件投入力度，在桥梁钢结构制造安装技术领域迈上新台阶。全年工业企业新签合同额 148.98 亿元，完成计划 157.79 亿元的 94.42%，累计完成企业总产值 127.31 亿元，完成计划 138.78 亿元的 91.74%。全年在全系统内、外部销售工业设备产品 1831 台（套），金额 128.34 亿元。其中内部销售 1201 台（套），销售金额 54.53 亿元，占总销售额的 42.49%；掘进机销售 85 台，合同金额 43.75 亿元，内部销售 55 台，合同金额 25.54 亿元；特种装备产品销售 534 台，合同金额 10.75 亿元，内部销售 486 台，合同金额 8.61 亿元；大型养护机械产品销售 104 台，合同金额 16.74 亿元，内部销售 6 台，合同金额 1.44亿元；起重机类产品销售 303 台，合同金额 1.8 亿元，内部销售 263 台，合同金额 1.64 亿元；盾构后配套类产品均销售内部，合同金额 2.37 亿元。（郭春雷）

【物资管理工作】 （1）组织召开项目物资管理培训筹备会议。听取所属各集团公司物资部长培训课件的准备情况，布置物资管理培训工作，强调物资管理工作的重点是以《项目物资管理指导意见》为指南，重点抓好培训和核算，通过培训提高人员素质，通过规范项目物资核算，加强对量的管理。2017 年 3—5 月，组织项目物资管理培训班 7 期，培训物资人员 2533 人，其中，集团公司物资部门 47 人；工程公司物资部门 224 人；项目部物资部长 1073 人；项目部业务人员 1189 人。（2）项目物资地材管理，主要以地材自加工为突破口，积极推广项目地材自加工、自主建厂、联营建厂等模式，有效降低地材采购成本。中铁十一局集团有限公司大力推行项目碎石自加工,或与地方厂矿联营,缓解市场供需矛盾,降低采购单价。中铁十九局集团有限公司西成铁路陕西段在加强地材管理上,通过比质、招标竞价择优选定有实力的供应商,碎石平均比市场价格低10元/立方米,使用量100万立方米,节约资金1000万元。(3)加强外加剂采购管控,严格质量管理。针对外加剂市场厂家较多,价格差距大、质量不稳定等问题,为保证外加剂质量,中国铁建系统内部分集团公司委托工程公司建立外加剂生产基地,工程公司与外加剂生产厂家签订战略合作协议以定点合作生产统一供应的方式,确保产品质量,降低采购成本,保障施工顺利进行。全年累积采购外加剂82.98万吨,采购金额24.01亿元。(4)加强周转材料管理。为有效控制成本,各集团公司坚持“先调剂,后租赁,再购置”原则,利用调剂、租赁和购置配置方式有机结合,降低项目资源投入,有效控制项目资源配置成本。各集团公司还完善周转材料管理办法,对退场或闲置资源进行维护、保养和再加工,对项目部周转材料统一管理、统一调配,提高周转材料使用效率和创效水平,降低使用成本。(5)积极推行火工品直供,打破垄断,降低物资成本。火工品通过直供有效平抑地方材料供应价格,极大保证生产供应。(6)物资成本核算。各集团公司建立健全物资材料采购、验收、消耗及库存台账。按照项目中标预概算价格、施工组织需求计划及材料损耗系数,制定材料消耗控制指标,定期进行盘点,收集整理汇总物资实际进场量、消耗量、库存量,结合项目施工实际科学分析物资节超,通过对项目基础数据的运行分析,促进物资成本核算工作有效开展,确保核算数据真实有效,控制采购成本。

(刘宝庆)

2017 年 4 月 12 日，中铁十四局集团有限公司承建的中国援建阿富汗国家职业技术学院项目举行奠基仪式。

（张记力 摄）

海外经营 境外工程

海外经营

【海外部】 主要职责:负责中国铁建股份有限公司(以下简称“公司”)海外发展战略及海外中长期规划的研究制定,并就贯彻执行提出具体意见;制定和完善公司外经、外事管理制度和办法;负责与国家外交、外经主管部门和驻外使领馆、驻华使领馆、商会、协会的沟通联络;负责因公出国(境)审批及相关证照的办理、换发及管理;负责邀请外国人来华的审核报批;负责在出入境机关备案人员因私护照管理和因私出国(境)审批;负责《工程新闻纪录》(ENR)全球最大250家国际承包商评选参选资料的准备及报送工作;负责公司境外突发事件应急预案的制定及突发事件应急联络、组织工作;牵头负责以公司名义承揽海外项目的审批、投(议)标核准证办理、相关证照提供;负责海外工程承包类经营事项的协调;负责海外工程的监督与指导;负责海外专家委员会的日常工作;负责对外承包工程经营资格证书年检工作;负责海外工程承包经营情况统计分析工作;负责海外工程项目中标信息、重大信息的汇总、报送;参与海外舆情监控工作;参与海外风险管理和内控相关工作;参与商务部、国家外汇管理局组织的境外投资联合年检和综合绩效评价工作;参与海外并购重组工作。部门定员28人,设总经理1人、执行总经理2人、副总经理2人。下设综合处、对外联络处、非洲处、亚大处、欧美处、外事处、合同报价处。

(张 静)

【全球最大250家国际承包商排名】 5月,按照中国对外承包工程商会通知要求,完成美国《国际工程新闻纪录》(ENR)组织的2017年度全球最大250家国际承包商评选活动的资料报送工作。2017年,中国铁建在ENR最大250家全球承包商中排名第3位,ENR最大250家国际承包商中排名第23位。 (张 静)

2017年中国铁建海外工程新签合同额情况

序号	单 位	新签合同额(万美元)	占海外合同总额比例(%)
1	中国土木工程集团有限公司	654508	41.89
2	中铁十一局集团有限公司	2503	0.16
3	中铁十二局集团有限公司	12091	0.77
4	中国铁建大桥工程局集团有限公司	197870	12.67
5	中铁十四局集团有限公司	42627	2.73
6	中铁十五局集团有限公司	2838	0.18
7	中铁十六局集团有限公司	48655	3.11
8	中铁十七局集团有限公司	87968	5.63
9	中铁十八局集团有限公司	184172	11.79
10	中铁十九局集团有限公司	7548	0.48
11	中铁二十局集团有限公司	24166	1.55
12	中铁二十一局集团有限公司	8082	0.52
13	中铁二十三局集团有限公司	1059	0.07
14	中铁二十四局集团有限公司	22267	1.43
15	中铁二十五局集团有限公司	10277	0.66
16	中铁建设集团有限公司	6389	0.41
17	中国铁建电气化局集团有限公司	24995	1.60
18	中国铁建港航局集团有限公司	5156	0.33
19	中铁第一勘察设计院集团有限公司	972	0.06
20	中铁第四勘察设计院集团有限公司	836	0.05
21	中铁第五勘察设计院集团有限公司	706	0.05
22	中铁上海设计院集团有限公司	660	0.04
23	中铁物资集团有限公司	12291	0.79
24	中国铁建重工集团有限公司	5144	0.33
25	中国铁建国际集团有限公司	198382	12.70
26	诚合保险经纪有限公司	99	0.01
	总 计	1562261	100.00

(制表:张 静)

2017 年中国铁建海外工程完成营业额情况

序号	单　位	完成营业额(万美元)	占海外营业总额比例(%)
1	中国土木工程集团有限公司	247168	32.08
2	中铁十一局集团有限公司	6879	0.89
3	中铁十二局集团有限公司	27001	3.50
4	中国铁建大桥工程局集团有限公司	8552	1.11
5	中铁十四局集团有限公司	22883	2.97
6	中铁十五局集团有限公司	4894	0.64
7	中铁十六局集团有限公司	4658	0.60
8	中铁十七局集团有限公司	24854	3.23
9	中铁十八局集团有限公司	40669	5.28
10	中铁十九局集团有限公司	16646	2.16
11	中铁二十局集团有限公司	158030	20.51
12	中铁二十一局集团有限公司	6498	0.84
13	中铁二十二局集团有限公司	815	0.11
14	中铁二十三局集团有限公司	5253	0.68
15	中铁二十四局集团有限公司	7326	0.95
16	中铁二十五局集团有限公司	5452	0.71
17	中铁建设集团有限公司	18690	2.43
18	中国铁建电气化局集团有限公司	1632	0.21
19	中国铁建港航局集团有限公司	7475	0.97
20	中铁第一勘察设计院集团有限公司	1619	0.21
21	中铁第四勘察设计院集团有限公司	980	0.13
22	中铁第五勘察设计院集团有限公司	569	0.07
23	中铁上海设计院集团有限公司	106	0.01
24	中铁物资集团有限公司	7751	1.01
25	中国铁建重工集团有限公司	4155	0.54
26	中国铁建国际集团有限公司	113164	14.69
27	中国铁建投资集团有限公司	26777	3.48
28	诚合保险经纪有限公司	58	0.01
	总　计	770556	100.00

(制表:张　静)

【来宾访问】 1 月 20 日,中国铁建总裁庄尚标在中国铁建大厦会见来访的纳米比亚国有企业部部长利昂·尤斯特一行。双方就进一步加强和深化中国铁建与纳米比亚政府之间在基础设施建设领域的合作进行会谈并交换意见。

3 月 9 日,中国铁建董事长、党委书记孟凤朝在中国铁建大厦会见到访的巴西驻华大使马尚,双方就加强中国铁建与巴西在基础设施建设领域的合作进行友好交流并达成共识。

3 月 15 日,中国铁建总裁庄尚标在中国铁建大厦会见来访的安哥拉财政部长阿谢尔·曼格拉、水电部长若昂·巴蒂斯塔·波耶斯、建设部长阿了杜·卡洛斯·富杜那杜等一行。双方就进一步加强合作,推进安哥拉基础设施建设等有关事宜进行洽谈。

4 月 5 日,中国铁建董事长、党委书记孟凤朝在中国铁建大厦会见来访的德勤全球首席执行官浦仁杰、德勤中国首席执行官曾顺福一行。双方就进一步深化合作伙伴关系,拓展合作领域、创新合作模式进行深入探讨并达成共识。

4 月 17 日,中国铁建董事长、党委书记孟凤朝在中国铁建大厦会见到访的阿根廷交通部副部长佩德罗·索洛普一行,双方就进一步加强中国铁建与阿根廷在基础设施建设和投融资领域的合作进行友好交流并达成共识。

5 月 12 日,中国铁建总裁庄尚标与马来西亚交通部长廖中莱一行在北京举行会晤,双方就推进马来西亚南部铁路建设及其他相关领域合作进行深入交流。

5 月 12 日,越南国家主席陈大光在钓鱼台国宾馆会见中国铁建董事长、党委书记孟凤朝,双方围绕基础设施建设领域合作进行友好交流并达成共识。越南国事访问代表团全体成员出席会谈。

5 月 13 日,来北京参加“一带一路”国际合作高峰论坛的埃塞俄比亚总理海尔马里亚姆·德萨莱尼会见中国铁建总裁庄尚标。双方围绕埃塞俄比亚的基础设施建设领域合作进行友好交流并达成重要共识。

5月15日,中国铁建总裁庄尚标在中国铁建大厦会见泰国正大集团资深董事长谢国民一行。双方希望能够在实施"一带一路"倡议的过程中携起手来,加强全方位合作,实现资源共享,优势互补,促进共同发展。

同日,白俄罗斯经济部长弗拉基米尔·季诺夫斯基带领白俄罗斯政府代表团到访中国铁建,中国铁建总经济师赵晋华与弗拉基米尔·季诺夫斯基就进一步加深基础设施建设领域合作进行友好交流并达成共识。

5月16日,中国—阿根廷贸易投资论坛在北京国贸大酒店举行。正在对中国进行国事访问,出席"一带一路"国际合作高峰论坛的阿根廷总统毛里西奥·马克里出席论坛并致辞。中国铁建总裁庄尚标参加论坛并会见阿根廷交通部长迪特里希。

同日,阿根廷总统毛里西奥·马克里与中国铁建董事长、党委书记孟凤朝在北京国贸大酒店举行会谈。双方围绕铁路等基础设施投资、建设领域合作进行友好交流。

5月17日,中国铁建总裁庄尚标在北京国贸大酒店会见肯尼亚交通与基础设施部部长马查里亚,双方就进一步深化重点项目合作、推进在建项目建设等方面进行深入交流并达成共识。

5月26日,马来西亚总理纳吉布与中国铁建总裁庄尚标举行会谈,双方围绕马来西亚基础设施建设领域合作进行友好交流。

6月7日,中国铁建总裁庄尚标在中国铁建大厦会见来访的澳大利亚麦格理公司高级董事总经理、澳洲建筑行业主管多米尼克·麦格一行。双方围绕澳大利亚基础设施建设市场的最新动态和投资机会进行磋商,并就进一步拓展合作空间、创新合作模式进行友好交流。

6月22日,中国铁建副总裁汪文忠在北京钓鱼台国宾馆拜会加纳副总统巴武米亚一行。双方就加强加纳铁路项目战略合作进行深入友好交流。

7月12日,中国铁建党委常委、总会计师、总法律顾问王秀明在中国铁建大厦会见团中央国际联络部副部长、全国青联副秘书长贾波和萨尔瓦多议会经济委员会顾问迪亚斯带领的"未来之桥"拉美青年领导人代表团一行。

8月1日,刚果(布)国土整治及大型工程部长布雅带领刚果(布)政府代表团访问中国铁建。中国铁建董事长、党委书记孟凤朝与布雅一行就进一步加深基础设施建设领域合作进行友好交流并达成共识。随后,刚果(布)财政部长加戈农、交通运输部长莫科基、驻华大使奥瓦萨同中国铁建副总裁汪文忠举行友好会谈。

8月25日,中国铁建总裁庄尚标在中国铁建大厦与到访的乌干达议长卡达加一行举行会谈。双方期望以此为契机为未来的合作奠定基础,为促进乌干达经济社会发展和深化中乌两国友谊做出更大贡献。

9月2日,中国铁建董事长、党委书记孟凤朝在北京瑞吉酒店拜会来华参加金砖国家领导人会晤的巴西计划、发展和管理部部长迪奥戈·奥利维拉,双方就进一步加强基础设施领域合作等有关事宜进行友好交流。

10月23日,中国铁建总裁庄尚标在中国铁建大厦会见来访的沙特阿美石油公司高级副总裁艾哈迈德·萨迪一行。双方就加强合作深入交换意见。

11月19日,中国铁建总裁庄尚标拜会正在中国进行国事访问的巴拿马总统巴雷拉,巴拿马副总统兼外交部长德圣马洛,巴拿马运河部部长罗伊,巴拿马驻华大使埃斯科巴等一行。庄尚标同巴拿马总统巴雷拉进行友好会谈,双方就进一步加强在巴拿马基础设施投资和建设方面的合作进行深入交流。

12月1日,中国铁建副总裁鲁斌在中国铁建大厦会见阿尔及利亚民族解放阵线党领导人、国民议会副议长穆罕默德·穆萨乌贾,民族民主联盟领导人、国民议会副议长阿明·森努希一行,双方就基础设施建设等有关事宜进行深入交流并达成共识。

12月12日,中国铁建副总裁李宁在中国铁建大厦会见巴西巴伊亚州副州长若昂·里昂,双方就进一步加强基础设施建设领域合作进行深入交流并达成共识。

12月16日,土耳其副总理西姆谢克在土耳其驻华大使约南陪同下访问中国铁建。在中国铁建大厦,西姆谢克与中国铁建董事长、党委书记孟凤朝进行亲切友好交流,并就基础设施建设有关事宜达成共识。

(张　静)

【重要记载】 ▲5月15日　中国铁建董事长、党委书记孟凤朝受邀参加首届"一带一路"产业金融高级国际研讨会并致辞。他表示,中国铁建愿依托丝路产业与金融国际联盟平台,充分发挥联盟的纽带作用和企业的主导作用,全面参与"一带一路"建设,共同开创全球经济合作的格局。会议由丝路规划研究中心、联合国家发展改革委国际合作中心、中国工商银行、安永公司共同主办。全国政协副主席陈元,法国前总理拉法兰等嘉宾出席会议并发表致辞。

▲6月2日　中国铁建在北京召开境外党建工作调研座谈会。中国铁建党委副书记、副总裁夏国斌出席并讲话。座谈会主要围绕境外单位或项目部党组织设置形式、管理体制、开展活动、党建工作中遇到的突出问题等展开。会上,中国土木工程集团有限公司,中铁十四、十七、十八、二十、二十五局集团有限公司,中国铁建国际集团有限公司、中国铁建投资集团有限公司8家单位就境外党建工作开展情况作了汇报。中国铁建所属8家单位的党委副书记、组织部部长及部分境外单位党组织负责人参加调研座谈会。中国铁建党

委组织部及海外部相关部室负责人参加座谈。

▲9 月 3—4 日　2017 年金砖国家工商论坛在厦门市举行，国家主席习近平出席开幕式并发表主旨演讲。中国铁建党委常委、副总裁汪文忠代表中国铁建参加开幕式和主题讨论。4 日上午，在主题讨论“互联互通”开幕前，汪文忠参加几内亚总统孔戴的欢迎仪式；下午，汪文忠参加金砖五国领导人与工商理事单位对话会。活动期间，汪文忠与国内外工商界企业家展开广泛、友好的交流，进一步推动中国铁建与金砖国家开展合作。

▲9 月 5 日　中国铁建在中国土木工程集团大厦举行简朴而隆重的《纪念坦赞铁路 50 年文集》首发仪式，纪念坦赞铁路协定签署 50 周年。坦桑尼亚驻中国大使凯鲁基，赞比亚驻中国公使班达，中央党建工作领导小组处长易海云，中国铁建总裁庄尚标，中国土木工程集团有限公司党委书记、董事长袁立等出席活动。

▲9 月 6 日　“2017 中国—阿拉伯国家博览会”在宁夏回族自治区银川市开幕。中国铁建副总裁汪文忠代表中国铁建参加开幕式和“2017 中国—阿拉伯国家博览会”高速铁路分会。活动期间，汪文忠与阿拉伯国家相关政府部门负责人展开广泛、友好的交流，进一步推动中国铁建与阿拉伯国家开展合作。当日下午，召开“2017 中国—阿拉伯国家博览会”高速铁路分会圆桌会议，汪文忠代表中国铁建与约旦交通部、摩洛哥国家铁路局、埃及国家铁路局负责人开展“中阿铁路合作与发展”专题交流。汪文忠介绍中国铁建积极参与“一带一路”建设、铁路“走出去”及深入参与阿拉伯国家基础设施建设等相关情况，并提出关于中阿铁路及基础设施建设合作的有益建议。

▲9 月 19 日　中国铁建在北京召开海外业务座谈会。中国铁建总裁庄尚标出席会议并做讲话。会议强调，要以习近平总书记对国有企业提出的“成为实施‘走出去’战略、‘一带一路’建设等重大战略的重要力量”要求为统领，坚定战略目标，突出问题导向，狠抓工作落实，确保说一件、干一件、成一件，全面推进实施中国铁建“大海外”战略，促进海外事业快速健康安全发展。中国铁建系统 80 余人参加会议。

▲9 月 25 日　中国铁建与中国进出口银行在北京签署战略合作协议。签约仪式前，中国铁建董事长、党委书记孟凤朝与中国进出口银行董事长、党委书记胡晓炼就进一步深化双方在“一带一路”建设等领域的合作进行深入交流并达成共识。

▲11 月 6 日　中国驻安提瓜和巴布达使馆、商务部和国务院国资委相继向中国铁建发来感谢信和表扬信，对中国铁建在飓风“玛利亚”营救行动中主动承担并圆满完成中方人员转移接返工作表示感谢。

▲11 月 30 日至 12 月 3 日　中国共产党与世界政党高层对话会在北京举行。中共中央总书记、国家主席习近平出席高层对话会开幕式并发表主旨讲话。中国铁建党委副书记、总裁庄尚标参加开幕式和第一次全体会议，并在“共建‘一带一路’：政党的参与和贡献”专题研讨会上发表演讲。

▲12 月 11 日　中国铁建在北京召开海外业务信息服务系统二期培训视频会，安排部署各单位海外业务信息填报工作，并对新系统操作、填报要求进行培训。中国铁建副总裁汪文忠出席会议并讲话。

（张　静）

境外工程

【沙特内政部安全总部发展项目第五期合同第 1、3、5 号承包项目】　第 1 号承包利雅得地块，合同额 4094098682.66 沙特里亚尔（约合 10.92 亿美元）；第 3 号承包麦加地块，合同额 1262498195.18 沙特里亚尔（约合 3.37 亿美元）；第 5 号承包东部地块，合同额 2066711099.95 沙特里亚尔（约合 5.51 亿美元）。项目为设计施工总承包模式，合同总工期 1440 天，不同建筑群工期 720～1080 天不等。合同投资 26 亿美元。截至 2017 年底，开工累计完成投资 1.01 亿美元。

（张　静）

【尼日利亚铁路现代化项目卡杜纳—卡诺段工程】　全长 204 千米，双线标准轨距，设计最大时速 150 千米。项目为 EPC 总承包合同，合同工期 36 个月，合同投资 16.85 亿美元。（张　静）

【尼日利亚铁路现代化项目拉各斯至伊巴丹段工程】　尼日利亚铁路现代化项目拉各斯—卡诺双线准轨铁路，正线全长 1315 千米，铺轨 2730 千米，设车站 25 座，桥梁 200 千米，机车车辆维修工厂 2 座，全线全立交、全封闭、全自动闭塞微机联锁、全线电力贯通，采用中国技术标准进行设计、施工，开创中国技术标准输出先河。其中，拉各斯至伊巴丹段为双线铁路项目，线路全长 156.654 千米，设车站 8 座，合同投资 14.88 亿美元。截至 2017 年底，开工累计完成投资 2.62 亿美元。

（张　静）

【赞比亚奇帕塔经佩塔乌凯至塞伦杰铁路设计施工合同项目】　线路全长 388.8 千米，为单线铁路，设计客车时速 120 千米、货车时速 80 千米。项目为 EPC 合同包括设计和施工，合同工期 4 年，合同投资 22.6352 亿美元。（张　静）

【孟加拉铁路阿考拉至锡莱特米轨转换混合轨改造项目】　项目改造后正线长 176.24 千米，站线 62.9 千米。合同工期54个月,合同投资15.45亿美元。

(张　静)

【卡诺市轻轨详细勘察、设计和施工项目】 线路全长74.3千米,设计时速100千米,分两期,第一期工期2年;第二期工期2年。合同投资18.51亿美元。

(张　静)

【卡拉奇至拉合尔高速公路第3段——拉合尔至阿卜杜哈基姆的设计、采购及施工总承包项目】 巴基斯坦政府通过修建卡拉奇至拉合尔高速公路(双向6车道,全长1152千米),以减轻现有N-5公路的交通压力(N-5公路目前承担巴全国65%的运输量)。先期修建拉合尔至阿卜杜哈基姆段,全长230千米,设计时速120千米。工程位于巴基斯坦旁遮普省,巴基斯坦政府出资修建,合同工期30个月,合同投资14.6亿美元。截至2017年底,开工累计完成投资9.91亿美元。

(张　静)

【阿尔及利亚贝佳亚港口—东西高速公路100千米连接线工程】 位于阿尔及利亚贝佳亚省和布维拉省境内,起点位于贝佳亚港口的现有道路上,向西南方向沿苏曼河河谷布线,终点位于东西高速公路中标段M2标段的哈尼夫互通,路线全长100千米。合同工期36个月,合同投资13亿美元,中国铁建中标11.8亿美元。截至2017年底,开工累计完成投资8.99亿美元。

(张　静)

【尼日利亚铁路现代化项目阿布贾至卡杜纳段工程】

尼日利亚铁路现代化项目拉各斯—卡诺双线准轨铁路,正线全长1315千米,铺轨2730千米,车站25座,桥梁200余千米,机车车辆维修工厂2座,全线全立交、全封闭、全自动闭塞微机联锁、全线电力贯通,采用中国技术标准进行设计、施工,开创中国技术标准输出先河。其中,阿布贾至卡杜纳段为单线铁路,正线186.5千米、站线41.291千米,合同总投资约8.5亿美元。截至2017年底,开工累计完成投资10.30亿美元。

(张　静)

【阿尔及利亚55千米铁路项目】 位于阿尔及利亚北部沿海地区。2007年7月,中国土木工程集团公司与土耳其OZGUN公司组成联合体中标,2009年6月20日签约,2009年7月18日开工。全长55千米,合同投资5.7亿美元。根据工程量变更,中国铁建与业主签订补充协议,项目总投资变更为9.29亿美元。项目为设计施工总承包项目,设计时速160千米。截至2017年底,开工累计完成投资8.54亿美元。

(张　静)

【尼日利亚阿布贾城市铁路工程】 全长60.7千米,合同总投资8.4亿美元。2007年5月签约。主要工程量:铁路桥梁10座1226延长米,公路跨线桥7座340延长米,框架桥1600平方米,涵洞168座,铺轨165千米,铺道岔131组。工程采用中国技术标准,中国土木工程集团有限公司负责设计施工总承包。截至2017年底,开工累计完成投资7.98亿美元。

(张　静)

【鲁雷纳瓦克—里韦拉尔塔公路项目】 位于玻利维亚西北部的贝尼省,由政府所在地拉巴斯,延伸到位于巴西边境的瓜亚拉梅林,线路总长508.07千米,设计为双向两车道,为超过国家地理区域三分之一的地区提供交通服务,合同投资5.79亿美元。项目将为玻利维亚农林、农牧和旅游等产业发展提供有力支持;作为一条非常重要的国际贸易线路,尤其是对巴西商品经由智利、秘鲁的太平洋港口发往亚洲具有重要意义。该项目除了是玻利维亚历史上签署单笔金额最大的合同项目、首笔使用拉美地区100亿美元优惠性质贷款额度的项目外,也是中国企业在玻利维亚承建的最大项目以及中国铁建在拉美地区收获的首个EPC+F项目。截至2017年底,开工累计完成投资1.31亿美元。

(张　静)

【泰国生态农业工厂设计施工总承包项目】 包含装配式钢结构种植养殖工厂300栋,标准厂房每栋9000平方米,全部建筑面积270万平方米。合同工期2年,合同投资193.563亿泰铢,约折合人民币37.3048亿元。

(张　静)

【格鲁吉亚现代化铁路项目】 位于格鲁吉亚国家中部的哈舒里—泽斯塔佛尼之间,合同内容包括16.78千米的部分既有线改造,38.3千米的新线建设,设车站6座,路基土石方495.555万立方米,挡墙工程2550米,桥梁2679延长米,渡槽44米,涵洞1779.52横延米,隧道15030延长米。设计时速客运120千米、货运80千米,合同总投资约3.39亿美元。业主为格鲁吉亚铁路有限公司,监理方为德国与奥地利联合体。截至2017年底,开工累计完成投资2.19亿美元。

(张　静)

【马来西亚四季酒店项目】 四季酒店项目毗邻马来西亚标志性建筑——双子塔,地理位置优越,是集商业、公寓和酒店于一体的高端城市综合体,总建筑面积23.1万平方米,地下4层、地上主塔76层,建筑总高度342.5米。中国铁建国际集团有限公司承揽,中铁建设集团有限公司施工总承包。合同总投资约3亿美元,是集商业、公寓和酒店于一体的综合楼,位于吉隆坡双塔附近,总建筑面积约148.5万平方米,地下4层、地上65层。其中,首层至7层为裙楼(底商及附属设施);8层至21层为酒店(190个客房);22层至65层为住宅公寓(242个单元)。截至2017年底,开工累计完成投资2.75亿美元。

(张　静)

2017 年 11 月 20 日，中国铁建在北京召开责任成本管理工作会议。　（徐云华 摄）

经营管理

企业管理

【发展规划部】 主要职责：组织制定中国铁建股份有限公司（以下简称“公司”）总体发展战略、中长期发展规划，组织开展公司发展方针、政策、策略和各创效板块战略、分战略、子战略等战略体系的构建，组织全面风险管理和内控工作，负责公司重大课题组织研究及企业改革、资源配置、整合、并购、重组、合并、分离、分立、关闭、注销、撤销、破产等方案的制定和组织实施，负责公司组织架构、机构编制设立、审批、撤销、管理等工作，组织工程公司建设及公司管理建设，负责公司施工、勘察设计、工程监理、对外承包等资质的审核、申报、统计、管理工作，负责注册资本金调整和公司工商注册、商标注册等工商登记工作，负责公司管理协会和公司参加的相关协会的日常工作；参与责任成本管理、投资收购论证、信息化建设工作；承办总公司企业管理相关工作。定编16人，设部长1人、副部长2人；下设战略规划处、政策研究处、企业管理处、风险内控处、编制处。 （李吉锋）

【工作综述】 （1）推进战略规划。正式发布《中国铁建股份有限公司2016—2020年企业发展战略与规划》，确立“建筑为本、相关多元、协同一体、转型升级，发展成为技术创新国际领先、竞争能力国际领先、经济实力国际领先，最具价值创造力的综合建筑产业集团”的总体发展战略。组织股份公司评审小组，经2次集中会议评审、3轮征求意见、10余稿修改完善，完成中国土木工程集团有限公司等30家二级单位“十三五”发展战略与规划的批复。（2）推进企业改革。注重顶层设计，制定下发《中国铁建全面深化改革总体方案》和《中国铁建发展混合所有制经济指导意见（试行）》。推进子企业功能界定和分类工作，制定《中国铁建子企业功能界定与分类方案》，并组织对所属840家各级子企业进行功能界定分类，最终确定除中国铁建股份有限公司北京培训中心（党校）为公益类企业外，其余子企业全部为商业一类企业。截至2017年底，包含中国铁道建筑总公司在内的8家全民所有制企业的公司制改制工作全部完成，中国铁道建筑总公司正式更名为中国铁道建筑有限公司。中国铁建全面进入公司制时代，为有效制衡公司法人治理结构，建立灵活高效的市场经营机制打开良好局面。（3）强化资质管理。完善制度体系，修订下发《建设工程企业资质管理办法》。2017年，全系统新取得特级资质26项。其中，8家单位取得建筑特级资质，分别是：中铁十二局集团建安公司、中铁十六局集团有限公司、中铁十五局集团城建公司、中铁十七局集团建安公司、中铁二十局集团六公司、中铁二十四局集团有限公司、中铁二十五局集团有限公司、中铁城建集团一公司。7家单位取得市政公用特级资质，分别是：中铁十一、十二、十八、十九、二十二、二十四局集团有限公司和中铁建设集团有限公司。9家单位取得公路特级资质，分别是：中铁十一局集团有限公司、中国铁建大桥工程局集团四公司、中铁十四局集团三公司、中铁十六局集团三公司、中铁十七局集团有限公司及其一公司、中铁十九局集团三公司、中铁二十一局集团有限公司、中铁二十三局集团有限公司。2家单位取得水利水电和港口航道工程特级资质建筑特级资质，分别是：中铁十八局集图有限公司和中国铁建港航局集团有限公司。积极开展资质重组工作。充分利用相关政策，根据各单位发展需要，完成股份公司公路壹级资质重组工作，先后组织中铁十五、二十三局集团有限公司，中铁建设集团有限公司，中国铁建电气化局集团有限公司等多家单位进行资质重组工作。（4）全力推进商标管理。严格选聘中介机构，选择国内规模最大、实力最强、历史最久的中国国际贸易促进委员会专利商标事务所作为股份公司商标注册的代理服务机构。2017年，根据股份公司商标注册工作总体部署，在对全系统商标注册情况及其他建筑央企的商标注册情况进行全面摸底调研基础上，对股份公司2项主要商标进行紧急45类全类别的覆盖注册，并及时完成股份公司在香港的注册商标的延展注册工作。年内完成股份公司主商标在海外97个国家或地区的注册；股份公司所属单位简称，以及股份公司关联品牌的商标的防侵权性注册。（5）强化基础管理。评选发布2017年工程公司“营业收入20强”和“经济效益20强”。组织开展中国铁建第三届企业管理现代化创新成果评审发布工作。按照《子公司注册资本金管理办法》规定，年内研究批复多家单位增加注册资本金事宜。根据中共中央、国资委党委及国资委有关党建工作、法治建设工作纳入公司《章程》的要求，对所属二级单位修订《章程》请示进行批复。根据各单位发展需要，研究批复三级子企业注册地搬迁事宜。（6）机构编制管理。完善制度体系，经反复研讨及征求意见，修订完善《机构编制管理办法》和《项目部机构编制管理指导意见》。调整机关部分部门机构编制。对人力资源部（党委干部部）和党委组织部职能和编制进行调整，调整后，党委组织部（党委干部部）定员15人，撤销党委组织部组织员编制；人力资源部领导干部处和干部监督处及相关职能划入党委组织部，人力资源部名称不变，不再挂党委干部部的牌子，定员调整为14人。成立股份公司党委巡视组，定员4人，保留纪委办公室，将执法和效能监察室更名为党风政风监督室（党委巡视工作办公室），案件检查室更名为纪检监察室。纪委办公室定员由5人调整为6人，党风政风监督室定员5人，纪检监察室定员由6人调整为7人。将原设立的两个纪委派驻纪检组撤销，"总部机关增设3名巡视组组长"的通知不再执行。调整部分单位编制定员。继续认真做好新设机构审核批复工作。(7)强化内部资源整合。2017年，先后在广州、南宁、南京、西安、雄安等地区分别成立中铁建华南建设有限公司、中铁建北部湾建设投资有限公司、中铁建城市建设投资有限公司、中铁建西北投资建设有限公司、中铁建雄安投资发展有限公司5个二级投资平台公司，各平台公司与股份公司区域指挥部均实行"一套人马、两块牌子"。整合福建指挥部、福州分公司和中铁海峡建设集团有限公司（简称海峡公司），将华中指挥部负责的江西省区域经营划入福建指挥部；经营区域调整后福建指挥部更名为东南指挥部，东南指挥部与福州分公司、海峡公司合署，共为"一个机构、三块牌子"，海峡公司列股份公司二级单位序列，按工程局集团同等规格管理，股权关系暂不变。重组中国铁建高新装备股份有限公司和中国铁建重工集团有限公司，组建新的中国铁建重工集团有限公司。(8)开展对外并购。2017年，中国铁建投资集团有限公司以不超过3420万元的价格，协议收购苏州市交通设计研究院有限责任公司95%的股权。批准中国铁建房地产集团有限公司以不高于1396.23万元的价格，通过产权交易中心摘牌方式并购重庆华森工程设计顾问有限公司100%的股权。积极推进中国铁建国际集团有限公司拟并购中国河南国际合作有限公司事宜。(9)法人企业压减。坚持周报和定期通报制度，2017年期周报的收集、汇总、数据整理并下发7次压减工作通报。按照完成《中央企业被压减法人单位单户数据采集表》和《中央企业集团合并报表层面数据采集表》的收集、汇总、审核、系统录入等工作。圆满完成第一年度压减考核指标。5月31日，国资委对压减工作第一年度进行考核，股份公司共完成压减法人单位132户，压减法人总数占存量法人数的14%，高于中央企业压减完成比率11.5%的平均水平，拿到国资委对中央企业负责人绩效考核压减工作部分的满分。(10)风险内控。全面完成2016年度内控审计、评价工作。在此基础上，按时对外公开披露2016年度内控审计与内控评价报告。规范完成2016年度内控考核。仔细辨识重大重要风险。深入细致开展内控缺陷整改。顺利推进2017年度内控审计工作。不断加大全系统风险内控宣贯培训力度。(11)协会工作。积极参加《财富》杂志"世界500强"以及中国企业联合会"中国企业500强"评选。2017年中国铁建位列世界500强第58位、中国500强第14位。参加中企联、中建协、中施企协等协会相关会议，主动加强与各协会的沟通联系，为各单位争取更多评先评优指标，各协会分配创优指标70个，通过努力实际取得107个。(12)社会责任报告。按照国务院国资委、证交所的要求，编制完成2016年度社会责任报告，与年报一起如期对外披露，同时报送国务院国资委和联合国全球契约组织。（董　凌）

【企业战略规划】　中国铁建总体发展战略：建筑为本、相关多元、协同一体、转型升级，发展成为技术创新国际领先、竞争能力国际领先、经济实力国际领先，最具价值创造力的综合建筑产业集团。

"十三五"期间总体发展目标：到2020年，产业结构调整明显进步，创新发展能力明显增强，发展质量和效益明显提高，国际化经营水平大幅提升，公司治理更加优化，党的建设全面加强。

两个确保：确保在ENR"全球最大250家承包商"前3强的地位，确保在世界500强前100强的行列，力争进入前50强。

五个突破：实现规模总量的突破，2020年营业收入达到8409亿元，争取9000亿元；实现价值创造的突破，创造利润达到国际先进建筑企业利润率平均水平；实现整合利用全球资源的突破，海外并购取得成果；实现科技创新突破，有效专利突破1万件，整体科技指标全面提升；实现海外发展的突破，海外业务占比达10%以上，争取实现15%。（李　江）

【风险管理和内部控制】　2017年，中国铁建贯彻落实国资委对中央企业加强全面风险管理工作的要求，以落实党的十九大精神为统领，以提高发展质量和效益为中心，稳运行、强管理、补短板，持续加大企业内部控制体系和全面风险管理机制建设，严控重大、重要风险的发生。首次采取线上（网页+微信端）评估与回收、后台编程统计方式，提高评估工作的参与度与便捷性。确定8项重大、重要风险，分别为投资风险、安全与质量风险、海外风险、项目管理风险、应收账款风险、现金流风险、成本费用风险、子公司管控风险，并明确风险管控主责部门。积极与公司新聘用的德勤华永会计师事务所沟通，进一步加大内控审计的覆盖面与样本数量，全年有31家二级单位接受内控审计，资产总额占比96.9%，抽取工程公司和项目部样本量171个。年内从所属单位抽调30余人与咨询机构共同组成4个评价小组，对所属20家二级单位开展独立评价。通过现场查阅资料、审核内控流程、督促缺陷整改等工作，极大地提升各级管理者的风险内控意识，进一步完善风险内控的制度和机制建设。其他单位（除当年新设单位外）均按要求进行自我评价工作。同时，还依据《内部控制评价考核管理办法》，从内控评价结果和内控缺陷整改完成情况两方面综合计分，对各单位上一年度的风险内控工作进行考核，兑现考核指标，有效地促进风险内控责任的落实。公司统一组织内控缺陷整改自查，并先后组成多个督导组，对所属重点单位进行现场抽查，有效促进缺陷整改工作的落实。渲染风险内控文化，加强风险内控队伍建设，全年全系统有23家单位的3000多名员工参加宣贯培训，有效提升全员的风险内控意识。（刘志鹏）

【品牌建设】 截至2017年底，中国铁建股份有限公司申请商标注册数量从2015年初的3项，增加到758项，基本能够达到保护企业品牌的目的，有效防止因商标被恶意抢注等案件给企业造成的不良社会影响和经济损失。（董　凌）

【工程公司营业收入20强及经济效益20强评选】 根据2017年度所属单位财政决算数据，“营业收入20强”以营业收入为依据；“经营效益20强”以利润总额为依据，评选出中国铁建工程公司营业收入20强和经济效益20强，产值利润率低于0.5%的工程公司不参加排名。

2017年度中国铁建工程公司营业收入20强排名

序号	单　位　名　称	营业总收入（万元）	利润总额（万元）
1	中铁十一局集团第五工程有限公司	961174	8397
2	中铁十二局集团第三工程有限公司	912716	26843
3	中铁十二局集团第四工程有限公司	886325	26311
4	中铁十一局集团第二工程有限公司	880660	16211
5	中铁十八局集团第五工程有限公司	846186	18410
6	中铁十一局集团第一工程有限公司	811946	18199
7	中铁十二局集团第一工程有限公司	801939	31965
8	中铁十二局集团建筑安装工程有限公司	800055	32541
9	中铁十八局集团第四工程有限公司	715869	5685
10	中铁十一局集团第三工程有限公司	705775	7946
11	中铁十七局集团第二工程有限公司	621819	10756
12	中铁十二局集团第二工程有限公司	605514	4796
13	中铁十七局集团第一工程有限公司	582711	4972
14	中铁十一局集团城市轨道工程有限公司	525500	15768
15	中铁十八局集团第二工程有限公司	500264	5445
16	中国铁建大桥工程局集团第四工程有限公司	495773	2961
17	中铁十四局集团第三工程有限公司	489542	15440
18	中国铁建大桥工程局集团第一工程有限公司	466952	5432
19	中铁十四局集团第二工程有限公司	433113	4710
20	中铁十七局集团第五工程有限公司	431973	6346

（制表：董　凌）

2017年度中国铁建工程公司经济效益20强排名

序号	单　位　名　称	利润总额（万元）	营业总收入（万元）
1	中铁十一局集团电务工程有限公司	36016	243319
2	中铁十二局集团建筑安装工程有限公司	32541	800055
3	中铁十二局集团第一工程有限公司	31965	801939
4	中铁十二局集团电气化工程有限公司	31484	294195

续表

序号	单位名称	利润总额(万元)	营业总收入(万元)
5	中铁十二局集团第三工程有限公司	26843	912716
6	中铁十二局集团第四工程有限公司	26311	886325
7	中铁十八局集团第五工程有限公司	18410	846186
8	中铁十一局集团第一工程有限公司	18199	811946
9	中铁二十局集团市政工程有限公司	18102	267403
10	中铁十一局集团第二工程有限公司	16211	880660
11	中铁十一局集团城市轨道工程有限公司	15768	525500
12	中铁十四局集团第三工程有限公司	15440	489542
13	中国铁建电气化局集团北方工程有限公司	15262	241480
14	中国铁建电气化局集团南方工程有限公司	14522	270141
15	中铁十二局集团第七工程有限公司	14354	276827
16	中国铁建电气化局集团第三工程有限公司	14046	280093
17	中铁十四局集团大盾构工程有限公司	13830	362953
18	中国铁建电气化局集团第二工程有限公司	12711	219175
19	中铁二十三局集团轨道交通工程有限公司	12510	201248
20	中铁十九局集团矿业投资有限公司	11203	246988

(制表:董　凌)

【管理创新成果评选】 2017 年,组织开展中国铁建第三届企业管理现代化创新成果评审工作。评审收到成果申报 120 项。经审定,90 项成果被评为中国铁建第三届企业管理现代化创新成果,其中一等奖 17 项、二等奖 36 项、三等奖 37 项。　　(董　凌)

中国铁建第三届企业管理现代化创新成果情况

序号	成果名称	申报单位
一	一等奖	
1	强力推行公司级大施组,盘活资源,精细管理,有效实现法人管项目	中铁十一局集团三公司
2	施工现场管理一体化平台系统在工程中的应用	中铁十一局集团电务公司
3	建立实测实量体系,有效提升工程质量	中铁十一局集团建筑安装工程公司
4	工程项目成本预控“一责三化”管理模式的探索与实践	中铁十二局集团有限公司
5	“树干型”企业文化体系的构建与实践	中铁十二局集团一公司
6	轻资产运营之合作开发管理实践	中铁十二局集团房地产公司
7	“二建四控八管”项目管理法的实施与应用	中国铁建大桥工程局集团有限公司
8	国内首座跨海公铁大桥的科技创新管理	中国铁建大桥工程局集团有限公司
9	多元化互补性劳务组织模式研究与应用	中铁十七局集团三公司
10	基于目标管理的精益项目管理	中铁十八局集团五公司
11	构建创新型施工总承包标准管理体系	中铁二十局集团有限公司
12	建筑施工企业财务共享服务中心建设与海外财务共享服务价值研究	中铁二十局集团有限公司

续表

序号	成果名称	申报单位
13	企业内部清单的开发和应用	中铁建设集团有限公司
14	超细晶强化型铜镁合金接触网线材科技创新成果	中国铁建电气化局集团康远新材料公司
15	四措并举,建立助推企业发展的人才机制	中国铁建重工集团有限公司
16	积极进取,勇于创新,着力打造国际化集采集供平台	中国铁建国际集团有限公司
17	应用企业级 BIM 平台提升项目精细化管理	中铁城建集团有限公司
二	**二等奖**	
1	项目风险抓源头,精细管理出效益,境外项目实施中的风险对策研究	中国土木工程集团有限公司
2	以合同为原则,对内设计优化、技术合约结合,对外据理力争和商务运作,并举开展二次经营工作	中国土木工程集团阿尔及利亚有限公司
3	以多维度经济管理新常态助推企业提质增效	中铁十一局集团二公司
4	施工企业以提质增效为核心的绩效管理体系建设	中铁十一局集团五公司
5	“一三四六”清收清欠工作法	中铁十二局集团一公司
6	以“二十四项规定”为核心的项目过程管控	中铁十二局集团一公司
7	项目物资“互联网 + 链条 + 接口”式管理	中铁十二局集团一公司
8	隧道施工机械化	中铁十二局集团二公司
9	隧道施工工厂化管理	中铁十二局集团二公司
10	铁路铺架施工管控新模式的探索与实践	中铁十二局集团三公司
11	铁路铺架信息化管理系统的研发和应用	中铁十二局集团三公司
12	复杂环境下地铁施工安全风险管理	中铁十二局集团四公司
13	自带劳务本土化管理在海外项目的应用与实践	中铁十二局集团建筑安装工程公司
14	工厂化预配在接触网标准化施工中的应用	中铁十二局集团电气化公司
15	项目管理标准化的创新构建	中国铁建大桥工程局集团西北工程公司
16	法律业务在建筑施工企业中的创新应用	中国铁建大桥工程局集团五公司
17	夯实 BI 项目管理基础,强化盾构技术创新,努力提升集团盾构项目的管理水平和创效水平	中铁十四局集团有限公司
18	“1336”管理模式在项目管理中的应用	中铁十六局集团有限公司
19	依靠科技创新,加强团队建设,打赢奉溪高速公路项目攻坚战	中铁十六局集团五公司
20	物资管理信息化系统	中铁十七局集团二公司
21	石家庄轨道交通建设安全风险管理体系及应用研究	中铁十七局集团三公司
22	从公司层面加强项目方案预控及成本策划	中铁十七局集团六公司
23	用特色的文化理念助推企业优质发展	中铁十七局集团上海轨道交通公司
24	“六化”管理为项目保驾护航	中铁十八局集团三公司

续表

序号	成　果　名　称	申　报　单　位
25	BIM 铁路营业线施工安全管理创新	中铁二十局集团六公司
26	创新内部审计工作,保障企业健康发展	中铁二十一局集团有限公司
27	强推责任成本二次分解及考核工作,全力保障企业提质增效	中铁二十一局集团有限公司
28	地铁暗挖车站主体结构砼实行全方位精细化养护管理	中铁二十二局集团一公司
29	中国铁建地产集团“4＋6＋X”组织体系改革	中国铁建房地产集团有限公司
30	住宅产业化的应用研究	中国铁建房地产集团海外地产发展有限公司
31	高铁轨道工程设计建造一体化协同模式构建	中铁第四勘察设计院集团有限公司
32	桥梁勘察设计质量管理信息化平台构建	中铁第四勘察设计院集团有限公司
33	工程装备企业科技创新体系的建设	中国铁建重工集团有限公司
34	把握设计龙头,创新管理模式,打造国际工程设计管理核心竞争力——阿尔及利亚贝佳亚连接线项目设计创新管理与实践	中国铁建国际集团有限公司
35	紧跟中国资金,用好“两优”贷款,“优买”助力国际集团开拓玻利维亚市场	中国铁建国际集团有限公司
36	基础设施项目建设模式创新研究	中国铁建投资集团有限公司
三	三等奖	
1	项目成本实时管理	中国土木工程集团赞比亚有限公司
2	创新模式参与埃塞俄比亚工业化建设	中国土木工程集团埃塞俄比亚工程有限公司
3	基于人力资源价值创造能力提升的薪酬改革	中铁十一局集团城市轨道工程公司
4	强化项目精细化管理,奏响企业创效最强音	中铁十四局集团市政工程分公司
5	安全培训体验馆在工程项目安全管理中的应用	中铁十四局集团隧道工程公司
6	强化目标管理,注重动态管控,推升工程项目创优	中铁十六局集团有限公司
7	依托科技创新,助推转型升级,开创企业发展新局面	中铁十六局集团四公司
8	破解隧道劳务管理顽疾,构建新型劳务利益机制	中铁十七局集团有限公司
9	五位一体管理体系在建筑企业的运用	中铁十七局集团建筑工程公司
10	基于团队文化的责任成本管理	中铁十八局集团三公司
11	创新赢市场,精谋创效益	中铁十八局集团三公司
12	以“立体式”标准化管理为引导创新对项目的规划管理	中铁十八局集团四公司
13	科技创新筑造中国北方首座沉管隧道	中铁十八局集团五公司
14	突发事件媒体应对实践与思考	中铁二十局集团有限公司
15	践行社会主义核心价值观的探索与实践	中铁二十一局集团有限公司
16	完善社会保障体系,构建和谐发展局面	中铁二十一局集团有限公司
17	创新地产经营模式,优势互补稳健发展	中铁二十一局集团德盛和置业公司

续表

序号	成　果　名　称	申　报　单　位
18	BIM 技术在项目施工中的应用管理	中铁二十二局集团一公司
19	混合所有制经济的探索与实践	中铁二十三局集团轨道交通工程公司
20	立人品,铸精品;创信誉,拓市场	中铁二十五局集团四公司
21	以前瞻性、体系化管理为抓手,提升房建工程施工的安全质量管理	中铁二十五局集团四公司
22	员工安全行为管理系统	中国铁建电气化局集团二公司
23	深化责任成本改革再创新,细化项目管控再降本	中国铁建电气化局集团三公司
24	全流程财务管理模式创新	中国铁建电气化局集团南方公司
25	电气化铁路接触网技术装备国产化	中国铁建电气化局集团轨道交通器材公司
26	“十三五”海外业务发展战略研究	中国铁建房地产集团海外地产发展有限公司
27	勘察设计企业研发费用管理研究	中铁第一勘察设计院集团有限公司
28	勘察设计企业基于信息化的高效财务管理	中铁第四勘察设计院集团有限公司
29	提高高铁工程设计岩土参数精准度的岩土试验精细化管理	中铁第四勘察设计院集团有限公司
30	战略引导、提质增效,打造企业升级版	中铁第五勘察设计院集团有限公司
31	构建家园文化,助推企业发展	中铁第五勘察设计院集团有限公司
32	构建卓越的大质量管控模式	中国铁建高新装备股份有限公司
33	标准化管理的创新与实践	中铁城建集团一公司
34	强化过程监督控制,提升项目管理水平,深化责任成本管理,实现信誉效益双丰收	中铁城建集团北京工程公司
35	企业收尾项目集中管理的创新与实践	中铁城建集团南昌建设公司
36	成都经济区环线都江堰—德阳—简阳段(北绕、东绕)BOT 项目企业管理现代化创新成果	中国铁建投资集团有限公司
37	诚合保险经纪有限公司业务、客服管理系统	诚合保险经纪有限公司

(制表:董　凌)

【企业管理协会“三优”评选】　2017 年,中国铁建系统 27 家企业获评 2017 年度优秀施工企业,16 人被评为 2017 年度优秀企业家,51 人被评为 2017 年度优秀项目经理。

2017 年度优秀施工企业

中国铁建大桥工程局集团有限公司
中国铁建电气化局集团二公司
中铁城建集团有限公司
中铁二十二局集团一公司
中铁二十局集团市政工程公司
中铁二十四局集团有限公司
中铁二十五局集团有限公司
中铁二十一局集团有限公司
中国铁建大桥工程局集团四公司
中国铁建大桥工程局集团一公司
中国铁建电气化局集团四公司
中铁建设集团设备安装公司
中铁十八局集团四公司
中铁十八局集团五公司
中铁十八局集团一公司
中铁十八局集团建筑安装公司
中铁十二局集团有限公司

中铁十九局集团有限公司
中铁十六局集团北京轨道交通工程公司
中铁十七局集团五公司
中铁十四局集团五公司
中铁十四局集团有限公司
中铁十五局集团城市建设工程公司
中铁十一局集团二公司
中铁十一局集团五公司
中铁十一局集团一公司
中铁十一局集团电务工程公司

2017 年度优秀企业家

蔡英康　中铁十二局集团建筑安装工程公司
陈善富　中铁十八局集团二公司
陈志高　中铁十二局集团三公司
邓　勇　中铁二十局集团有限公司
侯希承　中铁二十二局集团有限公司
孔令键　中铁十六局集团有限公司
李　景　中铁十八局集团四公司
刘小果　中铁十四局集团二公司
罗海滨　中铁城建集团有限公司
钱建忠　中铁二十四局集团浙江公司
秦志斌　中铁十七局集团一公司
魏加志　中铁十一局集团一公司
武明静　中铁十二局集团二公司
袁　立　中国土木工程集团有限公司
张海军　中国铁建电气化局集团三公司
赵国旗　中铁十九局集团有限公司

2017 年度优秀项目经理

卜宗举　中铁二十一局集团四公司
范忠泉　中铁十六局集团二公司
房金财　中铁十八局集团四公司
冯大立　中国铁建电气化局集团有限公司
郭斌忠　中铁十七局集团六公司
韩　冰　中国铁建大桥工程局集团六公司
惠武平　中铁十八局集团一公司
李光耀　中铁十二局集团有限公司
李熙颖　中铁十七局集团一公司
李艳春　中国铁建大桥工程局集团六公司
刘国山　中铁二十五局集团有限公司
刘建永　中铁建设集团有限公司
刘明才　中铁十四局集团二公司
刘　鹏　中铁十一局集团二公司
刘胜军　中铁十九局集团三公司
刘守成　中铁十一局集团有限公司
刘亚丽　中国铁建大桥工程局集团一公司
刘勇军　中铁二十四局集团有限公司
陆海强　中国土木工程集团有限公司
陆铁彬　中铁十九局集团一公司
骆文学　中铁十二局集团二公司
牛洪方　中铁十九局集团六公司
强俊涛　中铁十一局集团二公司
饶胜斌　中国铁建大桥工程局集团有限公司
申家喜　中铁十一局集团五公司
孙　建　中国铁建港航局集团有限公司
谭晓宇　中铁十一局集团四公司
唐培文　中铁二十局集团一公司
王　波　中铁十一局集团四公司
王怀专　中铁十八局集团五公司
王维新　中铁十八局集团二公司
薛喜平　中铁十八局集团有限公司
杨金才　中铁二十局集团二公司
于　涛　中铁十一局集团五公司
张宝刚　中铁十七局集团建筑工程公司
张建业　中国土木工程集团有限公司
张　平　中铁十八局集团北京中铁大都工程公司
张　平　中铁二十四局集团有限公司
赵彦旭　中铁二十一局集团有限公司
赵一林　中国铁建大桥工程局集团有限公司
邹德松　中铁二十二局集团有限公司
左明星　中国铁建港航局集团有限公司
冯　旭　中国土木工程(澳门)有限公司
高金平　中铁十八局集团有限公司
和　平　中铁十七局集团有限公司
万连余　中铁十八局集团有限公司
王　磊　中国土木工程集团有限公司
武　忠　中铁十四局集团有限公司
余　奎　中铁十四局集团有限公司
张建业　中国土木工程集团有限公司
周　成　中国土木工程集团有限公司

（董　凌）

【社会责任】　中国铁建坚持诚信经营,主动履行社会责任,充分展现良好的企业形象和社会形象。诚信·健康发展。公司持续优化治理结构,维护投资者权益,努力推进企业稳定、健康发展。2017年公司获得“2017中国上市公司最具核心竞争力100强”“2017中国上市公司最具创新力企业”“2017中国上市公司诚信企业百佳”“最具投资潜力上市公司奖”“最佳董事会”等称号。合作·共享回报。公司坚持稳中求进总基调,与合作伙伴携手前行,带动地区经济发展,实现与利益相关方合作共赢、共享发展。精品·提升价值。公司以客户满意为宗旨,以技术优势引领行业发展,履行安全生产责任,强化精益管理,为客户奉献优质精品和贴心服务。年内获得中国建设工程鲁班奖8项,国家优质工程奖35项;获国家科技进步奖3项,获省部级科技进步奖84项;获中国优秀专利奖4项;获各类省部级以上勘察设计咨询奖239项;获菲迪克工程项目奖4项;获中国土木工程詹天佑奖10项;主持和参与国家标准12项;获授权专利1719件,其中发明专利375件;获省部级工法363项。关爱·幸福生活。公司视员工为重要的资源和生产力,细致关怀和呵护员工,从员工需求入手,让员工切实感受到企业的重视和温暖,增强员工对企业的认同感和归属感,凝心聚力共建幸福铁建。全年培训员工408669人次;筹集送温暖资金7181万元,慰问困难员工家庭15544户,慰问劳模先进、一线员工、离退休员工和农民工73401人次。环境·生态文明。公司践行“绿水青山就是金山银山”理念,坚持绿色发展,在生产运营过程中节约资源,减少污染、节能降耗、提高资源利用效率,做行业绿色发展表率,推动企业与环境自然和谐发展。全年能耗总量569万吨标煤,企业万元营业收入综合能耗(可比价)0.0891吨标煤,比2016年下降1.66%。责任·和谐社会。公司积极履行企业公民责任,实施精准扶贫,热心社会公益,投身抢险救灾,带动社会就业,用铁建人的真情助力社会和谐发展。全年派出定点扶贫干部21名;直接资金投入1733万元,物资折款1678万元;实施帮扶项目80个,帮助引进项目16个、引入资金1247万元,精准扶贫工作再上新台阶。 (何燕军)

经 营 计 划

【经营计划部】 主要职能:负责中国铁建股份有限公司(以下简称“公司”)经营战略制定、经营计划管理体制和制度建设;负责国内经营工作组织、协调、指导和管理;负责与国家部委、省市、中央企业、设计单位、建设管理部门等的沟通联络;负责收集路内外建设项目和招标信息,搭建企业内部统一信息平台,定期发布国内工程信息;负责国内重大工程项目投标的组织协调,负责国内较大工程(施工)总承包以及本级工程承包项目的前期调研、合同评审和承揽组织工作;负责公司本级区域经营机构的管理工作;负责军民融合市场的开发工作;负责公司国内工程承包单位行业信用评价管理工作;负责公司内部施工企业信用评价管理工作;负责概预算、定额政策管理工作;负责全系统计划统计工作;负责生产经营考核指标下达与考核工作;负责企业内部固定资产投资建设项目立项审批,负责公司生产经营、固定资产投资计划、统计管理工作;负责公司总部机关小型及大修项目、翻盖职工住房项目的立项与计划申报和计划完成情况的监督检查工作。定员16人,现员10人,设部长1人、副部长3人;下设市场开发处、造价合同处、计划统计处、综合处。(杨永睿)

【工作综述】 (1)2017年,中国铁建新签合同总额15083.1亿元(不含二次经营),完成年度计划12400亿元的121.6%;完成产值7451.1亿元,完成年度计划7300亿元的102.1%。(2)积极发挥经营战略引领作用。4月,印发首个《中国铁建“十三五”国内工程承包经营专项规划》,提出未来五年国内工程承包经营发展方向和工作举措。通过制定一系列经营举措,为企业经营指引一条既顺应市场需要又具有自身特色的改革创新之路。(3)下达2017年生产经营计划,明确所属单位和本级区域指生产经营目标和各专业市场承揽指标,积极引导各单位调整产业结构,提升路外市场和新兴市场占比。同时,部门联合下发企业投资建设计划方案,进一步加强所属单位投资项目的管控。(4)召开国内生产经营、投融资经营、二次经营工作专题会议,要求生产经营全面抓好核心市场、潜力市场和非工程承包市场的开发工作,并对生产经营、投融资经营和二次经营三大业务的经营发展举措,以及进一步完善经营体系,强化责任落实,加强基础管理工作进行详细具体的工作部署。(5)组织召开全系统经营部长和驻北京办主任参加的经营工作推进会议。要求各单位坚定经营信心,抢抓市场机遇;加强目标管控,强化责任落实;加强战略管理,发挥引领作用;加强市场开发,提升经营效能;恪守经营职责,规范项目运作,并对工程承包各专业市场,尤其是新兴市场开发提出工作部署。

(6)拜访全年重点铁路开标项目的铁路局集团和铁路建设单位业主,加强与投资热点省份、所属地市两级政府,部分大型企业,各大军种以及城市地铁公司等大业主、核心客户的沟通联络,为所属单位开展经营创造条件。(7)召开国内经营工作专题会议,引导各单位抢先进入地下管廊、海绵城市、装配式建筑、军民融合等新兴市场;利用建设部和行业协会召开技术研讨会的机会,积极推广竹缠绕复合材料技术,精心谋划高科技示范工程申报推进工作;组织召开云南滇中引水工程技术研讨会;协助本级区域经营机构完成所有以股份公司名义投标项目的组织和配合工作。(8)制定并印发《2017 年各产业经营管理督导工作方案》,组织 8 个产业部门按责任分工和工作计划在全系统开展经营督导工作,参加中国铁建大桥工程局集团有限公司、中铁十七局集团有限公司、中铁二十四局集团有限公司、中铁二十五局集团有限公司、中铁城建集团有限公司 5 家单位经营工作专题会议,帮助开拓视野,理顺思路,提高经营能力。(9)组织各单位召开业务会议,再次强调依法合规经营,印发《中国铁建经营承揽、计划统计和固定资产建设管理违规行为处罚规定》,与所属单位签订诚信经营保证书;印发《国内工程总承包项目合同评审管理办法》,组织总部机关相关部门对以股份公司名义中标项目施工合同进行评审,及时将有关意见反馈责任主体单位,杜绝合同签订中存在的风险。及时传达铁路建设项目违规招投标、转包、违法分包和黑中介专项整治活动要求。

(王　庆　冀异生　杨永睿　包　辉)

【经营承揽指标完成情况】 2017 年,中国铁建系统累计承揽任务合同总额 15083.1 亿元(不含二次经营),完成年度计划 12400 亿元的 121.6%。其中,国内市场承揽任务总额 14033.2 亿元,海外市场总额 1049.9 亿元。承揽任务合同总额各业务板块情况:工程承包 12931.8 亿元,占承揽任务合同总额的 85.7%;勘察设计咨询 170.8 亿元,占 1.1%;工业制造 283.8 亿元,占 1.9%;物资贸易 823.2 亿元,占 5.5%;房地产开发 684.1 亿元,占 4.5%;其他 189.4 亿元,占 1.3%。工程承包板块承揽任务合同额 12931.8 亿元。其中,铁路工程 2152.6 亿元,占 16.6%;公路工程 3978.9 亿元,占 30.8%;房屋建筑工程 2054.1 亿元,占 15.9%;城市轨道工程 2047.6 亿元,占 15.8%;市政工程 1971.3 亿元,占 15.2%;水利电力工程 242.1 亿元,占 1.9%;机场码头工程 97.6 亿元,占 0.8%;其他工程 387.6 亿元,占 3.0%。

2017 年,中国铁建系统累计完成企业总产值 7451.1 亿元,完成年度计划 7300 亿元的 102.1%,同比增长 9.8%。其中,国内完成产值 7002.2 亿元,占总产值的 94.0%,同比增长 8.4%;海外完成产值 448.9 亿元,占总产值的 6.0%。工程承包板块完成施工产值 6027.8 亿元,占总产值的 80.9%,同比增长 9.7%。其中,铁路工程 2181.0 亿元,占施工产值的 36.2%,同比降低 8.9%;公路工程 1253.6 亿元,占施工产值的 20.8%,同比增长 25.5%;房屋建筑工程 844.5 亿元,占施工产值的 14.0%,同比增长 7.9%;市政工程 663.7亿元,占施工产值的 11.0%,同比增长 61.9%;城市轨道工程 788.7 亿元,占施工产值的 13.1%,同比增长 21.7%;水利、电力工程 123.7 亿元,占施工产值的 2.1%,同比增长 7.1%;港口与航道工程 28.2 亿元,占施工产值的 0.5%,同比下降 1.4%;矿山工程 37.6 亿元,占施工产值的 0.6%,同比增长 19.4%;其他工程 106.8 亿元,占施工产值的 1.8%,同比增长 24%。非工程承包板块完成产值 1423.2 亿元,占总产值的 19.1%。其中,勘察设计咨询 207.4 亿元,同比增长 20.0%,完成年度计划 111.2 亿元的 186.5%;工业制造 160 亿元,同比增长 6.9%,完成年度计划 164.9 亿元的 97.0%;物流贸易 428.9 亿元,同比增长 20.5%,完成年度计划 355.3 亿元的 120.7%;房地产 432.7 亿元,同比增长 9.6%,完成年度计划 419.9 亿元的 103.0%;金融保险 43.7 亿元,同比增长 75.7%,完成年度计划 49.1 亿元的 88.9%;其他营业收入 150.5 亿元,同比下降 23.0%,完成年度计划 52.2 亿元的 288.4%。

2017 年,中国铁建所属 41 家报表单位,除大桥局、十四局、十五局、二十一局、二十二局、二十三局、二十五局、电气化局、港航局、铁建重工、财务公司、金租公司、北京培训中心(党校)未完成年度计划外,其余 28 家单位全部完成 2017 年下达的年度产值计划目标。完成企业总产值排名前五的单位分别是:中铁十二局集团有限公司 617 亿元;中铁十一局集团有限公司 611 亿元;中铁十八局集团有限公司 481 亿元;中铁十六局集团有限公司 474 亿元;中铁十七局集团有限公司 439 亿元。

2017 年全系统完成土石方 131584 万立方米,隧道 1337 千米,桥梁 1565 千米,正线铺轨 4033 千米,站线铺轨750千米，公路3186千米，通信线路13071条千米，供电线路8406千米，轻轨71千米，地铁346千米，房屋施工面积17166万平方米、竣工面积2286万平方米。（马信卿）

【中国铁建经营管理体系】 2017年，中国铁建收集梳理本级区域经营机构反映问题，组织相关部门认真讨论，再综合相关部门意见。11月，印发《关于进一步明确股份公司区域经营管理有关事项的通知》，明确中国铁建本级区域经营机构职能界定，机构设置和编制管理，跟踪承揽、任务分配，标段划分、费用收取、经营考核、特殊奖励等一系列问题，有效解决股份公司和集团公司两级区域经营面临的弱化职能定位、争抢市场、不作为乱作为等问题，进一步构建两级区域经营机构协同作战、优势互补的经营管理体系。（杨永睿）

【市场信用评价】 2017年11月，出台中国铁建首个《国内工程承包单位行业信用评价管理办法》和《施工企业内部信用评价管理办法》；12月，组织召开全系统信用评价专题会议，对各行业市场的信用评价开展情况进行梳理，分析问题，明确全系统行业市场和企业内部信用市场管理目标。要求全系统从建立四级法人管理机制，沟通联络机制、危机防控机制、考核奖罚机制、定期拜访业主机制等五大机制，推动全系统信用评价管理体制建设；要求所属单位从投标履约、超前预控、响应业主要求、加强安全质量管理、注重工程进度、抓好管理创新、积极申请加分等8个方面推动信用评价管控能力提升，并要求各单位梳理现有项目，认真排查问题，积极加强各级管理部门的沟通联络，调动力量，争取得分。（杨永睿）

【核心客户】 为加大企业核心客户建立与维护力度，提升核心客户新签合同额在经营承揽中的占比，中国铁建组织所属单位梳理核心客户，建立十大核心客户信息管理台账，并督导各单位定期回访，专人进行维护和服务工作，打造一批能为企业持续提供任务来源的核心客户群。通过核心客户的建立，全系统经营资源整合和统筹工作得到明显加强。（申　毅）

【企业生产经营统计快报及咨询服务】 编辑完成中国铁建全系统生产经营情况统计快报并编制完成企业《统计信息》月刊，及时对当期、当年及开累完成的生产经营数据进行统计分析，定期报送股份公司领导和机关相关部门，为企业管理和领导决策提供重要依据，并且按照机关各职能部门及所属各单位的需要及时提供相关资料及咨询服务；根据中国证监会、国资委监事会的要求和股份公司董事会及办公室的安排，为上市公司年度报告、半年度报告、季度报告、企业社会责任报告、企业年度工作会提供相关资料。（申　毅　马信卿）

【总公司上报国资委2017年企业投资完成情况和2018年投资计划】 2017年，中国铁道建筑有限公司完成投资3301210万元，完成年度计划3037912万元的108.7%。其中，固定资产完成925641万元，完成计划1136855万元的81.4%，包括企业固定资产建设项目完成投资258777万元、施工设备购置639243万元、信息化建设项目27621万元、房地产项目6094098万元（该投资计划未计入年度投资计划）。股权（产权）完成2375569万元，完成年度计划3947208万元，同比增长19.6%。其中，固定资产1453199万元，占年度计划的36.8%，包括企业固定资产建设项目290841万元、信息化建设项目39696万元、设备购置1122662万元和房地产投资2959058万元（不计入2018年度投资计划总数）。股权投资2494009万元，占投资计划的63.2%。（马信卿）

【定额测定工作】 2017年3月，中国铁建组织所属6家单位召开阶段性总结会，针对当前面临问题，提出解决措施，并对下一步工作进行部署。为清晰掌握具体信息，对已测定条目进行分析整理，建立定额子目管理台账，实现测定工作的动态管理。同时，编制现场测定记录及综合产量汇总样表，确保现场测定工作的规范化和制度化，使定额测定工作始终规范有序。（冀异生）

【信息系统建设】 为进一步提高科学管理水平，推进信息系统建设，中国铁建在对原有系统进行升级改造并确保节约成本的基础上，积极配合系统开发人员对计划统计系统、新签合同统计系统、固定资产建设管理系统进行研制开发，涉及二级、三级单位495家，在建项目14500个。新签合同统计系统针对不同业务板块的特点和不同单位的组织架构，经过反复模拟和实际数据测试，开发工作已经完成并通过测试后正式上线使用。新的应用系统通过对信息跟踪、资格审查、项目投标、开标记录、中标通知、合同录入到形成各类统计报表的全过程管控，实现股份公司经营信息管理工作的重大变革。计划统计系统经过组织相关单位会同项目组进行反复研讨，对系统的整体架构、功能展示、操作方法等进行不断地完善和优化，已具备到工程局进行实际测试的条件。固定资产建设系统持续推进升级改造的可研和需求评审工作，增加相关模块，加大开发推进力度。（申　毅　马信卿）

【投资项目审批与机关住房改造】　2017 年 7 月 27 日，组织召开首个固定资产建设项目专题会议，通过以会代训的方式，对固定资产建设项目的管理规定、新建项目的报批流程以及集资建房和棚户区改造的规定政策进行宣贯，通报巡视和审计发现的问题，开展信息系统推广培训，部署今后工作。为确保对生产性项目在系统内统筹，避免重复建设，严格控制建筑和装修标准，制定业务人员初审、部门领导复审，机关部门会议评审，总裁办公会审议等审批流程，按规定的程序，批复所属单位固定资产建设项目 17 项，编制并上报 2017—2019 年三年固定资产建设项目投资规划。参加国资委棚户区改造座谈会，按照上级要求，继续加大中国铁建系统内棚户区改造力度，整理汇总符合条件的棚户区改造项目，统计所属各单位 2018—2020 年棚户区计划改造户数，努力确保此项工作始终规范合规开展。继 2016 年住房改造方案通过北京市规委批复后，年内通过认真研究北京市建房政策，主动与国管局上、中、下各层级加强沟通、积极耐心的解释，得到国管局批复。在此基础上，加大推进力度，相继通过海淀区绿化批复和雨水利用批复以及用地规划许可批复，并将工作重点放在东区改造土地变性上，在北京市政策收紧的情况下，取得北京市二次划拨土地批复。

（包　辉）

房地产开发与监管

【房地产开发部】　主要职责：贯彻国家房地产经营法律法规和政策，全面负责股份公司系统房地产开发管理工作；制订房地产发展战略和规划；负责公司总部房地产开发类投资管理；参与公司社会责任报告的编纂并提供相关资料；参与全面风险管理与内控工作；参与绩效考核、经济对标、责任成本管理、投资收购论证、投资后评价、全面预算管理、信息化建设工作。负责制定海外房地产开发相关管理制度和办法；负责海外房地产开发项目的审批、监管和业务指导；负责协调和解决海外房地产开发遇到的有关问题。下设开发处、监管处，定员 5 人，设部长 1 人。（楼　翔）

【中国铁建股份有限公司房地产开发与经营领导小组】　由股份公司领导和董事会秘书局、发展规划部、经营计划部、房地产开发部、资本运营部、财务部、审计监事局、法律合规部、经济管理部等相关部门领导组成。房地产开发与经营领导小组（以下简称“房地产领导小组”）负责全系统房地产业务的整体协调与管理，负责涉及房地产业务的重大事项和新项目审批，负责研究和处理有关房地产业务发展过程中的重大问题。房地产开发部负责领导小组会议的具体事宜和日常工作。2017 年召开会议 17 次，形成会议纪要 17 份，下达批复 29 份。

1 月 17 日，房地产领导小组召开 2017 年第 1 次会议，听取中国铁建房地产集团有限公司关于长沙市芙蓉区浏阳河东 11－1 住宅用地，杭州萧山义桥萧政储出（2016）33 号和 34 号地，郑州市二七区嵩山路郑政出 2016－225 号和 246 号地块；中铁第四勘察设计院集团有限公司关于武汉东湖开发区 P（2016）163 和 164 地块；中铁二十五局集团公司关于青岛高新区 A6/A7 项目的情况汇报。会后形成房地产领导小组会议纪要。

3 月 20 日，房地产领导小组召开 2017 年第 2 次会议，听取中国铁建房地产集团有限公司关于北京密云檀营乡地块、北京通州台湖镇北神树地块、合肥新站区地块，成都青羊区烹专地块调价和中铁十一局集团有限公司关于重庆九龙坡尹朝社地块的情况汇报。会后形成房地产领导小组会议纪要。

3 月 29 日，房地产领导小组召开 2017 年第 3 次会议，听取中国铁建房地产集团有限公司关于西安市灞河新区红旗水泥厂住宅用地的情况汇报。会后形成房地产领导小组会议纪要。

4 月 19 日，房地产领导小组召开 2017 年第 4 次会议，听取中国铁建房地产集团有限公司关于北京市门头沟区永定镇冯村自住房地块和中铁二十二局集团公司关于北京市石景山区玉泉西一路 X－18160 地块的情况汇报。会后形成房地产领导小组会议纪要。

5月19日，房地产领导小组召开2017年第5次会议，听取中国铁建房地产集团有限公司关于嘉兴市2017经开－10号地块和嘉兴市2017南－010地块；中铁建设集团有限公司关于嘉兴市2017经开－10号、11号地块的情况汇报。会后形成房地产领导小组会议纪要。

5月27日，房地产领导小组召开2017年第6次会议，听取中国铁建房地产集团有限公司关于佛山市顺德区逢沙大道北侧两宗居住用地、石家庄市正定新区10号地块调价情况和中铁二十二局集团公司关于安徽铜陵华融置业项目的情况汇报。会后形成房地产领导小组会议纪要。

6月22日，房地产领导小组召开2017年第7次会议，听取中国铁建房地产集团有限公司关于合肥市长丰县CF201702地块的情况汇报。会后形成房地产领导小组会议纪要。

7月3日，房地产领导小组召开2017年第8次会议，听取中国土木工程集团有限公司关于坦桑尼亚达累斯萨拉姆市Rose Garden 15英亩地块；中铁十五局集团有限公司和中国铁建房地产集团有限公司关于中铁十五局集团四公司郑州航海路自有土地合作开发的情况汇报。会后形成房地产领导小组会议纪要。

7月17日，房地产领导小组召开2017年第9次会议，听取中国铁建房地产集团有限公司关于北京市房山区周口店镇天恒摩墅北侧地块、天津市红桥区西青道居住用地和成都铁路局合作项目的情况汇报。会后形成房地产领导小组会议纪要。

7月26日，房地产领导小组召开2017年第10次会议，听取中国铁建房地产集团有限公司关于北京市大兴区瀛海镇黄亦路南居住教育用地、北京市海淀区翠湖科技园055号和056号地块、佛山市顺德区勒流街道西安亭大桥侧地块和佛山市三水区云东海街道云庭大道北侧地块7的情况汇报。会后形成房地产领导小组会议纪要。

8月15日，房地产领导小组召开2017年第11次会议，听取中国铁建房地产集团有限公司关于杭州市萧山区北干单元五七路口地块、杭州市萧山区蜀山南B－09地块、杭州市萧山区蜀山南C－03和C－08地块、合肥市长丰县CF201707地块和重庆市江北区大石坝组团G20住宅地块的情况汇报。会后形成房地产领导小组会议纪要。

9月5日，房地产领导小组召开2017年第12次会议，听取中国铁建房地产集团有限公司关于成都市青羊区培风142亩住宅用地、长春新区北远达大街东侧三宗居住用地；中铁建设集团有限公司关于湖南常德市城东片区棚户区改造项目；中铁十八局集团有限公司关于湖南怀化市杨村组团地块的情况汇报。会后形成房地产领导小组会议纪要。

9月25日，房地产领导小组召开2017年第13次会议，听取中国铁建房地产集团有限公司和中铁第四勘察设计院集团有限公司关于武汉市蔡甸区老一中旧改项目；中国铁建房地产集团有限公司和中铁二十局集团有限公司关于重庆市南岸区茶园组团F13住宅地块；中铁二十局集团有限公司关于重庆南岸区茶园新区J1－2－1地块；中铁十八局集团有限公司和中铁建重庆投资集团有限公司关于重庆市蔡家组团G标准分区G01－2－1－1/04号地块的情况汇报。会后形成房地产领导小组会议纪要。

10月23日，房地产领导小组召开2017年第14次会议，听取中国铁建房地产集团有限公司和中铁昆仑投资集团有限公司关于昆明巫家坝总部基地项目；中铁建设集团有限公司关于北京经济技术开发区河西区X90R1、X90S1地块的情况汇报。会后形成房地产领导小组会议纪要。

11月13日，房地产领导小组召开2017年第15次会议，听取中铁二十一局集团有限公司关于西安国际城项目二期、三期预留用地（24986.7平方米）与万科合作开发的情况汇报。会后形成房地产领导小组会议纪要。

12月5日，房地产领导小组召开2017年第16次会议，听取中国铁建房地产集团有限公司关于佛山市顺德区北滘镇莘村商住用地、佛山市顺德新城26号居住用地、北京市房山区良乡镇中心区共有产权房地块、北京市房山区阎村镇拱辰街道共有产权房地块、北京市朝阳区豆各庄马家湾村共有产权房地块、北京市延庆区新城03街区会展中学东侧一期共有产权房地块；中铁十八局集团有限公司关于湖南省宁乡市（2017）网挂58号地块；中铁十六局集团有限公司关于南昌市红谷滩新区九龙湖地区97亩住宅用地的情况汇报。会后形成房地产领导小组会议纪要。

12月20日，房地产领导小组召开2017年第17次会议，听取中铁十八局集团有限公司关于四川省眉山市2017（S）－3号地块和中国铁建房地产集团有限公司关于天津市河北区国印纺机商住用地、宁波市江北区湾头8

号地块、南京雨花台区南西营村地块、南京市浦口区奶牛场2号地块、南京市江宁区麒麟地铁小镇国4和国5居住用地、苏州高新区枫桥街道2017-WG-57号地块、嘉兴市经开2017-30号居住用地的情况汇报。会后形成房地产领导小组会议纪要。 （赵文晴　杨德新）

【房地产项目销售】 2017年，中国铁建房地产板块实现销售金额684亿元，销售面积517万平方米。其中，中国铁建房地产集团有限公司实现销售金额570亿元，销售面积346万平方米。 （傅志跃　夏　冀）

中国铁建2011—2017年房地产板块销售业绩情况

年　度	销售额（亿元）	同比增长或下降（%）	销售面积（万平方米）	同比增长或下降（%）
2011年	147	15	178	-3
2012年	212	45	226	27
2013年	286	35	299	32
2014年	269	-6	301	
2015年	366	36	367	22
2016年	495	35	438	19
2017年	684	38	517	18
合　计	2459		2326	

（制表：傅志跃　夏　冀）

【房地产项目收入及利润】 2017年，中国铁建房地产板块实现营业收入417.5亿元，实现利润总额49.1亿元。其中，中国铁建房地产集团有限公司实现营业收入336.8亿元，实现利润总额43.3亿元。 （傅志跃　夏　冀）

中国铁建2011—2017年房地产项目收益情况

年　度	营业收入（亿元）	同比增长或下降（%）	利润总额（亿元）	同比增长或下降（%）
2011年	138	161.0	21	145.0
2012年	181	34.0	29	36.0
2013年	247	34.0	36	26.0
2014年	246	-0.3	41	12.0
2015年	288	19.0	43	6.0
2016年	383	34.7	49	14.0
2017年	418	6.4	49	0.5
合　计	1901		264	

（制表：傅志跃　夏　冀）

【房地产投资】 2017年，中国铁建股份有限公司下达房地产开发投资计划708亿元，实际完成房地产开发投资609亿元，到位资金完成年度计划664亿元的84%。其中，续建项目到位资金258亿元；土地储备资金投入297亿元。 （傅志跃　夏　冀）

【土地储备情况】 截至2017年底，股份公司在北京、上海、广州、重庆、天津、南京、成都、苏州等24个城市获取土地38宗297.45万平方米，规划总建筑面积935.08万平方米，土地成交总价445.78亿元。其中，中国铁建房地产集团有限公司获取土地24宗613.72万平方米，土地成交总价398.63亿元，土地储备建筑面积和投入金额分别占全系统房地产板块的65.63%、81.32%。 （楼　翱　刘建光）

2017 年中国铁建系统获取房地产项目情况

时间	单位	项目名称	地理位置	权益占比（%）	净占地面积（万平方米）	总建筑面积（万平方米）	地价款（亿元）	权益土地价款（亿元）
1 月 9 日	中铁十八局集团有限公司	长沙长轻置业公司项目	湖南省长沙市	100	0.52	2.25	0.46	0.46
1 月 15 日	中铁十四局集团有限公司	海南乐东龙沐湾项目	海南省	100	18.00	24.39	5.60	5.60
1 月 16 日	中国铁建房地产集团有限公司	福州市马尾区琅岐岛商住用地	福建省福州市	100	10.31	25.50	7.04	7.04
1 月 25 日	中铁建设集团有限公司	包头市公务员小区居住项目九原地块	内蒙古自治区包头市	100	21.40	51.70	5.19	5.19
2 月 1 日	中国土木工程集团有限公司	吉布提基地项目	吉布提	100	1.38	4.26	0.08	0.08
2 月 8 日	中国铁建投资集团有限公司	珠海横琴新区 54 号地块	广东省珠海市	100	3.45	24.72	10.02	10.02
2 月 10 日	中铁二十五局集团有限公司	青岛高新区 A6、A7 项目	山东省青岛市	100	3.73	14.60	1.28	1.28
2 月 15 日	中国铁建房地产集团有限公司	广州市南沙区总部基地二期地块	广东省广州市	100	1.88	9.24	3.62	3.62
3 月 13 日	万科企业股份有限公司、平安不动产有限公司、中国铁建房地产集团有限公司	天津西青区杨伍庄居住用地	天津市	33	16.77	48.63	74.50	24.59
4 月 1 日	中国铁建房地产集团有限公司、平安不动产有限公司	西安市灞河新区红旗水泥厂住宅	陕西省西安市	50	11.86	34.27	9.10	4.55
4 月 6 日	中国铁建房地产集团有限公司、中铁二十三局集团有限公司、中铁第一勘察设计院集团有限公司、中铁城建集团有限公司	成都青羊区烹专 35 亩地块	四川省成都市	100	2.30	15.51	15.13	15.13
4 月 24 日	中铁二十二局集团有限公司、北京实兴腾飞置业发展公司	北京石景山玉泉西路自住房地块	北京市	65	2.71	8.44	12.35	8.03
4 月 25 日	中国铁建房地产集团有限公司	北京市门头沟区永定镇冯村自住房项目	北京市	100	3.26	9.84	10.30	10.30
6 月 5 日	万科企业股份有限公司、中国铁建房地产集团有限公司	大连市甘井子区砌明食材厂地块	辽宁省大连市	50	14.63	33.29	11.54	5.77

续表

时　间	单　位	项 目 名 称	地理位置	权益占比（%）	净占地面积（万平方米）	总建筑面积（万平方米）	地价款（亿元）	权益土地价款（亿元）
6月26日	中国铁建房地产集团有限公司	合肥市长丰县CF201702号地块	安徽省合肥市	100	7.00	19.61	7.07	7.07
7月27日	中铁二十一局集团有限公司	五公司重庆人才基地梧桐苑	重庆市	100	2.63	5.34	0.40	0.40
7月31日	中国铁建房地产集团有限公司	成都铁路局合作项目成都八里庄	四川省成都市	50	18.86	49.69	22.40	11.20
7月31日	中国铁建房地产集团有限公司	成都铁路局合作项目重庆中梁山	重庆市	50	5.38	16.15	4.20	2.10
7月31日	中国铁建房地产集团有限公司	成都铁路局合作项目贵阳东站	贵州省贵阳市	50	10.42	31.44	2.27	1.14
7月31日	中国铁建房地产集团有限公司	成都铁路局合作项目贵阳办事处	贵州省贵阳市	50	2.22	13.34	6.09	3.05
7月31日	中国铁建房地产集团有限公司	成都铁路局合作项目贵阳二戈寨	贵州省贵阳市	50	2.26	13.59	1.41	0.71
8月5日	中铁十一局集团有限公司、重庆合绘房地产开发有限公司	璧山香漫溪岸	重庆市	75	12.40	38.78	2.22	1.67
8月8日	中国铁建房地产集团有限公司、国瑞置业有限公司、碧桂园集团	北京市海淀区翠湖科技园地块	北京市	32	8.23	25.98	58.08	18.59
8月10日	中铁十七局集团有限公司	上海临港芦潮港社区商贸中心项目	上海市	100	2.84	9.20	1.27	1.27
9月27日	中国铁建房地产集团有限公司、中铁第四勘察设计院集团有限公司	武汉市蔡甸区老一中旧改项目	湖北省武汉市	100	12.75	64	7.6	7.6
9月27日	中国铁建房地产集团有限公司、平安不动产有限公司	重庆市巴南区李家沱组团35亩住宅地块	重庆市	50	2.32	9.39	3.48	1.74
10月18日	中铁二十一局集团有限公司	铁建·梧桐苑（西宁）	青海省西宁市	100	2.36	8.7	0.6584	0.6584
10月25日	中国铁建房地产集团有限公司、中铁建昆仑投资集团有限公司、深圳联新投资管理有限公司	昆明巫家坝总部基地	云南省昆明市	70	9.34	60.84	18.84	13.188
12月1日	中铁二十二局集团有限公司、中国华融资产管理股份有限公司	铜陵华融置业项目	安徽省铜陵市	70	39.98	106.44	5.882	4.1176

续表

时　间	单　位	项目名称	地理位置	权益占比（%）	净占地面积（万平方米）	总建筑面积（万平方米）	地价款（亿元）	权益土地价款（亿元）
12月5日	中国铁建房地产集团有限公司、中国土木工程集团有限公司、广州新铁鑫建投资有限公司	佛山市顺德区北滘镇莘村商住用地	广东省佛山市	65	9.18	29.75	18.8	12.22
12月11日	中国铁建房地产集团有限公司、广州新铁鑫建投资有限公司	佛山市顺德区顺德新城26号居住用地	广东省佛山市	50	5.33	21.66	16.42	8.21
12月14日	中国铁建房地产集团有限公司、中国葛洲坝集团有限公司	北京市朝阳区豆各庄乡马家湾村居住用地	北京市	49	3.58	11.83	18.6	9.114
12月15日	中铁十八局集团有限公司	遵化市遵储〔2017〕13号地块	河北省遵化市	100	3.83	11.27	0.86102	0.861015
12月15日	中铁十八局集团有限公司	遵化市遵储〔2017〕14号地块	河北省遵化市	100	3.71	11.27	0.89085	0.890851
12月20日	中国铁建房地产集团有限公司	天津市河北区国印纺机商住用地	天津市	100	4.33	15.52	32.4	32.4
12月25日	中国铁建房地产集团有限公司、中铁十五局集团有限公司、广州新铁鑫建投资有限公司	宁波市江北区湾头8号地块	浙江省宁波市	67	5.54	21.24	13.68	9.1656
12月27日	中国铁建房地产集团有限公司、路劲地产集团有限公司、招商局地产控股股份有限公司	南京雨花台区南西营村地块	江苏省南京市	51	3.66	12.31	23.3	11.883
12月27日	中国铁建房地产集团有限公司、中粮地产（集团）股份有限公司、浙江佳源房地产集团有限公司	嘉兴市经开2017－30号居住用地	浙江省嘉兴市	33	6.77	21.1	12.76	4.2108
总　计					297.45	935.08	445.78	265.071

（制表：楼　翱　刘建光）

中国铁建 2011—2017 年获取房地产项目情况

年　度	建设用地面积（万平方米）	总建筑面积（万平方米）	土地总价（万元）	权益地价（万元）
2011 年	100.87	314.78	526646	526646
2012 年	130.61	376.01	794314	793139
2013 年	137.54	469.2	2118149	2114700
2014 年	89.48	328.39	1176491	1117265
2015 年	167.59	643.11	3650599	2147990
2016 年	154.63	579.28	3180100	2657400
2017 年	297.45	935.08	4457800	2650700
合　计	1078	3646	15904099	12007840

（制表：傅志跃　夏　冀）

【房地产开发建设】　截至 2017 年底，中国铁建在北京、上海、广州、天津、重庆、杭州、南京、成都、武汉、西安、长沙、贵阳、南宁、长春、大连、南昌、珠海等 57 个国内城市，开发建设项目 191 个。总投资规模 5756 亿元，累计完成投资 3540 亿元，尚未完成投资 2216 亿元；现有房地产项目总建设用地面积 1818 万平方米，总建筑面积 5933 万平方米，累计开工 4061 万平方米、竣工 2735 万平方米，剩余未开工土地储备规划建筑面积 1872 万平方米。（刘建光）

【现金流与库存管理】　截至 2017 年 11 月底，中国铁建房地产板块总可售货值由 2016 年底的 562 亿元下降到 463 亿元；货值总面积由 2016 年底的 477 万平方米下降到 379 万平方米，分别减少 99 亿元、98 万平方米，下降 17.6%、20.5%。同时，现房库存货值 170 亿元、面积 190 万平方米，比 2016 年底的 192 亿元和 210 万平方米分别下降 22 亿元、20 万平方米。2 月，印发《关于加大去库存力度，强化现金流管理的通知》，提出 2017 年去库存目标并制定去库存有效措施；6 月，印发《关于加强房地产顽固库存监控和考核的通知》；8 月，印发《2017 年房地产业务督导工作方案》。中国铁建房地产项目库存总可售货值分别比 2016 年底下降 99.06 亿元、98.24 万平方米，去库存工作取得一定成效。（楼　翱　刘建光）

【房地产品牌建设】　中国铁建在房地产行业内形成以企业品牌和项目品牌双驱动的主副品牌模式，建立"国际""语""青秀""梧桐苑"等系列产品线，并在房地产行业初步建立以"西派""国际城""山语城""青秀城""梧桐苑""原香漫谷"为主的中国铁建房地产品牌，品牌的市场影响力不断提升。2017 年，中国铁建房地产集团有限公司在原有品牌基础上，精心打造升级第二代产品系列，确立代表商品住宅的 U1（对应原"西派系"）、U2（主要对应"语"）、U3（主要对应"国际"）、U4（主要对应"梧桐"）4 条产品线，以及代表政策类住房的 U5（含共有产权房、自住型商品房）产品线。第二代产品线更加注重落地性，并解决案名与产品线交叉混乱的问题，为中国铁建房地产进一步实现产品快速复制、促进规模和品质的快速提升奠定基础。（楼　翱　刘建光）

【房地产系统内外部合作】　截至 2017 年底，中国铁建房地产板块内外部合作项目 45 个，其中外部合作 36 个、纯内部合作 9 个。合作伙伴包括行业领先企业，如万科、碧桂园、保利、旭辉、融创等；土地合作方，如南沙产投、成都铁路局等；财务投资人平安不动产等。在中国铁建房地产集团有限公司广开合作之门基础上，所属集团公司合作意识明显提高。（楼　翱　刘建光）

【房地产协同经营】　中国铁建下发《进一步加强房地产业务协同，拓宽土地经营信息渠道的指导意见》和《房地产业务协同经营工作推进方案》。5 月，组织召开"房地产业务协同经营推进会"，全力推进房地产协同经营工作。股份公司华东、山东、京津冀、广西、西南等区域指挥部迅速行动，组织召开所属区域的房地产协同经营推进会，推动房地产协同经营向纵深发展。截至 2017 年底，全系统有 27 个重点房地产协同项目跟踪和推进。其中，广州南沙项目进展顺利，协同经营效果明显，在 2017 年初获取南沙坦尾项目后，11 月成功中标南沙区块108.2亿元的综合开发项目。成都铁路局项目、武汉蔡甸项目、昆明巫家坝、十五局郑州基地、宁波湾头8号地等协同项目也相继落地。

（楼　翱　刘建光）

【铁路土地综合开发】 2017年8月，中国铁路总公司分别在上海联合产权交易所和北京产权交易所，两次召开铁路土地综合开发项目推介会，对所属17个单位在北京、武汉、连云港、深圳等19个城市的21个项目面向社会进行推介。11月24日，中国铁路总公司在成都召开铁路土地综合开发和利用现场会。截至2017年底，中国铁建房地产集团有限公司与成都铁路局合作的5个项目正式签约落地；与哈尔滨铁路局、沈阳铁路局、上海铁路局、北京铁路局相关项目加紧跟踪和推进。12月22日，中国铁建组织召开铁路土地综合开发协同经营推进会，专题推进和进一步扩大在铁路土地综合开发领域与中国铁路总公司的合作。

（楼　翱　刘建光）

【房地产项目投资管控】 2017年4月，为适应市场变化，中国铁建修订《房地产开发与经营管理办法》；5月，印发《房地产开发项目全盘开发计划编制指引》，并起草完成《房地产项目投资过程管理办法》，进一步加强房地产项目投资过程管控。（楼　翱　傅志跃）

【房地产板块信息化行动计划(2018—2020年)】 2017年8月，房地产开发部会同经济管理部完成房地产板块信息化子规划，并对房地产业务需求进行全面细致的梳理。并组织编制房地产板块信息化三年(2018—2020年)行动计划，提出房地产板块信息化建设的明确目标和要求；11月，召开三年行动计划启动会，力争利用3年时间，推动房地产板块信息化上新台阶。

（楼　翱　刘建光）

【房地产经营动态】 每月编制《中国铁建房地产板块经营动态》，通报和分析房地产板块当月销售业绩、土地经营动态、可售货值变化情况、开发建设及收益情况及政策聚焦情况。2017年发布《中国铁建房地产板块经营动态》12期。

（傅志跃　夏　冀）

资本运营与管理

【资本运营部】 主要职责：贯彻执行国家投资管理的法律法规，落实国务院国有资产监督管理委员会有关资产管理的规定，制订中国铁建股份有限公司(以下简称“公司”)资本发展战略和运作制度；负责全系统境内外经营性固定资产投资(含矿业投资)、权益性资本投资管理工作；负责国内外投资考核指标的下达，组织公司对外经营性投资项目的选择、咨询、论证、评估；负责投资项目股权管理和项目实施过程的监管；负责实物资产管理工作。部门定员13人，设部长1人、副部长1人、总经济师1人；下设咨询评估处、投资管理处、矿产资源处、资产管理处。

（陈梦月）

【资本运营项目概况】 2017年，中国铁建系统有资本运营项目230项。其中，BOT、PPP项目82项；BT项目109项；土地一级开发项目8项；股权类投资项目(包括矿产资源、开发区项目、其他)31项，项目合同计划总投资3766.65亿元。BOT、PPP项目合同计划总投资1151.59亿元；BT项目合同计划总投资1690.92亿元。年内，BT项目实际回购款156.18亿元；土地一级开发类项目合同计划总投资383.66亿元；股权类投资项目(包括矿产资源、开发区项目、其他)合同计划总投资140.47亿元。

（张红彦）

2017年中国铁建股份有限公司资本运营投资情况

序号	单位名称	项目数量	2017年企业投资情况			
			本年合计(万元)	其中		
				本企业投资(万元)	项目公司投资(万元)	其他投资(万元)
1	中国铁建投资集团有限公司	38	2802390	770994	1879530	151866
2	中国土木工程集团有限公司	4				
3	中铁十一局集团有限公司	20	193634	185888		7746
4	中铁十二局集团有限公司	6	5774	5774		
5	中国铁建大桥工程局集团有限公司	15	227676	227676		

续表

序号	单位名称	项目数量	2017年企业投资情况			
			本年合计（万元）	其中		
				本企业投资（万元）	项目公司投资（万元）	其他投资（万元）
6	中铁十四局集团有限公司	12	245166	146561	75881	22724
7	中铁十五局集团有限公司	5	6143		6143	
8	中铁十六局集团有限公司	19	48473	48473		
9	中铁十七局集团有限公司	13	314729	47600	69600	197529
10	中铁十八局集团有限公司	9	25951	25951		
11	中铁十九局集团有限公司	3				
12	中铁二十局集团有限公司	12	40526	33436	7090	
13	中铁二十一局集团有限公司	10	8289	8289		
14	中铁二十二局集团有限公司	3	7600	7600		
15	中铁二十三局集团有限公司	7	37979	30529		7450
16	中铁二十四局集团有限公司	4	82266	57586		24680
17	中铁二十五局集团有限公司	3	136300	5100	131200	
18	中铁建设集团有限公司	3				
19	中国铁建房地产集团有限公司	1				
20	中铁第一勘察设计院集团有限公司	2	2516	2516		
21	中铁第四勘察设计院集团有限公司	2	5340	940		4400
22	中铁建昆仑投资集团有限公司	11	985497	609454	376043	
23	中国铁建港航局集团有限公司	8	114088	81002	24000	9086
24	中国铁建云贵指挥部	2				
25	中铁城建集团有限公司	3	18755	12791		5964
26	中铁建重庆投资集团有限公司	9	753241	97789	503100	152352
27	中铁建华北投资发展有限公司	4	144119	21585	117138	5396
28	中铁磁浮交通投资建设有限公司	1				
29	中铁海峡建设集团有限公司	1	18855		5000	13855
	合　计	230	6225307	2427534	3194725	603048

（制表：张红彦）

2017年中国铁建股份有限公司新开工的资本运营项目投资情况

序号	投资主体	项目名称	投资模式	项目计划总投资		2017年累计投入资金		
				合计（万元）	本企业应投入资本金（万元）	2017年合计（万元）	本企业投入（万元）	项目公司投入（万元）
1	中国铁建投资集团有限公司	青岛地铁4号线PPP项目	PPP	1727600	211600			
2	中国铁建投资集团有限公司	湖南省安乡至慈利高速公路项目	BOT	1025100	256275	1098	50	1048
3	中国铁建投资集团有限公司	北京地铁新机场线项目	PPP	1499444	161940	26800	26800	
4	中国铁建投资集团有限公司	江宁区江宁街道新市镇建设PPP项目	土地一级开发	345400	55264	102580	30064	65000
5	中国铁建投资集团有限公司	陕西合阳至铜川、吴起至华池高速公路PPP项目	PPP	1987100	159597	44936	19002	25934

续表

序号	投资主体	项目名称	投资模式	项目计划总投资		2017年累计投入资金		
				合计（万元）	本企业应投入资本金（万元）	2017年合计（万元）	本企业投入（万元）	项目公司投入（万元）
6	中国铁建投资集团有限公司	安徽省G4012溧阳至宁德高速黄山至千岛湖段及G42S上海至武汉高速无为至岳西段PPP项目	PPP	112176	112176	22400	22400	
7	中铁十一局集团有限公司	S218线甘泉（高庄）至麦积镇至麦积山景区段旅游公路	BT	37874	37874	35257	35257	
8	中铁十一局集团有限公司	湖北荆门掇刀区道路工程	PPP	2700	2700	2700	2700	
9	中铁十一局集团有限公司	青岛平度中心医院	PPP	9180	9180	3672	3672	
10	中铁十一局集团有限公司	新疆昌吉头屯河3标段项目	PPP	20331	13215	20331	13215	
11	中铁十一局集团有限公司	银川兴庆区高级中学及文体活动中心	PPP	16800	11760	2100	1470	
12	中铁十二局集团有限公司	新建济青高速铁路高密北站及相关工程	股权项目	2570	2570	2574	2574	
13	中铁十二局集团有限公司	桥北地区河道及防涝设施综合整治工程PPP项目	PPP	18867	18867	3200	3200	
14	中国铁建大桥工程局集团有限公司	江西省萍乡市海绵城市建设PPP项目	PPP	35712	7857	7857	7857	
15	中国铁建大桥工程局集团有限公司	湖北三峡翻坝高速公路	BT	21200	21200	5760	5760	
16	中国铁建大桥工程局集团有限公司	昆明机场北高速公路项目	BT	49416	49416	49416	49416	
17	中国铁建大桥工程局集团有限公司	宜石高速公路项目	BT	48000	48000	48000	48000	
18	中国铁建大桥工程局集团有限公司	石泸高速公路项目	BT	49900	49900	49900	49900	
19	中国铁建大桥工程局集团有限公司	四平地下综合管廊	BOT	11256	11256	2251	2251	
20	中国铁建大桥工程局集团有限公司	贵州马岭水利枢纽	BOT	7704	7704	3852	3852	
21	中国铁建大桥工程局集团有限公司	延吉市地下综合管廊工程指挥部	PPP	1000	1000	1000	1000	
22	中铁十四局集团有限公司	陕西省西咸新区沣东新城三桥新街B段地下综合管廊	BT	24560	13508	2613	1763	850
23	中铁十四局集团有限公司	西咸新区沣东新城沣镐七里镇地块一安置项目	BT			20284	1845	18439

续表

序号	投资主体	项目名称	投资模式	项目计划总投资		2017年累计投入资金		
				合计（万元）	本企业应投入资本金（万元）	2017年合计（万元）	本企业投入（万元）	项目公司投入（万元）
24	中铁十七局集团有限公司	辽宁锦州文化艺术中心PPP项目	PPP	69931	2937			
25	中铁十七局集团有限公司	辽宁营口经济技术开发区综合管廊及附属设施PPP项目	PPP	203881	11010	12000		12000
26	中铁十七局集团有限公司	包头市110国道改造、综合管廊及沼南大道综合管廊工程PPP项目	PPP	136482	3958			
27	中铁十七局集团有限公司	昭通至泸州高速公路彝良至镇雄段项目	BT	90000	10000	170000	10000	
28	中铁十八局集团有限公司	G211印江至思南段公路改扩建工程	PPP	500	500			
29	中铁十八局集团有限公司	南京空港枢纽经济区越秀路等市政设施PPP项目	PPP	500	500	500	500	
30	中铁十八局集团有限公司	贵州双龙航空港经济区双龙北线道路工程PPP项目	PPP	360	360			
31	中铁二十局集团有限公司	马鞍山郑蒲港铁路项目	PPP	137250	4650	929	929	
32	中铁二十局集团有限公司	青海省贵德县全民健身中心项目	BOT	17343	260	260	260	
33	中铁二十局集团有限公司	黄山市中心城区（屯溪组团）公共停车场项目	BOT	40710	32568	2346		2346
34	中铁二十局集团有限公司	贵州省黄平县旧州至纸房工程	PPP	32793	5247	6559	5247	1312
35	中铁二十一局集团有限公司	长垣县G327至留晖大道道路（中环）新建工程PPP项目	PPP	2110	2110			
36	中铁二十一局集团有限公司	兰州市七里河区S183号等6条道路综合管廊PPP项目	PPP	1081	1081	1081	1081	
37	中铁二十一局集团有限公司	新建铁路朱家窑至中川线及配套工程PPP项目	PPP	2325	2325	3750	3750	
38	中铁二十一局集团有限公司	庆阳市海绵城市建设试点样板工程PPP项目	PPP	889	889	356	356	
39	中铁二十一局集团有限公司	淄博经济开发区微电器工业园PPP项目	PPP					
40	中铁二十一局集团有限公司	包头市城市水生态提升综合利用PPP项目	PPP					
41	中铁二十一局集团有限公司	沣西新城天元路西段市政道路工程BT项目	BT	21970	21970	2435	2435	

续表

序号	投资主体	项目名称	投资模式	项目计划总投资		2017年累计投入资金		
				合计（万元）	本企业应投入资本金（万元）	2017年合计（万元）	本企业投入（万元）	项目公司投入（万元）
42	中铁二十一局集团有限公司	兰州市兰石CBD综合管廊PPP项目	PPP	667	667	667	667	
43	中铁二十一局集团有限公司	庆阳市海绵城市试点建设PPP项目	PPP	555	555			
44	中铁二十一局集团有限公司	广州北站综合交通枢纽PPP项目	PPP	20000	20000	2000	2000	
45	中铁二十三局集团有限公司	平度市秦皇河河道治理工程	PPP	43650	6980	7000	3050	
46	中铁二十三局集团有限公司、中铁建重庆投资集团有限公司	太白县虢川河两岸生态环境治理PPP项目	PPP	18680	1635			
47	中铁二十三局集团有限公司	龙泉八小（大面小学）及幼儿园扩建工程投资建设一体化项目	BT	2815	2815	79	79	
48	中铁二十三局集团有限公司	参股成立贵阳清镇“寻味贵州”项目公司	股权项目	65645	1500	5000	1500	
49	中铁二十三局集团有限公司	沱江路（绵远河—宝成铁路）等6条道路改造提升项目融资+EPC项目	BT	32979	80			
50	中铁二十三局集团有限公司	成蒲铁路邛崃站站前西路、站前东路和公共配套工程	BT	34370	34370	23900	23900	
51	中铁二十三局集团有限公司	盘鳌互通连接线新建工程	BT	7050	7050	2000	2000	
52	中铁二十四局集团有限公司	宿州市S404宿城至皖苏界改建工程（第1标段）PPP项目	PPP	133448	28793	82266	57586	
53	中铁二十五局集团有限公司	伊通河城区段百里整治项目南溪湿地综合治理工程	PPP	128285	4200	67600	4200	63400
54	中铁二十五局集团有限公司	凤凰县旅游基础设施及转型升级建设项目	PPP	101905	2041	45400	900	44500
55	中铁建昆仑投资集团有限公司	有轨电车蓉2号线及市政改造工程	BT	341828	92529	180838	68838	112000
56	中铁建昆仑投资集团有限公司	成都地铁6号线	BT	1620173	440758	279280	162267	117013
57	中国铁建港航局集团有限公司	长寿长江二桥工程项目	BOT	152800	10998	24000	24000	
58	中国铁建港航局集团有限公司	泰州港泰兴港区七圩作业区公用码头工程PPP项目	PPP	139996	28000	4100	4100	

续表

序号	投资主体	项目名称	投资模式	项目计划总投资		2017年累计投入资金		
				合计（万元）	本企业应投入资本金（万元）	2017年合计（万元）	本企业投入（万元）	项目公司投入（万元）
59	中国铁建港航局集团有限公司	澄江县仙湖路改扩建工程项目	PPP	59000	11800	11800	11800	
60	中铁城建集团有限公司	新建济南至青岛高速铁路临淄北站房及相关工程施工总价承包暨投资人项目	BT	3045	3045	3045	3045	
61	中铁建重庆投资集团有限公司	重庆黔江区过境高速公路	BOT	268216	18054	27200	8400	3000
62	中铁建重庆投资集团有限公司	重庆永川至四川泸州（重庆段）高速公路	BOT	215400	17232	40524	3524	9000
63	中铁建华北投资发展有限公司	石家庄市城市轨道交通1、3号线二期土建及相关工程项目	BT	572000		4300		4300
64	中铁建华北投资发展有限公司	石家庄市汇明路地下综合管廊PPP项目	PPP	134906	21585	88981	21585	62000
	合计			11909428	2117909	1558777	760047	542142

（制表：张红彦）

【资本运营效益情况】 2017年，资本运营项目完成营业收入716.33亿元，实现收益83.11亿元。其中，投资收益14.39亿元；工程承包等收益67.31亿元；其他收益1.39亿元。（张红彦）

【资本运营投资拉动情况】 2017年，中国铁建既有资本运营项目对公司主业拉动效果明显，年内拉动工程承包707.43亿元；物资采购127.99亿元；设计咨询5.85亿元；设备制造及其他2.05亿元；其他1.28亿元。（张红彦）

【转型升级中标一批重大项目】 在推行PPP的大环境下，高速公路投资项目中标河南上蔡至罗山高速公路（驻马店市境、信阳市境）项目、河南栾川至卢氏高速公路（洛阳境、三门峡境）PPP项目、重庆巫溪至陕西镇平（重庆段）高速公路PPP项目等一批重大项目，在高速公路主体产业形成实力强劲的全产业链优势。截至2017年底，中国铁建高速公路里程超过3700千米，为企业转型升级创造条件。土地一级开发项目。中国铁建投资集团有限公司投资建设的张家口市桥西区棚户区改造项目顺利签约；中铁建设集团有限公司承揽的顺义区南法信镇项目已完成项目公司注册；中铁二十五局集团有限公司承揽的门头沟军庄镇影视文化综合体项目取得授权。海绵城市建设。中铁二十一局集团有限公司投资的甘肃白银海绵城市建设进展顺利，新签约庆阳市2个海绵城市建设项目；中国铁建大桥工程局集团有限公司依托萍乡市海绵城市建设PPP项目，召开高层次的海绵城市建设论坛，提高企业的知名度，扩大行业影响力，为后续任务承揽打下基础。有轨电车市场承揽超4个项目。中铁二十二局集团有限公司承揽广州市黄埔区有轨电车1号线（长岭居—萝岗）PPP项目；中铁十一局集团有限公司承揽天水市有轨电车示范线（一期）工程PPP项目；中铁二十五局集团有限公司承揽山东省菏泽市郓城县新能源现代有轨电车公交T1线工程PPP项目；中铁建昆仑投资集团有限公司承揽成都市IT大道现代有轨电车BT项目。综合管廊。中铁十七局集团有限公司发挥已建立的管廊研究中心的优势，连续承揽营口经济技术开发区综合管廊及附属设施项目、包头市110国道改造、综合管廊及沼南大道综合管廊工程、玉溪市红龙路地下综合管廊、青岛中德生态园园区四号路、17号线、纵七路地下综合管廊等多个项目。PPP运营项目数量不断增加，项目运行总体符合预期。年内中国铁建投资集团有限公司投资的扬州湾头玉器特色小镇 PPP 项目开工建设；广东清远磁浮旅游专线工程正式开工。

（张红彦）

【资本运营项目建设】 2017 年，中国铁建多个资本运营项目完成施工建设，进入运营期。四川简蒲高速公路、桂林资兴高速公路、贵州安紫高速公路等多条高速公路顺利建成通车；代表中国铁建在西南地区投资的首条机场专线——成都地铁 10 号线一期工程提前通车；青岛市蓝色硅谷线路开通运营；厦门翔安新机场片区地下综合管廊 PPP 项目取得重大进展，全长 982 米的机场快速路综合管廊（市政舱）过海段顺利贯通；全国首条中低速磁浮旅游专线——清远市磁浮旅游专线落地开工，在中低速磁浮乃至新型轨道交通领域的先发优势、领军地位得到实质性加强。 （张红彦）

【建营一体效果初显】 中国铁建加强投资项目全生命周期综合成本管理，树立建设为运营服务理念，建设阶段充分考虑后期运营服务相关事项，避免因设计不合理等问题导致二次投入，实现综合效益最大化，积极探索由承包商向综合运营商的转型；依托已运营项目，不断创新高速公路运营管理体制，做实做精高速公路营运，着力培育核心竞争优势，探索铁建特色的高速公路运营管理模式，切实降低运营成本；在提质增效方面，坚持“高速公路 + ”理念，深挖高速公路沿线旅游、油品、土地、广告等资源，增加公路运营立体经营收益；打造品牌收费站和服务区，多个收费站、服务区进入“全国百佳”“全国青年文明号”“重庆市五星级”高段位。通过这些有益探索和不断尝试，加强运营管理，进一步提升中国铁建运营类项目的效率和收益。

（张红彦）

【拟投资项目评审会议】 2017 年，中国铁建与各地方政府签订战略协议 29 份，召开项目评审会议 23 次，评审拟投资项目 135 个，投资规模 5373 亿元。其中，董事会通过项目 37 项，投资规模 3306 亿元。通过审批决策的 135 个项目中，“落地”项目 69 项，投资规模 2953 亿元。全年备案拟投资项目 48 个，投资规模 339 亿元，其中“落地”项目 34 项，投资规模 216 亿元。

（张红彦）

【资本运营项目管理】 由资本运营部、经营计划部、财务部、经济管理部组成调研组，现场调研 9 个以股份公司名义投资建设的资本运营项目，了解项目投融资管理、分包差收取比例、成本管理、财务收支、项目盈亏等情况。2017 年，为及时掌握目前实施项目进展情况，要求各单位认真梳理项目实施过程中存在的风险及问题并编制《中国铁建资本运营既有项目梳理情况》，掌握重点监管项目动态。 （张红彦）

【资产管理业务】 2017 年，中国铁建召开三项工作清查会议，加强进一步加快低效无效资产清理处置。处置低效无效资产 4719 项，账面价值 65234 万元，完成原定目标的 96.54%。加快推进“三供一业”分离移交工作。年内按照国务院国资委要求，组织全系统申报“三供一业”分离移交中央财政补助 2.83 亿元，年底收到中央财政补助预拨资金 1.07 亿元。全面摸底全系统“三供一业”分离移交工作进展，组织召开“三供一业”分离移交工作培训推进座谈会 3 次，明确相关事项，加强组织机构建设，加快工作开展。组织完成 2018 年“三供一业”中央企业国有资本经营预算申报。全年全系统“供水、供电、供热、供气、物业管理”累计完成分离移交和签订正式或框架协议数分别为 90604 户、88534 户、61108 户、43264 户和 59333 户，工作进度分别达到 83.70%、89.83%、82.64%、85.68% 和54.38%。加强对实物资产管理。统计清查全系统土地房产信息，摸清全系统的土地房产总量，汇总形成《中国铁建土地房产信息统计清查情况汇报》，起草下发《关于进一步加强不动产等实物资产管理的通知》，对实物资产管理主要工作作出部署和安排。

（张红彦）

【总结汇编项目案例和指导性文件】 2017 年，制定下发《2017 年资本运营工作要点》；制（修）订完善《关于加强与外联合投资项目决策的通知》等 10 项资本运营投资管理制度，配合董事会秘书局修订《对外投资管理制度》，进一步明确投资程序。完成对既有投资项目的梳理。下发《关于进一步加强资本运营项目咨询评估的通知》和《关于加强资本运营项目标段划分、内部招标管理的通知》。在此基础上，为进一步规范中国铁建内投融资项目的建设管理，提高企业投融资项目管理水平，理顺责权关系，促进企业投融资业务健康发展，起草《投融资项目建设管理指导意见》《关于贯彻落实国资委〈关于加强中央企业 PPP 业务风险管控的通知〉的通知》《关于印发〈中国铁建资本运营项目专家库管理办法〉〈中国铁建资本运营项目专家评审会议事规则〉的通知》。（张红彦）

【资本运营业务培训班】 2017 年 9 月，在股份公司北京培训中心（党校）组织召开“三供一业”分离移交培训工作研讨推进会，全系统相关业务分管领导和业务人员参加培训。11 月,在股份公司北京培训中心(党校)组织资本运营业务培训班,全系统 33 家单位由主管资本运营的领导带队,集团资本运营部门领导和业务骨干 230 余人参加培训。培训邀请 8 位专家进行专题讲授,权威解读 PPP 投资宏观政策特别是财政部财办金〔2017〕92 号文件等政策性文件,客观分析投资人在 PPP 项目中的政策把握、法律风险,详细介绍 PPP 项目资产证券化、财务模型及测算方案、基础设施投融资架构及风险防范重大具体问题,并对当前形势下建筑企业运作 PPP 项目的实践探索与思考以及 PPP 市场开拓作了充分阐述。 (张红彦)

财务管理

【财务部】 负责中国铁建股份有限公司(以下简称“公司”)财务管理、会计核算、资金管理、全面预算管理、绩效考核、产权管理、财务信息化、财务监督、财会队伍建设等工作的综合职能部门。主要职责:制定财务内控管理制度,推动国家财经法律法规贯彻执行,组织制定和实施财务发展战略;负责公司全面预算管理,按照会计准则规定,制定和实施公司财务会计规章制度;负责对上对下绩效考核工作;负责全系统资金管理及融资信贷管理工作;负责公司产权管理、财务监察、财务信息化、财会队伍建设及会计人员培训工作;负责组织开展财务分析及对标分析;依法编制和及时提供财务会计报告;协助做好公司信息披露相关工作;建立和完善财务、税务、汇率、利率、资金风险防范预警与控制机制;负责上市公司股权管理、金融资产投资与管理相关工作;制定和完善公司产融结合管理制度,负责全系统产业融资业务审批及工作指导;负责产业基金的设立、管理工作;负责公司总部各项纳税申报及税收筹划工作;负责总公司及锦鲤资产管理中心、战备资产、基建财务管理与核算工作;参与公司总体发展战略及中长期规划的研究制定、社会责任报告的编撰并提供相关资料、全面风险管理、投资收购与并购重组论证、投资后评价、经营计划指标测算下达工作。下设财务处、会计处、机关财务处、产权处、预算考核处、资金管理中心、产融管理处、外派机构财务管理处。定员 39 人,现员 28 人,设部长 1 人、副部长 3 人。 (乔国英)

【年度工作综述】 2017 年,中国铁建系统财务管理工作坚持稳中求进的工作总基调,按照年度工作会确定的“两个贯穿、五个坚持”总体目标要求,积极应对内外经济环境变化的挑战,全力降杠杆压“两金”,努力确保债务风险可控在控;持续强化资金集中,严格有息负债管控,确保资金链安全;积极推进产融结合,推进融资模式创新和管控手段创新,全力支持新业态发展;着力打造金融板块,推进产业协同发展;全面建设财务共享,推进管控手段创新;强化预算与绩效考核,着力发挥引领约束作用;加强税务管理,努力降低税收成本;规范产权管理,推进国有资产保值增值。公司在国资委 2017 年绩效考核中进入中央企业前 10 名,中央建筑企业第 1 名;营业收入稳步增长,位居财富世界 500 强第 58 名,净利润连续保持两位数增幅,为企业经济运行的持续健康安全发展奠定基础。 (高继红)

【会计信息披露和配合审计工作】 2017 年,中国铁建在上海证券交易所和香港联合证券交易所及时、准确、完整地披露季度报告、半年度报告、年度报告等各项会计信息,完成国资委、财政部财务决算报告的编制和报送。在完成 4 个季度的财务报告编制的同时,配合股份公司董事会完成财务信息披露、资料整理、路演数据本的制作。工作包括主要会计数据的计算摘录,每股收益的计算,非经常性损益的分析认定,业务板块的划分及毛利率的分析计算,主要经济指标大幅增减原因的分析、解释,担保、收购、兼并等重要事项的确认,整理、更新路演数据资料。股份公司系统财务决算审计机构有 5 家,年内审计 744 家法人单位。2017 年内退人员精算报告在韬睿事务所、股份公司人力资源部的协助下顺利完成。 (丁亚杰)

【财务制度建设】 2017 年,制定《中国铁建股份有限公司科技经费管理办法》,规范科技经费的管理使用和会计核算。制定《中国铁建银信业务管理暂行办法》,规范银信业务流程,推进银信额度、银信融资定价管理,明确职责分工与奖罚措施,完善金融服务平台。制定《中国铁建股份有限公司 2017 年债务风险管控工作方案》,分类下达 2017 年管控目标,强化债务风险管控体制、机制建设,防范债务风险。制定《中国铁建股份有限公司降杠杆减负债工作方案》,确定资产负债率管控目标,防范和化解债务风险。制定《中国铁建股份有限公司财务共享中心风险预警通报制度》,对企业经济活动中的风险点适时预警、通报,建立风险防控长效机制。制定《中国铁建股份有限公司子公司负责人 2017 年度绩效考核实施方案》,下达子公司年度目标,引导子公司积极推进企业发展,关注企业转型升级,警惕生产经营中发生违规事项。制定《中国铁建股份有限公司子公司负责人 2016—2018 年任期战略引领指标考核方案》,对“十三五”规划的目标进行细化、分解,制定实施方案,推动“十三五”战略规划落地。 (王 磊)

【中国铁建2017年度财务工作会议】 11月26—28日在北京召开。会议确定2018年财务工作总体思路:全面贯彻落实十九大精神,以提质增效、转型发展为目标,大力推进降杠杆减负债工作,狠抓资金集中、清收清欠和“两金”压降,严控有息负债,促进财务状况优化;以全面推进财务共享建设为抓手,加快管理会计实践,推动财务管理转型;以夯实财务基础工作为依托,提升财务合规性,提高会计信息质量,强化风险防范,确保企业经济运行健康、有序、安全。国有重点大型企业监事会第五办事处主任刘珊、处长李勇,中国铁建总会计师王秀明、监事会主席黄少军出席会议。

总会计师王秀明做题为《持续引领,加快转型,助推企业财务管理迈向新时代》的财务工作报告。报告指出:2017年,中国铁建系统各级财务部门围绕年度工作目标,抗压克难,砥砺奋进,着力强化财务基础管理、创新支持产业协同、强力挖潜增效、全力化解财务风险、加快推进财务转型,财务管理各项工作有序推进,公司在国资委绩效考核中连续四年获得A级,2017年位居中央建筑企业第一名,取得好成绩;营业收入稳步增长,在财富世界500强的排名持续攀升;净利润连续保持两位数增幅,成为中央企业稳增长的主力军之一;风险防控能力不断增强,为企业健康发展提供有力保障;财务共享建设开创建筑企业财务管理变革先河,有力地推动财务管理转型;金融板块迅猛发展,利润贡献度大幅提升,有力推进产融结合与产业协同。报告要求2018年重点抓好以下工作:一是坚定信心,迎难而上,坚决打赢降杠杆减负债攻坚战;二是创新驱动,精准发力,有效支撑新业态发展;三是坚定不移,加快转型,持续加强财务共享建设;四是强化执行,刚性考核,充分发挥预算考核的引领作用;五是依法合规,科学筹划,不断提高税务管理水平;六是未雨绸缪,多措并举,稳步提升财务风险防控水平;七是树立理念,构建体系,大力推进管理会计实践;八是强基固本,夯实基础,着力提升合规性建设;九是发挥动能,激发潜力,全面加强财务队伍建设。

会议表彰2017年度财务工作先进单位和先进个人,解读会计政策修订及收入准则,通报降杠杆减负债及资金管理情况,通报营改增及税务稽查情况。所属各单位总会计师、财务部长、决算负责人、财务共享中心负责人,公司相关部门负责人及财务部全体人员244人参加会议。 (王 磊)

【中国铁建财务工作先进单位和先进个人】

2017年度中国铁建财务工作先进单位

中铁十一局集团有限公司
中铁十二局集团有限公司
中国铁建电气化局集团有限公司
中国铁建房地产集团有限公司
中铁第四勘察设计院集团有限公司
中国铁建重工集团有限公司

2017年度中国铁建决算工作先进单位

中铁十四局集团有限公司
中国铁建电气化局集团有限公司
中铁第四勘察设计院集团有限公司
中国铁建投资集团有限公司

2017年度中国铁建预算工作先进单位

中国土木工程集团有限公司
中铁十二局集团有限公司
中铁十八局集团有限公司
中铁城建集团有限公司

2017年度中国铁建资金管理先进单位

中铁十一局集团有限公司
中国铁建电气化局集团有限公司
中铁第一勘察设计院集团有限公司
中国铁建重工集团有限公司

2017年度中国铁建财务信息化先进单位

中铁十五局集团有限公司
中铁十六局集团有限公司
中铁十九局集团有限公司
中铁二十局集团有限公司

2017年度中国铁建税务管理先进单位

中国铁建大桥工程局集团有限公司
中铁十二局集团有限公司
中铁十七局集团有限公司
中国铁建房地产集团有限公司

2017年度中国铁建财务工作先进个人

成喜庆 张 申 刘鹏程 田 锷 杨 曦
罗自兵 康振甲 王 付 王艳兵 郭晓斌
李茂清 杨 健 陈传威 宋菲菲 刘 涛
吴高飞 宫殿斌 牛君辉 张书斌 王双才
冯运青 王国华 白少云 付 媛 王恩鹏
李 轩 张朝星 慕 森 许芳翼 李洪亮
孔 帅 孙锋先 贾增杰 刘行波 冯丽丽
彭启寅 王传旺 李晓东 徐 丹 张 明
王玥航 徐 蕾 李艳红 吴铁军 任小鑫
彭 浩 姬中允 张春英 闫玉龙 卜海霞
汪发农 王伟平 罗辉红 宋成锁 刘瑞杰
颜景西 胡 洋 高 洁 李建军 周 兴

马　威　刘型益　余和平　黄　微　梁明刚
付玉梅　金　雁　魏　永　池玉香　董　杰
彭学浩　陈继兴　冯　博　曹振宇　郑宏亮
时　情　杨　名　陈　勇　姚　帅　祝长城
秦　亮　宋宏儒　朱艳盈　危海源　毛鹏程
史小平　杜建华　朱上振　崔海红　姜小海
郝敬豪　党艳银　赵澍涛　李向伟　赵彦映
刘　建　周均强　陈祥杰　刘　娟　郝艳云
杨　爽　邱　毅　王旭琴　王安营　余好斌
侯　燕　廖其德　何艳梅　杨照群　朱清源
张晓华　陈厚良　黄金花　陆巧萍　冯　尧
刘丹霞　曾程岗　尹　亮　陈润阁　王婷婷
郭　丹　郝　凯　高艳玲　张　洋　孙友伟
王奇峰　张敬明　唐重庆　孙　晨　姚顺瑜
宋济文　薛晓荣　邬大为　邓　波　周　抗
张宇瞳　梁志刚　朱高莉　周　文　袁　涛
张　寓　阮宏毅　刘　岩　张福强　刘海鸥
牟青竹　孟祥嘉　蔡　辉　郭　剑　王　森
陈　刚　黄　进　杨　敏　汪　哲　杜　娟
贾莉莉　史善凯　王梦妮　罗　卿　王建旗
王盛明　周　虹　张迎庆　陈　瑞　彭　欣
廖　慧　李文娟　谢雨珂　陈龙欧　文　煜
金　明　龙　海　张　杰　罗军华　齐俊鹏
贾　凯　孟涵飚　刘　阳　李雪梅　窦　阳
钟妙宁　刘英杰　张　觅　苏瑞芬　司美荣
赵改玲　唐轩仕　罗荣华　王　洁　王传亮
钮永跃　郭亿方　施小蓉　王　磊　高科技
赵志欣　冯文钊　陈　匀　尚　健　刘新龙

（王旭琴）

【税务管理】 2017 年，中国铁建开展“营改增”回头看，总结形成“坚持一条主线、抓住两个标点、采用三种方式、取得四项成果、完成五个任务”的增值税管理工作机制。截至 2017 年底，累计认定高新技术企业 79 家。接受国税总局税务稽查，顺利通过检查。组织参加全国建筑业财税知识竞赛，中国铁建赛区有 15958 名财务人员报名参与，获得团队赛金奖 2 项，个人赛金奖 10 项。为适应国家“一带一路”倡议和企业“走出去”步伐的加快，分国别编写财税指导手册，逐步提升境外财税管理能力。年内完成《阿尔及利亚财税业务指导手册》的编写工作，其他主要国别市场的相关工作顺利推进。高度重视纳税信用等级管理。全年全系统 206 家单位被认定为 A 级纳税单位。完成 BEPS 行动计划国别报告及各类涉税事项的申报。

（韩　斌）

【融资信贷管理】 截至 2017 年底，中国铁建系统获得银行综合授信 10601 亿元。根据国资委降杠杆、减负债工作要求，按照从紧原则批复各单位有息负债预算，并定期通报预算执行情况，对执行偏差较大的单位进行专项督导；年内召开有息负债压降专题会议，明确要求各单位不得触碰预算“红线”，强化有息负债预算管控的刚性约束。

（东润宁）

【资金集中管理】 以预算为管理导向，结合工作实际，核定各单位资金集中度和资金上存度指标，下发文件督导资金集中和账户清理工作，推进境外资金集中。截至 2017 年底，中国铁建系统资金中心和中国铁建财务公司集中资金 1795.5 亿元，较年初增加 182.9 亿元。总体资金集中度 85%，全年保持在 80% 以上水平；中国铁建财务公司年末全口径资金集中度60.7%，较年初增加 3.6 个百分点。

（东润宁）

【中国铁建信用评级】 2017 年，中国铁建整体经营情况保持良好发展态势，财务状况保持稳定，国际评级机构标普和穆迪继续保持对公司 A－和 A3 的信用评级，展望为稳定。

（东润宁）

【担保情况】 2017 年，中国铁建股份有限公司董事会和股东大会审议通过年度对全资子公司内部担保规模 800 亿元，并授权董事长在核定的担保总额内审批具体担保业务。股份公司严格按照相关决策程序审批办理担保业务，截至 2017 年底，股份公司实际对全资子公司担保余额 214.94 亿元。

（东润宁）

【全面预算管理】 1 月，组织所属单位会审 2017 年度全面预算，完成全面预算报告，提交董事会审议并获得通过，并向国资委上报 2017 年度预算报告。3 月，根据国资委预算批复要求，结合股份公司管理重点，对所属子公司 2017 年度全面预算进行逐家批复，指出各单位 2017 年度全面预算管理工作中需要重点关注和改进的问题，重点强化“两项”费用、有息负债和资产负债率的管控，加强经营性净现金和“两金”的管理等，充分发挥全面预算管理在资源配置和防范风险等方面的作用。4 月，通报 2016 年度预算执行情况。5 月，通报所属单位 2017 年 1 季度预算执行情况。9 月，通报所属单位 2017 年 2 季度预算执行情况。11 月，下发 2018 年全面预算编报通知，详细安排 2018 年全面预算管理工作，提出生产经营稳健增长，产业结构持续优化，运行质量持续改善，创现能力持续增强，经营风险总体可控的目标要求。明确重点任务：从严压控“两金”；统筹安排“处僵治困”工作任务；大力降杠杆减负债；清理融资性贸易业务。根据所属各单位2017年度主要经济指标预计完成情况，结合对2018年度建筑行业形势的预判及股份公司“十三五”战略规划，向国资委上报中国铁道建筑总公司2018年度主要经济指标预报表。12月，下达子公司2018年度预算指导数，为编制2018年度全面预算奠定基础。 （张鸿斌）

【业绩考核】 1月，股份公司制定《子公司负责人2017年度绩效考核方案》，并在年度工作会上由总裁代表股份公司与各子公司董事长签订《2017年度绩效合约书》。2月，总公司2017年度经营业绩考核指标建议值上报国务院国资委，签订《中央企业负责人2017年度经营业绩责任书》。4月，上报国务院国资委《关于2016年度经营业绩考核目标完成情况的报告》；股份公司董事会评定总裁2016年度业绩考核结果为A级，审议通过《董事会对总裁2017年度绩效考核实施方案》。6月，完成所属子公司负责人2016年度绩效考核结果认定，制定下发《子公司负责人2017年度绩效考核实施方案》。7月，国务院国资委评定总公司2016年度经营业绩考核结果为A级，排名央企第10名，建筑央企第1名；上报国务院国资委《关于2017年上半年考核指标执行情况的报告》。8月，编写完成《2016年度行业对标分析报告》。9月，完成国务院国资委《中央企业业绩考核与收入分配政策体系研究》调研问卷。10月，完成国务院国资委《中央企业经济增加值考核及其在薪酬管理中的应用研究》调查问卷。11月，上报国务院国资委《2017年业绩考核完成预评估报告及工作总结》。 （冯文钊）

【中国铁建总部财务管理】 2017年，完成中国铁道建筑总公司、中国铁建股份有限公司、股份公司外派机构（审计分局、区域指挥部）、总公司锦鲤资产管理中心、总公司机关房地产管理中心、战备资产、财会学会等独立核算单位的日常报销单据审核、出纳、固定资产（无形资产）账务处理工作以及各项预决算报表（月报、季报、年报）的编制与分析工作；完成股份公司中标项目和直管项目投标保证金的拨付回收工作；完成国家财政补助资金的请款工作；分析和通报2017年度总部经费预算执行情况，安排2018年总部经费预算。同时协调处理完成机关部门及中铁建商务管理有限公司所属各服务单位相关事务性工作；配合各项检查、审计、临时查账等工作。 （李　鲲）

【财务共享中心建设】 2017年，中国铁建财务共享中心制定《“十三五”财务管理信息化建设规划》，明确“十三五”期间财务信息化建设的指导思想和建设原则，提出依托一个平台（共享平台），深化两大应用（财务会计和管理会计应用），完善三大体系（财务会计信息管理体系、经济风险防范体系、经济运行分析体系），支撑四个转型（会计信息从侧重对外披露向决策支持、控制评价转型；财务管理模式从传统财务向战略财务、共享财务、业务财务转型；财务管理能力从核算型、管控型向价值型和决策型转型；财务人员从单一核算型向复合管理型转型），建设五大系统（全面预算管理系统、资金管理系统、税务管理系统、管理会计报告系统、绩效考核系统）的整体规划。11月6日，成立财务共享创新工作室，着力提升和改进系统功能，推动财务共享建设向纵深发展。启动中国铁建房地产集团有限公司、中铁城建集团有限公司的共享中心建设。开展物资预算、劳务预算模块改造升级。建立财务共享中心预警通报制度，在共享系统植入超过100个驳回指标和近50个预警通报指标；建立项目分析简报、盈亏分析等82张内部管理报表，共享平台大数据优势逐步显现。建立共享中心运营管理通报制度，促进各单位提高工作效率和运营质量，实现运营制度化、规范化、标准化、统一化；推进共享中心绩效模块和质检模块上线，研究人员数量和工作质量、工作效率之间的关系，探索人员配备平衡点以及具有竞争性的薪酬制度设计。 （牛永辉）

【产权管理】 2017年，中国铁建办理486户法人占有、变动及注销产权登记。办理完成36项资产评估备案项目，其中，评估国有资产总额677.6亿元，净资产评估值101.1亿元，评估增值率10.08%。年内获得北京产权交易所和上海联合产权交易所颁发的产权交易最高奖项。建立日常监督检查机制，主动与经济行为审批部门协同监管，对发现的违规隐患和苗头，下达《产权管理工作要求提示函》13份，及时将国有资产监管要求和规定提示到位并监督落实，确保国有资产安全。 （邓　凯）

【银行授信合作】 2017年，中国铁建股份有限公司与中国进出口银行签署《战略合作协议》，中国进出口银行向股份公司提供各类金融产品的意向合作融资总量2000亿元；股份公司与中国平安保险（集团）股份有限公司签署《战略合作协议》，平安集团为股份公司提供基金管理额度1000亿元；股份公司与招商银行股份有限公司签署《战略合作协议》，招商银行为股份公司提供600亿元权益性融资额度。股份公司已在中国工商银行、中国农业银行、中国银行、中国建设银行、交通银行等17家国内银行和汇丰、花旗、法巴、星展、法兴、荷兰安智6家外资银行办理综合授信额度业务，主要用于办理贷款、银行承兑汇票、债券融资、国内外工程保函、结构化融资等业务。截至2017年底，股份公司银行综合授信额度达1470.86亿元，其中贷款额度753.75亿元，已使用166.5亿元；其他授信额度717.11亿元，已使用323.27亿元。（陈　英）

【产业基金投资管理】 2017年，中国铁建通过全资子公司“中铁建资产管理有限公司”与招商银行股份有限公司下属“深圳市招银前海金融资产交易中心有限公司”各出资1000万元，共同发起成立铁建宏图（天津）投资管理有限公司，负责发起设立产业基金，主要用于BOT、PPP等基础设施投资项目，投资中国铁建投资集团有限公司山东德商高速公路BOT项目、山东济乐高速公路BOT项目、山东济鱼高速公路BOT项目；投资中铁建重庆投资集团有限公司重庆秀松高速公路BOT项目，实现已运营高速公路轻资产运作落地。通过铁建蓝海发起成立产业基金，投资中铁十四局集团有限公司常德沅江隧道PPP项目、中铁二十五局集团有限公司长春伊春河河道治理PPP项目，中铁建重庆投资集团有限公司重庆合安和合璧津高速公路BOT项目、重庆黔江过境高速公路BOT项目、重庆永泸高速公路BOT项目，中铁第四勘察设计院集团有限公司昆明轨道交通5号线PPP项目、中国铁建投资集团有限公司山东德郓高速BOT项目，中铁建昆仑投资集团有限公司昆明三清高速公路PPP项目、昆明福宜高速公路PPP项目。通过铁建成长发起设立产业基金，投资中国铁建投资集团有限公司陕西合铜高速公路PPP项目。（陈　英）

【财会队伍】 截至2017年底，中国铁建系统有财务人员18699人。其中，本科及以上学历13429人，占71.8%；中高级职称以上3625人，占19.3%，其中高级会计师职称1228人，占6.5%；全年全系统有187人通过注册会计师资格考试，队伍结构进一步优化。（王旭琴）

【财会学会工作】 2017年，中国铁建组织所属单位参加铁道财会学会课题研究，获得一等奖3项、二等奖27项、三等奖23项。组织参加《铁道财会》优秀论文评比活动，参赛的两篇论文分别获得二等奖和三等奖。（闫　宇）

【基建财务管理】 2017年，总公司机关房地产管理中心严格按照会计准则核算要求，在日常账务处理基础上，完成日常核算和季度、年度报表的填报工作，确保信息的完整性及可追溯。（王旭琴）

经济管理

【经济管理部】 主要职责：负责建立健全工程项目经济管控与运行体系，指导理顺内部经济关系、确立科学合理的经济管理模式；负责全系统成本管理相关工作；牵头负责提质增效工作；负责全系统变更索赔相关工作；牵头负责亏损治理、“处僵治困”相关工作；指导工程项目确权清收管理工作；指导所属单位工程项目经济合同管理工作；负责工程项目专业分包、劳务分包管理工作；负责本级工程项目中标签订合同以后的合同管理；负责工程项目经济运行监督及风险管理工作；牵头负责经济管理信息化建设工作。定员12人，设部长、副部长各1人；下设经济管理与考核评价处、成本管理处和经济合同处。（王旭永）

【工作综述】 （1）认真贯彻落实“瘦身健体”提质增效工作要求。制定《2017年“瘦身健体”提质增效工作方案》，明确机关各部门工作任务及目标；通过调研督导帮扶等手段推动提质增效工作开展；全面总结2017年度“瘦身健体”提质增效工作。（2）稳步推进经济管理信息系统建设。邀请行业内11家软件公司进行业务交流；调研中国中铁股份有限公司、中铁二十局集团有限公司、中铁第一勘察设计院集团有限公司等单位经济管理信息系统建设情况；制定《“十三五”经济管理信息化子规划》。（3）推动责任成本管理工作不断深入。年内召开责任成本管理工作会议；制定《房地产责任成本管理指导意见》《责任成本管理专家管理办法》；调研督导蒙华铁路、鲁南铁路、郑万铁路等项目；发布《2017年合格与不合格劳务分包商和专业分包商名录》。（4）狠抓专项治理。完成整治亏损项目和亏损企业治理年度分析报告，对各子公司负责人进行治亏绩效考评；制定亏损治理年度工作目标；开展对中国铁建大桥工程局集团有限公司，中铁十五、十七、十九、二十、二十三、二十五局集团有限公司等单位治亏督导；开展风险资产清理核查工作；制定《关于进一步明确亏损企业考核认定标准的补充通知》。（5）“处僵治困”工作取得实效。制定《处置“僵尸企业”工作方案》和《特困企业治理工作方案》；拨付中铁二十三局集团有限公司和中铁建设集团有限公司2016年度“处僵治困”补助资金，并组织对其资金使用情况进行专项检查；积极申报2017年度国有资本预算补助资金；与各单位签订“处僵治困”工作目标责任书；专项督导中铁二十三、二十五局集团有限公司，中铁建设、物资集团有限公司开展“处僵治困”工作。(6)大力开展确权清收工作。完善报表和相关指标;督导检查中国铁建大桥工程局集团有限公司,中铁十四、十八、二十二、二十三、二十五局集团有限公司6家单位清收清欠;与财务部联合召开清收清欠工作会议。(7)推进二次经营开源创效。制定《工程项目施工合同管理办法》;召开二次经营工作推进会;协同推进铁路销号项目投资梳理;帮扶大瑞铁路、福平铁路、莞惠城际等项目变更调差工作;组织系统内专家研讨工程承包板块的施工合同标准范本和变更索赔管理新制度,全年实现变更索赔978.51亿元,变更索赔率16.09%。(8)举办责任成本管理高级培训班(2期)、二次经营管理培训班(1期),培训人员700余人次。 (郭双来)

【提质增效】 根据国资委提质增效部署要求,中国铁建积极推动提质增效工作。一是认真落实国务院国资委“瘦身健体”提质增效部署要求,成立主管领导挂帅的提质增效组织领导机构,制定《2017年“瘦身健体”提质增效工作方案》。二是稳步推动瘦身健体提质增效工作开展。督查指导各单位制定瘦身健体提质增效工作方案、及时上报国务院国资委提质增效工作信息,通过调研督导帮扶等手段推动该项工作扎实开展。三是按照国资委要求全面总结2017年度“瘦身健体”提质增效工作。 (张超群)

【亏损治理】 一是分单位制定亏损治理年度工作目标。二是制定治亏督导方案,并对所属大桥局、十五局、十七局、十九局、二十局、二十三局和二十五局等单位进行督导。三是开展项目风险资产清理工作。制定项目风险资产清理工作方案,并组织开展风险资产清理核查工作。四是制定《关于进一步明确亏损企业考核认定标准的补充通知》,明确界定房地产及资本运营项目公司盈亏条件,确保年度绩效考核公平公正。2017年,中国铁建亏损项目数、项目亏损额分别同比下降19.7%和10.03%,各级次公司亏损面降到7.02%以下,亏损企业亏损额下降7.45%。 (张超群)

【处僵治困】 一是制定《处置“僵尸企业”工作方案》和《特困企业治理工作方案》,与各单位签订“处僵治困”工作目标责任书,明确“处僵治困”工作目标和责任。二是拨付2016年度“处僵治困”补助资金5843万元并组织对其资金使用情况进行专项检查。积极组织申报2017年度国有资本预算补助资金并获得补助资金1948万元,累计获得补助资金7791万元。三是组织对二十三局、二十五局、中铁建设和物资集团开展“处僵治困”工作专项督导工作。截至2017年底,中国铁建两户“僵尸企业”完成分流安置员工2181人,占计划安置人数的93.88%;17户特困企业中已有12户企业实现盈利。 (张超群)

【中国铁建责任成本管理工作会议】 2017年11月20日在北京召开。中国铁建总裁庄尚标出席会议并讲话,肯定中国铁建在责任成本管理和经济创效工作中所取得的成绩,对责任成本管理工作提出要求。总经济师赵晋华对2015年以来全系统责任成本管理进行总结,分析面临的形势和问题,安排部署全系统责任成本管理工作的目标和重点任务。会议对责任成本管理先进单位、先进个人和“中国铁建创效功臣”进行表彰。中铁十一局、中铁十二局、铁四院、南宁地铁3号线项目部4家单位在会上作经验交流。 (城　云)

【责任成本管理调研】 2017年8—12月,中国铁建总经济师赵晋华带队,分别对所属南京江北新区综合管廊二期工程、蒙华铁路、鲁南铁路、郑万铁路等进行责任成本管理调研,认真听取各单位建议,指出存在问题,提出狠抓责任成本管理工作的具体措施,为责任成本管理的标准化、精细化管理打下坚实基础。 (城　云)

【中国铁建责任成本管理培训班】 股份公司分别于7月10日、12月18日举办2期全系统责任成本管理高级培训班,着力解决各单位在推行责任成本管理过程中的实际问题,培养责任成本管理高层次人才。中国铁建总会计师王秀明就工程项目审计中发现的问题及解决方案、总经济师赵晋华就深化和创新责任成本管理的思路和措施亲自授课。系统内外具有丰富实践经验的多位专家,就铁路概预算编制办法及定额、“营改增”落地解决方案、如何做好经济活动分析、工程项目责任成本管理以及中国交建工程项目成本管理案例等多个方面做精彩讲授。全系统工程公司总经理、分管成本的副总经理、经济管理(成本)部部长及工程项目部经理等约600余人参加此次培训。 (城　云)

【制定经济管理信息化子规划】 根据中国铁建“十三五”信息化总体规划要求,第一季度,调研中国中铁、中国交建、中国电建等4家外部单位和系统内二十局、铁一院、十一局等单位的经济管理信息系统的建设情况,邀请行业内11家软件公司就经济管理信息化系统规划和业务需求建设方案进行研讨。第二季度,起草《股份公司经济管理信息化子规划编写方案》,明确子规划编制内容、步骤、人员等。第三季度,组织总部机关经营计划部、工程管理部、物资设备部、安全质量部、财务部、资本运营部、房地产开发部、科技设计部、经济管理部等部门及所属中土集团、中铁建设、电气化局、十一局、十二局、大桥局、十四至二十五局、国际集团、投资集团、中铁地产、昆仑投资、财务公司、诚合保险、金租公司、铁建重工、铁一院、铁四院、铁五院、上海院等单位140余人，按股份公司七大业务板块分别编写业务需求计划与各专业业务信息化子规划，形成《中国铁建股份有限公司"十三五"经济管理信息化子规划》，形成标准业务事项1865项，业务流程242项、业务报表796张，为实现业务流程的标准化和信息化奠定基础。（城　云）

【确权清收工作】 2月，组织研讨责任成本报表、确权清收报表，新增和完善报表相关指标。5月，领导带队，部门联合对所属大桥局、十四局、十八局、二十二局、二十三局、二十五局6家单位进行清收清欠督导大检查。7月28日，经济管理部与财务部联合召开清收清欠暨有息负债压降工作视频会。中国铁建总裁庄尚标要求贯彻落实国资委会议精神，对抓好清收清欠及降杠杆、减负债工作提出要求；总会计师王秀明通报2016年清收清欠考核结果、2017年上半年清收清欠完成情况及有息负债情况、清收清欠现场督导情况并对下一步清收清欠及有息负债压降工作作安排部署。会上，十一局、二十一局等单位做经验交流。（城　云）

【中国铁建责任成本管理先进单位和先进个人】 2017年，中国铁建表彰创效功臣50人，责任成本管理工作先进个人114人；责任成本管理工作先进单位31家，责任成本管理工作先进项目部37个。

中国铁建创效功臣

赵亚松　张鹏飞　张　建　郝生德　李承连
韩悌斌　帅建兵　张学文　刘运泽　张文军
闫庆生　徐少平　王寿强　姚洪瑞　刘时光
尹陆海　耿永旺　孔德忠　王义水　史利广
王林俊　武　耀　刘大亭　孙才定　王作举
吕鹏涛　李鸿云　孙锡寿　陈延军　张清山
蒋曙永　冯碧空　赵树明　周治华　徐元成
廖小平　雷明深　马建军　葛晓红　刘敬军
鲜兵强　潘必胜　胡永强　贾延春　王京连
汤　波　范　军　孟记昌　施振东　唐跃兰

中国铁建责任成本管理先进个人

郭新春　赵振元　李　威　李鸿鑫　周　丹
陈　辉　陈　政　陈层顺　王采成　王书萍
张福安　廖文清　杨晓东　杨仁治　喻靖宇
李保明　刘军辉　李晓林　田树坤　闫振东
薛孟江　刘志波　张成来　亓守臣　晁新忠
程丽鹏　李松猛　王俊超　刘英俊　王青山
王斌杰　彭邦兴　李　媛　潘继旺　徐文明
李宝忠　梁晓峰　蔡永茂　李昇余　石继勇
王东振　张瑞国　毛佳兴　王茂盛　王旭东
张义申　袁战会　钟晓杰　黄海滨　冯英锐
赵　涛　程玉双　聂小朋　钮根林　杨辉春
黄德烽　袁志宇　陈晓菲　王晓军　黄　静
何明静　施晓慧　陶鑫波　贺凤群　周　强
洪　羽　姜智彬　秦献军　殷素怡　罗湘京
张怀艺　侯鹤扬　刘　彬　郑　铭　刘昌彬
杜　伟　肖智慧　肖希新　曾令兵　王　奕
杨　帆　王　辉　闫　国　伍新园　尚明蕊
李　薇　吕玉梅　李文娟　周　镇　尤丁剑
李建民　蔡建伟　隋玉红　孙运优　杜立顺
张国智　王　璞　陈洪周　崔晓云　连文博
罗荣华　杨治利　万　明　黄晓宇　王洛芹
彭　取　张群浩　马锋先　张　博　刘云平
韦　巍　李　亮　何　佼　郝一明

中国铁建责任成本管理先进单位

中铁十一局集团有限公司
中铁十二局集团有限公司
中铁建设集团有限公司
中国铁建电气化局集团有限公司
中铁第四勘察设计院集团有限公司
中国铁建重工集团有限公司
中国土木工程集团埃塞俄比亚公司
中铁十一局集团一公司
中铁十二局集团建筑安装公司
中国铁建大桥工程局集团电气化公司
中铁十四局集团隧道公司
中铁十五局集团三公司
中铁十六局集团北京轨道交通公司
中铁十七局集团二公司
中铁十八局集团五公司
中铁十九局集团矿业投资公司
中铁二十局集团电气化公司
中铁二十一局集团四公司
中铁二十二局集团二公司
中铁二十三局集团轨道交通公司
中铁二十四局集团贵溪桥梁厂公司
中铁二十五局集团四公司
中铁建设集团中南分公司
中国铁建电气化局集团北方公司
中国铁建港航局集团路桥公司
中国铁建房地产集团华南公司
中国铁建(加勒比)有限公司

中铁城建集团一公司

中铁建桂林投资有限公司

四川中铁建地铁投资管理有限公司

重庆铁发遂渝高速公路有限公司

中国铁建责任成本管理先进项目部

南宁轨道交通3号线01标段工程指挥部

中国土木工程集团尼日利亚公司阿卡铁路项目部

中国土木工程集团北方公司朔黄铁路项目部

中铁十一局集团二公司济青高速铁路项目经理部

中铁十一局集团城市轨道公司郑州城郊铁路07标段项目部

中铁十二局集团三公司济青高速铁路10标段一工区项目部

中铁十二局集团有限公司仁新高速公路TJ14合同段项目经理部

中国铁建大桥工程局集团二公司南宁轨道交通3号线土建三工区项目部

中国铁建大桥工程局集团三公司蒙华铁路MHTJ-13标段项目经理部

中铁十四局集团有限公司仁新高速公路TJ7合同段项目经理部

中铁十四局集团三公司清云项目部

中铁十五局集团有限公司乌鲁木齐集装箱中心站项目经理部

中铁十五局集团一公司格库铁路(青海段)项目经理部

中铁十六局集团有限公司昌赣客运专线CGZQ-8标段项目经理部

中铁十六局集团有限公司黔张常铁路项目经理部一分部

中铁十七局集团三公司郑万铁路(河南段)项目部

中铁十七局集团有限公司蒙华铁路项目部

中铁十八局集团有限公司北京地铁16号线16标段项目部

中铁十八局集团有限公司商合杭铁路站前4标段项目经理部

中铁十九局集团七公司成兰铁路工程项目部

中铁十九局集团有限公司西成客运专线陕西段XCZQ-7标段项目部

中铁二十局集团有限公司卡·拉公路3标段项目部

中铁二十局集团有限公司郑徐铁路客运专线工程指挥部

中铁二十一局集团有限公司格库铁路新疆S3标段项目经理部

中铁二十二局集团有限公司哈牡客运专线项目经理部

中铁二十三局集团二公司哈佳铁路站前工程HJZQ-8标段项目经理部

中铁二十四局集团有限公司新建杭长线杭州北站货场工程项目经理部

中铁二十五局集团有限公司南宁轨道交通3号线01标段机电一工区项目部

中铁建设集团华东分公司第2项目部(东航技术应用研发中心)

中铁建设集团北京分公司第41项目部(八一制片厂)

中国铁建电气化局集团有限公司云桂铁路(广西段)YGZH-1标段项目部

中国铁建电气化局集团二公司西成客运专线四电工程项目部

中国铁建港航局集团有限公司鱼山15号、19号地块项目经理部

中国铁建房地产集团西安铁兴房地产开发有限公司

中国铁建房地产集团北京丰昊置业有限公司

中国铁建阿尔及利亚有限公司贝佳亚连接线项目部

中铁城建集团有限公司张家港项目工程指挥部

(城　云)

【二次经营工作】 2017年,中国铁建系统以“稳中求进”工作总基调,围绕“强管理、提效益、上水平”管理思路,全力推进变更索赔创效的程序化、规范化、科学化,变更索赔工作成效显著。全年全系统实现变更索赔批复978.51亿元,同比增长8.06%;变更索赔率16.09%,所属17家单位变更索赔率达到15%以上,二次经营工作成为企业增收创效的重要途径。

(刘延华　周本敏)

【重点项目变更工作】 2017年,中国铁建牵头对青荣铁路、郑徐铁路、沪昆铁路贵州段、沪昆铁路云南段、三南铁路等项目推进概算梳理,督导帮扶大瑞铁路、福平铁路、莞惠城际等项目变更调差工作,与建设单位深度对接,积极协同推进取得较好成效。5月,中铁二十三局集团有限公司大瑞铁路2标段签订补充协议,完成剩余工程概算调整工作。 (刘延华)

【重大课题研究工作】 2017年,中国铁建组织完成《2017年版工程项目变更索赔优秀案例和文件汇编》编审工作,印发12000册,为所属各单位开展变更索赔

工作提供工作参考；参与《蒙华铁路单线小断面隧道施工降效》等课题研究和验收评审，研究成果为类似铁路隧道工程计价结算提供参考依据。

（刘延华　周本敏）

【中国铁建二次经营工作会议】　2017 年 5 月 5 日，召开国内市场经营工作专题会；11 月 21—28 日，召开二次经营专题研讨会议，研讨部署 2017 年二次经营工作要点及二次经营策划、合同管理及信息化工作。中国铁建总裁庄尚标出席会议并讲话，强调要把铁路收尾销号项目清理概算工作抓实抓细抓出成效；总经济师赵晋华对二次经营工作开展情况进行总结，分析研判当前形势，提出二次经营工作要成为企业强化项目管控、扭亏增收、保证效益的重要手段。

（刘延华　周本敏）

【强化工程项目施工合同管理】　为规范全系统工程项目施工合同管理工作，防范与控制施工、分包及劳务合同风险，维护企业利益。2017 年 6 月，股份公司编制印发《中国铁建股份有限公司工程项目施工合同管理办法》。（刘延华　周本敏）

【中国铁建二次经营高级培训班】　2017 年 8 月 28 日至 9 月 3 日举办，全系统合同管理与索赔专家、二次经营业务骨干参加培训，培训 222 人。培训过程不仅注重专业知识的培训，还组织各单位分组研讨进一步提升施工合同管理和变更索赔工作的新思路，取得良好的效果。（刘延华　周本敏）

审计监事

【审计监事局】　负责中国铁建股份有限公司（以下简称"公司"）内部审计及监事会、董事会审计与风险管理委员会的工作。主要职责：负责对全系统内部审计工作的监督、指导、服务和对审计分局的直接管理、监督、把关；贯彻国家内审、监事会工作法律法规，制定内审制度和监事会工作制度及有关规定；负责对公司及所属企业（单位）财务收支、财务预算、财务决算、资产质量、经营绩效以及建设项目等有关经济活动的真实性、合法性和效益性进行审计监督和评价；负责对公司高级管理人员、所属企业负责人收入进行审计监督评价；负责管理和组织实施公司内部经济责任审计、绩效复核审计及日常审计工作；负责审计信息化应用。承办总公司直管项目公司、项目部（指挥部、协调组）和锦鲤资产管理中心的内部审计工作；负责对审计分局审计项目实施的督导工作；负责董事会审计与风险管理委员会会议相关议案的准备工作，会议决议的起草、执行和执行情况反馈工作；全面负责监事会日常工作；负责监事会会议的筹备、组织工作，会议决议的起草、执行和执行情况反馈工作；负责组织会计师事务所对股份公司年度财务决算的审计工作并对会计师事务所的审计质量情况进行监督检查；负责内部审计学会工作，组织审计人员后续教育、业务培训和审计理论研究；总结审计工作，交流、推广审计经验，评选和表彰审计先进单位和先进个人；配合国有重点大型企业监事会第五办事处工作职能及《企业年度工作报告》的填报工作；牵头组织配合协调外部审计工作；参与公司总体发展战略及中长期规划的研究制订工作；参与公司社会责任报告的编撰并提供相关资料；参与全面风险管理和内控相关工作；参与绩效考核工作；参与全面预算管理工作。定员 15 人，现员 10 人；下设北京、西安、长沙 3 个审计分局，定员 52 人，现员 21 人。（刘正昶）

·审计工作·

【综述】　2017 年，中国铁建系统完成审计项目审计督导 58 个，并开展中铁十一、十七、十九局集团印尼公司（项目），中铁十一局、中国铁建大桥工程局、中铁建设集团马来西亚公司（项目）财务收支审计；开展中铁十八局集团建安公司办公楼工程项目等 16 项基建项目结算审计；开展中铁建资产管理（香港）有限公司、中铁国际投资有限公司年报审计。全年全系统开展审计自查项目 234 个，9 个审计小组现场调查项目 54 个，归纳分析存在问题 732 个，从总部、集团公司和项目公司 3 个层面提出有针对性建议 18 条，助推股份公司资本运营提质增效。年内继续配合国家审计署对中国铁建董事长任职期间经济责任审计及财务收支审计、提质增效专项审计、涉企收费专项审计、2015 年度财务收支审计以及会计师事务所审计质量检查等，并组织召开全系统审计整改动员部署大会及制定总体审计整改实施方案。截至 2017 年底，推动全系统制定和完善管理制度、实施办法等 231 项，追责问责 480 人次，其中党纪处分 103 人次、政纪处分 377 人次，促进增收节支、挽回经济损失 5.2 亿元，各项整改稳步有序推进。全年全系统累计完成审计项目 3284 个，同比增加 16%，完成计划 2984 项的 110%。其中，经济责任审计 714 项；工程项目审计 1588 项；财务收支审计 221 项；经济效益审计 237 项；绩效审计 61 项；内控审计 32

项;企业基建审计72项;各类专项审计及专项审计调查184项;其他审计175项。全系统提交审计报告3049份,提出建议意见和建议15756条,被采纳15412条,采纳率97%;促进企业增收节支和挽回经济损失14亿元,通过审计给予党纪、政纪处分91人,移送纪检监察部门85人,向司法机关移送案件3起、移送人员4人,较好地发挥审计工作在推进依法经营、强化内部管控等方面的积极作。(沈晓霞)

【审计机构和审计人员】 截至2017年底,中国铁建系统有二级法人单位43家,其中37家设立审计机构,占二级法人单位的86%,二三级法人单位设立审计机构229个,同比增长6%;专职审计人员825人,首次突破800人,同比增长6%。其中,高级职称256人、中级职称294人、初级职称275人。(沈晓霞)

【中国铁建审计制度建设】 2017年9月,中国铁建董事长、党委书记孟凤朝,总会计师王秀明在国家审计署《党政主要领导干部和国有企业领导人员经济责任审计规定》座谈会中提出"责任认定应考虑'三个区分'原则和明确责任认定的定量原则或标准"的建议被采纳。截至2017年底,中国铁建所属单位基本实现审计工作由董事长分管,专职审计人员占在岗职工的2.8‰,其中中国铁建大桥工程局集团有限公司在本级和其5个下属单位配备总审计师。年内制定印发《中国铁建股份有限公司审计分局业务管理及考核评价暂行办法》,初步建立审计人员业绩评价体系。

(沈晓霞)

【审计理论研究及培训】 2017年4月,中国铁建协助国家审计署驻济南特派办企业处,在股份公司总部开展以贯彻落实《关于深化国有企业和国有资本审计监督的若干意见》为主题的座谈交流会,中航科技、中国中化、中国节能环保、中国林业及中国铁建5家中央企业审计部门参加交流。10月,中央经济责任审计工作部际联席会议办公室在《经济责任审计工作通讯》"工作动态"栏目刊登《中国铁道建筑总公司实现经济责任审计闭环管理》的先进经验,肯定中国铁建经济责任审计工作。中国铁建审计监事局局长刘正昶代表中国铁建参加海峡两岸内部审计交流会,作为3家大陆企业代表之一,刘正昶做题为《践行舞弊审计,助推增值能力,为公司持续健康发展提供有力保障》的交流发言;参加国资委举办的在国有企业审计工作中贯彻落实"三个区分开来"研讨会,提供《海外资本运作项目未批复先实施》作为案例在研讨会上进行交流。7月,在股份公司北京培训中心(党校)举办中国铁建审计机构成立30周年总结会议暨内部审计人员后续教育培训班2期,培训470人。审计监事局北京分局刘召金撰写的《内部审计增加组织价值衡量体系探讨》等5篇从全系统选拔的论文在中国内部审计协会组织开展的以"内部审计如何在防范风险和提高效益方面发挥更大作用"为主题的理论研讨活动中均获得三等奖及提名奖,中国铁建在理论研讨中获得组织奖。

(沈晓霞)

【获全国内部审计"双先"表彰】 2017年,中国铁建获得"全国内部审计先进单位"称号,这是中国铁建连续第5次获此殊荣。中铁十七局集团有限公司审计处获得"全国内部审计先进单位"称号;中国铁建系统内李忠心、边元双、方永利、朱长安4人获得"全国内部审计先进工作者"称号。(沈晓霞)

【中国铁建审计工作先进单位和先进工作者】 2017年,中国铁建表彰审计工作先进单位45个、经济责任审计先进单位3个、审计信息化先进单位3个、先进工作者75人。

中国铁建审计工作先进单位

中铁十一局集团有限公司审计部
中铁十二局集团有限公司审计部
中铁十六局集团有限公司审计部
中铁十七局集团有限公司审计处
中铁二十一局集团有限公司审计部
中国铁建房地产集团有限公司审计监事部
中国铁建投资集团有限公司审计部
中铁十一局集团城市轨道公司审计部
中铁十一局集团四公司审计部
中铁十二局集团一公司审计科
中铁十二局集团三公司审计部
中国铁建大桥工程局集团二公司审计部
中国铁建大桥工程局集团四公司审计部
中铁十四局集团二公司审计部
中铁十四局集团大盾构公司审计部
中铁十五局集团一公司审计科
中铁十五局集团城市建设公司审计科
中铁十六局集团二公司审计部
中铁十六局集团地铁公司审计部
中铁十七局集团二公司审计部
中铁十七局集团三公司审计科
中铁十八局集团一公司审计部
中铁十八局集团建安公司审计部
中铁十九局集团一公司审计部
中铁十九局集团五公司审计部

中铁二十局集团五公司审计部
中铁二十局集团市政工程公司审计部
中铁二十一局集团二公司审计部
中铁二十一局集团电务电化公司审计科
中铁二十二局集团三公司审计部
中铁二十二局集团四公司审计部
中铁二十三局集团六公司审计部
中铁二十四局集团南昌铁路工程公司审计部
中铁二十四局集团福建铁路建设公司审计部
中铁二十五局集团四公司审计部
中铁二十五局集团六公司审计部
中铁建设集团有限公司基础设施事业部审计部
中铁建设集团中南分公司审计部
中国铁建电气化局集团一公司审计部
中国铁建电气化局集团四公司审计部
中国铁建房地产集团北方公司审计法务部
中铁建(北京)物业管理有限公司审计部
中铁物资集团西南公司预算与风险管理及审计部
中铁城建集团一公司审计科
中铁城建集团北京工程公司审计部

中国铁建经济责任审计先进单位

中国铁建股份有限公司审计监事局西安分局
中铁十九局集团有限公司审计处
中铁二十四局集团有限公司审计处

中国铁建审计信息化先进单位

中国铁建大桥工程局集团有限公司审计部
中铁十五局集团有限公司审计处
中铁二十局集团有限公司审计中心

中国铁建审计工作先进工作者

白海洋　柳　恒　王雄飞　曹仪秋　杨义文
刘育舒　李检成　安卫智　孙　健　张　冰
刘继军　彭化瑞　郑小刚　刘增强　李志强
张　瑾　刘显臻　高　贺　王　辉　张　立
乔国丽　肖　慧　徐　军　洪有华　王瑞林
王　伟　于明阁　赵鸿海　程亚红　魏婷婷
唐　静　郭小军　宋世林　苏承文　钟志明
裴　晔　肖东辉　苏跃魁　孙英宝　李胜多
沈　斌　李艳珍　汪伟锋　凌　舟　黄智皎
周小艳　贾金辉　雷京华　张　洋　税明军
陈晓荣　刘德松　茆小宝　冯　成　张馨月
郭　莉　谢愚兵　段华杰　毕　博　顾　青
吴卫国　蒋双蔚　解晓丹　胡蓓蓓　曲　勇
傅水生　薛孝琴　张东荣　崔　杰　靖志艳
高长建　贾必洪　刘召金　王维军　段　刚

（沈晓霞）

·监事会工作·

【中国铁建股份有限公司监事会】　由3名监事组成，其中，股东代表监事2名、职工代表监事1名。股东代表担任的监事由股东大会选举和罢免，职工代表担任的监事由公司职工代表大会民主选举和罢免。第三届监事会股东代表监事：黄少军、李学甫。职工代表监事：张良才。黄少军担任监事会主席。2017年12月22日，第四届监事会第一次会议选举第四届监事会股东代表监事：曹锡锐、刘正昶。职工代表监事：张良才。曹锡锐担任监事会主席，任期自选举产生之日起，至第四届监事会任期届满时止。全年召开会议8次，全部为现场会议，先后审议表决通过30项议案，其中，第三届监事会7次会议审议通过28项议案、第四届监事会1次会议审议通过2项议案。（邹　兵）

【中国铁建股份有限公司第三届监事会第15次会议】　1月16日在中国铁建大厦14层第2会议室以现场会议方式召开。会议审议通过《关于中国铁建股份有限公司变更2017年度外部审计机构》议案。（邹　兵）

【中国铁建股份有限公司第三届监事会第16次会议】　3月30日在中国铁建大厦14层第2会议室以现场会议方式召开。会议审议通过《关于中国铁建股份有限公司2016年度财务决算报告》《关于中国铁建股份有限公司2016年度利润分配方案》《关于中国铁建股份有限公司募集资金存放与实际使用情况专项报告》《关于转让2015年非公开发行股票部分募集资金投资项目公司股权并将转让所得资金及剩余未投入募集资金永久补充流动资金》《关于中国铁建股份有限公司2016年年报及其摘要》《关于中国铁建股份有限公司2016年度内部控制评价报告》《中国铁建股份有限公司2016年度监事会工作报告》《关于〈中国铁建股份有限公司监事会2017年工作要点〉》议案。（邹　兵）

【中国铁建股份有限公司第三届监事会第17次会议】　4月27日在中国铁建大厦14层第2会议室以现场会议方式召开。会议审议通过《中国铁建股份有限公司2017年第一季度报告》议案。（邹　兵）

【中国铁建股份有限公司第三届监事会第18次会议】　7月31日在中国铁建大厦14层第2会议室以现场会议方式召开。会议审议通过《关于中国铁建股份有限公司使用部分闲置募集资金暂时补充流动资

金》议案。 （邹 兵）

【中国铁建股份有限公司第三届监事会第 19 次会议】 8 月 29 日在中国铁建大厦 14 层第 2 会议室以现场会议方式召开。会议审议通过《关于公司 2017 年半年报及其摘要》《关于公司募集资金存放与实际使用情况专项报告》《关于公司会计政策变更》《关于公司 2017 年度内部控制评价及考核工作实施方案》《关于修订〈中国铁建股份有限公司章程〉》议案。 （邹 兵）

【中国铁建股份有限公司第三届监事会第 20 次会议】 10 月 30 日在中国铁建大厦 14 层第 2 会议室以现场会议方式召开。会议审议通过《关于公司 2017 年第三季度报告》《关于续签〈房屋租赁框架协议〉和拟定 2018—2019 年持续关连交易上限》《关于公司未来三年（2018—2020 年）股东回报规划》议案。 （邹 兵）

【中国铁建股份有限公司第三届监事会第 21 次会议】 11 月 6 日在中国铁建大厦 14 层第 2 会议室以现场会议方式召开。会议审议通过《关于公司符合公开发行 A 股可转换公司债券条件》《关于公司公开发行 A 股可转换公司债券方案》《关于公司公开发行 A 股可转换公司债券预案》《关于公开发行 A 股可转换公司债券摊薄即期回报及填补措施》《公司公开发行 A 股可转换公司债券募集资金使用可行性分析报告》《关于公司前次募集资金使用情况报告》《关于控股股东可能参与认购本次公开发行 A 股可转换公司债券优先配售》《关于公司公开发行 A 股可转换公司债券之债券持有人会议规则》《公司控股股东、董事、监事及高级管理人员关于相关房地产企业合规性的承诺》议案。 （邹 兵）

【中国铁建股份有限公司第四届监事会第 1 次会议】 12 月 22 日在中国铁建大厦 14 层第 2 会议室以现场会议方式召开。会议审议通过《关于选举中国铁建股份有限公司第四届监事会主席》《关于中国铁建股份有限公司使用 2015 年非公开发行股票节余募集资金永久补充流动资金》议案 。 （邹 兵）

【监事会检查监督】 2017 年，股份公司监事会利用资本运营项目专项审计调查、境外资产检查和境外项目审计等工作契机，将审计检查工作任务与监事会工作相结合，对公司募集资金使用、重大投资项目、重要境外项目进行综合调研。7 月 10 日至 8 月 10 日，开展所属 7 个资本运营项目专题调研，出具专题调研报告 7 份，汇总报告 1 份。同时，开展中国铁建港澳地区、马来西亚地区、印尼地区公司和项目专题调研和财务收支审计，针对调研发现的问题和相关风险，提出意见和建议 50 余项，领导高度重视，相关部门落实整改，取得监督实效。 （邹 兵）

【监事会程序监督】 2017 年，监事会成员出席历次股东会议、监事会会议，列席历次董事会会议、总裁办公会议和各类公司重要会议，全面了解公司重大经营管理事项，积极参与相关议案的审议和讨论，负责任地提出意见、建议并有效监督董事会、高级管理层的决策、执行程序及董事、高级管理人员的履职情况。 （邹 兵）

【监事培训】 2017 年，股份公司监事会成员及监事会办公室工作人员均按规定参加国务院国资委、中国证监会、北京证监局、上市地交易所等组织的专项培训活动。监事会主席黄少军在上海参加中国上市公司协会第二届监事会专业委员会换届会议，在呼和浩特参加 2017 年第一期上市公司监事会主席研修班。 （邹 兵）

【监事会课题研究】 2017 年，股份公司监事会及所属二级集团监事会参加“上市公司监事会理论研讨课题”评选活动，中国铁建股份有限公司、中铁十八局集团有限公司、中铁二十局集团有限公司、中国铁建重工集团有限公司各上报论文 1 篇，获得优秀专题奖和最佳组织奖。 （邹 兵）

·审计与风险管理·

【中国铁建股份有限公司审计与风险管理委员会】 由 5 名独立董事组成，主要负责提议股份公司外部审计机构的聘请、更换；股份公司内部审计制度的监督；股份公司内外部审计的沟通、监督和核查；财务信息及其披露的审阅；内控制度的审查；股份公司风险管理策略和解决方案的制定，重大决策、重大事件、重要业务流程的风险控制、管理、监督和评估等工作。 （陈永龙）

【中国铁建股份有限公司第三届董事会第19次审计与风险管理委员会会议】 2017年1月16日召开。会议审议通过关于公司变更2017年度外部审计机构议案。 （陈永龙）

【中国铁建股份有限公司第三届董事会第20次审计与风险管理委员会会议】 2017年3月13日召开。会议听取审计监事局关于公司2017年度审计思路和审计计划的汇报；听取安永华明会计师事务所关于公司2016年度年报审计进展情况的汇报（第二次沟通）。在上述两项汇报结束后，召开无管理层参加的与外部审计机构的单独沟通会议。 （陈永龙）

【中国铁建股份有限公司第三届董事会第21次审计与风险管理委员会会议】 2017年3月28日召开。会议听取安永华明会计师事务所关于公司2016年度年报审计情况的汇报（第三次沟通）；听取发展规划部关于公司2016年度内部控制评价工作开展情况的汇报和内部控制评价报告；审议通过关于公司2016年年报、公司2016年度财务报告、支付2016年度内部控制审计费用、支付2016年度年报审计等相关费用、修订《中国铁建股份有限公司董事会审计与风险管理委员会工作细则》议案。 （陈永龙）

【中国铁建股份有限公司第三届董事会第22次审计与风险管理委员会会议】 2017年4月27日召开。会议听取关于公司2017年第一季度财务决算情况的汇报；审议通过关于公司2017年第一季度报告议案；审议通过《公司2017年度全面风险管理报告》议案。

（陈永龙）

【中国铁建股份有限公司第三届董事会第23次审计与风险管理委员会会议】 2017年7月31日召开。会议听取德勤华永会计师事务所关于公司2017年中期审阅及内控审计情况的汇报。 （陈永龙）

【中国铁建股份有限公司第三届董事会第24次审计与风险管理委员会会议】 2017年8月28日召开。会议听取关于公司2017年上半年财务决算的汇报；审议通过关于公司2017年半年报及其摘要议案；审议通过关于会计政策变更议案；审议通过关于公司2017年度内部控制评价及考核实施方案议案；与德勤事务所沟通公司2017年上半年财务报告审阅情况。 （陈永龙）

【中国铁建股份有限公司第三届董事会第25次审计与风险管理委员会会议】 2017年10月27日召开。会议听取财务部关于公司2017年第三季度财务决算情况的汇报；审议通过关于公司2017年第三季度报告议案；审议通过关于续签《房屋租赁框架协议》和拟定2018—2020年持续关连交易上限议案。 （陈永龙）

【中国铁建股份有限公司第三届董事会第26次审计与风险管理委员会会议】 2017年11月6日召开。会议审议通过关于控股股东可能参与认购本次公开发行A股可转换公司债券优先配售议案。 （陈永龙）

【中国铁建股份有限公司第三届董事会第27次审计与风险管理委员会会议】 2017年12月21日召开。会议听取德勤华永会计师事务所关于2017年度审计计划及第一阶段内部控制测试总结的汇报（第一次沟通）。 （陈永龙）

【中国铁建股份有限公司审计监事局北京分局】 2017年，北京分局紧紧围绕股份公司审计工作总体思路，按照新形式、新要求、新作为整体工作方针，完成审计项目12项。其中，中国铁建投资集团有限公司离任审计及绩效复核审计各1项；中铁海峡建设集团有限公司、昆明轨道6号线二期项目、中国铁建高新装备股份有限公司划转审计3项；昆明新机场快速公交项目1项；中铁十二局集团有限公司徐州城市轨道2号线一期PPP项目、中国铁建大桥工程局集团有限公司南昌绕城高速公路南外环BT项目、中铁十六局集团有限公司南昌市经开区空港花园安置房二期BT项目、中铁二十局集团有限公司苏州市南环快速路BT项目、中铁二十三局集团有限公司平度市秦皇河整治PPP项目、中铁建设集团有限公司张家港保税区滨江大厦BT项目专项审计调查6项。全年出具审计报告10份，提出审计建议31条，采纳31条。在完成审计项目的同时，积极配合审计监事局等相关部门各项工作，审计信息化、制度建设、队伍建设等工作取得较大进展，有力地推动审计工作的开展。

（陈永龙）

【中国铁建股份有限公司审计监事局西安分局】
2017年，西安分局完成审计项目25项。其中，中铁十五局集团有限公司、中铁第一勘察设计院集团有限公司、中铁建设集团有限公司离任审计及绩效复核审计各3项；中铁第一勘察设计院集团有限公司等12家改制单位经济审计1项；中铁第一勘察设计院集团有限公司锦鲤资产及账销案存资产审计1项；长沙磁浮总承包部划转移交专项审计1项；青岛蓝色硅谷项目等资本运营专项审计调查16项。全年出具审计报告25份，提供审计建议117项，采纳117项。在积极完成审计监事局安排的任务之外，还协助股份公司审计监事局配合协调外部审计工作。同时注重提高员工业务素质、重视积累企业数据、逐步形成西安分局工作风格，建设成为一支业务成熟、素质可靠的审计队伍。（陈永龙）

【中国铁建股份有限公司审计监事局长沙分局】
2017年，长沙分局按照股份公司审计监事局统一部署，完成审计项目21项。其中，中铁十八、十九、二十局集团有限公司离任审计、绩效复核审计各3项；中国铁建股份有限公司深圳地铁6、8、10号线项目划转审计1项；广西资源至兴安高速公路BOT项目等资本运营专项审计调查13项；中铁城建集团有限公司部分重点项目专项审计1项。全年出具审计报告21份，提出审计建议112条，采纳112条。在完成审计项目的同时，积极做好国家审计配合、信息化建设等其他工作，通过学习研讨不断提升审计工作水平，为做强做大中国铁建作出贡献。（陈永龙）

2017 年 9 月 7 日，中国铁建信访工作（视频）会议在北京召开。（李锦龙 摄）

综合管理

机关政务　行政事务

【办公室】　主要职责：负责中国铁建股份有限公司（以下简称“公司”）领导日常工作的统筹服务工作；负责综合协调机关职能部门之间的有关工作，并为机关和下属单位提供有关服务工作；负责传达、督办经理层领导有关决定和指示，编制、督办行政部门月度重点工作计划；负责起草综合性文件、报告以及总裁办公会议记录、整理纪要等文秘工作；负责公文处理、印信管理，以及文件和会议材料的排版印刷工作；负责公司政务信息的收集、整理、编辑和上传下达以及公司网站的信息管理工作；负责公司机关行政管理、办公类固定资产管理、安全保卫和有关接待工作；负责总裁办公会和年度工作会等综合性会议的组织协调安排等会务工作；负责公司档案管理系统的业务指导与评价、年鉴和各类史志编写工作以及机关档案、图书馆管理；负责公司信访管理系统的业务指导以及机关来信来访接待、沟通、协调等工作；负责本部门业务的建章立制、风险内控和内审贯标工作；负责部门市场、国内外经济形势以及系统内有关工作的调研、信息收集和分析研判工作；负责部分有关国家部委、地方政府、机构和企业的联系对接工作；参与公司总体发展战略和规划的研究制定工作；参与公司全面风险管理和内控相关工作；参与公司社会责任报告的材料提供和编撰工作；参与公司突发事件的处置工作；履行总公司办公厅职能；完成公司领导交办的其他工作。定员30人，设主任1人，副主任2人；下设秘书处、文书处、信息调研处、行政保卫处、信访处、档案馆。（冯　伟）

【中国铁建二届三次职工代表大会暨2018年工作会议】　2018年2月2—3日在北京中国铁建大厦召开。国有重点大型企业监事会第五办事处处长李勇出席会议。中国铁建董事长、党委书记孟凤朝做题为《迈入新时代，展现新作为，奋力谱写中国铁建改革发展新篇章》的讲话。总裁庄尚标做题为《确保完成稳增长任务，扎实推进高质量发展，为打造具有全球竞争力的世界一流企业努力奋斗》的行政工作报告。总会计师、总法律顾问王秀明做《关于财务收支及经济运行情况的报告》，党委副书记、执行董事夏国斌做提案工作报告；会议还以书面形式向大会做关于业务招待费使用情况的报告、关于《职工违纪违规处分规定（试行）》的说明、关于企业年金实施情况的报告。2月3日上午，按照法定程序，与会代表全票通过《行政工作报告》《财务收支及经济运行情况报告》《业务招待费使用情况报告》《提案工作报告》《职工违纪违规处分规定（试行）》《企业年金实施情况的报告》等有关决议。中国铁建所属二级单位主管领导签订《2018年度绩效合约》和《安全包保责任书》。会议期间，有关人员还参加2017年度选人用人“一报告两评议”工作。十一局、十二局、大桥局、十七局、华北投资5家单位分别就企业全面建设、民主管理、海外发展、安全管理、资本经营主题，在会上作经验交流。党委常委、执行董事刘汝臣，党委常委、纪委书记李春德，党委常委、副总裁鲁斌、李宁、汪文忠，非执行董事葛付兴，独立非执行董事承文、路小蔷，工会主席、大会秘书长史道泉出席会议。（冯　伟）

【秘书工作】　2017年起草股份公司领导讲话、汇报、报告等文字材料60余篇，共计50余万字；围绕企业生产经营中心任务和股份公司领导关注的重大问题，年内先后到部分所属集团公司、工程公司、项目经理部开展多项调研活动，并采取“走下去”与“请进来”相结合的方式，邀请项目经理、工程公司行政主管、新业产业三级单位负责人等到股份公司总部开展恳谈活动，并将调研掌握的实际情况汇总整理成书面材料。全年收集、梳理和汇总行政部门月度工作计划，改进和完善总部机关督查督办工作机制，印发月度工作计划12期，督查督办通报4期，督办落实事项196项，有效推进重大决策和重点工作的落实。组织承办总裁办公会24次，认真做好会议议题收集、记录以及会议纪要的撰写、印发工作。通过召开秘书处工作例会、秘书培训和交流会等方式加强秘书管理与业务培训，为股份公司经理层班子成员和行政层三副总师以上领导提供较好的服务，得到领导们的充分肯定。（雷　勇）

【公文管理】　2017年，接收上级单位和外部单位来文1721份、接收下级文件2817份，分发文件2684份，清退文件6000余份。本级行政发文1285份。排版文件1783份，排版会议材料750份，印刷制版5539张，印刷材料近万份；扫描文件1336份。交换文件百余次，交换文件万余份，张海清被中央国家机关交换站评为2017年度优秀交换员。（郝慧晶）

【印章管理】　2017年，接待盖章人员2455人次，加盖印章30多万次。按照有关规定为直管项目部刻制印章43枚，到投标现场盖章26次。（郝慧晶）

【印章清理】　截至2017年底，中国铁建系统共有行政印章58719枚，其中在用印章29227枚。（郝慧晶）

【制度建设】　制定《中国铁建股份有限公司总部机关协同办公系统使用管理暂行办法》，规范机关 OA 系统的使用管理。出台《中国铁建股份有限公司行政印章管理办法（试行）》，规范全系统印章管理。　（郝慧晶）

【政务信息】　2017 年，中国铁建向国资委报送政务信息 139 条（篇），采用信息 103 条（篇），其中 69 条（篇）信息被选报到中办、国办。在国资委政务信息考核中取得建筑业第 11 名的较好成绩，圆满完成全年目标任务。出刊《铁建信息》46 期，刊发各类信息 443 条（篇）。　（崔友峰）

【网站管理】　2017 年，中国铁建上报国资委网站新闻 185 篇，采用新闻 154 篇，在国资委中央企业信息报送排名中，名列第 3 位。全年股份公司网站发布新闻 94567 篇，图片 6832 张，较 2016 年同期增长 1272 篇。年初，着手准备网站改版工作，征求领导及相关业务部门意见，商定效果图；7 月初，开始进行内容收集，分类整理 28 个业务部门提供的大量文字及图片资料，监督审核页面内容实施。8 月 1 日，股份公司网站正式改版上线运行。　（崔友峰）

【行政管理】　（1）会议接待服务。2017 年，股份公司机关安排会议服务 2574 次，接待参会人员 53883 人。其中，接待省部级、重要外宾等重要会议 158 次，参会人员 2512 人；电视电话会议 98 次，参会人员 3772 人。（2）办公保障。根据机关机构和人事调整需要，及时清理、调整办公用房 25 间，协调修理会议室及办公室桌椅 674 个，完成挂靠总公司车辆清理工作，规范挂靠车辆的管理；通过规范招标和集中采购流程，做好性能价格比选，新购办公类固定资产 87 台（套）；完成股份公司机关本级固定资产清理盘查工作，对各部门报废的办公设备进行清理处置。（3）安全保卫。督促大厦物业服务中心加强对办公大楼的安全巡查、消防及防汛管理工作，特别督导在京单位做好十九大期间的安保工作，期间未发生一起安全稳定事件。全年组织消防演练 1 次，防汛演练 1 次，安全检查 70 次，更换消防器具 1558 件。　（冯　伟）

【受理来信来访】　2017 年，中国铁建系统受理来信来访 7333 件次。其中，各类申诉 207 件次；集体经济 237 件次；揭发检举 130 件次；工资福利 592 件次；离退休待遇 530 件次；劳动就业 179 件次；医改医疗 102 件次；伤病残亡待遇 217 件次；工程款拖欠 3242 件次；征地拆迁 165 件次；职工生活 544 件次；工程质量 27 件次；精减下发 105 件次；遗留问题 620 件次；各类建议 42 件次；环境保护 29 件次；其他 365 件次。（邵长亮）

【信访立案】　2017 年，中国铁建系统信访立案 452 件次。其中，上级交办 72 件次；本级立案 418 件次。结案 418 件次，结案率 92.5%。　（邵长亮）

【领导重视信访工作情况】　2017 年，中国铁建系统各级领导阅批职工群众来信 387 件次，接待职工群众来访 1832 人次，占来访总数的 30%。各级领导接待群体性上访 195 批 1883 人次。　（邵长亮）

【做好“两会”期间的信访工作】　中华人民共和国第十二届全国人民代表大会第五次会议和中国人民政治协商会议第十二届全国委员会第五次会议（以下简称“两会”）分别于 2017 年 3 月 5 日和 3 月 3 日在北京开幕。为做好这一期间信访工作，中国铁建发出通知要求所属单位：一要认清形势，切实提高认识，增强做好这一期间做好信访工作的责任感和使命感；二要针对单位自身特点，把握情况，积极化解矛盾、解决问题；三要重视处理发生的上访问题。强调“两会”期间，各级领导和有关部门，要增强大局意识，务必强化责任担当，把做好这一期间信访工作，当作一项政治任务来完成。通过以上工作，为“两会”的顺利召开作出应有贡献。　（邵长亮）

【中国铁建信访工作（视频）会议】　2017 年 9 月 7 日在北京召开。中国铁建总裁庄尚标出席会议并讲话，党委副书记、副总裁夏国斌主持会议，党委常委、副总裁鲁斌做题为《强化责任担当，防范化解风险，努力开创中国铁建信访工作新局面》的讲话。国资委办公厅副主任范建林出席会议并讲话。中国铁建总部机关部门负责人，所属各二级单位信访工作分管领导和信访部门负责人在主会场参加会议；所属各二级、三级单位主管领导、相关领导及相关业务部门负责人在分会场参加会议，全系统 6272 人参加会议。　（邵长亮）

【做好十九大期间的信访工作】　中国共产党第十九次全国代表大会于 2017 年 10 月 18 日在北京召开。为做好这一期间的信访工作，9 月 21 日，中国铁建向所属单位发出通知，提出要求：一要以高度的政治自觉性和政治担当，扎实做好这一时期的信访工作；二要带着责任和感情，依法及时就地解决职工群众正当合理诉求；三要有超前防范意识，把握问题动向，努力把矛盾和问题化解在萌芽状态；四要密切关注并处理好群体性上访事件和极端上访事件；五要切实做好来访人员接待工作。　（邵长亮）

【通报接待职工群众来访情况】 2017年,中国铁建为深入学习贯彻习近平总书记关于加强和改进人民信访工作的重要思想,围绕中心、服务大局,扎实推进阳光信访、责任信访、法治信访建设,切实维护企业稳定大局和规范信访秩序,通报每季度来访情况,对推动信访工作规范化、制度化,解决职工群众利益诉求问题,发挥重要作用。 (邵长亮)

【健全档案管理体系】 一是根据《全国档案事业发展“十三五”规划纲要》《中国铁建2016—2020年企业发展战略与规划》,制定《中国铁建“十三五”规划期间档案工作指导意见》。二是根据股份公司经理层领导及各部门负责人、兼职档案人员的变动,在原中国铁建办〔2011〕192号文的基础上调整股份公司机关档案工作领导小组和档案鉴定领导小组成员,以中国铁建办〔2017〕146号文印发通知,进一步加强档案工作的领导,健全档案管理体系。三是根据《档案法》《企业档案工作规范》等法律法规及档案管理相关行业标准,制定《中国铁建档案工作规定》。四是认真执行国家档案工作管理规定,进一步规范中国铁建系统档案工作管理,提升全宗编号的科学性、实效性、长期性,根据国家《档号编制规则》(DA/T13—1994),结合股份公司机构编制变化,重新编制中国铁建系统档案全宗编号及档案单位名称代号。五是根据国家档案局第10号令及《企业档案工作规范》(DA/T42—2009)等规定、办法,制定《中国铁建管理类档案管理办法》。六是根据国家档案局第10号令规定,企业总部应履行业务指导职责,审核所属企业保管期限表的编制。通过审查机制,促使所属企业及时编制文件材料归档范围和档案保管期限表,并提高文件质量,使之更为完善和科学,防止遗漏重要内容和保管期限划定过于宽松。年内,开展对中铁十二、十四、十八、二十三集团有限公司,中国铁建港航局集团有限公司和中铁建商务管理有限公司“企业文件材料归档范围和档案保管期限表”的审核并批准实施。 (杨启燕)

【总部机关档案管理】 2017年,为便于股份公司总部机关各部门正确界定文件材料归档范围,准确划分档案保管期限,使所保存的档案既能全面反映本部门主要职能活动情况,维护其历史真实面貌,又便于保管和利用,根据国家档案局第10号令、中国铁建办〔2016〕43号文,结合机关各部门职能,制定印发《总部机关文件材料归档落实和档案保管期限表》。该文件对总部机关各部门文件材料的归档工作作出了行之有效的要求。 (杨启燕)

【原公安保卫机构档案的收集】 根据《档案法》《公安档案管理规定》及国务院办公厅《关于第二批中央企业分离办社会职能工作有关问题的通知》(国办发〔2005〕4号)精神,中国铁建下发《关于收集整理中国铁道建筑总公司原公安保卫机构档案的通知》,要求凡曾设有公安保卫机构的局集团公司(所属工程公司)、勘察设计院等单位,按要求实施落实并加大原公安保卫机构档案的收集力度。 (杨启燕)

【总部机关档案归档】 截至2017年11月底,收集股份公司总部机关进馆档案528卷。其中科技档案46卷111件、文书档案208卷2514件、会计档案274卷274件;整理实物印章档案800件,归档资料246册。馆存档案案卷34675卷,其中文书档案8101卷、科技档案7710卷、会计档案13775卷、专门档案5089卷;实物档案297件,录音录像影片档案268盘,光盘147张,照片档案19412张,资料4142册;编制案卷目录235本,全引目录40本,分类目录323本。 (杨启燕)

【档案保管】 (1)始终坚持“安全第一、预防为主”的档案安全工作方针,对档案库房实行精细化管理,加强档案库房精密空调、智能密集架的定期巡检,做到发现隐患及时汇报、及时处理、及时维修,保证档案库房设备安全正常运行。(2)严格执行档案安全利用制度和安全保密制度,在借阅、移交和接收等过程中认真履行清点交接手续,真正确保档案安全贯穿于各项工作环节之中,做到警钟长鸣,常抓不懈。 (杨启燕)

【档案法律法规宣传活动】 一是组织“6·9国际档案日活动”。根据国家档案局有关国际档案日活动的总体安排,及时转发国家档案局关于组织开展2017年国际档案日宣传活动的通知。2017年“国际档案日”宣传活动主题为“档案——我们共同的记忆”。档案馆购买《家的档案,家的记忆》宣传海报和《寻找共同的记忆》宣传册,并将海报和宣传册制成展板,在铁建社区的宣传橱窗中展出,扩大档案工作的社会影响力,增强公民保护档案的法制意识。二是转发《国家档案局关于在官网发布修订后的〈中华人民共和国档案法〉和〈中华人民共和国档案法实施办法〉的通知》。三是纪念《档案法》颁布30周年。4月,中国铁建印发网络通知,号召全系统积极参加国家档案局举办的“宝葫芦”杯档案法律法规知识有奖竞赛活动。股份公司总部机关及所属28家单位29246人积极参与答题活动。11月,中国铁建荣获全国档案法律法规知识普及宣传优秀组织奖,并颁发奖牌和奖金,全国有29家单位获此殊荣。 (杨启燕)

【档案信息化建设】 按照“存量数字化，增量电子化”国家档案信息化战略，结合档案馆档案信息化管理现状，拟写《中国铁建股份公司文档一体化管理需求与解决方案（OA系统与档案系统集成需求）》和《中国铁建综合档案管理系统优化升级需求与解决方案》，根据信息管理部的阅批意见，起草《中国铁建文档一体化管理系统可行性报告》。7月，再次根据信息管理部审阅意见进行修改。10月，以《信息化项目建设可行性研究报告——中国铁建股份有限公司综合档案管理系统升级》通过相关部门及有关领导的签批，按流程稳步推进。此次系统建设是构建股份公司统一档案平台，以电子文件全生命周期为管理目标，针对前端生产业务部门提出归档范围，协助各业务部门规范业务文件管理标准，通过综合档案管理系统建设实现前端业务与后端档案的一体化无缝对接。同时，按照国家、行业、企业档案管理新标准进行档案系统的适应性优化调整，最终实现统一应用、统一存储、统一利用、规范化管理的中国铁建特色档案资源智能管理系统。促进企业数字档案馆（室）建设。转发《国家档案局办公室关于印发〈企业数字档案馆（室）建设指南〉的通知》（档办发〔2017〕2号），要求所属各单位结合本单位实际，按照股份公司档案信息化建设要求，有计划有步骤地开展此项工作。开展兵改工后档案资源目录数据库建设。截至2017年11月底，著录1984年铁道部工程指挥部文书档案142卷2805件，1985年文书档案10卷94件；1995年中国铁道建筑总公司文书档案231卷3038件，1996年15卷187件。现档案综合管理8.0系统共著录目录级条目88470条。 （杨启燕）

【建设项目档案管理】 为加强中国铁建系统建设项目的风险防控，规范建设项目档案管理，保证建设项目档案的完整、准确、系统与安全，建设项目档案调研组分别于9月18—24日、10月29日至11月1日先后对中国铁建直管的昆明轨道交通3号线工程指挥部、昆明新机场快速公交工程指挥部、昆明轨道交通6号线二期工程指挥部、昆明绕城高速公路东南段A标段项目经理部以及托管的中铁建昆仑投资集团贵州公司所属贵阳贵安新区地下空间核心段项目部、中铁建昆仑投资集团地铁公司成都有轨电车蓉2号线工程指挥部、中铁建昆仑投资集团路桥公司元华路神仙树节点投资加施工总承包项目部，中铁建重庆投资集团有限公司渝遂高速公路BOT项目及中国铁建股份公司青岛地铁2号线、中铁二十局集团有限公司青岛地铁1号线土建2标段07工区、中铁二十一局集团有限公司邯济铁路扩能改造施工指挥部的档案工作进行调研并现场予以指导。根据调研各项目部存在的问题，在全系统范围内进行通报，提出整改建议。 （杨启燕）

【档案队伍建设】 2017年2月，转发国家档案局办公室关于举办2017年档案专业人员岗位培训班通知，中国铁建系统有19家单位50余名档案人员报名参加培训。深入贯彻执行《建设工程文件归档规范》《建设项目电子文件归档和电子档案管理规范》《铁路建设项目资料管理规程》等相关规定办法；为增强建设项目管理风险防范意识，强化档案工作服务企业管理能力，规范建设项目文件资料归档工作，12月24—27日，在股份公司北京培训中心举办建设项目档案管理培训班，系统内270余人参加培训。同时派人员参加国家档案局、北京档案学会组织的业务培训。开展全国档案专家选拔工作。6月28日，下发《关于做好2017年全国档案专家选拔推荐工作的通知》。中国铁建系统有24人申报，经评选，入选中国铁建档案专家10人、入选中国铁建档案后备人才库10人。10月，经个人申报、单位审核推选、协作组推荐、专家评审等程序，中国铁建杨启燕等20人被国家档案局经济科技档案业务指导司推荐为全国档案专家候选人。 （杨启燕）

【档案资源开发与服务】 一是有效服务企业管理的能力进一步增强。档案馆一如既往地以严谨、认真、负责的工作态度，积极、及时地为利用者提供服务，在生产经营、工程投标、法律纠纷、解决历史遗留问题、编史修志、工作查考、学术研究，税务检查、审计巡视、风险防控、企业文化等方面提供有力的依据和保障，发挥档案重要的参考、凭证作用，取得较好的经济效益和社会效益。截至2017年11月底，档案利用113人次337卷（次）2958件（次），复印2487张，拍照195张。其中，科技档案23人次93卷（次）；文书档案74人次794件（次）；会计档案16人次76卷（次）；照片档案1人次4件（次）119张。二是认真落实国家档案局关于推选全国档案资源开发利用优秀案例的通知精神。6月，组织开展中国铁建档案资源开发利用优秀案例的征集活动，全系统收到各类案例申报材料36份，经股份公司组织评审，评选优秀案例一等奖2项、二等奖5项、三等奖13项、优秀奖5项。获奖案例充分展示中国铁建系统档案部门在创新工作思路、提高工作质量、提升服务水平等方面的经验和做法；11月30日，印发通报进行表彰，并把25篇优秀案例编制成电子文件汇编随通报印发，供中国铁建各级档案部门互相学习。 （杨启燕）

【档案统计】 截至2017年底，中国铁建系统有立档单位308个，专职档案人员454人、兼职档案人员6933

人。全系统馆存档案及资料3089736卷,其中馆存文书档案289595卷、科技档案1411378卷、会计档案1190707卷、专门档案162949卷;底图5403300张,声像档案247507张(盘)。 (杨启燕)

·志鉴工作·

【2017卷《中国铁建年鉴》编辑】 2017卷《中国铁建年鉴》编辑工作于6月28日启动,先后制定下发框架结构与编写分工、图片、人物等条目资料征集的通知,并增加6家所属单位、12家区域经营机构的内容。 (杨启燕)

【向国家有关部委提供年鉴资料】 2017年11月,向《国资年鉴》《中国建筑业年鉴》提供中国铁建2016年度企业发展概况资料12500余字,包括:企业基本情况、主要财务指标完成情况、公司治理、经营能力与市场开拓、结构调整与转型升级、企业改革与管理、技术创新、工程创优、工程施工、安全生产、境外工程、房地产开发、工业制造、物流与物资贸易、党建工作、绿色施工、履行社会责任17个条目的内容。年内,中国铁建股份有限公司杨启燕被评为2016年度《中国建筑业年鉴》优秀撰稿人。 (杨启燕)

【《国资年鉴》征订】 根据国务院国资委办公厅《关于请协助做好〈中国国有资产监督管理年鉴(2017)〉编纂出版工作的通知》要求,6月13日,下发《关于做好〈中国国有资产监督管理年鉴〉(2016)征订工作的通知》,圆满完成征订任务,受到国资委办公厅的表扬。 (杨启燕)

【《中国铁路志》补充完善及审核】 2017年5月,完成入《中国铁路志·工业多元经营志》审核工作。该分志第二篇"基础工业"有3章、6节涉及中国铁建,文字量近5万字。8月,完成入《中国铁路志·人物志》补充、核实内容工作。按照中国铁路总公司档案史志中心《关于协助补充核实〈中国铁路志·人物志〉相关内容的函》要求,开展对中国铁建列入《人物志》相关内容的核实补充,全年核实补充内容133页10万余字;10月,完成审核工作。 (杨启燕)

人力资源

【人力资源部】 主要职责:负责中国铁建股份有限公司(以下简称"公司")高级管理人员、所属单位领导班子成员、总部机关及派出机构员工薪酬管理;负责中国铁建系统劳动用工、劳动合同、工资总额及收入分配工作;负责公司履职待遇、业务支出管理监督工作;负责总部机关部门副职以下人员任免、调配、考核、晋升、招聘、劳动合同签订与解除等工作;负责专业人才队伍建设,专家选聘、职称评审、高校毕业生接收、进京人员备案等工作;负责人事档案管理工作;负责出国(境)人员政审备案工作;负责员工教育培训工作;负责组织开展高端、紧缺、应急、创新人才的培养以及执业资格等业务培训;负责职业技能鉴定考核工作;负责指导、协调、监督全系统养老、失业、医疗、生育、工伤保险工作;负责企业年金管理;负责医疗卫生管理、职业病防治工作;负责总部机关"五险两金"及健康体检工作。定员14人,下设人事处(人才中心)、劳资处、社会保险管理处、培训与技能鉴定处(技能鉴定中心)。 (赵玉林)

【人力资源制度建设】 2017年,修订完善和正式印发《总部机关员工绩效综合考核办法》《总部机关部门副职以下工作人员管理办法》《员工招聘录用管理办法》《员工挂职锻炼工作办法》《区域经营指挥部人员及薪酬管理办法》《技术专家管理办法》等一系列管理制度,进一步规范总部机关部门副职以下工作人员、区域经营指挥部人员、股份公司员工招录和挂职,以及专业技术人员队伍建设等工作的管理。 (王 谐)

【总部机关及直属机构人员管理】 截至2017年底,中国铁建总部机关(含报社)有职能部门31个,正式人员316人,其中,报社13人。学历结构:博士研究生6人,硕士研究生44人,党校研究生18人,大学本科235人,大学专科10人,专科以下4人。专业技术职务:正高级技术职务49人,高级技术职务196人,中级技术职务50人,初级技术职务10人,未聘任专业职务3人,技师2人。年龄结构:40岁及以下93人,41~45岁47人,46~50岁77人,51~54岁52人,55岁以上47人,平均年龄45.6岁。

2017年,完成对通过职称评审或调入的27名总部机关工作人员以及1名审计分局工作人员职称的聘任,按照《总公司、总公司党委关于公布机关职员岗位任职条件和调整部分岗位设置等问题的通知》规定,调整22名总部机关各部门工作人员以及3名审计分局工作人员的职员职级。总部机关各部门助勤的28名人员,经征求所在部门的意见,分别进行考察并办理调入手续。年内组织西安、长沙审计分局有关岗位工作人员的公开选聘,完成笔试和面试40人。6月16

日,召开总公司二届二次职代会第一次联席会议,对提名张良才、刘正昶2人为中国铁道建筑总公司兼职监事人选进行选举,选举结果报国有重点大型企业监事会工作办公室备案。经股份公司领导批准同意,办理财务部曹翀调离和辞职手续;顺利完成总部机关工作人员和区域指挥部指挥长、副指挥长2016年度绩效综合考核评价;完成呼和浩特市城市轨道交通2号线一期工程PPP项目、昆明绕城高速公路东南段A标段项目部、南京南部新城红花机场地区基础设施中片区EPC总承包项目、徐州市城市轨道交通2号线一期工程施工总承包部等股份公司有关直属指挥部任职调配13人次,保证直属项目部和指挥部的正常运转。（王　谐）

【总部机关工作人员年度绩效综合考核评价】 根据《中国铁建股份有限公司总部机关员工绩效综合考核办法》规定,完成对机关部门和员工2016年度绩效综合考核评价。考核评价部门30个、审计分局3个;考核评价员工312人,其中,部门正职以上11人、部门正职31人、部门副职45人、部门副职以下198人,北京、西安、长沙3个审计分局局长3人,处长、副处长及职员18人,区域指挥部正职4人、副职2人。

（王　谐）

【在京单位从京外调配人员和高校毕业生接收】 2017年,利用人力资源和社会保障部下达的年度计划和高层次人才引进计划以及高校毕业生接收计划、解决夫妻两地分居等渠道,为总部机关和所属在京单位的人才队伍结构调整、优化和稳定提供坚强支持。全年申请2017年度计划28个、高层次人才引进计划18个。在人社部市场司批复的计划内,为所属在京单位接收的427名应届高校毕业生(其中研究生150名、本科生227名)办理进京备案手续。为保证各单位接收毕业生劳动关系的真实有效,并逐一核查每名毕业生的劳动合同、社保缴费记录、住房公积金缴存记录、工资发放证明等材料,并对其学历证书和学籍情况进行网上查询,做到应查尽查。（王　谐）

【专业技术职务任职资格评审】 股份公司组织完成2017年度职称评审工作,并对2016年的专业技术职务任职资格评审情况进行总结,继续执行评审纪实制度和学历、成果等网络查证制度,保证评审材料的真实性,进一步严肃职称申报和评审纪律,为提高评审质量和效果奠定基础。向人社部专技司报送《关于高级专业技术职务任职资格评审工作总结及评审委员会调整备案的函》,顺利取得人社部专技司给股份公司开展工程、经济、会计系列高级专业技术职务任职资格评审的授权。通过评审,有221人取得教授级高级工程师任职资格,3041人取得高级工程师任职资格,131人通过高级经济师任职资格,5人取得二级法律顾问任职资格,118人取得高级会计师任职资格,196人取得高级政工师任职资格。向国资委推荐教授级高级政工师1人,顺利通过国资委组织的评审,取得教授级高级政工师任职资格。（王　谐）

【专家和人才队伍建设】 2017年,股份公司为加强专业技术人才队伍建设,畅通广大专业技术人才的职业发展通道,鼓励广大专业技术人才立足本职岗位,专心从事科研开发、科技成果转化等工作,经过反复修改完善,正式印发《中国铁建股份有限公司技术专家管理办法》,对股份公司专业技术人才的成长成才作出制度保障。根据国务院国资委、人社部、中国铁道学会等上级机关的统一部署,积极组织第十二届光华工程科技奖、交通运输行业高层次技术人才培养项目、中国铁道学会环保奖、百千万工程国家级人选、第一届全国创新争先先进个人和集体、茅以升铁道工程师等专家的选拔推荐工作。中国铁建8人荣获2017年度茅以升铁道工程师奖。

茅以升铁道工程师奖

刘云强　中铁第四勘察设计院集团有限公司建筑处副总工程师、教授级高级工程师

代敬辉　中铁十八局集团有限公司副总工程师、教授级高级工程师

王立新　中铁第一勘察设计院集团有限公司土建三所所长、高级工程师

贾生旭　中铁十四局集团有限公司路基与轨道专业委员会主任、教授级高级工程师

贾优秀　中铁十二局集团四公司总工程师、教授级高级工程师

王　伟　中铁建设集团有限公司技术部副部长、教授级高级工程师

王　鹏　中铁十一局集团一公司副总经理兼总工程师、高级工程师

龙　斌　中国铁建重工集团有限公司掘进机研究院副院长

（王　谐）

【军转干部和符合政府安排工作条件退役士兵接收安置】 按照国务院军转办的工作安排,完成2017年度军转干部接收安置工作。根据《关于下达2017年度符合政府安排工作条件退役士兵接收安置计划的通知》精神,中国铁建及所属各单位提前介入、主动作为,从坚决贯彻执行党中央决策部署的大局出发,从履行央

企社会责任的自觉出发，从加强本单位人才队伍建设的需要出发，从本单位人力资源配置的需求出发，积极与驻地民政部门或退役士兵接收安置工作主管部门进行沟通协调，确定退役士兵接收安置岗位，并按照各地的退役士兵接收安置主管部门的工作要求开展工作。截至2017年底，中国铁建系统完成接收安置计划67个。（王　谐）

【干部档案专项审核】　2017年，股份公司接受国资委对中央企业的干部档案管理以及专项审核工作的检查。通过检查，对干部人事档案管理及专项审核工作中存在问题提出切实可行的整改措施和意见，对今后继续做好干部人事档案日常管理及专项审核工作指明方向和提出更高要求。年内继续对尚未完成档案专项审核签字确认的总部机关工作人员和所属单位领导班子成员进行督促，本着对干部负责的态度，多次要求当事人尽快提供符合中组部要求的材料，通过组织人员到有关领导人员的原籍进行实地调查，或将档案材料送司法鉴定等方式，基本完成总部机关全部人员以及所属单位领导班子成员的签字确认。（王　谐）

【人力资源管理信息化建设】　2017年，先后6次开展对用友、浪潮公司的工作进度和开发质量现场检测，及时将检测发现的问题反馈给2家公司，并对一些开发难点从开发方案进行讨论确定。8月15日，召开中国铁建系统视频会议，布置人力资源信息系统上线准备有关工作，要求各单位在10月中旬前完成数据初始化收集工作，为系统年底前上线做好数据准备工作。11月中旬，所属各单位员工数据初始化工作完成。12月底，基础业务（组织管理、人员信息、人员新增和人员异动、统计报表等）系统功能顺利上线运行。

（王　谐）

【扶贫挂职干部选派】　2017年，股份公司根据中组部关于选派驻村第一书记的工作部署，2015年选派的第一批驻村第一书记任期已近届满，年内从中铁十七局集团有限公司、中铁十九局集团有限公司、中国铁建房地产集团有限公司选派3名政治素质好、有一定基层工作经验的年轻干部担任第二批驻村第一书记承担定点扶贫任务。选派中铁十七局集团国际分公司阿尔及利亚国家区副经理李爱怀赴新疆承担援疆任务，担任新疆北新路桥集团股份公司副总经理兼新疆北新路桥国际建设工程有限公司副总经理。（王　谐）

【因私出国（境）专项治理】　2017年，根据股份公司党委决定，向党委组织部（党委干部部）移交因私出国（境）有关材料。（王　谐）

【人力资源信息统计工作】　（1）人才资源。股份公司根据国资委关于中央企业人才资源统计工作的总体要求，按时完成统计工作。截至2017年底，中国铁建在岗人员261333人。其中，管理人才57614人，占总人数的22.05%；专业技术人才（不含在管理岗位的）122315人，占总人数的46.80%；技能人才81404人，占总人数的31.15%。（2）离退休人员。按要求向国资委上报2017年度股份公司离退休干部情况。中国铁建系统退休干部28942人，其中，中共党员21324人、离休干部409人。

2017年中国铁建系统人员按年龄分布情况

年龄	35岁及以下	36～40岁	41～45岁	46～50岁	51～54岁	55岁及以上
人数（人）	142771	32269	30686	20909	15411	19287
比例（%）	54.63	12.35	11.74	8.00	5.90	7.38

2017年中国铁建系统专业技术职务人员分布情况

技术职务级别	高级专业技术职务	中级专业技术职务	初级专业技术职务	未聘任专业技术职务
人数（人）	26597	48880	77066	17368
比例（%）	15.65	28.77	45.36	10.22

2017年中国铁建系统人员学历分布情况

学历	研究生	大学本科	大学专科	中专	高中及以下
人数（人）	9299	127730	55981	22645	45678
比例（%）	3.56	48.88	21.42	8.67	17.48

2017年中国铁建系统专业技术人员分类情况

专业类别	人数（人）	比例（%）
工程技术人员	129364	76.14
经济人员	12773	7.52
会计人员	16996	10.00
政工人员	8187	4.82
卫生技术人员	1688	0.99
科学研究人员	16	0.01
翻译人员	297	0.17
其他类别人员	590	0.35
总　计	169911	100.00

（王　谐）

【工资总额预算管理】 根据国资委《关于中国铁道建筑总公司试行工资总额预算备案制管理的批复》和股份公司《中国铁建股份有限公司工资总额预算管理暂行办法》文件精神及国资委对备案制试点工作的总体要求，积极推进企业内部分类管理，全面贯彻国资委对工资总额预算管理的各项要求，严格按照效益导向原则，在实现利润预算目标的前提下工资总额与经济效益联动，力求做到工资增长与企业经营状况和发展战略相适应。

2017年完成向国资委上报2016年度总公司工资总额预算执行情况报告和2017年度工资总额预算报告及预算调整报告；完成对所属二级单位2016年度工资总额清算批复和2017年工资总额预算批复，并对2017年股份公司工资总额的预算执行情况进行预清算。总公司向国资委备案2016年度职工工资总额清算额3077744.84万元。（邹　磊）

【股份公司领导薪酬管理】 根据国资委考核分配局《关于做好中央企业负责人2016年度薪酬兑现有关事项的通知》，2017年9月11日，股份公司董事会议审议通过《关于2016年度高管人员薪酬方案的议案》，股份公司领导正职2016年度薪酬总额70.66万元，其中，基本年薪18.54万元、绩效年薪52.12万元；副职领导基本年薪按正职领导基本年薪的0.85倍确定，绩效年薪在正职领导绩效年薪的0.9倍以下，合理拉开差距。（岳向文）

【子公司负责人薪酬管理】 2017年8月30日，股份公司印发《关于做好子公司负责人2016年度薪酬兑现工作的通知》，并根据所属单位2016年度绩效考核结果，结算各子公司主要负责人2016年度薪酬。实行年薪制的38家二级子公司主要负责人（正职领导）2016年度年薪平均值106.9919万元，年薪最高189.6288万元、最低51.4784万元，其中，基薪24万元，子公司领导年度绩效薪酬的30%延期兑现。根据绩效复核结果，重新核定中国铁建大桥工程局集团有限公司，中铁二十三、二十五局集团有限公司2012—2015年度绩效薪酬。（岳向文）

【总部机关员工薪酬管理】 总部机关员工绩效奖金按月预发，按职级核定生活补贴和采暖补贴，规范通信费列支渠道，及时发放注册执业证书津贴，在规范总部机关工资管理的同时，增加员工的获得感。（岳向文）

【农民工工资清欠】 2017年3月，中国铁建成立总裁为组长，总会计师、工会主席为副组长，人力资源、工程管理、经济管理、财务、安全质量管理等12个部门为成员单位的“全面治理拖欠农民工工资问题工作领导小组”，明确划分领导小组及成员单位工作职责。9月25日，根据工作需要和领导分工，充实领导小组，增设常务副组长，进一步加强领导力量，对各成员单位的工作职责进一步细化和明确。9月27日，根据人力资源和社会保障部《治欠保支三年行动计划（2017—2019年）》制定实施方案，建立实名登记、工资代发、工资保证金、专用账户管理、信用评价、情况沟通、内部调解和普法宣传制度，规定行动目标和时间节点，明确实施单位和任务分工。12月28日，组织召开视频会议，学习中央和国资委领导批示精神，传达国家部委治欠保支政策，通报典型案例警示各级管理人员，总结年度工作进展，部署两节期间重点工作。从12月份开始，集中开展拖欠工资专项检查活动，检查覆盖系统内所有二三级单位及所属项目部、分支机构的正式职工和所使用的每一个农民工；重点开展对困难企业、停建缓建工程项目和各项巡视、审计、自查中存在工资拖欠单位的检查。（岳向文）

【薪酬分配违规问题整改】 2017年，针对上级机关巡视、审计反馈的薪酬分配违规问题，股份公司严肃收入分配秩序、规范收入分配纪律，对超工资总额发放工资，在工资总额之外列支工资性支出等违规问题，按照管理权限和相关规定，采取对二级单位36名主要负责人、15名分管负责人采取扣减一定比例绩效奖金的追责措施并责成二级单位对其所属单位相关人员进行追责，各二级单位根据股份公司要求，采取对150名相关责任人通报批评、提醒谈话、扣发绩效奖金、调离岗位等追责措施。（岳向文）

【规范表彰奖励管理】 2017年12月25日，股份公司制定下发《表彰奖励管理办法（试行）》，按照“少而精”，体现先进性、导向性、激励性和坚持精神奖励为主，物质奖励为辅的原则，规范表彰奖励项目立项和评选程序，精减奖励名额，明确奖金标准、奖金列支渠道，每年下达表彰奖励计划，未列入计划的不得开展表彰奖励工作，未经批准不得发放物质奖励，有效规范表彰

奖励工作，增强表彰奖励的实效。（岳向文）

【"五险一金"及统筹外费用缴纳】 2017年，中国铁建系统五项社会保险上缴地方社保68.76亿元，住房公积金上缴43.20亿元，企业年金缴费9.20亿元，补充医疗保险计提资金4.32亿元。其中，基本养老保险305047人参保，参保率100%；失业保险258391人参保，参保率84.71%；基本医疗保险324333人参保，参保率100%；工伤保险305047人参保，参保率100%；生育保险285826人参保，参保率93.70%；住房公积金269978人参加，参保率88.50%；补充养老保险194283人参保，参保率63.70%。企业支付各项费用6.85亿元，支付16.70万人次。其中，统筹外费用2.89亿元，补充医疗保险1.87亿元，补充养老保险2.09亿元。全系统有工伤人员5339人。其中，一级伤残50人、二级伤残100人、三级伤残123人、四级伤残457人、五级伤残253人、六级伤残460人、七级伤残439人、八级伤残595人、九级伤残1012人、十级伤残992人、十级以下伤残864人。（李　倩）

【保险缴费基数核定及最低工资】 北京市2017年1—6月社会保险缴费基数上限21258元，下限2834元；2017年7—12月社会保险缴费基数上限23118元，下限3082元；农民工社会保缴费基数按照参保人上一年月平均工资确定。上限按照本市上年职工月平均工资300%确定，下限按照本市上年职工月平均工资40%确定。（李　倩）

【健康体检】 员工健康体检是预防疾病、提高员工身体素质的重要工作。2017年，总部机关与北京铁建医院联系协调，组织在职员工和离退休人员819人进行健康体检。其中，在职员工251人（男性200人、女性51人）；离退休及内退人员558人（男性387人、女性171人）。（李　倩）

【企业年金实施工作】 2017年2月21—22日、23—24日分两期举办京外单位企业年金运营培训班，培训年金工作业务人员280多人。根据股份公司企业年金工作整体部署，为加快推进各单位企业年金实施工作，3月14日，召开驻京单位企业年金工作推进会，7月21日，召开全系统企业年金工作推进会，通报各单位企业年金工作进展情况，对各单位企业年金工作中遇到的问题进行研讨，并对企业年金下一步工作进行部署。股份公司总部机关及北京地区所属单位企业年金基金，2017年3月起正式投资运营，涉及总部机关和二级单位17家，参加人数约6.3万人，基金规模12亿元。截至2017年底，京外所属单位中，有15家单位完成企业年金建立工作，开始正式投资运营，参加人数约10.2万人，投资运营资金规模近16亿元。中国铁建系统参加企业年金人数16.5万人，覆盖率56%。（程相辉）

【员工教育培训】 2017年3月，修改并下发《股份公司员工教育培训管理办法》，进一步规范员工教育培训管理工作。按照统筹规划、突出重点、分层管理、分级负责的要求组织实施员工教育培训工作，多层次、多渠道、多方式开展员工培训工作，全年全系统培训员工408669人次，比2016年增加28989人次，增长7.6%。其中，管理人员336452人次（企业管理人员14252人次、经营管理人员62037人次、专业技术人员237022人次、党群管理人员23141人次），技能人员72217人次。（周东旺）

【领导干部培训】 2017年，股份公司重点抓高端、紧缺、应急、创新、关键型等人员的培训。一是加强领导人员的培训。分别在中央党校、国家行政学院举办局级领导干部（党委书记）、局级领导干部（高级经营管理人员）培训班，在中国大连高级经理学院举办高级经理培训班，在股份公司北京培训中心（党校）专门举办局级领导干部培训班3期、新提任处级领导人员培训班2期、处级领导干部进修班1期，全年培训各级领导人员14252人次。二是加强高端业务培训。总部机关职能部门结合企业发展战略、中心工作，继续组织举办市场经营、项目经理、海外经营、变更索赔与成本管理、投融资管理、财务管理、法律合规、企业文化建设8个高端业务培训班，举办培训班26期，培训4357人。三是加强技术创新型人才的培训。确定股份公司"十三五"期间总工程师千人培训规划，在西南交通大学举办总工程师培训班2期，培训时间14天，所属单位的总工程师和工程技术骨干209人参加。四是加强人力资源负责人培训。4月，在中国人民大学劳动人事学院举办人力资源部门负责人培训班5天，股份公司总部人力资源部全体人员、二级单位人力资源部门负责人及北京片单位人力资源部门业务骨干80人参加

培训。（周东旺）

【员工网络培训】 2017年，股份公司及所属单位按照统一规划、整合资源、分级负责、分步实施的原则，充分利用大数据、“互联网+”“两微一端”（微博、微信、客户端）等技术手段，搭建网络教育培训信息化平台，提高员工参训率，全系统干部网络注册培训21859人，利用网络培训总学时1228603学时。（周东旺）

【海外人员培训】 2017年，根据股份公司“大海外”发展战略需要，推进培养百千万海外人才工程计划实施，组织开展企业所需海外外语类人才培训。10月，在北京外国语大学举办英语（提高）和法语（基础）培训班，32人参加英语、19人参加法语为期3个月的脱产培训。（周东旺）

【施工现场管理人员培训】 2017年，股份公司组织在中铁十二、十五、二十局集团有限公司培训中心举办水利水电工程五大员（施工员、质检员、安全员、材料员和资料员）；公路工程（施工员、造价员）和建筑工程〔材料员、机械员、劳务员、标准员、资料员、质量员、安全员（领工员）、测量员、试验员、施工员〕岗位培训，821人取得相应资格证书，满足企业生产经营需要。4月、9月在中国铁建重工集团有限公司举办盾构机操作手培训班2期，近200人参加培训。（周东旺）

【技能人才评价及高级技师职业技能鉴定】 2017年，股份公司下达职业技能鉴定计划11289人。其中，初级工1117人、中级工3349人、高级工5030人、技师1281人、高级技师512人。全年实际完成鉴定8822人。其中，初级工288人、中级工2339人、高级工4959人、技师921人、高级技师315人，完成年度计划的78.1%。8213人取得职业资格证书。其中，初级工280人、中级工2207人、高级工4731人、技师757人、高级技师238人，通过率93.1%。股份公司对高级技师进行统一组织职业技能鉴定，497名报考高级技师考生涉及建筑材料试验工、工程测量工等42个职业，初审通过480人（含重新评审及补考人员），实际参加考核327人，参考率68.1%；251人通过考核，通过率76.8%。（苗振林）

【职业技能鉴定考评员、管理员考核聘任】 经所在单位审核、推荐，全系统参加2017年人力资源和社会保障部职业技能鉴定资格考核211人，其中，考评员资格认证108人、高级考评员97人。根据国家和中国铁建职业技能鉴定实施办法，管理员考核聘任6人，聘期3年，2017年4月至2020年4月。（苗振林）

【全国交通技术能手候选人推荐】 根据《交通运输部办公厅关于开展2017年度全国交通技术能手评选工作的通知》和《全国交通技术能手评选表彰管理办法》精神以及国家铁路局人事司有关要求，股份公司推荐中铁十一局集团有限公司内燃机车司机高级技师魏华、中铁十二局集团有限公司轨道车司机技师李强、中铁十五局集团有限公司车站行车作业员高级工雷伟、中铁十六局集团有限公司车辆钳工高级技师周海军、中铁二十局集团有限公司机车司机技师刘正林、中铁二十四局集团有限公司线路工高级技师鲁善德、中国铁建电气化局集团有限公司信号工高级技师吴学杨参加2017年度全国交通技术能手评选。其中，魏华、李强、雷伟、周海军和刘正林当选。（苗振林）

【中国铁建第二届技术能手】 2017年，为实施人才强企战略，弘扬工匠精神，加快高技能人才队伍建设，造就一支有理想、守信念、懂技术、会创新、敢担当、讲奉献的技能人才队伍，调动广大员工学技术、当能手的积极性，在层层选拔推荐的基础上，经股份公司第二届技术能手评审委员会评选，股份公司批准中铁十二局集团四公司电工技师梁志刚、中国铁建大桥工程局集团六公司工程测量工高级技师王永旭、中铁十四局集团建筑公司工程测量工高级技师彭江涛、中铁十五局集团二公司工程测量工高级技师张卫民、中铁十六局集团三公司装载机司机高级技师王贵清、中铁十七局集团二公司工程测量工高级技师韩小林、中铁十八局集团二公司维修电工技师张宝春、中铁十九局集团六公司建筑材料试验工技师孔祥林、中铁二十局集团四公司机车乘务员技师刘正林、中铁二十二局集团四公司工程测量工高级技师张子宽10人获得第二届“中国铁建技术能手”称号。（苗振林）

【中国铁建盾构机械操作技能大赛】 2017年11月28—30日，在湖南省长沙市中国铁建重工集团有限公司举办。中铁十一、十二局集团有限公司，中国铁建大桥工程局集团有限公司，中铁十四至二十五局集团有限公司15个集团公司58名选手参赛。其中，中铁十四、

十八、十二局集团有限公司分别获得团体总成绩第一、二、三名；中铁十二局集团有限公司井庆宝、中铁十六局集团有限公司章卫、中铁二十一局集团有限公司张培佳分别获得盾构机操作手第一、二、三名，中铁十二局集团有限公司程佳琛、中铁十一局集团有限公司张文柱、中铁十七局集团有限公司肖力分别获得机电维修工第一、二、三名，中铁十四局集团有限公司王海昭、中铁十八局集团有限公司宋亚萌、中铁十九局集团有限公司杨永刚分别获得机液维修工第一、二、三名，以上获奖9人被授予“中国铁建技术能手”称号；中铁十二局集团有限公司井庆宝、程佳琛，中铁十四局集团有限公司王海昭3人被国资委授予“中央企业技术能手”称号。中国铁建重工集团有限公司获得优秀组织奖。（苗振林）

【首席技师管理办法】 2017年，股份公司、股份公司党委下发《关于印发〈中国铁建股份有限公司首席技师管理办法〉的通知》，实行首席技师制度，设立特级技师、首席技师，特级技师、首席技师分别待遇比照三级单位正职非领导职务、二级单位副巡视员管理；特级技师、首席技师每3年评选一次，每次评选特级技师不超过50人，首席技师评选不限定具体人数。初级工、中级工、高级工、技师、高级技师、特级技师、首席技师构成股份公司职业技能人才体系。（苗振林）

【明确职业技能鉴定费用】 2017年，股份公司下发《关于重新明确职业技能鉴定收费管理有关问题的通知》，职业技能鉴定（考评）费标准调整为：国家职业资格五级每人250元、国家职业资格四级每人300元、国家职业资格三级每人350元、国家职业资格二级每人550元、国家职业资格一级每人700元。此项费用全额从计提的职工教育集中费支出，由所属集团公司主管部门按参加鉴定人数、等级等统一拨付给承办鉴定的考核站；跨考核站和股份公司统一组织的鉴定，由承办考核站收取，出具发票，由所在单位全额报销。（苗振林）

信息化建设

【信息化管理部】 主要职责：贯彻落实国家和有关部委信息化战略、方针和政策以及工作要求，研究制定中国铁建股份有限公司（以下简称“公司”）信息化战略，组织建立和完善信息化组织管理、架构管理、标准体系、制度办法等在内的IT治理体系；组织建设核心业务信息系统与集成共享；承担网络安全和信息化领导小组办公室工作职能，负责信息化工作考核；制定和滚动修订公司信息化发展规划，审核所属单位信息化规划和年度建设计划并监督实施；负责组织全系统统建信息化项目建设和管理，支持和指导各业务部门和所属单位的信息化建设工作；负责公司机关信息技术支持和保障管理，建立和维护信息系统运维管理体系；负责全系统软件资产管理工作，负责信息系统风险管理和内控工作；负责推动、改进与完善信息技术应用与管理；负责全系统信息化业务培训；承担国家有关部委、股份公司下达的信息系统科技攻关任务。定员12人，设部长1人、副部长1人；下设设计规划处、项目管理处、基础平台处、安全运维处。（张一鸣）

【发布信息化总体规划】 继在2016年底发布实施股份公司《信息化总体架构设计》后，2017年1月，按照“1+3”框架模式，发布《股份公司“十三五”信息化总体规划》，确定建设中国铁建“十三五”信息化MAS13N56工程。（张一鸣）

【开展规划宣贯活动】 2017年，在总部机关和各单位开展信息化建设宣贯活动，统一思想，建立全员关注信息化、支持信息化和参与信息化的新态势，扫除信息化工作的思想障碍；横向进一步加强与业务部门的沟通和协同，纵向强化推进与所属各单位的交流与互动，营造在新的形势下开展信息化建设管理工作新的氛围和协同关系；认真遵循“业务驱动，统一规划、统一标准，分层分步实施、迭代更新，集成共享，自主可控”的信息化建设指导思想，切实抓好“十三五”信息化总体规划落地。（张一鸣）

【推进信息化总体架构试点】 2017年4月，中铁十一局集团有限公司信息化建设列入股份公司试点单位，承担部分“1+3”信息化总体规划体系所涉及到的信息化建设项目试点；5月10日，在中铁十一局集团有限公司机关召开信息化试点工作启动会，对试点方案和工作计划、试点成果进行总体布置，顺利有序开展。（张一鸣）

【已有信息系统梳理】 2017年,为解决股份公司"十二五"期间信息化应用中碰到的问题,落实"十三五"信息化总体规划各项工作任务,组织机关各部门汇总分析"十二五"以来本部门在建、在用、停用的信息系统,总结相关使用情况并就下一步工作提出建议和意见,编制形成《关于股份公司信息系统应用情况的报告》,拟报股份公司领导审议。 (张一鸣)

【建立信息化工作考核体系】 2017年5月,股份公司发布《中国铁建股份有限公司信息化工作考核管理(暂行)办法》,从机构配置、职能保障、预算执行、制度体系、应用成效、创先争优、信息安全等方面形成量化指标,明确对各二级单位年度目标和工作方向等,实行定性和定量相结合的考核机制,并将其与绩效考核挂钩,纳入子公司绩效考核体系,使其成为推动信息化工作的有力抓手。 (张一鸣)

【评选信息化工作先进个人】 为激励各级单位加强信息化的建设与应用,鼓励员工积极投身并创新信息化工作,根据《信息化工作奖励管理办法》,组织中国铁建系统评选"信息化工作先进个人"奖项,12月,发布奖励通报。 (张一鸣)

【一体化技术平台建设】 2017年,在和市场各潜在合作方多轮沟通交流的基础上,编制制定《中国铁建一体化技术平台1.0版项目可行性研究报告》,6月初通过专家论证;6月26日,总裁办公会议审议通过,确定立项建设,并在股份公司信息化试点单位中铁十一局集团有限公司开展试点工作。该项目的建成将为后续的各系统建设提供"中国铁建信息化标准",实现符合标准的项目互联共享,避免新建项目出现新"信息孤岛"。 (张一鸣)

【开展三大核心业务系统建设】 (1)人力资源管理信息系统1.0版初步具备上线试运行。系统实现"点清人、点准人、点对人"的既定目标,实现基础人事业务的信息化,实现为其他系统提供人事信息服务。(2)财务共享系统按照财务信息化子规划,稳步推进。(3)协同经济管理部完成《经济管理信息化子规划》,并按照编制方案稳步推进。 (张一鸣)

【其他信息系统建设及运维】 (1)新建系统方面,与办公室协同,进行网站群建设项目的招标选型,年内完成股份公司网站的迁移上云工作,并进行各二级单位迁移上云工作;协同业务部门,开展专利管理系统、海外业务服务管理系统二期的可研、立项、开发工作,进展正常。(2)在建系统方面,继续推进总部OA系统升级优化项目建设,并完成初步验收;完成人力资源管理系统硬件设备采购项目并投入使用;信息化业务管理系统的信息化预算及投入管理、信息化项目信息管理、信息化供应商管理等模块投入使用,全面支撑覆盖全系统的信息化业务管理工作。(3)完成商务部主导的中央企业海外项目监控系统。(4)部分系统完成验收。完成"股份公司设备管理系统、对外承包工程信息系统、软件资产管理系统、审计管理系统、科技设计系统、财务分析系统"的验收,取得良好的使用效果。(5)对已上线的信息系统进行有效的运行维护,保障系统的正常运转和较为良好的用户体验。 (张一鸣)

【信息系统安全检查】 针对严峻的网络安全形势,2017年,开展对股份公司本级信息系统全面的安全检查和梳理,全年检查信息系统27项。开展对所属各单位现场网络安全检查督导工作,检查范围覆盖系统内二级单位,并就当前网络安全形势进行通报。

(张一鸣)

【推进等级保护工作】 2017年,股份公司完成本级信息系统的等级保护备案10项;已有3项三级等级保护信息系统进行年度等级保护复评。 (张一鸣)

【保障敏感时期网络安全】 针对2017年国家重大会议、活动、庆典集中的情况,股份公司多次下发通知加强网络安全防范,确保全国"两会"、"一带一路"论坛、"六四"敏感时期、金砖国家领导人峰会和党的十九大期间的网络安全。 (张一鸣)

【建立网络与信息安全通报机制】 2017年,股份公司加入国家网络与信息安全通报机制并建立股份公司通报机制,发布管理办法,汇编、转发公安部、国家通报中心、工信部等网络安全通报近150份;根据国家通报中心通报,并利用股份公司通报机制,成功应对全球"勒索病毒"等集中爆发紧急事件。 (张一鸣)

【国家关键基础设施检查】 积极配合公安机关开展2017年网络安全执法检查，展开自查自纠活动，重点对国家关键基础设施进行摸查，在中国铁建系统内未发现符合国家关键基础设施的信息系统。 （张一鸣）

【网络安全综合监控平台项目建设】 2017年，为满足国家对网络监管要求并切实提升股份公司总部网络信息安全管理水平，启动总部网络综合监控平台建设项目建设，实现初步网络安全态势感知能力。监控平台按照等级保护三级标准，采购各类网络安全防护设备13套，项目进展顺利，具备验收条件。 （张一鸣）

【开展《国家网络安全法》宣贯】 2017年，积极开展国家《国家网络安全法》的宣传教育活动。采用党委中心组学习扩大会议平台，邀请公安部网络安全局领导，就《国家网络安全法》进行宣讲，并利用易拉宝、多媒体、员工手册等方式，提高广大员工的网络安全意识；在股份公司北京培训中心举办网络安全技术培训，促进各单位网络技防水平的提高。 （张一鸣）

【党委网络安全工作责任制】 2017年，根据中央文件精神，编制印发《股份公司党委网络安全工作责任制实施办法》，贯彻落实党委网络安全工作责任制。

（张一鸣）

【软件资产管理和使用正版软件】 2017年，中国铁建系统采购正版化软件9274套，集采合同总金额3060万元，进一步提升软件正版化率和国产化率；举办软件应用培训班14门课程30期，涉及浩辰CAD、奥多比、金山等软件，全系统36家单位、643人受训，取得良好的培训效果；更新发布《软件集中采购目录（第二版）》，进一步推进软件集采工作。同时开展对所属各单位软件正版化和软件资产管理现场督导检查，促进各单位对软件资产管理工作的重视；鼓励支持各单位提高正版软件国产化，并与多家国产软件厂商建立友好合作关系，重点联合金山公司开展以面授培训、WPS知识竞赛、WPS作品评比、WPS推广应用评比为主题的WPS推广应用活动，取得良好效果。7月，股份公司开发的“软件资产管理系统”正式上线运行，实现软件资产管理的信息化，全系统各单位可以在网上实时更新并查询本单位所购软件的品种、数量及分配情况，做到可管可控。 （张一鸣）

【信息化预算投资完成情况】 2017年，中国铁建系统信息化建设投入预算5.81亿元，涉及各类信息化项目1893项。截至12月10日，全系统完成信息化投入4.44亿元，完成年度投入预算的76.5%。其中，信息化投资完成2.76亿元，占预算3.8亿元的72.5%。股份公司本级2017年度信息化投入5118万元，完成年度预算的56.6%。其中，信息化投资3738万元，完成年度投资预算的48.6%；信息化费用1380万元，完成费用预算的102.9%。 （张一鸣）

法律事务

【法律合规部】 负责中国铁建股份有限公司（以下简称“公司”）法律合规工作；贯彻执行国家法律、法规，参与公司重大经济活动的规划，提出减少、避免法律风险的措施和法律意见；审核、修改经济合同、协议和重要规章制度；代表公司处理诉讼、仲裁、行政复议案件；参与处理公司债权债务的清理和追收工作；参与企业的重组、分立、并购、兼并、注销、撤销、合并、破产、解散、投融资、担保、租赁、产权转让、投招标等重大经济活动，处理有关法律事务；负责选聘律师并对其工作进行监督和评价；开展法律咨询；指导公司本级境外公司、项目部的法律工作；负责公司合规风险管理，组织拟订、制定公司合规政策，主动识别、评估、检测和报告公司合规风险，并提出有效的风险处置方案；负责组织提供上市公司规范运作的法律服务。参与公司总体发展战略及中长期规划的研究制定、社会责任报告的编撰并提供相关资料；参与全面风险管理和内控相关工作；参与绩效考核及投资收购、并购重组、投资后评价相关工作；参与概预算梳理、设计变更、经济索赔工作；参与信息化建设工作。承办总公司相关法律事务。定员8人，设部长、副部长各1人；下设法律处、合规处。现员7人，挂职6人。 （文荣周）

【法治铁建建设】 （1）加强组织领导。成立以中国铁建董事长、党委书记孟凤朝为组长的法治铁建建设领导小组，明确审计与风险管理委员会为负责推进企业法治建设的专门委员会。在中国铁建41家二级单位中(含新设立6家),35家二级单位成立以主要领导为组长的法治建设领导机构,17家二级单位董事会中明确负责推进企业法治建设的专门委员会。31家二级单位将依法治企要求纳入子企业负责人业绩考核体系;32家二级单位开展企业党委中心组法治专题学习。(2)深化顶层设计。3月,中国铁建印发法治铁建建设实施方案,除新设单位外,35家二级单位转发并细化具体要求。同时印发《中国铁建企业主要负责人履行推进法治建设第一责任人职责实施办法》。在"十三五"规划中单独设立法治建设子规划,并由法律合规部集中审核推动35家二级单位将法治铁建建设核心内容写入本企业"十三五"规划。(3)完善公司治理。股份公司连续完成总公司、股份公司章程修订写入法治建设核心要求。法律合规部以通报进展、点名批评、发布模板等手段,联合总部章程主管部门,共同审批、强力推动35家二级单位修订公司章程完善法治建设相关内容,重点从级别待遇、履职保障各方面落实总法律顾问高级管理人员定位要求,明确总法律顾问由总经理提名、董事会任免。33家二级单位将企业法治建设情况作为董事会年度工作报告的重要内容。(4)推进部署实施。举行全系统法治工作会议,部署推进法治铁建建设。召开股份公司党委常委法治建设专题会议,听取汇报、研究重难点事项,并形成会议决议纪要印发各部门、各单位。分3个片区组织总法律顾问述职会议,要求一律脱稿,未设总法律顾问的新单位由主要领导述职,强化责任、落实任务。2017年,26家二级单位召开企业法治工作会议,24家二级单位开展总法律顾问述职,切实推动法治铁建建设。 (文荣周)

【法律服务改革】 依法决策机制进一步完善。全面推广重要会议议题法律合规审核前置程序,严格要求所属单位重大项目报送股份公司审批必须附法律意见书。法律合规部参加股东会、董事会、战略委员会、监事会、总裁办公会等所有决策会议,会前审核所有涉法议案,会中在业务部门汇报和公司该业务分管领导发言后第一个发表意见。2017年,参加总裁办公会议23次、董事会会议4次、监事会会议3次、股东大会会议1次并审核所有涉法议案,切实保障重要决策依法合规。重大项目法律全程参与服务。全年参与评审投资项目130个、地产开发项目61个。牵头组织资产证券化、A股可转债、H股增发、永续债4个上市融资项目的境内外法律顾问选聘、法律尽调,协调机关16个部门、43家子公司,收集数据底稿11463份,开具安全、质监、环保、税务、社保等行政机关合法证明235份。配合兼并重组、产融结合、信息化建设、奥凯电缆事件处置等重大项目工作,充分发挥法律服务把关作用。知识产权法律保护应对有效。年内出台制定知识产权法律保护一系列制度,参与企业相关品牌商标注册,应对字体、软件等权利人提出的侵权指控,处理企业名称权益保护相关事件,积极维护企业知识产权权益。

(文荣周)

【法律风险管控】 中国铁建"一没四不"理念牢固树立。"没有法律意见,领导不签字、议题不上会、单位不用印、上级不受理"的"一没四不"的理念机制深入人心,部分单位探索增加"财务不付款"内容,形成"一没五不"新理念。四项审核制度严格执行。全系统规章制度、经济合同、重要决策、授权委托书法律合规审核率基本实现100%。截至2017年底,股份公司本级审核规章制度86件、重要决策277项、经济合同534份、授权委托书263份;各单位审核规章制度1624件、重要决策1702项、经济合同86157份、授权委托书14431份。诉讼维权取得实效。明确案件降控目标,35家二级单位制定案件降控方案,其中列为2017年度未决案件金额、数量前10名的重点降控单位13家。开展重大案件督导降控,以分工负责、专家派驻、社会招标和专案组等方式集中内外部资源组织重大案件处置和督导。健全案件统计、分析、发布和预警机制,及时总结经验教训,定期统计分析法律纠纷案件反映的普遍性问题,编制案件分析报告。定期更新发布合作方警示名录,录入法人1234家、自然人700人,按"灰、黄、黑"三个等级分类,持续发挥风险警示和惩戒威慑作用。完善激励约束机制,将案件处理情况作为子企业负责人绩效考核的重要控制指标,最高可扣10分,对作出重大贡献的机构和人员给予适当表彰和奖励。通过以上各种有效措施,中国铁建各单位积极应对法律纠纷案件,全年全系统通过依法维权挽回损失14.95亿元。涉外法律风险管理扎实推进。中国铁建将境外法律风险防范摆到更加突出的位置,积极构建境外法律垂直管理体系,在境外327个项目和118个子分企业配备专职法律顾问41人,其中,20家境外子分企业设立法律机构。系统内18家二级单位在境外子分企业和境外在建项目聘请当地律所86家;25家二级单位建立境外项目法律顾问提前介入工作机制，法律顾问全程参与境外项目；26家二级单位建立涉外重大法律纠纷案件预警和应对机制；22家二级单位建立境外法律风险常态排查处置机制。（文荣周）

【合规管理工作】 规章制度"立改废"清单定期更新。中国铁建在2016年已发布制度"立改废"清单明确现行有效规章制度487件、废止规章制度108件的基础上，2017年完成新制定规章制度26件。32家二级单位开展规章制度"立改废"清理工作。巡视审计发现问题制度专项整改到位。2017年初以来，根据股份公司党委常委会指示，法律合规部全面组织总部各部门对巡视审计发现问题进行制度专项整改，梳理分析国资委巡视、股份公司党委巡视和国家审计、内部审计发现问题1125项，分配至20个业务部门进行制度整改，形成立改废计划31件，已完成发文11件，正在制订中17件。内外规定期统计更新。规章制度实现信息化统计、查询管理，股份公司在OA办公系统中建成规章制度信息化管理模块，录入本级全部生效规章制度513件，实现按部门、生效时间分类查询；在法律合规管理系统中梳理录入各级企业法律合规工作制度、通知等规范性文件2000多件，并实现按单位、时间、业务类型进行查询统计。定期收集整理与股份公司相关的法律、法规、规章等规范性文件，全年录入法律合规管理系统法律法规2580部。对下审批事项清理进一步延伸。在首次全面清理和集中公布中国铁建审批事项308项的基础上，推动31家二级单位对审批事项进一步清理精简，实现深化改革、简化流程和强化管控的目的。（文荣周）

【法治队伍建设】 （1）总法律顾问制度确保"三个到位"。人员配备到位，股份公司本级设立总法律顾问、专职副总法律顾问，36家二级单位设立总法律顾问，其中重要子企业总法律顾问设置率100%，二级单位专职总法律顾问达到19人。其中11家设立专职副总法律顾问，274家三级单位建立总法律顾问制度。职责落实到位，36家二级单位董事会审议事项涉及法律问题的，总法律顾问列席会议并提出法律意见。作用发挥到位，29家二级单位总法律顾问由董事会聘任，4家二级单位正在推进将三级单位专职总法律顾问纳入领导班子副职或相当职级待遇管理，中铁十八局集团有限公司党委常委会研究决定将三级单位总法律顾问按照副调研员（三级单位副职）职级管理。（2）机构人员"局六处四"目标正在落实。股份公司明确提出"重要二级企业法律岗位从业人员设置不少于6人，重要三级企业法律岗位从业人员设置不少于4人"的机构人员目标，督促各单位利用内部调剂选拔、社会公开招聘、引进应届毕业生、常年法律顾问律所派驻、申请公司统一招聘分配及其他方式尽快配备到位。截至2017年底，中国铁建系统法律合规人员1161人、专职754人，分别较2016年增长12%、14%。股份公司本级及32家二级单位将法律合规机构设置为独立一级部门，217家三级单位设立独立法律事务机构。（3）项目法律联络员五项制度全面实施。中国铁建全面推行设置法律联络员、建立日常工作报告、每年定期2次以上业务培训、"师带徒"、机构挂牌和职责上墙等五项制度，固化职责、提高待遇、强化指导，实现项目法律联络员全覆盖、全培训、全补贴。2017年，全系统在5284个境内在建项目设立法律联络员5291人，在327个境外在建项目设立法律联络员191人（其中部分联络员兼任2个以上项目），其中兼职项目总法律顾问1010人，开展上传下达、提示督促、参与决策等基础性涉法事务，将法治工作延伸至基层现场。26家二级单位开展法律联络员集中培训，全年培训3038人。（4）人员培训保障持续强化。股份公司举办中层管理人员培训班培训245人、菲迪克条款培训班培训108人、两期法律合规人员培训班培训644人。22家二级单位建立每月800～3000元的法律资格津贴制度；35家二级单位开展各类培训，全年培训人次5000人以上。（文荣周）

【法律基础管理】 2017年，中国铁建积极推进工作标准化，增强管控能力。年内举办年度工作会议、总法律顾问述职会议、专项研讨座谈会议，组织机关各部门召开制度整改会议、大宗贸易风险督导会议，发布法治建设进展情况通报，开展评优评先活动，组织案件降控监督检查，大力强化工作落实力和执行力。26家二级单位召开本年度法治工作会议。加快实现信息化，提高工作效率。年内完成法律合规管理系统与企业门户EAC系统和协同办公OA系统的集成对接，实现法律合规人员、项目法律联络员全覆盖。全面开展普法宣教，提升法治意识。强化管理人员法律培训，负责组织中层以上管理人员法律培训班，并在其他业务培训班中嵌入法律培训课程，培训人次最多、范围最广。"七五"普法规划开局实施，股份公司及35家二级单位制定“七五”普法规划和成立工作领导小组，利用微信公众号、动漫、网上法律问答等新媒体创新普法手段。做到每年更新法律法规与其他规范性要求清单，每月定期收集发布与建筑企业相关的新法律法规、部门规章，每周在总部大厦楼道间多媒体发布普法小常识。

（文荣周）

【2017年度法制工作先进单位和个人】 12月26日，中国铁建印发《关于表彰2017年度法制工作先进单位、先进个人和优秀项目法律联络员的通报》，表彰2017年度法制工作先进个人82人、优秀项目法律联络员76人及法制工作先进单位24家。

法制工作先进单位

中国土木工程集团有限公司
中铁十一局集团有限公司
中铁十四局集团有限公司
中铁十七局集团有限公司
中铁十八局集团有限公司
中铁十九局集团有限公司
中铁二十二局集团有限公司
中铁建设集团有限公司
中国铁建房地产集团有限公司
中铁第五勘察设计院集团有限公司
中铁十二局集团二公司
中国铁建大桥工程局集团五公司
中铁十四局集团一公司
中铁十五局集团一公司
中铁二十局集团一公司
中铁二十一局集团二公司
中铁二十三局集团二公司
中铁二十四局集团贵溪桥梁厂公司
中铁二十五局集团四公司
中国铁建电气化局集团南方公司
中国铁建港航局集团第四分公司
中铁第四勘察设计院集团岩土工程公司
中国铁建股份有限公司沙特分公司
中铁城建集团三公司

法制工作先进个人

黄小丽　赵　叶　陈立国　罗　华　宋志宏
袁　凯　武建超　温　暖　刘庆凯　高云鹏
赵晓民　田　利　薛喜明　张军磊　解金辉
贺思斯　田　翔　郝　魁　张晓莉　韩学军
李静斌　杨　伊　朱龙江　詹晓霞　许晓兵
费王斌　曾　瑛　杨永峰　王　波　栾晓辉
徐李让　詹子良　蒋盛煌　何　进　陈吉容
陈正祥　卢有平　王玉萍　张　宏　杨红梅
李　乐　陈安群　万　丹　林福来　郑迎亚
邹红有　于九龙　秦　玥　熊欣欣　王　平
刘　萍　汪友顺　秦振英　魏浩然　张红星
苏顺正　殷耀琦　黄炳蔚　赵　丹　张　强
刘宇栋　王维朝　陈　琦　戴建国　林昊峰
李鹏飞　王德祥　马腾飞　李　健　赵勤砚
王　蕾　刘菁玮　高彩燕　李　珊　李连华
龙丝雨　常　郁　赵晓旭　倪训付　曹　睿
杨晓兵　郭盛兰

优秀项目法律联络员

周海川　卢长平　朱　杰　尹世山　黄雪翎
李　照　李　冰　万云辉　张　卜　范卓鹏
屈彦飞　李　轩　孔祥东　邢凤东　李法勇
杨世涛　关　勇　于国宝　史向阳　谢雨良
郭　坤　吴镇勇　张　伟　王　芳　龚志强
商　静　刘晓华　畅海瑞　郑凯文　罗炬华
韩宝华　刘双丽　刘　飞　刘月恩　蔡林春
孙振兴　周文和　高　萌　熊　健　刘统伟
程　伟　徐菊叶　宋成年　张伟锋　王　俊
喻国伟　王　军　杨明辉　朱亚飞　李　锋
赵　雨　龙建勇　吴　凡　郑宜祥　宁凤元
彭东盛　张红亮　束晓军　耿振河　刘汪洋
张宏印　闫小芳　梅籽偲　罗宗兵　方　芳
王李刚　陈红缨　赵晓丽　王　玲　陈　伟
孟凡东　冯弋旺　郭　辉　韩　明　邓玲燕
蔡赞文

（文荣周）

机关房地产管理

【总公司机关房地产管理中心】 为机关建设和机关房地产管理机构。主要职责：负责总公司机关基本建设和房地产管理；负责总公司机关更新改造和新增项目的建设管理；代表总公司行使业主的权利。受股份公司委托，处理股份公司机关房地产有关业务。受锦鲤资产管理中心委托，管理总公司机关纳入锦鲤资产中心的资产。受国管局和总公司委托,分管总公司及所属驻京单位的人民防空工作。负责在京单位职工住房档案信息管理;负责在京单位土地使用与管理;负责总公司机关社会事务管理(包括联系地方政府、交通安全、消防安全、爱国卫生、绿化美化、防疫防治、防洪防汛、门前三包、避雷针检测、集体户口管理等);负责委托商务公司管理总公司部分公共用房、租赁用房、地下车库、社会事务工作;负责总公司机关院区"三供一业"分离移交工作。定员 8 人,现员 7 人,设主任 1 人(兼任总公司人防委副主任)、副主任 1 人;下设基建处(总公司人防办公室)、房地产管理处。（白立国）

【设备更新改造】 锅炉氮氧排放改造。根据《大气污染防治法》《锅炉大气污染物排放标准》《北京市关于开展燃气锅炉低氮燃烧技术改造工作的通知》等文件要求,配合北京市和海淀区政府对节能减排的补贴政策,开展对复兴路 40 号院锅炉房燃气锅炉低氮改造。在总公司机关房地产管理中心的组织下,物业公司多次参加北京市海淀区环保局召开的锅炉低氮改造会议,按照北京市、海淀区环保部门的工作要求,经过对多家锅炉厂家、燃烧器厂家等进行大量市场调研,结合锅炉房实际情况,确定改造方案。(1)1 号、2 号、3 号、4 号锅炉 4 台 10 吨热水锅炉及 6 号、7 号 2 台 1 吨蒸汽锅炉彻底更换锅炉及燃烧器,采用低氮燃烧器加烟气外循环,改造后可达到氮氧化合物排放浓度低于 30 毫克/立方米的标准。(2)5 号锅炉系 10 吨锅炉,2008 年安装。由于使用年限较短,仅更换低氮燃烧器加烟气外循环,改造后可达到氮氧化合物排放浓度低于 30 毫克/立方米的标准。2016 年 11 月、2017 年 4 月,分别对热水锅炉及蒸汽锅炉低氮改造进行招标,中标承包单位为北京华凌建设有限公司、河北鑫华新环保科技有限公司,锅炉房锅炉低氮改造土建附属配套工程由北京铁建物业管理有限公司完成。2017 年 10 月,锅炉低氮改造通过北京市技术监督局验收。设备更新改造计划 722 万元,实际施工结算金额 682.6 万元,北京市及海淀区补贴 340 万元,总公司净投资 342.6 万元。机关文化活动中心楼更换 1 台电梯。原有电梯超过安全使用年限,存在安全隐患,同时也为住宅项目建设过程中,中国铁道建筑总公司北京铁建医院临时在机关文化活动中心楼过渡准备,费用 27 万元。（童联合）

【总公司机关大院住宅建设】 2017 年 4 月 1 日,国家机关事务管理局批复《关于同意中国铁道建筑总公司复兴路 40 号职工住宅项目立项的函》。5 月 9 日,经过相关部门的协调,最终确认铁建医院的过渡方案,腾退活动中心地下 1 层、1 层、2 层作为临时铁建医院过渡用房,面积约 1800 平方米,开始进行方案认可和施工图设计、前期医院迁址手续、医疗环境评测等工作。5 月 17 日,机关住宅建设户型方案,在中国铁道建筑总公司机关 2017 年第一次职工代表会议上获得通过。6 月 2 日,机关住宅建设初步设计文件通过中央国家机关人防办公室审核并取得《人民防空工程建设规划审核意见书》。完成机关大院的土地勘察测量,土地用地预审、土地权属审查、土地划拨申请等资料准备工作,6 月 15 日,向北京市规划和国土资源管理委员会申请办理职工住宅项目划拨用地的手续。住宅建设配套设施的准备。积极与北京市电力设计单位和施工单位咨询,并根据机关大院近几年电力配给的变化情况,结合新建住宅的电力要求、现有车库及新建车库配备充电桩的需求,更改原来住宅电力增容方案,拟只进行高压电力改造,即更改现有箱式变压器的位置,满足新建住宅供电半径的要求。24、29 楼间燃气主管线改移(燃气公司主导),铁建医院的变压器改移(供电局主导),施工区域的水、暖、电、上下水、燃气、通讯、电视等的改移和绕道。（童联合）

【总公司人民防空委员会及办公室工作】 (1)签订 2017 年《人防工程安全使用责任书》。按照国管局、中央国家机关人防办要求,3 月,有限公司人防办按时与 10 家在京人防委员单位分别签订《人防工程安全使用责任书》,签约率 100%。一级抓一级,逐级抓落实,对有限公司范围内的人防工作管理无死角。明确各部门主管人防工作的责任和年度人防工作重点,促进各级领导和人防干部责任意识不断加强。(2)在建人防工程、新增人防工程。2017 年,有限公司在京单位在建人防工程 2 处,工程完工后办理中铁第五勘察设计院集团有限公司研发实验中心及附属用房项目《竣工验收备案表》《工程使用审批表》。申报新增人防工程,北京市海淀区复兴路 40 号院 26、30、32、36 号楼及配套设施 1 处,并取得《人防工程建设审核意见书》。(3)清理整治人防工程和普通地下室。有限公司人防办对在京人防委员单位的所有在京 10 家单位地下空间和人防工程进行现场检查,并发现大量问题,下发整改通知书 15 份;对总部大院地下空间的安全隐患进行排查,清理腾退所有人防工程内居住人员245人、房屋126间;总面积4650平方米。关闭复兴路40号院10号楼底下招待所、总面积1900平方米。清理与腾退风机房7个、仓库6个,及时健全地下空间人员居住日常各项管理制度、应急预案、检查记录。(4)办理《普通地下室安全使用备案登记表》《人防工程平时使用证》。按照中央国家机关人民防空办公室文件要求,办理有限公司办公楼、科研楼,《普通地下室安全使用备案登记表》及《人防工程平时使用证》。办理有限公司大院18、28、29、58、68、78、75、88号楼,北京培训中心1号楼,中国土木工程集团有限公司中土大厦,北峰窝4号楼,中铁十六局集团有限公司红松园北里2号院19号楼,中铁建设集团有限公司大厦办公楼,中铁十九局集团有限公司开发区荣华南路19号院办公楼《普通地下室安全使用备案登记表》。(5)加强防汛工作。6月初,有限公司人防办公室对在京各单位防汛准备工作情况进行全面检查。逐个进行摸底排查,并对在京各单位防汛责任者、防汛预案、防汛值班制度、防汛物资储备、抢险队伍建设等情况逐一进行落实,按照一事一表填写登记卡和打分。对检查中发现的突出问题和安全隐患提出整改意见,要求在汛期到来前,对防汛工作进行及时、全面安排部署。地下空间安全度过2017年汛期,年内没有发生地下空间倒灌、财产受损报告。（李忠林）

【房地产管理】 (1)办理海淀区、石景山区、丰台区不动产登记证,其中,石景山区办结26户、海淀区8户、丰台区3户。(2)协助办理"售房款、专项维修资金"使用相关事宜,截至2017年底,工作进展到公积金账户变更环节。(3)清理、腾退复兴路40号院18、28、29、78号楼地下2层出租房,全年清理物业出租房屋89间。(4)完善职工住房档案信息核实、上报,全年核实4184条。(5)审核所属在京单位2016年用地变更数据,上报国管局,涉及在京土地产权单位15家,土地103块3672423.46平方米。(6)审核所属在京单位2018年度用地计划。(7)配合办理已售公有住房上市(含抵押)交易,合计24户。(8)西院1、2、5、6号楼及24号楼拆迁准备,其中单元房265套、单间200间。(9)铁建医院搬迁过渡用房调配,铁建医院搬到75号楼地下1层南侧、1层北侧和2层,涉及办公室、工会、离退部、居委会、商务公司等使用单位。(10)机关承担的物业费、供暖费、水电费核查及报销。2016年物业费、水电费及2016—2017年采暖季取暖费总计14641068.33元。(11)汛期前安全检查,涉及复兴路40号院、玉泉路65号院、小屯路东里2号院、鼓楼西大街146号、前圆恩寺胡同12号、石雀胡同33号、新源里东5楼7处房地产。(12)配合首都城市核心区背街小巷环境治理,前圆恩寺胡同12号和石雀胡同33号院在整治范围内。(13)加强对公有出租住房及附属设施的管理。与中铁建商务管理有限公司签订授权委托书,将商务公司及所属物业公司、铁建医院、铁建宾馆、商贸中心、机关汽车队等所使用的办公用房、设备用房、员工宿舍及其管理的A、B座地下车库等授权给其管理,授权委托期限1年,对商务公司出租公共用房严格监管;核对A、B座租赁单位实际上交租金与合同金额是否相符。2017年与西院1、2号楼承租方签订出租合同34份;清理收回住宅楼负2层住房,根据中央国家机关人防办公室关于地下空间管理的有关规定和机关人防办要求,拆除28、29、78号楼负2层隔断。（白立国）

【拨款专项检查】 按照总公司工作安排和公司领导要求,配合办公室、财务部等相关业务部门,开展对中铁建商务管理有限公司代管总公司出租房10%提成款、物业费、取暖费等专款专用情况审查。（白立国）

【"三供一业"移交】 2017年,中国铁建按照国务院国资委、财政部关于国有企业职工家属区"三供一业"分离移交工作指导意见的通知及国务院国资委办公厅、财政部办公厅关于《中央企业职工家属区"三供一业"分离移交工作有关问题解答》的通知等文件要求以及2017年10月20日《中国铁建股份有限公司企业分离办社会职能专题会议》精神,总公司机关院区1586户的"三供一业"移交工作由机关房地产管理中心牵头负责,相关部门及中铁建商务管理有限公司配合实施。（白立国）

离退休职工管理

【总公司机关离退休职工管理部】 负责总公司机关离退休职工、内部退养职工的日常管理和服务工作。定员15人,现员15人。设部长、党总支书记1人,副部长2人,副巡视员1人;下设事务管理处、生活服务处、健康服务处和组织宣传处。

截至2017年12月31日止，总部机关有离退休人员、内部退养职工630人，其中离休干部12人、退休职工586人、内部退养职工32人。党员521人。2017年，990人参加活动(含直属单位360人)。（赵兰芳）

【离退休职工管理与服务】 落实离退休职工政治待遇。2017年，认真贯彻落实党的十八届三中、四中、五中、六中全会精神，认真领会、积极宣传党的十九大精神，在离退休党员干部中开展“学习十九大，畅谈十九大，领会十九大”为主题的学习、征文等系列活动，全年发放学习资料600余册，评选出优秀征文、书法及摄影作品500余份；抓好“两室一板”宣传工作，阅览室为老同志提供报刊杂志130余份，并为每个离退休及内部退养职工赠送一份《中国老年报》，阅文室更换文件360余份，以黑板报为载体，连载解读十九大报告优秀征文，全年出黑板报13期；以“七一”党的生日为契机，开展创先争优活动，表彰先进党支部3个、先进党小组33个、优秀共产党员55人。

落实离退休职工生活待遇。年内走访慰问原铁道兵老首长，工程指挥部、有限公司老领导及其遗属35人，走访困难及重病职工家庭124户，慰问年满70、80整岁离退休人员45人，看望住院病人110人次。组织到北京市退休职工之家疗养150人，组织全体离退休人员体检，并就体检结果指导就医，电话随访病情180人次；建立离退休职工健康基本信息电子档案；帮助急重病老员工联系住院、转院及专家会诊30次，开展健康讲座3次，制作健康保健知识黑板报5期，协助变更定点合同医院65人次，协助办理特殊病种年度申请10人次；为离休干部借住院支票7人次并报销医疗费用709324.90元；完成678人次15000余张医疗报销单据的初审、粘贴等工作；协助8名逝世离退休人员家属办理丧葬。

组织离退休职工开展文体活动，全年参加桥牌、歌舞、游园、钓鱼等室内外文体活动人数约76000人次，组织、举行比赛16次。（赵兰芳）

公安移交善后工作

【铁道建筑公安局移交善后工作组】 在中国铁道建筑有限公司、铁路公安局、北京市公安局的正确领导下，移交善后工作组始终以党的十九大精神为引领，认真履职，充分发挥公安职能作用，不断加强队伍管理，依法打击各种危害企业的违法犯罪活动，妥善处置来信来访等移交善后遗留问题，化解矛盾，确保稳定，维护企业的合法权益。通过不懈努力，进一步协调推进移交，圆满完成各项任务，取得一定成绩，总结一定经验，为企业实现历史性跨越发展作出积极贡献。

（常金光）

【公安机构移交】 2005年，国务院办公厅下发《国务院办公厅关于第二批中央企业分离办社会职能工作有关问题的通知》(国办发〔2005〕4号)，2007年，中央机构编制委员会办公室下发《关于第二批中央企业公安、法院、检察院机构移交地方有关省、自治区、直辖市下达政法专项编制的通知》(中央编办发〔2007〕103号)，其中，给铁道建筑公安系统下达1492人的编制、100个公安机构，分布在全国21个省份。截至2016年7月，基本完成移交工作。但驻山西、山东、河南、内蒙等地区的中铁十二、十四、十五、十七局集团有限公司和中铁十九局集团六公司5个局、421名民警尚未全面完成移交，主要是移交协议难以达成共识。

（常金光）

【调研尚未完成移交单位】 2017年底，移交善后工作组与相关地方政府、企业、公安机关领导和广大民警以协调、沟通、座谈等形式，开展对中铁十二、十七局集团有限公司公安机构移交善后工作调研。两局均驻山西省，民警291人，占未完成移交总数的67.8%。十二局公安处142人，其中退休18人、调出13人、去世3人；十二局公安处代管的十五局公安处四分处13人，其中调出3人、去世1人；十七局公安处136人，其中退休33人、调出5人、去世3人。2011年12月办理移交人员身份转换手续，2013年2月山西省政府，将十二局公安处更名为山西省公安厅直属第二公安局，设6个局领导，9个科室，下设7个分局，同时内设十二局保卫处，下设7个保卫部，管辖中国铁建在晋的十一至二十局(不含十七局)；将十七局公安处更名为山西省公安厅直属第三公安局，设6个局领导，9个科室，下设5个分局，同时内设十七局治安保卫部和综合治理办公室，下设治安科和保卫科，管辖十七局和中国铁建在晋的中铁建设、二十一局以后的其他单位。根据企业施工生产需要，70%的民警长期奋战在施工一线、

40%的民警应邀在工程项目兼任经理、书记、办公室主任等,为企业施工生产安全顺利进行发挥着重要作用。截至2017年底,企业和地方政府尚未签署公安机构移交协议。（常金光）

【打击违法犯罪】 2017年,各级公安机关接出警1480起,出动警力920人次,出动警用车辆390台次,侦破刑事案件56起,查处治安案件107起,处罚各类违法犯罪人员193人。为企业挽回和避免经济损失折合人民币960余万元。沉重打击违法犯罪,有效维护施工生产顺利进行。（常金光）

【调解矛盾纠纷和群体性事件】 2017年,调解处理矛盾纠纷5780余起,处置较大规模群体性事件36起。4月,中铁十七局集团有限公司承建的准朔铁路项目报案称,自2008年进场以来,不断遭到当地不法人员的无理阻拦,致使该工程9年来无法正常施工,给企业造成巨额损失和恶劣影响。接报后公安机关立即组织警力进驻项目,经过20多天的艰苦工作,成功解决拖延9年多的阻工问题。（常金光）

【爆炸物品监管】 中铁十二、十七局集团有限公司有600多个工点,其中400多个涉爆项目,年需炸药2万多吨、雷管100余万发。针对企业长期大量使用爆炸物品的实际,公安机关优先把警力部署到涉爆项目,积极主动与当地公安机关协调,本着确保安全、低价供给、方便运输、方便施工的原则,强化对购买、使用、储存、回收、选点、建库等环节的标准化监管,有效提升监管的针对性、安全性、经济性和便利性。2017年,组织爆炸物品安全大检查480次,整改隐患290处,帮助企业办理爆破作业许可证198次,培训涉爆人员4900名。实现无炸响、无被盗、无丢失外流的安全管理目标,极大方便施工生产,节约大量资金,每年为企业节约6千余万元。（常金光）

【服务企业】 各级公安机关主动协调帮助局内全国范围驾驶员、各种车辆、设备办证、过户、审验等工作。并适时派出民警,带着公章和相关法律手续到施工一线现场办公,较好地服务企业。全年依法组织开展交通安全教育60余场次,签订交通安全责任书3600份,办理车辆审验手续2300台次、驾驶员审验等相关手续4500人次。（常金光）

【消防工作】 2017年,各级公安机关始终争取消防工作主动权,把大型重点工程项目作为工作重点,坚持以防为主、消防结合的原则,组织开展消防安全宣传教育650场次,消防安全大检查683次,发现整改隐患538处。并主动与当地公安消防部门沟通协商,为企业施工生产提供方便,做到监督有力度,整改有成效,责任明确,服务到位。（常金光）

【安保维稳】 2017年,根据党的十九大和全国“两会”“一带一路”国际合作高峰论坛、香港回归20周年庆典、朱日和军事演习阅兵暨建军90周年纪念活动、金砖国家领导人峰会、博鳌论坛、夏季达沃斯论坛和北戴河暑期等重大活动安保维稳工作需要,秉持“外圈保内圈、内圈保核心”理念,精心组织、周密部署、扎实推进,切实发挥“护城河”扼守作用。移交善后工作组还根据北京市公安局要求,先后2次派员到天安门广场和前门等重点场所参加执勤、值乘的统一行动共计20多天。同时认真做好重大节日节前检查、节日期间值班备勤工作,圆满完成党的十九大暨全年各项安保维稳任务。（常金光）

【处置信访事件和善后遗留问题】 2017年,接待处理来访信件86件,接待来访人员92人次,接听来访电话百余次,接待处理61件,调解各类纠纷32起,处置群体性上访事件7起。移交善后工作组针对突出问题,始终坚持以习近平总书记对于新时期信访工作提出的“诉求合理的解决问题到位,诉求无理的思想教育到位,生活困难的帮扶救助到位,行为违法的依法处理”的“三到位一处理”的基本要求为指导,在铁路公安局和有限公司领导的指导支持下,及时调整工作重心,努力克服历史遗留问题多、涉及内容广、情况复杂、时间跨度大、工作人手少、手头资料有限等困难,不断加强工作责任心,尊重历史,实事求是,坚持原则,认真解决,本着为社会负责、为企业负责、为广大民警负责的工作姿态,把问题解决在萌芽状态,不断化解矛盾,消除隐患,确保社会稳定。（常金光）

【收集整理原公安保卫机构档案】 2017年7—12月,由办公室牵头,档案馆与移交善后工作组和各局集团相关部门通力合作、共同努力,经过5个多月的工作,完成中国铁建系统自1948年以来,原公安保卫机构产生遗留的案件案卷等史料。这些史料有的发生在全国各地,有的发生在抗美援朝时在朝鲜战场、有的发生在抗美援越时越南战场。分为两个阶段:第一个阶段即兵改工前(1948—1983年)铁道兵保卫部、军事检察院、军事法院等部门;第二个阶段为兵改工后即成立公安机构至移交前(1984—2009年,各地移交时间不同)。开展对公安保卫部门经办的爆炸、杀人、强奸、抢劫、投毒、贩毒、吸毒、诈骗、盗窃、侵占、渎职、投敌、叛变、反革命、敲诈勒索、投机倒把以及落实政策、平反昭雪等各类案件卷宗和大量重要史料的收集整理。全年收集整理档案8749卷38366件。其中,案件档案6880卷23120件;文书档案1484卷15069件;会计档案及其他档案385卷,实物档案177件。兵改工前3416卷11432件。其中,案件档案3133卷2312件;文书档案264卷3231件;会计档案及其他档案19卷,实物档案26件。兵改工后5333卷26934件。其中,案件档案3747卷14945件;文书档案1220卷11838件;会计档案及其他档案366卷,实物档案151件。

(常金光)

2017 年 5 月，中铁第四勘察设计院集团有限公司主编的中国铁道行业首部团体标准《市域铁路设计规范》正式发布。（邵　澎摄）

科技管理

2017 年中国铁建科技管理

【科技设计部(技术中心办公室)】 主要职责:贯彻国家科学技术、勘察、设计发展的方针、政策、法规;执行国家规范和标准;组织制定和修订中国铁建科技、设计发展战略规划以及技术中心、科研、技术、勘察设计、学术组织和科技激励的有关规章制度和办法;负责科技创新体系的建设;参与企业科技人才队伍的建设;负责技术中心办公室日常工作;负责年度科技发展项目计划、科研项目资助经费计划并组织实施;负责科技成果鉴定、技术方案审查;负责成果、工法、专利、标准、勘察设计"四优"成果、优秀工程咨询成果、中国土木工程詹天佑奖、中国建设工程施工技术创新成果奖、优秀科技论文等科技奖项的归口管理工作;组织科技攻关、新技术的推广应用和成果转化及国内外技术合作、交流、研讨工作;负责系统内全国建筑业创新技术应用示范工程和全国建筑业绿色施工示范工程的归口管理;归口铁路产品生产技术条件管理;负责勘察设计单位咨询资质的申报、认定、升级和管理工作;负责北京轨道建筑学会日常管理各类科技社团的相关工作;负责科技管理信息化建设的协调和技术中心网站的管理;组织企业内各种科技成果汇编、出版和发行;负责科技设计宣传管理;编写年度科技设计工作总结;指导集团公司科技工作建设。设创新建设处、科研处、技术处、设计咨询管理处、学会处、专利管理处。定员 20 人,现有人员 17 人,其中部长(兼技术中心办公室主任) 1 人、副部长 1 人、技术中心办公室副主任 1 人、处长 5 人、副处长(主持工作)1 人、职员 6 人、挂职 2 人。教授级高级工程师 14 人,高级工程师 3 人。 (王清明)

【科技工作综述】 2017 年,成功召开股份公司科技创新大会,出台加强科技创新的 1 个决定和 6 个办法,评选"十一五"以来十大科技创新成就,表彰先进单位和科技创新带头人。科技创新管理力度大幅提升,继续狠抓科技创新平台建设,持续强推专利管理,加强施工技术方案管理,努力夯实科技管理基础工作;积极加强学会建设,不断加强勘察设计管理,取得较好的成绩。全年中国铁建系统新增国家级企业技术中心 2 家,获得国家科技进步奖 3 项;省部级科技进步奖 111 项;新增第 19 届中国专利优秀奖 4 项;获得各类省部级以上勘察设计咨询奖 89 项;新增省部级工法 226 项;获得中国土木工程詹天佑奖 10 项;参加 4 项国际标准,主持 11 项国家标准制定工作;获得第三届中国建设工程 BIM 大赛一等奖 2 项;新增全国建筑业创新技术应用示范工程 10 项;PCT 专利申请 21 件,新增授权专利 1719 件,其中发明专利 375 件。完成国资委对中央企业领导人科技创新考核材料的上报,联合主导 5 项国际标准,实现中央企业科技创新业绩考核奖励加 0.5 分的好成绩。 (王清明)

【科技创新平台建设】 2017 年,出台《股份公司科技创新平台管理办法》,明确创新平台的科研人员为生产人员,并给予相应编制。中国铁建院士工作站不断突破,中国铁建重工集团有限公司获批湖南省院士专家工作站,中铁十一局集团有限公司获批鹰潭市立院士工作站,中铁磁浮交通投资建设有限公司获批武汉市院士工作站,中国铁建大桥工程局集团有限公司获批天津市院士专家工作站。 (张育红)

【中国铁建博士谈】 2017 年,组织开展中国铁建"博士谈"演讲活动,从全系统 36 名博士中遴选 6 名博士,在中国铁建党委中心组学习中围绕"企业科技创新发展"主题进行演讲。 (张育红)

【绩效考核】 2017 年,完成《子公司负责人 2016—2018 年任期考核战略引领指标考核方案》中创新能力国际领先的 3 个子目标(研发能力、转化能力和创新影响力)的制定,进一步完善科技考核制度,有效引导各单位重视科技创新工作。 (张育红)

【专利数量】 2017 年,中国铁建新增授权专利 1719 件。其中,发明专利 375 件;《专利合作条约》(简称 PCT)国际专利申请 21 件。截至 2017 年底,中国铁建累计拥有专利 8346 件,其中发明专利 1483 件。 (孙嘉良)

【4 项专利获中国专利优秀奖】 2017 年,中国铁建所属中铁十二局集团有限公司开发的"一种适用于铁

路大断面Ⅳ、Ⅴ级围岩隧道的开挖方法”“一种利用转盘球绞进行公路、铁路转体桥梁的施工方法”和中国铁建重工集团有限公司开发的“泥水盾构碎石装置和具有其的泥水盾构机”“一种用于复合地层的盾构刀盘”4项发明专利获得第19届中国专利优秀奖。

（孙嘉良）

【中国铁建专利工作推进会】 2017年11月28日召开。所属27家集团公司的总工程师、知识产权部门负责人、知识产权管理人员参加会议。中国国家知识产权局副局长贺化，中国铁建董事长、党委书记孟凤朝出席并做重要讲话，中国铁建总工程师雷升祥作专利工做报告。会上为中国铁建知识产权中心举行揭牌仪式，明确中心定位，岗位职责等事宜。通过此次会议，全系统进一步凝心聚力，明确下步知识产权工作要点，确立知识产权工作在企业实施创新驱动发展战略中的核心位置。（孙嘉良）

【专利转化】 2017年，出台《股份公司专利转化收益分配管理办法（试行）》，明确转化收益分配原则、范围和组织实施方式等，转化收益计入当年工资总额，但不受当年本单位工资总额限制，打通成果转化“最后一公里”。全年全系统签订专利许可、转让等合同100余项，成功将铁路简支梁桥用支座、轨道精调系统、桥梁减震榫、接触网变电、无砟轨道精调等多项专利技术成果进行许可应用，合同金额1.2亿元。（孙嘉良）

【知识产权课题】 首次承担国资委知识产权课题《关于指导中央企业加强知识产权工作政策研究》，开展对102家中央企业知识产权数据分析，调研中央企业16家，完成知识产权分析报告和指导意见撰写。确立中国铁建在中央企业中知识产权工作的比较优势，通过调研了解先进企业科技、专利工作的先进做法，为企业下步相关政策的出台提供借鉴。完成国家知识产权局《开展铁道建筑行业高价值专利组合培育工作》《开展高端装备制造业（盾构产业）海外布局工作》课题，受到国资委、国家知识产权局、国家铁路局等专家一致肯定。（孙嘉良）

【中国铁建专利信息管理平台】 经公开招标，平台由中铁第四勘察设计院集团有限公司负责建设，计划2018年10月前完成，包含专利管理子平台、专利数据库子平台、专利咨询综合服务子平台、股份公司专利奖评选子平台。实现专利三级管理，服务于股份公司（一级）、集团公司（二级）、工程公司（三级）专利管理人员及发明人。（孙嘉良）

【中国铁建专利奖评选】 2017年，有24家单位90件申报中国铁建专利奖，经形式审查、网评、会评共评选出年度优秀发明专利奖10项，优秀实用新型专利奖18项，优秀外观设计专利奖2项。（孙嘉良）

【审查员实践活动】 2017年，为推动中国铁建专利布局工作，在珠海港珠澳拱北项目和长沙中国铁建重工集团有限公司开展审查员实践活动2次。活动中，审查员团组就工程中重难点问题与一线技术人员代表100余人进行交流并解答专利申请过程中的注意事项和技术交底书的撰写方法等问题。通过实践活动，使一线技术人员能够与审查员现场学习、交流，增强专利的认识和布局的意识。（孙嘉良）

【中国专利保护协会工作】 2017年，协助中国国家知识产权局评选年度十大知识产权有影响力人物，中国专利保护协会会长、中国铁建董事长孟凤朝当选十大人物之一。参加全国知识产权局长会议并做经验交流。中国铁建董事长孟凤朝出席第19届中国专利奖颁奖仪式并为获金奖代表颁奖。（孙嘉良）

【中国铁建技术中心网站】 2017年，发布科技动态、科技咨询、重点工程宣传和最新成果395篇。新增铁路、建筑、交通等专业新发布标准规范40余册，总公司工法第18册（上下两册）140余条，优秀科技论文140余篇，供广大技术人员查阅和下载。截至2017年底，网站拥有铁路、建筑、交通、建材标准规范2300余册；国家法律、行政法规、部门规章、科技政策、建筑法规及交通法规近200个；国家级、省部级及总公司的科技进步奖2300余项；国家级、省部级及总公司工法4600余条；内部科技论文近1300篇；优秀工法4400余条；专利120余篇；勘察设计“四优”450余项；工程咨询成果120项。继续与万方数据库合作，全年万方数据新订阅期刊60种，共订阅1256种；新增文章167万余篇，所有数据均按时更新；在万方数据库在库资料达842万余篇，其中，学术期刊537万余篇、学位论文74万余篇、会议论文78万余篇、科技成果83万余篇、政策法规70万余篇等。以上资料均提供系统内用户免费全文下载。（彭京渝）

【《科技信息》杂志】 2017年收集、编辑、印刷、内部发行《科技信息》杂志6期，每期500册，共计3000册，并邮寄至股份公司、各集团公司及各工程公司等单位，旨在内部交流科技信息与资讯。（彭京渝）

【科研项目】 2017年，股份公司新立项课题67项，计划资助经费6140万元。其中,科技重大课题5项(列2018年项目),资助3930万元;B类课题5项,资助500万元;C类课题57项,资助1710万元。

(丁正全　郑筱彦)

【省部级科研项目】 2017年,中国铁建系统新增主持省部级立项26项,争取经费3653万元;新增参与省部级课题36项,争取经费584万元。

(丁正全　郑筱彦)

【国家课题验收】 中国铁建与神华集团合作承担的国家科技支撑计划"盾构施工煤矿长距离斜井关键技术研究与示范"项目于2017年3月顺利通过国家项目验收。中铁十五局集团有限公司承担的国家科技支撑计划项目"绿色高性能混凝土材料性能和品质提升技术"课题通过结题验收。(丁正全)

【科技战略合作】 2017年,为全产业链发展磁浮交通系统,6月9日,中国铁建与西南交大签订磁浮领域技术发展战略合作协议和联合成立院士、科研机构协议。为实现科技和产业融合创新,11月3日,中国铁建牵头与同济大学签订战略合作协议,并就桥梁建造技术、环保和地下空间开发等方面进行广泛合作。年内印发《中国铁建股份有限公司科技重大专项管理办法》。

(丁正全)

【科技成果鉴定与评审】 2017年,全系统有299项科技成果通过省部级评价、验收和中国铁建评审,其中省部级评价、验收64项,中国铁建组织评审235项。有44项成果达到国际领先水平,128项成果达到国际先进水平,108项成果达到国内领先水平,13项成果达到国内先进水平。(程博华)

【3项技术获国家科学技术进步奖】 中铁第四勘察设计院集团有限公司参与的"复杂环境下高速铁路无缝线路关键技术及应用"获得国家科学技术进步一等奖;中铁第四勘察设计院集团有限公司主持,中铁十二局集团有限公司参与的"高速铁路狮子洋水下隧道工程成套技术"和中铁十八局集团有限公司参与的"锦屏二级超深埋特大引水隧洞发电工程关键技术"获得国家科学技术进步二等奖。(程博华)

【87项技术荣获省部级科学技术进步奖】 2017年,中国铁建系统获得省部级科学技术进步奖87项,其中特等奖2项、一等奖13项、二等奖40项、三等奖32项。获得各省(自治区、直辖市)科学技术进步奖49项,其中一等奖11项、二等奖21项、三等奖17项;获得中国铁道学会科学技术奖21项,其中特等奖2项、一等奖1项、二等奖9项、三等奖9项;获得中国公路学会科学技术奖15项,其中一等奖1项、二等奖8项、三等奖6项;获得教育部科学技术奖二等奖1项;获得国土资源部科学技术奖二等奖1项。(程博华)

【159项技术获总公司科学技术奖】 2017年,159项技术获得中国铁道建筑总公司科学技术奖,其中特等奖2项、一等奖31项、二等奖54项、三等奖72项。

(程博华)

【国家铁路局铁路重大科技创新成果】 2017年,中国铁建系统有13项铁路科技项目入选国家铁路局铁路重大科技创新成果。(程博华)

【87项成果获中国施工企业管理协会科学技术奖】 2017年,87项科技创新成果获得中国施工企业管理协会科学技术奖,其中特等奖1项、一等奖18项、二等奖68项。(程博华)

【9项成果获中国建筑业协会建设工程施工技术创新成果奖】 2017年,9项成果获得中国建筑业协会建设工程施工技术创新成果奖,其中一等奖1项、二等奖4项、三等奖4项。(程博华)

【高速铁路建造技术】 中铁第一勘察设计院集团有限公司设计,中国铁建所属多个集团公司参建的兰渝铁路,穿越10条区域性大断裂带、87条大断层地层,尤其是"国内罕见、世界难题"的第三系富水粉细砂层地质的隧道,号称"地质博物馆",所经地区地震、暴洪、泥石流灾害多发,施工中解决了许多意想不到的困难。中铁第一勘察设计院集团有限公司设计,中国铁建所属多个集团公司参建的西成高速铁路全线隧道占比55%,地质条件极为复杂,施工中解决了特长隧道群、空气动力学、防灾救灾等关键技术难题。兰渝铁路、西成高速铁路的顺利开通运营,更加丰富中国铁建修建复杂地层高速铁路的成套核心技术的内涵,继续保持高速铁路建造技术领先。(李庆民)

【桥梁建造技术】 中国铁建大桥工程局集团有限公司承建的棋盘洲悬索桥,主跨1038米,标志着中国铁建首次进入"单跨千米级桥梁建设俱乐部"。中铁第五勘察设计院集团有限公司设计的徐宿淮盐线后马庄特大桥、徐洪河特大桥、盐城特大桥3桥主桥均采用(100+200+100)米连续梁—拱桥,该跨度是中国客运专线铁路跨度最大的连续梁—拱桥。中铁第五勘察设计院集团有限公司设计的新建郑阜铁路周淮特大桥跨新运河三联3×(40米+56米+40米)连续梁采用节段预制胶拼工艺建造连续梁上部结构，是中国铁路首座节段胶拼连续梁。中铁二十二局集团有限公司承建的哈齐客运专线松花江特大桥主桥采用四线三拱肋钢管拱连续梁桥，支座承重20000吨，单个支座重186吨，是国际桥梁支座之最。中铁二十三局集团有限公司承建的无日天沟特大桥，主墩最高163米，在亚洲同类型桥梁中位居第二。这些桥梁的设计和施工，代表中国铁建桥梁建设逐步迈入全国乃至世界桥梁建设的领先水平。

（贾志武）

【隧道及地下工程建设技术】（1）复杂环境、复杂地质条件多重组合不利条件下的地铁施工技术稳步提升。在深圳地铁国家会展中心配套工程中，采用土压平衡盾构技术，在花岗岩残积层上软下硬、净距不足2米的条件下，在不停运情况下安全下穿地铁11号线。（2）复杂地质山岭隧道建造技术取得新进展。兰渝铁路新城子隧道、胡麻岭隧道等的顺利贯通，标志着克服高地应力强挤压围岩富水地质条件下修建隧道的技术难题。青海共玉公路鄂拉山隧道、拉林铁路巴玉隧道、岗木拉山隧道、达嘎啦隧道、米林隧道的顺利建设，标志中国铁建高原、高寒、高应力、高地温隧道建造技术保持优势。（3）港珠澳大桥拱北隧道顺利贯通，开创“超大曲线管幕+超大冻结法”施工技术，标志着中国铁建在浅埋暗挖隧道的修建技术不断拓展。（4）水下隧道建造技术领先优势不断扩大。2017年贯通的水下隧道有：设计施工的武汉地铁8号线长江隧道，盾构直径12.5米，是国内最大的地铁越江隧道；穿越黄河的兰州地铁隧道，克服卵石粒径大比例高等不良地质难题；厦门轨道交通2号线海沧大道站至东渡路站跨海区间进展顺利。引水隧道再创纪录。吉林引松供水工程，创造TBM最高日进尺86.5米，最高月掘进1209.8米的国内记录。中国土木工程集团有限公司承建的北非第一长隧道——55千米铁路项目甘塔斯隧道，穿越泥灰岩地质，被法国工程界称之为“工程师灾难”，已安全顺利贯通。这些隧道的建设，标志中国铁建隧道及地下工程建设技术稳居国内一流。（许和平）

【“四电”技术】 中国铁建研发的铁路通信数据网融合工程建设技术，解决多个铁路局的最后一千米宽带接入技术难题。自主研发的中低速磁悬浮铁路信号控制技术已集成实施并得到成功应用。基于第四代移动通信技术LTE-M的CBTC技术已在武汉、南京城市轨道交通项目得到成功应用。融合高速铁路和城市轨道交通信号控制技术的CTCS-2+ATO列控系统技术国际领先，顺利应用于珠三角佛肇城际，全面开启高速铁路智能化。应用能源管理技术，兼容乘客舒适性和有效节能需求，成功实现大型综合地下高速铁路客站福田和半地下半地面客站佛山西的供电可靠节能运行。高速铁路接触网系统技术创立时速200~350千米的千千米柔索毫米级平顺的一体化集成建造技术，达到国际领先水平。

（贾志武）

【施工装备制造技术】 依托国家863计划研制的国产首台大直径硬岩隧道掘进机（TBM）突破大功率驱动、掘进姿态自动纠偏等30余项核心技术，提前贯通22.6千米长的引水隧洞，同时成功进入新疆“大埋深、大变形、强岩爆、大断层、高地温、蚀变岩”等世界级工程领域，设备性能整体达到国际领先水平。连续突破小直径TBM系统集成、小直径刀盘联体刀箱设计、超大直径掘进装备数字化建模、高精度开挖面气液独立平衡控制、高效泥浆环流及刀盘冲刷、常压换刀、特种作业机器人等多项关键核心技术，成功研制出国产首台最小直径敞开式TBM、首台小曲线长距离硬岩顶管机和首台常压换刀式超大直径泥水平衡盾构机，填补中国在该技术领域的空白，实现国产自主盾构研制技术的又一次跨越，荣登央视《还看今朝》和国庆晚会，成为技术担当和创新突破的高端装备典范。主编的《敞开式岩石隧道掘进机》和《单护盾岩石隧道掘进机》2项国标得到国家首次发布，填补国内空白，达到国际先进水平，引领中国盾构技术进步。国产首批5台耐低温盾构机首次出口莫斯科，挑战世界极寒环境的施工难题；4台超小转弯半径(50米)盾构机首次进入台北捷运万大线工程，打破日本在该地区长达30年的技术垄断。特种装备产业研制出隧道、煤矿、特殊地质、绿色环保等机械化施工的4大系列及凿岩台车、锚杆台车、拱架作业车、喷射台车、衬砌台车、洞碴处理等成套装备，近200台智能装备服务于郑万铁路等重点项目，助推隧道智能建造新模式。研制的三台铣轨车新产品已进入最终的调试试验；量身定做的宽轨距双向配砟整形车、线路稳定车、道岔捣固车出口阿根廷；具有世界先进水平的1200立方米高效清筛机、线路正线道岔捣固稳定车顺利交付。（许和平）

【技术重难工程项目管理】 继续加强技术重难点工程项目的管控力度，根据工程项目所采用的技术、材料、设备、工艺情况及安全风险等情况，组织完成年度中国铁建技术重难点工程项目确立评审会，确定“新建广州南沙港铁路西江特大桥”等27项工程为中国铁建2017年技术重难点工程，其中新立项目12项、延续

项目 15 项。（李庆民）

【中国铁建技术方案审查】 2017 年,下达《关于做好股份公司作为施工责任主体工程项目技术文件审批工作的通知》,加强对股份公司直管项目技术方案管理。组织重庆长寿长江二桥、以色列特拉维夫红线轻轨东标段、北京兴延高速公路石峡隧道等项目施工技术方案评审会,为重难项目搭建技术攻关平台,提供技术支撑。加强技术重难项目的信息掌握,做好技术重难项目第一、第二、第三、第四季度定期报编制工作。协同完成贵阳市轨道交通 1 号线剩余结构工程第 6 工作段中山路站至人民广场站和人民广场站至朝阳影剧院区间下穿南明河段隧道帷幕注浆问题调查,编制完成技术报告。（李庆民）

【中国铁建工法评审】 完成 2016 年度优秀工法汇编和归档工作,8 月,工法汇编出版,直接邮寄到所属各工程公司,方便现场工程技术人员使用。年内组织 2017 年度中国铁建工法关键技术评审会,全系统评审工法关键技术项目 162 项,为中国铁建优秀工法和高等级工法的申报打好基础。全年各单位申报中国铁建 2017 年度优秀工法 387 项,评出优秀工法 187 项,其中一等奖 92 项、二等奖 95 项。（李庆民）

【省部级工法认定】 中国铁建组织各单位积极申报省、部级工法,申报 2015—2016 年度铁路建设工程部级工法 147 项,获奖 96 项,占全部铁路建设工程部级工法的 58.5%;组织系统内单位申报 2017 年度公路建设工程工法,全系统获公路工程建设工法 31 项。2017 年度获省部级工法 210 项。（李庆民）

【中国铁建建设标准体系】 积极推动"中国铁建企业技术标准体系构建与实施建议研究",打造包括相关国家、行业、团体(协会)、企业技术标准在内的中国铁建企业技术标准体系,印发《中国铁建股份有限公司企业技术标准(工程建设)体系框架》。（张立青）

【标准申报和编制】 积极参加国际、国家、行业和地方工程建设标准的制定和修订工作,2017 年,国际标准、国家标准和行业标准保持稳定增长,正在编制的国家、行业和地方技术标准也有较大数量储备。年内组织中国铁建系统内单位积极申报国家铁路局、铁路总公司、中国公路建设行业协会、中国建筑业协会、中国土木学会等单位技术标准。（张立青）

【技术标准管理】 2017 年,完成国家铁路局铁路"走出去"项目技术标准需求调研。配合铁路总公司组织各单位完成铁路工程建设标准梳理。组织各单位完成铁路标准"十三五"规划学习。进一步加强技术标准的发布、应用力度,保持与技术标准管理部门的沟通力度,全年转发 43 项标准发布公告,对《铁路工程基桩检测技术规程》等 20 项(次)行业标准组织开展意见征求工作,并汇总反馈给相关单位。组织系统内单位申报 2017 年度铁路重大科技创新成果推荐项目。组织对 2016 年度中国铁建系统内单位主持编制的《铁路应用固定装置交流开关设备的特殊要求第 1 部分:Un > 1 千伏的单相断路器》(IEC 62505 - 1—2016)等 24 项国际、国家和行业技术标准给予资金奖励。（张立青）

【中国铁建优秀科技论文评选】 完成 2016 年度中国铁建优秀科技论文归档及汇编出版工作,汇编直接邮寄至所属各工程公司,方便广大现场工程技术人员使用。各单位积极申报中国铁建 2017 年度优秀科技论文,全系统申报 292 篇。组织召开 2017 年度中国铁建优秀论文评审会,评出 2017 年优秀科技论文 143 篇,其中一等奖 49 篇、二等奖 94 篇。（张立青）

【10 项工程获中国土木工程詹天佑奖】 2017 年,中国铁建参建的青藏铁路新关角隧道、宁波站、南京市梅子洲过江通道连接线工程——青奥轴线地下交通系统及相关工程、新建杭州东站扩建工程站房及相关工程、宁波铁路枢纽新建北环线工程甬江特大桥、新建兰新铁路第二双线工程(新疆段)、重庆至利川铁路、阿尔及利亚东西高速公路、上海市轨道交通 12 号线工程、青岛市地铁 3 号线工程 10 项工程荣获第 15 届中国土木工程詹天佑奖。其中,主持项目 3 项、参建项目 7 项。中国铁建包揽所有的铁道工程、隧道工程、公路工程获奖项目,并且中国铁建作为推荐单位推荐的 3 项工程(每个推荐单位最多可推荐 3 项工程)均获奖。（李庆民）

【22 项工程被评为全国建筑业绿色施工示范工程】 2017 年,中国铁建加大对全国建筑业绿色施工示范工程申报力度,全系统有 22 项工程被评为第 6 批全国建筑业绿色施工示范工程。年内完成杭州市紫之隧道(紫金港路—之江路)工程第 2 标段等项目的验收;完成过程检查和验收模板材料的编制和向各单位发放;组织完成绿色施工标准征求意见稿编制。（张立青）

【中国铁建总工程师培训班】 2017 年 8 月 2—15 日和 11 月 17 日至 12 月 1 日,中国铁建联合西南交通大学在成都市举办两期,培训总工程师 210 人。结合国内外行业发展趋势和中国铁建科技管理特点，培训课程设科技管理与创新、项目管理、前沿技术、管理沟通与团队建设、案例教学5个模块，安排系统内经验丰富的专家和西南交通大学教授给学员授课。培训班坚持理论和实践相结合的原则，设置依托实际工程的工程策划、科研重大专项开题报告和相关专业施工手册大纲编写等研究课题，不但使学员得到锻炼，研究成果也为工程项目施工提供支撑，取得良好的效果。（李庆民）

【中国铁建施工技术交流会】 2017年，为使中国铁建系统内广大技术人员及时了解、掌握先进的设计和施工技术，促进新技术的推广和应用，中国铁建依托相关技术重难工程，主办全系统技术交流会。为提高无砟轨道设计施工技术水平，促进无砟轨道研发、设计和施工技术的全面发展，开创无砟轨道产业发展的新局面，加速科技成果转化，组织召开中国铁建高速铁路CRTS Ⅲ型先张法轨道板技术交流会。全年各单位主办大型技术交流、培训会100多次，各单位还积极承办和参加国家、地方政府、学会、协会等组织的技术交流活动，全年全系统有8000多人次参加，达到相互学习，共同提高的目的。（李庆民）

【参加中国建设工程BIM大赛】 2017年，中国铁建组织系统内单位参加中国建筑业协会组织的第三届中国建设工程BIM大赛，中铁十一局集团有限公司万开周家坝—浦里快速通道工程BIM应用获得BIM卓越工程项目一等奖，全系统26项工程获奖，其中推荐参赛项目19个（含铁建协4项），获奖15项，获奖比例位居前列。（张立青）

【国家级装配式建筑示范产业基地】 2017年，中国铁建组织中铁十四局集团有限公司申报国家装配式建筑示范产业基地并成功通过，成为首批国家装配式建筑产业基地，也是中国铁建系统内首个国家装配式建筑示范产业基地。（张立青）

【《中国铁建地铁施工手册》编写】 地铁施工领域是中国铁建的关键领域，为给广大地铁施工技术人员提供一套全面、系统且可供实际操作的技术性工具书，中国铁建联合人民交通出版社启动《中国铁建地铁施工手册》编写工作。手册涵盖土建工程、机电安装、装饰装修、场段工程等地铁各专业施工技术及施工组织、安全管理、质量管理等全部管理内容，共12篇，59章，系统内17家单位参与手册编写工作。（李庆民）

【制定"十三五"勘察设计咨询规划】 2017年，根据中国铁建"十三五"发展战略规划总体部署，制定《中国铁建股份有限公司"十三五"勘察设计咨询规划》。（徐惠纯）

【发布勘察设计咨询产业升级发展指导意见】 2017年，为大力增强勘察设计咨询企业的核心竞争力，加快产业升级发展，发布《中国铁建股份有限公司关于加快勘察设计咨询产业升级发展的指导意见》。（徐惠纯）

【获省部级以上勘察设计奖239项】 2017年，中国铁建系统获得省部级（含）以上勘察设计咨询奖239项。其中，国际咨询奖5项；全国勘察设计奖8项；全国性行业奖138项；省级奖88项。（徐惠纯）

【中国铁建勘察设计咨询奖评选】 根据中国铁道建筑总公司《优秀工程勘察设计奖评选奖励办法》和《优秀工程咨询成果奖评选奖励办法（试行）》的有关规定和要求，评出2017年度中国铁建优秀工程勘察成果24项、优秀工程设计成果103项、优秀工程咨询成果38项。（徐惠纯）

【地理信息共享合作】 2017年，办理39批次91个项目的地理信息共享合作业务，为中国铁建所属设计院开展勘察设计咨询工作创造有利条件，提升勘察设计业务竞争力。（黄　宁）

【经济管理信息系统（勘察设计咨询模块）】 2017年，完成经济管理信息系统（勘察设计咨询模块）规划和业务需求编制。勘察设计咨询业务主要涉及经营管理、生产管理、勘察设计成本管理、咨询管理、监理管理5个方面，按照2个管理层级，梳理二级业务8项、各类事项86项、制度办法21份、基础表单68份、业务报表6个、绘制业务总流程和子流程15个。（徐惠纯）

【北京轨道建筑学会运行】 2017年，北京轨道建筑学会继续维持运行。一是以通讯方式召开第一届六次理事会，审议通过部分学会领导、会员单位、理事的调整。二是根据理事会决议取得新的学会法人登记证书。三是自觉接受政府部门和社会的监督管理，通过年度检查，取得AAA证书。四是继续开展学会活动，延续内容丰富、与其他科技社团联合组织活动的特点，全年组织参与学术活动5次。（李小和　王淑萍）

【创新成就展示】 为切实转变政府职能，更好服务企业、服务市场、服务广大铁路科技工作者，国家铁路局在2017年7月3日主办铁路科技创新工作大会。中国铁建总工程师雷升祥专程参会,12项成果在会议进行展示,2家企业在会议上进行交流发言并获得7个奖项。部门认真组织所属单位提供素材,组织专家研讨提升材料质量,请机关相关部门领导审核把关,报送的材料质量高、数量多,得到国家铁路局的认可和表扬,会后国家铁路局专门来信感谢中国铁建为大会圆满成功给予的大力支持。(李小和)

【获评最受欢迎展台】 2017年,国资委组织中央企业举办的"中央企业贯彻落实新发展理念、深入实施创新驱动发展战略、大力推动双创工作成就展"(简称"央企创新成就展"),7月初开始筹备,9月14日至11月17日集中展示党的十八大以来中央企业取得的重大创新成果和双创成效,得到国务院有关领导、各部门、各级政府和社会各界的一致肯定,产生较好的社会影响,树立中央企业坚持创新发展的良好形象。展览期间,中国铁建董事长、党委书记孟凤朝适时到现场迎接上级领导视察,总裁庄尚标、总工程师雷升祥开展前到现场指导展台布置和展示内容的修改完善。副总工程师王清明多次到现场组织布展和迎接上级领导视察。中国铁建选定最具创新性、科技内涵最高的科技成果为参展内容,精心选定展台方案,优选多种展示方式,展示效果好,得到各级领导的认可和观众的好评。国资委给予中国铁道建筑总公司通报表扬,中国铁建展台获评"最受欢迎展台"(101家央企展台有30个获评),股份公司科技设计部、中铁第四勘察设计院集团有限公司被授予"表现突出单位",12人被授予"表现突出个人"。(李小和 王淑萍)

【《轨道建筑》编辑出版】 2017年,在获得中国铁建政策支持基础上,经过学会处和编辑部的持续努力,《轨道建筑》采取优化栏目、封面改版、建立审稿专家库、特邀学会领导及知名专家撰稿、调整编委会委员、更换印刷单位等多项措施,并策划编发中国铁建科技创新成果特刊,在尽力提高会刊质量的前提下加快编发进度,打开新局面。(王淑萍)

中国铁建获第15届中国土木工程詹天佑奖情况

序号	获奖工程名称	获奖单位
1	宁波站工程	中铁建设集团有限公司、中铁十七局集团有限公司
2	新建杭州东站扩建工程站房及相关工程	中铁第四勘察设计院集团有限公司
3	宁波铁路枢纽新建北环线工程甬江特大桥工程	中铁第四勘察设计院集团有限公司
4	新建兰新铁路第二双线工程(新疆段)	中铁第一勘察设计院集团有限公司、中铁十二局集团有限公司、中铁二十一局集团有限公司、中铁二十局集团有限公司、中铁十六局集团有限公司、中国铁建电气化局集团有限公司、中国铁建大桥工程局集团有限公司
5	重庆至利川铁路工程	中铁十一局集团有限公司、中铁十八局集团有限公司、中铁十二局集团有限公司、中铁二十三局集团有限公司
6	青藏铁路新关角隧道	中铁第一勘察设计院集团有限公司、中铁十六局集团有限公司、中铁二十二局集团有限公司
7	南京市梅子洲过江通道连接线工程——青奥轴线地下交通系统及相关工程	中铁十四局集团有限公司、中铁十五局集团有限公司、中铁第四勘察设计院集团有限公司、中国铁建投资集团有限公司
8	阿尔及利亚东西高速公路工程	中国铁建股份有限公司、中国铁建国际集团有限公司、中铁十二局集团有限公司
9	上海市轨道交通12号线工程	中国铁建大桥工程局集团有限公司、中铁二十四局集团有限公司、中铁上海设计院集团有限公司、中国铁建电气化局集团有限公司
10	青岛市地铁3号线工程	中铁十七局集团有限公司、中铁十八局集团有限公司、中铁二十局集团有限公司

(制表:李庆民)

2017年度中国铁建获第6批全国建筑业绿色施工示范工程情况

序号	工程名称	承建单位
1	南开区育梁道(理工大学)地块项目(南区)育礼苑	中铁十八局集团有限公司
2	太原市妇幼保健院迁建工程	中铁十七局集团有限公司
3	涪秀二线铁路工程新圆梁山隧道	中铁十一局集团有限公司
4	广东省龙怀高速TJ34标段牛塘隧道	中铁十一局集团有限公司
5	昆明轨道交通5号线工程土建6标段	中铁二十局集团有限公司
6	西咸国际文化教育园棚户区改造(一期)施工项目4标段工程	中铁二十局集团有限公司
7	兰州新区职教园区商业综合配套一期工程	中铁二十局集团有限公司
8	新建蒙西至华中铁路煤运通道工程汾河特大桥	中铁十二局集团有限公司
9	石首长江公路大桥	中国铁建大桥工程局集团有限公司
10	重庆市快速路一横线歇马至蔡家段中梁山歇马隧道工程	中铁十四局集团有限公司
11	杭州市望江路过江隧道工程	中铁十四局集团有限公司
12	昆明轨道交通6号线二期工程菊华站至东部客运站区间工程	中铁十六局集团有限公司
13	包头市立体综合交通枢纽项目	中铁十七局集团有限公司
14	厦门第二西通道(海沧海底隧道)工程	中铁十八局集团有限公司
15	郑州航空港经济综合实验区(郑州新郑综合保税区)河东第七棚户区8标段	中铁十八局集团有限公司
16	贵安新区实验中学提升改造项目	中铁二十局集团有限公司
17	新建铁路玉溪至磨憨站前工程YMZQ-10标段石头寨隧道	中铁二十一局集团有限公司
18	盐城先锋国际广场三期酒店写字楼工程	中铁建设集团有限公司
19	北京新机场安置房项目(礼贤组团)1标段(0107地块)工程	中铁城建集团有限公司
20	银川绿地中心工程	中铁城建集团有限公司
21	昌赣客运专线CGZQ-8标段赣州赣江特大桥工程	中铁十六局集团有限公司
22	柳州站站房扩建工程	中铁建设集团有限公司

(制表:张立青)

中国铁建荣获第3届中国建设工程BIM大赛获奖情况

序号	项　目　名　称	获奖单位	获奖等级
一	**BIM卓越工程奖**		
1	万开周家坝—浦里快速通道工程BIM应用	十一局	一等奖
2	清华大学法律图书馆工程BIM综合应用	中铁建设	二等奖
3	中车·国际广场项目施工管理中的BIM技术应用	城建集团	二等奖
4	BIM技术在先锋国际大厦施工管理过程中的综合应用	中铁建设	三等奖
5	BIM技术在西城·西进时代中心项目施工管理中的应用	城建集团	三等奖
6	云桂铁路广南站站前广场及交通枢纽等配套设施项目BIM技术综合应用	城建集团	三等奖
7	BIM技术在超大型火车站建设中的应用	十二局	三等奖
8	成都市天府新区核心综合管廊BIM综合应用	中铁建设	三等奖
9	高速铁路预制梁场BIM技术集成化应用	二十一局	三等奖
10	兴业银行BIM综合应用	中铁建设	三等奖
二	**单项奖**		
1	BIM技术在银西高速铁路桥隧工程中的应用研究	铁一院	一等奖
2	用友南昌产业园二期工程BIM技术应用	中铁建设	二等奖
3	合肥城市轨道交通2号线8标段机电安装工程BIM技术应用	十二局	二等奖
4	BIM技术在徐盐高速铁路施工中的应用	十五局	二等奖
5	BIM技术在余信贵大桥施工阶段中的应用	二十四局	二等奖
6	BIM技术设计建造全球最大综合交通体——武汉光谷综合体	铁四院、十一局	二等奖
7	BIM技术在青岛地铁13号线灵山卫停车场工程中的应用	铁一院	二等奖
8	西安至成都客运专线电力及电气化BIM技术应用与研究	铁一院	三等奖
9	利山大厦二期公寓式酒店外立面装饰工程BIM技术应用	中铁建设	三等奖
10	基于云技术的BIM5D在武汉新港江北铁路举水河特大桥施工中的应用	二十一局	三等奖
11	蝶恋住宅项目BIM技术综合应用	城建集团	三等奖
12	BIM技术在成都地铁5号线土建2A标段项目施工管理中的运用	城建集团	三等奖
13	BIM技术在深圳外环高速公路红花岭隧道项目施工中的应用	二十三局	三等奖
14	BIM技术在青岛市地铁2号线一期工程辽阳东路车辆基地的综合应用	十一局	三等奖
15	BIM技术在铁路客运及场段建筑工程中的综合应用	铁一院	三等奖
16	BIM技术在京燕饭店项目中的综合应用	中铁建设	三等奖

（制表：张立青）

2017 年度中国铁建荣获省部级及以上科学技术进步奖情况

序号	获奖项目名称	奖励等级	授奖机关	获奖单位
1	复杂环境下高速铁路无缝线路关键技术及应用	一等奖	国务院	铁四院
2	高速铁路狮子洋水下隧道工程成套技术	二等奖	国务院	铁四院、十二局
3	锦屏二级超深埋特大引水隧洞发电工程关键技术	二等奖	国务院	十八局
4	戈壁大风区高速铁路防风关键技术研究与试验	特等奖	中国铁道学会	铁一院
5	高速铁路路基工程关键技术及应用	特等奖	中国铁道学会	铁一院、铁五院、十二局
6	复杂岩溶隧道安全绿色高效施工关键技术	一等奖	中国公路学会	十四局、十八局
7	高水压砂层中大直径盾构隧道控沉与防水关键技术	一等奖	天津市	十四局
8	高烈度区复杂地层条件茅坪山隧道稳定性控制技术研究	一等奖	河北省	十七局
9	大型桥隧快速检测损伤识别与全寿命风险控制技术及其应用	一等奖	天津市	十九局
10	深长隧道重大突涌水灾害预警与风险控制关键技术	一等奖	山东省	十九局
11	地下工程穿越快速铁路的创新技术及其应用	一等奖	上海市	二十四局
12	第三系富水弱胶结粉细砂岩隧道修建技术及应用	一等奖	甘肃省	铁一院、二十一局、十九局
13	钢—高性能混凝土组合与混合结构性能及设计理论体系研究与应用	一等奖	陕西省	铁一院
14	高海拔高水压特长关角隧道修建技术	一等奖	青海省	铁一院
15	高速铁路/城际铁路站台关键装备集成创新与应用	一等奖	湖北省	铁四院
16	高速铁路Ⅲ型板式无砟轨道建造一体化创新技术与应用	一等奖	湖北省	铁四院、十一局、二十三局
17	敏感环境约束下软弱岩(土)层隧道设计理论与安全防控技术	一等奖	湖北省	铁四院、十一局
18	铁路工程建设行业标准体系	一等奖	中国铁道学会	铁四院
19	高地应力软弱围岩喇叭式渐变收缩型小净距隧道施工技术	二等奖	中国铁道学会	十一局
20	重庆市地下工程地质环境保护技术综合研究及规范编制	二等奖	国土资源部	十一局
21	复杂条件下多区间盾构连续掘进施工关键技术研究	二等奖	山西省	十二局
22	沿海城市复杂环境盾构信息化智能反馈施工技术	二等奖	天津市	大桥局
23	复杂环境下异型深大基坑盖挖逆作综合技术研究及应用	二等奖	天津市	大桥局
24	大坡度长距离深埋富水含煤地层煤矿斜井 TBM 法建造关键技术	二等奖	天津市	大桥局、十一局、铁建重工、铁四院
25	富水砂卵石地层顶进大直径混凝土预制管施工技术及风险控制研究	二等奖	吉林省	大桥局
26	复杂条件下新建铁路站场高填深挖路基稳定性控制及绿色防护技术	二等奖	河北省	十四局、铁四院
27	长江下游江底大型隧道工程施工关键技术研究	二等奖	教育部	十四局
28	轨道交通预应力混凝土预制梁施工及验收标准	二等奖	陕西省	十五局
29	富水软弱断层破碎带隧道突水突泥机理及治理成套技术	二等奖	中国公路学会	十五局
30	隧道超深竖井节能快速成井技术	二等奖	河北省	十七局

续表

序号	获奖项目名称	奖励等级	授奖机关	获奖单位
31	高速铁路加筋土挡墙结构行为及施工技术研究	二等奖	山西省	十七局
32	铁路黄土边坡渐进破坏设计模型及其应用	二等奖	中国铁道学会	十七局
33	大跨上承式劲性骨架混凝土铁路拱桥施工关键技术研究	二等奖	天津市	十八局
34	东南沿海地区快速铁路特大桥综合施工技术研究	二等奖	甘肃省	二十一局
35	龙洞堡机场隧道修建关键技术研究与应用	二等奖	贵州省	二十一局
36	龙洞堡机场车站隧道修建关键技术研究及应用	二等奖	中国铁道学会	二十一局
37	强岩溶富水城市地铁瑞雷波检测技术研究与应用	二等奖	中国公路学会	二十四局
38	长大型箱涵顶进施工及其性态监测关键技术研究	二等奖	中国公路学会	二十四局
39	富水软弱地层高速铁路大断面城市隧道施工关键技术	二等奖	广西壮族自治区	二十四局
40	地铁隧道长期沉降预控与复位技术及其应用	二等奖	江苏省	二十四局
41	复杂环境深基础工程施工关键技术	二等奖	湖北省	中铁建设
42	高速铁路10千伏电力全电缆贯通线补偿投切技术仿真研究及应用	二等奖	中国铁道学会	电气化局
43	桥梁深水大直径变截面钻孔桩设计施工技术指南研究	二等奖	中国公路学会	港航局
44	铁路隧道防灾救援技术研究与应用	二等奖	中国铁道学会	铁一院、铁四院
45	富水粉砂不降水条件下桥涵下穿既有线顶进成套施工技术	二等奖	中国公路学会	铁一院
46	开放式环境下的知识管理及其应用研究	二等奖	陕西省	铁一院
47	西秦岭特长隧道建设成套技术及应用	二等奖	甘肃省	铁一院、十八局
48	宁安铁路安庆长江大桥桥梁轨道一体化综合监测系统	二等奖	中国铁道学会	铁四院
49	城际铁路设计规范	二等奖	中国铁道学会	铁四院
50	车载激光雷达测量技术在铁路测量中的应用研究	二等奖	中国铁道学会	铁四院
51	赣龙线高速铁路线间距等速度适应性试验	二等奖	中国铁道学会	铁四院
52	铁路牵引供电智能化技术装备创新及工程应用	二等奖	湖北省	铁四院
53	大功率电力机车检修基地工程及关键技术应用	二等奖	湖北省	铁四院
54	复杂环境下大型深基坑支撑梁爆破拆除关键技术及应用	二等奖	湖北省	铁四院
55	滨海强风软土地区超大跨度公路钢桁拱桥设计与施工新技术	二等奖	中国公路学会	铁四院
56	城市地下互通立交路线设计关键技术	二等奖	中国公路学会	铁四院
57	独塔斜拉桥转体设计与施工成套技术研究	二等奖	中国公路学会	铁五院
58	煤矿斜井全断面隧道掘进装备关键技术研制及应用	二等奖	湖南省	铁建重工
59	岩溶区大跨大吨位T型刚构桥转体法成桥关键技术	三等奖	湖北省	十一局
60	大断面软弱围岩隧道开挖方法和变形控制技术	三等奖	山西省	十二局

续表

序号	获奖项目名称	奖励等级	授奖机关	获奖单位
61	新建承德机场深孔台阶爆破优化与高填方稳定性控制关键技术	三等奖	山西省	十二局
62	高海拔寒区软弱围岩隧道快速施工技术	三等奖	中国公路学会	十二局
63	复杂地质条件下小断面特长隧道综合配套施工技术	三等奖	中国铁道学会	大桥局
64	轨道交通双U箱型复合变截面节段拼装梁的设计、施工关键技术的综合应用	三等奖	上海市	大桥局、二十三局
65	城市轨道交通工程渣土综合利用技术研究	三等奖	天津市	大桥局
66	长江漫滩大型地下交通枢纽施工关键技术研究	三等奖	中国公路学会	二十四局
67	复杂环境下地铁盾构区间建造技术及其风险管控	三等奖	江苏省	十四局
68	复杂条件下客运专线大跨度连续梁—拱桥及现浇道岔梁综合施工关键技术	三等奖	中国铁道学会	十六局
69	复杂条件下客运专线大跨度连续梁—拱桥及现浇岔梁综合施工关键技术	三等奖	河北省	十六局
70	沪昆客运专线CRTSI型双块式无砟轨道工具轨法施工关键技术研究	三等奖	山西省	十七局
71	空间双索面不对称三角异形钢拱桥施工技术	三等奖	中国公路学会	十七局
72	隧道掘进聚能水压光面爆破新技术	三等奖	天津市	十八局
73	大断面瓦斯隧道水力压裂快速揭煤施工技术研究与应用	三等奖	天津市	十八局
74	岩溶地质条件下高速铁路桥梁超长桩基施工检测及动力学验证关键技术	三等奖	河北省	十八局
75	大长细比空间斜跨钢拱桥施工关键技术研究	三等奖	中国公路学会	十八局
76	隧道掘进聚能水压光面爆破新技术	三等奖	中国公路学会	十八局
77	牡绥线第三系高压富水砂泥岩地层隧道技术研究	三等奖	中国铁道学会	十九局
78	特殊不良地层隧道安全保障技术研究	三等奖	中国公路学会	二十局
79	黄土路基工后增湿变形机理及工程对策研究	三等奖	甘肃省	二十一局、铁一院
80	甘肃干寒地区桥梁混凝土材料与结构耐久性及全寿命关键技术及应用	三等奖	甘肃省	二十一局
81	戈壁地区大风高温差高速铁路无砟轨道混凝土质量控制	三等奖	新疆维吾尔自治区	二十一局
82	新型柱板式空心高墩关键技术研究	三等奖	中国铁道学会	铁一院
83	城市群城际铁路网规划方法研究	三等奖	中国铁道学会	铁一院
84	铁路物流中心设计规范	三等奖	中国铁道学会	铁一院、铁四院
85	哈大客运专线大跨度钢箱叠拱桥关键技术研究	三等奖	陕西省	铁一院
86	复杂环境下交叠地铁车站综合技术研究	三等奖	陕西省	铁一院
87	深基坑开挖、降水及堆载等周边环境变化对运营高速铁路的影响研究	三等奖	中国铁道学会	铁四院
88	全风化花岗岩浅埋富水地层超大断面隧道修建技术	三等奖	中国铁道学会	铁四院
89	采空区注浆效果检测与评价方法研究及应用	三等奖	中国铁道学会	铁五院
90	YQC7000中心轴式预切槽机研制	三等奖	湖南省	铁建重工

（制表：程博华）

2017年度中国铁建荣获省部级以上工程勘察设计“四优”奖情况

序号	项目名称	完成单位	评选单位	奖励类别	获奖等级
1	兰新高速铁路	铁一院	国际咨询工程师联合会	FIDIC工程项目奖	杰出奖
2	广深港高速铁路福田站及相关工程	铁四院	国际咨询工程师联合会	FIDIC工程项目奖	优秀奖
3	杭州至长沙铁路客运专线	铁四院	国际咨询工程师联合会	FIDIC工程项目奖	优秀奖
4	扬州瘦西湖隧道	铁四院	国际咨询工程师联合会	FIDIC工程项目奖	优秀奖
5	深圳市福田站综合交通枢纽工程	铁四院	香港建筑师学会两岸四地建筑设计论坛	运输及基础建设项目奖	卓越奖
6	新建郑州至万州铁路可行性研究报告	铁四院	中国工程咨询协会	全国优秀工程咨询成果奖	一等奖
7	城市群城际铁路网规划方法研究	铁一院	中国工程咨询协会	全国优秀工程咨询成果奖	二等奖
8	新建铁路兰州至新疆铁路第二双线(新疆段)设计咨询	铁四院	中国工程咨询协会	全国优秀工程咨询成果奖	二等奖
9	武汉市轨道交通8号线二期工程可行性研究报告	铁四院	中国工程咨询协会	全国优秀工程咨询成果奖	三等奖
10	新建武汉至十堰铁路孝感至十堰段可行性研究报告	铁四院	中国工程咨询协会	全国优秀工程咨询成果奖	三等奖
11	西新线五〇四厂十字立交桥项目可行性研究报告	铁一院	中国工程咨询协会	全国优秀工程咨询成果奖	三等奖
12	新建铁路银川至西安线调整可行性研究	铁一院	中国工程咨询协会	全国优秀工程咨询成果奖	优秀奖
13	锦州港至白音华铁路扩能工程项目申请报告	铁五院	中国工程咨询协会	全国优秀工程咨询成果奖	优秀奖
14	西安地铁1号线一期工程总体设计	铁一院	中国勘察设计协会	全国优秀工程勘察设计行业奖	一等奖
15	北京地铁7号线工程	铁一院	中国勘察设计协会	全国优秀工程勘察设计行业奖	一等奖
16	南京地铁10号线工程	铁一院	中国勘察设计协会	全国优秀工程勘察设计行业奖	一等奖
17	兰新客运专线百里风区工程地质选线	铁一院	中国勘察设计协会	全国优秀工程勘察设计行业奖	一等奖
18	合福铁路武夷山越岭隧道群工程地质勘察	铁四院	中国勘察设计协会	全国优秀工程勘察设计行业奖	一等奖
19	杭长客运专线精密控制测量	铁四院	中国勘察设计协会	全国优秀工程勘察设计行业奖	一等奖
20	苏州火车站工程设计	铁四院	中国勘察设计协会	全国优秀工程勘察设计行业奖	一等奖
21	扬州瘦西湖隧道工程	铁四院	中国勘察设计协会	全国优秀工程勘察设计行业奖	一等奖
22	南京地铁3号线工程	铁四院	中国勘察设计协会	全国优秀工程勘察设计行业奖	一等奖
23	武汉轨道交通3号线一期工程总体设计	铁四院	中国勘察设计协会	全国优秀工程勘察设计行业奖	一等奖
24	南京地铁10号线工程	铁四院	中国勘察设计协会	全国优秀工程勘察设计行业奖	一等奖
25	京沪高速南京南站空调系统设计	铁四院	中国勘察设计协会	全国优秀工程勘察设计行业奖	一等奖
26	北京地铁7号线工程	铁五院	中国勘察设计协会	全国优秀工程勘察设计行业奖	一等奖
27	巴准线工程地质选线	铁五院	中国勘察设计协会	全国优秀工程勘察设计行业奖	一等奖

续表

序号	项目名称	完成单位	评选单位	奖励类别	获奖等级
28	山东邹城上跨京沪铁路立交桥（邹鲁大桥）建设工程	铁五院	中国勘察设计协会	全国优秀工程勘察设计行业奖	一等奖
29	拉日铁路雅鲁藏布江峡谷区地热地质勘察	铁一院	中国勘察设计协会	全国优秀工程勘察设计行业奖	二等奖
30	杭州钱江隧道及接线工程岩土工程勘察	铁四院	中国勘察设计协会	全国优秀工程勘察设计行业奖	二等奖
31	合福铁路精密控制测量	铁四院	中国勘察设计协会	全国优秀工程勘察设计行业奖	二等奖
32	无锡地铁1号线工程	铁四院	中国勘察设计协会	全国优秀工程勘察设计行业奖	二等奖
33	长沙市轨道交通2号线一期工程	铁四院	中国勘察设计协会	全国优秀工程勘察设计行业奖	二等奖
34	苏州市轨道交通2号线工程	铁四院	中国勘察设计协会	全国优秀工程勘察设计行业奖	二等奖
35	武汉市轨道交通4号线二期工程	铁四院	中国勘察设计协会	全国优秀工程勘察设计行业奖	二等奖
36	基于多源网络地理信息的铁路选线设计关键技术及其应用系统项目	铁四院	中国勘察设计协会	全国优秀工程勘察设计行业奖	二等奖
37	高速铁路及轨道交通车站设备全过程智能辅助设计系统	铁四院	中国勘察设计协会	全国优秀工程勘察设计行业奖	二等奖
38	南京宁天城际轨道交通工程大厂东至六合区政府区间及车站总体设计	铁一院	中国勘察设计协会	全国优秀工程勘察设计行业奖	三等奖
39	重庆轨道交通6号线一期工程通风空调、给排水及消防、气体灭火系统	铁一院	中国勘察设计协会	全国优秀工程勘察设计行业奖	三等奖
40	哈大客运专线长春西站房电气工程	铁一院	中国勘察设计协会	全国优秀工程勘察设计行业奖	三等奖
41	重庆地铁6号线二期五路口站单拱大跨车站及相邻区间设计	铁一院	中国勘察设计协会	全国优秀工程勘察设计行业奖	三等奖
42	北京地铁7号线双井站及广渠门外站至双井站区间工程设计	铁一院	中国勘察设计协会	全国优秀工程勘察设计行业奖	三等奖
43	重庆地铁6号线一期复杂环境暗挖车站（红土地、花卉园）设计	铁一院	中国勘察设计协会	全国优秀工程勘察设计行业奖	三等奖
44	哈大客运专线沈阳站房暖通设计	铁一院	中国勘察设计协会	全国优秀工程勘察设计行业奖	三等奖
45	黄韩侯铁路不良地质区域综合选线	铁一院	中国勘察设计协会	全国优秀工程勘察设计行业奖	三等奖
46	杭州至长沙铁路客运专线岩溶工程地质勘察	铁四院	中国勘察设计协会	全国优秀工程勘察设计行业奖	三等奖
47	济乐高速公路工程地质勘察	铁四院	中国勘察设计协会	全国优秀工程勘察设计行业奖	三等奖
48	金温扩能铁路穿越括苍山脉隧道群地质选线工程勘察	铁四院	中国勘察设计协会	全国优秀工程勘察设计行业奖	三等奖
49	珠海横琴澳门大学新校区海底隧道	铁四院	中国勘察设计协会	全国优秀工程勘察设计行业奖	三等奖
50	昆明轨道交通首期工程	铁四院	中国勘察设计协会	全国优秀工程勘察设计行业奖	三等奖
51	宁天城际轨道交通一期工程	铁四院	中国勘察设计协会	全国优秀工程勘察设计行业奖	三等奖
52	武汉轨道交通4号线一期工程	铁四院	中国勘察设计协会	全国优秀工程勘察设计行业奖	三等奖
53	武汉轨道交通2号线常青花园车辆段与综合基地	铁四院	中国勘察设计协会	全国优秀工程勘察设计行业奖	三等奖

续表

序号	项目名称	完成单位	评选单位	奖励类别	获奖等级
54	广深港客运专线福田站通风空调系统设计	铁四院	中国勘察设计协会	全国优秀工程勘察设计行业奖	三等奖
55	联锁表与列控进路信息表集成设计系统	铁四院	中国勘察设计协会	全国优秀工程勘察设计行业奖	三等奖
56	铁路站场设计系统	铁四院	中国勘察设计协会	全国优秀工程勘察设计行业奖	三等奖
57	轨道交通桥梁协同设计系统	铁四院	中国勘察设计协会	全国优秀工程勘察设计行业奖	三等奖
58	合福铁路客运专线精密控制测量工程	铁四院	中国测绘地理信息学会	全国优秀测绘工程奖	白金奖
59	贵广铁路精密测量控制工程	铁四院	中国测绘地理信息学会	全国优秀测绘工程奖	银奖
60	南京梅子洲过江通道连接线及接线工程隧道防排烟系统设计	铁四院	中国建筑学会	中国建筑设计奖(建筑防火)	设计奖
61	扬州瘦西湖隧道通风排烟设计	铁四院	中国建筑学会	中国建筑设计奖(建筑暖通)	设计奖
62	北京地铁15号线与5号线换乘大屯路东站改扩建工程	铁五院	中国冶金建设协会	冶金行业优秀工程设计奖	一等奖
63	东莞市虎门港沙田港区立沙岛作业区鸿源航空油品码头工程	港航局	中国水运建设行业协会	水运行业优秀工程设计奖	三等奖
64	北江(韶关至乌石)航道扩能升级工程工程可行性研究报告	港航局	中国水运建设行业协会	水运行业优秀工程咨询成果奖	二等奖
65	青藏铁路西宁至格尔木段增建二线关角隧道地质勘察	铁一院	国家铁路局	铁路优秀工程勘察设计奖	一等奖
66	新建拉萨至日喀则铁路雅鲁藏布江峡谷区综合地质选线	铁一院	国家铁路局	铁路优秀工程勘察设计奖	一等奖
67	南疆线吐鲁番至库尔勒段增建二线中天山隧道工程地质勘察	铁一院	国家铁路局	铁路优秀工程勘察设计奖	一等奖
68	新建大同至西安铁路太原南至西安段总体设计	铁一院	国家铁路局	铁路优秀工程勘察设计奖	一等奖
69	西宁站改造及相关工程设计	铁一院	国家铁路局	铁路优秀工程勘察设计奖	一等奖
70	南疆线吐鲁番至库尔勒段增建二线工程设计	铁一院	国家铁路局	铁路优秀工程勘察设计奖	一等奖
71	西安至宝鸡铁路客运专线工程设计	铁一院	国家铁路局	铁路优秀工程勘察设计奖	一等奖
72	青藏铁路西宁至格尔木段增建二线关角隧道设计	铁一院	国家铁路局	铁路优秀工程勘察设计奖	一等奖
73	新建铁路兰新第二双线信号系统工程设计	铁一院	国家铁路局	铁路优秀工程勘察设计奖	一等奖
74	哈大客运专线沈阳站站房及站台雨棚设计	铁一院	国家铁路局	铁路优秀工程勘察设计奖	一等奖
75	新建西安和谐型大功率机车检修段工程设计	铁一院	国家铁路局	铁路优秀工程勘察设计奖	一等奖
76	铁路站场设计系统	铁四院	国家铁路局	铁路优秀工程勘察设计奖	一等奖
77	联锁表与列控进路信息表集成设计系统	铁四院	国家铁路局	铁路优秀工程勘察设计奖	一等奖
78	车站设备全过程智能辅助设计系统	铁四院	国家铁路局	铁路优秀工程勘察设计奖	一等奖
79	超高速弓网受流系统动力学仿真软件	铁四院	国家铁路局	铁路优秀工程勘察设计奖	一等奖
80	杭州至长沙铁路客运专线岩溶工程地质勘察	铁四院	国家铁路局	铁路优秀工程勘察设计奖	一等奖

续表

序号	项目名称	完成单位	评选单位	奖励类别	获奖等级
81	杭州至长沙铁路客运专线精密控制测量	铁四院	国家铁路局	铁路优秀工程勘察设计奖	一等奖
82	合肥至福州铁路总体设计(不含铜陵公铁两用长江大桥)	铁四院	国家铁路局	铁路优秀工程勘察设计奖	一等奖
83	杭州至长沙铁路客运专线线路设计	铁四院	国家铁路局	铁路优秀工程勘察设计奖	一等奖
84	杭州至长沙铁路客运专线长沙南枢纽南西联络线特大桥设计	铁四院	国家铁路局	铁路优秀工程勘察设计奖	一等奖
85	宁波铁路枢纽北环线甬江特大桥设计	铁四院	国家铁路局	铁路优秀工程勘察设计奖	一等奖
86	杭州至长沙铁路客运专线路基工程系统设计	铁四院	国家铁路局	铁路优秀工程勘察设计奖	一等奖
87	杭州至长沙铁路客运专线通信信号信息防灾系统设计	铁四院	国家铁路局	铁路优秀工程勘察设计奖	一等奖
88	苏州火车站工程设计	铁四院	国家铁路局	铁路优秀工程勘察设计奖	一等奖
89	新建武汉高速铁路职业技能训练段工程设计	铁四院	国家铁路局	铁路优秀工程勘察设计奖	一等奖
90	巴准线工程地质选线	铁五院	国家铁路局	铁路优秀工程勘察设计奖	一等奖
91	《铁路无砟轨道板(枕)预制场平面布置图》标准	铁五院	国家铁路局	铁路优秀工程勘察设计奖	一等奖
92	西安至安康铁路增建第二线工程设计	铁一院	国家铁路局	铁路优秀工程勘察设计奖	二等奖
93	新建拉萨至日喀则铁路年楚河特大桥设计	铁一院	国家铁路局	铁路优秀工程勘察设计奖	二等奖
94	新建拉萨至日喀则铁路雅鲁藏布江峡谷区高烈度桥梁群设计	铁一院	国家铁路局	铁路优秀工程勘察设计奖	二等奖
95	新建拉萨至日喀则铁路隧道内燃牵引运营通风体系设计	铁一院	国家铁路局	铁路优秀工程勘察设计奖	二等奖
96	新建大同至西安铁路马家庄隧道设计	铁一院	国家铁路局	铁路优秀工程勘察设计奖	二等奖
97	新建拉萨至日喀则铁路路基工程综合设计	铁一院	国家铁路局	铁路优秀工程勘察设计奖	二等奖
98	新建拉萨至日喀则铁路给排水设计	铁一院	国家铁路局	铁路优秀工程勘察设计奖	二等奖
99	新建铁路兰州至重庆线(兰州枢纽)通信网(含有线、无线)设计	铁一院	国家铁路局	铁路优秀工程勘察设计奖	二等奖
100	轨道桥梁工程量处理及协同管理系统	铁四院	国家铁路局	铁路优秀工程勘察设计奖	二等奖
101	合福铁路闽赣段工程地质勘察	铁四院	国家铁路局	铁路优秀工程勘察设计奖	二等奖
102	新建贵阳至广州铁路贺州至广州段线路设计	铁四院	国家铁路局	铁路优秀工程勘察设计奖	二等奖
103	新建厦门至深圳铁路站场设计	铁四院	国家铁路局	铁路优秀工程勘察设计奖	二等奖
104	杭州至长沙铁路客运专线轨道工程设计	铁四院	国家铁路局	铁路优秀工程勘察设计奖	二等奖
105	新建贵阳至广州铁路东平水道特大桥设计	铁四院	国家铁路局	铁路优秀工程勘察设计奖	二等奖
106	佛山西站跨桂丹路四线铁路160米钢管混凝土刚架系杆拱—钢箱连续梁组合桥设计	铁四院	国家铁路局	铁路优秀工程勘察设计奖	二等奖
107	新建贵阳至广州铁路贺州至广州段特殊路基工程设计	铁四院	国家铁路局	铁路优秀工程勘察设计奖	二等奖

续表

序号	项目名称	完成单位	评选单位	奖励类别	获奖等级
108	新建贵阳至广州铁路通信信号信息防灾系统设计	铁四院	国家铁路局	铁路优秀工程勘察设计奖	二等奖
109	广州客运专线基础设施维修基地工程设计	铁四院	国家铁路局	铁路优秀工程勘察设计奖	二等奖
110	大面积人工填海路基地基处理设计	铁五院	国家铁路局	铁路优秀工程勘察设计奖	二等奖
111	新建长沙至昆明铁路客运专线贵阳东站设计	铁五院	国家铁路局	铁路优秀工程勘察设计奖	二等奖
112	新建大同至西安铁路通信、信号、信息系统工程设计	铁一院	国家铁路局	铁路优秀工程勘察设计奖	三等奖
113	哈大客运专线长春车站改扩建工程设计	铁一院	国家铁路局	铁路优秀工程勘察设计奖	三等奖
114	乌鲁木齐新客站客车整备所工程设计	铁一院	国家铁路局	铁路优秀工程勘察设计奖	三等奖
115	兰州枢纽小金沟超高填土大孔径拱涵设计	铁一院	国家铁路局	铁路优秀工程勘察设计奖	三等奖
116	新建大同至西安铁路联络左线特大桥设计	铁一院	国家铁路局	铁路优秀工程勘察设计奖	三等奖
117	西平铁路永寿梁特长隧道设计	铁一院	国家铁路局	铁路优秀工程勘察设计奖	三等奖
118	新建铁路兰新第二双线大坂山特长隧道设计	铁一院	国家铁路局	铁路优秀工程勘察设计奖	三等奖
119	新建铁路兰新第二双线达坂城隧道设计	铁一院	国家铁路局	铁路优秀工程勘察设计奖	三等奖
120	新建大同至西安铁路运城至西安段路基综合设计	铁一院	国家铁路局	铁路优秀工程勘察设计奖	三等奖
121	新建拉萨至日喀则铁路电力工程设计	铁一院	国家铁路局	铁路优秀工程勘察设计奖	三等奖
122	新建拉萨至日喀则铁路通信、信号、信息系统工程设计	铁一院	国家铁路局	铁路优秀工程勘察设计奖	三等奖
123	新建大同至西安铁路渭洛河特大桥工程地质勘察	铁一院	国家铁路局	铁路优秀工程勘察设计奖	三等奖
124	新建大同至西安铁路晋陕黄河特大桥工程地质勘察	铁一院	国家铁路局	铁路优秀工程勘察设计奖	三等奖
125	铁路桥梁辅助设计系统	铁一院	国家铁路局	铁路优秀工程勘察设计奖	三等奖
126	铁路建设项目地理信息系统	铁一院	国家铁路局	铁路优秀工程勘察设计奖	三等奖
127	铁路工程地质信息管理与应用系统	铁一院	国家铁路局	铁路优秀工程勘察设计奖	三等奖
128	铁路客货运输径路比较查询系统开发	铁四院	国家铁路局	铁路优秀工程勘察设计奖	三等奖
129	混凝土箱梁辅助设计及绘图管理系统	铁四院	国家铁路局	铁路优秀工程勘察设计奖	三等奖
130	新建贵阳至广州铁路贺州至广州段工程勘察	铁四院	国家铁路局	铁路优秀工程勘察设计奖	三等奖
131	汉宜铁路精密控制测量	铁四院	国家铁路局	铁路优秀工程勘察设计奖	三等奖
132	新建厦门至深圳铁路榕江特大桥工程地质勘察	铁四院	国家铁路局	铁路优秀工程勘察设计奖	三等奖
133	新建厦门至深圳铁路线路设计	铁四院	国家铁路局	铁路优秀工程勘察设计奖	三等奖
134	武汉至咸宁城际铁路总体设计	铁四院	国家铁路局	铁路优秀工程勘察设计奖	三等奖

续表

序号	项目名称	完成单位	评选单位	奖励类别	获奖等级
135	杭州至长沙铁路客运专线引入长沙南站疏解区及武广场改造设计	铁四院	国家铁路局	铁路优秀工程勘察设计奖	三等奖
136	武汉至黄石城际铁路轨道工程设计	铁四院	国家铁路局	铁路优秀工程勘察设计奖	三等奖
137	武黄城际余家湾上行特大桥设计	铁四院	国家铁路局	铁路优秀工程勘察设计奖	三等奖
138	郑开城际铁路郑州特大桥设计	铁四院	国家铁路局	铁路优秀工程勘察设计奖	三等奖
139	新建厦门至深圳铁路 DK318、DK333、DK493 路基工程地基处理设计	铁四院	国家铁路局	铁路优秀工程勘察设计奖	三等奖
140	杭州至长沙铁路客运专线牵引供电及电力供电系统设计	铁四院	国家铁路局	铁路优秀工程勘察设计奖	三等奖
141	新建厦门至深圳铁路牵引供电及电力供电系统设计	铁四院	国家铁路局	铁路优秀工程勘察设计奖	三等奖
142	杭州至长沙铁路客运专线环保工程设计	铁四院	国家铁路局	铁路优秀工程勘察设计奖	三等奖
143	新建德保至靖西铁路岩溶工程地质勘察	铁五院	国家铁路局	铁路优秀工程勘察设计奖	三等奖
144	新建衡茶吉铁路云阳山隧道工程地质勘察	铁五院	国家铁路局	铁路优秀工程勘察设计奖	三等奖
145	新建铁路衡茶吉线信号系统工程设计	铁五院	国家铁路局	铁路优秀工程勘察设计奖	三等奖
146	准池铁路大沙沟特大桥设计	铁五院	国家铁路局	铁路优秀工程勘察设计奖	三等奖
147	准池铁路朔州隧道工程设计	铁五院	国家铁路局	铁路优秀工程勘察设计奖	三等奖
148	神朔铁路万吨列车扩能改造工程朱盖塔车站信号工程设计	铁五院	国家铁路局	铁路优秀工程勘察设计奖	三等奖
149	新建石家庄至武汉客运专线新乡东站设计	铁五院	国家铁路局	铁路优秀工程勘察设计奖	三等奖
150	新建铁路阜阳至六安线总体设计	上海院	国家铁路局	铁路优秀工程勘察设计奖	三等奖
151	宁波北站及货场搬迁工程	上海院	国家铁路局	铁路优秀工程勘察设计奖	三等奖
152	兰新客运专线大风区桥梁防风工程设计	铁一院	陕西省勘察设计协会	陕西省优秀工程勘察设计奖	一等奖
153	拉日铁路盆因拉隧道设计	铁一院	陕西省勘察设计协会	陕西省优秀工程勘察设计奖	一等奖
154	宝兰客运专线兰州枢纽四电工程设计	铁一院	陕西省勘察设计协会	陕西省优秀工程勘察设计奖	一等奖
155	乌兹别克斯坦铁路电气化改造通信信号工程设计	铁一院	陕西省勘察设计协会	陕西省优秀工程勘察设计奖	一等奖
156	黄韩侯铁路不良地质区域综合选线	铁一院	陕西省勘察设计协会	陕西省优秀工程勘察设计奖	一等奖
157	西宁站房客服信息系统设计	铁一院	陕西省勘察设计协会	陕西省优秀工程勘察设计奖	一等奖
158	重庆地铁 6 号线一期轨道工程设计	铁一院	陕西省勘察设计协会	陕西省优秀工程勘察设计奖	一等奖
159	西安地铁 1 号线环控系统设计	铁一院	陕西省勘察设计协会	陕西省优秀工程勘察设计奖	一等奖
160	重庆地铁 6 号线二期五路口站单拱大跨车站及相邻区间设计	铁一院	陕西省勘察设计协会	陕西省优秀工程勘察设计奖	一等奖

续表

序号	项目名称	完成单位	评选单位	奖励类别	获奖等级
161	北京地铁7号线双井站及广渠门外站至双井站区间工程设计	铁一院	陕西省勘察设计协会	陕西省优秀工程勘察设计奖	一等奖
162	重庆地铁6号线二期工程刘家坪高架车站设计	铁一院	陕西省勘察设计协会	陕西省优秀工程勘察设计奖	一等奖
163	重庆地铁6号线一期复杂环境暗挖车站(红土地、花卉园)设计	铁一院	陕西省勘察设计协会	陕西省优秀工程勘察设计奖	一等奖
164	西安地铁1号线一期工程总体设计	铁一院	陕西省勘察设计协会	陕西省优秀工程勘察设计奖	一等奖
165	西宁站改及相关工程——西宁站站房及站台雨棚	铁一院	陕西省勘察设计协会	陕西省优秀工程勘察设计奖	一等奖
166	兰新客运专线嘉峪关长城段无砟轨道减振结构设计	铁一院	陕西省勘察设计协会	陕西省优秀工程勘察设计奖	二等奖
167	南疆吐库二线风区桥梁整体式挡风结构设计	铁一院	陕西省勘察设计协会	陕西省优秀工程勘察设计奖	二等奖
168	兰新客运专线西宁跨兰西高速公路特大桥设计	铁一院	陕西省勘察设计协会	陕西省优秀工程勘察设计奖	二等奖
169	兰新客运专线西宁隧道设计	铁一院	陕西省勘察设计协会	陕西省优秀工程勘察设计奖	二等奖
170	兰新客运专线新疆段信息、防灾工程设计	铁一院	陕西省勘察设计协会	陕西省优秀工程勘察设计奖	二等奖
171	拉日铁路DK44+380.00—DK44+870.00段加筋土挡土墙工程设计	铁一院	陕西省勘察设计协会	陕西省优秀工程勘察设计奖	二等奖
172	哈大客运专线长春西站房电气工程	铁一院	陕西省勘察设计协会	陕西省优秀工程勘察设计奖	二等奖
173	重庆轨道交通6号线一期工程通风空调、给排水及消防、气体灭火系统	铁一院	陕西省勘察设计协会	陕西省优秀工程勘察设计奖	二等奖
174	成都地铁2号线(东延线)膨胀土地层条件下区间隧道与相邻车站工程设计	铁一院	陕西省勘察设计协会	陕西省优秀工程勘察设计奖	二等奖
175	南京宁天城际轨道交通工程大厂东至六合区政府区间及车站总体设计	铁一院	陕西省勘察设计协会	陕西省优秀工程勘察设计奖	二等奖
176	兰新客运专线无砟轨道工程设计	铁一院	陕西省勘察设计协会	陕西省优秀工程勘察设计奖	三等奖
177	拉日铁路风沙路基设计	铁一院	陕西省勘察设计协会	陕西省优秀工程勘察设计奖	三等奖
178	兰新客运专线强风区风沙路基试验段设计	铁一院	陕西省勘察设计协会	陕西省优秀工程勘察设计奖	三等奖
179	兰新客运专线祁连山越岭段隧道群设计	铁一院	陕西省勘察设计协会	陕西省优秀工程勘察设计奖	三等奖
180	拉日铁路吉沃希嘎隧道设计	铁一院	陕西省勘察设计协会	陕西省优秀工程勘察设计奖	三等奖
181	黄韩侯北塬隧道工程地质勘察	铁一院	陕西省勘察设计协会	陕西省优秀工程勘察设计奖	三等奖
182	西安地铁1号线纺织城站电气工程	铁一院	陕西省勘察设计协会	陕西省优秀工程勘察设计奖	三等奖
183	广州市轨道交通6号线工程通信系统设计	铁一院	陕西省勘察设计协会	陕西省优秀工程勘察设计奖	三等奖
184	大西客运专线运西段电力电气化设计	铁一院	陕西省勘察设计协会	陕西省优秀工程勘察设计奖	三等奖
185	重庆市轨道交通6号线二期(茶园站、邱家湾站、长生桥站)设计	铁一院	陕西省勘察设计协会	陕西省优秀工程勘察设计奖	三等奖
186	重庆地铁6号线二期北碚段复合式TBM区间设计	铁一院	陕西省勘察设计协会	陕西省优秀工程勘察设计奖	三等奖

续表

序号	项目名称	完成单位	评选单位	奖励类别	获奖等级
187	南京地铁10号线BIM管线综合设计	铁一院	陕西省勘察设计协会	陕西省优秀工程勘察设计奖	三等奖
188	长沙磁浮工程设计	铁四院	湖南省勘察设计协会	湖南省优秀工程勘察设计奖	一等奖
189	石长铁路增建二线工程石膏矿采空区工程地质勘察	铁四院	湖南省勘察设计协会	湖南省优秀工程勘察设计奖	二等奖
190	长沙南至黄花机场磁浮快线精密控制测量工程	铁四院	湖南省勘察设计协会	湖南省优秀工程勘察设计奖	二等奖
191	长沙市轨道交通1号线一期工程尚双塘车辆段	铁四院	湖南省勘察设计协会	湖南省优秀工程勘察设计奖	二等奖
192	杭长客运专线引入长沙枢纽工程设计	铁四院	湖南省勘察设计协会	湖南省优秀工程勘察设计奖	二等奖
193	长沙市轨道2号线西延一期工程轨道系统	铁四院	湖南省勘察设计协会	湖南省优秀工程勘察设计奖	三等奖
194	长沙市轨道交通1号线一期工程侯家塘站	铁四院	湖南省勘察设计协会	湖南省优秀工程勘察设计奖	三等奖
195	石长增建二线湘江特大桥	铁四院	湖南省勘察设计协会	湖南省优秀工程勘察设计奖	三等奖
196	昆明轨道交通首期工程地质勘察	铁四院	云南省住房和城乡建设厅	云南省优秀工程勘察设计奖	二等奖
197	金温扩能铁路穿越括苍山脉隧道群地质选线工程勘察	铁四院	湖北省勘察设计协会	湖北省优秀工程勘察设计行业奖	一等奖
198	赣龙铁路扩能改造工程精密控制测量	铁四院	湖北省勘察设计协会	湖北省优秀工程勘察设计行业奖	一等奖
199	武汉轨道交通3号线一期工程总体设计	铁四院	湖北省勘察设计协会	湖北省优秀工程勘察设计行业奖	一等奖
200	赣瑞龙铁路煤层瓦斯隧道群采空区工程地质勘察	铁四院	湖北省勘察设计协会	湖北省优秀工程勘察设计行业奖	二等奖
201	广深港客运专线福田站通风空调系统设计	铁四院	湖北省勘察设计协会	湖北省优秀工程勘察设计行业奖	二等奖
202	广深港客运专线福田站给排水及消防系统设计	铁四院	湖北省勘察设计协会	湖北省优秀工程勘察设计行业奖	二等奖
203	麻城至竹溪高速公路宜城至保康段高家坪隧道工程地质勘察	铁四院	湖北省勘察设计协会	湖北省优秀工程勘察设计行业奖	三等奖
204	麻城至竹溪高速公路宜城至保康段工程测量	铁四院	湖北省勘察设计协会	湖北省优秀工程勘察设计行业奖	三等奖
205	包茂高速公路怀化至通道(湘桂界)公路第一合同段工程地质勘察	铁四院	湖北省勘察设计协会	湖北省优秀工程勘察设计行业奖	三等奖
206	新建合肥至福州铁路黄山北站建筑结构设计	铁四院	湖北省勘察设计协会	湖北省优秀工程勘察设计行业奖	三等奖
207	哈尔滨市进乡街高架桥工程跨铁路立交桥	铁五院	黑龙江省住房和城乡建设厅	黑龙江省优秀工程勘察设计奖	一等奖
208	漠河站房及配套新建工程	铁五院	黑龙江省住房和城乡建设厅	黑龙江省优秀工程勘察设计奖	三等奖
209	北京地铁7号线工程	铁五院	北京市勘察设计协会	北京市优秀工程勘察设计奖	一等奖
210	上海市轨道交通11号线北段工程	上海院	上海市勘察设计行业协会	上海市优秀工程勘察设计奖	一等奖
211	上海市轨道交通12号线总体设计	上海院	上海市勘察设计行业协会	上海市优秀工程勘察设计奖	一等奖
212	杭申线航道整治沪昆线园泄泾特大桥改造工程	上海院	上海市勘察设计行业协会	上海市优秀工程勘察设计奖	二等奖
213	宁启铁路复线提速工程地质勘察	上海院	上海市勘察设计行业协会	上海市优秀工程勘察设计奖	三等奖
214	新建铁路淮北至萧县北客车联络线工程精密控制测量	上海院	上海市勘察设计行业协会	上海市优秀工程勘察设计奖	三等奖

续表

序号	项目名称	完成单位	评选单位	奖励类别	获奖等级
215	上铁芜湖 III 型轨道板生产基地（一期）	上海院	上海市勘察设计行业协会	上海市优秀工程勘察设计奖	三等奖
216	南昌市轨道交通 1 号线一期工程	上海院	江西省建设工程勘察设计协会	江西省优秀工程勘察设计行业奖	一等奖
217	湛江港30万吨级航道改扩建工程可行性研究阶段测量	港航局	广东省工程勘察设计行业协会	广东省优秀工程勘察设计奖	三等奖
218	东莞市虎门港沙田港区立沙岛作业区鸿源航空油品码头工程	港航局	广东省工程勘察设计行业协会	广东省优秀工程勘察设计奖	三等奖
219	兰州市崔家大滩土地一级开发项目道路工程项目申请报告	铁一院	甘肃省工程咨询协会	甘肃省优秀工程咨询成果奖	一等奖
220	天水市城市轨道交通线网规划	铁一院	甘肃省工程咨询协会	甘肃省优秀工程咨询成果奖	一等奖
221	八里窑隧道维修改造工程可行性研究报告	铁一院	甘肃省工程咨询协会	甘肃省优秀工程咨询成果奖	二等奖
222	兰州新区铁路口岸集装箱装卸线工程	铁一院	甘肃省工程咨询协会	甘肃省优秀工程咨询成果奖	二等奖
223	新建铁路国电宁夏方家庄电厂铁路专用线可行性研究	铁一院	甘肃省工程咨询协会	甘肃省优秀工程咨询成果奖	二等奖
224	兰州市城区可利用空间建设停车场项目建议书	铁一院	甘肃省工程咨询协会	甘肃省优秀工程咨询成果奖	三等奖
225	新建铁路朱家窑至中川线社会稳定风险评估报告	铁一院	甘肃省工程咨询协会	甘肃省优秀工程咨询成果奖	三等奖
226	金属期货西北交割库铁路专用线可行性研究	铁一院	甘肃省工程咨询协会	甘肃省优秀工程咨询成果奖	三等奖
227	新建徐州至淮安至盐城铁路可行性研究报告	铁五院	北京市工程咨询协会	北京市优秀工程咨询成果奖	一等奖
228	新建蒙西至华中地区铁路煤运通道岳阳至吉安段站前工程评估报告	铁五院	北京市工程咨询协会	北京市优秀工程咨询成果奖	二等奖
229	京开高速（魏永路—西黄垡桥段）主、辅路拓宽改造工程可研评估报告	铁五院	北京市工程咨询协会	北京市优秀工程咨询成果奖	三等奖
230	新建铁路中卫至兰州客运专线地质灾害危险性评估报告	铁五院	北京市工程咨询协会	北京市优秀工程咨询成果奖	三等奖
231	南京至高淳城际轨道禄口机场至溧水段工程可行性研究	上海院	上海市工程咨询行业协会	上海市优秀工程咨询成果奖	一等奖
232	南昌市轨道交通 3 号线工程环境影响报告书	上海院	上海市工程咨询行业协会	上海市优秀工程咨询成果奖	一等奖
233	新建阜阳至六安铁路勘察设计后评估报告	上海院	上海市工程咨询行业协会	上海市优秀工程咨询成果奖	二等奖
234	三墩铁路土地开发项目——杭州西部铁路文化风情街可行性研究报告	上海院	上海市工程咨询行业协会	上海市优秀工程咨询成果奖	二等奖
235	义乌西铁路货场扩建工程（现代物流）可行性研究	上海院	上海市工程咨询行业协会	上海市优秀工程咨询成果奖	三等奖
236	义乌西铁路货场扩建工程节能评估报告书	上海院	上海市工程咨询行业协会	上海市优秀工程咨询成果奖	三等奖
237	赣州经济技术开发区天骄中学建筑规划设计	上海院	上海市工程咨询行业协会	上海市优秀工程咨询成果奖	三等奖
238	保通北斗卫星凤阳科技园项目规划咨询	上海院	上海市工程咨询行业协会	上海市优秀工程咨询成果奖	三等奖
239	新建铁路赞比亚奇帕塔至佩塔乌凯至塞伦杰铁路预可行性研究	中土集团	福建省工程咨询协会	福建省优秀工程咨询成果奖	二等奖

（制表：徐惠纯）

2017年度中国铁建系统获得省部级工法目录

序号	工　法　名　称	开发单位	认定机构
1	利用岔心技术实现既有铁路快速拨接施工工法	十一局	国家铁路局
2	CRTSⅢ型无砟轨道板自密实混凝土侧面单边灌注施工工法	十一局	国家铁路局
3	连续运行参考站(CORS站)施工工法	十二局	国家铁路局
4	CRTSⅢ型板式道岔铺设施工工法	十二局	国家铁路局
5	小半径超宽轨距火箭垂直转运轨道精密测量施工工法	十二局	国家铁路局
6	繁忙铁路干线上插铺42号道岔施工工法	十四局	国家铁路局
7	客运专线隧道内42号高速道岔施工工法	十七局	国家铁路局
8	高速铁路板式无砟轨道42号道岔精调工法	十七局	国家铁路局
9	既有线有砟轨道路基扩能改造为无砟轨道整体道床施工工法	十八局	国家铁路局
10	CRTSⅢ型板式无砟轨道底座板施工工法	十八局	国家铁路局
11	大风干旱大温差戈壁环境下无砟轨道高性能混凝土施工工法	二十一局	国家铁路局
12	铁路深厚松软盐渍土地区螺杆桩施工工法	二十一局	国家铁路局
13	移动沙丘地区旋挖钻钢护筒跟进干法成孔施工工法	十一局	国家铁路局
14	132米钢桁梁三线立交横移架设施工工法	十一局	国家铁路局
15	利用900吨架桥机改造架设450吨并置箱梁施工工法	十一局	国家铁路局
16	跨营业线钢混结构门式墩钢梁分体安装施工工法	十一局	国家铁路局
17	提梁机配合流动式架桥机提梁施工工法	十一局	国家铁路局
18	跨高速铁路营业线天桥吊装施工工法	十一局	国家铁路局
19	上跨营业线有限场地大吨位钢桁梁移动吊装施工工法	十二局	国家铁路局
20	铁路T梁连续设声屏障地段整体移动模架现浇桥面板施工工法	十二局	国家铁路局
21	吊车更换既有线桥梁施工工法	十二局	国家铁路局
22	大吨位预制箱梁移、运一体化施工工法	十二局	国家铁路局
23	定向钻孔回拖HDPE管下穿既有铁路施工工法	十二局	国家铁路局
24	DF550单线架桥机标准跨施工工法	十五局	国家铁路局
25	复杂条件下大跨度连续梁—拱桥先梁后拱施工工法	十六局	国家铁路局
26	梁柱式支架配合滑移式侧模现浇多榀并排简支梁施工工法	十六局	国家铁路局
27	戈壁大风区高性能混凝土保温保湿养护施工工法	十六局	国家铁路局
28	上下同宽花篮形0号块异形悬臂梁挂篮快速施工工法	十六局	国家铁路局
29	钢管拱拱肋高支架原位拼装施工工法	十六局	国家铁路局
30	黄河流凌河段桥梁深水基础施工工法	十七局	国家铁路局
31	硬岩地层无振动组合取芯桩基成孔施工工法	十七局	国家铁路局
32	铁路客运专线TLJ900吨架桥机低位调头施工工法	十八局	国家铁路局
33	大跨度拱桥钢筋混凝土拱圈斜拉扣挂加分环分段组合施工工法	十八局	国家铁路局

续表

序号	工　法　名　称	开发单位	认定机构
34	预应力混凝土梁双孔同步穿棒施工工法	十九局	国家铁路局
35	混凝土连续梁—钢桁组合结构下节点板安装调试支架施工工法	二十一局	国家铁路局
36	砼—钢桁组合结构中钢桁拼装施工工法	二十一局	国家铁路局
37	新疆高温差地区连续箱梁转体施工工法	二十一局	国家铁路局
38	两联连续梁间节段拼装梁施工工法	二十一局	国家铁路局
39	平原架桥机架设桥隧相连地段 900 吨双线整孔箱梁施工工法	二十一局	国家铁路局
40	新型 T 梁声屏障后浇翼缘板模板支架体系施工工法	二十一局	国家铁路局
41	四线客运专线三拱肋系杆拱连续梁空间曲面拱脚施工工法	二十二局	国家铁路局
42	四线客运专线单箱四室连续梁 6 片主桁架挂篮设计施工工法	二十二局	国家铁路局
43	软土地区高速铁路特大桥桥墩纠偏施工工法	二十四局	国家铁路局
44	墩顶转体法施工连续梁可重复使用球铰施工工法	二十五局	国家铁路局
45	跨大型铁路电气化站场纵移 1 米—168 米系杆拱桥施工工法	二十五局	国家铁路局
46	石质河床急流深水地段双壁钢围堰施工工法	二十五局	国家铁路局
47	富水隧道综合防排水系统施工工法	十一局	国家铁路局
48	严寒地区隧道衬砌防排水防冻融冻胀施工工法	十一局	国家铁路局
49	隧道宽幅防水板、二衬钢筋综合台车法施工工法	十一局	国家铁路局
50	复杂环境下盾构钢套筒接收施工工法	十一局	国家铁路局
51	高地应力软弱围岩喇叭式渐变收缩型小净距隧道施工工法	十一局	国家铁路局
52	特长隧道洞内 K 字形双交叉导线控制网施工工法	十二局	国家铁路局
53	铅垂仪 + 智能全站仪深竖井逆向坐标传递投点施工工法	十二局	国家铁路局
54	陀螺仪 + 铅垂仪 + 全站仪 + GPS 联合定向深竖井及洞内控制测量施工工法	十二局	国家铁路局
55	隧道施工网络数字化实时围岩监控量测施工工法	十二局	国家铁路局
56	帽檐斜切式隧道洞门椭圆轮廓线测设定位施工工法	十二局	国家铁路局
57	逆向推导曲线坐标放样施工工法	十二局	国家铁路局
58	膨胀性黄土隧道“桥式”大锁脚施工工法	十四局	国家铁路局
59	膨胀岩土地质顺层偏压软弱围岩隧道施工工法	十四局	国家铁路局
60	大直径盾构连续侧穿多种建(构)筑物安全控制施工工法	十六局	国家铁路局
61	全套管拔除柱排式钻孔灌注桩施工工法	十六局	国家铁路局
62	铁路隧道基底隐伏岩溶处理工法	十六局	国家铁路局
63	超大断面渐变段隧道导坑超前施工工法	十七局	国家铁路局
64	新建铁路小净距上跨运营铁路隧道加固施工工法	十七局	国家铁路局
65	隧道水沟电缆槽自动液压成型模施工工法	十七局	国家铁路局
66	桩筏结构穿越隧道隐伏串珠型溶洞施工工法	十七局	国家铁路局

续表

序号	工　法　名　称	开发单位	认定机构
67	铁路隧道钢拱架机械辅助安装施工工法	十八局	国家铁路局
68	隧道断层破碎带铣挖法开挖施工工法	十九局	国家铁路局
69	可溶岩中隧道初支局部堵水注浆施工工法	十九局	国家铁路局
70	高速铁路大断面隧道穿越碎屑流地层施工工法	二十局	国家铁路局
71	T76S 高强度自钻式管棚超前支护工法	二十局	国家铁路局
72	黄土地区土石分界富水隧道施工工法	二十局	国家铁路局
73	隧道新型仰拱弧形钢模板施工工法	二十局	国家铁路局
74	薄层破碎岩石地层中大倾角扶梯通道反向暗挖施工工法	二十一局	国家铁路局
75	浅埋薄层破碎硬质岩石地层中道岔区“两小扩一大”隧道暗挖施工工法	二十一局	国家铁路局
76	高温差大风隧道 CRTSI 型双块式无砟轨道施工工法	二十一局	国家铁路局
77	复杂交通环境下城市轨道隧道下穿立交桥基础施工工法	二十一局	国家铁路局
78	软岩大变形隧道初期支护钢拱架纵向锁定工法	二十二局	国家铁路局
79	长大隧道软弱围岩交叉口弧形导坑快速施工工法	二十二局	国家铁路局
80	特长铁路隧道长距离独头通风施工工法	二十三局	国家铁路局
81	铁路隧道穿越充填泥沙溶腔施工工法	二十五局	国家铁路局
82	滑移支座式大跨度阳光板幕墙施工工法	十七局	国家铁路局
83	超大跨度平板结构钢网架屋架整体提升施工工法	二十一局	国家铁路局
84	多向可调节柔性连接式石材施工工法	中铁建设	国家铁路局
85	超大跨度悬挑弧形钢结构施工工法	中铁建设	国家铁路局
86	钻孔泥浆无害处理施工工法	中铁建设	国家铁路局
87	高速铁路站房十字转箱形钢柱转换节点施工工法	中铁建设	国家铁路局
88	高速铁路车站高大空间雨棚重型灯具施工工法	中铁建设	国家铁路局
89	超低净空既有线跨线桥接触网施工工法	十一局	国家铁路局
90	四线制自动闭塞 64D 半自闭过渡施工工法	十六局	国家铁路局
91	营业线接触网承力索更换改进施工工法	电气化局	国家铁路局
92	27.5 千伏接触网刚性悬挂膨胀接头安装工法	电气化局	国家铁路局
93	隧道多孔式打孔及精确植栓施工工法	电气化局	国家铁路局
94	电气化铁路隧道内接触网加强线改正馈线施工工法	电气化局	国家铁路局
95	牵引变电所接地网利用长效复合高导接地体降阻施工工法	电气化局	国家铁路局
96	高速铁路接触网 N18 无交叉线岔安装调整工法	电气化局	国家铁路局
97	大跨度、大重量偏心斜靠式系杆拱桥浮拖施工工法	十二局	公路局
98	无塔架缆索吊装箱形拱桥施工工法	十二局	公路局
99	连续梁 0 号块托架活动式反拉加载预压施工工法	十二局	公路局

续表

序号	工　法　名　称	开发单位	认定机构
100	特大跨度极不对称大吨位钢管拱桥转体测控施工工法	十八局	公路局
101	大吨位转体拱桥拱座上盘砂箱组合全砂底模施工工法	十八局	公路局
102	双肢柔性 Y 型桥墩施工工法	十九局	公路局
103	大跨斜拉桥大斜度高塔施工工法	十六局	公路局
104	大跨度栓焊结合桁架式钢管拱制造工法	十五局	公路局
105	钢桁梁小间距下穿城市高架的快速安装工法	十五局	公路局
106	跨既有线铁路预应力混凝土连续梁转体桥施工工法	十八局	公路局
107	深水急流裸露基岩钢栈桥施工工法	十八局	公路局
108	T 型刚构 0 号、1 号块托架反向预应力张拉预压施工工法	十八局	公路局
109	外径 4.8 米涵管穿越高速铁路顶进施工工法	十八局	公路局
110	大跨度斜交框构涵穿越无缝线路顶进施工工法	十八局	公路局
111	恶劣海况条件下桥梁深水桩基裸岩海床覆盖层再造施工工法	港航局	公路局
112	城市地下隧道交叉口小净距及大断面施工工法	十六局	公路局
113	盾构空推不拼管片过矿山法成型隧道施工工法	十六局	公路局
114	大断面软弱地层隧道三台阶四步交错法施工工法	十九局	公路局
115	富水圆砾地层泥水盾构短套筒密闭接收施工工法	十六局	公路局
116	隧道掘进聚能水压光面爆破新技术施工工法	十八局	公路局
117	隧道侧沟和电缆槽浇筑全自动液压台车快速施工工法	十九局	公路局
118	富水岩溶隧道基底深埋中心管沟施工工法	十八局	公路局
119	浅埋暗挖 PBA 工法初支扣拱开挖面积调整施工工法	十八局	公路局
120	大断面瓦斯隧道快速揭煤施工工法	十八局	公路局
121	开敞式 TBM 快速转场施工工法	十八局	公路局
122	湖底隧道聚脲防水涂层施工工法	十六局	公路局
123	O 型预制块挡墙施工工法	十二局	公路局
124	吹填地区大管径深埋排水管道施工工法	十八局	公路局
125	高含水量超软土水泥土地下连续墙施工工法	十四局	公路局
126	D 型钢便梁小车纵移施工工法	十一局	公路局
127	大跨度 U 型梁预制架设施工工法	十四局	公路局
128	深基坑高压旋喷桩接缝止水施工工法	十一局	江西省
129	长大斜井竖向坡度急剧变化段 TBM 控制施工工法	十一局	重庆市
130	长距离大坡度斜井壁后填充施工工法	十一局	重庆市
131	盾构机近距离侧穿初支状态下暗挖隧道施工工法	十一局	河南省
132	大坡度混凝土屋面施工工法	十二局	山西省

续表

序号	工　法　名　称	开发单位	认定机构
133	大跨度弧形钢桁架屋盖分区整体提升施工工法	十二局	山西省
134	有约束碾压粉细砂填料路基施工工法	十二局	山西省
135	高原隧道弥散式供氧施工工法	十二局	山西省
136	上行式移动模架提升挂梁过门式墩制梁施工工法	十二局	山西省
137	PJ900/32 架桥机横向同步滑移大吨位钢桁梁过隧施工工法	十二局	山西省
138	通航孔大跨度整体提升式栈桥施工工法	十二局	山西省
139	地下连续墙成槽机复合刷壁施工工法	十二局	山西省
140	侧挂式强制对中装置控制隧道测量施工工法	十二局	山西省
141	陡坡有轨斜井平板车系统施工工法	十二局	山西省
142	既有地铁车站内部结构综合破除施工工法	十二局	山西省
143	可液化地层大开口率刀盘盾构施工工法	十二局	山西省
144	全站仪特殊位置点设站定位悬高点平面坐标及高程测量工法	十二局	山西省
145	路基水沟滑模施工工法	十二局	山西省
146	高塑性改良土集中预拌路拌法施工工法	十二局	山西省
147	大断面富水砂砾土地层隧道下穿滑坡体零位移控制施工工法	十二局	山西省
148	浅埋大断面极软岩隧道下穿构筑物微扰动施工工法	十二局	山西省
149	复杂环境黄土地层裸露拱盖法施工工法	十二局	山西省
150	邻近营业线布袋注浆桩施工工法	十二局	山西省
151	第四系强富水圆砾土地层深大竖井施工工法	十二局	山西省
152	WE－SC900H 运架一体机快速变跨施工工法	十二局	山西省
153	凝灰岩隧道穿越高压强富水断层施工工法	十二局	山西省
154	瓦斯隧道多阶段通风施工工法	十二局	山西省
155	承压水软土小半径曲线盾构近接施工工法	十二局	山西省
156	短竖井盾构隧道控制测量施工工法	十二局	山西省
157	既有线路堑挖孔桩出渣施工工法	十二局	山西省
158	高地应力强膨胀性泥灰岩隧道掘进施工工法	十二局	山西省
159	U 型断面薄壳渡槽槽身现浇快速施工工法	十二局	山西省
160	轻型液压强夯机压实路基过渡段施工工法	十二局	山西省
161	连续梁 0 号块托架活动式反拉加载预压施工工法	十二局	山西省
162	建筑垃圾再生料路基填筑施工工法	十二局	山西省
163	浅埋偏压软岩隧道半明拱进洞施工工法	十二局	山西省
164	钢筋混凝土拱桥拱圈先浇盖板法施工工法	十二局	山西省
165	O 型预制块挡墙施工工法	十二局	山西省

续表

序号	工　法　名　称	开发单位	认定机构
166	地铁刚性接触网无轨施工工法	十二局	山西省
167	智能检测仪调整接触网参数施工工法	十二局	山西省
168	接触网超拉架设施工工法	十二局	山西省
169	旋转钻机配合套管钻头拔桩施工工法	十二局	山西省
170	大管径 PCCP 管内拉法安装施工工法	十二局	山西省
171	高压气冲法湿桩桩头快速清理施工工法	大桥局	天津市
172	台风区公铁两用跨海桥变跨双孔连做造桥机施工工法	大桥局	天津市
173	台风区深海裸岩钻孔平台施工工法	大桥局	天津市
174	无背索斜拉桥和异形拱桥协作体系主塔施工工法	大桥局	辽宁省
175	速凝水泥膏浆帷幕止水钢—混围堰施工工法	大桥局	辽宁省
176	超厚粉细砂地层长大钻孔灌注桩施工工法	大桥局	辽宁省
177	浅海(码头)便捷式浮箱快速爆破技术平台施工工法	大桥局	辽宁省
178	坚硬岩层钢板桩围堰施工工法	大桥局	辽宁省
179	空心墩封顶施工工法	大桥局	辽宁省
180	扩底桩施工工法	大桥局	辽宁省
181	桥梁桩基临近既有地铁线施工工法	大桥局	辽宁省
182	隧道液态二氧化碳致裂爆破施工工法	大桥局	辽宁省
183	微沉降泡沫轻质土路基施工工法	大桥局	辽宁省
184	硬岩地层旋挖钻结合潜孔钻施工钻孔桩施工工法	大桥局	辽宁省
185	不良地质双线隧道中导坑先行后扩挖施工工法	大桥局	黑龙江省
186	小断面特长铁路隧道富水断层段施工工法	大桥局	黑龙江省
187	隧道穿富水断层段帷幕注浆施工工法	大桥局	黑龙江省
188	高速铁路轨枕埋入式无砟道岔精调调整施工工法	大桥局	黑龙江省
189	高速铁路轨枕埋入式无砟道岔现场组装施工工法	大桥局	黑龙江省
190	沿海地区公铁两用大桥双孔连做造桥机施工工法	大桥局	黑龙江省
191	复杂海域高墩铁路 40.7 米简支箱梁上承式移动模架施工工法	大桥局	黑龙江省
192	既有道路两侧钢板桩支护深埋管线施工工法	大桥局	黑龙江省
193	桥梁两侧污排过河管线施工工法	大桥局	黑龙江省
194	大跨浅埋地铁隧道侧穿高速公路路堤施工工法	大桥局	黑龙江省
195	大跨超浅埋地铁隧道近距离下穿公路交通涵施工工法	大桥局	黑龙江省
196	复杂地质浅埋隧道 CRD 法与管棚加固组合施工工法	大桥局	黑龙江省
197	黄河水库库区复杂地质条件下桥梁深水基础双壁钢围堰施工工法	大桥局	黑龙江省
198	三门峡黄河公铁两用大桥复杂地质超长大径变截面钻孔桩施工工法	大桥局	黑龙江省

续表

序号	工法名称	开发单位	认定机构
199	高层斜屋面脚手架平台施工工法	十四局	山东省
200	钢桁梁拖拉顶推施工工法	十四局	山东省
201	跳跃式刚柔结合拱架支护施工工法	十四局	山东省
202	大跨度连续钢桁梁多点同步顶推施工工法	十四局	山东省
203	上跨立交桥整体同步顶升改造施工工法	十四局	山东省
204	陕南典型千枚岩地质下浅埋偏压隧道施工工法	十四局	山东省
205	悬灌连续梁快速施工工法	十四局	山东省
206	既有高速铁路微扰动整治路基变形施工工法	十四局	山东省
207	繁忙铁路干线上插铺42号道岔施工工法	十四局	山东省
208	城际铁路轨道交通工程U型梁提运架施工工法	十四局	山东省
209	免止浆墙分段扫孔后退式控制性注浆施工工法	十四局	山东省
210	盾构隧道混凝土管片智能化控制机组流水生产工法	十四局	山东省
211	斜拉桥异形索塔液压自爬模施工工法	十四局	山东省
212	高含水量超软土水泥土地下连续墙施工工法	十四局	山东省
213	高含水量超软土箱型多室现浇框架隧道施工工法	十四局	山东省
214	DF550单线架桥机标准跨施工工法	十五局	河南省
215	大断面单箱多室鱼腹式现浇连续箱梁施工工法	十六局	浙江省
216	混凝土工程透水模板布施工工法	十六局	浙江省
217	桥梁工程液压式墩身钢筋加工施工工法	十六局	浙江省
218	新型桩基础钢筋辅笼加工施工工法	十六局	浙江省
219	地下管线保护“横抬纵挑”施工工法	十七局	福建省
220	超长全玻玻璃幕墙安装施工工法	十七局	山西省
221	强透水砂卵石层深水桥梁施工工法	十七局	山西省
222	客运专线桥梁偏压位移后加固复位施工工法	十七局	山西省
223	浅埋粉细砂层隧道变断面过渡转换施工工法	十七局	山西省
224	浅埋粉细砂层双侧壁临时支撑跳割拆除分段回顶施工工法	十七局	山西省
225	大跨度预应力混凝土连续箱梁墩顶转体施工工法	十七局	山西省
226	砂质新黄土隧道微台阶开挖施工工法	十七局	山西省
227	严寒地区隧道中心深埋水管施工工法	十七局	山西省
228	隧道土工膜袋注浆施工工法	十七局	山西省
229	铁路繁忙干线富水软土层地道超长顶进施工工法	十七局	山西省
230	新建铁路填料缺乏地区基床底层B组料包边C组料施工工法	十七局	山西省
231	地铁暗挖区间渡线段导坑超前施工工法	十七局	山西省

续表

序号	工　法　名　称	开发单位	认定机构
232	富水砂卵石地层衡盾泥压气盾构开仓施工工法	十七局	山西省
233	城市轨道钢弹簧浮置板道床散铺施工工法	十七局	山西省
234	库区大卵石覆盖层桥梁深水基础施工工法	十七局	山西省
235	利用自制平板车协同单车整体组立拉 V 塔施工工法	十七局	山西省
236	通信基站天馈线系统施工工法	十七局	山西省
237	吹填地区大管径深埋排水管道施工工法	十八局	天津市
238	运营线上大跨度异型钢结构整体牵引滑移施工工法	十八局	天津市
239	隧道掘进聚能水压光面爆破新技术施工工法	十八局	天津市
240	变断面隧道衬砌台车改装施工工法	十八局	天津市
241	大吨位转体拱桥拱座上盘砂箱组合全砂底模施工工法	十八局	天津市
242	上承式钢管拱桥钢混结合梁顶推施工工法	十八局	天津市
243	高速铁路路基无砟轨道防排水封闭层施工工法	十九局	辽宁省
244	轨枕埋入式无砟道岔铺设施工工法	十九局	辽宁省
245	深厚软土层中分层沉降观测仪器的减沉安装工法	十九局	辽宁省
246	高架站现浇简支箱梁组合支架整体平移施工工法	十九局	辽宁省
247	长大隧道交叉口处快速施工工法	十九局	辽宁省
248	大面积吹填造陆滩涂淤泥地基真空排水联合堆载预压固结施工工法	十九局	辽宁省
249	大断面软弱地层隧道三台阶四步交错施工工法	十九局	辽宁省
250	CFG 桩帽无扰动施工工法	十九局	辽宁省
251	即有地铁车站内部结构综合破除施工工法	十九局	辽宁省
252	凿岩台车施作隧道交叉口快速施工工法	十九局	辽宁省
253	双肢柔性 Y 型桥墩施工工法	十九局	辽宁省
254	锁扣管幕顶进施工工法	十九局	辽宁省
255	城市地铁暗挖区间悬臂掘进机施工工法	十九局	辽宁省
256	地铁明挖车站结构大型钢模板台车施工工法	十九局	辽宁省
257	双套管步履式桩机静拔清桩施工工法	十九局	辽宁省
258	悬臂钢排架 BRT 车站长距离整体迁移施工法	十九局	辽宁省
259	狭窄横通道内盾构施工工法	十九局	辽宁省
260	特殊不良地层破碎岩体双线隧道横洞进正洞挑顶施工工法	二十局	陕西省
261	穿越煤系地层隧道无轨运输主动防爆施工工法	二十局	陕西省
262	大断面隧道穿越软岩地层施工工法	二十局	陕西省
263	强涌水碎裂岩体隧道大变形控制与换拱施工工法	二十局	陕西省
264	富水上卵石下红砂岩地质围护结构治水施工工法	二十局	陕西省

续表

序号	工　法　名　称	开发单位	认定机构
265	大跨度、大重量偏心斜靠式系杆拱桥浮拖施工工法	二十局	陕西省
266	上跨既有线桥梁整组拆除与安装快速施工工法	二十局	陕西省
267	气盾坝坝体段施工工法	二十局	陕西省
268	长距离大管径钢制雨水波纹管施工工法	二十局	陕西省
269	建筑垃圾分类及其路基填筑施工工法	二十局	陕西省
270	空间曲面肋梁混合结构复合式金属幕墙安装施工工法	二十局	陕西省
271	寒旱环境条件下铁路立交特大桥连续梁转体结构施工工法	二十一局	甘肃省
272	两联连续梁间节段拼装梁施工工法	二十一局	甘肃省
273	既有铁路站改封闭点内道岔整组更换施工工法	二十一局	甘肃省
274	西北地区铁路桥梁减震榫安装施工工法	二十一局	甘肃省
275	衬砌钢端模定位中埋式止水带施工工法	二十一局	青海省
276	新 T 梁声屏障后浇翼缘板施工工法	二十一局	陕西省
277	动水砂卵石地质钢护筒埋设施工工法	二十二局	福建省
278	紧邻既有线垂直边坡开挖施工工法	二十二局	福建省
279	隧道二次衬砌带模注浆施工工法	二十二局	福建省
280	预制空心板梁整体抽拉钢内模施工工法	二十二局	福建省
281	复杂环境下斜跨营业线箱梁钢管贝雷梁支架拆除施工工法	二十二局	福建省
282	中低速磁浮轨道梁预制施工工法	二十三局	四川省
283	特长隧道强富水断层带纵向分台阶帷幕注浆施工工法	二十三局	四川省
284	嘉陵江大桥土石围堰防渗施工工法	二十三局	四川省
285	泡沫轻质土施工工法	二十三局	四川省
286	交叉渡线整体插铺施工工法	二十三局	四川省
287	单线铁路隧道换底施工线路架空施工工法	二十三局	四川省
288	轨道设备逻辑检查及地线双 C 压接施工工法	二十三局	四川省
289	滇西红层填料高填方路基施工工法	二十三局	四川省
290	既有铁路电化区段狭窄地域换铺道岔施工工法	二十三局	四川省
291	铁路棚洞式现浇槽型梁施工工法	二十三局	四川省
292	“一串二”先张 U 梁大吨位张拉施工工法	二十三局	四川省
293	装配式桥梁预制空心桥墩安装施工工法	二十四局	安徽省
294	离心成型预制空心桥墩制作施工工法	二十四局	安徽省
295	装配式钢筋混凝土桥面板预制安装施工工法	二十四局	安徽省
296	曲线小半径地段大跨度斜交框架桥纵挑横抬梁支点转换法顶进施工工法	二十五局	广西壮族自治区
297	深水裸露斜岩异型双壁钢围堰施工工法	二十五局	广西壮族自治区

续表

序号	工　法　名　称	开发单位	认定机构
298	锚桩在隧道洞身段穿过泥石流堆积体中控制变形的施工工法	二十五局	广东省
299	高速铁路特长隧道可移动式照明作业平台施工工法	二十五局	广东省
300	可重复利用一体化 PVC 套管施工工法	中铁建设	河南省
301	墙体内暗装塑料管道预留施工工法	中铁建设	河南省
302	外墙螺栓洞封堵施工工法	中铁建设	山西省
303	大跨度钢桁架吊装施工工法	中铁建设	山西省
304	后砌墙管线混凝土预制套管施工工法	中铁建设	山西省
305	定型圆弧梁模板施工工法	中铁建设	山西省
306	可拆卸式主体预埋套管施工工法	中铁建设	山西省
307	悬挑斜撑型钢混凝土构件施工工法	中铁建设	山西省
308	建筑外用无平台施工电梯安装技术施工工法	中铁建设	山西省
309	曲面结构 NALC 隔墙板安装施工工法	中铁建设	山西省
310	铁路牵引变压器局部放电交接性试验工法	电气化局	山西省
311	地铁隧道信号机可调支架安装工法	电气化局	山西省
312	客运专线隧道内信号轨旁设备支架式安装工法	电气化局	山西省
313	分区所 AT 改造利用接触网故障切除装置过渡施工工法	电气化局	山西省
314	10 千伏配电所改造利用移动配电所过渡施工工法	电气化局	山西省
315	利用自制三角架组立 H 型钢柱施工工法	电气化局	山西省
316	利用自制爬架进行漏缆吊夹打眼施工工法	电气化局	山西省
317	长距离复杂地形通信管道铺设工法	电气化局	山西省
318	房屋建筑墙体伸缩缝可拆除模板施工工法	城建集团	湖南省
319	地下半逆作工程中正逆交接处后浇带施工工法	城建集团	湖南省
320	GRC 免拆模板在异形截面混凝土拱柱施工中的应用	城建集团	湖南省
321	轻钢肋膜网中空水泥隔墙施工工法	城建集团	湖南省
322	型钢混凝土结构转换层施工工法	城建集团	湖南省
323	大跨度大直径钢管拱混凝土浇筑施工工法	城建集团	湖南省
324	钻孔灌注桩后压浆改进施工工法	城建集团	湖南省
325	饰面清水混凝土外墙施工工法	城建集团	山西省
326	底座可调式综合支吊架施工工法	城建集团	山西省
327	带负荷状态下厂房型钢柱局部截面减小改造施工工法	城建集团	山西省
328	预应力承压型囊式扩体锚索施工工法	城建集团	山西省
329	钢筋混凝土梁与 PK 预应力叠合板整体浇筑施工工法	城建集团	山西省
330	超高大直径灌注桩气举反循环清孔工法	城建集团	山西省

续表

序号	工　法　名　称	开发单位	认定机构
331	旋挖灌注桩超长空桩施工质量控制施工工法	城建集团	山西省
332	地下车库无电智能照明系统施工工法	城建集团	山西省
333	高速铁路双线圆端形实体墩快捷施工工法	城建集团	湖南省
334	暗挖五层通道跨既有隧道双向分层施工工法	城建集团	湖南省
335	人工挖孔桩砼护壁悬吊模板施工工法	城建集团	天津市
336	超深大直径灌注桩气举反循环清孔工法	城建集团	山西省

（制表：李庆民）

2017年度中国铁建科技成果通过省部级鉴定（评审）情况

序号	项　目　名　称	完成单位	鉴定（评审）机构	成果评价
1	隧道衬砌缺陷防治成套技术	十一局	湖北省技术交易所	国际领先
2	城市桥梁模块化预制组拼技术研究	十一局	中国土木工程学会	国际领先
3	煤矿长距离斜井TBM掘进技术与装备	十一局	湖北省技术交易所	国际领先
4	城市TBM小曲线半径双井吊装始发施工技术	十一局	重庆市城乡建设委员会	国内领先
5	大埋深斜井盾构地下扩大洞室完好拆解施工技术	十一局	重庆市城乡建设委员会	国内领先
6	基于BIM的地下综合管廊预制拼装施工关键技术	十一局	重庆市城乡建设委员会	国内领先
7	临近既有病害隧道的安全施工技术	十一局	重庆市城乡建设委员会	国内先进
8	竖曲线不等跨混凝土连续梁建造及顶推关键技术	十二局	北京市住房与城乡建设委员会	国际先进
9	高地应力强膨胀性软弱围岩隧道修建关键技术	十二局	北京市住房与城乡建设委员会	国际先进
10	大断面软弱围岩偏压大变形铁路隧道控制技术研究	十二局	中国公路建设行业协会	国内领先
11	煤矿长距离斜井TBM掘进技术及装备	大桥局	湖北技术交易所	国际领先
12	沿海城市复杂环境盾构信息化智能反馈施工技术	大桥局	天津市高新技术成果转化中心	国际先进
13	大坡度长距离深埋富水含煤地层煤矿斜井TBM法建造关键技术	大桥局	天津市高新技术成果转化中心	国际领先
14	复杂环境下异形深大基坑盖挖逆作综合技术研究及应用	大桥局	天津市高新技术成果转化中心	国际先进
15	城市轨道交通工程渣土综合利用技术研究	大桥局	天津市高新技术成果转化中心	国内领先
16	装配整体式混凝土结构综合施工技术	十四局	山东省住房和城乡建设厅	国内领先
17	高空大跨度多层钢结构连廊综合施工技术	十四局	山东省住房和城乡建设厅	国内领先
18	严寒地区城市地铁装配式车站施工关键技术研究	十四局	中国岩石力学与工程学会	国际领先
19	深厚软土地铁车站深基坑施工变形控制关键技术	十四局	中国岩石力学与工程学会	国际先进
20	复杂环境地质条件下长大隧道安全绿色施工关键技术研究	十四局	中国岩石力学与工程学会	国际先进
21	强透水、大粒径卵石地层土压、泥水盾构组合穿越黄河综合施工技术	十四局	中国岩石力学与工程学会	国际领先

续表

序号	项 目 名 称	完成单位	鉴定(评审)机构	成果评价
22	和榆高速公路云山隧道超长隧道综合施工技术研究	十五局	中科合创(北京)科技成果评价中心	国内领先
23	杭黄铁路峰高岭隧道两线变三线截面施工技术研究	十五局	中科合创(北京)科技成果评价中心	国内领先
24	城市浅埋暗挖大跨度连拱隧道综合施工技术研究	十五局	中科合创(北京)科技成果评价中心	国内领先
25	干湿循环环境下典型土体软化模型及其对工程安全的影响评估研究	十五局	天津市高新技术成果转化中心	国内领先
26	乌鲁木齐集装箱中心站既有线箱形桥桥式盾构顶进施工技术应用研究	十五局	中科合创(北京)科技成果评价中心	国际先进
27	城市复杂环境下特大断面隧道钻爆法原位扩建施工的关键技术研究	十五局	上海市土木工程协会	国际先进
28	陡峭峡谷大跨度栓焊结合钢管拱桥关键施工技术研究	十五局	上海市土木工程协会	国内先进
29	绿色高性能混凝土材料性能和品质提升技术	十五局	辽宁省科学技术厅	通过验收
30	高海拔复杂环境特长隧道施工技术研究	十五局	四川省科技厅	通过验收
31	岩溶库区深水高墩大跨连续刚构桥高效施工技术	十七局	河北省科技成果转化服务中心	国际先进
32	复杂地质条件下铁路高瓦斯隧道施工技术	十七局	河北省科技成果转化服务中心	国际先进
33	CRTSⅢ型板式无砟轨道综合施工技术及配套装备深化研究	十七局	山西省科学技术厅	国际先进
34	软弱地质条件下长距离小净距盾构法重叠隧道施工技术	十八局	天津市高新技术成果转化中心	国际先进
35	隧道围岩松动圈确定方法及应用研究	十八局	天津市高新技术成果转化中心	国际先进
36	近邻铁路且既有地铁站下富水地层内盾构接收关键技术研究	十八局	天津市高新技术成果转化中心	国际先进
37	球形网架钢结构屋架抗爆抗震技术研究	十八局	天津市高新技术成果转化中心	国内领先
38	龙洞堡机场车站隧道修建关键技术研究与应用	二十一局	中国土木工程学会	国际领先
39	干寒大风地区混凝土防风结构力学性能研究及工程应用	二十一局	新疆维吾尔自治区科技成果管理办公室	国内领先
40	戈壁地区大风高温差高速铁路无砟轨道混凝土质量控制技术	二十一局	新疆维吾尔自治区科技成果管理办公室	国内领先
41	强岩溶富水城市地铁瑞雷波检测技术研究与应用	二十四局	中国公路学会	国际先进
42	城市强岩溶富水地铁隧道悬臂掘进机施工关键技术研究	二十四局	中国公路学会	国际先进
43	锚桩在隧道洞身段穿过泥石流堆积体中控制变形的施工技术	二十五局	广东省土木建筑学会	国内领先
44	有砟轨道大坡度长轨铺设施工技术研究	二十五局	广东省土木建筑学会	国内领先
45	深水裸露斜岩异型双壁钢围堰施工技术	二十五局	广东省土木建筑学会	国内领先
46	动车组运行故障动态图像检测系统(TEDS)施工技术研究与应用	二十五局	广东省土木建筑学会	国内先进
47	高速铁路特长隧道可移动式照明作业平台及其应用方法的研究	二十五局	广东省土木建筑学会	国内先进
48	恶劣海况与复杂地质条件下跨越海峡公铁两用桥深水基础施工关键技术研究	港航局	中国水运建设行业协会	国际先进
49	新型水下无封底混凝土钢混组合吊箱围堰关键技术研究	港航局	中国水运建设行业协会	国际领先
50	超大型绞吸挖泥船关键技术研究	港航局	中国水运建设行业协会	国内领先

续表

序号	项　目　名　称	完成单位	鉴定(评审)机构	成果评价
51	沿海软基大砂袋围堰稳定破坏机理与应用研究	港航局	中国水运建设行业协会	国内领先
52	超大型商业综合体设计与施工关键技术研究	城建集团	河北省住房和城乡建设厅	国际先进
53	高层钢结构混凝土自承式钢筋桁架楼承板可拆卸底模施工技术	城建集团	湖南思龙科技评估有限公司	国际先进
54	ZJM4200 护盾式掘锚机	铁建重工	湖南省机械工业协会	国际领先
55	全断面隧道掘进机刀盘刀具磨损检测技术研究及应用	铁建重工	湖南省机械工业协会	国际先进
56	城市地下互通立交路线设计关键技术	铁四院	中国公路学会	总体国际先进,部分国际领先
57	单点控制交叉口交通组织与信号配时互动优化设计方法	铁四院	中国公路学会	国内领先
58	城区膨胀性黄土地层浅埋大跨隧道关键技术研究	铁四院	中国公路学会	国际先进
59	CSM－1 吨型铁路信号集中监测系统的开发研制	上海院	上海市土木工程协会	国内先进
60	铁路物流仓库关键技术研究	上海院	上海市土木工程协会	国内领先
61	非传统折板式杆件结构技术研究	上海院	上海市土木工程协会	国内领先
62	岩土工程勘察技术优化应用研究及相关设备研发	上海院	上海市土木工程协会	国内领先
63	BIM 技术在铁路预制梁场设计中的应用	上海院	上海市土木工程协会	国内领先
64	大跨度简支槽型梁系杆拱桥关键技术研究	上海院	中国铁路总公司	国际先进

(制表:程博华)

2017 年度中国铁建获得发明专利授权目录

序号	专　利　名　称	权属单位
1	一种用于桥梁小净空现浇梁的施工方法	十一局
2	一种隧道救援顶管机及其施工方法	十一局
3	一种现浇箱梁移动模板	十一局
4	一种钢轨病害接头原位焊施工工艺	十一局
5	一种磁悬浮轨道铺设的位置控制系统和位置控制方法	十一局
6	一种轨排调节装置	十一局
7	一种用于磁悬浮轨道的安装系统和安装方法	十一局
8	一种作用于轨枕的吊具	十一局
9	一种推送式磁浮轨排运输车	十一局
10	一种嵌入式塑性搅拌桩加固地下连续墙槽壁施工方法	十一局
11	一种岩溶桩基抗震测试实验装置的制作方法	十一局
12	一种基于小型振动台模型的岩溶桩基抗震测试实验方法	十一局
13	一种轻型小曲线节段拼装架桥机	十一局

续表

序号	专　利　名　称	权属单位
14	高速铁路接触网整体吊弦预制平台	十一局
15	有吊板梁的地铁车站侧墙外包防水施工方法	十一局
16	一种渡槽结构在随机荷载作用下的减震控制方法	十二局
17	纵向地震动输入下大型渡槽减震半主动控制装置及方法	十二局
18	一种富水砂层泥水盾构始发密封装置及始发密封控制方法	十二局
19	盾构掘进安全快速组合轻型轨枕	十二局
20	一种深基坑隔水层上方桩间水开挖引排方法	十二局
21	一种高风压潜孔钻机定向排尘降尘罩	十二局
22	钢板钻孔定位装置	十二局
23	隧道仰拱组合整体模板浇筑施工方法	十二局
24	一种可伸缩钢拱架连接件	十二局
25	一种电网电线杆架设装置及施工方法	十二局
26	电网电线杆架设工具车及其施工方法	十二局
27	一种淀粉磺酸酯的制备方法	十二局
28	一种拱桥拱圈块段及其施工方法	十二局
29	CRTSⅢ型板式无砟轨道底座板施工方法	十二局
30	单线箱梁墩顶现浇横移施工工法	十二局
31	内嵌式盾构接收密封装置及接收密封方法	十二局
32	特长隧道采用掘进机先施工斜井和导坑的分段修建方法	大桥局
33	初支扣拱两端节点预埋钢筋焊接接头的焊接方法	大桥局
34	一种穿越运营高速公路隧道超短台架施工方法	大桥局
35	一种穿越流沙地层隧道开挖支护体工法	大桥局
36	一种钢混叠合梁上部结构施工方法	大桥局
37	一种高原高寒地区桥梁简支梁节段拼装施工方法	大桥局
38	能够有效控制爆破振速的环向分次爆破隧道施工方法	大桥局
39	一种大直径钢护筒精确纠偏装置及方法	大桥局
40	型钢组合式单侧支模加固施工工法	大桥局
41	既有铁路与新建铁路拨接信号开通施工工法	大桥局
42	密实砂卵层动水注浆固化施工工法	大桥局
43	一种抗强风浪的桥梁通航孔临时索道桥及其施工方法	大桥局
44	大跨度单拱肋钢箱拱的制作方法	大桥局
45	砼养护自动控制喷淋系统及方法	大桥局

续表

序号	专　利　名　称	权属单位
46	混凝土高频振捣系统及高频振捣控制装置	大桥局
47	一种梯型桅杆式悬拼吊机	大桥局
48	一种钢箱梁原位顶推和塔柱同步快速施工方法	大桥局
49	一种用于高墩盖梁的悬空组合模板支撑架及施工方法	大桥局
50	一种深水基础承台施工用三壁钢围堰及其施工方法	大桥局
51	一种钢箱梁低位滑移快速施工方法	大桥局
52	一种大悬臂梁施工抗强风导流式挂篮模板	大桥局
53	一种在 T 梁预制施工中使用的钢筋绑扎模架组件	大桥局
54	围堰施工方法	大桥局
55	深水裸岩平台及其施工方法	大桥局
56	城市轨道交通供电系统用接地短路装置及其接地短路方法	大桥局
57	隧道纵向止水带焊接装置	十四局
58	用梁柱式支架现浇悬灌梁的方法	十四局
59	一种用于隧道反坡排水的水泵移动装置	十四局
60	一种隧道反坡抽水净化装置及其控制方法和净化方法	十四局
61	箱梁自动养护系统及其方法	十四局
62	隧道混凝土衬砌全自主养护设备及其使用方法	十四局
63	轨距尺绝对定位装置及其使用	十四局
64	明挖隧道敞开型主体结构侧墙贝雷架支模及其施工工艺	十四局
65	可移动式混凝土路面抹面施工台车及其施工方法	十四局
66	钢桁梁上弦杆安装用千斤顶	十四局
67	一种拖吊结合式新型挂篮结构及施工方法	十四局
68	一种自主增压锚索及其施工方法	十四局
69	一种自密实混凝土流动性检测装置及检测方法	十四局
70	内部开口增加作业面的特大断面隧道原位扩建施工结构及施工方法	十五局
71	站端临时钢支撑换撑的施工方法	十五局
72	一种 U 型梁运输时的平衡支撑机构	十六局
73	一种模拟隧道施工的相似模型试验方法	十六局
74	一种地下连续墙刚性接头处泥浆清除装置及方法	十六局
75	一种自动控制地下连续墙水平位移的基坑支护方法	十六局
76	爆破条件下基坑围护结构渗漏防治施工方法	十六局
77	在含有靡棱岩复合地层中减小盾构机刀具损坏的施工方法	十六局

续表

序号	专　利　名　称	权属单位
78	一种液压式墩身钢筋加工模架及墩身钢筋施工工艺	十六局
79	一种桩基础辅笼加工胎架及桩基础辅笼加工方法	十六局
80	一种防止盾构在施工中冒顶的施工方法	十六局
81	盾构在上软下硬地层中急曲线施工的轴线控制方法	十六局
82	一种骑跨现有污水管的地下连续墙槽段施工方法	十六局
83	小半径曲线隧道的始发方法	十七局
84	自制拉 V 塔吊装运输平板车	十七局
85	基于斜井通风的长隧道洞内高压供气系统	十七局
86	一种箱梁转运平台以及喂梁、取梁方法	十七局
87	隧道二衬钢筋定位与防水板安装用定位杆	十七局
88	新建铁路有砟轨道 100 米长轨快速直铺方法	十七局
89	一种预防双块式无砟轨道混凝土浇注期间轨排上浮的方法	十七局
90	内倾式三角拱桥钢拱肋合龙方法	十七局
91	一种拆卸吊运梁机主梁的方法	十七局
92	钻孔灌注桩沉渣厚度快速准确检测装置	十七局
93	一种振捣整平装置	十七局
94	排除线上焊接钢轨接头平直度检测误判诱因的方法	十七局
95	铁路架桥机单线作业非标轨排就近存放装置及方法	十七局
96	高速铁路轨道板铺设精度快速快速调整装置及方法	十七局
97	长距离曲线顶管及管幕施工工艺	十八局
98	一种城市高架桥钢箱梁的切割工艺	十八局
99	高水条件下泥水平衡顶管机接收装置及工艺	十八局
100	一种隧道衬砌台车及其衬砌混凝土浇注方法	十八局
101	一种 TBM 洞室洞内拆卸方法	十八局
102	用于盾构施工的膨润土制浆控制系统	十八局
103	一种单线铁路隧道的仰拱栈桥增加桥下施工空间方法	十八局
104	单线隧道仰拱矮边墙一次浇注施工方法	十八局
105	护盾式 TBM 洞内始发分体式反力架	十八局
106	一种管间精准控制冻土帷幕的施工方法	十八局
107	用于支撑万吨级转体拱桥拱座上盘的砂箱组合全砂底模施工方法	十八局
108	定位辅助框架	十九局
109	分离式防水板无钉挂设方法	十九局

续表

序号	专　利　名　称	权属单位
110	一种隧道拱顶接地端子预埋装置及其预埋方法	十九局
111	隧道基底返水点处理方法	十九局
112	高速铁路隧道仰拱背模整体安装定位移动台车	十九局
113	一种隧道水沟电缆槽模板台车	十九局
114	一种用于隧道仰拱背模拆装的定位装置	十九局
115	富水砂层地质大断面隧道开挖方法	十九局
116	一种膨胀土隧道拱墙初期支护施工方法	十九局
117	一种矿山用磁选机的自动控制系统及方法	十九局
118	一种先填后挖法处理隧道塌方的方法	十九局
119	一种吸附式隧道直线卡控测量激光指示仪	十九局
120	蠕动式管道机器人载体系统及其作业方法	十九局
121	电磁式垂直度控制器	十九局
122	单层梁拱结构的地铁车站开挖工艺	十九局
123	多平台铁路隧道作业台车	十九局
124	除雾系统	十九局
125	箱形输煤栈道内侧顶面加固梁吊装装置	十九局
126	三角支架	十九局
127	一种大断面隧道渡线段三联拱施工工艺	十九局
128	快速公交车站站棚钢架整体平移装置及其平移方法	十九局
129	一种半刚性混凝土及其制备工艺	二十局
130	一种曲形肋梁加工及拼装施工工艺	二十局
131	一种空间曲形肋梁钢结构施工方法	二十局
132	带有制动缓解机构的电机车组功能车辆制动装置	二十局
133	一种地铁车站主体结构及其四联拱 PBA 暗挖施工方法	二十局
134	高地应力软弱围岩隧道开挖支护施工方法	二十局
135	高原长隧道独头多巷道通风施工方法	二十局
136	富水软弱围岩长大隧道施工方法	二十局
137	下行式移动模架造桥机整体拆卸方法	二十局
138	大跨度连续梁跨既有车站转体施工用转体系统及施工方法	二十局
139	跨越既有道路的大跨径梁顶推施工方法	二十局
140	上跨既有线桥梁整组拆除与安装施工方法	二十局
141	大型设备小阻值接地网的设计及施工方法	二十一局

续表

序号	专　利　名　称	权属单位
142	自动脱挂钩轨枕专用吊具	二十一局
143	一种隧道施工台车横向移动装置	二十一局
144	路桥施工可自动清理的沉淀池	二十一局
145	隧道内施工可自行移动的安全逃生装置	二十一局
146	大孔径灌注桩旋挖钻二次成孔方法	二十一局
147	整体双边后浇翼缘板施工专用支架及其使用方法	二十一局
148	一种地铁上盖建筑连通道气流节能控制系统	二十二局
149	内部交易业务识别及抵消方法及系统	二十二局
150	一种端头土体加固系统和方法	二十二局
151	桥梁施工现浇梁、盖梁、系梁混凝土附着式预应力桁架支架	二十二局
152	小半径曲线隧道的始发方法	二十二局
153	一种带骨架扩体锚杆	二十二局
154	混凝土定时自动养护喷淋设施	二十二局
155	一种桥梁伸缩缝的覆盖结构	二十二局
156	一种建筑用混凝土地泵终端辅助浇筑装置	二十二局
157	先张法预制轨道板的振捣方法	二十三局
158	有轨电车轨道板制造工艺	二十三局
159	侧方位喂梁架桥机及架梁方法	二十三局
160	预制钢筋混凝土中低速磁悬浮梁及其生产方法	二十三局
161	一种嵌入式框架轨道板及其轨道结构	二十三局
162	无砟轨道板	二十三局
163	利用井字形排桩基础提高桩群承载力的方法	二十四局
164	一种基于多微震参数的岩爆前兆综合定量预警方法	二十四局
165	一种弹性应变能指标检测系统及方法	二十四局
166	高速铁路隧道接触网预埋槽道二次定位施工工艺	二十四局
167	一种掘进机始发牵引方法	二十四局
168	一种通用性盾构台车轨枕的安装结构及其施工方法	二十四局
169	高速铁路防灾异物侵限系统与信号系统间的接口结构及其方法	二十四局
170	一种四肢薄壁桥墩防船撞设施	二十四局
171	一种混凝土箱梁高空快速横移方法	二十四局
172	板式无砟道床结构的施工方法	二十四局
173	一种双线隧道水沟电缆槽的整体模板混凝土建造方法	二十五局

续表

序号	专　利　名　称	权属单位
174	一种张拉设备结构	二十五局
175	一种在桥隧狭短过渡段上拼装移动模架的方法	二十五局
176	一种铁路信息冗余网络链路的测试方法	二十五局
177	一种变坡道上油顶反置预制框架顶进施工方法	二十五局
178	一种变坡顶进预制框架桥涵体外索预应力加固方法	二十五局
179	一种在桥隧狭短过渡段拆解移动模架的方法	二十五局
180	一种具有次日能耗模拟功能的冰蓄冷控制系统	中铁建设
181	基于空气质量预报的新风净化控制系统	中铁建设
182	一种隐藏支架桥架装置及其安装方法	中铁建设
183	中央空调新风净化系统及控制方法	中铁建设
184	基于红外测温技术的智能空调系统	中铁建设
185	一种背栓	中铁建设
186	一种背栓	中铁建设
187	土壤源燃气热泵供热、供冷以及供热水系统	中铁建设
188	一种吊挂系统	中铁建设
189	一种用于自锚式悬索桥散索鞍底座安装的托架	中铁建设
190	自锚式悬索桥锚固跨现浇混凝土箱梁及其施工方法	中铁建设
191	一种钢花管分段注浆系统及其施工方法	中铁建设
192	一种索式桥体系转换吊索张拉一次到位施工方法	中铁建设
193	一种测斜管接长套管保护结构及其施工方法	中铁建设
194	一种新型手动钢筋扳手	电气化局
195	腕臂支撑装置用管帽	电气化局
196	一种绞后单丝直流电阻测量装置及方法	电气化局
197	微弧氧化挂具	电气化局
198	防变形弯管工装	电气化局
199	一种合金杆坯的在线固溶相变处理装置及其处理方法	电气化局
200	一种针对吹填区域软基处理施工的土工织物铺设方法	港航局
201	水中桥梁施工中的水下混凝土浇筑方法	港航局
202	一种跨既有线钢结构房屋吊装施工安全防护的方法	城建集团
203	一种集水坑的双液浆封闭施工方法	城建集团
204	一种人工挖孔桩护臂吊施工模板体系及其施工方法	城建集团
205	采用胶粘法及架轨工装吊轨法铺设检查坑轨道的施工方法	城建集团

续表

序号	专　利　名　称	权属单位
206	一种分离式预制桁架楼承板及其施工方法	城建集团
207	自承式钢筋桁架楼承板支撑结构	城建集团
208	城市轨道交通低压配电系统管控终端	铁一院
209	用于 CRTSⅢ型无砟轨道布板设计的软件实现方法	铁一院
210	高速铁路轨道测量仪测量轮耐磨性测试装置	铁一院
211	用于铁路轨道中心位置测量的 Y 型快速定位装置	铁一院
212	基于 LIDAR 轨道点云数据的既有铁路测量方法	铁一院
213	浅覆土区域盾构掘进地层加固体系及其构建方法	铁一院
214	卵石土地层超前大管棚的盾构端头加固体系及其施工方法	铁一院
215	既有铁路高路堤上支挡结构及其施工方法	铁一院
216	电气化铁路车载式接触网交流防融冰装置	铁一院
217	高海拔集群通风智能控制系统及其方法	铁一院
218	拼装式活性粉末混凝土箱梁及其施工方法	铁一院
219	设有斜井的富水隧道内两侧水沟间分流系统及其分流方法	铁一院
220	一种磁悬浮交通工程轨道支撑结构	铁四院
221	岩溶隧道暗河暴雨涌水洪峰峰值及峰值时间的预测方法	铁四院
222	跨海大桥风屏障设计方法	铁四院
223	轨道交通车辆段室外三维综合管线设计中管线碰撞检测的方法	铁四院
224	一种浅埋暗挖隧道塌方处理方法	铁四院
225	道路导引结构及交叉路口结构	铁四院
226	市域铁路信号系统及其控制方法	铁四院
227	一种圆形凹凸榫型盾构隧道管片环间抗剪结构	铁四院
228	法向压力下的渗透系数试验方法及试验装置	铁四院
229	法向压力下的通水量试验方法及试验装置	铁四院
230	地下工程积水综合排放系统	铁四院
231	铁路桥梁梁缝防水结构	铁四院
232	将 CAD 文件中线路和道岔信息输入客站仿真系统的方法	铁四院
233	适应所有列车车型的站台安全门	铁四院
234	针对海量地形大数据点云的总分式三角网多线程并行生成方法	铁四院
235	桥梁钢主梁剪压承载式锚拉板结构	铁四院
236	一种抱轨式磁浮轨道交通箱梁	铁四院
237	设内衬盾构隧道的预制抗震构造	铁四院

续表

序号	专　利　名　称	权属单位
238	一种考虑时间因素的盾构隧道结构动态配置方法	铁四院
239	中低速磁浮铁路低置线路连续拱形承轨梁结构及施工方法	铁四院
240	铁路隧道内辅助坑型缓冲结构	铁四院
241	超大变断面隧道施工方法	铁四院
242	铁路线间特定配对关系模型构建方法和线间距计算参数查询方法	铁四院
243	超大变断面隧道支护结构	铁四院
244	一种静力触探取土器	铁四院
245	一种轨道交通供电系统的中压网络无功功率的补偿方法	铁四院
246	组合式螺纹挤土成孔砂井钻头	铁四院
247	一种牵引变电所馈线电流保护方法	铁四院
248	一种用于复线牵引网T型供电的故障判定方法	铁四院
249	一种处理深厚软土岩溶地基的路基结构	铁四院
250	有轨电车车辆吹扫系统	铁四院
251	一种单线矿山法地铁隧道斜井进正洞的处理方法	铁四院
252	一种地下或水下隧道进出口的交通疏解结构	铁四院
253	双线矿山法地铁隧道斜井进正洞结构及其工艺方法	铁四院
254	填土地基上既有铁路车站路基轻型支档结构	铁四院
255	一种多时态共存铁路站场平面图股道管理方法	铁四院
256	上下非对称的双层隧道	铁四院
257	既有机场地面钻孔施工方法	铁四院
258	一种带联锁控制的站台门伸缩式瞭望灯带	铁四院
259	一种带联锁控制的站台门摆复式瞭望灯带	铁四院
260	一种用于地铁隧道区间的伸缩式疏散平台楼梯	铁四院
261	钢结构梁柱滑动连接节点	铁四院
262	一种磁浮交通曲线轨道梁	铁四院
263	一种抱轨式轨道交通桥梁疏散检修平台	铁四院
264	一种热回收型污水源热泵系统	铁四院
265	有轨电车车辆加砂的输送装置	铁四院
266	气囊式明挖隧道变形缝密封结构	铁四院
267	适用于超浅覆土条件下的水下隧道施工方法	铁四院
268	多档调节风阀、通风管路系统以及空调器	铁四院
269	降低层间高差的双层桥梁	铁四院

续表

序号	专　利　名　称	权属单位
270	钢桥主体与桥面隔离的钢结构桥梁及其建造方法	铁四院
271	预应力混凝土双层桥面箱梁桥	铁四院
272	基坑围护系统的施工方法及基坑围护系统	铁四院
273	基坑围护系统的施工方法及基坑围护系统	铁四院
274	一种单层实腹钢梁厂房柱顶节点	铁四院
275	一种部分地锚高低塔斜拉桥结构	铁四院
276	一种消除混凝土主梁斜拉桥跨中拉力的斜拉索锚固结构	铁四院
277	中低速磁悬浮列车悬浮架的拆装设备	铁四院
278	模块化多向变位盖板式伸缩装置以及桥梁	铁四院
279	一种可精确控制顶面高程的道岔支墩施工工艺	铁四院
280	用于关节型磁浮道岔可动梁间的拨叉装置	铁四院
281	一种磁悬浮抱轨式轨道交通双线轨道梁	铁四院
282	一种磁悬浮抱轨式轨道交通双线轨道梁	铁四院
283	一种磁悬浮抱轨式轨道交通双线轨道梁	铁四院
284	一种磁悬浮抱轨式轨道交通双线轨道梁	铁四院
285	一种磁悬浮抱轨式轨道交通双线轨道梁	铁四院
286	一种磁悬浮抱轨式轨道交通双线轨道梁	铁四院
287	一种磁悬浮抱轨式轨道交通双线轨道梁	铁四院
288	一种磁悬浮抱轨式轨道交通双线轨道梁	铁四院
289	一种磁悬浮抱轨式轨道交通双线轨道梁	铁四院
290	一种磁悬浮工程接触轨预埋槽道	铁四院
291	中低速磁浮轨道轨排设计制造及施工的一体化处理方法	铁四院
292	钢桁拱加劲混凝土钢箱混合梁组合结构桥及其施工方法	铁四院
293	钢箱桁组合连续梁桥及其施工方法	铁四院
294	部分钢箱桁组合连续梁桥及其施工方法	铁四院
295	有砟轨道钢轨伸缩调节器基本轨伸缩量监测装置及方法	铁四院
296	有砟轨道钢轨伸缩调节器区轨枕歪斜监测装置和方法	铁四院
297	一种中低速磁悬浮交通工程承轨梁低置线路与高架桥过渡段结构	铁四院
298	一种用于岩溶区和采空区铁路路基地基塌陷变形的监测装置	铁四院
299	一种组合闭式地铁车站通风空调系统及其应用	铁四院
300	一种加固处理新建铁路岩溶地基的施工方法及其路基结构	铁四院
301	一种中低速磁浮低置线路肋柱分散式道岔基础结构	铁四院

续表

序号	专　利　名　称	权属单位
302	一种中低速磁浮低置线路道岔区与非道岔区过渡段结构	铁四院
303	一种用于道岔区板式无砟轨道的修复方法	铁四院
304	悬浮间隙信号可连续采集的轨排连接装置	铁四院
305	具有保证信号采集连续的轨排连接装置的中低速磁浮轨道	铁四院
306	具有保证信号采集连续的轨排连接装置的中低速磁浮轨道	铁四院
307	悬浮间隙信号可连续采集的轨排连接装置	铁四院
308	一种有轨电车工程地面区间强弱电管线布置结构	铁四院
309	一种铁路非自动闭塞进站信号机接近区段设计方法	铁四院
310	中低速磁浮双线填方地段桩基托梁分幅式承轨梁结构	铁四院
311	中低速磁浮双线填方地段桩基托梁分幅式承轨梁过渡段结构	铁四院
312	中低速磁浮交通工程单线挖方地段独立墩柱式承轨梁结构	铁四院
313	一种用于中低速磁悬浮交通工程低置线路的榫接式承轨梁结构	铁四院
314	专用型沙土液化实验演示系统	铁五院
315	桥梁防撞新型蓄能回弹滑动缓冲消能装置	铁五院
316	一种不拆除外模的合龙段模板系统	铁五院
317	无砟轨道板下充填层强度检测装置	铁五院
318	一种装配式倾角可调自落架墩旁托架及其施工方法	铁五院
319	一种可拆装式单壁钢吊箱围堰结构及整体吊装施工方法	铁五院
320	一种连续明洞隧道成型施工设备	铁五院
321	一种可过墩式桥梁检查设备	铁五院
322	一种耐低温土压平衡盾构用发泡剂及其应用	铁五院
323	一种铁路平板车驮载架桥机及其架梁方法	铁五院
324	一种大纵梁体系线路加固施工装置和方法	铁五院
325	自适应变轨距的U形梁架桥机架梁方法	铁五院
326	自适应变轨距的双向转动转向架	铁五院
327	一种斜拉桥转体施工称重结构及称重方法	铁五院
328	预制节段逐跨拼装造桥机	铁五院
329	一种牵引供电系统设置方法	上海院
330	土层渗透系数原位测试装置及其测试方法	上海院
331	用于铁路路基地段非强制对中CPIII测量方法	上海院
332	用于铁路路基地段非强制对中CPIII测量的强制对中脚架	上海院
333	一种确定下穿铁路工程刚度匹配的方法	上海院
334	末级离合器及装有该离合器的液力机械变速箱	铁建重工

续表

序号	专　利　名　称	权属单位
335	基于激光开关的轨道检测仪	铁建重工
336	一种圆周成形刀架式铣削组件	铁建重工
337	再成形钢轨轨头轮廓的加工方法	铁建重工
338	再成形钢轨轨头轮廓的加工设备	铁建重工
339	大型养路机械作业除尘装置及该装置的喷量控制方法	铁建重工
340	一种测重分料方法	铁建重工
341	米轨多功能动力稳定车	铁建重工
342	降低GPS定位误差的方法和基于GPS定位的自控装置	铁建重工
343	一种道床边坡整形方法及装置	铁建重工
344	一种车轴齿轮箱悬挂方法和使用该装置的作业车	铁建重工
345	一种铁屑输送装置	铁建重工
346	一种适合狭窄作业面的道砟处理机	铁建重工
347	一种轨排提升装置	铁建重工
348	一种适应铁路隧道狭窄作业面作业的挖掘装置	铁建重工
349	正线道岔稳定车在道岔区的稳定作业控制方法	铁建重工
350	正线道岔稳定车作业施工方法	铁建重工
351	一种含抽屉式集尘仓的隧道除尘车及其使用方法	铁建重工
352	隧道除尘方法	铁建重工
353	轨道除雪车	铁建重工
354	一种可选择式尾气净化装置	铁建重工
355	移动式钢轨铣削车	铁建重工
356	一种移动式钢轨铣削车的精铣装置	铁建重工
357	轨行钢轨铣削打磨机械的铁屑磨粉收集系统	铁建重工
358	一种无砟轨道道床污物吸收装置及其相应的吸污车	铁建重工
359	铁路隧道道床煤粉收集装置	铁建重工
360	一种铁路车辆车载起复装置	铁建重工
361	一种轨道除雪用刷抛式除雪小车	铁建重工
362	一种轨道除雪用除雪走行防脱轨装置及刷抛式除雪小车	铁建重工
363	一种轨道除雪用抛雪风机及刷抛式除雪小车	铁建重工
364	一种轨道除雪用提升导向和锁定装置及刷抛式除雪小车	铁建重工
365	一种轨道除雪用推雪铲	铁建重工
366	一种新型铁路隧道道床吸煤车组	铁建重工
367	一种磨盘更换装置	铁建重工

续表

序号	专　利　名　称	权属单位
368	一种轨道吸污车用吹吸工作装置	铁建重工
369	S1 螺栓送料、切断及缩杆三工序连续的全自动装置	铁建重工
370	一种 W 型弹条专用测量装置及测量方法	铁建重工
371	一种用于金属件垂直提升自动排序机	铁建重工
372	一种可调节夹紧力度的自动夹紧钳	铁建重工
373	金属件淬、回火介质热交换冷却水全自动冷却控制系统	铁建重工
374	单趾弹条用可调节安装工具及安装方法	铁建重工
375	SKL12 型弹条二序工装	铁建重工

（制表：孙嘉良）

2017 年度中国铁建优秀专利奖项目目录

序号	专利名称	专利号	权属单位	专利类型
1	一种自锚式悬索桥安装方法	ZL201510187858.8	大桥局	发明专利
2	水工隧洞底板与边墙混凝土浇注一次成型方法	ZL201410189161.X	十七局	发明专利
3	预制无碴轨道板空中翻转装置	ZL201410831983.3	十七局	发明专利
4	一种长距离隧道施工用通风监控系统及监控方法	ZL201410328774.7	二十局	发明专利
5	接触网整体吊弦恒张力预制平台	ZL201410491865.2	电气化局	发明专利
6	内置格构立柱的竖井主体结构及其逆作式构建方法	ZL201510506295.4	铁一院	发明专利
7	一种用于中低速磁悬浮交通工程填方地段的低置线路结构	ZL201510092813.2	铁四院	发明专利
8	模块化多向变位伸缩装置以及桥梁	ZL201510710382.1	铁四院	发明专利
9	一种闭式液压系统驱动的走行控制用负荷阀	ZL201410071125.3	高新装备	发明专利
10	用于隧道工程机械的刀盘驱动装置	ZL201310086013.0	铁建重工	发明专利
11	一种可远程控制盾构刀盘中心冲水装置	ZL201620557849.3	十二局	实用新型
12	一种防止盾构在施工中冒顶的帽檐装置	ZL201620100383.4	十六局	实用新型
13	一种桥梁抗震中的防屈曲约束支撑构件	ZL201520679954.X	十六局	实用新型
14	镦头锚体系预应力张拉装置	ZL201620398578.1	十七局	实用新型
15	一种可调节横向宽度的移梁机	ZL201620593483.5	十七局	实用新型
16	高原长隧道独头多巷道通风施工结构	ZL201520834275.5	二十局	实用新型
17	整体双边后浇翼缘板施工专用支架	ZL201620161498.4	二十一局	实用新型
18	一种混凝土风幕蒸养控温系统	ZL201620354917.6	二十三局	实用新型
19	一种先张法预制梁台座	ZL201620492213.5	二十三局	实用新型

续表

序号	专利名称	专利号	权属单位	专利类型
20	一种新型节能明框玻璃幕墙系统	ZL201620577699.2	中铁建设	实用新型
21	一种可周转使用的销接式格构柱	ZL201620216248.6	中铁建设	实用新型
22	一种电气化铁路车载式接触网交流防融冰装置	ZL201520812268.5	铁一院	实用新型
23	一种磁悬浮抱轨式轨道交通双线轨道梁	ZL201521060414.X	铁四院	实用新型
24	一种专用毛细管流变仪	ZL201520790100.9	铁五院	实用新型
25	用于岩土工程勘察的钻机围挡装置	ZL201520866223.6	上海院	实用新型
26	管片拼装机及包括该管片拼装机的掘进机械	ZL201620582648.9	铁建重工	实用新型
27	含有遇水膨胀止水胶的预制桩	ZL201620282463.6	城建集团	实用新型
28	一种道钉锚固架	ZL201620082479.2	城建集团	实用新型
29	明洞施工用连续衬砌设备	ZL201530362650.6	铁五院	外观设计
30	掘进机刀盘(TBM)	ZL201630281867.9	铁建重工	外观设计

（制表:孙嘉良）

2017年度中国铁建科技成果评审项目目录

序号	项　目　名　称	主持单位	成果评价
1	断层带高填方路基沉降控制及抗震措施研究	十九局	国际先进
2	大跨度站房结构在列车动载下的疲劳损伤研究	铁一院	国际先进
3	钢骨架轻型屋面板作用下门刚梁柱整体及局部稳定研究	铁一院	国际先进
4	氯盐与硫酸盐强腐蚀环境下地铁结构混凝土耐久性设计研究	铁一院	国际先进
5	大厚度自重湿陷性黄土地层地铁隧道设计关键技术研究	铁一院	国际先进
6	大范围饱和砂土液化地层条件下地铁地下结构设计关键技术研究	铁一院	国际先进
7	宝兰铁路客运专线深厚层强湿陷性特性及路基工程处理关键技术试验研究	铁一院	国际领先
8	黔张常铁路复杂岩溶地区综合勘察技术研究	铁一院	国内领先
9	城市轨道交通再生能量利用研究	铁一院	国际领先
10	地铁时变负荷对牵引回流系统的影响研究	铁一院	国际领先
11	城市轨道交通车辆段杂散电流防护方案优化研究	铁一院	国内领先
12	铁路电力智能变电站技术研究	铁一院	国内领先
13	大风区高标准铁路接触网技术标准研究	铁一院	国内领先
14	大风区合成物附加导线、零部件及绝缘子沙蚀防护研究	铁一院	国内领先
15	接触网附加导线运行状态监测技术研究	铁一院	国际领先

续表

序号	项　目　名　称	主持单位	成果评价
16	基于与航空客流衔接的轨道交通车站布局设计研究	铁一院	国际先进
17	宝兰铁路客运专线高含水率黄土大断面隧道关键技术研究	铁一院	国内领先
18	宝兰铁路客运专线黄土隧道湿陷变形机理及安全保障技术研究	铁一院	国际先进
19	高速铁路大断面富水第三系泥岩隧道膨胀机理及变形控制技术研究	铁一院	国际领先
20	城市轨道交通工程双护盾 TBM 关键技术研究	铁一院	国内领先
21	强透水砂卵石地层大断面深竖井修建技术研究	铁一院	国际先进
22	独柱式高架车站结构抗震性能化设计研究	铁一院	国内领先
23	地下工程泄水减压抗浮设计研究	铁一院	国内领先
24	中国铁路工程建设行业走出去标准与专利布局研究	铁一院	国际先进
25	高速铁路主跨 102 米无砟轨道道岔连续梁拱关键技术研究	铁四院	国际先进
26	中低速磁浮交通桥梁关键技术研究	铁四院	总体国际先进，部分国际领先
27	铁路钢桁梁桥面水平 K 撑研究	铁四院	国际先进
28	重庆中渡悬索桥主缆隧道锚设计研究（软岩透水地区悬索桥隧道锚关键技术研究）	铁四院	国际领先
29	大跨度公路钢桁拱设计关键技术研究（珠海市横琴二桥设计关键技术研究）	铁四院	国际先进
30	超大跨度铁路斜拉桥结构体系及动力性能研究	铁四院	国际先进
31	极端工况典型接触网装备技术研究	铁四院	国内领先
32	分布式接触网雷电在线监测及故障定位系统	铁四院	国际领先
33	高速铁路/城际铁路站台关键装备集成创新与应用	铁四院	国际先进
34	大功率电力机车检修基地工程及关键技术应用	铁四院	国际领先
35	深基坑开挖、降水及堆载等周边环境变化对运营高速铁路的影响研究	铁四院	国际先进
36	中低速磁浮交通工程低置结构技术与应用研究	铁四院	国际领先
37	郑徐客运专线路基工程深厚松软土地基加固关键技术	铁四院	国际领先
38	连盐铁路大直径现浇混凝土薄壁筒桩复合地基的试验研究	铁五院	国内领先
39	巴准线煤矿采空区选线及工程对策研究	铁五院	国内领先
40	重载铁路岩溶基底稳定性评价方法的研究	铁五院	国内领先
41	铁路路基设计系统（LJCAD）	铁五院	国内领先
42	综合接地系统设计在连盐线中的应用研究	铁五院	国内领先
43	铁路通信信息防雷保安器 SPD 智能监测系统研究	铁五院	国内领先
44	800 米以上长距离明洞建造技术及成套施工装备	铁五院	国际先进
45	耐高水压盾构用盾尾密封油脂研制	铁五院	国际先进

续表

序号	项 目 名 称	主持单位	成果评价
46	严寒地区公铁两用钢桁梁桥成套建造技术	铁五院	国际先进
47	以初期支护为主要承载结构的复合式衬砌技术研究	铁五院	国际先进
48	长大公路隧道穿越大型溶洞施工关键技术研究	十二局	国内领先
49	胶东机场高速铁路隧道长距离明挖综合施工技术研究	十二局	国内领先
50	特长铁路单线隧道工程综合修建关键技术研究	十二局	国际领先
51	复杂环境下小断面引水隧洞长距离施工关键技术	十二局	国内领先
52	复杂地质与环境城市高速铁路隧道修建关键技术研究	十二局	国际先进
53	系列复杂条件下隧道施工关键技术	十二局	国际先进
54	雅康路二郎山隧道施工关键技术研究	十二局	国际先进
55	地铁隧道复杂环境与软硬不均地层施工关键技术	十二局	国际先进
56	大断面特长隧道快速施工与机械化配套技术	十二局	总体国际先进，部分国际领先
57	浅覆土富水软弱地层微型盾构施工关键技术	十二局	国际领先
58	近邻建(构)筑物路堑爆破开挖快速安全施工技术研究	十二局	国内领先
59	椒溪河特大桥施工关键技术研究	十二局	国际先进
60	BIM 在地铁机电安装中的应用技术研究	十二局	国际先进
61	地铁接触网无轨条件下施工技术研究	十二局	国际先进
62	新建松原查干湖机场水泥混凝土道面施工关键技术研究	十二局	国际先进
63	富水砂卵石地层深基坑施工关键技术	十二局	国内领先
64	重庆西站复杂钢结构施工关键技术与结构性能实验研究	十二局	国际先进
65	大型桥建合一铁路枢纽车站施工关键技术	十二局	国际先进
66	T 构槽型连续梁跨越高速铁路平面转体技术研究	二十四局	国内先进
67	超长箱涵穿越铁路施工关键技术研究与应用	二十四局	国际先进
68	低洼汇水区暗挖区间隧道下穿高速公路施工关键技术	二十四局	国内领先
69	地铁车站爆破开挖对周边建(构)筑物振动影响及控制	二十四局	国际先进
70	静钻根植桩在宁波城际铁路车站开发区间应用施工技术研究	十九局	国内领先
71	软土地区地铁隧道穿越既有桥梁桩基施工技术	十九局	国际先进
72	矿山法区间隧道下穿既有盾构区间施工关键技术研究	十九局	国际先进
73	千枚岩不良地质情况下铁路隧道综合施工技术	十九局	国际先进
74	老石山隧道高瓦斯工区瓦斯溢出预测及施工应对措施研究	十九局	国际先进
75	新莲隧道软岩隧道变形特性及施工应对措施研究	十九局	国内领先

续表

序号	项　目　名　称	主持单位	成果评价
76	浅埋四线大跨度隧道软弱围岩施工关键技术研究	十九局	国际先进
77	露天铁矿下伏复杂采空区探测与处理技术开发及应用	十九局	国际先进
78	时速200千米客货共线预应力混凝土箱梁关键技术应用研究	十九局	国际先进
79	WK10电铲斗断裂分析及焊接工艺优化设计	十九局	国内领先
80	超小曲线半径及变截面城市轻轨节段梁预制拼装施工技术	十五局	国际先进
81	中低速磁浮施工技术研究	铁四院	国际先进
82	区域综合交通规划关键技术研究	铁四院	国内领先
83	全国及华东、中南地区铁路运输需求研究	铁四院	国内领先
84	城际铁路建设条件研究	铁四院	国内领先
85	客运专线及城际铁路运营仿真系统研究	铁四院	国内领先
86	铁路枢纽客货运输能力检算图形化系统	铁四院	国内领先
87	城市轨道交通开通期客流预测关键技术研究	铁四院	国内领先
88	行车专业一体化设计系统	铁四院	国内领先
89	编组站尾部停车及防溜系统研究	铁四院	国内领先
90	面向现代物流的铁路口岸站关键技术研究	铁四院	国际领先
91	安庆长江大桥桥轨一体化综合监测系统研究	铁四院	国际先进
92	轨道交通中等减振扣件研发	铁四院	国内领先
93	郑徐客运专线无砟轨道设计技术研究	铁四院	国际先进
94	大跨度公轨合建悬索桥关键技术研究	铁四院	总体国际先进，部分国际领先
95	有砟轨道四线铁路主跨160米钢管混凝土刚架系杆拱—连续钢箱梁组合桥设计技术研究	铁四院	国际先进
96	运营高速铁路无砟轨道软土路基沉降处理技术研究	铁四院	国际先进
97	铁路路基工程风险评估技术体系研究	铁四院	国际领先
98	膨胀土试验关键技术研究	铁四院	国际先进
99	广深港高速铁路深港段城市隧道设计关键技术	铁四院	国际领先
100	煤矿斜井设计关键技术研究	铁四院	国际领先
101	复杂交通体系下市政隧道通风系统研究	铁四院	国际领先
102	昆明南站结构抗震与安全性能研究	铁四院	总体国际先进，部分国际领先
103	中低速磁悬浮交通站房结构振动研究	铁四院	国际先进
104	昆明南站羽翼型外墙肌理图案及构造研究与应用	铁四院	国际先进
105	基于佛山西站EPC项目的城市交通组织优化统筹研究	铁四院	国际先进

续表

序号	项　目　名　称	主持单位	成果评价
106	高速铁路运行仿真培训系统关键技术及其应用	铁四院	国际先进
107	轨道交通车辆基地虚拟现实及仿真关键技术研究及创新	铁四院	国际先进
108	铁路大型养路机械故障处置应急预案模拟演练系统	铁四院	国际先进
109	高速铁路基础设施检测关键技术研究及工程应用	铁四院	国际先进
110	铁路枢纽 CTCS－3 级列控系统关键设备设置方案研究	铁四院	国际领先
111	既有线 GSM－R 改造方案研究	铁四院	国内领先
112	中低速磁浮交通通信信号系统关键技术研究及工程验证	铁四院	国际领先
113	现代有轨电车信号系统需求分析与方案研究	铁四院	国内先进
114	城市轨道交通强弱电系统同址共建电磁兼容方案及应用研究	铁四院	国际领先
115	交流电气化铁路对埋地金属管道的电磁干扰及防护研究	铁四院	国际先进
116	高速铁路隧道内噪声对乘车舒适度影响分析及降噪技术研究	铁四院	国内领先
117	地铁车辆基地工程海绵城市技术研究与应用	铁四院	国内领先
118	西南地区轨道交通与公路交通边坡工程景观绿化与生态防护综合技术研究	铁四院	国际先进
119	刚果(布)1 号公路砂性土路基水毁机理分析及边坡处治设计研究	铁四院	国际先进
120	大悬臂展翅宽箱梁桥关键技术研究	铁四院	国际领先
121	上承式异型拱桥关键技术研究	铁四院	国内领先
122	闽江特大桥 V 型河床嵌岩深水基础综合施工技术研究	二十局	国际领先
123	闽江特大桥 216 米大跨度刚构连续梁悬臂施工综合技术研究	二十局	国际先进
124	超大吨位斜拉桥平面转体施工技术研究	二十局	国际先进
125	高风险长大页岩气隧道施工关键技术研究	二十局	国际先进
126	膨胀土(岩)河道处理技术研究	二十局	国际先进
127	富水砂卵石地层盾构施工技术研究	二十局	国际先进
128	临湖富水区密集超高建筑群快速施工技术研究	二十局	国内领先
129	自锚式悬索桥先索后梁施工技术研究	二十局	国际先进
130	一种无连接桥的盾构机分体始发施工技术研究	二十局	国际领先
131	复杂、多变地质条件下盾构机设计选型及长距离出渣方法研究	二十局	国际先进
132	复合地层盾构施工技术研究	二十局	国际先进
133	邕宁水利枢纽深水土石围堰关键施工技术研究	二十局	国内领先
134	兰州特殊红砂岩地层围护结构设计与施工技术研究	二十局	总体国际先进，部分国际领先
135	知识地图管理系统	二十局	国内领先

续表

序号	项　目　名　称	主持单位	成果评价
136	大断面隧道下穿富水软弱松散土层段围岩稳定性和综合施工技术研究	二十一局	国际先进
137	多年冻土区高等级公路片石及保温板路基监测与施工技术研究	二十一局	国内领先
138	高原冻土区鄂拉山隧道施工技术研究	二十一局	国内领先
139	高原地区特大断面导流洞施工技术研究	二十一局	国内领先
140	宝兰铁路客运专线湿陷性黄土复合地基综合施工技术研究	二十一局	国内领先
141	膨胀土地区明挖隧道高边坡关键技术研究	二十一局	国际先进
142	BIM 技术在地下人防工程施工中的应用研究	二十一局	国内领先
143	三江褶皱带长大隧道关键技术研究	二十一局	国际先进
144	太阳能等综合技术在特殊环境条件下的应用研究	二十一局	国内领先
145	高速铁路特大桥小半径曲线区段箱梁移动模架施工关键技术开发研究	二十一局	国内领先
146	车田河 V 型腿钢桁架箱梁桥修建关键技术研究	十七局	国际先进
147	跨京包铁路连续梁墩顶牵引转体综合施工技术	十七局	国际先进
148	复杂地形条件下客运专线高架车站施工技术	十七局	国内领先
149	刚性现浇混凝土系杆拱桥施工控制及一次性调索研究	十七局	国际先进
150	粉细砂地层地铁 T 型换乘车站盖挖逆作法综合施工技术	十七局	国际先进
151	贵安新区城市综合管廊建造技术与智慧化管理系统研究	十七局	国内领先
152	SY 喷射混凝土用调节剂研制及在隧道初支中应用研究	十七局	国内领先
153	穿越秦岭天华山国家自然保护区高地应力富水特长隧道施工综合技术研究	十七局	国际先进
154	湿陷性黄土地铁联拱隧道施工技术及邻近高层建筑变形控制研究	十七局	国内领先
155	海陆交互地层地铁盾构孤石群探测及综合处理技术研究	十七局	国际领先
156	盾构长距离多点位小近距穿越敏感大型立交枢纽的微扰动控制技术	十七局	国际先进
157	兰州地区富水砂卵石地层上覆湿陷性黄土盾构施工变形控制技术研究	十七局	国际先进
158	西南山区 V 形峡谷条件下高墩大跨铁路刚构桥梁综合施工技术	大桥局	国际先进
159	复杂海域跨海桥梁下部结构关键技术研究	大桥局	国际领先
160	滨洲铁路高寒地区接触网施工关键技术研究	电气化局	国内领先
161	现代有轨电车通信信号施工关键技术研究	电气化局	国内领先
162	激光测量路轨震动综合补偿地铁限界及冷滑检测装置的研制及应用	电气化局	国内领先
163	石家庄地铁小灰楼站及小中区间机电设备安装工程 BIM 技术应用研究	电气化局	国内领先
164	大汉阳有轨电车供电系统施工及调试关键技术研究	电气化局	国内领先
165	佛山西动车运用所牵引供电施工技术研究	电气化局	国内领先

续表

序号	项　目　名　称	主持单位	成果评价
166	辛泰线无线列调改 GSM－R 系统过渡设计方案的研究	电气化局	国内领先
167	稀土元素强化型铜合金高导电 JTMH120 承力索研制	电气化局	国际领先
168	吉图珲客运专线接触网用黑色金属零部件关键技术的研究	电气化局	国内领先
169	跨黄河大跨预应力混凝土斜拉桥综合施工技术	十六局	国际领先
170	盾构隧道下穿黄河(高水压、高强度大粒径卵石地层)综合施工技术研究	十六局	国际领先
171	顺层单面山硅质板岩路堑开挖、加固、监测施工技术研究	十六局	国际先进
172	大跨度下承式钢管混凝土系杆拱桥先拱后梁法综合施工技术	十六局	国际先进
173	高烈度地震山区复杂地质条件下客运专线铁路综合施工技术研究	十六局	国际先进
174	天津软土地层复杂环境下地铁车站与盾构隧道近接构筑物施工技术研究	十六局	国际先进
175	城市隧道立体交叉及复杂断面施工技术研究	十六局	国际先进
176	高地温、高地应力、多变岩性长大隧道综合施工技术	十六局	国际先进
177	长距离高瓦斯铁路隧道施工安全控制技术	十六局	国际先进
178	淮河大跨径连续刚构桥梁施工技术	十六局	国内领先
179	复杂条件下城市地铁盾构侧向始发及风险控制关键技术	二十二局	国际先进
180	客运专线 CRTSⅢ型先张法轨道板施工技术研究	二十二局	国内领先
181	BIM 技术在地铁停车场施工中的应用研究	二十二局	国内领先
182	新建铁路隧道超小净距上跨既有高速铁路隧道综合施工技术	二十二局	国际先进
183	复杂地质条件下预掏槽环封双壁钢围堰深水基础综合施工技术	二十二局	国际先进
184	下承式钢管砼系杆拱综合施工技术研究	二十二局	国内先进
185	复杂地质条件全隧浅埋、下穿省道公路的铁路隧道快速施工技术研究	二十二局	国内领先
186	复杂条件下富水软弱围岩隧道信息化施工及预警关键技术研究	二十二局	总体国际先进，部分国际领先
187	超高层建筑综合施工技术研究	中铁建设	国际先进
188	塔式起重机顶升机构检测监控系统集成产品研发	中铁建设	国内领先
189	高大模板支撑系统服役全过程远程监测系统研发与其结构安全状态评估	中铁建设	国内领先
190	新型模板体系研究与产业化	中铁建设	国内领先
191	超高层建筑不规则弧形外立面防护体系设计与应用研究	中铁建设	国内领先
192	装配式混凝土结构体系建筑综合施工技术研究	中铁建设	国际先进
193	钢筋整体安装施工技术研究	中铁建设	国内领先
194	装配式住宅灌浆料的研究	中铁建设	国际先进
195	超高层建筑单元体幕墙设计与施工技术研究	中铁建设	国内领先

续表

序号	项目名称	主持单位	成果评价
196	开放式幕墙技术研究	中铁建设	国内先进
197	新旧建筑改造及加固关键技术研究与应用	中铁建设	国内领先
198	七星级酒店隔声、减噪技术研究	中铁建设	国内先进
199	金属屋面防风防暴雨技术措施研究与应用	中铁建设	国际先进
200	建筑工程绿色施工过程控制数据智能分析系统研发	中铁建设	国际先进
201	铁路站房改扩建项目新旧站房衔接施工关键技术研究	中铁建设	国际先进
202	复杂条件下超大深基坑双排桩优化技术与灾变控制	中铁建设	国际领先
203	BIM 技术在称呼四轨道交通中的综合应用研究	中铁建设	国际先进
204	数据机房节能技术研究	中铁建设	国际先进
205	绿色建筑机电设计与施工技术研究	中铁建设	国际领先
206	基于纳米海绵高效净水吸附材料的一体化水处理装置的研发与应用	中铁建设	国际先进
207	挤压型软弱围岩隧道稳定性控制成套技术研究	十一局	国际领先
208	高温多年冻土区大断面公路隧道施工关键技术	十一局	国际领先
209	中国铁建企业技术标准体系构件与实施	十一局	通过
210	跨运营线超低净空桥梁转体施工技术	二十三局	国内领先
211	高墩长联大跨度连续梁大桥综合施工技术研究	二十三局	国际先进
212	临近既有铁路富水含砂深基坑施工技术	二十三局	国内领先
213	沿海台风地区既有线路基边坡水害治理加固技术	二十三局	国内领先
214	铁路站场电化区段管道铺设施工技术	二十三局	国内领先
215	合肥地铁葛大站机电安装工程 BIM 系统的应用	电气化局	国内领先
216	高速铁路 GSM－R 无线网络优化研究及应用	电气化局	国际领先
217	牡绥铁路路基段接触网精确测量及施工技术	电气化局	国内领先
218	沈阳调度所改扩建信号施工技术研究	电气化局	国内领先
219	高速铁路双向光电缆自动敷设作业车研制及应用	电气化局	国内领先
220	渝万铁路无线网络优化技术研究	电气化局	国内领先
221	牵引变电所调试关键技术研究	二十一局	国内领先
222	考虑负载率对经济运行影响的牵引供电系统优化设计研究	铁一院	国内先进
223	西部电网薄弱地区铁路电力供配电系统电源方案研究	铁一院	行业先进
224	道岔控制系统智能监测装置的研究与应用	铁一院	国内领先
225	地铁自动化仿真实训方案研究	铁一院	国内领先

续表

序号	项　目　名　称	主持单位	成果评价
226	勘探现场数字视频监控系统研究	铁一院	行业先进
227	利用隧道电性资料及波速测井资料构建速度场进行围岩等级划分研究	铁一院	行业领先
228	地铁用双块式轨枕研究	铁一院	国内先进
229	城轨交通穿越活动断裂带新型轨道结构研究	铁一院	国际领先
230	基于 BIM 的铁路空间信息系统关键技术及平台建立研究	铁一院	国际先进
231	铁路测量外业原始数据管理与共享信息系统的建立	铁一院	国内先进
232	构造单面山硅质岩壳破坏机理及控制对策	铁一院	国际先进
233	黄土地区高速铁路列车特殊振动的不良地质环境效应及其成灾机理研究	铁一院	国际先进
234	第三系富水半成岩砂岩段特殊车站设计关键技术研究	铁一院	国际先进
235	基于 BIM 的铁路工程建设与管理关键技术研究	铁一院	国内领先

（制表：程博华）

2017 年度中国铁道建筑总公司科学技术奖项目目录

序号	项　目　名　称	完成单位	获奖等级
1	TBM 法建造煤矿长距离斜井成套技术与装备	中铁十一局集团有限公司、中国铁建大桥工程局集团有限公司、中铁第四勘察设计院集团有限公司、中国铁建重工集团有限公司、西南交通大学、中铁十一局集团第五工程有限公司	特等奖
2	复杂条件下长距离大直径曲线管幕综合施工技术	中铁十八局集团有限公司、中铁十八局集团第一工程有限公司、中国地质大学（武汉）	特等奖
3	高温多年冻土区大断面公路隧道施工关键技术研究	中铁十一局集团第二工程有限公司、中铁十一局集团有限公司、中交第一公路勘察设计研究院有限公司、同济大学	一等奖
4	挤压型软弱围岩隧道稳定性控制成套技术研究	中铁十一局集团有限公司、中铁十一局集团第四工程有限公司	一等奖
5	大型桥建合一铁路枢纽车站施工关键技术	中铁十二局集团有限公司、中铁十二局集团第七工程有限公司、北京工业大学、中铁第四勘察设计院集团有限公司	一等奖
6	大断面特长隧道快速施工与机械化配套技术	中铁十二局集团有限公司、中铁十二局集团第二工程有限公司、中南大学、中铁华铁工程设计集团有限公司	一等奖
7	沿海城市复杂环境盾构信息化智能反馈施工技术	中国铁建大桥工程局集团第一工程有限公司、中国铁建大桥工程局集团有限公司、大连海事大学	一等奖
8	深厚软土地铁车站深基坑施工变形控制关键技术	中铁十四局集团有限公司、中铁十四局集团第四工程有限公司、宁波大学、山东科技大学、宏润建设集团股份有限公司、上海广联环境岩土工程股份有限公司	一等奖
9	复杂岩溶隧道安全绿色高效施工关键技术	中铁十四局集团有限公司、中铁十四局集团第五工程有限公司、山东大学、山东科技大学、中铁二院重庆勘察设计研究院有限公司、中铁建海南投资有限公司	一等奖
10	陡峭峡谷大跨度栓焊结合钢管拱桥关键施工技术研究	中铁十五局集团有限公司、中铁十五局集团第二工程有限公司、广西大学	一等奖

续表

序号	项　目　名　称	完成单位	获奖等级
11	高地温、高地应力、多变岩性长大隧道综合施工技术	中铁十六局集团有限公司、中铁十六局集团第五工程有限公司	一等奖
12	跨黄河大跨预应力混凝土斜拉桥综合施工技术	中铁十六局集团有限公司、中铁十六局集团第五工程有限公司	一等奖
13	CRTSⅢ型板式无砟轨道综合施工技术及配套装备深化研究	中铁十七局集团有限公司、中铁十七局集团物资有限公司、中铁十七局集团第三工程有限公司、中铁十七局集团第五工程有限公司、中铁十七局集团第六工程有限公司、中铁十七局集团第二工程有限公司	一等奖
14	大断面瓦斯隧道水力压裂快速揭煤施工技术研究与应用	中铁十八局集团有限公司、中铁十八局集团隧道工程有限公司	一等奖
15	超高层建筑施工综合技术研究	中铁建设集团有限公司、中铁建设集团南方工程有限公司、广西大学、广西岩土新技术有限公司	一等奖
16	稀土元素强化型铜合金高导电 JTMH120 承力索研制	中国铁建电气化局集团有限公司、中国铁建电气化局集团康远新材料有限公司	一等奖
17	新型水下无封底混凝土钢混组合吊箱围堰关键技术研究	中国铁建港航局集团有限公司	一等奖
18	超大型商业综合体设计与施工关键技术研究	中铁城建集团北京工程有限公司唐山分公司、中铁城建集团北京工程有限公司、中铁城建集团有限公司	一等奖
19	盾构隧道下穿黄河强透水砂卵石地层关键技术研究	中铁第一勘察设计院集团有限公司、中铁十四局集团有限公司、中铁十六局集团有限公司、中国铁建重工集团有限公司、中铁十四局集团隧道工程有限公司、中铁十六局集团地铁工程有限公司	一等奖
20	周界入侵报警系统技术研究	中铁第一勘察设计院集团有限公司	一等奖
21	深厚层黄土强湿陷性特性及路基工程处理关键技术试验研究	中铁第一勘察设计院集团有限公司	一等奖
22	大风区接触网附加导线悬挂、零部件及盐碱风沙蚀环境绝缘子防护研究	中铁第一勘察设计院集团有限公司	一等奖
23	中低速磁浮交通工程低置结构技术与应用研究	中铁第四勘察设计院集团有限公司、西南交通大学、华中科技大学、中铁二十四局集团有限公司	一等奖
24	中低速磁浮交通桥梁关键技术研究	中铁第四勘察设计院集团有限公司、西南交通大学	一等奖
25	昆明南站设计关键技术研究与应用	中铁第四勘察设计院集团有限公司	一等奖
26	铁路牵引供电智能化技术装备创新及工程应用	中铁第四勘察设计院集团有限公司、国电南京自动化股份有限公司、天津凯发电气股份有限公司	一等奖
27	分布式接触网雷电在线监测及故障定位系统	中铁第四勘察设计院集团有限公司、武汉铁路局、武汉大学、中船重工第七一二研究所	一等奖
28	宁安铁路安庆长江大桥桥梁轨道一体化综合监测系统	中铁第四勘察设计院集团有限公司	一等奖
29	城市轨道交通车辆基地虚拟现实及仿真关键技术研究及创新	中铁第四勘察设计院集团有限公司、武汉理工大学、成都运达科技股份有限公司、中视典数字科技有限公司、数维积木科技(武汉)有限公司	一等奖
30	中低速磁浮交通通信信号系统关键技术研究及工程验证	中铁第四勘察设计院集团有限公司	一等奖
31	严寒地区公铁两用钢桁梁桥成套建造技术	中铁第五勘察设计院集团有限公司、中铁山桥集团有限公司、燕山大学、中铁大桥局集团有限公司	一等奖
32	铁路通信信息防雷保安器 SPD 智能监测系统研究	中铁第五勘察设计院集团有限公司、天津市中力防雷技术有限公司	一等奖

续表

序号	项目名称	完成单位	获奖等级
33	ZJM4200护盾式掘锚机	中国铁建重工集团有限公司	二等奖
34	非煤层高瓦斯高风险隧道施工关键技术	中铁十二局集团有限公司、中铁十二局集团第四工程有限公司	二等奖
35	特长铁路单线隧道工程综合修建关键技术研究	中铁十二局集团有限公司、中铁十二局集团第三工程有限公司、西南交通大学	二等奖
36	浅覆土富水软弱地层微型盾构施工关键技术	中铁十二局集团有限公司、中铁十二局集团第七工程有限公司、中南大学	二等奖
37	富水砂卵石地层顶进大直径混凝土预制管施工技术及风险控制研究	中国铁建大桥工程局集团第三工程有限公司、中国铁建大桥工程局集团有限公司、东北大学	二等奖
38	复杂环境下异型深大基坑盖挖逆作综合技术研究及应用	中国铁建大桥工程局集团第二工程有限公司、中国铁建大桥工程局集团有限公司	二等奖
39	西南山区V形峡谷条件下高墩大跨铁路刚构桥梁综合施工技术	中国铁建大桥工程局集团第四工程有限公司、中国铁建大桥工程局集团有限公司、西安建筑科技大学	二等奖
40	岩溶隧道智慧化风险管理与标准化、模块化灾害处治关键技术	中铁十四局集团有限公司、中铁十四局集团第二工程有限公司、山东大学、湖北宜鹤高速公路有限公司	二等奖
41	城市复杂环境下特大断面隧道钻爆法原位扩建施工的关键技术研究	中铁十五局集团有限公司、中铁十五局集团第二工程有限公司、福州大学	二等奖
42	超小曲线半径及变截面城市轻轨节段梁预制拼装施工技术	中铁十五局集团有限公司、河南科技大学	二等奖
43	高烈度地震山区复杂地质条件下客运专线铁路综合施工技术研究	中铁十六局集团有限公司、中铁十六局集团第三工程有限公司	二等奖
44	天津软土地层复杂环境下地铁车站与盾构隧道近接构筑物施工技术研究	中铁十六局集团有限公司、中铁十六局集团北京轨道交通工程建设有限公司	二等奖
45	海陆交互地层地铁盾构孤石群探测及综合处理技术研究	中铁十七局集团有限公司、中铁十七局集团第六工程有限公司、西南交通大学	二等奖
46	岩溶库区深水高墩大跨连续刚构桥高效施工技术	中铁十七局集团第三工程有限公司	二等奖
47	车田河V型腿桁架箱梁桥修建关键技术研究	中铁十七局集团第一工程有限公司、中铁(贵州)市政工程有限公司	二等奖
48	软弱地质条件下长距离小净距盾构法重叠隧道施工技术研究	中铁十八局集团有限公司、中铁十八局集团第五工程有限公司	二等奖
49	千枚岩不良地质情况下铁路隧道综合施工技术	中铁十九局集团有限公司	二等奖
50	矿山法区间隧道下穿既有盾构区间施工关键技术研究	中铁十九局集团有限公司、中铁十九局集团轨道交通工程有限公司、北京工业大学	二等奖
51	太阳能技术在严寒地区的应用研究	中铁二十一局集团第二工程有限公司、中铁二十一局集团德盛和置业有限公司	二等奖
52	复杂条件下富水软弱围岩隧道信息化及施工关键技术研究	中铁二十二局集团有限公司	二等奖
53	临近既有铁路富水含砂深基坑施工技术	中铁二十三局集团有限公司、中铁二十三局集团第二工程有限公司	二等奖
54	强岩溶富水城市地铁瑞雷波检测技术研究与应用	中铁二十四局集团有限公司、中铁二十四局集团南昌铁路工程有限公司、北京东城振动学会	二等奖
55	超长箱涵穿越铁路施工关键技术研究与应用	中铁二十四局集团有限公司、中铁二十四局集团有限公司路桥分公司	二等奖
56	金属屋面防风防暴雨技术措施研究与应用	中铁建设集团有限公司、西南科技大学、中铁建设集团市政工程有限公司	二等奖
57	装配式混凝土结构体系建筑建造技术研究	中铁建设集团有限公司、中铁建设集团北京工程有限公司、北京市建筑工程研究院有限责任公司	二等奖
58	新型模板体系研究与产业化	中铁建设集团有限公司	二等奖

续表

序号	项　目　名　称	完成单位	获奖等级
59	绿色建筑机电设计与施工技术研究	中铁建设集团有限公司、中铁建设集团北京工程有限公司	二等奖
60	基于纳米海绵高效净水吸附材料的一体化水处理装置的研发与应用	中铁建设集团有限公司、武汉理工大学、中铁建设集团设备安装有限公司	二等奖
61	复杂条件下深基坑双排桩优化技术与灾变控制	中铁建设集团有限公司、中铁建设集团市政工程有限公司、北京工业大学	二等奖
62	建筑工程绿色施工过程控制数据分析智能系统	中铁建设集团有限公司、中铁建设集团市政工程有限公司	二等奖
63	高速铁路 GSM－R 无线网络优化研究及应用	中国铁建电气化局集团有限公司	二等奖
64	激光测量路轨震动综合补偿地铁限界及冷滑检测装置研制及应用	中国铁建电气化局集团有限公司、中国铁建电气化局集团第二工程有限公司	二等奖
65	滨洲铁路高寒地区接触网施工关键技术研究	中国铁建电气化局集团有限公司、中国铁建电气化局集团第一工程有限公司	二等奖
66	高速铁路双向光电缆自动敷设作业车研制及应用	中国铁建电气化局集团有限公司、中国铁建电气化局集团北方工程有限公司	二等奖
67	现代有轨电车通信信号系统施工关键技术研究	中国铁建电气化局集团有限公司、中国铁建电气化局集团第一工程有限公司	二等奖
68	湿陷性黄土地区盾构隧道下穿重要建筑群综合技术研究	中铁第一勘察设计院集团有限公司	二等奖
69	城市地铁复合式 TBM 及长大复杂区间关键技术研究	中铁第一勘察设计院集团有限公司	二等奖
70	大风区铁路接触网技术标准研究	中铁第一勘察设计院集团有限公司	二等奖
71	铁路钢桁梁桥面水平 K 撑研究	中铁第四勘察设计院集团有限公司、西南交通大学、中南大学	二等奖
72	铁路枢纽 CTCS－3 级列控系统关键设备设置方案研究	中铁第四勘察设计院集团有限公司	二等奖
73	铁路站场设计系统	中铁第四勘察设计院集团有限公司	二等奖
74	郑徐客运专线路基工程深厚松软土地基加固试验研究	中铁第四勘察设计院集团有限公司、郑西铁路客运专线有限责任公司、西南交通大学、中铁三局集团郑徐铁路客运专线工程指挥部	二等奖
75	铁路路基工程风险评估技术体系研究	中铁第四勘察设计院集团有限公司	二等奖
76	地铁车辆基地工程海绵城市技术研究与应用	中铁第四勘察设计院集团有限公司	二等奖
77	基于佛山西站 EPC 项目的城市交通组织优化统筹研究	中铁第四勘察设计院集团有限公司	二等奖
78	高速铁路基础设施检测关键技术及工程应用	中铁第四勘察设计院集团有限公司、成都铁路局成都工务大型养路机械运用检修段、武汉大学、成都唐源电气股份有限公司	二等奖
79	高速铁路运行仿真培训系统关键技术及其应用	中铁第四勘察设计院集团有限公司、西南交通大学、成都运达科技股份有限公司、武汉高速铁路职业技能训练段	二等奖
80	软岩透水地区悬索桥隧道锚关键技术研究	中铁第四勘察设计院集团有限公司	二等奖
81	大跨度公路钢桁拱设计关键技术研究	中铁第四勘察设计院集团有限公司	二等奖
82	中低速磁悬浮交通站房结构振动研究	中铁第四勘察设计院集团有限公司、西南交通大学	二等奖
83	城区膨胀性黄土地层浅埋大跨隧道关键技术研究	中铁第四勘察设计院集团有限公司、石家庄铁道大学	二等奖

续表

序号	项　目　名　称	完成单位	获奖等级
84	铁路大型养路机械故障处置应急预案模拟演练系统	中铁第四勘察设计院集团有限公司、成都铁路局成都工务大型养路机械运用检修段、中国铁建高新装备股份有限公司、武汉思恒达科技有限公司	二等奖
85	铁路路基设计系统(LJCAD)	中铁第五勘察设计院集团有限公司	二等奖
86	机车动态跟踪及安全预警系统	中铁上海设计院集团有限公司、郑州畅想高科股份有限公司、南京铁路枢纽工程建设指挥部	二等奖
87	岩土工程勘察技术优化应用研究及相关设备研发	中铁上海设计院集团有限公司	二等奖
88	高大跨六连拱渡槽施工关键技术	中铁十一局集团第二工程有限公司、中铁十一局集团有限公司	三等奖
89	复杂地质与环境城市高速铁路隧道修建关键技术研究	中铁十二局集团有限公司、中铁十二局集团第二工程有限公司、北京工业大学	三等奖
90	雅康路二郎山隧道施工关键技术研究	中铁十二局集团有限公司、中铁十二局集团第三工程有限公司、西南交通大学	三等奖
91	椒溪河特大桥施工关键技术研究	中铁十二局集团有限公司、中铁十二局集团第三工程有限公司、石家庄铁道大学	三等奖
92	系列复杂条件下隧道施工关键技术	中铁十二局集团有限公司、中铁十二局集团第四工程有限公司、北京交通大学	三等奖
93	复杂地质条件下小断面特长隧道综合配套施工技术	中国铁建大桥工程局集团第四工程有限公司、中国铁建大桥工程局集团有限公司、西安建筑科技大学	三等奖
94	高空大跨度多层钢结构连廊综合施工技术	中铁十四局集团有限公司、中铁十四局集团建筑工程有限公司	三等奖
95	装配整体式混凝土结构综合施工技术	中铁十四局集团有限公司、中铁十四局集团建筑工程有限公司	三等奖
96	严寒地区城市地铁装配式车站施工关键技术研究	中铁十四局集团有限公司、中铁十四局集团隧道工程有限公司、北京城建设计发展集团股份有限公司	三等奖
97	城市隧道立体交叉及复杂断面施工技术研究	中铁十六局集团有限公司、中铁十六局集团北京轨道交通工程建设有限公司	三等奖
98	大跨度下承式钢管混凝土系杆拱桥先拱后梁法综合施工技术研究	中铁十六局集团有限公司、中铁十六局集团第三工程有限公司	三等奖
99	富水断裂带地铁暗挖区间零间距下下穿在建隧道施工技术	中铁十七局集团有限公司、中铁十七局集团第一工程有限公司	三等奖
100	粉细砂地层地铁T型换乘站盖挖逆作法综合施工技术	中铁十七局集团有限公司、中铁十七局集团第一工程有限公司	三等奖
101	贵安新区城市综合管廊建造技术与智慧化管理系统研究	中铁十七局集团第一工程有限公司、中铁(贵州)市政工程有限公司	三等奖
102	跨京包铁路连续梁墩顶牵引转体施工技术	中铁十七局集团第二工程有限公司、中铁十七局集团有限公司	三等奖
103	盾构长距离多点位小近距穿越敏感大型立交枢纽的微扰动控制技术	中铁十七局集团有限公司、中铁十七局集团上海轨道交通工程有限公司	三等奖
104	基于无砟轨道高速铁路软土路基动力特性及沉降综合控制关键技术	中铁十八局集团有限公司、武九铁路客运专线有限责任公司、中国矿业大学(北京)	三等奖
105	球形网架钢结构屋架抗爆抗震技术研究	中铁十八局集团有限公司、中铁十八局集团第四工程有限公司	三等奖
106	断层带高填方路基沉降控制及抗震措施研究	中铁十九局集团有限公司、云桂铁路云南有限责任公司、西南交通大学	三等奖
107	超大吨位斜拉桥平面转体施工技术研究	中铁二十局集团第一工程有限公司、中铁二十局集团有限公司	三等奖
108	闽江特大桥V型河床嵌岩深水基础综合施工技术	中铁二十局集团第一工程有限公司、中铁二十局集团有限公司	三等奖
109	复合地层盾构施工技术	中铁二十局集团第五工程有限公司、中铁二十局集团有限公司	三等奖

续表

序号	项 目 名 称	完成单位	获奖等级
110	甘肃天水市罗家沟大桥 300 米自锚悬索桥施工关键技术研究	中铁二十局集团第四工程有限公司、中铁二十局集团有限公司	三等奖
111	富水砂卵石地层盾构施工技术研究	中铁二十局集团第三工程有限公司、中铁二十局集团有限公司	三等奖
112	一种无连接桥的盾构机分体始发技术研究	中铁二十局集团第四工程有限公司、中铁二十局集团有限公司	三等奖
113	兰州特殊红砂岩地层深基坑围护结构设计与施工技术研究	中铁二十局集团市政工程有限公司、中铁二十局集团有限公司、兰州理工大学	三等奖
114	中铁二十局集团知识管理信息系统	中铁二十局集团有限公司	三等奖
115	双向螺旋挤土灌注桩在湿陷性黄土地区应用的试验研究	中铁二十局集团市政工程有限公司、中铁二十局集团有限公司	三等奖
116	膨胀土(岩)河道处理技术研究	中铁二十局集团第二工程有限公司、中铁二十局集团有限公司	三等奖
117	多年冻土区高等级公路片石及保温板路基监测与施工技术研究	中铁二十一局集团第四工程有限公司	三等奖
118	复杂条件下城市地铁盾构侧向始发与风险控制关键技术	中铁二十二局集团第一工程有限公司、北京工业大学、中铁二十二局集团有限公司	三等奖
119	异形截面变高悬拼节段梁短线匹配法预制施工技术研究	中铁二十三局集团有限公司、中铁二十三局集团轨道交通工程有限公司	三等奖
120	高墩长联大跨度连续梁大桥综合施工技术研究	中铁二十三局集团有限公司	三等奖
121	城市强岩溶富水地铁隧道悬臂掘进机施工关键技术研究	中铁二十四局集团有限公司、中铁二十四局集团南昌铁路工程有限公司	三等奖
122	地铁车站爆破开挖对周边建(构)筑物振动影响及控制	中铁二十四局集团有限公司	三等奖
123	锚桩在隧道洞身段穿过泥石流堆积体中控制变形的施工技术	中铁二十五局集团第一工程有限公司、中铁二十五局集团有限公司	三等奖
124	铁路站房改扩建项目新旧站房衔接施工关键技术研究	中铁建设集团有限公司、西南科技大学、中铁建设集团市政工程有限公司	三等奖
125	塔式起重机顶升机构检测监控系统集成产品研发	中铁建设集团有限公司、中铁建设集团北京工程有限公司、宜昌亿万软件有限公司	三等奖
126	装配式住宅灌浆料的研究	中铁建设集团有限公司	三等奖
127	高大模板支撑系统服役全过程远程监测系统研发与其结构安全状态评估	中铁建设集团有限公司、北京交通大学	三等奖
128	超高层不规则弧形外立面防护体系设计与应用研究	中铁建设集团有限公司、华东交通大学	三等奖
129	超高层建筑单元体幕墙设计与施工技术研究	中铁建设集团有限公司	三等奖
130	BIM 技术在城市轨道交通中的综合应用研究	中铁建设集团有限公司、中铁建设集团市政工程有限公司、北京跨世纪软件技术有限公司	三等奖
131	辛泰线无线列调改 GSM－R 系统过渡方案的研究及应用	中国铁建电气化局集团有限公司、北京中铁建电气化设计研究院有限公司	三等奖
132	吉图珲客运专线接触网用黑色金属零部件关键技术的研究	中国铁建电气化局集团有限公司、中国铁建电气化局集团轨道交通器材有限公司	三等奖
133	大汉阳有轨电车供电系统关键施工及调试技术研究	中国铁建电气化局集团有限公司、中国铁建电气化局集团南方工程有限公司	三等奖
134	牡绥铁路路基段接触网精确测量及施工技术	中国铁建电气化局集团有限公司、中国铁建电气化局集团第三工程有限公司	三等奖
135	渝万铁路无线网络优化技术研究	中国铁建电气化局集团有限公司、中国铁建电气化局集团北方工程有限公司	三等奖
136	高层钢结构自承式可拆卸钢筋桁架楼承板施工技术	中铁城建集团有限公司、中铁城建集团南昌建设有限公司	三等奖
137	抗渗混凝土外加剂 penetron 防水机理及其在高抗渗混凝土中的应用技术	中铁城建集团有限公司、中铁城建集团第一工程有限公司、山西省科学技术情报研究所	三等奖
138	兰州地铁车站基坑围护选型及基坑降水措施研究	中铁第一勘察设计院集团有限公司、兰州理工大学	三等奖

续表

序号	项目名称	完成单位	获奖等级
139	大厚度自重湿陷性黄土地层地铁隧道关键技术研究(14－19)	中铁第一勘察设计院集团有限公司	三等奖
140	大范围饱和砂土液化地层条件下地铁地下结构设计关键技术研究	中铁第一勘察设计院集团有限公司	三等奖
141	密集隧道群高速铁路信号系统智能维护技术研究	中铁第一勘察设计院集团有限公司、兰州铁路局电务处、通号工程局集团有限公司宝兰客运专线(甘肃段)项目经理部	三等奖
142	动车融冰除雪技术研究	中铁第一勘察设计院集团有限公司	三等奖
143	西安地铁通风空调系统运行控制节能措施研究	中铁第一勘察设计院集团有限公司	三等奖
144	陕北至川渝地区铁路煤运通道方案专题研究	中铁第一勘察设计院集团有限公司	三等奖
145	复杂交通体系下市政隧道通风系统研究	中铁第四勘察设计院集团有限公司	三等奖
146	郑徐客运专线无砟轨道设计技术研究	中铁第四勘察设计院集团有限公司	三等奖
147	周边新建工程引起的环境变化对临近运营高速铁路的影响研究	中铁第四勘察设计院集团有限公司、东南大学	三等奖
148	城市轨道交通强弱电系统同址共建电磁兼容方案及应用研究	中铁第四勘察设计院集团有限公司、无锡地铁集团有限公司、北京邮电大学	三等奖
149	城际铁路地下区间机电设备监控方案的系统研究	中铁第四勘察设计院集团有限公司、成都四为电子信息股份有限公司	三等奖
150	现代有轨电车信号系统需求分析与方案研究	中铁第四勘察设计院集团有限公司	三等奖
151	膨胀土试验关键技术研究	中铁第四勘察设计院集团有限公司	三等奖
152	大悬臂展翅宽箱梁桥关键技术研究	中铁第四勘察设计院集团有限公司	三等奖
153	有砟轨道四线铁路主跨160米钢管混凝土刚架系杆拱—连续钢箱梁组合桥设计研究	中铁第四勘察设计院集团有限公司、西南交通大学、广州铁路(集团)公司广州工程建设指挥部	三等奖
154	既有线GSM－R改造方案研究	中铁第四勘察设计院集团有限公司	三等奖
155	城市地下互通立交路线设计关键技术	中铁第四勘察设计院集团有限公司	三等奖
156	800米以上长距离明洞建造技术及成套施工装备	中铁第五勘察设计院集团有限公司、北京铁五院工程机械有限公司	三等奖
157	非传统折板式杆件结构应用与研究	中铁上海设计院集团有限公司	三等奖
158	大跨度简支槽型梁系杆拱桥关键技术研究	中铁上海设计院集团有限公司	三等奖
159	CSM－1吨型铁路信号集中监测系统	中铁上海设计院集团有限公司	三等奖

（制表：程博华）

2017 年度中国铁道建筑总公司勘察设计“四优”、优秀工程咨询成果项目目录

序号	项　目　名　称	完成单位	获奖等级
一	优秀工程勘察		
1	宁西铁路丹江河谷区综合地质选线	铁一院	一等奖
2	天水至平凉铁路关山特长隧道工程地质勘察	铁一院兰州院	一等奖
3	合福铁路精密控制测量工程	铁四院	一等奖
4	新建赣州至韶关铁路不良地质勘察	铁五院	一等奖
5	宁启铁路复线提速工程地质勘察	上海院	一等奖
6	黄韩侯铁路如意隧道地质勘察	铁一院	二等奖
7	黄韩侯铁路如意隧道分段铺设无砟轨道工程控制测量	铁一院	二等奖
8	天水至平凉铁路六盘山隧道工程地质勘察	铁一院兰州院	二等奖
9	宁安城际铁路大学山采空区（DIK123＋250—750）工程地质勘察	铁四院	二等奖
10	麻城至竹溪高速公路宜城至保康段高家坪隧道工程地质勘察	铁四院	二等奖
11	赣瑞龙铁路煤层瓦斯隧道群采空区勘察	铁四院	二等奖
12	北京市大兴区生物医药基地 12、13、14 号地项目勘察	铁五院	二等奖
13	新建铁路连云港至镇江线精密控制测量	上海院	二等奖
14	宁西铁路新磨沟岭隧道地质勘察	铁一院	三等奖
15	宁西铁路新桃花铺 2 号隧道地质勘察	铁一院	三等奖
16	黄韩侯铁路芝水沟特大桥地质勘察	铁一院	三等奖
17	兰州至中川城际铁路 CPIII 控制网测量	铁一院	三等奖
18	宁波铁路枢纽北环线甬江特大桥工程地质勘察	铁四院	三等奖
19	赣瑞龙铁路梅花山隧道工程地质勘察	铁四院	三等奖
20	昆明南火车站呈贡新城东外环中路及上部道路工程地质勘察	铁四院	三等奖
21	赣瑞龙铁路精密控制测量工程	铁四院	三等奖
22	宁安城际铁路工程测量	铁四院	三等奖
23	金温铁路扩能改造工程测量	铁四院	三等奖
24	改建铁路宁启铁路南京至南通段复线电气化改造工程 CPIII 测量项目	上海院	三等奖
二	优秀工程设计		
25	黄陵至韩城至侯马铁路工程设计	铁一院	一等奖
26	乌鲁木齐铁路枢纽新建乌鲁木齐新客站工程设计	铁一院	一等奖
27	黄韩侯铁路芝水沟特大桥设计	铁一院	一等奖

续表

序号	项　目　名　称	完成单位	获奖等级
28	兰新客运专线电气化工程设计	铁一院	一等奖
29	新建西安大型养路机械运用检修段工程	铁一院	一等奖
30	兰新客运专线河西走廊地区风沙综合防治工程设计	铁一院	一等奖
31	宁安城际铁路总体设计	铁四院	一等奖
32	广深港客运专线福田站及相关工程	铁四院	一等奖
33	赣瑞龙铁路特殊路基工程设计	铁四院	一等奖
34	重庆中渡长江大桥	铁四院	一等奖
35	广深港客运专线福田站及相关工程隧道工程(益田路隧道和深港隧道)	铁四院	一等奖
36	长沙磁浮工程供电系统设计	铁四院	一等奖
37	长沙磁浮工程通信信号 AFC 系统设计	铁四院	一等奖
38	长沙磁浮工程总体设计	铁四院	一等奖
39	长沙磁浮工程总承包项目工程施工组织及概算	铁四院	一等奖
40	新建成都基础设施维修基地	铁四院	一等奖
41	新建铁路衡茶吉线有机质土(泥炭质土)地基处理工程	铁五院	一等奖
42	滨北线松花江公铁两用特大桥	铁五院	一等奖
43	青岛市地铁 3 号线李村站—火车北站(不含)4 站 4 区间设计	铁五院	一等奖
44	改建铁路宁启线南京至南通段复线电气化提速(200 千米/小时)改造工程	上海院	一等奖
45	天津地铁 6 号线调整及新建延伸线工程大毕庄上盖车辆段	上海院	一等奖
46	邵阳文化艺术中心建设工程	上海院	一等奖
47	宁西线西安至南阳增建第二线设计	铁一院	二等奖
48	兰新客运专线(新疆段)无砟轨道工程设计	铁一院	二等奖
49	兰新客运专线连续桩板结构设计	铁一院	二等奖
50	兰新客运专线十三间房子特大桥设计	铁一院	二等奖
51	兰新客运专线达坂城湿地特大桥梁拱组合结构设计	铁一院	二等奖
52	兰新客运专线大风戈壁区高速铁路隧道及防风明洞设计	铁一院	二等奖
53	拉日铁路高海拔高岩温隧道群设计	铁一院	二等奖
54	兰新客运专线电力工程设计	铁一院	二等奖
55	兰新客运专线信息、防灾安全监控系统工程设计	铁一院	二等奖
56	兰州市城市轨道交通 1 号线一期工程试验段(世纪大道站及世纪大道—迎门滩区间)设计	铁一院	二等奖

续表

序号	项 目 名 称	完成单位	获奖等级
57	重庆地铁6号线二期工程五路口站单拱大跨车站及相邻区间设计	铁一院	二等奖
58	哈尔滨车辆段迁建工程设计	铁一院	二等奖
59	新建铁路额济纳至哈密线设计	铁一院新疆院	二等奖
60	赣瑞龙铁路总体设计	铁四院	二等奖
61	合福铁路线路设计	铁四院	二等奖
62	沪宁城际铁路黄渡疏解区桥群墩台偏移整治工程设计	铁四院	二等奖
63	宁波铁路枢纽北环线特殊路基工程设计	铁四院	二等奖
64	扬州市新万福路建设工程江阳大桥	铁四院	二等奖
65	珠海横琴二桥	铁四院	二等奖
66	广深港客运专线福田站电力设计	铁四院	二等奖
67	佛肇城际铁路通信信号信息防灾系统设计	铁四院	二等奖
68	长沙磁浮工程轨道工程设计	铁四院	二等奖
69	长沙轨道交通1号线侯家塘站	铁四院	二等奖
70	郑州市轨道交通2号线一期工程紫荆山站—东大街站区间工程	铁四院	二等奖
71	武汉市轨道交通3号线一期工程三金潭车辆段与综合基地	铁四院	二等奖
72	五矿·万境财智中心	铁四院	二等奖
73	合福铁路施工组织及概算	铁四院	二等奖
74	宁安城际铁路(DK65+943.2—DK66+190.96、DK96+615.86—DK99+714.59)段特殊路基工程	铁四院	二等奖
75	滨北线松花江公铁两用桥改建工程桥上无缝线路设计	铁五院	二等奖
76	新建沈阳至丹东铁路客运专线本溪站	铁五院	二等奖
77	徐州市新城区总工会干校大楼	铁五院	二等奖
78	新建铁路大准至朔黄铁路联络线通信系统工程设计	铁五院	二等奖
79	宁启铁路复线电气化改造工程既有线路基提速(200千米/小时)加固设计	上海院	二等奖
80	成都地铁4号线一期工程通信信号设计	上海院	二等奖
81	宁启线海安县站站房综合楼客运设施项目工程	上海院	二等奖
82	兰州至中川机场铁路设计	铁一院	三等奖
83	兰新客运专线哈密站站场设计	铁一院	三等奖
84	兰新客运专线嘉峪关长城段无砟轨道减振结构设计	铁一院	三等奖
85	兰州至中川机场线福利区路基支挡工程设计	铁一院	三等奖

续表

序号	项　目　名　称	完成单位	获奖等级
86	乌鲁木齐新客站路基工程设计	铁一院	三等奖
87	兰渝铁路枫相院车站特大桥设计	铁一院	三等奖
88	新建黄韩侯铁路金水沟特大桥设计	铁一院	三等奖
89	兰新客运专线大坂山、祁连山越岭段隧道工程设计	铁一院	三等奖
90	宁西铁路增建二线电气化工程设计	铁一院	三等奖
91	宝兰客运专线兰州枢纽通信、信号系统工程设计	铁一院	三等奖
92	西格二线关角隧道信号系统工程设计	铁一院	三等奖
93	青岛市地铁一期工程(3 号线)信号系统工程设计	铁一院	三等奖
94	神木县铁鸿运输公司办公大楼设计	铁一院	三等奖
95	天平线陡坡膨胀岩地段高边坡路基综合治理工程	铁一院兰州院	三等奖
96	新建铁路天水至平凉线关山隧道设计	铁一院兰州院	三等奖
97	宁波铁路枢纽北环线总体设计	铁四院	三等奖
98	金温铁路扩能改造工程总体设计	铁四院	三等奖
99	襄阳北编组站上行系统改造总体设计	铁四院	三等奖
100	宁安城际铁路站场设计	铁四院	三等奖
101	合福铁路轨道工程设计	铁四院	三等奖
102	赣瑞龙铁路深路堑高边坡新型支档绿色防护设计	铁四院	三等奖
103	三明机场填方高边坡工程和排水系统设计	铁四院	三等奖
104	宁安城际铁路青弋江特大桥	铁四院	三等奖
105	佛肇城际铁路桂丹立交特大桥	铁四院	三等奖
106	赣瑞龙铁路新考塘隧道	铁四院	三等奖
107	长沙磁浮工程 FAS/BAS/ACS 设计	铁四院	三等奖
108	长沙磁浮工程道岔系统设计	铁四院	三等奖
109	长沙磁浮工程浏阳河特大桥	铁四院	三等奖
110	郑州市轨道交通 2 号线一期工程东大街站	铁四院	三等奖
111	武汉市轨道交通 3 号线一期工程宏图大道站	铁四院	三等奖
112	广深港客运专线福田站给排水及消防系统设计	铁四院	三等奖
113	武汉东湖通道给排水及消防工程设计	铁四院	三等奖
114	新建福州东(樟林)货车车辆段工程	铁四院	三等奖

续表

序号	项　目　名　称	完成单位	获奖等级
115	武汉东湖隧道通风排烟设计	铁四院	三等奖
116	宁西铁路增建二线工程南阳地区（K405 +300—K442 +500）强膨胀土地段路基设计	铁四院	三等奖
117	陕西省宝鸡市蟠龙塬上塬路上跨陇海铁路立交桥工程	铁五院	三等奖
118	北京地铁16号线二期工程西北旺站—农大南路站（不含）2站2区间设计	铁五院	三等奖
119	中国铁建梧桐苑SOHO综合办公项目（北京市门头沟永定镇居住及F1住宅混合公建项目）	铁五院	三等奖
120	郑州市轨道交通1号线一期工程会展中心站（不含）—体育中心站2站4区间设计	铁五院	三等奖
121	新建大准至朔黄铁路联络线电气化工程设计	铁五院	三等奖
122	肥东县店忠路下穿淮南铁路及合宁高速铁路工程	上海院	三等奖
123	上海市轨道交通11号线北段（罗山路—迪士尼乐园）工程通信及自动售检票系统设计	上海院	三等奖
124	宁波轨道交通1号线二期SJ1206标段	上海院	三等奖
125	上海铁路局太平桥货场部分地块单位租赁房项目	上海院	三等奖
126	上海市轨道交通12号线七莘路站	上海院	三等奖
127	东莞市虎门港沙田港区立沙岛作业区鸿源航空油品码头工程	港航局设计院	三等奖
三	**优秀工程咨询成果**		
128	城市群城际铁路网规划方法研究	铁一院	一等奖
129	乌鲁木齐市城市轨道交通第二期建设规划	铁一院	一等奖
130	西安地铁9号线（临潼线）一期工程可行性研究报告	铁一院	一等奖
131	全国铁路网规划方案研究报告	铁四院	一等奖
132	武汉铁路枢纽总图规划	铁四院	一等奖
133	几内亚西芒杜矿山铁路银行级可行性研究报告	铁四院	一等奖
134	新建铁路张家界至吉首至怀化铁路环境影响报告书	铁四院	一等奖
135	长沙市城市轨道交通第三期建设规划（2017—2022年）	铁四院	一等奖
136	新建铁路杭州至绍兴至台州线项目申请报告	铁五院	一等奖
137	新建安庆至九江铁路可行性研究报告	铁五院	一等奖
138	上海轨道交通信息化通信服务系统工程可行性研究报告	上海院	一等奖
139	新建神木至瓦塘铁路红柳林至冯家川段项目申请报告	铁一院	二等奖
140	西安铁路枢纽新建新筑物流基地工程可行性研究报告	铁一院	二等奖
141	新建铁路阿勒泰至富蕴至准东线环境影响报告书	铁一院	二等奖
142	青岛市红岛—胶南城际轨道交通二期工程可行性研究报告	铁一院	二等奖

续表

序号	项　目　名　称	完成单位	获奖等级
143	西宁主城高速环线(西城大街)连接线工程可行性研究	铁一院	二等奖
144	兰州新区现代有轨电车1号线工程可行性研究报告	铁一院	二等奖
145	兰州市七里河区S136号道路及地下综合管廊工程可行性研究	铁一院	二等奖
146	铁路煤炭物流“十三五”规划	铁四院	二等奖
147	杭州铁路枢纽总图规划	铁四院	二等奖
148	杭州至温州铁路一期工程可行性研究	铁四院	二等奖
149	长株潭城市群城际轨道交通运营管理模式专题研究	铁四院	二等奖
150	广州枢纽东北货车外绕线龙归硝盐矿开采对外绕线工程安全影响评估	铁四院	二等奖
151	沪通铁路张家港站广场及地下空间配套市政工程方案研究	铁四院	二等奖
152	中山市城市轨道交通建设规划(2017—2022年)	铁四院	二等奖
153	惠州市城市轨道交通线网规划	铁四院	二等奖
154	昆明市轨道交通5号线工程可行性研究	铁四院	二等奖
155	杭州市望江路过江隧道工程可行性研究报告	铁四院	二等奖
156	新建中卫至兰州铁路可行性研究报告	铁五院	二等奖
157	新建金华至台州铁路隧道工程风险评估报告	铁五院	二等奖
158	援佛得角大学新校区项目评估报告	铁五院	二等奖
159	沧州市地下综合管廊专项规划(2016—2030年)	铁五院	二等奖
160	商州区高级中学建设对东龙山及新东龙山隧道影响的安全性评估报告	铁五院	二等奖
161	新建铁路新建向塘铁路物流基地工程可行性研究	上海院	二等奖
162	宁波市世纪大道快速路上跨铁路立交桥工程可行性研究	上海院	二等奖
163	上海市北横通道新建工程2标段跨铁路立交桥工程可行性研究	上海院	二等奖
164	北江(韶关至乌石)航道扩能升级工程可行性研究	港航局设计院	二等奖
165	北江联通湘江赣江工程初步研究	港航局设计院	二等奖

(制表:徐惠纯)

2017年度中国铁建优秀工法目录

序号	工　法　名　称	完成单位	获奖等级
1	CRTSⅢ型轨道板预制质量控制施工工法	十一局	一等奖
2	客运专线有砟轨道推送法铺设施工工法	十一局	一等奖
3	智能化限界检测施工工法	十一局	一等奖
4	建筑垃圾再生料路基填筑施工工法	十二局	一等奖
5	CRTSⅢ型先张法预应力混凝土轨道板机组流水生产工法	二十三局	一等奖
6	沿海离岸深厚软基大砂袋围堰施工工法	港航局	一等奖
7	超大型绞吸挖泥船长距离吹填施工工法	港航局	一等奖
8	连续刚构上下双室渡槽施工工法	十二局	一等奖
9	强台风区大倾斜裸岩跨海桥梁深水基础施工工法	大桥局	一等奖
10	隧道液态二氧化碳致裂爆破施工工法	大桥局	一等奖
11	深水裸岩锁扣钢管桩与钢筋砼组合桩围堰施工工法	十六局	一等奖
12	超大吨位斜拉桥平面转体施工工法	二十局	一等奖
13	异形复合变高截面悬拼节段梁短线匹配预制施工工法	二十三局	一等奖
14	新型水下无封底混凝土钢混组合吊箱围堰施工工法	港航局	一等奖
15	大直径盾构机锚索法洞内拆解及运输施工工法	十一局	一等奖
16	隧道衬砌边墙混凝土分层逐窗浇筑施工工法	十一局	一等奖
17	小型盾构机在超短始发空间条件下先推后盾施工工法	十二局	一等奖
18	高原隧道弥散式供氧施工工法	十二局	一等奖
19	城市地铁装配式车站综合施工工法	十四局	一等奖
20	高含量、大粒径、富水卵石地层泥水盾构下穿黄河施工工法	十六局	一等奖
21	竖井开挖由井下出土进料施工工法	十六局	一等奖
22	临海富水软弱围岩复杂条件下隧道帷幕注浆施工工法	十八局	一等奖
23	软土地质长距离小净距重叠盾构隧道施工工法	十八局	一等奖
24	城市市区浅埋地铁车站微震钻爆开挖施工工法	二十四局	一等奖
25	地下岩溶空间地质边界判定瑞雷波检测施工工法	二十四局	一等奖
26	跨越营业线路钢结构旅客天桥顶推施工工法	中铁建设	一等奖
27	超长悬挑檐口“钢琴键盘”式铝板吊顶施工工法	中铁建设	一等奖
28	树杈结构单元式拼装预变形施工工法	城建集团	一等奖
29	客运专线接触网18号无交分连续道岔安装及调整施工工法	电气化局	一等奖
30	恶劣海况下打桩船打设钢管斜桩施工工法	港航局	一等奖
31	恶劣海况和浅覆盖层条件下跨海大桥独立钢平台施工工法	港航局	一等奖

续表

序号	工　法　名　称	完成单位	获奖等级
32	通航孔大跨度整体提升式栈桥施工工法	十二局	一等奖
33	钢筋混凝土拱桥拱圈先浇盖板法工法	十二局	一等奖
34	TJB 型 28 米铁路低高度施工便梁线路架空施工工法	铁五院	一等奖
35	多孔箱涵依次顶进便梁悬空纵移施工工法	二十四局	一等奖
36	复杂地质条件下预掏槽环封双壁钢围堰深水基础综合施工工法	二十二局	一等奖
37	自锚式悬索桥梁缆同步施工工法	二十局	一等奖
38	岩石河床超大体积深层嵌岩深水基础双壁钢围堰施工工法	二十局	一等奖
39	大跨度斜交异型梁顶推施工工法	二十局	一等奖
40	坚硬岩层岩溶发育段钢板桩围堰施工工法	十九局	一等奖
41	上承式钢管拱桥钢混结合梁顶推施工工法	十八局	一等奖
42	峡谷地区 260 米跨度索道便桥施工工法	十八局	一等奖
43	双边混凝土主梁 + 钢横梁组合结构下行式前支点牵索挂篮施工工法	十七局	一等奖
44	TJ165 型铁路架桥机轨排支架法架设单线铁路 T 梁施工工法	十七局	一等奖
45	大跨斜拉桥主梁悬臂施工工法	十六局	一等奖
46	深水浅覆盖斜岩锚固桩栈桥设计和施工工法	十六局	一等奖
47	HS900B 架桥机过系杆拱桥施工工法	十五局	一等奖
48	桥式盾构顶进框架桥施工工法	十五局	一等奖
49	钢桁梁半浮半拖架设施工工法	十四局	一等奖
50	无背索斜拉桥和异形拱桥协作体系主塔施工工法	大桥局	一等奖
51	可液化地层大开口率刀盘盾构施工工法	十二局	一等奖
52	高地应力强膨胀性泥灰岩隧道掘进施工工法	十二局	一等奖
53	隧道二次衬砌无轨液压走行台车施工工法	十二局	一等奖
54	承压水软土地层小半径曲线盾构近接施工工法	十二局	一等奖
55	城市隧道二氧化碳气体爆破施工工法	十二局	一等奖
56	公路隧道软弱围岩大断面开挖新意法施工工法	二十四局	一等奖
57	隧道衬砌钢端模定位中埋式止水带施工工法	二十一局	一等奖
58	复合地层泥膜保压施工工法	二十局	一等奖
59	隧道轻便式仰拱模板体系快速施工仰拱工法	十九局	一等奖
60	软土地区隧道穿越既有桥梁托换施工工法	十九局	一等奖
61	软土地层盾构机切削穿越水中桥梁桩基施工工法	十九局	一等奖
62	浅埋暗挖 PBA 工法初支扣拱开挖面积调整施工工法	十八局	一等奖
63	活动断裂及软岩大变形隧道双层初期支护施工工法	十七局	一等奖

续表

序号	工　法　名　称	完成单位	获奖等级
64	临近构筑物盾构隧道孤石爆破施工工法	十七局	一等奖
65	软岩大变形隧道中空锚杆快速施工工法	十七局	一等奖
66	大变形段全方位锚杆台车打设超长锚杆施工工法	十七局	一等奖
67	出入口明挖段倒挂井壁施工工法	十六局	一等奖
68	长螺旋高压旋喷止水幕墙施工工法	十六局	一等奖
69	黄河漫滩强透水无胶结卵石地层掌子面泥墙制造工法	十四局	一等奖
70	强透水、大粒径卵石地层穿黄泥水盾构施工工法	十四局	一等奖
71	城市 TBM 小曲线半径双井吊装始发施工工法	十一局	一等奖
72	软弱围岩隧道全断面机械化快速开挖施工工法	十一局	一等奖
73	不开仓情况下盾构机泥饼处理施工工法	十一局	一等奖
74	大埋深斜井盾构地下施工完好拆解施工工法	十一局	一等奖
75	大型钢屋架球型抗震支座施工工法	城建集团	一等奖
76	新型钢管混凝土叠合柱施工工法	城建集团	一等奖
77	大跨度弧形钢桁架屋盖分区整体提升施工工法	十二局	一等奖
78	超大型光伏玻璃旋转遮阳百叶施工工法	中铁建设	一等奖
79	智能测量机器人三维立体坐标放样施工工法	中铁建设	一等奖
80	保温饰面一体化三维多造型 SRC 幕墙施工工法	中铁建设	一等奖
81	严寒地区太阳能集热等多热源综合技术及其自动化控制的采暖系统施工工法	二十一局	一等奖
82	多层大跨度空腹夹层板结构支撑体系及混凝土施工工法	十六局	一等奖
83	基坑围护混凝土支撑微差延期爆破拆除施工工法	十一局	一等奖
84	分区所 AT 改造利用接触网故障切除装置过渡施工工法	电气化局	一等奖
85	地铁刚性接触网高净空吊柱安装施工工法	电气化局	一等奖
86	铁路站场电化区段管道长距离穿越施工工法	二十三局	一等奖
87	既有线接触网八跨锚段关节电分相改造施工工法	二十二局	一等奖
88	地铁站太阳能光伏发电系统并网调试施工工法	十四局	一等奖
89	基于 BIM 技术地铁机电工程永临结合施工工法	大桥局	一等奖
90	高速铁路变电所差动保护低压校验施工工法	十一局	一等奖
91	地铁隧道信号机可调支架安装工法	电气化局	一等奖
92	HWE61.1AVV－ZVV 型地埋式转辙机安装调试工法	电气化局	一等奖
93	临近营业线布袋注浆桩施工工法	二十四局	二等奖

续表

序号	工　法　名　称	完成单位	获奖等级
94	客运专线CRTSⅢ型板式无砟轨道结构铺装施工工法	二十二局	二等奖
95	无砟轨道压杠式压紧封边装置施工工法	二十一局	二等奖
96	高速铁路客运专线在湿陷性黄土地区复合地基综合施工工法	二十一局	二等奖
97	膨胀土地区明挖隧道高边坡施工工法	二十一局	二等奖
98	崩解岩用于膨胀土的水泥改性土换填施工工法	二十局	二等奖
99	隧道内CRTSⅢ型无砟轨道轨道板铺设施工工法	十七局	二等奖
100	CRTSⅠ型双块式无砟轨道单梁型轨排框架施工工法	十一局	二等奖
101	基于BIM技术的船闸人字门安装施工工法	港航局	二等奖
102	双索面PC斜拉桥牵索挂篮悬浇施工工法	港航局	二等奖
103	无塔架缆索吊装箱形拱桥施工工法	十二局	二等奖
104	SPJ900/32架桥机横向同步滑移大吨位钢桁梁过隧施工工法	十二局	二等奖
105	固定式高低腿龙门吊提升站施工工法	十二局	二等奖
106	架桥机更换既有线桥梁施工工法	十二局	二等奖
107	斜面坡积层河床深水承台锁口钢管桩围堰施工工法	十二局	二等奖
108	全站仪特殊位置点设站定位悬高点平面坐标及高程测量工法	十二局	二等奖
109	连续梁0号块托架活动式反拉加载预压施工工法	十二局	二等奖
110	跨既有多股道铁路曲线连续梁挂篮长距离一次快速回退工法	二十五局	二等奖
111	30米箱梁异位现浇、顶升横移就位施工工法	二十二局	二等奖
112	高速铁路特大桥小半径曲线区段箱梁移动模架施工工法	二十一局	二等奖
113	跨越多股铁路高墩空间刚架顶推施工工法	二十一局	二等奖
114	矮塔斜拉桥敞开式曲线钢混组合索塔施工工法	十九局	二等奖
115	垃圾回填区钻孔桩成孔施工工法	十九局	二等奖
116	TLJ900架桥机30‰上坡架梁工法	十九局	二等奖
117	大跨度斜拉桥主桥和匝道同步转体施工工法	十八局	二等奖
118	小间距泥水平衡多孔同步下穿繁忙干线铁路施工工法	十八局	二等奖
119	流线形框架钢筋混凝土索塔液压爬模施工工法	十七局	二等奖
120	高墩连续梁0号块可调式三角托架施工工法	十七局	二等奖
121	大口径PCCP管道空间弯头整体安装施工工法	十六局	二等奖
122	跨既有线空间刚构移动液压支撑台架安装施工工法	十六局	二等奖
123	特殊海洋环境装配式钢吊箱施工工法	大桥局	二等奖
124	D型钢便梁小车纵移施工工法	十一局	二等奖
125	预应力砼刚构连续梁0号块嵌入门式墩横梁现浇施工工法	十一局	二等奖

续表

序号	工　法　名　称	完成单位	获奖等级
126	小净空砂箱底模现浇箱梁施工工法	十一局	二等奖
127	重载铁路复杂地质条件锁扣钢管桩围堰施工工法	十一局	二等奖
128	城市地铁地下连续墙 TRD 施工工法	十二局	二等奖
129	瓦斯隧道多阶段通风施工工法	十二局	二等奖
130	长大反坡隧道负压排水施工工法	十二局	二等奖
131	城市地铁控制性膜袋注浆岩化施工工法	十二局	二等奖
132	深嵌岩套管咬合桩成孔施工工法	十二局	二等奖
133	黄土夹圆砾砂地层隧道掏砂洞回填加固施工工法	十二局	二等奖
134	复杂环境黄土地层裸露拱盖法施工工法	十二局	二等奖
135	盾构机长顶撑整机快速过站施工工法	十二局	二等奖
136	短竖井盾构隧道控制测量施工工法	十二局	二等奖
137	铁路隧道纵向排水盲管安装施工工法	十二局	二等奖
138	基坑内高水压降水井静水注浆封堵施工工法	十二局	二等奖
139	隧道口轻型钢棚洞防护高边坡施工工法	十二局	二等奖
140	第四系强富水圆砾土地层深大竖井施工工法	十二局	二等奖
141	大粒径卵石地层盾构穿越输油管线施工工法	十二局	二等奖
142	旋转钻机配合套管钻头拔桩施工工法	十二局	二等奖
143	地铁竖井掘进中的二氧化碳相变致裂破岩施工工法	二十二局	二等奖
144	一种无连接桥的盾构分体始发施工工法	二十局	二等奖
145	高陡边坡 CAE Sirovision TM 非接触式位移监测施工工法	十九局	二等奖
146	快速脱模式液压台车浇筑隧道水沟电缆槽施工工法	十九局	二等奖
147	机械辅助安装隧道防水板综合敷设施工工法	十九局	二等奖
148	大断面隧道二次衬砌全滑槽法浇筑混凝土施工工法	十九局	二等奖
149	静钻根植桩施工工法	十九局	二等奖
150	大断面隧道悬臂式掘进机开挖施工工法	十七局	二等奖
151	高边坡半明半暗偏压隧道安全进洞施工工法	十七局	二等奖
152	城市管廊工程整体式钢模台车施工工法	十七局	二等奖
153	富水红砂岩隧道降水帷幕注浆施工工法	十七局	二等奖
154	外延钢环法盾构破除地铁隧道洞门施工工法	十七局	二等奖
155	土压平衡盾构地层加固洞内超前注浆施工工法	十六局	二等奖
156	饱和黏土及粉土顶管施工工法	十六局	二等奖
157	隧道多变地质条件综合治水施工工法	十六局	二等奖

续表

序号	工　法　名　称	完成单位	获奖等级
158	强透水、大粒径卵石地层土压平衡盾构 A、B 液维修螺旋机工法	十四局	二等奖
159	免止浆墙分段扫孔后退式控制性注浆施工工法	十四局	二等奖
160	大跨超浅埋地铁隧道近距离下穿公路交通涵施工工法	大桥局	二等奖
161	盾构隧道二次压力灌浆渗漏水治理施工工法	十一局	二等奖
162	大埋深富水斜井泄水减压施工工法	十一局	二等奖
163	基于 BIM 的地下综合管廊预制拼装施工工法	十一局	二等奖
164	夹轨式液压推进系统盾构机过站施工工法	十一局	二等奖
165	上软下硬富水地层盾构新型浆液组合注浆工法	十一局	二等奖
166	钢管—混凝土组合拱滑移施工工法	城建集团	二等奖
167	地下车库无电智能照明系统施工工法	城建集团	二等奖
168	预应力承压型囊式扩体锚索施工工法	城建集团	二等奖
169	高层钢结构住宅 CCA 板组合外墙施工工法	城建集团	二等奖
170	岩溶地区大型船闸超深基坑基底处理施工工法	港航局	二等奖
171	地下连续墙成槽机复合刷壁施工工法	十二局	二等奖
172	超高层钢骨混凝土柱施工工法	十二局	二等奖
173	超高层建筑电缆垂直敷设施工工法	中铁建设	二等奖
174	液压爬升单侧悬臂支模施工工法	中铁建设	二等奖
175	装饰混凝土柱结构模板施工工法	中铁建设	二等奖
176	多曲面超高层建筑全钢型升降操作平台施工工法	中铁建设	二等奖
177	地铁深基坑压力型可回收锚索施工工法	二十二局	二等奖
178	暗扣式抗风揭金属屋面系统施工工法	十六局	二等奖
179	综合支架工厂化预配施工工法	十二局	二等奖
180	地铁车站顶部螺栓高空安装工法	电气化局	二等奖
181	铁路牵引变压器局部放电交接性试验工法	电气化局	二等奖
182	隧道侧壁吊柱预安装工法	电气化局	二等奖
183	大汉阳有轨电车充电装置安装调试工法	电气化局	二等奖
184	高寒地区接触网基坑软护壁防护施工工法	电气化局	二等奖
185	贵阳枢纽高速铁路信号列控数据全站仪测量计算工法	电气化局	二等奖
186	现代有轨电车接入层光缆分歧天窗接续施工工法	电气化局	二等奖
187	沈阳调度所中心机房信号综合布线架安装工法	电气化局	二等奖

（制表：李庆民）

中铁城建集团二公司组织离退休党员开展“庆祝新中国成立 68 周年，迎接党的十九大胜利召开”主题党日活动。

（李　艳　摄）

党的工作

综合工作

【总公司党委】 中国共产党中国铁道建筑总公司委员会(以下简称总公司党委,2017年12月28日改为中国铁道建筑有限公司党委)是在国务院国有资产监督管理委员会党委领导的对下属单位党组织实行统一领导的党组织。总公司党委在企业中发挥领导作用。主要负责统一领导并组织实施总公司党的建设和思想政治工作,担负党风廉政建设主体责任。总公司党委常委由孟凤朝、庄尚标、夏国斌、刘汝臣、王秀明、李春德、鲁斌(12月任)、李宁(12月任)、汪文忠(12月任)9人组成,孟凤朝任党委书记。总公司党委职能机构设党委办公室(直属机关党委)、党委组织部(党委干部部)、党委宣传部(企业文化部)。总公司纪委是总公司党委和国务院国有资产监督管理委员会纪委领导下的纪检监察机关,履行党的纪律检查和行政监察职能,担负党风廉政建设监督责任,李春德任纪委书记。总公司工会接受总公司党委和中华全国铁路总工会的领导,史道泉任工会主席。 (赵登善)

【股份公司党委】 中国共产党中国铁建股份有限公司委员会(以下简称股份公司党委)是在中国铁道建筑总公司党委领导下的对下属单位党组织实行统一领导的党组织。股份公司党委在企业中发挥领导作用。主要负责统一领导并组织实施股份公司党的建设和思想政治工作,担负党风廉政建设主体责任。股份公司党委常委由孟凤朝、庄尚标、夏国斌、刘汝臣、王秀明、李春德、鲁斌(12月任)、李宁(12月任)、汪文忠(12月任)9人组成。孟凤朝任党委书记,庄尚标任党委副书记。股份公司党委职能机构设党委办公室(直属机关党委)、党委组织部(党委干部部)、党委宣传部(企业文化部)。李春德任纪委书记,史道泉任工会主席。总公司党委委员、纪委委员、工会委员、团委委员同为股份公司党委委员、纪委委员、工会委员、团委委员。

根据中央组织部和原中央企业工委及国资委党委批复和指示精神,基于总公司主营业务整体上市和局集团公司均为股份公司全资控股子公司,股份公司分布在全国各地的下属单位,党的领导关系由股份公司党委和所在省、自治区、直辖市党委双重领导,以股份公司党委垂直领导为主。截至2017年底,所属二级单位中,21家单位与地方党委建立双重领导关系。

(赵登善)

【工作综述】 2017年,股份公司党委认真贯彻落实党的十九大精神,以习近平新时代中国特色社会主义思想为指导,认真履行全面从严治党主体责任,充分发挥各级党组织的领导作用,助推企业市场经营成果丰硕,施工生产有序可控,改革创新走向纵深,转型升级进展加快,基础建设全面加强。

(1)强化思想武装,深入学习宣传贯彻党的十九大精神。一是坚持领导带头,迅速行动。股份公司党委班子成员和所属各级党组织以党委中心组学习为载体,充分发挥以上率下的示范带领和辐射引领作用。二是坚持创新方式,全员覆盖。组织开展党委书记宣讲十九大、书法比赛、演讲比赛、与老外共话十九大等"四大主题活动"。年内在股份公司北京培训中心(党校)举办党员领导干部培训班3期,组成5个督导组对全系统宣讲情况进行督查,确保宣讲全覆盖。三是坚持注重实效,推动发展。聚焦建设具有全球竞争力的世界一流企业,重点抓好管党治党、战略规划、深化改革等9个方面工作,党员干部的学习力较好地转化成企业的发展力。

(2)注重政治引领,党对企业的领导作用充分发挥。一是健全党委发挥领导作用的体制机制。召开总公司第三次(股份公司第一次)党代会,所属30家二级单位党委按期换届。中国铁建系统集中开展《公司章程》修订工作,明确企业党组织研究讨论"三重一大"前置程序,明晰党委会、董事会、监事会、经理层等治理结构的权责边界,保证党组织有效参与企业决策。落实"三重一大"集体决策制度,股份公司党委全年召开常委会31次,确保中央大政方针和企业重大决策落到实处。二是严格落实全国国有企业党的建设工作会议精神。股份公司党委成立专项工作领导小组,确保4个方面28项任务落地落实。所属各单位党委积极行动,企业党的建设得到全面加强。三是深入开展"两学一做"学习教育。股份公司党委常委带头落实联系点制度。各级党委分别派出督导组深入所属单位指导开展学习教育,全年全系统8000多个党支部召开专题组织生活会,开展民主评议党员工作。

(3)抓住"三个基本",党建基础工作得到夯实。一是"四个同步""四个对接"得到落实。坚持党的建设与企业改革同步谋划、党的组织及工作机构同步设置、党组织负责人及党务工作人员同步配备、党的工作同步开展,实现体制对接、机制对接、制度对接和工作对接。二是党建工作责任制趋于完备。各级党组织层层签订党建工作责任书,认真开展党建工作量化考核,抓好党委书记抓党建工作述职评议,建立考核结果与“四好”领导班子评比和经营绩效奖金兑现挂钩的机制。三是基层党组织建设持续加强。举办基层党支部书记集中轮训试点班,召开党支部建设工作现场推进会,逐级开展党支部建设工作情况督查。制定《关于加强境外单位党建工作的指导意见》。

(4)坚持党管干部,干部人才队伍不断优化。一是进一步完善管理体制,优化制度程序。将原人力资源部(党委干部部)中的部分干部管理职能调整到党委组织部。建立起以《领导人员管理规定》为主,《领导人员选拔任用事项动议酝酿办法》等8个办法为辅的领导人员管理体系。按照“20字”要求选拔领导人员,在考察中坚持做到“五凡五必”。二是加大调整配备力度,努力打造“四铁”干部队伍。年内开展对31家所属二级单位进行后备干部初步人选推荐。全年调整补充领导班子46个次,先后提拔、调整161人次。探索选聘所属单位领导人员方式,在全系统公开遴选6名总会计师,通过委托推荐方式选拔2名副总经理,对其中1名采取市场化选聘、契约化管理。三是加强日常管理监督,提升队伍纯洁性和战斗力。开展对股份公司管理的干部个人事项报告进行随机抽取和重点抽查。加强备案管理,开展对二级单位副处以上干部和项目经理跨集团调动进行审查。做好领导人员兼职管理工作,开展全系统违规经商办企业专项治理、领导人员亲属在本单位工作情况排查。

(5)围绕中心工作,宣传思想工作成效显著。一是构筑思想建设阵地,企业凝聚力日益增强。广泛开展专题形势宣传教育活动,加强意识形态管控,确保意识形态领域安全。推动精神文明建设,2017年有5家单位新增为全国文明单位。评选表彰第二届“永远的铁道兵杯”十大楷模和第五届中国铁建“十佳道德模范”。各单位不断创新道德讲堂形式内容。二是构筑全媒体传播平台,企业形象日益优化。中国铁建故事在主流媒体上到高频率传播,中央主流媒体刊播1120条,其中央视新闻联播播出63条。《中国铁道建筑报》为企业全面发展提供强大的舆论支持。各单位完善舆情处置体制机制,营造良好外部环境。三是构筑企业文化高地,企业软实力日益强大。制定企业文化建设“十三五”规划。首次评选出“十大品牌”和企业文化建设示范基地。发挥铁道兵纪念馆的作用。大路美术群体持续在社会上创造亮点。

(6)落实“两个责任”,党风廉政建设扎实推进。一是强化履职担当,“两个责任”落实落细。层层签订《党风廉政建设责任书》。班子成员积极落实“一岗双责”要求。实现二级单位班子成员集体谈话和纪委书记约谈全覆盖。启动纪委书记履职专项考核工作,出台《贯彻落实〈中国共产党问责条例〉实施办法》。二是驰而不息贯彻中央八项规定,“四风”问题得到有效遏制。股份公司党委带头落实中央八项规定精神,带动作风整体转变。各级纪委把“四风”问题作为巡视监督和执纪审查的重点,推动企业风气向好向善。三是用好巡视利剑,震慑遏制的治本作用得到进一步彰显。年内组织开展对11家单位党组织的巡视。开展专项巡视,推进专项治理,实现对所属单位巡视全覆盖。跟踪督办2016年巡视“回头看”整改情况。全面启动巡视整改自查自纠,抓好问题整改。四是持续高压反腐,“不敢腐”的威慑作用得到进一步发挥。党委支持纪委加大监督执纪问责力度,有效遏制腐败蔓延势头。纪委着力查处职工群众反映强烈的突出问题、审计和巡视移交的问题线索、亏损项目背后隐藏的腐败问题等。五是加强制度建设,“不能腐”的氛围逐渐形成。出台《建立容错纠错机制的实施办法》等6项制度;修订《职工违纪违规处分暂行规定》,不断扎紧制度笼子。

(7)服务职工群众,统战群团工作活力迸发。一是群团组织服务生产经营迈出新步伐。积极组织开展技术比武、技能竞赛活动。团委大力组织“创新发展 · 青年当先”主题实践活动。二是权益维护和民主管理工作取得新进步。各二三级单位职代会实现召开率100%。普遍开展民主评议领导干部、职工代表巡视等活动,企务公开工作得到有效落实。三是服务职工群众和团员青年展现新作为。各级工会持续加大建家建线投入。认真做好送温暖工作,积极推进精准帮扶,切实维护女职工合法权益。团委开展“团组织就在我身边”帮扶行动,开展“导师带徒”活动。

(耿仁胜)

【党委办公室】 总公司和股份公司党委的综合职能部门,协助党委领导处理日常工作的机构。主要职责:负责党委会和党委召开的全局性会议的筹备工作和会务工作,协助领导组织会议决定事项的实施;协助党委领导组织制定和起草工作计划、总结、报告和有关会议文件、材料等;审核以党委名义发布的公文;督促检查党委各部门和下属单位党委对中央和上级重要指示、决议和重要会议精神以及党委领导有关指示的执行落实情况,并跟踪调研,及时反馈信息;协调党群各部门之间的工作关系；协助党委领导组织处理需由党委直接处理的突发事件和重大政治事故；组织政治工作专题调查研究；了解掌握下属单位党委的工作情况和政治工作动态，做好政工信息的收集、整理、上报、通报，编发《政工情况》。负责股份公司维护稳定工作领导小组、党委保密委员会、国家安全工作领导小组和扶贫开发工作领导小组的日常工作；负责党委和党委领导的文电收发运转、党委印鉴和信件管理等工作；办理党委领导交办的其他事项。定员 8 人，设主任 1 人、副主任 1 人（为保密办公室专职主任，同时担负党委办公室有关工作），下设秘书处、调研处（直属机关党委工作处）和保密办公室。

2017 年，党委办公室认真学习宣传贯彻党的十九大精神，紧紧围绕生产经营中心，牢固树立"为领导服务、为机关服务、为基层服务"的三服务思想，注重与机关各部门协同配合，注重发挥本部门人员工作的积极性、主动性和创造性，在办文、办会、办事上力求精细，取得显著成效，圆满完成各项既定的目标任务。

（1）提高思想认识，认真学习宣传贯彻十九大精神。一是参加相关会议和培训班。积极参加"学习贯彻党的十九大精神"培训班、党的十九大精神传达学习动员部署视频会、党委理论学习中心组学习贯彻党的十九大精神专题研讨会等，及时学习、听取最新会议精神。二是研读十九大报告和相关辅导材料。要求部门所有党员认真研读十九大报告、新修订的党章、《十九大报告辅导读本》、《十九大报告学习辅导百问》、《十九大党章修正案学习问答》等辅导材料，做好笔记。三是参与主题实践活动。积极参与"庆祝党的十九大胜利召开书法大赛""不忘初心，牢记使命"演讲、赴中国铁建港航局集团有限公司讲十九大党课等系列活动，多举措掀起学习贯彻十九大精神的热潮。

（2）精心组织安排，积极配合国资委巡视整改和督查。在两次配合国资委党委巡视和巡视回访的基础上，11 月，又在股份公司党委的领导下，接待配合国资委巡视"回头看"工作。在历时两个月的时间里，组织召开视频大会 2 次，专题座谈会 2 次，抽调总部 23 人配合谈话，陪同走访调研 5 家二级单位。配合查阅相关部门提供的原始资料，报送编辑装订 4 册，1800 多页、90 多万字的文件资料。精心筹备巡视整改"回头看"反馈视频大会。会后，积极主动与相关业务部门沟通，收集巡视整改相关资料，按时保质完成巡视整改报告起草和报送工作，得到党委的充分肯定。

（3）坚持突出重点，抓好党委中心工作。一是贯彻落实全国国有企业党的建设工作会议重点任务。认真贯彻落实《中共中央组织部、国务院国资委党委关于印发〈贯彻落实全国国有企业党的建设工作会议精神重点任务〉的通知》精神，将重点任务分解到总部机关各部门，并印发《贯彻落实全国国有企业党的建设工作会议精神重点任务的措施》，明确职责分工，层层压实责任，确保工作落地。为推进重点任务贯彻落实，牵头成立专项工作领导小组，下设领导小组办公室，定期检查督导，确保措施落地。二是开展"两学一做"学习教育督导。负责股份公司"两学一做"学习教育第二督导组工作，参加所属 12 家二级单位的动员会、讲党课、领导班子民主生活会和基层党支部的专题组织生活会，督促所属单位落实"三会一课"制度，规范党内政治生活。协调股份公司领导班子成员落实双重组织生活制度，分别深入所在支部参加学习研讨和讲党课，发挥以上率下的示范作用。三是筹备召开股份公司党代会。为筹备好大会工作，成立 4 个工作组，党委办公室负责人担任大会秘书组组长，负责秘书组各项工作。会前，分别在北京和长沙开展工作调研，撰写报告提纲，起草大会报告，广泛征求意见，认真进行修改，提交常委会议审议通过。另抽调两人参与大会后勤保障工作。大会期间，为报社起草评论员文章《固根铸魂，擎起奋进》，在报纸党代会特刊头版头条发表，回顾 10 年来的党建和企业发展成就。

（4）注重多措并举，确保无失泄密事件发生。参加国资委保密工作会议、保密培训会议，按会议要求向党委汇报，按党委部署推进落实。推进国资委保密传输网测评验收工作有关工作，协调总部机关密码机迁移工作。重新梳理和确认总部机关商业秘密，按国资委商秘实施指导意见与有关技术机构洽谈，推进总部机关商秘管理工作。组织实施中央企业保密评价工作，年内荣获国资委"2016 年度保密工作标杆企业"称号。

（5）坚持安全至上，积极维护国家和企业利益。一是强化安全意识。在 4 月 15 日国家安全日，在《中国铁道建筑报》刊发宣传教育材料《坚持总体国家安全观，构建中国特色国家安全体系》。在企业宣传栏张贴宣传材料，深化国家安全教育，提高员工国家安全意识。二是建章立制。根据新时期国家安全工作的实际情况，组织制定和修订完善相关国家安全工作制度。印发《关于加强国家安全人民防线建设工作的通知》，提出工作要点，分解工作任务，提出相关要求。三是陪同海外国家安全工作调研。2 月、7 月底分别陪同北京市国家安全局到香港调研，开展对南非、肯尼亚、坦桑尼亚的境外安全工作调研，巡察和指导境外国有资产和海外人员安全管理，提升境外风险防控意识和工作水平。四是迎接国家安全工作检查。9月1日，北京市国家安全局六局副局长浦义富一行到总部机关进行国家安全工作督导检查，称赞中国铁建是在京央企之中工作最规范的单位之一。

(6)履行社会责任，力争完成定点扶贫任务。7月12—13日，陪同股份公司领导到定点扶贫对口区县河北省张家口市万全区、尚义县实地调研扶贫工作，将两位新任驻村第一书记安排到位，要求扶贫干部不辱使命，勇于担当，多办实事，为扶贫地区全面实现脱贫倾情奉献。8月7—10日，陪同股份公司领导到定点扶贫对口县青海省甘德县实地调研扶贫工作，并将新任驻村第一书记调派到村，并以此次调研为契机，继续加大帮扶力度、增加资金投入。8月16日，参加中国银行在北京召开的部分央企精准扶贫座谈会，打造精准扶贫工作平台——“公益铁建”，实现扶贫精准性和可持续性，实现更大范围的扶贫开发。11月8—9日，陪同股份公司领导到对口扶贫的张家口市万全区、尚义县调研督查对口扶贫工作成效和扶贫干部履职情况，开展扶贫领域监督执纪问责专项督查工作，加大对扶贫领域监督执纪问责力度，确保企业精准扶贫、干净扶贫。11月23日，接待江西省永丰县政协副主席、工商联主席解方一行，贯彻11月10日国家铁路局对口支援江西省永丰县工作见面会精神，就产业项目合作、推进老区企业转型升级进行联系对接。在国家扶贫杂志刊登《决胜脱贫攻坚，彰显铁军担当》，在中国社会扶贫网登载《中国铁建五措并举，深入开展精准扶贫》。年内先后获“青海省2016年度脱贫攻坚先进单位”“2017年度中国上市公司精准扶贫优秀案例”等称号。

(7)注重文稿质量，做好文字工作。一是在国资委《国资工作交流》、中国铁道建筑报、公司网站刊发多篇具有总结性、经验性的综合信息。二是完成股份公司党代会、二届党委十三次全会、二届二次职代会暨2017年工作会、年中工作会、党的十九大精神培训班、科技创新大会、审计工作会议、党委书记联系点讲党课等多份领导讲话。三是起草党委领导讲话报告，分解全委会和职代会报告重点工作责任，报送贯彻国资委党委文件精神的情况报告等。四是编发《政工情况》77期。以上4项文字材料合计110余份，约35余万字。五是审核股份公司、总公司公文、公函176件。全年转递各种文件591件，其中党委领导传阅文件416件，党办传阅文件175件。

(8)抓住关键环节，提升办会水平。承办学习宣传贯彻党的十九大精神动员部署会、股份公司二届党委十三次全会、二届二次职代会暨2017年工作会、春节团拜会、党委常委会、总部机关全体党员学习报告会等会议60次。并参加高评会等机关各部门组织的系列相关会议及活动，反馈相关部门相关规章制度的意见和建议。

（耿仁胜）

【保密工作】 坚持“党管保密”原则，理顺保密工作体制，落实保密主体责任，开展保密对标管理，加强保密监督检查，提升服务保障能力。一是党委重视，强化领导。把保密工作纳入重要议事日程和工作规划，3次专门听取保密工作汇报，按照习近平总书记讲话和有关会议的要求，强化保密主体意识，明确党委领导分工，层层落实保密责任，实现保密工作覆盖。二是加强宣教，保证经费。通过警示教育、常识教育、意识教育等不同方式筑牢保密思想防线。保密工作经费纳入企业经常性预算科目，保证足额到位，为总部机关配置专用保密检测仪器、会议保密屏蔽仪器、保密储存专用U盘等。三是对标管理，加强检查。按照国资委保密委统一部署，参加中央企业保密对标管理考核，获评中央企业保密工作标杆单位。同时，根据开展保密工作自查工作的要求，开展对重点涉密部门、重点涉密岗位，开展失泄秘自查抽查，并对检查中发现的问题及时进行整改，消除隐患。四是融入中心，提升能力。切实做到保密工作与业务工作相结合，在涉密和涉军项目经营活动中，出具保密鉴定意见。针对“一带一路”项目工作需求，专门配合国家有关部门，开展境外保密工作调研。按照国家安全部门提示和建议，加强边境铁路项目的保密警示。五是抓好队伍，健全网络。在征求业务部门意见的基础上，推进商业秘系统建设，抓住重点保密环节、重点保密部位，严格涉密人员政治和从业条件审查，签署保密承诺书及责任书，强化上岗、在岗、离岗和脱密期全过程管理，统筹推进保密机构队伍以及工作体系建设。

（梁树枫）

【扶贫工作】 2017年，中国铁建党委认真落实习近平总书记关于“精准扶贫、精准脱贫”的指示精神，贯彻落实党中央、国务院关于加强定点扶贫工作的决策部署，遵循“真心扶贫、精准扶贫、共赢扶贫、创新扶贫、干净扶贫”的工作方针，派出定点扶贫干部21名，直接投入资金1733万元，物资折款1678万元，实施帮扶项目80个，帮助引进项目16个、资金1247万元，推进精准扶贫工作再上新台阶。获得“2017年度中国上市公司精准扶贫优秀案例”“青海省2016年度脱贫攻坚先进单位”称号。中铁第一勘察设计院集团有限公司获“陕西省优秀扶贫单位”,中铁二十一局集团有限公司荣获甘肃省委脱贫攻坚协调领导小组颁发的“民心奖”。中国铁建派出扶贫干部中,多人次获得表彰。其中,孙洁被评为张家口市脱贫攻坚先进典型人物,并被推荐为全国脱贫攻坚贡献奖人选,陈锋被河北省委组织部评为驻村优秀第一书记、河北省全国扶贫干部优秀奖、张家口市驻村优秀第一书记、张家口市第一届十佳“最美退役军人”提名奖,孔昊被河北省委组织部评为优秀第一书记,王邦常被甘德县委评为扶贫攻坚模范驻村优秀第一书记、青海省扶贫先进个人,杨有国获评陕西省优秀扶贫个人,王建华获评甘洛县第三季度优秀第一书记。

(1)加强组织领导,提供有力保障。中国铁建党委书记、董事长孟凤朝率队到定点扶贫对口区县河北省张家口市万全区、尚义县实地调研扶贫开发工作,并将两位新任驻村第一书记安排到位,要求扶贫干部不辱使命,勇于担当,多办实事,为扶贫地区全面实现脱贫倾情奉献。中国铁建党委常委、副总裁刘汝臣一行赴青海省果洛州甘德县进行扶贫开发工作调研,并派送新任驻村第一书记。中国铁建党委常委、纪委书记李春德到定点扶贫对口区县河北省张家口市万全区、尚义县调研督查对口扶贫工作成效和扶贫干部履职情况。担负定点扶贫任务的中铁十一、十二、十四、十七、十九集团有限公司,中国铁建房地产集团有限公司等单位,均成立主管领导为组长,分管领导为副组长,机关相关部门为成员的精准扶贫工作领导小组,明确扶贫工作领导小组的工作职责及具体办事和联络机构,确保扶贫工作有机构负责、有人员落实,保障扶贫工作的顺利开展。

(2)坚持市场导向,推动产业扶贫。一是打通农产品进京通道。注册成立“张家口市万铁商贸有限公司”,把当地贫困户生产的无公害蔬菜等农产品,销往铁建机关大院和周边市场。二是搭建电商扶贫销售平台。在尚义县南朝碾村创办微店、网店,带领贫困村民线上销售坝上羔羊肉,为优质农产品打开广阔市场。新华网、河北日报等对南朝碾村“互联网+扶贫”模式进行宣传报道。三是建立企业带贫机制。选准当地有资质和潜力的企业,通过招标、议标采购其产品,或入股等形式,扶持企业发展壮大,精准带动贫困群众就业,增加地方财政税收,合作共赢。与尚义县伦比服饰公司签订第一批2万套、合同价210万元的工装采购定单,吸纳50多名贫困人员就业。采购万全区河北万矿机械厂设备、粤北神水公司矿泉水,帮助万全产品走向全国,扩大经济效益和品牌效益,也为当地筹集扶贫资金36万元;以无偿捐助贫困资金100万元入股万全区农业产业龙头企业顺德集团,由顺德集团每年以不低于银行贷款利息的标准向贫困户派息分红,为贫困家庭增加稳定收入。四是建立特色种植基地。针对贫困地区资源环境特点,积极开展农业产业结构调整。在甘德县投资50万元建设饲草基地项目,带动江千乡隆吉村6户15人、叶合青村12户57人脱贫,增加就业7人,增加贫困群众纯收入12.7万元。

(3)发挥企业优势,实施劳务扶贫。一是建立劳务派遣组织。投资200万元,注册成立“尚农劳务有限公司”,与地方就业局合作,为劳务输出意向人员进行政策咨询服务,做到“只要百姓真正愿意出来,就尽力接收”。截至2017年底,在中国铁建14个工程项目工作尚义籍劳务人员58人,为外出务工人员搭建长期稳定的增收岗位。二是开展劳务分包。与万全区劳务公司签订劳务分包合同,安排劳务队伍在项目部承包劳务施工任务。先后向汉十客运专线、银西客运专线输出3支劳务队共计100余人,完成施工产值2000余万元,实现劳务收入300多万元。三是加强劳务培训。投入资金30万元,依托万全职教中心对劳务人员进行技能培训,分别培训建筑行业架子工、电焊工、家政人员、月嫂300人。四是吸纳毕业生就业。结合企业岗位需求,优先录用符合条件的建档立卡贫困学生,截至2017年底,第一批已上岗19人。

(4)注重扶志扶智,开展精神扶贫。一是开展联合办学。中铁十四局集团有限公司与尚义县职教中心、张家口职业技术学院合作办学,设立“铁道施工与养护”专业,并在师资交流、岗位实践、实训器材等方面提供援助,该专业已经获批,招收15名学生。二是引入互联网教育。从北京云校科技引进价值700余万元的智慧云端教育平台,免费向万全区、尚义县中小学、幼儿园提供教学服务,惠及万千学子。“互联网+教育”合作模式,使基础教育更加完善、系统、规范,促进贫困地区教育均衡发展。三是资助贫困子女上学。中铁十四局集团有限公司资助尚义三中20名特困生每年3000元直至完成学业,现已资助9万元;筹资20万元,为三中教学楼楼道铺设地板砖;筹资12万元,为下马圈小学购置20台电脑,订做17套夏冬季校服和球鞋,为南朝碾村12名留守学生捐赠冬装,每人发放2000元助学金;同时挂职干部孙洁和职教中心的2名贫困学生结成帮扶对子,每学年资助每人3000元完成学业直至就业。在物质帮扶的同时,还注重精神引导,组织青年员工志愿助学支教,不定期开展送知识、送文化暖心助学活动,开拓乡村孩子的视野和知识,鼓励他们自信自强。四是支持地方文化教育事业发展。建立"中国铁建爱心书屋",安装多媒体视频通话设备,为村民们提供学习交流平台和场所。开发"智慧·尚义"手机APP,集"新闻咨询""走进尚义""旅游特色""本地特产""便民服务"和"行政办公"六大功能特色于一体,形成尚义互联网文化品牌。

(5)关注民生保障,促进社会扶贫。一是加强农村基础设施建设。将通村公路、饮水工程、村湾环境整治纳入扶贫建设规划,为扶贫村修缮村委会房屋、新建文化墙、硬化道路、植树绿化、安装路灯,改变农村面貌。二是帮助村民解决就医难、看病贵问题。联系张家口市颐健口腔医院,为村里留守人员进行义诊并免费送上药品。年内为9名瘫痪贫困村老人开通爱心呼救器。三是开展扶危济困。筹资45万元,开展对尚义县小蒜沟敬老院修缮,改造暖气管道,硬化院落;开展扶贫募捐活动,筹集资金110万元,慰问贫困群众。成立"救急难"扶贫基金,向因病致贫家庭发放救助款30万元,助推精准脱贫。 (胡 勇)

【政工信息】 2017年,中国铁建各级党委认真学习贯彻党的十九大精神,贯彻落实国资委党委、股份公司党委工作部署,围绕党委重点工作,准确、及时报送信息,为领导决策、掌控全局,推进全面工作起到积极作用。全年累计收到稿件659篇,编辑《政工情况》79期,刊发416篇,在服务领导决策、交流工作经验、反映工作动态、推动工作开展中发挥重要作用。股份公司党委对政工信息工作进行表彰,系统内12家单位被评为党委信息工作先进单位、31人被评为党委信息工作先进个人。 (韩秀珍)

【文印管理】 2017年审核总公司、股份公司公文、公函176件。其中,总公司公文38件、公函8件;股份公司公文100件、公函30件。转递各种文件591件,党委领导传阅文件416件,党办传阅文件175件。全年文件归档11盒76件。其中,永久卷8盒49件;30年卷1盒5件;10年卷2盒22件。全年加盖总公司、股份公司党委印章5776枚次。 (韩秀珍)

·机关党务·

【直属机关党委】 是股份公司党委领导下的对直属机关和部分直属项目部实行统一领导的党组织,由赵登善、鲁斌、余兴喜(退休)、张良才(退休)、郭品云(退休)、白晶、戴开扬、马吉财8名委员组成,赵登善任党委书记。主要职责:组织机关和直属项目部党员学习和宣传党的路线、方针、政策,按照国资委党委、股份公司党委的部署及指示精神,结合股份公司机关和直属项目部实际情况,及时提出贯彻落实意见;对党员进行教育、培训、考评、管理和监督;负责表彰党内先进;培养入党积极分子和发展新党员;指导所属党总支、党支部的换届选举;负责党费的收缴、管理和使用;负责党内统计和党员组织关系的接转;做好股份公司党委民主生活会的服务工作;指导监督直属机关各支部和项目党工委开好专题组织生活会;做好思想政治工作,努力转变工作作风,充分机关发挥党组织的战斗堡垒作用和党员的先锋模范作用,努力建设学习型、服务型、责任型、效能型、廉洁型机关。

2017年,直属机关党委在股份公司党委的正确领导下,深入学习宣传贯彻习近平新时代中国特色社会主义思想和党的十九大精神,围绕股份公司党委决策部署,紧扣"五型机关"建设,全面推进机关党的思想、组织、作风和制度建设,努力提高机关党建工作水平。一是统筹推进总部机关"两学一做"学习教育。2月,召开机关各支部专题会议,安排部署在"两学一做"学习教育中召开专题组织生活会和民主评议党员工作,规范党内民主生活。4月,组织部分机关党支部书记、支部委员参加股份公司党委举办的"基层党支部书记集中轮训试点班",提升支部班子成员的理论素养和业务水平。6月,在延安大学泽东干部学院举办党务骨干培训班,对"三会一课"制度、组织生活会、民主评议党员等进行培训,对发展党员、党员教育管理、创先争优、主题实践等进行部署,强化组织基础,提升党建工作能力,推动"两学一做"学习教育的常态化制度化。二是加强基层党组织建设。指导党委组织部(党委干部部)、总公司机关房地产管理中心、昆明绕城高速项目部等党支部增选委员或换届选举,夯实基层党建的组织基础。三是按时保质完成党员信息采集工作。按照中央组织部和国资委党委的要求,及时部署机关党员基本信息采集工作,对各党支部信息采集中出现的问题及时答疑解惑,确保党员信息采集工作按时保质完成。四是高度重视机关党员发展工作。落实股份公司党委下达的党员发展指标任务,坚持党员发展标准,按党员发展程序稳步推进。五是规范党费收缴管理和使用。及时提醒各党支部按照党费收缴标准足额交纳党费,有效提升党员意识。六是慰问生活困难党员。按照股份公司党委统一部署,2017年初和年末两次从党费中筹集资金85000元,开展对总部机关各支部和直属项目党工委（支部）57 名生活困难党员走访慰问，把组织的关怀和温暖送到基层困难党员。七是推动学习型机关建设。为方便机关广大党员全面准确深入领会党的十九大精神，全面准确深入领会党所确定的旗帜、道路、历史使命和奋斗目标，先后 3 次为机关党员购买 2060 本学习用书，为机关党员学习十九大精神提供便利条件。八是积极参与机关大院安全和改造工作。中秋、国庆和春节等重大节日，安排部署大院维稳与安全工作。参加机关大院改造，抽派人员分别参加机关大院改造领导小组、拆迁委员会和配售委员会，稳步推进大院改造工作。（赵登善）

【学习宣传贯彻十九大精神】 2017 年 11 月下旬，直属机关党委印发《关于学习宣传贯彻十九大精神的通知》，要求各党支部紧密结合中国铁建改革发展和本部门、本支部工作实际和党员干部思想实际，大力弘扬理论联系实际的马克思主义学风，切实提高政治站位、切实加强组织领导、切实推动改革发展，迅速兴起学习宣传贯彻党的十九大精神的热潮，努力建设与社会主义现代化相适应、与伟大梦想相匹配的世界一流企业，坚定打造具有全球竞争力的世界一流企业的信心和决心。12 月 15 日，直属机关党委在北京举办党的十九大精神辅导报告会，邀请北京大学著名教授、博士生导师岳庆平作党的十九大精神辅导报告。辅导报告以“党的十九大精神解读”为主题，从对党的十九大概述、十九大报告中的“八个明确”“十四个坚持”“十件民生实事”“八大改革着力点”、建设现代化经济体系“六大任务”、在学习和工作中增强本领 7 个方面，深刻阐释党的十九大提出的一系列重要思想、重要观点、重大论断、重大举措。报告会上，中国铁建党委书记、董事长孟凤朝就如何深入贯彻落实党的十九大精神，进一步针对纠正“四风”问题，加强作风建设提出具体意见。（耿仁胜）

【参与总公司（股份公司）党员代表大会】 一是组织人员参与起草、修改总公司（股份公司）党员代表大会报告。二是参与总公司（股份公司）党员代表大会的会务组织工作。三是按照股份公司党委的统一部署，选举出席总公司（股份公司）党员代表大会的党代表 17 名，对党代表受到党纪政纪处分（含诫勉谈话）及受到刑事责任追究等情况进行审查并及时上报，组织机关党代表按时参会，确保总公司（股份公司）党员代表大会的顺利召开。（耿仁胜）

【党支部增选委员或换届】 2017 年，先后指导党委组织部（党委干部部）、总公司机关房地产管理中心、昆明绕城高速等党支部增补委员或按期换届，为加强总部机关和直属项目党建工作奠定坚实的组织基础。（耿仁胜）

【党员基本信息采集】 2017 年 7 月，按照国资委、股份公司党委的有关部署，为规范党组织和党员基本信息，机关党委以“四到位”实现“四确保”，即：安排部署到位，确保采集工作有序开展；业务培训到位，确保采集人员素质过硬；工作开展到位，确保采集全面覆盖；审核把关到位，确保信息数据详实准确。按时保质完成直属机关党员基本信息采集工作，为加强党员日常管理提供基本的信息依据。（耿仁胜）

【组织参观“砥砺奋进的五年”大型成就展】 2017 年 10 月，为使广大干部职工充分认识十八大以来党和国家事业发展取得辉煌成就，激发爱党爱国爱社会主义的情感，按照股份公司党委要求，机关党委迅速部署，克服时间紧、任务重的不利因素，顺利组织机关 100 余名干部职工参观“砥砺奋进的五年”大型成就展。通过参观展览，机关广大干部职工感受到祖国的强大，民族自豪感油然而生，纷纷表示，要充分领会党的十九大精神，不忘初心，牢记使命，将学习成果转化为工作动力，以实际行动践行党的十九大精神，为中国铁建创新发展贡献力量。（耿仁胜）

【组织观看警示教育片《褪色的人生》】 2017 年 12 月，为深入贯彻党的十九大精神，全面落实十九大关于党风廉政建设和反腐败斗争的新部署、新要求，配合纪委给机关各党支部发放反映国有重点大型企业监事会原正局级专职董事、17 办原主任王克勤严重违纪案件的警示教育片《褪色的人生》，充分发挥查办案件的治本功效和典型案例的警示教育作用，促使机关广大党员干部自觉做到拒腐防变、警钟长鸣。（耿仁胜）

【参加海淀区及万寿路街道区域化党建工作】 2017 年 6 月，参加万寿路地区党建工作协调委员会成立大会，中国铁建被选举为万寿路街道党建协调委员会成员单位。9 月，参加海淀区区域化党建工作推进会议，加强与万寿路街道党工委沟通，确保区域内党建工作在共抓中落实，企业在和谐中发展。11 月，参加万寿路地区加快首都“四个中心”建设，做好“四个服务”座谈会，并在会上作主旨发言，就落实万寿路街道对服务

"四个中心"、做好"四个服务",力争把北京建设成为国际一流的和谐宜居之都做出应有贡献。 (耿仁胜)

【配合万寿路街道疏解一般制造业】 2017年8月,配合海淀区万寿路街道按照首都城市战略定位,疏解一般制造业。协调中铁物资集团有限公司和北京中铁工业有限公司成立专项工作领导小组,按照《北京市海淀区经济和信息化办公室关于做好一般制造业疏解及"散乱污"企业治理专项行动验收工作的通知》和一般制造业退出的三类标准,妥善研究涉及国有资产处置、人员分流等有关问题,按期完成疏解任务。(耿仁胜)

【配合辖区法轮功人员管理】 按照永定路派出所配合法轮功人员管理工作有关要求,及时安排专人与机关离退休职工管理部、中铁建商务管理有限公司等进行对接,研究讨论此项工作。一是高度重视。在接到派出所配合请求后,机关党委派专人深入商务公司、离退部、办公室、财务部等单位对接此项工作。二是注意方法。为避免引起被摸排人员的抵抗和排斥情绪,先行按照被摸排人员的单位隶属关系,对其身边领导、同事以及家人、朋友进行走访摸排,了解情况。三是成效明显。通过艰苦细致的深入工作,大部分有关人员进行销号,达到预期目的。 (耿仁胜)

【机关党组织和党员队伍状况】 直属机关党委下设1个党总支、44个党支部。其中,机关党支部25个、项目部党支部2个、离退休支部17个。党员838人,其中,在岗职工党员324人、离退休人员(含内退)513人、其他人员1人。在岗职工党中,管理人员、专业技术人员323人,工人1人。党员中,35岁以下50人,36~45岁93人,46~55岁145人,56~60岁69人,61岁及以上481人;研究生93人,大学本科379人,大学专科133人,中专99人,高中41人,初中及以下93人。

(刘立新)

组　织

【党委组织部(党委干部部)】 股份公司党委主管党的建设、党的组织工作和干部工作的职能部门。主要职责:贯彻执行党中央、中央组织部、国务院国有资产监督管理委员会党委和股份公司党委关于加强党的建设的一系列方针政策,坚持党管干部、党管人才原则,制定党建工作、领导干部和后备干部各项制度、办法;制定中国铁建系统党建工作规划和年度工作计划;负责领导班子思想政治建设;开展创建"四好"领导班子活动及党内其他创先争优活动;指导、检查、督促所属单位抓好各级党组织建设,提出加强和改进的意见;负责对所属单位党建工作考核评价;负责党员教育、管理,做好发展党员工作;负责党内统计、党员组织关系转接、党费收缴、使用、管理;负责党组织设置和党群系统组织编制、机构定员;协助国资委对公司领导班子和领导人员管理;负责股份公司总部机关部门副职及同职级以上人员、所属二级单位领导人员(含同职级非领导职务人员,下同)、直属项目公司和指挥部负责人的推荐、考察、任免、调配、交流工作;负责所属二级公司董事会、监事会成员、总经理助理级人员和组织人事部门正职任免,提拔正处级干部和跨集团调动审核(批)及备案等工作。负责派往控股(参股)公司的股权代表、外部董事及相关负责人的选配和管理;负责股份公司高级管理人员绩效考核制度建设、方案制定和组织实施;对所属单位干部管理监督工作进行综合协调、宏观指导和检查监督;对公司党委管理干部的个人有关事项的填报、数据录入和查核工作;负责与协管所属二级单位的地方党委沟通、联系,协调相关领导人员任免、交流、调配、推荐、政审等工作;负责股份公司党委管理的干部因私出国(境)备案、审批及证件管理。定员15人,现员11人;设部长1人、副部长1人、副巡视员1人;下设组织处、党员教育管理处、领导干部处、干部监督处。

(康福祥)

【党组织和党员队伍状况】 截至2017年12月31日,全系统有党委610个、党总支119个、党支部8224个。党员141662人。其中,在岗职工党员104775人,占在岗职工总数的38%;离退休党员36850人;预备党员3317人;女党员21156人。党员队伍专业结构:在岗职工党员中,企业管理人员和专业技术人员党员91939人,工人党员12836人。年龄结构:35岁以下的45901人,占党员总数的32%;36~45岁29286人,占党员总数的21%;46~55岁20834人,占党员总数的15%;56~60岁19006人,占党员总数的13%;61岁以上26635人,占党员总数的19%。文化结构:研究生学历6549人,大学本科学历58120人,大学专科学历28630人,中专学历8156人,高中、中技学历19519人,初中及以下20688人。大专以上学历党员占在岗职工党员总数的66%。

(刘立新)

【成立党组织】 2017 年,为坚持党的领导,全面加强企业党的建设,根据党章和上级有关规定,股份公司党委决定成立中铁建华南建设有限公司党委、纪委,成立中铁海峡建设集团有限公司、中铁建资产管理有限公司党委。（刘 留）

【学习贯彻党的十八届六中全会和十九大精神】 采取党委中心组学习、专题党课、专题教育培训、专家辅导等多种方式,持续深入学习贯彻党的十八届六中全会精神,推动中国铁建各级领导班子和广大党员干部增强“四个意识”,坚定“四个自信”。以迎接党的十九大召开为主线,不断深化对广大党员干部严格党内政治生活、争当“合格共产党员”意识的教育,引导各级党组织和广大党员自觉践行党的宗旨,立足岗位创造优异成绩,以实际行动向十九大献礼。党的十九大胜利闭幕后,按照中央和国资委党委的统一部署及股份公司党委要求,开展对各级党组织进一步深入学习贯彻党的十九大精神和习近平新时代中国特色社会主义思想作出部署安排。（刘 留）

【党建工作写入公司章程】 按照中央有关文件精神和国资委党委的统一部署,总公司、股份公司及所属二级单位全部完成党建工作写入公司章程有关工作,把企业党组织的设置形式、地位作用、职责权限,企业党建工作总体要求等一并写入公司章程,进一步明确党组织在法人治理结构中的法定地位和作用。（刘 留）

【党组织前置程序】 按照中央有关文件精神和国资委党委的统一部署,修订《中国共产党中国铁建股份有限公司委员会议事规则》,明确党组织研究讨论作为董事会、经理层决策重大问题前置程序,督促所属二三级单位党委普遍建立和修改完善党委议事规则,同步对董事会议事规则、总经理工作细则进行修改完善,明确党组织研究讨论作为董事会、经理层决策重大问题前置程序要求,实现企业党组织发挥作用的组织化、制度化、具体化。（刘 留）

【党建工作责任制】 根据中央组织部、国资委党委关于中央企业党建工作责任制实施办法有关要求,制定《中国铁建党建工作责任制实施办法》,对各级党组织的主体责任、党组织书记的第一责任、党组织专职副书记的直接责任、领导班子成员的“一岗双责”、党建工作部门的职责以及责任追究等作出明确规定,为落实党建工作责任提供制度保障。（刘 留）

【党委书记抓党建工作述职评议暨签订工作责任书】 根据中央和国资委党委部署要求,2017 年 2 月 21 日,股份公司党委组织召开中国铁建 2016 年度二级单位党委书记抓基层党建述职评议暨签订党建工作责任书大会。会上,14 家二级单位党委书记现场述职,其余单位党委书记进行书面述职。同时,为进一步压实党建工作责任,股份公司党委与所属 40 家二级单位党委书记签订党建工作责任书,以任务清单方式列出 2017 年度二级单位党委书记履行党建工作第一责任人职责所必须完成的党建重点工作和目标要求。中央组织部和国资委党委组织部派人到会指导。（刘 留）

【党建工作量化考核】 根据《中国铁建党建工作量化考核暂行办法》有关规定,2017 年初,中国铁建股份公司组织党建工作职能部门结合各自工作职能,综合日常抓重点工作落实、调研和检查所掌握的实际情况,开展对所属二级单位 2016 年度党建工作全面评价考核,并将评价考核结果与年度“四好领导班子”评比以及年度绩效考核结果相结合。（刘 留）

【基层党支部书记集中轮训】 2017 年 4 月 18—22 日,股份公司党委作为国资委试点单位举办 2 期基层党支部书记集中轮训试点班,来自生产工作一线和企业机关的基层党支部书记 380 多人参加培训。受到中央组织部和国资委党委的好评和认可,相关课件被中央组织部作为案例教材推广。根据中央组织部《关于进一步加强基层党支部书记集中轮训工作的通知》和国资委党委部署要求,从 9 月起至年底,组织所属各单位对党支部书记普遍进行一次轮训,实现基层党支部书记集中轮训工作全覆盖。（刘 留）

【党支部建设工作现场推进会】 2017 年 10 月 13 日,股份公司党委在中铁十六局集团有限公司豫机城际铁路工程 1 标段项目经理部召开党支部建设工作现场推进会。中国铁建副总裁、党委副书记夏国斌代表股份公司党委到会讲话。系统内部分单位党委、党支部介绍党支部建设工作经验,组织党建活动现场观摩,集中察看党支部工作台账,13 家单位党支部获得中国铁建第一批“示范党支部”称号。其中,中铁十六局集团有限公司豫机城际铁路工程 1 标段项目经理部党支部被国资委党委命名为第一批中央企业示范党支部。（刘 留）

【督查党建任务落实和选人用人工作】 根据中共中央组织部、国务院国资委党委关于印发《贯彻落实全国国有企业党的建设工作会议精神重点任务》精神，股份公司党委作出部署安排，从2017年11月底至12月初，组成6个督导组，赴15家单位，开展对党建重点任务落实情况和选人用人工作情况专项检查。（刘 留）

【表彰“四好领导班子”】 9月22日，股份公司党委、股份公司做出决定，批准中铁建设集团有限公司、中国铁建房地产集团有限公司、中铁第四勘察设计院集团有限公司、中铁第五勘察设计院集团有限公司4家单位领导班子为股份公司2016年度“四好领导班子”。（刘 留）

【领导班子成员党建联系点工作】 积极协助中国铁建股份有限公司党委每位领导确定一个二级或三级单位作为工作联系点暨党建联系点。班子成员带头为基层党员干部讲党课，为党员干部和职工群众宣讲党的十九大精神，主动深入基层，指导和帮助基层单位解决生产经营、改革发展和党建工作等方面存在的突出问题，促进党建任务在基层得到有效落实。（刘 留）

【召开党员领导干部民主生活会】 2017年1月23日，按照中央部署和国务院国资委党委要求，总公司党委在中国铁建大厦召开2016年度党员领导干部民主生活会。中国铁建孟凤朝、庄尚标、夏国斌、刘汝臣、王秀明、李春德6名班子成员全部到会。国资委企干二局五处处长孟晓彤、中央纪委驻国资委纪检组第七纪检室主任陈坤、国资委党建局综合处主任科员邓砂到会指导。领导班子成员围绕“两学一做”学习教育要求，重点对照《关于新形势下党内政治生活的若干准则》，聚焦政治合格、执行纪律合格、品德合格、发挥作用合格4个方面，结合思想工作实际，进行党性分析，开展批评和自我批评，不断增强领导班子和领导干部发现和解决自身问题的能力。（刘 留）

【推荐党的十九大代表】 根据《中共中央关于党的十九大代表选举工作的通知》精神和国务院国资委党委统一部署，采取“自下而上、上下结合、反复酝酿、逐级遴选”办法，确定王净、刘杰、汪文忠、张良才、孟凤朝5人为总公司党的十九大代表候选人推荐人选。在2017年6月底召开的中央企业系统（在京）党代表会议上，中国铁建党委书记、董事长孟凤朝当选中央企业系统（在京）出席党的十九大代表。（刘 留）

【选举出席中央企业系统（在京）党代表会议代表】 根据中央和国资委党委的统一部署和安排，按照总公司（股份公司）党委规定的“三上三下”原则及相关要求，充分酝酿推荐，根据多数党组织和党员的意见，确定出席中央企业系统（在京）党代表会议代表候选人预备人选14人。2017年3月31日，召开中国共产党中国铁道建筑总公司党员代表大会，尹静、白晶、庄尚标、刘飞香、李传营、李春德、汪文忠、张良才、孟凤朝、战丽娜、雷佳民11人当选中国铁道建筑总公司出席中央企业系统（在京）党代表会议代表。（刘 留）

【召开总公司第三次（股份公司第一次）党代会】 根据党章规定和国资委党委要求，2017年7月18—19日，中国共产党中国铁道建筑总公司第三次（中国铁建股份有限公司第一次）党员代表大会在北京召开，328名代表出席会议。会议审议通过上届党委和纪委工作报告，全面系统总结上次党代会以来10年党的建设和企业改革发展等工作，谋划和部署今后5年和未来一个时期企业改革发展和党的建设。大会选举产生总公司第三届（股份公司第一届）党委和纪委。（刘 留）

【部分单位党委换届选举】 2017年，根据党章规定和股份公司党委要求，指导中铁十八局集团有限公司、中铁第一勘察设计院集团有限公司、中国铁建房地产集团有限公司、中铁建重庆投资集团有限公司召开党员代表大会或党员大会，选举产生党委、纪委，保障党员民主权利，夯实基层党组织基础。（刘 留）

【检查指导境外企业党建工作】 2017年8月，中国铁建党委副书记夏国斌、总经济师赵晋华带队，组成2个小组，分赴尼日利亚、阿尔及利亚等6个国家，开展对中国铁建系统部分境外单位深入调研检查，与境外单位党组织负责人、班子成员、党员干部和职工群众座谈，拜访中国驻所在国大使馆，走访相关中央企业单位，广泛听取各方面对加强境外单位党建工作的意见建议。在此基础上，研究制定《关于加强境外单位党建工作的指导意见》，为进一步规范和加强中国铁建境外单位党的建设工作提供制度依据。（刘 留）

【制定发展党员工作计划】 2017年，根据《国资委党委办公室关于印发2017年在京中央企业发展党员计划的通知》精神，中国铁建各单位党委根据“控制总量、优化结构、提高质量、发挥作用”总要求,从严掌握发展党员标准,按照发展党员比例,认真制定发展党员工作规划和年度工作计划。股份公司党委组织部根据国资委党委组织部下发的2017年发展党员指标,认真审批所属单位发展党员工作计划,全年批复发展党员2882人。 (王子利)

【发展党员工作】 2017年,中国铁建系统各级党组织坚持把发展党员工作重点放在优秀专业技术人才、管理人才和高技能人才,突出发展生产、工作一线艰苦环境、关键岗位上的优秀员工。按照“严格标准、严格培养、严格程序、严格调控”的目标,全系统实际发展党员2877人,完成计划的99.8%。其中,女性党员406人,占发展总数的14%,少数民族党员104人,占发展总数的3.6%;35岁及以下党员2221人,占发展总数的77.2%;大专及以上学历党员2654人,占发展总数的92.2%。发展生产、工作一线党员2508人,占发展党员总数的87.2%;专业技术人员和管理人员2753人,占发展党员总数的95.7%。 (王子利)

【慰问生活困难党员和老党员】 2017年春节前夕,国资委党委下拨91.6万元党费给中国铁建,股份公司从历年留用党费中下拨基层党委91.6万元,共拨付1832000元,走访慰问全系统老党员、困难党员868人。 (王子利)

【开展专项走访慰问生活困难党员】 2017年,根据国资委党建局《关于开展专项走访慰问生活困难党员、群众的通知》精神和要求,中国铁道建筑总公司结合实际,将开展专项走访慰问生活困难党员活动,作为传递组织温暖和增强党组织凝聚力的一项重要措施来抓,通过精心安排部署、分级落实。全系统专项走访慰问生活困难党员2654人,累计使用慰问资金1254.9万元(其中国资委拨付836万元、股份公司拨付209万元、所属各单位拨付209.9万元)。 (王子利)

【开展“两学一做”学习教育常态化制度化】 按照中央和国资委党委要求,为推进“两学一做”学习教育常态化制度化,进一步贯彻落实习近平总书记系列重要讲话精神,坚持党的领导,加强党的建设,深化全面从严治党,持续增强“四个意识”,不断加强和规范党内政治生活,保持党的先进性和纯洁性,增强国有企业活力、控制力、影响力、国际竞争力和抗风险能力,推动企业做强做优做大,股份公司党委结合工作实际,制定《关于推进“两学一做”学习教育常态化制度化的实施方案》。 (王子利)

【有限公司(总公司)暨股份公司领导班子建设】 3月1日,国务院国资委党委决定,夏国斌任中国铁道建筑总公司党委副书记(国资党任字〔2017〕28号)。3月2日,国务院国资委党委同意夏国斌为中国铁建股份有限公司党委副书记人选(国资党委干二〔2017〕62号)。6月8日,国务院国资委党委决定,鲁斌、李宁、汪文忠3人任中国铁道建筑总公司党委常委(国资党任字〔2017〕71号)。6月9日,国务院国资委党委同意鲁斌、李宁、汪文忠3人为中国铁建股份有限公司副总裁、党委常委人选。经国务院国资委党委提名,11月17日,董事会及监事会议案通过,中国铁建股份有限公司第四届董事会、经理层、监事会组成:孟凤朝任董事长,庄尚标、夏国斌、刘汝臣任执行董事,葛付兴任非执行董事,王化成、辛定华、承文、路小蔷任独立非执行董事;同意夏国斌、刘汝臣不再担任中国铁建股份有限公司副总裁职务;经股份公司党委常委会提名,报国务院国资委同意,股份公司监事会选举曹锡锐为中国铁建股份有限公司第四届监事会主席。2017年,中国铁道建筑总公司改制为中国铁道建筑有限公司。11月15日,国务院国资委党委同意提名夏国斌为中国铁道建筑有限公司职工董事人选,并按照规定程序完成选举、任命。12月4日,国务院国资委党委研究任命孟凤朝为中国铁道建筑有限公司董事长;庄尚标为中国铁道建筑有限公司董事,提名为中国铁道建筑有限公司总经理人选(国资任字〔2017〕120号);孟凤朝任中国铁道建筑有限公司党委书记,庄尚标、夏国斌任中国铁道建筑有限公司党委副书记,刘汝臣、王秀明、李春德、鲁斌、李宁、汪文忠任中国铁道建筑有限公司党委常委,李春德任中国铁道建筑有限公司纪委书记(国资任字〔2017〕121号)。年内协助国务院国资委企干二局组织股份公司领导班子和领导人员年度综合考核评价、董事会及董事年度考核评价、选人用人工作“一报告两评议”;完成股份公司高级管理人员绩效合约签订及年度考核等工作。 (汪显东 邹光剑)

【领导人员管理制度建设】 根据中央和国资委关于干部工作新精神、新要求,以及2016年10月以来试行期间所属各单位和机关各部门反馈的意见建议,2017年,修改和完善《领导人员管理规定》等9个领导干部制度办法。3月,提交股份公司党委常委会研究通过后正式印发执行,建立起从动议酝酿、人选产生、考察、讨论决定、任职全环节的选人用人制度体系,进一步加强对后备干部建设、领导人员交流、领导班子和领导人员综合考核评价的规范管理。10月,印发《外部董事管理办法》,规范外部董事资格条件、选聘方式、工作内容、考核评价、日常管理。（汪显东　邹光剑）

【领导人员任免及管理】 2017年,股份公司党委召开书记碰头会14次,提交党委常委会讨论任免干部15次,调整补充领导班子46个次,先后提拔、调整领导人员165人次。其中,提拔使用54人,正职15人、副职29人;提拔非领导职务人员10人,巡视员5人、副巡视员5人。交流、调整领导干部111人次,其中正职38人次,副职73人次。全年退出领导班子改任非领导职务14人,办理退休手续28人。

(1)加大竞争性选拔领导人员力度。在坚持民主推荐方式选拔领导干部为主的同时,加大竞争性选拔力度。对2016年通过公开招聘方式选拔的12名所属单位总会计师和金租公司社会聘用的1名执行总经理、1名副总经理进行试用期满考察、转正。组织2017年公开遴选所属单位总会计师后备人选,经过资格审查、面试、党委书记碰头会研究10名人选确定为考察人选并进行考察,提交股份公司党委常委会研究,择优录用。年内启动公开遴选股份公司团委书记工作,完成报名、资格审查等工作。

(2)认真做好年度综合考核评价和后备干部推荐。利用各单位年度工作会议机会,开展对39家二级单位领导班子和领导人员2017年度综合考核评价,同时开展2017年度选人用人"一报告两评议"工作。在31家单位进行后备干部初步人选推荐,进一步充实股份公司后备干部库,形成二级单位领导人员后备库的动态管理。

(3)加强领导人员日常监督。按照上级单位要求,中国铁建系统上报个人有关事项581人。全系统随机抽查61人,重点抽查16批次85人。批评教育处理漏报或填报不规范38人,诫勉处理不如实报告或隐瞒不报10人。全年完成117人次的因私出国(境)审批。须股份公司备案人员全部及时向出入境管理部门进行登记备案。开展党建重点任务和选人用人工作督查,对督查中发现的选人用人问题进行总结、梳理和反馈,要求相关单位党委整改落实。（汪显东　张瑞全）

【所属单位领导人员调整】 中国土木工程集团有限公司:1月11日,陈思昌、王向东、朱小刚任党委委员,为副总经理人选;7月23日,赵仲宁、郝毅忠免职退休;12月19日,刘东任副总经理,试用期一年。

中铁十一局集团有限公司:2月22日,彭新文任副巡视员,免去党委副书记、党委常委、党委委员职务,不再担任工会主席职务;6月5日,刘华军任副巡视员,免去党委委员职务,不再担任副总经理职务;12月19日,谢敬平任党委副书记,为工会主席人选,不再担任副总经理职务。

中铁十二局集团有限公司:3月13日,高治双任董事、党委副书记,主持经理层工作,宋津喜任党委书记,不再担任总经理职务,免去王锦友董事、党委书记、党委常委、党委委员职务,退休,李国强任监事会主席;9月15日,免去霍玉华董事职务,不再担任副总经理职务;10月31日,高治双为总经理人选。

中国铁建大桥工程局集团有限公司:5月23日,苏宝伶免职退休;12月25日,刘敏任副巡视员,免去党委常委、党委委员、纪委书记,监事会主席职务。

中铁十五局集团有限公司:2月22日,张海庆免职退休;5月5日,免去张海亮董事、党委常委、党委委员职务,不再担任副总经理职务;7月28日,金国海、王文举任董事,林征球任监事会主席;7月31日,陈文秀免职退休;9月15日,免去黄明玉党委委员职务,不再担任副总经理职务,免去许东坤副巡视员职务;11月24日,史保魁免职退休。

中铁十六局集团有限公司:6月27日,熊永军试用期满,现予转正;7月28日,程红彬任党委副书记,为总经理人选,孔令健不再担任总经理职务,免去杨哲峰董事、党委常委、党委委员职务,不再担任副总经理职务,另有任用;9月8日,马栋任董事;11月24日,江拔其免职退休。

中铁十七局集团有限公司:3月13日,张轶、王应权、张耀军任党委委员,为副总经理人选,潘喜发任副巡视员;6月27日,阮祥杰试用期满,予以转正;9月14日,郑力为工会主席人选。

中铁十八局集团有限公司:1月3日,鲁小龙任监事会主席;3月13日,免去崔连友党委委员职务,不再担任副总经理职务;5月5日,王兴周任董事长,闫广天任董事、党委副书记,主持经理层工作,免去彭士国董事长、董事,党委副书记、党委常委、党委委员职务,退休,免去刘明杰董事,党委副书记、党委常委、党委委员职务,不再担任总经理职务,另有任用;6月5日,熊晖任董事;6月27日,熊晖试用期满,予以转正;8月25日,杨国良免职退休;10月9日,闫广天为总经理人选;10月31日,赵心昭任党委副书记。

中铁十九局集团有限公司:1月11日,免去张夕和党委常委、党委委员职务,不再担任副总经理职务,另有任用;7月21日,柏林成任副巡视员,免去党委委员职务,不再担任副总经理职务;9月15日,赵国旗任董事长,免去王学忠董事长、董事,党委副书记、党委常委、党委委员职务,另有任用。

中铁二十局集团有限公司:6月27日,蒋盛煌试用期满,现予转正,刘文武任党委委员,为副总经理人选;7月23日,王玉松免职退休;8月16日,免去刘峰党委委员职务,不再担任副总经理职务;11月24日,郭祥君免职退休。

中铁二十一局集团有限公司:3月13日,孟广顺任党委副书记,免去党委书记职务,庄纪栋主持党委工作,赵彦旭任董事,主持经理层工作,免去王继红董事、党委副书记、党委常委、党委委员职务,不再担任总经理职务,另有任用;9月15日,免去渠巨华党委常委、党委委员职务,不再担任副总经理职务,另有任用;10月31日,庄纪栋任党委书记、董事,不再担任职工董事、工会主席职务,赵彦旭任党委副书记,为总经理人选,不再担任总工程师职务;11月24日,黄庆华任副巡视员,免去董事、党委常委、党委委员职务,不再担任副总经理职务;12月19日,马建军、石龙海任党委委员,为副总经理人选,冯建军任党委委员,为副总经理、总工程师人选,田爱平任党委副书记,为工会主席人选,免去李金生党委副书记职务。

中铁二十二局集团有限公司:2月22日,柴纹任副巡视员,免去董事、党委常委、党委委员职务,不再担任副总经理、总会计师职务;5月5日,免去柴春明党委委员职务,不再担任副总经理职务;6月27日,王广建为总经理人选;8月25日,安志军任监事会主席;李国华任副巡视员,免去党委委员职务,不再担任副总经理职务;9月15日,渠巨华任党委委员,为副总经理人选;12月19日,王参军任党委副书记,为工会主席人选,不再担任副总经理职务,王怀尧任巡视员,免去党委副书记、党委常委、党委委员职务。

中铁二十三局集团有限公司:10月25日,刘衍堂免职退休;11月24日,袁全祥免职退休。

中铁二十四局集团有限公司:12月19日,李生任巡视员,免去党委常委、党委委员、纪委书记,监事会主席职务。

中铁二十五局集团有限公司:1月11日,免去况成明党委委员职务,不再担任总经理职务,调出,免去葛斌党委常委、党委委员职务,不再担任副总经理职务,另有任用;6月27日,免去明思义党委副书记、党委常委、党委委员职务,另有任用;12月19日,张建慈、李红旗任党委委员,为副总经理人选,林春梅任党委副书记,为工会主席人选,李新黎任副巡视员。

中铁建设集团有限公司:3月13日,免去王闯党委常委、党委委员职务,不再担任副总经理、总会计师职务;6月27日,赵伟任董事长、党委书记,免去汪文忠董事长、董事,党委书记、党委常委、党委委员职务;7月28日,梅洪亮任董事、党委副书记,为总经理人选;赵伟不再担任总经理职务。

中国铁建电气化局集团有限公司:6月27日,杨现庆试用期满,予以转正;10月25日,杨现庆任董事。

中国铁建港航局集团有限公司:1月22日,赵峰免职退休;3月13日,金国亮任党委副书记,主持经理层工作,张小平任巡视员,免去董事、党委副书记、党委委员职务,不再担任总经理职务;5月23日,刘齐辉任董事;6月5日,何秀春免职退休;10月31日,金国亮为总经理人选,不再担任总会计师职务。

中国铁建房地产集团有限公司:5月5日,易善健任巡视员,免去副董事长、董事、党委委员职务;7月28日,免去梅洪亮党委委员职务,不再担任副总经理职务,另有任用;8月15日,代春利、楼英瑞任党委委员,为副总经理人选,侯加海、彭长城任副巡视员。

中铁第一勘察设计院集团有限公司:6月27日,刘宇栋试用期满,予以转正;7月28日,刘为民任董事长、党委书记,不再担任院长职务,董勇任党委副书记,为院长人选,余洁任党委副书记,为职工董事、工会主席人选,不再担任副院长职务,免去王争鸣董事长、董事,党委书记、党委常委、党委委员职务,退休;9月29日,丁力免职退休;12月19日,谭新建任党委委员,为副院长人选。

中铁第四勘察设计院集团有限公司:5月5日,免去谢海林党委委员职务,不再担任副院长职务;11月24日,荆山任副巡视员,免去党委委员职务,不再担任副院长职务;12月19日,徐昌富、韩向阳任党委委员,为副院长人选。

中铁第五勘察设计院集团有限公司:5月5日,仇湘为院长人选,姚汉文、谌启发任党委委员,为副院长人选;9月15日,李克贤任副巡视员,免去党委委员职务,不再担任副院长职务;12月19日,朱霖任党委副书记,免去纪委书记、监事会主席职务。

中铁上海设计院集团有限公司:2月22日,李芳桃任监事会主席。

中铁物资集团有限公司:1月22日,董佃俭任副巡视员,免去党委副书记、党委委员职务,不再担任工会主席职务;4月25日,那学明免职退休;10月9日,免去吴婧萍党委委员、纪委书记、监事会主席职务,另有任用。

中国铁建重工集团有限公司:3月27日,免去王全生董事,党委常委、党委委员、巡视员职务,不再担任副总经理职务,退休;6月15日,赵晖任董事、党委常委;7月21日,刘飞香任董事长、党委书记,程永亮任董事、党委副书记,为总经理人选,赵晖任董事、党委副书记,为副总经理人选,胡斌任董事、党委常委,为副总经理、总工程师人选,刘海华任党委委员,为副总经理人选,李健任党委委员,为副总经理、总会计师人选,王彪任党委常委、纪委书记、监事会主席,贺勇军任党委副书记,为职工董事、工会主席人选,童普江任党委常委;周海祥、杨朝凯任巡视员,黄兆祥、张忠、陈永祥、孙国庆任副巡视员,免去龚道君党委副书记、党委常委、党委委员,纪委书记、工会主席、监事会主席职务;9月15日,赵晖为执行总经理人选;7月,免去任延军董事长、执行董事,党委书记、党委委员职务;免去江河党委副书记、党委委员、执行董事职务,不再担任总经理职务,免去胡斌党委委员职务,不再担任副总经理、总工程师职务,免去黄兆祥、张忠、孙国庆、童普江党委委员职务,不再担任副总经理职务,免去陈永祥党委委员职务,不再担任副总经理职务,免去莫斌党委委员、纪委书记职务,免去余园林党委委员、执行董事职务,不再担任副总经理、总会计师职务,免去杨朝凯巡视员职务。

中国铁建国际集团有限公司:8月15日,应尔强任巡视员,免去党委委员职务,不再担任副总经理职务;9月15日,冯来刚任监事会主席,免去魏万征监事会主席职务,免去黄健民党委委员职务,不再担任副总经理职务,另有任用。

中铁城建集团有限公司:6月27日,余跃试用期满,予以转正;7月21日,龚道君任党委常委、纪委书记、监事会主席,免去王彪党委常委、党委委员、纪委书记、监事会主席职务;12月19日,王忠良为总工程师人选;郑军任党委委员,为副总经理人选。

中国铁建投资集团有限公司:6月27日,王巍任董事长、党委书记,免去李宁董事长、董事,党委书记、党委常委、党委委员职务;7月28日,杨哲峰任董事、党委副书记,为总经理人选,王巍不再担任总经理职务,谭振武任巡视员,免去党委常委、党委委员职务,不再担任副总经理职务;8月15日,郑玉欣任副巡视员;9月15日,安康任副巡视员。

中国铁建财务有限公司:8月30日,果秀娟任副巡视员,免去党委委员职务,不再担任副总经理、总会计师职务;10月9日,吴婧萍任党委委员、纪委书记、职工代表监事,王道平、王丽任党委委员,为副总经理人选,张国智任党委委员,为副总经理、总会计师人选,免去彭长林纪委书记、监事职务。

中铁建商务管理有限公司:8月25日,王凤丽任副巡视员,免去董事、党委委员职务,不再担任副总经理、总会计师职务;10月25日,石兴国任副巡视员,免去董事、党委委员职务,不再担任副总经理职务。

中铁建南方建设投资有限公司:1月11日,免去张成董事、党委委员职务,不再担任副总经理职务,另有任用;5月5日,柴春明任董事、党委委员、副总经理(主持经理层工作);6月27日,朱宝林试用期满,现予转正;9月15日,柴春明任党委副书记,为总经理人选。

中铁建昆仑投资集团有限公司:2月22日,汤世明任副巡视员,免去党委委员职务,不再担任副总经理职务;6月27日,黎锡龙试用期满,现予转正。

中铁建华北投资发展有限公司:11月14日,杜水波任董事长、党委书记,不再担任总经理职务,刘明杰任董事、党委副书记,为总经理人选。

中铁建金融租赁有限公司:6月27日,李彤试用期满,予以转正;12月19日,付必茂任党委委员,为副总经理人选,试用期一年,尹金丹(女)继续担任党委委员、副经理,詹伦波任巡视员,免去董事、党委委员职务,不再担任执行总经理职务。

中铁磁浮交通投资建设有限公司:5月5日,张海亮任副董事长、党委副书记(主持董事会、党委工作),谢海林、付裕任党委委员,免去雷佳民董事长、董事职务,不再担任法人代表;6月21日,谢海林任总经理(集团公司正职)。

中铁建重庆投资集团有限公司:6月27日,明思义任党委副书记、纪委书记、监事会主席,为工会主席人选,秦学合试用期满,予以转正,张泽任副巡视员,免去党委副书记、党委委员,纪委书记、监事会主席职务,不再担任工会主席职务。

北京通达京承高速公路有限公司:6月27日,赵世友试用期满,予以转正;11月13日,宋占波任董事长。

中铁建华南建设有限公司:1月11日,张成任董事长、法人代表,为总经理人选(原职级不变,集团公司副职),葛斌为副总经理人选,张夕和为副总经理、总会计师人选,徐加兵为总工程师人选(原职级不变);7月28日,张成任党委书记(原职级不变,集团公司副职),不再担任总经理职务,葛斌任党委副书记、纪委书记,为工会主席人选,不再担任副总经理职务;10月9日,徐加兵任党委委员,为副总经理、总工程师人选。

中铁建资产管理有限公司:3月13日,王闯任党委委员，为副总经理人选，免去张国俊董事、党委副书记、党委委员职务，不再担任总经理职务，易善健借调主持工作；9 月 15 日，黄健民任党委委员，为副总经理人选。

中铁海峡建设集团有限公司：6 月 27 日，孙桐林任党委委员，为副总经理人选；9 月 15 日，裴璐辉（女）任副巡视员。

中铁建北部湾建设投资有限公司：12 月 15 日，覃正标任董事长、党委书记，王继红任董事、党委副书记，为总经理人选。

中铁建锦鲤资产管理有限公司：11 月 13 日，李学甫任执行董事，刘正昶任监事。

中国铁建股份有限公司北京培训中心（党校）：8 月 25 日，单永新免职退休。（邹光剑　杜重洋）

【总部机关、直属机构和项目指挥部领导人员管理】 截至 2017 年底，中国铁建总部机关（含报社）有职能部门 31 个，部门副职及以上人员 111 人，其中部门正职 35 人，部门副职 46 人；总部机关部门副职级及以上人员 108 人，其中领导班子 9 人，总经理助理级人员 19 人，部门正职 23 人（未含 8 名兼职人员，含海外部 2 名执行总经理），部门副职 48 人，非领导职务人员 9 人。年内对以总公司和股份公司名义成立的直属项目部、指挥部等项目管理机构进行全面登记整理，完善基础资料信息，全年办理 9 个直属项目领导人员调整配备，任免 39 人次。（邹光剑　杜重洋）

【领导人员培训】 2017 年，中国铁建系统调训机关部门正职及以上及所属单位党政正职领导人员 13 人，其中中央党校 11 人。加大对股份公司党委管理新提任领导人员的培训，全年举办新提拔局级干部培训班 1 期，培训 49 人。为深入学习、宣传、贯彻党的十九大精神，按照中央和国资委相关要求，结合实际，举办“学习贯彻党的十九大精神”培训班 3 期，554 名领导干部参加，基本完成对股份公司党委管理领导人员的全覆盖培训。（邹光剑）

宣　传

【党委宣传部（企业文化部）】 股份公司党委宣传部，又称企业文化部，既属公司党委工作部门，又属行政工作部门。主要职责：负责中国铁建股份有限公司意识形态工作；负责股份公司党委和所属各级党委的思想理论建设和职工的政治理论教育；负责股份公司本级党委理论学习中心组学习，指导检查所属单位中心组学习；负责全系统施工生产中的思想政治工作和对职工经常性思想教育的宏观指导；负责企业改革的宣传教育和时事政策教育；组织指导股份公司系统精神文明建设；负责党建思想政治工作研究；负责反邪教工作；负责企业文化建设、品牌文化建设；负责本级重大活动的宣传报道和对全国性报刊、电台、电视台及网络媒体的新闻报道；负责突发事件中的新闻舆情处置；负责企业宣传片、专题片的摄制；负责中国铁建书法家协会日常管理工作；协同有关部门进行普法教育和综合治理方面的宣传教育；负责铁道兵纪念馆暨中国铁建展览馆；负责中国铁建官方微博、微信平台的内容采编、运营维护和日常管理工作，指导全系统新媒体日常管理工作。定员 15 人，设部长兼新闻发言人 1 人、副部长 1 人、党建政研会副秘书长 1 人、馆长 1 人，现有人员 9 人；下设宣传教育处、企业文化处、新闻舆情处、铁道兵纪念馆暨中国铁建展览馆。

2017 年，党委宣传部（企业文化部）深入学习宣传贯彻党的十九大精神和习近平总书记系列重要讲话精神，按照国资委党委和股份公司党委要求，把握国家发展大势，着眼企业发展大局，紧密围绕企业中心工作，在坚定理想信念、鼓舞员工士气、凝聚精神力量、打造品牌形象、传播企业正能量等方面取得显著成效，亮点纷呈、特色鲜明，极大地激励广大干部职工尽职履责的奋斗热情，凝聚起同心共筑企业改革发展的磅礴力量。（刘树山）

【党委理论学习中心组学习】 坚持在第一时间学习中央和上级精神，以讲政治、有信念为根本，准确把握学习方向，以制度化、规范化为遵循，切实有效开展学习。3 月 16 日，印发《党委理论学习中心组学习年度计划和专题学习重点内容》，把中国特色社会主义理论体系特别是习近平总书记治国理政新理念新思想新战略列为学习重要内容。3 月 22 日，印发《中国铁建党委理论学习中心组学习规则》，把中心组学习纳入党建工作责任制、纳入意识形态工作责任制，进一步规范中心组的学习管理和考核问责。2017 年组织集体学习 17 次，其中，扩大学习 10 次（含 3 次视频会），主会场近 3000 人次参加（其中班子成员参加 108 人次）。（刘志强）

【党的十九大精神专题学习教育】 在中国共产党第十九次全国代表大会召开前后召开专题会议，对中国铁建系统中心组学习党的十九大精神进行部署、提出要求。10月25日，召开股份公司党委常委会传达学习。10月27日，召开全系统视频会议，中国铁建党委书记、董事长孟凤朝传达学习大会精神，并就全系统下一步学习宣传贯彻工作作部署。11月6日，下发专题通知，对深入学习宣传贯彻党的十九大精神作出全面安排。11月27日，党委理论学习中心组对党的十九大精神进行专题研讨。中国铁建各单位按照《关于做好党委理论学习中心组党的十九大精神专题学习研讨的通知》要求，认真开展专题研讨。（刘志强）

【开展系列主题活动】 2017年，部署开展中国铁建各级“党委书记宣讲党的十九大精神”主题活动，充分发挥各级党委书记带头作用，在全系统、海内外迅速掀起领导带头学、带头讲，干部职工主动学、自觉记的学习热潮。股份公司党委成立5个督导组，在11月5—25日期间进行集中督促指导。部署开展“不忘初心，牢记使命”主题演讲活动，经过项目部到工程公司、再到集团公司层层选拔，12月6日，40多名选手进行总决赛。12月8日，首次以现场观看+网络直播形式召开党委理论学习中心组学习扩大会，主题演讲活动总决赛前10名选手参加汇报展演，观看网络直播24万人次。部署开展“书写新时代”主题书法大赛，用书法这一中国传统文化的代表性形式，书写党的十九大报告及习近平新时代中国特色社会主义思想的重点论述，11月3日，在中国铁建大厦一楼大堂开展。（刘志强）

【编印漫画书《大宝学“习”记》】 以“形式上创新、内容上贴近、功能上实用、语言上生动”为遵循，把贯彻落实党的十九大精神与深化全国国有企业党的建设会议精神紧密结合起来，编印漫画书《大宝学“习”记》，在中国铁建系统内外引起良好反响。（刘志强）

【意识形态阵地管理】 坚持加强对官方网站、官方微信微博、中国铁道建筑报社、《铁建政工》、铁道兵纪念馆等意识形态阵地管理。2017年2月15日，下发专题通知，开展对中国铁建系统意识形态阵地普查、登记、梳理。10月10日，召开中国铁建总部机关互联网群组、公众账号管理员专题会议，落实《互联网群组信息服务管理规定》《互联网用户公众账号信息服务管理规定》要求，部署自查自纠工作，签订责任书。

（刘志强）

【开展专题主题教育活动】 坚持抓好对员工的思想政治教育，通过主题宣贯、权威解读、精选角度和切入点等方式，强化员工思想共识，使上级指示精神要求、企业重大决策部署在中国铁建各级组织得到有效落实和快速推进。充分利用报纸、网站、新媒体和QQ群、微信群等载体，广泛宣传党的路线方针政策、党的十八大以来取得的新成就和党的十九大精神，较好地完成各项政治思想教育和形势任务教育任务。部署开展股份公司第一次党代会、党的十九大精神宣讲，全国国有企业党建工作会议精神解读和宣传。（刘志强）

【开展典型选树宣传】 2017年，先后选树宣传“背着父亲修高铁的80后”“中国好人”祁建光（第六届“全国道德模范”提名奖）、“央企楷模”“全国三八红旗手标兵”关改玉等先进典型，印发文件号召全系统向关改玉学习；开展第二届“永远的铁道兵杯”十大楷模、第五届中国铁建“十佳道德模范”评选活动，12月25日，在中国铁建大厦召开隆重的表彰活动。（刘志强）

【推进文明创建活动】 全面推进道德讲堂建设，发挥道德讲堂成风化人的重要作用。推动中国铁建各单位志愿服务活动持续深入开展，学雷锋志愿服务活动情况在《国企杂志》专题刊发。组织开展2015—2017年首都文明单位和全国文明单位创建评选及复查工作，16家单位入围首都文明单位（标兵），5家单位新增为全国文明单位。截至2017年底，中国铁建系统全国文明单位的数量达到21家。（刘志强）

【开展党建思想政治工作研究】 贯彻落实中央企业党建思想政工作研究会2017年工作要点的通知精神，在中央企业党建政研会2017年度优秀研究成果、优秀组织单位评选中，中国铁建党建政研会被评为优秀组织单位，完成的课题《中央企业海外公司跨文化管理研究》获一等奖并被推荐参加中国政研会优秀研究成果评选，获评中国政研会2017年度一类优秀研究成果。完成股份公司2015—2016年度政研成果汇编和2017—2018年度政研课题立项工作。（王　洋）

【编辑《铁建政工》】 2017年出版《铁建政工》4期。刊物及时反映股份公司党委重大活动和全系统政工动态，推进党建思想政治工作研究，交流先进经验，推广典型做法。（王　洋）

【反邪教维稳工作】 及时传达国资委党委和北京市

公安局有关会议精神，将防范处理邪教工作作为意识形态领域的一项重要工作纳入意识形态工作责任制，组织召开中国铁建系统相关负责人会议，落实工作部署，抓好敏感时期的防范工作。（王　洋）

【制定企业文化建设规划（2016—2020年）】 2017年，梳理、总结企业文化建设发展现状，制定下发中国铁建企业文化建设规划（2016—2020年），明确企业文化建设的方向和重点；审定32个所属单位的企业文化建设规划，为企业五年发展战略与规划整体目标的实现提供文化支撑。（毕中喜）

【评选首届中国铁建“十大品牌”】 为提升中国铁建品牌影响力，提高各单位对品牌建设的重视，党委宣传部牵头启动首届“十大品牌”评选活动，在40个候选单位中评选出8个产业产品类品牌和2个精神文化类品牌，在全系统树立打造品牌产业产品、塑造优秀精神文化的价值导向。（毕中喜）

【评选首批中国铁建“企业文化示范基地”】 2017年，党委宣传部在往届企业文化建设先进单位中评选出中铁十一局集团一公司和中铁十八局集团五公司两家企业文化建设工作规范、特色鲜明、成绩突出的单位作为中国铁建首批企业文化建设示范基地，进一步发挥企业文化建设先进单位示范引领作用，提高企业文化建设整体水平。（毕中喜）

【“弘扬优秀文化、抵制不良言行”主题活动】 深入推进“弘扬优秀文化、抵制不良言行”主题活动，利用报刊、宣传栏及新媒体等各种载体激浊扬清，促进企业文化理念转化为员工行为、树立企业良好社会形象。编辑印制《弘扬优秀文化、抵制不良言行》漫画书。（毕中喜）

【企业文化建设理论研究】 2017年，积极引导10个企业文化建设研究工作小组持续推进课题研究工作，从品牌文化、专项文化、文化融合、跨文化管理等7个角度，对企业文化建设中亟需解决的问题进行深度探析，形成专题研究成果，编印《企业文化建设研究成果集》，为解决企业文化建设实践中的问题提供路径。（毕中喜）

【铁道兵纪念馆参观接待】 2017年，铁道兵纪念馆接待团体参观373次。其中，商务团体149个、内部团体98个、社会团体84个、老兵团体42个，总人数达27000人次。纪念馆承接高层次交流次数持续增多，为企业扎实有效开展经营活动提供良好平台。同时，作为社会教育的良好基地，纪念馆为大量政府部门、高等院校、大型企业提供党日活动、传统教育、庆祝活动等丰富多彩的主题活动提供活动场所，提高中国铁建品牌的社会影响力。（田晓晨）

【推进藏品标准化管理体系建设】 2017年，铁道兵纪念馆在开展“第一次全国可移动文物普查”取得的相关成果基础上，严格按照北京市文物局要求，开展藏品的收集、接收、鉴选、登记、分类、编目和建档等藏品数字化管理工作，形成纲目清晰、管理规范、调取便捷的藏品管理体系建设，为藏品保护、利用和研究奠定基础。（田晓晨）

【更新海外展厅内容】 随着中国铁建参与“一带一路”建设的不断深入，海外市场拓展速度加快，为更好地系统展示企业海外经营建设成就，开展对所属单位海外经营建设业绩收集、整理，完成“中国铁建在海外”展厅更新的筹备、设计工作。（田晓晨）

【配合做好大型展览】 2017年，配合有关部门组织参加渝洽会、中阿博览会、国际产能博览会、轨道交通成就展4次大型展览。根据不同展览的特点，精心策划具有极强针对性的展览方案，积极协调参展单位，认真组织布展、参观接待、新闻报道，在专业展览的竞技场上充分展示中国铁建的品牌形象和铁道兵精神。（田晓晨）

【配合央视制作纪录片《难忘铁道兵》】 2017年，密切与中央电视台、中央人民广播电台、人民网、新华社等媒体沟通，积极推介铁道兵文化。年内配合中央电视台《国家记忆》栏目组完成《难忘铁道兵》5集纪录片制作工作，并在国庆期间连续播出5天，获得社会各界强烈反响和一致好评。（田晓晨）

【紧跟关键报道节点】 牢牢把握央媒主阵地，统筹各单位围绕重要节日和大型会议等重大节点，抢占重点时期的舞台中心。2017年，春节新闻联播播出长达4分钟的新闻特写《隧道里的青春》，讲述中铁十四局集团有限公司京沈高速铁路京冀段12标段项目部春节奋战一线的故事；新闻联播现象级专题《厉害了，我的国》连续播发员工自拍视频，中国铁建6天内连续3天上榜,其中大年初三一次播出3条,中国铁建成为该系列中出镜率最高的企业。2017年“两会”期间三上新闻联播《点赞中国》,四上《撸起袖子加油干》专题,抢占关键时期的新闻高地,实现精准投放。 (付玉忠)

【特别报道、综艺节目多点开花】 2017年,中国铁建系统对外宣传工作积极开展事前策划,各大媒体推出一批反映中国铁建的深度报道。郑万高速铁路、沙坪坝枢纽、厦门地铁、胡麻岭隧道等大量重点工程频频亮相《辉煌中国》《中国建设者》《城市梦想》等央视大型纪录片,客观地反映超级工程在项目管理、科技攻关、技术创新、品牌塑造等方面的先进经验,播出时间长,收看人数多,产生广泛、深刻影响。中铁十九局集团有限公司胡麻岭隧道工程师夏荔在中央电视台多个频道频频亮相,参加《辉煌中国》《相聚中国节》《欢乐中国人》《春晚倒计时》《开门大吉》《黄金100秒》《天天向上》等多个栏目的录制,展示中国铁建建设者的风采,成为中国铁建一张靓丽的名片。 (付玉忠)

【祁建光事迹广受媒体关注】 2017年,挖掘并通过多渠道推出中铁十一局集团桥梁公司员工祁建光“背着父亲修高铁”的感人事迹。春节期间,祁建光多次得到中央电视台综合频道、新闻频道、财经频道专题报道和新华社、新华网等权威媒体的跟踪报道,河南卫视、江西卫视、河北卫视,湖北、河南、江西、河北等多个地方电视台、地方日报予以宣传和刊载文章。11月,祁建光获“第六届全国道德模范提名奖”,先进事迹在全社会范围内产生广泛影响。 (付玉忠)

【海外传播取得新突破】 2017年,来自10个国家和地区的海外华文媒体走进中铁第四勘察设计院集团有限公司,采访报道高速铁路设计成就。安哥拉国家电视台走进中铁二十局集团有限公司,围绕境外项目先进典型刊播专题新闻。中铁二十五局集团有限公司邀请媒体到孟加拉国家数据中心,讲述企业故事,传递企业正能量。中铁建设集团有限公司抓住马来西亚四季酒店封顶契机,邀请媒体,开展活动,展现中国铁建在“一带一路”上取得的靓丽成绩。中国土木工程集团有限公司通过加强与国内外媒体的联系,大力宣传“亚吉模式”,塑造“带路先锋”新形象,中国铁建在海外地位和形象明显提升。 (付玉忠)

【中国铁建新媒体成为重要舆论平台】 2017年,中国铁建新媒体加强策划引导,抢占网络舆论阵地,先后打造7篇“10万+”爆款文章,在国资委月度排名中,全年稳居前15名,其中9次进入前10名,成为企业塑造形象、传播文化、沟通内外、引导舆论的重要平台。 (关　翔)

【举办新媒体业务暨网络宣传员培训班、片区沙龙】 6月6—8日,中国铁建在北京举办新媒体业务暨网宣员培训班,邀请共青团中央、环球时报等“网络大V”讲授新媒体运维理念。11月18日,在北京举办华北、华中片区微沙龙活动,邀请来自国务院国资委、紫光阁等不同领域的专家授课,开拓眼界、增强实战经验,提升全系统的网战能力和素质。 (关　翔)

【中国铁建第一家新媒体建设示范基地】 9月15日,中国铁建首个“新媒体建设示范基地”在中铁十七局集团有限公司挂牌成立,全系统宣传部长现场感受先进单位做法,体味新媒体的强大传播力和影响力。 (关　翔)

【多米尼克撤侨引发全社会关注】 9月23日,中国铁建在多米尼克发生超级飓风后,第一时间推出相关专题,开展长时间、多角度、接力式报道,网友留下“有一种安全感叫,祖国带你回家”“我们背后有强大的祖国”“现实版战狼2”等大量感人留言,引发全社会极大关注。 (关　翔)

【中国铁建正式发布官方动漫形象】 12月25日,中国铁建官方动漫形象“福鹿娃”正式对外发布。动漫形象以鹿为基本形象,谐音通“路”,喻指中国铁建的行业属性,鹿角为中国铁建英文简称“CRCC”的变体。“福鹿娃”昵称既指形象本身是一只能够带来福运的鹿娃,又喻指中国铁建打造幸福路。 (关　翔)

纪 检 监 察

【中国铁建股份有限公司纪律检查委员会与监察局】 为合署办公机构,是中国铁建股份有限公司执纪、监督、问责组织,履行党的纪律检查和行政监察两项职能,对股份公司党委和行政全面负责。股份公司纪委在党委和上级纪委的双重领导下开展工作,纪检业务以上级纪委领导为主。主要职责和任务:维护党的章程和党内其他法规，检查党的路线、方针、政策、决议和国家法律法规以及企业规章制度的执行情况，协助党委和行政领导加强党风建设和组织协调反腐败工作；监督党员领导人员行使权力，检查和处理管理权限内的领导人员违纪案件；受理党员的控告申诉，保障党员的权利，为企业的改革发展和稳定提供纪律保证。

2017年，股份公司纪委、监察局领导任职及组织机构设置情况：纪委书记由李春德担任，纪委副书记钱桂林、由建。内设机构三室六处：纪委办公室下设综合处、信访审理处；党风政风监督室（党委巡视办公室）下设一处、二处；纪检监察室下设一处、二处，定员18人。

（公相鹏）

【强化理论武装，增强“四个意识”】 中国铁建各级党委、纪委按照“两学一做”学习教育常态化制度化要求，组织党员干部认真学习党章党规党纪，系统学习习近平总书记系列重要讲话精神。股份公司党委通过召开党委常委会、党委理论学习中心组学习等方式强化理论武装，其中涉及党风廉政建设和反腐败工作内容42项。特别是把学习宣传贯彻党的十九大精神作为首要政治任务，认真组织、扎实推进，持续掀起学习宣传贯彻热潮。分期分批组织领导人员集中学习，开展系列学习宣传贯彻活动，党委常委到所在支部、联系点专题讲授十九大精神。股份公司纪委认真组织开展纪检监察系统学习宣传贯彻十九大精神系列活动，在北京组织纪检干部集中培训248人，召开纪委书记专题研讨会，到联系点讲专题党课等，开展学习宣传、交流学习体会；广大纪检监察干部坚持先学一步、深学一层，着力在学懂弄通做实上下功夫。全系统党员干部坚持用习近平新时代中国特色社会主义思想武装头脑、指导实践、推动工作，切实增强“四个意识”，坚定“四个自信”，自觉同以习近平总书记为核心的党中央保持高度一致。

（公相鹏）

【落实“两个责任”，强化履职担当】 中国铁建各级党委、纪委严格落实“两个责任”，强化履职担当意识，不断推动全面从严治党向纵深发展。股份公司党委制定《党建工作责任制实施办法》，开展对党建工作考核，组织14家二级单位党委书记进行现场述职，26家单位进行书面述职；修订完善《党风廉政建设责任书》，逐级签字背书，逐级强化考核，逐级狠抓落实；股份公司纪委建立纪委书记报告工作、述职述责和纪委书记履职专项考核制度。中国铁建党委书记先后约谈二级单位主管领导136人次，纪委负责人先后约谈119人次；股份公司纪委先后到13家二级单位、7家三级单位和17个基层项目检查督导工作，与班子成员集体谈话；开展对所有二级单位纪委书记逐一约谈，面对面点评工作、指出问题、提出要求，实现二级单位班子成员集体谈话和纪委书记约谈全覆盖。全年各二级单位党委、纪委就落实“两个责任”约谈下属单位负责人、纪委书记1495人次；各级党委、纪委认真开展任前谈话，提醒新任职领导人员切实扛起管党治党政治责任。

（公相鹏）

【保持高压态势，严肃执纪问责】 中国铁建各级纪委紧紧围绕遏制腐败蔓延势头的目标，持续加大惩治力度，进一步强化“不敢腐”的氛围。2017年，全系统受理来信来访1631件，同比增长11%；处置问题线索1881件，同比增长59%；初核1325件，同比增长133%；立案1054件，同比增长28%；结案1004件，同比增长25%；给予党政纪处分1692人，同比增长5%；司法机关查处72人；挽回经济损失1.5亿元。其中，股份公司本级受理来信来访744件，同比增长43%；转二级单位办理621件，本级办理123件，立案15件，结案12件，了结116件，党政纪处分16人。积极寻求最高检、最高法、公安部和驻委纪检组的支持，协调、配合司法机关做好有关性质恶劣、影响重大的涉法大案要案侦办工作，坚决惩治腐败，维护国有资产安全。严肃亏损项目问责，全年对72个亏损项目责任人进行追责，组织处理212人，党纪轻处分658人，党纪重处分313人，移送司法机关10人，扣减绩效薪酬617万元。坚持失责必问、问责必严。查处失职失责问题23件，问责34人，其中党政纪处分27人。按照驻委纪检组要求，对违规开展融资性贸易的18名责任人加重或追加处分；对企业违规对外担保以及管理混乱等负有领导责任、失职失责的领导人员进行追责问责。

（公相鹏）

【突出监督重点，强化正风肃纪】 中国铁建各级纪委坚持把“四风”问题、选人用人和扶贫监督作为监督重点，扭住关键，精准发力，净化风气。2017年，持之以恒贯彻落实中央八项规定精神，坚决反对“四风”。各级纪委在重大节假日，通过短信、微信等方式进行廉洁提醒，开展明察暗访、突击检查，派出检查组2947个，检查8900多家单位。组织开展违规公款购买消费高档白酒问题线索集中排查整治，对违纪违规问题严肃处理。完成二三级单位领导班子成员违规领取津补贴等费用清理，清退6000多万元。坚持对“四风”问题坚持露头就打，严格执纪，全年查处违反中央八项规定精神问题23起，通报曝光23起，处理34人，其中党政纪处分27人，不断巩固拓展落实中央八项规定精神成果。各级党委、纪委严把选人用人政治关、廉洁关、形象关，严防“带病提拔”“带病上岗”。股份公司纪委参与重要人事初始酝酿14批次，对干部选任进行全程监督，及时向组织人事部门出具廉洁回复意见。年内，2人因个人有关事项报告核查有问题被停止选拔程序、给予诫勉，2人因有问题线索反映、1人因单位发生安全事故被暂缓提拔。并对107名地方党代会和人大代表、政协委员人选、先进个人拟表彰对象出具廉洁回复意见。各级纪委加强对选人用人的监督，对反映的问题线索进行认真核查，客观公正地出具廉洁回复意见。全系统上下着力规范干部选任和管理，选人用人风气进一步净化。承担扶贫任务的二三级单位党委、纪委认真做好扶贫领域作风和腐败问题监督检查。2017年下半年，按照上级要求，股份公司纪委组织14家二级单位纪委对26个扶贫点开展自查自纠；成立3个督查组，深入扶贫一线，分别对中国铁建股份有限公司，中铁第一、第四勘察设计院集团有限公司对口扶贫、帮助扶贫的扶贫点进行督查，了解掌握扶贫工作和扶贫干部的工作状态、遵纪守法情况，压实脱贫攻坚政治责任和社会责任。

（公相鹏）

【提高政治站位，高悬巡视利剑】 中国铁建各级纪委围绕坚持党的领导、加强党的建设、全面从严治党，不断深化政治巡视，巡视监督的利剑作用充分彰显。加强组织领导，完成巡视全覆盖。深化政治巡视，聚焦“三大问题”，股份公司党委认真组织开展对11家单位党组织的巡视，所属单位有序推进对200家基层党组织的巡察。截至2017年底，股份公司党委实现对所属单位巡视全覆盖，二级单位党委巡察覆盖面达到一半以上。十八大以来，针对内部巡视巡察发现的15428个问题线索，立案审查781件，给予党政纪处分1896人次，组织处理1114人，移送司法机关10人。全系统上下联动，形成巡视巡察监督立体网络格局。开展自查自纠，落实整改要求。股份公司党委坚决落实国资委党委关于巡视整改的部署和要求，跟踪督办国资委党委2016年巡视“回头看”整改情况，制定整改措施98项，追责问责923人，挽回经济损失5952万元，完善制度34项；全面启动巡视整改自查自纠工作，全系统派出75个检查组，发现问题435个，制定整改措施725条；积极配合国资委党委巡视整改督查，推动自身整改工作。开展专项巡视，推进专项治理。针对国家审计移交的问题线索，在中铁二十局集团有限公司开展领导人员及其亲属违规经商办企业专项巡视，深挖细查、严格执纪，党政纪处分11人，提醒和诫勉谈话19人。特别是对专项巡视和执纪审查中发现的此类问题，对3个二级单位的4名局级领导进行严肃处理，在全系统引起强烈反响。在此基础上，组织开展全系统违规经商办企业专项治理，各级班子成员和关键岗位人员近8万人进行申报，611人主动申报违规经商办企业行为。全年对在专项治理过程中隐瞒不报、不如实申报、不按规定纠正的进行认真核查、严肃处理，给予党纪处分48人、政纪处分56人、提醒谈话105人、诫勉谈话69人。

（公相鹏）

【加强自身建设，提升履职能力】 中国铁建建立二级单位纪委书记备用人选制度。2017年，股份公司纪委提名考察二级单位纪委书记5人、纪委副书记6人，交流纪委书记3人，组织开展第二批次二级单位纪委书记备用人选推荐工作；各级纪委加大培训力度，全年培训2695人次，不断提升政治素质和履职能力；加强自身管理和监督，对违规违纪的5名纪检干部进行严肃处理。

（公相鹏）

【党风廉政建设和反腐败工作会议】 2017年2月20日，中国铁建党风廉政建设和反腐败工作会议在中国铁建大厦三层报告厅召开。中国铁建股份公司领导、各二级单位、区域指挥部、党校、直管项目部等单位主管领导、纪委书记和股份公司纪委委员及总部机关部门正职以上领导参加会议。会议由中国铁建总裁、党委副书记、执行董事庄尚标主持，党委常委、纪委书记李春德做题为《保持坚强定力，坚定信心决心，推动中国铁建全面从严治党向纵深发展》的工作报告，党委常委、副总裁刘汝臣通报2016年纪律审查情况，党委常委、副总裁夏国斌通报2016年第二轮、第三轮巡视情况。中国铁建党委书记、董事长孟凤朝出席会议并讲话，中央纪委驻国资委纪检组副组长李正义出席会议。

（公相鹏）

·巡视工作·

【党委巡视组】 负责履行股份公司党委统一部署的巡视任务，开展对所属单位或部门党组织常规巡视、专项巡视、巡视回访等；开展中国铁建系统普遍性、倾向性问题的调查研究，提出专项巡视方案、专项治理方案，按程序报股份公司党委审批后实施；负责完成巡视报告、专题报告、回访报告,向股份公司党委如实报告了解的重要情况和问题,并提出处理建议。对党风廉政建设等方面存在的普遍性、倾向性问题和其他重大问题,进行原因分析并提出建议;配合党委巡视工作办公室开展调查研究,加强制度建设,制定完善《党委巡视工作流程》《被巡视单位配合巡视组工作的规定》等相关制度规定,对下级党组织开展巡察工作进行业务指导;配合党委巡视工作办公室,及时向股份公司纪委或有关部门移送巡视发现的相关问题线索;向被巡视党组织领导班子及其主要负责人分别反馈相关巡视情况;及时了解掌握被巡视党组织整改落实情况,并向股份公司党委报告;配合党委组织部督导二级单位领导班子民主生活会;配合党风政风监督室开展所属单位重点节假日“四风”问题监督检查。定员 4 人,设组长 1 人(享受总部机关部门正职待遇)、副组长 1 人(享受总部机关部门副职待遇)、职员 2 人。

(吕凤君)

【开展常规巡视】 2017 年,根据股份公司党委统一部署,开展对中国铁建房地产集团有限公司、中铁建商务管理有限公司、中国铁建股份有限公司北京培训中心(党校)等单位党委的视巡。组织 106 名干部进行民主测评和问卷调查,进行个别谈话 277 人,受理群众来信来访 37 件次,先后深入基层单位“下沉”巡视 15 个,发现被巡视单位存在党的领导弱化、党的建设缺失、全面从严治党不力、违规选人用人、违反中央八项规定精神和企业管理方面的突出问题 72 条,并提出整改建议 29 项。巡视报告经股份公司党委会研究审议后,分别向 3 个单位进行巡视意见反馈。同时,对巡视中涉及领导干部的问题线索,按有关规定转纪检监察部门办理。通过巡视,有力加强企业党的领导和党的建设,有效传导全面从严治党的责任和压力,强化党员干部理想信念宗旨意识、纪律规矩意识,净化企业政治生态,为企业持续健康发展提供坚强保障。

(吕凤君)

【开展专项巡视】 2017 年,按照股份公司党委统一部署,党委巡视组开展对中铁二十局集团有限公司领导干部及其亲属违规经商办企业情况专项巡视。巡视发现,该单位一些领导人员对廉洁从业规定置若罔闻,各级领导班子成员和负有国有资产经营管理责任的重要岗位人员中,有 106 名个人及其亲属违规经商办企业 92 家,与所在单位发生关联交易 4.2 亿元。巡视组移交问题线索 76 件,其中给予党纪政纪处分 11 人,提醒谈话 8 人,诫勉谈话 11 人。巡视结果引起股份公司党委高度重视。8 月 11 日,股份公司党委听取巡视组专题汇报,采纳在中国铁建系统开展违规经商办企业专项治理的建议。专项巡视,为推进二十局全面从严治党、堵塞“不能腐”漏洞、营造风清气正的政治生态发挥积极作用。同时,为股份公司开展专项巡视,摸索工作的程序和方法,为全系统专项治理工作积累有益经验。

(吕凤君)

【开展违规经商办企业专项治理】 2017 年 8 月,股份公司党委决定对中国铁建系统企业领导人员及其亲属违规经商办企业行为开展专项治理。党委巡视组在做好治理方案的起草、政策指导、阶段性统计汇总分析的同时,先后研究下发《关于专项治理工作有关事项的通知》《关于上报专项治理工作进展情况及开展工作检查的通知》《关于上报专项治理核查工作总结的通知》《关于处理违规经商办企业专项治理有关问题的意见》等,为全系统专项治理工作规范有序地开展提供保障。组织 2 个检查组,开展对中铁十二、十六、十七、二十二局集团有限公司,中国铁建投资集团有限公司 5 家集团公司、4 家三级单位、3 个工程项目部的阶段性检查;组成 3 个督导组,开展对中铁十一、十二、十七、十八、二十四局集团有限公司,中铁建设集团有限公司、中铁城建集团有限公司 7 家单位的工作督导;完成中国铁建总部 668 名治理范围人员个人申报、梳理分析、组织核查工作;组成 3 个核查组,开展对中国铁建总部治理范围的 17 名人员及 26 名亲属开办的 17 家企业违规经商办企业情况重点核查。编制专项治理工作简报 3 期 4 份,及时向股份公司专项治理领导小组和专项治理办公室成员部门报告工作进展情况。全年全系统发放个人自查申报表 79398 份,存在个人经商办企业行为人员 370 人,亲属违规经商办企业涉及人员 244 人,关联交易金额 35.9 亿元;核查工作发现问题线索 730 件,问题线索涉及金额 44.04 亿元;根据股份公司党委处理意见,全系统对涉及本人及其亲属违规经商办企业人员处理 262 人,其中受到党纪处分 48 人、政纪处分 56 人、提醒谈话 105 人、诫勉谈话 69 人;纪检部门调查处理 173 人。中国铁建各级党委注重标本兼治,以治理违规经商办企业为切入点,深入查找制度漏洞,及时跟进对策措施,织密制度笼子,全面加强生产经营关键环节的廉洁风险防控;中国铁建各级纪委把宣贯、查处违规经商办企业作为今后监督执纪的重点内容,强化日常监督检查,增强廉洁从业纪律刚性约束力,持续发力,久久为功,打造风清气正的发展环境。

(吕凤君)

【开展重点节假日“四风”问题检查】 2017年，根据中央纪委驻国资委纪检组和股份公司纪委统一部署，先后开展对中铁十四、十六、二十、二十二局集团有限公司，中铁建设集团有限公司、中铁物资集团有限公司、中铁第五勘察设计院集团有限公司、中国铁建股份有限公司北京培训中心（党校）等单位重点节假日“四风”问题、违规公款购买消费高档白酒问题检查。检查组先后深入8家二级单位及6个子公司、4个项目部，紧盯公款吃喝、公车私用、公款旅游、收送礼金红包、滥发钱物等具体问题，守住年节假期等重要时间节点，持续开展实地走访、审查资料、突击检查，不遮丑、不护短，发现一起查处一起，释放违纪必究、越往后越严的强烈信号。通过专项检查，驰而不息纠正“四风”，推动中央八项规定精神落地生根，促进党风政风明显好转。（吕凤君）

【开展二级单位班子成员民主生活会督导】 2017年，根据股份公司党委统一安排，先后参加中铁十一、十二、十五、十七、二十三、二十四局集团有限公司，中国铁建电气化局集团有限公司、中国铁建重工集团有限公司、中国铁建房地产集团有限公司、中国铁建国际集团有限公司，中铁第四、第五勘察设计院集团有限公司，中铁上海设计院集团有限公司、中铁城建集团有限公司的领导干部民主生活会和“两学一做”专题组织生活会督导。会上，按规定程序对“凡是在当年接受过组织函询谈话、诫勉谈话、组织处理、纪律处分的同志，都要在年度民主生活会上作深刻对照检查”的要求进行督导。通过严肃认真的党内政治生活，既查摆实际问题，又查摆思想问题，进一步形成共识，凝聚力量，增强为企业改革发展担当作为的信心，推动全面从严治党向纵深发展。（吕凤君）

【巡视队伍建设】 参加股份公司党委组织的学习十九大精神培训班，系统学习习近平新时代中国特色社会主义思想，联系工作实际，深刻领会新形势下加强巡视监督的重要性，准确理解政治巡视定位、内涵和要求；深入调研，收集信息，建立党委巡视组专业巡视工作人才库；坚持每周召开工作例会，按职责考核上周工作，安排本周任务。先后编制《巡视工作常用法规制度汇编》《巡视工作手册》《巡视常见问题清单》，为开展巡视人员培训、规范巡视流程、高质量地完成巡视任务，发挥基础保证作用。巡视工作中坚持“五会制度”“七不得纪律”，确保巡视工作质量。（吕凤君）

新闻工作

【中国铁道建筑报社】 《中国铁道建筑报》于1948年10月15日创刊，是中国铁道建筑总公司主管主办的行业性报纸。报社定员23人，现有人员12人；下设办公室、新闻部、政文部、记者评论部、美术摄影部、广告部。

2017年，中国铁道建筑报社坚持正确的舆论导向，大力宣传贯彻党的十八大及十八届历次全会、十九大和习近平新时代中国特色社会主义思想，深入贯彻全国国有企业党的建设工作会议精神，围绕中心，服务大局，紧紧围绕企业发展稳中有进的总基调，不断加大党建工作、深化改革、提质增效、“一带一路”建设、科技创新等宣传力度，提升思想引领力、讲好铁建故事，为企业全面发展提供强大的舆论支持。以中国铁建“四会”精神为指引，紧扣“高质量发展”等主题，不断强化报纸的引导力和传播力，开创报社新闻宣传工作的新局面。（何大成）

【重要新闻宣传】 按照中宣部和新闻出版总署的要求，《中国铁道建筑报》在一版转发全国政协十二届五次会议、十二届全国人大五次会议消息，并全文转发政府工作报告，发挥积极的舆论引导作用。深入宣传贯彻党的十九大精神，全文转发十九大报告、中国共产党章程，在一版开辟“学习贯彻十九大精神”，刊发中国铁建各单位如何贯彻落实党的十九大精神；三版开设“学习贯彻十九大精神”笔谈，邀请各级党委书记谈十九大精神学习体会。2月，报社全体采编人员以中国铁建“四会”报道为工作重点，多次召开策划会，反复研究报道方案，明确报道主题，在会议期间连续组织3期报纸18个版，集中对会议精神进行报道和解读；在一版开辟贯彻落实“四会”精神在基层专栏，刊发各集团公司贯彻落实“四会”精神的举措，持续进行3个月的延伸性报道，为各集团公司搭建交流平台，取得较好的宣传效果。开展对全年相继召开的党代会、年中工作会、“两个责任”促进会、安全生产工作会、海外经营座谈会、国内经营工作专题会等重要会议及时跟进报道，增强时效性，并在二版、三版用专题形式对会议的重点内容进行全面解读和报道，收到较好的宣传效果。在日常报道亮点不断的同时，各版专题策划也精彩纷呈。《图解中国铁建“十三五”信息化总体规划》《强筋壮骨锻造国际竞争实力》《支部工作如何抓，看看他们怎么说》《坦赞铁路协定签署50周年》《当国歌响起的那一刻》《西成高铁：千年蜀道变通途，中国铁建铸丰碑》《弘扬铁建工匠精神，争当盾构技术能手》等专题策划深受读者好评，报纸质量明显提升。在“来自基层的调研报告”栏目，继续挖掘深度报道的舆论引导力，先后组织《区域滚动如何“动”起来》《产业协同如何有效释放聚合力》《如何掌控工程造价的半壁江山》等一系列基层调研报告，对区域经营、产业协同、项目创效等方面进行深度解析，以探索性调研，分析性报道，为各级领导提供决策参考。

2017 年，中国铁建参建的兰渝铁路、西成高速铁路、渝黔铁路、宝兰高速铁路、哈佳铁路相继开通运营，报社在一版重要位置刊发相关消息，助力区域经济社会协调发展。为配合企业“提质增效”要求，以“提质增效进行时”栏目为载体，加强企业管理提升的专题报道。（何大成）

【重大专题策划】 2017 年，中国铁道建筑报社先后组织“四会”专刊、“一带一路”专刊、党代会专刊、科技创新大会专刊 4 次重大主题策划宣传。1 月 17 日，在中国铁建“四会”召开前夕，策划 24 个版的“携手创新，共创共享”专题，全面展现中国铁建一年来取得的辉煌成就和改革创新的步伐，为迎接“四会”顺利召开营造良好的舆论氛围。5 月 13 日，在“一带一路”国际合作高峰论坛召开之前，本报组织策划“一带一路”专刊，从海外管理、海外经营、属地化管理、社会责任等不同角度展示中国铁建主动参与“一带一路”沿线国家建设取得的新成就。7 月 18 日，策划专刊迎接中国共产党中国铁道建筑总公司第三次（中国铁建股份有限公司第一次）党员代表大会召开，回顾中国铁建党委锐意改革，把党的领导融入公司治理各个环节，把企业党组织内嵌到公司治理结构之中，提高经济运行质量，增强企业竞争实力，实现国有资产保值增值，朝着做强做优做大的目标稳步前进。11 月 20 日，策划科技创新大会专刊，展现中国铁建坚持科技创新、转型升级的 10 年历程，中国铁建以市场为检验标准，推进成果转化，推进政产学研用合作协同，加大科技创新成果转化和推广应用力度，推动企业转变发展方式、优化产业结构、转换增长动力，实现由“规模”到“效益”、从“增长”向“发展”的演进嬗变。（何大成）

【外国领导人和代表团访问中国铁建报道】 2017 年，《中国铁道建筑报》在显要位置刊发消息《坦桑尼亚总统世行行长出席乌本戈立交桥奠基仪式》《塞尔维亚副总理出席中土集团铁路修复改造项目开工仪式》《埃塞俄比亚总理陪同苏丹总统考察阿瓦萨工业园》《阿富汗首席执行官阿卜杜拉出席中国铁建承建中国援阿项目开工典礼》《“一带一路”沿线国家官员考察团到中国铁建工地考察》。还报道中国铁建与安哥拉财政部长阿谢尔·曼格拉、水电部长若昂·巴蒂斯塔·波耶斯、建设部长阿了杜·卡洛斯·富杜那杜，阿根廷交通部副部长佩德罗·索洛普，越南国家主席陈大光，阿根廷总统马克里，肯尼亚交通部长马查里亚，马来西亚总理纳吉布，乌干达议长卡达加，巴拿马总统巴雷拉，土耳其副总理西姆谢克等方面活动，加强与友国的沟通交往，坚定“走出去”的步伐，有力地提升中国铁建的社会形象。（何大成）

【企业安全生产宣传】 为营造安全生产舆论氛围，报社强化安全质量管理报道，通过消息、新闻故事、言论、漫画、杂文、论文等多种形式，全年不间断进行全方位安全生产的报道；在中国铁建安全生产视频会召开期间，强势组织安全生产相关报道；在二版“安全全天候”栏目，从不同角度、不同侧面报道安全重要性，宣传安全管理的创新手段和经验举措，有力促进企业的安全生产工作。（何大成）

【先进典型宣传】 2017 年，《中国铁道建筑报》以典型引路，推出中铁十一局集团桥梁公司“90 后”员工祁建光忠孝大爱的故事，刊发长篇通讯《背着父亲修高铁》，在中国铁建系统内外引发强烈的反响，进而引发社会媒体的广泛关注，祁建光的故事走向千家万户；持续推出 10 位创效英雄、40 多位创效模范的事迹和经验，使来自中国铁建基层的众多优秀项目经理纷纷走进读者视野，引起广泛共鸣，产生强烈反响，为打好“提质增效”攻坚战营造良好的舆论环境。同时，图文并茂地宣传一大批全国优秀党务工作者、全国劳动模范、金牌项目经理、优秀青年以及在平凡岗位上敬业勤勉的先进个人，宣传在企业管理、生产经营、“走出去”及“一带一路”建设、党建工作等方面取得公认成就的先进个人和集体。此外，《中国铁道建筑报》在三版开辟“共产党员风采录”栏目，选择基层人物，用质朴无华的文字、故事化的情节演绎贴近职工生活的人物形象，不仅展示基层员工昂扬的精神风貌，而且提升新闻报道的吸引力和感染力。（何大成）

【制度管理与作风建设】 2017 年，中国铁道建筑报社进一步强化制度落实，用制度落实带动报社队伍执行力的提升。在配合审计监事局完成报社 2016 年审计工作后，落实审计整改要求，健全完善并严格执行报社各项规章制度，规范管理。年底，按照国家和国务院国资委以及总公司有关“瘦身健体，压缩层级”要求，经报社支委会和全体职工大会研究通过，注销北京路路广告公司。思想引领与落实制度相结合，落实“两学一做”常态化制度化要求，坚持“三会一课”制度，围绕学习贯彻十八届六中全会精神、十九大精神，学习贯彻总公司、股份公司各种重要会议精神和文件要求，全年组织集中学习13次，以思想建设带动全体人员作风和能力的提升。严格履行“三重一大”决策制度，重大问题集体决策，全年针对报社重大事项组织召开支委会12次，有效规范决策程序，班子成员敢于坚持原则、关系和谐，党员干部工作勤奋努力，在人员严重缺编的情况下，全年在完成正常报道任务的同时，严格执行重大活动的报道当天见报制度。（何大成）

【文化名片打造】《中国铁道建筑报》和“大路美术（画展）”是中国铁建对外的两张文化名片。《中国铁道建筑报》在提升办报质量的同时，以品牌建设为抓手，借助各种对外活动和平台，充分展示报纸品牌形象，提升报纸的社会影响力。2017年，在全国第四届“好记者讲好故事”活动中，报社选派的记者刘英才荣获全国“好记者讲好故事活动最佳选手”称号，参加央视“记者节”专题晚会和中宣部宣讲团全国宣讲，在全国宣讲国企故事、中国铁建故事、中国铁建“走出去”故事，充分展示中国铁建良好形象，大大提高中国铁建和中国铁道建筑报的社会知名度。报社王维、王莹分获中国经济报刊协会第四届中国经济传媒“十佳编辑”“十佳记者”称号；李佩山、王运琥、杨德政3名记者获“从业30周年经济新闻工作者”称号。年内，报社还与党委宣传部、团委承办“书写新时代”书法大赛、“不忘初心、牢记使命”主题演讲比赛等深入学习宣传贯彻党的十九大精神，带动中国铁建系统不断把学习宣贯党的十九大精神推向深入，收到良好效果。

“大路美术（画展）”是“歌颂劳动者美的先进双年展”，也是中国铁建的另一张文化名片，借助各种重要展览平台，用文化载体加大中国铁建对外宣传力度。2017年，大路美术先后走进第七届中国北京国际美术双年展、全国工业版画研究院第四回年展、具象中国——27位油画家2017年展、中国风景油画邀请展等展览，大路画家张衍海在国家画院成功举办个人画展等，以精心的组织、筹备和保障，确保活动精彩圆满，用美术作品再现中国铁建精神传承，达到较好的宣传效果，展示中国铁建文化品牌。（何大成）

【报纸出版发行】 2017年，出版报纸149期，增刊36个版（9期报纸），报纸发行74000多份。（何大成）

【表彰2017年度中国铁建新闻报道先进】

2017年中国铁建新闻报道特别贡献奖

刘英才

2017年中国铁建新闻报道十佳记者

杨广臣　陈　聪　孔祥文　徐云华　邓昆伦
庞曙光　张振宇　刘新红　伍　振　李美华

2017年中国铁建新闻报道十优记者

周　鹏　苏　莉　赵桂军　赵渊青　张亮术
李玮强　胡　清　王秉良　刘晓雨　余　智

2017年中国铁建新闻报道先进单位

中铁十一局集团有限公司
中铁十二局集团有限公司
中国铁建大桥工程局集团有限公司
中铁十四局集团有限公司
中铁十五局集团有限公司
中铁十六局集团有限公司
中铁十七局集团有限公司
中铁十八局集团有限公司
中铁十九局集团有限公司
中铁二十局集团有限公司
中铁二十二局集团有限公司
中国铁建电气化局集团有限公司
中铁第四勘察设计院集团有限公司
中国铁建重工集团有限公司
中铁城建集团有限公司
中铁十一局集团二公司
中铁十一局集团四公司
中铁十二局集团一公司
中铁十二局集团二公司
中铁十二局集团三公司
中铁十二局集团四公司
中铁十二局集团建安公司
中国铁建大桥工程局集团三公司
中铁十四局集团二公司
中铁十五局集团五公司
中铁十六局集团一公司
中铁十六局集团二公司
中铁十六局集团三公司
中铁十六局集团四公司
中铁十六局集团五公司
中铁十六局集团铁运公司
中铁十六局集团路桥公司
中铁十六局集团地铁公司
中铁十六局集团轨道公司
中铁十六局集团电气化公司
中铁十七局集团一公司

中铁十七局集团二公司
中铁十七局集团三公司
中铁十七局集团四公司
中铁十七局集团五公司
中铁十七局集团建筑公司
中铁十八局集团一公司
中铁十八局集团二公司
中铁十八局集团三公司
中铁十八局集团五公司
中铁十九局集团一公司
中铁十九局集团二公司
中铁十九局集团三公司
中铁十九局集团五公司
中铁十九局集团六公司
中铁十九局集团矿业公司
中铁二十局集团二公司
中铁二十局集团三公司
中铁二十局集团四公司
中铁二十局集团五公司
中铁二十二局集团一公司
中铁二十二局集团二公司
中铁二十二局集团三公司
中铁二十二局集团四公司
中铁二十二局集团哈建公司
中铁二十二局集团房地产公司
中铁二十二局集团电气化公司
中铁二十五局集团一公司
中铁建设集团北京公司
中国铁建电气化局集团北方公司

百佳通讯员

蔡庆荣　周广宽　高　磊　李锦龙　董吉祥
付涧梅　杨　蕾　高　晶　赵晓博　郭　红
钱　涛　张洪柱　李小香　王博成　闫彦龙
邹径纬　李　波　冯宏超　王智海　艾新异
徐天兵　常　虹　黎青川　李仕兵　汪　洋
游　凯　许家安　龙　艳　赵　平　丁习文
王强强　张　晶　马晓媛　王运亮　张媛媛
韦蓼英　张　鹏　郝基伟　王华锋　杨虎生
何　赟　郭可盈　王英威　侯佳冰　杨德政
姚林博　武新才　段继新　谌启程　周　娟
李　堃　许鹏健　余　毅　赵纯杰　张衍海
张　帆　朱京燕　任　宁　田　甜　张记力
周　海　彭　特　王海姣　解　冰　杨晓英
张羽兵　侯艳秋　杨发明　余明志　冯坤龙
李园园　李建设　张平安　赵忠航　王飞辉
付晶晶　黄仕科　李　阔　彭　勇　蔡频春
杨志刚　李慧川　华建宇　孙克婷　李永利
梁　静　杨　娟　刘　静　姜　琳　成秉羿
邹　进　陈益发　袁　灿　丁　洋　杜全景
吴明科　周波臣　双道俊　倪作霖　杨国林

（何大成）

中华全国总工会“职工书屋示范点”——中铁十一局集团有限公司蒙华铁路项目二工区职工书屋。（徐云华 摄）

工会 共青团

工　会

【股份公司工会】　股份公司工会同时履行公司总部机关工会职能，在股份公司党委领导下，依据《工会法》《中国工会章程》和《中国铁建股份有限公司章程》独立自主地开展工作。动员和组织职工参加企业的改革和生产经营管理活动，代表和组织职工参与企业民主管理；民主监督企业领导人员和经营管理人员履行职责情况；教育职工不断提高道德修养和科学文化素质，建设“四有”职工队伍；维护职工合法权益；负责全国和省（部、市）劳动模范和各类先进的评选、推荐、审核和公司劳动模范的评比、表彰工作；负责公司总部机关工会日常工作。下辖中国土木工程集团有限公司，中铁十一、十二局集团有限公司，中国铁建大桥工程局集团有限公司，中铁十四至二十五局集团有限公司，中铁建设集团有限公司，中国铁建电气化局集团有限公司，中国铁建房地产集团有限公司，中铁第一、第四、第五勘察设计院集团有限公司，中铁上海设计院集团有限公司，中铁物资集团有限公司，中国铁建重工集团有限公司公司，中国铁建国际集团有限公司，中铁城建集团有限公司，中国铁建投资集团有限公司，中国铁建财务有限公司，中铁建商务管理有限公司，中铁建昆仑投资集团有限公司，中铁建金融租赁有限公司，中铁建重庆投资集团有限公司，中国铁建股份有限公司北京培训中心及直属机关工会。股份公司史道泉任工会主席，白晶任工会副主席。下设生产综合部、组织权益和女工部。股份公司工会另设体协理事会、工会经费审查委员会、女职工委员会。　（于　斌）

·生产综合·

【生产综合部】　负责股份公司工会的综合协调和文秘工作，负责工会系统的宣传教育、劳动竞赛、“创争”活动、合理化建议和技术改进评审、评先树模、工地文化建设工作，负责统战和侨联工作。定员5人，下设综合处、生产宣教处。　（于　斌）

【互联网+工会建设】　为适应职工群众在网络空间的工作生活需要，中国铁建系统加大网络工会工作平台的建设力度。“中国铁建职工e家”和“中国铁建工会职工电子书屋”成功上线，开辟工会工作宣传新阵地，为基层职工读书学习提供丰富便捷的阅读资源，受到基层职工和工会干部的广泛关注。截至2017年底，中国铁建系统建成覆盖全系统500多个三级单位、30多万名职工的QQ群、微信群和微信公众号矩阵。其中，中国铁建工会主办的中国铁建职工e家微信公众号，全年编发各类稿件360多篇；中铁十八局集团有限公司工会的微信公众号，进入全国工会新媒体100强，实现在网络空间、意识形态前沿阵地的抢滩登陆。职工电子书屋开发出PC网站端、手机APP端、手机微信端、4K超高清移动数字阅读一体机等多种网络电子阅读产品，可覆盖职工人数30余万人，全年职工电子书屋总页面浏览量17454159次，总访问人数783746人次。为方便职工并提供更丰富的阅读资源，技术服务商不断增加书籍资源、完善听书功能，工会先后组织两次大型宣传推广活动，将电子书屋的宣传和使用手册发放到一线职工手中，同时开展多次线上读书活动。　（李智伟　于　斌）

【工会工作区域联动】　2017年，中国铁建工会先后在天津、西安、上海、北京、长沙、太原片区组织系列区域工会工作活动。活动内容有劳动竞赛、先进事迹报告、安全知识竞赛、班组安全建设经验交流、职工夜校、文艺演出、体育活动、青年联谊、集体婚礼、文化讲堂等。受到各片区单位、项目和职工的广泛好评，有效增进中国铁建各片区单位之间的交流沟通，增强中国铁建的整体意识。　（李智伟）

【体协工作】　2017年，中国铁建体协召开体协秘书长会议，确立年度体协工作指导思想、总体要求和各项任务。在股份公司工会年度工作要点及一届九次全委扩大会议上，进一步明确职工体育工作的任务和要求。年内，全系统体育工作依托中国铁建工会区域联动总体部署，配合铁路总工会年度体育工作部署，重点带动一般，特色促进常项，分层次、分类别，形成全面提升、纵深发展的良好势头。一是超前筹划，有序推进，积极组织所属单位参加全路运动比赛项目。5—8月，中国铁建积极参与全路气排球、桥牌、大众体育等项目比赛。中铁第四勘察设计院集团有限公司为班底的中国铁建桥牌代表队在全路23支参赛队伍中勇夺冠军，继2016年夺取全路篮球比赛冠军后，又夺取一项智力体育比赛全路冠军。二是持之以恒，统筹兼顾，积极开展丰富多彩的职工群众体育活动。中铁建昆仑投资集团有限公司、中铁十六局集团有限公司、中国铁建房地产集团有限公司分别组织职工开展或参加城市职工趣味运动会。中铁第四勘察设计院集团有限公司举行第八届职工运动，设12个大项，历时7个月，36家单位、13500人次参与。同时，中铁第四勘察设计院集团有限公司组织第九套大众广播体操领操员培训，发放1000多张挂图，推出飞镖、毽球等新的大众趣味体育项目。中国铁建重工集团有限公司以党的十九大和集团公司创建10周年为契机，11月5日，举行"承载铁建梦想·再续重工华章"10周年庆典系列活动暨首届职工运动嘉年华活动。中铁十一局集团有限公司举办第23届钓鱼比赛和第19届门球赛。中铁二十四局集团有限公司"东方铁建杯"体育赛事品牌效应凸显，单位内部及与业主单位的"东方铁建杯"的足球、篮球、羽毛球及龙舟大赛均收获较好成效。中铁城建集团有限公司组织"先锋杯"体育赛事，在四大节日期间组织老少皆宜的健身运动。三是因地制宜，形式多样，紧密结合工会区域联动提高文体活动实效。将"健康铁建、和谐铁建"与"书香铁建"相结合，形式多样，推陈出新，丰富职工文体生活。中国铁建工会先后在成都、天津、上海、西安、北京、长沙、太原创新性开展大型区域联动系列活动，同一地域、同一城市数十家单位集体互动，组织长沙、天津、北京"健步走"活动，"铁建书香"系列活动等。开展节假日活动，群众性的乒乓球、羽毛球、篮球、职工趣味活动等蓬勃开展，富有特色的游园活动、青年联谊会等广泛开展，日常职工演讲比赛、职工书法、摄影、绘画活动、节日晚会等与体育活动相结合，进一步丰富中国铁建广大职工枯燥环境下的文体生活。（于　斌　师华鹏）

【劳动竞赛】 中国铁建所属单位认真贯彻落实国资委各项指示要求，主动适应经济发展新常态，围绕"铁建·富强"主题，坚持融入中心，服务大局，推动竞赛不断向纵深发展，极大地激发广大职工的生产热情和创新精神。股份公司首次开展特色劳动竞赛评比，引导劳动竞赛从工程承包业务、勘察设计业务扩展到工业制造、金融服务、房地产销售等各个业务领域。劳动竞赛与生产经营中心结合更加紧密，结合年度、季度生产经营目标开展的经常性、小型化、短平快的劳动竞赛大幅增加，有力促进生产经营任务的完成。

2017年，股份公司决定对在2016年劳动竞赛中取得突出成绩的单位和个人予以表彰，授予中铁十八局集团有限公司成贵铁路项目部第二分部等27个单位"劳动竞赛综合优胜单位"和中国铁建"工人先锋号"称号并颁发奖牌、荣誉证书，各奖励20000元；授予中铁建设集团有限公司成都益州大道南二段项目部等7个单位"劳动竞赛单项优胜单位"称号并颁发奖牌、荣誉证书，各奖励10000元；授予中国土木工程集团尼日利亚公司阿布贾城铁项目部等25个单位"劳动竞赛先进单位"称号并颁发奖牌、荣誉证书；授予中铁十八局集团有限公司工会"劳动竞赛优秀组织单位"称号并颁发奖牌、荣誉证书，各奖励20000元。授予乔红彦等54人中国铁建"工人先锋奖章"称号并颁发荣誉证书，各奖励2000元；授予孔涛等104人"劳动竞赛优秀组织者"称号并颁发荣誉证书，各奖励1000元。

重点工程劳动竞赛综合优胜单位、工人先锋号获得单位

中铁十八局集团有限公司成贵铁路项目部第二分部

中铁十二局集团七公司徐盐铁路第二项目部

中铁十二局集团三公司济青高速铁路项目部

中铁十八局集团有限公司大瑞铁路项目部

中铁十五局集团城建公司安紫高速公路项目部

中铁十六局集团有限公司昌赣客运专线CGZQ－8标段项目部

中铁十七局集团有限公司拉林铁路11标段工程指挥部

中国铁建大桥工程局集团有限公司福平铁路FPZQ－4标段项目部

中铁二十一局集团有限公司昌赣客运专线12标段项目部

中国铁建电气化局集团有限公司西成客运专线陕西段四电指挥部

中铁二十四局集团有限公司连镇铁路项目部

中铁十一局集团有限公司蒙华铁路MHTJ－20标段项目部

中铁十二局集团有限公司蒙华铁路MHTJ－11标段项目部

中铁十四局集团有限公司蒙华铁路MHTJ－23标段项目部

中铁十八局集团有限公司蒙华铁路MHTJ－5标段项目部

中铁十九局集团有限公司蒙华铁路MHSS－7标段项目部

中铁十一局集团有限公司成都地铁5号线9标段项目部

中铁十五局集团有限公司成都地铁5号线5标段项目部

重点工程劳动竞赛单项优胜单位

工程质量单项优胜单位

中铁建设集团有限公司成都益州大道南二段项目部

安全生产单项优胜单位

中国土木工程集团埃塞俄比亚公司亚吉铁路项目部

工程进度单项优胜单位

中铁二十二局集团有限公司成都地铁5号线土建

12 标段项目部

科技创新单项优胜单位

中铁十九局集团有限公司京沈京冀客运专线 8 标段项目部

文明施工和节支降耗单项优胜单位

中铁建设集团有限公司南宁环球金融中心项目部

共建共享单项优胜单位

中铁二十局集团有限公司蒙华铁路 MHTJ－7 标段项目部

竞赛管理单项优胜单位

中国铁建国际集团有限公司阿尔及利亚贝佳亚公路连接线项目部

重点工程劳动竞赛先进单位

中国土木工程集团尼日利亚公司阿布贾城铁项目部

中国土木工程集团南方公司广州增城国际花园项目部

中铁十一局集团有限公司汉十铁路 HSSG－4 标段项目部

中铁十二局集团四公司大张高速铁路项目部

中国铁建大桥工程局集团有限公司蒙华铁路 MHTJ－13 标段项目部

中国铁建大桥工程局集团五公司成都地铁 5 号线土建 6A 标段项目部

中铁十四局集团隧道公司济南地铁 R1 线项目部

中铁十五局集团一公司天仙及潜江铁路项目部

中铁十六局集团有限公司京沈客运专线辽宁段 TJ－7 标段项目部

中铁十七局集团有限公司蒙华铁路 4 标段项目部

中铁十七局集团有限公司张呼铁路 2 标段项目部

中铁十八局集团有限公司黔张常铁路项目部

中铁二十局集团有限公司卡·拉公路 3 标段项目部

中铁二十一局集团有限公司蒙华铁路 MHTJ－8 标段项目部

中铁二十二局集团有限公司蒙华铁路 MHTJ－33 标段项目部

中铁二十三局集团有限公司深茂铁路 JMZQ－7 标段项目部

中铁二十四局集团有限公司商合杭铁路站前 17 标段项目部

中铁二十五局集团有限公司深茂铁路 JMZQ－8 标段项目部

中铁二十五局集团有限公司南昆铁路南百段增建二线施工 1 标段项目部

中国铁建电气化局集团有限公司西成客运专线四川段四电指挥部

中铁城建集团有限公司银川绿地中心项目部

中国铁建港航局集团有限公司达州基础设施投资建设工程项目部

勘察设计劳动竞赛综合优胜单位、工人先锋号获得单位

中铁第四勘察设计院集团有限公司杭州至温州铁路总体组

中铁第一勘察设计院集团有限公司黔张常铁路指挥部

中铁第五勘察设计院集团有限公司杭绍台铁路勘察项目部

勘察设计劳动竞赛先进单位

中铁第一勘察设计院集团有限公司成都地铁项目部

中铁第四勘察设计院集团有限公司台州市市域铁路项目部

中铁第五勘察设计院集团有限公司新城路口秩序化改造大修工程设计项目部

特色劳动竞赛综合优胜单位、工人先锋号获得单位

中铁十五局集团物资公司徐盐项目部

中铁十六局集团铁运公司

中铁建设集团有限公司

中铁第一勘察设计院集团有限公司巴基斯坦 ML－1标段铁路勘察指挥部

中铁第四勘察设计院集团有限公司

中国铁建重工集团道岔分公司

年度劳动竞赛优秀组织单位

中铁十八局集团有限公司工会

重点工程、勘察设计项目及特色劳动竞赛优秀组织者

杜军良　王爒原　黄　伟　舒　强　平旭辉
石有才　昝世辉　梁大鹏　刘　伟　李　丹
王登田　何加国　刘志波　王　浩　张明刚
王一峰　宋禄昶　李　仓　左亮军　周立红
俞　剑　张成华　赵　永　郝孟广　扆江潮
康艳军　韦有波　周承国　阎树欣　何建洪
谷振伟　王希岩　薛凤伍　高　壮　杨红亮
杨金卫　谢钦方　王庆昀　赵　伟　于久龙
廖衡湘　枉大金　梁智坚　何文超　毕建军
方　利　王正邦　张先文　刘　婷　张　波
刘　博　王　维　李　亮　袁　科

中国铁建工人先锋奖章获得者

乔红彦　陈家勇　蔡　欣　刘世宇　郭兴标
何　亮　李卫民　丁振华　范　彬　莫栋梁
姜　军　王东波　辛乐清　周大勇　张绍华
石文浩　刘震华　罗　成　黎　晖　张　阳

陈辉绚　冉开智　景　西　徐敏聪　孙志强
陈　晋　曹运周　田　波　贺铁刚　刘　刚
王新泽　李　勇　王振环　黄明星　王　滔
王　辉　赵洪峰　王二锋　郝长江　杨再清
徐光红　杨可彬　高禁春　王银华　朵生君
汪中恒　王军平　薛　明　张　航　胡振华
邱文展　石建文　矫　恒　姬　烨

年度劳动竞赛优秀组织者

孔　涛　刘富荣　云天才　董瑞武　田红星
裴树林　洪成林　姜振生　莫春义　雷墨骥
吴云杰　殷　勇　张文涛　胡志广　边林琳
刘小刚　张耀军　王树成　陈自明　张　馨
高双涛　彭亚飞　陈友建　于　涛　康　玮
李令逃　冯建军　刘忠厚　乔英杰　屈立军
任丽琴　冯文波　江政杰　黎宜德　陈有忠
吕　卫　郭晓峰　王小坤　雷明深　代春利
马建军　刘孟山　张　文　葛　军　何晓军
贾延春　李靖滨　张立清　姚宏安　高维权

（于　斌）

【劳动保护工作】　2017年，中国铁建各级工会积极推进劳动保护工作。一是配合行政加大安全教育体验基础设施建设，中铁二十局集团有限公司、中铁建设集团有限公司建设国内一流的安全教育体验中心。二是广泛组织开展安全演练、知识竞赛、班组评比、安全拍客等活动，形成层层抓安全、人人要安全、事事保安全的氛围。三是班组安全建设不断深入，中铁十八局集团有限公司工会牵头在天津片区举办班组安全建设管理成果展示，中铁十五局集团有限公司工会牵头在上海区域举办“安康杯”竞赛经验交流活动，中铁十二局集团有限公司工会牵头在太原区域举办安全知识竞赛。

（于　斌）

【1个集体获得全国五一劳动奖状】

中铁十八局集团有限公司（“全国模范职工之家红旗单位”即时表彰）

（于　斌）

【7人获得全国五一劳动奖章】

关改玉　中铁十七局集团铺架分公司工会副主席、唐曹项目部探伤工

孙圣杰　中铁二十三局集团有限公司董事长、党委书记

梅志文　中国铁建港航局集团船舶工程分公司“铁建砼01”船长

彭京平　中铁第四勘察设计院集团有限公司副总工程师

吴　刚　中铁十一局集团电务公司总经理

潘建立　中铁十八局集团有限公司港珠澳大桥珠海连接线第一合同段项目经理

蔡俊福　中国铁建电气化局集团有限公司珠澳大桥交通工程项目总经理部项目经理兼党工委书记

（于　斌）

【9个集体获得全国工人先锋号称号】

中铁十一局集团有限公司昆明轨道交通3号线项目部

中铁十八局集团二公司成贵铁路项目部

中国铁建重工集团有限公司掘进机事业部

中铁建华北投资发展有限公司石家庄轨道交通工程指挥部

中铁十一局集团桥梁公司铁路制品分公司（轨枕厂）

中铁十二局集团有限公司太铁佳苑棚户区改造项目部

中铁十八局集团国际公司燕郊项目部

中铁建设集团有限公司昆明南站站房项目部

中国铁建电气化局集团有限公司联合体港珠澳大桥交通工程项目总经理部联合设计小组

（于　斌）

【6个集体获得2017年度综合表彰火车头奖杯】

中铁十八局集团有限公司蒙华铁路MHTJ－5标段项目部

中铁十九局集团矿业投资公司

中铁二十局集团一公司苏州市吴中区南环快速路西延二期工程项目部

中铁第五勘察设计院集团有限公司

中国铁建港航局集团船舶工程分公司“铁建潜01”船

中铁城建集团有限公司银川绿地中心项目部

（于　斌）

【30人获得2017年度综合表彰火车头奖章】

陆海强　中国土木工程集团埃塞俄比亚公司埃塞铁路项目部项目经理

张继军　中铁十一局集团三公司连盐铺架项目部项目经理

张变西　中铁十二局集团有限公司大临铁路项目部高级工程师

王秀伟　中国铁建大桥工程局集团三公司沈阳城际5标段项目部电工班长

吴言坤　中铁十四局集团有限公司总经理

李　强　中铁十五局集团有限公司拉林铁路工程指挥部常务副经理兼总工程师

王宜柱　中铁十六局集团有限公司工会主席

马红章　中铁十七局集团有限公司项目管理中心高级工程师

王　锋　中铁十八局集团一公司青岛地铁2号线项目部项目经理

李绍杰　中铁十九局集团有限公司兰渝铁路项目三工区总工程师

罗铁钢　中铁二十局集团六公司总经理助理

李长江　中铁二十一局集团二公司副总工程师兼干武项目部常务副经理

耿爱民　中铁二十二局集团二公司格库铁路(青海段)指挥长

张其龙　中铁二十三局集团有限公司深茂铁路指挥部工程部部长

方国开　中铁二十四局集团有限公司蒙华铁路MHTJ－32标段项目部质量总监

陈　德　中铁二十五局集团西北分公司总经理助理、阳安二线副指挥长兼一项目部项目经理

李宏伟　中铁建设集团有限公司基础设施事业部副总经理兼柳州站项目部项目经理

孙小清　中国铁建电气化局集团康远新材料公司生产部熔炼车间班组长

刘孟山　中铁第一勘察设计院集团有限公司工程经济设计处教授级高级工程师

史明红　中铁第四勘察设计院集团有限公司设备处教授级高级工程师

闫兴志　中铁第五勘察设计院集团有限公司线路运输设计处线运处线路所副所长兼所主管

朱俭华　中铁上海设计院集团有限公司线站处副总工程师

闫文鑫　中铁物资集团北京中铁工业公司山东分公司经理

费洪伟　中国铁建房地产集团海外地产发展公司高级工程师

徐　慧　中国铁建国际集团有限公司专项融资部总经理

李靖滨　中铁城建集团一公司广大铁路站后工程项目部项目经理

胡向如　中国铁建高新装备营销公司工程师

刘金书　中国铁建重工集团有限公司特种装备研究设计院关键部件所所长

董建全　中国铁建港航局集团有限公司三亚项目部总工程师

扆守义　中国铁建股份有限公司副总经济师、发展规划部部长

（于　斌）

【13个集体获得铁路建设专项表彰火车头奖杯】

中铁十一局集团有限公司成昆铁路米易至攀枝花段项目部

中铁十一局集团有限公司昌赣客运专线CGZQ－3标段项目部

中国铁建大桥工程局集团有限公司银吴项目部

中铁十四局集团有限公司通辽至新民北客运专线TLSG－2标段项目部

中铁十八局集团有限公司黔张常铁路项目部

中铁十九局集团有限公司西成客运专线项目部

中铁二十一局集团青藏铁路公司格拉段扩能改造工程2标段工程指挥部

中铁二十三局集团有限公司滨洲电气化改造工程ZQTJ－2标段项目部

中铁二十五局集团有限公司长株潭城际铁路综合3标段项目部

中国铁建电气化局集团有限公司青荣城际引入青岛枢纽工程项目部

中国铁建电气化局集团有限公司西成客运专线四川段四电工程指挥部

中铁第四勘察设计院集团有限公司郑州至万州铁路河南段工程建设指挥部

中铁城建集团有限公司长沙动车所项目部

（于　斌）

【112人获得铁路建设专项表彰火车头奖章】

陈冠琪　中铁十一局集团二公司项目经理

彭怀平　中铁十一局集团三公司劳务工

张海明　中铁十一局集团有限公司神大扩能改造工程项目部技术主管

封明君　中铁十一局集团有限公司连盐铁路项目部项目经理

李剑峰　中铁十一局集团有限公司张呼铁路工程项目部高级工程师

王采成　中铁十一局集团有限公司商合杭铁路站前4标段项目部高级工程师

赵何海　中铁十一局集团电务公司长株潭四电集成项目部副经理

郑　哲　中铁十一局集团有限公司渝黔铁路土建11标段项目部一分部测量班长

汪　伟　中铁十一局集团四公司兰渝铁路项目部高级工程师

郝晋峰　中铁十二局集团有限公司徐盐铁路工程指挥部项目经理

何世友　中铁十二局集团有限公司佛山西站工程项目部材料物理性能检验工

王效博　中铁十二局集团一公司成蒲3标段三项目部技术员

贺歌今　中铁十二局集团建安公司副总经理兼重庆西站项目部项目经理

贺金圣　中铁十二局集团有限公司昆枢站后2标段项目部常务副指挥兼总工程师

白　瑞　中铁十二局集团青藏铁路公司格拉段扩能改造工程指挥部第二项目部项目经理

韦昌学　中铁十二局集团有限公司大张高速铁路站前3标段项目部项目经理

惠小峰　中铁十二局集团有限公司郑徐客运专线工程指挥部安全总监

杨晓辉　中铁十二局集团有限公司郑徐客运专线工程指挥部副指挥长

蒋再权　中铁十二局集团有限公司衢宁铁路(福建段)3标段工程指挥部常务副指挥长

宋振军　中铁十二局集团有限公司宝兰客运专线甘肃段4标段项目部工程师

韩壮龙　中铁十二局集团有限公司安六铁路项目部项目经理

王立军　中铁十二局集团有限公司渝万铁路土建1标段项目部项目经理

候海林　中铁十二局集团有限公司沪昆铁路项目部架子队队长

石有才　中铁十二局集团有限公司蒙华铁路MHTJ－11标段项目部常务副经理

陈　永　中铁十二局集团有限公司拉林铁路工程指挥部副经理

常帅斌　中铁十二局集团有限公司银西铁路甘宁段1标段项目部常务副经理

张金锋　中铁十二局集团有限公司怀邵衡铁路项目部技术主管

张世强　中国铁建大桥工程局集团四公司同江中俄铁路大桥项目部常务副经理

许　健　中国铁建大桥工程局集团有限公司长白项目部项目经理

刘绍石　中国铁建大桥工程局集团有限公司怀邵衡铁路项目部项目经理

王献伟　中铁十四局集团有限公司黔张常铁路项目部一分部电焊工

史佩光　中铁十四局集团有限公司长株潭城际铁路项目部党工委书记

于自清　中铁十四局集团有限公司宁启复线电化工程项目部项目经理

王永辉　中铁十四局集团二公司项目经理

贾明伦　中铁十四局集团有限公司龙烟铁路项目部总工程师

段晋魁　中铁十四局集团有限公司云桂铁路项目部项目经理

程　振　中铁十四局集团有限公司云桂铁路项目部安质部长

邱智勇　中铁十四局集团有限公司宝兰客运专线甘肃段13标段项目部高级工程师

吕　超　中铁十五局集团有限公司乌鲁木齐集装箱中心站工程项目部项目经理

张元峰　中铁十六局集团有限公司集通铁路扩能改造项目部常务副经理

张伟森　中铁十六局集团轨道公司副总工程师兼穗莞深SZH－9标段项目经理

信恒迎　中铁十六局集团有限公司昌赣客运专线CGZQ－8标段项目部泰和梁场制梁队带班钢筋工

耿永旺　中铁十六局集团有限公司银吴项目部项目经理

张立玉　中铁十七局集团有限公司格库铁路(青海段)工程指挥部常务副指挥长

牛耀文　中铁十七局集团有限公司京沈客运专线辽宁段TJ－8标段项目部项目经理

徐傲生　中铁十七局集团三公司郑万铁路河南段项目部总工程师

郝汝忠　中铁十七局集团有限公司云桂铁路项目部项目经理

王树成　中铁十七局集团有限公司拉林铁路工程指挥部高级工程师

陈自明　中铁十七局集团有限公司蒙华铁路MHTJ－4标段项目部项目经理

罗海鹏　中铁十七局集团有限公司西成客运专线(四川段)工程指挥部常务副指挥长

陈继忠　中铁十八局集团有限公司和邢铁路指挥部指挥长

张　奇　中铁十八局集团有限公司三南铁路工程指挥部工程师

宋广辉　中铁十八局集团有限公司石济客运专线项目部副总工程师

彭亚飞　中铁十八局集团有限公司商合杭铁路站前4标段项目部高级工程师

吕国涛　中铁十九局集团有限公司叙毕铁路项目部工程师

高　峰　中铁十九局集团有限公司京沈铁路客运

专线8标段高级工程师

丁　伟　中铁十九局集团有限公司郑阜铁路河南段3标段总工程师

赵　勇　中铁十九局集团七公司副总工程师

李显庭　中铁十九局集团有限公司云桂铁路项目部副总经济师兼计划部长

王俊涛　中铁十九局集团有限公司成兰铁路工程指挥部工程部副部长兼成兰指总工程师

刘　辉　中铁十九局集团有限公司云桂铁路项目部总工程师

程良军　中铁十九局集团有限公司赤喀铁路3标段项目部副总工程师

刘华山　中铁十九局集团有限公司西成客运专线项目部安全总监

张世雄　中铁二十局集团有限公司集通铁路项目部安全总监

周占武　中铁二十局集团有限公司西安大型养路机械运用检修段项目部项目经理

王新亮　中铁二十局集团六公司项目经理

惠小锋　中铁二十局集团有限公司郑徐客运专线工程指挥部安全总监

邓洪权　中铁二十局集团有限公司工程管理部部长

侯来民　中铁二十局集团有限公司成贵铁路项目部项目经理

王文汉　中铁二十一局集团五公司副总经理兼新建陶鄂铁路指挥部一分部项目经理

罗利彬　中铁二十一局集团有限公司兰渝铁路工程项目部安全总监

刘　苗　中铁二十一局集团有限公司干武二线指挥部副指挥长

芦　巍　中铁二十一局集团有限公司格库铁路(青海段)工程指挥部常务副经理

林发展　中铁二十二局集团有限公司新建厦门北动车所及迁建既有厦门客整所项目部项目经理

王永伟　中铁二十二局集团哈建公司第十项目部总工程师

郭树彬　中铁二十二局集团哈建公司项目经理

陈南恭　中铁二十二局集团有限公司昆玉铁路指挥部劳务工

李士军　中铁二十四局集团有限公司符夹铁路项目部项目经理

杨楼城　中铁二十四局集团有限公司南昌站改造工程NZZG标段项目经理

陈盛杰　中铁二十四局集团有限公司龙岩动车检查库工程项目部常务副经理兼总工程师

王志刚　中铁二十五局集团一公司九景衢铁路江西段JQJXZQ－2标段项目部一分部经理

李凌峰　中铁二十五局集团四公司南百增建二线工程1标段项目部常务副经理

薛红博　中铁二十五局集团六公司湘桂铁路扩改工程7标段指挥部第一项目部项目经理

刘江涛　中铁二十五局集团有限公司云桂铁路项目工程指挥部常务副指挥长

陈　凯　中铁建设集团有限公司德州站改项目指挥部项目经理

韩世春　中铁建设集团有限公司昆明南站站房工程指挥部指挥长

张德君　中国铁建电气化局集团有限公司滨洲铁路电气化改造工程项目部项目经理

何庆甫　中国铁建电气化局集团五公司成都枢纽联合体项目部常务副经理

李春盛　中国铁建电化局集团有限公司云桂引入站后工程项目部项目经理

张　望　中国铁建电气化局集团有限公司云桂铁路项目部副经理

廖小平　中国铁建电气化局集团有限公司兰渝铁路LYSD－2标段项目部高级工程师

刘双进　中铁第一勘察设计院集团有限公司西成客运专线项目总体

袁维瑜　中铁第一勘察设计院集团南方工程咨询监理公司项目总监

黄彦彬　中铁第一勘察设计院集团有限公司项目总体

陈　旭　中铁第一勘察设计院集团有限公司副总工程师

吴　炜　中铁第一勘察设计院集团兰州铁道设计院桥梁隧道所所长

赵尔官　中铁第四勘察设计院集团有限公司佛山西指挥部副主任

赵　升　中铁第四勘察设计院集团有限公司郑徐客运专线工程指挥部副指挥长

刘　斌　中铁第四勘察设计院集团有限公司杭黄项目隧道设计高级工程师

王远立　中铁第四勘察设计院集团(湖北)工程监理咨询有限公司总监

彭利辉　中铁第四勘察设计院集团有限公司昌赣客运专线建设指挥部副指挥长兼总工程师

蔡俊华　中铁第四勘察设计院集团有限公司线站处副总工程师

胡先茂　中铁第四勘察设计院集团有限公司蒙华铁路项目经理

张　琨　中铁第四勘察设计院集团有限公司副总工程师

窦文霞　中铁第四勘察设计院集团有限公司副总经济师

贾筱煜　中铁第五勘察设计院集团有限公司郑州院高级工程师

李志鹏　中铁第五勘察设计院集团有限公司线运处工程师

张新洪　中铁第五勘察设计院集团北京铁城监理公司工程师

王盛东　中铁第五勘察设计院集团北京铁城监理公司拉林铁路工程指挥部总监理工程师

姚　江　中铁第五勘察设计院集团北京铁城监理公司瑞九铁路 RJJ－1 标段监理项目部副总监理工程师

王洪法　中铁上海设计院集团有限公司连镇铁路配合施工指挥部指挥长

邹　波　中铁城建集团二公司长沙南动车所项目部总工程师

（于　斌）

【职工文化活动】　2017 年，持续开展“中国铁建一起走”系列活动，促进全系统职工体育工作全面发展。中国铁建所属单位积极开展群众性文体活动，不仅内部项目之间、内部单位之间举行比赛，还与业主及驻地政府、院校进行交流比赛。既活跃职工业余文化生活，又增进对外的沟通交流。（于　斌）

【弘扬劳模、劳动和工匠精神】　2017 年，中国铁建工会以劳模创新工作室为载体，全系统职工掀起技术攻关、发明创造以及合理化建议热潮。大力弘扬工匠精神，倡导开展工匠选树活动，营造浓郁的学技术、比工艺、重品质的氛围。中铁十七局集团有限公司探伤女工关改玉作为工匠精神的杰出代表，先后被全国妇联授予全国三八红旗手标兵，被全国总工会授予“全国五一劳动奖章”。在广泛宣传关改玉先进事迹的大力推动下，全系统掀起弘扬劳模精神、劳动精神和工匠精神的热潮。中铁十七局集团有限公司率先组织工匠评选活动，中铁二十四、十五局集团有限公司各有 1 名职工被评为上海工匠，中铁第一勘察设计院集团有限公司刘争平被评为藏地工匠。中国铁建各级工会踊跃推进劳模创新工作室创建，截至 2017 年底，全系统创建局级劳模创新工作室 187 个。其中，省部级劳模创新工作室 33 个，全国示范性劳模创新工作室 2 个。中铁第四勘察设计院集团有限公司、中铁十六局集团有限公司劳模创新工作室的相关经验做法，分别在股份公司工作会议和科技大会上进行会议交流；中铁十九局集团有限公司先后召开劳模创新工作室命名表彰大会和现场推进会议。全年全系统党政联动、上下联动，劳模创新工作室创建工作新格局逐步形成，劳模创新工作室品牌效应初步显现。9 月，全路劳模和工匠人才创新工作室建设暨落实“强基达标、提质增效”主题现场会上，中国铁建工会主席史道泉代表中国铁建工会作经验交流。中国铁建各级工会积极组织开展技术比武、技能竞赛、岗位练兵活动，通过典型示范、导师带徒、以赛促学等形式，促进职工整体技能素质的提升。股份公司工会参与组织了首届全系统盾构机操作手大赛。（于　斌）

·组织权益·

【组织权益和女工部】　主要职责：(1)负责股份公司各级工会组织建设工作，制定基层工会组织建设规划和制度，指导和推进基层工会组建工作；负责监督检查《中华人民共和国工会法》《中国工会章程》的贯彻执行；负责工会代表大会、全委会、常委会有关人事问题的组织工作及换届选举；负责工会干部教育培训工作，承办协助党委管理工会干部的具体工作。(2)负责指导基层工会开展建设职工之家活动和评选表彰活动；负责本级和指导各级工会开展以职工代表大会为基本制度的民主参与、民主管理、民主监督工作，推动企务公开；负责组织民主推荐职工董事、职工监事。(3)负责职工保障机制的建立和完善，实施职工帮扶救助工作的开展，参与涉及职工利益的各项企业规章制度的制定，指导和组织实施送温暖工程，维护特困职工和困难职工群体的合法权益。(4)负责推动各级工会组织建立平等协商、集体合同制度和监督保证机制，指导各级工会参与工资集体协商，指导和推动企业构建和谐劳动关系；负责工会劳动争议和劳动法律监督工作，指导和承担工会法律援助与法律服务工作，配合有关部门开展普法宣传教育。(5)负责工会经费的预、决算管理和资产管理。(6)负责全系统女职工工作，参与有关女职工合法权益，特别是特殊权益的企业规章制度的制定；指导维护女职工合法权益和各级女职工组织建设工作；参与侵害女职工合法权益重大事件的调查处理。定员 5 人，下设组织处、保障财务处。

（李　红　杨小刚）

【工会组织建设】　截至 2017 年底，全系统职工会员 297754 人，其中女职工会员 64382 人。全系统建立工会组织 5531 个。其中，股份公司工会 1 个；集团公司（公司）工会 36 个；工会筹委会 2 个；子公司、分公司、

分院(处级)工会517个;项目部、工程队、车间工会4975个。工会小组9479个。（李　红　杨小刚）

【工会干部队伍状况与培训】 截至2017年底,全系统专职工会干部1210人,其中女干部529人;兼职工会主席4488人。2017年各级培训工会干部6645人次。其中,组织13人参加全国铁路总工会组织的心理咨询师培训;组织30名工会干部参加铁路总工会组织的“基层新任职工会主席培训班”。

（李　红　杨小刚）

【指导基层工会组织建设】 2017年,指导中铁十四局集团有限公司、中国铁建房地产集团有限公司按规定完成工会换届工作;指导中铁建金融租赁有限公司、中铁建重庆投资集团有限公司召开工会第一次代表大会,正式成立工会组织。（李　红　杨小刚）

【职代会制度建设】 2017年,553个集团公司和子公司建立职工(代表)大会制度,529个单位召开职工代表大会,499个单位评议领导干部,499个单位实行投票表决制。全年民主评议集团公司领导干部368人。其中,优良率100%的63人,占评议总数的17.12%;优良率90%～100%(不含100%)的274人,占74.46%;优良率80%～90%(不含90%)的27人,占7.34%;优良率70%～80%(不含80%)的4人,占1.08%。中国铁建二届二次职工代表大会征集并立案职工提案172件,表彰二届一次职工代表大会优秀提案10件、优秀处理提案单位10个。

（李　红　杨小刚）

【中国铁建二届二次职工代表大会】 1月17—19日在中国铁建大厦召开。经过增替补后职工代表273名。会议主要听取、审议中国铁建股份有限公司年度《行政工作报告》《关于财务收支及经济运行情况的报告》《关于业务招待费使用情况的报告》,审议通过《提案工作报告》。（李　红　杨小刚）

【中国铁建工会一届九次全委(扩大)会议】 3月13—14日在中国铁建大厦召开。中国铁建党委书记、董事长孟凤朝,党委常委、总会计师王秀明出席会议并讲话。工会主席史道泉做题为《汇聚正能量,展示新作为,团结动员广大职工为做强做优做大中国铁建建功立业》的工会工作报告,全面总结2016年工会工作,安排部署2017年工会工作。会议同意彭新文、张学安、李飞前、任保义、辛建成5人不再担任中国铁建工会第一届委员会委员。同意丁维利、庄纪栋、李世春、王勋、亓超、王健、张泽7人增替补为中国铁建工会第一届委员会委员。会议审议通过工会工作报告、经费审查工作报告,系统内7家单位进行工作经验交流。

（李　红　杨小刚）

【艰苦边远项目建家建线帮扶】 中国铁建工会高度重视海外、高原及偏远地区单位和项目的建家建线。2017年,确定24个地处边远、环境恶劣、职工生产生活条件最艰苦的项目或工区,作为建家建线重点帮扶和指导对象,给予每个项目资金补助10万元。有力推动偏远艰苦项目职工工作生活环境的改善,特别是促进饮用水、取暖、洗浴、就医、上网等基本生活保障设施配备到位,受到基层职工的广泛欢迎。

（李　红　杨小刚）

【中国铁建二届二次职代会第一次联席会议】 根据《关于做好中央企业兼职监事换届工作的通知》(国监办发〔2016〕35号)精神,2017年6月16日,中国铁建二届二次职代会第一次联席会议召开,选举张良才、刘正昶2人为国务院派驻中国铁道建筑总公司监事会兼职监事。（李　红　杨小刚）

【中国铁建职工之家建设及评优工作】 为全面深入贯彻习近平总书记关于加强基层工会建设的重要批示,进一步把工会组织建设成职工群众最为依恋的“职工之家”,进一步将工会干部锤炼成为职工群众最可信赖的“娘家人”。2017年,中国铁建工会选树表彰中国铁建模范职工之家25个、中国铁建模范职工小家115个、中国铁建优秀工会工作者105人、中国铁建优秀工会积极分子68人。

中国铁建模范职工之家

中国土木工程集团埃塞俄比亚公司工会
中铁十一局集团三公司工会
中铁十二局集团有限公司工会
中国铁建大桥工程局集团四公司工会
中铁十四局集团大盾构公司工会
中铁十五局集团物资公司工会
中铁十六局集团北京轨道交通建设公司工会
中铁十七局集团三公司工会
中铁十八局集团五公司工会
中铁十九局集团三公司工会
中铁二十局集团安哥拉公司工会
中铁二十一局集团三公司工会
中铁二十二局集团三公司工会
中铁二十三局集团四公司养马河分公司工委
中铁二十四局集团新余公司工会

中铁二十五局集团五公司工会

中铁建设集团西北分公司工会

中国铁建电气化局集团五公司工会

中国铁建港航局集团船舶工程分公司工会

中国铁建房地产集团中铁建(北京)物业公司工会

中铁第一勘察设计院集团兰州鑫铁物业公司工会

中铁第四勘察设计院集团电化处工会

中铁物资集团东北公司工会

中国铁建国际集团沙特公司工会

中铁城建集团有限公司工会

中国铁建模范职工小家

中国土木工程集团纳米比亚公司内政与移民部总部大楼项目部工会

中国土木工程集团阿尔及利亚公司55千米铁路复线项目中土分部工会

中国土木工程集团尼日利亚公司北区经理部工会

中国土木工程集团南太平洋公司瓦努阿图塔纳公路项目部工会

中铁十一局集团二公司汉十铁路HSSG-4标段项目部五分部工委

中铁十一局集团六公司青岛地铁2号线一期工程辽阳东车辆基地项目部工委

中铁十一局集团建安公司呈贡区龙斗3号地块城市棚户区改造项目部工委

中铁十一局集团桥梁公司抚州工业分公司工委

中铁十一局集团房地产公司玖城壹号项目部工委

中铁十二局集团有限公司仁新高速公路TJ14合同段项目经理部工会

中铁十二局集团有限公司太原地铁项目部工会

中铁十二局集团有限公司汉十铁路10标段项目经理部工会

中铁十二局集团四公司银西铁路甘宁段1标段二工区项目经理部工会

中铁十二局集团建安公司郑州航空港安置房项目部工会

中国铁建大桥工程局集团三公司蒙华铁路MHTJ-13标段项目经理部工委

中国铁建大桥工程局集团有限公司福平铁路项目部工委

中国铁建大桥工程局集团一公司南部滨海大道西延伸线工程2标段项目部工委

中国铁建大桥工程局集团二公司兰州轨道交通2号线一期2-TJ-3A项目部工委

中国铁建大桥工程局集团有限公司培训中心工会

中铁十四局集团有限公司鲁南高速铁路项目部工委

中铁十四局集团有限公司蒙华铁路MHTJ-23标段项目经理部工委

中铁十四局集团西安建设投资公司工会

中铁十四局集团隧道公司成都成洛盾构管廊项目部工委

中铁十四局集团市政分公司青岛自贸城道路项目部工委

中铁十五局集团一公司徐盐铁路项目部工会

中铁十五局集团二公司拉林铁路项目部工会

中铁十五局集团五公司甜永高速公路项目部工会

中铁十五局集团六公司宁启铺架项目部工会

中铁十五局集团轨道交通运营公司神朔铁路运输处工会

中铁十六局集团一公司柳州莲花大道工程项目经理部工委

中铁十六局集团二公司天津地铁10号线项目部工委

中铁十六局集团四公司蒙华铁路MHTJ-26标段项目经理部工委

中铁十六局集团铁运公司神朔铁路第二运营指挥部工委

中铁十六局集团地铁公司成都地铁6号线2标段项目部工委

中铁十七局集团有限公司蒙华铁路MHTJ-4标段项目经理部一工区工会

中铁十七局集团有限公司蒙华铁路MHTJ-4标段项目经理部二工区工会

中铁十七局集团四公司大张高速铁路项目经理部工会

中铁十七局集团五公司太焦高速铁路TJZQ-7标段项目经理部工会

中铁十七局集团有限公司福州轨道交通1号线二期3标段项目部工会

中铁十八局集团一公司港珠澳大桥珠海连接线项目部工委

中铁十八局集团二公司大瑞铁路项目经理部工委

中铁十八局集团三公司西安地铁5号线项目部工委

中铁十八局集团四公司成都地铁5号线土建4标段项目部工委

中铁十八局集团五公司天津地铁4号线南段工程土建施工第10合同段项目经理部工委

中铁十九局集团五公司第7项管部工会

中铁十九局集团二公司哈牡客运专线工程项目部工委

中铁十九局集团矿业投资公司太钢袁家村铁矿项目部工委

中铁十九局集团有限公司蒙华铁路 MHSS－7 标段项目部工委

中铁十九局集团有限公司成都地铁 5 号线 11 标段项目部工委

中铁二十局集团有限公司蒙华铁路 MHTJ－7 标段项目经理部工会

中铁二十局集团一公司南昌象湖隧道、九洲高架安置房工程项目经理部工会

中铁二十局集团三公司预制梁第二工程队工会

中铁二十局集团四公司阳安二线工程项目部工会

中铁二十局集团房地产公司重庆秦渝物业管理公司工会

中铁二十一局集团有限公司商合杭铁路站前 2 标段项目部工委

中铁二十一局集团有限公司济青高速铁路项目部工委

中铁二十一局集团一公司格库铁路 S3 标段作业队工会小组

中铁二十一局集团五公司鲁南高速铁路 LQTJ－2 标段项目部工委

中铁二十二局集团哈建公司钢结构工程分公司工委

中铁二十二局集团四公司京沈客运专线京冀段项目部工委

中铁二十二局集团电气化公司京通项目部工委

中铁二十二局集团有限公司格库铁路（青海段）工程指挥部工委

中铁二十三局集团二公司深圳外环高速公路项目部工委

中铁二十三局集团三公司蒲都高速公路 TJ－5 标段项目部工委

中铁二十三局集团建筑设计研究院成都分公司工会

中铁二十三局集团有限公司机关工会

中铁二十四局集团江苏公司连镇铁路项目一分部工会

中铁二十四局集团上海公司徐州城轨 2 号线 7 标段项目部工会

中铁二十四局集团新余公司蒙华铁路 32 标段项目三工区工会

中铁二十四局集团轨道交通分公司成都地铁 6 号线土建 14 标段项目部工会

中铁二十五局集团一公司混凝土分公司工会

中铁二十五局集团三公司贵阳火车北站项目部工会

中铁二十五局集团六公司南宁地铁 3 号线项目部工会

中铁二十五局集团房地产公司天津宝坻还迁房项目部工会

中铁建设集团北京分公司香河大爱城 2.2 期项目部工会

中铁建设集团中南分公司长沙梅溪青秀项目部工会

中铁建设集团华南分公司深圳前海华润金融中心项目部工会

中铁建设集团有限公司基础设施事业部成都“拨改租”第二批（2 期）项目部工会

中国铁建电气化局集团二公司蒙华铁路三电迁改 1 标段晋豫分部工会

中国铁建电气化局集团有限公司怀邵衡项目经理部二分部工会

中国铁建电气化局集团南方公司商合杭铁路 SHSD－1 标段项目经理部工会

中国铁建电气化局集团轨道交通器材公司工会

中国铁建港航局集团一分公司龙怀 TJ17 标段项目部工会

中国铁建港航局集团三分公司青岛项目部工会

中国铁建港航局集团路桥公司达州项目部工会

中国铁建房地产集团北方公司长春事业部工会

中国铁建房地产集团华东公司合肥事业部工会

中国铁建房地产集团华南公司南宁事业部工会

中铁第一勘察设计院集团电化处接触网所工会

中铁第一勘察设计院集团有限公司成都地铁项目部工会

中铁第四勘察设计院集团地路处一室工会

中铁第四勘察设计院集团有限公司郑州轨道交通项目部工委

中铁第五勘察设计院集团桥梁设计处第一设计所工会

中铁上海设计院集团有限公司金义东市域轨道交通工程项目部工会

中铁物资集团中南公司长沙分公司工会分会

中铁物资集团北京中铁工业公司第九工会小组

中国铁建重工集团有限公司海外事业部工会支会

中国铁建重工集团有限公司中央研究总院工会支会

中国铁建高新装备北京瑞维通公司昆明分公司工会支会

中国铁建高新装备制造总厂总装分厂工会支会

中国铁建国际集团马来西亚公司工会

中国铁建国际集团加勒比公司工会

中国铁建国际集团玻利维亚公司工会

中国铁建国际集团安哥拉公司工会

中铁城建集团一公司第七项目工委

中铁城建集团三公司新机场安置房项目工委

中铁城建集团北京公司银川绿地中心项目工委

中铁城建集团南昌公司张家港香山花苑项目工委

中国铁建投资集团四川德都高速公路公司工会

中国铁建投资集团贵州安紫高速公路公司工会

中铁建商务管理有限公司物业公司通号服务中心工会分会

中铁建昆仑投资集团有限公司蒲都高速公路总承包指挥部工委

中铁建金融租赁有限公司科技开发部工会小组

中铁建重庆投资集团铁发遂渝公司铜梁北收费站工委

中国铁建股份有限公司董事会秘书局工会小组

中国铁建优秀工会工作者

底建平 牛增祥 田 锷 贺先华 谢高悟
叶 云 韩宝坤 汤 君 陈艳保 王冬生
王雲平 王春景 刘海真 孙晓春 吴生尧
寇志乾 安培清 尹希慧 陈彩玲 高 勇
韩 飞 尹 辉 梁 浩 孙艳芳 高晨辉
李小平 崔志国 黄天云 汤雪英 王立荣
许振方 徐泽勇 马 琰 李子勤 戾江潮
蒋克荣 郭志芳 胡晓荣 角远岗 赵洪力
柴书庆 兰 洪 刘世毛 刘伟东 王晓东
杨 春 夏玉强 何德宏 徐菊叶 马富有
樊锋刚 谢小刚 李应超 宁宝钢 王云鹏
张积成 王庆忠 刘广刚 刘景正 白传晓
徐大军 钟红兵 时德兴 黄友明 陈小龙
陆革飞 唐 灵 郭军星 梁宏宣 王春林
方红旗 曾 敏 陈 磊 王戈辉 苏黎明
韩德宝 范庆良 白 峰 王昌鹏 胡 涛
董 锋 缪 东 刘海龙 吴 凯 张文俊
李 帅 朱云荣 袁绍华 漆 琳 李宇才
胡 伟 李梅芳 孙利民 王京连 徐 忠
刘 婉 王 军 章艳花 许泽辉 郑俊霞
李雪梅 王永红 刘金桥 王金平 翟国堂

中国铁建优秀工会积极分子

吕 旻 祝 燕 谢 越 杨新凯 杨 斌
郭晓瑞 平旭辉 李洪全 曾 斌 宋 杉
周建芳 王鹏飞 张 骏 陈 荣 马振川
张瑞杰 张永岭 万光德 朱明慧 成善平
李 丹 熊 晓 张志军 谷振伟 周会军
刘玉涛 周正永 周 镙 朱 芸 程春鸿
崔芳葳 张发祥 程永和 常 岩 郝俊杰
彭玉祥 刘人杰 王悦诚 杨 燕 杨春梅
乔彩玲 杨沛高 樊 星 杨桂林 齐惠莲
朱建华 佟 强 赵 冰 李 静 杨 泽
李 薇 姚静陶 李 瑞 何贵玲 杜官保
李 艳 刘占国 冯 涛 唐红梅 张靖靖
叶玲玲 苗 森 罗杨洋 马占国 徐 红
韩秀珍 秦正刚 张晓川

（李 红 杨小刚）

【中国铁建工会女工委一届五次（扩大）会议】 4月26日在中国铁建大厦召开。铁路总工会保障和女工部副部长孟蕾参加会议并讲话。中国铁建党委书记、董事长孟凤朝，党委常委、总会计师王秀明，工会主席史道泉出席会议并讲话，工会副主席、女工委主任白晶做题为《以担当诠释价值，以服务彰显作为，推动女职工工作创新发展》的女职工工作报告，全面总结2016年全系统女职工工作，安排部署2017年女职工工作。会议同意胡彦茹、周雪梅、张红3人不再担任中国铁建工会第一届女职工委员会委员。同意栾学彬、李育红、叶玲玲、苗森、罗杨洋5人增替补为中国铁建工会第一届女职工委员会委员，选举李红为副主任。会议还对“培育好家风——中国铁建女职工在行动”系列活动进行表彰，中铁十八局集团有限公司女工委进行工作经验交流。

（李 红 杨小刚）

【全国三八红旗手标兵关改玉先进事迹报告会】 3月8日召开的全国“三八”国际妇女节纪念暨表彰大会上，中国铁建关改玉获全国“三八”红旗手标兵称号，受到中共中央政治局委员、国务院副总理刘延东，中共中央政治局委员、国家副主席李源潮等党和国家领导人员的亲切接见。3月9日，中国铁建党委书记、董事长孟凤朝亲切接见载誉归来的关改玉。4月26日，中国铁建工会女工委在中国铁建大厦举行“全国三八红旗手标兵”关改玉先进事迹报告会，中国铁建党委副书记、副总裁夏国斌出席报告会并讲话。报告会宣读中国铁建党委下发的《关于开展向关改玉同志学习活动的决定》，与会人员收看由中央电视台拍摄录制的关改玉先进事迹专题片，关改玉作个人事迹报告。

（李 红 杨小刚）

【“三八妇女节”评先树模】 2017年“三八妇女节”期间，中国铁建系统2个女职工集体、3名个人受到全国先进表彰；6个女职工集体、7名个人受到全路先进表彰；中国铁建系统表彰女职工先进集体20个、先进个人80人。

全国三八红旗手标兵

关改玉　中铁十七局集团铺架分公司唐曹项目部探伤工、工会兼职副主席

全国巾帼文明岗

中国铁建大桥工程局集团二公司人力资源部

全国五一巾帼标兵岗

中铁二十一局集团电务公司信号女子工班

全国五一巾帼标兵

郑卫红　中铁十八局集团有限公司天津地铁5号线15标段项目书记兼总工程师

黄咏梅　中铁第四勘察设计院集团建筑院副总工程师

火车头奖章获得者

刘　佳　中铁第四勘察设计院集团环工处党委委员、副处长

徐　慧　中国铁建国际集团有限公司专项融资部总经理

火车头奖杯、全国铁路巾帼标兵岗

中铁第四勘察设计院集团线站处物流规划研究所

全路先进女职工集体

中铁十四局集团三公司市场开发部

中铁第四勘察设计院集团线站处物流规划研究所

中国铁建重工集团隆昌公司工务器材车间质检班

全路先进女职工组织

中铁十八局集团二公司工会女职工委员会

中铁十九局集团有限公司工会女职工委员会

全路先进女职工

马晓兰　中铁十一局集团四公司光谷综合体项目部工程部副部长

李　伟　中铁十二局集团一公司福州绕城高速公路项目部财务主管

柴丽丽　中铁二十三局集团三公司中心试验室主任

全路先进女职工工作者

戴杏丽　中铁二十二局集团五公司工会主席

杜　鹃　中铁建设集团有限公司工会女职工委员会主任

中国铁建先进女职工集体

中铁十一局集团有限公司档案馆

中国铁建大桥工程局集团二公司人力资源部

中铁十五局集团二公司永吉项目部试验室

中铁十七局集团四公司郑万铁路重庆段土建8标段项目部财务会计部

中铁十九局集团七公司工程经营部

中铁二十一局集团有限公司检测中心

中铁二十三局集团一公司档案室

中铁二十五局集团一公司财务部

中国铁建电气化局集团北方公司西成铁路客运专线项目部财务科

中铁第四勘察设计院集团通信信号研究设计处武汉轨道交通设计组

中国铁建先进女职工

李明珠　崔雪梅　刘云霞　崔　然　胡建华
张春荣　孙雪娜　杨桂玲　李林凤　赵艳华
袁晓玲　韩丽娜　苗　慧　闻淑梅　刘　颖
韩玉敏　侯学凌　李秋艳　易　慧　阎世杰
李莲花　程保蕊　王　敏　王桂红　王　晓
周　芳　张永娇　彭新云　杨　芳　张　宁
李　静　夏庆艳　李　娜　夏洪兵　陈秀芳
付丽娜　覃　璐　彭飞舟　张静果　范　艳
王霙聿　房　玮　蒋雪琴　闫　肃　韩金霜
社　蓓　冯　梅　胡瑛瑾　张　瑾　刘　杰
袁燕萍　刘　丹　徐　慧　粟　丹　欧晶晶
李育红　李雪梅　张　冉　王永红　刘立新

中国铁建先进女职工组织

中铁十二局集团四公司工会女职工委员会

中铁十四局集团建筑公司工会女职工委员会

中铁十六局集团轨道交通公司工会女职工委员会

中铁十八局集团三公司工会女职工委员会

中铁二十局集团工程机械公司工会女职工委员会

中铁二十二局集团文昌书香小镇发展有限公司工会女职工委员会

中铁二十四局集团江苏公司工会女职工委员会

中铁建设集团华东分公司工会女职工委员会

中国铁建房地产集团有限公司工会女职工委员会

中铁城建集团北京公司工会女职工委员会

中国铁建先进女职工工作者

张军玲　魏　宇　孟　兵　田　翠　赵媛媛
赵江峰　党　欣　彭　婧　胡彦茹　王永英
高春萍　田立荣　任丽琴　徐晓庆　黄　玮
栾尔川　谢书贞　林惠清　赵美珍　漆　琳

（李　红　杨小刚）

【书香三八和书香铁路女职工读书活动】　中国铁建工会组织全系统女职工积极参加全国第五届“书香三八”读书活动和全路第三届“书香铁路”女职工读书活动。其中，全国获奖作品14篇、全路获奖作品8篇。在职工中营造良好的学习阅读氛围，为建设幸福家庭、和谐企业、文明社会做出积极的贡献。

（李　红　杨小刚）

【女职工工作调研】　2017年6月21日，中华全国铁路总工会副主席、女工委主任郭润英到中铁十八局集

团有限公司调研女职工工作，对该集团女职工工作给予高度评价。（李　红　杨小刚）

【“缘定地中海·最美中国红”集体婚礼】　2017年7月21日，中国铁建工会主办，中国铁建国际集团有限公司承办的“缘定地中海·最美中国红”海外集体婚礼在阿尔及利亚举行，系统内国际集团、十四局、十七局、十九局在阿工作的9对新人迎来人生幸福时刻。中国驻阿尔及利亚大使馆代办贺红燕，中国铁建工会副主席、女工委主任白晶出席活动并讲话。

（李　红　杨小刚）

【“情牵海外·缘定金秋”青年联谊活动】　2017年9月2日，中国铁建“情牵海外·缘定金秋”青年联谊活动在北京中土大厦举行，来自外交部、商务部、中联部、中国铁路总公司、中国铁建近200位青年参加活动。中国铁建党委书记、董事长孟凤朝出席开幕仪式并致辞，活动有15对青年成功牵手。（李　红　杨小刚）

【困难职工帮扶救助】　2017年，中国铁建各级工会主动融入脱贫攻坚大局，提高站位，精准施策，全面落实中华全国铁路总工会《关于进一步做好困难职工帮扶救助工作的意见》。完善困难职工档案，重点统计调查特困、重困职工情况，精准识别、精准确定帮扶对象。梳理分析困难职工致困原因，多管齐下，精准发力，在资金帮扶的同时，进行就业帮扶、知识帮扶、物资帮扶等，改善和提升困难职工经济状况，实现分类解困脱困。（张晓川　刘永胜）

【中国铁建服务保障体系建设】　2017年，中国铁建各级工会继续完善常态化保障体系，关注职工在上岗就业、交友婚恋、子女教育、休息休假、就医住房等方面困难，深入开展一线慰问、送温暖、送清凉、送岗位、金秋助学、职工医疗互助等活动，确保困难职工及时得到救助，让职工群众时刻感受到组织温暖。积极构建职工普惠服务体系，用足关系职工福利的相关政策，做好逢年过节、职工生日、婚丧嫁娶、退休离岗、生病住院等慰问工作；加强对基层一线职工人文关怀，推进职工健康教育、法律咨询、心理疏导、婚恋交友等平台建设。

（张晓川　刘永胜）

【送温暖活动】　2017年元旦、春节期间，中国铁建各级工会继续开展送温暖活动，重点慰问特重困职工、受灾职工、伤病职工，艰苦地区和关键岗位及重点工程建设项目职工，以及对企业发展做出重要贡献的劳动模范、先进职工等，帮扶覆盖面大幅提升。多渠道筹集“两节”送温暖资金，全系统共筹资金7036万元，慰问困难职工家庭16550户，慰问劳动模范、离退人员、生产一线职工和农民工等69834人次，慰问生产一线班组1052个，1468名工程公司级以上领导参加慰问活动。（张晓川　刘永胜）

【集体合同工资集体协商】　2017年，中国铁建集体合同工资集体协商工作继续有序推进，所属集团公司、工程公司均建立工资集体协商制度，签订工资专项协议实现全覆盖。职工工资协商共决、正常增长和支付保障机制进一步完善。全系统集体合同签订率100%，兑现率和职工满意度达97%以上。

（张晓川　刘永胜）

【工会财务管理】　2017年，中国铁建各级工会继续贯彻落实中央八项规定和中华全国总工会关于经费使用的“八不准”要求，严格预算管理，严控经费开支，杜绝违规行为。健全完善工会财务规章制度，中国铁建工会修订《中国铁建工会财务管理暂行办法》，进一步细化经费开支范围、明确开支标准，提升工会财务规范化建设水平。利用财务公司平台，继续推进工会系统资金集中管理，全年实现超额收益2046万元，提高工会资金效益，实现互利双赢。（张晓川　刘永胜）

【中国铁建工会财务工作考核评比】　2017年，中国铁建工会对所属单位2016年度工会财务工作进行考核评比，通报表彰特等奖2个、一等奖19个、二等奖4个、三等奖3个。

特等奖获得单位

中铁建设集团有限公司工会

中铁第四勘察设计院集团有限公司工会

一等奖获得单位

中铁十一局集团有限公司工会

中铁十二局集团有限公司工会

中国铁建大桥工程局集团有限公司工会

中铁十四局集团有限公司工会

中铁十六局集团有限公司工会

中铁十七局集团有限公司工会

中铁十八局集团有限公司工会

中铁十九局集团有限公司工会

中铁二十局集团有限公司工会

中铁二十一局集团有限公司工会

中铁二十三局集团有限公司工会

中铁二十四局集团有限公司工会

中国铁建电气化局集团有限公司工会

中国铁建房地产集团有限公司工会

中铁第五勘察设计院集团有限公司工会

中铁上海设计院集团有限公司工会

中国铁建重工集团有限公司工会

中国铁建高新装备股份有限公司工会

中铁建商务管理有限公司工会

二等奖获得单位

中国土木工程集团有限公司工会

中铁第一勘察设计院集团有限公司工会

中铁城建集团有限公司工会

中国铁建国际集团有限公司工会

三等奖获得单位

中铁十五局集团有限公司工会

中铁二十二局集团有限公司工会

中铁二十五局集团有限公司工会

（张晓川　刘永胜）

【工会经审工作规范化建设考核和优秀审计项目评选】 2017年，中国铁建工会经费审计委员会对所属集团公司级2016年度工会经审工作规范化建设考核和工会优秀审计项目评选，通报表彰A级标准单位5个、B级标准单位7个、C级标准单位5个、优秀审计项目6个。

中国铁建工会经审工作规范化建设A级标准单位

中铁十八局集团有限公司工会

中铁十九局集团有限公司工会

中铁二十三局集团有限公司工会

中铁二十四局集团有限公司工会

中铁建设集团有限公司工会

中国铁建工会经审工作规范化建设B级标准单位

中铁二十局集团有限公司工会

中铁二十二局集团有限公司工会

中铁二十五局集团有限公司工会

中铁第四勘察设计院集团有限公司工会

中国铁建电气化局集团有限公司工会

中国铁建重工集团有限公司工会

中国铁建房地产集团有限公司工会

中国铁建工会经审工作规范化建设C级标准单位

中铁十二局集团有限公司工会

中铁十四局集团有限公司工会

中铁十七局集团有限公司工会

中铁二十一局集团有限公司工会

中国铁建高新装备股份有限公司工会

2016年度中国铁建工会优秀工会审计项目

中铁十二局集团三公司工会2014—2015年度经费收支审计

中铁十七局集团一公司原工会主席牛鸣东任期经济责任审计

中铁二十三局集团电务公司原工会主席吴伟任期经济责任审计

中铁二十三局集团六公司工会2014—2015年度经费收支审计

中铁二十四局集团上海电务电化公司原工会主席黄德健任期经济责任审计

中铁二十五局集团五公司原工会主席周娜任期经济责任审计

（张晓川　刘永胜）

【工会经费预算执行和任期经济责任审计】 2017年，中国铁建工会经费审计委员会组成13个审计组，开展对中铁十二、十五、十六、十七、十九、二十、二十三、二十四局集团有限公司，中国铁建电气化局集团有限公司、中国铁建财务有限公司、中铁建商务管理有限公司工会的工会经费预算执行情况审计；开展对中铁第一勘察设计院集团有限公司、中铁上海设计院集团有限公司离任工会主席的任期经济责任审计。审计组向股份公司工会经费审计委员会提交审计报告13份，下发审计意见书13份，被审计单位工会按要求认真整改，并在规定时间上报整改情况报告，多数审计意见得到较好整改和落实。（张晓川　刘永胜）

【中国铁建工会财务、经费审计工作受表彰】 2017年，中国铁建股份公司工会、中铁十八局集团有限公司工会被中华全国总工会授予工会财务工作先进单位，中国铁建股份公司工会经费审计委员会报送的“中铁二十四集团有限公司工会2015—2016年度经费执行情况审计项目”被中华全国总工会经费审查委员会授予“2017年度全国工会优秀审计项目”。中国铁建股份公司工会在中华全国铁路总工会财务工作竞赛评比和经费审计工作规范化建设考核中分别获得特等奖和一等奖，中国铁建大桥工程局集团有限公司工会、中铁十七局集团有限公司工会、中铁十九局集团有限公司工会、中铁二十一局集团有限公司工会、中铁城建集团有限公司工会获评中华全国铁路总工会工会财务工作先进单位。（张晓川　刘永胜）

·机关工会·

【股份公司机关工会】 主要职责：（1）发动和组织机关职工进行基本理论、科学文化、业务知识和法律法规的学习，创建学习型机关，争做知识型职工。（2）协助直属机关党委开展职工群众思想政治工作，不断提高机关职工的思想政治素质、业务能力和法律素养，提高机关工作效率和工作质量。（3）履行工会代表和维护机关职工合法权益的基本职责，做好职工互助合作保险工作，配合机关党委、行政做好职工福利、慰问等工作。(4)组织机关职工围绕中心工作合理化建议活动，鼓励职工岗位成才，建功立业，完成机关各项工作任务，做好先进工作者和劳动模范的评选、表彰、培养和管理工作。(5)代表和组织职工依照法律规定，通过工会会员(代表)大会、职工代表大会和其他民主形式，参与对机关内部事务的民主管理和民主监督。(6)负责组织开展具有直属机关特点的文体活动，促进职工身心健康，丰富职工业余文化生活，推动机关精神文明建设。(7)开展建设“职工之家”活动，把工会建设成为组织健全、维权到位、工作规范、作用明显、职工信赖的“职工之家”。(8)加强女职工工作，切实维护女职工的合法权益，搞好女职工的特殊保护。(9)负责直属机关工会经费和资产的管理工作。定员1人；配备专职主席1人；机关工会其他工作人员从股份公司工会现有人员中调剂。

(吕向东　刘永胜)

【有线电视管理】　歌华公司负责机关大院有线电视维护工作，机关工会负责协调管理工作，2017年，配合歌华公司在大院进行技术推广服务5次。　(刘永胜)

【机关职工新春游艺活动】　2017年1月24日，股份公司机关工会在中国铁建大厦三层报告厅，组织机关职工新春游艺活动，设置猜谜语、夹玻璃球、飞镖打靶、蒙面敲锣、摸彩球等活动项目8个，机关近200名职工参加活动。

(吕向东　刘永胜)

【机关职工健步行走】　2017年4月21日和9月29日，股份公司机关工会在北京永定河休闲森林公园先后两次组织职工健步走活动，参加职工350人次。

(吕向东　刘永胜)

【机关第二届乒乓球比赛】　2017年4月下旬至6月下旬，股份公司机关工会组织举办中国铁建机关第二届乒乓球比赛。比赛设男子单打、女子单打，采取单循环赛制，机关60多名职工参加比赛。房地产开发部夏冀、纪委办公室陈建宏、科技设计部王淑萍、工会组织权益和女工部李红分别获得男子和女子组冠亚军。

(吕向东　刘永胜)

【机关第二届羽毛球比赛】　2017年7月，股份公司机关工会组织举办中国铁建机关第二届羽毛球比赛。比赛项目为双打，机关60多名职工参加比赛。

(吕向东　刘永胜)

【机关金秋助学活动】　8月23日，股份公司机关工会组织职工子女金秋助学赠送活动，中国铁建工会副主席白晶出席活动并讲话，鼓励机关职工子女勤奋学习，快乐生活，健康成长。活动中中国铁建股份公司工会领导向100多名机关职工子女赠送新学年礼物。

(吕向东　刘永胜)

【机关职工代表会议】　全年召开机关职工代表会议4次。分别是：5月17日，第一次会议审议通过机关大院住房改造住宅户型设计方案；9月20日，第二次会议审议通过《中国铁道建筑总公司公司制改制实施方案》；12月8日，第三次会议选举中国铁道建筑总公司职工董事、职工监事，中国铁建股份公司职工监事；12月21日，第四次会议审议通过关于机关将职工住房配售资格截止时间确定为2017年12月8日议案。

(吕向东　刘永胜)

团委工作

【股份公司团委】　中国铁建股份有限公司2007年11月成立后，成立共青团中国铁建股份有限公司委员会(简称“股份公司团委”)，同时行使中国铁道建筑总公司团委职能。2014年9月召开共青团中国铁建股份有限公司第二次代表大会，选举产生共青团中国铁建股份有限公司第二届委员会。股份公司团委在股份公司党委和中央企业团工委的领导下开展共青团和青年工作，对下实施垂直管理，主要负责中国铁建系统团组织建设、干部队伍建设、团的生产活动及团员青年的思想政治工作。股份公司团委下辖38个集团公司团委(团工委)。全系统有687个基层团委，56个团总支，3526个团支部；专职团干部193人，兼职团干部6308人，团员55131人，35岁以下青年职工136845人。

2017年，在股份公司党委和中央企业团工委的正确领导下，中国铁建各级团组织深入学习习近平新时代中国特色社会主义思想和党的十九大精神，认真贯彻落实团的十七届六中全会精神，坚持思想引导，通过开展学习宣传贯彻习近平总书记系列重要讲话精神和党的十九大精神等活动，凝聚青年工作取得新成效；坚持以青年为本，通过开展第八届“十大杰出青年”“十佳青年技术能手”评选活动、“团组织就在我身边”帮扶行动、导师带徒、青年联谊等活动，服务、举荐青年工作取得新进展；坚持改革创新，通过举办团委二届三次全委(扩大)会暨团干部培训班、制定下发团费管理规定等工作,团的自身建设得到新突破;坚持围绕企业中心工作,通过开展"创新发展,青年当先"主题实践活动,深入推进青年突击队竞赛、创建青年文明号、创建青年安全生产示范岗等工作,团结带领广大团员青年为中国铁建提质增效、转型升级作出积极贡献。全系统有2个青年集体和9名青年获得团中央表彰,1名青年获评国资委党委"中央企业十大青年先锋"。 (闫国良)

【基层团组织组建与调整】 2017年,股份公司团委指导中铁建昆仑投资集团有限公司、中铁建重庆投资集团有限公司、中铁建南方建设投资有限公司成立团委;指导中国土木工程集团有限公司,中铁二十四、二十五局集团有限公司,中铁第四勘察设计院集团有限公司召开团代会;调整充实中国土木工程集团有限公司,中铁十一、二十一、二十二、二十三局集团有限公司,中国铁建国际集团有限公司的团组织负责人。 (闫国良)

【共青团中国铁建二届三次全委(扩大)会议暨团干部培训班】 2月27日至3月3日在北京举办。会议传达贯彻上级有关精神和股份公司"三会"精神,回顾总结中国铁建系统2016年共青团工作,全面部署2017年重点工作;增补团委委员8人,并就网上共青团、传统官德、团干部语言表达艺术、新形势下共青团改革等内容进行专题培训。中国铁建系统163名团干部参加会议暨培训班。 (闫国良)

【推优入党】 2017年,中国铁建系统有560名团员在团组织推荐下光荣加入中国共产党。 (闫国良)

【团费管理规定】 2017年9月,股份公司团委制定下发《关于中国铁建团费收缴、使用和管理的规定》,并协助各集团公司团委建立团费专用账户,加强和改进团费收缴、使用和管理等工作。 (闫国良)

【学习习近平总书记系列重要讲话精神活动】 2017年,股份公司团委带领全系统各级团组织通过举办宣讲会、报告会、青春大讲堂、青年座谈会、团干部培训班或青春励志故事分享等多种形式,组织团员深入学习习近平总书记系列重要讲话精神和治国理政新理念新思想新战略,进一步强化团员的先进性和光荣感,坚定对党的政治认同、思想认同、情感认同。 (闫国良)

【学习宣传贯彻党的十九大精神活动】 党的十九大召开后,股份公司团委下发通知,组织团员青年收看十九大开幕式并撰写心得体会;开展"不忘初心、牢记使命"主题演讲比赛,并选取前10名向党委理论学习中心组进行汇报展演,在北京中国铁建股份公司领导、机关全体党员和在北京单位部分青年300余人参加,首次采用网络直播的方式进行全程直播,在线观看人数达17万之多;配合党委宣传部、报社开展党委书记讲党课和十九大经典语录书法大赛等活动。 (闫国良)

【学习贯彻落实团的十七届六中全会精神活动】 股份公司团委在中国铁建二届三次全委(扩大)会议上传达学习团的十七届六中全会精神后,股份公司各级团组织结合2017年重点工作和本单位实际,通过各种形式认真学习贯彻落实会议精神,大力推行改革攻坚,全面推进从严治团工作,进一步坚定团员青年的理想信念。 (闫国良)

【学习宣传贯彻股份公司第一次党代会精神活动】 中国铁建股份公司党代会召开后,股份公司团委下发学习宣传贯彻党代会精神的通知。股份公司各级团组织和团干部认真学习领会精神,引导广大团员青年把思想和行动统一到股份公司党委部署上;广泛开展活动,掀起学习宣传贯彻党代会精神的热潮;紧密联系实际,推动党代会精神与团的重点工作有机结合。 (闫国良)

【形势任务教育活动】 股份公司团委大力组织动员团员青年了解中国铁建面临的形势及发展部署,贯彻落实中国铁建股份公司"四会"和半年工作会精神,引导青年准确把握当前国内外经济形势,深刻理解全面深化中国铁建改革的一系列新思路、新举措、新任务,清醒认识自身肩负的责任和使命,增强服务企业的积极性和主动性。 (闫国良)

【"创新发展·青年当先"主题实践活动】 为充分发挥团员青年在中国铁建创新发展中的生力军和突击队作用,股份公司团委开展"创新发展·青年当先"主题实践活动。各级团组织以青年为主体,以学习为基础,以创新实践为平台,组织42000余名青年深入开展创新创效活动,组建青年创新团队1371个,形成青年创新成果2106项,举办青年创新创效赛事318场,引导团员青年为企业的创新发展、提质增效作出应有贡献。 (闫国良)

【参加"航天科工杯"第三届中央企业青年创新奖评选活动】 2017年,股份公司团委组织全系统参加"航天科工杯"第三届中央企业青年创新奖评选活动,经过项目申报、项目推荐以及项目初审和终审工作,中国铁建系统获得银奖1项、优秀奖4项、优秀组织奖1项。

银奖

中国铁建重工集团有限公司 XM－1800 钢轨铣磨车

优秀奖

中铁十二局集团有限公司项目科技创新“五同步”工作法

中国铁建大桥工程局集团有限公司台风区深水裸岩跨海桥梁基础施工关键技术

中铁十四局集团有限公司运营高速铁路路基沉降及稳定性整治施工技术

中铁第五勘察设计院集团有限公司重载铁路无砟轨道施工技术与装备

优秀组织奖

中国铁道建筑总公司团委

（尤家民）

【参加第三届全国铁路青年科技创新奖评选活动】 2017年，股份公司团委组织所属相关单位参与第三届全国铁路青年科技创新奖评选活动，在参评的270个项目中，中国铁建系统4名青年申报的2个创新项目获奖。

第三届全国铁路青年科技创新奖

彭方进　中铁第四勘察设计院集团有限公司高速铁路站台关键装备集成创新与应用

戴晓学　杨盼盼　孙拴虎　中铁二十一局集团有限公司高速铁路特大桥小径曲线区段箱梁移动模架施工关键技术开发研究

（尤家民）

【“青年突击队”活动】 2017年，中国铁建股份公司系统各级团组织紧紧围绕企业中心工作，大力组建“青年突击队”活动。各级团组织在股份公司确定的重点工程项目上组建青年突击队1247支、组织青年24966人，有效引导团员青年积极投身企业急难险重任务。（闫国良）

【“导师带徒”活动】 7月，股份公司团委在中国铁建系统开展“导师带徒”活动，签订“导师带徒”合同12534份。为扩大活动影响，确保活动效果，各级团组织在将全部新入职员工纳入活动的基础上，将近几年毕业转换或提拔到新岗位的员工纳入活动范围，形成一级带一级的“压茬带徒”模式。（闫国良）

【中国铁建第八届“十大杰出青年”和“十佳青年技术能手”评选活动】 为大力选树优秀青年典型，优化青年成长成才环境，进一步引导和激励广大青年解放思想，奋发进取，为夺取中国铁建股份公司改革发展新胜利而努力奋斗，股份公司团委在全系统开展中国铁建第八届“十大杰出青年”“十佳青年技术能手”评选活动。2017年，评选出“十大杰出青年”候选人35人、“十佳青年技术能手”候选人34人，经过有关部门条件审核、网络公示、微信投票、所属各单位团(工)委投票、股份公司机关各部门投票和党委审核等环节，最终评选产生中国铁建第八届“十大杰出青年”“十佳青年技术能手”，其余候选人获得中国铁建第八届“十大杰出青年”或“十佳青年技术能手”提名奖。

中国铁建第八届“十大杰出青年”

柯昌良　王　鹏　胥宝华　陈　鹏　傅一栋
周宝春　李洁勇　李宏伟　陈　卓　邵明志

中国铁建第八届“十大青年技术能手”

吴燕升　李红卫　张广鹏　宫庆磊　曾绍毅
殷炳玺　庹　军　闵　阳　潘少林　董琳琳

中国铁建第八届“十大杰出青年”提名奖

饶胜斌　朱智宇　马洪龙　赵　岩　刘忠厚
王　飞　谭　斌　郝后安　唐建园　彭龙虎
包　珍　廖玲辉　王立新　赵　强　周小兵
姚　宁　刘金书　周济民　覃山力　杨佰玲
苏凤祥　邓正平　罗　平　罗　婧　李　鹏

中国铁建第八届“十大青年技术能手”提名奖

张建森　杜小刚　王秀伟　王希岗　寇海军
李文江　李　琳　王文轩　蔡文辉　郭磊磊
田振海　董建全　王　飞　闫兴志　杨熊斌
李建宁　刘文杰　陈俊松　谢　萌　李博宇
王新刚　郭盛兰　梁　军　王　辉

（尤家民）

【青年联谊活动】 为服务青年婚恋交友，搭建牵手平台，股份公司各级团组织全年举办青年联谊会341场，为7364名单身青年提供相亲交友机会。（闫国良）

【1名团干部被推荐为中央企业团工委委员】

尹艳玲

（闫国良）

【3名青年经推荐并当选中央企业青联第四届委员会委员】

唐　刚　李宏达　史晓涛

（闫国良）

【1名青年经推荐并当选中央企业青联第四届委员会常委】

唐　刚

（闫国良）

【1名青年经推荐并当选中央企业青年先锋】

关改玉

（闫国良）

【"一学一做"教育实践】 为切实增强团员的先进性和荣誉感，股份公司团委开展"学习总书记讲话，做合格共青团员"教育实践，明确学习教育、组织生活、实践活动3项内容和主题团课等9项工作载体，在铁建青年网上开辟专栏刊发各单位好的经验做法，确保"一学一做"教育实践不走样、有特色。各级团组织带领全体团员扎实推进各项工作，全年开展宣讲会、报告会、培训班1043场次，撰写学习心得9379篇，制作推送新媒体产品1362个，组织3247余名团干部讲授团课1914场次，报送征文2481篇，召开组织生活会2084次。 （闫国良）

【安排香港大学生实习】 根据中央企业团工委的安排，2017年有3名香港大学生到中国铁建实习。实习期间，中铁第五勘察设计院集团有限公司团委为香港大学生安排了丰富的实习活动，得到中央企业团工委和香港青联的高度评价，展示中国铁建良好形象。 （闫国良）

【青年志愿服务活动】 2017年，股份公司各级团组织以"铁骨柔情·团员先行"为主题广泛开展社会公益和志愿服务活动，组织团员打出团的旗帜、亮出团员身份，全年组织18081名青年开展志愿服务活动1134次，并开展"志愿中国"信息系统网络注册工作。 （闫国良）

【"团组织就在我身边"帮扶行动】 2017年春节前，股份公司团委从"中国铁建青年爱心金"中划拨30万元关爱500余名平时工作表现突出且生活相对困难的团员青年，帮助他们解决实际生活困难，让他们度过一个欢乐祥和的新春佳节。 （闫国良）

【"爱心资助·梦圆大学"活动】 为帮助2017年考上大学而因家庭困难不能顺利入学的职工子女，7月，股份公司团委启动"爱心资助·梦圆大学"活动。活动启动后，各单位调集所属各级团组织力量，深入摸底调查，详细掌握情况。综合考虑各单位摸底情况，股份公司团委最终确定资助对象102人，从"中国铁建青年爱心金"中划拨51万元，按照每人5000元的标准帮助他们顺利入学。 （闫国良）

【接待拉美青年领导人代表团访问】 2017年7月12日，在中国铁建股份公司总部，股份公司团委成功组织接待了以萨尔瓦多议会经济委员会顾问迪亚斯为团长的"未来之桥"拉美青年领导人代表团的访问，圆满完成团中央交办的外事任务，受到团中央的表扬。来自拉美和加勒比地区14个国家的26名青年代表参观铁道兵纪念馆，并与股份公司相关人员展开互动交流，通过交流访问，加深对中国铁建的了解，增进双方的感情，促进双方进一步的交流合作。 （闫国良）

【宣传工作】 2017年，股份公司团委在《中国铁道建筑报》发专版3个，中国铁建官方微信发专刊4期，股份公司网站发布信息135条，中国铁建青年网审核、发布信息2206条。在中央企业青年网发布信息268条，在中央企业排名第三；10篇信息被中央企业团工委微信登载；6篇信息被团中央微信微博登载。媒体登载中国铁建各级团组织工作中的好做法、好经验，展现中国铁建股份公司各级团组织的工作成果和广大团员青年的精神风貌，提高中国铁建共青团的影响力和知名度。 （闫国良）

【中央企业团工委表彰2017年度"两优两红"】

中央企业"五四"红旗团委

中铁二十四局集团有限公司团委

中央企业优秀共青团员

单从众 中铁十四局集团建筑工程公司项目出纳

彭 帅 中国铁建高新装备股份有限公司人力资源招聘专员

（闫国良）

【中国铁建团委表彰"两优两红"】 2017年"五四"期间，股份公司团委表彰优秀共青团员68人、优秀团干部86人、"五四"红旗团委44个、"五四"红旗团支部46个。

中国铁建优秀共青团员（2016—2017年度）

王 褚 孙 韬 马晓辉 张 乔 刘小孟
杨 震 姚宏斌 江 慰 范 超 宋于祺
伊雪蕾 姬宏伟 刘 宁 齐孝波 孙兆品
姜晶雨 杜 霄 孙铭鹤 游 凯 刘 伟
李佳琪 赵 楷 林可即 杨 凡 郭 浩
周 镖 朱炜钦 郭攀龙 邱长春 邵 鹏
唐 鹏 冉 慧 何喜龙 窦莹娟 王景武
秦 峰 吕志斌 田宜航 李振兴 朱 杰
黄永涛 吴钟权 杨胜飞 吴源霸 杨 勤
张 源 雷 鹏 韩英姣 杨 晔 王 鹏
孙 谦 王 群 高 灿 周 勇 杨 鹏
吴海明 刘臻一 肖 飞 郭宏沛 关明辉
刘冬兵 覃 威 赵秀琪 黄 炎 史佳琦
何昉玲 赵晓晓 张国惺

中国铁建优秀共青团干部（2016—2017年度）

王 莹 李建勋 王国毅 陈 鹏 邵 玉
颜 明 张一坤 蒋文君 吕 盼 尚奈伟
孙 磊 曹运珠 高健华 刘国芳 张军磊
薛玉凤 鞠义军 陈莉莉 曹媛媛 陈 骞

张军明　李佳阳　赵　玉　吕大媛　张　磊
陈　婷　卜晓辉　杨勤华　张旻璇　李丽萍
赵　飞　黄　瑶　李峥喆　宋界霖　张延辉
徐　彬　何　凯　廖　惠　程俊清　张　维
丁　旭　冯　璇　王智海　李　亮　岳小顺
徐　冬　张海鹏　李倩倩　卢　喆　李春艳
刘清泉　徐　冕　李谞异　苏　杉　文贤飞
肖志微　赵　曦　韦　澄　张　超　刘　吉
夏　季　罗春林　宋云超　张　璇　段恒阳
郑　阳　刘　洋　王予宸　张台胜　王　珏
马博武　王　聪　李　俊　郭凯莉　颜　猛
谭　漪　钟茜乐　尹　力　刘　洋　王楚怡
丰　雪　刘慧慧　杨纯洁　苗　淼　李海全
尤家民

中国铁建五四红旗团委（2016—2017 年度）

中国土木工程集团尼日利亚有限公司团委
中铁十一局集团二公司团委
中铁十一局集团城轨公司团委
中铁十二局集团四公司团委
中铁十二局集团建安公司团委
中国铁建大桥工程局集团六公司第一工程指挥部团委
中国铁建大桥工程局集团建筑公司团委
中铁十四局集团四公司团委
中铁十四局集团电气化公司团委
中铁十五局集团一公司团委
中铁十五局集团五公司团委
中铁十六局集团二公司团委
中铁十六局集团四公司团委
中铁十七局集团三公司团委
中铁十七局集团房地产公司团委
中铁十八局集团国际公司团委
中铁十八局集团四公司团委
中铁十九局集团二公司哈牡客运专线工程 7 标段项目部团工委
中铁十九局集团三公司房建项管部团委
中铁二十局集团一公司团委
中铁二十局集团六公司团委
中铁二十一局集团二公司团委
中铁二十一局集团三公司团委
中铁二十二局集团一公司团委
中铁二十二局集团三公司团委
中铁二十三局集团一公司青连铁路项目部团委
中铁二十三局集团三公司团委
中铁二十四局集团有限公司团委
中铁二十四局集团江苏公司团委
中铁二十四局集团上海公司团委
中铁二十五局集团一公司团委
中铁二十五局集团五公司团委
中铁建设集团基础设施事业部团委
中国铁建电气化局集团康远新材料公司团委
中铁第一勘察设计院集团新疆铁道勘察设计院团委
中铁第四勘察设计院集团地路处团委
中铁第四勘察设计院集团有限公司长沙地铁项目部团工委
中铁物资集团中南公司团委
中国铁建高新装备股份有限公司恒源公司团委
中国铁建重工集团道岔分公司团委
中国铁建国际集团沙特公司团委
中铁城建集团二公司团委
诚合保险经纪有限公司团委
重庆铁发遂渝高速公路有限公司团委

中国铁建五四红旗团支部（2016—2017 年度）

中国土木工程集团有限公司吉布提铁路项目团支部
中铁十一局集团二公司金台铁路项目部团支部
中铁十一局集团三公司天仙铁路项目团支部
中铁十二局集团三公司济南地铁 5 标段团支部
中铁十二局集团振海公司博鳌机场扩建工程项目部团支部
中国铁建大桥工程局集团三公司蒙华铁路项目团支部
中国铁建大桥工程局集团四公司福平铁路项目团支部
中铁十四局集团建筑公司临安项目团支部
中铁十四局集团市政分公司黄岛疏港道路第三项目部团支部
中铁十五局集团二公司杭黄铁路项目部团支部
中铁十五局集团物资公司杭黄铁路项目部团支部
中铁十六局集团五公司银吴铁路项目团支部
中铁十六局集团轨道公司昆明地铁项目团支部
中铁十七局集团四公司南百铁路项目团支部
中铁十七局集团电气化公司拉林铁路项目团支部
中铁十八局集团二公司大瑞铁路项目部团支部
中铁十八局集团隧道公司西水东引二期工程项目部团支部
中铁十九局集团五公司第二项目管理部郑阜项目团支部
中铁十九局集团七公司第十三项管部团支部
中铁二十局集团安哥拉国际公司团支部
中铁二十局集团机械公司阎良新车间团支部
中铁二十一局集团一公司天津大北环项目部团支部
中铁二十一局集团路桥公司昌赣客运专线四分部

团支部

中铁二十二局集团二公司大张高速铁路项目团支部

中铁二十二局集团有限公司潼荣高速总承包指挥部团支部

中铁二十三局集团二公司长春地铁2号线团支部

中铁二十三局集团四公司引松供水工程项目团支部

中铁二十四局集团浙江公司温州市域铁路项目团支部

中铁二十四局集团福建公司杭黄铁路站前3标段一分部项目团支部

中铁二十五局集团三公司贵阳火车北站项目部团支部

中铁二十五局集团实业公司广州团支部

中铁建设集团房地产分公司团支部

中国铁建电气化局集团科技公司第一团支部

中国铁建房地产集团中铁建(大连)置业有限公司团支部

中铁第一勘察设计院集团城建院团总支

中铁第四勘察设计院集团线站处线路室团支部

中铁第五勘察设计院集团桥梁处团支部

中铁上海设计院集团南京设计院团支部

中铁物资集团北京五棵松饭店有限公司团支部

中国铁建高新装备制造总厂机加工分厂团支部

中国铁建重工集团特种装备事业部团支部

中国铁建国际集团加勒比公司纳撒路商场项目团支部

中铁城建集团一公司长沙洋湖垸项目部团支部

中国铁建投资集团中铁建山东济徐高速公路济鱼有限公司团支部

中铁建商务管理有限公司大厦服务中心团支部

重庆铁发遂渝高速公路有限公司G93沙坪坝收费站团支部

(尤家民)

【争创“青年文明号”、争当“青年岗位能手”活动】 2017年,股份公司团委在中国铁建系统广泛开展争创“青年文明号”、争当“青年岗位能手”活动,带领广大团员青年奋战施工一线,充分发挥生力军和突击队的作用。有1名青年被评为全国“青年岗位能手”标兵、6名青年被评为全国“青年岗位能手”。股份公司团委评选“青年文明号”105个、“青年岗位能手”137人。年内以“青年建功十三五·青春献礼十九大”为主题开展青年文明号创建活动,展示中国铁建青年良好形象,扩大中国铁建社会影响力;完成100个全国青年文明号网络创建报备工作,为2018年全国青年文明号的申报奠定良好的基础。

全国“青年岗位能手”标兵(2017年度)

程永亮　中国铁建重工集团有限公司总经理

全国“青年岗位能手”(2017年度)

李树敬　中铁十四局集团四公司穗莞深项目部副总工程师兼项目总工

傅一栋　中铁十六局集团北京轨道公司副调研员、安徽分公司总经理

乐　锋　中铁十七局集团三公司总机械师兼桥梁工程公司经理

王新泽　中铁十八局集团二公司项目总工

白　杰　中铁二十局集团市政工程公司总经理助理

武　锦　中铁二十一局集团四公司成都地铁项目部安质部部长

中国铁建“青年文明号”(2017—2018年度)

中国土木工程集团有限公司驻孟加拉办事处

中铁十一局集团一公司南沙港铁路NSGZQ－3标段工程指挥部

中铁十一局集团二公司拉伊铁路项目部

中铁十一局集团汉江重工技术中心

中铁十一局集团电务公司贵阳轨道交通1号线项目部

中铁十一局集团城轨公司物资租赁中心

中铁十二局集团一公司京霸铁路项目部

中铁十二局集团二公司深圳国际会展中心配套市政项目部

中铁十二局集团三公司济南地铁R2线7标段项目部

中铁十二局集团电气化公司直属信号三工班

中铁十二局集团有限公司南京桥北河道综合整治施工总承包部

中国铁建大桥工程局集团三公司城口至开州高速公路项目部

中国铁建大桥工程局集团四公司商合杭铁路项目部

中国铁建大桥工程局集团六公司长春地铁2号线项目部

中国铁建大桥工程局集团建筑公司湖北枫亭菀项目部

中国铁建大桥工程局集团西北公司蒙华铁路项目部

中铁十四局集团二公司沪通铁路项目部

中铁十四局集团五公司金甬铁路项目部

中铁十四局集团隧道公司深圳地铁8号线项目部

中铁十四局集团电气化公司乌鲁木齐轨道交通1号线弱电系统设备安装工程项目部

中铁十四局集团市政公司黄岛疏港道路交通工程第一项目部

中铁十五局集团二公司林拉公路二期项目部

中铁十五局集团四公司 S237 高架快速路及进站匝道工程项目部

中铁十五局集团六公司郑万铁路制梁项目部

中铁十五局集团城建公司贵安数字经济产业园项目部

中铁十五局集团济阳迎宾黄河大桥公司收费部

中铁十六局集团一公司扎倒公路项目部

中铁十六局集团二公司曾明青年突击队

中铁十六局集团三公司经营部

中铁十六局集团四公司昆明工程指挥部

中铁十六局集团铁运公司亚吉铁路运营指挥部

中铁十七局集团二公司西安机场线项目部

中铁十七局集团四公司玉磨铁路项目部

中铁十七局集团六公司福州台江区五一南路酒店

中铁十七局集团房地产公司上海铁锋项目部

中铁十七局集团勘察设计院建筑设计所

中铁十八局集团国际公司海外隧道工程项目部一工区

中铁十八局集团二公司莆炎高速公路 A6 合同段项目部

中铁十八局集团四公司滨海工程项目管理部

中铁十八局集团勘察设计院铁三院道桥项目部

中铁十八局集团物贸公司流体设备厂技术攻关科研小组

中铁十九局集团一公司十一项管部阜阳东制梁场

中铁十九局集团二公司机场项目管理部

中铁十九局集团六公司常州中铁城建构件公司

中铁十九局集团七公司第六项目管理部

中铁十九局集团轨道公司第一项目管理部

中铁二十局集团有限公司引黄济临供水工程 2 标段项目部

中铁二十局集团电气化公司西安站改工程项目部

中铁二十局集团房地产公司“中国铁建 · 山水逸城”项目部

中铁二十局集团长安重工钢结构分公司

中铁二十局集团贵州公司机关

中铁二十一局集团二公司经营计划部

中铁二十一局集团有限公司黔张常铁路项目部一分部第四架子队

中铁二十一局集团有限公司温州市域铁路 S1 线一期工程 SG11B 标段项目部

中铁二十一局集团六公司黄大铁路青年突击队

中铁二十一局集团电务电化公司兰新二线兰州枢纽项目部六分部通信架子队

中铁二十二局集团五公司茅台酒扩建工程项目部

中铁二十二局集团房地产公司荆门项目部

中铁二十二局集团有限公司深圳地铁国际会展中心项目部

中铁二十二局集团有限公司潼荣高速总承包指挥部

中铁二十二局集团有限公司格库铁路(青海段)工程指挥部

中铁二十三局集团三公司清云高速公路项目部

中铁二十三局集团四公司吉林省中部城市引松供水工程项目部

中铁二十三局集团轨道交通佛山工程公司

中铁二十三局集团电务公司信号三项目部

中铁二十四局集团有限公司福州北站南广场综合交通枢纽工程项目部

中铁二十四局集团安徽公司工程管理部

中铁二十四局集团有限公司皖赣铁路扩能改造工程 1 标段六分部

中铁二十四局集团有限公司机场南线项目部

中铁二十四局集团有限公司财务共享服务中心

中铁二十五局集团一公司重庆万开快速路项目部

中铁二十五局集团三公司湘府路(河西段)快速化改造工程项目部

中铁二十五局集团四公司南宁市亭洪路上跨铁路立交工程项目部

中铁二十五局集团五公司广州市轨道交通 18 号、22 号线项目部

中铁二十五局集团电务公司广州信号公司

中铁建设集团中南分公司南昌 1602 项目部

中铁建设集团华南分公司

中铁建设集团基础设施事业部柳州站站房扩建工程指挥部

中铁建设集团建筑设计院 BIM 研究中心

中铁建设集团建筑科技公司青年创新工作室

中国铁建电气化局集团一公司上海松江有轨电车项目部

中国铁建电气化局集团二公司南部铁路供电维管段

中国铁建电气化局集团四公司怀邵衡项目部

中国铁建电气化局集团科技公司团委

中国铁建电气化局集团康远新材料公司财务部

中国铁建房地产集团华南公司长沙事业部

中铁第一勘察设计院集团环境与设备处西安客车车辆段 BIM 设计项目组

中铁第四勘察设计院集团有限公司苏州轨道交通

设计项目部

中铁第四勘察设计院集团有限公司金义东城际轨道交通项目部

中铁第五勘察设计院集团站场设备设计处站场设计所

中铁上海设计院集团线站处江苏省前期项目组

中铁物资集团港澳公司成都地铁项目部

中国铁建重工集团掘进机事业部掘进机研究设计院土压盾构研究所

中国铁建重工集团特种装备事业部装配车间锚杆台车班

中国铁建国际集团沙特公司卡塔尔卢赛尔体育场项目部

中铁城建集团一公司中车国际广场项目部

中铁城建集团二公司郴州西站项目部

中国铁建投资集团中铁建（山东）德商高速公路公司监控中心

中国铁建财务有限公司信息部

诚合保险经纪有限公司云南分公司

中铁建商务管理有限公司大厦服务中心礼仪部

中铁建昆仑投资集团中铁建昆仑地铁投资建设管理公司机电装饰部

中铁建金融租赁有限公司党群工作部

中铁建重庆投资集团铁发遂渝高速公路公司大路服务区

北京通达京承高速公路有限公司怀柔收费站

中国铁建“青年岗位能手”（2017—2018 年度）

郭文骏 王　涛 郭昭赢 赵　谦 苑　鹏
姚　鹏 张　新 郭海兵 胡峰山 宋龙武
汪　鹏 王想文 彭志川 周理忠 曲永昊
于洪宝 张敏洁 靳国柱 张　晨 陈英明
吴建新 宋玉祥 刘　喆 韩　冰 化创新
王　程 杨　俊 郭晓鹏 樊国良 张文龙
姜世超 周志顺 董海涛 张洪涛 徐成全
边　峥 史尉波 刘日耀 张　浩 白泽富
张东港 陶旭文 魏　威 夏　荔 马　宁
杨永刚 张　惠 钟　轩 徐　超 惠建伟
李腾飞 邹　亮 丁晖东 周官强 张海军
钟　俊 段利宾 刘　畅 王　晓 陈　宇
张　勇 刘　涛 马忠会 王荣喜 石裕银
许　欣 武加强 王国委 魏先斌 刘仕幸
张　靖 童智道 陈鹏宙 张部伟 魏　磊
范恩菠 蔡思瑾 邓鹏举 崔丽娟 熊洪练
杨海涛 杨富宽 刘二江 张延召 张　杰
王典春 丁瑞瑞 丁世伟 翁根林 金　鑫
张伊默 夏朝龙 文　璐 刘铁华 李海亮
吕家悦 宋国经 王文俊 王跃东 刘小丽
单　单 马庆明 龙　威 朱福林 张明文
陈中海 覃　威 邵光可 王文华 沈科元
张　蔚 崔智皓 郑帅奇 李培锋 张　觅
崔晓琳 闫中秋 何　茂 连泽鹏 蔡元军
杨任杰 和立飞 罗　婧 薛艳龙 赵水洋
杨　芳 周　京 郭　兵 刘　美 黄璐莹
胡　健 于　泽 陶传谦 郭　超 施又榕
戴宝瑞 李佳哲

（尤家民）

【盾构机操作技能大赛获奖选手获得中国铁建“青年岗位能手”称号】 11 月 28—30 日，中国铁建股份公司盾构机操作技能大赛在长沙中国铁建重工集团有限公司举办。张文桂等 9 名青年认真应对、勇于拼搏、敢于争先，取得良好成绩，充分展示中国铁建青年的良好精神风貌，给中国铁建系统广大团员青年树立榜样。股份公司团委决定对张文桂等 9 人授予中国铁建“青年岗位能手”称号。

张文桂　中铁十一局集团有限公司
井庆宝　中铁十二局集团有限公司
程佳琛　中铁十二局集团有限公司
王海昭　中铁十四局集团有限公司
章　卫　中铁十六局集团有限公司
肖　力　中铁十七局集团有限公司
宋亚萌　中铁十八局集团有限公司
杨永刚　中铁十九局集团有限公司
张培佳　中铁二十一局集团有限公司

（尤家民）

【“青年安全生产示范岗”创建活动】 2017 年，为贯彻落实股份公司安全生产专题视频会议精神，股份公司团委开展“青年安全生产示范岗”创建活动。各级团组织通过宣传安全生产法律法规，开展主题团日、安全竞赛、岗位练兵、技能比武、安全生产合理化建议征集和安全生产创新创效等活动。全年组织 37551 名青年开展安全生产活动 2906 场，创建青年安全生产示范岗 778 个，有效促进企业提高安全水平，其中，中铁十七局集团三公司石家庄市正定新区市政预留工程项目经理部获得“全国青年安全示范岗”称号。（尤家民）

【参加第十三届“振兴杯”全国青年职业技能大赛】 2017 年 7 月，股份公司团委组织中国铁建大桥工程局集团有限公司等单位参加由团中央、人力资源和社会保障部举办的第十三届“振兴杯”全国青年职业技能大赛决赛，中国铁建股份有限公司团委获“优秀组织奖”。（尤家民）

中国铁建国际集团有限公司承建的马来西亚四季酒店超高层项目，建筑总高度342.5米，是马来西亚第二高楼，毗邻吉隆坡地标建筑“双子塔”，该项目刷新了中国铁建所承建的建筑工程高度的新纪录。图为封顶仪式时建设者合影。

（谭　漪　摄）

所属单位

中国土木工程集团有限公司

【简况】 中国土木工程集团有限公司拥有铁路工程施工总承包特级、铁道行业工程设计甲（Ⅱ）级、建筑工程施工总承包一级、市政公用工程施工总承包一级和建筑装修装饰工程专业承包一级资质；拥有香港地区房建、道路及渠道、地盘平整、海港和桩基础工程最高级别资质，坦桑尼亚房建工程一级承包资质、土木工程一级资质、上下水工程一级承包资质、空调移机资质及强电一级资质，津巴布韦建委土木工程 A 级资质，建筑工程 A 级资质，阿拉伯联合酋长国桥梁、隧道工程施工特级及房建、钢结构一级资质。所属尼日利亚公司拥有公路与道路工程最高级别资质；埃塞俄比亚公司拥有建筑总承包一级资质；塞拉利昂公司拥有工程承包商最高级资质；赞比亚公司拥有建筑与房建、土木工程和道路与土方工程总承包最高级别资质；肯尼亚公司拥有建筑、电力、机械、道路、水利工程一级承包商资质；博茨瓦纳公司拥有房建 E 级资质、大规模基建 E 级资质、乡村供水和给排水 E 级资质和公路、桥梁 E 级资质；塔吉克斯坦公司拥有道路、桥梁与隧道一级施工资质；新加坡公司拥有建筑 C1 级资质，桩基、钢结构、预制件、支护等专业资质。驻北京市海淀区北蜂窝 4 号。前身为铁道部援外办公室；1979 年 6 月 1 日，经国务院批准，在铁道部援外办公室的基础上成立中国土木工程公司；1996 年 12 月，更名为中国土木工程集团公司；2000 年 9 月，与铁道部脱钩，先后划归中央企业工委、国资委管理；2003 年 9 月，并入中国铁道建筑总公司；2007 年 12 月，企业改制改称中国土木工程集团有限公司。下辖二级子公司和单位 77 家，其中，分公司（代表处、办事处）39 家、子公司 38 家；三级子公司和单位 35 家，其中，分公司（代表处、办事处）12 家、子公司 23 家。2017 年，新设立境外分公司和子公司等分支机构 9 家。下辖中土国际贸易有限公司、中土凯明工程咨询有限公司、北京中土大厦、中土国际旅行社有限公司、中土集团北方建设有限公司、中土海外（北京）人力资源管理有限公司、中铁建中非建设有限公司、珠海新铁城建筑工程有限公司、海南基冠房地产开发（香港）有限公司、中土集团福州勘察设计研究院有限公司、中土埃塞俄比亚工程有限公司、中国土木工程集团吉布提有限公司、中土尼日利亚有限公司、中土东非有限公司、中国土木阿尔及利亚有限公司、中国土木工程博茨瓦纳有限公司、中非建设有限公司、中非尼日利亚莱基自贸区有限公司、中国土木工程集团（肯尼亚）有限公司、中国土木工程集团（纳米比亚）有限公司、中国土木工程（赞比亚）有限公司、中国土木工程集团莫桑比克有限公司、中国土木工程集团（马拉维）有限公司、中国土木工程集团塞拉利昂有限公司、中铁建（几内亚）有限公司、中国土木工程集团（布隆迪）有限公司、中国土木工程集团（科特迪瓦）有限公司、中国土木工程集团乍得有限公司、中国土木工程集团（尼日尔）有限公司、中国土木工程集团刚果（布）有限公司、中铁建喀麦隆股份有限公司、中国土木（新加坡）有限公司、中国土木工程集团（巴布亚新几内亚）有限公司、中国土木工程集团（香港）有限公司、中国土木工程（澳门）有限公司、中铁（澳门）有限公司、中国土木工程集团（波兰）有限公司、中国土木工程集团（黑山）有限公司、中国土木工程集团罗马尼亚有限公司、中土巴西国际商业有限公司、中国土木工程集团（俄罗斯）有限责任公司、中国土木工程集团南太平洋有限公司、中国土木工程集团南太平洋（斐济）有限公司、中国土木工程集团南太平洋（瓦努阿图）有限公司、中土工业园开发有限公司、阿久巴尼日利亚有限公司、中土工业有限公司、中国土木房地产尼日利亚有限公司、优质设计咨询有限公司、中土尼铁有限公司、中土尼日利亚莱基自贸区有限公司、中铁建石油天然气有限公司、AKC 工程有限公司、中土工程（香港）有限公司、顺滠投资有限公司、中铁建中非建设（香港）有限公司、昌汇投资有限公司、豪生有限公司、中土物业管理有限公司、百汇地产投资有限公司、中铁澳门职业介绍所有限公司，中国土木工程集团有限公司厄立特里亚分公司、苏丹分公司、沙特阿拉伯分公司、埃及分公司、阿联酋分公司、伊拉克分公司、以色列分公司、新加坡分公司、巴基斯坦分公司、菲律宾分公司、贝尔格莱德分公司、厄瓜多尔分公司、玻利维亚分公司、塔吉克斯坦分公司、哈萨克斯坦分公司、吉尔吉斯斯坦分公司、深圳分公司、珠海分公司、广州分公司、临沂分公司，中土集团福州勘察设计研究院有限公司岩土分公司、工程总承包部、监理分公司，中国铁道建筑总公司土耳其分公司，中国铁建股份有限公司菲律宾分公司，中国土木工程集团有限公司驻坦桑尼亚办事处、驻卢旺达办事处、驻乌干达办事处、南苏丹办事处、驻马达加斯加办事处、驻利比亚办事处、驻科威特办事处、驻黎巴嫩办事处、驻也门办事处、驻伊朗办事处、驻卡塔尔办事处、驻越南办事处、驻柬埔寨办事处、驻尼泊尔办事处、驻泰国办事处、驻马来西亚办事处、驻印度尼西亚代表处、驻日本代表处、驻孟加拉办事处、驻德国代表处、驻塞尔维亚代表处、驻乌兹别克斯坦代表处、驻白俄罗斯代表处、驻美国办事处、驻巴西办事处，中铁建中非建设几内亚办事处112家境内外法人公司和办事机构。职工1467人。资产总额245.16亿元。其中，固定资产原值37.18亿元、净值4.19亿元。机械运输设备12096台(套)。总功率87.29万千瓦，人均动力316.5千瓦，技术装备率15.2万元/人，设备成新率11%。

2017年，新签合同额469.42亿元，完成营业额188.12亿元，实现营业收入152.79亿元，实现净利润11.06亿元。净资产收益率4.63%，资产负债率74.24%。先后获中国最大500家服务企业、中国国有企业500强、中国行业百强、中国建筑业功勋企业；在世界最大250家国际承包商评选中，连续18年居世界百强之内；是中国对外承包工程商会、中国铁道学会、中国铁道工程建设协会、中国国际贸易促进委员会、中国国际经济合作协会理事，中国施工企业管理协会、中国国际工程咨询协会常务理事，中国机电产品进出口商会、中国招标投标协会、中国土木工程学会会员；被评为对外承包工程优秀企业、对外劳务合作AAA级信用等级企业、中国境外成套工程AAA级信用企业，拥有中国商务部对外援助物资项目A级企业资格。

(李　丽　刘世宇　李殷程　成喜庆　任　嘉)

【领导人员】

董事会

董事长　袁　立

董事　赵佃龙

初厚才

王　伟

职工董事　丁维利

监事会

监事会主席　古春生

监事　许云彪

职工监事　王庆忠

经理层

总经理　赵佃龙

副总经理　丁维利

胡社忠

严学斌

张文锦

池长贵

吕　晶

王　伟

王劲松

陈思昌(1月任)

王向东(1月任)

朱小刚(1月任)

刘　东(12月任)

总工程师　胡社忠(兼)

总会计师　王　伟(兼)

党群领导

党委书记　袁　立

党委副书记　赵佃龙

初厚才

纪委书记　古春生

工会主席　丁维利

(王　涛　张维玮)

【职工队伍】　职工1467人。其中，干部1440人、工人27人；专业技术干部1354人，占职工总数的92.3%；高级职称508人、中级职称436人、初级职称410人；本科以上学历1343人，占职工总数91.55%；大专学历48人，占职工总数3.27%。35岁及以下894人、36～40岁160人、41～50岁236人、51～59岁150人。

(张维玮　赵伟元)

【境外工程施工】　阿尔及利亚55千米铁路新线工程　采用欧洲标准，轨距1435毫米，设计时速客车160千米、货车100千米。2007年7月，与土耳其奥兹贡(OZGUN)建设有限公司组成项目联合体中标。2009年6月8日签约，7月18日开工，合同工期30个月。合同投资4.3亿欧元。2017年11月28日，项目工期增加14个月至2018年9月17日，合同投资增至8.3亿欧元。主要工程量：土石方607万立方米；路基46.5千米；隧道2座10210延长米；铁路桥梁12座1825.8延长米，公路桥梁2座172延长米，铁路框架15座1851延长米，公路钢构7座249.7延长米，涵洞70座1558.3横延米；有砟道床56.7千米；正线铺轨128千米，站场6处，车站6座。开工累计完成投资38.24亿元。

阿尔及利亚175千米铁路电气化新线工程　采用欧洲标准，轨距1435毫米，设计时速客车160千米、货车100千米。主要工程量：土石方3280万立方米，铁路高架桥76座2.28万延长米，单洞双线隧道22座16540延长米，车站改建和新建9座2.2万平方米，电气化轨道351千米。2009年4月15日签署框架合同，合同投资17.28亿欧元，合同工期48个月。开工累计完成投资2.51亿元。

阿尔及利亚东西高速公路M6标段工程　位于阿尔及利亚谢里夫省，全长24.213千米。采用欧洲标准，设计时速120千米，双向6车道。2006年9月2日签约，2007年5月19日开工，合同工期32个月。合同投资2.31亿美元。主要工程量:土石方417万立方米;桥梁11座1060延长米,涵洞64座,架梁340片;公路27千米,其中高速路24千米,路面76万平方米;互通立交桥2座。开工累计完成投资4.73亿元。

阿尔及利亚奥兰房建工程　位于阿尔及利亚东部奥兰和艾因泰穆尚特,建设安居房1596套。2012年签约,合同投资5518万美元。2016年,合同变更安居房增至1854套,合同投资增至6479万美元。开工累计完成投资2.8亿元。

阿尔及利亚西部区域2900套房建工程　位于阿尔及利亚西迪贝拉贝斯省。由2000套住房和奥兰省900套房建项目组成。2014年8月签署900套房建项目,2015年3月16日重新开工,合同投资2572万美元,工期30个月。2015年7月5日2000套住宅项目开工,合同投资6502.69万美元,合同工期30个月。开工累计完成投资9494.19万元。

阿尔及利亚电信光纤入户工程　位于阿尔及利亚阿尔及尔市和奥兰市。2017年8月16日签约,合同投资5057.5万美元,工期24个月。2017年9月6日开工。2017年9月18日与华为签署勘测设计补充协议合同,合同投资332.3万美元。开工累计完成投资123.16万元。

吉布提铁路工程　线路长82千米。设计时速列车120千米,货车80千米。2012年1月19日签约,为EPC工程总承包项目,合同投资5.05亿美元,合同工期60个月,增加合同投资0.74亿美元,合同投资增至5.79亿美元,合同工期变更为38个月。2013年9月16日开工。主要工程量:土石方1178万立方米,桥梁4237延长米,涵洞6965横延米,正线铺轨95.81千米,站线铺轨43.73千米。已签署竣工移交证书。

埃塞俄比亚米埃索至迪雷达瓦至达瓦利铁路工程　全长339.1千米。2011年12月16日签约,合同投资86亿元,合同工期42个月。采用中国标准。主要工程量:路基土石方2320万立方米,桥梁57座7250延长米,涵洞498座,道砟110万立方米,铺轨360千米。2012年11月签订埃塞铁路的补充协议,工程量、铁路等级修改,合同投资增至100.71亿元。2016年10月5日,举行铁路开通仪式。2017年12月31日,签署竣工移交证书。

埃塞俄比亚阿瓦萨工业园区工程　位于埃塞俄比亚阿瓦萨市。2015年7月1日签订一期项目合同,工期9个月加3个月宽限期,合同投资16.7亿元。主要工程量:厂房38栋,单体18栋,外线综合管网、道路和停车场、绿化。2017年,一期一步及一期二步均竣工。

埃塞俄比亚阿达玛工业园区工程　位于埃塞俄比亚奥罗米亚州ADAMA市。2016年10月12日签约,合同工期9个月,合同投资1.5亿美元。主要工程量:厂房20栋,单体6栋,园区外线综合管网、道路和停车场。开工累计完成投资5.64亿元。

埃塞俄比亚德雷达瓦工业园区工程　位于埃塞俄比亚东部Dire Dawa市。2016年12月2日签约,合同工期9个月,合同投资10.32亿元。主要工程量:厂房15栋,单体16栋,大门3个,园区外线综合管网,道路和停车场。开工累计完成投资7.85亿元。

尼日利亚铁路现代化工程　正线长1315千米,设计时速150千米。2006年10月30日签约,合同投资83亿美元,合同工期4年。2009年10月,双方签订阿布贾至卡杜纳分段实施补充协议。阿布贾至卡杜纳段铁路单线长186.5千米,变更后合同投资10.58亿美元。主要工程量:土石方1400万立方米,车站9座,铁路桥梁30座,公路桥29座,涵洞204座。开工累计完成投资额10.32亿美元。

尼日利亚铁路现代化工程　拉各斯至伊巴丹段位于尼日利亚西南部,正线长156.8千米(双线);阿帕帕港口支线工程,长6.51千米(单线)。合同投资14.88亿美元,合同工期36个月。2016年12月22日,中土集团与尼交通部签署拉伊铁路项目阿帕帕港支线工程补充协议,合同投资增至15.81亿美元。工期36个月,2017年5月5日开工。采用中国一级铁路标准,设计时速150千米,为双线铁路,采用内燃牵引,半自动闭塞。主要工程量:路基土石方2206万立方米,基床表层改良B料104.78万立方米;铁路大中桥21座6.08千米,框架桥10座,涵洞208座,公跨铁桥梁39座;车站11座;铺轨工程378.92千米,道砟130万立方米。开工累计完成投资16.66亿元。

尼日利亚阿布贾城市铁路工程　全长60.67千米。2007年5月25日签约,合同投资8.4亿美元,合同工期4年。采用中国技术标准。2009年5月28日开工,中标里程增至77.78千米,计划2013年5月竣工。2011至2012年,因政府预算不到位,项目处于半停工状态。为促进中国进出口银行的5亿美元优贷的批复,2月向业主提出分期施工逐段推进的方式分阶段完成全线施工方案。2012年8月24日与业主签订补充1号协议,合同投资51.3亿元,由中国进出口银行优惠贷款38.8亿元。主要工程量:车站26座。一期工程为Lot3a线17.4千米和Lot2线3.7千米,土石方636.3万立方米,简支梁11座桥,框架桥3座,公路桥7座,涵洞40座。开工累计完成投资51.49亿元。

尼日利亚拉各斯蓝线轻轨工程　位于尼日利亚拉各斯州。线路长28千米,设计时速100千米。合同投资73.08亿元,合同工期36个月。主要工程量:落地站10座、高架站2座、高架桥(含640米跨海桥)8千米、路基20千米。开工累计完成投资50.31亿元。

尼日利亚拉各斯巴达格瑞高速公路工程2标A段(Lot2a)　全长14.8千米,既有线改扩建工程。2011年12月29日授标,合同投资58.6亿元,双向10车道,中间为15米轻轨通道,标准断面宽100米。主要工程量:14.8千米道路红线范围内房屋、电力设施、通讯设施拆迁、标准断面100米宽度内道路土石方及10车道沥青混凝土路面,箱涵21处,水沟82700延长米,收费站5座,公交车临时停靠站16座,带收费站的换乘立交桥4座,人行天桥10座,主道跨线立交桥3座,高速路中间服务区2处,公交车总站1座。开工累计完成投资29.4亿元,已收到业主支付的竣工证书。

尼日利亚达迈高速公路工程　位于尼日利亚东北部。全长145.8千米。2006年7月18日授标,2006年7月21日签约。合同投资9亿元,2012年12月3日合同变更为15亿元。2007年2月1日开工,双车道普通公路升级为双向4车道高速公路。开工累计完成投资11.86亿元。

尼日利亚阿彪库塔43千米立交桥工程　全长43千米。合同投资23.69亿元,合同工期36个月。主要工程量:立交桥3座,位于NNPC路口、Kobape路口、Siun路口。NNPC桥长332米,设计时速80千米,双向6车道,桥面行车道宽10.5米。开工累计完成投资7160.54万元。

尼日利亚联邦工程部阿巴41千米公路维修工程　2014年12月11日签约,2016年12月开工。合同投资2.2亿美元,合同工期30个月。主要工程量:土石方198万立方米,各类水沟涵洞100千米,既有桥梁修复改造3座,双线沥青结合层、面层的摊铺。开工累计完成投资488.63万元。

尼日利亚阿夸依博州埃科特23.3千米路桥项目工程　位于阿夸依博州埃科特市。2013年5月23日签约。合同投资2.09亿美元,合同工期36个月。主要工程量:路基填挖93.3万立方米,红土底基层14.2万立方米,级配碎石10万立方米,MC1透层43.9万平方米;沥青结合层42.7万平方米,沥青磨耗层41.6万平方米。桥梁3座,涵洞11座,水沟13.6千米。双向6车道。开工累计完成投资9483.74万元。

尼日利亚阿布贾航站楼工程　2012年12月3日签约,合同工期24个月,2014年3月1日开工。合同投资13.77亿元。开工累计完成投资9.83亿元。

尼日利亚哈尔科特航站楼工程　位于尼日利亚河流州哈尔科特市。2012年12月3日签约,合同工期24个月,合同投资6.89亿元。开工累计完成投资5.97亿元。

尼日利亚拉各斯航站楼工程　位于尼日利亚拉各斯州拉各斯市。2012年12月3日签约,合同投资2亿美元。合同工期24个月,2014年3月1日开工。主要工程量:航站楼主楼建筑面积4.9万平方米。开工累计完成投资10.12亿元。

乌干达娜姆恩熙至卡普乔拉65千米公路修复工程　线路全长65千米。2015年1月22日签约。2015年6月15日开工,合同工期25个月。合同投资1.28亿元。开工累计完成投资1870万元。

肯尼亚蒙巴萨南部旁城路一段公路工程　2015年1月29日签约,合同投资8.32亿元。合同工期36个月。主要工程量:公路11千米,立交桥3座。开工累计完成投资6.67亿元。

卢旺达远景城工程　2013年10月4日签约,合同投资6.37亿元。2016年,新增合同投资9016万元。

卢旺达地区信息交流中心工程　2015年5月13日签约。合同投资0.79亿元,合同工期12个月。主要工程量:新建1座3层教学楼和附属设施,建筑面积1万平方米。开工累计完成投资4633万元。

纳米比亚内政与移民部总部大楼工程　2015年2月26日投标,3月13日中标,3月31日签约,4月1日开工。合同投资3.97亿元,合同工期3年。开工累计完成投资1.72亿元。

纳米比亚哈达普地区政府新办公园区工程　位于纳米比亚哈达普省马林塔尔市。2015年9月22日中标。10月8日开工。合同投资0.59亿元,合同工期769天。2017年,完成投资2162.42万元,完成变更索赔183.93万元。

赞比亚84千米道路升级改造工程第4标段　位于赞比亚穆钦加省查玛市。2015年12月28日签约,合同投资6808.8万美元,合同工期24个月。

赞比亚东线铁路工程　位于赞比亚东部省和中央省,全长388.8千米。2016年10月10日签约,合同投资150.98亿元,合同工期48个月。

赞比亚Mbala至Kasaba Bay(Lot1)97千米公路工程　位于赞比亚北方省,全长97千米。2016年7月11日签约,合同投资5.31亿元,合同工期24个月。

赞比亚Mpongwe至Machiya公路(Lot2)65千米公路工程　位于赞比亚中央省,全长65千米。2016年8月10日签约,合同投资2.43亿元,合同工期24个月。

赞比亚卡夫河供水工程　位于赞比亚卢萨卡市。2013年1月4日签约,合同投资10.34亿元,合同工期24个月。开工累计完成投资5.43亿元。

津巴布韦2015英雄住房工程　2015年4月27日签约,合同投资19.3亿美元。合同工期5年。主要工程量:结构物4584栋,住户22652户,建筑面积183万平方米。

沙特北南线铁路 CTW400 工程　全长 2400 千米。2009 年 9 月 12 日签约，合同投资 45.71 亿元，合同工期 3 年，中土集团占 20% 的份额，合同投资 9.13 亿元。全长 509 千米，设计时速 250 千米，轨距 1435 毫米。开工累计完成投资 4.88 亿元。

沙特麦麦高铁一期线下桥梁工程　位于沙特吉达市。合同投资 9.19 亿元，2013 年 2 月 3 日签约。主要工程量：地下通道 6 座，公路桥 8 座，铁路高架桥 1 座。开工累计完成投资 5.485 亿元。

沙特吉达阿齐兹地下道工程　位于吉达市，全长 1.4 千米。2013 年 11 月 22 日中标，2014 年 1 月 9 日签约。合同投资 5.2 亿元，合同工期 3 年。开工累计完成投资 3.86 亿元。

沙特利雅得阿哈立交桥工程　全长 1.2 千米。15 跨现浇混凝土多室箱桥梁。2014 年 8 月 27 日签订工程合同，合同投资 3.16 亿元，合同工期 18 个月。

沙特纳吉兰两桥工程　位于沙特纳吉兰市。2015 年 2 月中标签约，合同投资 0.88 亿元和 0.94 亿元，合同工期均为 24 个月。主要工程量：阿布巴克尔地下道双向 4 车道，全长 474 米，采用预制吊装施工方案，混凝土 1.2 万立方米，钢筋 2000 吨，钢绞线 47 吨；穆特阿布王子地下道双向 6 车道，全长 490 米，采用预制吊装施工方案，混凝土 1.3 万立方米，钢筋 2150 吨，钢绞线 81 吨。开工累计完成投资 2395 万元。

以色列卡里巴地铁换乘站工程　2015 年 6 月 25 日签约。合同工期 48 个月，合同投资 9.2 亿元。主要工程量：地下车站 3 层，汽车地下通道 1 座，行人地下通道 1 座。开工累计完成投资 1.13 亿元。

黑山铁路修复改造 Kolasin – Kos 段工程　2015 年 10 月 26 日签约，合同投资 743 万美元。合同工期 15 个月。开工累计完成投资 1012.8 亿元。

巴基斯坦达苏水电站喀喇昆仑公路改线工程　位于巴基斯坦西北边境省。KKH – 1 及 RAR – 1 项目于 2015 年 3 月 16 日签约，合同投资 11.86 亿元。KKH – 1 合同工期 18 个月，RAR – 1 合同工期 12 个月。

巴基斯坦白沙瓦—卡拉奇高速公路项目苏库尔—木尔坦段工程　位于巴基斯坦旁遮普省。2015 年 12 月 22 日签约，2016 年 8 月 5 日开工，合同工期 36 个月，合同投资 25.1 亿元。开工累计完成投资 5133 万元。

孟加拉科考斯巴扎铁路工程第 2 标段　位于孟加拉国东南部。2017 年 9 月 16 日签约，合同投资 4.5 亿美元，合同工期 36 个月。主要工程量：路基清表 162 万平方米，水沟开挖 90.13 万立方米，挖方 3.33 万立方米；道砟 16.9 万立方米，轨枕 11.5 万根，钢轨（60 千克/米）1.34 万吨，道岔 48 副；砼结构物拆除 1.34 万立方米，钢结构拆除 3 吨，桥梁 20 座。

印度古吉拉特邦阿默达巴德市东西走廊轻轨工程 R2 标段　位于印度古吉拉特邦阿默达巴德市。全长 8.24 千米。合同投资 1.08 亿美元，合同工期 32 个月。主要工程量：高架桥 7.2 千米，新建高架车站 7 座。混凝土 22.64 立方米，钢筋 3.63 万吨，桩基础 4.77 万米（1678 根），承台 371 个，桥墩 371 个，节段梁箱梁 2379 片，挖方（含基坑开挖量）71714 立方米，沥青 6400 立方米。

厄瓜多尔奥冬内斯拉索等三条公路工程　位于厄瓜多尔中部安第斯山区，全长 6.46 千米。2015 年 3 月 17 日签约，2015 年 6 月 19 日开工，合同工期 24 个月。合同投资 1.01 亿美元。原 2 车道水泥混凝土路面扩建改造为双向 4 车道水泥混凝土路面。开工累计完成投资 6.41 亿元。

（乔卓贤　韩　信　郭子岩　曹少峰）

【优惠贷款和援外工程】　安提瓜和巴布达圣约翰港现代化工程　2014 年 12 月 22 日签约，合同投资 15.9 亿元，合同工期 36 个月。主要工程量：港口航道维护性疏浚，1 万总载重吨多用途泊位 2 个，15 万总载重吨邮轮泊位 1 个，1 千总载重吨客货滚装泊位 1 个。

多米尼克贝尔维尤肖邦安置房工程　2016 年 12 月 9 日签约。合同投资 1.76 亿元，合同工期 19 个月。主要工程量：住房 111 栋 340 套，建筑面积 3 万平方米。

汤加城镇供水工程　2015 年 6 月 22 日签约，合同投资 0.21 亿元，合同工期 10 个月。主要工程量：新建 18 口井，移除 4 口废弃井等工程。2017 年 12 月 30 日竣工。

所罗门大学 Panatina 校区工程　位于所罗门首都霍尼亚拉市。2016 年 11 月 15 日中标。合同投资 9570 万元，合同工期 28 个月。建筑面积 4700 平方米。

中国驻瓦努阿图大使馆馆舍新建工程　位于瓦努阿图维拉港。2014 年 10 月 18 日签约，合同投资 5637 万元，合同工期 540 天。主要工程量：面积 10347 平方米，占地面积 2930 平方米，建筑面积 4595 平方米。2017 年 5 月 6 日竣工。

瓦努阿图共和国公路升级改造项目二期工程　2015 年 1 月 6 日签约，合同投资 3.5 亿元，合同工期 60 个月。主要工程量：新建双向单车道沥青双表公路 45 千米，包含桥梁、涵洞等附属结构物。

援瓦努阿图太平洋小型运动会体育场馆建设工程　2016 年 3 月中标。合同投资 4740 万元，合同工期

15个月。2017年9月30日竣工。

瓦努阿图机场跑道改造及修复工程　2017年签约。合同投资4.07亿元。

坦赞铁路第16期经济技术合作项目　2014年12月签约,合同工期3年。

援厄立特里亚科技学院项目一期工程　位于厄立特里亚MaiNefhi镇。建筑面积1.8万平方米。2014年6月24日签约,2014年9月10日开工,合同投资1.5亿元,合同工期720天。2017年5月30日竣工。

援摩洛哥建筑与公共工程职业学校技术合作工程　2015年4月8日签约,合同投资0.18亿元,合同工期24个月。

中国驻索马里大使馆新建馆舍工程　建筑面积1650平方米。合同投资6448万元,合同工期7个月。2017年11月13日竣工。（郑　浩）

【港澳工程】　澳门轻轨C350工程　合同工期延至2017年4月。开工累计完成投资4.86亿元。

澳门新城填海区E1填土及堤堰建造工程　2015年6月12日签约,合同工期25个月,合同投资5303万美元,业主批复后增加48万美元,顺延工期86天+33天。主要工程量:填土区域面积3万平方米,其中北海堤长798米,西海堤长844米,海堤总长1.16万米。用砂300万立方米,用石54.3万立方米。2017年10月竣工。

澳门重建沙梨头街市工程　2015年7月15日签约,2015年9月18日开工,合同工期22个月,合同投资2839万美元,业主批复后增加114万,批准顺延工期38天。主要工程量:海面重建13层多用途市政综合大楼1座,建筑面积2.27万平方米。开工累计完成投资6207万元。

澳门运动员培训及集训中心基础工程　合同投资4838.61万美元,合同工期12个月。

（孙湛云　侯　雪）

【境内工程】　珠海西部中心城区首期开发区域(A、B片区)基础设施工程　面积342平方千米。2013年8月20日签约,2013年9月30日开工,合同工期84个月,合同投资8.3亿元。主要工程量:A片区改造既有排洪渠1条,新建排洪渠2条,新建跨渠桥1座,新建闸站3座,道路2条。开工A片区累计完成投资4078万元,B片区累计完成投资4.18亿元。

广州增城国际花园建造工程　位于广州市增城朱村街。合同投资3.04亿元,合同工期530天。主要工程量:用地面积6.9万平方米,建筑面积23.23万平方米。塔楼及北区地下室7栋,建筑面积12.68万平方米。2017年11月完成交房。

中国铁建南方总部基地工程　位于广东省广州市。用地面积5.9万平方米,建筑面积30.5万平方米。合同投资2.65亿元,合同工期2016年8月13日至2018年11月25日。开工累计完成投资2.19亿元。（方梦婷）

【生产经营】　2017年,新签合同215项,合同额469.42亿元,完成营业额188.12亿元,营业收入152.79亿元,净利润11.06亿元。

新签大项目。铁路方面,签署阿布贾城铁二期工程、中线铁路修复改造项目和伊巴丹轻轨红线第1标段,持续巩固中土集团在尼日利亚轨道交通工程承包领域的主导地位;孟加拉101千米铁路第1标段、173千米卓伊铁路、印度阿莫达巴德轻轨、伊朗西部铁路等项目签约,铁路主业进入南亚和西亚;以色列特拉维夫轻轨运营项目签约,代表中国企业首次进入发达市场轨道运营领域;签署尼日利亚阿布贾城铁一期运营及动车组及车辆段设备采购等合同。公路桥梁方面,中标签约赞比亚北方省公路、桑给巴尔岛公路、肯尼亚乡村公路、瓦努阿图环岛公路、孟加拉N8公路、埃塞德雷达瓦公路等项目,坦桑尼亚乌本戈立交桥项目是东非地区最大单体桥梁项目。供水房建方面,签约坦桑尼亚姆万扎卫星城供水、塞内加尔吉耶尔湖供水、坦桑尼亚阿鲁沙污水处理等项目;中标澳门离岛医院护理学院、塞拉利昂弗里敦行政大楼、卢旺达商业楼、纳米比亚雾山小区、斐济MHCC塔楼、白俄罗斯保障房二期等;签约埃塞巴赫达尔工业园德雷达瓦旱港、孟加拉米尔莎莱吹填、图瓦卢港口修复改造、秘鲁港口勘察设计、瓦努阿图机场跑道、埃塞肯尼亚跨国输变电、阿尔及利亚光纤入户等一批新项目;中标乍得使馆、伊拉克埃尔比勒总领馆等外交部馆舍项目。资金来源方面,新中项目的资金来源持续多样化,除传统的市场国自有资金和两优贷款外,超过三分之一的项目其资金来自世界银行、亚洲开发银行、非洲开发银行、澳新银行、欧盟等国际金融机构。东南非区域积极推动拉蒙铁路项目商务谈判,并在铁路、供水、路桥等方面保持规模。深度经营南太平洋和加勒比区域,以“四皮”精神赢得市场。在伊拉克、几内亚、塞内加尔、图瓦卢、秘鲁、伊朗、乍得等市场以项目落地的方式取得新的进展,经营范围覆盖89个国家和地区,60个国家和地区在手项目或业务开展。

多元化经营。设计咨询、资产投资、运营服务等方面建立支点,优化结构,明晰业务板块,促进经营规模扩大。福州设计院调整工作重点和方向,聚力海外重大项目前期方案和设计管理,为项目顺利推进创造条件；不断强化在重大项目上的设计管控意识。在国内中标4长大干线福清站、永春站高标准站房设计和规划项目，首次进入中国铁路总公司独立站房招标设计领域。中土资产公司成立后，积极落实“1 + N”战略。尼日利亚、坦桑尼亚、塞拉利昂地产项目租售情况良好，有序推进已有地块开发；积极参与以色列 PPP 公路项目投标；投资参股的中国海外基础设施开发投资公司首笔股本金出资到位并取得股东证书；埃塞中国文化中心项目进展顺利；中标第一个 PPP 类珠海平沙新城生态公园项目；佛山顺德莘村商住用地项目为资产公司运转奠定坚实基础。尼日利亚莱基自贸区加快建设，完善配套，加大招商力度，并与河北省签署设立“河北产业园”等合作协议。

项目管控。关注起点，注重项目前期策划。总部牵头完成尼日利亚拉伊铁路、印度阿莫达巴德轻轨、巴基斯坦拉卡公路、坦桑尼亚乌本戈立交桥、孟加拉101千米铁路等项目的前期策划和施组方案；抓住重点，突出对“三重”项目的监管和支持，由中土集团领导牵头的工作组多次赴以色列、沙特、尼日利亚、巴基斯坦、印度、孟加拉等市场“三重”项目现场，从项目进度、成本、安全、质量、与合作方关系等方面，排查、指导和解决存在的问题；突出要点，以项目绩效考核责任书为纽带，以责任成本为中心，组织巴基斯坦拉卡高速、赞比亚卡夫河供水等重点项目成本核算，开展沙特吉达地下道、澳门 C350 轻轨等亏损项目整治工作；加大考核与奖惩力度，坚持严肃追责问责，坚持质量效益并进。

基础管理。在厄立特里亚、苏丹、菲律宾、塞尔维亚、哈萨克斯坦、吉尔吉斯斯坦和乌兹别克斯坦新设立8家分支机构，成立中国土木工程集团埃塞俄比亚工业园开发有限公司。完成14家法人单位的注销工作，加快推进处置“僵尸企业”，提高降本增效能力。坚持科学决策、民主决策，召开总经理办公会18次，研究决策重大事项137项。推动3项融资项目落地，其中包括中土集团利用进出口银行资金操作的第一个贸易类融资项目——印尼钢轨采购项目。制定新版总部员工、经营单位负责人、区域事业部和设计咨询板块等绩效考核管理办法，落实各项激励和奖惩机制。首次召开中土集团设备物资工作会议，剖析设备物资管理中的疑难问题，提出对策与办法，为下一阶段“选、买、用、管”的集中管理夯实基础；首次召开分包商工作会议，颁布合格分包商准入及管理办法，为中土集团各驻外机构在境外投资、对外承包工程和对外劳务合作等项目的有序进行提供服务和保障。科技引领，聚力创新。参与中国工程院重大咨询研究项目《中国铁路“走出去”发展战略研究》，其中2个子课题已经结题并通过验收；土耳其安伊高铁项目和亚吉铁路项目被国资委选为“中央企业创新成就展”展示内容；完成中土集团总部服务器虚拟化建设工作，强化安全保障，提高信息化资源利用率；依靠自身技术力量新上线审批流程7项，优化升级流程33项。设计开发基于苹果和安卓系统的“中土集团移动门户”，基本满足公司员工信息化办公的需求。按照“法治中土”的要求，不断加强法治队伍梯队建设，夯实法治工作管理基础，制度建设、体系建设和业务水平实现不同程度的提升；对公司章程进行修订，明确总法律顾问制度；对合同管理体系进行调整，通过信息化手段，实现合同、授权、规章制度、重大决策审核审批一体化流程。配合完成国家审计署经济责任审计、国资委监事会境外资产检查、国税总局税务稽查和股份公司资本运营审计等工作，并立即建立整改台账，对发现的问题逐个分析，对重大问题集中讨论整改方案，确保责任细分到位，以高质量完成整改工作任务；完成境内外10家单位经济责任审计、9家法人单位2016年报表审计和3个境外项目的专项审计。举办各类培训班302期次，参训4319人次；组织“一国一策”“亚吉铁路工程实施模式”“设备物资管理调研”“两国别公司导师带徒调研”等多项课题研究。通过着眼服务公司决策、着力宣传一线成就、着重推进全局工作，为公司决策及工作目标的制定发挥智库作用。通过服务前移，在严把政策关的同时，不断简化、优化外事审批程序。依靠外交部领事司、港澳办以及各国驻华使馆等外部资源，办理因公出国（境）团组2981人次，较上年同期增长3%，为公司“走出去”开疆拓土提供基础保障。通过创新方法，以建设“内实外美”的全球公司为目标，举办“一带一路”与涉外商务礼仪讲座、“我形・我秀”职工礼仪和着装风采展示等活动，规范职工行为，提升外在形象。公务用车流程和智能会议系统上线，提升外事接待、办文办会标准和服务水平。承办“情牵海外・缘定金秋”中国铁建与国家部委青年联谊活动，为海外单身青年牵线搭桥；重点关注小家建设，通过建设职工之家、爱老敬老、组织新春团拜等各类文体活动，为员工营造舒心氛围，提供暖心关怀。

社会责任。多米尼克飓风发生后，紧急动员外籍舰船向受困人员输送救灾物资，租用客轮将受困同胞安全转移至安提瓜和巴布达，开辟安全避难场所，为营救赢得时间。协调国内各方沟通，迅速落实航班飞越19个国家的起降手续等关键工作。历经14个日夜的顽强奋战后，将数百名中土员工和同胞平安接返回国，创造由企业牵头跨国撤离人员的成功先例，受到国资委、商务部、外交部和驻外使馆的通报表扬，得到国内外舆论媒体的一致称赞。获评中国建筑业协会“2016年度中国建筑业竞争力200强企业”和中国对外承包工程商会“2017 年度对外承包工程信用等级评价 3A 级信用企业”。承建的安巴机场新航站楼、尼日利亚阿卡铁路获鲁班奖；亚吉铁路获中国对外承包工程商会“2017 海外可持续基础设施项目”称号；澳门熊猫馆建造工程获“中国建筑工程钢结构金奖”；埃塞俄比亚阿瓦萨工业园和尼日利亚阿卡铁路分别获 ENR 年度“全球最佳工程奖”和“全球优秀工程奖”。

（张　澎　任　嘉）

【党的工作】 2017 年，召开党委会 11 次，研究议题 69 项，其中 35 项是生产经营重大事项。贯彻民主集中制，领导班子严格执行“三重一大”集体决策制度，坚持权力规范运行，并有会议记录、会议纪要等作依据。进一步理顺党政领导分工，领导班子在日常工作中互相支持、互相补台。认真开展批评与自我批评。履行党管干部职责，强化干部队伍建设。坚持履行党管干部制度。党委坚持贯彻书记碰头会制度、党内监督制度、廉政查询制度等多项干部制度，全面加强各级领导班子建设和各类干部队伍建设，召开党委会研究干部人事事宜 9 批次 152 人次，新提拔 49 人次，拟调入 12 人，离职 1 人。集团公司纪委给予政纪处分 5 人，党纪处分 3 人，谈话函询 5 人次。强化干部和人才队伍建设。坚持执行干部选拔任用回避和交流制度，将干部轮岗和交流作为人才资源重新配置的有效手段。推进基层党支部规范化建设。推进基层党支部建设规范化，将“三会一课”制度、“两学一做”学习教育常态化制度化融入生产经营。大力推行“党员突击队”和“党员先锋岗”活动，抓党员学习教育，积极探索党务工作人员培训模式。开展两期“读经典、提修养、强党性、树新风”党员读书活动，作为“两学一做”学习教育常态化制度化的一项重要内容。利用节假日开展爱国主义教育。在“七一”“十一”等重大节日期间，举行升旗仪式，组织重温入党誓词、国旗宣誓、主题征文和观看主旋律电影等活动，有效升华海外员工的爱国主义情感。发放各类学习材料 3000 余册，开展两期“读经典、提修养、强党性、树新风”党员读书活动。组织近 3000 人，在 86 个国家地区不分时差集体收看党的十九大直播。制定并下发《关于学习贯彻党的十九大精神的宣传教育工作方案》，开展“不忘初心，牢记使命”主题演讲、经典语录书法大赛、学习十九大报告答题、举办基层党支部书记和组工干部主题培训等活动。

纪检监察。参加集设备物资集采中心、设备物资部、海外人力资源部组织的集团公司范围内物资、设备招标采购、劳务分包商选择的开标和评标会议，对招投标的重要环节进行现场监督，对不符合规定的招标次目进行现场纠正；参加有关项目分包、资金支付的专题会议。对埃塞公司、尼日利亚公司、北方公司等单位进行巡察工作，查找各单位在党风廉政建设、纪检监察、企业管理以及项目管理等方面存在的问题，听取干部职工意见建议和问题反馈。受理信访举报 14 件，进行谈话函询 7 人次，初核 12 件，其中立案 8 件，政纪处分 6 人，党纪处分 5 人。

反腐倡廉。组织由党政主管领导、纪委书记与公司各部门、境内外各单位的党政一把手签订《党风廉政建设责任书》68 份。先后组织并参与完成对南方公司、福州设计院、埃塞公司、尼日利亚公司、沙特公司、北方公司的巡察工作。落实股份公司纪委工作安排，完成对赞比亚、尼日利亚国别风险研究报告以及国资委纪检组对肯尼亚、坦桑尼亚调研的情况汇报，并陪同纪检组完成在坦桑尼亚的调研工作。组织开展岗位廉洁点风险查找建立廉洁风险防控制度工作。按照干部管理权限，建立集团公司部门助理级以上领导人员廉洁档案。利用“互联网 +”，实现海内外廉洁教育同步共享。组建中土纪检干部 QQ 群，并在公司 BPM 平台开辟“清廉中土”栏目，将最新的党内法规、纪检监察相关的企业制度以及中央纪委网站“学思践悟”的文章分享在栏目里，供各级单位组织学习。受理信访举报 13 件次。审理违纪违规案件 8 个，政纪处分 7 人，党纪处分 4 人。

（朱伟国　魏光远　蒋俊杰　许琳琳）

【工会工作】 下辖 4 个基层组织，12 家境外职工之家，会员 1200 人。紧密围绕公司生产经营任务，不断强化自身建设，充分发挥组织作用。建立健全工会组织，完成工会法人资格变更全部手续。北方公司、阿尔及利亚公司、以色列分公司等完成工会委员会换届选举、委员增替补或工会委员会成立等工作。在京部门（单位）及时完成工会小组长、工会联络员的增（替）补。加强企业民主管理，组织召开公司二届四次职代会，做好干部民主测评和职工代表提案征集等工作。签订公司《集体合同》和《女工专项保护合同》。畅通职工诉求表达渠道，开展二届三次职代会“优秀提案和提案处理落实优秀单位”评比表彰，召开公司领导班子征求意见座谈会。举办“慰问出国职工家属新春团拜会”，为 20 名职工提供疾病补助；发挥“女工保健室”作用，解决“背奶妈妈”实际困难，做好产后女工慰问工作；保持与北京市 57 中和明天十幼（铁路）园的牵手关系，解决职工子女入园 6 人，入学 2 人。建立职工食堂监督考核管理长效机制。合法合规为职工发放各项福利。重视境外职工之家建设，加强基层走访调研。开展创先争优，选树典型，组织第四届职工运动会、在京职工春游、“情牵海外 缘定金秋”青年职工联谊、职工礼仪风采和着装展示大赛等活动,举办专题讲座2次,开展知识普及和知识宣传活动4次,各类体育交流赛6次。重视女工工作,做好女工"四期保护",宣传普及"四期保护"常识和心理、生理、安全、健康知识等,对产后女工进行慰问。加强女工素质提升,提高女工专业技能水平和文化素养;开展"三八"节女工主题活动等。规范工会财务管理,开展经费的收缴、上解和使用工作,拨交经费全部到位,收支账目清晰规范。（陈莉莉）

【共青团工作】 下辖团委5个,团总支4个,团支部共54个(其中国外37个,国内17个)。"号手岗队"评选继续向海外倾斜、向一线倾斜,鼓励青年团员到海外实践锻炼、创新发展。让敢于担当、年轻有为的青年和队伍受到集体表彰和关注。强化导师带徒活动,在继承中不断创新发展。"五四"活动稳步开展,探访雄安新区。开展新员工入职系列活动。成立青年突击队。团委微信公众号"青春中土"登场。加强与团中央、团市委、团区委和街道团工委合作。加强与股份公司兄弟单位和北京企业互动。加强与商务部、外交部和中联部交流。"不忘初心牢记使命"演讲比赛在境内外各单位开展。青年新视界系列讲堂持续开展。举办中国铁建、中土集团海外青年与国家有关部委青年联谊活动。到海外市场调研和举行团青活动。

（晏　勇）

【北京中土大厦有限公司】 驻北京市海淀区北蜂窝6号。是集住宿、餐饮、娱乐、写字间、会议、健身于一体的涉外四星级饭店,是中央国家机关政府采购中心北京地区党政机关会议定点饭店,持有北京市公安局颁发的《特种行业许可证》,可接待国内外宾客。1997年6月1日营业。2012年11月,北京市旅游星级饭店评定委员会批准为四星级饭店。大厦建筑地上25层、地下3层,由主楼、裙楼和多功能厅组成,建筑面积4万余平方米。2014年1月完成装修改造并重新开业。设各类客房183间,会议室11个,中西餐厅4家。法定代表人、党支部书记、执行董事何明武,总经理冯东。职工235人。

2017年,新签合同额7456万元,完成营业额7456万元。中土大厦客房收入1973万元,客房平均出租率70.8%,同比增长3%,平均房价429.33元,同比增长0.9%;接待各类会议457个,会议室全年收入321万元;写字间收入1558万元;红酒坊全年销售量8175瓶,销售额94万元,营业收入77万元。职工年人均收入49992元。（田　野　郭小戈）

【中土集团北方建设有限公司】 2016年11月由中土集团4家单位进行合并重组。拥有铁路工程施工总承包三级资质。执行董事、党委书记房炳杰,总经理谭里明。中方职工572人。

2017年,新签合同额14.41亿元,完成营业额7.52亿元。（刘淑惠）

【中土集团南方建设有限公司】 2011年8月30日,上海中土实业有限公司与中国土木工程集团有限公司珠海分公司合并;2012年2月7日正式成立。驻广东省珠海市香洲区香工路18号金地门道B2区43栋。执行董事、总经理李继江,党委书记李继江(2月免)、张敏(12月任)。职工193人。资产总额10.26亿元。其中,流动资产9.99亿元;固定资产原值3087万元、净值1720万元。

2017年,新签合同额22.72亿元,完成营业额11.6亿元。（方梦婷）

【中土集团福州勘察设计研究院有限公司】 系铁道行业甲(Ⅱ)级勘测设计单位,拥有公路行业(公路)专业乙级,市政行业(轨道交通工程)专业甲级,建筑行业(建筑工程)甲级,市政行业(道路、桥梁)乙级,工程勘察专业类(岩土工程、测量工程)甲级,铁路工程监理甲级,房屋建筑工程监理乙级,市政公用工程监理乙级,铁路、建筑(编制项目建议书、编制项目可行性研究报告、项目申请报告、资金申请报告、工程设计)甲级,铁路(规划咨询)乙级,城市轨道交通(编制项目建议书、编制项目可行性研究报告、项目申请报告、资金申请报告、工程设计)乙级,铁路(评估咨询)乙级资质和对外承包工程资格。原上海铁路局福州勘测设计院,1958年8月成立;2004年2月,划归铁道第四勘察设计院管理,更名为铁道第四勘察设计院福州勘察设计院;2007年10月,改制为福建铁四院勘察设计研究院有限公司;2009年10月,划归中国土木工程集团有限公司管理,2010年6月22日改为现名。驻福建省福州市晋安区火车站沁园支路41号。下辖监理分公司、工程总承包部2个非法人子公司。党委书记高嵩(2月免)、刘勇(12月任),执行董事高嵩,总经理郭重风(2月免)、高嵩(2月任)。职工301人。

2017年,新签合同额3.08亿元,完成营业额1.8亿元。（朱　羿）

【中土埃塞俄比亚工程有限公司】 拥有埃塞俄比亚一级总承包商资质。2012年3月,注册成立埃塞俄比亚米埃索—达瓦利铁路项目经理部;2013年6月19日,注册成立中土埃塞俄比亚工程有限公司。驻埃塞俄比亚首都亚的斯亚贝巴市。法定代表人、执行董事、总经理李吾良(兼),党委书记郑军(兼)。职工3062人。

2017年,埃塞公司新签合同额2.73亿美元,完成营业额3.9亿美元,净利润8.74亿元。 (郭子岩)

【中土尼日利亚有限公司】 拥有土建工程承包D级资质。经营范围:铁路、公路、桥梁、市政、房建、水工、机场航站楼、实业投资、物流贸易、房地产开发等领域。2017年3月,中土尼日利亚公司成立国别公司。驻尼日利亚阿布贾机场路10千米立交桥西北角。执行董事严学斌(3月免)、李建辉(3月任),总经理李建辉,党委书记严学斌(3月免)、杨健(3月任)。职工899人。机械运输设备7041台(套),设备原值16.75亿元、净值1.3亿元。设备总功率42.3万千瓦,人均动力470千瓦,技术装备率11.76万元/人,设备完好率90%,设备使用率53%,机械化施工程度80.2%,年施工能力53.18亿元。

2017年,新签合同额23.75亿美元,完成营业额7.97亿美元,实现利润9.6亿元。 (曹少峰)

【中土东非有限公司】 拥有坦桑尼亚房建工程一级承包资质、土木工程一级承包资质、设备安装工程一级承包资质、电气安装工程一级承包资质、上下水工程一级承包资质,以及乌干达、卢旺达市场工程承包资质。1981年3月,经国家经贸部批准,成立中国土木工程集团公司坦桑尼亚办事处(中土坦办);2007年1月,在整合坦桑尼亚、卢旺达、乌干达东非3个市场资源后,成立中土东非有限公司(以下简称“东非公司”);2011年,新增肯尼亚市场、布隆迪市场,下辖坦桑尼亚、卢旺达、乌干达、肯尼亚及布隆迪5个市场。2015年9月,肯尼亚市场不再由东非公司管理。经营范围:铁路、公路、房建、供水、房地产开发等工程领域。驻坦桑尼亚首都达累斯萨拉姆市。总经理姜义高,党总支书记姜义高(6月免)、张军乐(12月任)。职工314人。资产总额10.03亿元。其中,固定资产原值3.29亿元、净值8262万元;流动资产7.61亿元。机械运输设备968台(套)。

2017年,新签合同额1.67万美元,完成营业额8718万美元,利润总额3080万元。全员劳动生产率43.74万元/人年,职工年人均收入22.32万元。

(赵叶姚希)

【中国土木工程博茨瓦纳有限公司】 拥有博茨瓦纳房建E级资质、大规模基建E级资质、乡村供水和给排水E级资质和公路、桥梁E级资质。1991年7月成立。驻博茨瓦纳哈博罗内市特鲁昆。总经理朱庆连(12月任)。职工30人。机械运输设备269台(套),原值5576万元、净值588万元。设备资产利润率4.82%,资产增长率2.24%,成新率10.55%,设备总功率25596千瓦,技术装备率58.8万元/人,动力装备率2559.6千瓦/人。

2017年,完成营业额607万美元。 (柳丰华)

【中土纳米比亚有限公司】 2012年2月注册成立。2012年3月,博茨瓦纳有限公司派员到纳米比亚市场常驻,正式经营。总经理朱庆连(12月兼任)。职工44人。机械运输设备61台(套),原值1408万元,设备总功率3725千瓦,技术装备率12.71万元/人。

2017年,新签合同额2.1亿元,完成营业额1.04亿元。 (张宁)

【中国土木工程集团肯尼亚有限公司】 拥有肯尼亚水利一级、公路一级,房建一级和电力一级资质。2012年4月,肯尼亚有限公司在肯尼亚首都内罗毕注册成立;2016年8月,肯尼亚有限公司划归东南非区域事业部,独立经营。总经理陈增才(4月任),党支部书记陈增才(2月任)。职工12人,中方社聘员工72人,当地员工267人。机械运输设备322台(套),原值1756万美元。

2017年,新签合同额3626万美元,完成营业额6434万美元。 (李婧)

【中国土木工程(赞比亚)有限公司】 拥有赞比亚公路、房建、市政和矿山工程4项工程承包一级资质,马拉维房建和公路最高等级资质。2009年7月3日注册成立。业务范围:铁路、公路、市政和矿山工程等领域。总经理丁建伟,党支部书记安海涛(5月任)。职工1819人。

2017年,新签合同额2.88亿美元,完成营业额9942万美元。 (邓崇崴)

【中铁建中非建设有限公司南非办事处】 2011年9月19日,注册成立于南非约翰内斯堡桑顿中钢大厦。注册中铁建中非建设外部营利公司和中铁建中非建设南非商贸物流有限公司。负责人贾山,中方员工1人,当地雇员1人。 (贾山)

【中国土木工程集团塞拉利昂有限公司】 拥有塞拉利昂工程部签发的工程建筑行业最高资质。2011年4月11日设立。驻塞拉利昂弗里敦市蓝茉莉海滩西非阳光小区。总经理孙熳,党支部书记孙熳(2月任)。固定资产原值1767万元、净值285万元。资产负债率94%。机械运输设备240台(套)。

2017年，新签合同额780万美元，完成营业额1006万美元，利润总额126.73万元。（米彬彬）

【中国土木工程集团（几内亚）有限公司】 2012年5月2日，设立办事处；2014年9月，正式注册中铁建几内亚有限公司，法文商业注册名称为CRCC GUINEE SA；2015年8月，中铁建中非建设有限公司与中国土木工程集团有限公司合并重组，几内亚公司唯一股东变更为中国土木工程集团有限公司。驻几内亚首都科纳克里。业务范围：铁路、公路、市政、桥梁、房建等基础设施建设。总经理刘长松。职工10人。

2017年，新签合同额969万美元，完成营业额16万美元。（阮 庆）

【中土集团塞内加尔分公司】 2017年9月13日注册成立。驻塞内加尔达喀尔。主要负责以塞内加尔为中心市场，兼顾马里、毛里塔尼亚和尼日尔的市场开发和经营工作。总经理何曙虹（4月免）、王世恒（12月任）。职工10人。

2017年，新签合同额2371万美元。（崔景斌）

【中铁建喀麦隆股份有限公司】 2015年7月注册成立。驻喀麦隆雅温得市。主要负责喀麦隆市场及乍得、中非和赤道几内亚市场开发工作。总经理田树斌。职工9人。（王柳棚）

【中国土木工程集团刚果（布）有限公司】 成立于2014年5月4日。位于刚果共和国首都布拉柴维尔。主要负责跟踪刚果（布）大洋铁路、刚果（布）黑角经济特区、刚果（金）铁路等项目，开拓刚果（布）、刚果（金）、加蓬等国市场。负责人冯超。职工4人。（王 能）

【中国土木工程集团（科特迪瓦）有限公司】 2013年3月21日注册成立。驻科特迪瓦阿比让市。主要负责科特迪瓦、贝宁、多哥3个国家市场开拓和经营。负责人石永盛。职工5人。（王柳棚）

【中国土木工程集团加纳办事处】 2013年注册成立子公司，2017年5月由于股份公司压减要求，注销子公司成立办事处。位于加纳首都阿克拉市。经营范围：铁路、公路、市政、桥梁、房建等基础设施项目的建设承包。商务经理黄海峰。（黄海峰）

【中非莱基投资有限公司】 2006年3月在北京注册成立，注册资本金11.43亿元。驻北京市海淀区复兴路40号中国铁建大厦A座8层。职工9人。由中国铁建股份有限公司（持股57.29%）、中国土木工程集团有限公司（持股17.18%）、中非发展基金有限公司和南京江宁经济技术开发总公司共同合资组建。总经理池长贵，党支部书记池长贵（2月任），莱基开发总经理丁永华。中非莱基资产总额11.65亿元。其中，固定资产原值150.16万元、净值23.13万元；流动资产2.32亿元；其他资产9.33亿元。净利润1903.47万元。莱基开发固定资产原值6.3亿元、净值5.47亿元；流动资产1.51亿元；其他资产5.4亿元。

2017年，完成投资12.97亿元。

（孙明宇 费 莉）

【中国土木阿尔及利亚有限公司】 前身为中土阿尔及利亚办事处，2003年设立；2007年9月，改制为现名。驻阿尔及利亚首都阿尔及尔。总经理陈振河（2月免）、郭重风（2月任），党委书记陈振河（2月免），党总支书记钟本峰（3月任）。职工1821人。资产总额7.38亿元。其中，固定资产原值1.4亿元、净值165.52万元；流动资产7.36亿元。机械运输设备282台（套），净值184.24万元，总功率4.08万千瓦，人均动力297.93千瓦；技术装备率13.45万元/人，设备完好率32%，设备利用率28%。

2017年，新签合同额5566万美元，完成营业额1.31万美元。实现利润633.79万元，人均创利5.19万元，全员劳动生产率55.44万元/人年，职工年人均收入38.56万元。（韩 信）

【中土集团阿拉伯联合酋长国分公司】 拥有桥梁、隧道和地下道等混凝土结构工程特级资质和房建、钢结构工程一级资质。1985年经外经部批准组建；1986年6月，对外注册为中土公司阿布扎比分公司；1987年7月，注册设立中国土木阿联酋分公司。驻阿拉伯联合酋长国阿布扎比市。主要负责阿联酋、巴林、阿曼等国别市场的经营开发和项目管理。总经理刘炤炤。职工401人。

2017年，新签合同额2097万美元，完成营业额867万美元，实现利润-2227万元。（李王娅）

【中土集团沙特阿拉伯分公司】 1999年2月，设立沙特代表处；2008年8月，注册成立中土集团公司沙特阿拉伯分公司。驻沙特阿拉伯首都利雅得市。总经理文武，党支部书记沈铁峰（2月免），党支部副书记（主持党支部工作）顾拥武（12月任）。职工465人。资产总额3.4亿元。其中，固定资产原值4471.93万元、净值552.82万元；流动资产3.35亿元。机械运输设备173台（套），总值4152.13万元，设备完好率100%，利用率99.42%。

2017年，完成营业额4220万美元。（宁　波）

【中土集团伊拉克分公司】 1979年，中土公司进入伊拉克市场；1982年，在巴格达注册分公司；2013年6月，经中国商务部批准，将对内名称由“办事处”更名为“分公司”，并获企业境外机构证书；2013年12月，经库区政府工商部批准，在库区首府埃尔比勒注册分公司。总经理柳木，职工20人。

2017年，新签合同额126万美元，完成合同额59万美元。（柳　木）

【中土集团卡塔尔分公司】 2015年6月15日，中土集团与卡塔尔当地公司NBHH及其在阿联酋的控股公司组成联营体中标卡塔尔公路给排水项目DW002－P01标段，业主卡塔尔公共工程署，中标金额1.63亿美元。2015年8月9日，签订实施合同，并以该项目为基础，在当地注册分公司。总经理张擎。职工3人。

2017年，完成营业额1182万美元。（张　擎）

【中国土木工程（香港）有限公司】 1986年设立。驻香港九龙尖沙咀漆咸道南39号铁路大厦23楼。主要经营工程承包、房地产及贸易等业务。主要以1988年3月14日注册的中国土木工程公司，持有政府公共工程最高资质C牌；1986年11月21日注册的中土工程（香港）有限公司；2002年3月27日注册的中国土木工程集团（香港）有限公司对外开展经营活动。总经理郁葱（兼），副总经理刘若男。职工4人。

2017年，新签合同额121万美元，完成营业额120万美元。（孙湛云）

【中国土木工程（澳门）有限公司】 1989年6月成立，注册资本金100万澳门元。由中国土木工程（澳门）有限公司、百汇地产投资有限公司和中土物业管理有限公司3家公司组成。正合工程有限公司于2017年12月21日注销。经营范围：工程承包、设计咨询、地产发展、物业管理、资本运营等。总经理郁葱，党支部书记郁葱（6月免）、吴蔚（6月任）。资产总额1.62亿元。其中，固定资产原值1.4亿元、净值0.16亿元；流动资产1.24亿元。

2017年，新签合同额6.03亿元，完成营业额4.83亿元，完成营业收入3.41亿元，净利润1530.39万元。（徐光磊　张　茹）

【中铁（澳门）有限公司】 1989年6月成立，1993年经国家批准正式注册，是澳门中资企业协会副会长单位之一。先后隶属铁道部工程指挥部、中国铁道建筑总公司海外公司、中国土木工程集团公司。驻澳门友谊大马路南方大厦1楼。总经理、党支部书记马天罡（2月免），执行董事马天罡（2月免）、李洪星（2月任），党支部书记李洪星（2月任）。职工17人。资产总额9712万元。其中，固定资产921万元；流动资产8791万元。

2017年，新签合同额1074.22万元，完成营业额1.5亿元，实现营业收入2.2亿元。（侯　雪）

【中土集团印度尼西亚代表处】 2012年5月注册，2014年7月获印尼公共工程部颁发的建筑许可证和建筑咨询设计许可证。代表刘博，商务部经理岳巍。职工2人。

2017年，完成营业额4587万元。（岳　巍）

【中土集团（新加坡）有限公司】 拥有新加坡建筑管理局（BCA）分包建筑商执照，特殊建筑商桩基、钢结构、预制件及地基加固等专业分包执照。2013年12月设立，注册资本金100万新币，为中土集团公司全资子公司。中土新加坡分公司于2014年11月设立，分公司与有限公司一套人马，两块牌子，持有新加坡BCA颁发的CW02B1总包执照。党支部书记、总经理焦通。职工32人。资产总额6118万元。固定资产原值1988万元、净值735万元。机械运输设备11台（套），原值542.57万美元、净值98.19万美元，总功率2458千瓦，技术装备率12.27万元/人。

2017年，新签合同额8241万元，完成营业额4383万元。实现利润额9.93万元，人均创利4965元，全员劳动生产率36.33万元/人年，职工年人均收入30.77万元，国有资产保值增值率100.00%，净资产收益率0.17%，资产负债率193.72%。（薛　晴）

【中土集团巴基斯坦分公司】 2015年5月注册。党支部书记李世全（10月免），总经理李世全（10月免）、王磊（10月任）。职工14人。

2017年，完成营业额13581万美元。（李文涛）

【中土集团驻日本代表处】 1984年4月经中国对外经济贸易部批准设立。驻日本国东京都江户川区东葛西6－23－5－106室，属于非法人机构。主要职能：以集团公司名义与日方签署合同，执行在日技能实习生的派遣工作。2012年改为以中土海外（北京）人力资源管理有限公司名义签约，2015年经批准开展第三国技能生派遣业务；为中土集团所属第三国项目的相关联络追踪等工作。负责人蔡宇。职工1人。

2017 年,新签合同额 67 万美元,完成营业额 135 万美元。(蔡　宇)

【中国铁建土耳其安卡拉分公司】 2006 年 6 月注册成立。驻土耳其安卡拉市。下辖安卡拉分公司、土铁中土项目部、合包集团项目部(中方)。总经理、党支部书记姜爱民(8 月免)。职工 7 人。(许　亮)

【中土集团(波兰)有限公司】 业务范围:房屋出租、物业管理、铁路修复改造项目的追踪及市场开拓等业务。1993 年 6 月,注册成立波兰代表处;1995 年 8 月,成立中土波兰有限公司;1997 年 1 月,更名为波兰华锐发展有限公司;2007 年 9 月更为现名。驻波兰首都华沙。负责人郑彬。职工 6 人。资产总额 0.24 亿元。其中,固定资产原值 0.24 亿元、净值 917 万元;流动资产 652 万元。

2017 年,新签合同额 396 万元,完成营业额 478 万元。(贾钰仁)

【中土集团欧洲代表处】 1984 年 11 月注册设立;2005 年 11 月划归土耳其安卡拉至伊斯坦布尔高速铁路Ⅱ期项目经理部,更名为土铁项目驻欧洲代表处;2013 年划归中土集团管理,更为现名。驻德国法兰克福市。2017 年,欧代处经营和管理还包括塞尔维亚代表处、贝尔格莱德分公司和黑山有限公司。总经理田丰。职工 2 人。

2017 年,新签合同额 1.84 亿元。(章艳林)

【中土集团罗马尼亚代表处】 成立于 2014 年 6 月。2015 年 7 月,罗马尼亚有限公司注册成立。10 月通过 ISO 14001:2004 和 ISO 9001:2008 认证。驻罗马尼亚伊尔佛夫县沃伦达瑞市扬古尼古拉英雄大街 83 号。罗马尼亚代表处与罗马尼亚有限公司为同一地址,罗代处保持正常运行。总经理斯海洋。职工 4 人。

2017 年,新签合同额 115 万美元,完成营业额 70 万美元。(斯海洋)

【中土集团驻塞尔维亚代表处】 2014 年 6 月 17 日完成注册。注册地址位于贝尔格莱德市 Neznanog junaka 街 8 号,后迁至贝尔格莱德市 Smetanina 街 4 号。2017 年 1 月 25 日,注册成立中国土木工程集团有限公司贝尔格莱德分公司,地址位于贝尔格莱德市 Smetanina 街 4 号。与塞尔维亚代表处统一管理。代表朱天然(7 月免)、许铁生(7 月任)。职工 7 人。

2017 年,新签合同额 1.84 亿元,完成营业额 1.38 亿元。(许铁生)

【中土集团黑山有限公司】 2016 年 3 月,在黑山 kolasin 市注册。注册地址 Kolasin, Street 13. Jula, number 21。2017 年,搬至黑山首都波德戈里察。负责人朱天然(7 月任)。中方职工 3 人,外籍职工 2 人。

2017 年,完成营业额 1232 万元。(朱天然)

【中土集团巴西国际商业有限公司】 1994 年设立巴西代表处,1997 年 7 月注册成立中土(巴西)国际商业有限公司。驻巴西圣保罗市。主要负责中土集团在巴西及南美地区工程、贸易项目的追踪和承揽,并代表中土集团向巴西小门德斯工程公司催收欠款。公司法定代表人李宪翔,总经理王凯。职工 2 人。(王　凯)

【中土集团厄瓜多尔分公司】 2016 年 5 月完成当地注册,注册资本金 160 万元。资质等级为不分等级土建施工全资质。总经理兼法人代表董志弘。职工 15 人。

2017 年,新增变更索赔合同额及新签合同额 4165 万元,完成营业额 24191 万元,实现利润 1319 万元。(魏雨倩　杨江平)

【中土集团(俄罗斯)有限责任公司】 2004 年 9 月注册。驻俄罗斯莫斯科市。总经理李国军。资产总额 20 万美元。(时　星)

【中土集团公司以色列分公司】 2007 年 1 月成立。驻以色列特拉维夫市。执行董事管嘉欣(11 月任),总经理杨裕元(11 月免),党支部书记张驰(2 月任)。职工 14 人。

2017 年,新签合同额 6401 万美元,完成营业额 10675 万美元。实现利润 0.15 亿元,全员劳动生产率 336 万元/人年,净资产收益率 396.67%,产值利润率 14.38%,资产负债率 94.04%,应上缴款完成率 100%。(杨　曦)

【中土集团白俄罗斯代表处】 拥有白俄罗斯一级工程总承包资质,并通过白俄罗斯质量管理体系认证。负责白俄罗斯市场的经营开发和项目管理工作。2016 年 4 月注册成立。驻白俄罗斯明斯克市。代表晏勇(6 月免)、许永宁(12 月任)。

2017 年,新签合同额 7611 万元,完成营业额 6017 万元,实现营业收入 700 万元。(许永宁)

【中土集团哈萨克斯坦分公司】 负责吉尔吉斯市场开发工作。2017 年 2 月注册成立。驻哈萨克斯坦阿斯塔纳。总经理彭明宽。

2017 年,完成营业额 128 万美元。（彭明宽）

【中土集团吉尔吉斯斯坦分公司】 拥有吉尔吉斯斯坦二级建筑安装工程资质、采矿施工资质和爆破资质。2016 年 12 月成立。哈萨克斯坦、吉尔吉斯斯坦分公司为同一套人员兼顾 2 个市场的工作。总经理彭明宽。（彭明宽）

【中土集团塔吉克斯坦分公司】 2015 年 7 月注册成立。总经理王昕晖。职工 4 人。

2017 年,完成营业额 452.79 万美元。（王昕晖）

【重要记载】

▲1 月 10 日 亚吉铁路吉布提段首列电气化旅客列车始发仪式在吉布提那噶德车站举行。

▲1 月 18 日 第三届“国企好新闻”揭晓,报送的《尼日利亚沿海铁路“现身”高考试题》获文字消息类三等奖。

▲2 月 15 日 2017 年党委扩大会议暨党风廉政建设和反腐败工作会在北京召开。

▲5 月 18 日 中土集团资产分公司(筹)正式举行揭牌仪式。

▲5 月 18—20 日 在沈阳举行的中国建筑钢结构行业大会上,澳门公司承建的“澳门熊猫馆屋面钢结构及 ETFE 膜天幕工程”获 2016 年度中国钢结构金奖。

▲7 月 9 日 埃塞公司承建的孔博查工业园项目竣工。

▲8 月 8 日 中土集团和中铁地产签署海内外战略合作协议。

▲8 月 11 日 中土集团和大桥局签署战略合作框架协议。

▲8 月 30 日 弘扬“坦赞铁路精神”、实践“一带一路”建设媒体座谈会在中土集团总部举行。

▲9 月 5 日 中土集团在中土大厦举行《纪念坦赞铁路 50 年文集》首发仪式,纪念坦赞铁路协定签署 50 周年。

▲9 月 5 日 中土集团和长安大学在西安签署战略合作协议。

▲9 月 7 日 中土集团和江苏邗建集团签署战略合作框架协议。

▲10 月 10 日 中土集团与通号国际控股有限公司签署战略合作协议。

▲11 月 6 日 承建的安巴机场航站楼项目及尼日利亚阿卡铁路项目获 2016—2017 年度中国建设工程鲁班奖。

▲12 月 21 日 中铁建国际轨道交通运营有限公司揭牌成立。

▲12 月 21 日 中土集团与新兴铸管股份有限公司签署战略合作协议。（任 嘉）

中铁十一局集团有限公司

【简况】 拥有铁路、公路、建筑、市政公用工程施工总承包特级资质,拥有铁路、公路、建筑、市政公用工程行业设计甲级资质,各类资质 142 项。是集施工、设计、科研、装备制造、资本运营、房地产开发、物资贸易于一体,拥有对外经营权的特大型企业集团。驻湖北省武汉市武昌区中山路 277 号。前身为中国人民解放军铁道兵第一师,诞生于 1948 年;1984 年,兵改工后改编为铁道部第十一工程局;1999 年 12 月,更名为中铁第十一工程局;2001 年 8 月,改制改称现名。下辖 14 家全资子公司、12 个国内区域指挥部、7 个国际区域指挥部及新加坡分公司、黄石公司、勘察设计院、财务共享服务中心、襄阳管理部。职工 19087 人。资产总额 480.21 亿元。其中,固定资产 31.33 亿元;流动资产 402.57 亿元。机械运输设备 9395 台(套),原值 45.74 亿元、净值 18.46 亿元。总功率 909780 千瓦,动力装备率 47.66 千瓦/人,技术装备率 9.67 万元/人,设备完好率 93%、利用率 89%。年施工能力 600 亿元以上。

2017 年,承揽任务 258 项,新签合同额 1034.98 亿元,完成企业总产值 610.96 亿元,其中施工产值 585.57亿元。职工年人均收入 114112 元。完成主要实物工程量:土石方 9183.4 万立方米,桥梁 174.29 千米,隧道 162.64 千米,铁路制梁 9528 片,铁路架梁 11151 片,无砟轨道 100.25 单线千米,铁路铺轨520.85 千米,铺设道岔 600 组,公路制梁 10278 片,公路架梁 7405 片,房屋建筑面积 246.13 万平方米,路面 2045.7 万平方米,地铁 44.67 千米,地铁铺轨 307.33 千米,通讯线路 630.52 千米,供电线路 994.02 千米,接触网 385.45 千米。先后获鲁班奖 1 项、装饰奖 1 项、詹天佑奖 3 项、国优工程金奖 1 项、国优工程奖 6 项、全国市政金杯 2 项、省部优工程 19 项。（郭 琳）

【领导人员】

董事会

董事长 何义斌

董事 张树海

谢敬平
方永利

职工董事　　彭新文

监事会

监事会主席　　李洪安

监事　　冀　方

职工监事　　李　俊

经理层

总经理　　张树海

副总经理　　谢敬平(12 月免)
张丕界
凌汉东
龙信桥
雷位冰
李小红
刘华军(6 月免)
方永利
余　霖
吴　刚
陈志明
王卓华

总工程师　　张丕界(兼)

总会计师　　方永利(兼)

党群领导

党委书记　　何义斌

党委副书记　　张树海
彭新文(2 月免)
谢敬平(12 月任)

纪委书记　　李洪安

工会主席　　彭新文(2 月免)
谢敬平(12 月任)

(隆仁燕　张红月)

【工程项目指挥机构】　拉林铁路工程指挥部　驻西藏自治区拉萨市。指挥长吴启新。

昆明枢纽工程指挥部　驻云南省昆明市。指挥长包晓东。

渝黔高速扩能改造工程指挥部　驻重庆市綦江区。指挥长车仁雪。

成贵铁路项目经理部　驻重庆市荣昌县。项目经理余霖。

连盐铁路项目经理部　驻江苏省连云港市。项目经理封明君。

武汉光谷综合体项目经理部　驻湖北省武汉市。项目经理王刚。

汉宜线仙桃大福支线项目经理部　驻湖北省仙桃市。项目经理王刚。

黔张常铁路项目经理部　驻湖南省桑植县。项目经理、党工委书记李小红。

昌赣铁路客运专线项目经理部　驻江西省宜春市。项目经理刘守成。

蒙华土建项目经理部　驻湖北省襄阳市。项目经理田红星。

汉十铁路 4 标段项目经理部　驻湖北省十堰市。项目经理、党工委书记李小红。

遵义高速铁路新城项目经理部　驻贵州省遵义市。项目经理刘华荣。

乌准铁路项目经理部　驻新疆维吾尔自治区昌吉州。项目经理王新明。

福厦铁路项目经理部　驻福建省莆田市。项目经理孙昱。

广州地铁 18 + 22 号线项目经理部　驻广东省广州市。项目经理李兵。　(颜　明　隆仁燕)

【职工队伍】　职工 19087 人。其中,干部 13062 人、工人 6025 人;教授级高级工程师 71 人、高级职称 1129 人、中级职称 3474 人、初级职称 6349 人;专业技术干部 10146 人,占干部总数的 81.23%;技术工人 4405 人,占工人总数的 73.11%。　(周小琪)

【铁路工程施工】　蒙华铁路米 HTJ - 20 标段　位于湖北省襄阳市。全长 69.388 千米。合同投资 29.04 亿元,合同工期 2015 年 8 月 1 日至 2020 年 3 月 1 日。主要工程量:桥梁 26 座 23663.6 延长米,小桥 16 座 3631.2 顶平方米,隧道 1 座 123 延长米,路基 47.44 千米,路基土石方 1033.48 万立方米,涵洞 134 座 4226.74横延米,道砟 60 万立方米。2017 年,完成投资 6.42 亿元,开工累计完成投资 19.45 亿元。

蒙华铺架米 HPJ - 3 标段　位于湖北省襄阳市。全长 355.29 千米。合同投资 27.89 亿元,合同工期 2016 年 5 月 1 日至 2020 年 3 月 1 日。主要工程量:路基土石方 88.79 万立方米,桥梁 8 座 3498.99 延长米,涵洞 32 座 462.44 横延米,框架桥 7 座 399.44 顶平米,T 梁预制架设 4197 孔,正线铺轨 696.151 千米,站线铺轨 116.296 千米,有砟道岔 334 组,道砟 9720 立方米。2017 年,完成投资 5.19 亿元,开工累计完成投资 5.95 亿元。

京沈铁路客运专线 JSJJSG - 7 标段　位于河北省承德市。全长 29.5 千米。合同投资 18.48 亿元,合同工期 2014 年 7 月 1 日至 2019 年 6 月 30 日。主要工程量:路基土石方 54.33 万立方米,桥梁 4532.48 延长米,涵洞 201.92 横延米,隧道 23467.95 延长米,现浇箱梁108孔,悬灌连续梁6联,无砟轨道59千米。2017年,完成投资2.92亿元,开工累计完成投资18.03亿元。

京沈铁路客运专线辽宁段站房工程　位于阜新至沈阳沿线。合同投资6.74亿元,合同工期2017年3月23日至2018年11月30日。主要工程量:房屋总建筑面积55092平方米,其中,站房建筑面积26876平方米、其他生产生活房屋建筑面积28216平方米。2017年,完成投资4.05亿元,开工累计完成投资4.05亿元。

成贵铁路CGZQSG－16标段　位于贵州省贵阳市。全长31.66千米。合同投资25.57亿元,合同工期2014年1月1日至2018年12月31日。主要工程量:路基土石方253万立方米,桥梁25座12790延长米,涵洞14座524横延米,隧道16座15370延长米,箱梁制架419孔,铺轨547.9千米,双块式无砟道床65.3千米,道岔19组。2017年,完成投资4.88亿元,开工累计完成投资22.75亿元。

郑万铁路重庆段ZWCQZQ－9标段　位于重庆市。全长27.4千米。合同投资25.12亿元,合同工期2016年12月1日至2021年12月7日。主要工程量:桥梁4474.692延长米,隧道22160.92延长米,路基768.368米,无砟轨道54.81千米。2017年,完成投资2.84亿元,开工累计完成投资3.19亿元。

郑万铁路湖北段ZWZQ－5标段　位于湖北省襄阳市。全长35.11千米。合同投资25.76亿元,合同工期2016年12月1日至2022年5月31日。主要工程量:路基2.902千米,区间路基挖方51万立方米,填方10.6万立方米,车站路基挖方156.9万立方米,填方11.3万立方米,桥梁18062.14延长米,隧道14085延长米,箱梁预制架设433孔。2017年,完成投资10.1亿元,开工累计完成投资10.1亿元。

石济铁路SJZ－1标段　位于河北省藁城市。全长31.3千米。合同投资16.94亿元,合同工期2014年1月1日至2017年9月30日。主要工程量:路基8.4千米,桥梁2座22800延长米,涵洞4座118横延米,箱梁制架702孔,正线铺轨368千米,道砟15万立方米,道岔61组。2017年12月28日开通。

武九铁路客运专线DYSG－1标段　位于湖北省大冶市。全长29.74千米。合同投资15.72亿元,合同工期2014年10月1日至2017年10月1日。主要工程量:路基10.73千米,桥梁15座15068延长米,框架桥8座3620.4顶平米,隧道7座3578延长米,箱梁制架435孔,涵洞38座873.39横延米。2017年6月12日开通。

西成铁路客运专线XCZQ－12标段　位于陕西省西安市。全长15.54千米。合同投资17.96亿元,合同工期2013年3月1日至2016年11月30日。主要工程量:桥梁4座20881延长米,涵洞10座375横延米,路基5.4千米,无砟道床31.47千米,T梁制架221孔,铺轨25千米,道岔58组。2017年12月6日开通。

宝兰铁路客运专线甘肃段3标段一工区　位于甘肃省天水市。全长7.911千米。合同投资7.99亿元,合同工期2013年3月1日至2017年12月31日。主要工程量:桥梁2座2779.56延长米,隧道3座5156.3延长米。2017年7月9日开通。

玉磨铁路Y米ZQ－9标段　位于云南省普洱市。全长20.5千米。合同投资16.39亿元,合同工期2016年4月15日至2019年12月31日。主要工程量:隧道20375延长米,中桥94.25延长米,路基土石方13.16万立方米,无砟轨道20.482千米。2017年,完成投资3.56亿元,开工累计完成投资6.85亿元。

黔张常铁路QZCZQ－6标段　位于湖南省张家界市。全长32.57千米。合同投资21.39亿元,合同工期2015年3月15日至2019年11月30日。主要工程量:桥梁22座8253.38延长米,隧道14座20152.37延长米,路基4.576千米,路基土石方405.8万立方米,涵洞7座,T梁制架468孔,CRTSⅠ型双块式无砟道床12.89单线千米。2017年,完成投资5.29亿元,开工累计完成投资18.52亿元。

济青高速铁路JQGTSG－4标段　位于山东省淄博市。全长32.365千米。合同投资23.95亿元,合同工期2015年10月1日至2018年9月31日。主要工程量:路基土石方130万立方米,桥梁27684延长米,涵洞47横延米,框构5714顶平方米,箱梁制架815孔,无砟轨道63.712千米,道岔19组。2017年,完成投资9.19亿元,开工累计完成投资24.94亿元。

昌赣铁路客运专线CGZQ－3标段　位于江西省丰城市和樟树市。全长37.64千米。合同投资26.28亿元,合同工期2015年7月15日至2019年12月31日。主要工程量:桥梁14座25045延长米,箱梁制架732孔,涵洞43座1139.87横延米,路基12.6千米,路基土石方225.09万立方米,CRTSⅢ型轨道板预制24540块,CRTSⅢ型板式无砟道床铺设72.79千米,正线铺轨388.49千米,站线铺轨24.78千米,铺新岔76组,铺设粒料道床12.815万立方米。2017年,完成投资5.86亿元,开工累计完成投资21.12亿元。

汉十铁路HSSG－4标段　位于湖北省十堰市和随州市。全长75.77千米。合同投资57.38亿元,合同工期2016年1月1日至2019年12月31日。主要工程量:路基24.73千米,桥梁54座31060延长米,隧道14座20000延长米,箱梁制架875孔,涵洞79座

2079横延米。2017年，完成投资17.75亿元，开工累计完成投资40.71亿元。

汉十铁路HSSG－5标段　位于湖北省枣阳市。全长33.066千米。合同投资19.02亿元，合同工期2016年3月1日至2020年2月29日。主要工程量：CFG桩100.4万米，螺杆桩26.51万米，路基土石方297.5万立方米，路基17.84千米，桥梁26座15917延长米，涵洞51座1048横延米，箱梁制架780孔，正线无砟道床65铺轨千米，站线无砟道床2铺轨千米，站场铺新轨1.4千米。2017年，完成投资9.12亿元，开工累计完成投资16.15亿元。

广州南沙港铁路NSGZQ－3标段　位于广东省江门市。全长15.78千米。合同投资16.8亿元，合同工期2016年9月3日至2019年3月31日。主要工程量：桥梁1座15782延米长，其中1联主跨600米斜拉桥、1联主跨230米连续刚构拱、19联连续梁、1孔现浇简支箱梁。2017年，完成投资3.93亿元，开工累计完成投资4.35亿元。

（郭　琳）

【路外工程施工】　武汉市光谷广场综合体工程　位于武汉市洪山区。合同投资22.19亿元，合同工期2014年12月1日至2018年11月10日。2017年，完成投资2.62亿元，开工累计完成投资9.32亿元。

遵义高速铁路新城段工程　位于贵州省遵义市。合同投资48亿元，合同工期2016年3月1日至2018年2月28日。主要工程量：颜村客运站建筑面积46351平方米，西停车场建筑面积174255平方米，遵义东站配套设施A片区建筑面积236490平方米，B片区147413.5平方米，C片区211413平方米，D片区190587平方米，E片区455992平方米。2017年，完成投资16.9亿元，开工累计完成投资33.42亿元。

浦都高速公路TJ－1标段　位于四川省成都市。全长12.1千米。合同投资5.92亿元，合同工期2017年4月1日至2018年12月31日。主要工程量：特大桥3129延长米，大中桥620延长米，20米小箱梁1831片，40米T梁132片，涵洞1329横延米，填方160.9万立方米，挖方132.8万立方米。2017年，完成投资1.15亿元，开工累计完成投资2.13亿元。

北京地铁16号线二期工程土建施工2合同段　位于北京市海淀区。全长2.3千米。合同投资4.33亿元，合同工期2014年1月1日至2016年12月22日。主要工程量：温阳路站主体建筑面积13360平方米，附属建筑面积3264平方米，总建筑面积16624平方米；温阳路站—稻香湖路站区间左右线均长2011.68米。项目已完工。

北京地铁8号线三期9标段　位于北京市丰台区。全长0.8千米。合同投资3.36亿元，合同工期2013年7月1日至2017年12月28日。主要工程量：大红门站185.25米，大红门站—大红门桥站区间624.52米。2017年，完成投资0.15亿元，开工累计完成投资2.85亿元。

成都地铁5号线轨道1标段　位于成都市新都区。全长28.352千米。合同投资5.8亿元，合同工期2017年9月15日至2019年6月30日。主要工程量：地下线铺轨21.651双线千米，高架线6.34双线千米，过渡段0.361千米。2017年，完成投资0.12亿元，开工累计完成投资0.12亿元。

乌鲁木齐地铁2号线7标段　位于新疆维吾尔自治区乌鲁木齐市。合同投资2.98亿元，合同工期2016年10月18日至2019年8月31日。主要工程量：2号线车站246.6米，3号线车站173.80米。2017年，完成投资0.19亿元，开工累计完成投资0.19亿元。

深圳地铁6号线6101标段三工区　位于广东省深圳市。4站4区间，正线全长8.47千米。合同投资7.287亿元，合同工期2015年8月15日至2019年10月19日。2017年，完成投资2.73亿元，开工累计完成投资6.4亿元。

深圳国际会展中心配套市政项目　位于深圳市宝安区。明挖车站1座、盾构区间1个，全长1.33千米。合同投资5.06亿元，合同工期2016年9月30日至2018年12月29日。2017年，完成投资3.55亿元，开工累计完成投资4.33亿元。

昆明地铁5号线土建8标段　位于云南省昆明市。明挖车站3座、盾构区间4个，全长4.8千米。合同投资7.27亿元，合同工期2016年8月10日至2019年9月28日。2017年，完成投资3.94亿元，开工累计完成投资4.98亿元。

厦门地铁1号线轨道2标段　位于福建省厦门市。全长33.612千米。合同投资2.14亿元，合同工期2016年3月1日至2017年6月30日。主要工程量：钢弹簧浮置板道床4.7千米，高架线整体道床4.829千米，普通道床24.08千米，钢弹簧浮置板道岔2组，减振垫浮置板道岔3组，普通道岔9组，交叉渡线1组。2017年，完成投资0.56亿元，开工累计完成投资1.98亿元。

厦门地铁2号线土建2标段一工区　位于福建省厦门市。全场2.2千米。合同投资3.64亿元，合同工期2015年7月1日至2018年3月1日。2017年，完成投资0.82亿元，开工累计完成投资1.78亿元。

福建利嘉中心项目　位于福建省福清市。合同投资18.11亿元，合同工期2013年11月23日至2016年5月13日。主要工程量：主楼12幢和裙楼5幢，建筑面积102万平方米，其中，地上建筑面积64万平方米、地下建筑面积38万平方米。2017年，完成投资4.05亿元，开工累计完成投资4.05亿元。（郭　琳）

【海外项目】 新加坡轨道交通大士西延长线和C1687项目　2011年11月21日中标，合同投资5.07亿新币（折合人民币约25.35亿元），合同工期4年半。主要工程量：C1686－EW32和EW33高架车站2座，单层铁路高架桥1.8千米；C1687－EW31高架车站1座、单层公路高架桥1.2千米，公铁两用双层高架桥2.2千米，匝道5座。2017年6月投入运营。

埃塞俄比亚—吉布提铁路“四电”项目　全长420正线千米。合同投资2186万美元（折合人民币约14358万元），合同工期480天。主要工程量：Ieso（不含）—Adigala（不含）235.973正线千米。2017年12月试运营。

肯尼亚蒙巴萨高速公路项目　位于蒙巴萨市国际机场和蒙巴萨港，将港口码头和109国道连接，形成快捷通道。2016年10月26日签订合同，承担全线水稳及沥青施工，合同投资225.2万美元（折合人民币约1479万元），合同日期2016年11月19日至2017年9月30日。

印度尼西亚玛木朱2＊25米瓦燃煤电厂项目　包含建筑工程及道路、暖通、给排水、消防工程。合同投资1222万美元（折合人民币约8026万元），合同工期18个月。

援柬埔寨政府安全附楼项目　位于柬埔寨政府办公楼院内。合同投资147.2万美元（折合人民币约967万元），合同建设工期12个月。主要工程量：建筑面积约1350平方米。

巴基斯坦地方医院翻新改造5A&5B项目　位于巴基斯坦旁遮普省拉合尔和木尔坦。合同投资1785.2万美元（折合人民币约11726万元），合同工期150天。主要工程量：翻新改造医院11家。

尼日利亚拉伊铁路项目　线下工程全长45千米。合同投资10582万美元（折合人民币约69506万元），合同工期19个月。

新加坡分包项目（C9057，T203，T205，T208，T213）　合同投资1985.6万美元（折合人民币约13042万元），分别为T203兀兰地铁站装修工程项目、C9057地下通道装修工程（Archi）、T208车站装修工程、T205勿兰南车站装修工程项目、T213加力谷底车站装修工程。（郭　琳）

【经营管理】 工程承揽。新签合同258项，合同总额1034.98亿元，同比增长21.43%。其中，铁路工程175.20亿元，总额占比16.93%；公路工程298.92亿元，总额占比28.88%；城市轨道交通工程288.30亿元，总额占比27.86%；房建工程102.07亿元，总额占比9.86%；水利电力工程17.03亿元，总额占比1.65%；工业制造46.29亿元，总额占比4.47%；市政工程61.53亿元，总额占比5.95%；物贸33.84亿元，总额占比3.27%；房地产销售2.56亿元，总额占比0.25%；勘察设计0.93亿元，总额占比0.09%；其他工程承包7.69亿元，总额占比0.74%；其他非工程承包0.60亿元，总额占比0.06%。

资本运营。按“3＋N”发展战略部署，投资带动经营。编制、评审投资可研报告36个，参投资本运营项目20个，中标19个，合同总额274.42亿元。敦促投资项目落地。成立6个重大项目的跟踪领导小组和专职工作组，组长由集团公司主要领导担任，加强高层运作。抓在建项目管控。在建资本运营项目（BT、股权投资、PPP类）19个。其中，BT项目10个、股权投资项目1个、PPP类项目8个，完成产值84.34亿元。严把投资风险。每季度统计梳理1次资本运营项目情况，每半年发布1次《投资风险监控报告》，通报资本运营项目投资、产值、利润、回购、投入产出等情况。敦促合资公司依法合规运营。9个项目纳入运营管理，其中，BOT项目1个、股权投资项目8个。合资公司均制定公司章程，办理公司工商登记手续。集团公司根据出资比例，委派董事、监事和经理层人员。推进“三供一业”分离移交。10家单位承担职工家属区“三供一业”社会职能，住户8871户，分布在湖北、重庆、江西、山东、福建等省市。截至2017年底，“三供一业”分离移交工作总体进度80.2%（完成移交及签订正式或框架协议比例）。

安全质量。获鲁班奖1项、国家优质工程金奖1项、国家优质工程奖6项、中国建筑工程装饰奖1项、省部级优质工程19项、地市级及“铁建杯”优质工程11项，获国家级优秀质量管理小组成果22项、省部级优秀质量管理小组成果75项，二公司、六公司被评为2017年度全国工程建设质量管理小组活动优秀企业。集团公司在中国铁路总公司铁路施工企业信用评价中，上半年名列第21位；下半年名列第10位，重返A类行列；在水利部组织的水利建设市场主体信用评价中继续保持“AAA级”施工单位；获2016年度公路建设从业企业全国综合信用评价“AA”全国信用等级。

企业管理。资质管理。获市政特级资质、市政行业设计甲级资质及公路特级资质、公路行业设计甲级资质。成功将三公司铁路铺架一级资质、四公司公路路基一级资质平移至集团公司。出台集团公司《2017—2020年资质就位与升级业绩达标段工作意见》。开展水利水电一级建造师继续教育培训取证、设计类注册人员继续教育培训及注册人员清查整改工作。发展规划。发布实施《集团公司“十三五”企业发展战略与规划》。督促指导相关部门研究制定科技开发、信息化建设、人力资源。集中评审所属全资子分公司的“十三五”规划；编制集团公司2017—2019年滚动规划，调整部分发展目标和指标。研究子公司战略布局规划，下发《工程公司搬迁工作指导意见》。机构编制。梳理和调整12个国内区域指挥部职能定位及编制；调整设置海外区域指挥部，重新定位新加坡分公司进行职能；设立集团公司智能化技术研究中心及城市轨道交通建设工艺与技术研究中心；调整研究集团本级部分职能部门；研究工程公司领导、局工程指挥部、区域指挥部岗位说明书。按照股份公司压减工作总体要求，减压五公司路辉房地产、大连公司注销压减以及马里公司和喀麦隆公司改分公司；研究设立中非办事处、肯尼亚办事处、肯尼亚分公司、巴基斯坦办事处、巴基斯坦分公司5个海外机构；设立喀什分公司（经营性）、昌都分公司（项目性）；经股份公司审批同意，注册（备案）设立中非办事处、铁建昌吉武汉投资发展合伙企业以及青岛青平铁城建设工程有限公司、荆门铁诚道路工程投资有限责任公司等项目公司。根据股份公司要求，分析研究鹰潭战备基地改制事宜，编制改制工作方案，报股份公司批复后实施。政策研究与企业改革。组织开展经营生产一体化区域管控机制建设研究工作，制定下发《“经营生产一体化”区域管控机制建设（国内）指导意见》《“经营生产一体化”区域管控机制实施细则》。开展铁路项目业务流程梳理和集团公司管理制度评估。牵头开展剥离企业办社会职能工作和解决历史遗留问题工作，下发《剥离企业办社会职能工作和解决历史遗留问题作指导意见》和《成立剥离企业办社会职能专项工作小组的通知》，明确职责分工、工作原则和工作目标段，督促各子公司和襄阳管理部加快推进剥离企业办社会职能工作。企业协会管理。武汉市企业信用促进会与武汉市工商局脱钩，集团公司为协会新一届秘书长单位，秘书长张丕界。组织参与中建协、中施企协AAA级信用企业评审和百强企业、三优评比。一公司、二公司、五公司获全国优秀施工企业，建安公司、城轨公司获全国建筑业AAA级信用企业，一公司、二公司、城轨公司获中国建筑业成长性200强企业，建安公司获中国建筑装饰行业AAA级信用企业，二公司罗建军、四公司刘昌盛、五公司余斌、建安公司兰明清、城轨公司彭刚获评全国工程建设优秀项目经理，集团公司获评湖北企业100强。

财务工作。印发《资金集中管理工作奖惩办法》，提高各单位资金上存积极性，加强资金集中管理，提高资金集中管控水平；印发《内部调剂款管理规定》，加强内部调剂款管理，严肃结算纪律，提高资金使用效率，防范财务风险；印发《投资项目引入产业基金管理办法》，加强产业基金业务管理，规范产业基金投资项目行为，防范产业基金业务风险；修订《工程项目部及区域指挥部经费管控暂行办法》，从严从紧控制非生产性经费开支，提升企业经济效益；修订《增值税会计处理规范》，规范增值税业务处理，防范增值税涉税风险。2017年，资金集中度83%，高于股份公司下达指标段13个百分点；资金上存度43%，超额完成股份公司预算考核指标段13%；办理综合授信额度554亿元，其中融资类授信额度209亿元。已使用融资类授信额度36亿元，非融资授信额度192亿元；剩余授信额度326亿元；合理避税1.34亿元。

审计工作。开展审计项目225项，占年度审计计划的107.65%。其中，经济责任审计79项、项目审计79项、财务收支审计24项、经济效益审计19项、专项审计调查11项。出具审计报告223份，提出审计建议采纳1426条。审计结果利用涉及19人次。提升4人、平调15人。37个项目接受外部审计，通过审计沟通协调减少扣款43065万元。（郭　琳）

【科研成果】 新增参编铁路总公司标准1部，发布参编的行业标准1部、地方标准5部，企业标准（股份公司级）1部，报批主编的行业标准2部，参编的3部；在编标准22部，其中主持编制6部，参与编制16部。完成专著《高速铁路长大隧道机械化快速施工成套技术与装备》初稿和《特殊地段盾构隧道施工常见问题与处置技术》编制大纲。成立“集团公司疑难隧道专家咨询小组”，加强疑难隧道风险控制。技术难点工程38项，其中，延续项目24个、新增项目14个。全面推行技术难点分级管理和动态管控，建立技术难点项目预警机制和月度分析制度，适时掌握项目技术难点进展，下发技术难点项目动态管理快报11期，突破难点项目15项。获中国土木工程詹天佑奖3项，省部级科技进步奖4项，其中，一等奖2项、二等奖1项、三等奖1项；获行业协会科技奖7项，其中，中施企协一等奖2项、二等奖3项，中建协一等奖1项、三等奖1项；获股份公司科技进步奖4项，其中，特等奖1项、一等奖2项、三等奖1项；获全国建筑业绿色建造暨绿色施工示范工程2项。获2017年度中国铁建科技创新先进单位。（郭　琳）

【党群工作】 各级党组织紧紧围绕生产经营中心，围绕企业改革发展稳定大局，切实发挥领导核心和政治核心作用。党组织建设。开展党委中心组集中学习

12次，领导班子参学率90%以上，做到学习有资料、学中有记录、学后有简报。坚持民主集中制原则。修订《党委议事规则》，集体决策"三重一大"事项306次，各项决策实现程序规范、决策民主。选优配强各级领导班子。依据《企业中层领导人员管理暂行办法》等相关制度，分三批提拔企业中层以上领导人员79人，调整164人，完成企业中层以上领导人员的考核、选拔和任用工作。加强领导干部能力建设。组织2期企业中层领导干部培训，封闭培训中层干部113人。引进博士后4人，博士后科研工作站在站博士后7人，获湖北省"千企万岗"支持企业，获湖北省博士后创新岗位基金，与武汉大学、中科院大学等高校达成战略合作协议。培养高技能人才。各序列建立内部技术专家库，拨付科研经费，加强专业人才队伍体系建设；起草《集团公司培训体系建设纲要》，开展预算员、项目经理、海外人员等培训，提升培训效果。授权工程公司参与招聘，接受应届大学毕业生1260人，确保生源对接基层所需。通过审查、考核、考试等程序，引入优秀劳务人员597人，增强基层技术工人力量。党风廉政建设。逐级签订《党风廉政建设责任书》，组织召开党风廉政建设专题会和"两个责任"工作促进会，班子成员创新推广"一岗双责"纪实卡，将"一岗双责"写实细化，层层分解、逐级落实"两个责任"。深入基层开展宣传教育13场次；开展《人民的名义》征文活动，收到76篇并结集出版。推进"四早一创"预警机制，被业主单位宁波市首南车辆段采用推广。对提拔人员进行廉洁考察，成立36个专项检查组，对86个单位（项目）开展"不打招呼、不听汇报"的突击检查。宣传思想文化建设。省部级以上媒体刊稿810篇（不含网络媒体），其中央视播发新闻31篇。抓好微信公众号等新媒体建设，广泛宣传"90后"小伙祁建光"带着父亲建高速铁路"事迹，获人民日报、中央电视台等国内主流媒体相继报道，受到党和国家领导人的接见；"捐髓救母"职工项亮，感动荆楚大地，获湖北省"荆楚楷模"。推出2017版《企业文化VIS手册》，规范企业视觉文化。开展"弘扬优秀文化"正面典型案例征集活动，规范职工言行举止，形成良好的行为文化。选树品牌文化，"铺架劲旅"文化品牌成功入选中国铁建首届"十大品牌"。推进文明创建结硕果。集团公司连续5届获全国文明单位，2家子公司通过全国文明单位复查验收，1家子公司获评第五届全国文明单位。集团公司及8个子公司通过2017年湖北省文明单位考核验收，集团公司连续12届被授予"湖北省（最佳）文明单位"。

工会工作。开展劳动竞赛、职工代表巡视、劳模创新工作室创建等活动，开展"中国梦·劳动美——建功中铁十一局"主题微电影、首届乒乓球、羽毛球比赛、暑期职工子女夏令营、"相约江城，缘定铁建"相亲联谊等活动。落实"三不让"承诺，慰问劳模先进、离退休职工、农民工3513人，救助困难职工家庭1428户。积极投身精准扶贫工作。在河北万全区、湖北省武汉市蔡甸区、湖北省恩施市等3个对口扶贫点参与精准扶贫。通过劳务用工输出、农副产品销售、"送文化下工地"、采购碎石设备、修建村级道路等方式，扶贫工作取得成效，获评股份公司扶贫优秀单位。

共青团工作。开展争创"青年文明号"、争当"青年岗位能手""青年安全生产示范岗"和"青年突击队"活动，在重难点工程组建青年突击队，引导团员青年爱岗敬业，发挥生力军和突击队作用；开展"个人成长与企业发展"青年系列论坛、"不忘初心、牢记使命"演讲比赛、评选集团公司第六届"十大杰出青年""十佳青年技术能手"等系列活动，引导团员青年积极投身企业改革发展实践；开展"团组织就在我身边"关爱行动，"爱心资助·梦圆大学"和学雷锋志愿服务等活动，加强青年志愿者组织和队伍建设，推动青年志愿者注册工作。11个集体和18名个人获上级表彰，其中，共青团中央1人、湖北省1人、湖北省企业团工委3人，股份公司13人。

（郭　琳）

【第一工程有限公司】　拥有公路、市政公用工程施工总承包一级，铁路、矿山工程施工总承包二级，地基基础、桥梁、隧道、公路路面、公路路基工程专业承包一级资质企业。驻湖北省襄阳市襄州区航空路73号。前身为中国人民解放军铁道兵第一师第一团；1984年1月集体转业，改称为铁道部第十一工程局第一工程处；1999年12月更名为中铁第十一工程局第一工程处；2001年9月企业改制改称现名。执行董事、总经理魏加志，党委书记宋大勇。下辖2个机运队、9个专业队、1个物业管理中心、1个混凝土管理中心、1个周转材料管理中心。职工2458人。资产总额528128.3万元。其中，固定资产原值62408.1万元、净值23297.9万元；流动资产502234.1万元；其他资产2596.3万元。机械运输设备1384台（套），原值30498.55万元、净值13185.81万元，设备成新率43.23%，总功率102669千瓦，技术装备率5.35万元/人，动力装备率41.55千瓦/人。年施工能力80亿元以上。

2017年，新签合同额85.88亿元，完成企业总产值81.8亿元，实现利润16017万元。国有资产保值增值率110.12%，净资产收益率3.46%，产值利润率2.28%，资产负债率77.02%。全员劳动生产率332.8万元/人年，人均创利65163.95元，职工年人均收入102001元。

（史善东　王　响）

【第二工程有限公司】 拥有公路、市政公用工程施工总承包一级,铁路、建筑、水利水电工程施工总承包二级,公路路基、公路路面、桥梁、隧道工程专业承包一级资质。驻湖北省十堰市白浪中路99号。前身为中国人民解放军铁道兵第一师第二团;1984年1月集体转业,改称为铁道部第十一工程局第二工程处;2001年9月企业改制改称为现名。执行董事、总经理杨兵,党委书记朱新文。下辖2个工程队和路面分公司、机械化分公司、设备管理中心、周转器材管理中心、混凝土拌合站管理中心、铁源公司、铁建医院、生活服务中心。职工2142人。资产总额50.35亿元。其中,负债总额38.27亿元;所有者权益总额12.08亿元;固定资产原值5.58亿元、净值2.44亿元;流动资产47.44亿元;非流动资产2.91亿元。机械运输设备461台(辆),原值27209亿元、净值11953万元,总功率59056千瓦,动力装备率27.48千瓦/人,技术装备率5.56万元/人,设备完好率91%,利用率86%。年施工能力90亿元以上。

2017年,新签合同额96.14亿元,完成施工产值93.49亿元。完成经营承揽102.66亿元。全员劳动生产率55.53万元/人年,人均创利7.01万元,职工年人均收入11.57万元。国有资产保值增值率113.58%,净资产收益率12.97%,产值收益率6.74%,资产负债率76.00%,应上缴款完成率100%。

(崔照霞)

【第三工程有限公司】 拥有公路、铁路、市政公用工程施工总承包一级、建筑、矿山、机电工程施工总承包二级;公路路基、桥梁、隧道、环保工程专业承包二级以及爆破作业单位许可证四级、公路工程试验检测综合类乙级资质。驻湖北省十堰市武当路15号。前身为中国人民解放军铁道兵第一师第三团;1984年1月集体转业,改称为铁道部第十一工程局第三工程处;2001年9月企业改制改称现名。执行董事兼总经理任继红,党委书记刘碧萍。下辖黄石区域事业部、2个铺架队、3个运输队、3轨排个队、2个铺轨运输队、黄石综合运输队、隧道架子队、桥涵三队、机车专业检修队(2017年3月3日撤销)及大机养、运架梁、焊轨、道岔、混凝土、电务、设备检修分公司(2017年3月3日成立)7个专业化分公司、周转材料管理中心、十堰物业管理中心、鹰潭物业管理中心、铁锋医院。职工2998人。资产总额49.85亿元。其中,固定资产原值10.8亿元、净值3.03亿元。机械运输设备913台(套),动力装备率24千瓦/人,技术装备率8.3万元/人,设备完好率92.1%,设备新度系数34.4%,设备利用率82.5%。

2017年,新签合同额98.76亿元,完成企业总产值68.88亿元,实现净利润7044万元。其中施工产值68.68亿元。资产负债率78.73%。 (史 娟)

【第四工程有限公司】 拥有公路、市政公用工程施工总承包一级,铁路、房屋建筑、矿山工程施工总承包二级;桥梁、隧道、环保、公路路面工程承包一级,钢结构、消防设施工程专业承包二级,预拌混凝土专业承包资质;营业性爆破作业许可资质四级,测绘乙级资质,检验检测资质。驻湖北省武汉市东湖开发区佳园路21号。前身为冀鲁豫军区一分区基干五团,组建于1945年8月;1981年3月,整编为中国人民解放军铁道兵第一师四团;1984年1月集体转业,改称铁道部第十一工程局第四工程处;2001年9月28日企业改制改称现名。注册资本金10.1亿元,执行董事兼总经理余霖(1月免)、谭发刚(2月任),党委书记谭发刚(1月免)、赵建岐(2月任)。下辖混凝土管理中心、周转材料管理中心、火工品管理中心、盾构分公司、隧道机械化分公司、武汉事业部、随州管理部、临沂管理部,隧道三队、管理一队、管理二队。职工2839人。资产总额61.71亿元。其中,固定资产净值2.78亿元,流动资产58.49亿元。机械运输设备633台(套),设备原值21968.56万元、净值10579.44万元,设备总功率86446千瓦,动力装备率30.3千瓦/人,技术装备率3.71万元/人。年施工能力64.67亿元。

2017年,新签合同额91.32亿元,完成施工总产值64.67亿元,实现净利润2754.23万元。国有资产保值增值率103.11%,净资产收益率2.81%,资产负债率82.57%。

(李自鹏)

【第五工程有限公司】 拥有市政公用工程施工总承包特级,工程设计市政行业甲级,建筑、公路工程施工总承包一级,铁路工程、水利水电工程施工总承包二级,桥梁、隧道、公路路基工程专业承包一级,钢结构工程专业承包三级资质。驻重庆市沙坪坝区新桥新村71号。前身为中国人民解放军铁道兵第二十九团;1984年1月集体转业,改称铁道部第十一工程局第五工程处;2001年9月企业改制改称现名。公司注册资本金10.01亿元。副总经理(主持行政工作)陈永平(2月免),执行董事兼总经理陈永平(2月任),党委书记刘建波。下辖5个子分公司,53个在建项目,39个收尾项目。职工2341人。机械运输设备1221台(套),原值32078.03万元、净值14763.56万元,设备成新率46.02%,设备总功率151457千瓦,动力装备率67.95千瓦/人,技术装备率8.42万元/人。资产总额59.7亿元,其中固定资产原值64791万元、净值64791

万元,流动资产558471万元。

2017年,完成产值100.18亿元,实现净利润7179.1万元;完成任务承揽101.79亿元。全员劳动生产率28.05万元/人年,职工年人均收入92865元。国有资产保值增值率106.58%,利润总额增长率40.74%,权益净利率6.51%,资产负债率81.29%,营业收入增长率18.70%。 (朱云祥)

【第六工程有限公司】 拥有机电安装、建筑工程施工总承包一级、矿山工程施工总承包二级、铁路工程施工、石油化工工程总承包三级,钢结构、消防设施、环保工程专业承包一级、建筑装修装饰、起重设备安装工程专业承包二级、地基基础工程专业承包三级资质;拥有900吨超大型架桥机、A级架桥机、450吨超大型通用门式起重机、A/B/C级通用门式起重机、A/C级通用桥式起重机、B/C级电动单梁起重机、C级电动葫芦门式起重机制造许可证11项,年施工能力30亿元以上。驻湖北省襄阳市七里河路2号。注册资本金2亿元,是以地铁车辆段(停车场)施工、地铁风水电安装、铁路运架梁为主业,以水利水电、风电、环保、市政等领域及城市地下综合管廊、装配式建筑、智能车库等新型业务多元发展的综合性企业。前身是组建于1959年的中国人民解放军铁道兵第一师修理营;1984年1月集体转业,改编为铁道部第十一工程局修理厂;1999年10月更名为基建安装工程处;2001年8月更名为基建安装工程分公司;2007年2月企业改制改称现名。执行董事、总经理刘德兵,党委书记孔凡华。下辖30个项目经理部和14个区域经营部,职工775人。机械运输设备181台(套),原值38680.9万元、净值10966.12万元,设备成新率28.35%,设备总功率23567.5千瓦,动力装备率27.25千瓦/人,技术装备率11.36万元/人。

2017年,新签合同额56.9亿元,累计完成产值20.03亿元。 (刘文功)

【电务工程有限公司】 拥有通信、机电工程施工总承包一级,建筑、电力工程施工总承包二级,铁路电务、铁路电气化、输变电、电子与智能化、建筑装修装饰工程专业承包一级,消防设施工程专业承包二级,电力设施承装(修、试)二级、安防工程企业设计施工维护能力一级、信息通信网络系统集成企业服务能力(甲级)资质。驻湖北省武汉市东湖新技术开发区佳园路19号。前身为中国人民解放军铁道兵直属通信信号第三工程营,组建于1969年;1984年1月集体转业,改编为铁道部第十一工程局电务工程段;1986年4月改为铁道部第十一工程局电务工程处;2001年9月企业改制改称现名;2009年7月22日公司重组,主体划转到中国铁建电气化局集团南方工程有限公司,保留资质。执行董事、党委书记严新金,总经理李承连。下辖项目管理中心、通信信号事业部、电气化事业部、电力机电事业部、上海项目部5个二级单位;设华北、华中、华东、华南、西北、西南、北方7个区域指挥部。职工784人。资产总额215774.8万元。其中,固定资产原值16488.9万元、净值8430.0万元;流动资产206086万元;其他资产1258.9万元。

2017年,完成企业总产值26.6亿元,完成营业收入24.3亿元,实现净利润31051.1万元。人均创利39.26万元,全员劳动生产率67.12万元/人年,职工年人均收入14.56万元,国有资产保值增值率175.29%,净资产收益率65.22%,产值利润率14.8%,资产负债率71.9%,应上缴款完成率100%。

(易　婷)

【建筑安装工程有限公司】 拥有房屋建筑、市政公用工程施工总承包一级、铁路、机电工程施工总承包二级,地基与基础、钢结构、建筑装修装饰、建筑机电安装、防水防腐保温、电子与智能化、消防设施、建筑幕墙工程专业承包一级,环保工程、起重设备安装工程专业承包二级,建筑幕墙工程、消防设施工程设计二级,工程测量乙级,营业性爆破作业设计施工四级资质。驻湖北省武汉市武昌区丁字桥47号。前身为中国人民解放军铁道兵第一师设计科;1984年1月1日集体转业并入铁道部;1986年3月在铁道部第十一工程局基建办设计室的基础上组建,称为勘测设计处;1989年8月改称勘测设计研究处;1993年3月更名为勘测设计研究院暨建筑安装工程公司;1996年6月更名为铁道部第十一工程局建筑安装工程处(对外保留勘测设计研究院);2001年9月企业改制为现名。注册资本金10.01亿元。执行董事、总经理唐清明,党委书记王传斌。下辖昆明区域经营部、新疆区域经营部、昆明混凝土管理中心、设备与周转材料管理中心、襄阳基地管理部及工程项目经理部等单位。职工1257人。资产总额52.91亿元。其中,固定资产原值1.95亿元、净值7311万元;流动资产51.99亿元。机械运输设备246台(套),原值6846.7万元、净值2732.86万元,设备成新率39.91%,设备总功率23181.2千瓦,动力装备率16.74千瓦/人,技术装备率4.94万元/人。年施工能力45亿元。

2017年,新签合同额80.06亿元。 (梁义才)

【桥梁有限公司】 拥有桥梁工程专业承包一级、混凝土预制构件专业承包二级、钢结构工程专业承包三级资质。集高速铁路箱梁、T梁、U型梁、轨道板、轨枕、城市轻轨PC梁、铁路公路节段梁等预制品及其配套产品生产、物资贸易、仓储、战备器材管理于一体。驻江西省鹰潭市月湖区南站路24号。前身为中国人民解放军铁道兵鹰潭仓库，组建于1954年6月；1984年1月集体转业改编为铁道部工程指挥部鹰潭材料总厂；1989年更名为铁道部工程指挥部鹰潭战备材料总厂；1990年10月更名为中国铁道建筑总公司鹰潭战备材料总厂，隶属于总公司物资局；2001年11划转中铁十一局集团有限公司所属；2003年7月企业改制改称中铁十一局集团鹰潭战备材料总厂有限公司，剥离的非经营性资产（战备），仍属鹰潭战备材料总厂管理使用，以保战时需要，中国铁道建筑总公司鹰潭战备材料总厂更名为中国铁道建筑总公司鹰潭战备材料基地；2003年12月，中铁十一局集团鹰潭战备材料总厂有限公司更名为中国铁道建筑总公司鹰潭战备材料总厂有限公司；2007年8月，正式更名为中铁十一局集团桥梁有限公司，并保留中国铁道建筑总公司鹰潭战备材料基地名称。执行董事、总经理廖宏斌，党委书记王荃荃。下辖铁路制品公司、物业管理公司、战备器材公司、多种经营公司、抚州工业分公司、呼和浩特分公司、广州分公司、拉林铁路曲水分公司、设备管理中心、周转材料管理中心以及18个在建项目。职工596人。资产总额229704万元。其中，流动资产197158万元；固定资产原值54867万元、净值27965万元。机械运输设备1750台（套），拥有铁路专用线5条3.747千米，料场、库房10万平方米，年最大吞吐能力40万吨。

2017年，营业收入33.7亿元，完成产值41.05亿元。（吴　丽）

【城市轨道工程有限公司】　拥有市政公用工程施工总承包一级、隧道工程专业承包二级、地基基础工程专业承包一级、防水防腐保温工程专业承包一级和爆破作业资质四级承包资质。驻武汉市东湖新技术开发区佳园路23号。前身为中铁十一局集团广州地铁工程指挥部、广州分公司、城市轨道工程公司；2007年8月，企业改制为城市轨道工程有限公司。执行董事、总经理周晗，党委书记赵东华。注册资本金5亿元。下辖3个二级公司。职工1574人。资产总额55.29亿元。其中，固定资产原值16.42亿元、净值78239万元；流动资产46.62亿元；净资产67677.34万元。机械运输设备1189台（套），总功率121700千瓦，动力装备率77.33千瓦/人，技术装备率41.89万元/人，设备完好率95.68%，利用率82.53% 。

2017年，新签合同额122.65亿元，完成总产值55.5亿元，施工产值55.4亿元，实现利润总额15768元。国有资产保值增值率123.89%，净资产收益率22.19%，产值利润率3%，资产负债率87.76%，投资收益上缴率100%。（邓光明　许爱春）

【房地产开发有限公司】　2010年3月10日由中铁十一局集团有限公司出资成立。主要经营房地产开发建设、商品房销售、物业管理，兼营房地产项目策划、信息咨询、技术开发等业务。驻湖北省武汉市民族大道324号中国铁建·梧桐苑B1办公楼。执行董事、党委书记、总经理代峪。注册资本金1亿元。下辖重庆壁和房地产开发有限公司、中铁十一局集团武汉房地产开发有限公司、中铁十一局重庆房地产开发有限公司。职工47人。

2017年，营业收入186011万元，其中净利润3610万元。实现销售收入25609万元，完成销售面积2.75万平方米，竣工面积41.66万平方米，新增开发面积26.04万平方米，待开发面积36.2万平方米。（程　希）

【汉江重工有限公司】　专业从事施工机械装备研发、设计、制造、服务于一体的专业化企业。拥有A级起重机制造许可证、B/C级起重机制造许可证、超大吨位起重设备制造许可证、A级桥式/门式起重机安装/改造/维修许可证。钢结构工程专业承包三级、起重设备安装工程专业承包叁级资质以及中国钢结构协会一级制造资质。2013年9月4日，在湖北省襄阳市注册成立，与第六工程有限公司实行“一套机构，两块牌子”，注册资本金2亿元。驻湖北省襄阳市樊城区航空航天工业园中航大道22号。执行董事、总经理刘德兵，党委书记孔凡华。下辖老河口分公司、一、二、三分厂、新疆分公司5个生产基地和1个机电设备安装分公司。职工262人。资产总额5.98亿元。其中，固定资产原值1.53亿元、净值1.14亿元；流动资产4.79亿元。机械运输设备413台（套），原值3763.31万元、净值1867.30万元，设备成新率50%，设备总功率11940.45千瓦，动力装备率45.57千瓦/人，技术装备率7.13万元/人。设备完好率92.74%；设备资产增长率5.6%，年施工能力5亿元。（杜冬明）

【勘察设计院】　铁道行业甲（Ⅱ）级、公路行业甲级、市政行业甲级、建筑行业（建筑工程，人防工程）甲级、工程勘察专业类（岩土工程）乙级、测绘甲级资质企业。始建于1954年7月，前身为铁道兵第一师工程设计科；1986年1月更名为铁道部第十一工程局勘测设计处；1993年3月更名为铁道部第十一工程局勘测设计研究院；2012年4月更名为中铁十一局集团有限公司勘测设计研究院;2015 年 5 月重组扩建并更名为中铁十一局集团有限公司勘察设计院。驻湖北省武汉市洪山区民族大道 324 号。院长、党委书记聂桂良(兼,2 月免)、方楚晶(2 月任)。下辖线路站场设计所、桥梁隧道设计所、地质路基设计所、房屋建筑设计所、设备设计所、工程经济所、勘察大队、工程检测中心、工程承包部、工程监理部 10 个生产部门。职工 160 人。资产总额 5812 万元。其中,流动资产 5249 万元;固定资产原值 320 万元;无形资产 178 万元。

2017 年,完成承揽任务总额 5969 万元,实现营业收入 5406 万元;职工年人均收入 19.78 万元。

(徐金平)

【物资贸易有限公司】 2012 年 7 月注册成立,主营工业与民用建筑、商业设施及公共基础设施建设的物资综合配套供应和国际进出口贸易业务的国有独资企业。与桥梁有限公司实行“一套机构,两块牌子”。驻江西省鹰潭市月湖区南站路 24 号。执行董事、总经理廖宏斌,党委书记王荃荃。2017 年 11 月物贸公司进行机构重组,调整分公司机构,撤销原济南分公司、东北分公司,合并成立北方分公司;撤销原川渝贵分公司、昆明分公司,合并成立西南分公司;撤销原华中分公司(部分)和华东分公司,合并成立华中分公司;撤销原华中分公司(部分)和广州分公司,合并成立南方分公司,12 月 25 日更名为广州分公司;原西北分公司和进出口分公司现有单位名称和组织机构不变。职工 112 人。(吴 丽)

【武汉物业管理有限公司】 二级物业管理资质企业,2012 年 9 月由中铁十一局集团有限公司出资成立。注册资本金 500 万。主要经营物业管理、停车服务、会议及展览服务、保洁服务、家政服务、绿化养护工程、园林绿化、市政工程施工、房屋维修、水电安装、建筑装潢材料、五金交电、日用百货、电线电缆批零兼售。驻湖北省武汉市武昌区中山路小东门 277 号中铁大厦。党委书记、总经理代峪。下辖中铁大厦物业项目部、中国铁建·梧桐苑物业项目部 2 个项目及 1 家重庆分公司。(程 希)

【新加坡分公司】 2012 年 7 月 12 日成立,集团公司授权在东南亚区域独立从事生产经营、自负盈亏、自我发展、不具法人资格的经济实体。总经理杨汉国。管理人员 55 人。资产总额 9010.08 万元。其中,流动资产 8989.4 万元;固定资产 20.68 万元。

2017 年,承建项目 9 项,承揽任务总额 1740 万新元(折合人民币 8700 万元),实现营业收入 2382 万新元(折合人民币 11910 万元)。(张浩然)

【襄阳管理部】 驻湖北省襄阳市七里河。2003 年 12 月成立;2006 年 9 月与襄樊基地资产管理开发中心合并;2009 年 12 月主体划转并入第六工程有限公司,继续保留和使用中铁十一局集团有限公司襄樊管理部名称,下辖襄阳管理分部;2010 年 12 月 2 日,襄樊市更名为襄阳市,原襄阳区更名为襄州区,集团公司于 2011 年 1 月 4 日研究决定襄樊管理部更名为襄阳管理部,所属襄阳管理分部更名为襄州管理分部。党委书记、主任应广军。职工 98 人。资产总额 532 万元,其中流动资产 532 万元。(李 强)

【重要记载】

▲1 月 9 日 五公司通过“国家高新技术企业”认定。

▲1 月 22—23 日 集团公司在武汉召开三届二次党委全委(扩大)会、四届三次职代会暨 2017 年工作会。

▲2 月 24 日 集团公司与四川德阳市政府、德阳高新区签订战略合作协议。

▲2 月 24 日 集团公司参研的“盾构施工煤矿长距离斜井关键技术研究与示范”科研课题通过验收。

▲2 月 二公司杭黄项目获评安徽省环境保护优秀示范单位。

▲3 月 12 日 汉江重工自主研制的首台具有完全知识产权的 HJY550 全液压转向单线梁运梁车投入使用。

▲3 月 17 日 集团公司商合杭项目获评安徽省重点工程劳动竞赛先进集体、安徽省工人先锋号,项目常务副经理王采成获评中华全国铁路总工会火车头奖章和最佳项目经理,项目专职副书记曹丛奎获评优秀项目党工委书记。

▲3 月 27 日 三公司渝黔项目获贵州省“工人先锋号”,项目经理周建新获贵州省五一劳动奖章。

▲4 月 5 日 桥梁公司祁建光以“带着爸爸建高速铁路”事迹获中国文明办举办的 3 月中国好人榜——孝老爱亲类中国好人。

▲4 月 14 日 三公司参建的上海市轨道交通 16 号线工程、新建铁路哈尔滨至大连铁路客运专线 2 项工程获第十四届中国土木工程詹天佑奖。

▲4 月 19—21 日 一、二、五公司获“2016 年度全国优秀施工企业”称号。

▲4 月 28 日 城轨公司昆明地铁 3 号线二工区获全国工人先锋号。

▲5月4日　桥梁公司祁建光受邀参加团中央青年典型座谈会。座谈会在人民大会堂举行，中央政治局委员、中华人民共和国副主席、中国红十字会名誉会长李源潮出席会议并与参加会议的代表合影留念。

▲5月15日　三公司焊轨分公司钢轨探伤工温家礼获评湖北省职工职业道德楷模，同时被授予湖北省五一劳动奖章。

▲5月16日　一公司技术中心BI米工作室在南沙港铁路项目技术分公司正式挂牌成立。

▲6月21日　城轨公司武汉轨道交通机场线BT项目“潜龙”QC小组的创新型成果“盾构下穿既有成型隧道立交加固结构技术创新”获2017年度全国市政工程建设优质质量管理小组一等奖。

▲6月22日　五公司7篇成果获全国市政行业优秀QC成果奖。

▲7月3日　集团公司承建的大西客运专线马家庄隧道获铁路优质工程一等奖。

▲7月10日　三公司提交的长沙中低速磁浮轨道工程施工关键技术获2016年度“中国好技术”。

▲9月7日　四公司“挤压型软弱围岩隧道稳定性控制成套技术研究”获中国铁建科学技术鉴定评审会鉴定通过，评定为国际领先水平。

▲9月15日　“集团公司智能化技术研究中心”及“电务公司BI米技术研究中心”在电务公司挂牌成立。

▲10月8日　由江西省鹰潭市主办、中国工程院院士缪昌文科研团队和十一局集团公司研发人员为骨干的“中铁十一局桥梁公司院士工作站”授牌仪式在桥梁公司机关举行。

▲11月6日　在北京举行的纪念鲁班奖创立30周年暨2016—2017年度创精品工程经验交流会上，由集团公司承建，五公司、二公司参建的新建铁路大同至西安客运专线马家庄隧道工程获建筑工程鲁班奖。四公司参建的合肥南站工程获中国建设工程鲁班奖。

▲11月17日　集团公司、一公司、五公司、桥梁公司获评全国文明单位。

▲11月19日　合肥铁路枢纽南环线合肥南站工程获2015—2016年铁路优质工程奖。

▲11月20日　二公司参建的新建合肥至福州客运专线（闽赣段）1、2标段综合工程获2016—2017年度国家优质工程奖。

▲11月20日　电务公司项亮以“捐髓救母”的事迹获评荆楚楷模。

▲11月　城轨公司昌赣项目丰城制板场自主设计研发的CRTSⅢ型先张法轨道板智能雾化补水系统、雾化补水系统的雾气温度调节装置、雾化补水蒸汽管道系统、养护系统的风冷结构4项获国家实用新型专利证书。

▲12月5日　五公司遵义高速铁路新城“管廊钢筋制作中定型胎模的应用”获贵州省2017年职工创新成果“五小”优秀成果一等奖。

▲12月13日　二公司三项科技成果获得2016年度中国施工企业管理协会科学技术奖。

▲12月13日　三公司武汉至黄石城际铁路余家湾上行特大桥工程、新建杭州至长沙客运专线义务东特大桥工程、新建兰新铁路第二双线张掖至红柳河段站前工程疏勒河特大桥工程获国家优质工程奖。

▲12月24日　五公司“万开周家坝—浦里快速通道工程BI米应用”获第三届中国建设工程BI米大赛BI米卓越工程项目一等奖。

▲12月25日　三公司“铺架劲旅”获评中国铁建首届“十大品牌”。（郭　琳）

中铁十二局集团有限公司

【简况】　拥有铁路、建筑、市政公用工程施工总承包特级，铁道、建筑、市政行业设计甲级资质，同时具备公路、水利水电、通信工程等施工总承包一级，隧道、桥梁、路基、路面、地基与基础、机场场道、铺轨架梁、轨道交通、机电设备安装、地质灾害治理等专业承包一级等各类资质百余项，拥有对外承包工程资格和对外劳务合作经营资格。驻山西省太原市万柏林区西矿街130号。下辖第一、第二、第三、第四工程有限公司，建筑安装工程有限公司、电气化工程有限公司、第七工程有限公司、海南振海工程有限公司、市政工程有限公司、铁路养护工程有限公司、国际工程有限公司、物资有限公司、房地产开发有限公司、投资管理有限公司、山西铁道大厦有限公司，华南、华东、西北、川渝、云贵、北京、东北、华中工程指挥部，湘潭铁路工程学校、中心医院、兴城疗养院、物业管理中心、资金调度中心、北京办事处等单位。职工16915人。资产总额444.27亿元。其中，固定资产净值42.95亿元；流动资产382.85亿元；货币资金105.98亿元。资本金收益率29.24%，净资产收益率17.78%，产值利润率2.88%，资产负债率79.77%。机械运输设备8527台（套），总功率972724千瓦，固定资产原值542819.94万元、净值242739.55万元，技术装备率13.16万元/人，动力装备率52.75千瓦/人。新购设备878台（套），大型设备完好率92.7%、利用率75.0%；综合机械化施工水平90.6%。

企业年施工能力600亿元以上。

2017年,承揽任务255项,合同投资1012.5亿元;完成企业总产值616.5亿元,占集团公司年度计划580亿元的106.3%,较上年增长12.9%;完成施工产值598亿元,占集团公司年度计划566亿元的105.5%,较上年增长14.2%;实现利润总额16.76亿元,净利润14.8亿元,职工年人均收入103206元,较上年增长8%。完成主要实物工程量:土石方12908万立方米,隧道241385延长米,桥梁187759延长米,房屋建筑面积2973142平方米,公路路面247万平方米,供电线路379千米,通信线路630千米,接触网610千米。 (张林祥)

【领导人员】

董事会

董事长 宋津喜

董事 宋津喜

王锦友(3月免)

高治双(3月任)

薛如明

职工董事 张凤华

监事会

监事会主席 李国强(3月任)

监事 张乐卿

张金才

经理层

总经理 宋津喜(3月免)

高治双(10月任)

副总经理 高治双(3月任,主持经理层工作)

薛如明

祁玺剑

向远华

宋志宏

谭雷平

雷　军

支卫清

李天胜

何国民

梁彬彬

总工程师 李天胜(兼)

总会计师 宋志宏(兼)

党群领导

党委书记 王锦友(3月免)

宋津喜(3月任)

党委副书记 高治双(3月任)

张凤华

纪委书记 李国强

工会主席 张凤华

(赵宏旺)

【工程项目指挥机构】 成贵铁路工程指挥部　驻云南省镇雄县。指挥长祁玺剑。

徐淮盐铁路工程指挥部　驻江苏省徐州市。指挥长兼党工委书记向远华。

西成铁路客运专线项目经理部　驻陕西省佛坪县。项目经理兼党工委书记尚红卫。

广佛环城际项目经理部　驻广东省佛山市顺德区。项目经理兼党工委书记王光勇。

蒙华铁路2标项目经理部　驻山西省万荣县。项目经理赵西民。

蒙华铁路11标项目经理部　驻山西省河津市。项目经理兼党工委书记胡建国。

哈牡铁路客运专线项目经理部　驻黑龙江省哈尔滨市。项目经理兼党工委书记张瑞森。

大临铁路项目经理部　驻云南省大理州南涧县。项目经理兼党工委书记张变西。

郑万高铁项目经理部　驻湖北省襄阳市保康县。项目经理兼党工委书记王立军。

渝怀铁路项目经理部　驻贵州省铜仁市碧江区。项目经理赖立新。

京唐铁路4标项目经理部　驻天津市宝坻区。项目经理兼党工委书记胡建国。

张吉怀铁路项目经理部　驻湖南省张家界永定区二家河区委党校。项目经理李天胜。 (张林祥)

【职工队伍】 职工16915人,其中干部11157人。专业技术职称9564人,其中,高级及以上技术职称1618人、中级职称3098人、初级职称4848人。25岁以下2539人、26~30岁2926人、31~35岁2201人、36~40岁1108人、41~45岁845人、46~50岁751人、51~55岁386人、55岁以上401人。工人5758人,占职工总数的34%。 (浦晋东)

【工程施工】 在建项目402项,其中,铁路工程82项、公路工程92项、地铁工程67项、房建工程65项、水利工程13项、市政工程33项、海外工程19项、其他工程31项。

郑万高铁ZWZQ-7标段　位于湖北省保康县,全长34.986千米。合同投资14.59亿元,合同工期2015年12月1日至2021年5月31日。主要工程量:特大桥3座3118延长米,大桥2座473延长米,现浇简支箱梁56孔,路基长0.22千米,隧道4.5座31174延长米,车站1座。2017年,完成产值61834万元。

新建武汉至十堰铁路孝感至十堰段HSSG-10标段　位于湖北省襄阳市,全长39.89千米。合同投资23.24亿元,合同工期2016年1月1日至2018年12月31日。主要工程量:路基土石方34.07万立方米,特大桥10座20909.11延长米,大桥13座4092.64延长米,中桥6座498.61延长米,隧道5座3460延长米,涵洞15座299.54横延米,无砟道床79.235千米,预制架设箱梁748孔。2017年,完成产值97005万元。

新建银西铁路陕西段YXZQ-5标段　位于陕西省彬县,全长27.93千米。合同投资24.99亿元,合同工期2016年8月1日至2020年6月30日。主要工程量:土石方225.23万立方米,特大桥2座2333.49延长米,大桥1座501.5延长米,框架桥2座706.8顶平方米,隧道4.5座23856.84延长米,涵洞2座351.9横延米,无砟道床50.33铺轨千米,站线铺轨3.3铺轨千米。2017年,完成产值74859万元。

新建北京至雄安城际铁路1标段　位于北京市大兴区,全长28.033千米。合同投资25.87亿元,合同工期2017年1月至2019年9月。主要工程量:桥梁8座28480延长米,既有线改建(黄村疏解工程)5条13.44千米,路基土石方60万立方米,预制、架设双线箱梁538孔,预制、架设单线T梁288片,新铺轨道15.21千米,粒料道床68111立方米,无砟道床49.25千米,车站1座。2017年,完成产值53538万元。

新建合肥至安庆铁路站前工程HAZQ-6标段　位于安徽省肥西县,全长28.421千米。合同投资158000万元,合同工期2016年11月5日至2018年12月31日。主要工程量:路基挖土石方42.87万立方米,填土石方163.49万立方米,特大桥10座20763.67延长米;大桥3座883.02延长米,框架小桥2座214.6顶平方米,涵洞81座,接长24座,轨道146.23铺轨千米。2017年,完成产值100184万元。

太焦铁路TJZQ-4标段　位于山西省榆社县和武乡县,全长40.188千米。合同投资28.63亿元,合同工期2016年10月1日至2020年12月31日。主要工程量:路基区间14.435千米,站场2座,特大桥12座12386.14延长米,大桥8座2164.6延长米,中桥2座198.42延长米,框架桥2座1183.16顶平方米,涵洞76座2677.63横延米;隧道3座7603延长米,站线31.174千米。2017年,完成产值127028万元。

新建哈尔滨至牡丹江客运专线SG-2标段　全长40千米。合同投资22.38亿元,合同工期2015年8月15日至2019年6月15日,主要工程量:路基10.663千米,路基土石方217.13万立方米,桥梁17座11.555千米,隧道11座17.782千米,涵洞31座922.91横延米。2017年,完成产值31171万元。

新建大理至临沧铁路站前DLZQ-3标段　位于云南省南涧县和云县,全长41.204千米。合同投资21.22亿元,合同工期2015年12月28日至2020年6月28日。主要工程量:站场4座,桥梁8座1768.43延长米,隧道7.5座39367延长米。2017年,完成产值47879万元。

新建徐州至淮安至盐城铁路XYZQ-1标段　全长26.426千米。合同投资27.95亿元,合同工期2016年1月1日至2019年7月1日。主要工程量:路基土石方318.16万立方米,特大桥6座33653.68延长米,一般特大桥2座1204.2延长米,梁式中桥1座108.83延长米,框架式中桥2座3754.61顶平方米,小桥2座3650.58顶平方米,车站2座,预制架设箱梁990孔、T梁270孔,涵洞5座920.81横延米,无砟道床2288.68米。2017年,完成产值93799万元。

成贵铁路CGZQSG-11标段　位于云南省镇雄县,全长26.633千米。合同投资20.57亿元,合同工期2014年1月1日至2018年4月30日。主要工程量:路基及站场土石方93.87万立方米,大桥6座1055.75延长米,中桥2座104.14延长米,涵洞9座344.19横延米,隧道8座23.412千米。2017年,完成产值34963万元。

大瑞铁路4标段　位于云南省保山市,全长36.475千米。合同投资14.59亿元,合同工期2015年12月1日至2021年5月31日。主要工程量:路基挖土方686692立方米,石方865918立方米,填方132746立方米,涵洞3座32.91横延米,特大桥1座540.2延长米,大桥9座1776.13延长米,中桥1座60.97延长米,隧道7座32646延长米。2017年,完成产值42803万元。

新建北京至沈阳铁路客运专线辽宁段TJ-2标段　位于辽宁省朝阳市,全长28.35千米。合同投资20.17亿元,合同工期2014年7月1日至2018年8月31日。主要工程量:区间土方54.58万立方米,石方78.91万立方米,基床混凝土5.1万立方米,过渡段4.2万立方米,路基附属混凝土3.8万立方米,特大桥3座3860.7延长米,大桥5座1449.23延长米,中桥2座206.5延长米,涵洞9座268.8横延米,大于10千米隧道1座13205延长米,小于4千米隧道9座6851.04延长米,无砟道床56.29铺轨千米,道岔铺设2组。2017年,完成产值17322万元。

新建衢州至宁德铁路(福建段)站前工程施工总价承包QNFJZQ-3标段　位于福建省宁德市,全长38.082千米。合同投资16.08亿元,合同工期2015年

9月20日至2019年6月20日。主要工程量:区间路基及站场土石方238.7万立方米,特大桥1座550.91米,大桥2座637.7延长米,中桥5座403.49延长米,框架小桥1座288.4顶平方米,涵洞4座661.32横延米,隧道8座34553.4延长米。2017年,完成产值31173万元。

新建衢州至宁德铁路(浙江段)2标段　位于浙江省丽水市和衢州市,全长42.313千米。合同投资14.96亿元,合同工期2015年10月1日至2020年9月30日。主要工程量:隧道8座28.665千米,特大桥5座3255.3延长米,大桥9座2175.56延长米,涵洞45座1471.51横延米,路基8.224千米,站场3座,区间路基土石方116.95万立方米,站场土石方210.1万立方米。2017年,完成产值55964万元。

拉林铁路6标段　全长13.357千米。合同投资7.46亿元,合同工期2014年12月1日至2019年5月31日。主要工程量:桥涵4座283.3延长米,进口栈桥195延长米,新增热米便桥198延长米,新增奔中便桥243延长米。巴玉隧道13073延长米,无砟轨道12.25千米。2017年,完成产值18386万元。

济青高铁10标段　位于山东省高密市和胶州市,全长27.708千米。合同投资22.86亿元,合同工期2015年12月20日至2019年9月30日。主要工程量:路基0.62千米,路基土石方95.3万立方米,特大桥0.5座23018.59延长米,大桥1座114.3延长米,框架桥2座920.72顶平方米,隧道0.5座2150延长米,涵洞1座102.42横延米,轨道59.73铺轨千米,站场1座1.81千米,高密东梁场691孔,轨道板预制场1座2.35万块,CRTS Ⅰ型双块式轨枕约3.2万根,潍坊和青岛境内本段范围内三电及管线迁改。2017年,完成产值53473万元。

安六铁路ALTJ-3标段　全长39.145千米。合同投资25.40亿元,合同工期2015年12月1日至2018年11月30日。主要工程量:双线特大桥5座3032.942延长米,双线大中桥23座4831.68延长米,隧道29座24304延长米,区间正线路基5.05千米,车站2座。2017年,完成产值128259万元。

大张高铁DZZQ-3标段　位于山西省大同市,全长32.745千米。合同投资24.81亿元,合同工期2015年12月1日至2019年5月31日。主要工程量:区间路基挖土方13万立方米,填方145万立方米,填级配碎石16万立方米,站场路基挖土10.3万立方米,填方227.4万立方米,填级配碎石19.6万立方米,新建框架涵1791.9延长米、接长框架涵43.54延长米,特大桥4座22645延长米,双线框构中小桥13座14160.57顶平方米,车站1座。2017年,完成产值93579万元。

常州市轨道交通1号线一期工程TJ08标段　位于江苏省常州市。合同投资8.82亿元,合同工期2015年4月1日至2021年6月5日。主要工程量:地下车站2座60928.6平方米,附属出入口12个,风亭8组,1、2号联络线195米独立于主体部分。2017年,完成产值15035万元。

房山线北延工程2标段　位于北京市,2站2区间。合同投资8.78亿元,合同工期2015年12月25日至2019年12月25日。主要工程量:明挖车站1座,暗挖车站1座,盾构区间1208米,暗挖区间427.96米。2017年,完成产值16845万元。

太原轨道交通2号线一期工程土建施工SGTJ-206标段　2站2区间。合同投资68750万元,合同工期2015年12月15日至2020年12月15日。主要工程量:南中环街站296米,宽20.1米;学府街站218米,宽20.1米;南中环街站—学府街站区间879米,学府街站—长风街站区间917米。2017年,完成产值16237万元。

宝坪高速公路LJ-12标段　位于陕西省宝鸡市。合同投资74038万元,合同工期2016年11月20日至2021年9月20日。主要工程量:3号左线排风斜井1719.5米,3号右线送风斜井1540米,2号竖井地下风机房及联络道1308.9米,3号斜井地下风机房及联络道1298.9米,秦岭天台山隧道正洞左线5065米,秦岭天台山隧道正洞右线5065米。2017年,完成产值14259万元。

广佛肇高速公路广州石井至肇庆大旺段SG01标段　位于广州市,全长1.629千米。合同投资5.3亿元,合同工期2016年12月31日至2019年6月30日。主要工程量:朝阳枢纽立交主线长1.63千米,特大桥1座1.63千米,匝道桥10座7.31千米。2017年,完成产值13610万元。

(张林祥)

【经营管理】　经营承揽。统筹路内、路外、海外三大市场,承揽任务1012.5亿元,完成年度计划750亿元的135%。其中,铁路工程55项,合同额284.4亿元,占总额的28.1%;公路工程44项,合同额353.6亿元,占总额的34.9%;房建工程48项,合同额96.8亿元,占总额的9.6%;市政工程28项,合同额121亿元,占总额的12%;轨道交通工程37项,合同额117.2亿元,占总额的11.6%;水利水电工程5项,合同额2.9亿元,占总额的0.3%;机场工程9项,合同额4.8亿元,占总额的0.5%;其他工程26项,合同额17.2亿元,占总额的1.7%;海外工程3项,合同额14.8亿元,占总额的1.5%。

项目管理。强化在建项目管理,狠抓预控管理、目标管理和问题管理,施工生产推进平稳有序。佛山西站、西成铁路客运专线、宝兰铁路客运专线、天津西南环、青藏铁路格拉段扩能改造、石济铁路客运专线等7个项目顺利开通,万荣、松阳、辽西、黄岩、二郎山、甘塔斯等重难点隧道安全顺利贯通,南龙铁路闽江特大桥顺利合龙,广东湛江高速公路跨铁路桥梁成功转体;济青、南沙港、兴泉、玉磨、银西(甘宁段)、衢宁(浙江段)、徐盐、大临、大瑞、哈牡、靖神等在建项目保持良好势头;张吉怀、福厦、牡佳、安九等新上项目开局良好。

安全质量。深入开展"安全质量大检查大整治"、建设工程领域"反三违"专项行动、铁路建设工程"三不问题"质量行为专项整治等系列活动,扎实开展高铁项目质量回访和隐患排查整改、隧道质量问题专项整治、隧道及地铁、特种设备、汛期、消防、交通安全、节假日和季节性施工安全质量和应急管理专项检查等系列专项检查活动,重点加强隧道及地下工程、桥梁、铁路既有线、深基坑、高边坡、高层建筑、高空作业、大型设备及支撑体系、危爆物品安全管理,杜绝较大及以上生产安全事故,有效遏制安全质量一般事故。2次铁路信用评价均保持在A类,绝大多数在建项目在全线保持领先,积极参与渝怀铁路、沪昆铁路、北同蒲铁路、贵广铁路、玉磨铁路等抢险救援,为企业赢得信用评价加分。获中国建设工程鲁班奖1项,国家级优质工程金质奖1项,国家级优质工程银质奖2项,省部级优质工程11项。

财务管理。紧抓提质增效这条主线,主要经济指标保持稳步增长。实现营业收入581.2亿元,同比增长7.2%;实现净利润14.8亿元,同比增长31.2%;企业货币资金总量和有息负债基本与2016年持平。强化财务状况分析,坚持逐级定期财务分析制度,准确把控企业财务状况,盘清家底盈亏,判断企业经济走势;持续加大清收清欠工作力度,严格执行资金预算管理,强化资金集中管理,有效保障生产经营资金需要;拓宽融资渠道,创新融资模式,稳妥解决投资项目和大型设备投入的资金来源;充分利用研发费加计扣除优惠政策、高新技术企业税收优惠政策、西部大开发优惠政策和出口退税优惠政策,有效降低企业税负。

成本管理。强化项目上场成本预控和现场督导,探索推行项目成本预控"一责三化"的管理模式,成本预控管理更加贴近现场实际情况;创新项目经济运行监管方式,通过远程视频开展经济分析,形成不固定时间、不固定项目、不放过问题的"三不"项目成本监管机制;严格实行劳务队伍资格准入,定期开展劳务队伍信用评价,劳务队伍集中管理持续增强;加快收尾项目清理并账,费用支出得到有效控制,生产要素得到及时释放。

审计工作。强化全员风险防控意识,及时跟踪审计进展,加强内外沟通协调,全力做好服务保障工作,16个项目接受各类审计机构检查,其中涉及离任延伸审计1项,定期项目审计3项,过程延伸审计2项,跟踪审计9项,资金管理审计1项。强化内部审计监督,对徐盐铁路指挥部等8个项目实施过程连续审计,对一、三、四、建安、国际、养护公司、兴城疗养院、湘潭学校的单位负责人实施离任审计,对西康铁路指挥部等5个项目实施竣工审计,对华南指挥部、华中指挥部、云贵指挥部、江西经营部实施财务收支审计,对铁道大厦、中心医院、兴城疗养院实施年度绩效审计。

(唐晓明)

【科技成果】 科技研发项目立项305项,计划投入研发资金29.93亿元,其中各子公司研发立项257项,投入研发资金25.35亿元。通过北京市和中国公路行业建设协会科技成果鉴定、股份公司科技成果评审21项。二公司完成的"高速铁路狮子洋水下隧道工程成套技术"获国家科技进步二等奖,四公司施工的"深圳地铁2号线"等2项工程获第十四届中国土木工程詹天佑奖;一公司完成的"小半径螺旋型曲线隧道施工通风技术研究"等成果获省部级二等奖2项、三等奖3项。58项工法被评为省部级工法。获国家专利局授权专利150件,其中,发明专利16件、实用新型专利134件。

(唐晓明)

【党群工作】 党的工作。各类基层组织891个。其中,党委232个(含各级党工委)、党总支1个、党支部658个;党员8781人,其中,正式党员8609人、预备党员172人。党建进章程。根据上级党委要求,经集团公司党委会讨论、董事会决策、股东审核同意、太原市工商局备案登记等法定程序,完成本级党建工作要求进章程工作,所属15家子公司也同步完成党建进章程工作。党组织建设。召开2016年度党(工)委书记抓党建述职评议考核现场会,对10家单位的党(工)委书记抓党建工作情况进行现场考核评议;与所属37家党(工)委分别签订《2017年度党建工作责任书》,对各单位2017年度的党建责任内容、责任期限、责任考核方式及考核结果运用等分别予以明确和细化;印发《中铁十二局集团党建工作责任制实施办法》,对党委的主体责任、党委书记的第一责任、专职副书记或分管党建工作的领导班子成员的直接责任、班子成员的"一岗双责"和党建工作部门的牵头责任进行细化和分解;对13个单位下设的28个党支部落实"三会一课”制度、组织生活会、民主评议党员、换届选举、党员教育管理、创先争优、主题实践活动等工作开展情况进行现场督查。宣贯党的十九大精神。以集中培训和视频培训相结合的形式，举办处级领导干部学习贯彻党的十九大精神培训班，采取集团公司党委主要领导和高校教授集中授课的方式，对500余名处级领导干部就党的十九大报告和新党章的有关知识进行系统培训。思想文化及宣传工作。围绕“迎接十九大召开，开展主题实践活动，学习宣贯十九大精神”，分层分类抓好党员干部宣贯教育；组织意识形态专题研究，印发《落实意识形态工作责任实施细则》，分析研判意识形态领域情况，没有发生意识形态领域不良倾向和突出问题；指导怀邵衡铁路、蒙华铁路、郑万铁路等26个重点项目场地布局、营区建设、形象展示、文化宣传，推进铁建主体文化落地；加强对外宣传报道力度，在中央级媒体刊发稿件27篇，省部级媒体131篇。党风廉政建设。聚焦全面从严治党，努力打造风清气正的企业稳健发展环境。督促各级领导班子积极参加党委中心组学习，落实党的组织生活制度，参加民主生活会和双重组织生活会，报告个人廉洁从业情况；针对项目违纪违规的易发点、高发点，印发《权力负面清单15条》，明确15个不准，划出权力红线，促进规范履职；推进巡察工作，先后组成8个组开展3轮巡察，对25家单位进行常规巡察，对5家工程公司进行巡察“回头看”，实现3年内巡察全覆盖目标；紧抓关键节点，紧盯四风新形式新动向，立案审查违反中央八项规定精神问题4起，处分4人；全力做好线索收集和案件查办工作，受理案件线索138件，立结案50件，处分92人。

工会工作。注册工会组织20个，其中，集团公司工会1个、子公司工会15个、区域指及事业单位工会4个。会员16545人。推进劳动竞赛活动开展。召开劳动竞赛推进会，推动各单位把劳动竞赛作为提能力、保增长、创信誉的重要手段；加强劳模创新工作室创建，新命名授牌6个职工创新工作室；立功创模再创佳绩，获铁路总公司铁路建设先进集体火车头奖杯，建安公司太铁棚户区改造项目被授予全国“工人先锋号”，12个集体、25名个人获省部级以上荣誉。强化民主管理。深入推进项目工会主席直选工作，举办直选工会主席培训班，助力提升履职能力；征集职工代表提案90条，整理归纳立案45件，并将答复意见反馈给相关单位。丰富职工文化生活。坚持办好“职工文化活动周”，开展职工书画摄影展、先进人物事迹报告会、知识竞赛、文艺晚会、体育赛事等活动。持续做好困难职工帮扶。春节送温暖活动发放慰问金341.59万元，慰问困难职工家庭590户；发放金秋助学金19万元，资助困难职工子女78人；组织开展“小爱筑大梦，圆梦微心愿”活动，征集职工微心愿346个，258个微心愿得以圆梦；职工互助合作保险出险224人次，发放救助107.549万元

共青团工作。下辖16个团委、387个团支部，团员3762人。青年思想教育。调研了解青年思想和共青团工作，分青年思想、学员成长、导师带徒、人才流失、基层团建等6个专题进行调研；用先进青年典型激发青年正能量，通过集团公司微信平台推出两期先进青年典型和先进青年集体；开展各类青年活动。组织学习贯彻党的十九大精神“不忘初心 牢记使命”主题演讲比赛；开展“学习总书记讲话，做合格共青团员”主题征文，收集征文56篇，上报优秀征文11篇；开展“铁骨柔情 团员先行”主题志愿活动；围绕“高、精、尖、难”工程，广泛开展“争创青年文明号，争当青年岗位能手”、青年生产突击竞赛活动。8个青年集体被评为山西省青年文明号，1人获评全国青年岗位能手，1人获评山西省青年岗位能手。自身建设。召开集团公司团委五届五次全委（扩大）会；召开学习贯彻十九大精神团干部座谈会；进行铁建青年网登稿培训，刊稿237篇。

（唐晓明）

【第一工程有限公司】 拥有公路工程总承包特级，公路行业设计甲级，铁路施工总承包一级，桥梁、隧道、公路路面、公路路基、水工隧洞工程专业承包一级资质。驻陕西省西安市灞桥区柳雪路368号。董事长、党委书记崔跃华，总经理刘运泽。下辖98个项目部，3个专业化公司和5个基地以及泰丰房地产开发有限公司、职工医院等附属单位。职工2455人。注册资本金6亿元，资产总额71.27亿元。其中，固定资产原值20.36亿元、净值6.41亿元；流动资产64.57亿元；净资产9.87亿元。机械运输设备1153台（套），总功率153004千瓦，技术装备率6.76万元/人，动力装备率41.69千瓦/人。年施工能力100亿元以上。

2017年，承揽工程任务82.2亿元，完成施工产值107.6亿元，实现利润总额3.2亿元，职工年人均收入75559元。

（郭志斌）

【第二工程有限公司】 拥有铁路、公路、房屋建筑、市政公用工程等4个施工总承包一级资质，隧道、桥梁、公路路基、铁路铺轨架梁等4个专业承包一级资质，矿山、水利水电工程等2项施工总承包二级资质，1项钢结构工程专业承包二级资质。驻山西省太原市小店区人民南路19号。董事长、总经理武明静，党委书记王耀常。下辖9个专业化分公司及93个工程项目部。职工3094人。资产总额97.5亿元。机械运输设备1813台（套），动力装备率62千瓦/人，技术装备率

33.99万元/人,机械化施工程度90%以上。年施工能力90亿元以上。

2017年,承揽任务总额107.26亿元,完成产值88.25亿元,实现利润总额1.38亿元,职工年人均收入74990元。 (刘　洋)

【第三工程有限公司】 拥有公路、市政公用工程施工总承包一级,铁路、建筑工程施工总承包二级,桥梁、隧道、公路路基、铁路铺轨架梁工程专业承包一级,地基基础、钢结构、环保工程专业承包二级资质。驻山西省太原市万柏林区西线街39号。董事长、党委书记陈志高,总经理张建斌。下辖13个专业化公司及89个项目部。职工2959人。资产总额79.14亿元。其中,固定资产净值6.32亿元;流动资产72.74亿元。机械运输设备2681台(套),设备总功率214013千瓦,技术装备率12.17万元/人,动力装备率69.04千瓦/人。年施工能力100亿元以上。

2017年,承揽工程任务262亿元,完成施工产值112亿元,实现利润2.5亿元,职工年人均收入76878元。 (刘玮钰)

【第四工程有限公司】 拥有公路、市政公用工程施工总承包一级,铁路、建筑、矿山、港口与航道工程施工总承包二级,隧道、桥梁、公路路基、机场场道工程专业承包一级资质。驻陕西省西安市未央区徐家湾红旗东路3号。董事长、总经理董化瑞,党委书记邵宝泉。下辖9个建制单位及专业化分公司。职工2904人。资产总额89.2亿元。机械运输设备1027台(套),设备总功率17.26万千瓦,动力装备率59.32千瓦/人,技术装备率19.57万元/人,综合机械化90%。年施工能力100亿元以上。

2017年,承揽工程任务171.1亿元,完成施工产值108.1亿元,实现利润3.31亿元,职工年人均收入87467元。 (肖帮伟)

【建筑安装工程有限公司】 拥有建筑工程施工总承包特级,市政公用工程施工总承包一级,铁路、机电工程施工总承包二级,钢结构、地基基础、电子与智能化、防水防腐保温、建筑装修装饰、建筑机电安装工程专业承包一级,起重设备安装工程、消防设施工程、建筑幕墙工程专业承包二级,工程设计建筑行业甲级,建筑幕墙工程设计专项乙级资质。驻山西省太原市西矿街130-1号。董事长、总经理蔡英康,党委书记姜振生。下辖47个项目经理部、专业分公司。职工1719人。资产总额75.63亿元。其中,流动资产74.64亿元;固定资产净值8622万元。机械运输设备430台(套),设备总功率19617千瓦,技术装备率1.76万元/人,动力装备率11.43千瓦/人。年施工能力70亿元以上。

2017年,承揽工程任务55项,合同投资126.76亿元,完成施工产值73.1亿元,实现净利润3.1亿元,职工年人均收入108058元。 (王亦凝)

【电气化工程有限公司】 拥有通信、建筑、机电工程施工总承包一级,铁路电务、铁路电气化、输变电、公路交通工程(公路机电工程)专业承包一级,电气与智能化、消防设施、建筑装修装饰工程专业承包二级,城市及道路照明、环保工程专业承包三级资质以及承装(修)一级电力许可证和电力系统设备试验测试资格。驻天津空港经济区环河北路与中心大道交口空港商务园西区12号楼。董事长、党委书记李保国,总经理辛东红。职工772人。资产总额50.43亿元。其中,货币资金16.48亿元;固定资产净值3.67亿元。机械运输设备195台(套),总功率21901千瓦,技术装备率3.26万元/人,动力装备率17千瓦/人。年施工能力25亿元以上。

2017年,承揽任务总额53亿元,完成施工产值26.18亿元,实现利润2.69亿元,职工年人均收入159033元。 (张丹妮　王　峥　孙海林)

【第七工程有限公司】 拥有公路、市政公用工程施工总承包一级,建筑工程施工总承包二级,桥梁、隧道工程专业承包一级,建筑工程施工总承包二级,铁路工程施工总承包三级,公路路基、路面工程专业承包三级,湖南省公路养护作业单位一类乙级及二类乙级与桥梁乙级和隧道乙级资质,拥有爆破作业单位许可证(营业性、四级)的建筑施工资质。驻湖南省长沙市天心区友谊路202号。党委书记、董事长杜湘豪,总经理张建军。下辖5个分(子)公司,在建项目39个。职工1227人。资产总额35.60亿元。其中,流动资产34.46亿元;固定资产净值4.82亿元。机械运输设备221台(套),设备总功率30312千瓦,技术装备率2.03万元/人,动力装备率24.27千瓦/人。年施工能力40亿元以上。

2017年,承揽工程任务80.68亿元,完成施工产值40.24亿元,实现利润14472万元,职工年人均收入98566元。 (卢大伟)

【振海工程有限公司】 拥有铁路、房屋建筑、公路、市政公用工程施工总承包三级,公路路面、公路路基、港口与海岸工程专业承包三级资质。驻海南省海口市面前坡西村148号。董事长、总经理徐德才,党委书记周长风。职工287人。资产总额76211万元,其中固定资产原值3510万元、净值1954万元,流动资产74192万元(货币资金4934万元)。年施工能力8亿元以上。

2017年,承揽工程任务15.57亿元,完成施工产值8.3亿元,实现利润186万元,职工年人均收入120683元。 (许钦凯)

【市政工程有限公司】 拥有市政公用工程施工总承包一级、建筑工程施工总承包三级、公路工程施工总承包三级、公路路基工程专业承包三级、公路路面工程专业承包三级、桥梁工程专业承包二级资质。驻广东省广州市南沙区海滨路169号成卓大厦。董事长、总经理徐峰,党委书记刘光传。职工180人。资产总额73979.69万元。其中,流动资产69376.38万元;固定资产原值7786.44万元、净值4296.7万元。年施工能力15亿元以上。

2017年,承揽任务总额30.61亿元,完成施工产值15.1亿元。实现营业收入58267.13万元,实现利润249.97万元,职工年人均收入84140元。(邓晓红)

【铁路养护工程有限公司】 拥有市政公用、房屋建筑工程施工总承包三级,公路路基工程专业承包三级资质。驻西藏自治区拉萨柳梧高新区火车站青藏公司工务楼。董事长、党委书记、总经理陈卫雄。职工172人。资产总额38574.51万元。其中,固定资产净值6200.03万元。机械运输设备441台(套),原值8228.55万元、净值1488.41万元,设备总功率11895.08千瓦,技术装备率2.72万元/人,动力装备率15.33千瓦/人。

(彭建平)

【国际工程有限公司】 拥有铁路工程施工总承包三级资质,驻北京市大兴区亦庄经济技术开发区科创十三街锋创科技园18号。董事长、党委书记李吉根,总经理宋宇新。下辖9个工程项目部和1个专业化公司。职工312人。资产总额11.02亿元。其中,固定资产原值6.27亿元、净值1.53亿元。机械运输设备804台(套),原值4887.12万元、净值6607.2万元,设备总功率130404千瓦,技术装备率18.46万元/人,动力装备率364.26千瓦/人。

2017年,承揽工程任务18.34亿元,实现营业收入9.26亿元,实现净利润2729万元,职工年人均收入102264元。 (马　坤)

【重要记载】

▲1月21—23日　党委四届二次全体委员(扩大)会议、四届五次职工代表大会、2017年工作会议、党风建设和反腐倡廉工作会议在太原召开。

▲1月22日　集团公司获市政公用工程施工总承包特级资质和市政行业甲级设计资质证书。

▲3月23日　集团公司承建的怀邵衡铁路黄岩隧道全线贯通。

▲3月　“建筑集团公司工程企业劳务队伍‘五化’管理”获第二十三届全国企业管理现代化创新成果二等奖。

▲4月14日　集团公司参建的广深港客运专线狮子洋隧道、深圳地铁2号线工程获中国土木工程詹天佑奖。

▲5月　建安公司太铁佳苑棚户区改造项目被中华全国总工会授予“全国工人先锋号”称号。

▲10月30日　哈尔滨地铁施工中创造盾构月掘进579.6米的国内泥水平衡盾构施工新纪录。

▲11月6日　集团公司承建的乐(昌)至广(州)高速公路大瑶山1号隧道获中国建筑工程鲁班奖。

▲12月30日　二公司、电气化公司参建的拥有完全自主知识产权、全自动运行的地铁线——北京地铁燕房线开通试运营。 (唐晓明)

中国铁建大桥工程局集团有限公司

【简况】 拥有铁路、公路、市政公用工程施工总承包特级(含设计)资质4项(含所属四公司公路工程总承包特级资质1项),房屋建筑、水利水电、机电等工程施工总承包一级资质21项,桥梁、隧道、公路路基、公路路面工程专业承包一级资质32项、行业管理资质9项;勘察、设计、咨询、测绘、检测资质12个类别资质24项,房地产、交通运输、住宿和餐饮业等3个类别资质4项;同时拥有对外工程行业管理资质及地质灾害防治工程甲级资质、援外工程A级资质。驻天津自贸试验区(空港经济区)中环西路32号。前身系中国人民解放军铁道兵第三师;1984年1月,集体转业并入铁道部,改编为铁道部第十三工程局;1999年12月,更名为中铁第十三工程局;2001年6月,企业改制改称中铁十三局集团有限公司;2013年12月,更名为中国铁建十三局集团有限公司;2014年3月,更名为中国铁建大桥工程局集团有限公司。注册资本金30亿元。下辖第一、二、三、四、五、六,电气化、西北、建筑、南方工程有限公司,中铁株洲桥梁、津桥工程检测、房地产开发、物资贸易及靖江桥梁科技产业园公司,中铁现代勘察设计院、技师学院（培训中心），华东、华北、南方、广西、西南、东北、西北和鲁豫区域指挥部。职工11655人。资产总额400.56亿元。其中，固定资产原值64.36亿元、净值28.56亿元；流动资产339.45亿元；无形资产1.65亿元。机械运输设备5327台（套），原值35.5亿元、净值12.12亿元，总功率555735千瓦，人均动力装备率36.85千瓦/人，技术装备率8.04万元/人，完好率93%、利用率74%，综合机械化程度85%以上。

2017年，新签合同额1019.63亿元，完成企业总产值322.85亿元，其中施工产值307.92亿元。实现利润4.16亿元，人均创利23388.15元。全员劳动生产率33.51万元/人年，职工年人均收入75196元。国有资产保值增值率124.11%，净资产收益率1.63%，产值利润率1.21%，资产负债率84.59%，应上缴款完成率100%。完成主要实物工程量：土石方5414.63万立方米，隧道38559.17延长米，桥梁88514.24延长米，正线铺轨66.25千米，站线铺轨36.78千米，铁路制梁1610片、架梁937片，地铁55615.51延长米，轻轨6781.10延长米，公路288.73千米，公路架梁927片，通信线路12千米，供电线路5千米，房屋建筑施工面积4696726平方米。获詹天佑奖2项、国家优质工程奖金奖1项、公路交通优质工程奖（李春奖）1项及其他省部优质工程奖7项。获评全国优秀施工企业、北京市政行业诚信企业、天津市建设工程优秀诚信企业。

（姜　楠）

【领导人员】

董事会

董事长　吴建顺

董事　许兰民

井耀明

吴焕通

杨　萍

监事会

监事会主席　刘　敏（12月免）

监事　王家福

谢小成

经理层

总经理　许兰民

副总经理　吴焕通

臧守杰

任汉波

李素清

纪尊众

刘俊民

韩再明

周明星

迟荣益

杨　萍

总工程师　宋伟俊

总会计师　杨　萍（兼）

党群领导

党委书记　吴建顺

党委副书记　许兰民

井耀明

纪委书记　刘　敏（12月免）

工会主席　井耀明（兼）

（王彦军）

【工程项目指挥机构】 华东区域指挥部　驻上海市青浦区新府中路1331号19号202。指挥长吴焕通。

华北区域指挥部　驻天津自贸试验区（空港经济区）中环西路32号。指挥长李素清。

南方区域指挥部　驻湖北省武汉市武昌区秦园中路东原时光广场A座。指挥长迟荣益。

广西区域指挥部　驻广西壮族自治区南宁市青秀区滨湖路66号8栋502。指挥长臧守杰。

西南区域指挥部　驻四川省成都市高新区世纪城路418号龙湖世纪峰景2栋2单元2802室。指挥长韩再明。

东北区域指挥部　驻吉林省长春市二道区岭东路2138号。指挥长苏宝伶。

西北区域指挥部　驻甘肃省兰州市安宁区深安路360号中集理想国际12楼。指挥长张子清。

鲁豫区域指挥部　驻山东省济南市历下区旅游路555国际A座12层。指挥长纪尊众。

兰渝铁路工程指挥部　驻甘肃省陇南市宕昌县旧城坝27号。指挥长李素清。

沪昆铁路客运专线贵州段工程指挥部　驻贵州省黔西南州晴隆县莲城镇东街。指挥长兼党工委书记臧守杰。

金温扩能改造工程指挥部　驻浙江省温州市瞿溪镇三溪路16号。指挥长兼党工委书记吴焕通。

延吉综合管廊工程指挥部　驻吉林省延吉市长白西路怡华家园。指挥长兼党工委书记尹传金。

宝兰铁路客运专线甘肃段项目经理部　驻甘肃省天水市麦积区马跑泉东路6号黄河啤酒厂。项目经理王保国。

福平铁路项目经理部　驻福建省平潭县金海湾酒店旁。项目经理兼党工委书记纪尊众。

京沈铁路客运专线项目经理部　驻辽宁省锦州市黑山县小东镇。项目经理张德伟。

怀邵衡铁路项目经理部　驻湖南省怀化市中方县光荣福利院。项目经理刘绍石。

蒙华铁路项目经理部　驻河南省三门峡市湖滨区涧南社区金昌路7号61489部队院内。项目经理李庆丰。

安六铁路项目经理部　驻贵州省六盘水市六枝特区发改局培训宾馆。项目经理兼党工委书记张福国。

商合杭铁路项目经理部　驻安徽省巢湖市碧桂园翠山映麓苑二街6-2。项目经理王涛。

鲁南铁路项目经理部　驻山东省济宁市曲阜市电缆路66号。项目经理张德伟。

福厦铁路项目经理部　驻福建省泉州市晋江市东石镇萧下村安东路西金龙大厦5楼507室。项目经理崔淑斌。

张吉怀铁路项目经理部　驻湖南省怀化市中方县光荣福利院。项目经理刘绍石。

赣深铁路客运专线项目经理部　驻江西省赣州市信丰县老糖厂。项目经理董兴国。　（王彦军）

【职工队伍】　职工11655人。其中，干部8481人、工人3174人。专业技术干部8432人，占在职干部总数的99.42%。技术工人2080人，占在职工人总数的65.53%。　（王卓然）

【铁路工程施工】　在建铁路工程33项，竣工10项，完成施工产值79.1亿元，占施工总产值的25.7%。

新建福州至平潭铁路站前工程FPZQ-4标段　位于福建省平潭综合实验区，全长17.535千米。合同投资37.18亿元，合同工期2013年11月至2019年4月。主要工程量：土石方52.8万立方米，桥梁5332.6延长米，涵洞41.2横延米。2017年，完成投资3.44亿元，开工累计完成投资33.24亿元，占合同投资的89.4%。

高台山至阜新至锦州铁路新邱至义县段扩能改造工程施工1标段　位于辽宁省阜新市，全长53.35千米。合同投资9.71亿元，合同工期2014年9月至2016年9月。主要工程量：土石方719.6万立方米，桥梁3912.8延长米，涵洞2136横延米，有砟轨道134.3千米，站台墙4400延长米，旅客地道121.3延长米。2017年，完成投资1.19亿元，开工累计完成投资4.24亿元，占合同投资的43.7%。

新建怀化至邵阳至衡阳铁路站前工程HSHZQ-1标段　位于湖南省怀化市，全长24.613千米。合同投资19.81亿元，合同工期2014年10月至2018年12月。主要工程量：土石方260.1万立方米，桥梁5339.5延长米，隧道14190延长米，涵洞900横延米。2017年，完成投资1.78亿元，开工累计完成投资16.66亿元，占合同投资的84.1%。

新建蒙西至华中地区铁路煤运通道土建工程MHTJ-13标段　位于河南省三门峡市，全长12.832千米。合同投资33.68亿元，合同工期2015年8月至2020年3月。主要工程量：土石方577.9万立方米，桥梁8053.8延长米，隧道1944延长米，涵洞316.2横延米，无砟道床铺设12.8千米。2017年，完成投资8.15亿元，开工累计完成投资20.98亿元，占合同投资的62.3%。

新建安顺至六盘水铁路站前工程ALTJ-2标段　位于贵州省安顺市和六盘水市，全长29.73千米。合同投资21.35亿元，合同工期2015年12月至2018年11月。主要工程量：土石方216万立方米，桥梁9740.2延长米，隧道15756延长米，涵洞282.7横延米。2017年，完成投资9.84亿元，开工累计完成投资18.54亿元，占合同投资的86.8%。

新建商丘至合肥至杭州铁路站前工程SHZQ-14标段　位于安徽省巢湖市，全长27.452千米。合同投资29.16亿元，合同工期2015年11月至2020年10月。主要工程量：土石方118万立方米，桥梁27308.2延长米，隧道8404延长米，涵洞16横延米，无砟道床55千米，无砟轨道1.7千米。2017年，完成投资8.18亿元，开工累计完成投资18.30亿元，占合同投资的62.7%。

新建银西铁路银川至吴忠段工程YWZQ-1标段　位于宁夏回族自治区银川市，全长13.823千米。合同投资16.51亿元，合同工期2016年9月至2017年10月。主要工程量：桥梁13823延长米。2017年，完成投资12.01亿元，开工累计完成投资16.14亿元，占合同投资的97.7%。

新建鲁南高铁临曲段LQTJ-3标段　位于山东省济宁市，全长29.65千米。合同投资17.93亿元，合同工期2016年12月至2020年12月。主要工程量：土石方198万立方米，桥梁17367延长米，隧道2855延长米，涵洞162横延米，无砟道床33.7千米。2017年，完成投资7.87亿元，开工累计完成投资7.87亿元，占合同投资的43.9%。　（张春玉　宋　凯）

【路外工程施工】　在建路外工程263项，竣工67项，完成施工产值228.8亿元，占施工总产值的74.3%。

重庆市轨道环线二期土建7标鹅公岩长江大桥工程　位于重庆市，全长2.632千米。合同投资8.87亿元，合同工期2014年3月至2019年4月。主要工程量：桥梁1650.5延长米，车站建筑面积16823平方米，区间801.5延长米。2017年，完成投资2.83亿元，开工累计完成投资8.87亿元，占合同投资的100%。

大连普湾新区16号路跨海桥工程　位于辽宁省大连市，全长2.9千米。合同投资14.71亿元，合同工期2013年3月至2017年10月。主要工程量：土石方20万立方米，桥梁3363延长米。2017年，完成投资7411万元，开工累计完成投资9.68亿元，占合同投资的65.8%。

云南滇中新区机场北高速公路项目工程　位于云南省昆明市，全长10.173千米。合同投资23.07亿元，合同工期2016年10月至2022年6月。主要工程量：土石方600万立方米，桥梁13057延长米，涵洞660横延米。2017年，完成投资11.26亿元，开工累计完成投资12.07亿元，占合同投资的52.3%。

石林至泸西高速公路项目工程　位于云南省昆明市，全长35.78千米。合同投资25.03亿元，合同工期2016年12月至2019年12月。主要工程量：土石方409万立方米，桥梁8795延长米，隧道6334延长米，涵洞1611横延米。2017年，完成投资5.3亿元，开工累计完成投资5.3亿元，占合同投资的21.2%。

昆明宜良至石林高速公路建设项目工程　位于云南省昆明市，全长19.787千米。合同投资24.67亿元，合同工期2016年12月至2019年12月。主要工程量：土石方602万立方米，桥梁5100.6延长米，隧道8639延长米，涵洞2978.3横延米。2017年，完成投资5.14亿元，开工累计完成投资5.7亿元，占合同投资的23.1%。

重庆城口至开州高速公路一期工程A3合同段　位于重庆市城口县，全长16.15千米（单线）。合同投资9.09亿元，合同工期2017年6月至2021年9月。主要工程量：土石方40252立方米，软基处理865平方米，防护圬工33501立方米，排水工程5031米，抗滑桩590米，路面混凝土面板409米，桥梁392延长米，隧道7660延长米。2017年，完成投资2.9亿元，开工累计完成2.9亿元，占合同投资的31.9%。

银川至北海高速公路建始（陇里）至恩施（罗针田）段土建工程JETJ－4标段　位于湖北省恩施自治州，全长17.823千米。合同投资9.57亿元，合同工期2016年8月至2019年3月。主要工程量：土石方800万立方米，桥梁4484延长米，隧道6475延长米，涵洞1341横延米。2017年，完成投资2.77亿元，开工累计完成投资6.07亿元，占合同投资的63.5%。

湖北石首长江公路大桥SS－2标段　位于湖北省荆州市，全长39.723千米。合同投资7亿元，合同工期2015年12月至2019年6月。主要工程量：桥梁4503延长米。2017年，完成投资2.36亿元，开工累计完成投资6.95亿元，占合同投资的99.3%。

湖北棋盘洲长江公路大桥QPZ－1标段　位于湖北省黄石市和黄冈市内，全长14.1千米。合同投资8.5亿元，合同工期2017年3月至2020年9月。主要工程量：土石方379万立方米，桥梁3851.7延长米，隧道1590延长米，涵洞1682延长米。2017年，完成投资2.18亿元，开工累计完成投资2.96亿元，占合同投资的34.8%。

武穴长江公路大桥WX－2标段　位于湖北省阳新县，全长11.14千米。合同投资19亿元，合同工期2016年12月至2020年12月。主要工程量：土石方610万立方米，桥梁3107.3延长米，隧道5055延长米，涵洞1131横延米。2017年，完成投资2.33亿元，开工累计完成投资4.42亿元，占合同投资的23.3%。

湖北翻坝江北高速公路FBLX－2标段　位于湖北省宜昌市，全长20.371千米。合同投资11.2亿元，合同工期2017年12月至2020年4月。主要工程量：土石方239万立方米，桥梁11373延长米，隧道12594延长米，涵洞476横延米。2017年，完成投资1.9亿元，开工累计完成投资1.9亿元，占合同投资的17%。

成都经济区环线高速公路德阳至简阳段3、4标段　位于四川省德阳市，全长11.285千米。合同投资10.11亿元，合同工期2017年3月至2018年12月。主要工程量：土石方290.6万立方米，桥梁3960延长米，隧道4000延长米，涵洞657横延米。2017年，完成投资4.72亿元，开工累计完成投资4.72亿元，占合同投资的46.7%。

四川大渡河双江口水电站泄洪系统工程　位于四川省阿坝藏族羌族自治州马尔康市，全长7750.3米。合同投资12.82亿元，合同工期2016年9月至2024年10月。主要工程量：土石方497万立方米，桥梁96延长米，隧道7750.3延长米。2017年，完成投资1.27亿元，开工累计完成投资1.27亿元，占合同投资的9.9%。

青岛地铁4号线土建十工区工程　位于山东省青岛市崂山区，全长5.5千米。合同投资6.44亿元，合同工期2016年11月至2020年12月。主要工程量：土石方15.4万立方米，隧道5500延长米。2017年，完成投资3779万元，开工累计完成投资4779万元，占合同投资的7.4%。

深圳国际会展中心配套市政项目一工区会展南站工程（深圳地铁20号线）　位于广东省深圳市宝安区。合同投资3.1亿元，合同工期2016年9月30日至2018年1月30日。主要工程量：土石方26万立方米，车站建筑面积32208平方米。2017年，完成投资2.11亿元，开工累计完成投资2.91亿元，占合同投资的93.9%。

长沙市轨道交通3号线SG－4标阜埠河站　位于湖南省长沙市岳麓区。合同投资4.69亿元，合同工期2015年2月至2017年2月。主要工程量：土石方44.4万立方米，车站建筑面积6.7万平方米。2017年，完成投资0.94亿元，开工累计完成投资1.51亿元，占合同投资的32.2%。　（张春玉　宋　凯）

【海外工程施工】　安哥拉罗安达公共供水公司水务培训中心项目2标段　位于安哥拉首都罗安达市KIKUXI区。合同投资5991万元，合同工期2017年5月至2018年3月。主要工程量：土石方4.6万立方米，房屋建筑面积4109.5平方米。2017年，完成投资2105万元，开工累计完成投资2105万元，占合同投资的35.1%。

中土埃塞德雷达瓦工业园项目外线电气工程　位于埃塞俄比亚德雷达瓦市。合同投资110万美元，合同工期2017年7月至2017年9月（因甲方原因当前工期推迟）。主要工程量：电力电缆敷设50877米，电缆防护16711米，电缆沟内接地安装11900米，路灯安装915个，照明配电箱安装33个，变配电室设备箱安装7个，户外直埋光缆敷设6495米，布线网线2376米，电缆手孔井150个。2017年，完成投资43万美元，开工累计完成43万美元，占合同投资39.1%。

（张春玉　宋　凯）

【经营管理】　市场开发。坚持双轮驱动，强化经营协同，发挥全员合力，在特殊桥梁和泥水盾构等重点领域、西藏和广西等重要区域以及张吉怀、福厦、赣深等铁路重大项目均实现突破，承揽首个“两优”暨首个超百亿元海外项目。出台《关于加强经营工作的若干规定》等制度，梳理业务流程，规范经营管理。进一步优化布局，对华北、西北、西南市场布局进行调整，有效促进资源优势的发挥。聚焦重点桥梁项目、重点铁路项目和重点投融资项目，实施精准投放，签订《2017年度重点跟踪项目承揽责任状》，将42个项目作为重中之重。承揽工程项目245项，新签合同额1019.63亿元，变更索赔55.18亿元。新增工程板块任务中，铁路工程210.83亿元，占总额的20.8%；公路工程318.53亿元，占总额的31.4%；水利电力13.13亿元，占总额的1.3%；房建工程82.40亿元，占总额的8.1%；城市轨道117.27亿元，占总额的11.6%；市政工程71.22亿万元，占总额的7.0%；其他工程201.20亿元，占总额的19.8%。境外工程153.87亿元，占总额的15.1%。

企业发展。出台并实施“1＋2＋5＋1”系列企业改革制度，即1个改革发展和专业化指导意见，1个薪酬管理办法，5个绩效考核办法，2个“三定”办法，构建结构合理、管理规范的企业发展改革体系，不断增强发展动力。加快构筑“1＋7”产业布局，即全力做强做大桥梁核心业务和品牌优势，做实做优资本经营、工程总承包、设计检测、房地产开发、物流贸易、工业制造和资产经营业务板块，构筑多元发展、协同发展优势，促进产业链的联动发展、共同发展，加快推进企业转型发展。大力推进资信工作，四公司成功获评公路特级资质，获4个特级资质。全面出台项目管理系列制度，制度建设和流程再造迈出实质性步伐。“三个基地”（桥梁科技产业园、职工住宅基地、天津人才基地）建设快速推进，靖江桥梁产业基地打造形成“一港两岸一码头”的完善布局，港口和码头的产权变更取得实质性进展；天津铁建大厦二期工程开工建设，并成功收购嘉顿大厦；三公司等4个公司搬迁天津进展顺利，办公和职工公寓用地拿地程序推进；五公司和南方公司办公楼购置获得股份公司批准。发展装配式建筑正式启动，完成项目选址、规模确定、进度安排等前期工作，为下一步发展打下坚实的基础。

经济管理。持续开展“管理增效年”活动。修订完善经济活动分析模板，提出以施工队伍为基本核算单元的全新思路，确定“1511”工作流程，梳理16个关键点，使经济活动分析更具实用性和可操作性，为责任成本管理深入开展奠定基础。组织行业利润水平及成本细部指标测定，完成铁路行业的测算并加以应用，提高项目评估效率。强化红线管理，明确红线价管理体系、各种超红线价行为的审批流程。修订下发《变更索赔管理办法》，指导工作开展，特别提出“一事一议奖励”，激发工作积极性和主动性。针对投资项目，出台《投资项目变更索赔工作要点》，对投资项目变更索赔工作的依据、特点、各阶段工作重点、风险提示及应对措施等作出明示，提供参考。开展变更索赔督导帮扶，派员对沪昆、佛肇、兰渝、宝兰、京沈等17个铁路项目，宜石、武穴、棋盘洲等13个重点项目清概工作进行现场督导、策划及帮扶。完工的8个铁路项目签订变更索赔及成本控制责任书，明确收入目标、锁定成本红线、制定奖罚措施，各项工作扎实深入。

物资设备管理。制定出台《物资网络采购管理办法》，全面推行二、三项料网络采购，规范小型材料采购流程，提高采购透明度和竞争性。13家子分公司在阿里巴巴电商平台建立账号，询价1013单，招标1单，成交129单，金额275.2万元；15家子分公司在铁建商城平台建立子账号，询价96单，成交金额94万元。累计完成设备购置计划174批次，金额19.74亿元；审批物资申请计划623批次，金额150.2亿元；周转材料购置计划审批114批次，金额3.51亿元。集采中心（不含集采分中心）累计招标453项次，标的额27.71亿元。完成资产清理、调转或退租等处置2.68亿元，完成目标值2.22亿元的120.6%。

安全质量管理。先后制定或修订《质量管理办法》《铁路施工项目信用评价考核奖罚办法》《一线作业人员收入与安全行为挂钩制度》《安全生产约谈实施办法》《大型施工结构设施检查验收签证制度》《公路信用评价考核奖罚办法》等办法。签订安全包保责任书27份，全面落实安全责任。深入开展专项安全隐患排查、专项安全检查、安全质量大检查、铁路工程质量大排查大整治等活动，一级风险项目实现全覆盖。质量安全环保三标体系文件顺利换版，为集团生产经营工作的正常进行提供保证。铁路信用评价持续保持A类等级，公路信誉评价在全国22个省份全部获A类以上，其中AA等级9个。获国家优质工程金奖1项、公路交通优质工程奖（李春奖）1项及其他省部优质工程奖7项。获全国工程建设优秀QC小组成果5项、铁道工程建设优秀QC小组2项、全国铁道行业优秀QC小组成果1项、股份公司优秀QC小组5项，其他省部级优秀QC小组成果10项。

财务和审计。加强“财务共享服务中心”建设、会计基础建设、内控制度建设、财务队伍建设。制定或修订《规范财务管理若干规定》《机关办公用品电商集中采购管理办法》《保险集中管理考核办法》《降杠杆减负债工作方案》《资金集中管理考核奖罚暂行办法》等制度办法，健全财务制度体系。创新融资方式，积极对接金融机构，搭建投融资平台，开展股权融资和表外融资，推进银信试点，有效降低资产负债率。借力财务公司、内部资金池、共享平台，加大资金集中管控力度。建立副职领导督导联系点制度，创新清欠手段，已完工程回收14.4亿元，清理回收各类保证金19.68亿元。归集资金35.34亿元，内部调剂22.67亿元，节约财务费用6200万元，平均资金集中度90%，资金上存度45.1%。积极研读最新金融政策，通过发行永续债、办理财务公司低息贷款、应收账款保理、法人账户透支等方式内部调剂资金72.1亿元，降低融资成本9861万元。实行保险集中审批制，工程险种集中度大幅提升，车辆保险实现全集中。通过诚合保险参保缴纳保费4663万元，保险集中率92.5%。加强税务管理，适应税改要求，不断提升税务筹划水平。充分利用高新技术企业、西部大开发、研发费加计扣除等优惠政策，税务筹划取得较大成效。被评为主体信用AA+级、纳税信用A级单位，集团公司桥家班壹号队获全国建筑业财税知识竞赛铜奖。开展领导干部经济责任审计和项目过程审计，适时开展项目跟踪审计，加大境外项目审计力度。完成审计项目151个，占计划总数119个的126.8%，对54个项目进行延伸审计和调查。提交审计报告和专题报告133篇，促进建立健全规章制度12项。

项目管理。制定下发《工程管理标准化文件汇编》《失信行为责任追究制度》《重大问题请示汇报制度》等制度办法，对重要环节进行强力规范。推行周月季报、施工生产视频会、通报和业主月评价等方式，加大施工现场过程监管力度；开展重点项目帮扶，及时解决存在问题，推动项目顺利进展。加强收尾项目清理，有效组织59个收尾项目的清理工作，撤销银行账户30个，完成财务并账37个。福平铁路平潭海峡公铁两用大桥铁路梁全部架设完成，鹅公岩大桥主桥边跨钢箱梁步履式连续顶推到位，银吴铁路客运专线黄河特大桥在承诺工期内圆满完成钢梁架设等任务，创3项世界纪录的蒙华铁路三门峡公铁两用大桥钢桁梁顶推进展顺利，石首长江大桥主塔即将封顶。

（姜　楠　孙鹏飞　张宝鹏　张春玉　张泽辉　陈　琦　张　颖　赵丽昀　安卫智）

【科技教育】 科技工作。编写《铁路桥涵工程施工安全技术规程》《地下工程防水饰面砂浆应用技术规程》等2项行业标准，修订并下发《工法管理办法》《科技开发项目管理办法》《施工组织设计管理办法》《专项施工技术方案管理办法》《专利工作管理办法》5个办法。国家级技术中心重新认定成功，申报股份公司首家海绵城市院士工作站高分获批，申报股份公司桥梁重大专项、天津市轨道交通重大专项获批，所属二公司成功认定为国家高新技术企业。承建的上海市轨道交通12号线和新建兰新铁路第二双线2项工程荣获詹天佑大奖，石首长江大桥获批国家第六批绿色施工示范工程，福平铁路通过全国建筑业绿色施工示范工程中期验收，重庆鹅公岩桥获批全国建筑业科技示范工程，天津外环线项目获批天津市科技创新示范工程，4项创新技术入选股份公司“十大科技创新成就”。获省级科技成果关键技术鉴定（评审）10项，省级科技进步奖5项、中施企协科技进步奖4项，省级工法27项，授权专利111件（其中发明专利25件）。“一种海中强风浪高强度裸岩钢管桩基的方法”获天津市优秀专利奖，国家科技支撑计划项目“煤矿长距离斜井盾构原位地下拆解及配套技术”研究成果获天津市科技进步二等奖、股份公司特等奖。承办《轨道建筑》期刊，完成8期刊印、发行。

教育培训。制定下发《2017年集团公司教育培训工作计划》。送培、自培972期17985人次，其中，送培400期1927人、自培572期16058人次。干部参训13329人次、工人4656人次、农民工8052人次。464

人通过2017年中高级专业技术职务评审，其中，高级职称169人（含教授级高级13人）、中级职称295人。

（于春红　张海英）

【党群工作】　组织工作。党组织445个，党员6219人。发展党员120人。坚定企业改革发展“十二大发展战略”和“十二大发展路径”，扎实深入推进党的十九大精神宣贯，通过班子成员讲党课、举办党支部书记培训班、安排处级以上领导干部集中培训、组织专题演讲比赛等多种形式，形成多层面、立体式、全覆盖的宣贯体系，将学懂弄通做实的总要求融入企业生产经营、提质增效、改革发展等各项任务，切实做到用党的十九大精神武装头脑、指导实践、推动工作。制定《关于加强和改进全集团党建工作的实施意见》《党建工作责任制实施办法》《党委工作目标管理责任制实施办法》3个办法，着力构建“1+9+9”党建工作体系，党建工作体制持续完善；“三重一大”决策严格执行党委会前置程序，全面开展书记抓党建述职评议，党建工作责任制全面落实。制定《基层党委工作条例》《基层党支部工作条例》《工程项目部党组织工作条例》3个条例，22项党建创新工作在实践中深入推进，基层党组织建设不断加强。

宣传文化工作。以主题教育活动为载体，开展形势任务教育。先后开展“向关改玉学习宣传活动”、“学习红旗渠精神活动”、学习焦裕禄以及党的十九大学习宣传贯彻等活动。制定《落实意识形态工作责任制实施办法》，先后开展学雷锋志愿服务主题活动及道德讲堂进基层活动，积极参与天津市文明城区建设工作，加强精神文明建设，首获“天津市文明单位”称号，5人登“天津好人”月度榜。通过制作文化理念动漫短片、企业文化宣传片、企业文化手册，开展“实施六破六立、推进文化塑性”主题演讲、知识竞赛等活动方式，宣贯文化理念，弘扬正风正气。刊稿2693篇，中央电视台39条，《人民日报》《经济日报》《工人日报》《科技日报》等国家级报纸10篇，《中国铁道建筑报》116篇，中国铁建网87篇。公司报纸《铁道前锋》获全国建设工程行业报纸“银页奖”，并获评吉林省一级内部资料。微信公众平台关注人数12239人，推送156次，发布消息189条，总阅读量近50万次，总点赞量1万余次，其中6条消息阅读量破万。官方微博粉丝量680人，发布消息31条。

纪检监察工作。推行“两个责任”全程记实管理，深化“3+N”廉政教育和作风建设，签订《党风廉政建设责任书》401份，纪委书记约谈各单位党政主管48人次、全覆盖约谈纪委书记24人次，完成34家单位实施落实党风廉政建设责任制考核。召开纠风部署会695场、印发通知202份、发送提醒信息3338条，成立220个检查组，“明察暗访”436个单位。组织廉政学习426场、讲授廉政党课314堂4387人次参加，编印教育读本3册、制作电子宣教图片11期19幅，下发教育资料6537本、制作展板185块、拍摄微视频41部，组织任前廉政谈话307人，诫勉谈话28人、约谈函询26人，纪委书记对9家单位96名班子成员集体廉政谈话。制定《班子成员巡察整改工作手册》，明确巡察整改问题库、分工表、三项清单（问题清单、责任清单、任务清单），发现并纠正各类问题603个，完善制度229项。

工会工作。下辖处级工会组织38个，专职工会干部78人，兼职工会干部226人，会员14407人，职工入会率100%。坚持以职工为本，主动依法科学维权，努力为职工群众办实事、做好事、解难事，促进企业稳定和谐发展。签订工资专项协议和女职工特殊权益专项协议。连续15年开展职工代表巡视质询活动，对19个单位职工就业、工资发放、休息休假、社会保险费收缴和劳动安全卫生保护等职工群众切身利益问题进行巡视。坚持不懈地抓好建家建线，投入基层建家建线经费518万元，培训中心被全国总工会命名为“职工教育培训示范点”；所属3个单位获股份公司“模范职工之家（小家）”称号。加大扶贫帮困力度，制定下发《集团公司扶贫帮困管理办法》，切实加大对困难职工的救助力度，投入362万元用于扶贫帮困。大力开展劳动竞赛活动，3个项目获评股份公司“劳动竞赛先进单位”、4人获评先进个人。深入推进劳动保护工作，积极组织开展职工公共安全卫生应急避险知识普及教育活动，参与答题3800人次，满分题卡3642张。有效开展争先创模工作，评选出集团公司第二届劳模15人，获天津市五一劳动奖4项、中华全国总工会火车头奖章1项、股份公司“工人先锋号”“两模一优”16项，创立劳模（技能人才）创新工作室7个。开展文体活动，丰富职工生活，推进体协工作。承办股份公司老年体协理事会二届九次会议，2个单位获评总公司“老年体协健身家园”、4人获评总公司“老年体协工作先进个人”；代表股份公司参加全国铁路第七届职工（女子）气排球比赛，获优秀组织奖；举办集团第二届职工羽毛球、乒乓球比赛。被评为“2016年度铁路工会财务工作先进单位”，在股份公司工会财务评比中获一等奖。

共青团工作。认真学习贯彻落实党的十九大会议精神，积极开展“一学一做”教育实践，大力开展“创新发展·青年当先”及“共青团服务重点项目建设”主题实践活动，组织创新实践活动113场次1896人参与，其中福平项目青年创新成果入围“航天科工杯”第三届中央企业青年创新奖评选；有效开展“五小”成果立项、科研及申报工作，申报“五小”成果74项，代表股份公司参加第十三届“振兴杯”全国青年职业技能大赛决赛，获优秀组织奖。深化“号、手、岗、队”活动，创建“青年突击队”79支1672人参与活动，四公司蒙华项目部获“中央企业青年文明号”。持续做好“导师带徒”和“青年职业生涯导航”工作，结对1327对。开展多形式联谊活动，为单身青年的婚恋牵线搭桥，组织、参加联谊活动28场次441人参与。（姜　楠　郭冬雪　金玉琴　尹希惠　孟长江　杨　晨）

【第一工程有限公司】 拥有公路、房屋建筑、市政公用工程施工总承包一级，港口与航道工程施工总承包二级，铁路、水利水电、机电工程施工总承包三级，钢结构、桥梁、隧道、公路路面、公路路基工程专业承包一级，公路交通工程专业承包二级资质。驻辽宁省大连市沙河口区沙跃街9号。执行董事、党委书记张幸六（8月免）、王学民（8月任），总经理张文军。下辖7个工程指挥部、1个分公司、16个项目部、1个工程队、3个中心、6个经营办事处。职工2294人。资产总额66.69亿元。其中，固定资产原值8.49亿元、净资产2.7亿元；流动资产60.6亿元；无形资产868万元。机械运输设备361台（套），原值4.4亿元、净值1.7亿元，总功率59710千瓦，动力装备率26.03千瓦/人，技术装备率7.39万元/人，设备完好率92%、利用率70%，综合机械化施工程度85%。

2017年，新签合同额84.04亿元，完成企业总产值51.71亿元，实现利润5432万元。全员劳动生产率39.94万元/人年，人均创利22354.41元。职工年人均收入61233元。国有资产保值增值率161.17%，净资产收益率1.23%，产值利润率1.16%，资产负债率82.94%，应上缴款完成率100%。（姜　楠　王玉荣）

【第二工程有限公司】 拥有市政公用、公路工程施工总承包一级，桥梁、隧道、公路路基工程专业承包一级资质。驻广东省深圳市盐田区东海大道盐田港9号小区。执行董事徐润泽，党委书记曹晓东（8月免）、徐润泽（8月任），总经理徐润泽（8月免）、宋云财（8月任）。下辖2个专业公司、13个工程指挥部、4个盾构事业部、1个特殊成员单位及39个项目部。职工2001人。资产总额45.36亿元。其中，固定资产原值12.83亿元、净资产4.16亿元；流动资产41.12亿元；无形资产743万元。机械运输设备1188台（套），原值14.08亿元、净值3.56亿元，总功率108615千瓦，动力装备率54.31千瓦/人，技术装备率17.79万元/人，设备完好率92%、利用率90%，综合机械化施工程度93%。

2017年，新签合同额71.05亿元，完成企业总产值36.23亿元，实现利润3991万元。全员劳动生产率31.87万元/人年，人均创利16782.43元。职工年人均收入69874元。国有资产保值增值率104.71%，净资产收益率1.51%，产值利润率1.19%，资产负债率86.24%，应上缴款完成率100%。（姜　楠　侯令超）

【第三工程有限公司】 拥有铁路、建筑、公路、市政公用、矿山工程施工总承包一级资质，桥梁、隧道、公路路基工程专业承包一级，钢结构工程专业承包二级资质。驻辽宁省沈阳市沈河区方家栏路60号。执行董事郭宏伟，党委书记张立青（8月免）、郭宏伟（8月任），总经理郭宏伟（8月免）、周冠南（8月任）。下辖11个工程指挥部及5个直属项目部。职工2538人。资产总额65.96亿元。其中，固定资产原值4.66亿元、净资产1.97亿元；流动资产63.97亿元；无形资产205万元。机械运输设备1231台（套），原值4.49亿元、净值2.44亿元，总功率99051千瓦，动力装备率39.03千瓦/人，技术装备率9.6万元/人，设备完好率90%、利用率75%，综合机械化施工程度91%。

2017年，新签合同额85.99亿元，完成企业总产值50.01亿元，实现利润141万元。全员劳动生产率52元/人年，人均创利568.4元。职工年人均收入73169元。国有资产保值增值率167.81%，净资产收益率0.01%，产值利润率0.05%，资产负债率84.25%，应上缴款完成率100%。（姜　楠　邓宝财）

【第四工程有限公司】 拥有公路工程施工总承包特级，水利水电、市政公用工程施工总承包一级，桥梁、隧道、公路路基、公路路面、机场场道工程专业承包一级，公路交通工程专业承包公路安全设施分项二级，铁路、建筑工程施工总承包三级，公路工程综合乙级试验检测机构资质。执行董事兼总经理廖福兴，党委书记姜群。下辖3个分公司及27个内部施工队伍。职工1738人。资产总额67.31亿元。其中，固定资产原值7.25亿元、净资产2.85亿元；流动资产63.48亿元；无形资产0.11亿元。机械运输设备480台（套），原值3.89亿元、净值1.80亿元，总功率79738千瓦，动力装备率45.88千瓦/人，技术装备率10.38万元/人，设备完好率85%、利用率86%，综合机械化施工程度86%。

2017年，新签合同额59.67亿元，完成企业总产值53.05亿元，实现利润2961万元。全员劳动生产率47.5万元/人年，人均创利17004.68元。职工年人均收入87705元。国有资产保值增值率147.34%,净资产收益率0.78%,产值利润率0.6%,资产负债率82.8%,应上缴款完成率101%。(姜 楠 李熙隆)

【第五工程有限公司】 拥有市政公用、公路、建筑工程施工总承包一级,铁路、水利水电工程施工总承包二级,桥梁、隧道、公路路基、钢结构、建筑机电安装工程专业承包一级,交安专业承包二级、环保专业承包三级资质。驻四川省成都市新都区学院路东路289号。执行董事、党委书记陈明荣(8月免)、王保国(8月任),总经理张新柳(8月免)、徐少平(8月任)。下辖4个经营部及40个直属项目部。职工1611人。资产总额41.92亿元。其中,固定资产原值4.81亿元、净资产1.91亿元;流动资产37.87亿元;无形资产95万元。机械运输设备531台(套),原值2.39亿元、净值0.24亿元,总功率94166千瓦,动力装备率50.87千瓦/人,技术装备率1.28万元/人,设备完好率90%、利用率87%,综合机械化施工程度85%。

2017年,新签合同额63.03亿元,完成企业总产值45.43亿元,实现利润6030万元。全员劳动生产率39.4万元/人年,人均创利26390.22元。职工年人均收入80724元。国有资产保值增值率102.29%,净资产收益率2.5%,产值利润率2.08%,资产负债率86.16%,应上缴款完成率105%。(姜 楠 赵华玮)

【第六工程有限公司】 拥有公路、房建、市政、水利水电等工程施工能力。驻吉林省长春市二道区岭东路2138号。执行董事刘玉清(8月免)、张伟(8月任),党委书记刘玉清(8月免)、曹晓东(8月任),总经理未丙岩(8月免)、张伟(8月任)。下辖4个工程指挥部及周转材料管理中心、卫星路基地和18个直属项目部。职工1100人。资产总额19.97亿元。其中,固定资产原值3.86亿元、净资产1.34亿元;流动资产18.62亿元;无形资产11万元。机械运输设备551台(套),原值3.17亿元、净值1.08亿元,总功率68370千瓦,动力装备率62.15千瓦/人,技术装备率9.81万元/人,设备完好率85%、利用率80%,综合机械化施工程度85%。

2017年,新签合同额20.24亿元,完成企业总产值21.83亿元,实现利润2417万元。全员劳动生产率22.46万元/人年,人均创利16341.55元。职工年人均收入76659元。国有资产保值增值率100.1%,净资产收益率1.58%,产值利润率1.44%,资产负债率82.37%,应上缴款完成率100%。(姜 楠 宁纪娅)

【电气化工程有限公司】 拥有通信、机电安装工程施工总承包一级,市政公用、建筑工程施工总承包二级,电力工程施工总承包三级,铁路电务、铁路电气化、输变电、建筑装修装饰、公路交通(公路机电)、电子与智能化工程专业承包一级,公路交通(公路安全设施分项)、消防设施、隧道工程专业承包二级,承装(修、试)电力设施许可承装类、承修类、承试类四级资质。驻天津自贸区(空港经济区)中环西路32号。执行董事、党委书记王长军,总经理陈丕刚。下辖网络信息公司及24个项目部、7个区域经营指挥部。职工582人。资产总额12.39亿元。其中,固定资产原值0.34亿元、净资产0.13亿元;流动资产12.09亿元;无形资产1万元。机械运输设备95台(套),原值1803万元、净值335万元,总功率9189千瓦,动力装备率15.79千瓦/人,技术装备率0.57万元/人,设备完好率96%、利用率88%,综合机械化施工程度85%。

2017年,新签合同额11.20亿元,完成企业总产值7.57亿元,实现利润3215万元。全员劳动生产率35.42万元/人年,人均创利58041.23元。职工年人均收入74296元。国有资产保值增值率103.67%,净资产收益率1.84%,产值利润率4.61%,资产负债率69.78%,应上缴款完成率240%。(姜 楠 武登春)

【中铁株洲桥梁有限公司】 拥有桥梁工程专业承包二级资质,是国内预应力混凝土制品行业中集施工、研发、生产为一体的领先专业骨干企业。驻湖南省株洲市建设北路487号。执行董事刘勇,党委书记刘勇(8月免)、綦彦波(8月任),总经理李源。下辖11个项目部(分公司)。职工1514人。资产总额7.47亿元。其中,固定资产原值2.39亿元、净资产0.66亿元;流动资产5.87亿元;无形资产0.77亿元。机械运输设备332台(套),原值1.14亿元、净值0.21亿元,技术装备率1.37万元/人,设备完好率88%、利用率75%,综合机械化施工程度60%。

2017年,新签合同额4.05亿元,完成企业总产值4.52亿元,实现利润665万元。全员劳动生产率29.46万元/人年,人均创利3555.77元。职工年人均收入31037元。国有资产保值增值率100.45%,净资产收益率0.29%,产值利润率1.35%,资产负债率66.30%,应上缴款完成率100%。(姜 楠 喻 斌)

【西北工程有限公司】 拥有园林绿化工程施工总承包一级,市政公用工程施工总承包二级,房屋建筑工程施工总承包三级,园林古建筑、环保工程专业承包二级资质。驻宁夏回族自治区银川市中山北街571号。执行董事王学民(8月免)、赫宏伟(8月任),党委书记罗俊(8月免)、韩福堂(8月任),总经理王学民(8月免)、赫宏伟(8 月任)。下辖 20 个项目部。职工 446 人。资产总额 14.60 亿元。其中,固定资产原值 2.55 亿元、净资产 1.49 亿元;流动资产 13.00 亿元;无形资产 180 万元。机械运输设备 381 台(套),原值 1.22 亿元、净值 0.84 亿元,总功率 29037 千瓦,动力装备率 64.24 千瓦/人,技术装备率 18.48 万元/人,设备完好率 86%、利用率 62.5%,综合机械化施工程度 86%。

2017 年,新签合同额 33.24 亿元,完成企业总产值 23.10 亿元,实现利润 5584 万元。全员劳动生产率 40.21 万元/人年,人均创利 138910.72 元。职工年人均收入 13.88 万元。国有资产保值增值率 100%,产值利润率 1.92%,应上缴款完成率 198%。

(姜　楠　赵　培)

【建筑工程有限公司】 专业的综合性工程公司。驻天津自贸试验区(空港经济区)中环西路 32 号。执行董事、党委书记王全良,总经理王庆玺。下辖 15 个项目。职工 284 人。资产总额 6.42 亿元。其中,固定资产原值 0.48 亿元、净资产 0.18 亿元;流动资产 6.18 亿元。机械运输设备 119 台(套),原值 2964 万元、净值 1208 万元,总功率 7362 千瓦,动力装备率 26.02 千瓦/人,技术装备率 4.27 万元/人,设备完好率 93%、利用率 92%,综合机械化施工程度 86%。

2017 年,新签合同额 18.71 亿元,完成企业总产值 6.91 亿元,实现利润 1135 万元。全员劳动生产率 36.87 万元/人年,人均创利 40239.87 元。职工年人均收入 70711 元。国有资产保值增值率 144.68%,产值利润率 1.58%,应上缴款完成率 150%。

(姜　楠　王昆伦)

【南方工程有限公司】 拥有市政公用工程施工总承包一级,建筑工程施工总承包二级,桥梁工程专业承包二级资质。驻广东省广州市南沙区丰泽东路 106 号。执行董事周明星,总经理陈国祥,党委书记刘海国。下辖 4 个项目部。职工 67 人。资产总额 8967 万元。其中,固定资产原值 383 万元、净资产 362 万元;流动资产 8604 万元;无形资产 1 万元。机械运输设备 5 台(套),原值 365 万元、净值 341 万元,总功率 320 千瓦,动力装备率 5 千瓦/人,技术装备率 5.33 万元/人,设备完好率 86%、利用率 63%,综合机械化施工程度 86%。

2017 年,新签合同额 6.32 亿元,完成企业总产值 5.27 亿元,实现利润 51 万元。全员劳动生产率 36.5 万元/人年,人均创利 4415.56 元。职工年人均收入 7.5万元。产值利润率 0.26%,资产负债率 100%,应上缴款完成率 100%。

(姜　楠　付晓华)

【房地产开发有限公司】 房地产开发二级资质企业。驻天津自贸试验区(空港经济区)中环西路 32 号。执行董事、党委书记宋春英(8 月免)、申智栋(8 月任),总经理申智栋(8 月免)、秦国刚(8 月任)。下辖 2 个分公司。职工 35 人。资产总额 5.40 亿元。其中,固定资产原值 281 万元、净资产 28 万元;流动资产 5.4 亿元。

2017 年,新签合同额 1.33 亿元,完成企业总产值 1.22 亿元,实现利润 4 万元。全员劳动生产率 33.27 万元/人年,人均创利 497.04 元。职工年人均收入 7.57万元。国有资产保值增值率 100.04%,净资产收益率 0.01%,产值利润率 0.03%,资产负债率81.1%,应上缴款完成率 100%。

(姜　楠　田博琳)

【海外公司】 驻天津自贸区(空港经济区)中环西路 32 号。党委书记袁胜利,总经理梁斌。下设 3 个驻外经营部、1 个办事处。职工 37 人。资产总额 1037 万元。其中,固定资产原值 32 万元、净资产 6 万元;流动资产 1031 万元。

2017 年,新签合同额 334.13 亿元,完成企业总产值 0.38 亿元。职工年人均收入 90099 元。

(姜　楠　杨　梦)

【中铁津桥工程检测有限公司】 国家认监委计量认证检测资质(含铁路)、ISO9001 质量管理体系认证、国家级测绘工程甲级,吉林省地基基础工程检测、建筑工程见证取样检测、市政工程见证取样检测、建筑节能检测、室内环境检测、主体结构和钢结构、公路水运工程试验检测机构综合乙级,吉林省工程勘察专业类(岩土工程)、水利工程混凝土工程检测乙级资质企业。驻吉林省长春市二道区岭东路 2072 号。执行董事兼总经理惠中华,党委书记王玉向。下辖 10 个在建项目中心试验室、4 个监控量测项目部及 3 个第三方检测项目部。职工 105 人。资产总额 9411 万元。其中,固定资产原值 2394 万元、净资产 1068 万元;流动资产 8343 万元。机械运输设备 51 台(套),原值 1323 万元、净值 66 万元。

2017 年,新签合同额 7721 万元,完成企业产值 6280 万元,实现利润 76 万元。人均创利 2174.15 元。国有资产保值增值率 101.01%,净资产收益率 0.25%,产值利润率 1.52%,资产负债率 45.26%,应上缴款完成率 100%。

(姜　楠　于　欢)

【中铁现代勘察设计院有限公司】 拥有市政行业(轨道交通工程)、建筑行业(建筑工程)、工程勘察专业甲级,市政行业设计、工程测量、风景园林工程设计、城乡规划编制专项乙级，工程咨询（铁路）丙级资质。驻天津自贸试验区（空港经济区）中环西路32号。执行董事兼院长王学哲，党委书记王学哲（8月免）、罗俊（8月任）。下辖1院和4所。职工68人。资产总额9650万元。其中，固定资产原值549万元、净值73万元；流动资产9567万元；无形资产10万元。

2017年，新签合同额4148万元，完成企业产值3211万元，实现利润196万元。职工年人均收入99540元。人均创利13043.88元。国有资产保值增值率102.83%，净资产收益率0.7%，产值利润率5.58%，资产负债率45.65%，应上缴款完成率100%。

（姜　楠　李慧章）

【物资贸易有限公司】　驻天津自贸区（空港经济区）中环西路32号。执行董事兼总经理徐维明（8月免）、赵国营（8月任），党委书记董建平（8月免）、孙伟（8月任）。职工35人。资产总额6.08亿元。其中，固定资产原值0.12亿元、净资产0.07万元；流动资产5.89亿元；无形资产0.1亿元。

2017年，完成企业总产值94412万元，实现利润2714万元。人均创利904609.12元。职工年人均收入103585元。国有资产保值增值率114.1%，净资产收益率5.15%，产值利润率2.87%，资产负债率82.7%，应上缴款完成率100%。　（姜　楠　王　欣）

【靖江桥梁科技产业园有限公司】　暂驻江苏省靖江市斜桥镇康桥路2号。执行董事周明星（8月免）、甘荣军（8月任），总经理甘荣军（8月任），党委书记孙晓晖（8月任）。职工13人。资产总额3500万元。其中，固定资产49.95万元；流动资产159.78万元；无形资产3290.84万元。

2017年，职工年人均收入13.97万元。

（姜　楠　赵兵兵）

【技师学院】　拥有3个国家级示范专业，4个省级示范专业和6个市级品牌示范专业，是国家中等职业教育改革示范学校、国家级重点技工学校、国家级重点中等职业学校，全国最佳就业率学校、全国德育管理先进单位、是国家级汽车维修、测量与试验专业高技能人才培养基地。驻吉林省长春经济技术开发区兴隆山新兴路707号。院长安锦春，党委书记杨立新。职工179人，在校学生4436人。

2017年，招生1825人，安置就业1381人，实习就业稳定率89%，满意度90%。　（姜　楠　张　鑫）

【重要记载】

▲1月1日　《铁道前锋》创刊25周年。

▲1月10日　四公司、电气化公司参建的亚（的斯亚贝巴）吉（布提）铁路开通运营。

▲1月15—16日　集团公司一届一次职代会、2017年党委扩大会、工作会暨党风廉政建设会在天津召开。

▲2月24日　承担的国家科技支撑计划项目“煤矿长距离斜井盾构原位地下拆解及配套技术”顺利通过结题验收。

▲3月8日　津桥公司获中国建筑业协会“建设工程质量检测AAA级信用等级”证书。

▲3月9日　收购天津威华科技有限公司资产暨资产转让签订仪式在天津举行。

▲3月15日　电气化公司被福建省交通运输厅评为2016年度交通建设项目AA级从业单位。

▲3月　集团公司参建的新建哈尔滨至大连铁路客运专线、三公司承建的上瑞国道主干线湖南省邵阳至怀化高速公路2项工程获第十四届詹天佑奖。

▲3月　集团公司获中国施工企业管理协会评选的“2016年度全国优秀施工企业”称号。

▲5月　集团公司获评2016年度北京市政行业诚信企业。

▲12月5日　集团公司与天津空港经济区管委会签署投资合作协议。

▲12月18日　中国铁建财务公司驻大桥局服务部揭牌仪式在集团公司总部机关举行。

▲12月27日　一公司参建的合肥市环巢湖公路工程获交通运输部公路交通优质工程奖。（姜　楠）

中铁十四局集团有限公司

【简况】　拥有铁路、建筑、市政、公路工程施工总承包特级，铁道行业甲（Ⅱ）级、建筑、市政、公路甲级工程设计资质，建筑幕墙、建筑装饰工程设计专项乙级，公路、水利水电工程施工总承包一级，桥梁、隧道、公路路基、公路路面、钢结构、地基基础、建筑装修装饰、建筑幕墙、环保工程专业承包一级，机电安装矿山工程施工总承包二级，防水防腐保温工程专业承包二级，河湖整治、建筑机电安装、起重设备安装工程专业承包三级，特种工程（结构补强）（建筑物纠偏和平移）、预拌混凝土、施工劳务资质、模板脚手架专业资质；国土资源部核准的地质灾害防治工程施工甲级资质，公安部核准的爆破作业单位许可证(营业性)一级资质;国家测绘地理信息总局颁发的测绘甲级资质;经国家商务部批准享有对外经营权。驻山东省济南市奥体西路2666号铁建大厦A座。下辖一至五、隧道、大盾构、建筑、房桥、电气化、房地产、铁正检测、市政、海外14个子分公司,东北、华北、西北、华中、华东、华南等12个国内区域经营机构,设有海外指挥部、北非建设分公司等国际区域生产经营机构。职工14970人。注册资本金31.1亿元。资产总额347亿元。机械运输设备5475台(套),固定资产原值59.26亿元、净值34.10亿元。设备成新率57.54%,总功率647906.35千瓦,动力装备率46.18千瓦/人,技术装备率24.31万元/人,资产增长率6.06%,设备资产利润率7.65%。

2017年,新签合同额962亿元,完成营业收入381.95亿元,消化风险资产14.04亿元后,实现净利润2.15亿元。获国家科技进步特等奖1项、国家科技进步奖4项。获国家优质工程金质奖2项,鲁班奖23项,詹天佑奖10项,国家优质工程奖33项。

(曹　茜)

【领导人员】

董事会

董事长	张挺军
董事	张挺军
	吴言坤
	王子贵
	周长进(5月任)
	王　焕(5月任)

监事会

监事会主席	王国栋
监事	孙霄霞
职工监事	赵海涛

经理层

总经理	吴言坤
副总经理	王红卫
	周长进
	姜　伟
	孟繁亚
	薛　峰
	马　军
	王维民
	王　焕
	郭洪伟
总工程师	王　焕(兼)
总会计师	郭洪伟(兼)

党群领导

党委书记	张挺军
党委副书记	吴言坤
	刘庆民
纪委书记	王国栋
工会主席	王子贵

(李兴刚)

【工程项目指挥机构】　太仓BT项目管理指挥部　驻江苏省太仓市。党工委副书记主持工作。

成绵乐铁路工程指挥部　驻四川省成都市。指挥长李孝南。

宁启复线电化工程指挥部　驻江苏省南京市。指挥长于自清。

沪昆铁路客运专线贵州段工程指挥部　驻贵州省安顺市。指挥长兼党工委书记马天明。

芜湖长江隧道工程指挥部　驻江苏省南京市。指挥长戴洪伟(6月免)、李东升(7月任)。

中国铁建国际城指挥部　驻山东省济南市。指挥长冯国森。

武汉轨道交通8号线一期土建3标段指挥部　驻湖北省武汉市。指挥长张哲。

石济铁路客运专线项目经理部　驻河北省衡水市。项目经理刘全青。

云桂铁路(广西段)YGZQ－3项目经理部　驻广西壮族自治区百色市。项目经理程相华。

长株潭综合Ⅱ标项目经理部　驻湖南省长沙市。项目经理戴尊勇。

津保铁路项目经理部　驻天津市北辰区。项目经理兼党工委书记岳耀群。

张唐铁路项目经理部　驻河北省唐山市。项目经理张广宪。

青连铁路项目经理部　驻山东省青岛市。项目经理张兆忠。

蒙华铁路米HTJ－23标段项目经理部　驻湖北省荆州市。项目经理刘志波。

黔张常铁路项目经理部　驻湖北省恩施土家族自治州。项目经理王献伟。

仁新高速公路7标段项目经理部　一公司代局指,驻广东省韶关市。项目经理刘朝阳。

穗莞深城际5标段项目经理部　一公司代局指,驻广东省东莞市。项目经理秦松。

沪通铁路项目经理部　二公司代局指,驻江苏省南通市。项目经理孙焕重。

潮惠高速项目经理部　二公司代局指,驻广东省惠州市。项目经理刘明才。

海南西环铁路项目经理部　二公司代局指，驻海南省三亚市。项目经理田文凯。

成昆铁路项目经理部　二公司代局指，驻四川省攀枝花市。项目经理王晓东。

郑徐铁路客运专线项目经理部　三公司代局指，驻河南省商丘市。项目经理翟继虎。

阳安铁路项目经理部　三公司代局指，驻陕西省汉中市。项目经理王桂杰。

额哈铁路项目经理部　三公司代局指，驻内蒙古自治区阿拉善盟。项目经理刘时光。

宝兰铁路客运专线项目经理部　三公司代局指，驻甘肃省兰州市。项目经理邱智勇。

通新铁路客运专线项目经理部　三公司代局指，驻辽宁省。项目经理刘时光。

济青高速改扩建项目经理部　四公司代局指，驻山东省青岛市。项目经理张万国。

连镇铁路项目经理部　四公司代局指，驻江苏省扬州市。项目经理杨仕彬。

穗莞深城际8标段项目经理部　四公司代局指，驻广东省深圳市。项目经理王剑。

长西铁路项目经理部　四公司代局指，驻内蒙古自治区兴安盟。项目经理韩诚善。

通让铁路项目经理部　四公司代局指，驻吉林省白城市。项目经理亓守臣。

呼准鄂铁路项目经理部　五公司代局指，驻内蒙古自治区鄂尔多斯市。项目经理刘立新。

邯胶铁路联络线工程项目经理部　五公司代局指，驻山东省济南市。项目经理陈忠峰。

京沈铁路客运专线京冀段项目经理部　大盾构公司代局指，驻北京市朝阳区。项目经理周庆合。

京张高铁项目经理部　大盾构公司代局指，驻北京市海淀区。项目经理赵海涛。

常德沅江隧道项目经理部　大盾构公司代局指，驻湖南省常德市。项目经理路开道。

苏通管廊项目经理部　大盾构公司代局指，驻江苏省苏州市。项目经理陈鹏。（李兴刚）

【职工队伍】　职工14489人。其中，研究生及以上297人、本科8185人、大专（高职）3122人、中专93人、中专以下1951人；25岁以下1540人、26～30岁2845人、31～35岁3006人、36～40岁2052人、41～45岁2326人、46～50岁1379人、51～55岁704人、55岁以上637人。（陈　静）

【工程施工】　在建工程169项，合同总投资1061.63亿元。完成产值391.04亿元，占年度产值计划的90.94%。其中，铁路工程27项、公路工程35项、市政工程14项、城市轨道工程62项、水利水电工程9项、房屋建筑工程10项、其他工程12项。

蒙华铁路23标段　位于湖北省荆州市。正线全长70.65千米。合同工期2015年9月18日至2019年10月1日，合同投资273187万元。2017年，完成产值88039万元，占年度计划的100.04%。

新建鲁南高速铁路临沂至曲阜段LQTJ－1标段　位于山东省临沂市。正线全长45.2千米。合同工期2016年12月18日至2020年12月8日。合同投资276255.73万元。2017年，完成产值12.38亿元，占年度计划的103.13%。

黔张常铁路QZCZQ－4标段　位于湖北省恩施土家族自治州。正线全长28.455千米。合同工期2015年7月30日至2019年11月30日。合同投资188609万元。2017年，完成产值56200万元，占年度计划的107.96%。

新建成兰铁路CLZQ－11标段　位于四川省阿坝藏族羌族自治州。线路全长24.191千米。合同工期2013年1月4日至2017年9月3日，合同投资148215.77万元。2017年，完成产值19883万元，占年度计划的95.59%。

新建连云港至镇江铁路LZZQ－7标段　位于江苏省扬州市。全长16.043正线千米。合同工期2015年9月26日至2018年7月31日，合同投资250148.2万元。2017年，完成产值53510万元，占年度计划的107.02%。

青连铁路ZQ－5标段　位于山东省青岛市。合同工期2016年4月13日至2018年8月31日。合同投资212039.83万元。2017年，完成产值65552万元，占年度计划的100.56%。

京沈铁路客运专线北京段站前工程JSJJSG－12标段　位于北京市朝阳区。正线全长5.32千米。合同工期2016年4月28日至2020年6月30日，2017年，完成产值74903万元，占年度计划的100.54%。

新建北京至张家口铁路JZSG－1标段　位于北京市海淀区。正线全长10.49千米。合同工期2016年3月1日至2019年12月31日，合同投资188116.93万元。2017年，完成产值63166万元，占年度计划的116.97%。

新建通辽至京沈高铁新民北站铁路TLSG－2标段　位于辽宁省阜新市。合同工期2016年6月7日至2020年6月6日。合同投资263235.22万元。2017年，完成产值110806万元，占年度计划的103.27%。

厦门地铁2号线一期1标二工区项目　位于福建

省厦门市。全长26.1千米。合同工期2015年3月1日至2018年6月30日,合同投资86517万元。2017年,完成产值21813万元,占年度计划的95.27%。

杭州市望江路过江隧道工程　位于杭州市滨江区。全长3.24千米。合同工期2015年12月31日至2019年8月31日,合同投资153935.29万元。2017年,完成产值36892万元,占年度计划的98.42%。

苏通GIL综合管廊工程　位于江苏省常熟市。全长5.53千米。合同工期2016年8月5日至2019年1月31日,合同投资141287.9万元。2017年,完成产值56125万元,占年度计划的107.75%。

常德沅江过江隧道工程　位于湖南省常德市。全长2.24千米。合同工期2016年10月16日至2019年10月15日,合同投资127698万元。2017年,完成产值36793万元,占年度计划的100.12%。

济南轨交R1线1标段　位于山东省济南市。全长6.67千米。合同工期2015年12月28日至2018年5月14日,合同投资124812万元。2017年,完成产值33533万元,占年度计划的83.62%。

深圳地铁20号线1－3工区　位于深圳市宝安区。全长3.8千米。合同工期2016年10月30日至2018年1月30日,合同投资39386万元。2017年,完成产值26616万元,占年度计划的98.15%。

仁新高速公路TJ7标段　位于广东省韶关市。合同工期2015年10月25日至2018年10月25日,合同投资183501.61万元。2017年,完成产值55846万元,占年度计划的100.8%。

济青高速公路改扩建工程JQSG－1标段　位于青岛胶州市。全长64.01千米。合同工期2016年6月1日至2019年11月31日,合同投资340420万元。2017年,完成产值99029万元,占年度计划的102.38%。

（苗孔杰）

【境外工程】　多哥6号国道LOT1公路修复项目　主要工程量:四跨简支梁桥1座83.2延长米、路面结构层19千米。合同投资4803万元,2015年6月开工。2017年4月完工。已通过验收。

贝宁艾维桥项目　主要工程量:桥梁240延长米,双向2车道沥青路面460米。合同投资3772万元,2016年4月1日开工,2017年7月25日完工。已通过验收。

援赤道几内亚毕科莫水电站改造项目　主要工程量:更新4台800千瓦水轮发电机组及其附属设备。合同投资4275.54万元,2016年11月30日开工,2017年12月24日完工。已通过验收。

援斐济斯丁森桥和瓦图瓦卡桥项目　主要工程量:1号桥身及接线路线279米,桥梁69延长米;2号桥身及接线路线约400米,桥梁86延长米。合同投资8442.2万元,2016年7月8日开工,2017年12月15日完工。已通过验收。

援尼泊尔国家武警学院项目　主要工程量:占地面积168400平方米,总建筑面积15353.4平方米。合同投资15614万元,2015年4月16日开工,2017年5月15日完工。已通过验收。

援尼泊尔阿尼哥公路长期保通项目　包括修复因地震和雨季等原因导致的路面损坏及山体滑塌,主要涉及修复路基、砌筑挡墙、涵洞、修复排水沟、清理山体滑坡、恢复路面等工作。合同投资4358万元,2016年8月8日开工,2017年2月1日完工。已通过验收。

援尼泊尔塔托帕尼边检站紧急抢险工程项目　主要建设临时护岸工程、喷锚加固工程、场区排水工程。合同投资877.51万元,2017年5月20日开工,2017年8月20日完工。已通过验收。

厄瓜多尔矿山截洪沟和施工便道项目　对排土场上游汇水进行导排,以保护排土场的安全。合同投资28463.52万元,2015年12月20日开工。2017年,完成产值10312.37万元,开工累计完成产值19432.17万元,完成合同投资68%。

厄瓜多尔矿山混凝土拌合站项目　主要为米拉多铜矿建设提供商品混凝土,预计运营4年。合同投资24560万元,2015年8月开始运营。2017年,完成产值6158.69万元,开工累计完成产值9563.63万元,完成合同投资40%。

厄瓜多尔矿山工业场地平整项目　主要工程量:2个工业场地的平整以及工业场地弃土场的建设。合同投资20991万元,2016年11月1日开工。2017年,完成产值10904.69万元,开工累计完成产值12134.22万元,完成合同投资57.81%。

厄瓜多尔矿山采场34.5千伏变配电站及总降至采场变配电站供电线路工程　主要工程量:采场34.5千伏变配电站土建工程,包括变压器室和13.8千伏开关柜室;总降至采场变配电站供电线路分为六级电塔。合同投资975.24万元,2017年8月12日开工。2017年,完成产值158万元,开工累计完成产值158万元,完成合同投资16.2%。

厄瓜多尔铜矿Tunday米e尾矿库清污分流系统隧洞工程　主要工程量:隧洞主洞2895.39延长米,支洞353.74延长米。合同投资18643.82万元,2017年10月16日开工。2017年,完成产值611.95万元,开工累计完成产值611.95万元,完成合同投资3.28%。

多哥6号国道Lot2公路修复项目　主要工程量:两跨简支梁桥41.6延长米。合同投资3597.56万元,

2017 年 7 月 4 日开工。2017 年，完成产值 2000 万元，开工累计完成产值 2000 万元，完成合同投资 55.6%。

纳辛贝埃亚德马国际机场道面加强项目工程　主要工程量：2 层改性沥青砼摊铺跑道 3 千米，滑行道和垂直连接道 0.88 千米。合同投资 4673.9 万元，2017 年 11 月 17 日开工。2017 年，完成产值 516.06 万元，开工累计完成产值 516.06 万元，完成合同投资 8.79%。

援阿富汗国家职业技术学院项目　主要工程量：建筑面积 15240 平方米，改造部分建筑面积 1753 平方米。合同投资 1.8 亿元，2017 年 4 月 12 日开工。2017 年，完成产值 8900 万元，开工累计完成产值 8900 万元，完成合同投资 49.4%。

援阿富汗科教中心第一期技术合作项目　对阿富汗国家科教中心设备设施的使用和维护进行技术指导，现场培训阿方技术人员，并提供部分设备零配件。合同投资 626 万元，2016 年 7 月 10 日开工。2017 年，完成产值 312 万元，开工累计完成产值 442.4 万元，完成合同投资 70.7%。

援阿富汗总统府多功能中心第二期技术援助项目　对阿富汗总统府多功能中心设备设施的使用和维护进行技术指导，现场培训阿方技术人员，并提供部分设备零配件。合同投资 886.58 万元，2017 年 6 月 7 日开工。2017 年，完成产值 259 万元，开工累计完成产值 259 万元，完成合同投资 29.2%。

援多米尼克约克峡谷桥项目　主要工程量：全长 179.64 米，两岸接线 113.63 米，桥 1 座 66.01 延长米，宽 8.5 米。合同投资 2233 万元，2016 年 9 月 27 日开工。2017 年，完成产值 1280 万元，开工累计完成产值 2019.9 万元，完成合同投资 90.45%。　（曹　茜）

【经营管理】　新签合同 291 项 877.6 亿元，其中，铁路工程 15 项 159.6 亿元、公路工程 39 项 339.6 亿元、水利电力工程 24 项 44.1 亿元、房建工程 21 项 80.1 亿元、城市轨道工程 13 项 114.8 亿元、市政工程 26 项 107.8 亿元。

安全质量。组织培训交通、水利、住建部门安全管理"三类人员"及特种作业人员 1425 人。获鲁班奖 2 项，"安装之星"1 项、山东省"泰山杯"工程 2 项、北京竣工长城杯 2 项、钱江杯 1 项、铁路优 1 项、山东省市政金杯 1 项、浙江市政金杯 1 项、中国铁建杯 7 项；全国优秀 QC 小组 4 项、省部级优秀 QC 小组 20 项、中国铁建优秀 QC 小组 6 项。　（曹　茜）

【科技成果】　南京市梅子洲过江通道连接线工程——青奥轴线地下交通系统及相关工程获第十五届詹天佑土木工程大奖。"复杂环境地质条件下长大隧道安全绿色施工关键技术研究"获中国公路学会科技进步一等奖；"水泥土插芯组合桩成套技术开发与应用"获山东省科学技术进步奖二等奖；获中国施工企业管理协会科学技术奖 6 项，中国岩石力学与学会科学技术奖 4 项，获股份公司科技进步奖 7 项，其中，一等奖 3 项、华夏建设科学技术二等奖 1 项、中国建筑业协会科技进步三等奖 1 项、山东土木建筑学会科学技术奖 4 项；"水下隧道建造技术""高原铁路建造技术"获股份公司十大科技创新成就奖；"江底长距离土岩复合地层大直径泥水盾构综合施工关键技术研究"等 4 项科技成果通过专家鉴定，均为国际先进水平。省部级工法 24 项，授权专利 60 件，其中发明专利 12 件；申报专利 135 件，其中发明专利 20 件。获山东土木建筑学会先进工作委员会，1 人获山东省土木建筑学会先进个人；获茅以升铁道工程师奖 1 人，获詹天佑创新集体 1 项。组织评审出集团公司科技进步奖 7 项、优秀工法 29 项和优秀论文 326 篇。通过国家认定企业技术中心复审。新增铁正公司通过山东省企业技术中心认定，5 家子公司通过省级企业技术中心认定。3 家子公司通过高新技术企业认定。研究与开发费投入 86770 万元。列入总公司科技发展 C 类项目 3 项；列入集团公司技术开发项目 60 项，其中集团公司资助项目 9 项，资助金额 350 万元，承担山东省技术创新项目 62 项。　（李秀东）

【党的工作】　基层党组织 608 个，其中，党委 32 个、党工委 30 个、党支部 546 个。党员 8352 人。制定《"两学一做"学习教育常态化制度化实施方案》。建立日常学习、践行"四个合格"、查找解决问题、以上率下层层示范和党支部发挥主体作用 5 个长效机制。领导班子建设。完善党委常委会议事规则和"三重一大"决策制度。召开党委常委扩大会 13 次，对企业发展重大问题进行集体研究。制定《集团公司副职领导绩效考核实施办法》，强化班子整体功能发挥。高质量召开领导班子民主生活会，积极维护班子团结。强化二级班子配备，对 4 家单位班子进行调整，为局指配备班子成员 18 人。修订"四好班子"和"一对好主管"评选办法，加大奖励力度。基层党建工作。制定《企业党建工作责任制实施办法》，修订《政治工作目标管理责任书》，组织党委书记抓基层党建述职评议考核。各单位党组织书记逐级完成述职评议考核。建立各级班子成员党建工作联系点 291 个。开展党支部建设工作督导，对 17 家单位 31 个党支部进行现场督导检查。选派 13 人参加中国铁建党组织书记培训示范班，研究起草《政工干部队伍建设指导意见》。党员队伍管理。

基层党支部召开组织生活会890次。扎实开展民主评议党员活动,突出结果运用,各单位对优秀党员和先进党支部进行表彰。各支部落实"三会一课"制度,突出政治学习和教育,党性锻炼和思想交流。对303名党员发展对象材料进行集中审查,对228名党员发展对象进行集中培训,新发展党员206人。完成608个党组织和8352名党员基本信息采集,制定《规范组织关系管理指导意见》,严格内部党员组织关系转接。开展首届"十佳党群干部"评比表彰,李传营当选国务院国资委党代会代表。宣传工作。中央主流媒体重点播报京沈铁路客运专线望京隧道施工、武汉地铁8号线越江隧道贯通、项目员工观看十九大直播进行报道,2次登上央视综艺频道舞台,在中央和省(部)级报刊台网刊播稿件6000篇。精神文明建设。8家省级(省直)文明单位通过审核,开展"十个一"系列活动,学习宣传贯彻党的十九大精神。企业文化工作。下发《集团公司工程项目工装及安全帽统一设计方案的通知》,推动工程项目经理部的标准化建设。开展"基础业务建设年"和"激情都去哪了"文化大讨论活动,与团委联合开展"安全事关你我他"征文活动。纪检监察工作。开展理论中心组学习9次,组织专家讲课3次。发放调查问卷634份,开具检查建议或决定书199份,提出工作建议60条,谈话提醒37人,切实推进全面从严治党向基层延伸。对13个重点项目开展短平快检查,下达建议书、决定书137份,4名项目责任人给予纪律处分,91人进行批评教育、廉洁谈话。对发现的51条问题线索移送所属单位纪委追责。受理问题线索157件,其中初核101件,转立案90件,结案90件,给予党政纪处分159人。团纪检监察组织实践"四种形态",处理683人次。对55个亏损项目105名责任人进行追责处理,给予纪律处分104人,诫勉谈话2人,给予党纪处分29人,政纪处分75人,双重处分29人,追缴经济赔偿92人,赔偿金额109.1762万元。整改反馈问题1621个,建立和完善规章制度56项,处置线索109条,立案审查19件,给予党政纪处分35人,组织处理141人。 (刘瑞江　郑大伟　梁栋方)

【工会工作】 下辖12个子公司工会、3个专业分公司工会、2个区域工程指挥部工会、4个直属单位工会。专职工会干部96人,会员15560人。组织蒙华铁路、鲁南高铁、苏通管廊、仁新7标等项目经理部的劳动竞赛活动,通辽至新民北客运专线项目经理部获铁路建设专项表彰"火车头奖杯",12人获铁总"火车头奖章"和省部级以上表彰。表彰22个建家建线模范、先进单位。2个单位获"全国模范职工之家"称号。筹集送温暖专项资金410万元。大盾构公司武汉地铁8号线越江盾构施工班组获"山东省经济技术创新班组"称号,并被授予山东省工人先锋号,1人获"山东省经济技术创新能手"称号。建立"2517书吧"微信群,提升职工读书学习的积极性。 (胡青山)

【共青团工作】 下辖二级团委14个、团支部249个、团工委5个。专职团干部12人。动员覆盖基层团组织184个,团员参与2219人次。举办主题团课167场、讲授团课的团干部424人次,开展宣讲会20场、报告会1场、演讲比赛6场,参与团员1009人次,各级团组织自行制作的新媒体产品167个,20920人次阅读。上报"五小"成果264项,成果转化为专利11项,690人次参与,实现经济效益4826万元。发放爱心补助金17600元。开展"爱心资助,梦圆大学"活动,发放爱心资助金1万元。7个先进集体、4名先进个人受到团省委表彰。 (白晓亮)

【第一工程发展有限公司】 拥有国家住建部核准的公路工程施工总承包一级、市政公用工程施工总承包一级、公路路面工程专业承包一级、桥梁工程专业承包一级资质。职工805人。机械运输设备452台(套),原值20838.29万元、净值14235.60万元。设备总功率40314.17千瓦,设备成新率68.31%。

2017年,营业收入34.27亿元,净利润3235万元,资产负债率93.07%。 (曹　茜)

【第二工程有限公司】 拥有公路、市政、桥梁、隧道、机场场道等工程总承包一级资质、铁路、房屋建筑工程施工总承包二级资质。注册资本金3.6亿元。职工2800人。资产总额23.3亿元,年施工能力60亿元。机械运输设备168台(套)。 (曹　茜)

【第三工程有限公司】 拥有公路工程施工总承包特级,公路行业工程设计甲级,铁路工程、市政公用工程施工总承包一级资质;公路路基、公路路面、桥梁、隧道、机场场道5项专业承包一级资质;水利水电工程施工总承包二级及房屋建筑三级资质。可承接建筑、公路、铁路、市政公用、港口与航道、水利水电各类别工程的施工总承包、工程总承包和项目管理业务。拥有国家公路乙级试验资质,测试水平达到省部级标准。职工1612人。机械运输设备1120台(套),总功率13万千瓦,资产总额44.9亿元。

2017年,承揽额120.4亿元,完成总产值48.95亿元,实现利润12065万元。 (曹　茜)

【第四工程有限公司】 拥有公路、市政、矿山工程施工总承包一级，铁路工程施工总承包二级、建筑工程施工总承包三级，桥梁、隧道、公路路基、公路路面、地基基础工程专业承包一级资质。拥有公安机关颁发的爆破作业单位许可证(营业性)，资质等级三级。驻山东省济南市市中区英雄山路267号。执行董事兼总经理张立丰，党委书记徐宝廷。职工1859人。机械运输设备382台(套)，原值2.76亿元、净值1.44亿元，总功率48302千瓦。

2017年，承揽任务142亿元，完成施工产值48.3亿元，实现利润186.9万元。 (曹　茜)

【第五工程有限公司】 拥有公路、市政公用工程施工总承包一级，铁路工程和水利水电工程施工总承包二级，房屋建筑工程和矿山工程总承包三级，桥梁、隧道、铁路铺轨架梁工程和公路路基工程专业承包一级资质。年施工生产能力60亿元以上。驻山东省济宁市兖州区金谷路80号。执行董事、党委书记李方东，总经理周建芳。职工1464人。资产总额30.12亿元，净资产2.8亿元，机械运输设备原值8.72亿元、净值2.4亿元。

2017年，新增工程任务109.2亿元，其中自揽任务75.6亿元。实现营业收入36.15亿元。 (曹　茜)

【隧道工程有限公司】 以隧道及地下工程施工为主，拥有市政公用工程施工总承包一级、隧道工程专业承包一级、地基与基础工程专业承包一级、装修装饰工程专业承包二级资质。驻山东省济南市历下区和平路1号。执行董事孙亮，党委书记徐磊，总经理褚晓宏。职工1582人。机械运输设备658台(套)，原值12.37亿元、净值7.55亿元，总功率76660.7千瓦。

2017年，完成承揽任务100.17亿元，实现营业收入44.11亿元，实现净利润8000万元，产值利润率1.81%。 (曹　茜)

【大盾构工程有限公司】 拥有市政公用总承包一级资质。施工项目涉及入城通道、江河湖海水下盾构、轨道交通、综合管廊、海绵城市等工程领域。经营范围：全国10米以上大直径盾构和六省一市(江苏、浙江、安徽、湖北、江西、福建、上海)的轨道交通市场。注册资本金3亿元。执行董事王寿强，总经理张哲，党委书记张小峰。资产总额22.61亿元，年施工产值50亿元。职工1700人。 (赵　岩)

【建筑工程有限公司】 驻山东省济南市历下区奥体西路2666号铁建大厦A座8-10层。执行董事、总经理李清泰，党委书记代显奇。职工997人。机械运输设备108台(套)，固定资产原值4128.93万元、净值2569.89万元。技术装备率2.56万元/人，动力装备率5.66千瓦/人，机械设备成新率62.24%，总功率5683千瓦。

2017年，承揽总额61.47亿元(含产业化)。

(丁　雪)

【北京中铁房山桥梁有限公司】 原房山桥梁厂。拥有钢结构专业承包二级、其中设备安装专业承包三级、特种工程(结构补强)资质，为钢结构、桥梁修补和换梁等业务拓展市场。执行董事、总经理赵誉，党委书记王光祥。职工875人。机械运输设备1456台(套)，总功率29106.91千瓦，设备完好率98%，利用率95%，动力装备率31.26千瓦/人。

2017年，承揽任务合同额25.68亿元，工业总产值18.7亿元，营业总收入186359万元，利润总额7473万元，净利润5879万元。

(黄梅英　任　珍　伊立刚)

【电气化工程有限公司】 住建部核定的施工总承包一级资质企业，拥有机电安装施工总承包一级，市政公用工程施工总承包一级、通信工程施工总承包一级、建筑工程、电力工程施工总承包三级，铁路电气化工程、铁路电务工程、消防设施工程专业承包一级、公路交通工程机电工程分项一级、输变电工程专业承包二级、建筑装修装饰工程专业承包二级、建筑机电专业承包三级资质。驻山东省济南市和平路16号。执行董事、党委书记陈凤国，总经理于长水。职工744人。资产总额105268.65万元。其中，固定资产原值6672.9万元、净值1167.61万元。机械运输设备90台(套)，固定资产原值3653.25万元、净值463.03万元，总功率3500千瓦，机械化程度70%以上。

2017年，完成企业总产值13.35亿元，实现利润总额2410.9万元。 (刘红梅)

【房地产开发有限公司】 主要从事房地产开发和经营。驻山东省济南市历下区经十路13777号中润世纪广场A3座。注册资本金26677万元。下辖10个子、分公司。职工157人。 (安怡君)

【山东铁正工程试验检测中心有限公司】 拥有国家计量认证合格工程试验机构资质认定、中国合格评定国家认可委员会实验室认可 、公路工程综合甲级试验检测 、公路工程桥梁隧道工程专项试验检测、建设工程质量检测 、测绘甲级资质、质量管理体系认证。执行董事、总经理鲁爱民，党委书记吴新萍。职工484人。资产总额16417万元。机械运输设备3507台

(套),原值6363万元。

2017年,完成产值26100万元,净利润4995万元。（李晓亮）

【市政工程分公司】 专业化分支机构。驻山东省青岛市崂山区香港东路254号。总经理吴云杰,党委书记葛庆福。职工302人。资产总额142220.98万元。其中,流动资产25582.93万元;固定资产原值5284.61万元、净值2989.43万元。资产负债率100%。

2017年,新签合同额71764.33万元,累计完成施工产值107360.35万元,实现利润总额11813.82万元,产值利润率10.99%。（周庆龄）

【海外工程分公司】 负责海外分公司目前既有国别市场的深度开发和项目的施工管理,负责商务部援外项目、外交部使馆项目的经营与管理。驻山东省济南市奥体西路2666号铁建大厦A座。总经理李军强,党委书记苏伟洪。下辖11个项目经理部、7个办事处。职工221人。

2017年,新签合同16项,合同额14.28亿元。（李 霖）

【北非建设分公司】 负责在北非建筑市场的经营投标、施工管理等工作。驻阿尔及利亚首都阿尔及尔。总经理吴景文,党委书记刘正航。职工17人。

2017年,新签合同额10.3亿元。（曹 茜）

【重要记载】

▲3月16日 集团公司连续9年获评湖北省发布的2016年度公路建设施工企业信用AA等级。

▲3月27日 集团公司承建的武汉地铁8号线越江隧道工程项目部陈健获茅以升铁道工程师奖。

▲7月22日 张挺军获评“全国企业文化建设突出贡献人物”,建筑公司获评“全国企业文化优秀成果企业”。

▲9月24日 国产首台常压换刀式超大直径泥水平衡盾构机“沅安号”在长沙验收下线。（曹 茜）

中铁十五局集团有限公司

【简况】 拥有铁路工程施工总承包特级;铁道行业设计甲(Ⅱ)级,公路工程施工总承包特级,公路行业设计甲级;市政公用工程施工总承包特级,市政行业甲级;建筑工程、水利水电工程施工总承包一级;桥梁工程、隧道工程、公路路面工程、公路路基工程专业承包一级;铁路铺轨架梁工程专业承包一级和地质灾害治理工程甲级资质。具有开展国外经济合作业务的资格资质。驻上海市静安区共和新路666号。董事长、党委书记张喜胜,总经理丁力。前身系中国人民解放军铁道兵第五师;1984年1月,集体转业并入铁道部,改编为铁道部第十五工程局;1999年12月,更名为中铁第十五工程局;2001年10月,企业改制改称现名。下辖第一至第六工程有限公司、城市建设工程有限公司、城市轨道交通工程有限公司、电气化工程有限公司、物资有限公司、四川建筑勘察设计有限公司、东来地产开发有限公司、铁建浙江投资开发有限公司、华东中铁工程检测技术有限公司、济阳迎宾黄河大桥有限公司15个子公司和轨道交通运营公司1个分公司;京津冀蒙、东北、华东、华中、中南、华南、川渝、云贵、西北、新青藏、河南11个区域指挥部和1个海外工程指挥部;太原西南环项目部、成贵铁路项目部、杭黄铁路项目部、格库铁路(青海段)项目部、徐盐铁路项目部、汉十铁路项目部、格库铁路(新疆段)项目部、潼荣高速公路项目部、郑万城际铁路项目部、蒙华铁路项目部、玉磨铁路项目部、福州投资公司、澳门代表处等直管项目部以及职工培训中心等。职工17191人。资产总额2754543.16万元。其中,固定资产原值609260.63万元、净值259970.05万元;流动资产2397560万元。机械运输设备6211台(套),设备原值419239万元、净值163352万元,总功率817736千瓦,技术装备率9.36万元/人,动力装备率46.84千瓦/人。新度系数39.54%,设备完好率90%,利用率70%。年施工能力400亿元以上。

2017年,承揽工程任务454.05亿元,完成产值231.67亿元,其中施工产值211.69亿元。实现利润11.44亿元,全员劳动生产率17.43万元/人年,职工年人均收入63968元。国有资产保值增值率127.21%,产值利润率0.42%,投资回报率3.38%,资产负债率89.91%,净资产收益率0.54%。应上缴款完成率100%。完成主要实物工程量:隧道71021延长米,桥梁106739.92延长米,路基土石方6537.74立方米,涵洞30025.85横延米,铁路正线铺轨38.31千米,铁路架梁6180孔,铁路制梁5580片,房屋建筑面积331975平方米。

先后获中国建设工程鲁班奖9项,中国土木工程詹天佑奖7项,国家优质工程奖35项,省部级优质工程奖143项,股份公司优质工程奖175项。相继创造铁路日铺轨10.688千米和公路隧道掘进318.33米等全国纪录7项。获国家AAA级信用企业、全国重合同守信用企业、全国优秀施工企业、全国质量效益型先进企业、全国精神文明建设先进单位、全国五一劳动奖状;连续16年蝉联全国"安康杯"竞赛优胜企业,获全国工程建设质量管理优秀企业、全国水利建设市场主体信用评价AAA级,河南省建筑业技术创新先进企业、河南省优秀施工企业。 (郑凤华)

【领导人员】

董事会

董事长 张喜胜
董事 丁 力
张海亮(5月免)
金国海(7月任)
王文举(7月任)
陈 戈

监事会

监事会主席 林征球(7月任)
监事 孔长军
曾井琴

经理层

总经理 丁 力
副总经理 张海亮(5月免)
许建付
金国海
王文举
王小川
董向阳
马晓辉
黄明玉(9月免)
总工程师 许建付(兼)
总会计师 马晓辉(兼)

党群领导

党委书记 张喜胜
党委副书记 丁 力
陈 戈
纪委书记 林征球
工会主席 陈 戈

(祝新芝)

【职工队伍】职工17191人。其中,在职员工16007人、内退1184人;在职员工中,在职干部9052人,工人6955人。干部中,各类专业技术人才7841人。其中:工程专业5840人,占74.48%;经济专业504人,占6.4%;会计专业899人,占11.46%;政工专业510人,占6.5%;其他专业88人,占1.16%。 (祝新芝)

【工程项目指挥机构】京津冀蒙指挥部 驻北京市石景山区政达路2号CRD银座8层。指挥长薛学勇,党工委书记胡克明。职工25人。承揽工程任务10.83亿元。

东北指挥部 驻辽宁省沈阳市浑南新区天赐街7-3号曙光大厦坐。指挥长贾会刚,党工委书记宋清泉。职工19人。承揽工程任务12081万元。

华东指挥部 驻上海市闵行区莘沥路232号。指挥长马磊,党工委书记田璐郅。职工37人。承揽工程任务55.56亿元。

华中指挥部 驻江苏省南京市江宁区将军大道129号。指挥长李飞,党工委书记王辉。职工21人。承揽工程任务101.47亿元。

中南指挥部 驻江西省南昌市红谷滩新区凤凰中大道1000号万达中心写字楼B1栋1801室。指挥长罗斌,党工委书记李海锋。职工38人。承揽工程任务37.7亿元。

华南指挥部 驻广东省广州市天河区龙口东路354号天诚广场315室。指挥长张晓宏,党工委书记黄艳阳。职工28人。承揽工程任务44.18亿元。

川渝指挥部 驻四川省成都市金牛区一环路北三段100号飞大一号2706室。指挥长、党委书记谢磊。职工21人。承揽工程任务26.23亿元。

云贵指挥部 驻云南省昆明市西山区福景路38号。指挥长赵海标段,党工委书记王勇。职工35人。承揽工程任务53.46亿元。

西北指挥部 驻陕西省西安市友谊东路6号。指挥长高德全,党工委书记杨锋。职工27人。承揽工程任务47.35亿元。

新青藏指挥部 驻新疆维吾尔自治区乌鲁木齐市青海路123号。指挥长王占军,党工委书记王波。职工29人。承揽工程任务50.7亿元。

河南指挥部 驻河南省郑州市郑东新区金水路49号。指挥长张启亮,党工委书记张国军(7月任)。职工18人。承揽任务37.4亿元。

海外工程指挥部 驻北京市石景山区政达路2号CRD银座A座8层。指挥长兼党工委书记王文举。职工26人。承揽工程任务1.92亿元。

格库铁路(青海段)指挥部 驻青海省海西蒙古族藏族自治州境内,指挥长、党工委书记潘峰。职工13人。2017年,完成产值24339.5万元。

徐盐铁路指挥部 驻江苏省徐州市睢宁县天虹大道北路西侧2号。指挥长王海舰,党工委书记欧先聪。职工12人。2017年,完成施工产值10.5亿元。

潼荣指挥部 驻重庆市潼南区创业大道8号。指挥长王建军,党工委书记古尊勇。职工11人。2017年,完成产值15.2亿元。

太原西南环项目部 驻山西省太原市晋源区龙山

大街。项目经理张汉民。职工 8 人。2017 年,完成产值 40053 万元。

成贵铁路项目部 驻贵州省毕节市大方县大海坝。项目经理金国海,常务副经理田兴柏。职工 11 人。2017 年,完成施工产值 2.48 亿元。

杭黄铁路项目部 驻安徽省宣城市绩溪县绩溪宾馆。项目经理胡志广,党工委书记任贵成(11 月免)。职工 16 人。2017 年,完成施工产值 4.99 亿元。

汉十铁路项目部 驻湖北省襄阳市深圳工业园区翰辉科技有限公司院内。项目经理、党工委书记廖由联。职工 17 人。2017 年,完成施工产值 88617 万元。

格库铁路(新疆段)项目部 驻新疆维吾尔自治区巴音郭楞蒙古自治州若羌县团结路楼兰玉都 5 楼。项目经理王东欣,党工委书记张志刚。职工 10 人。2017 年,完成产值 5.28 亿元。

郑万铁路项目部 驻河南省南阳市方城县释之街道办龙城社区党群服务中心 2 楼。项目经理金国海,常务副经理姜家斌(8 月任),党工委书记李广军。职工 10 人。2017 年,完成产值 11.33 亿元。

蒙华铁路项目部 驻湖南省浏阳市溪江乡政府大院。项目经理高明星(10 月任),党工委书记任贵成(10 月任)。职工 23 人。2017 年,完成施工产值 9.27 亿元。

玉磨铁路项目部 驻云南省西双版纳州勐腊县。项目经理王青海,党工委书记岳昌茂。职工 11 人。2017 年,完成产值 3.43 亿元。

福州投资公司 驻福州市台江区海润滨江花园 B 区 23 号楼 2201 室。法定代表人、董事长陈戈,总经理、党工委书记曹晓光。职工 9 人。2017 年,完成施工产值 7350 万元。

澳门代表处 驻澳门特别行政区冼星海大马路 81－121 号金龙中心 19 楼。副总经理李志辉(主持工作)。职工 14 人。2017 年,完成施工产值 1100 万澳门元。

(郑凤华)

【工程施工】 在建工程项目 150 个,合同额 767.83 亿元;其中,铁路工程 21 个 260.8 亿元、公路工程 62 个 327.29 亿元、市政工程 18 个 34.71 亿元、城轨工程 21 个 121.01 亿元、房屋建筑工程 6 个 11.06 亿元、水利水电工程 10.76 亿元、其他工程 8 个 1.70 亿元;完、竣工项目 53 个,合同额 142.38 亿元。

(王赞霞 杨凯荣)

【铁路工程施工】 新建杭州至黄山铁路客运专线站前 8 标段 线路全长 46.599 千米。合同投资 313839 万元,合同工期 2014 年 9 月至 2018 年 6 月。完成工程量:土石方 12.17 万立方米,桥梁 1711 延长米,隧道 3190 延长米,无砟轨道 49524 米。主体工程全部完工。2017 年,完成投资 49974 万元,累计完成投资 313839 万元。

新建成都至贵阳铁路乐山至贵阳段站前工程 13 标段 线路全长 33.068 千米。合同投资 188864 万元,合同工期 2014 年 1 月至 2018 年 3 月。完成工程量:土石方 70.4 万立方米,涵洞 48 横延米,桥梁 233 延长米,隧道 2754 延长米,轨道板铺设 11643 米。2017 年,完成投资 23986 万元,累计完成投资 188792 万元。

新建宁启铁路南通至启东段工程南通至临江段站前工程 线路全长 57.684 千米。合同投资 169276.5 万元,合同工期 2015 年 4 月至 2017 年 12 月。完成工程量:土石方 12.09 万立方米,涵洞 40 个,桩基 18881 根,承台 370 个,墩身 365 个,完成预制梁 14 片,现浇连续梁 1239 米。2017 年,完成投资 59170 万元,累计完成投资 129369 万元。

新建徐盐铁路站前 3 标段 线路全长 31.521 千米。合同投资 239179 万元,合同工期 2016 年 1 月至 2019 年 5 月。完成工程量:承台 403 个,墩身 490 个,箱梁预制 764 孔,箱梁架设 755 孔,连续梁 1755 延长米。2017 年,完成投资 99137 万元,累计完成投资 202353 万元。

新建汉十铁路 HSSG－6 标段 线路全长 36.429 千米。合同投资 204941.73 万元,合同工期 2016 年 1 月至 2019 年 12 月。完成工程量:预制梁 728 孔,架梁完成 648 孔,现浇连续梁 22951 米。2017 年,完成投资 88617 万元,累计完成投资 176743 万元。

新建格库(新疆段)站前 S4 标段 线路全长 156.21 千米。合同投资 159529.7 万元,合同工期 2016 年 1 月至 2020 年 9 月。除路基附属外的路基、桥梁工程全部完成。2017 年,完成投资 27170 万元,累计完成投资 138532 万元。

新建格库(青海段)站前 GKQHZHQ6 标段 线路全长 111.379 千米。合同投资 106236.82 万元,合同工期 2015 年 9 月至 2019 年 1 月。2017 年,完成投资 24343.5 万元,累计完成投资 107933.4 万元。

新建蒙西至华中地区铁路煤运通道 MHTJ－29 标段 线路全长 61.412 千米。合同投资 205342.37 万元,合同工期 2016 年 4 月至 2020 年 3 月。完成工程量:路基土石方 500.38 万立方米,桥梁 10891 延长米,现浇梁 615.25 米,隧道 7026.06 横延米。2017 年,完成投资 92760 万元,累计完成投资 123004 万元。

王溪至磨憨铁路站前工程 YMZQ－20 标段 线

路全长37.007千米。合同投资205342.37万元,合同工期2016年4月至2020年11月。完成工程量:隧道开挖9558.9延长米,桥梁816根,承台78个,桥梁墩台身51个,土石方88.6万立方米。2017年,完成投资36202万元,累计完成投资50490万元。

新建郑州至万州铁路河南段站前工程ZWZQ-7标段　线路全长37.642千米。合同投资222910万元,合同工期2016年4月至2019年10月。完成工程量:架设503孔。2017年,完成投资49292.18万元,累计完成投资167303万元。

太原铁路枢纽新建西南环线工程XNHS-2标段　线路全长34.5千米。合同投资302000万元,合同工期2009年10月至2019年10月。路基填筑施工、桥涵工程全部完成;站场房屋建筑工程基本完成。2017年,完成投资40632万元,累计完成投资285831万元。

新建天门至仙桃铁路及潜江铁路支线项目JHSG-2标段　线路全长35.163千米。合同投资84044.07万元,合同工期2014年9月至2017年8月。2017年,完成投资4963万元。已完工。

新建川藏铁路拉林段LLZQ-1b标段　线路全长8.716千米。合同投资36962万元,合同工期2015年1月至2021年12月。完成工程量:隧道掘进1390延长米,开累完成717.8延长米。2017年,完成投资4820.5万元,累计完成投资34890万元。

改建铁路成都至昆明线永仁至广通段扩能工程站前4标段民太隧道进口工程　线路全长5.38千米。合同投资27544万元,合同工期2013年12月至2017年5月。完成工程量:隧道2510横延米。

新建吉珲铁路吉林枢纽西环线及相关工程SNSG标段　线路全长31.49千米。合同投资147969万元,合同工期2016年3月至2019年8月。完成工程量:隧道开挖321延长米,路基土石方72.4万立方米,桥梁408延长米,涵洞304横延米。2017年,完成投资14910.61万元,开累完成投资19633.11万元。

渝怀铁路(梅江至怀化)先行开工工程GTYHZQ-2标段　线路全长8.18千米。合同投资39606.71万元,合同工期2015年12月至2018年2月。完成工程量:路基9.65万立方米,桥梁903横延米,隧道3896.7延长米。2017年,完成投资15363万元,累计完成投资26285万元。

渝怀铁路梅江至怀化段增建第二线工程GTYHZQ-3标段　线路全长20.649千米,合同投资44895.02万元,合同工期2016年8月至2018年6月。完成工程量:路基土石方47.5万立方米,桥梁1220延长米,隧道开挖901.2延长米。2017年,完成投资12201万元,累计完成投资16287.86万元。

乌鲁木齐铁路枢纽乌西至乌北联络线工程　线路全长13.052千米。合同投资62154.89万元,合同工期2016年7月至2018年7月。完成工程量:桥梁桩基730根,承台完成215个,墩台145个,路基填筑131万立方米,简支梁架设15单线孔。2017年,完成投资27378万元,累计完成投资29882.9万元。　(王赞霞)

【铁路外工程施工】　重庆潼南至荣昌高速公路第一合同段　线路全长74.376千米。合同投资321457万元,合同工期2016年12月至2019年12月。完成工程量:挖方1259万立方米,填方1177万立方米,软基处理30043米,桩基础829根,桥台81个,墩柱314根,涵洞通道259道,隧道掘进194延长米。2017年,完成投资132108.506万元,累计完成投资144135.51万元。

228国道三门园里至宁海一市段公路工程1标段　线路全长5.012千米。合同投资56984.61万元,合同工期2016年7月至2019年7月。完成工程量:桥梁1270.07延长米。2017年,完成投资20144万元,累计完成投资20938万元。

杭绍台高速公路工程绍兴金华段HST-TJ05标段　合同投资113187万元。完成工程量:路基挖方57.48万立方米,路基填方45.4万立方米,桩基437根,地系梁66道,承台33个,中系梁72道,墩柱195根。2017年,完成投资38521.9万元,累计完成投资42021.4万元。

湖北宜都至来凤高速公路鹤峰(容美)至宣恩(当阳坪)段土建工程施工XHTJ-3标段　线路全长11.43千米。合同投资75283.9万元,合同工期2016年9月至2019年2月。完成工程量:路基土石方97.3万立方米,隧道7239延长米。2017年,完成投资28934.5万元,累计完成投资34089.8万元。

成都经济区环线高速公路蒲江至都江堰段JT-6标段　线路全长6.5千米。合同投资53729万元,合同工期2017年4月至2018年12月。完成工程量:路基工程挖方44.1万立方米,填方6.2万立方米,地基处理21450延长米,桥梁886.97延长米,制梁14片,隧道开挖96延长米。2017年,完成投资11420万元,累计完成投资11420万元。

成都经济区环线高速公路简阳至蒲江段JPLM标段　线路全长29.79千米。合同投资38010.91万元,合同工期2016年5月至2017年4月。2017年4月30日完成全部工程量。

樟树市赣江二桥工程　线路全长4.188千米。合同投资66363万元,合同工期2014年3月至2017年2

月。全线主体已完工,剩余附属零星工程。2017 年,完成投资 11862.6 万元,累计完成投资 58268.6 万元。

深圳国际会展中心配套市政项目(深圳 20 号线) 线路全长 1059.158 千米。合同投资 25000 万元,合同工期 2016 年 10 月至 2018 年 2 月。2017 年,完成投资 18037.07 万元,累计完成投资 20544 万元。工程主体已完成。

乌鲁木齐市轨道交通 2 号线 A-9 区段工程 线路全长 2.16 千米。合同投资 53219 万元,合同工期 2016 年 10 月至 2019 年 5 月。完成工程量:车站主体结构混凝土 14542 立方米。2017 年,完成投资 7909 万元,累计完成投资 8174 万元。

徐州轨道交通 2 号线 2 标段 线路全长 1.8 千米。合同投资 35000 万元,合同工期 2016 年 4 月至 2018 年 8 月。2017 年,完成投资 5078 万元,累计完成投资 7914 万元。

贵阳轨道交通 2 号线一期工程土建 4 标段 线路全长 1.76 千米。合同投资 22360 万元,合同工期 2015 年 9 月至 2017 年 9 月。完成工程量:车站土石方 5.8 万立方米,主体结构混凝土 24800 立方米,区间暗挖隧道 766 米。2017 年,完成投资 5744 万元,累计完成投资 15825 万元。

北京地铁 12 号线工程土建施工 13 合同段 线路全长 0.33 千米。合同投资 45918 万元,合同工期 2016 年 12 月至 2020 年 12 月。2017 年,完成投资 7025.84 万元,累计完成投资 7025.84 万元。

北京地铁 16 号线 19 标段 合同投资 41633.92 万元,合同工期 2013 年 6 月至 2016 年 12 月。完成工程量:车站 1 座 206.7 米。2017 年,完成投资 6022 万元,累计完成投资 28304.76 万元。

成都地铁 5 号线一、二期工程 5 标段 合同投资 89000 万元,合同工期 2015 年 9 月至 2018 年 12 月。主要工程量:4 站 4 区间,线路 5834 米。2017 年,完成投资 42301 万元,累计完成投资 59413 万元。

成都地铁 6 号线土建 11 标段 线路全长 3 千米。合同投资 70000 万元,合同工期 2016 年 12 月至 2019 年 6 月。2017 年,完成投资 9150 万元,累计完成投资 10631 元。

广州地铁 14 号线 17 标段 合同投资 49297.33 万元,合同工期 2013 年 12 月至 2016 年 8 月。主要工程量:1 站 1 区间,线路长 2099.78 米。2017 年,完成投资 17779 万元,累计完成投资 40883 万元。

上海轨道交通 18 号线土建 4 标段 合同投资 39678.02 万元,合同工期 2015 年 12 月至 2020 年 1 月。沈梅路站、下盐路站、下沈风井主体已封顶。2017 年,完成投资 19996 万元,累计完成投资 32707 万元。

郑州地铁 5 号线 1 标段 合同投资 97506.89 元,合同工期 2014 年 9 月至 2018 年 12 月。完成工程量:主体结构混凝土 11256 立方米,区间隧道 3575 延长米。2017 年,完成投资 37970.77 万元,累计完成投资 48146 万元。

石家庄市轨道交通 3 号线一期土建 10 标段 线路全长 2.16 千米。合同投资 59400 元,合同工期 2015 年 12 月至 2020 年 1 月。完成工程量:车站土石方 10.13万立方米,主体结构混凝土 12160 立方米。2017 年,完成投资 11931 万元,累计完成投资 13063 万元。

武汉地铁 7 号线 11 标段 线路全长 1.9748 千米。合同投资 64452 元,合同工期 2014 年 6 月至 2016 年 9 月。完成工程量:车站主体土石方 6.02 万立方米,主体结构混凝土全部完成;区间隧道全部完成。2017 年,完成投资 13970.6 万元,累计完成投资 54985.98 万元。

深圳地铁 10 号线 1012-1 标段 线路全长 1.85 千米。合同投资 44774.28 万元,合同工期 2015 年 12 月至 2020 年 4 月。完成工程量:车站主体土石方 22.45万立方米,主体结构混凝土全部完成,区间隧道 50 延长米。2017 年,完成投资 13216 万元,累计完成投资 24808.82 万元。

山西省小浪底引黄工程引水干线 7 标段 线路全长 5.743 千米。合同投资 17199.29 元,合同工期 2016 年 1 月至 2018 年 6 月。完成工程量:管片生产 2150 环,盾构掘进 1506 环,中间竖井锁口梁浇筑以及竖井开挖与初期支护 27 米。2017 年,完成投资 6555 万元,累计完成投资 10893 万元。

(王赞霞)

【经营管理】 工程经营。新签合同额 454.05 亿元,完成股份公司下达年度计划的 112.54%。其中,国内工程承包 430.38 亿元、铁路工程(含国铁、地方铁路及专用线)18.08 亿元、公路工程 293.96 亿元、水利电力工程 3.96 亿元、房屋建筑工程 4.12 亿元、市政工程 61.31 亿元、轨道交通工程 47.08 亿元、其他工程 1.87 亿元、海外工程 1.92 亿元、勘察设计 0.26 亿元、物流贸易 15.47 亿元、房地产销售 4.11 亿元、工业制造 1.91亿元。企业管理。整合重组新的六公司和轨道交通运营公司、将原七公司转型为专业化的城建工程公司;逐步撤销局直属项目管理机构,实行工程公司项目部代行局指职能的“一托 N”模式,减少管理层级,降低管理成本;压减周口东来物业等 5 家法人单位。安全质量。“5·2”隧道事故后,开展“全覆盖、零容忍、严执法、重实效”的安全生产大检查和安全生产大检查“回头看”活动,现场安全质量管理得到加强。参建的深圳地铁 2 号线获詹天佑奖,沙特南北铁路获鲁班奖。6个项目获交通部、国家安监总局等省部级“平安工地”称号,创建国优工程4项、省部级优质工程6项、中国铁建优质工程10项、省部级优质结构工程2项,获上海市用户满意企业2个,上海市用户满意工程1项。财务管理。资产总额2754543万元,负债总额2476675万元,流动比率1.09、速动比率0.55,实现营业收入2140145万元。实现利润总额国有资产保值增值率127.21%,产值利润率0.42%,投资回报率3.38%,资产负债率89.91%,净资产收益率0.54%。缴纳各项税款69897万元。人才队伍建设。招收大学生744人,其中硕士研究生24人,外部引进高层次人才27人。增设项目管理、经营经理、专家人才3个通道,考核聘任特级、一级经理17人。审计工作。完成审计项目163项,投入审计工作日2062天;发现问题金额42622万元,纠正违规金额35429万元,促进增收节支金额847万元;提交审计报告163份,提出审计建议967条,被采纳963条。通过内部审计平调33人、降职2人、免职6人、受党政纪处分1人。 (郑凤华)

【科技教育】 承担的国家“十二五”科技支撑项目“绿色高性能混凝土材料性能和品质提升技术”课题通过国家验收;完成广深港高铁福田站工程的相关技术被中国铁路总公司选拔为“十二五”高铁科技创新成果展示项目。获省部级科技进步奖2项,省部级工法4项,取得授权专利65件。教育培训。举办培训班489期,培训8573人次。选送局级领导干部18人次,处级领导干部54人次,10名中青年后备干部分别参加驻地和股份公司举办的领导干部培训班。举办2期项目管理核心团队培训班,培训优秀项目经理、总工102人。 (宋晓蓉 雷雪英)

【党群工作】 党的工作。基层党组织386个,其中,所属单位党(工)委46个、党总支2个、基层党支部338个。党员7588人。党委政治核心作用。以“抓两头促中间”为总基调,努力把党建工作的优势转化为助力企业加快发展的助推器,为企业持续稳健发展提供坚强政治保证。做实党建工作提高生产力。层层压实党建主体责任。与所属43个党(工)委签订《2017年度党建工作责任书》;抓好述职评议工作。对各单位上年度党建工作情况进行综合考核,并将考核结果计入年度绩效考核。增强班子引领能力。注重提升政治素养。本级组织党委中心组集中学习9次;注重提升决策质量。修订完善集团公司“三重一大”决策制度实施办法,修订党委议事规则;注重提升班子功能。夯实基层组织基础。健全组织强保障。新成立8个党(工)委,对3个单位的党委和纪委进行更名,为3个单位增补党工委委员,对7家单位党委进行按期换届选举,4家单位正在筹备换届选举工作;加强培训提素质。外送13名党组织书记参加股份公司党支部书记集中轮训试点班,分两批对320余名党支部书记进行集中轮训;深入督查促规范。打造党建特色品牌。以信息化手段培育党建品牌;以强化区域联建铸造党建品牌;以深化特色活动提升党建品牌。构建党建融入格局。定指标段、压担子,给予经营战线党务干部“有活可干”的空间;强责任、重担当,给予施工战线党务干部“有力可使”的平台。“七一”期间,对60名优秀共产党员、20名优秀党务工作者标段兵进行表彰;打牌子、提信誉,给予业务战线党员干部“有才可展”的舞台。获上海市演讲比赛二等奖、上海市第十九届读书节大赛二等奖等具有较大影响力的奖项10余项。严格把关,完善选人用人制度体系。调整副处级以上领导干部92人次,考核聘任特级、一级经理13人。企业文化建设和对外宣传。连续11年获《中国铁道建筑报》新闻报道工作先进单位,连续8年蝉联股份公司网站信息发布先进单位,并首次进入国资委网站信息选登先进单位行列。党风建设和反腐倡廉工作。受理问题线索181件,初查核实181件,了结57件,立案96件,结案96件。集团本级受理问题线索78件,初查核实78件,了结12件,立案66件,结案66件。

工会工作。下辖二级工会组织38个、基层工会组织162个,会员17191人,专职工会干部65人、兼职工会干部253人。劳动竞赛。广泛组织开展施工生产班组劳动竞赛和扭亏降债专项劳动竞赛。8人和8个集体获股份公司工人先锋号奖章、集体;新创建工作室5个,2个职工创新工作室获得股份公司、上海市命名表彰,2项创新成果获股份公司合理化建议和技术改进项目三等奖,1项成果获上海市合理化建议成果创新奖,1人获评“上海工匠”。“安康杯”竞赛。广泛组织开展以“安全培训提素质,班组管理强基础”为主题的“安康杯”竞赛活动。民主管理。职代会。组织13名职工代表出席股份公司职代会,征集上报职工代表提案;组织集团公司和11个子公司规范召开了职代会。集体合同。针对职工最关心、反映最强烈的拖欠工资、加班工资问题,通过召开平等协商会议,及时充实完善《2017年集体合同》内容。企务公开。各单位通过召开职代会、企务公开栏、情况通报会、下发文件等传统形式与发挥内部网站、QQ群、微信群等新媒体相结合,及时将企业重大决策、经济指标段完成情况、企业管理制度、重要人事任免等在不同层次进行公开。筹集春节送温暖资金399.09万元,慰问困难职工597户,慰问劳模先进、离退休人员和生产一线人员5807人,一线项目149个,参加走访慰问活动的副处级以上干部45人。落实"三不让"承诺，帮扶895户困难职工家庭，先后发放生活困难救助金、子女助学金及职工大病救助金234万元。

共青团工作。下辖59个基层团委，177个团支部。团员6126人。1个集体获中央企业、青海省团委"青年文明号"称号；1名青年获中国铁建第八届"十佳青年技术能手"称号，1名青年获中国铁建第八届"十大杰出青年"提名奖；5个集体获中国铁建"青年文明号"称号；5名团员青年获中国铁建"青年岗位能手"称号；6个集体分别获河南省和中国铁建"五四红旗团委(支部)"称号；8名团干和团员分别获河南省和中国铁建"优秀团干部(团员)"称号。

(包明明　张长春　杜鹏飞)

【第一工程有限公司】 拥有公路、水利水电工程施工总承包一级资质，铁路工程施工总承包二级资质以及桥梁、公路路基、公路路面、隧道工程施工专业承包一级资质。前身为中国人民解放军铁道兵第五师第二十一团；1984年，兵改工并入铁道部；2001年改称现名。驻陕西省西安市经济技术开发区凤城二路13号。注册资本金50068万元。执行董事、党委书记刘晓宝，总经理、党委副书记牛跃军。职工1640人。资产总额269666万元。其中，固定资产净值8366万元。机械运输设备758台(套)，动力装备率26.96千瓦/人，技术装备率3.19万元/人。大型设备完好率60%，利用率45%。

2017年，承揽工程任务53.05亿元，完成施工产值29.46亿元，实现净利润855.7万元。国有资产保值增值率100.38%，净资产收益率0.22%，产值利润率1.72%，投资回报率0.93%，资产负债率80.59%。职工年人均收入69450元。 (郑凤华)

【第二工程有限公司】 拥有公路、市政、建筑工程施工总承包一级，铁路、水利水电工程施工总承包二级和桥梁、隧道、公路路基、公路路面、建筑幕墙工程专业承包一级资质以及公路水运工程试验综合检测乙级的国有建筑施工总承包企业。前身为中国人民解放军铁道兵五师二十二团，组建于1942年5月；1984年1月，奉国务院、中央军委命令，集体转业并入铁道部，定名为铁道部第十五工程局第二工程处；1999年12月，与铁道部脱钩归入中央企业工委，更名为中铁第十五工程局第二工程处；2001年7月，改称现名。驻上海市青浦区朱家角镇沪青平公路6670号。执行董事、总经理万雨晴，党委书记王恒军。职工2614人。资产总额271847.29万元。其中，固定资产原值43753.75万元、净值13797.43万元。机械运输设备735台(套)，设备原值22527.62万元、净值1088.28万元，动力装备率29.76千瓦/人，技术装备率4.16万元/人，大型设备完好率66.67%，利用率60%。

2017年，承揽工程任务74.13亿元，完成企业总产值26.76亿元，实现利润9740.46万元，职工年人均收入57332元。国有资产保值增值率100.19%，投资回报率1.10%，资产负债率80.52%，净资产收益率0.19%。应上缴款完成率48.48%。 (周雪茜)

【第三工程有限公司】 拥有市政公用工程施工总承包一级，建筑工程、公路工程、水利水电工程、矿山工程施工总承包二级，桥梁工程、隧道工程、钢结构、公路路面工程、公路路基工程专业承包二级资质。2013年12月，中铁十五局集团西北工程有限公司、中铁十五局集团成都建设工程有限公司、原中铁十五局集团第三工程公司施工板块合并重组为新的中铁十五局集团第三工程有限公司。驻四川省成都市郫县犀浦镇珠江东街16号。执行董事、总经理贺修军，党委书记宋建坤。下辖28个项目部、1个机械化工程公司、5个专业架子队。职工1252人。资产总额24.39亿元。机械运输设备703台(套)，原值2.72亿元、净值0.87亿元，设备总功率85992千瓦，动力装备率68.79千瓦/人，技术装备率6.96万元/人，大型设备完好率72.72%。

2017年，完成施工产值24.52亿元，承揽任务22.64亿元，实现利润156.37万元；职工年人均收入74918元；国有资产保值增值率1842.41%，净资产收益率0.1%，产值利润率0.16%，投资回报率0.31%，资产负债率80.71%。 (张　昕)

【第四工程有限公司】 拥有公路工程、市政公用工程施工总承包一级，铁路工程、建筑工程、水利水电工程施工总承包二级，桥梁工程、隧道工程、公路路基工程专业承包一级资质。前身系中国人民解放军铁道兵第五师二十四团；1984年1月，集体转业并入铁道部，改编为铁道部第十五工程局第四工程处；2001年7月，企业改制改称现名；2007年1月，与科技工贸公司合并重组。驻河南省郑州市二七区新圃东街117号。董事长、总经理周叶飞，党委书记党宏学。下辖科贸分公司、钢结构架子公司、侯马办事处，31个项目部。职工2075人。资产总额26.92亿元。其中，固定资产原值25918万元、净值9170万元。机械运输设备550台(套)，技术装备率3.89万元/人，动力装备率29.36千瓦/人。大型设备完好率100%，利用率92.5%。年施工能力40亿元以上。

2017年，承揽工程任务99.3亿元，完成企业总产值16.65亿元,其中施工产值16.49亿元。实现利润6264万元。职工年人均收入41374元。国有资产保值增值率99.6%,净资产收益率0.17%,产值利润率0.15%,投资回报率0.21 %,资产负债率86.52%。

(蔡艳艳)

【第五工程有限公司】 拥有公路工程、市政工程施工总承包一级,铁路工程、建筑工程施工二级总承包资质及公路路基、路面、桥梁、隧道专业承包一级资质。前身系铁道兵第六师二十八团,整编为铁道兵第五师二十五团;2001年11月,企业改制改称现名。驻天津市红桥区湘潭道1号。执行董事、总经理李文兵,党委书记高晨辉。职工2800人。资产总额31.77亿元。其中,固定资产原值6.11亿元、净值2.15亿元;流动资产29.48万元。机械运输设备343台(套),设备原值26580.98万元、净值12941.52万元,总功率46866.2千瓦,技术装备率4.35万元/人,动力装备率15.76千瓦/人。新度系数35.98%,设备完好率100%,利用率100%。年施工能力45亿元以上。

2017年,承揽工程任务,47.45亿元,完成施工产值32.35亿元。实现利润2.88亿元,全员劳动生产率116万元/人年,职工年人均收入53993元。国有资产保值增值率100.53%,产值利润率0.33%,资产负债率81.98%,净资产收益率0.18%,应上缴款完成率43%。

(琚　莹)

【第六工程有限公司】 拥有建筑工程、水利水电工程施工总承包二级;铁路工程、市政公用工程施工总承包一级;桥梁工程、隧道工程、公路路面专业承包一级;铁路铺轨架梁工程专业承包二级资质。前身是中国人民解放军铁道兵南疆铁路新线运输管理处;1984年1月,奉国务院、中央军委命令集体兵改工整编为铁道部第十五工程局新线铁路运输处;2001年12月,改称现名。驻江苏省南京市浦口区泰山街道三河280号。执行董事、党委书记任化庆,总经理段玉顺。职工2021人。资产总额36.95亿元。机械运输设备657台(套),技术装备率9.38万元/人,动力装备率53.12千瓦/人;大型施工设备完好率92.59%,利用率75.36%。年施工生产能力30亿元。

2017年,承揽工程任务161127万元,完成营业收入256690万元,职工年人均收入51196元。资产负债率86.98%,国有资产保值增值率106.99%,产值利润率1.22%,净资产收益率6.6%。应上缴款完成率100%。

(孙雪坤)

【城市建设工程有限公司】 拥有建筑工程施工总承包特级;公路工程、市政公用工程施工总承包一级;桥梁工程、隧道工程、公路路面工程、公路路基工程、建筑装修装饰工程专业承包一级;水利水电工程、铁路工程施工总承包二级资质。2001年8月,由原中铁第十五工程局实业总公司、中铁第十五工程局机械化工程公司、中铁第十五工程局建筑工程公司改制重组为中铁十五局集团第七工程有限公司;2017年3月,改称现名。驻河南省洛阳市洛常路6号院。执行董事、总经理尹陆海,党委书记孙彬。下辖20个项目部。职工1940人。资产总额248821万元。其中,固定资产原值22144万元、净值8060万元;流动资产总额239522万元。机械运输设备984台(套),设备原值14157万元、净值4367万元,总功率49139千瓦,技术装备率2.24万元/人,动力装备率24.79千瓦/人。新度系数51.4%,设备完好率70.8%,利用率87%。年施工能力20亿元以上。

2017年,承揽工程任务44.89亿元,完成企业总产值30.11亿元,其中施工产值30.07亿元。实现利润0.01亿元,职工年人均收入58944元。国有资产保值增值率99.36%,产值利润率0.05%,投资回报率0.62%,资产负债率76.65%,净资产收益率0.18%。应上缴款完成率32.07%。

(常万陶)

【城市轨道交通工程有限公司】 从事城市轨道交通施工的专业化子公司。前身系城市交通工程公司(分公司)。2014年6月在国家级自由贸易区珠海市横琴区完成注册,注册资本金2亿元。驻河南省洛阳市瀍河回族区四通路2号院。执行董事、总经理刘中欣,党委书记马振民。下辖14个项目部。职工788人。资产总额26.68亿元。机械运输设备711台(套),技术装备率89.53万元/人,动力装备率85.47千瓦/人,设备完好率90%,利用率41%。

2017年,承揽工程任务总额32.18亿元,完成企业总产值18.02亿元,其中施工产值16.8亿元,实现净利润4140万元。国有资产保值增值率100.32%,净资产收益率0.13%,产值利润率0.09%,资产负债率83.75%。应上缴款完成率61.45%。

(肖辉斐)

【电气化工程有限公司】 拥有铁路电务工程专业承包一级;建筑机电设备安装工程专业承包一级;铁路电气化工程专业承包三级;输变电工程专业承包三级;公路交通工程(公路安全设施工程)专业承包二级;公路交通工程(公路机电工程)专业承包二级资质。2013年12月1在上海市松江区九亭镇注册,注册资本金10000万元。执行董事、总经理、党委书记温海军。职工80人。资产总额27810.65万元。其中,固定资产原值332.35

万元、净值93.6万元。机械运输设备16台(套),设备原值738万元、净值69万元。技术装备率0.86万元/人,动力装备率15.2千瓦/人。大型设备完好率100%,利用率100%。年施工能力5亿元以上。

2017年,承揽工程任务3.9亿元,完成施工生产任务总额12615万元,完成企业总产值1.4亿元,其中施工产值1.4亿元。实现利润6500万元,全员劳动生产率29.04万元/人年,职工年人均收入124031元。国有资产保值增值率100.01%,产值利润率0.5%,资产负债率62.97%,净资产收益率2.24%。应上缴款完成率122%。 (杜 毅)

【物资工程有限公司】 拥有钢结构专业承包一级资质,地基与基础专业承包二级资质,营业性爆破作业三级资质。前身系中国人民解放军铁道兵第五师后勤部修理营;1984年1月,改编为铁道部第十五工程局机械厂;2001年12月,改为中铁十五局集团机械设备有限公司;2014年1月,集团公司整合重组为中铁十五局集团物资工程有限公司;2016年11月,集团公司将物资工程公司合并重组到物资公司。驻河南省洛阳市西工工业园区汉宫路西段。执行董事、总经理茹念文,党委书记李章国。下辖13个独立核算单位。职工438人。资产总额92463万元。其中,固定资产净值4964万元;流动资产84799万元。机械运输设备382台(套),设备总功率7028.23千瓦,技术装备率2.87万元/人,动力装备率16.05千瓦/人。设备新度系数25.04%,大型设备完好率60%。

2017年,承揽任务13.95亿元,完成企业总产值181601万元。实现利润547.6万元,职工年人均收入83535.6元。国有资产保值增值率359.65%,产值利润率0.38%,资产负债率81.17%,净资产收益率0.96%。应上缴款完成率100%。 (王宪菊)

【四川建筑勘察设计有限公司】 拥有建筑工程甲级、市政乙级、勘察乙级、测量乙级、工程咨询乙级、风景园林乙级、城市规划丙级等资质。是宜宾市建筑勘察设计院改制完成后,由中铁十五局集团有限公司全资收购后成立的科技型二级子公司。驻四川省宜宾市翠屏区岳武里14号。执行董事、总经理蔡荣,党委书记张独远。职工57人。资产总额3355.97万元。其中,固定资产原值449.15万元、净值91.29万元。机械运输设备2台(套)。

2017年,承揽工程任务2750万元,完成企业总产值1446万元,实现利润4000万元,职工年人均收入60000元。国有资产保值增值率100.14%,净资产收益率0.05%,产值利润率0.32%,资产负债率29.77%,投资回报率1.5%。 (周一敏)

【东来地产投资开发有限公司】 2010年3月正式注册,隶属集团公司二级法人公司,2017年5月由河南置业有限公司改称现名。经营范围:房地产开发经营、房屋租赁、物业服务、企业管理咨询、土地整理、建筑设备及建筑材料的销售、停车场服务、市政公用工程施工。驻河南省郑州市二七区航海路197号索克世纪大厦。副总经理毛学墙(主持执行董事、经理层工作),党委书记李跃美。下辖4个项目公司、1个物业公司、2个项目工作组。职工113人。

2017年,实现销售额41070万元,营业收入22459万元,实现净利润1913万元。国有资产保值增值率123.97%,净资产收益率4.37%,产值利润率9.42%,资产负债率91.44%,投资回报率38.25%。

(朱秀莲)

【济阳迎宾黄河大桥有限公司】 2006年1月19日成立,注册资本金2000万元。经营范围:大桥的建设、管理、经营及维护。董事长、党委书记刘家寅(8月免),党委书记程金泉(8月任),总经理刘克明。职工113人。

2017年,国有资产保值增值率100.86%,净资产收益率1.97%,产值利润率25.77 %,资产负债率40.65%,投资回报率77.05%。 (陈 鹏)

【华东中铁工程检测技术有限公司】 拥有公路工程综合乙级,水利工程混凝土、岩土甲级,工程测绘乙级等检测测量资质;国家和河南省计量双认证。前身系中国人民解放军铁道兵第五师司令部试验室,组建于1947年;是原中铁十五局集团有限公司计量测试中心、河南四通工程检测有限公司;2016年12月改称现名。驻河南省洛阳市瀍河区四通路2号院。执行董事、总经理徐万鹏(3月任),党委书记王遂明(3月任)。下辖6个派出项目试验室和洛阳地铁1个自动化监测组。职工41人。资产总额7186万元。其中,固定资产原值2753万元、净值478万元;流动资产6709万元。机械运输设备1842台(套),设备原值2671万元,设备完好率99.57%,设备利用率99.24%,周检合格率100%。

2017年,承揽技术服务任务0.7亿元,完成企业总产值0.64亿元,其中技术服务产值0.64亿元。实现利润0.27亿元,全员劳动生产率49万元/人年,职工年人均收入97820元。国有资产保值增值率201%,产值利润率42%,资产负债率42%,净资产收益率37%。应上缴款完成率128%。 (徐龙午)

【轨道交通运营公司】 前身系1975年3月成立的铁道兵第二指挥部新线铁路管理科;2016年12月,改称现名。暂驻河南省洛阳市。经理兼党委副书记汤军红,党委书记许献德。下辖3个运输处、1个运输队、1个项目部。职工680人。资产总额37830万元。其中,固定资产原值41703万元、净值28074万元。机械运输设备60台(套),总功率249992千瓦,技术装备率57万元/人,动力装备率368千瓦/人。新度系数65.69%,设备完好率100%,机车利用率86.7%。

2017年,承揽运输任务2.26亿元,完成企业总产值2.33亿元。实现利润2485万元,全员劳动生产率15.78万元/人年,职工年人均收入68554元。产值利润率10.7%,总资产报酬率7.4%,应上缴款完成率103.8%。 (赵会芳)

【重要记载】

▲1月6日 集团公司获上海市2016年度"企业创新文化十佳品牌"称号。

▲1月 二公司4项科技成果获国家实用新型专利。

▲3月 集团公司完成国家地质灾害治理工程施工单位甲级资质换证工作。

▲3月 集团公司获天津市2016年度"施工总承包企业信用等级A级和建设工程优秀诚信企业"称号。

▲4月14日 城轨公司参建的深圳地铁2号线获詹天佑奖。

▲4月18日 集团公司获"上海市文明单位"称号。

▲4月 集团公司获"全国优秀施工企业"称号。

▲6月30日 二公司获评上海市2015—2016年度守合同重信用AAA级企业。

▲11月 集团公司承建的沙特南北铁路CTW200标段获2017年度中国建设工程鲁班奖。

▲11月 二公司承建的佛山市华阳桥—华阳路南延道路工程、参建的广元—南充高速公路2项工程获国家优质工程奖。

▲12月16日 五公司郑万项目获全国BIM大赛一等奖。

中铁十六局集团有限公司

【简况】 拥有铁路、公路、建筑工程施工总承包特级资质;铁路行业、公路行业、建筑行业甲级设计资质;市政公用、水利水电工程施工总承包一级资质;公路路面、隧道工程、桥梁工程专业承包一级资质;建筑装修装饰工程专业承包一级资质。可承接建筑、公路、铁路、市政公用、港口与航道、水利水电各类别工程的施工总承包、工程总承包和项目管理业务。驻北京市朝阳区红松园北里2号。董事长、总经理孔令键,党委书记周富。前身系中国人民解放军铁道兵第十一、十三师合编后的铁道兵第十一师;1984年1月,集体转业并入铁道部,改编为铁道部第十六工程局;2000年1月,更名为中铁第十六工程局;2002年5月,企业改制改称现名。下辖15个子公司。职工19935人。机械运输设备4772台(套),原值556120万元、净值282384万元。技术装备率13.47万元/人,动力装备率40.65千瓦/人。

2017年,新签合同额1061.12亿元,完成企业总产值496.95亿元,实现利润1.11亿元,实现营业收入433.98亿元。完成主要实物工程量:土石方6924.1万立方米、桥梁143357延长米、隧道145340延长米、涵洞20351横延米、铁路制梁4635片、铁路架梁4078孔、正线铺轨214.8千米、站线铺轨6.7千米、无砟轨道22.5千米、铺道岔50组、通信线路870千米、通信光缆853.1千米、通信设备39.8站、闭塞设备734.7区间千米、联锁装置56组、供电线路1178.1千米、变配电所27处、接触网221.4条千米、牵引变电所18.9处、地铁(含轻轨)区间39737米、公路84.7千米、路面69.6万平方米、公路制梁7676片、公路架梁7003片、房屋建筑面积1182675平方米。杭州紫之隧道获中国设工程鲁班奖,南昌轨道交通1号线、曹妃甸工业区甸头立交桥获国家优质工程奖,北京平关路改建工程等3个项目获省部级优质工程,青岛地铁3号线一期11标等4个项目获中国铁建杯,津汉高速公路9标东丽湖项目部获全国质量信得过班组,计试中心(二公司)文墨书香QC小组、包神指QC小组获国家级优秀QC小组,30个QC优秀小组获省部级奖励。重庆轨道交通4号线一期5标、银川德丰大厦获全国建设工程项目施工安全生产标准化工地,京石二通道等7个高速公路项目获全国公路水运建设"平安工程",北京地铁8号线三期1标等24个项目获评省部级绿色安全样板工地、安全文明标准化工地。 (冯 爽)

【领导人员】

董事会

董事长	孔令键
副董事长	周 富
董事	程红彬
	杨哲峰(7月免)

	马　栋(9 月任)
职工董事	王宜柱

监事会

监事会主席	缪江梅
监事	朱长安
职工监事	黄建光

经理层

总经理	孔令键(7 月免)
	程红彬(7 月任)
副总经理	马　栋
	杨哲峰(7 月免)
	黄昌富
	向大强
	罗生宏
	董　梁
	熊永军
	党海军
总工程师	马　栋(兼)
总会计师	熊永军(兼)

党群领导

党委书记	周　富
党委副书记	孔令键
	程红彬(7 月任)
	勾文青
纪委书记	缪江梅
工会主席	王宜柱

(闫雅哲)

【工程项目指挥机构】 南龙铁路 NLZQ－4 标项目部　驻福建省三明市三元区长安路 23 号。项目经理杨立财,党工委书记桂建乐。

成贵铁路项目部　驻四川省兴文县太平镇工业园区九天物流园。项目经理王景斌,党工委书记罗拥军。

黔张常铁路 8 标项目部　驻湖南省张家界市永定区站前路 1 号维也纳酒店。项目经理江拔其,常务副经理李志荣。

蒙华铁路 4 标项目部　驻河南省三门峡市灵宝火车站道南 100 米。项目经理郭永忠,党工委书记李国英。

昌赣铁路客运专线 CGZQ－8 标项目部　驻江西省泰和县澄江镇新池村。项目经理赵永,党工委书记郝孟广。

新建吴忠至中卫城际铁路项目部　驻宁夏回族自治区吴忠市金积大道红星仓储。项目经理罗生宏,党工委书记兼常务副经理安德柱。

石黔高速公路项目部　驻重庆市石柱县南宾镇靴井度假村。项目经理张忠德,党工委书记姚远。

呼和浩特市轨道交通 2 号线一期工程项目部　项目经理赵书银,党工委书记邱军。

赣深铁路客运专线 3 标项目部　驻江西省赣州市龙南县里仁镇。项目经理王振浩,党工委书记宋彦彬。

新建福厦铁路 FX－3 标项目部　驻福建省莆田市涵江区涵庭西路 99 号。项目经理王传宗,党工委书记张黎。

赣深铁路 GSSG－6 标项目部　驻广东省惠州市博罗县四角楼金罗路。项目经理秦涛。

郑许市域铁路工程(许昌段)项目部　驻河南省许昌市建安区许州路。项目经理夏雷,党工委书记郝文朝。

北京新机场高速公路项目部　驻北京市大兴区北京万兴建筑集团。项目经理邱军,党工委书记刘常林。

(王　博)

【职工队伍】 职工 19935 人。其中,干部 14249 人、工人 4757 人。干部中研究生及以上学历 359 人,大学本科学历 9306 人,大学专科学历 3878 人,中专学历 358 人,高中以下学历 348 人;35 岁及以下 10170 人,36～40 岁 1548 人,41～45 岁 895 人,46～50 岁 490 人,51～54 岁 463 人,55 岁以上 683 人。

技术工人 2136 人,初中及以下学历 1542 人,高中学历 1776 人,中专、技校、大专以上学历 1439 人;35 岁以下 1026 人,36～40 岁 490 人,41～45 岁 431 人,46～50 岁 333 人,51～54 岁 683 人,55～59 岁 1794 人。

(闫雅哲)

【工程施工】 2017 年完成企业总产值 4969544 万元(其中施工产值 4499520 万元、工业产值 32507 万元、房地产收入 101957 万元、铁路运营收入 36000 万元、物资贸易收入 296012 万元、其他收入 3548 万元),比上年同期增加 1022934 万元,增长 25.9%。完成施工产值 4499520 万元,比上年同期增加 874124 万元。

南龙铁路 NLZQ－4 标段　合同投资 200979 万元。合同工期 2013 年 12 月 30 日至 2017 年 11 月 30 日。全长 36.75 千米,主要工程量:区间路基土石方 22.7 万立方米、站场土石方 184.09 万立方米;桥梁 10 座 3070 延长米;隧道 15 座 31160 延长米。

成贵铁路 CGZQSG－8 标段　合同投资 238058 万元。合同工期 1616 天。全长 34.367 千米。主要工程量:桥梁 19 座 10966 延长米,隧道 11.5 座 19889 延长米,正线路基 3.512 千米,涵洞 11 座 405.83 横延米,车站 1 座,制(存)梁场 1 处。

黔张常铁路 QZCZQ－8 标段　合同投资 194255

万元。合同工期 2015 年 3 月 15 日至 2020 年 11 月 30 日。正线长 27.613 千米。主要工程量:路基 3.033 千米,正线双线桥梁 9 座 9627.47 延长米,特大桥 1 座 1163.68 延长米,涵洞 11 座 547.41 横延米,隧道 6.5 座 14952.04 延长米。车站 1 座,梁场 527 单线孔梁制架。

蒙华铁路米 HSS－4 标段　合同投资 158667 万元。合同工期 2015 年 3 月 1 日至 2020 年 2 月 1 日。全长 25.488 千米。主要工程量:隧道 2 座,渡槽 1 座,框架涵 1 座,路基土石方 21975.95 立方米,无砟道床 50.921 千米。

昌赣铁路客运专线 CZGQ－8 标段　合同投资 211979.71 万元。合同工期 2015 年 10 月 30 日至 2019 年 12 月 31 日。全长 32.836 千米。主要工程量:路基 14.355 千米,桥梁 14 座 18481 延长米,涵洞 45 座 1028.16 横延米,预制和架设箱梁 566 孔。

新建吴忠至中卫城际铁路工程　合同投资 680130.79 万元。合同工期 2016 年 5 月 21 日至 2018 年 8 月 31 日。全长 134.75 千米。主要工程量:联络线 37.1 千米,箱梁预制、架设 2103 孔,T 梁预制架设 10 孔;车站 1 座,预留车站 1 座。

赣深客运专线 GSJXZQ－3 标段　合同投资 184368.0878 万元。合同工期 2017 年 12 月 30 日至 2020 年 12 月 31 日。全长 27.334 千米。

新建福厦铁路 FX－3 标段　合同投资 211979.71 万元。合同工期 2017 年 9 月 30 日至 2022 年 9 月 30 日。全长 35.083 千米。主要工程量:隧道 3 座 9923 延长米,桥梁 5 座 23697 延长米,特大桥 4 座,大桥 1 座,路基 1.463 千米。

京沈铁路客运专线辽宁段 TJ－7 标段　合同投资 244240 万元。合同工期 2014 年 7 月 1 日至 2019 年 3 月 4 日。全长 36.412 千米。主要工程量:路基土石方 406 万立方米,特大桥 11 座 16573.73 延长米,大桥 6 座 2050.86 延长米,中桥 3 座 253.16 延长米,框架涵洞 21 座 629.64 横延米;隧道 4 座 3297 延长米;铺设无砟道床 72.82 千米。

符夹铁路 FJZQ－1 标段　合同投资 82663 万元。合同工期 2015 年 1 月 1 日至 2018 年 12 月 30 日。全长 34.62 千米。主要工程量:路基土石方 96.1 万立方米,新建大桥 1 座 232.5 延长米,梁式中桥 1 座108.16 延长米,改建框架中桥 3 座,改建框架小桥 6 座,平交道口改立交 30 处,涵洞 12 座,改建涵洞 17 座;车站 3 座,铺架正线 96.46 千米、改建 21.47 千米、站线 33.56 千米、站线改建 10.82 千米、140 单线孔 T 梁的预制、运输及架设施工;铺新岔 44 组,改铺道岔 34 组,铺砟 792827.05 立方米。

连镇铁路 2 标段　合同投资 26.07 亿元。合同工期 1064 天。全长 50.345 千米。主要工程量:桥梁 2 座 48511.73 延长米,车站 1 座,框架中桥 2 座,框架小桥 3 座,框架涵 3 座,圆管涵 2 座,路基土石方 2283 立方米,填改良土 376945 立方米,CFG 桩 317568 米,级配碎石 43686 立方米,碎石垫层 34216 立方米,预制架设箱梁 1401 孔。

黄大铁路 7 标段　合同投资 5.49 亿元。合同工期 2014 年 9 月 10 日至 2017 年 9 月 10 日。全长 26.3 千米。主要工程量:特大桥 4 座,大桥 8 座,中桥 14 座,小桥 9 座,涵洞 67 座,站场 1 座,土石方 244 万立方米,铺道砟 8.7 万立方米。

广梅汕铁路 ZQSG－1 标段　合同投资 162743 万元。合同工期 2015 年 7 月 1 日至 2018 年 6 月 30 日。全长 22.9 千米。主要工程量:路基土石方 13.58 万立方米、站场土石方 27.69 万立方米,特大桥 3 座 12680 延长米、框架式桥 7 座 4038.9 顶平方米、新建涵洞 1052.89 横延米;预制 T 梁 2848 片;正线铺轨 64.73 千米,站线铺轨 24.68 千米,铺道岔 107 组,一级道砟 24 万立方米。

太焦铁路 TJZQ－3 标段　合同投资 119769.1 万元。合同工期 2016 年 10 月 10 日至 2020 年 12 月 31 日。全长 16.067 千米,主要工程量:路基土石方 12.34 万立方米;桥梁 1 座 463.6 延长米,隧道 2 座 15128 延长米。

新建铁路成都至兰州线成都至川主寺段站前工程 CLZQ－4 标段　合同投资 125718 万元。合同工期 2012 年 12 月 17 日至 2017 年 7 月 31 日。全长 19.194 千米。主要工程量:桥梁 2 座 481.03 延长米,框架式桥 5 座 88.7 延长米,涵洞 34 座 1281.57 横延米,隧道 2 座 11879 延长米,正线路基 6834.28 米,车站 1 座,无砟轨道 24140 米。

新建成都至兰州铁路 CLZQ－12－2 标段　合同投资 71582.6 万元。合同工期 2014 年 9 月 1 日至 2018 年 2 月 18 日。全长 11.801 千米。

成昆铁路 E 米 ZQ－7 标段　合同投资 141392 万元。合同工期 2016 年 4 月 1 日至 2020 年 6 月 30 日。全长 21.199 千米。主要工程量:桥梁 2 座,隧道 2 座,无砟道床 39194 米。

丽香铁路 LXZQ－4 标段　合同投资 150046 万元。合同工期 2014 年 11 月至 2019 年 12 月。全长 27.509 千米。主要工程量:桥梁 3 座 327 延长米,隧道 4 座 27182 延长米。

乐清湾港区铁路工程 SG05 标段　合同投资 49180 万元,合同工期 2015 年 1 月 1 日至 2017 年 2 月 28 日。全长 14.6 千米。主要工程量:区间土石方

139172 立方米，站场土石方 269315 立方米，特大桥 3 座 5093 延长米，大桥 3 座 942.38 延长米，中小桥 1 座 42.37 延长米，框架桥 5 座 1053.964 顶平米，圆涵洞 14.12 横延米，框架涵洞 4 座 73.42 横延米，隧道 4 座 6202 延长米。

郑万铁路 ZWCQZQ－6 标段　合同投资 1092643132 元。合同工期 2016 年 12 月 1 日至 2021 年 7 月 31 日。全长 13472.55 米。主要工程量：斜井 4 座 4.165 千米，隧 1 座道 13.472 千米。

蒙华铁路米 HTJ－26 标段　合同投资 18.1 亿元。合同工期 2015 年 8 月 1 日至 2020 年 3 月 1 日。全长 36.605 千米。主要工程量：路基土石方 154.09 万立方米、站场土石方 307.97 万立方米；正线铺道砟 23.611 万立方米，站线铺道砟 3.4183 万立方米；桥梁 11 座 28222.85 延长米。

新建铁路玉溪至磨憨线 Y 米 ZQ－8 标段　合同投资 155441.48 万元。合同工期 2016 年 4 月 15 日至 2020 年 9 月 24 日。全长 20.893 千米。主要工程量：王岗山隧道 3762 延长米；多吉隧道 14539 延长米；新华隧道 2461 延长米；他郎河四线中桥 109 延长米；无砟轨道 36.938 千米。

银西铁路银川至吴忠客运专线 YWZQ－3 标段　合同投资 159035.53 万元。合同工期 2016 年 9 月 10 日至 2018 年 8 月 31 日。全长 25.748 千米。主要工程量：路基 10.966 千米；桥梁 7 座 10582 延长米，箱形桥及刚构桥 10 座 5695.23 顶平方米，匝道公路桥 1 座 54 延长米，涵洞 20 座 1246.3 横延米；隧道 2 座 3748 延长米；站场 1 处；土石方 451.6 立方米。

贵阳枢纽西南环铁路工程站前 4 标段　合同投资 95392 万元。合同工期 2013 年 12 月 15 日至 2018 年 3 月 31 日。全长 22.684 千米。主要工程量：土石方 987810 立方米，站场路基土石方 475173 立方米；特大桥 10 座 13572.32 延长米、大桥 8 座 2295.51 延长米、中桥 1 座 74.4 延长米；涵洞 11 座 303.17 横延米；隧道 3 座 1197 延长米；水洞 1 座 345 延长米；车站 4 座。

赣深铁路客运专线 GSSG－1 标段　合同投资 99443.98 万元。合同工期 2016 年 12 月 30 日至 2019 年 12 月 30 日。全长 15.773 千米。主要工程量：隧道 14 座 5113 延长米，正线路基 0.433 千米，正线桥梁 2 座 227 延长米；框架小桥及涵洞 3 座 60.43 横延米。

郑济铁路站前 ZPZQ－5 标段　合同投资176816.29 万元。合同工期 2017 年 6 月 1 日至 2021 年 5 月 31 日。全长 26.832 千米。主要工程量：路基2.492千米，正线桥梁 2 座 24338 延长米；框架涵 6 座 231.85 横延米，框架小桥 3 座 519.7 顶平方米；预制架设箱梁 721 孔。

靖边至神木集运铁路 JSTJ－9 标段　合同投资 94149.945 万元。合同工期 2017 年 6 月 10 日至 2019 年 9 月 10 日。全长 14.5 千米。主要工程量：车站 1 座，隧道 7 座 8936 延长米；桥梁 6 座 653.2 延长米、涵洞 16 座 459.72 横延米、公路桥 3 座 270 延长米；路基土石方 105 万立方米、站场土石方 477 万立方米；区间道砟铺设 38546 立方米、站场 12294 立方米。

穗莞深城际 SZH－9 标段　合同投资185014.3344万元。合同工期 2014 年 10 月 1 日至 2018 年 4 月 30 日。全长 7.76 千米。主要工程量：车站 2 座、盾构 2 区间。

石黔高速公路工程　合同投资 46 亿元。合同工期 2016 年 8 月 1 日至 2020 年 7 月 31 日。全长 40.052 千米。主要工程量：互通 4 个，桥梁 30 座，隧道 23 座。

北京兴延高速公路 2 标段　合同投资 59615 万元。合同工期 2016 年 4 月 15 日至 2018 年 6 月 15 日。全长 9.2 千米。主要工程量：互通立交桥 2 座，主线桥梁 6 座、通道桥 11 座 2217.44 延长米，桩基 674 根，墩柱 348 根，盖梁 160 个，预制箱梁 446 片，现浇箱梁 962 米，涵洞 25 座，路基土石方 9.5 万立方米，路基土石方 200.5 万立方米。

延崇高速公路 6 标段　合同投资 8.8 亿元。合同工期 2016 年 12 月 31 日至 2019 年 9 月 30 日。全长 33.7 千米。主要工程量：桥梁 3 座 243 延长米，隧道 1 座 9287 延长米，路基土石方 3.83 万立方米，路基填方 25.65 万立方米。

洪雅至峨眉山公路新建工程　合同投资 125030.86万元。合同工期 2016 年 6 月 28 日至 2019 年 4 月 30 日。全长 21803 米。主要工程量：路基挖方 311.4 万立方米，填方 258.5 万立方米；桥梁 31 座 7547.6 延长米；隧道 4 座 3334 延长米；涵洞 42 座；通道 4 座；隧道管理所 1 处。

银川德丰大厦工程　合同投资 7.1 亿元。合同工期 2015 年 7 月 20 日至 2017 年 12 月 31 日。主要工程量：总建筑面积 138788.34 平方米，建筑高度 230 米，地上 47 层、地下 3 层；地下建筑面积 34233.34 平方米，地上建筑面积 104555.00 平方米。

呼和浩特市轨道交通 2 号线一期工程　合同投资 967899.4383 万元。合同工期 2016 年 8 月 28 日至 2020 年 12 月 31 日。全长 27.336 千米。主要工程量：车站 24 座，盾构区间 22 个，明挖出入线 2 个。

天津地铁 10 号线一期工程土建施工 13 标段　合同投资 67135 万元。合同工期 2015 年 9 月 1 日至 2019 年 6 月 30 日。3 站 3 区间。

昆明轨道交通 5 号线土建 3 标段　合同投资 75719.35 万元。合同工期 2016 年 8 月 10 日至 2018 年 12 月 31 日。3 站 4 区间。

南宁轨道交通 3 号线 1 标段土建七工区　合同投

资92468.4188万元。合同工期2015年6月30日至2018年7月10日。全长3.4千米。3站3区间。

深圳地铁10号线1012－1B标段　合同投资80556万元。合同工期2015年12月28日至2020年4月29日。2站1区间。

北京地铁17号线第10合同段　合同投资82000万元。合同工期2016年9月1日至2020年12月10日。全长1174.781米。主要工程量：乘客出入口4个，安全出口3个，换乘通道2条，无障碍电梯2部，风亭2组，冷却塔1处。

乌鲁木齐市轨道交通2号线一期土建工程A－5区段　合同投资68300万元。合同工期2016年10月18日至2019年9月18日。2站2区间。

青岛地铁1号线土建2标段三工区　合同投资36295万元。合同工期2016年1月1日至2019年8月31日。

新疆西水东引二期输水工程8标段　合同投资133216.6199万元。合同工期2017年2月15日至2022年12月31日。主要工程量：隧洞进口50米明挖段、主洞段34.751千米，支洞2.283千米，道路32.118千米。（王　博）

【经营管理】　2017年，新签合同额1061.12亿元，经营性净现金流15.83亿元，资产负债率84.99%，应上缴款完成率100%。资产总额396.57亿元，固定资产原值70.87亿元、净值25.95亿元，流动资产328.89亿元，实现利润总额1.11亿元，职工年人均收入9.28万元，国有资产保值增值率136.06%、净资产收益率0.41%、净利润率0.2%。

安全质量。修订和完善安全质量管理制度13项，安全生产费用7.2亿元；大型提运架设备39台（套），安全运架900吨大型铁路箱梁3231孔，架设铁路T梁2672片；组织多媒体安全培训3487次42571人，派出安全质量专项检查组16个，检查人员50人，督察工程公司22次，检查项目119个；已运营的高铁项目与运营单位完成对接回访工作21个。

职工队伍建设。创新人才选拔任用工作机制，重视领导干部选拔任用考核监督。落实“一报告两评议”制度，推进阳光选拔。修订完善《领导班子、领导人员民主测评考核办法》《领导人员管理办法》《区域指挥部、直管项目部人员管理办法》《职业项目经理管理办法》《专家分类分级管理办法》，制定《一级建造师管理使用暂行办法》《首席技师管理办法》等，大力推进干部人才专业化建设。修订完善津、补贴标准，举办首届技能大赛选拔“国企工匠”、技能人才，引领重心下移、人才下寻、待遇下倾等基础措施进一步落地。评选职业项目经理9人，科技专家17人，增设财经、综合管理专家等级。获评教授级高级工程师13人，通过高级职称评审239人，通过中级职称评审456人。培训4269人。取得注册建造师证121人，拥有注册建造师证825人。（冯　爽）

【科技管理】　按照《“十三五”科技发展规划》《专利战略（2016—2020年）》和年度科技发展计划，归集科研经费122535万元，承担省部级科研课题5项、股份公司级科研课题4项、本级立项资助课题29项，获股份公司和政府经费支持245万元，本级投入研发资助720万元，成果通过总公司科技成果评审29项，获詹天佑土木工程奖2项、获省部级科学技术奖3项、获股份公司科学技术奖7项、获中国施工企业管理协会科学技术奖6项、获中国建筑业协会科学技术奖2项、获中国岩石力学与工程学会科学技术奖1项，论文获评股份公司优秀论文4篇；集团公司获评中国施工企业管理协会科技创新先进单位。获股份公司科技创新先进单位，4项创新成果入选股份公司“十大科技创新成就”，马栋被评为“杰出科技创新带头人”；开发局级工法37项，获部级工法12项，股份公司级工法14项，授权专利91件（其中发明专利11件）、股份公司优秀专利奖2项，承担标准编制、修订19项，已发布3项；发布施工技术有效标准文件1029项。（冯　爽）

【党群工作】　党的工作。组织召开常委会15次，全委扩大会3次，董事会27次，总经理办公会14次，研究决定和讨论党的建设、企业管理重大事项，研究布置意识形态、宣传思想、党风廉政建设、国家安全、保密保稳定和统一战线、工会共青团工作。两级党委认真落实国企党建工作会重点任务，修订完善公司章程和议事规则，严格规范决策形式和内容，严格执行“三重一大”、中心组学习、谈心谈话和组织生活会等各项制度，制定并签订领导班子《党建工作责任书》《“一岗双责”承诺书》《党风廉政建设责任书》《廉洁从业集体承诺书》，班子成员以上率下、带头示范，认真抓好分管领域、分管单位和部门党建工作，广泛深入基层、深入支部讲党课、明纪律、宣传十九大精神，学习能力、决策水平、管党治党意识、责任意识、纪律规矩意识，以及凝聚力、引领力、战斗力全面提升。推行总会计师、纪委书记交流制度，开展“党员找组织、组织找党员”，党员信息采集、档案清查等工作，将10528名党员纳入支部管理。指导9个区域指挥部、12个直管项目部成立党工委、建立党支部，组织400名基层党支部书记进行集中轮训。对外宣传刊稿2000余篇，在中央电视台报道40余次。重点策划的蒙华铁路、吴中城际铁路、延崇高速公路、宝兰高铁、昌赣铁路客运专线等重点工程和“国企开放日”“媒体开放日”。推送微信微博212条，及时、快速、高效地报道企业重大活动。轨道公司获全国文明单位，2家单位获首都文明单位标兵，6家单位获首都文明单位，1人获首都精神文明建设先进个人。1人当选中国铁建“十佳道德模范”，1人当选“国企楷模·北京榜样”优秀人物。

纪检监察。各级党委纪委紧密围绕企业中心任务，加强党风廉政建设，围绕全面从严治党、依法合规经营目标，推进落实“两个责任”，准确运用“四种形态”，严肃党内政治生活、严明党的纪律、严格纪律审查、深化巡视巡察。逐级签订党风廉政建设责任书1231份，重大节日重申纪律要求，提醒在先、督促在前，对顶风违纪的通报警示，严肃处理；按照《纪委监督干部选拔任用工作办法》，全程参与、纪实监督，结果会签、资料留痕，确保选拔过程可追溯倒查，两级纪委监督904人提级提职，否决19人提拔；开展任前廉洁谈话812人。组织对各单位进行落实“两个责任”考核，开展子公司纪委书记述职述责，通过现场述、提问题、做点评，评选落实主体责任先进单位5家、履行监督责任先进单位5家。制定《工程项目亏损责任追究实施办法》、修订《“三重一大”决策制度实施细则》和《纪委监督干部选拔任用工作办法》等制度50余项。开展以“严肃组织生活、严格党内监督”的第十七个反腐倡廉宣传教育月活动。党委书记、纪委书记讲党课168场次，编发《一路清风》宣教简报8期，设计制作专题展板4块、在302个单位展出供参观学习，开展各类警示教育228场次、受教育30000人次，开展“促廉谈心”280人次。组织摄制“清廉铁建·微视频”微电影1部、微广告2部、微动漫1部。落实党委部署，对12个子公司开展“三重一大”决策制度执行情况巡视“回头看”，对2个子公司开展专项巡视。发现未整改问题19个、未完成线索处置2个，发现新问题43个（类）。对8个子公司的12个项目实施项目管理专项巡察，发现问题262个，提出建议64条，移交问题线索54条，公开通报典型问题。对15个子公司干部选任专项巡察，一般问题立行立改、关键问题限期整改、重点问题移送问责。开展违规公款购买消费高档白酒问题专项治理工作，分阶段推进企业领导人员及其亲属违规经商办企业专项治理，涉及单位40个、召开部署会301场、组织业务培训452次、分级制定工作方案23个，收回自查表5246份。建立领导人员廉洁档案2260份，强化履行职责、行使权力的监督。紧盯巡视巡察移交问题线索、亏损项责任追究、群众信访等重点，实行案件指标管理，按照“四种方式”及时处置，立案137件、结案137件，纪律处分199人，其中党纪处分78人，政纪处分179人，党政纪双重处分58人，经济赔偿204.22万元，挽回损失717.17万元，移交司法机关1人。典型案例剖析60人；化解企业涉法风险8起。

工会工作。以维护核心，服务中心，凝聚人心的“三心”理念为基准，坚持围绕中心、服务大局，坚持创新引领、品牌导向，坚持精准务实、固本强基，各项工作有序开展。开展“奋进杯·六比六创”动竞赛，2家单位获股份公司“劳动竞赛优胜单位”，12人获“优秀组织者”和“工人先锋号”。组织开展以“安全培训提素质、班组管理强基础”为主题的“安康杯”竞赛。邵成猛劳模创新工作室获评2016年度北京市级职工创新工作室。劳模创新工作室创建经验参加中国铁建科技大会并获好评。1人获中华全国铁路总工会年度综合火车头奖章、3人获中华全国铁路总工会火车头奖章，3人获省（直辖市）劳动奖章，2个集体获省（直辖市）劳动奖状，5个集体获省（直辖市）工人先锋号，1人获评北京市优秀工会工作者、2个单位获评中国铁建“工人先锋号”、2人获评中国铁建工人先锋号奖章。修订《集体合同履行办法》，加强考核权重，实现集体合同履行检查全覆盖。开支送温暖金495万元，慰问救助困难职工1910人次；开支助学金31.4万元，资助102人。利用“互联网+”模式，开展工会维权法律法规知识在线答题活动，参加在线答题1838人次。组织全员关注“铁建E家”和职工书屋，推进全民阅读，受益广大职工；加强工会信息宣教，通过劳动午报、集团网站、央企铁军报、铁道建筑报等内外部平台，先后上载、发布文章93篇；向集团公司、股份公司公号输送微信专题18篇；开辟《工会工作动态》新载体。举办“相约今夏·一鹭有缘”单身联谊和“缘定蓉城·携手一生”集体婚礼2场活动，为所属16家单位80余名青年朋友搭起“鹊桥”，为11对新婚员工举办“工地集体婚礼”，通过各种途径，促成26对青年成功牵手。奔赴38个重难点或条件艰苦的项目，宣讲慰问，开展调研，座谈了解，组织活动，为项目职工办实事、解难题，极大地鼓舞了一线职工的士气，充分调动了广大职工生产的积极性和创造性。举办第二期工会干部培训班，72名工会干部参训，提升整体业务水平。编制下发《工会工作手册》，促进工会工作规范化、标准化。财经管理规范有序。坚持收好、管好、用好工会经费，在财务管理上求规范，在经费、资产管理上求实效，保证经费足额、及时收缴和回拨，对5家单位开展工会审计，有效实施过程控制。

共青团工作。坚持群团改革发展思路，以迎接党的十九大和深入学习宣传贯彻党的十九大精神和集团公司“四会”精神为工作主线，抓学习教育，促思想凝聚。深入开展学习总书记讲话精神，争做合格团员青年为主要内容的"一学一做"教育实践活动。结合"学雷锋""五四"等主题团日,开展团课、座谈讨论、观看教育影片、重温入团誓词和红色教育等活动;坚持党建带团建,积极参加党组织的各项思想政治教育活动;年初号召各单位团组织专题学习讨论集团公司"四会"精神;所属312个基层团组织约10000名团员青年观看十九大开幕式;发放《习近平关于青少年和共青团工作论述摘编》,要求各单位组织团员青年认真进行研读、学习、讨论,切实将学习能力转换为创新发展的实践行动;利用微信、共青云台和团干部1+100等网络平台,加强团干部和团员青年的意识形态教育。根据股份公司《关于中国铁建团费收缴、使用和管理的规定》明确团费收缴、使用和管理工作。开展"创新发展 青年当先"主题实践活动2003人119场次;坚持深入推进"导师带徒"活动,结对师徒1328对。筹措46800元关爱金。

(曹 春 万海峰 张继桂 苏 燕)

【第一工程有限公司】 拥有公路、市政公用工程施工总承包一级,铁路、建筑、水利水电工程施工总承包二级,桥梁、隧道、公路路基工程专业承包一级资质。原系中国人民解放军铁道兵的一支团队,组建于1953年;1984年并入铁道部,改称铁道部第十六工程局第一工程处;2001年进行股份制改建,改称中铁十六局集团第一工程有限公司。驻北京市顺义区南法信镇顺畅大道1号B-013室。执行董事、总经理王红伟,党委书记高栋。职工1831人。资产总额499482万元。其中,固定资产原值79514万元、净值19519万元;流动资产475531万元;其他资产4432万元。机械运输设备697台(套),原值48768万元、净值23304万元,总功率67644千瓦,动力装备率33.32千瓦/人,技术装备率11.48万元/人,设备完好率92.2%,利用率95.7%。

2017年,承揽工程任务61.08亿元,完成企业总产值55.86亿元,实现利润471万元。 (李红叶)

【第二工程有限公司】 拥有市政公用、公路、铁路工程施工总承包一级资质,并具备隧道、桥梁、公路路基工程专业承包一级资质。驻天津市河东区万新村三区。董事长、党委书记缪为刚,总经理耿永旺。职工2707人。资产总额406186.73万元。其中,固定资产原值55120.42万元、净值18614.57万元;流动资产385603.12万元。机械运输设备629台(套),原值22435.81万元、净值11410.59万元,总功率87056千瓦,人均动力装备率32.18千瓦,技术装备率98%,设备完好率96%、利用率95%。年施工生产能力50亿元以上。

2017年,承揽任务62.93亿元。企业总产值40.71亿元,净利润637.16万元,职工年人均收入105380元,净资产收益率1.06%,产值利润率18.13 %,资产负债率86.68%,应上缴款完成率14.05%。

(李清芳)

【第三工程有限公司】 拥有公路工程施工总承包特级资质及公路甲级设计资质,市政公用工程施工总承包一级,铁路、建筑工程施工总承包二级,桥梁、隧道、机场场道、公路路基工程施工专业承包一级资质,公路水运工程试验检测综合乙级资质、测绘乙级资质企业,持有营业性爆破作业单位许可证。前身为中国人民解放军铁道兵第十一师五十三团,组建于1952年2月;1984年1月并入铁道部,更名为铁道部第十六工程局第三工程处;1999年12月变更为中铁十六局第三工程处;2001年4月更名为浙江中铁十六局第三工程有限公司;2002年7月更为现名。驻浙江省湖州市湖东路288号。注册资本金10.008亿元。董事长邵成猛,党委书记李伟,总经理田伟权。职工1945人。资产总额42.25亿元。其中,固定资产4.59亿元。机械运输设备2348台(套),总功率45543千瓦,动力装备率21.2千瓦/人,技术装备率10万元/人,年施工能力60亿元。

2017年,完成产值49.95亿元,承揽任务总额546441万元,实现利润总额4595万元。 (邱丽琴)

【第四工程有限公司】 拥有公路、市政公用工程施工总承包一级,铁路工程施工总承包二级,建筑、机电工程施工总承包三级,桥梁、隧道、建筑装修装饰、公路路基和钢结构工程专业承包一级资质,地基基础、公路路面工程专业承包三级资质以及施工劳务资质。注册资本金105080万元。职工2332人。资产总额497034万元。机械运输设备1096台(套),年施工能力60亿元。

2017年,新签合同额100亿元。完成施工产值569346万元。 (蔡友兰)

【第五工程有限公司】 拥有铁路、公路、市政公用、水利水电工程总承包一级,建筑工程施工总承包二级,桥梁、隧道、公路路基、铁路铺轨架梁工程专业承包一级资质。驻河北省唐山市丰润区光华道2号。董事长、党委书记朱卫东,总经理杨晋文。职工3170人。资产总额46.88亿元。其中,固定资产原值7.09亿元、净值2.7亿元;流动资产44.04亿元;其他资产1452.11万元。机械运输设备572台(套),原值2.55亿元、净值1.61亿元,总功率72903千瓦,动力装备率22.99千瓦/人,技术装备率8.04万元/人,设备完好率94.4%,年施工能力70亿元。

2017年，承揽任务112.36亿元、自揽任务61.82亿元；完成产值73.36亿元，营业收入63.73亿元，实现净利润363.41万元，人均创利1146元，全员劳动生产率33.68万元/人年，职工年人均收入6.37万元，国有资产保值增值率100.06%。（李秀梅）

【北京轨道交通工程建设有限公司】 拥有市政公用工程施工总承包一级，隧道工程专业承包一级，地基基础工程专业承包一级，防水防腐保温工程专业承包一级，起重设备安装工程专业承包一级，建筑工程施工总承包二级资质。驻北京市通州区新华西街26号。董事长兼党委书记高宪民，总经理周阳宗。职工2037人。资产总额40.07亿元。其中，固定资产原值15.65亿元、净值6.63亿元。机械运输设备1088台(套)，总功率139999千瓦，人均技术装备率31.88万元，动力装备率70千瓦/人，机械设备利用率90%，成新率39.6%。

2017年，新签合同额132.942亿元，营业收入60.25亿元，实现利润226万元，实现净利润311.2万元。国有资产保值增值率100.63%，净资产收益率0.23%，营业利润率0.02%，资产负债率91.91%，投资收益上缴率100%，应上缴款完成率100%。

（陶晓红）

【地铁工程有限公司】 拥有市政公用工程施工总承包三级、隧道工程专业承包三级资质。前身为中铁十六局北京工程指挥部；1989年，中铁十六局设立北京地铁工程指挥部；2007年，与原北京铁路工程指挥部合并为北京工程指挥部；2011年4月，组建中铁十六局集团地铁工程有限公司。驻北京市朝阳区通惠河南街1008－A四惠大厦。董事长、总经理丛恩伟，党委书记李杰。下辖8个区域分公司、42个项目。职工1441人。资产总额276536.31万元。其中，固定资产原值90568.27万元、净值35477.85万元；流动资产240359.28万元；其他资产699.18万元。机械运输设备577台(套)，原值106028万元、净值43929万元，总功率53088千瓦，动力装备率37千瓦/人，技术装备率1万元/人，设备完好率90%，利用率92%，年施工生产能力40亿元。

2017年，承揽任务536240万元，完成施工产值414105万元，实现利润6826万元，人均创利4.74万元，全员劳动生产率287.4万元/人年，职工年人均收入132509元。（路　燕）

【铁运工程有限公司】 经营范围：铁路运输、工程施工、铺架与制运架梁(板)。组建于1954年12月，前身系铁道兵第一新建铁路管理处；1984年1月，兵改工并入铁道部，成为具有法人资格的铁路运输企业；2001年，从中国铁道建筑总公司划转至中铁十六局集团；2003年7月，企业改制更名为中铁十六局集团铁运工程有限公司。驻河北省高碑店市兴华北路117号。董事长兼总经理俞剑，党委书记夏吉胜。下辖16个项目部，14个运输指挥部，4个分公司及3个物业基地。职工2518人。资产总额11.95亿元。其中，固定资产原值5.66亿元、净值1.65亿元。机械运输设备277台(套)，原值61379万元、净值30878万元，总功率265833千瓦，技术装备率12.26万元/人，动力装备率105.57万元/人。

2017年，完成任务承揽18.57亿元，工程施工11.52亿元；实现净利润6938万元。（葛　鑫）

【路桥工程有限公司】 拥有市政公用工程施工总承包一级资质、公路路面工程专业一级、桥梁工程专业一级、隧道工程专业一级、公路工程总承包三级、公路路基专业承包三级资质。可承担各类市政工程、高速公路路基、路面工程和桥梁、隧道等工程的施工。驻北京市密云区新北路29号。执行董事兼党委书记降金琦，总经理褚英奎。职工1180人。资产总额291707万元。其中，固定资产原值28471万元、净值9843万元；流动资产281666万元。机械运输设备96台(套)，原值12805.64万元、净值5682.61万元，总功率14061千瓦，动力装备率12.78千瓦/人、技术装备率5.17万元/人。

2017年，新签合同额37.9亿元，完成总产值273619万元。实现营业收入241361万元。（杨　颖）

【电务工程有限公司】 拥有铁路电务工程专业承包一级、铁路电气化工程专业承包一级、建筑机电安装工程专业承包一级、电子与智能化工程专业承包一级、公路交通工程(公路机电工程)专业承包二级资质。前身是铁道兵十一师、十三师的直属发电连及通信工程连；1984年1月，奉中央军委和国务院命令，随铁道兵集体转业并入铁道部，改称铁道部第十六工程局电务工程处；1999年12月，更名为中铁第十六工程局电务工程处；2002年，改制更名为中铁十六局集团电务工程有限公司；2017年5月，更名为中铁十六局集团电气化工程有限公司。经营范围：专业承包，技术推广服务，货物进出口，销售通讯设备、机械设备、建筑材料、装饰材料、仪器仪表、金属材料等。许可经营项目为承装(修、试)电力设施三级承装类。注册资本金1.95亿元。

2017年，完成自揽任务106223万元，营业收入14亿元。（刘　娜）

【物资贸易有限公司】 拥有质量、环境和安全管理体系认证证书。经营范围：物资招标代理、物资贸易、工程物流、物资仓储租赁、物资加工、以及物资进出口等。驻北京市朝阳区皮村北街2号院。执行董事、总经理刘进波，党委书记肖桂平。下辖4个区域分公司和7个事业部。职工96人。资产总额189488.15万元。其中，流动资产189092.05万元；固定资产85.35万元。

2017年，承揽任务46.3亿元，完成产值29.6亿元，净利润1243.8万元。（单海燕）

【置业投资有限公司】 拥有房地产开发二级资质。2011年6月13日在北京市工商局注册成立，注册资本金1.3亿元。驻北京市朝阳区金盏乡皮村北巷2号院。党委书记、董事长刘瑞军，总经理刘一翔。下辖6个项目公司4家实体单位和7家物业公司。职工276人。动力装备率16.26千瓦/人，技术装备率0.51万元/人，设备完好率90%，利用率35.45%。

2017年，完成投资39972万元，完成销售78937万元，营业收入101957万元。国有资产保值增值率100%，资产负债率84.99%，应上缴款完成率100%。（刘维韬）

【城市建设发展有限公司】 拥有建筑工程施工总承包一级、钢结构工程专业承包一级资质、建筑装修装饰工程专业承包二级、地基基础工程专业承包三级资质，设计公司拥有建筑行业（建筑工程）甲级资质，北京北建精业公司拥有施工劳务资质、模板与脚手架专业承包资质。2014年，经北京市工商行政管理局核准注册，4月28日在北京挂牌成立，注册资本金3亿元。驻北京市朝阳区红松园北里2号院19号楼（5－8层）。董事长、党委书记刘峰，总经理、党委副书记张胜勇。职工561人。资产总额136976.32万元。其中，固定资产净值100.21万元。

2017年，完成施工产值32599万元。（汤　媛）

【建工机械有限公司】 拥有特种设备制造许可证（通用门式起重机）A级，特种设备制造许可证（桥式起重机）B级、C级，特种设备安装改造维修许可证A级资质。驻北京市密云区。董事长、总经理吴庆红，党委书记刘骥锴。职工172人。资产总额1.13亿元。其中，固定资产原值753.64万元、净值408.37万元；流动资产1.06亿元；其他资产315.98万元。机械运输设备85台（套），原值295万元、净值198.66万元，总功率1336.71千瓦，人均动力装备率7.77千瓦，设备完好率95%，利用率90%。

2017年，承揽任务3.465亿元，完成产值3.25亿元，实现利润53.2万元，职工年人均收入9.16万元。（苏　欣）

【中国友发国际工程设计咨询有限公司】 拥有甲级建筑工程设计资质、甲级建设监理资质、丙级工程咨询资质，具有对外承包工程经营资格。中国国际工程咨询协会、中国对外承包工程商会、中国建设工程造价管理协会、中国勘察设计协会、中国建设监理协会以及国际咨询工程师联合会（FIDIC）等会员单位。通过ISO9001质量管理体系认证、环境管理体系认证、职业健康安全管理体系认证。成立于1993年，时为中华人民共和国对外贸易经济合作部直属企业；2016年4月，改制重组，成为中铁十六局集团有限公司控股企业。驻北京市朝阳区金盏乡皮村北街2号院。董事长陈宏铭，党委书记陈明福，总经理陈铁民。职工116人。资产总额4551.25万元。其中，固定资产原值417.25万元、净值166.18万元；流动资产4179.30万元；其他资产208.89万元。

2017年，承揽任务59.23亿元。营业收入146.05万元，利润总额38.37万元，净利润35.25万元，国有资产保值增值率100.98%，净资产收益率0.24%，资产负债率20.20%。（陈　皓）

【重要记载】

▲1月15日　集团公司召开三届五次职代会暨2017年度工作会、党委三届二次全委会、党风建设和反腐倡廉工作会议。

▲1月16日　四公司通过北京市第十九批省级企业技术中心认定。

▲2月27日　集团公司承建的新关角隧道获青海省2016年度科学技术进步一等奖。

▲3月27日　集团公司被中国公路建设行业协会评为公路建设行业“科技创新领军企业”。

▲4月9日　多米尼克国总理罗斯福·斯凯里特一行到访，双方就下一步加深双边合作，加快推进多米尼克国际友谊机场项目进行深入交流，达成共识。

▲7月17日　城发公司承建的德丰大厦项目通过“全国建筑业绿色施工示范工程”现场验收。

▲7月20日　经股份公司批准，成立永兴投资管理公司。

▲11月6日　轨道公司参建的杭州市紫之隧道工程获中国建设工程鲁班奖。

▲11月16日　轨道公司参建的南昌轨道交通1号线一期工程获国家优质工程金质奖。

▲12月2日　TB米大型掘进机在沈阳北方重工集团下线，接受新疆建设单位、施工单位、生产制造单位三方验收。

▲12月18日　五公司承建的曹妃甸工业区甸头立交桥工程获2016—2017年度国家优质工程奖。

（冯　爽）

中铁十七局集团有限公司

【简况】 拥有铁路施工总承包、房屋建筑面积施工总承包、市政公用工程施工总承包"六特六甲"资质，施工总承包一级资质22项、专业承包一级资质47项和地质灾害治理工程施工甲级，营业性爆破二级资质，军工涉密业务咨询服务安全保密条件备案证书以及其他主(增)项资质170项。驻山西省太原市。前身为中国人民解放军铁道兵第七师；1984年1月集体转业，改编为铁道部第十七工程局；2001年改制为中铁十七局集团有限公司至今。下辖第一至第六综合工程公司，建筑工程有限公司、电气化工程有限公司、上海轨道交通工程有限公司、物资有限公司、房地产开发有限公司、上海股权投资管理公司、贵州市政工程有限公司、西藏工程有限公司、铺架分公司、勘察设计院、国际建设分公司、北京城市管廊管理分公司等16个专业公司以及中心医院、物业管理中心、隧道抢险救援队、铧兴工程检测公司、北京事业部25个成员单位。职工18938人。机械运输设备7083台(套)，原值35.32亿元、净值12.63亿元，设备完好率96%，利用率85%。全员动力装备率37千瓦/人，技术装备率6.5万元/人，机械动力设备成新率36%。

2017年，实现营业收入421.54亿元，完成预算指标的104.08%，同比增长5.05%；实现净利润7.3亿元(含消化潜亏)，完成预算指标6.3亿元的115.87%，同比增长2.82%。新签合同548项，总额803.2亿元(含海外63.2亿元)，完成股份公司年度计划607.6亿元的132.2%。其中，铁路工程54.6亿元、公路工程323.4亿元、市政工程181.9亿元、城轨工程80.6亿元、房建工程62.5亿元、其他工程100.2亿元。新签合同额607.6亿元(国内工程经营480亿元、资本经营100亿元、海外经营27.6亿元)；完成企业总产值435亿元(施工产值423.61亿元)。获股份公司"十大科技创新成就"4项；获中国铁建及以上科学技术奖18项，获省部级工法27项、股份公司优秀工法14项，获股份公司优秀论文5篇，获股份公司优秀专利奖4项。本级科技评审会共评出科学技术奖21项、认定企业级工法51项、优秀科技论文及技术总结95篇、优秀专利奖58项。15项科技成果通过鉴定、评审，其技术水平中1项达到国际领先，10项达到国际先进，4项达到国内领先。申报受理专利155件，其中发明专利26件、实用新型129件；授权专利95件，其中发明专利14件、实用新型专利71件；获软件著作权4项。获国家级优质工程3项，省部级优质工程奖9项，中国铁建股份公司"铁建杯"优质工程奖11项。11项科技成果通过鉴定、评审，有6项达到国际先进，3项达到国内领先，2项达到国内先进。获中国铁建及以上科学技术奖29项，获省部级工法24项、中国铁建优秀工法11项。被认定为山西省省级技术中心和高新技术企业，国家级技术中心。获"全国工程建设质量管理优秀企业""全国守合同重信用企业""全国优秀施工企业""全国精神文明建设工作先进单位""全国最具社会责任感优秀企业""全国模范劳动关系和谐企业""中国优秀诚信企业""全国文明单位""全国五一劳动奖状""全国建筑业优秀企业"等称号。

(韦源源 桑 雷 王青蕊 白素萍 唐 虹 李梦新)

【领导人员】

董事会

董事长	卢 朋
董事	文 珂
	郑 力

监事会

监事会主席	朱龙江

经理层

总经理	文 珂
副总经理	王月幸
	杜嘉俊
	成志宏
	罗玉华
	阮祥杰
	王应权(3月任)
	张耀军(3月任)
	张 轶 (3月任)
总工程师	杜嘉俊(兼)
总会计师	阮祥杰(兼)

党群领导

党委书记	卢 朋
党委副书记	文 珂
	郑 力
纪委书记	朱龙江

(李梦新 潘晓荣)

【职工队伍】 职工18938人。其中，在岗职工17083人、非在岗职工1855人。在岗干部10951人，技术干部10239人，其中，高级职称1187人、中级职称2844人、初级职称5272人；35岁以下7241人，36～40岁

1088人,41~45岁735人,46~50岁463人,51~54岁274人,55~59岁438人。

工人6132人。其中,技术工人4974人、初级工181人、中级工1311人、高级工2543人;技师756人,高级技师183人;30岁以下1181人,31~40岁1440人,41~50岁695人,51~55岁846人,56~60岁815人。 (王均正 桑 雷 麻峻玮)

【铁路工程】 成都至重庆铁路客运专线工程施工总价承包CYSG-6标段 全长17.202千米。合同投资193276万元,合同工期2010年9月至2014年2月。主要工程量:路基土石方32.6126万立方米,站场土石方44.9573万立方米;特大桥1.5座2284.75延长米,大桥9座2239.04延长米,中桥2座121.46延长米,小桥1座24.61延长米;涵洞22座681.02横延米,隧道7座15327.4延长米。开工累计完成产值210527万元。

广通至大理铁路扩能改造工程站前7标段 位于云南省大理市,全长25.48千米。合同投资115450万元,合同工期2012年12月至2016年7月。主要工程量:隧道3座12917延长米,桥梁7座1490延长米,路基11.075千米,车站2座。开工累计完成投资129009万元。

新建成兰铁路成都至川主寺段站前工程CLZQ-7标段 位于四川阿坝藏族羌族自治州茂县,全长7.317千米。合同投资108314万元,合同工期2012年12月至2017年8月。主要工程量:路基土石方105万立方米,防护及支挡结构圬工26718立方米,桥梁3座1213.8延长米,双洞隧道1座16185延长米,双块式无砟轨道129.8千米,站场道路7603平方米,公路桥1座134.4延长米。开工累计完成投资75037万元。

新建铁路成都至兰州线成都枢纽相关站前工程 位于四川省成都市。合同投资32280万元,合同工期2012年12月至2017年8月。主要工程量:区间路基土石方28795立方米,站场路基土石方2290549立方米,中桥3座200.6延长米,框架桥6座109.1延长米,涵洞37座611.11横延米,铺轨28.66千米,铺新岔107组。开工累计完成投资30484万元。

沙坪坝铁路综合交通枢纽工程 位于重庆市沙坪坝区,全长1.414千米。合同投资21亿元。主要工程量:车站建筑面积13985平方米,深基坑开挖130万立方米,车站等建筑面积48万平方米,道路5段4.78千米。开工累计完成投资170478万元。

西成铁路(四川段)站前工程XCZQ-2标段 位于四川省广元市,全长15.744千米。合同投资194487万元,合同工期2013年3月至2017年11月。主要工程量:桥梁14座5188.75延长米,路基土石方186.06万立方米,双线路基4.805千米、单线路基0.847千米,涵洞9座352.4横延米,双线隧道9座6996延长米。开工累计完成投资188118万元。

敦格新建铁路(甘肃段)站前3标段 位于甘肃省酒泉市阿克塞哈沙克自治县,全长23.25千米。合同投资12.648亿元,合同工期2013年4月至2018年9月。主要工程量:路基土石方40.12万立方米,涵洞7座118.93横延米,当金山隧道20.14千米,无砟轨道铺设19.67千米,车站1座。开工累计完成投资80963万元。

重庆至贵阳铁路扩能改造引入重庆枢纽工程CQSN-1标段 线路全长40.774千米。合同投资16.16亿元,合同工期2013年5月至2016年5月。主要工程量:路基8.41千米,路基土石方255.25万立方米,防护工程15.575万立方米,站场土石方22.4万立方米,防护工程1.531万立方米;桥梁35座8.541千米,框架桥1座133.95顶平方米,涵洞17座308.47横延米,隧道11座16.167千米,联络线有砟轨道15.71千米,新双碑隧道内无砟道床18.47千米。开工累计完成投资175816万元。

新建张家口至呼和浩特铁路站前工程ZHZQ-2标段 位于河北省张家口市。合同投资270595万元,合同工期2014年4月至2018年3月。主要工程量:路基16.048千米,土石方2837万立方米,桥梁35座22.705千米,特大桥9座20451.33延长米,大桥6座1936.05延长米,中桥2座178.76延长米,框架式中桥3座1789顶平方米,框架式小桥15座2696.15顶平方米;涵洞45座1017.9横延米;隧道5404延长米。开工累计完成投资312377万元。

新建九景衢铁路江西JQJXZQ-3标段 位于江西省上饶市,全长51.9千米。合同投资171496万元。主要工程量:路基土石方644.56万立方米;站场土石方255.41万立方米;桥梁35座22802.44延长米,隧道12座3367.5延长米。开工累计完成投资173916万元。

新建京沈铁路客运专线站前工程TJ-8标段 位于辽宁省阜新市,全长35.545千米。合同投资220760万元,合同工期2014年7月至2019年3月。主要工程量:路基土石方329.72万立方米,特大桥8座20960延长米,大桥3座702延长米,中桥1座55延长米,涵洞30座956横延米,框构小桥2座671顶平方米,隧道2座1645延长米,无砟道床68.47千米。开工累计完成投资219744万元。

新建成都至贵阳铁路乐山至贵阳段站前工程CG-

ZQSG－14 标段　位于贵州省大方县，全长 7.782 千米。合同投资 53245 万元，合同工期 2014 年 1 月至 2017 年 6 月。主要工程量：挖填土石方 6 万立方米，特大桥 1 座 755.11 延长米，中桥 1 座 109.55 延长米，涵洞 2 座 37.67 横延米，隧道 4 座 6326 延长米。开工累计完成投资 49805 万元。

新建连云港至镇江铁路站前工程 LZZQ－6 标段　位于江苏省扬州市，全长 23.744 千米。合同投资 243959 万元，合同工期 2015 年 9 月至 2019 年 3 月。主要工程量：桥梁 0.5 座 23743 延长米，路外框架中桥 2 座 245.7 顶平米，桩基 258642 米，承台 961812 立方米，墩身 82851 立方米，箱梁预制 705 孔，箱梁架设 705 孔，连续梁 1562 延长米，正线铺新轨 689.9 千米，改建线路 14.39 铺轨千米，铺道砟 176.1 万立方米，站线铺新轨 40 铺轨千米，改建线路 4.5 铺轨千米，铺道砟 13.4万立方米，铺新岔 174 组，改建道岔 17 组。开工累计完成投资 114131 万元。

新建铁路格尔木至库尔勒线（青海段）站前工程（含“三电”及管线迁改工程）GKQHZHQ4 标段　位于青海省海西蒙古族藏族自治州，全长 94.806 千米，设计时速 120 千米。合同投资 77172 万元，合同工期 2015 年 9 月至 2019 年 8 月。主要工程量：路基土石方 623.41 万立方米，车站 3 座，桥梁 8128.74 延长米，涵洞 182 座。开工累计完成投资 70271 万元。

新建蒙西至华中地区铁路煤运通道土建工程 MHTJ－4 标段　位于陕西省延安市，全长 30.92 千米。合同投资 228404 万元，合同工期 2015 年 7 月至 2020 年 3 月。主要工程量：路基土石方 120.3 万立方米；桥梁 16 座 2886.11 延长米，涵洞 16 座 574.89 横延米，隧道 10 座 23937.84 延长米，无砟道床 52119 米，粒料道床 31787 立方米。开工累计完成投资 206046 万元。

新建川藏铁路拉萨至林芝段站前工程 LLZQ－11 标段　位于西藏自治区林芝地区，全长 38.3 千米。合同投资 188408 万元，合同工期 2015 年 6 月至 2021 年 11 月。主要工程量：路基土石方 38.7 万立方米，特大桥 2 座 1775.4 延长米，大桥 3 座 949.1 延长米，涵洞 8 座 312 横延米，隧道 4.5 座 34335 延长米，无砟道床 32920 米，粒料道床 19696 立方米。开工累计完成投资 142721 万元。

新建黔江至张家界至常德铁路站前工程QZCZQ－3 标段　位于湖北省恩施州，全长 26.337 千米。合同投资 148518 万元，合同工期 2015 年 3 月至 2019 年 11 月。主要工程量：路基土石方 347.5 万立方米，特大桥 5 座 4986.41 延长米，大桥 13 座 3231.56 延长米，中桥 3 座 197.65 延长米，箱型小桥 1 座 429.9 顶平米，涵洞 15 座 720.91 横延米，T 梁 501 孔，隧道 15 座 12220.05 延长米，车站 1 座。开工累计完成投资 138545 万元。

唐山至曹妃甸铁路工程第二部分 TCSG－5 标段　位于河北省唐山市，全长 72.733 千米。合同投资 149613 万元，合同工期 2015 年 2 月至 2016 年 12 月。主要工程量：制架 T 梁 1588 孔、铺轨 172.827 千米，四电 87.692 千米。开工累计完成投资 31435 万元。

新建南昌至赣州铁路客运专线站前工程 CGZQ－6 标段　位于江西省吉安市，全长 41.604 千米，设计时速 250 千米。合同投资 264863 万元，合同工期 2015 年 7 月至 2019 年 12 月。主要工程量：路基土石方 428.94 万立方米，车站 2 座，特大桥 12 座 21689.9 延长米，大桥 6 座 1830.24 延长米，中桥 3 座 4638.59 顶平方米，涵洞 46 座 1324.43 横延米，无砟道床铺设 84.37 千米，制架箱梁 663 片，CRTSⅢ型轨道板预制 26020 块。开工累计完成投资 207798 万元。

新建商丘至合肥至杭州铁路站前工程 SHZQ－18 标段　位于浙江省湖州市，全长 40.287 千米。合同投资 264990 万元，合同工期 2105 年 11 月至 2020 年 10 月。主要工程量：路基 3.807 千米，特大桥 3 座 36344 延长米，单线特大桥 4074 延长米，双线大桥 136 延长米，涵洞 17 横延米，接长地道 2 道 1550 平方米，CRTS Ⅲ型板无砟道床铺设 74574 米。开工累计完成投资 165410 万元。

成昆铁路峨眉至米易段扩能工程站前工程 EMZQ－2 标段　位于四川省乐山市，全长 21.676 千米。合同投资 124509 万元，合同工期 2016 年 4 月至 2020 年 9 月。主要工程量：车站 1 座，路基土石方 68 万立方米，桥梁 7 座 4731.5 延长米，涵洞 40.83 横延米，隧 4 座道 14487 延长米，无砟道床 2 千米，电力线路架设 124.21 千米。开工累计完成投资 53263 万元。

新建大理至临沧铁路站前工程 DLZQ－5 标段　位于云南省临沧市，全长 30.085 千米。合同投资 141134 万元，合同工期 2016 年 1 月至 2020 年 8 月。主要工程量：区间路基土石方 18.7 万立方米，站场 2 座，站场土石方 143.7 万立方米，桥梁 10 座 4114 延长米，隧道 7.5 座 23469 延长米，无砟道床 14.577 千米，站台墙 2110 米。开工累计完成投资 70880 万元。

郑万铁路河南段 ZWZQ－8 标段　位于河南省南阳市，全长 43.1 千米。合同投资 239467 万元，合同工期 2016 年 4 月至 2019 年 10 月。主要工程量：正线路基 3.643 千米，特大桥 39.366 千米，框构中桥 2 座，框构小桥 2 座，框架涵洞 12 座，车站 1 座，土石方 109 万立方米，混凝土 133 万立方米。无砟道床正线81.978 铺轨千米，站线 1.816 铺轨千米。开工累计完成投资

192409万元。

新建大同至张家口高速铁路山西省境内站前工程DZZQ－1标段　位于山西省大同市，全长34.05千米。合同投资212614万元，合同工期2015年11月至2019年11月。主要工程量：路基11.16千米，桥梁12座15204.31延长米，隧道7680延长米，车站1座，预架梁447孔，无砟道床14.32千米，铺轨山西段275.013千米，河北段30.255千米。开工累计完成投资128882万元。

新建郑州至万州铁路重庆段先期开工站前工程　位于重庆市，全长12.33千米。合同投资94418万元，合同工期2015年12月至2019年11月。主要工程量：路基47千米，土石方181.4万立方米，桥梁257.62延长米，涵洞3座596.1横延米，隧道2座12024延长米，无砟道床24.561千米。开工累计完成投资43718万元。

新建玉溪至磨憨铁路YMZQ－4标段　位于云南省玉溪市，全长47.4千米。合同投资184530万元，合同工期2016年4月至2020年2月。主要工程量：隧道3.5座24.48千米，桥梁3座0.712千米，框架桥6542.8顶平方米，涵洞7座684横延米，路基土石方2.21立方米，无砟道床33.45千米。开工累计完成投资64745万元。

新建大理至瑞丽铁路保山至瑞丽段站前工程土建6标段　位于云南省德宏傣族景颇族自治州，全长59.74千米。合同投资180235万元，合同工期2015年12月至2021年5月。主要工程量：路基35.617千米，挖填方871万立方米，隧道5座10092延长米，桥梁14033.7延长米，涵洞99座2802.83横延米，车站6座，无砟道床7.59千米。开工累计完成投资94396万元。

新建太原至焦作铁路山西段站前铁路TJZQ－7标段　位于山西省长治市，全长42.5千米。合同投资247600万元，合同工期2016年10月至2020年12月。主要工程量：路基9021.97米，特大桥1座1858.78延长米，大中桥11座2227.43延长米，隧道3座15377延长米，制梁场103孔，无砟道床15.042千米，混凝土93.1万立方米。开工累计完成投资92971万元。

新建叙永至毕节铁路（川滇段）站前工程XZZQSG－2标段　位于云南省昭通市，全长36.393千米。合同投资124512万元，合同工期2016年10月至2022年9月。主要工程量：路基2543米，土石方130万立方米，桥梁14座4149.8延长米，隧道8座29697延长米，无砟道床25530米。开工累计完成投资28196万元。

兴泉铁路宁化至泉州段站前工程XQNQ－4标段　位于福建省三明市，全长36千米。合同投资124000万元，合同工期2017年4月至2021年9月。主要工程量：路基土石方214.6万立方米，桥梁27座6068.68延长米，隧道12座27726延长米，涵洞12座336.12横延米。开工累计完成投资20799万元。

新建安庆至九江铁路（安徽段）AJSG－1标段　位于安徽省安庆市，全长43.7千米。合同投资256031万元，合同工期2017年10月至2022年10月。主要工程量：土石方277.58万立方米，路基15段13.112千米，隧道3座6546.92延长米，桥梁10座24064.24延长米，涵洞38座1205.67横延米，框架小桥4座1555.2顶平方米，框架中桥4座3647.78顶平方米，CRTSⅠ型板式无砟道床38.34千米，CRTSⅢ型板式无砟道床3.373千米，有砟道床23.303千米，正线铺轨262.42千米，站线铺轨23.24千米，制梁705榀（双线箱梁），制梁331榀（单线箱梁），架梁1036榀（箱梁）。2017年，处于施工准备阶段，未正式开工。

新建合肥至安庆铁路站前HAZQ－3标段　位于安徽省合肥市，全长30.175千米。合同投资145129万元，合同工期2016年11月至2019年12月。主要工程量：路基8.462千米，土石方80.812万立方米，地基处理螺杆桩81832米，CFG桩48.75万米，特大桥5座21713延长米，钻孔灌注桩14.38万延长米；涵洞46座1317.2横延米，车站1座，无砟道床正线60.816铺轨千米、站线道岔地段无砟道床13组，制架梁627孔，连续梁9联。开工累计完成投资70553万元。

新建广州铁路枢纽东北货车外绕线WRSG3标段　位于广东省广州市，全长30.09千米。合同投资196408万元，合同工期2015年10月至2018年10月。主要工程量：路基土石方300万立方米，填方448万立方米，隧道4座4310延长米，桥梁18座13676.809延长米，涵洞74座1763.04横延米，制架T梁1388片，铺轨140.204千米。开工累计完成投资55350万元。

新建浦城至梅州铁路建宁至冠豸山段全线站前工程PM－3标段　位于福建省三明市，全长51.05千米。合同投资161548万元，合同工期2016年12月至2019年8月。主要工程量：土石方815万立方米，路基23690米，隧道19座18007延长米，桥梁13座9349延长米，涵洞128座，站场2座，无砟道床10.463千米。开工累计完成投资32855万元。

新建福州至厦门铁路客运专线先行工程　位于福建省厦门市，全长9874.56千米。合同投资47231万元，合同工期2017年1月至2022年1月。主要工程量：土石方24.37万立方米，路基1020米，隧道4座2914.4延长米，桥梁6座5969延长米，涵洞2座，无砟道床5.829千米。开工累计完成投资3950万元。

泗安至杭州铁路电气化改造工程　位于浙江杭州市。合同投资92054万元,合同工期2016年12月至2018年12月。主要工程量:站场路基土石方494081立方米,新建框构桥1座120顶平方米,改建框构桥1座79顶平方米,新建涵洞9座1504横延米,改建涵洞32座226横延米,铺新轨21.74千米,铺旧轨3.648千米,铺新岔106组,铺道床22.935千米,改建线路21.74千米,线路拨移7.91千米,改建道岔153组,改建道床6.509千米,房屋建筑面积25240.66平方米。开工累计完成投资31656万元。

京沈铁路客运专线辽宁段ZF-1标段　位于辽宁省朝阳市。合同投资60629万元,合同工期2017年1月至2018年11月。主要工程量:站房5座,建筑面积24400平方米,生产生活房建筑面积30078平方米。开工累计完成投资13825万元。（付建军）

【路外工程】　闽台(福州)蓝色经济产业园道路(BT)工程　位于福建省福清市。合同投资131337万元,合同工期2013年4月至2014年4月。主要工程量:蓝色大道抛石挤淤13.5万立方米,换填海砂8.5万立方米,级配碎石2.7万立方米,水泥搅拌桩19千米,路基土石方填方14万立方米,挖方0.6万立方米,空心板梁桥1座,桩基100根7080米,预制空心板280片;江华大道及连接线挖淤泥20.73万立方米,换填海砂22.68万立方米,水泥搅拌桩54万米,CFG桩30.6万米,路基土石方350281立方米,中桥3座桩基180根,箱涵4座,圆管涵7处,路面水泥稳定层123673平方米,沥青面层109457平方米。开工累计完成投资94117万元。

玉溪市基础设施建设工程PPP项目　位于云南省玉溪市。合同投资260000万元,合同工期未定,2016年6月开工。主要工程量:路基挖方250.7万立方米,路基填方172.1万立方米。大桥6座1156.62延长米,互通立交桥1座,中桥36.08延长米,预制T梁455片,桩基174根,通道涵5座139.32延长米。开工累计完成产值103926万元。

南京江北新区综合管廊二期工程PPP项目　位于江苏省南京市。合同投资43.19亿元,合同工期2016年9月至2021年8月。主要工程量:江北新区核心区及其周边地区的18条路段,地下综合管廊53千米。开工累计完成产值20265万元。

揭阳至惠来高速公路项目A2标段　位于广东省汕头市,全长14.75千米。合同投资99766万元,合同工期2014年3月至2016年3月。主要工程量:特大桥、大桥7座4586延长米,中小桥7座215延长米,天桥1座,隧道1501米,互通立交2处,挖方35.8万立方米,涵洞41座。开工累计完成投资96466万元。

广西贵港市西南大桥工程　位于广西壮族自治区。合同投资28429万元,合同工期2013年5月至2015年6月。主要工程量:路基9594立方米,钻孔灌注桩5142.4米,混凝土11403.71立方米,钢结构叠合梁1888吨。开工累计完成投资21975万元。

引汉济渭秦岭隧道7号主洞工程　位于陕西省西安市,全长8122.483米。合同投资33597万元,合同工期2013年10月至2017年5月。主要工程量:II类围岩2871.483米,III类围岩1635米,IV类围岩3016米,V类围岩600米。开工累计完成投资32200万元。

宁德沈海复线福安至蕉城漳湾段A14标段　位于福建省宁德市,全长7.07千米。合同投资42745万元,合同工期2015年11月至2017年10月。主要工程量:路基土石方140万立方米,弃方5万立方米,桥梁4座1994延长米,隧道2座3886延长米,互通1处,涵洞8座。开工累计完成投资42674万元。

厦门市轨道交通1号线一期工程土建施工总承包M1I-TJSG-1标段TJ01-1工区　位于福建省厦门市,全长2.3千米。合同投资60087万元,合同工期2013年10月至2017年12月。主要工程量:镇海路站410.820米,建筑面积14732.4平方米;中山公园站158.5米,建筑面积16533.6平方米;左线区间762.299米,右线区间767.976米;中山公园站—将军祠站区间左线区间1025.151米,右线区间1022.027米。开工累计完成投资52409万元。

太原市轨道交通2号线2标段　位于山西省太原市,全长2697.515米。合同投资48337万元,合同工期2015年12月至2020年12月。主要工程量:2站2区间。开工累计完成投资24115万元。

包头市综合交通枢纽工程　位于内蒙古自治区包头市。合同投资137723万元,合同工期2016年5月至2017年7月。主要工程量:建筑面积13.5万平方米,立交工程760米,面积18240平方米,双向4车道。开工累计完成投资45106万元。

太原市妇幼保健院迁建工程项目　位于山西省太原市,建筑面积170031平方米,合同投资39029万元,合同工期2016年4月至2018年4月。主要工程量:医疗综合楼12层,层高54.6米;消毒供应中心2层,层高11.1米;洗涤中心1层,层高6.3米,热交换站1层,层高7.05米;污水处理站1层,层高5.55米;制氧站1层,层高7.05米。开工累计完成投资27150万元。

吉林省中部城市引松供水工程四平干线施工3标段　位于吉林省四平市。合同投资15434万元,合同工期2016年7月至2019年9月。主要工程量:支洞2

条1947.5米,主洞1条9416米。开工累计完成投资6048万元。

平凉至绵阳国家高速公路(G8513)平天高速公路PTKZ2标段　位于甘肃省平凉市,全长14.558千米,合同投资102252万元,合同工期2016年2月至2019年3月。主要工程量:土石方71万立方米,路基0.29千米,桥梁15座7058延长米,隧道2座9063.9延长米,涵洞11座306横延米。开工累计完成投资68911万元。

青龙咀至水田新区一级公路工程　位于云南省昭通市,全长11.2千米。合同投资134839万元,合同工期2017年10月至2020年3月。主要工程量:桥梁3座3264延长米,隧道2座6598延长米,互通立交2处,路基1338米,土石方299万立方米。开工累计完成投资3520万元。

怀集至阳江港高速公路怀集至郁南段一期工程TJ1标段　位于广东省肇庆市,全长14千米。合同投资66645万元,合同工期2017年7月至2019年11月。主要工程量:大桥6座881.2延长米,中桥7座415延长米,天桥4座230延长米,匝道桥11座1811.4延长米。开工累计完成投资10550万元。

渝昆新复线昭通至泸州高速公路彝良至镇雄段项目土建工程　位于云南省昭通市,全长21.84千米。合同投资277500万元,合同工期2017年6月至2020年6月。主要工程量:桥梁32座8266延长米,隧道18座23151延长米,路基13.392千米。开工累计完成投资额13200万元。

第二届全国青年运动会运动员村项目2标段　位于山西省太原市。合同工期2017年4月至2018年12月。开工累计完成投资额15650万元。

西安北至机场城际轨道工程　位于陕西省西安市,全长13.985千米。合同投资130528万元。主要工程量:土石方23.7万立方米,桥梁2座7400延长米,隧道2座3679延长米,涵洞2座30.76横延米,站房5座。开工累计完成投资85576万元。

成都地铁6号线土建6标段　位于四川省成都市,全长1.982千米,合同投资56000万元,合同工期2017年1月至2020年10月。主要工程量:3站2区间。开工累计完成投资22610万元。　(付建军)

【境外工程】　阿尔及利亚贝佳亚公路项目　位于阿尔及利亚首都贝佳亚,全长26.75千米。合同投资110000万元,合同工期2013年12月至2016年12月。主要工程量:土石方976万立方米,桥梁18座,T梁336片,涵洞74座。开工累计完成投资118594万元。

巴基斯坦达苏水电站KKH－1标段　位于巴基斯坦DASU镇,全长25.2千米。合同投资80670万元,合同工期2015年8月至2018年12月。主要工程量:路基土石方915.88万立方米,桥梁3座114延长米,路面26.52万平方米。开工累计完成投资5644万元。

玻利维亚公路项目　位于玻利维亚贝尼省,全长43.03千米。合同投资139377万元,合同工期2016年6月至2020年8月。主要工程量:路基挖方28.4万立方米,路基填方846.4万立方米,底基层163.1万立方米,基层44.8万立方米,沥青面层253.9万平方米,桥梁9座,涵洞163道,箱涵60道1137.81延长米。开工累计完成投资47719万元。

阿国特莱姆森公路项目　位于阿尔及利亚特莱姆森,全长8.58千米。合同投资77313万元,合同工期2015年1月至2017年12月。主要工程量:土石方573.8立方米,填方117.8立方米,桥梁3525.3延长米,圆管涵5个,框架涵1座,过水框架涵4个。开工累计完成投资62997万元。

阿尔及利亚马斯卡拉3048套公租房项目　位于阿尔及利亚马斯卡拉省。合同投资59227万元,合同工期2015年9月至2017年3月。主要工程量:建筑面积291600平方米。开工累计完成投资20971万元。

阿国2050套住房项目　位于阿尔及利亚赫利赞省。合同投资30878万元,合同工期2013年6月至2016年9月。主要工程量:72栋1650套住房,建筑面积157929平方米。开工累计完成投资29150万元。

援老挝湄公河沿岸公路项目工程总承包项目　位于老挝境内。合同投资15415万元,合同工期2016年12月至2019年12月。主要工程量:桥梁5座310.9延长米,涵洞71座,边沟涵26道,路基973615立方米,排水36873米,沥青161870平方米。开工累计完成投资5083万元。　(付建军)

【经营管理】　2017年,承揽工程548项,新签合同额803.2亿元(含海外63.2亿元)。其中,铁路工程54.6亿元、公路工程323.4亿元、市政工程181.9亿元、城市轨道交通工程80.6亿元、房屋建筑工程62.5亿元、其他工程100.2亿元。两级变更索赔专家组对成昆、昌赣、宝兰、京沈、云桂、九景衢、黔张常、商合杭、沪昆(贵州段)等22个项目进行督导帮扶,夯实变更索赔工作基础。针对青荣、云桂、郑徐等11个销号项目,建立集团公司、区域指挥部、子(分)公司、项目经理部等四级联动机制,推动项目清概工作顺利实施。严格落实销号项目概算清理旬报制度,对概算清理工作进行动态监控。

安全质量。坚持“安全第一,预防为主,综合治理”的方针,认真落实《安全生产法》《特种设备安全法》《生产安全事故报告和调查处理条例》《安全生产许可证条例》，持续开展安全教育培训、安全生产专项整治、隐患排查治理和“全国安全生产月”“安全生产万里行”“安全大检查”等活动，强化施工现场检查监控。参与交通部、水利部、山西省建设厅等行政主管部门组织的9期公路工程、水利工程、建筑工程的施工安全管理人员培训班。参加培训并通过考核989人，取得建筑施工企业企业负责人安全生产考核合格证书23人，取得建筑施工企业项目负责人安全生产考核合格证书562人，取得建筑施工企业专职安全管理人员安全生产考核合格证书404人。获国家优质工程奖2项、省(部)级优质工程9项、铁建杯优质工程9项。

财务与资金管理。货币资金余额同比上年末减少20.7亿元。有息负债余额较上年末下降5.73%。资金集中度81.16%，资金上存度38.80%。完成清收清欠404.30亿元，完成率92.34%，清收各类保证金43.32亿元，10个单位被建行评为AAA级信用等级。带息融资和资产负债率的双降以及高等级的信用评级，给企业增加授信储备、降低融资成本、提高议价能力创造有利条件，确保财务风险基本受控。

审计监督。两级审计机构完成审计项目145个，其中，经济责任审计18个、财务收支及效益审计20个、工程项目审计95个、各类专项审计及其他专项审计调查1个、其他审计11个。提交审计报告129份，提出审计建议571条，被审计单位采纳建议547条，促进企业增收节支和挽回经济损失1909万元。3家单位和3名审计人员获股份公司表彰。

(唐　虹　李　煜　陈　昱　芦安全)

【科技工作】　下达2批科技研究开发计划337项，其中，新立项目133项、延续204项。线路及路基50项，桥梁工程71项，隧道及地下工程86项，市政工程16项，水利水电工程3项，房屋建筑工程25项，“四电”、信息工程38项，工程机械1项，工程测量6项，试验检测12项，综合管理及信息化27项。组织申请承担省、部、股份公司科研项目15项，新立项3项，获资助资金90万元。15项科技成果通过鉴定、评审，达国际领先1项，达国际先进10项，达国内领先4项。获股份公司“十大科技创新成就”4项；获中国铁建及以上科学技术奖18项，获省部级工法27项、股份公司优秀工法14项，获股份公司优秀论文5篇，获股份公司优秀专利奖4项。本级科技评审会评出科学技术奖21项、认定企业级工法51项、优秀科技论文及技术总结95篇、优秀专利奖58项。参建的郑州东站、宁波站、青岛地铁3号线工程获詹天佑土木工程奖；大同市北环桥工程、新建铁路北同蒲取直线工程雁门关隧道、吉林大剧院工程获山西省太行杯。

(王青蕊)

【党的工作】　处级党委18个、党总支9个、项目(区域)党工委354个、党支部570个，党员9053人。其中，境外项目38个，党员总数220人，设24个党工委(支部)。以深入贯彻落实党的十九大、十八届六中全会和全国国有企业党的建设工作会议精神为主线，紧紧围绕集团公司“提升内生效率和价值创造力”工作部署，加强党的组织建设，全面落实“四个同步”和“四个对接”要求，进一步强化党建工作责任制，扎实推动组织工作升级，为加快实现全面建设“高尊旗”企业。党委对纪委进行机构编制改革，成立党风政风监督室(巡视办公室)、纪检监察室、纪委办公室(案件审理室)，形成内部职责的明确界定和有效制衡，实现与股份公司和地方监察委工作的无缝对接。着力构建廉洁风险防控体系。开展廉洁风险防控示范工作，运用互联网技术和信息化手段开发个人廉洁档案系统，编制《廉洁风险防控手册》《廉洁风险防控制度文件汇编》《廉洁风险风控评价手册》，召开廉洁风险防控推进会交流学习。处置问题线索142件，立案94件，结案87件，党纪政纪处分142人(处级26人)。组织成立5个巡察组33人，完成对所属勘察设计院、铺架分公司、建筑公司、四公司、五公司的巡察工作，发现问题625个，推动立行立改问题217个，汇报巡察工作5次，提出建议12条，提出建议67条，移交违纪违规问题线索26件。抽调367名业务骨干组成18个工作组，对496个单位、3080名领导干部填写的“自查表”进行筛查，通过“大数据”查询与集团公司发生关联交易的物资供应商信息32475条、劳务队信息12692条、机械设备租赁信息19023条。综合运用监督执纪“四种形态”，提醒谈话1人，诫勉谈话4人，纪律处分9人。

(韩晓锁　陈　锋　李梦新)

【工会工作】　下辖18个处级单位工会(含机关工会)、298个基层工会和894个工会小组，会员17006人。紧紧围绕“内生效率提升”主题，积极发挥工会四项职能和组织优势，抓宣教、树典型，强维权、重帮扶，促建功、提动能，夯实基础管理，构建精准服务格局，教育引导广大职工凝聚发展共识，大胆创新、创优、创效，多方式、多渠道、多力量激发职工创业新活力。

(马碧芳　王莉莉)

【共青团工作】　下辖15个子(分)公司、中心医院、物业管理中心17个团委，抢险救援队1个团总支。建立基层团组织313个，专兼职团干部403人，团员4928人。建筑公司安哥拉项目经理部获评2015—2016年度全国青年文明号，1人获评全国铁路优秀青年志愿者;1 个集体、1 名个人受到中央企业团工委表彰;9 个集体,13 名个人获股份公司表彰;11 个集体、3 名个人获山西省表彰。 (马碧芳 王莉莉)

【第一工程有限公司】 拥有公路工程施工总承包特级;铁路工程施工总承包一级;桥梁、隧道、公路路基、铁路铺轨架梁、建筑幕墙工程专业承包一级;建筑、港口与航道、水利水电、电力、矿山、市政公用工程施工总承包二级;公路路面、建筑机电安装工程专业承包二级;公路工程综合乙级检测资质、工程测量甲级资质,公路行业甲级设计资质,为质量、环境、职业健康安全管理体系认证单位。前身系成立于 1952 年的中国人民解放军铁道兵第七师三十一团;1984 年 1 月,集体转业并入铁道部,改称铁道部第十七工程局第一工程处;1999 年 12 月,与铁道部脱钩,改称中铁第十七工程局第一工程处;2002 年 8 月,企业改制更为现名。驻山西省太原市小店区人民北路 18 号。下设 1 个经营中心、1 个子公司、94 个项目经理部及 121 个单位。职工 3147 人。资产总额 617729 万元;其中,固定资产原值 120287 万元、净值 27307 万元;流动资产 589309 万元。机械运输设备 1669 台(套),价值 56580 万元,总功率 113964 千瓦,成新率 45%,动力装备率 25 千瓦/人,技术装备率 8 万元/人。

2017 年,承揽工程 42 项,新签合同额 1105604 万元,全员劳动生产率 491259 元/人年,职工年人均收入 61616 元。国有资产保值增值率 106.58%,净资产收益率 6.65%,产值利润率 0.85%,资产负债率 88.74%,投资收益上缴率 100%,应上缴款完成率 100%。 (张枝梅)

【第二工程有限公司】 拥有建筑、公路、铁路、矿山、市政公用工程施工总承包一级,水利水电工程施工总承包二级,电力工程施工总承包三级资质,桥梁、隧道、公路路面、公路路基工程专业承包一级,工程测量专业甲级,公路水运工程试验检测乙级,地质灾害治理工程丙级,营业性爆破四级资质,独立对外承包工程和派遣劳务资格。前身系成立于 1952 年的中国人民解放军铁道兵第七师三十二团;1984 年 1 月,集体转业并入铁道部,改称铁道部第十七工程局第二工程处;1999 年 12 月,与铁道部脱钩,改称为中铁第十七工程局第二工程处;2002 年 7 月,更为现名。驻陕西省西安市新城区咸宁中路 55 号。职工 3032 人。资产总额 559004 万元。其中,固定资产原值 217361 万元、净值 49711 万元;流动资产 507733 万元;非流动资产 51546 万元。机运运输设备 1398 台(套),原值 55960 万元,动力装备率 37.5 千瓦/人,技术装备率 6.12 万元/人,机械化施工程度 85% 以上。

2017 年,承揽工任务 20 项 661322 万元,企业总产值 626333 万元。全员劳动生产率 522054 元/人年,职工年人均收入 66825 元。 (冯贝贝)

【第三工程有限公司】 拥有公路、市政工程施工总承包一级资质;建筑工程施工总承包二级、水利水电工程施工总承包三级资质;桥梁、隧道、公路路基、公路路面工程专业承包一级资质;甲级测绘资质(工程测量、控制测量、地形测量、规划测量、建筑工程测量、变形形变与精密测量、市政工程测量、线路与桥隧测量、矿山测量等);乙级测绘资质(不动产测绘、地籍测绘、房产测绘等);交通运输部公路工程试验检测综合丙级资质,资质认定证书,认证资质企业等 12 项资质。前身系中国人民解放军铁道兵第七师三十三团;1984 年 1 月,集体转业并入铁道部,改称为铁道部第十七工程局第三工程处;1999 年 12 月,归属中央企业工委,改称中铁第十七工程局第三工程处;2002 年 8 月,改制更为现名。驻河北省石家庄市中山西路。职工 3051 人。资产总额 666556 万元。其中,固定资产原值 161743 万元、净值 28499 万元;流动资产 635057 万元。机械运输设备 556 台(套),价值 42916 万元,总功率 57214 千瓦,成新率 29%。动力装备率 20.64 千瓦/人,技术装备率 4.50 万元/人,机械化施工程度 82.4%。

2017 年,新签合同额 83.68 亿元,企业总产值 629547 万元。全员劳动生产率 18.78 万元/人年,实现利润 1250 万元,职工年人均收入 66049 元。

(岳 蕾)

【第四工程有限公司】 拥有公路工程施工总承包一级、市政公用工程施工总承包一级、水利水电工程施工总承包二级、房屋建筑工程施工总承包二级、铁路工程施工总承包三级、矿山工程施工总承包三级、公路路基工程专业承包一级、桥梁工程专业承包一级、隧道工程专业承包一级、地质灾害治理工程施工乙级资质、测绘乙级资质,具有对外承包工程经营资格。经营范围:国内外铁路、公路、市政、水利水电、房屋建筑、桥梁、隧道、城市轨道交通、地质灾害治理等工程项目。具有国内陆路货物运输代理,商品储存(不含危险品),房屋租赁及机械设备租赁,加工、销售建筑材料(不含危险品)、金属材料(不含稀贵金属)资格。前身系成立于 1952 年铁道兵第七师三十四团;1984 年 1 月,集体转业并入铁道部,改编为铁道部第十七工程局第四工程处;1999 年 12 月,改制为中铁第十七工程局第四工程处;2002 年 7 月,成立中铁十七局集团公司第四工程分公司;2003 年 3 月,划归国务院国有资产管理委员会管理;2005 年 5 月,与集团公司下属远通工程有限公司进行内部资源重组,更名为中铁十七局集团第四工程有限公司。驻重庆市北部高新区洪湖西路 18 号上丁企业公园 24 - 25 栋。职工 2783 人。资产总额 701181 万元。其中,固定资产原值 140788 万元、净值 22989 万元;流动资产 670883 万元。机械运输设备 569 台(套),原值 29881.2 万元,总功率 79952.9 千瓦,成新率 20%。

2017 年,承揽工程 20 项,新签合同额 713174 万元。完成企业总产值 640572 万元。全员劳动生产率 17.23 万元/人年,职工年人均收入 62299 元。

(苏志英　陈利东　马伏兵　闫志浩)

【第五工程有限公司】 拥有公路、市政公用工程施工总承包一级;铁路、水利水电、建筑、矿山、电力、机电工程施工总承包二级;公路路基、隧道、桥梁、消防设施工程专业承包一级;特种工程专业承包不分等级等 13 项资质,注册资本金 10.1 亿元。前身系中国人民解放军铁道兵第七师机械营和修理营;1984 年 1 月,集体转业并入铁道部后,分别改称铁道部第十七工程局土方机械段和修理厂;1984 年 11 月,合并改称机械化工程公司;1987 年 12 月,改称铁道部第十七工程局机械化工程处;1994 年 6 月,改称铁道部第十七工程局第五工程处;1997 年 3 月,与局机运工程处合并仍称铁道部第十七工程局第五工程处;1999 年 12 月,与铁道部脱钩改称中铁第十七工程局第五工程处;2002 年 7 月,改制更名为中铁十七局集团第五工程有限公司;2004 年 2 月,划入中铁二十二局集团,11 月改为中铁十七局集团第五工程有限公司。驻山西省太原市小店区人民北路 20 号。职工 2272 人。资产总额 312477 万元。其中,固定资产原值 75270 万元、净值 27234 万元;流动资产 284965 万元。机械运输设备 992 台(套),总功率 88755 千瓦,成新率 53.4%,动力装备率 39.06 千瓦/人,机械化施工程度 85%。

2017 年,承揽工程 9 项,合同总额 436124 万元。职工年人均收入 57935 元。国有资产保值增值率 114.3%,产值利润率 1.47%,净资产收益率 6.1%,资产负债率 84.42%。 (赵毅敏)

【第六工程有限公司】 拥有公路工程施工总承包一级、市政公用工程施工总承包一级、铁路工程施工总承包二级、桥梁工程专业承包一级、隧道工程专业承包一级、公路路基工程专业承包一级、城市及道路照明工程专业承包一级、环保工程专业承包一级、建筑工程施工总承包三级 9 项施工资质。是集工程施工、房地产开发、物资贸易、宾馆旅游为一体企业。前身系铁道部第十七工程局厦门工程处;2001 年 1 月,改称为中铁第十七工程局第六工程处;2002 年 8 月,在企业改制中更为现名;2005 年 3 月,与远通工程公司进行资源整合,改称中铁十七局集团第六工程有限公司。驻福建省福州市连江中路 181 号。职工 977 人。资产总额 362161 万元。其中,固定资产原值 76114 万元、净值 33769 万元;流动资产 324473 万元。机械运输设备 778 台(套),总功率 66702.65 千瓦,成新率 43.57%;动力装备率 45.04 千瓦/人,技术装备率 15.67 万元/人,机械化施工程度 83%。

2017 年,承揽工程 16 项,企业总产值 405093 万元。职工年人均收入 74007.04 元,国有资产保值增值率 102.72%,应上缴款完成率 100%。 (张巍巍)

【建筑工程有限公司】 拥有建筑工程施工总承包特级资质、市政公用工程施工总承包一级资质、机电工程施工总承包二级资质、钢结构工程专业承包一级资质,地基基础工程、消防设施工程、建筑装修装饰工程、建筑幕墙工程专业承包一级资质,起重设备安装工程、电子与智能化工程专业承包二级资质,建筑行业甲级资质等 11 项资质。前身系成立于 1986 年 5 月铁道部第十七工程局建筑工程段;1988 年 3 月,改称铁道部第十七工程局建筑工程公司;1991 年 11 月,扩建更名为铁道部第十七工程局建筑工程处;1999 年 12 月,与铁道部脱钩改称中铁第十七工程局建筑工程处;2002 年 7 月,更为现名。驻山西省太原市小店区平阳南路 34 号。职工 1350 人。资产总额 291883 万元。其中,固定资产原值 38445 万元、净值 13857 万元;流动资产 275535 万元。机械运输设备 653 台(套),设备原值 22373 万元、净值 4393 万元,装机总功率 71153 千瓦,技术装备率 3.47 万元/人,动力装备率 56 千瓦/人,设备成新率 20%,设备完好率 95 %。

2017 年,承揽工程 20 项,合同总额 609535 万元,企业总产值 402192 万元。全员劳动生产率 794703 元/人年,职工年人均收入 56861 元。国有资产保值增值率 91.54%,净资产收益率 11.97%,产值利润率 1.99%,资产负债率 81.95%,应上缴款完成率 100%。

(韩风云)

【电气化工程有限公司】 拥有机电、通信工程总承包一级;铁路电务、铁路电气化、输变电、建筑装修装饰、消防设施、公路交通工程(公路机电)分项专业承包一级;电力、市政、建筑总承包二级;电力设施许可承(装、修)二级、电力设施许可承试四级和对外承包经营权资质。为质量、环境、职业健康安全管理体系认证单位。2005 年 12 月 28 日注册成立,2006 年 1 月 18 日正式挂牌运行。驻山西综改示范区太原学府园平阳南路34号。职工523人。资产总额130414万元,其中,固定资产原值8858万元、净值2969万元;流动资产127288万元。机械运输设备395台(套),全员动力装备率135.37千瓦/人。

2017年,承揽工程24项,新签合同额147052万元。企业总产值100392万元,实现利润4856万元。全员劳动生产率287901元/人年,职工年人均收入104393元。 (周 艳)

【上海轨道交通工程有限公司】 拥有市政公用工程施工总承包一级资质。2007年7月,正式成立;10月,将原集团第四、第六工程有限公司的上海地铁项目资源整合纳入上海轨道交通工程有限公司。驻上海市浦东新区张扬路1518号10F。职工555人。资产总额132613万元。其中,固定资产原值56221万元、净值25010万元;流动资产107586万元。机械运输设备449台(套),原值47669.51万元、净值20570.46万元,总功率26147.55千瓦,成新率43.15%,动力装备率47.11千瓦/人,技术装备率37.06万元/人,机械化施工程度94%以上。

2017年,承揽工程6项,合同额241243万元。职工年人均收入82335元。 (梁 薇 姚姿敏 梁兴燕 盛敬厚 张瑜阳 关东辉)

【铺架分公司】 2008年11月成立。主营业务涉及铁路铺轨、架梁等施工生产任务。驻山西省太原市平阳南路34号中铁十七局集团建筑科技大厦。职工259人。资产总额91028万元。其中,固定资产原值30441万元、净值18012万元;流动资产78564万元。机械运输设备167台(套),总功率60554.10千瓦,成新率39.98%,动力装备率1118.04千瓦/人,技术装备率19.85万元/人,机械化施工程度88.82%。

2017年,完成企业总产值43617万元,实现利润496万元,职工年人均收入71466元。 (王 婷)

【重要记载】

▲1月4日 集团公司获评2016年全国水利建设市场主体信用评价AAA级。

▲2月27日 铺架分公司关改玉获"全国三八红旗手标兵"称号。

▲3月2日 集团公司承建的贝佳亚连接线项目优先段建成通车。

▲3月6日 集团公司与中兴通讯股份有限公司在深圳签署战略合作框架协议。

▲4月24日 集团公司与神州长城国际工程有限公司柬埔寨分公司签署《联合体合作框架备忘录》。

▲5月4日 国务院国资委网站在"中央企业"栏目头条刊发《中国铁建十七局以专业特长对接雄安新区建设》报道。

▲5月15日 "一带一路"国际合作高峰论坛召开期间,集团公司与柬埔寨皇家企业集团签署《柬埔寨铁路网建设谅解备忘录》。

▲6月12日 集团公司与柬埔寨 Visal Mean Rith 开发有限公司、联合体合作伙伴神州长城国际工程有限公司签署《柬埔寨西哈努克港梦想天堂旅游区项目谅解备忘录》。

▲8月7日 集团公司与建科机械(天津)股份有限公司在太原签署战略合作框架协议。

▲11月17日 全国精神文明建设表彰大会在北京举行,集团公司(本部)获第五届"全国文明单位"称号。

▲12月14日 集团公司与贵阳水务(集团)有限公司签署战略合作框架协议。 (王向荣 李梦新)

中铁十八局集团有限公司

【简况】 拥有铁路、建筑、水利水电、市政公用工程施工总承包特级,公路工程施工总承包一级资质,隧道、桥梁、机场场道、公路路面工程专业承包一级资质,铁道行业设计甲Ⅱ级,建筑行业甲级,水利行业(水库枢纽、灌溉排涝、城市防洪),市政行业甲级设计资质,地质灾害防治治理施工甲级、测绘乙级资质。具有对外承包工程资质和对外经营权。驻天津市河西区大沽南路1519号。原系组建于1958年10月中国人民解放军铁道兵第八师;1981年3月,铁道兵第十四师所属部队并入;1984年1月,集体转业并入铁道部,改称铁道部第十八工程局;2001年4月,改制称现名;2003年3月,归属国务院国资委管理;2008年随中国铁建股份有限公司整体改制上市。下辖11个子公司、4个分公司、7个区域指挥部及32个工程指挥(项目)部。职工16449人。资产总额3709504.1万元。其中,固定资产原值884627.1万元、净值401312万元;流动资产3217296.5万元。机械运输设备8093台(套),原值572247.43万元、净值254028.51万元,总功率835263千瓦,新度系数44.40%,技术装备率15.44万元/人,动力装备率50.78千瓦/人,完好率96.64%,利用率84.56%。

2017年,新签合同额10088000万元,完成企业总产值4801000万元。全员劳动生产率53.06万元/人年,人均创利 4.2944 万元,职工年人均收入 7.05 万元。国有资产保值增值率 138.74%,净资产收益率 2.99%,应上缴款完成率 82.41%,资产负债率 84.54%。完成主要工程量:土石方 8948 万立方米,隧道 128625 延长米,桥梁 120758 延长米,铁路正线铺轨 70.5 千米,站线铺轨 86.3 千米,无砟道床 33.4 千米,铁路架梁 1205 孔,公路架梁 3220 片,地铁 20167 折合米,房屋建筑面积 292.2 万平方米,公路 639.6 千米,路面 214.3 万平方米。获国家优质工程金质奖 1 项、中国建设工程鲁班奖 1 项、中国土木工程詹天佑奖 2 项、国家优质工程奖 4 项、省市及行业优质工程奖 11 项;省市级优质结构工程 12 项;股份公司“铁建杯”优质工程 8 项;国家级优秀 QC 成果 12 项、全国工程建设优秀项目管理成果 2 项、省市级优秀 QC 小组 49 项、天津市优秀项目管理成果 6 项、股份公司优秀 QC 成果 5 项。获评天津市百强企业;一、四、五、建安公司获评全国优秀施工企业;2 人获“全国优秀施工企业家”称号,6 人获评全国工程建设优秀项目经理。

(阎世杰　李秀云)

【领导人员】

董事会

董事长	王兴周(5 月任)
董事	闫广天(5 月任)
	赵心昭
	陈建民
	熊　晖(6 月任)

监事会

监事会主席	鲁小龙(1 月任)
监事	陈玉平(1 月任)
	徐　军(1 月任)

经理层

总经理	闫广天(10 月任)
副总经理	韩利民
	李铁翔
	陈建民
	薛新广
	余柏华
	童顺军
	熊　晖
总工程师	韩利民(兼)
总会计师	熊　晖(兼)

党群领导

党委书记	王兴周
党委副书记	闫广天(10 月任)
	赵心昭(10 月任)
纪委书记	鲁小龙
工会主席	赵心昭

(张俊超)

【工程项目指挥机构】　华中区域指挥部　驻湖北省武汉市武昌区中北路 109 号中国铁建 1818 中心 3901。指挥长兼党工委书记李铁翔(兼)。

西南区域指挥部　驻四川省成都市双流机场路土桥段 216 号。指挥长兼党工委书记闫广天(兼)。

华东区域指挥部　驻上海市闸北区芷园路 417 号。指挥长崔连友(兼,3 月免)。

西北区域指挥部　驻陕西省西安市未央区凤城九路与明光路交叉口中登文景大厦 11 楼。指挥长余柏华(兼)。

华南区域指挥部　驻广东省深圳市南山区丽山路西湖林语名苑 3 栋 101 - 106。指挥长兼党工委书记彭道富(兼)。

津冀区域指挥部　驻天津市塘沽区塘汉路 2356 副 316 号。指挥长兼党工委书记陈建民(兼)。

北方区域指挥部　驻北京市海淀区首体南路 33 号。指挥长兼党工委书记童顺军(兼)。

海外区域指挥部　驻天津市津南区双港乡中铁十八局集团办公楼 12 楼。指挥长兼党工委书记薛新广(兼,8 月免)

南疆吐库二线铁路工程项目指挥部　驻新疆维吾尔自治区乌鲁木齐市新市区西外环马德里春天 46 栋 1 门 1802。指挥长杜万英。

兰渝铁路工程指挥部　驻甘肃省陇南市武都区汉王镇将军石桥油橄榄园。指挥长苏睿,党工委书记江顺(10 月免)。

湘桂铁路扩改工程柳南段标指挥部　驻广西壮族自治区南宁市青秀区民族大道 98 号审计厅宿舍东单元 5D。指挥长苏在林。

大西铁路工程指挥部　驻山西省晋中市灵石县静升镇。指挥长武守恩。

郑徐铁路客运专线工程指挥部　驻河南省兰考县裕禄大道 86 号金港湾商务酒店。指挥长宋庚银。

三南铁路工程指挥部　驻重庆市万盛经济开发区万盛宾馆二楼。指挥长张海龙,党工委书记刘文友(8 月免)。

中铁建贵州安紫高速公路施工总承包指挥部　驻贵州省安顺市西秀区两所屯。指挥长兼党工委书记郑艳。

拉林铁路工程指挥部　驻西藏自治区林芝市朗县洞嘎镇卓村。指挥长李正士,党工委书记宋祥武。

贵州省农村公路建养一体化工程指挥部　驻贵州

省兴义市民族风情街 1－12－2。指挥长唐海涛。

渝黔高速公路扩能总承包指挥部　驻重庆市綦江区万盛经开区万东北路 11 号农行万盛支行 8 楼。指挥长兼党工委书记宋正文(3 月任)。

兰新铁路甘青段(西宁)项目经理部　驻青海省民和县川垣新区平兴礼园 28 号楼 1801。项目经理兼党工委书记杨春明。

山西中南部铁路通道 ZNTJ－12 标项目经理部　驻河南省林州市红旗渠大道和苑和风院 5－4－301。常务副经理张晓华。

云桂铁路云南段项目经理部　驻云南省弥勒市人民路中段。常务副经理杨继明,党工委书记矣成辉(1 月免)。

田桓铁路 TH－2 标工程项目经理部　驻辽宁省本溪市桓仁满族自治县西关新屯 5 号。项目经理张馨,党工委书记赵文来。

渝黔铁路土建 2 标项目经理部　驻重庆市九龙坡区华岩镇福园路 7 号。项目经理吴忠良,党工委书记黄振岐(10 月免)。

福平铁路 FPZQ－1 标项目经理部　驻福建省福州市闽侯县尚干镇 324 国道旁兴大建材院内。项目经理杜卫军,党工委书记成贵宾。

石济铁路客运专线项目部　驻山东省德州市平原县平安大街桃园宾馆。项目经理王志杰,党工委书记刘丛勇(10 月免)。

成贵铁路 CGZQSG－14 标项目经理部　驻贵州省毕节市黔西县经济技术开发区。项目经理、党工委书记付彦生。

大瑞铁路怒江至龙陵段项目经理部　驻云南省保山市施甸县水长工业园区。常务副经理阎树欣,党工委书记李瑞显。

武九铁路客运专线(湖北段)2 标段项目经理部　驻湖北省黄石市阳新县经济技术开发区荻田。项目经理卢庆练、党工委书孟祥义。

黔张常铁路 1 标项目经理部　驻湖南省桑植县文明东路。项目常务副指挥侯守江(10 月免),党工委书记杨廷玺(10 月免),项目常务副指挥兼党工委书记周凯(11 月任)。

蒙华铁路 MHTJ－5 标段项目经理部　驻陕西省延安市安塞区真武洞镇郝家洼村教育局家属院巷锦园小区。项目经理高双涛,党工委书记谷振伟。

商合杭铁路站前 4 标项目经理部　驻安徽省阜阳市清河东路 468 号。项目经理兼党工委书记彭亚飞。

郑州航空港河东第七棚户区 8 标段项目经理部　驻河南省郑州市航空港综合试验区。项目经理兼党工委书记彭磊(8 月免),郭北硕(9 月任)。

成昆铁路峨眉至米易段项目经理部　驻四川省乐山市金口河区永和镇新乐村。项目经理姜胜(8 月免),党工委书记王永福(8 月免)。

京张铁路 4 标项目部　驻河北省怀来县东花园镇。项目经理兼党工委书记杨利全(5 月免),项目经理宋庚银(6 月任),党工委书记黄振岐(10 月任)。

郑阜铁路河南段项目部　驻河南省周口市项城市产业集聚区经二路纬二路交叉口。项目经理兼党工委书记杨国良(10 月免),项目经理周大勇(10 月任),党工委书记刘映红(12 月任)。

郑万铁路重庆段土建 2 标项目经理部　驻重庆市巫山县宁江路 1 号。项目经理刘晓树,党工委书记陈方杰。

郑万高铁湖北段 ZWZQ－6 标项目经理部　驻湖北省襄阳市宝康县清溪路新民政局后院。项目经理郭志强,党工委书记郎珉。

兴泉铁路宁泉段 6 标项目部　驻福建省泉州市德化县浔中镇后山洋凯旋驾校。项目经理杨廷玺(3 月任),党工委书记姚尚文(3 月任)。

张吉怀铁路项目经理部　驻湖南省湘西自治州古丈县古阳镇太坪村中铁十八局张吉怀项目部。项目常务副经理侯守江(11 月任),党工委书记张峰(12 月任)。

广州轨道交通 18 号和 22 号线项目部　驻广州市番禺区桥兴大道 431 号。项目经理杨春明(11 月任),党工委书记曹建忠(12 月任)。　(韩晓英　张俊超)

【职工队伍】　职工 16449 人。研究生以上学历 191 人,本科 7697 人,大专 3512 人,中专以下 5049 人。干部 12264 人,专业技术干部 10107 人,占干部总数的 82.5%,其中,高级职称 1619 人、中级职称 2839 人、初级职称 5649 人。

工人 4185 人,技术工人 2222 人,占工人总数的 53.1%,其中,高级技师 201 人、技师 568 人、高级工 1067 人、中级工 328 人、初级工 58 人。

(李红燕　张俊超)

【铁路工程】　新建福州至平潭铁路工程 FPZQ－1 标段　位于福建省福州市,全长 25.475 千米。合同投资 188495 万元,合同工期 2013 年 11 月 1 日至 2019 年 4 月 30 日。主要工程量:路基土石方 49.9311 万立方米,单双线桥梁 21 座 10558.2 延长米,涵洞 7 座,隧道 10 座 16055.8 延长米。开工累计完成投资 168110 万元,。

新建大理至瑞丽铁路怒江至龙陵段站前工程土建 1 标段　位于云南省保山市,全长 6.927 千米。合同投资158151万元，合同工期2014年7月1日至2019年2月7日。主要工程量：路基11.9米，特大桥1座，隧道5891延长米，导洞5588延长米，无砟道床5393米。开工累计完成投资80165万元。

新建铁路蒙西至华中地区铁路煤运通道工程MHTJ－5标段　位于山西省延安市，全长35.959千米。合同投资263474万元，合同工期2015年8月1日至2020年3月1日。主要工程量：路基土石方182.8万立方米，站场土石方175.4万立方米，桥梁24座3369.33延长米，隧道14座27358.82延长米，无砟道床55069米，道砟52492立方米，车站1座。开工累计完成投资216200万元。

新建川藏铁路拉萨至林芝段LLZQ－9标段　位于西藏林芝，全长39.26千米。合同投资209856万元，合同工期2015年7月1日至2021年11月30日。主要工程量：土石方132万立方米，路基0.445千米，隧道4座35813延长米，桥梁5座1258.45延长米，涵洞6座271.38横延米，无砟道床33.194千米，有砟道床6.066千米，站场3座。开工累计完成投资148820万元。

商合杭铁路站前工程施工SHZQ－04标段　位于安徽省阜阳市，全长35.359千米。合同投资288993万元，合同工期2015年11月18日至2020年10月30日。主要工程量：路基36万立方米，特大桥2座33642延长米，框架涵5座288横延米，箱梁制架1350孔，无砟轨道铺轨466千米，有砟轨道铺轨37千米，CRTSⅢ型无砟道床75千米，粒料道床11万立方米，站场1座。开工累计完成投资210000万元。

成昆铁路峨眉至米易段扩能改建工程　位于四川省乐山市，全长26.672千米。合同投资196315万元，合同工期2016年4月1日至2020年11月30日。主要工程量：桥梁3座537.9延长米，隧道4座26151.6延长米，无砟道床41.556千米。开工累计完成投资33255万元。

新建北京至张家口铁路站前及“三电”迁改工程施工总价承包JZSG－4标段　位于河北省张家口市，全长19.12千米。合同投资182258万元，合同工期2016年3月1日至2019年12月31日。主要工程量：土石方1998812立方米，特大桥9786延长米，支线特大桥2座4616.42延长米，框架桥13座3278.74顶平米，框架涵31座738.84横延米，箱梁预制架设642孔，单线箱梁现浇2孔，隧道4970米，无砟道床、粒料道床铺轨4.25千米，通信线路66.14千米。开工累计完成投资104962万元。

郑万铁路重庆段土建2标段　位于重庆市巫山县。合同投资171628万元，合同工期2016年12月1日至2022年1月31日。主要工程量：隧道16570.5延长米，无砟轨道33.2千米。开工累计完成投资17867万元。

郑万高铁湖北段ZWZQ－6标段　位于湖北襄阳保康县，全长35.634千米。合同投资290949万元，合同工期2016年12月1日至2022年6月1日。主要工程量：隧道11座29415.279延长米，斜井1102米，桥梁15座5892.75延长米，路基350.744米，土石方119455立方米，无砟道床71.27千米。开工累计完成投资66181万元。

（刘文等）

【路外工程】　武汉市轨道交通7号线一期工程第7标段土建工程　位于湖北省武汉市。合同投资98849万元，合同工期2013年12月27日至2016年12月31日。主要工程量：1站2区间，建筑面积35619平方米。开工累计完成投资91060万元。

厦门第二西通道（海沧海底隧道）工程A2标段　位于福建省厦门市。合同投资577480万元，合同工期2016年3月1日至2019年7月31日。主要工程量：路线7.79千米，隧道6335延长米。开工累计完成投资12422万元。

吉林省中部城市引松供水工程总干线TBM 2标段　位于吉林省吉林市，全长22600米。合同投资84502万元，合同工期2013年12月28日至2019年12月28日。主要工程量：引水隧洞22600延长米。开工累计完成投资57055万元。

山西省中部引黄工程TBM 1标段　位于山西省吕梁市，全长21.03千米。合同投资45772万元，合同工期2013年3月1日至2016年11月30日。主要工程量：主洞21029.3延长米，支洞长3773.3延长米，通风支洞1007.17延长米。开工累计完成投资38915万元。

四川雅砻江两河口水电站库首跨库大桥及其引道段工程　位于四川省凉山州。合同投资21380万元，合同工期2015年3月1日至2019年8月30日。主要工程量：跨库大桥628延长米，日地隧道1516延长米。开工累计完成投资14481万元。

新疆引额供水二期输水工程双3标段　位于新疆维吾尔自治区昌吉回族自治州。合同投资43597万元，合同工期2016年12月1日至2021年12月31日。主要工程量：支洞1059延长米。开工累计完成投资8010万元。

（刘文等）

【境外工程】　迪拜捷成高档酒店项目　位于迪拜Jumerah village Circle。建筑面积46826平方米。合同投资5338万美元，合同工期870天。开工累计完成投入2453万美元。

萨巴赫阿哈默得新城D区公建项目　位于科威特城西南 Wafrah 区萨巴赫·阿哈莫德新城D区。建筑面积21.5万平方米。合同投资1.48亿美元,合同工期24个月。开工累计完成投资1.43亿美元。

市政委员会大楼及其停车场项目　位于科威特市原科威特市政委员会停车场内。建筑面积77000平方米。合同投资6283万美元,合同工期820天。开工累计完成投资4897万美元。

乌干达道路升级为沥青路面工程　位于乌干达东部,全长104千米。合同投资8198万美元,合同工期36个月。开工累计完成投资1682万美元。(李志敏)

【经营管理】　2017年,新签合同259项,合同额10088000万元,同比增加3566000万元,增幅54.7%。其中,铁路工程16项,合同额1169000万元;公路工程53项,合同额3365万元;水利水电工程18项,合同额265000万元;房屋建筑工程52项,合同额1104万元;市政工程90项,合同额1943000万元;城市轨道工程20项,合同额2068000万元,其他工程5项,合同额33000万元;房地产工程2项,合同额35000万元;勘察设计板块合同额8000万元;工业制造板块合同额4000万元;物资贸易板块合同额94000万元。

企业管理。获准市政公用工程施工总承包特级、市政行业甲级设计资质。西藏公司取得公路二级资质,二公司取得承装电力设施许可证,三公司取得测绘乙级资质。下发《中铁十八局集团有限公司2016—2020年企业发展战略与规划纲要》。完成京张东花园制梁场、新白广黄埔制梁场的局级鉴定,配合完成郑阜淮阳南、淮阳北制梁场、东花园制梁场、黄埔制梁场的国家生产许可证实地核查和产品检验,完成2016年度内控体系的自我评价工作,首编集团公司内部评价底稿,启动手册的换版工作。针对2016年确定的6个重大、重要风险,研究制定相应的管理方案,全年无重大重要风险事件发生。在天津市建筑市场信用等级评价中保持A级、天津市及全国水利市场信用等级评价保持AAA级、全国公路系统信用等级A级。完成天津市富康畅达商贸公司和天津市中铁工贸公司改制工作;集团本级法人治理结构变更、注册资金变更、党建和法建进章程报备、经营范围变更、总经报备等工商变更和备案,11家子公司党建进章程的工商变更和报备。获天津市建设工程优秀诚信企业4家、天津市百强企业1家、全国优秀施工企业4家、全国优秀施工企业家2人、全国工程建设优秀项目经理6人。

安全质量管理。依据2016年度包保单位签订的《安全质量包保责任书》,经年终考核,兑现奖励415.5万元,其中奖励单位310万元,奖励主管领导105.5万元。推进安全质量标准化建设,实行工程项目内部安全许可制度,强化施工现场安全监控,5个工程获中铁建安全质量标准工地。组织安全质量管理人员各项培训班3期。深入运行安全质量环保综合管理体系贯标工作。顺利通过管理体系内部审核及长城(天津)质量保证中心对质量、安全、环境监督审核。获国家优质工程金质奖1项、中国建设工程鲁班奖1项、中国土木工程詹天佑奖2项、国家优质工程奖4项;省市及行业优质工程奖11项;省市级优质结构工程12项、"铁建杯"优质工程8项。获国家级优秀QC成果12项;全国工程建设优秀项目管理成果2项、天津市6项;省市级优秀QC小组49项、股份公司优秀QC成果5项。四公司获全国工程建设QC小组活动优秀企业,3家单位获省、市级工程建设QC小组活动先进企业。集团公司获"交通运输企业安全生产标准化一级达标"证书。

财务资产管理。财务制度建设。下发《税务核算账套会计处理规范(试行)》《关于加强清收清欠台账填报基础工作的通知》《二O一七年财务计划指标及上交款收取规定》等近20个规章制度,进一步堵塞管理漏洞,提升财经管理水平。财经状况核查。针对2017年财经工作及任务目标完成情况,当前存在的问题及采取的应对措施,下一步发展思路等方面对所属各单位进行检查指导,有效规避审计风险。资金管理。将各单位上交款考核与信贷规模增长考核挂钩,禁止贷款上交、拆借上交等投机行为;加强与外部银行合作,增加授信规模;与金融机构合作开拓多种回收工程款的融资渠道;推进铁建银信试点工作;积极筹建财务公司驻企服务部,降低企业资金成本。产权管理。明确产权管理工作机构和管理职能部门;明确产权登记管理范围。对企业产权分布情况及所属各单位出资情况进行登记管理,规范过程记录,确保国有资产的安全与完整。绩效考核。制定下发《2017年财务指标计划及上交款收取规定》,完成2016年度对各单位的绩效考核,对2017年度绩效考核办法重新进行修订。财务决算、预算。继续狠抓落实财务决算工作,确保决算数据真实、有效,发挥数据决策参考作用;狠抓预算过程管控,优化预算考核机制,强化对工程项目的考核激励约束机制,逐步优化预算管理机制、流程,倒逼项目增收节支,全面提升效益空间。审计监督。配合审计部门,针对突出问题,开展集中整治、专项清理,顺利通过国家审计。财税筹划。对新中标工程全面进行财税工作交底,定制税务筹划方案;梳理纳税管理中存在的薄弱环节,对发现的问题全面整改。财务信息化建设。研究建立分析预警体系;配合铁建银信上线;完成企业微信与共享集成。共享服务中心代表14个共享中心建设单位向国资委做中铁建共享中心建设成果汇报。经费开支与管理。进一步完善经费和薪酬核算制度，规范会计核算。

经济管理。健全责任成本管理制度，严格合同审批签订手续，强化责任成本管理考评。坚持“四个上移”，严格审批程序，执行“法人管项目”制度，有效规避合同风险。加强成本预控指导帮扶，完善成本预控方案；对铁路及部分重难点项目的责任成本管理基础工作进行检查指导，推动项目成本预控工作落到实处。组成3个定额测定小组，先后对大瑞铁路等10个工程项目现场施工数据进行收集，填写定额测定记录。加大亏损项目整治力度，加强亏损和亏损风险企业的清理核实及专项治理。实施重大事项立项制度，加大对工程项目重大变更事项评审工作、路外重点项目督导。

审计监督。完成审计项目124项，其中，经济责任审计38项、财务收支及效益审计23项、工程项目审计40项、年度绩效审计3项、基建审计1项、专项审计调查4项、其他审计15项。提交审计报告124份，提出审计建议450条，被采纳450条。（阎世杰　李秀云）

【科技教育】 科技创新。首获公路建设行业“科技创新领军企业”称号。5个科研课题进行科技成果鉴定，其中，达国际领先水平1项，达国际先进水平3项。7项工法关键技术达到国内领先水平。获国家科技进步奖1项，天津市科技进步奖3项，公路学会科技进步奖3项，中施企协科技进步奖10项，股份公司科技进步奖5项；省部级工法24项，股份公司工法7项；参编国家标准2项、行业标准1项；专利授权受理69件；住建部绿色施工示范工程3项、全国建筑业创新技术应用示范工程2项；组织省部级科技鉴定5项、工法关键技术评审12项。实现创新平台维度拓展、专项升级。8家工程公司完成BIM中心机构设置。

教育培训。举办（送培）各类培训班1203期，培训36242人次。其中，各职能部门举办（送培）各类培训班151期，培训6621人次；子分公司1052期，培训29621人次。建立农民工业校179所，举办各类农民工培训班1479期，培训39790人次，组织5686人参加技能提升培训并取得技能培训证书。4所农民工业校被评为天津市优秀农民工业校。（刘玉飞　隋丽春）

【党群工作】 党的工作。各级党组织902个。其中，党委50个、党工委270个、党总支6个、党支部576个。党员9069人。党建工作。开展“党委书记宣讲十九大精神”等系列活动，举办各类专题培训班，基层党组织书记、党支部书记培训轮训700多人次，组织集体学习15次，开设“部长讲堂”6次。各级党组织换届选举顺利完成，集团公司、各子分公司党代会成功召开。召开11次党委常委（扩大）会议，研究审议党的建设、“三重一大”决策事项248项、前置议题137项。层层签订党委目标管理责任书，印发《党建工作量化考核暂行办法》《党建工作责任制实施办法》，对《中铁十八局集团有限公司章程》有关内容进行修订，将党建工作纳入公司章程，制定党委研究讨论重大问题和重大生产经营管理事项前置程序实施办法。严格党费收缴、使用和管理，严格“三会一课”等党内组织生活。开展“学制度、守规矩，明职责、勇担当”学习教育活动。发展党员179人，提拔处级干部65人、交流58人、降职降级1人、免职3人，慰问老党员、困难党员486人次、发放慰问金138.9万元。1个党支部被股份公司党委评为“示范党支部”，1个集体、1人入选《天津市建委系统干事创业担当有为事迹汇编》，1人获评国务院特殊津贴专家，1人获詹天佑青年奖，2人获詹天佑专项奖。宣传思想工作。学习贯彻十九大精神，开展“担当作为，提质创效”巡回宣讲；重新编制企业宣传片、宣传册，制定实施《项目文化建设标准及评比办法》；参与央视国家记忆栏目《难忘铁道兵》记录片其中3集的采访拍摄；承办“海上丝绸之路国家主流媒体天津行”采访团活动。在央视等各栏目播出新闻93条，其中《新闻联播》18条，专题新闻10部。在集团官微推送各类图文消息320余条，在国资小新官微和官博上刊登消息9条，被“央视新闻”官微等主流媒体官微转发信息7次。2个单位获评全国文明单位，1个单位获评全国职工职业道德建设标兵单位，9人获评“天津好人”，1人获股份公司“十大楷模”，1人获评股份公司“十佳道德模范”。党风廉政建设。开设“廉政动态”窗口，开展廉洁从业教育约谈32场49家单位520余人次，任前廉政谈话577人次。深化“一个倡议、三个承诺”，制定实施项目廉洁管理“十不准五公开”、深化作风建设“十二条禁令”等30余项规章制度。组织50个单位党政主管签订党风廉政建设目标责任书。党委巡视实现子分公司全覆盖、专项巡察13个集团公司指挥（项目）部，巡视巡察发现问题734个，移交261个。受理信访举报及其它问题线索443件，处置359件，立案83件，结案83件，处分165人，涉及党员120人，责令经济赔偿132万元。

工会工作。工会组织48个，其中，子公司11个、分公司4个、区域指挥部7个、工程指挥部26个，会员15980人。签订《集团公司集体合同（补充条款）》《女职工权益保护专项集体合同（补充条款）》《2017年工资集体协商协议书》。举行“安康杯”竞赛启动仪式。制定下发《直接民主选举项目工委主任实施办法》。在郑万铁路重庆段项目部召开建家建线观摩会。获

“全国厂务公开民主管理示范单位”称号；集团公司工会微信公众号入围2017年全国最具影响力工会新媒体100强；编辑刊发局网政工信息（工会专刊）29期，刊登稿件527篇，其中省部级39篇。投入“送清凉 送关爱”活动资金107.7万元，各子分公司、指挥部筹集400余万元，为15000名一线职工送去关怀；筹集送温暖资金224.58万元，为317户困难职工家庭送去温暖；发放助学金170500元，帮扶82名困难职工子女。首获中华全国总工会2016年度“工会财务工作先进单位”称号，在股份公司2016年度工会经审工作规范化建设考核和优秀审计项目评选中获“A级标准单位”。表彰2016年度劳动模范10人、建设功臣10人、先进集体35个、工人先锋号10个、先进个人185人；获全国五一劳动奖章1个；获天津市五一劳动奖状1个、五一劳动奖章1个、工人先锋号1个；获火车头奖章1个。

共青团工作。组织开展“号手岗队”争创、导师带徒、团组织就在我身边、“一学一做”教育实践、深化“创新发展·青年当先”主题实践、“学雷锋”志愿服务等活动。开展“学习总书记讲话，做合格共青团员”教育实践；组织团员青年收看收听十九大开幕式、学习十九大报告；深入学习团的十七届六中全会精神；加强青年形势任务教育等多项工作。14个青年集体和13名青年获团中央、中央企业团工委、天津团市委、股份公司团委表彰，其中1人获2016—2017年度“全国青年岗位能手”称号；5个项目获天津市“青年文明号”称号。

（阎世杰　李秀云）

【第一工程有限公司】 拥有公路、市政工程施工总承包一级，铁路、水利水电工程施工总承包二级，隧道、桥梁、公路路基工程专业承包一级等7项资质。前身系中国人民解放军铁道兵第八师第三十六团；1984年1月，集体转业，改编为铁道部第十八工程局第一工程处；1999年9月，改称中铁第十八工程局第一工程处；2001年8月，企业改制改称现名；2011年3月，与中原公司整合重组。驻河北省涿州市冠云西路128号。执行董事、总经理李兰勤，党委书记孙贵生。下辖35个单位。职工3188人。资产总额357579万元。其中，固定资产原值109173万元、净值50076万元；流动资产305628万元；其他资产1875万元。机械运输设备1344台（套），设备总功率150626.75千瓦，技术装备率13.4万元/人，动力装备率66.5千瓦/人，机械化施工程度90%以上。年施工能力60亿元以上。

2017年，新签合同额814900万元，完成企业总产值511567万元，实现利润6185万元，全员劳动生产率160.47万元/人年，职工年人均收入8.6万元。

（王大章　李秀云）

【第二工程有限公司】 拥有铁路、公路、市政公用、房屋建筑工程施工总承包一级，电力工程施工总承包二级资质，地基与基础、桥梁、隧道、铁路铺轨架梁工程专业承包一级资质。前身系组建于1948年中国人民解放军铁道兵第8师第37团；1984年1月，集体转业改编为铁道部第十八工程局第二工程处；1999年12月，与铁道部脱离更名为中铁第十八工程局第二工程处；2001年10月，企业改制改为现名；2007年6月，变更为法人独资有限责任公司。驻河北省唐山市丰润区光华道28号。执行董事、总经理陈善富，党委书记张正雪。下辖医院、酒店和71个项目部。职工2448人。资产总额364532万元。其中，固定资产原值53975万元、净值19314万元；流动资产342032万元；其他资产3186万元。机械运输设备278台（套），总功率31527千瓦，技术装备率2.3万元/人，动力装备率18千瓦/人，机械化施工程度90%以上。年施工能力60亿元以上。

2017年，新增任务额1306118万元，完成营业总收入500264万元，实现利润5445万元。全员劳动生产率189.42万元/人年，职工年人均收入8.5万元。

（丁潇洒　李秀云）

【第三工程有限公司】 拥有铁路、公路、市政公用、房屋建筑工程施工总承包一级，隧道、桥梁、公路路基专业承包一级资质，水利水电施工总承包二级资质，公路路面、输变电工程专业承包二级资质，拥有国家计量认证资质，交通部综合乙级试验资质、测绘乙级资质。前身系中国人民解放军铁道兵第八师三十八团；1984年1月，集体转业并入铁道部，改编为铁道部第十八工程局第三工程处；1999年9月，改为中铁第十八工程局第三工程处；2001年10月，改称现名。驻河北省涿州市冠云路。执行董事、党委书记刘术臣，总经理刘晏斌。下辖8个项目管理部、13个办事处、17个项目部及物业管理中心、机修厂。职工2980人。资产总额580871万元。其中，固定资产原值114365万元、净值49462万元；流动资产512078万元；无形资产2618万元；其他资产16712万元。机械运输设备1037台（套），总功率为11.49万千瓦，动力装备率45.21千瓦/人，技术装备率11.89万元/人，机械化施工程度76%。年施工能力50亿元以上。

2017年，承揽工程38项，总投资1311375万元，完成企业总产值420055万元，其中施工产值420055万元；实现利润1015万元。全员劳动生产率82.57万元/人年,职工年人均收入5.8万元。

（梁淑芳　李秀云）

【第四工程有限公司】　拥有市政公用、房屋建筑工程施工总承包一级,钢结构、建筑装饰装修工程专业承包一级,矿山工程施工总承包三级、施工劳务不分等级资质,爆破作业二级,房地产开发四级资质。2005年3月23日,由原集团公司津滨指挥部、技工学校、子弟学校、幼儿园合并成立;2015年11月25日,六公司整体并入四公司。驻天津市双港高科技产业园丽港园33号。执行董事、总经理钟兴兵,党委书记高纯根。下辖87个单位,9个项目管理部,73个直属项目部,1个校(技校),3个公司,1个办事处。职工3056人。资产总额588028.31万元。其中,固定资产原值107115.87万元、净值47036.38万元;流动资产530132.44万元;其他资产10859.49万元。机械运输设备827台(套),总功率96703千瓦,动力装备率40.5千瓦/人,技术装备率6.19万元/人,年施工能力84.4亿元以上。

2017年,承揽工程1121285万元,完成企业总产值844000万元。实现利润7742万元。全员劳动生产率276.17万元/人年,职工年人均收入8.52万元。

（褚燕岚　李秀云）

【第五工程有限公司】　拥有市政公用、建筑、公路工程施工总承包一级,铁路工程施工总承包二级,桥梁、隧道、公路路基、公路路面工程专业承包一级,预拌混凝土专业承包不分等级资质。前身系1965年、1970年组建的铁道兵第十四师六十八团、七十团;1981年2月,撤编为铁道兵第八师四十团;1983年10月,兵改工并入铁道部,改编为铁道部第十八工程局第五工程处;2001年10月,企业改制改称现名。驻天津市滨海高新区塘沽海洋科技园新北路3199号。执行董事、总经理程志强,党委书记刘富华。下辖10个项目管理部,7个专业公司,1个材料厂,1个基地管理中心,17个直属项目部。职工3854人。资产总额678825万元。其中,固定资产原值124350万元、净值55865万元;流动资产638362万元;其他资产87164万元。机械运输设备1259台(套),设备总功率119997千瓦,动力装备率40.16千瓦/人,技术装备率10.49万元/人,机械化施工程度95%,年施工生产能力100亿元以上。

2017年,承揽工程任务64项,合同额2000697万元,完成企业总产值1001985万元。净利润15931万元。全员劳动生产率259.98万元/人年,职工年人均收入72193元。

（任宝龙　李秀云）

【隧道工程有限公司】　拥有市政公用工程施工总承包一级,桥梁工程专业承包二级,隧道工程专业承包二级资质。前身系西安南京铁路桃花铺隧道工程指挥部;2002年,TBM工程公司与西北工程公司合并成立隧道工程公司;2011年3月,与上海公司整合重组改为现名。驻重庆市北碚区蔡家岗镇凤栖路6号。执行董事、总经理何承红,党委副书记(主持工作)刘冬生。职工1059人。资产总额401767万元。其中,固定资产原值176628.7万元、净值99959万元;流动资产288338万元;非流动资产113429.43万元。机械运输设备1694台(套),设备总功率120448千瓦,技术装备率88.48万元/人,动力装备率109.8千瓦/人。设备完好率90%、利用率95%,机械化施工程度90%以上,年施工能力30亿元以上。

2017年,承揽工程854490万元,完成企业总产值401967万元,实现利润3402万元。全员劳动生产率139.23万元/人年,职工年人均收入7万元。

（张喜云　李秀云）

【轨道交通工程有限公司】　拥有市政公用工程施工总承包一级、石油化工、建筑工程施工总承包三级资质。2011年3月,由集团公司内部整合成立;2015年11月,与原北京地铁指挥部整合重组。驻湖北省武汉市武昌区中国铁建凯德1818中心。执行董事、总经理陈典华,党委书记任彦武。下辖单位29个。职工862人。资产总额293038.37万元。其中,固定资产原值80696.11万元、净值36950.83万元;流动资产254783.00万元,其他资产1304.54万元。机械运输设备714台(套),总功率72749.2千瓦,动力装备率83.91千瓦/人,技术装备率34.36万元/人。年施工能力34亿元以上。

2017年,承揽任务674400万元,完成施工产值343454万元,实现利润2471万元。全员劳动生产率39.4万元/人年,职工年人均收入7.5万元。

（钟子乔　李秀云）

【建筑安装工程有限公司】　拥有市政公用、建筑、机电工程施工总承包一级,钢结构工程专业承包一级,电力工程、石油化工工程施工总承包二级,铁路电务工程、铁路电气化工程专业承包三级资质,锅炉安装维修1级、压力管道安装GA1乙级、GB1、GB2级、GC1级特种设备施工许可资质。驻天津市空港经济区中环西路西八道285号。执行董事、总经理周会军,党委书记伍吉勇。下辖13个项目管理部,8个直属项目部和1个基地管理中心。职工1041人。资产总额145500万元。其中,固定资产原值17580万元、净值10890万元;流动资产117628万元;其他资产17100万元。机械运输设备810台(套),设备总功率14981千瓦,动力装备率12.48千瓦/人,技术装备率0.71万元/人,设备利用率90%。年施工能力30亿元以上。

2017年,承揽工程43项,新签合同额628215万元,完成企业总产值242000万元。利润2619万元,人均创利2.5万元。全员劳动生产率18.4万元/人年,职工年人均收入6.4万元。 (龚　丽　李秀云)

【北京中铁大都工程有限公司】 拥有房屋建筑工程施工总承包一级,市政公用工程施工总承包二级,建筑装修装饰、机电设备安装工程专业承包一级,公路路基工程专业承包二级资质。前身是由原铁道兵第八师在京担负建筑施工任务的骨干队伍组建而成的一支具有综合建筑作业能力的施工企业,2001年10月26日改制为现名。驻北京市大兴区西红门镇欣荣北大街31号。党委书记、执行董事李仆,总经理韩正伟。下辖12个项目部,职工370人。固定资产原值883.61万元、净值219.99万元,设备总功率3711千瓦,技术装备率0.61万元/人,动力装备率10.22千瓦/人,完好率100%。年施工能力8.2亿元以上。

2017年,承揽工程10项,总额215940万元,完成投资82003万元。实现营业收入80608万元,利润812万元,职工年人均收入91751元。

(杨露涵　李秀云)

【房地产开发有限公司】 拥有房地产开发二级资质。主营房地产开发、房屋拆迁、建筑用材料、设备的批发兼零售、租赁、自有房屋租赁等业务。2010年3月成立,前身系中铁十八局集团投资开发管理中心。驻天津市滨海新区(塘沽)海缘路199号滨海国际企业大道E2-9号。执行董事、总经理翟岩,党委书记金文红。下辖9个单位。职工109人。资产总额85839万元。其中,固定资产原值3052万元、净值1777万元;非流动资产10099万元。

2017年,营业收入58044万元,实现销售金额35003万元,回款51432万元,完成投资27545万元。全员劳动生产率39.15万元/人年,职工年人均收入13.0826万元。 (李育寰　李秀云)

【物资贸易有限公司】 2015年7月成立,是集物资批发、零售、机械设备租赁、工业产品加工、招标服务于一体的专业化子公司。驻天津市空港经济区中环西路。下辖涿州水泵厂、蓟县机械厂。执行董事、总经理张文选,党委书记王永福。职工141人。资产总额48880.32万元。其中,固定资产原值757.63万元、净值330.98万元;流动资产48464.33万元;非流动资产415.98万元。

2017年,签订合同216项,合同总额97816.4万元,完成产值52857.83万元,实现净利润445.59万元。全员劳动生产率23.89万元/人年,职工年人均收入8.84万元。

(陈舒芳　李秀云)

【重要记载】

▲1月22日　集团公司党委三届六次全委(扩大)会在天津召开。

▲2月10日　集团公司与天津市市政工程设计研究院战略合作签约仪式在公司机关举行。

▲2月13—14日　蒙古国博格达汗铁路公司代表团访问集团总部,双方确定合作推动乌兰巴托环城铁路项目,并签订谅解备忘录。

▲2月　集团公司获水利水电施工总承包特级资质。

▲3月27—28日　在武汉召开的"全国公路工程技术与质量管理工作交流会"上,集团公司被授予公路建设行业"科技创新领军企业"称号。

▲3月　集团公司获"2016年度全国优秀施工企业"称号。

▲4月5日　三公司承建的塘沽一中体育馆工程获2016年度天津市建设工程"海河杯"奖。

▲4月　集团公司被评为天津市A级纳税信用等级纳税人。

▲6月30日　郑州航空港河东第七棚户区第8标段等项目获中国建筑业协会绿色建造与施工分会"2017年度全国建筑业绿色施工示范工程"称号。

▲7月18日　集团公司与清华大学环境学院华诺环保联合研究中心、中国绿地博大绿泽集团签订战略合作协议。

▲9月24日　集团公司获评"2017全国建筑财税领军人才"暨建筑业财税知识竞赛先进单位。

▲10月13日　五公司天津地铁4号线项目部获中国铁建首批"示范党支部"奖牌。

▲11月6日　集团公司承建的沙特南北铁路CTW200标段工程和五公司参建的天津铁路职业技术学院教学楼工程获中国建设工程鲁班奖。

▲11月16日　在全国建设业企业信用体系建设与创新发展经验交流会上,建安公司获"全国建筑业AAA级信用企业"称号。

▲11月27日　二公司获"国家高新技术企业"称号。

▲12月22日　集团公司蒙华项目部被评为2017年天津市劳动竞赛"十大创新示范单位"。

▲12月26日　集团公司参与研究开发的"锦屏

二级超深埋特大引水隧道发电工程关键技术”获中国大坝工程学会科技进步特等奖。

▲12月　集团公司被全国厂务公开协调小组授予2017年度“全国厂务公开民主管理示范单位”称号。

（阎世杰　李秀云）

中铁十九局集团有限公司

【简况】 拥有铁路、建筑、公路、市政公用、公路工程（三公司）施工总承包特级资质；铁道行业工程设计甲Ⅱ级、建筑行业甲级、公路行业甲级、市政行业甲级资质。矿山、水利水电工程施工总承包一级资质；公路路基、桥梁、隧道、铁路铺轨架梁工程专业承包一级资质；及地质灾害治理工程施工甲级资质、承装（修、试）电力设施许可三级资质、爆破作业单位许可证（营业性）一级资质、境外工程承包资质和对外经营权。前身系中国人民解放军铁道兵第九师；1984年1月，集体转业并入铁道部，改编为铁道部第十九工程局；1999年12月，改称中铁第十九工程局；2000年9月，划归中央企业工委管理；2001年12月，企业改制改称现名，归属国务院国资委管理。驻北京市经济技术开发区荣华南路19号。董事长、党委书记赵国旗，总经理宫建岗。下辖第一、二、三、五、六、七工程有限公司，电务工程有限公司、轨道交通工程有限公司、矿业投资有限公司、房地产开发有限公司、工程检测有限公司、物资有限公司、国际建设分公司、辽阳基地、职工中心医院；东北、西北、西南、华南、华东、华北、东南、中原、新疆、西藏、内蒙古11个区域指挥部。职工17628人。资产总值3376603.14万元。其中，固定资产原值739952.23万元、净值246149.23万元；流动资产2634539.58万元。机械运输设备7825台（套），原值54.34亿元、净值18.08亿元，成新率33.27%，动力装备率58.02千瓦/人，技术装备率10.01万元/人。

2017年，新签合同额625.86亿元，完成企业总产值400.05亿元，其中施工产值397亿元。实现利润总额8.79亿元，净利润8.3亿元，产值利润率2.2%。净资产收益率14.28%，资产负债率82.79%。完成主要实物工程量：土石方2.75亿立方米；桥梁147290延长米，隧道（洞）142050延长米，涵渠21737横延米，公路路面1520.60万平方米，房屋建筑面积76.55万平方米，铁路铺轨1282.03（单线）千米，制梁6460片，架梁6172孔。获鲁班奖1项，詹天佑奖1项，国家优质工程奖4项，省部级优质工程奖7项，绿色施工示范工程1项；取得省部级科技进步奖4项，省部级工法23项，授权专利112件，参编发布铁路总公司标准2项，增加省级企业技术中心1家；评为全国优秀施工企业2家，省级优秀建筑业企业4家。先后获“古斯塔夫斯—林德恩斯”国际桥梁大奖1项，中国建筑工程鲁班奖14项、中国土木工程詹天佑奖15项、国家优质工程金质奖9项、国家优质工程奖31项、省部级优质工程191项。有效专利496件，其中，发明专利71件、实用新型专利423件、软件著作权1件、外观设计专利1件。9家单位通过国家级高新企业认定。

（方迎春）

【领导人员】

董事会

董事长	王学忠（9月免）
	赵国旗（9月任）
副董事长	赵国旗（9月免）
董事	宫建岗
	栾显国
职工董事	金学峰

监事会

监事会主席	任保义
监事	张文忠（8月免）
	崔　军（8月任）
职工监事	张　帆（8月任）

经理层

总经理	宫建岗
副总经理	栾显国
	解方亮
	柏林成（7月免）
	丰兴桥
	尚尔海
	马秀芝
	张夕和（1月免）
	朱元生
	曲桂有
	李华伟
	王必军
总工程师	尚尔海（兼）
总会计师	马秀芝（兼）

党群领导

党委书记	赵国旗
党委副书记	王学忠（9月免）
	宫建岗
	金学锋

纪委书记　　　　任保义
工会主席　　　　金学锋(兼)

(王玉青)

【工程项目指挥机构】 北京指挥部　驻北京市丰台区岳各庄北桥中堂紫熙台8号楼1801。指挥长朱元生。

华北指挥部　驻河北省石家庄市桥西区吉恒街吉恒园42-4。指挥长朱元生。

西北指挥部　驻西安市交大科技园区华尔兹花园1号楼2单元2003室。指挥长孔凡友。

东北指挥部　驻辽宁省沈阳市浑南新区临波路18号浦江苑御品小区7号楼1单元17楼1号。指挥长刘庆军。

华东指挥部　驻江苏省南京市栖霞区万兴路89号兴卫山庄10栋。指挥长柏林成。

东南指挥部　驻福建省福州市晋安区福马路168号大名城7号楼1006室。经理尚长虹。

中原指挥部　驻郑州市郑东新区正光路49号晖达新领地A12楼一单元9楼东户。指挥长张明。

华南指挥部　驻广东省广州市萝岗区科学城科学大道119号科城大厦二期401室。指挥长李华伟。

西南指挥部　驻重庆市渝中区莱袁路209号新东福花园紫烟阁10-1。指挥长曲桂有。

新疆指挥部　驻新疆维吾尔自治区乌鲁木齐市新市区西环北路989号昊元上品。指挥长许相国。

内蒙古指挥部　驻内蒙古自治区呼和浩特市新城区海东路丽苑阳光城领秀苑2号楼1单元102。指挥长李智。

西藏指挥部　驻西藏自治区拉萨市堆龙德庆区柳梧新区长兴国际3-2-2202。指挥长陈宝军。

兰新铁路项目指挥部　驻甘肃省玉门市幸福北巷2村24号。指挥长陈金荣。

郑阜铁路河南段项目指挥部　驻河南省周口市西华县教育大道教师进修学校院内。指挥长李华伟。

银西铁路陕西段YXZQ-2标项目指挥部　驻陕西省咸阳市礼泉县老齿轮厂。指挥长李华伟。

格巧暨宜毕高速公路工程指挥部　驻重庆市渝北区天宫殿街道保利香槟花园B区。指挥长孙吉东。

广州市轨道交通18号线和22号线工程指挥部　驻广东省广州市南沙区珠江街道礼隆社区。指挥长李华伟。

吉图珲铁路客运专线JHSⅦ标项目经理部　驻吉林省珲春市龙源西街2367号。项目经理宋宝。

西成铁路客运专线陕西段XCZQ-7标项目经理部　驻陕西省汉中市汉台区七里办事处七里村二组陕西电信汉中分公司新桥支局。项目经理李华伟。

兰渝铁路项目经理部　驻甘肃省定西市安定区内官营镇。项目经理曲桂有。

杭长铁路客运专线7标(浙江段)项目经理部　驻浙江省江山市双塔街道凤栖苑442号。项目经理张振忠。

杭长铁路客运专线8标(江西段)项目经理部　驻江西省萍乡市经济开发区郑和路9号。项目经理张明杰。

云桂铁路4标(广西段)项目经理部　驻广西壮族自治区百色市城东大道182号。项目经理刘亚东。

云桂铁路8标(云南段)项目经理部　驻云南省昆明市宜良县匡远镇土桥村村委会。项目经理赵永军。

大西铁路客运专线项目经理部　驻山西省运城市临猗县南环西路王村。项目经理刘智。

盘营客运专线项目经理部　驻辽宁省海城市浪潮金东方高科技发展有限公司。项目经理于涛。

天平铁路TJ-2标项目经理部　驻甘肃省平凉市华亭县原武装部。项目经理安文杰。

西康二线铁路项目经理部　驻陕西省旬阳县康华园小区11号楼1-3-1。常务副经理王玉琦。

京福铁路客运专线闽赣3标项目经理部　驻江西省上饶市信州区新火车站北侧货场路海满港物流园4层。项目经理赵胤辉。

昆明枢纽扩能改造工程项目经理部　驻云南省昆明安宁市温泉镇杨柳庄北桥村。项目经理李庆双。

重庆火车北站综合交通枢纽项目经理部　驻重庆市渝北区丁香路保利香槟B区3栋13-4。项目经理孙吉东。

新建新街至恩格阿娄铺架项目经理部　驻内蒙古鄂尔多斯市伊金霍洛旗成陵草原情酒店。项目经理崔玉彬。

银西铁路甘宁段YXZQ-3标项目经理部　驻甘肃省庆阳市西峰区彭原镇旱地示范园区。项目经理孔宪斌。

银西铁路甘宁段YXXQ—SG1标项目经理部　驻宁夏回族自治区灵武市。项目经理樊忠祥。

汝州市朝阳路风穴路交叉口游园工程项目经理部　项目经理张维刚。

(王玉青　刘　剑)

【职工队伍】 职工17628人。干部9199人,技术干部中硕士研究生69人,本科学历6114人,大专学历2735人,中专193人,高中学历及以下学历88人;35岁以下的6446人,36~40岁的744人,41~45岁的954人。专业技术干部中,高级职称1126人、中级职称2458

人、初级职称 4473 人。

工人 8429 人。其中,本科以上学历 719 人,大专以上 1603 人,中专技校 1755 人,高中学历 1761 人,初中及以下学历 2591 人;30 岁以下 404 人,31 ~ 40 岁 2433 人,41 ~ 50 岁 2334 人。技术工人中,高级技师 661 人、技师 1380 人、高级工 1572 人、中级工 449 人。

(王玉青 刘 剑)

【工程施工】 新建兰州至重庆铁路夏官营(不含)至广元(不含)段土建工程 LSY - 1 标段 位于甘肃省定西市。合同投资 33.95 亿元。主要工程量:路基土石方 97.46 万立方米,桥梁 4 座 640.9 延长米,隧道 5 座 35043 延长米。开工累计完成产值 342740 万元。

新建西安至成都铁路西安至江油段(陕西境内)站前工程 XCZQ - 7 标段 位于陕西省汉中市。合同投资 26.0994 亿元,合同工期 2013 年 3 月 1 日至 2017 年 6 月 30 日。主要工程量:路基土石方 139.9 万立方米,桥梁 2 座 28700 延长米,涵洞 24 座 452 横延米,框构桥 96.8 顶平方米,制梁 846 片,架梁设计 846 孔。开工累计完成产值 258803 万元。

新建郑州至周口至阜阳铁路河南段站前工程 ZFZQ - 3 标段 位于河南省周口市。合同投资 25.2914亿元,合同工期 2016 年 7 月 16 日至 2019 年 9 月 30 日。主要工程量:桥梁钻孔桩 5952 根,承台 734 个,墩身 734 个,制梁 1285 榀,框构中桥 9 座 9255.56 顶平方米,框构涵 10 座 515.94 横延米,无砟轨道 13.7812千米。开工累计完成产值 190494 万元。

新建银川至西安铁路(陕西段)站前工程 YXZQ - 2 标段 位于陕西省咸阳市。合同投资 18.6571 亿元,合同工期 2016 年 8 月 1 日至 2020 年 6 月 30 日。主要工程量:房屋拆迁 28600 平方米,水泥土挤密桩 88.3 万延长米,柱锤冲扩桩 27.2 万延长米,桥梁钻孔桩 5459 根,承台 535 个,墩身 493 个,箱梁预制 255 榀,架设 163 榀,连续梁合龙 2 联。开工累计完成投资 9.71 亿元。

广州地铁 18 和 22 号线标段 位于广东省广州市。合同投资 845471 万元,合同工期 2017 年 10 月 28 日至 2019 年 12 月 31 日。主要工程量:硬化场地 3040 平方米,回填平整场地 4560 平方米,房屋建筑面积 5600 平方米,导墙 330 米,地连墙 56 幅。开工累计完成产值 2105.54 万元。

新建北京至沈阳铁路客运专线河北段站前工程 JSJJSG - 8 标段 位于河北省兴隆县。合同投资 180099.17 万元,合同工期 2014 年 7 月 1 日至 2019 年 6 月 30 日。主要工程量:路基土石方 177 万立方米,桥梁 9 座 2089.35 延长米,涵洞 21 座 1067.95 横延米,旅客地道 1 座,箱梁 31 孔,连续梁 8 联,无砟轨道 49888 米,铺设 CRTSⅢ型轨道板 7170 块。开工累计完成产值 173895 万元。

新建成都至贵阳铁路乐山至贵阳段(贵州境内)站前工程 CGZQSG - 12 标段 位于贵州省毕节市。合同投资 254487.63 万元,合同工期 2014 年 5 月 1 日至 2020 年 1 月 2 日。主要工程量:路基土石方 336 万立方米,隧道 14 座 16583 延长米,桥梁 20 座 11686.6 延长米,涵洞 9 座 405 横延米,框构桥 1573 顶平方米,制梁 414 片,架梁 414 孔。开工累计完成产值 257134 万元。

新建蒙西至华中地区铁路煤运通道重点控制工程米 HSS - 7 标段 位于江西省宜春市。合同投资 7.8844亿元,合同工期 2015 年 3 月 1 日至 2018 年 9 月 30 日。主要工程量:路基土石方 3.23 万立方米,涵洞 24.6 横延米,隧道 15371 延长米。开工累计完成产值 59210 万元。

新建商丘至合肥至杭州铁路站前工程 SHZQ - 7 标段 位于安徽省阜阳市。合同投资 22.5562 亿元,合同工期 2015 年 11 月 18 日至 2020 年 10 月 30 日。主要工程量:桥梁 26016 延长米,制梁 750 片,架梁 750 孔。开工累计完成产值 138793 万元。

新建鲁南高速铁路 LQTJ - 2 标段 位于山东省临沂市。合同投资 116652 万元,合同工期 2016 年 12 月至 2019 年 12 月。主要工程量:路基土石方 101 万立方米,桥梁 6 座 21933 延长米,涵洞 3 座 51.98 横延米,制梁 494 片,架梁 494 孔。开工累计完成产值 60566 万元。

新建玉溪至磨憨铁路站前工程 Y 米 ZQ - 7 标段 位于云南省普洱市。合同投资 15.78 亿元,合同工期 2016 年 1 月 1 日至 2020 年 3 月 31 日。主要工程量:路基土石方 302 万立方米,涵洞 2 座 320.37 横延米,隧道 2 座 18400 延长米,洞室 5 座 6264 延长米,铺轨 18284 米。开工累计完成产值 40329 万元。

新建梅汕铁路站前工程米 SSG - 2 标段 位于广东省梅州市。合同投资 30.2622 亿元,合同工期 2013 年 3 月 1 日至 2019 年 8 月 10 日。主要工程量:路基土石方 1019 万立方米,桥梁 31 座 11801.775 延长米,涵洞 59 座 3233.13 横延米,隧道 20 座 20222.533 延长米,制梁 292 片,架梁设计 292 孔。开工累计完成产值 222571 万元。

成都至昆明铁路永仁至广通段扩能工程站前 4 标段 位于云南省楚雄州。合同投资 11.1 亿元,合同工期 2013 年 12 月 1 日至 2018 年 5 月 31 日。主要工程量:路基土石方 22.41 万立方米,桥梁 2 座 299.64 延长米,涵洞 2 座 111.56 横延米,隧道 2 座 17171 延长米。开工累计完成产值11.07亿元。

郑万铁路ZWZQ－3标段　位于湖北省襄阳市。合同投资26.6428亿元，合同工期2016年12月1日至2019年11月30日。主要工程量：路基土石方206.82万立方米，桥梁13座29829.684延长米，涵洞8座564.81横延米，隧道317米，制梁731片，架梁731孔，无砟轨道44.3千米。开工累计完成产值115865万元。

新建哈尔滨至牡丹江铁路客运专线先行工程2标段　位于黑龙江省牡丹江海林市横道河子镇。合同投资4.4051亿元，合同工期2014年12月20日至2018年3月19日。主要工程量：路基土石方4.04万立方米，涵洞2座40.21横延米，隧道1座7152延长米。开工累计完成产值58916万元。

新建西安至成都客运专线西安至江油段XCZQ－1标段　位于四川省广元市。合同投资293944万元，合同工期2013年3月5日至2017年11月30日。2017年12月6日开通。开工累计完成产值338476万元。

长春至白城铁路扩能改造工程（站前其它工程）CBSG－3标段　合同投资100214.6327万元，合同工期2015年6月1日至2018年6月30日。主体工程全部完成。开工累计完成投资100215万元。

省道210线新惠至老虎山段一级公路XLZCB标段　位于内蒙古自治区赤峰市。合同投资90089万元，合同工期2015年12月1日至2017年10月31日。主要工程量：路基土石方759.83万立方米，桥梁1230.58延长米，涵洞4281.84横延米，梁体671片，基层156.16万平方米，碎石基层149.46万平方米，沥青混凝土62.3万平方米，中粒式改性沥青混凝土129.68万平方米。开工累计完成产值85542万元。

新建郑州至济南铁路郑州至濮阳段（河南境内）站前工程ZPZQ－4标段　位于河南省新乡市。合同投资217022万元，合同工期2017年6月1日至2021年5月31日。主要工程量：路基土石方165.1549万立方米，桥梁14座25875.65延长米，涵洞10座576.86横延米，制梁748片，架梁748孔。开工累计完成产值6620万元。

新建银川至西安铁路（甘宁段）站前工程YXZQ－3标段　位于甘肃省庆阳市。合同投资31.2246亿元，合同工期2016年9月1日至2020年12月31日。主要工程量：路基土石方558.6万立方米，桥梁15座12220.35延长米，涵洞73座1879.04横延米，框构桥12座3114.5顶平方米，制梁322片，架梁322孔，现浇梁31孔，连续箱梁5联88节段，隧道3座6572延长米。开工累计完成产值100176万元。

新建准格尔至鄂尔多斯铁路站前工程ZESG－2标段　位于内蒙古自治区鄂尔多斯市。合同投资16.5406亿元，合同工期2013年9月1日至2017年12月31日。主要工程量：路基土石方285.726万立方米，桥梁18座7358.36延长米，涵洞30座1215.22横延米，隧道4座15334延长米，无砟道床28056米。开工累计完成合同内产值164732万元。

新建北京至沈阳客运专线辽宁段站前工程JSLNTJ－3标段　位于辽宁省朝阳市。合同投资21.37亿元，合同工期2014年7月1日至2019年3月4日。主要工程量：路基土石方84.8万立方米，隧道3座13962延长米，桥梁4座5230.82延长米，涵洞6座505.88横延米，框构桥823.2顶平方米，现浇梁142孔，连续梁4联，无砟轨道42335.8延长米，钢轨铺设412.703千米。开工累计完成产值213737万元。

通辽至让湖路铁路电气化改造工程TRSG－2标段　位于吉林省。合同投资55902.756万元，合同工期2015年12月25日至2017年12月25日。主要工程量：路基土石方107万立方米，桥梁17座1428.4延长米，框架桥4座123.56横延米，制梁162片，架梁53孔，铺轨14.02千米，通信工程48.574千米，信号工程142.35千米，电力工程256.72千米，接触网157.61千米，房屋建筑面积10338平方米。开工累计完成产值53102.756万元。

新建衢州至宁德铁路（福建段）站前工程QNFJZQ－4标段　位于福建省宁德市。合同投资14.7458亿元，合同工期2015年11月24日至2019年8月24日。主要工程量：路基土石方366万立方米，桥梁13座4376.7延长米，涵洞12座763.4横延米，框构桥1771.01顶平方米。开工累计完成产值10.076亿元。

新建赣州至深圳铁路广东段站前工程GSSG－8标段　位于广东省东莞市。合同投资23.36亿元，合同工期2017年10月30日至2021年9月30日。开工累计完成产值600万元。

锦承线朝阳至叶柏寿段铁路扩能改造工程CY1标段　位于辽宁省朝阳市。合同投资9.8亿元，合同工期2014年12月24日至2018年12月24日。主要工程量：路基土石方404.9万立方米，桥梁11座2187延长米，涵洞74座1258.5横延米，框构桥2706.57顶平方米，隧道7457延长米，制梁598片，架梁299孔。开工累计完成产值27294万元。

新建赤峰至京沈高铁喀左站铁路CFSG－3标段　合同投资188130.7089万元。合同工期2016年7月1日至2020年6月30日。主要工程量：路基土石方322万立方米，桥梁11座5456.83延长米，涵洞51

座1228.8横延米，框构桥1049.03顶平方米，制梁243片，架梁243孔。开工累计完成产值128685万元。

新建连云港至镇江铁路站前工程LZZQ－4标段　位于江苏省扬州市。合同投资25.8653亿元，合同工期2015年9月1日至2018年7月31日。主要工程量：土石方117.07万立方米，桥梁23座49460延长米，涵洞49座941.55横延米，框构桥4865.23顶平方米，制梁657片，架梁657孔。开工累计完成产值228581万元。

新建川藏铁路拉萨至林芝段LLZQ12标段　位于西藏自治区林芝。合同投资24.3418亿元，合同工期2015年7月1日至2021年11月30日。主要工程量：路基土石方601.98万立方米，桥梁21座12203.75延长米，涵洞82座1612.87横延米，框构桥1990.47顶平方米，制梁1101片，架梁549孔。开工累计完成产值153942万元。

新建张家口至呼和浩特铁路站前工程ZHZQ－4标段　项目为客运专线工程，位于内蒙古自治区乌兰察布市境内。合同投资25.5亿元，合同工期2014年3月31日至2018年3月31日。完成主要工程量：路基土石方260.41万立方米，开工累计完成260.41万立方米；桥梁12座28895延长米，开工累计完成28895延长米；涵洞15座531.97横延米，开工累度完成531.97横延米；框构桥991.14顶平方米，开工累计完成991.14顶平方米；制梁852片，累计完成852片，架梁852孔，累计完成852孔。开工累计完成产值3880万元。

新建成都至兰州铁路成都至川主寺段（四川境内）站前工程CLZQ－5标段　项目为客货共线工程，位于四川省绵阳市境内。合同投资13.3亿元，合同工期2013年5月20日至2019年3月30日。完成主要工程量：路基附属1243立方米，开工累度完成875立方米；桥梁1座235.4延长米，开工累计完成235.4延长米；隧道2座17869延长米，开工累计完成15320延长米。开工累计完成产值20811万元。

新建蒙西至华中地区铁路煤运通道工程米HPJ－4标段　位于湖南省岳阳市。合同投资26.5587亿元，合同工期2016年4月1日至2020年3月1日。主要工程量：路基土石方147万立方米，桥梁9座5725延长米，涵洞66座1335横延米，制梁5366片，架梁设683孔。开工累计完成产值46162万元。

南昆铁路南百段增建二线NBSG－5标段　位于广西壮族自治区百色市。合同投资12.57214亿元，合同工期2015年1月1日至2017年6月30日。主要工程量：路基土石方265.62万立方米，桥梁62座15489.92延长米，涵洞92座1245.68横延米，隧道8座4318延长米，跨线桥制梁20片，架梁8孔，铺轨67.32千米。开工累计完成产值109638万元。

柳州站改二期工程　位于广西壮族自治区柳州市。合同投资3.6745亿元，合同工期2016年7月1日至2018年12月31日。主要工程量：东站房桩基213根，防护桩312根，土方218169立方米，换乘通道土方13000立方米，主体桩基34根，地下通道63米，台面恢复31500平方米，西站房及地下通道装饰4520平方米，线路3121.1米。开工累计完成产值25290万元。

长山壕金矿露天采矿工程　位于内蒙古自治区高原地区。合同投资107亿元，合同工期2007年1月15日至2022年12月31日。主要工程量：采剥40611.47万立方米。开工累计完成产值687162万元。

（陈天明）

【境外工程】　阿尔及利亚奥兰3800套房屋建筑项目　集团公司自揽项目，由国际分公司组织施工。2013年3月开工。开工累计完成产值5751.13万美元。

阿尔及利亚奥兰2500套房屋建筑项目　集团公司自揽项目，由国际分公司组织施工。合同工期2014年8月至2018年2月24日。开工累计完成产值1610.54万美元。

贝佳亚连接线项目　从国际集团分包的项目，由国际分公司组织施工。合同工期2013年12月18日至2016年12月17日。开工累计完成产值4181.6万美元。

阿尔及利亚托斯亚力钢厂项目土建工程　集团公司自揽项目，由国际分公司组织施工。合同工期2016年5月1日至2017年4月20日。开工累计完成产值1778.36万美元。

奥兰中钢球团项目　集团公司自揽项目，由国际分公司组织施工。合同投资704.4万美元，合同工期2017年2月24日至2018年3月30日。开工累计完成产值361.95万美元。

AQS250万吨直接还原铁工程在建项目　集团公司自揽项目，由国际分公司组织施工。合同工期2016年12月至2018年8月。合同投资118.37万美元。开工累计完成产值1175.55万美元。

沙特阿拉伯沙特铁路总局货运2号线达曼至利雅得段78.4＋91千米整修项目　国际集团分包项目，由国际分公司组织施工。78.4千米合同段合同工期2014年10月20日至2018年1月15日。91千米合同段合同工期2016年1月10日至2018年4月17日。78.4千米项目开工累计完成产值2970.1万美元；91千米项目开工累计完成产值2622.55万美元。

塔吉克斯坦新建铁路瓦赫达特—亚旺铁路隧道与桥梁勘察设计施工项目　集团公司自揽项目,由国际分公司组织施工。合同工期28个月。开工累计完成产值7174万美元。

坦桑尼亚乌本戈立交桥项目　从中土集团分包的项目,由国际分公司组织施工。合同工期2017年5月22日至2019年11月22日。合同投资2428万美元。

印尼西巴布亚熟料水泥生产线建筑工程项目　集团公司自揽项目,由一公司组织施工。合同工期16个月。开工累计完成产值6940.15万美元。

印尼美娜多NDC酒店12号楼建筑安装工程项目　集团公司自揽项目,由一公司组织施工。合同工期2017年11月14日至2018年6月18日。开工累计完成产值16.01万美元。

厄瓜多尔米拉多铜矿2000万吨/年采选项目露天基建剥离工程+附属酸性水库工程　集团公司自揽项目,由矿业公司组织施工。合同工期41个月。开工累计完成产值3968.2万美元。

巴基斯坦塔尔煤田II区块年产380万吨褐煤露天矿采剥工程　集团公司自揽项目,由矿业公司组织施工。合同工期39个月。开工累计完成产值1382.44万美元。 （方迎春）

【经营管理】　经营承揽。完成新签合同额625.86亿元。为优化区域布局将西藏和内蒙古两个自治区从西北指挥部剥离出来,增设西藏和内蒙古指挥部,撤销北京指挥部,华北指挥部统筹京津冀和山东、山西市场。至此,确定华北、西北、东北、华东、东南、中原、华南、西南、新疆、内蒙古、西藏11个区域指挥部,并规划要逐步培育5个以上优势区域。坚持协同经营。参与股份公司协同经营项目12项,投资额120亿元,其中广州地铁、福州地铁、洛阳地铁等8项84.19亿元,湖南安慈高速、成都环线高速、云南墨临公路等4项公路项目35.96亿元。成立对接雄安新区领导小组和前方工作小组,并下设办公室,办公地点在蓉城。积极与股份公司和地方的对接,及时掌握雄安新区的规划,争取早日参与新区的建设。成立军民融合项目领导小组,负责军民融合项目开发决策。落实考核兑现,提高经营人员的积极性。依据《中国铁建股份有限公司经营工作考核管理办法》对区域指挥部2016年的经营业绩进行自评打分。

工程管理。完成施工产值397亿元。铁路工程占完成产值的46.4%,路外占53.6%。综合施工能力持续增强,铁路铺轨施工同比增长127.9%,公路路面施工同比增长106.9%,桥梁施工同比增长16%。重难点工程相继突破,列入重点监管的43个A级项目,其中35个项目进度处于受控状态。在建项目254项,承建项目393项。计划竣工项目45项,全部按期竣工。287项在建工程有276项进度处于受控状态。根据全年标准化管理绩效考评结果,新上项目达标考评全部达到合格要求,续建项目创优考评全部达到优秀等级。收到12家业主单位发来的贺电和通报表彰,受托组织路局标准化管理现场观摩会4次、全线标准化管理现场观摩会6次。节能减排与环境保护工作进一步规范,通过完善节能环保管理体系、制度,强化能评环评约束机制,加强技术创新、改造,加大减排力度,强化固、液、气废弃物污染防治等实质性工作,进一步提升节能环保管控水平。通过集团能源管理体系认证复核。

财务管理。完成企业总产值400.05亿元,实现利润总额8.79亿元,净利润8.3亿元,净资产收益率14.28%,资产负债率82.79%。提升资金集中,资金上存度从上线前的68.49%上升至76.94%,资金集中度从上线前的35.1%上升至40.84%。融资创效,着力降低融资成本,综合融资成本3.68%,节约融资成本1.2亿元。先后搭建完成固定资产模块、经费预算和资金周计划模块、微信审批功能、资金结算系统(试点)、新税务系统改造上线、时效及质量管理模块、风险预警模块、工资模块、铁建银信对接等系统功能,同时完成2.0新物资模块和新劳务预算模块方案的编写。积极应对筹谋,税控管理成效显现。“营改增”以来,从税负预控、顶层设计、稽查应对到税企建设,财务部积极应对超前筹划,税控管理成效显现。重点攻关,纳税信用重返A级,2016年纳税信用等级最终评定为A级。

经济管理。工程项目作业层试行模拟股份制,11个实施模拟股份制作业队的成本控制目标在项目责任成本预算的基础上平均降低7.39%,项目整体增效0.03个百分点,各作业队人均收入比实施前增加19.86%。应用OA办公平台和经济管理办公平台,实现合同签订业务和分包结算业务线上审批。审核办理业主合同、内部总分包合同、分包合同、保险合同4063份。成本预控意识逐步增强,对132个项目编制成本预控方案,编制项目责任预算124份,责任预算编制率93.94%,签订责任状114份,签状率86.36%。外部劳务准入严格把关,加强分包商准入资格审核工作,审核证照完整性合格后在OA办公平台进行公示,提高工程项目使用合格分包商的质量,降低因分包商准入把关不严格带来的各类风险。累计审核分包商准入材料680家,办理分包商准入495家,其中一般纳税人406家,小规模纳税人89家,准入分包商的资质、安全生产许可等证照均齐全有效。历史遗留问题有效解决，先后对20个铁路项目的计价（结算）进行清理，除兰渝和云桂4标清概数据不确定、合蚌线局指人员调离无法确认数据外，其余17个铁路项目均完成局指对工区的计价（结算）清理工作，取得各参建工程公司的签字确认。成本管理督导有序开展，梳理出红色预警风险项目76个，各级各单位采取财经管理督导、成本专项督导等方式，结合年度督导计划，加大对重难点项目及红色预警项目的现场督导检查。对248个重难点项目及红色预警项目实施成本督导检查，对项目存在的管理问题及业务处理问题逐条提出整改意见及建议。

科研成果。取得省部级科技进步奖4项，省部级工法23项，授权专利112件，参编发布铁路总公司标准2项，新增加省级企业技术中心1家；新评为全国优秀施工企业2家，省级优秀建筑业企业4家。组织科技成果评审11项，其中，8项达到国际先进水平、3项达到国内领先水平。创新平台体系包括1个国家级企业技术中心、1个省级重点材料实验室、2个省级企业技术中心、1个省级工程技术研究中心、1个市级工程技术研究中心、20个劳模创新工作室。　（方迎春）

【党群工作】 党的工作。党（工）委128个，党总支1个，党支部421个，党员8526人，发展党员205人。以党委理论学习中心组为抓手，加强各级领导干部思想政治建设。党委理论学习中心组集中组织学习6次，自学4次；所属各党委集中学习平均都在5次以上，参学率均达到90%以上。以十九大精神宣贯为重点，深入开展形势任务教育。利用报刊、板报、墙报、手机报、微信、办公平台等媒体，加大形势任务教育力度，全面展示企业形象。《铁道工人》报开辟专栏，刊登体会文章；集团公司微信公众号推送9期有关十九大情况信息；创办《学习宣传贯彻党的十九大精神简报》，及时交流学习宣贯十九大的好做法、好经验和实际案例，出刊6期；组织开展2次十九大知识竞赛活动，收到答卷5000多份；开展“不忘初心，牢记使命”主题演讲比赛，通过初选评选出11名优秀选手。围绕企业中心工作，开展“讲责任、学业务、大练兵”主题教育活动。通过开展“劳动杯”职工技能比武大赛、“导师带徒”、青年在线技能比武、“我的考证故事”等活动，提升技术本领，强化履职能力。各级党委也都围绕中心，开展“制度落实年”“忆初心讲党性，聚合力讲团结，重担当讲责任，守规矩讲廉洁”“责任央企，志愿先行”等主题活动。开展精神文明建设先进单位，文明职工标兵、精神文明建设先进工作者的评比表彰工作。开展企地共建活动，为施工生产创造良好外部环境。完成全国文明单位第三次复查工作，轨道交通公司获“首都文明单位”称号。编印《企业文化建设管理办法》《企业文化建设“十三五”规划》，修订《企业视觉识别系统手册（2016年版）》，坚持《新开工项目企业文化建设策划书》和《新开工项目企业文化建设达标申报》制度，推进企业文化建设向纵深发展。各级党组织围绕中心，开展丰富多彩、形式多样的文化活动。文化展厅每年接待参观人员600余人次。外树形象，内鼓士气，扎实做好新闻报道和舆情监控工作。抓对外宣传报道，全集团在中央媒体、门户网站刊登稿件450余篇，《中国铁道建筑报》刊稿300余篇，新华社客户端刊稿100余篇，中国铁建门户网站刊稿800余篇。共青团中央微博阅读量58.5万次，中国铁建微信阅读量2.7万次，央视新闻微信客户端阅读量10余万次，《铁道工人》报全年出刊24期，发布微信105期119条消息推送，官微用户11097人。

工会工作。制定下发《集团公司工会2017年工作目标责任书》和《集团公司工会2017年主要工作计划推进表》，加强工会的信息报送工作，编发《工会之声》6期，成立“8456工作室”“3+工作室”“win+工作室”和“VS铁三角战队”4个新媒体团队，完成专题策划7期。规范工会财务管理，自觉接受经费审查委员会的监督检查。举办工会基层干部培训班中，邀请铁总领导就工会财经工作进行授课。认真落实《基层单位企务公开实施办法》，并要求基层工会明确责任人。组织开展财经类财务和非财务2个专业的“劳动杯”第三届职工技能比武大赛。“两节”期间，组成43个慰问走访领导小组，先后走访特、重困职工、住院职工、先进模范、困难职工和离休干部等共723户，送去慰问金44.3万元。关心青年职工婚恋问题，举办大规模的集体婚礼，举办未婚青年联谊会。开展“幸福家庭”“贤内助”和“好丈夫”等评选表彰活动。上报读书征文197篇、家书征文48篇、书画作品6个、微视频17个。在工地宿舍全面推广“中国铁建工会职工电子书屋”，全面推动“WIFI进工地”活动，为农民工上网创造良好的网络环境。

共青团工作。深入学习宣传贯彻党的十九大精神和习近平总书记系列重要讲话精神，开展“学习总书记讲话，做合格共青团员”教育实践活动。向与会人员发放《习近平关于青少年和共青团工作论述摘编》《习近平的七年知青岁月》，组织开展5场“不忘初心，牢记使命”主题巡回演讲活动，15个单位机关职工（部分项目通过直播）观看演讲活动。加强青年形势任务教育，重点开展“干好在建工程，青年冲锋在前”主题系列活动。做好青年价值引导工作，公众号上开辟“微党课”“青春故事会”“总经理推荐”专栏。抓好传统教育，继续开展好“弘扬铁道兵精神，助力企业发展”主题团日活动,部分内容被股份公司有关公众号刊发。大力开展“创新发展·青年当先”主题实践活动,组建“青年创新工作室”。深化“号、手、岗、队”活动,三公司兴延项目获北京青年安全生产示范岗单位,参加北京市安监局“青年安全生产示范岗”活动座谈会。出版《“我的考证故事”优秀作品集》,开展团员青年“考证达人”活动。开展“团组织就在我身边”关爱行动,对困难青年进行救助4.5万元,对困难家庭子女入学资助2.5万元。

（方迎春）

【第一工程有限公司】 拥有公路、建筑、市政公用、机电工程施工总承包一级资质,铁路工程、水利水电工程施工总承包二级资质,地基基础、钢结构、隧道、公路路基工程专业承包一级资质。前身是中国人民解放军铁道兵第九师四十一团;1984年,集体转业并入铁道部,改名为铁道部第十九工程局第一工程处;1999年12月,与铁道部脱勾,隶属中央企业工委,改称为中铁第十九工程局第一工程处;2001年12月,成立中铁十九局集团第一工程有限公司。2017年,对机关职能部门进行调整,撤销辽宁永达工程检测有限公司,成立有限公司试验室,撤销西安分公司编制机构。驻辽宁省辽阳市白塔区卫国路138号。董事长兼总经理李程,党委书记曲久彬。职工2847人。资产总额312215万元。其中,固定资产原值82983万元、净值23929万元;库存材料8960万元;货币资金存量48949万元;流动资产284674万元。机械运输设备1590台(套),原值41246.14万元、净值17389.79万元,总功率135445千瓦,动力装备率47.56千瓦/人,技术装备率5.88万元/人。主要机械设备完好率96%,利用率85%,成新率41.54%。

2017年,承揽工程15.48亿元,完成产值481963万元,实现利润11053万元,全员劳动生产率169.29万元/人年,职工年人均收入74766元,产值利润率0.54%,资产负债率82.84%,净资产收益率4.91%,完成年度上缴款11741万元,应上缴款完成率101%。

（丁　爽）

【第二工程有限公司】 拥有公路、水利水电、房屋建筑工程施工总承包一级资质,工程施工总承包二级资质,桥梁、隧道、公路路面、公路路基、机场场道工程专业承包一级资质。前身系铁道兵第九师第四十二团;1984年1月,集体转业并入铁道部,改称铁道部第十九工程局第二工程处;1999年12月,改称中铁第十九工程局第二工程处;2001年12月,企业改制改称现名。驻辽宁省辽阳市白塔区和平路17号。执行董事、总经理解佳飞,党委书记曹树强。下辖114个工程项目部、22个工区、5个分公司及道桥安装公司、物业管理公司。职工2722人。资产总额427252.65万元。其中,固定资产原值93215.25万元、净值29317.23万元;流动资产395983.20万元。机械运输设备1218台(套),原值36552.49万元、净值14040.81万元,总功率113031千瓦,动力装备率41.53千瓦/人,技术装备率5.16万元/人。

2017年,自主承揽项目16项,承揽额12.29亿元,完成产值73.1亿元。全员劳动生产率268.55万元/人年,职工年人均收入67055元,净资产收益率0.08%,产值利润率0.15%,资产负债率89.64%。

（刘英华）

【第三工程有限公司】 拥有公路工程施工总承包特级资质,市政公用工程施工总承包一级资质,铁路、水利水电、建筑工程施工总承包二级资质,矿山工程施工总承包三级资质,工程设计公路行业甲级资质,桥梁、隧道、公路路面、公路路基工程专业承包一级资质,公路交通工程(公路安全设施分项)专业承包二级资质,环保工程专业承包三级资质。前身是铁道兵9师43团;1984年,改工并入铁道部;2000年9月,和铁道部脱钩;2001年,改制成为有限责任公司。驻辽宁省沈阳市沈北新区沈北路36号。执行董事兼总经理宋新海,党委书记宫勇。职工2732人。资产总额413604万元。其中,固定资产原值54495万元、净值17616万元;流动资产383531万元;净利润4347万元。机械运输设备811台(套),原值42683.58万元、净值8757.43万元,技术装备率3.23万元/人,动力装备率32千瓦/人,设备平均完好率90.2%,设备利用率79%。

2017年,完成产值461333万元。全员劳动生产率168.86万元/人年,职工年人均收入83618元。

（冯小宁）

【第五工程有限公司】 拥有建筑、公路、市政公用工程施工总承包一级资质,铁路工程施工总承包二级资质,桥梁、隧道、公路路基工程专业承包一级资质,建筑装饰装修工程专业承包二级资质,钢结构工程专业承包三级资质。前身系铁道兵第九师给水营与修理营;1984年,集体转业并入铁道部;2000年8月局资产重组,将局直属工程处、局大连技工学校并入五处;2002年2月,企业改制改称现名。驻辽宁省大连市金州区拥政街道586号。执行董事、党委书记张中明,总经理苗博宇。职工1780人。资产总额25.44亿元。其中,流动资产22.85亿元;固定资产原值3.82亿元、净值1.04亿元。机械运输设备752台(套),原值34940.38万元、净值9457.91万元,成新率27.07%,动力装备率

32.94 千瓦/人，技术装备率 5.19 万元/人，设备总功率 59979.6 千瓦。

2017 年，完成产值 480945 万元，利润总额 5086 万元，新签合同 14 项，总投资额 80.45 亿元。职工年人均收入 82468 元。（赵艳萍）

【第六工程有限公司】 拥有铁路、市政公用工程施工总承包一级资质，水利水电、建筑工程施工总承包二级资质，桥梁、隧道、公路路基、铁路铺轨专业承包一级资质。前身系中国人民解放军铁道兵第九师四十四团；1984 年 1 月，集体转业并入铁道部；2001 年 12 月，改名为中铁十九局集团第四工程有限公司。原驻内蒙古自治区通辽市，于 2010 年 9 月迁址无锡，更名为中铁十九局集团第六工程有限公司，驻江苏省无锡市新区香山路 7 号。执行董事兼总经理罗俊国（10 月免），执行董事兼副总经理周宝春（10 月任），党委书记秦志军。职工 2465 人。资产总额 286202.25 万元。其中，固定资产原值 91392.22 万元、净值 26664.94 万元；流动资产 249358.25 万元。机械运输设备 1170 台（套），原值8.41亿元、净值 2.18 亿元。总功率 144592 千瓦，动力装备率 58.13 千瓦/人，技术装备率 8.76 万元/人。

2017 年，承揽工程项目 13 项，总投资额476499.36 万元，施工产值 391892 万元，实现净利润 3944 万元。全员劳动生产率 158.1 万元/人年，职工年人均收入 73766 元。（王林丽）

【第七工程有限公司】 拥有铁路、港口与航道工程施工总承包二级资质，机电工程施工总承包三级资质，公路路基、建筑幕墙工程专业承包二级资质。1985 年 6 月成立，先后称珠海办事处、珠海工程公司、珠海工程总公司；2002 年 12 月，企业改制后称华南工程有限公司；2010 年 11 月，整合成立第七工程有限公司。驻广东省珠海市拱北港昌路 111 号中铁大厦。执行董事、总经理姜长清，党委书记刘亚东。职工 955 人。资产总额 167690 万元。机械运输设备 483 台（套），原值 10142.87 万元、净值 5150.73 万元。总功率 29067 千瓦，动力装备率 30.50 千瓦/人，技术装备率 5.40 万元/人，资产增长率 25.27%，设备资产利润率 52.69%，成新率 50.78%，完好率 90%，利用率 79%。

2017 年，新签合同额 8.84 亿元，完成产值 296455 万元，实现利润 5114 万元。全员劳动生产率 310.4 万元/人年。职工年人均收入 86625 元。净资产收益率 18.34%，产值利润率 1.73%，资产负债率 82.11%，应上缴款完成率 110.93%。（钟妮蓉）

【矿业投资有限公司】 拥有矿山工程施工总承包一级资质，土石方工程、爆破与拆除、钢结构专业承包三级资质。前身为第六工程公司；2005 年 3 月，由机械化工程公司和建筑工程公司合并组建；2008 年 3 月，更名为矿业公司；2010 年 5 月，从辽宁省辽阳市迁址到北京市丰台区莲怡园东路风荷曲苑 3 号楼；7 月，注册为中国铁建十九局集团矿业投资有限公司。执行董事、总经理李长城，党委书记赵琦。公司下辖 1 个子公司、4 个分公司、16 个直管项目部。职工 1095 人。资产总额 227119 万元。其中，固定资产原值 180699 万元、净值 60665 万元。机械运输设备 2260 台（套），原值 16.78 亿元、净值 4.92 亿元。设备成新率 30%，设备总功率 286092 千瓦，动力装备率 261.99 千瓦/人，技术装备率 47.3 万元/人。

2017 年，完成承揽 32 项，承揽总额 64.97 亿元，完成产值 32.09 亿元。（薛　森）

【轨道交通工程有限公司】 拥有市政公用工程施工总承包一级资质。2008 年 2 月成立，2008 年 12 月在沈阳浑南经济技术开发区注册，2010 年 12 月在北京市顺义区林河经济技术开发区转注册。执行董事、总经理陈友建，党委书记梅洪斌。职工 1752 人。资产总额 293745.06 万元。其中，流动资产 252603.52 万元。机械运输设备 389 台（套），原值 78630 万元、净值 39546.93 万元。技术装备率 25.96 万元/人，动力装备率 27.21 千瓦/人。

2017 年，新签合同 19 项，合同总额 101.1 亿元，完成产值 40 亿元，实现效益 1.39 亿元。净利润 9129 万元，资产负债率 78.13%，职工年人均收入 9 万元。（王倩玉）

【电务工程有限公司】 拥有机电工程施工总承包一级资质，建筑工程施工总承包三级资质，铁路电务工程、铁路电气化工程专业承包一级资质，消防设施工程、输变电工程专业承包二级资质。驻北京市大兴区西红门新建开发区金服大街 13 号。前身系 1949 年成立的中国人民解放军铁道兵第九师通信科；1984 年 1 月，改编为铁道部第十九工程局通信机要处；1995 年，组建铁道部第十九工程局电务工程公司；2002 年 2 月，改制为中铁十九局集团有限公司的全资子公司。董事长、总经理崔吉林，党委书记耿庆宇。职工 423 人。

2017 年，新签合同额 94447 万元，完成产值 82223 万元，实现利润总额 3256 万元。（李长城）

【国际建设分公司】 驻北京市亦庄经济技术开发区路东区经海 3 路 109 号院天骥·智谷科技园区 19 号

楼。2012 年 3 月成立国际建设分公司,5 月 25 日挂牌。总经理张永军,党委书记李尊忠。职工 350 人。资产总额 95528 万。其中,固定资产原值 52106 万、净值 9595 万;流动资产 85915 万。机械运输设备 1166 台(套),原值 42867.03 万元、净值 6831.88 万元,设备总功率 170700 千瓦,动力装备率 487.71 千瓦/人、技术装备率 19.51 万元/人。

2017 年,新签合同额 7.43 亿元,完成产值 5.5 亿元,实现利润 72.8 万元。全员劳动生产率 157 万元/人年,职工年人均收入 75762 元。（侯　莹）

【房地产开发公司】 2008 年 5 月 19 日成立;2008 年 8 月 7 日取得房地产开发资质;2012 年 7 月 16 日升级为房地产开发三级资质;2013 年 4 月 17 日正式成立组织机构。驻辽宁省辽阳市白塔区和平路 17 号。董事长尚尔海,党委书记林占武。职工 17 人。资产总额 107420 万元。其中流动资产 107420 万元。

2017 年,全员劳动生产率 14 万元,完成企业总产值 26586 万元,利润 -376 万元。（许　静）

【物资有限公司】 1996 年 6 月,由集团物资公司与机关物资处合并组建而成;2001 年,改制为集团公司直属单位;2002 年,成立中铁十九局集团物资有限公司。原驻辽宁省辽阳市白塔区和平路 17 号,2017 年注册地迁天津市东疆港自贸区;7 月办公场所迁址辽宁省沈阳市沈北新区沈北路 36 号。（姜雅雯）

【辽阳基地】 下辖中铁十九局宾馆、维修队、居委会、职工餐厅、铁兵新苑综合管理办公室。总经理助理兼基地主任 1 人,党委书记 1 人,党委副书记、工会主席、纪委书记 1 人,副主任 1 人。（王　静）

【计量测试中心】 计量检测及维护检测资质。2009 年 7 月,在辽宁省辽阳市注册了中铁十九局集团工程检测有限公司,一个机构两块牌子。驻辽宁省辽阳市太子河区南郊街 137 号。中心主任、公司总经理葛明东。职工 22 人。资产总额 872.08 万元。其中,固定资产原值 1276.83 万元、净值 471.86 万元;流动资产 379.99 万元。机械运输设备 264 台(套)。

2017 年,完成企业总产值 1059.08 万元,净利润 38.85 万元。（郭艳辉）

【职工中心医院】 国家二级甲等医院。开放床位 350 张,开设临床科室 13 个,辅诊科室 8 个,职能科室 12 个。职工 322 人。全年门诊量 41951 人次;住院患者 10260 人次;“120”接诊 175 人次;手术 119 人次;全年体检人数 3000 人次。医疗业务收入 7422 万元。医院拥有核磁共振、CT、CR 等设备。（刘　宇）

【重要记载】

▲1 月　一公司获评全国优秀施工企业、辽宁省建筑业优秀企业。

▲1 月 4 日　五公司承建的青岛蓝色硅谷轨道交通工程 1 标获全国 2016 年“AAA 级安全文明标准化工地”称号。

▲1 月 14 日　二公司参建的哈大铁路获第十四届中国土木工程詹天佑奖。

▲4 月 19 日　一公司、三公司荣获评中国施工企业管理协会“2016 年度全国优秀施工企业”称号。

▲4 月　三公司取得公路施工总承包特级资质。

▲4 月　二公司哈牡项目获评共青团中央 2015—2016 年度全国青年文明号。

▲7 月 16 日　美国纽约时报、英国路透社、法国法新社、日本东京电视台等 16 家境外媒体组成的采访团采访轨道公司上海轨道交通 14 号线 21 标盾构施工项目。

▲8 月 11 日　哥伦比亚 OEGREEN 集团首席执行官亚历山大·鲁伊兹、副总经理法比安·内瓦斯、技术总监许霖空一行 4 人到访集团公司。

▲11 月 6 日　六公司承建的河南鹤壁鹤淇电厂“上大压小”新建工程获 2016—2017 年度中国建设工程鲁班奖。

▲11 月 10 日　一公司承建的兰新铁路第二双线张掖至红柳河段站前工程疏勒河特大桥、重庆至长沙高速公路武隆至水江段白云隧道工程均获 2016—2017 年度国家优质工程奖。

▲11 月 15 日　中国铁建首个反腐倡廉教育基地——中铁十九局集团有限公司反腐倡廉教育基地在无锡落成开馆。（方迎春）

中铁二十局集团有限公司

【简况】 拥有铁路、公路、市政公用、房屋建筑工程施工总承包特级资质,房屋建筑、水利水电工程施工总承包一级资质,公路路基、地基基础、隧道、桥梁、机场场道工程专业承包一级资质,公路交通安全设施二级资质,铁道行业甲(Ⅱ)级设计资质,市政、公路行业甲级设计资质,地质灾害防治工程施工甲级资质,建筑行业甲级设计资质,同时具有爆破作业单位一级许可证、对外承包工程资格证等各类资质126项。驻陕西省西安市未央区太华北路89号。前身系中国人民解放军铁道兵第十师;1984年1月,集体转业并入铁道部,改编为铁道部第二十工程局;1999年12月,改称为中铁第二十工程局;2002年6月,改制改称中铁二十局集团有限公司。下辖第一、二、三、四、五、六、市政工程有限公司,电气化工程公司、房地产开发有限公司、陕西物资有限公司、西安工程机械有限公司、中铁贵州有限公司、阿达驻车投资管理有限公司、物业管理有限公司、中铁建科检测有限公司、中铁建安工程设计院有限公司、市政勘察设计院、安哥拉国际有限公司、莫桑比克有限公司、巴基斯坦分公司、技工学校、咸阳基地管理处,以及东北、华北、山陕、西北、西南、华南、川渝、中原、华东、湘赣10个区域指挥部及1个海外经营管理中心和黄平县中铁建旧纸公路建设有限公司、中铁二十局集团西乡康卫建设有限公司、马鞍山郑蒲港铁路有限公司、西安中铁建阿达停车管理有限公司、甘肃公航旅陇漳高速公路管理有限公司、青海旅投文体旅游运营管理有限公司、阿达(黄山)驻车投资管理有限公司7个项目公司。主要业务包括国内工程承包、海外经营以及房地产开发、工业制造、物流贸易、铁路运输、环保生态、城市驻车、工程检测、设计咨询、教育培训。职工18032人。注册资本金31.3亿元。资产总额3644366.17万元。其中,流动资产3255917.28万元;固定资产原值691995.38万元、净值238426.79万元。机械运输设备4072台(套),原值323969.35万元、净值152527.47万元,设备总功率756060.79千瓦,动力装备率43.66千瓦/人,技术装备率8.81万元/人,机械化施工程度91%。年施工能力350亿元以上。

2017年,新签合同额1100.88亿元,其中,路内项目122.8亿元、路外项目915.98亿元、非工程板块42.1亿元、变更索赔62.1亿元。企业总产值422.7亿元,其中,铁路工程87.7亿元、公路工程112.6亿元、铁路四电4.4亿元、市政工程87.6亿元、城市轨道30.9亿元、房建工程60.5亿元、水利水电工程9.2亿元、机场工程1.6亿元、港口与航道工程0.8亿元、其他工程4.8亿元。利润总额39728.01万元,职工人均创利1.75万元,国有资产保值增值率108.31%,净资产收益率5.14%,营业利润率0.94%,资产负债率84.79%,应上缴款完成率100%。完成主要实物工程量:土石方8556.07万立方米,隧道78721.03延长米,桥梁49635.65延长米,地铁12106.49米,公路49.1千米(其中高速公路4.62千米),路面149.23万平方米。获第十四届詹天佑土木工程奖1项,第十五届詹天佑土木工程奖2项;国家授权专利98件;获中国施工企业管理协会科学技术奖5项,中国公路建设行业协会科学技术奖6项,中国铁建科学技术奖10项;1项课题被列入省重点研发计划;主持或参与国家、行业标准编制5部,出版专著7部,出版技术增刊3本。获中国铁建级以上集体和个人奖励200余项,其中获全国优秀施工企业2项,获火车头奖杯1项,全国青年文明号2项。2人获国家优质工程奖突出贡献者,1人获全国技术能手,1人获全国工程建设优秀项目经理,7人获火车头奖章,6人获陕西省劳模,2人获四川省五一劳动奖章。 (陈选强 李 涛 夏令全 赵著平 李德华 符妮娜)

【领导人员】

董事会

董事长	邓 勇
董事	陈宏伟
	赵 斌
	苗文怀
	蒋盛煌

监事会

监事会主席	卢志成
监事	李向阳
	房高琪

经理层

总经理	陈宏伟
副总经理	赵崇科
	任少强
	张文峰
	刘 峰(8月免)
	苗文怀
	蒋盛煌
	王作举
	李景超
	刘文武(6月任)
总工程师	任少强(兼)
总会计师	蒋盛煌(兼)

党群领导

党委书记	邓 勇
党委副书记	陈宏伟
	李胜义
纪委书记	卢志成
工会主席	赵 斌

(李 涛 符妮娜)

【工程项目指挥机构】 简蒲高速公路总承包指挥部

驻四川省眉山市。指挥长刘军权,党工委书记张敏。

陇漳高速公路工程指挥部　驻甘肃省定西市陇西县。指挥长王钧荣,党工委书记罗志弟。

黄蒲高速公路工程施工总承包指挥部　驻陕西省渭南市白水县。指挥长付西鹏,党工委书记曹永恒。

西安地铁14号线指挥部　驻陕西省西安市未央区。指挥长任少强,党工委书记郑润怀。

宝兰铁路8标项目部　驻甘肃省定西市通渭县。项目经理郭瑞,党工委书记曹永恒。

西成铁路客运专线XCZQ-8标项目部　驻陕西省汉中市南郑县。项目经理雷卫东,党工委书记薛建武。

成贵铁路客运专线7标项目部　驻四川省宜宾市。项目经理李景超,党工委书记陈选生。

怀邵衡铁路HSHZQ-4标项目部　驻湖南省邵阳市洞口县。项目经理高雷州,党工委书记林海。

深茂铁路JMZQ4标项目部　驻广东省开平市。项目经理邓宏法,党工委书记欧仕平。

邕宁水利枢纽项目部　驻广西壮族自治区南宁市邕宁区。项目经理宋成年,党工委书记张康锁。

蒙华铁路煤运通道MHSS-7标项目部　驻陕西省延安市。项目经理康玮,党工委书记段伟。

通辽至让湖路铁路项目部　驻黑龙江省大庆市。项目经理张利民,党工委书记田强。

重庆石柱至黔江高速项目部　驻重庆市彭水县。项目经理李福献,党工委书记张德平。

郑万铁路客运专线4标项目部　驻河南省平顶山市。项目经理苗文怀,党工委书记王高鹏。

贵州省新建地方铁路瓮安至马场坪线项目部　驻贵州省福泉市。项目经理冉斌,党工委书记张军辉。

巴基斯坦卡拉奇至拉合尔高速公路项目部　驻地巴基斯坦旁遮普省。项目经理李令选,党工委书记张俊波。

安哥拉项目经理部　驻安哥拉共和国罗安达省维也纳市卡库西区。项目经理王作举,党工委书记陈磊。

蒙古国乌兰巴托市政立交桥项目部　驻蒙古国乌兰巴托市罕乌拉区第四分区那达慕沁路东段。项目经理黄勤劳,党工委书记惠树民。

重庆铁路枢纽东环线项目经理部　驻重庆市巴南区。项目经理赵登科,党工委书记李朝贵。

阿尔及利亚卜利达5000套租售房项目经理部　驻阿尔及利亚卜利达省。项目经理、党工委书记张斌。

（陈选强　李　涛　符妮娜）

【职工队伍】　职工18032人。其中,在岗16856人、非在岗1176人。女职工4530人,干部9553人,工人7303人。硕士研究生及以上学历155人,占比0.87%;大学本科6338人,占比35.15%;大学专科4299人,占比23.84%;中专2424人,占比13.44%;高中4814人,占比26.70%。35岁及以下8208人,36~40岁2656人,40~54岁2009人,54~55岁1293人,55岁以上2514人。干部中,专业技术人员8892人。高级职称1063人,中级职称2885人,初级职称4008人。在岗工人7303人,其中取得国家职业资格证书的高级技师118人、技师551人、高级工1201人、中级工1392人、初级工415人。

（李　涛　符妮娜）

【铁路施工】　新建崇礼铁路CLSG-2标段　位于河北省张家口市。合同投资183174.2万元,合同工期2016年12月1日至2019年12月31日。全长30.02正线千米。主要工程量:路基土石方487.0万立方米,填改良土26.6万立方米,级配碎石24.4万立方米;特大桥(双线)3座10126延长米,特大桥(单线)3座2627延长米,大桥(双线)6座1764延长米,大桥(单线)6座2627延长米,梁式中桥9座817延长米,框架桥897顶平方米,涵洞25座599横延米,隧道2座3594延长米,正线铺新轨104.6千米,站线铺新轨2.72千米。

新建兰州至合作铁路站前1标段　位于甘肃省临夏市。合同投资20141万元,合同工期2014年12月10日至2017年11月15日。主要工程量:黄家岭隧道5881延长米,正线无砟道床5.881千米。

蒙西至华中地区铁路煤运通道MHSS-1标段　位于陕西省延安市。合同投资70221万元,合同工期2015年3月1日至2020年2月28日。主要工程量:隧道11668延长米,正线无砟道床23.40千米。

蒙西至华中地区铁路煤运通道MHTJ-7标段　位于陕西省延安市。合同投资261900万元,合同工期2015年8月1日至2020年8月2日。主要工程量:隧道13座31862.3延长米,桥梁11座3099.9延长米,涵洞3座186.1横延米,路基土石方43万立方米,无砟道床66.5千米。

渝怀铁路涪陵至梅江段涪秀二线铁路工程项目　位于重庆市。合同投资133665.1万元,合同工期2015年11月11日至2019年1月1日。主要工程量:路基土石方97.3万立方米,特大桥2座2379.7延长米,大桥18座4096.1延长米,中桥16座1291.8延长米,涵洞33座390.3横延米,隧道17座34175延长米。

怀邵衡铁路站前工程HSHZQ-4标段　位于湖南省怀化市。合同投资212995万元,合同工期2014年10月1日至2018年12月31日。主要工程量:隧道4座16538延长米,桥梁15座7111延长米,站场土

石方 11.8 万立方米,区间路基土石方 321.5 万立方米,正线无砟道床 26.8 千米。 (吕中英 符妮娜)

【**铁路运输**】 第一铁路运输分公司 位于陕西省榆林市。经理郭竞剑,书记王昭珠。内燃机车 23 台。职工 110 人。2017 年,完成产值 4784 万元,占年度计划的 135%。

第二铁路运输分公司 位于陕西省渭南市。经理潘旭明,书记吴培力。内燃机车 36 台。职工 111 人。2017 年,完成产值 3823 万元,占年度计划的 109%。

铁路电力运输分公司 位于陕西省榆林市。经理许青平,书记张文正。韶山 4 改型电力机车 15 台。职工 226 人。2017 年,完成产值 5592 万元,占年度计划的 115%。 (何亚娟 符妮娜)

【**路外工程**】 曲靖三宝至昆明清水高速公路 3 标段 位于云南省昆明市,全长 12.4 千米。合同投资 15 亿元,合同工期 36 个月。主要工程量:路基 11 段 3286 米,桥梁 10 座 6704 延长米,隧道 2 座 2410 延长米。

重庆梁平至黔江高速公路石柱至黔江段工程 位于四川省及重庆市,全长 43.822 千米。合同投资 44.84亿元,合同工期 3 年。主要工程量:路基 29 段 15380 米,桥梁 32 座 11634 延长米,隧道 6 座 13805 延长米,互通 4 座。

郑州市轨道交通 2 号线二期 5 标段 位于河南省郑州市。合同投资 53000 万元,合同工期 2017 年 1 月 1 日至 2019 年 9 月 30 日。主要工程量:车站 2 座 26750 平方米,盾构区间 3572 米。

呼和浩特市城市轨道交通 2 号线 6 标段 位于内蒙古自治区呼和浩特市。合同投资 52200 万元,合同工期 2016 年 8 月 1 日至 2019 年 4 月 30 日。主要工程量:车站 2 座 25412 平方米,盾构 3 区间 1988 米。

北京地铁 17 号线工程土建施工 4 合同段 位于北京市朝阳区来广营乡北苑东路。合同投资 50020 万元,合同工期 2016 年 9 月 1 日至 2020 年 12 月 20 日。主要工程量:车站 15508 平方米,盾构 2 区间 3082 米。

昆明市官渡区 14 号路(含地下综合管廊)及五甲塘分区市政道路项目 位于云南省昆明市。全长 10.23千米。合同投资 10.1 亿元,合同工期 2017 年 1 月 1 日至 2017 年 12 月 31 日。主要工程量:简支空心板桥 8 座、钢箱梁人行天桥 4 座、立交 1 座、互通式立交匝道 8 条,官渡 14 号路地下综合管廊 10.23 千米。

深圳市前海市政工程 6 标段 位于广东省深圳市。合同投资 11 亿元,合同工期 2016 年 10 月 24 日至 2020 年 12 月 31 日。主要工程量:市政道路、地下车行通道、地下人行通道、跨街公园、空中步道、供冷管网、水务工程、软基处理工程、公共绿地及公共空间工程的公共配套设施、其他市政配套工程、临时工程、管线迁改绿化迁移项目交通疏解等工程。

国道 G109 线(忠和傅家窑立交至八里湾)改扩建工程 位于甘肃省兰州市,全长 11.09 千米。合同投资 11.9 亿元,合同工期 2016 年 9 月 12 日至 2018 年 5 月 4 日。主要工程量:路基 11090 米,高架桥 9658 延长米,挖方 261.2 万立方米,涵洞 20 座。

成都地铁 5 号线一、二期工程(延续项目) 位于四川省成都市。合同投资 50000 万元,合同工期 2016 年 4 月 1 日至 2019 年 12 月 31 日。主要工程量:地下 2 层岛式车站 2 座和盾构区间 2 个,南湖立交站建筑面积 12883 平方米,高峰站建筑面积 15304 平方米;盾构区间双线分别长 622 米、1735 米。

合肥市轨道交通 3 号线土建 TJ03 标段 位于安徽省合肥市。合同投资 55090 万元,合同工期 2015 年 12 月 30 日至 2018 年 10 月 30 日。主要工程量:车站3 座 51941.94 平方米,盾构双线 1976.25 米。

佛莞城际轨道交通广州南站至望洪站段站前工程 FGZH-1 标段 位于广东省广州市。合同投资 252858 万元,合同工期 2015 年 1 月 1 日至 2019 年 5 月 30 日。主要工程量:隧道 11.03 千米,无砟道床 22.44 千米,站线双块式无砟道床 0.54 千米,地下车站 2 座 72263 平方米。

兰州市轨道 1 号线一期 TJII-11 标段 位于甘肃省兰州市。合同投资 61000 万元,合同工期 2014 年 3 月 28 日至 2016 年 10 月 1 日。主要工程量:东方红广场站及 2 号线明挖区间(1 站);区间为 2 号线省政府站至东方红广场站(1 区间)。

石家庄市轨道交通 3 号线一期工程 9 标段 位于河北省石家庄市。合同投资 30000 万元,合同工期 2016 年 1 月 1 日至 2017 年 9 月 30 日。主要工程量:车站 12626 平方米,盾构区间 1384.853 米。

南宁市邕宁水利枢纽工程 位于广西壮族自治区南宁市。合同投资 270050 万元,合同工期 2015 年 3 月 1 日至 2018 年 12 月 17 日。主要工程量:土方明挖 214 万立方米,石方明挖 128 万立方米,水下挖土石方 22 万立方米,土石方填筑 215 万立方米,混凝土 57.6 万立方米,钢筋 23166 吨,模板 29.5 万平方米,高压旋喷灌浆 2.29 万米,坝基围幕注浆 1.08 万米,基础固结灌浆 3.05 万米。

贵州省新建地方铁路瓮安至马场坪线工程 位于贵州省福泉市,线路全长 72.595 千米。合同投资 49.93亿元,合同工期2015 年10 月至2019 年4 月。主要工程量:正线 64.165 千米,改建既有沪昆右线 5.124 千米,新建姜家坪至福泉新货场联络线 1.876 千米,其

他站线3.306千米；桥梁43座13130延长米，隧道28座32490延长米；车站5座。（吕中英　符妮娜）

【境外工程】 巴基斯坦卡拉奇至拉合尔高速公路(KLM)第三段拉合尔至阿卜杜哈基工程　位于巴基斯坦旁遮普省，全长229千米。合同投资93.76亿元，合同工期2016年3月1日至2018年8月30日。主要工程量：土方5679万立方米，桥涵51座2340横延米，小型结构物573道，底基层粒料碎石199.6万立方米，基层级配碎石379.4万立方米，沥青面层144万立方米。（吕中英　符妮娜）

【经营管理】 2017年，新签合同额1100.88亿元，同比增长66.43%。其中，路内项目122.8亿元，占新签合同总额的11.2%；路外项目915.98亿元，占新签合同总额的81%；非工程板块42.1亿元，占新签合同总额的2.2%；变更索赔62.1亿元，占新签合同总额的5.6%。

企业管理。取得地基基础专业承包一级资质，公路交通安全设施二级资质。六公司取得建筑工程施工总承包特级资质及行业甲级资质，市政公司取得建筑装饰装修工程专业承包、防水防腐保温工程专业承包和建筑幕墙工程专业承包二级资质。第一、二、四、六工程公司增加注册资本金至10.1亿元，检测公司注册资本金增加至5000万元。重组合并陕西物资公司和工程机械公司，变更陕西中铁建设工程质量检测有限责任公司机构名称为中铁建科检测有限公司。压减注销中铁二十局集团长春工程有限公司、重庆中景置业公司、中铁二十局咸阳商贸有限公司、西安中铁投资开发有限公司、中铁二十局集团南通建筑市政工程有限公司和西安诚成之星宾馆，注销32家经营性分公司。调整集团公司机关办公室、工程管理部、资本运营部、财务部等职能部门科室及职责，设立海外部(海外经营管理中心)。召开股权投资清理工作专题会议，对股权投资企业情况进行全面清理。按照国家及陕西省有关“三供一业”分离移交文件精神，对所属各职工家属区供水、供电、供热(供气)、物业分阶段逐步分离移交。完成企业营业执照、组织机构代码证年检和中交国际工程有限责任公司五证合一。规范证照借用管理，确保证照使用安全，降低经营风险。加强建造师管理，及时完成建造师的注册、增项、变更及注册设计人员的转注、初始注册和延续注册等，保证经营投标工作正常进行。

经济管理。优化管理流程，重新梳理合同管理、劳务招标等工作业务流程，编制流程说明，绘制流程图。制定下发《在建项目经济运行分析制度》，整合修改验工计价管理办法。清查完工项目风险资产，编制分析报告。召开直托管项目收入分劈和经营状态审核专题会议，厘清18个直托管项目的经济责任。完成崇礼铁路、重庆东环枢纽项目、陇漳公路等重点项目成本管理及劳务分包策划。加强工程项目过程督导，组织风险项目约谈，以报表实时监控、现场督导核查、审计最终确定的方式，提出在建项目效益风险预警。完成西成客运专线、成贵铁路等收尾项目“六项锁定”督导，本格拉铁路、罗安达铁路等7个安哥拉收尾工程项目进行“三项锁定”。二次经营。修订二次经营管理办法、定期报表制度、专家督导制度、策划制度等，细化考核制度。收集有关部委造价、计量及变更索赔文件，更新有效文件。完成对崇礼铁路、重庆东环枢纽等项目二次经营策划及陇漳项目优化设计策划。总结变更案例，重视资本类项目，加强收尾项目督导。定额管理。收集各单位“营改增”模式下的劳务分包价格，组织召开2017年劳务分包信息价研讨会，发布2017年劳务分包信息价格。项目评估。完成石黔公路、巴基斯坦卡拉公路、安哥拉项目群、蒙古国乌兰巴托立交桥项目评估，下达评估指标。完成重庆东环项目、阿尔及利亚房建项目评估初稿。参与局指对各公司的投资分劈工作，对各公司编制的责任预算进行审核，对比分析效益指标，编制评估报告。资本运营。经中国铁建批复同意投资项目10个。自揽资本运营项目10个，中标项目总金额219亿元，集团公司出资18.72亿元，实现撬动比1:12；配合投资集团承揽资本运营项目3个，获得施工份额83亿元，集团公司出资2363万元。取得重庆市璧山区绿岛新区黛山大道东侧及附属地块0.193平方千米。资本运营项目承揽302亿元。劳务管理。拟定分包商信用评价制度，修订分包商管理办法，完善分包商制度体系。编制分包商准入方案，对集团在用的分包商资源进行梳理，与PM系统初步实现整合。组织“金牌”队伍评选，尝试劳务分级管理。对蒙华项目隧道工程分包模式、分包内容进行调研。合同管理。开展合同管理流程梳理，组织集团公司合同主要管理部门召开合同签订审核流程图研讨会，完善合同签订审核流程。完善细化合同违约事项登记上报与合同台账统计，制定下发《关于做好合同台账和违约事项登记上报管理工作的通知》。下发《关于开展合同管理专项检查的通知》，制定检查标准，开展合同管理专项检查。设备管理。制定《盾构设备管理办法》；编写《土压平衡盾构施工标准化手册》，规定盾构施工工作标准；印发《关于加强大型施工设备管理的通知》，落实机长制度。推广应用设备物资核算制度，持续开展企业经济数据分析。落实设备物资集采制度，探索网络采购模式，分析采购问题，科学组织设备物资集中采购。强化设备物资管理业务监督检查和盾构设备专项管理。征集整理、评审并发布设备、物资、盾构耗材合格供应商名册。按季度采集、汇总并发布设备、物资市场信息、价格信息,及租赁、采购价格,接受监督。物资管理。境内项目各类原材料及能源收入1101192.66万元,消耗1085377.95万元,期末库存38686.95万元。其中,钢材消耗960257.51吨、水泥消耗2855194.88吨、炸药消耗4965.39吨、柴油消耗66141.94吨、木材21578.69立方米。采物资总额1027423.66万元,节约采购成本23249.38万元,集采节约率2.21%,集采率93.30%。法律事务管理。召开法治工作会议,安排部署集团公司"十三五"法治建设主要任务和2017年重点工作。全面贯彻实施《"法治铁建"建设实施方案》,严格执行四项法律审核制度,强化涉外法律风险防控体制机制建设,多措并举,降控法律纠纷案件。持续推进以总法律顾问为核心的体制建设,加强法治工作队伍建设。审核企业重要决策189项、规章制度196个、经济合同8589份、授权委托书371份,四项法律审核率100%。信息化管理。调整网络安全和信息化领导小组,起草《集团公司信息化"十三五"发展规划》,升级集团OA系统、视频会议系统,进一步优化完善PM系统,完成网站数据库升级,和PM系统营改增版本、现场设备仪器及配件管理系统、项目上场交底系统等11类系统及平台的开发上线。社会责任管理。投入20万元对陕西省宁陕县广货街镇五台村进行帮扶,发展特色产业,开展技能培训和品种改良。投入10万元为青海省甘德县农副产品资源输出搭建电子商务平台,提高贫困户收入。投入40万元发展甘德县饲草基地,饲草基地由2016年0.87平方千米扩大到1.53平方千米。被中国铁建评为扶贫优秀单位。社会保险。参加养老保险缴费19024人,缴纳养老保险金29893万元;参加职工医疗保险18049人,缴纳基本医疗保险费9777万元;参加生育保险17837人,缴纳生育保险费307万元;参加失业保险17798人,缴纳失业保险费993万元;参加工伤保险17837人,缴纳工伤保险费875万元;计提职工住房公积金11356万元;参加补充医疗保险18049人,计提补充医疗保险费2352万元;报销补充医疗费2603人,报销补充医疗费569万元;对1998年提前退休纠偏的527人补差额费用252.14万元。印发《中铁二十局集团有限公司企业年金方案实施细则》。

安全质量。签订《2017年安全生产包保责任状》,开展以"全面落实企业安全生产主体责任"为主题的"安全生产月"活动和以"提高质量效益,推进转型升级"为主题的全国"质量月"活动。策划、编发年度安全标准化自评方案,对集团公司机关及银百高速、海启高速、石黔高速3个公路项目,南宁邕宁水利枢纽、奎屯输水管、拦马山水电站、杨凌河道整治4个水利项目自评检查。召开安全生产工作视频会议、安全生产专题视频会议,三季度安全生产工作会议与应急管理专题会议等,安排部署安全生产工作。组织水利、建筑、公路行业三类人员新取证、延期考试18期,参加考试1500余人次,在建项目现场专职安全管理三类人员持证率100%。全年获国家优质工程1项、省部级优质工程9项和国家级优秀质量管理小组(班组)6项、省部级优秀质量管理小组(班组)70项。其中,苏州市中环快速路高新区段(312国道—玉山路南)工程获国家优质工程奖,市政公司石化产业园安置房项目部墙体混凝土QC小组等获全国优秀质量管理小组。

财务审计。财务管理。制定税务管理办法、增值税发票传递流程规范、项目增值税销项发票业务办理流程规范等系列管理办法、实施细则及业务指南,修订《财务共享服务平台业务指导书》,制定《债务风险管控方案》。进一步细化预算指标、强化管控措施、丰富分析预警方式,全面提升预算管理水平。持续加强资金集中管理,归集资金19.8亿元,资金上存度创历史新高。全集团有息负债较2016年末减少6.3亿元,降幅7.36%,完成中国铁建有息负债控制目标。以"营改增"为契机,在工程公司设立税务部门,在工程项目设立财税部,加强税务工作组织保障。推广资金结算系统,2017年底,所属9个工程公司全部上线,核算单位上线率100%,归集资金9.01亿元,实现法人资金资源全面整合。申办产权登记企业20户,清收清欠考核完成值411.59亿元。审计监督。开展经济责任审计12项,对6个投融资项目进行风险管理及效益专项审计。配合国家审计署兰州特派办对集团公司开展后续现场审计,配合中国铁建对集团公司董事长雷升祥进行离任经济责任审计,对资本运营项目现场进行审计调查。积极参与外部审计,先后参与京津冀、成都、西安等特派办对其他央企的审计工作,配合审计监事局对十五局、十八局、十九局等单位的经济责任审计以及中国铁建组织的资本运营项目专项审计工作。开展各类审计27项,占年初计划的108%,投入审计工天2146天,提出审计报告26份,提出审计建议156条,采纳156条。开展各类审计174项,占中国铁建下达年度计划的113%;投入审计工天4460天,提出审计报告173份,提出审计建议971条,采纳955条。

(赵著平　陈选强　宁艳丽　李德华　陈国新　刘彦慧　苏　燕　李志林　曹志峰　杨添奥　夏令全　何　雁　符妮娜)

【科技教育】 科技工作。建立技术创新工作室运行机制，下发《集团公司技术创新工作室管理办法》。推进技术中心实体化建设，制定下发《科研经费管理办法》《技术创新工作室管理办法》《专家业务管理细则》，修订科技奖励、成果、工法、专利等管理制度。召开中铁二十局科技创新大会，怀邵衡项目《高压富水富砂断裂密集破碎带断层隧道修建关键技术研究》课题被湖南省科技厅列入2017年度湖南省重点研发计划，获经费资助20万元。科技成果评审(鉴定)14项；获第14届詹天佑土木工程奖1项，第15届詹天佑土木工程奖2项；获中国施工企业管理协会科学技术奖5项，中国公路建设行业协会科学技术奖6项，中国公路学会科学技术奖1项，中国铁建科学技术奖10项；获省级工法13项，中国公路学会工法1项，中国铁建优秀工法7项；授权专利98件(其中发明专利12件、实用新型专利86件)，获中国铁建优秀发明专利奖2项；获中国铁建优秀论文7篇，组织撰写出版专著7部，出版技术增刊3本，在全国各类省部级以上期刊上发表论文344篇。参编行业标准1部，铁路总公司企业标准3部，陕西省地方标准1部。享受创新优惠政策，为企业减税6759万元。

教育培训。完善项目经理部员工培训体系，形成多元化抓培训、全员受培训的新局面。通过企业内部培训、校企联合培训、外送培训、工地集中培训、现场教学、技术讲座、技术交流等多种培训形式，举办企业领导干部培训、质量、安全、环境标准化管理、节能环保、实验室负责人、高级财务管理、社会保险、风险内控、造价员专业培训、盾构标准化现场培训等38期培训班，4919人次接受培训；参加中国铁建局级领导干部培训17人次、处级领导干部培训18人次。所属各单位通过多种形式培训员工6150人次，培训外部劳务30000余人次。组织施工企业关键管理岗位取证培训7期，562人接受培训并取得资格证书。根据中国铁建设立铁建大学的安排，充分利用集团公司培训中心(技工学校、党校、技能考核鉴定站)的培训基地资源，起草筹建企业大学的设想，同时积极与时代光华等网络运营商起草集团公司ELN线上学习平台初步建议方案。国务院国资委职业经理研究中心在集团公司设立企业自主创新人才孵化示范基地陕西示范基地和职业经理人才大数据分中心中铁二十局分中心。

(仲维玲　郭志宏　符妮娜)

【党的工作】　基层党组织480个，其中，党委25个、党工委25个、党支部430个。党员8251人。党的建设。召开党委常委(扩大)会议18次，对26项党建工作和基层党组织建设、51项领导干部管理、56项企业生产经营重大问题提出意见建议或决策。召开2016年度党员领导干部民主生活会和党组织书记抓党建工作述职评议会。强化落实"四同步四对接"制度，对67个新上场项目设立党组织，配齐党组织书记；一至六工程公司实现组织部、宣传部分设，其他公司健全党委工作部门。举办2期基层党支部书记集中培训班，培训基层党组织书记417人。积极履行央企社会责任，完成青海省果洛州甘德县驻村扶贫任务。与所属46个单位签订保密工作责任书，从措施上确保国家秘密及企业商业秘密的安全。中铁二十局被陕西省保密局评为《保密工作》通联先进单位。慰问生活困难党员和老党员158人。党风建设和反腐倡廉工作。"五个常态化"教育常抓不懈，开展"每月一课"廉洁教育3030场次，受教育6.2万人次；各级中层以上领导人员签订廉洁从业承诺书1132份；逐级签订《党风建设责任书》411份；对116名处级干部进行任前廉洁谈话；在重要节日和传统节日下发各类检查通知36次，发送廉洁短信90余条。对安哥拉公司、安哥拉项目、莫桑比克公司和14家国内子公司进行巡察，实现巡察全覆盖，增强党内监督的严肃性。全年受理线索307件(暂存待查8件)，初核299件，了结246件，立案53件，结案53件，挽回经济损失642.04万元，党纪政纪处分126人次(含双重处分9人)。思想政治教育。制定《关于推进"两学一做"学习教育常态化制度化的实施方案》，推进"两学一做"学习教育常态化、制度化。开展党委理论学习中心组学习，宣传贯彻党的十九大精神，学习中国铁建"三会"精神，以《中铁二十局党委意识形态工作责任制实施细则》为统领，持续加强意识形态工作。党建政研工作。立项2017—2018年度政研课题33个，开展"项目经理思想状况问卷调查"和"大学生流失状况调查"，承办中央企业党建政研会第十五课题组研讨会。精神文明创建。制定《精神文明建设"十三五"规划》，调整中铁二十局文明委成员。举办精神文明建设讲座72场次，开展各类文明创建活动200余次。企业文化和宣传工作。编印《军歌·军魂》，展示企业辉煌历程。应邀参加陕西省企业文化建设现场推进会。协助中央电视台《中国相册》栏目组，拍摄反映铁十师为酒泉卫星发射基地修建清绿支线建设情况。持续开展铁道兵精神教育，清明节前夕，赴甘肃酒泉东风烈士陵园、青海天峻烈士陵园祭奠铁十师烈士，并为守护铁十师烈士陵墓40年的王晋桓老人捐款。修订《新闻报道管理办法》，30多次被中央电视台报道，6次登上央视《新闻联播》，省部级媒体刊稿2000余篇，集团公司微信公众号关注人数2.7万人。排版、编辑《开路先锋》报40期，编辑校对文字160余万字。

(苏　燕　贾　杰　赵飞鹏　符妮娜)

【工会工作】 强化工会组织建设,成立莫桑比克公司工会委员会,成立海外经营管理中心、财务共享中心、10个区域指挥部、5个直管项目(指挥)部工会工作委员会。召开中铁二十局四届四次职工代表大会暨工会三届四次会员代表大会,审议通过并签订《2017—2018年集体合同》。以"建家就是建企业、建家就是建队伍"指导思想,加强对职工生活线、文化线、卫生线指导。广泛开展"追赶超越"主题劳动竞赛活动,制定年度劳动竞赛方案,对竞赛内容、赛组划分进行调整;制定长期劳动竞赛规划《中铁二十局工会"十三五"劳动竞赛规划》;抓好重点项目劳动竞赛,促进生产任务完成;各工程公司和项目积极开展形式多样的阶段性劳动竞赛、突击性劳动竞赛活动。大力创建劳模创新工作室,充分发挥劳模引领示范作用。开展职工技能大赛,提升技术工人整体素质。制定下发《关于2017年开展"安康杯"竞赛暨落实"一法三卡"工作法》,组织职工开展答题竞赛、安全承诺签名、安全质量大检查、安全生产月等活动,全面提高广大职工安全生产意识自我防护能力,加强职工劳动保护。持续开展夏送清凉、冬送温暖活动,对困难职工实施帮扶救助。各级工会走访慰问职工14045人次,为职工进行健康检查8356人次,200余个单位(项目)开展"送清凉保安全"活动。筹集"送温暖"资金659.98万元,慰问困难职工总数870户,慰问其他人员8430人。帮扶困难职工及遗属2796户,资助大病患者256人。开展"金秋助学"活动,帮扶困难职工子女218人,资助68.2万元;为4名困难职工家庭学生申请大学生入学补助金。接待处理职工群众来信来访,本级工会年内接待职工来信来访12人次,解决11人次。培育优秀企业文化,参加、举办丰富多样的体育活动,活跃职工体育生活,继续开展"送文化下基层活动""送讲座下基层"活动,踊跃参加上级工会开展的征文、摄影、书画等系列文化活动,职工文体生活日益丰富。各级工会组织开展企务公开职代会星级创建活动,健全民主参与、民主管理、民主监督机制,完善职代会、企务公开工作制度和组织制度,充分发挥两级职代会作用,落实广大职工的知情权、表达权、参与权和监督权。2017年集体合同履约率95%以上;职工对工会工作满意度95.1%。获火车头奖杯1个、火车头奖章7人;陕西省先进集体1个;陕西省工人先锋号2个、甘肃省工人先锋号1个;陕西省劳动竞赛先进集体2个、陕西省劳动竞赛优胜单位1个;陕西省劳动竞赛先进班组1个。3人获陕西省劳动模范、1人获陕西省"建设工匠"、2人获工人先锋号奖章,1人获陕西省劳动竞赛先进个人,6人获陕西省重点工程建设劳动竞赛先进个人、3人获得陕西省劳动竞赛标兵。另获中国铁建重点工程劳动竞赛先进单位1个、共建共享优胜单位1个、优秀组织者2人。

(吴志强　符妮娜)

【共青团工作】 下设16个基层团委,39个团工委,1个团总支,302个团支部,其中8个直属团工委、3个直属团支部。团员3054人。加强干部队伍建设,开展海外项目共青团工作调研,持续开展"团课下基层""四大工程""青年突击队"授旗、"一号多岗"青年实践活动等。选派优秀团干部参加中国铁建团委二届四次全委扩大会暨团干部培训班和陕西省青年文明号负责人培训班。指导所属单位及时健全组织,先后批复成立中铁贵州工程公司团委、阿达驻车公司团委、石黔公路团工委、蒙华铁路团工委等,指导四公司、六公司召开团代会,建立健全各级团组织。推动青年属地化对接工作,市政公司融入兰州,2名青年当选兰州市青联委员。组织4名优秀青年参加团中央和湖南卫视联合制作的《天天向上》"全国青年文明号"专题栏目,展示集团海外青年风采,宣传企业形象。开展学习贯彻党的十九大精神活动,举办集团公司"不忘初心、牢记使命"主题演讲比赛。开展集团公司"五四表彰""一学一做"暨"双抄双做"推进会,为获得全国、省市等荣誉的先进集体和个人颁奖;启动"一学一做"实践活动,组织开展"春来二十局"古诗抄诵比赛。加强选树先进、推优表彰工作,开展"团组织就在我身边"关爱活动,帮扶困难团员,资助5名困难职工子女上大学。开展"1+100"团干部集中服务青年月活动,通过分享最美青春故事、真情助困送温暖活动、联谊和文化活动等多种形式,各级团干部直接联系、服务、引导青年工作,提升青年在组织中的归属感和获得感。2017年,集团公司2个集体获评全国青年文明号,1个集体获评陕西省青年文明号,1个集体获评陕西省青年安全生产示范岗;1名技校中职生获评全国最美中职生,4人获评省级青年岗位能手,1人获评陕西省最美青工;其他省级荣誉5个。1人获评中国铁建十大杰出青年,1人获评中国铁建十佳青年技术能手。集团公司团委评选五四红旗团委3个、五四红旗团支部16个、青年文明号15个,优秀团干部6人、优秀团员20人、优秀青年岗位能手15人。

(于天蛟　符妮娜)

【第一工程有限公司】 拥有公路工程施工总承包一级,市政公用工程施工总承包一级(限城市道路与桥梁工程的施工总承包),建筑工程施工总承包一级,铁路工程施工总承包二级,桥梁工程专业承包一级,隧道工程专业承包一级,公路路面工程专业承包一级,公路路基工程专业承包一级,地基基础工程专业承包一级,建筑装修装饰专业承包二级,航道工程专业承包三级,预拌商品混凝土专业承包资质，主要承担铁路、公路、城市地铁及轻轨高架、水电、机场、码头、市政与工业民用建筑、装饰、设备安装等项目的综合施工。前身系中国人民解放军铁道兵第十师第四十六团；1984 年，集体转业，并入铁道部，改编为铁道部第二十工程局第一工程处；2002 年 7 月，企业改制，改称第一工程有限公司。驻江苏省苏州市大同路 10 号。董事长、党委书记严进喜，总经理、党委副书记李战荣。公司下设 18 个专业工程队，架子队 11 个。职工 2955 人。资产总额 397132 万元。其中，固定资产原值 78732 万元、净值 24642 万元；流动资产 368831 万元。机械运输设备 332 台(套)，原值 26620.6 万元、净值 7876.9 万元。总功率 48640.5 千瓦，技术装备率 2.95 元/人，动力装备率 16.14 千瓦/人，成新率 33%，完好率 95%，利用率 85%。年施工能力 50 亿元以上。

2017 年，新签合同额 118.57 亿元，企业总产值 40.586 亿元，实现利润 429 万元。全员劳动生产率 76.74 万元/人年，职工年人均收入 52284 元。国有资产保值增值率 95.5%，资产负债率 87.71%，产值利润率 0.11%，净资产收益率 0.78%。

（王　婷　符妮娜）

【第二工程有限公司】　拥有公路工程施工总承包特级，铁路工程施工总承包一级，市政公用工程施工总承包一级，矿山工程施总承包一级，建筑工程施工总承包二级，水利水电工程施工总承包三级，隧道工程专业承包一级，桥梁工程专业承包一级，公路路基工程专业承包一级，公路路面工程专业承包一级，地基基础工程专业承包一级，境外铁路、公路综合土木工程建筑施工总承包资质，涉及铁路、公路、市政、水利、城市管廊、机场场道等行业。前身系始建 1954 年 8 月中国人民解放军铁道兵第十师四十七团；1984 年 1 月，集体转业，编为铁道部第二十工程局第二工程处；1990 年，改制为企业，更名为中铁第二十工程局第二工程处；2002 年，企业改制，更名为中铁二十局集团第二工程有限公司；2007 年 5 月，公司改制为中铁交通国际工程技术有限公司；2008 年 7 月，公司恢复组建为中铁二十局集团第二工程有限公司。驻北京市海淀区西四环北路 158 号慧科大厦东区 12 层。董事长、党委书记刘文武(7 月免)、张建升(7 月任)，总经理张建升(12 月免)、陈耀华(12 月任)。下辖设备租赁维修中心，西安铁建大厦酒店、渭南铁建商务酒店，工程指挥部 3 个，路面公司 1 个，无砟轨道公司 1 个，正式建制队 16 个。职工 2404 人。资产总额 50.66 亿元。机械运输设备 631 台(套)，原值 44490.37 万元、净值 23842.62 万元，成新率 55.32%、完好率 90.5%、利用率 84 %，总功率 101356 千瓦，技术装备率 8.35 万元/人，动力装备率 37.46 千瓦/人。年施工能力 60 亿元以上。

2017 年，新签合同额 115.09 亿元。全员劳动生产率 299.82 万元/人年，职工年人均收入 62098 元。

（马宏远　符妮娜）

【第三工程有限公司】　拥有市政公用工程施工总承包一级，公路工程施工总承包二级、桥梁工程专业承包二级、隧道工程专业承包二级、建筑工程施工总承包三级、古建筑工程专业承包三级、地基与基础工程专业承包三级资质。主要承担公路、铁路、市政、水利水电、工业与民用建筑、城市轻轨、地铁、预拌商品混凝土及构件预制、设备安装等工程施工。2006 年 2 月成立，下属单位房地产开发总公司、北京工程公司、西安工程公司；2006 年 9 月，3 个公司合并，成立中铁二十局集团有限公司第三工程有限公司；2007 年 5 月，川渝分公司并入，房地产开发公司划归中铁二十局管理。驻重庆市南岸区黄桷垭镇崇文路 28 号附 7 号。董事长、总经理任霄，党委书记王宏伟。职工 1475 人。资产总额 238777 万元。其中，固定资产原值 44957 万元、净值 21997 万元；流动资产 216636 万元。机械运输设备 401 台(套)，原值 36690 万元、净值 19006 万元，总功率 52111 千瓦，技术装备率 12.89 万元/人，动力装备率 35.33 千瓦/人，成新率 51.8%，资产增长率 33%，设备资产利润率 7%，完好率 92%，利用率 85%。年施工能力 35 亿元以上。

2017 年，新签合同额 127.52 亿元。完成企业总产值 28.07 亿元，实现利润总额 4973 万元。全员劳动生产率 190.24 万元/人年，职工年人均收入 6.47 万元。

（廖宏伟　符妮娜）

【第四工程有限公司】　拥有铁路、公路、市政工程施工总承包一级资质和桥梁、隧道、公路路基、铁路铺轨架梁专业承包一级资质，独立对外承包工程经营资格。经营领域涉及工程建设、铁路运输、矿山开采、资本运作等。前身系中国人民解放军铁道兵第十师四十九团；1984 年 1 月，整建制改编并入铁道部，更名为铁道部第二十工程局第四工程处；2002 年 6 月，建立现代企业制度，更名为中铁二十局集团第四工程有限公司。驻山东省青岛市崂山区东海东路 89 号。董事长、党委书记樊立跃(7 月免)、秦浩贤(7 月日任)，总经理秦浩贤(7 月免)、张林(7 月任)。下辖 34 个专业工程队，3 个铁路运输分公司，2 个后方基地和青岛物业公司。职工 3866 人。资产总额 428805.39 万元。其中，固定资产原值 140058.47 万元、净值 26839.14 万元；流动资产 398622.32 万元。机械运输设备 694 台(套)，原值58483.42万元、净值15881.99万元,总功率249659千瓦,技术装备率4.11万元/人,动力装备率64.58千瓦/人,成新率27.16%,完好率95%,利用率73%。年施工能力50亿元以上。

2017年,承揽工程42项,新签合同额160.94亿元,完成企业总产值49.06亿元,实现利润6598万元,人均创效1.99万元。全员劳动生产率128.87万元/人年、职工年人均收入8.61万元。

(何亚娟　符妮娜)

【第五工程有限公司】 拥有市政公用工程施工总承包一级、建筑工程施工总承包三级、公路路基工程专业承包一级、桥梁工程专业承包二级、隧道工程专业承包二级5项资质。以城市轨道交通施工为发展主业,同时承担房建、市政、铁路、公路、水利水电综合施工,酒店经营等。2008年7月25日,以原中铁二十局第二工程有限公司昆明基地为基础,合并重组中铁二十局原海外工程公司、原西北工程公司,将二公司更名为中铁二十局集团第五工程有限公司;2009年2月,中铁二十局电气化公司土建项目及人员整体划归五公司。驻云南省昆明市官渡区国贸路星河明居。董事长张云飞,党委书记郑润怀(7月免)、张云飞(7月任),总经理张云飞(7月免)、高永吉(8月任)。下辖3个专业公司,17个工程队。职工1446人。资产总额301404.97万元。其中,固定资产原值77087.94万元、净值35172.22万元;流动资产262816.99万元。机械运输设备427台(套),原值66238.40万元、净值36692.97万元,总功率67109千瓦,技术装备率25.71万元/人,动力装备率47.03千瓦/人,成新率55.4%,完好率74.24%,利用率92.43%。年施工能力30亿元以上。

2017年,承揽工程18项,合同总额71.5亿元。完成企业总产值35.41亿元,实现利润7742.3万元。全员劳动生产率212万元/人年。职工年人均收入8.85万元。国有资产保值增值率126.8%,资产负债率89.57%,产值利润率2.4%,净资产收益率20.08%。

(汪军利　符妮娜)

【第六工程有限公司】 拥有建筑工程施工总承包特级,工程设计建筑行业甲级,公路工程、市政公用工程施工总承包一级,铁路工程施工总承包二级,装修装饰、桥梁、隧道、钢结构工程专业承包一级资质。前身系中国人民解放军铁道兵第十师青藏线新建铁路管理科;1984年1月,集体转业,先后改称铁道部第二十工程局新建铁路运输处、建筑公司、建筑工程处;2000年12月,改称为中铁第二十工程局第六工程处;2002年7月,改制为第六工程有限公司。驻陕西省西安市未央区广安路3619号。董事长、党委书记周海军,总经理李瑛。职工2526人。资产总额40.4亿元。其中,固定资产原值7.23亿元、净值2.04亿元;流动资产42.31亿元;负债总额39.66亿元;资产负债率89.32%。机械运输设备617台(套),原值3.01亿元、净值1.03亿元,动力设备总功率72603千瓦,技术装备率4.07万元/人,动力装备率28.74千瓦/人,综合成新率33.27%,完好率90.73%,利用率92.05%。企业年施工能力50亿元以上。

2017年,新签合同额108.6亿元,完成企业总产值45.72亿元,实现利润总额1.83亿元。人均创利0.99万元,全员劳动生产率43.78万元/人年,职工年人均收入46465元。国有资产保值增值率102.47%,净资产收益率0.74%,产值利润率0.43%,投资回报率4.86%,应上缴款完成率100%。

(白延辉　符妮娜)

【市政工程有限公司】 拥有水利水电、市政公用、建筑工程施工总承包一级,地基与基础、建筑装修装饰、防水防腐保温工程专业承包一级,钢结构、建筑幕墙工程专业承包二级,石油化工、公路工程施工总承包三级,公路路面、公路路基、桥梁、隧道工程专业承包三级,特种工程专业承包(不分等级)等15项资质。前身系铁道兵第十师兰州工作组;2012年12月,由兰州商贸公司和原路桥分公司合并组建成立中铁二十局集团第七工程有限公司;2015年10月,更名为中铁二十局集团市政工程有限公司。驻甘肃省兰州市城关区北龙口永新化工园区。董事长、党委书记陈向鸿,总经理秦文。职工579人。资产总额26.43亿元。其中,固定资产原值1.69亿元、净值0.92万元;流动资产25.48亿元;其他资产9514.3万元。机械运输设备117台(套),原值6846.5万元、净值4167.5万元,总功率20207.1千瓦,人均动力装备率34.9千瓦,人均技术装备率7.19万元,成新率60.8%,完好率91.6%,利用率80%。年施工能力30亿元以上。

2017年,承揽工程39项,新签合同额84.67亿元,完成企业总产值29.448亿元,实现利润18101.93万元,人均创利31万元。全员劳动生产率462万元/人年,职工年人均收入135700元。国有资产保值增值率132.6%,资产负债率79%,净资产收益率8.2%,产值利润率6.8%,应上缴款完成率100%。

(丁　鑫　符妮娜)

【中铁贵州工程有限公司】 拥有市政公用工程施工总承包一级,建筑工程、公路工程、水利水电工程施工总承包二级，建筑装修装饰、地基基础、环保工程专业承包一级，隧道、桥梁、钢结构、公路路基、公路路面、河湖整治工程专业承包二级资质。2015 年 10 月 23 日注册成立；10 月 16 日，中铁二十局将中铁建环保产业开发有限公司所有人员、资产及工程项目统一划入中铁贵州工程有限公司；11 月 4 日公司正式挂牌运行，注册资本金 20 亿元。驻贵州省贵安新区高端装备制造产业园南部园区黔中大道沙坝路。董事长、法定代表人彭丁辉(7 月任)，党委书记高永吉(7 月免)、彭丁辉(7 月任)。总经理彭丁辉(7 月免)、陈深林(10 月任)。职工 295 人。资产总额 141481 万元。其中，固定资产原值 2692 万元、净值 1669 万元；流动资产 131259 万元。机械运输设备 54 台(套)，原值 2060.21 万元、净值 1255.36 万元。总功率 8315 千瓦，技术装备率 41400 元/人，动力装备率 27.44 千瓦/人，成新率 60.93%，完好率 90%，利用率 95%。

2017 年，新签合同额 14.18 亿元，完成企业总产值 15.97 亿元，实现利润 3875 万元。全员劳动生产率 532.33 万元/人年，职工年人均收入 83554.92 元。国有资产保值增值率 119%，资产负债率 90.2%，产值利润率 2.8%，净资产收益率 23.8%。

(顾 朦 符妮娜)

【电气化工程有限公司】 拥有机电工程施工总承包一级、铁路电务工程专业承包一级、铁路电气化工程专业承包一级、输变电工程专业承包一级、建筑机电安装工程专业承包一级、电子与智能化工程专业承包一级、通信工程施工总承包三级、电力设施许可证承装(修)一级、承试二级资质。前身系中国人民解放军铁道兵第十师警备五旅司令部通信科；1984 年 1 月，集体转业，改编为铁道部中铁二十局通信处；随后相继更名电务处、电务工程处；2002 年 6 月，电务工程处改制为中铁二十局集团电务工程有限公司；2006 年 2 月，电务工程有限公司和路桥工程公司重组合并，成立第五工程有限公司，同时保留电务工程有限公司机构，第五工程有限公司和电务工程有限公司为一个机构两块牌子；2007 年 10 月，第五工程有限公司和电务工程有限公司重组整合，成立中铁二十局集团电气化工程有限公司。驻陕西省西安市高新区新型工业园企业壹号公园 6 号。董事长、总经理王志义，党委书记李鲁杰。职工 624 人。资产总额 114809 万元。其中，固定资产原值 7132 万元、净值 2155 万元；流动资产 112558 万元。机械运输设备 58 台(套)，原值 2711.08 万元、净值 485.46 万元。技术装备率 0.78 万元/人，动力装备率 11.95 千瓦/人，设备成新率 17.91%，设备完好率 100%，设备利用率 100%。新增固定资产 92 万元。年施工能力 10 亿元以上。

2017 年，承揽 134599 万元，完成企业总产值 92256 万元，实现利润 7281 万元。职工年人均收入 80217 元，全员劳动生产率 147.85 万元/人年，国有资产保值增值率 100.71%，资产负债率 56.63%，产值利润率 7.65%，净资产收益率 12.96%。

(田 华 符妮娜)

【房地产开发有限公司】 拥有房地产开发二级、物业管理二级资质。2002 年 1 月注册成立；2006 年 2 月，与上海兴甬建筑市政工程公司、北京工程公司、西安工程公司合并组建第三工程有限公司；2007 年 5 月，从第三工程有限公司划出，成为中铁二十局全资子公司。驻重庆市南岸区同景路 8 号 22 幢 7-1。董事长、党委书记简军，总经理董增强。职工 136 人。资产总额 36.28 亿元。其中，固定资产原值 2027 万元、净值 1347 万元；流动资产 36.06 亿元。

2017 年，职工年人均收入 62271 元。国有资产保值增值率 78.02%，资产负债率 94%，产值利润率 15.33%，净资产收益率 19.08%。(高建华 符妮娜)

【西安工程机械有限公司】 拥有 ISO9001 质量认证证书，起重机械(铺轨机)制造许可证(B 级)，起重机械(铺轨机)安装改造维修许可证(B 级)，管道专业承包二级资质，压力容器 D1、D2 级制造许可，LH 型 50 吨及以下桥式起重机制造许可，桥式起重机 B 级安装改造维修许可(含铺轨机)，机械式停车设备 A 级制造许可，机械式停车设备安装、改造、维修许可证，Ⅲa 型、Ⅲc 型、Ⅲqa 型、Ⅲqc 型轨枕生产许可证，通用门式起重机制造许可证，通用门式起重机安装改造维修许可证，石油化工三级资质、陕西省建筑起重设备产品推荐证书，钢结构工程专业承包二级资质证书。前身系铁道兵第十师修理营；1987 年 12 月，改称为铁道部第二十工程局机械厂；1999 年 12 月，改称为中铁第二十工程局工程机械厂；2007 年 12 月，企业改制改称西安工程机械有限公司；2017 年 12 月，公司与陕西物资有限公司合并重组为中铁长安重工有限公司。专业从事压实机械的研制、开发、生产，从事大型非标钢结构件加工安装施工、桥隧机械及铁路施工机械设备研发制造等。驻陕西省西安市辛家庙广安路 3619 号。董事长王必强，党委书记何学义，总经理马为川。职工 496 人。资产总额 68637 万元。其中，固定资产原值 49849 万元、净值 26275 万元；流动资产 32224 万元。设备总功率 5772 千瓦，人均动力装备率 11.71 千瓦，人均技术装备率 3.77 万元，设备完好率 98%，设备综合利用率 13.46%。

2017 年,完成营业收入 19397 万元。

(唐　昕　符妮娜)

【陕西物资有限公司】 主要从事机械设备及配件、五金产品、电子产品、金属材料(专控除外)、建筑材料、装饰材料、电信器材、测量仪器等的销售及网上销售,以及仓储、装卸、普通货物运输、机械加工及修理、铁路运输业务代理等业务,是一家专业性的国际国内物流企业,通过 ISO9001 - 2008 国际质量管理体系认证。前身系铁十师后勤部仓库;1984 年 1 月,改称铁二十局材料总厂;1993 年 2 月,局物资处与材料总厂合并成立铁道部第二十工程局物资总公司;2002 年,企业改制更名为中铁二十局集团陕西物资有限公司(以下简称物资公司);2011 年 10 月,物资公司和海外工程保障中心合并为陕西物资有限公司;2017 年 12 月,公司与西安工程机械有限公司合并重组为中铁长安重工有限公司。驻陕西省西安市华清东路 125 号。董事长、党委书记吴雪松,总经理、党委副书记马永强。职工 268 人。资产总额 57998 万元。其中,固定资产原值 2377 万元、净值 1140 万元。

2017 年,营业收入 4.78 亿元,实现利润总额 641 万元。

(闫　新　符妮娜)

【阿达驻车投资建设管理有限公司】 2014 年 10 月成立。主营停车场规划设计,城市智能化停车系统的新建、扩建、改造开发,停车管理服务,物业管理,汽车销售,汽车用品批发零售,广告策划、制作、代理发布,机械式停车设备的销售与安装,拖车服务等。驻天津自贸试验区(空港经济区)东三道瑞航广场 21 号楼 5 层。董事长邓建涛,党委书记庞博,总经理朱昌锋。职工 151 人。资产总额 6351.9 万元。其中,流动资产 1967.75 万元;固定资产 4384.15 万元;负债总额 3443.91 万元;所有者权益 2907.99 万元。

2017 年,实现收入 1601.21 万元,其中营业收入 1575.4 万元。

(孙智慧　符妮娜)

【中铁建科检测有限公司】 拥有计量认证资质认定证书,通过 ISO9000 体系认证,爆破工程一级资质。测量测绘乙级资质,交通运输部公路工程综合乙级,建设部土建原材见证取样,市政原材见证取样,地基基础专项检测资质,主体结构专项检测资质。具备铁路、公路及建筑行业原材料、成品及半成品的检测试验、精密控制网建网、变形测量、无砟轨道测量、隧道地质超前预报及桥梁隧道无损检测能力。经营范围:建设工程原材料、建设工程质量检测,试验检测咨询,建设工程附加材料经营,工程测量,地质勘探,器材设备租赁,混凝土外加剂生产、销售。前身系中国人民解放军铁道兵十师试验室;2002 年,改制为中铁二十局计量测试中心;2008 年 4 月,注册为陕西中铁建设工程质量检测有限责任公司;2017 年 7 月,更名为中铁建科检测有限公司。职工 36 人。固定资产 6000 万元。机械运输设备 870 台(套)。

2017 年,完成产值 2045.1 万元,实现利润221.23 万元。人均创利 5.98 万元,全员劳动生产率 48.42 元/人年,职工年人均收入 8.57 万元。国有资产保值增值率 114.86%;资产负债率 64.59%,产值利润率 10.82%,净资产收益率 18.23%,应上缴款完成率 110.20%。

(彭志超　符妮娜)

【中铁建安工程设计院有限公司】 拥有建筑行业(建筑工程)甲级资质,市政行业(桥梁工程)甲级资质,岩土工程勘察甲级资质,咨询丙级资质。设规划、总图、建筑、结构、给排水、暖通空调、动力、电气和自动控制、技术经济和概预算、装饰设计等专业。可承担各类大、中型工业与民用建筑设计、铁路、市政、桥梁等设计、装饰装修设计、规划设计和传统建筑研究、建筑经济咨询、工程建设可行性研究等业务。成立于 1978 年,前身为石家庄铁道学院建筑设计院; 2013 年 1 月,由中铁二十局集团有限公司控股与石家庄铁道大学联合重组。驻河北省石家庄市北二环东路 17 号。总经理、党支部书记张永鸿。职工 200 人。

2017 年,承揽 5059 万元,收入 2513 万元,利润 271 万元。

(冯　扬　符妮娜)

【海外经营管理中心】 2017 年 1 月,集团公司撤销海外工程指挥部和非洲工程指挥部,成立海外经营管理中心,与海外部实行一个机构,两块牌子,正处职单位,负责外事外经管理、海外经营开发、在建项目监管等工作。海外中心设 7 个职能部门和 4 个境外区域事业部(东非、西非、亚大、欧亚)。境外区域事业部下设巴基斯坦、泰国、塞拉利昂、乌干达、塔吉克斯坦等 9 个办事处。总经理宋荣军,党工委书记秦虎利。

2017 年,新签合同额 18.18 亿元,完成产值 15.98 亿美元。

(张依仙　符妮娜)

【安哥拉国际有限公司】 拥有土木、公共工程承包、工程设计级资质,进出口许可证、劳务贸易许可证、商贸许可证、申请资产投资许可证。成立于 2013 年 1 月,注册地址安哥拉共和国罗安达省维也纳市卡库西区中国城。董事长、总经理陈磊,党委书记马军峰。下辖 2 个专业公司(工程队)。职工 43 人。资产总额

192339.7万元。其中,固定资产原值5687.3万元、净值1211.6万元;流动资产189915.3万元。机械运输设备51台(套),原值2288.7万元、净值175.41万元。总功率1766.5千瓦,技术装备率7334.72元/人,动力装备率1.69千瓦/人,成新率22.86%,完好率28.57%,利用率77.14%。年施工能力40亿元以上。

2017年,承揽工程5项,合同额16.69亿元。完成产值43.34亿元,实现利润50630.82万元。职工年人均收入196424.1元。国有资产保值增值率3552.39%,资产负债率76.97%,产值利润率11.68%,净资产收益率26.32%。应上缴款完成率100%。

(杨　帆　符妮娜)

【莫桑比克有限公司】 拥有莫桑比克大型建筑施工企业,莫桑比克建筑行业七级资质。经营范围铁路、机场、市政等公共工程;工业与民用建筑工程的施工;机场、市政工程的装修装饰;土建、公共工程的技术咨询;进出口重型机械及配件、机油、润滑油等;机械设备的设计、制造和安装。成立于2013年9月27日,注册地址莫桑比克国楠普拉省NACALA市Maiaia区。董事长郭炜,党工委书记杨米柱。中方职工139人,莫方职工750人。下辖2个项目部及2个基地。资产总额20865.02万元。其中,固定资产和在建工程2803.6万元;流动资产18061.42万元。机械运输设备445台(套),原值20765.01万元、净值1135.56万元。年施工能力4992.45万元。

2017年,完成投资1189.22万元,完成上缴款147.73万元,应上缴款完成率100%,实现综合收益额477.60万元。

(孙丽华　符妮娜)

【技工学校】 主要为技工教育、函授学历教育、技能鉴定、工程测量咨询与服务。分校区位于陕西省宝鸡市眉县汤峪太白山旅游区,主要为职工岗位培训、安全生产应急救援演练培训、旅游接待。前身系中国人民解放军铁道兵第十师教导队;1984年1月,集体转业成为铁道部第二十工程局技工学校;1988年,正式招生;2002年,更名为中铁二十局集团公司技工学校。驻陕西省渭南市向阳北街245号。校长杨建国,党工委书记赵小健。职工75人。资产总额7195万元。其中,固定资产原值6009万元、净值2126万元。

2017年,招生550人,毕业323人,全部安置就业。编写授课计划140余份,完成理论教学13320课时,实习教学15120课时。完成技能鉴定16个工种1066人次(含考评员48人次)。

(鱼　娜　符妮娜)

【重要记载】

▲1月16—17日　集团公司四届四次职工代表大会、工会三届四次会员代表大会、2017年工作会、党委三届二次全委(扩大)会、纪检监察工作会议在西安召开。

▲2月24日　六公司获建筑工程施工总承包特级资质及建筑行业甲级设计资质。

▲3月3日　集团公司与西安地铁公司在西安举行"亲商助企"项目——汉唐高性能混凝土制品有限公司合作协议签字仪式。

▲3月23日　二公司、四公司获2016年度"全国优秀施工企业"称号。

▲3月28日　集团公司首个劳模创新工作室——"白杰劳模创新工作室"在市政公司驻地兰州市揭牌成立。

▲3月　巴基斯坦卡·拉高速公路3标和安哥拉罗安达、本格拉铁路大修工程项目获评"全国青年文明号"。

▲4月　集团公司参建的上(海)瑞(丽)国道主干线湖南省邵阳至怀化高速公路获第十四届中国土木工程詹天佑奖。

▲6月21日　集团公司与贵州省铜仁市政府签署战略合作框架协议。

▲7月7日　集团公司代表中国铁建,在兰州与甘肃省公航旅集团签订《2000亿元公路产业基金合作协议》,与甘肃省交通运输厅签订《甘肃省政府和社会资本合作公路项目框架协议》。

▲8月15日　集团公司与通号(郑州)电气化集团在郑州签订战略合作协议。

▲11月10日　一公司参建的苏州市中环快速路高新区段(312国道—玉山路南)获2016—2017年度国家优质工程奖。

▲11月26日　集团公司参建的苏州城北路地下管廊项目主线全线贯通。中央电视台《新闻联播》《中国新闻》《经济信息联播》《东方时空》等栏目相继报道。

▲12月1日　集团公司获评2017年对外承包工程企业AAA信用等级。

▲12月4日　《经济日报》刊登长篇通讯《中铁二十局"三提三变"释放发展新动能——四个翻番是这样实现的》。

▲12月14日　集团公司与石家庄铁路职业技术学院在西安签订战略合作协议。

▲12月15日　集团公司与沧州市政府签订战略合作协议,京津冀协同发展北京——沧州产业项目签约会在北京举行。

▲12月25日　"CR20海外业务"和安哥拉国际

公司团队分别获中国铁建首届“十大品牌”和第二届“永远的铁道兵杯”十大楷模称号。

▲12月　安哥拉国际公司获评“中国海外工程可持续发展营地”。

▲12月　市政公司获评全国施工企业信用评价AAA级单位。

▲12月　集团公司建立企业年金制度，正式建账运行。　（符妮娜）

中铁二十一局集团有限公司

【简况】　拥有铁路、建筑、公路、市政公用工程施工总承包特级资质和铁道、建筑、公路、市政设计行业甲级资质，具有水利水电、矿山施工总承包一级资质及桥梁、隧道、公路路基、公路路面、铁路铺轨架梁、建筑机电安装、建筑装修装饰专业承包一级资质，并取得自然资源部地质灾害防治施工甲级资质和对外援助成套项目总承包企业资格认定。2004年3月，由兰州铁路局建设集团有限公司、乌鲁木齐铁路工程（集团）有限责任公司、中铁二十局集团第三工程有限公司整合重组而成。驻甘肃省兰州市安宁区北滨河西路921号。下辖第一、二、三、四、五、六工程有限公司及电务电化工程有限公司、路桥工程有限公司、德盛和置业有限公司、国际工程有限公司、轨道交通工程有限公司、甘肃铁鹰建筑质量检测有限公司、西部铁建材料科技有限公司、铁路运营管理有限公司14个全资子公司，设勘察设计院、市政工程分公司2个分公司，铁建中原工程有限公司1个合资控股公司及经营性区域指挥部12个。职工12649人。固定资产原值40.58亿元、净值17.01亿元，其他固定资产原值11.66亿元、净值2.52亿元。机械运输设备4366台（套），原值180706.38万元、净值81570.41万元，设备成新率45.14%，设备总功率335748千瓦，人均动力装备率26.15千瓦/人，技术装备率6.35万元/人。

2017年，新签合同额520亿元。完成总产值224.11亿元，施工产值208.88亿元。实现利润2.70亿元，净利润1.94亿元，人均创利2.13万元。全员劳动生产率13.67万元/人年，职工年人均收入86935元。国有资产保值增值率3.37%，净资产收益率1.88%，产值利润率1.29%，投资回报率10.32%，资产负债率88.64%，应上缴款完成率100%。完成主要实物工程量：路基土石方5329万立方米，隧道47060延长米，涵洞25771横延米，桥梁93215延长米，房屋折合面积75.6万平方米，无砟道床49.27千米，正线铺轨4.72千米，站线铺轨14.83千米，架梁2140孔，通信线路1105千米，接触网241条千米，联锁道岔279组，自动闭塞1453千米，电力线路360千米。获“全国优秀施工企业”“甘肃省十佳卓越建筑企业”称号。世界高原第一万米隧道拉日铁路宗嘎1号隧道项目、兰新铁路第二双线四电集成LXSD2－XJ标项目2项工程获国家优质工程奖；兰新铁路第二双线（新疆段）工程获第十五届中国土木工程詹天佑奖。青藏铁路工程获股份公司2006—2016年度十大科技创新成就奖。

（李　栋）

【领导人员】

董事会

董事长	孟广顺
董事	赵彦旭
	黄庆华
	凌洪涛
	赵春锋
	朱　建
职工董事	庄纪栋

监事会

监事会主席	李金生
监事	董文德
职工监事	石永仕

经理层

总经理	赵彦旭
副总经理	高玉峰
	张天舒
	凌洪涛
	赵春峰
	朱　建
	马建军
	冯建军
	石龙海
总会计师	朱　建（兼）
总工程师	冯建军（兼）

党群领导

党委书记	庄纪栋
党委副书记	孟广顺
	赵彦旭
纪委书记	李金生
工会主席	田爱平

（齐宇旗　王　鹏）

【工程项目指挥机构】 天平铁路工程指挥部 驻甘肃省天水市。2017年10月24日划归五公司管理。

川藏铁路拉林段拉萨地区代建工程指挥部 驻西藏自治区拉萨市。

兰州市政工程项目部 驻甘肃省兰州市。

兴泉铁路XQXN-1标项目经理部 驻江西省赣州市。

兴泉铁路XQXN-4标项目经理部 驻江西省赣州市。

潍莱铁路WLTLSG-1标项目经理部 驻山东省潍坊市。

鲁南高铁LQTJ-2标项目经理部 驻山东省临沂市。

成都地铁6号线土建7标项目经理部 驻四川省成都市。

兰州轨道交通管片项目经理部 驻甘肃省兰州市。

G215线马鬃山口岸至马鬃山镇公路项目2标项目经理部 驻甘肃省酒泉市。

神华神朔铁路分公司2016年房建专业(第二批)整治整修及投资工程第10标段项目经理部 驻陕西省榆林市。

肇庆市规划展览馆PPP项目部 驻广东省肇庆市。

京沈铁路客运专线京冀段四电标项目分部 驻河北省承德市。

三清高速公路TJ5标项目经理部 驻云南省曲靖市。

大越安置小区一期建设工程项目部 驻浙江省绍兴市。

长垣县中环公路项目经理部 驻河南省新乡市。

阿富准富蕴至准东段站前S3标项目经理部 驻新疆维吾尔自治区阿勒泰市。

朱中铁路项目经理部 驻甘肃省兰州市。

酒泉污水处理厂工程项目部 驻甘肃省酒泉市。

七里河区管廊工程项目部 驻甘肃省兰州市。

张掖六东一级公路改建工程二期1标项目部 驻甘肃省张掖市。

淄博微电器工业园项目部 驻山东省淄博市。

神朔铁路神木北客站客运改造工程项目部 驻陕西省榆林市。

朔黄铁路大中修及更新改造工程黄万线项目部 驻河北省石家庄市。

银西铁路银川至吴忠四电集成项目经理部 驻宁夏回族自治区银川市。

鲁南高铁RLQG-1标项目经理部 驻山东省临沂市。

京新高速BMTJ-6标项目经理部 驻新疆维吾尔自治区库尔勒市。

锡林郭勒盟乌兰图噶煤矿项目部 驻内蒙古自治区锡林郭勒盟。

南宁市轨道交通5号线1标机电一工区二分部项目部 驻广西壮族自治区南宁市。

南水北调配套工程大兴支线工程施工第6标段项目部 驻北京市。

宁东基地煤化工园区防洪工程2标段工程项目部 驻宁夏回族自治区银川市。

兰石CBD地下综合管廊工程项目部 驻甘肃省兰州市。

中牟县滩区居民迁建工程项目经理部 驻河南省郑州市。

兰州新区货4货7线项目部 驻甘肃省兰州市。

沣西新城天福和园二期项目部 驻陕西省西安市。

固原经济技术开发区基础设施建设第一项目部 驻宁夏回族自治区固原市。

西宁枢纽配套工程项目部 驻青海省西宁市。

S240线哈密—淖北(方山口至七里镇段)公路工程4标段项目部 驻甘肃省酒泉市。

安慈高速公路项目经理部 驻湖南省常德市。

赣州工程项目经理部 驻江西省赣州市。

(齐宇旗 闫国峰)

【职工队伍】 职工12649人。其中,干部6805人,行政干部6486人,占干部总数的95.31%;政工干部319人,占干部总数的4.69%;具有各类专业职务人员6672人,占干部总数的98.05%;女干部1385人,占干部总数的20.35%;少数民族干部212人,占干部总数的3.12%;大学本科及以上4825人,占干部总数的70.90%;党员干部2861人,占干部总数的42.04%。

工人5819人,其中,女工1298人,占工人总数22.33%。中专文化程度346人,占工人总数5.9%;技校文化程度516人,占工人总数8.87%;高中文化程度1655人,占工人总数28.44%;初中及以下文化程度1836人,占工人总数31.55%。取得国家职业资格证书的技术工人3308人,占工人总数56.85%,其中高级技师81人,技师688人,高级工1919人,中级工548人,初级工72人。 (齐宇旗 王 鹏 闫国峰)

【铁路工程】 新建兰州至重庆铁路兰州东至夏官营、广元至重庆段土建工程及兰州东至重庆段铺架工程LYS-7标段 全长29.989千米。合同投资249326

万元,2009 年 7 月 20 日开工,2016 年 6 月 26 日竣工。主要工程量:路基土石方 405.4 万立方米,桥梁 20 座,涵洞 96 座,隧道 3 座,轨道正线铺轨 77.36 千米,站线铺轨 0.75 千米。开工累计完成产值 245970 万元。2017 年 9 月 29 日开通运营。

新建铁路宝鸡至兰州铁路客运专线 1 标段　全长 28.14 千米。2012 年 12 月 10 日开工,计划 2017 年 10 月 31 日竣工。主要工程量:路基 953.83 万立方米,特大桥 5 座,大桥 7 座,中桥 9 座,小桥 3 座,涵洞 18 座,钢结构大库 24500 平方米,正线铺轨 27.67 千米,站线铺轨 59.8 千米。开工累计完成产值 191156 万元。2017 年 7 月 9 日开通运营。

新建宝鸡至兰州铁路客运专线甘肃段站前工程 BLTJ－3 标段　位于甘肃省天水市。全长 26.777 千米。2013 年 2 月 1 日开工,计划 2017 年 12 月 31 日竣工。主要工程量:区间路基土石方 29.53 万立方米,站场路基土石方 137.2 万立方米;特大桥 5 座,大桥 3 座;框架涵 157.68 横延米;隧道 3 座,西坪隧道 3519.624延长米,兴仁隧道 199.4 延长米,正线无砟轨道道床 52588 米,站线无砟道床 1923 米,轨道精调 54511 米,房屋建筑面积 10481.68 平方米。开工累计完成产值 228880 万元。2017 年 7 月 9 日开通运营。

广通至大理铁路扩能改造工程站前 6 标段　位于云南省大理白族自治州。全长 27.552 千米。2012 年 12 月 1 日开工,计划 2018 年 2 月 28 日竣工。主要工程量:隧道 4 座,桥梁 9 座,路基 14.592 千米,车站 1 座,涵洞 72 座,渡槽 1 座,倒虹吸 2 座,区间路基土石方 335.43 万立方米,站场土石方 117.6216 万立方米,挡土墙片石混凝土 22341.9 立方米,桩板墙 11829.5 立方米,抗滑桩混凝土 3234 立方米,锚索框架梁 12155 米,CFG 桩 315416 米,水泥搅拌桩 765010 米,防护栅栏 27.582 单侧千米,降噪声屏障 18801.41 平方米。开工累计完成产值 136732 万元。

新建丽江至香格里拉铁路工程站前 1 标段　全长 21.52 千米。2014 年 12 月 25 日开工,计划 2020 年 5 月 1 日竣工。主要工程量:路基土石方 140.187 万立方米,路基 8.012 千米,隧道 6 座,桥梁 12 座,涵洞 39 座,站场 1 处,制梁 307 孔,架梁 310 孔,无砟道床 84 千米,有砟道床 53.6 千米,正线铺轨 137.6 千米,站线铺轨 25.3 千米,道岔 82 组。开工累计完成产值 56248 万元。

新建玉溪至磨憨铁路站前工程 YMZQ－10 标段　位于云南省墨江县。全长 22.405 千米。2016 年 5 月 20 日开工,计划 2020 年 7 月 23 日竣工。主要工程量:土石方 31.93 万立方米,路基、站场 0.8145 千米,隧道 3.41 座,桥梁 4 座,涵洞 3 座,倒虹吸 1 座,站场 1 处,无砟道床 30.65 千米。开工累计完成产值 59580 万元。

成昆铁路峨眉至米易段站前 EMZQ－10 标段　位于四川省凉山彝族自治州。全长 25.642 千米。2016 年 7 月 15 日开工,计划 2019 年 8 月 31 日竣工。主要工程量:路基土石方 256.85 万立方米,路基 2.7 千米,隧道 4 座,桥梁 12 座,跨铁路、公路连续梁 9 处,涵洞 10 座,站场 2 处,无砟道床 18.03 千米,电力线路迁改 316 处.通讯线路迁改 156 处,管道迁改 3000 米。开工累计完成产值 39213 万元。

新建南昌至赣州铁路客运专线 CGZQ－12 标段　全长 43.032 千米。2015 年 8 月 1 日开工,计划 2019 年 12 月 31 日竣工。主要工程量:路基区间土石方 257.96 万立方米,站场土石方 435.31 万立方米;路基 16.34 千米;隧道 16 座,桥梁 58 座,涵洞 39 座,站场 2 座,制梁 936 孔,架梁 936 孔,现浇单线箱梁 36 孔,正线无砟道床 88.76 千米,站线无砟道床 2.13 千米。开工累计完成产值 362827 万元。

新建黔江至张家界至常德铁路站前工程QZCZQ－9 标段　全长 45.6 千米。2015 年 3 月 15 日开工,计划 2019 年 11 月 25 日竣工。主要工程量:路基土石方 548.31 万立方米,路基 20.16 千米,隧道 7 座,桥梁 46 座,涵洞 76 座,站场 2 处,无砟道床 21.67 千米。开工累计完成产值 153167 万元。

蒙西至华中地区铁路煤运通道 MHTJ－8 标段　全长 39.243 千米。2015 年 9 月 15 日开工,计划 2020 年 2 月 29 日竣工。主要工程量:区间路基土石方 350 万立方米,站场路基土石方 72.6 万立方米,路基 15.2 千米,隧道 3 座,桥梁 16 座,框架中桥 1 座,涵洞 52 座;站场 1 处;现浇箱梁 13 孔;无砟道床 36.01 千米,安装弹性支承块 11.7 万块,铺道砟 15.7 万立方米。开工累计完成产值 146357 万元。

新建济南至青岛高速铁路站前工程 JQGTSG－8 标段　全长 23.72 千米。2016 年 1 月 1 日开工,计划 2019 年 9 月 30 日竣工。主要工程量:路基土石方 249.32 万立方米,路基 4.68 千米,桥梁 1 座,涵洞 11 座,框架桥 8 座,站场 1 处,制梁 472 孔,箱梁 472 片,架梁 472 孔,无砟道床 37.62 千米,有砟道床9.1千米,正线铺轨 44.24 千米,站线铺轨 2.48 千米,道岔 19 组。开工累计完成产值 226319 万元。

新建商丘至合肥至杭州铁路 SHZQ－2 标段　全长 22.111 千米。2016 年 1 月 1 日开工,计划 2020 年 10 月 30 日竣工。主要工程量:区间路基土石方 1.6 万立方米,路基 0.13 千米,站场 1 处土石方 36.5 万立方米,特大桥 2 座,小桥 1 座,涵洞 5 座,制梁 599 孔箱梁,架梁 599 孔箱梁,无砟道床 43.79 千米,电力线路

10.4千米，临时通信线路22.111千米，箱梁制（存）梁场、材料厂、混凝土预制及钢构件厂各1座。开工累计完成产值136658万元。

新建格尔木至库尔勒铁路新疆段站前工程S3标段　全长100.9正线千米。2016年4月10日开工，计划2020年9月30日竣工。主要工程量：区间路基土方455万立方米，站场路基土方135万立方米，路基附属工程浆砌片石22.6万立方米，混凝土8.2万立方米，土工合成材料211万平方米，碎石桩32.8万米，重型碾压186万平方米，站场防护栅栏16千米，区间防护栅栏25千米，池塘处理抽水36万立方米、土围堰5万立方米，风沙路基防护芦苇方格2293万平方米，风沙路基防护沙障23.6万米；特大桥1座，大桥1座，中桥1座，小桥3座，连续箱梁大桥1座，连续钢构梁中桥1座，箱型桥5座，涵洞101座；站场构筑物工程旅客站台墙1813米，货物站台墙1340米，综合管沟1690米，地道1570顶平方米，混凝土排水沟8087米。开工累计完成产值126015万元。

新建银川至西安铁路甘宁段站前工程YX－SG－ZQ5标段　正线全长43.049千米。2016年10月5日开工，计划2019年7月30日竣工。主要工程量：区间路基土石方342.37万立方米，站场土石方126.15万立方米；桥梁32座，制架预应力混凝土简支箱梁590孔，制架预应力混凝土简支T梁6孔，施作预应力混凝土连续梁7联，刚构连续梁2联；箱型涵86座；站场2个。开工累计完成产值120395万元。

新建银西铁路银川至吴忠客专YWZQ－4标段　全长6.138千米。2016年11月20日开工，计划2018年8月31日竣工。主要工程量：区间路基470048.37立方米，站场路基4282211立方米；特大桥1500.8延长米，箱形桥4844.8顶平方米，新建框架涵2214.04横延米，改建框架涵洞705横延米，梁体预制架设92孔；铺轨正线164.59千米，改建线7.2千米，站线46.58千米，站线改建14.14千米；动车组运用所基础及地基处理23281.1平方米。开工累计完成产值73000万元。

新建武汉新港江北铁路林四房至黄州段站前工程XGSG－2标段　位于武汉市。全长40.065千米，联络线全长2.685千米。2014年11月18日开工，计划2019年3月1日竣工。主要工程量：路基土石方270.98万立方米；路基21.05千米；特大桥4座，大桥2座，中桥2座，小桥7座，跨线桥6座，涵洞101座；站场3处；制梁647孔，架梁647孔。开工累计完成产值46450万元。

新建鲁南高速铁路临沂至曲阜段LQTJ－2标段　全长23.92千米。2017年1月1日开工，计划2020年12月18日竣工。主要工程量：桥梁12座，区间路基土石方127.9万立方米；车站1座，站场土石方51.86万立方米；红山明洞1座50延长米；框架桥涵14座，旅客地道1座；Ⅲ型板式无砟道床43.58千米，站线有砟道床4.02千米，道岔区无砟道床8组；576孔箱梁预制、架设及19784延米桥面系施工任务。开工累计完成产值75535万元。　（王　鹤　李　栋）

【路外工程】　兰州至海口国家高速公路（G75）渭源至武都建设项目路基、桥涵及隧道工程WW07标段　位于漳县、岷县。全长6.07千米。2016年3月1日开工，计划2020年11月19日竣工。主要工程量：路基0.58千米；路基土石方43.33万立方米；隧道1座，斜井1265米；桥梁2座；涵洞3座；制梁、架梁152片。开工累计完成产值35969万元。

平凉（华亭）至天水高速公路项目PTKZ1合同段　全长15.776千米，设计时速80千米，路基宽度25.5米。2016年3月30日开工，计划2019年3月31日竣工。主要工程量：马峡隧道1322延长米，关山隧道进口段长5063延长米，含斜井818米，竖井304米，联络通道1970米；特大桥2座，大桥3座，中桥1座，通道桥3座，天桥1座，预制箱梁1162片、空心板52片；涵洞18座；路基挖方210万立方米，填方86万立方米，路基特殊处理32万立方米，排水工程2.6万立方米，防护工程8.46万立方米，抗滑桩152米，锚杆框架梁0.57万立方米。开工累计完成产值73065万元。

兰州市城市轨道交通1号线一期工程土建工程　2站2区间，全长2.28千米。2014年3月25日开工，计划2019年9月30日竣工。开工累计完成产值41420万元。

成都地铁5号线土建8标段九兴大道站、科园站—九兴大道站盾构区间、九兴大道站—神仙树站盾构区间工程　盾构区间长1658.38米。2015年10月31日开工，计划2018年7月31日竣工。主要工程量：车站412.5米，盾构区间1658.38米。风亭3组，出入口5个，冷却塔1座。开工累计完成产值29887万元。

北京地铁17号线工程土建施工8合同段　2017年8月31日开工，计划2020年9月1日竣工。主要工程量：全长367米，标准段宽度24.1米，车站底板埋深20.74～22.2米，车站中心线处轨顶绝对标高21.1米；车站土方20.6万立方米，车站地连墙138幅，车站钢筋14728.55吨，车站混凝土69891.27立方米；区间风井土方16178立方米，区间风井围护桩81根，区间风井混凝土7940立方米，盾构区间管片3395环。开工累计完成产值5790万元。

引汉济渭工程秦岭隧洞黄三段工程施工1标段

2015年10月15日开工,计划2020年4月15日竣工。主要工程量:开挖45.5万立方米,喷射混凝土1.78万立方米,衬砌混凝土7.11万立方米,钢支撑435吨,钢筋2732吨,锚杆15.9万米。开工累计完成产值17921万元。

郑州综合交通枢纽地下交通工程　位于郑州东站。2015年3月20日开工,计划2018年9月30日竣工。主要工程量:建筑面积113367.8平方米,地下1层建筑面积36510.6平方米,地下2层(停车场)建筑面积38428.6平方米,地下3层(停车场)建筑面积38428.6平方米。开工累计完成产值56140万元。

(王　鹤　李　栋)

【企业管理】　按照五年规划总体目标和要求,编制集团公司三年(2017—2019年)滚动发展规划,将企业"十三五"规划进行目标和任务分解。深化混合所有制改革。完成铁建中原公司工商注册、资质及建造师平移等合资前期准备工作,完成集团公司与郑州交建投公司的合资程序。为改善工程公司发展环境,增强企业发展后劲。五公司从重庆江北区搬迁至永川区;路桥公司由西安搬迁到济南,并在济南建设路桥、轨道公司总部基地。开展"综合品质提升年"活动,紧紧围绕打造品质团队、培育品质文化、锻造品质管理、建造品质工程。发起党建量化考核、制度立改废、干部品质考核、"品质杯"劳动竞赛、安全生产约谈、诉讼案件降控、责任成本经济分析会、走基层讲故事、项目廉洁风险防范、困难职工帮扶救助等活动。下达工程公司的承揽额、营业收入、利润总额、上交款指标完成比例、安全质量情况综合评价。分别为一公司、二公司、五公司、六公司、轨道公司和市政公司增加经营范围,对三公司以认缴的形式将注册资本金增资到15.1亿元。

(张万嬰　孙永延)

【经营管理】　新签合同额520亿元,其中,铁路项目135亿元、铁路外项目348亿元、海外项目14亿元。工程承包板块新签合同额497亿元,占承揽总额的95.56%,其中,PPP等资本运营项目82亿元,占16.48%;房地产开发项目19亿元,占3.66%;其他项目4亿元,占0.78%。铁路工程135亿元,占工程承包额的27.17%;公路工程129.1亿元,占25.99%;市政工程88.7亿元,占17.85%;房建工程87.8亿元,占17.68%;水利工程32.8亿元,占6.61%;城市轨道交通工程21亿元,占4.22%;矿山工程2亿元,占0.4%。聚焦重点抓落实,在确保铁路市场规模的基础上,路外市场全面发力,海外市场稳健推进,PPP市场积极拓展,产业链不断延伸,新签合同额首次跨越500亿元大关。路外市场承揽348亿元,承揽占比持续攀升到67%。资本运营完成82亿元,中标的16个项目涵盖海绵城市、综合管廊、市政、铁路、高速公路和开发区建设。围绕"一带一路"倡议,市场格局逐步打开,海外项目辐射到10个国家,承揽额14亿元。

经济管理。围绕"综合品质提升年"活动主题及年度工作计划,强抓确权清收和亏损项目治理,通过责任成本管理降本、二次经营创效推动企业降本增效。整合集团公司自2006—2016年竣工销号项目的人、财、物,降低各项管理费开支,对已竣工、通车、销号但未办理结算的项目制定最终办理末次结算推进计划,并将实际完成情况,纳入项目负责人年终绩效考核。在股份公司工程承包板块20家单位中获责任成本管理考评A类单位。工程承包板块完成产值2088787万元,实现变更索赔额381033万元,变更索赔率18.24%。其中,铁路工程275328万元、公路工程36374万元、工民建工程16191万元、地铁及轻轨15757万元、市政工程27849万元、水利电力7665万元、其他工程1868万元。

安全质量管理。杜绝较大及以上生产安全事故发生,全面消除营业线施工铁路交通安全事故及险情。8个工地获省级安全质量标准化示范工地,4个工地获股份公司安全质量标准化工地。三公司施工的拉日铁路宗噶1号隧道项目、电务电化公司施工的新建兰新铁路第二双线(新疆段)四电集成项目2项工程获国家优质工程奖,兰新线兰州枢纽引入工程南山路立交特大桥等6项工程获省部级优质工程,获"铁建杯"优质工程6项。获国家级优秀QC成果5项、省部级优秀成果8项、股份公司优秀成果5项。

财务审计。665个独立核算单位,均纳入财务决算审计范围,外审会计师事务所抽取集团96%以上的工程项目现场审计,核实资产质量、工程进度、内控管理等情况,对未抽审的项目和单位,查阅大量的核算和管理资料。营改增工作深入推进。各单位对增值税"应抵尽抵"的认识逐步到位,涉税环节把关严格,基本实现税负水平稳中有降的阶段性目标。充分利用各项优惠政策,积极开展税收筹划,节约税金6668.96万元。实行资金集中管理,实现银行加挂账户427户,归集资金34.47亿元。提高资金使用效率,降低资金成本,缓解资金压力;完成清欠198亿元,收回5年以上债权7596万元,实现债务付款折扣4253万元。纳入集团财务共享中心核算单位943个,上线率99.37%。处理各类型单据56.56万个,入池单量49.26万个,完成支付业务22.96万笔,总支付金额527.81亿元,提交管理建议书9份,发送预警风险通报126条。完成各类审计项目156项,出具审计报告156份,提出审计建议 878 条，被采纳 872 条。审计发现问题金额 26154.59 万元，其中，违纪违规问题金额 13105.09 万元、损失浪费金额 12714.06 万元、不良资产 205.82 万元、其他 129.62 万元。已纠正违纪违规问题金额 7924.69 万元，促进增收节支金额 7133.62 万元。

资本运营。参与投融资项目信息跟踪与前期运作 87 个，召开投融资项目专题评审会议 16 次，参与投融资项目投标 26 个。制定集团公司《PPP 项目实施细则》，规范投融资项目审批决策流程。提高资本管理风险意识，加强事前评审与论证，做到重大风险重点应对和提前应对。对 PPP 项目的跟踪、筛选、报批、投标、项目公司的组建、项目建设、运营、移交等实施全过程管控。（李　栋）

【科技成果】 兰新铁路第二双线（新疆段）工程获第十五届中国土木工程詹天佑奖。青藏铁路工程获股份公司 2006—2016 年度十大科技创新成就奖。一公司获省级技术中心认定，四公司通过高新技术企业认定。集团公司获省级科技进步奖 5 项，中国施工企业协会科学技术奖 6 项，甘肃省职工优秀技术创新成果奖 3 项，全国 BIM 大赛获奖 4 项，获省部级工法 27 项，获取专利授权 38 件（10 件发明专利），新增甘肃省建设科技攻关项目 1 项。科技成果评审（鉴定）11 项，在“高速铁路特大桥小半径曲线区段箱梁移动模架施工关键技术开发研究”“滇西地区复杂地质长大隧道关键技术研究”“多年冻土区高等级公路新型结构冻土路基与复杂地质隧道修建技术”“膨胀土地区明挖隧道高边坡关键技术研究”“BIM 技术在交通土建工程应用研究”等技术领域取得突破。（李文波）

【党群工作】 党的工作。基层组织 368 个，其中，党（工）委 36 个、总支部 19 个、支部 313 个。党员 6328 人。督促做好修改完善公司章程和党委议事规则及董事会、经理层相关议事决策制度工作。抓好集团公司党委《中铁二十一局党建工作量化考核暂行办法》贯彻落实工作。抓好党组织书记述职评议考核工作。签订 2017 年度《党建工作责任书》。与所属单位党委书记签订《党建工作责任书》。落实开展换届改选。各级党组织严格履行换届程序，确保程序规范、流程清晰、合规合纪。扎实推进党费收缴清查。

宣传工作。在各类新闻媒体刊发稿件 2488 篇（幅、条）。其中，中央级媒体刊登新闻稿件 1419 篇、地市级刊登 435 篇、铁道建筑报刊登 106 篇。采编《新里程》36 期，编印专刊 8 个整版，刊登各类稿件 1440 篇（条、幅）。开设“身边的工匠”“舌尖上的工地”“好故事我来讲”“学习十九大、在建提品质”“贯彻十九大、我们在行动”等栏目。把握新媒体传播优势，策划主管领导海外项目考察、战略合作框架协议签署、庆祝建党 96 周年、喜迎十九大等专题报道，加大公众号等新媒体在干部职工中的关注度。

纪检监察工作。两级纪检监察组织严格落实党风廉政建设“两个责任”，切实强化监督执纪问责，大力开展反腐倡廉教育，严肃纪律审，狠抓党风巡察，全面推行项目廉洁风险防范工作。召开纪检监察工作专题会议。先后 160 多场次学习研讨习近平总书记系列讲话精神、开展反腐倡廉党课教育、对“六管”人员进行培训、开展预防职务犯罪讲座，420 多场次组织开展廉洁承诺等教育活动，320 多场次 9600 多人次组织观看反腐倡廉警示教育片，精选建局以来发生在我们身边的 23 件违法违纪典型案件，编发《学思悟践——典型案例警示录》。受理信访举报 20 件次，转立案 2 件，了结 18 件次。两级纪委立案 28 件，结案 28 件，处理违纪违规人员 63 人，其中移送司法机关获刑 3 人，开除党籍 3 人，开除公职 4 人，给予党纪处分 7 人次，政纪处分 60 人次，诫勉谈话 12 人次，经济处罚 60.63 万元。纪委获“十八大以来中国铁建纪检监察系统先进集体”称号。

工会工作。工会委员会 15 个，工会工作委员会 223 个，工会小组 412 个；会员 12861 人，配备专职工会干部 47 人。筹集“三不让”专项资金 1241.62 万元，帮助特、重困及一般困难职工家庭 418 人次，支出困难补助资金 112.25 万元。资助困难职工子女 70 人次，支出助学金 8.32 万元。救助患大病及一般患病职工职工 932 人次，支出医疗救助金 183.22 万元。双节筹集资金 274.13 万元，对 67 户特困职工、176 户重困职工、44 名劳动模范、84 名困难遗属、182 名困难离退休职工、193 名一般困难给职工予困难补助，慰问施工现场一线职工及农民工 4123 人次。2 项职工技术成果获甘肃省职工优秀技术创新成果一、三等奖，获股份公司合理化建议成果三等奖 3 项。青藏铁路公司格拉段扩能改造工程 2 标段工程指挥部获中华全国铁路总工会火车头奖杯。5 人获中华全国铁路总工会火车头奖章，1 人获甘肃省五一劳动奖章。兰渝铁路项目经理部获甘肃省五一劳动奖状，路桥公司亳州梁场获安徽省工人先锋号，路桥昌赣项目部获陕西省雷锋班。

共青团工作。设 11 个基层团委（团工委），团总支 4 个，团支部 158 个，专兼职团干部 259 人。各级团组织通过网络媒体、报纸专栏、组织青年座谈会、专题培训等方式，动员广大团员青年围绕大局创业创新创优、以改革创新精神加强团的建设。组织开展“青年突击队”授旗活动和“铁建杯”青年足球邀请赛。各级团组织紧贴集团发展需求，深化团组织建设，进一步增强团组织凝聚力。21个先进青年集体和15名先进青年获中央企业团工委、团甘肃省委、团青海省委和股份公司团委"五四红旗团委""五四红旗团支部""青年文明号""优秀共青团干部""优秀共青团员""青年岗位能手"称号。 （李　栋）

【第一工程有限公司】 拥有铁路工程施工总承包一级，建筑工程施工总承包一级，铁路电务工程专业承包二级，通信工程施工总承包二级，建筑装修装饰工程专业承包一级，建筑幕墙工程专业承包二级，铁路电气化工程专业承包三级，公路工程施工总承包二级，水利水电工程施工总承包三级，钢结构工程专业承包三级，市政公用工程施工总承包三级资质。前身为乌鲁木齐铁路工程（集团）有限责任公司；2004年3月，划归中铁二十一局集团有限公司，重组更名为中铁二十一局集团第一工程有限公司。驻新疆维吾尔自治区乌鲁木齐市经济技术开发区河南西路275号。下设1个子公司，1个分支机构，16个分公司。职工1279人。资产总额342441.8万元。其中，流动资产5888.1万元；可供出售金额资产80万元；固定资产11628万元；无形资产54003.6万元；固定资产原值35239.22万元、净值11627.98万元。

2017年，新签合同额54.4亿元，完成产值26.13亿元。实现利润总额189.3万元。 （王　娟）

【第二工程有限公司】 拥有房屋建筑、市政公用、机电安装施工总承包一级资质，铁路、公路、水利水电施工总承包二级资质，钢结构、建筑装修装饰、地基与基础、消防设施专业承包一级资质，输变电专业承包二级资质，建筑施工企业试验甲级资质和施工测量丙级资质，具备锅炉安装工程、压力管道安装工程、起重设备安装维修等综合施工能力。驻甘肃省兰州市城关区和平路63号。下设3个子公司，2个分公司。职工1780人。资产总额27.13亿元。机械运输设备700余台（套）。

2017年，新签合同额76.13亿元，完成施工产值31.01亿元。 （杨　戈　杨发仁）

【第三工程有限公司】 拥有公路工程施工总承包一级、铁路工程施工总承包二级、市政公用工程施工总承包一级、房屋建筑工程施工总承包三级；公路路基工程专业承包一级、公路路面工程专业承包一级、桥梁工程专业承包一级、隧道工程专业承包一级、公路交通工程（公路安全设施分项）专业承包二级、公路交通工程（公路机电工程分项）专业承包二级、公路养护工程一类、二类（甲级）、三类（甲级）、营业性爆破作业四级资质。前身系始建于1947年中国人民解放军铁道兵第十师四十八团；1984年1月，并入铁道部，更名为铁道部第二十工程局第三工程处；1999年12月，划归中央企业工委，更名为中铁第二十工程局第三工程处；2002年3月，改制为中铁二十局集团第三工程有限公司；2004年3月，整合重组为中铁二十一局集团第三工程有限公司。驻陕西省咸阳市迎宾大道。职工2428人。资产总额49.95亿元。其中，固定资产原值89765.0万元、净值33883.5万元；流动资产348163.6万元；其他资产117408.2万元。机械运输设备891台（套），原值32151万元、净值13891万元。

2017年，新签合同额63.18亿元，完成施工产值40.93亿元。 （贾晓宇　刘　洁　王春燕）

【第四工程有限公司】 拥有建筑工程施工总承包一级、市政公用工程施工总承包一级、铁路工程施工总承包二级、公路工程施工总承包二级、机电工程施工总承包二级、钢结构工程专业承包二级、桥梁工程专业承包二级、公路路面工程施工专业承包二级、公路路基工程施工专业承包二级、隧道工程专业承包二级、起重设备安装工程专业承包二级、建筑装修装饰工程专业承包二级、消防设施工程专业承包二级、古建筑工程专业承包三级、建筑施工企业实验室一级资质。驻陕西省西安市高新区唐延路中段37号洛克大厦。职工1468人。

2017年，新签合同额56.1亿元，完成施工产值18.09亿元。 （于璐璐）

【第五工程有限公司】 拥有铁路工程施工总承包一级、房屋建筑工程施工总承包一级、市政公用工程施工总承包一级、公路工程施工总承包二级、矿山工程施工总承包三级、水利水电施工总承包三级资质、爆破四级作业单位资质、桥梁工程专业承包一级、隧道工程专业承包一级资质。驻重庆市江北区港城工业园D区港安二路28号。职工1627人。机械运输设备300台（套），原值6890.05万元、净值2295.72万元。

2017年，新签合同额39.85亿元，完成施工产值15.68亿元。 （白正恒　张　璐　赵澍涛）

【第六工程有限公司】 拥有房屋建筑工程施工总承包一级、市政公用工程施工总承包一级、桥梁工程专业承包一级、隧道工程专业承包一级，钢结构工程专业承包二级、建筑装饰工程专业承包二级、机电设备安装工程专业三级资质。驻北京市经济技术开发区科创十四街99号33幢A座。下辖8个分公司。职工617人。资产总额19.81亿元。其中，企业净资产1.59亿元。

资产收益率2.53%。机械运输设备291台(套),原值5792.78万元、净值2840.41万元。

2017年,新签合同额37.6亿元。完成施工产值19.16亿元。(马梅玉)

【电务电化工程有限公司】 拥有通信、电力、机电工程总承包一级,铁路电务、铁路电气化工程专业承包一级,建筑机电安装、电子与智能化工程专业承包一级,建筑工程、机电工程施工总承包二级,铁路工程施工总承包三级,公路交通工程专业、输变电工程专业承包二级资质和承装(修、试)电力施工一级许可证。由原兰州铁路局兰铁建设集团有限公司所属的兰铁电务工程公司和兰铁电气化工程公司重组整合为中铁二十一局电务电化工程公司;2008年,经集团公司批准改制为中铁二十一局集团电务电化工程有限公司。驻甘肃省兰州市城关区红山根西村148号。注册资本金5亿元。董事长、党委书记程永和,总经理张才。下设2个分公司。

2017年,新签合同额24.68亿元,完成施工产值15.54亿元,实现净利润2755万元。(李栋)

【路桥工程有限公司】 拥有市政公用工程施工总承包一级,桥梁工程专业承包一级,铁路铺轨架梁专业承包二级,公路工程施工总承包二级,机电安装工程施工总承包二级,铁路工程施工总承包三级,预拌商品混凝土不分等级,钢结构工程专业承包三级资质。前身为中铁二十一局集团晋江制梁场;2009年8月整合重组,成立中铁二十一局集团铺架工程公司;2011年8月,在西安注册成为子公司,更名为中铁二十一局集团路桥工程有限公司。驻陕西省西安市高新区唐延路37乙号中国铁建洛克大厦。职工859人,下辖1个全资子公司,1个分公司。资产总额24.83亿元。其中,流动资产23.31亿元;非流动资产1.52亿元;固定资产原值6.27亿元、净值1.32亿元。机械运输设备870台(套),原值49496.99万元、净值11532.79万元。

2017年,完成产值25.36亿元。(张欣怡)

【德盛和置业有限公司】 成立于2008年,注册资本金3亿元,拥有一级开发资质。是集房地产开发、销售,土地开发、物业管理,房屋租赁、场地租赁等于一体的国有房地产企业。驻陕西省西安市曲江新区曲江池北路曲江·梧桐苑17号楼。下设2个项目公司,2个物业管理公司。职工105人。

2017年,新签合同额19.24亿元。营业收入10.97亿元,净利润1.37亿元。资产总额55.42亿元,负债总额48.21亿元,所有者权益7.21亿元。(朱兴云)

【国际工程有限公司】 拥有建筑施工总承包三级、市政公用工程施工总承包三级、钢结构工程专业承包三级、环保工程专业承包三级资质。2013年4月在北京注册成立,注册资本金6000万元。海外市场涉及尼日利亚、阿尔及利亚、巴基斯坦、蒙古、印度、菲律宾等国家。设立泰国、印度、尼日利亚、突尼斯4个驻外办事处。驻北京市海淀区万丰路18号院5号楼。职工107人。资产总额2.89亿元。机械运输设备108台(套),原值1190.4万元、净值785.4万元。

2017年,新签合同额10.07亿元。(魏靖)

【轨道交通工程有限公司】 拥有市政公用工程施工总承包一级资质。成立于2013年11月1日,注册资本金1.46亿元。驻山东省济南市槐荫区顺安路与烟台路交叉口西元大厦东楼18~21层。职工591人。盾构机9台(套)。(王辉)

【勘察设计院】 拥有铁道行业甲(Ⅱ)级、建筑行业甲级、公路行业甲级和市政行业甲级设计,测绘乙级,咨询丙级,地质灾害治理工程勘查和设计丙级资质。驻甘肃省兰州市城关区和平路63号。职工48人。

2017年,新签合同额1955万元,营业收入1026万元。(周海燕)

【检测中心】 拥有国家认证认可监督管理委员会颁发的计量认证、建筑工程检测甲级、地基基础和主体结构检测甲级、市政工程检测甲级、岩土工程检测甲级、交通部公路工程综合检测乙级资质、计量标准考核证书。能够独立承担第三方公正性检验,包括铁路、公路、建筑工程中材料、结构成品和半成品质量检测,地基基础、主体结构检测和压力、拉力、抗折和万能试验机检定。驻甘肃省兰州市城关区牟家庄497号。资产总额1483.23万元。其中,流动资产1417.54万元;非流动资产65.7万元;固定资产127.18万元;折旧61.55万元;固定资产净值65.63万元。(王路付欣)

【西部铁建工程材料科技有限公司】 驻甘肃省兰州市兰州新区秦川园。成立于2016年2月1日,注册资本金1亿元。以各种外加剂、复合型掺合料、防水材料、土工材料等建筑材料的研制、开发、生产、销售、仓储和技术服务为主,兼营钢材、水泥、矿物掺和料、墙体材料等建筑材料销售的工程材料公司。

2017年,实现经营承揽6434.39万元,营业收入14195.05万元,净利润109.23万元。(陈海宁)

【铁路运营管理有限公司】 成立于2016年11月28

日。经营范围:铁路设施管理与养护,合资铁路、专用线、专用铁路的受托管理,城市轨道交通(地铁)设施的管理与养护,铁路技术及管理咨询服务。注册资本金5000万元。董事长、党委书记赵永宏,总经理赵清贵。驻新疆维吾尔自治区乌鲁木齐市经济技术开发区太原路645号。职工40人。

2017年,新签合同额4678.6万元,运营收入900万元。 (尚迎珍 吕 静 张 枫)

【市政工程分公司】 成立于2016年7月9日。驻宁夏回族自治区银川市西夏区兴州北路303号。党委书记姚克亮,总经理王峻武。职工34人。

(王双娟 王冰龙 李 贤)

【铁建中原工程有限公司】 拥有建筑工程施工总承包一级、公路工程施工总承包一级和市政公用工程施工总承包一级资质。成立于2017年1月6日;2017年12月,完成与郑州交通建设投资有限公司合资入股手续,合资后公司成为股份公司首家与地方国企合资成立的混合所有制公司。注册资本金10亿元,注册地址郑州市中牟县。董事长、党委书记王亮,总经理徐亚伟。职工14人。 (赫彦勃)

【重要记载】

▲1月21日 集团公司党委二届五次全委(扩大)会议,党风建设和反腐倡廉会议,二届一次职代会暨2017年工作会议在兰州召开。

▲1月 集团公司"综合品质提升年"主题年活动全面启动。

▲1月 集团公司被授予"2013—2016年度全国铁路体育先进单位"称号。

▲3月17日 集团公司与中国银行甘肃省分行签订战略合作协议。

▲3月20日 集团公司与定西市人民政府签订战略合作框架协议。

▲3月26—29日 集团公司董事长孟广顺赴突尼斯考察项目,与突尼斯方举行会谈,深入项目实地考察,加快集团公司"走出去"步伐,强化海外市场开发建设。

▲4月20日 集团公司获2016年度"全国优秀施工企业"称号。

▲5月 集团公司获"甘肃省劳动关系和谐企业"称号。

▲8月17日 西部铁建工程材料科技有限公司乔迁至兰州新区。

▲11月21日 集团公司取得公路工程施工总承包特级和公路行业设计甲级资质,晋升为工程承包"四特四甲"资质企业。

▲11月27日 集团公司与中国农业银行甘肃分行签订战略合作协议。

▲11月 集团公司职工书屋被全国工会职工书屋建设领导小组、中华全国总工会宣传教育部命名为全国工会职工书屋模式创新示范项目。

▲11月 集团公司获"工匠精神、荣耀甘肃2017甘肃十佳卓越建筑企业"称号。 (李 栋)

中铁二十二局集团有限公司

【简况】 拥有铁路工程施工总承包特级、建筑工程施工总承包特级、市政公用工程总承包特级资质;建筑行业甲级设计资质、市政行业甲级设计资质、铁道行业甲(II)级设计资质;公路、水利水电施工总承包一级,矿山工程施工总承包三级,公路路基、桥梁、隧道、钢结构工程专业承包一级,地质灾害治理施工甲级资质企业,对外工程和境内国际招标工程的经营资质、对外派遣实施境外工程所需的劳务人员特许经营权。下辖第一、二、三、四、五工程有限公司,哈尔滨铁路建设集团有限责任公司、电气化工程有限公司、天瑞机械设备有限公司、房地产开发有限公司、检测公司10个子公司、2个分公司、8个区域经营指挥部和铁路运营指挥部。职工11415人。资产总额255.07亿元。其中,固定资产原值31.68亿元、净值14.22亿元;流动资产223.51亿元;其他资产31.56亿元。机械运输设备9340台(套),原值17.93亿元、净值7.31亿元,成新率40.76%,总功率38.55万千瓦,动力装备率32.57千瓦/人、技术装备率6.18万元/人。

2017年,新签合同139项,合同金额340亿元(工程承揽132项332亿元,房地产销售7项8亿元)。实现营业收入206.15亿元,利润总额2.06亿元,资产负债率79.98%,国有资产保值增值率92.10%、净资产收益率3.57%,投资回报率9.85%、应上缴款完成率76.14%、产值利润率1%。完成主要实物工程量:路基土石方3608.62万立方米,桥梁42300延长米,隧道53000延长米,地铁盾构区间9.5千米,房屋建筑面积104.5万平方米,铁路制梁1688孔(T梁、箱梁),公路制梁2024片,铁路架梁1809孔,公路架梁2547片,铺轨930千米(含正线、站线),无砟轨道施工37.95千米，通信线路62千米；既有线封锁施工2533场次。获国家优质工程银质奖3项，省部级优质工程奖4项，铁建杯优质工程7项，局级优质工程奖7项。委派安全总监15人，A类安全人员（企业负责人）73人，B类安全人员（项目负责人）376人，C类安全人员（专职安全管理人员）581人，注册安全工程师156人，专职质检员700人。国家级优秀质量管理小组4个，省部级优秀质量管理小组28个。工程质量一次验收合格率100%。（罗小慧　尚梅英）

【领导人员】

董事会

董事长　侯希承

董事　王广建

王参军

监事会

监事会主席　安志军（8月任）

监事　蔡晓斌

职工监事　王　峰

经理层

总经理　王广建

副总经理　王在仁

秦培文

王爱国

渠巨华（9月任）

徐冬青

孙锡寿

总工程师　王爱国（兼）

总会计师　柴　纹

党群领导

党委书记　侯希承

党委副书记　王广建

王参军

纪委书记　安志军

（贾建国）

【工程项目指挥机构】　新建珠三角城际轨道交通新塘经白云机场至广州北站XBZH－1标段　位于广东省广州市白云区。项目负责人汪新立。

新建玉溪至磨憨铁路18标段　位于云南省西双版纳傣族自治州景洪市。项目负责人司瑞明。

新建银川至西安铁路甘宁段站前工程YX－SG－ZQ2标段　位于甘肃省庆阳市宁县。项目负责人魏绍刚。

新建蒙西至华中地区铁路煤运通道土建工程MHTJ－33标段　位于江西省吉安市吉州区。项目负责人窦刚。

新建北京至沈阳铁路客运专线北京段站前工程JSJJSG－9标段　位于北京市密云县。项目负责人杨树民。

哈尔滨至牡丹江铁路客运专线SG－8标段　位于黑龙江省牡丹江市爱民区。项目负责人李宝成。

新建牡丹江至佳木斯客运专线MJZQSG－9标段　位于黑龙江省佳木斯市前进区。项目负责人卢胜坤。

潼南至荣昌高速公路2标段　位于西南重庆市荣昌县。项目负责人马延辉。

北京兴延公路4标段　位于北京市昌平区。项目负责人邢立军。

广州北站综合交通枢纽开发建设PPP项目　位于广东省广州市花都区。项目负责人刘世龙。

成都地铁5号线一、二期工程土建12标段　位于四川省成都市双流县。项目负责人马杰。

深圳地铁20号线工程　位于广东省深圳市宝安区。项目负责人刘治宝。

青岛地铁1号线土建2标段　位于山东省青岛市市南区。项目负责人周清福。（李　坛）

【职工队伍】　职工11415人。其中，干部8527人、工人2888人；男职工9100人、女职工2315人；大学本科及以上学历5317人、大学专科学历3003人。专业技术人员7289人，其中，高级职称887人、中级职称2239人；技能人才865人，其中，高级技师14人、技师168人。30岁以下4238人，30～39岁3497人，40～44岁959人，45～49岁914人，50～54岁828人，55岁以上979人。（贾建国）

【工程施工】　新建珠三角城际轨道交通新塘经白云机场至广州北站XBZH－1标段　位于广东省广州市，线路长17.62千米。合同投资127465万元，合同工期2015年12年26日至2019年10月31日。主要工程量：路基土石方46万立方米，路基1.2千米，隧道1座1861延长米，桥梁8座14250.5延长米，涵洞2座65.28横延米，站场2处，无砟道床35.24千米。开工累计完成投资53927万元，占合同投资总额的42.3%。

新建玉溪至磨憨铁路18标段　位于云南省西双版纳傣族自治州市，正线长38.878千米。合同投资152498万元，合同工期2016年4月28日至2020年7月1日。主要工程量：路基土石方153.65万立方米，路基5.267千米，隧道9座27822延长米，桥梁7座5791.26延长米，涵洞23座615.2横延米，站场3处，制梁336孔（T梁），架梁336孔（T梁），无砟道床

10.623千米。开工累计完成投资62932万元,占合同投资总额的41.3%。

新建银川至西安铁路甘宁段站前工程YX－SG－ZQ2标段　位于甘肃省庆阳市,线路长21.09千米。合同投资198449万元,合同工期2016年9年1日至2020年12月31日。主要工程量:区间路基挖土方195949立方米,填改良土61283立方米,级配碎石27097.47立方米;站场路基挖土方589046.12立方米,填改良土496491.12立方米,级配碎石7749立方米;正线桥梁2952.18延长米,正线特大桥2座2149.86延长米,大桥3座693.08延长米,中桥1座109.24延长米;正线隧道14888.1延长米,站场1座。开工累计完成投资110930万元,占合同投资总额的55.9%。

新建蒙西至华中地区铁路煤运通道土建工程MHTJ－33标段　位于江西省吉安市,线路长64.48千米。合同投资183377万元,合同工期2015年8月1日至2020年3月1日。主要工程量:路基土石方615万立方米,站场土石方244.8万立方米,隧道3座6245延长米,桥梁39座15346延长米,涵洞204座5370横延米,站场4座,轨道5.94千米。开工累计完成投资142946万元,占合同投资总额的78%。

新建北京至沈阳铁路客运专线北京段站前工程JSJJSG－9标段　位于北京市密云县,线路长34.33千米。合同投资294968万元,合同工期2015年10月20日至2019年6月30日。主要工程量:路基土石方146.2182万立方米,路基7千米,隧道5座12436延长米,桥梁13座13906.66延长米,涵洞26座716.86横延米,制梁457孔/片(箱梁、T梁),架梁457孔/片(箱梁、T梁),无砟道床35.541千米。开工累计完成投资172883万元,占合同投资总额的58.6%。

哈尔滨至牡丹江铁路客运专线SG－8标段　位于黑龙江省牡丹江市,线路长21.13千米。合同投资296506万元,合同工期2015年8月1日至2019年6月15日。主要工程量:路基土石方240.2万立方米。路基11.032千米。隧道1座2940延长米。桥梁4座7159延长米。框构桥2座1547.57顶平方米,涵洞18座855.22横延米。站场1座,无砟道床69.63千米。正线铺轨194.96千米,道岔162组。开工累计完成投资265257万元,占合同投资总额的89.5%。

新建牡丹江至佳木斯客运专线MJZQSG－9标段　位于黑龙江省佳木斯市,线路长34.9千米。合同投资160691万元,合同工期2017年10月1日至2021年11月30日。主要工程量:路基土石方437.03万立方米,挖方72.44万立方米,填方364.6万立方米。桥梁11座13.4千米,双线转体连续梁1联,单线连续梁2联,双线箱梁401孔,单线箱梁63孔,框构桥10座1903.4顶平方米,涵洞31座785.67横延米,公跨铁立交桥3座20494顶平方米。开工累计完成投资4419万元,占合同投资总额的2.7%。

潼南至荣昌高速公路2标段　位于重庆市,线路长64.26千米。合同投资345958万元,合同工期2016年12月28日至2019年12月27日。主要工程量:挖方923.6万立方米、填方1193.4万立方米,防排水圬28.7万立方米,碎石桩29.5万米;主线及互通桥梁44座、分离式立交7座、天桥15座,桩基1067根、预制T量1142片、预制箱梁15片、圬工方量16万立方米,涵洞271座10817.9延长米,隧道5.5座8201延长米,洞身开挖77.8万立方米,混凝土18.9万立方米。开工累计完成投资142782万元,占合同投资总额的41.3%。

北京兴延高速公路4标段　位于北京市昌平区,线路长3.93千米。合同投资55226万元,合同工期2016年2月1日至2018年2月28日。主要工程量:路基土石方3万立方米;路基0.3千米;隧道1座2955延长米,桥梁1座5068.6延长米,制梁691片,架梁691片。开工累计完成投资47770万元,占合同投资总额的86.5%。

广州北站综合交通枢纽开发建设PPP项目　位于广东省广州市。合同投资343000万元,合同工期2017年4月1日至2019年12月31日。主要工程量:农新路高架桥工程0.937千米,梯道桥2座双向8车道;云山桥东侧高架桥工程1.1千米,梯道桥2座,双向4车主道及4车辅道;滨江路工程3.25千米,桥梁2座220米,挡墙100米,主要平面交叉6处;滨湖路工程1.57千米,隧道1座;新街大道工程1.9千米,双向6车道;工业大道工程0.98千米,双向6车道;安置房建设工程50172平方米;综合站房建设工程2.8万平方米;广州北站南侧落客平台跨地铁9号线先期实施工程Φ1.8米的主桩24根,Φ1.0米的围护桩75根,Φ850的水泥搅拌桩164根,高压旋喷桩21根,承台3座。开工累计完成投资24304万元,占合同投资总额的7.1%。

成都地铁5号线一、二期工程土建12标段　位于四川省成都市,线路长4.27千米。合同投资63004万元,合同工期2015年12月2日至2018年2月28日。主要工程量:3站3区间。开工累计完成投资55411万元,占合同投资总额的87.9%。

深圳地铁20号线工程　位于广东省深圳市,全长1.43千米。合同投资52650万元,合同工期2016年9月30日至2018年12月30日。主要工程量:搅拌桩379157米,高压旋喷桩29300米,地连墙178幅,抗拔桩及临时立柱85根,降水井64眼,平整场地挖填

135508 立方米,土方开挖 216000 立方米,冠梁及砼支撑 473 米,盾构掘进 1380 环,钢支撑 290 道,车站主体 40440 立方米。开工累计完成投资 49195 万元,占合同投资总额的 93.4%。

青岛地铁 1 号线土建 2 标段　位于山东省青岛市,线路长 3.3 千米。合同投资 58017 万元,合同工期 2016 年 1 月 1 日至 2019 年 8 月 31 日。主要工程量:左线掘进 2529.22 米,右线掘进 2525.57 米;矿山法区间左线 328 米,右线 328 米;明暗挖结合站 1 座、暗挖站 1 座、既有站改造 1 座。开工累计完成投资 17258 万元,占合同投资总额的 29.7%。　（李　坛）

【经营管理】　2017 年,新签合同 139 项,合同金额 340 亿元,其中,工程承揽 132 项合同金额 332 亿元、房地产销售 7 项合同金额 8 亿元。铁路 53 项 42.5 亿元,占 12.8%;公路 9 项 40.7 亿元,占 12.3%;房建 22 项 32.3 亿元,占 9.7%;城市轨道 8 项 100.7 亿元,占 30.3%;市政 28 项 113.8 亿元,占34.3%;水利电力 4 项 1.2 亿元,占 0.4%;机场码头 1 项 0.6 亿元,占 0.2%;其他 7 项 0.2 亿元,占 0.1%。完成企业产值 212.2 亿元。完成施工产值 203.2 亿元,其中,铁路工程完成 982271 万元,占 48.3%;铁路四电完成 37199 万元,占 1.8%;公路工程完成 249765 万元,占12.3%;城市轨道完成 237909 万元,占11.7%;市政工程完成 207286 万元,占 10.2%;房建工程完成 227859 万元,占 11.2%;电力工程完成 50988 万元,占 2.5%;水利工程完成 35654 万元,占 1.8%;其他工程完成 3542 万元,占 0.2%。

资本经营管理。“双轮驱动”战略定位下,利用 PPP 类项目的特点和有利条件,项目建安费下浮率优势明显,创造较大的施工利润空间。培养一批具备经营、财务、法律、工程等多种专业复合知识结构、综合素质相对较高的人才团队。纳入集团公司资本经营管理的项目 18 个,项目规模超过 310 亿元,计划投资总额 160 亿元。计划总投资 24.73 亿元(资本运营项目计划 5.63 亿元,房地产 18.62 亿元,固定资产 0.48 亿元),实际完成 19.95 亿元。新中标资本运营项目 4 个,房地产开发土地 2 宗,项目规模超过 186 亿元,其中资本运营项目,集团公司拟投入资本金约 3.2 亿元。资本经营项目规模 313 亿元。

企业管理。取得市政工程施工总承包特级资质及市政行业工程设计甲级资质。制定《集团公司公路特级资质申报工作实施立方米案》,全面展开公路特级资质申报工作。印发“十三五”发展规划,通知在全局范围内组织贯彻落实。取得水利信用 3A 评价证书。取得地质灾害防治甲级证书。成立建筑工程分公司,属于集团直属分公司。成功中标广州北站综合交通枢纽开发建设 PPP 项目。该项目 PPP 运作立方米式采用建设—运营—移交 + 委托运营(BOT + O&M)合作模式。项目公司注册资本金 1 亿元,由广州北站开发建设有限公司(花都区政府立方米)、中铁二十二局集团有限公司、中铁第四勘察设计院集团有限公司、广州金控花都金融投资有限公司按股比为 10%:19%:1%:70% 现金出资,即 1000 万元、1900 万元、100 万元、7000 万元。集团公司与广州广花基金管理有限公司组成联合体中标广州北站至广州白云国际机场快速通道融资施工总承包工程(首期工程),为顺利实施该项目,合资成立广州北广市政投资建设有限公司,注册资本 1000 万元,其中,集团公司占股比 40%,广州广花基金管理有限公司占股比 60%。广州分公司更名为中铁二十二局集团有限公司市政工程公司。修订集团公司章程及所属子公司的章程变更。集团公司按计划完成黄石天方科技置业有限公司、太原房地产开发有限公司 2 家房地产项目公司和哈尔滨铁路建设集团天津建筑工程有限公司和吉林工程有限公 2 家经营性子公司的压减任务。迎接股份公司“十三五”信息化规划宣贯及信息安全和正版化业务现场督查工作。组织机关部门和相关单位参加新版标准的培训学习并取得内审员证书。对《管理手册和程序文件汇编》进行修订换版。组织三标体系专家对集团公司进行内审、外审工作。配合德勤会计师事务所对集团公司机关、哈建公司和京沈京冀段,哈佳,哈牡 3 个项目进行内控审计第一阶段(中期内控测试)工作。

经济责任管理。签订 2017 年各工程公司生产经营责任状及当年中标的铁路项目内部承包合同、内部分包合同,与各工程公司及亏损项目负责人签订《2017 年度亏损整治责任状》。下发《中铁二十二局集团有限公司 2017 年“瘦身健体”提质增效工作实施方案》。制定集团公司二次经营工作目标指标。变更索赔专家组对昆玉铁路、沪昆客专、铜玉铁路、京沈客专辽宁段、银西铁路、哈牡客专、潼荣高速、长株潭城际、成峨铁路、京通铁路、叶赤铁路等重难点项目实施跟踪,对在建项目二次经营工作进行督导和帮扶,对清概项目进行详细策划,组织项目部全面清理存在的问题。开展劳务分包专项治理暨成本管理综合督导检查。完成计价产值 203.25 亿元,实现变更索赔额37.49亿元,变更索赔率 18.45%,变更索赔额、变更索赔率较去年同期增长 13.18 亿元、1.89%。完成收入 186.26 亿元,发生成本 173.27 亿元,实现综合收益 12.99 亿元,平均项目综合收益率 6.98%。

审计工作。下设独立审计机构 10 个,审计人员 38 人。自风险内控工作纳入审计部门以来,设置专人负责风险内控工作，对新进人员进行业务培训。完成审计任务8项。对所属5个资本运营项目开展审计自查。组织召开审计总结及问题整改部署会，印发《中铁二十二局集团有限公司审计整改工作实施立方米案》。完成2016年度集团公司风险内控报告、企业年度报告的编制、审核及上报工作；组织集团公司2017年重大风险评估工作，下发重大风险管控通知，要求各责任单位制定切可行的风险管控实施立方米案；在股份公司组织的2016年内控评价及考核工作中，集团公司位于A类。

（熊　强　阮敬科　马　珂　杨晓东　殷文俊）

【安全质量】　2017年度工程质量一次验收合格率100%。获国家优质工程银质奖3项，省部级优质工程奖4项，铁建杯优质工程7项，局级优质工程奖7项。获国家级优秀质量管理小组4个，省部级优秀质量管理小组28个。开展2次安全质量综合检查，1次防坍塌专项检查。组织4期226人的安全质量培训、再教育和取证工作，其中安全质量管理干部培训13人，安全质量培训3期213人。　（陈　頔）

【科技成果】　申请专利41件，其中发明专利14件。获专利授权26件，其中发明专利12件。获福建省级工法5项；中国施工企业管理协会科学技术奖二等奖2项；股份公司科学技术二等奖1项、三等奖1项；股份公司优秀工法一等奖2项、二等奖4项；股份公司优秀论文二等奖3篇。8项成果通过股份公司科技成果评审，其中评定国际领先水平1项、国际先进水平3项、国内领先水平3项；5项成果通过股份公司工法关键技术评审，其中评定为国内领先水平4项、国内先进水平1项。36项科研项目列入集团公司年度科技开发计划，资助经费181万元；延续研发课题61项，结题19项，解除课题3项。评定科学技术奖10项、企业级工法14项、优秀论文104篇。参编中国铁路总公司《高速铁路CRTSIII型板式无砟轨道施工质量验收标准》《铁路混凝土梁支架法现浇施工技术规程》2项技术标准规范。印发《集团公司“十三五”科技发展规划》。“高速铁路建造技术”“水下隧道建造技术”2项成就列入股份公司公布的2006—2016年中国铁建十大科技成就主要贡献单位之一；《2017G005－D－严寒地区高速铁路岔区无砟轨道道床长寿命混凝土制备工艺及施工技术研究－京沈客专》《2017G007－G－银西高铁黄土塬区隧道修建技术研究－银西铁路》2项课题列入铁路总公司科技研究开发计划；《大断面管廊长距离过海顶管技术研究》《湖滨南路污水管跨17号排洪沟“快修式倒虹系统工程技术研究”》2项课题列入福建省科研计划项目；《多因素综合作用下的大断面瓦斯突出隧道通风灾害防治重大技术成果转化项目》列入北京市高新技术成果转化项目，获资助260万元；《大断面管廊长距离过海顶管技术研究》列入股份公司科技研究开发计划，获资助30万元。哈建公司与哈尔滨工业大学联合通过认定《黑龙江省寒区轨道交通工程》技术研究中心。二公司、电气化公司通过国家高新企业认定。

（叶昌尧）

【党群工作】　党的工作。下辖基层党委（党工委）26个、党总支16个，党支部271个，发展党员92人。修订《四好领导班子评比办法》，制定集团公司《领导干部选拔任用工作流程》《区域指挥部人事管理规定》等规章制度。认真宣传贯彻党的十九大精神。召开动员部署视频会议。下发《关于开展学习宣传贯彻党的十九大精神主题活动的通知》等4个文件；开展“党委书记宣讲十九大精神”主题活动、“不忘初心、牢记使命”主题演讲活动、经典语录书法比赛等活动；集团公司党委中心组两次组织集中学习贯彻十九大精神，并进行专题研讨；实行“互联网＋宣传”，十九大前后相继在内刊、微信、宣传栏上推送相关信息，并将党组织书记专题党课搬上微信。召开“两学一做”专题民主生活会，制定《关于推进“两学一做”学习教育常态化制度化的实施立方米案》，梳理任务清单40项。完成党建工作总体要求纳入企业章程的修订工作。制定下发《贯彻落实全国国有企业党的建设工作会议精神重点任务的措施》，修订《党委会议事规则》。坚持“三重一大”决策制度，严格执行党委会前置程序，召开党委常委（扩大）会23次，研究议题75项。制定《党建工作责任制实施办法》《党建工作情况考核暂行办法》《开展党（工）委书记抓基层党建工作述职评议考核工作实施立方米案》，召开所属二级单位党（工）委书记抓基层党建工作述职评议会。举办基层党支部书记培训班，对280名党支部书记和组工干部进行培训。制定下发《党支部规范管理工作手册》《党支部书记应知应会手册》。春节期间，拨付92000万元慰问金对46名生活困难党员和10名建国前入党的老党员进行慰问。宣传工作。在各类媒体发稿3000多篇。下发《新媒体管理、运维和考评办法》，微信公众号和6个单位公众号宣传矩阵初步形成，保持一周2～3次的推送频率，订阅用户11600人。舆情应对工作取得成效，稳妥处置玉磨铁路人员被困等突发事件。制定《企业文化建设管理办法》，制作《项目企业文化“三线”建设规范指南》，制作《不忘初心》MV。大力加强企业核心价值观教育。纪委工作。强化正风肃纪，印发约束性文件35个，通过网络平台对推送廉洁短信微信2059条。两级纪委对所属单位监督检查149次。监督选人用人任职调整334人次,干部考核测评377人次,开展任前谈话和廉洁谈话275人次。开展企业领导人员违规经商办企业专项治理工作,发现领导人员经商办企业14件移交问题线索3件。开展对亏损项目的追责处理。9家子公司均与驻地检察机关建立工作联系机制,实现“企检共建”全覆盖。对所属9家子公司开展巡察整改“回头看”,实现对三级单位的巡察全覆盖。深入学习贯彻党章、纪律处分条例、问责条例、党内监督条例。向广大党员干部及家属发放《家庭助廉倡议书》和“倡廉短信、助廉家信”。与新任职干部签订《廉洁从业承诺书》,发放《廉洁从业必读学习清单》,并建立回访制度,不定期进行回访检查。向两级主管领导、纪检监察干部推送解读党纪企规、宣传反腐形势等政策理论文章264篇。开展“清廉铁建·微视频”征集活动,编排制作的反腐微电影《第三只手》,获中国铁建“清廉铁建·微视频”大赛三等奖。出台《班子成员履行“一岗双责”意见》,建立“一岗双责”记实制度。坚持述责述廉制度。各级领导人员在职代会上接受监督和民主测评,进行述责述廉584人次。建立纪委书记谈话、约谈制度。提高履职能力,队伍建设得到不断加强,配备基层纪检监察组织机构102个,纪检组长101人,纪检员196人。建立工程公司纪委书记、副书记后备人选库,巡察人才库,案件查办人才库,“三库”人员117人。选派23名纪检干部参加上级培训。

工会工作。职工维权精准有效,通过公布监督投诉电话、召开座谈会、走访群众、查阅台账制度等形式,对项目职工工资发放、社保基金缴纳、职工休假情况进行综合检查,有力保障职工权益。建家建线工作提质升级,广泛开展“建好职工之家、当好娘家人”等活动,三公司被评为厦门市五星级“职工之家”。劳动竞赛蓬勃开展,各级工会组织联合相关部门,围绕生产经营中心,先后开展十余次劳动竞赛活动。1人获火车头奖章,2人获股份公司工人先锋奖章;一公司北京地铁6号线项目部获北京市安康杯竞赛优胜班组及北京市工人先锋号。服务保障工作深入开展,“两节”期间看望劳模先进人物48人,慰问一线职工及其家属790人,对281户困难职工家庭进行帮扶救助,发放困难补助金236万元。文体活动开展有声有色,举办集团公司第三届职工乒羽比赛,开展“团团圆缘”交友联谊,举办“走进潼荣”“走进深圳地铁施工一线”慰问演出。深入开展“培育好家风,铁建女职工在行动”等活动,女职工提升素质建功立业工程持续推进。

共青团工作。组建“爱心志愿者团队”参加社会公益活动、文明创建活动、敬老助残等活动6次200余人参与。团委携手工会在潼荣高速项目部、青岛地铁项目开展劳动竞赛暨青年突击队竞赛活动。组织开展“团团圆缘”交友联谊活动。在媒体平台发表各类稿件217篇。（王　艺　李晓晖　金嗣东　付　蓉）

【第一工程有限公司】 拥有市政公用工程施工总承包一级资质及隧道、桥梁工程专业承包一级资质,房屋建筑工程施工总承包三级,矿山工程施工总承包三级资质,铁路工程施工总承包三级资质。驻北京市石景山区鲁谷路86号。执行董事、党委书记刘继鹏,总经理汤贵海。职工1262人。资产总额227860万元。其中,固定资产原值59431万元、净值30735万元,流动资产196923万元。机械运输设备1083台(套),原值38504万元、净值22719万元,总功率79570.8千瓦,动力装备率60.24千瓦/人。技术装备率17.2万元/人。设备完好率84%,利用率74%,机械化施工程度85%。

2017年,完成产值327855万元,承揽工程769219万元,实现利润1913万元,完成上缴款1495万元,人均创利1.97万元。全员劳动生产率17.87万元/人年,职工年人均收入10.44万元,产值利润率0.46%、应上缴款完成率100%,国有资产保值增值率30.16%,净资产收益率11.47%,资产负债率91.25%。（杜　莉）

【第二工程有限公司】 拥有铁路铺轨架梁工程专业承包一级资质。2004年3月,由中铁工程集团公司线路工程处、机械化工程处呼准铁路工程指挥部和原中铁十八局集团四公司铺架分公司整合重组而成。驻北京市石景山区实兴大街30号院6号楼。执行董事、总经理杜以军,党委书记吴延江。职工1079人。资产总额151457.87万元。其中,固定资产原值39482.85万元、净值15239.1万元;流动资产136140.98万元;其他资产77.78万元。机械运输设备689台(套),原值35291.85万元、净值11723.28万元,总功率53162.5千瓦,动力装备率48.33千瓦/人,技术装备率10.66万元/人,设备完好率87%,利用率95%,机械化施工程度93%。年施工生产能力40亿元。

2017年,新签合同额45.42亿元,完成施工产值23.01亿元,实现利润1511.93万元,人均创利1.73万元,全员劳动生产率70.1万元/人年,职工年人均收入9.04万元,国有资产保值增值率145.59%,净资产收益率10.59%,产值利润率0.81%,资产负债率88.82%,应上缴款完成率100%。（李　冰）

【第三工程有限公司】 拥有市政公用、房屋建筑施工总承包一级;公路、铁路、水利水电工程施工总承包二级;钢结构、桥梁、隧道、地基与基础、机电设备安装、电子与智能化、消防设施、古建筑、城市及道路照明、环保工程专业承包一级；建筑装修装饰工程专业二级；福建省测绘乙级资质和房地产开发资质。前身为1992年11月成立的中国铁道建筑总公司厦门办事处；2004年4月，并入中铁二十二局集团；2005年7月，由厦门中铁建设公司变更为厦门中铁建设有限公司；2008年7月，由厦门中铁建设有限公司变更为中铁二十二局集团第三工程有限公司，公司注册资本金1.5亿元，注册地福建省厦门市观音山国际商务运营中心11号楼22层。2015年10月，股份公司与中铁二十二局集团共同出资成立中铁海峡建设集团有限公司，中铁二十二局集团第三工程有限公司与中铁海峡建设集团有限公司实行一套人马两块牌子；2017年3月，与中铁海峡建设集团资产剥离，第三工程有限公司仍归中铁二十二局集团有限公司管理。于2017年12月25日搬迁到集美区同集南路301号中铁海新大厦B栋2楼。执行董事兼党委书记邹德松，总经理吴建华。职工1279人。资产总额300070.9万元。其中，固定资产原值23105.3万元、净值11033.9万元；流动资产287732.7万元；其他资产1304.3万元。机械运输设备793台（套），资产原值16418.8万元，净值8820.1万元；设备总功率37690.68千瓦；动力装备率33.56千瓦/人；技术装备率7.85万元/人；设备完好率100%，设备利用率92%。

2017年，经营承揽117.16亿元。完成施工产值42.5亿元，实现利润5557.7万元，年净利润4007.5万元，人均创利5.59万元，全员劳动生产率332万元/人年，职工年人均收入9.3万元，国有资产保值增值率88%，净资产收益率4.10%，产值利润率1.39%，投资回报率1.55%，资产负债率92.39%，应上缴款完成率100%。（王静敏）

【第四工程有限公司】 拥有公路工程、房屋建筑、水利水电、市政公用工程施工一级总承包资质，隧道、公路路基、铁路铺轨架梁、桥梁工程专业承包一级资质，铁路工程施工总承包、预应力工程专业承包二级资质，爆破作业专项资质。驻天津市武清开发区创业总部基地B16。前身是组建于1958年中国人民解放军铁道兵第三十九团；1984年，集体转业并入铁道部，更名为铁道部第十八工程局第四工程处；1999年11月，与铁道部脱钩，更名为中铁第十八工程局第四工程处；2001年10月，改制后更名为中铁十八局集团第四工程有限公司；2004年3月，重组合并为中铁二十二局集团第四工程有限公司。执行董事陈延军，党委书记陈延军。下辖9个指挥部和混凝土搅拌站管理中心、物资设备租赁中心。职工3133人。资产总额40.67亿元。机械运输设备4033台（套），净值1.68847亿元，总功率79238.31千瓦，动力装备率24.72千瓦/人，技术装备率5.27万元/人，设备完好率78%，利用率86%，年施工生产能力45亿元。

2017年，新签合同额30.49亿元，完成施工产值45.1亿元。营业收入40.88亿元，实现利润2899万元，净利润2658万元。职工年人均收入70460元。（李　玲）

【第五工程有限公司】 拥有市政工程总承包一级、公路工程总承包二级、房屋建筑工程总承包二级、隧道工程专业承包一级、公路路基工程专业承包三级、公路路面工程专业承包三级、地基与基础工程专业承包三级、水利水电总承包三级资质。2006年3月成立，由中铁二十二局集团重庆分公司和中铁二十二局集团第四工程有限公司第三分公司重组而成。驻重庆市北碚区文长路2号。执行董事兼党委书记汪新立，副总经理孙俭峰（主持经理层工作）。职工846人。资产总额145728万元。其中，固定资产原值24977万元、净值12270万元；流动资产133110万元；其他资产12618万元。机械运输设备380台（套），原值10184.62万元、净值4485.35万元，总功率47135.35千瓦，动力装备率57.48千瓦/人，技术装备率5.4万元/人，设备完好率89.81%、利用率84.72%。年施工生产能力25亿元。

2017年，新签合同额59631万元，完成施工总产值174414万元，实现利润总额1313万元，净利润1072万元。职工年人均创利1.6万元，全员劳动生产率210万元/人年，职工年人均收入8.2万元。国有资产保值增值率112.25%，净资产收益率2.19%，产值利润率0.9%，资产负债率89.22%。（陈灵玲）

【哈尔滨铁路建设集团有限责任公司】 拥有铁路工程施工总承包一级、建筑工程施工总承包一级、市政公用工程施工总承包一级、公路工程施工总承包二级、桥梁工程专业承包一级、钢结构工程专业承包一级、建筑机电安装工程专业承包二级、铁路铺轨架梁工程专业承包二级、建筑装修装饰工程专业承包二级、预拌混凝土专业承包资质。执行董事、党委书记周振兴、总经理熊钦武。职工3260人。资产总额347071万元。其中，固定资产原值37958万元、净值17389万元；流动资产326516万元。机械运输设备1962台（套），原值20288.3万元、净值7381.9万元，总功率76848千瓦，动力装备率28.07千瓦/人，技术装备率3.08万元/人，成新率41%，完好率80%，利用率75%。

2017年，新签合同38项，合同额45.94亿元，施工

产值35.3亿元,实现净利润1638万元。　（齐　锐）

【电气化工程有限公司】　拥有铁路电务工程专业承包一级,铁路电气化工程专业承包一级,电子与智能化工程专业承包一级,建筑机电安装工程专业承包一级,通信工程施工总承包三级,输变电工程专业承包三级,《承装(修、试)电力设施许可证》二级承装、四级承修、三级承试类资质。拥有电气试验国家级检验检测资质以及第二类增值电信业务许可。主要承建铁路“四电”和公路机电安装、电信、建筑智能化、送变电、风力发电等专业工程施工。前身为中铁工程集团有限公司电务工程处;2004年4月,与哈尔滨铁路局电务工程段合并整合重组为中铁二十二局集团北京电气化工程有限公司;2005年11月,更改为现名。注册资本金10000万元。驻北京市门头沟区永定镇龙兴南二路中国铁建梧桐汇S13号楼14－18层。执行董事长兼党委书记杨金有,总经理程治平。职工662人。资产总额97675.58万元。其中,固定资产净值8351.5万元;流动资产88907.1万元;其他资产416.98万元。负债总额87133.68万元。机械运输设备240台(套),原值3794.9万元、净值903.94万元,总功率11830千瓦,动力装备率17.55千瓦/人,技术装备率1.34万元/人,设备完好率88.63%,利用率87.42%,成新率23.82%。

2017年,新签合同额40965万元,完成产值60389.65万元,实现利润1009.58万元,人均创利1.64万元,全员劳动生产率21.42万元/人年,国有资产保值增值率112.80%、净资产收益率2.74%、产值利润率2.2%、投资回报率2.25%、资产负债率89.21%、应上缴款完成率100%。　（韩　宇）

【北京中铁天瑞机械设备有限公司】　北京中铁天瑞机械设备有限公司与北京铁建互联科技有限公司是公司的2个平行单位。主要经营销售机械设备、家具、家用电器、建筑材料、日用品、焦炭、建筑材料;建设工程项目管理;经济贸易咨询;企业管理咨询;基础软件服务、应用软件服务、软件开发、自行开发后的产品、计算机、软件及辅助设备;技术咨询、技术开发、技术服务、技术转让、技术推广;维修机械设备;租赁建筑工程机械;货物进出口、技术进出口、代理进出口、货物运输代理;仓储服务;批发(非实物立方米式)预包装食品;出租商业用房。驻北京市石景山区银河大街6号院1号楼A2座203室。执行董事、党委书记柯治国,总经理、党委副书记吕良和。职工119人。资产总额227120万元。其中,固定资产原值6219万元、净值5333万元。

2017年,签订合同额1.13亿元。完成营业收入3.46亿元,实现净利润604万元;企业资产负债率9.66%,毛利率15.27%;清收逾期欠款7563万元。签订框架采购合同403个,采购设备868台,合同金额4.3亿元。行业销售完成产值5643万元,实现净利润668.86万元;完成配件销售产值1877万元,实现净利润146万元。　（史赞暄）

【房地产开发有限公司】　拥有房地产开发二级资质。经营范围:房地产开发;物业管理;专业承包;技术服务、技术开发;销售机械设备、建筑材料;房地产信息咨询;企业营销策划;投资咨询;投资管理。2011年2月22日成立,专业从事房地产开发及相关业务,注册资本金55100万元。驻北京市石景山区实兴大街30号院6号楼11层。董事长、党委书记熊乾,总经理陈慧英。职工338人。资产总额430755万元。其中,固定资产1786万元,流动资产420115万元。

2017年,完成投资181492万元,实现营业收入43728万元,实现利润总额3743万元,实现净利润2605万元。人均创利11.55万元,全员劳动生产率58.46万元/人年,职工年人均收入14.05万元。国有资产保值增值率102.89%,净资产收益率2.98 %,投资回报率1.44 %,资产负债率79.5%,应上缴款完成率109%。　（梁　琦）

【中铁京诚工程检测有限公司】　拥有计量认证资质(检测能力为17大类1163个参数)及公路工程试验综合乙级资质(检测能力为13大类116个参数)。2015年11月成立,实行1个机构两块牌子。试验检测范围覆盖铁路、公路、房建、地铁、港口、城市轻轨等工程检测项目。驻北京市房山区长阳镇天瑞嘉园2号楼北侧。执行董事、总经理李加良。职工27人。

2017年,企业产值2403.97万元,利润74.98万元,人均创利7279.67元,全员劳动生产率163961.77元/人年,职工年人均收入102914.91元,国有资产保值增值率104.26%,净资产收益率4.17%,产值利润率3.12%,资产负债率23.38%。　（石素泽）

【建筑工程分公司】　由集团公司原哈齐高铁项目、哈建集团牡丹江站房项目、牡丹江房建项目人员整合组成。2017年6月26日在河北雄县揭牌成立。驻河北省保定市雄县高速引线东侧。党委书记张国华,总经理张春秋。职工220人。　（赵学成）

【市政工程公司】　2017年11月16日由原中铁二十二局集团有限公司广州分公司更名成立。驻广州市花都区新华镇。党委书记程勇军，总经理张金龙。职工 191 人。资产总额 1.01 亿元，其中流动资产 1.01 亿元。

2017 年，中标总额 34.2 亿元。完成企业总产值 3.37 亿元，施工产值 3.37 亿元，实现净利润 0.08 亿元，人均创利 4.2 万元，人均产值 176.4 万元，职工年人均收入 11 万元、产值利润率 2.37 %，资产负债率 100%，应上缴款完成率 100%。 （刘 学）

【铁路运营指挥部】 1998 年 10 月组建，2004 年划归集团公司管理，为机关派出机构。主要职能牵头协调工作，加强中铁建总公司参与铁路运营单位与神华集团和神朔铁路公司的业务联系，代表总公司与神华神朔铁路公司谈判铁路运营合同及长期合作，并协调管理总公司系统内参与运输各单位之间的相关事宜，制定统一的规章制度和监督管理运输安全工作。驻北京集团公司机关和神朔铁路神木北车站。指挥长杨继彤。

2017 年，完成运送重车 13798 列、货运量 8066 万吨，货物周转量 924220 万吨千米。机车平均运用率 81.3%、全周时 14.7 小时。 （杨继彤）

【重要记载】

▲1 月 7 日 集团公司与嘉峪关市签署战略合作框架协议。

▲1 月 22 日 集团公司取得市政公用工程施工总承包特级资质。

▲2 月 22 日 三公司与国家开发银行厦门分行签署战略合作协议。

▲3 月 23 日 集团公司与茅台酒厂（集团）有限责任公司共同组织的“物资设备集中采购经验交流座谈会”在北京召开。

▲5 月 18 日 集团公司设立建筑工程分公司。

▲6 月 26 日 建筑工程公司揭牌仪式在雄安新区举行。

▲7 月 7 日 集团公司与北控水务集团签署战略合作协议。

▲8 月 31 日 天瑞嘉园小区天瑞之星幼儿园成立。

▲11 月 1 日 市政工程公司成立。

▲11 月 6 日 承建的哈齐铁路客运专线松花江特大桥工程、新建哈尔滨铁路集装箱中心站工程、兰州至海口国家高速公路广元至南充段工程获 2016—2017 年度国家优质工程奖。

▲12 月 1 日 集团公司获水利部颁发的水利 AAA 信用等级证书。

▲12 月 28 日 贵州茅台酒厂茅台酒 6600 吨技改工程启动。 （罗小慧 尚梅英）

中铁二十三局集团有限公司

【简况】 拥有铁路工程施工总承包特级，公路工程施工总承包特级、市政公用、水利水电、房屋建筑、机电安装、矿山工程施工总承包一级，援外工程 A 级，桥梁、隧道、公路路面、公路路基、钢结构、爆破与拆除、城市轨道交通工程专业承包一级，混凝土预制构件、铁路电务工程承包二级，建筑行业（建筑工程）甲级，城乡规划编制、工程勘察乙级，劳务类、市政设计丙级资质。具有对外经营权。2004 年 3 月，由原中铁路桥集团有限公司、齐齐哈尔铁路建设集团有限公司、中铁十四局集团第一工程有限公司、中铁十五局集团第三工程有限公司整合重组而成。驻四川省成都市二环路西二段 10－1 号。资产总额 208.14 亿元。其中，固定资产原值 32.76 亿元、净值 10.32 亿元；流动资产 188.44 亿元；非流动资产 19.70 亿元。机械运输设备 10740 台（套），原值 168866 万元、净值 47236 万元，总功率 287185 千瓦，动力装备率 26.74 千瓦/人，技术装备率 4.4 万元/人，大型设备完好率 91.73%、利用率 57.67%。年施工能力 200 亿元以上。

2017 年，完成经营承揽 328.26 亿元（不含二次经营），其中投融资项目 11.757 亿元，海外项目 7008.52 万元。完成营业收入 178 亿元，完成企业总产值173.0257亿元。实现净利润 5272 万元。完成主要实物工程量：土石方 5247.43 万立方米，隧道 45537.1 延长米，桥梁 32120.29 延长米，公路 112.81 千米。获授权专利 15 件，省部级科技奖 9 项、工法 11 项，国家级 QC 小组 4 项、省部级 8 项。获国家知识产权优势企业、全国工程建设 QC 小组活动优秀企业、四川省企业技术创新发展能力 100 强第十名。连续 9 年获全国“安康杯”优胜单位；电务公司获四川省“安康杯”竞赛优胜单位；获四川省企业技术创新能力发展 100 强企业、四川省人力资源和社会保障厅劳动保障守法诚信 A 级企业；1 人获全国五一劳动奖章。 （邓东林）

【领导人员】

董事会

董事长 孙圣杰

董事 肖红武

田宝华
孙秀安(12月免)
柴振泽(12月任)
职工董事　张庆军

监事会

监事会主席　李　强
监事　王爱敏(2月任)
职工监事　马　磊

经理层

总经理　肖红武
副总经理　田宝华
孙秀安
王　武
王明波
喻丕金
柴振泽
总工程师　田宝华(兼)
总会计师　柴振泽(兼)

党群领导

党委书记　孙圣杰
党委副书记　肖红武
纪委书记　李　强
工会主席　张庆军(兼)

（徐哲博）

【区域经营指挥部】 华南区域指挥部　驻广东省广州市番禺区桥兴大道737号。指挥长钟勇。

华东区域指挥部　驻上海市普陀区中山北路2438号中瑞商务大厦5A座。指挥长王明波。

西南区域指挥部　驻四川省成都市金牛区茶店子路1号顶峰水岸汇景2栋2单元。指挥长喻丕金。

宁晋区域指挥部　驻宁夏回族自治区银川市金凤区新昌西路时代之星家园8号楼3单元101室。指挥长曹鹏程(4月任,8月免)。

西北区域指挥部　驻陕西省西安市新城区金花北路301号。指挥长杨鑫(5月免)、曹鹏程(8月任)。

北方区域指挥部　驻辽宁省沈阳市浑南新区天赐街7-3号曙光大厦C座2103室。指挥长王武。

中南区域指挥部　驻湖北省武汉市武昌区徐家棚街办事处福星惠誉水岸星城B区G3-2-1301号。指挥长袁勇。

京津冀区域指挥部　驻北京市丰台区草桥镇国寺北街。指挥长刘地阔。（徐哲博）

【工程项目指挥机构】 贵广铁路工程指挥部　驻广西壮族自治区桂林市阳朔县田园路1号。常务副指挥长袁勇。

沪昆铁路客运专线指挥部　驻贵州省贵阳市乌当区新添大道南方汇通公司生活园区。指挥长赵永明。

哈齐铁路客运专线指挥部　驻黑龙江省齐齐哈尔站前大街180号。指挥长周才华。

兰渝铁路工程指挥部　驻重庆市北培新区培南大道88号军都酒店。指挥长王忠勋。

哈佳铁路工程指挥部　驻黑龙江省佳木斯市向阳区杏林路372号。指挥长袁正国。

深茂铁路J米ZQ-7标工程指挥部　驻广东省阳江市阳西县永光路中铁二十三局集团深茂铁路指挥部。指挥长孙国臣。

南广铁路项目经理部　驻广东省德兴县龙母大街县委党校。项目经理潘小文。

涪秀二线铁路工程项目经理部　项目经理刘顾集。

格鲁吉亚现代化铁路项目经理部　项目经理陈文萍。（徐哲博）

【职工队伍】 职工10957人。其中,干部7035人、工人3922人。硕士研究生及以上学历66人,大学本科及以上人员4129人,大学专科2848人,高中及以下人员3914人;技术工人3879人,其中,高级技师78人、技师252人、高级工874人。（徐哲博）

【铁路工程施工】 新建深圳至茂名铁路江门至茂名段J米ZQ-7标段　位于广东省茂名市,标段长54.2千米。合同投资186702万元,合同工期2014年12月1日至2017年11月30日。主要工程量:区间路基土石方644.323万立方米,站场土石方217.527万立方米,双线桥梁22座12835.925延长米,框架中小桥6座115.64延长米;公跨铁桥梁5座720延长米;隧道2座768延长米;盖板箱涵61座2397.14横延米;框架涵111座3079.22横延米。

新建哈尔滨至佳木斯铁路平安屯至佳木斯段HJZQ-8标段站前工程　位于黑龙江省佳木斯市,线路长11.84千米。合同投资135409万元,合同工期2014年10月15日至2018年12月30日。2017年,完成投资48607万元,开工累计完成投资132413万元,占总投资的97.78%。

渝怀铁路涪陵至梅江段(成都局管内)增建二线站前工程7标段　位于重庆市酉阳县,线路长67.918千米。合同投资118368.17万元,合同工期44个月。主要工程量:站前路基土石方158万立方米,路基67.9千米,隧道14座15529延长米,桥梁21座5346.31延长米,涵洞256座2789.69横延米,站场5

处;无砟道床10.423千米,有砟道床57.5千米;电力线路73.33千米,通信线路67千米。2017年,完成投资43000万元,开工累计完成投资68700万元,占总投资的58%。

大瑞铁路大保段第2标段　位于云南省,线路长31.984千米。合同投资95366万元,合同工期2008年3月31日至2020年6月30日。主要工程量:区间路基土石方39.2万立方米,站场土石方117.4万立方米,特大桥1座627.57延长米,大桥8座1929.6延长米,中桥3座230.5延长米,大坡岭隧道14664延长米。2017年,完成投资12893万元,开工累计完成投资73866万元,占总投资的77.45%。

成昆铁路米易至攀枝花段扩能改造工程站前工程米PZQ-3标段　位于四川省攀枝花市,线路长30.25千米。合同投资159253万元,合同工期2013年12月至2019年6月。主要工程量:路基土石方158.76万立方米,桥梁1346.95延长米,隧道27652延长米。2017年,完成投资32290万元,开工累计完成投资153562万元,占总投资的96.42%。

哈尔滨至牡丹江铁路电气化改造工程ZQTJ-1标段　位于黑龙江省哈尔滨站,线路长15.23千米。合同投资69565万元,合同工期2015年10月27日至2017年12月31日。主要工程量:平改立交桥48座,通讯线路迁改270.651千米,电力线路迁改73.28千米;土石方23.71万立方米;铁路桥6座73.51延长米,框架桥2座173顶平方米;涵洞12座266.84横延米;铺轨9.097千米,铺岔39组。2017年,完成投资33916万元,开工累计完成投资64469万元,占总投资的92.67%。

长西铁路CX-1标段　位于开安站,线路长81.715千米。合同投资142726.12万元,合同工期2016年2月20日至2018年9月20日。主要工程量:站场路基土石方160.7472万立方米;区间路基土石方532.5893万立方米;路基60.437千米;隧道1座3640延长米;特大桥4座15936.46延长米;大桥4座917.4延长米;中桥10座783.78延长米;框架桥5座2461.3延长米;涵洞184座3409.46横延米;站场4处;制梁83孔/451片,悬臂式连续梁2联;无砟道床3.59千米。2017年,完成投资21374万元,开工累计完成投资36103万元,占总投资的25.3%。　(杨勇涛)

【铁路外工程施工】　广东省仁化(湘粤界)至博罗高速公路仁化至新丰段TJ10合同段　位于广东省韶关市,全长10.398千米。合同投资68061万元,合同工期2015年10月至2017年5月。主要工程量:路基土石方472.09万立方米,桥梁3座1103延长米,隧道1座左洞2990延长米、右洞2941延长米;涵洞12座。2017年,完成投资23482万元,开工累计完成投资63955万元,占总投资的94%。

福州绕城公路东南段A8合同段　全长4.677千米。合同投资56209万元,合同工期2015年10月至2017年10月。主要工程量:路基挖方131.2万立方米,填方73.5万立方米;路基1.8千米;桥梁5座5696延长米,涵洞2座161.88横延米;制、架梁1040孔/片。2017年,完成投资19842万元,开工累计完成投资47652万元,占总投资的84.8%。

莆炎高速公路(三明市境)A1标段　位于福建省三明市,全长4.028千米。合同投资51635万元,合同工期2017年5月至2019年5月。主要工程量:珠峰隧道862延长米,后亭溪大桥右线867延长米,山头顶隧道1885延长米,路基土石方71.9万立方米。2017年,完成投资16268万元,开工累计完成投资19418万元,占总投资的37.6%。

深圳外环高速公路深圳段工程第8合同段　位于广东省深圳市,全长5.927千米。合同投资74604万元,合同工期2016年10月至2019年3月。主要工程量:路基挖方269万立方米,填方99万立方米;路基3.029千米;隧道1座998延长米;桥梁16座3639.32延长米,涵洞19座658.15横延米;制、架梁702片箱梁;现浇梁2173.136米。2017年,完成投资13349万元,开工累计完成投资18109万元,占总投资的24.3%。

成都经济区环线高速公路蒲江至都江堰段TJ-5标段　位于四川省成都市,全长12.35千米。合同投资66166万元,合同工期2017年1月至2019年6月。主要工程量:桥梁8座2844.16延长米;预制20米箱梁465片,预制40米T梁637片;隧道1座365延长米,路基填方230方,挖方314万立方米;互通1座,涵洞、通道34座。2017年,完成投资19745万元,开工累计完成投资19745万元,占总投资的29.8%。

甘肃甜永高速公路TLKZ3标段　全长19.615千米。合同投资85668万元,合同工期33个月。主要工程量:路基土石方753.01万立方米;路基19.744千米;桥梁28座4530延长米,涵洞31座896.88横延米;制梁672片(箱梁),架梁672片(箱梁)。2017年,完成投资28996万元,开工累计完成投资58479万元,占总投资的68.3%。

连霍高速(G30)新疆境内第8合同段　位于新疆维吾尔自治区乌鲁木齐市,全长15.7千米。合同投资60095万元,合同工期2017年3月至2020年8月。主要工程量:路基土石方245万立方米,路面52.4万平方米,特大桥2座2324延长米,大桥636.5延长米,小桥3座,天桥2座,通道桥4座,涵洞39座;互通式立体交叉1处。2017年,完成投资27430万元,开工累计完成投资27430万元,占总投资的45.6%。

新疆216线第KW-1标段　位于新疆维吾尔自治区阿尔泰富蕴县,全长27.3千米。合同投资59844万元,合同工期2017年3月至2019年10月。主要工程量:分离式立交3处,通道3道,U形转弯1处,大桥9座,中桥7座,小桥6座,涵洞51道。2017年,完成投资28380万元,开工累计完成投资28380万元,占总投资的47.4%。

青岛蓝色硅谷9标段　位于山东省青岛市,全线58.44千米。合同投资53397万元,合同工期2014年4月至2017年11月。2017年,完成投资3117万元,开工累计完成投资52397万元,占总投资的98%。

成都地铁5号线土建14标段　位于四川省成都市。合同投资57000万元,合同工期2015年12月至2018年3月。主要工程量:2站2区间,全长3376.488米。2017年,完成投资23341万元,开工累计完成44900万元,占总投资的78.8%。

深圳地铁6号线6101标四工区　位于广东省深圳市,全长2579.323米。合同投资56000万元,合同工期2015年10月至2018年10月。2017年,完成投资15575万元,开工累计完成投资42450万元,占总投资的75.8%。

北京地铁19号线一期工程土建施工7合同段　位于北京市,全长1217米。合同投资79446.8万元,合同工期2017年4月至2020年12月。主要工程量:钻孔灌注桩33658.4米,土方开挖907381.5立方米,浇筑混凝土227644立方米。2017年,完成投资16098万元,开工累计完成投资16098万元,占总投资的20.3%。

吉林中部城市引松供水工程6标段　位于吉林省长春市,全长18.73千米。合同投资58884万元,合同工期2015年10月至2019年5月。主要工程量:隧洞17666延长米。2017年,完成投资14127万元,开工累计完成投资32074万元,占总投资54.5%。(杨勇涛)

【境外工程】　格鲁吉亚现代化铁路项目　位于格鲁吉亚。合同投资175632.6万元。全长56.56千米,设计时速旅客列车120千米、货运列车80千米。主要工程量:铁路改造18.26千米、新建铁路38.30千米;路基土石方501万立方米;桥涵26座3855延长米;隧道10座15145延长米。

E60公路萨姆特雷迪亚至格里格勒提段第4标段　位于Grigoleti。合同投资29433.86万元。2015年5月24日开工。主要工程量:双向4车道高速公路9.57千米,立交桥2座,涵洞41座1719横延米。

(祝　虎)

【经营管理】　加强经营资源配置。增设京津冀、中南区域指挥部,充实各省市经营机构,区域经营布局进一步优化。创新经营模式。通过资质平移、投资参股、与大型央企合作等多种方式优化完善经营资源。完成经营承揽328.26亿元(不含二次经营),其中,投融资项目11.757亿元、海外项目7008.52万元。为股份公司年度计划270亿元的121.27%;完成营业收入178亿元,为股份公司年度计划177亿元的100.56%;实现净利润5272万元,同比增长15.86%,为股份公司年度计划5000万元(报表净利润)的105.44%。　(娄　华)

【工程项目管理】　紧紧围绕"项目管理规范年"活动主题,明确工程公司建设是载体。工程公司充分履行工程项目管理的主体责任,严格按照"法人管项目"的要求实施管理。狠抓"三基"工作建设。从制度办法入手、从体制机制出发,把项目管控的全生命周期、全生产要素纳入"工程项目管控清单",厘清集团公司、区域指挥部、工程公司、项目(指挥)部等在各阶段、各要素、各层级的责权利。重视"投标阶段"的第一道关口。严格坚持股份公司要求的"六不揽"和"七严禁"原则,确保承揽质量。明确上场决策程序是前提。提前做好上场决策,避免因决策失误造成效益流失、信誉损失,做到事前控制。做好"开工前阶段"各项准备工作。严格按照《工程项目上场决策程序及实施规定》,明确各层级的决策权限、决策程序和决策时间节点。采用"四新"技术降本增效。增加科技投入、积极运用"四新"技术,不断提高工程质量、提升企业施工生产能力,降低生产成本,创造最佳效益。严格"施工阶段"管控。高度重视和全力抓好安全、质量的管控,杜绝安全质量等级事故的发生,并尽可能减少一般安全质量事故。落实收尾项目管理,确保颗粒归仓。确保全面完成施工(包括变更设计)图纸内容,做到无死角、全到位。全面收集、详细整理各种基础资料并完善确认手续。进一步强化安全质量管理。坚持"以人为本,重在教育和预防"的原则,形成有效的生产流程安全监督机制。强推"信息化建设",提升管理效率。从投标承揽开始、到竣工收尾的项目管控全过程加以充分运用,及时建立系统、适时录入数据、全面进行运维。启动问责手段。开展专项检查、内部审计、纪检巡查等系列工作。培育良好的项目管理文化土壤。局处两级机关建设。规范项目管理的需要,延伸机关部门的管理与服务。

(杨勇涛)

【财务成本管理】 推行多项财务管理办法对企业成本控制，从源头上针对企业资本进行管控。绩效管理、全面预算管理、“三项招标”、物资集采、责任成本和二次经营等工作扎实推进；“双清”和“两金”压降取得实效；开展云信和股权融资业务，拓宽融资渠道，降低融资成本和资产负债率；妥善应对国家税务总局重点稽查和争取税收优惠，减少纳税成本；通过法律维权避免近1.5亿元的损失风险；通过落实审计整改，增收节支3595万元、挽回损失242万元。（唐 佳）

【安全质量管理】 抓现场安全管理，安全形势总体平稳。哈佳铁路全线铺轨贯通、格鲁吉亚T9隧道胜利贯通、无日天沟大桥163米高墩顺利封顶、深茂铁路主体完工、涪秀项目召开全线观摩会，铜万、安定、东昌、兴华、资兴、简蒲等公路项目竣工通车，向莆铁路获“李冰奖”，贵广铁路幸福源桥和6067工程获“天府杯”金奖，上海轨道交通16号线获詹天佑奖，九江公路长江大桥获国家优质工程奖。（乔 宏）

【科技开发管理】 以现有国家企业技术中心为核心的创新平台建设，集团公司、二公司、轨道公司通过高新技术企业认定。加强磁浮轨道梁、无砟轨道、高墩桥梁等重大专项创新科研平台的建设，设计院成立BI米设计研究中心，二公司“深圳外环高速公路红花岭隧道项目施工BI米应用”获第三届中国工程建设BI米大赛三等奖。获授权专利15件，省部级科技奖9项、工法11项，国家级QC小组4项、省部级8项。获国家知识产权优势企业、全国工程建设QC小组活动优秀企业、四川省企业技术创新发展能力100强第十位。（霍 莉）

【党的工作】 不断加强自我学习和党性锻炼。在党群建设工作中，主要着眼于加强思想建设。自觉增强“四个意识”，坚定“四个自信”，紧紧围绕坚持和加强党的全面领导，全面推进党的政治建设、思想建设、组织建设、作风建设、纪律建设。加强纪律建设。持续开展“正风肃纪、追责立威”，开展经常性纪律教育，让党员、干部知敬畏、存戒惧、守底线，习惯在受监督和约束的环境中工作生活。深化运用监督执纪“四种形态”，强化监督执纪问责，有针对性地建章立制，把制度的篱笆扎得更紧。加强作风建设。抓住领导干部“关键少数”，牢固树立“四个意识”“五个过硬”，以上率下，形成“头雁效应”。关注“四风”问题新表现新动向，对表态多调门高、行动少落实差的严肃问责。重点整治两级机关作风，使之从不作为到想作为，改变慵懒散的作风，杜绝门难进，脸难看的衙门作风，切实将机关打造成务实高效、忠诚担当、清正廉洁、团结奋进的团队。加强监督体系建设。贯彻巡视工作方针，以政治建设为统领深化政治巡视，统筹安排常规巡视，深化专项巡视，强化机动式巡视，综合运用巡视成果，狠抓整改落实，提升全覆盖质量，切实发挥巡视“利剑”震慑作用。（包小蓉 刘 强）

【工会工作】 1人获全国五一劳动奖章，2人获全国火车头奖章。获火车头奖杯1个，四川省工人先锋号1个，全国“安康杯”安全文化宣传先进单位1个，先进个人1名，股份公司“特色品牌工作”一等奖1个。股份公司工人先锋号2个，工人先锋号奖章2名，劳动竞赛优秀组织者1名。组织劳动模范、创效功臣、集团工匠、杰出青年表彰大会，组织评选表彰劳模等40余名。拨付送清凉资金200多万元，走访慰问座谈8个子公司机关10多个项目，看望职工1136人，召开20次职工座谈会，撰写《当前职工思想动态调研分析报告》。开展“互联网+工会”活动，响应中国铁建号召，开通集团数字移动图书室；微信公众号6月份开播，推出45期，中国铁建转发推送15条。（刘人杰 白传晓）

【共青团工作】 开展“不忘初心 牢记使命”专题教育学习为契机，认真学习贯彻党中央关于加强群团工作会议精神，围绕企业中心工作服务青年，服务企业。在党的十九大召开期间，积极组织广大团员青年观看党的十九大开幕式，盛会圆满闭幕后及时展开学习讨论、撰写心得体会文章，积极组织派员参加股份团委“不忘初心 牢记使命”主题演讲比赛。深入开展主题活动，服务企业中心任务。积极引导和发动广大团员青年，围绕企业生产经营中心开展工作。组织青年员工进行讨论、学习，鼓励发动广大青年紧跟党的步伐。发挥桥梁纽带作用，服务青年健康成长，加强团员青年教育培训，促进岗位成才。加强团的自身建设，大力推进基层团建，健全组织机构，营造团建工作良好环境。（古 艳）

【第一工程有限公司】 拥有公路、市政工程施工总承包一级，铁路、水利水电、房屋建筑施工总承包二级，桥梁、隧道、机场场道、公路路基及路面专业承包一级资质。前身系中国人民解放军铁道兵第四师第十六团；1984年1月，奉中央军委、国务院命令集体转业并入铁道部，更名为铁道部第十四工程局第一工程处；2001年11月，改为中铁十四局集团第一工程有限公司；2004年3月，重组为中铁二十三局集团第一工程有限公司。驻山东省日照市东港区黄海二路65号。执行董事、党委书记惠希文，总经理安茂平。职工1914人。

资产总额256664万元。其中,固定资产净值9774万元;流动资产241952万元;其他资产14711万元。机械运输设备1784台(套),净值7836.91万元;设备总功率66646.19千瓦,机械设备完好率76.471%、利用率81%;动力装备率34.82千瓦/人。

2017年,承揽任务50.17亿元,完成企业总产值18.94亿元,实现利润2624万元,人均创利1.37万元,职工年人均收入47021元。国有资产保值增值率100.95%,产值利润率1.39%,完成应上缴款任务3695万元。（杨　群）

【第二工程有限公司】 拥有铁路、房屋建筑、市政公用工程施工总承包一级,钢结构、桥梁、铁路铺轨架梁工程专业承包一级,公路路基、铁路电务工程专业承包二级,锅炉安装、改造、维修许可二级及房地产开发暂定资质。具有生产各类预应力钢筋混凝土桥梁、轨枕、无砟轨道板、大型钢筋混凝土构件及其他混凝土制品,承包境外工程项目和境内国际招标工程的资格。原系齐齐哈尔铁路工程总公司、齐齐哈尔铁路建设集团有限责任公司,建于1952年,隶属于哈尔滨铁路局管辖,从事路局辖内大中型基建项目;2004年3月,整合重组由哈尔滨铁路局划归中国铁道建筑总公司中铁二十三局集团公司。驻黑龙江省齐齐哈尔市铁锋区站前大街270号。执行董事兼党委书记王利民、总经理张清山。职工2750人。资产总额362889.55万元。其中,固定资产原值38655.97万元、净值12970.95万元;流动资产334558.43万元;其他资产15360.16万元。机械运输设备1200台(套),原值18351万元、净值5484万元,总功率38655.82千瓦,动力装备率14.06千瓦/人,技术装备率1.99万元/人,设备完好率66%,利用率68%。

2017年,新签合同28项,合同额42.30亿元。实现利润2.29亿元。国有资产保值增长率99.55%,净资产收益率1.24%,投资回报率0.96%,资产负债率96.72 %。（孔祥龙）

【第三工程有限公司】 拥有水利水电工程施工总承包一级;铁路工程施工总承包二级;桥梁工程专业承包一级;隧道工程专业承包一级;公路路面工程专业承包一级;公路工程施工总承包二级;市政公用工程施工总承包二级;公路路基工程专业承包二级;房地产开发三级资质;测绘乙级资质;计量认证(国家级)资质的大型国有建筑施工企业。前身为铁道兵第五师第二十三团;1984年1月,集体转业并入铁道部,改编为铁道部第十五工程局第三工程处;2001年5月,改制为有限公司;2004年2月,整合重组为中铁二十三局集团第三工程有限公司。驻四川省成都市温江区天府街中段336号。执行董事梅人俊(11月免)、尹智勇(12月任)。职工1972人。资产总额44.07亿元。其中,固定原值4.44亿元、净值1.18亿元;流动资产42.19亿元;其他资产0.7亿元。机械运输设备2425台(套),总功率71707.17千瓦。原值31057.72万元、净值5676.65万元;人均动力装备率36.87千瓦,设备完好率80%,利用率85%。

2017年,承揽任务87.64亿元,总产值37亿元,实现净利润101万元,人均创利0.05万元,全员劳动生产率187.63万元/人年,职工年人均收入5.32万元。国有资产保值增值率119.23%,净资产收益率0.18%,产值利润率2.78%,资产负债率96.53%,应上缴款完成率75.04%。（姚　章）

【第四工程有限公司】 拥有房屋建筑、水利水电、市政公用施工总承包一级资质,桥梁、隧道、钢结构、建筑装修装饰、地基基础工程专业承包一级资质,公路工程施工总承包二级,公路路基工程专业承包二级资质。2014年11月,由二十三局原四、八公司整合重组而成。原四公司的前身系中铁路桥集团建设工程有限公司;2004年3月,改制重组为中铁二十三局集团第四工程有限公司;原八公司的前身系创建于1969年中国人民解放军第六六二O工厂。驻四川省成都市青羊区广富路218号8栋。执行董事、总经理王连华,党委书记刘志军。职工1511人。资产总额40.34亿元。其中,固定资产原值5亿元、净值1.38亿元;流动资产3.61亿元;其他资产36.1亿元。机械运输设备3362台(套),原值40448.21万元、净值11735.77万元,设备总功率49137.98千瓦,动力装备率33.84千瓦/人,技术装备率8.08万元/人,设备完好率90.9%,利用率68.18,年施工生产能力45亿元。

2017年,完成承揽任务78.466亿元,完成企业总产值25.4209亿元,实现净利润257.83万元,人均创利1706.35元,职工年人均收入62879元。国有资产保值增值率101.33%,净资产收益率1.32%,负债总额38.18亿元,净资产2.16亿元,资产负债率94.65%,应上缴款完成率120.66%。（何　剑）

【轨道交通工程公司】 拥有市政、建筑总承包一级,桥梁、钢结构、建筑装修装饰、环保专业承包一级资质。公司前身系中铁路桥集团上海分公司;2004年3月,整合重组为中铁二十三局集团第五工程有限公司;2010年9月,更名为中铁二十三局集团轨道交通工程有限公司。驻上海市浦东新区惠南镇城南路335号。

执行董事、总经理张长春,党委书记高炳荣(10月免)、张长春(10月任)。职工702人。总承揽745377.27万元,机械运输设备394台(套),原值30233.26万元、净值12164.72万元,成新率45.53%,总功率24980.39千瓦,动力装备率35.99千瓦/人、技术装备率17.23万元/人,完好率91%,利用率90%,施工机械化程度94%。 (张蜀秦)

【第六工程有限公司】 拥有市政工程施工总承包一级,桥梁工程专业承包一级,隧道工程专业承包一级,建筑装修装饰一级、公路工程施工总承包二级、公路养护二类甲级资质。2004年7月19日在重庆市注册成立;2009年7月,与中铁二十三局集团原轨道技术分公司战略重组;2014年11月,与原中铁二十三局集团七公司战略重组。执行董事、党委书记、总经理王峰。职工901人。机械运输设备663台(套),年施工能力50亿元以上。

2017年,中标合同额38.65亿元。 (彭之玲)

【电务工程有限公司】 拥有机电安装工程施工总承包一级资质;铁路电务工程、铁路电气化工程专业承包一级资质;房屋建筑工程施工总承包二级资质;消防设施工程、建筑智能化工程专业承包一级资质、送变电工程专业承包三级资质。前身系齐齐哈尔铁路管理局电务工程队;1983年,齐齐哈尔铁路局和哈尔滨铁路局合并,齐齐哈尔铁路局齐齐哈尔电务工程段改称为哈尔滨铁路局齐齐哈尔工程处电务工程段;1995年,齐齐哈尔铁路电务工程段改称为齐齐哈尔铁路电务工程分公司;2002年,更名为齐齐哈尔铁路建设集团有限责任公司电务工程分公司;2004年3月,组建成中铁二十三局集团电务工程有限公司。驻天津南开区密云一支路燕宇小区45号楼。执行董事、党委书记魏新兴,总经理许生伟。职工518人。资产总额410501562.76元。其中,固定资产原值34242071.48元、净值9501105.53元;流动资产393516096.72元;其他资产7484360.51元。机械运输设备183台(套),原值17436157.08元、净值2584045.71元,设备总功率5344千瓦,动力装备率10.24千瓦/人,技术装备率0.33万元/人,设备完好率87%,设备利用率87%。

2017年,新签合同额25117.3387万元。完成产值55117万元,实现净利润3632.28万元。 (王丽萍)

【建筑设计研究院有限公司】 拥有建筑行业(建筑工程)甲级;工程勘察专业类岩土工程甲级、劳务类;城乡规划编制乙级;市政行业(给水工程、道路工程、排水工程、桥梁工程)专业乙级;风景园林工程设计专项乙级;环境工程(水污染防治工程、固体废物处理处置工程、大气污染防治工程)专项乙级;公路行业(公路)专业丙级;水利行业(河道整治、城市防洪、水土保持)专业丙级;建筑行业(人防工程)乙级;施工劳务资质。前身系始建于1979年达州市建筑设计研究院;2000年,由达州市四家国有企业、事业单位整合为达州市建筑设计研究院;2013年,设计院完成改制后由中铁二十三局集团有限公司全资收购;2014年,更名为中铁二十三局集团建筑设计研究院有限公司。驻四川省达州市通川区张家湾路2号。院长兼党委书记魏运鸿,总经理王涛。职工169人。固定资产原值1902万元、净值837万元,流动资产5358万元,其他资产1160万元。

2017年,经营承揽工程200项,经营总产值7090万元,实现营业收入5797万元,实现净利润355万元。人均创利2.01万元,全员劳动生产率32.75万元/人年,国有资产保值增值率100%,净资产收益率2.89%,产值利润率24.42%,资产负债率51.82%,应上缴款完成率100%。 (孙翠英)

【重要记载】

▲1月11日 集团公司参建的新建兰渝铁路引入重庆枢纽工程兴隆场编组站工程获2016—2017年度国家优质工程奖。

▲2月13日 “一种嵌入式框架轨道板及其轨道结构”获国家知识产权局授权发明专利。

▲4月5日 集团公司被评为2016年度国家知识产权优势企业。

▲5月17日 集团公司获住房和城乡建设部核准的公路工程施工总承包特级资质。

▲5月22日 中铁二十三局集团集团公司工会领导班子获四川省总工会2016年度工会目标考核班子工作一等奖。

▲9月7日 集团公司获全国工程建设QC小组活动优秀企业。

▲10月10日 集团公司与中铁建金融租赁有限公司签订《业务合作框架协议》。

▲10月16日 集团公司与北京光环时代咨询有限公司就P米系统信息化建设签订战略合作协议。

▲11月3日 集团公司获评中施企协科学技术奖科技创新先进企业。

▲12月8日 集团公司工会制作视频短片《实干经理张清山》获“中国梦·劳动美”第四届全国职工微影视大赛综合类银奖。

▲12月20日 集团公司与达州市通川区委、区

政府签订罗江大桥项目框架协议。

▲12 月 25 日　集团公司获得四川省"2016 年度劳动保障守法诚信 A 级企业"称号。（邓东林）

中铁二十四局集团有限公司

【简况】　拥有铁路工程施工总承包特级（含铁道行业设计甲（II）级资质）、建筑工程施工总承包特级（含建筑行业设计甲级资质）、市政公用工程施工总承包特级（含建市政行业设计甲级资质），增项资质为公路工程施工总承包一级、机电安装工程施工总承包一级、电力工程施工总承包二级、矿山工程施工总承包二级、水利水电工程施工总承包三级、通信工程施工总承包三级、桥梁工程专业承包一级、公路路基工程专业承包一级、隧道工程专业承包一级、铁路铺轨架梁工程专业承包一级、防水防腐保温工程专业承包二级、建筑装修装饰工程专业承包二级、公路交通工程（公路安全设施工程）专业承包二级、公路交通工程（公路机电工程）专业承包二级、公路路面工程专业承包三级资质。具有对外承包工程经营资格，对外援助成套项目 A 级资质，测绘乙级资质。2004 年 3 月 16 日，由原上海铁路局上海铁路建设（集团）有限公司、福建铁路建设（集团）有限公司和原南昌铁路局南昌铁路工程（集团）有限责任公司三家企业经整合重组而成。下辖安徽工程有限公司、江苏工程有限公司、上海铁建工程有限公司、浙江工程有限公司、福建铁路建设有限公司、南昌铁路工程有限公司、新余工程有限公司，上海电务电化有限公司、贵溪桥梁厂有限公司、鹰潭设备安装工程有限公司、上海房地产开发有限公司、路桥分公司、轨道交通分公司、北京分公司（6 月重组成立）；设立华东指挥部、华北指挥部、西北指挥部、西南指挥部、云桂湘指挥部（5 月更名中南指挥部）、新疆指挥部（5 月归属西北指挥部）、广东指挥部（5 月归属中南指挥部）、苏皖指挥部（5 月归属华东指挥部）、京津冀指挥部（5 月更名华北指挥部）、东北指挥部、内蒙古指挥部（5 月归属华北指挥部）、山东指挥部（5 月归属华北指挥部）、甘肃指挥部（5 月撤销）、山西指挥部（5 月撤销）、陕西指挥部（5 月归属西北指挥部）、闽赣指挥部（5 月更名东南指挥部）16 个区域指挥部；设立海外、房建与房地产（5 月撤销）、新能源（5 月撤销）、轨道交通（5 月撤销）4 个事业部；设北京办事处。驻上海市会文路 2 号。职工 10233 人。资产总额 1675042 万元。其中，固定资产原值 143300 万元、净值 43200 万元；流动资产 1500089.37 万元。机械运输设备 4972 台（套），总功率 17.84 万千瓦，动力装备率 17.15 千瓦/人，技术装备率 4.15 万元/人。

2017 年，新签合同额 4200300 万元，完成企业总产值 2399000 万元，实现利润 31927.74 万元。全员劳动生产率 200.6 万元/人年，职工年人均收入 88104 元。完成主要实物工程量：路基土石方 5993 万立方米，隧道 44970 延长米，桥梁 80501 延长米，铁路正线铺轨 239.6 千米，铁路站线铺轨 44.8 千米，铁路架梁 5292 孔（片），房屋建筑面积 394931 平方米，敷设通信线路 151.75 千米，自动闭塞 181.27 区间千米，计算机联锁 40 组，联锁装置 143 组，供电线路 60.15 千米，接触网 84 折合正线千米。获省部级科学技术奖 5 项，其中，获中国公路学会科学技术二等奖 2 项、获江苏省科学技术二等奖 1 项、获广西科学技术二等奖 1 项、获中国产学研合作促进会二等奖 1 项；获中国施工企业管理协会科学技术奖一等奖 1 项、二等奖 5 项；获总公司科学技术奖一等奖 1 项、二等奖 2 项、三等奖 2 项；获集团公司科学技术奖 18 项，其中，一等奖 5 项、二等奖 5 项、三等奖 8 项。被评为省部级工法 7 项，被评为总公司一等优秀工法 5 项，集团公司工法 32 项。获发明专利 10 件，实用新型专利 33 件，受理专利 57 件。

（孙华东）

【领导人员】

董事会

董事长　王立新
副董事长　朱　赤
董事　王立新
　朱　赤
　韩文忠
　叶建国

监事会

监事会主席　李　生
监事　李　生
　俞正云
　凌光华（9 月免）

经理层

总经理　王立新
副总经理　韩文忠
　周光民
　许伟书
　王建民
　江如辉

李金亭
吴为爱
雷　涛
林志勇
王肖文

总工程师　许伟书(兼)
总会计师　雷　涛(兼)

党群领导

党委书记　朱　赤
党委副书记　王立新
叶建国
纪委书记　李　生(12月免)
工会主席　叶建国

(严人杰)

【工程项目指挥机构】　渝黔引入贵阳枢纽指挥部　驻贵州省贵阳市南明区南厂路165号长城小区C座。指挥长肖方锦。

皖赣铁路1标项目部　驻安徽省芜湖市芜湖县世纪广场蓝领公寓。项目经理陆喜钢。

福平铁路2标项目部　驻福建省长乐市古槐镇雁塘工业区2号。项目经理温裕洪。

杭黄铁路站前3标项目部　驻浙江省杭州市萧山区闻堰镇三江路100号。项目经理陈爱民。

蒙西华中32标项目部　驻江西省新余市仰天岗西大道800号。项目经理王平。

连镇8标项目部　驻江苏省镇江市新区美林湾四和苑23幢。项目经理汪天龙。

商合杭铁路17标项目部　驻安徽省广德县清吉路2号。项目理张百芹。

通辽至新民北客运专线TLSG－3标项目部 驻内蒙古自治区通辽市科左后旗甘旗卡镇工业园区内。项目经理张春德。

合安铁路HAZQ－7标项目部　驻安徽省合肥市庐阳区大杨产业园兴杨路1号。项目常务副经理许世旺。

连徐铁路站前3标工程项目经理部　驻江苏省邳州市运平路运平小区北门对面。项目经理焦国建。

京唐铁路5标项目经理部　驻天津市宝坻区口东工业园区广阔道2号。项目经理王谦。

九景衢铁路浙江段站前1标工程项目部　驻浙江省衢州市柯城区信安街道书院西路大畈村10号。项目经理陶建国。

贵州房屋建筑面积与市政工程总承包部　驻贵州省贵阳市花溪区花溪大道西站路口13号汇丰大酒店。经理张年胜。

九景衢铁路JQJXZQ－1标项目部　驻江西省九江市湖口县三里大道144－1号意诚轩酒店。项目经理江政杰。

福宜高速公路项目部　驻云南省昆明市呈贡区吴家营街道前卫营缤纷世界5楼。项目经理何卫东。

(孙华东)

【职工队伍】　干部6024人。其中，女干部880人，占干部总数的14.6%；少数民族干部102人，占干部总数的1.69%；专业技术干部5917人，占干部总数的98.22%。专业技术干部中高级职务892人(含正高级职务32人)，中级职务1840人，初级职务3185人。本科及以上学历4618人，大专学历1108人，中专学历214人，高中及以下学历84人。35岁及以下3790人，36～45岁1100人，46岁及以上1134人。工程系列4601人，经济系列482人，会计系列606人，政工系列214人，统计系列5人，其他系列9人。

工人4379人。其中，女工人456人，占工人总数的10.41%。初级工126人，中级工1000人，高级工652人，技师153人，高级技师109人。大专以上学历382人，中专学历316人，高中学历1016人，初中及以下学历2665人。35岁以下377人，36～40岁161人，41～45岁1054人，46～50岁1433人，51～54岁874人，55岁以上480人。

(严人杰)

【铁路工程施工】　重庆至贵阳扩能改造工程引入贵阳枢纽站前工程1标段　位于贵州省贵阳市，线路长27.4千米。合同投资118086万元。合同工期2013年3月至2018年4月。开工累计完成投资113057万元，占合同投资的95.7%。

新建福州至平潭铁路站前工程FPZQ－2标段　位于福州省长乐市，线路长33.94千米。合同投资253125.51万元，合同工期2013年11月至2020年5月。主要工程量：路基土石方182.96万立方米，路基6.4千米，隧道6座16837延长米，桥梁18座10741延长米，涵洞15座365横延米，站场3处，制梁241孔/片(T梁)，架梁241孔/片(T梁)。开工累计完成投资151164万元，占合同投资的57.4%。

皖赣铁路芜湖至宣城段扩能改造站前及相关工程WGZQ－1标段　线路长29.838千米。合同投资187426万元，合同工期2013年12月至2020年10月。主要工程量：路基土石方74万立方米，桥梁6座34249延长米，制(架)梁992榀，无砟轨道14.743千米。开工累计完成投资162550.73万元，占合同投资的86.7%。

九景衢铁路浙江段1标段　位于浙江省衢州市，

线路长 38.378 千米。合同投资 195888 万元,合同工期 2014 年 1 月至 2017 年 12 月。主要工程量:路基 284 万立方米,桥梁 21 座 6080.48 延长米,涵洞 36 座 1441 横延米,隧道 23 座 26922 延长米,车站 2 座。2017 年 12 月 28 日通车营运。

九景衢铁路江西段 1 标段　位于江西省九江市,线路长 45.47 千米。合同投资 187772 万元,合同工期 2014 年 7 月至 2017 年 12 月。主要工程量:路基土石方 294 万立方米,桥梁 28 座 9065 延长米,制架梁 1596 孔,涵洞 92 座 1521 横延米,隧道 284 延长米,正线铺轨 155.85 千米,站线铺轨 13.7 千米。2017 年 12 月 28 日通车营运。

新建杭州至黄山铁路站前及相关工程 3 标段　位于浙江省杭州市,线路长 30.647 千米,设计时速 250 千米。合同投资 203849 万元,合同工期 2014 年 10 月至 2018 年 10 月。主要工程量:路基土石方 10.87 万立方米,隧道 5 座 18109.74 延长米;桥梁 8 座 13166.49 延长米,制(架)梁 343 孔,涵洞 20 横延米,无砟道床 50007 米。开工累计完成投资 195699 万元,占合同投资的 96%。

蒙华铁路煤运通道 32 标段　位于江西省新余市,线路长 54.153 千米。合同投资 184862 万元,合同工期 2015 年 8 月至 2020 年 3 月。主要工程量:路基土石方 740 万立方米,桥梁 26 座 10133 延长米,铁路框架桥 26 座,涵洞 126 座,隧道 14 座 15717 延长米,无砟道床 9791 米,有砟道床 20.35 万立方米,新建车站 4 座。开工累计完成投资 153099 万元,占合同投资的 82.8%。

新建连云港至镇江铁路站前 LZZQ－8 标段　位于江苏省镇江市,线路长 11.52 千米。合同投资 280110 万元,合同工期 2015 年 9 月至 2019 年 5 月。主要工程量;路基土石方 296.2 万立方米,桥梁 32 座 37718 延长米,涵洞 43 座 766 横延米,制(架)梁 1057 孔。开工累计完成投资 135895 万元,占合同投资的 48.5%。

新建商丘至合肥至杭州站前工程 SHZQ－17 标段　位于安徽省广德县,线路长 44.588 千米。合同投资 246408 万元,合同工期 2015 年 11 月 18 日至 2020 年 10 月 30 日。主要工程量:路基 448.33 万立方米,桥梁 233 座 6375.9 延长米,框架桥 6 座 372.91 顶平方米,框架涵 61 座 527.34 横延米,倒虹吸 25.67 横延米,车站 2 座。开工累计完成投资 148731 万元,占合同投资的 60.4%。

成昆铁路成都至峨眉段扩能改造工程 CEZX－2 标段　位于四川省成都市。合同投资 109639.48 万元,合同工期 2014 年 3 月至 2017 年 12 月。主要工程量:路基土石方 395.9503 万立方米,路基 10.845 千米,桥梁 19 座 4505.8 延长米,涵洞 142 座,站场 4 处,制梁 284 孔/片,有砟道床 45.611 千米,正线铺轨 45.611千米,道岔 164 组,房屋建筑面积 14594 平方米,车站 4 座。2017 年 12 月 28 日实现开通

新建南昌至赣州铁路客运专线站前工程施工总价承包 CGZQ－1 标段　位于江西省南昌市。线路长 11.79 千米。合同投资 166870 万元,合同工期 2015 年 11 月至 2019 年 12 月。主要工程量:桥梁 12 座 17317 千米,连续梁 18 联,T 梁预制架设 444 孔,框架桥 3 座 326.92 顶平方米,涵洞 39 座 1663.09 横延米,路基 16.932 千米,路基土石方 1017 万立方米,有砟轨道 57.719 千米,新铺道 140 组。开工累计完成投资 108120 万元,占合同投资的 64.7%。

新建通辽至京沈高铁新民北站铁路站前工程 TLSG－3 标段　位于内蒙古自治区通辽市。合同投资 183549 万元,合同工期 2016 年 6 月至 2018 年 12 月。主要工程量:路基土石方 623.4 万立方米,桥梁 13 座 5519 延长米,涵洞 107 座 2607 横延长米,车站 1 座,箱梁预制架设 218 孔,通讯电力线路迁改 384 处,信号线路迁改 187 千米。开工累完成投资 178910 万元,占合同总额的 97%。

符夹铁路符岱段 FJZQ－2 标段　位于安徽省淮北市。合同投资 73835 万元,合同工期 2015 年 5 月至 2018 年 12 月。主要工程量:路基土石方 205 万立方米,桥梁 27 座 4779 延长米,涵洞 79 座 998 横延米,平交道口改立交 18 处,车站 6 座。开工累计完成投资 69056 万元,占合同投资的 93.5%。

新建连云港至盐城铁路站前工程 LYZQ－2 标段　位于江苏省连云港市。合同投资 53731 万元,合同工期 2014 年 3 月至 2018 年 6 月。主要工程量:特大桥 2 座 1990.17 延长米,公铁立交 459.34 顶平方米,旅客地道 2653.3 顶平米,行包地道 3098 顶平方米,隧道 2825 延长米,路基土石方 34.8 万立方米,无砟道床 4.62千米。开工累计完成投资 52395 万元,占合同投资的 97.5%。

新建铁路大理(含)至临沧(含)线站前工程 6 标段　位于云南省临沧市,线路长 33.999 千米。合同投资 172316 万元,合同工期 2015 年 12 月至 2020 年 8 月。主要工程量:路基土石方 898 万立方米,隧道 8.5 座 28012 延长米,桥梁 14 座 2382 延长米,涵洞 11 座 2228 横延米;站场 4 座,有框架桥 1 座,地道 2 座,无砟轨道 7264 米。开工累计完成投资 69915 万元,占合同投资的 40.6%。

新建金华至台州铁路站前工程施工总价承包(JTSG－1)标段　位于浙江省金华市,线路长 30.35

千米。合同投资66016万元,合同工期2016年7月至2019年12月。主要工程量:隧道3座4987延长米,桥梁5座15025延长米,路基10338延长米,站场3座。开工累计完成投资31990万元,占合同投资的48.5%。

新建南京尧化门货场工程　位于江苏省南京市,线路长18.48千米。合同投资667717万元,合同工期2016年6月至2017年12月。主要工程量:路基土石方202万立方米,桥梁2座269延长米,涵洞10座1278横延米,建筑面积72311平方米。完成施工产值27457万元,开工累计完成投资63228万元,占合同投资的97.3%。

新建合肥至安庆铁路站前工程HAZQ-7标段　位于安徽省合肥市。合同投资135650万元,合同工期2016年12月至2018年12月。主要工程量:路基18.272千米,土石方393万立方米,桥梁12座29176延长米,涵洞78座2389.07横延米,倒吸虹管50横延米,框架涵6座87.56横延米。开工累计完成投资82835万元,占合同投资的61.1%。

新建兴国至泉州铁路宁化至泉州段站前工程XQNQ-9标段　位于福建省泉州市。合同投资222775万元,合同工期2017年4月至2021年9月。主要工程量:隧道10座15641延长米,桥梁16座13625.79延长米,制(架)梁916片/榀,路基土石方252.6立方米,涵洞51座1942横延米。开工累计完成投资19588万元,占合同投资的8.7%。

新建敦化至白河铁路工程DBSG-3标段　位于吉林省延边朝鲜族自治州。合同投资189891万元,合同工期2017年8月至2020年6月。主要工程量:路基10.791千米,土石方479万立方米,桥梁15座7272.22延长米,框架桥2座881.54顶平米,框架涵40座881.81横延米,双线隧道7座11070延长米,车站3座,制(架)箱梁201孔,现浇简支箱梁5孔,现浇连续箱梁4联。开工累计完成投资1730万元,占合同投资的0.9%。

新建北京至唐山铁路宝坻至唐山段站前工程JTZQ-5标段　位于天津市,线路长26.91千米,设计时速350千米。合同投资187969万元,合同工期2017年9月至2021年9月。主要工程量:桥梁26.91千米,制(架)梁695孔,无砟轨道53.8千米。开工累计完成投资2402万元,占合同投资的1.2%。(孙华东)

【路外工程施工】　贵阳轨道交通1号线5工作段　位于贵州省贵阳市,线路长1.7千米。合同投资83100万元,合同工期2013年11月至2018年7月。主要工程量:车站2座,建筑面积56014平方米。开工累计完成投资65604万元,占合同投资的78.9%。

昆明绕城高速公路A5工区　位于云南省昆明市,线路长18千米,双向6车道,设计时速80千米。合同投资131439万元,合同工期2014年4月至2017年12月。主要工程量:路基土石方548.9万立方米,桥梁25座15519.75延长米,涵洞49座15366.21横延米,制梁1961孔/片,架梁1961孔/片。开工累计完成投资131439万元,占合同投资的100%。

厦门至沙县高速公路三明段路基土建A6合同段　位于福建省三明市,线路长8.29347千米,双向4车道,设计时速80千米。合同投资49974万元,合同工期2014年12月至2017年12月。主要工程量:路基土石方225.5万立方米,隧道3座3005延长米,桥梁12座7187.735延长米,涵洞8座358.87横延米,制梁1090孔/片。2017年12月12日开通。

鹰潭市余信贵大桥工程　位于江西省鹰潭市,线路长1251.39米,双向6车道,设计时速50千米。合同投资38171万元,合同工期2015年3月至2018年5月。开工累计完成投资36533万元,占合同投资的95.7%。

三门湾大桥及接线工程第TJ2标段　设计时速100千米。合同投资67138万元,合同工期2015年2月至2018年6月。主要工程量:路基土石方139.78万立方米,桥梁13座4162.97延长米,隧道2座3315延长米,涵洞5座。开工累计完成投资62088万元,占合同投资的92.5%。

104国道绍兴县柯桥段改建工程(镜水路互通立交)　位于浙江省绍兴市。合同投资61188万元,合同工期2016年3月至2018年6月。主要工程量:路基土石方7.9万立方米,桥梁9座6314.9延长米。开工累计完成投资54283万元,占合同投资的88.7%。

枣潜高速公路第3标一期土建、二期路面工程　位于湖北省荆门市,线路长28.31千米,双向4车道,设计时速100千米。合同投资76000万元,合同工期2016年8月至2019年6月。主要工程量:路基土石方546.2万立方米,桥梁26座2711.9延长米,圆管涵25座755.3横延米,路面72.93万平方米。开工累计完成投资32500万元,占合同投资的42.7%。

成都地铁6号线工程土建14标段　位于四川省成都市,线路长2.87千米。合同投资60000万元,合同工期2016年8月至2018年8月。主要工程量:2站3区间,车站2座。开工累计完成投资26365万元,占合同投资的43.9%。

成都天府国际机场南线工程(一期)　位于四川省简阳市,线路长22.4千米。合同投资64633万元,合同工期2017年1月至2018年12月。主要工程量:土石方675万立方米,圆管涵28千米,桥梁5座380

延长米，路面层62万平方米。开工累计完成投资21528万元，占合同投资的33.3%。

海西高速公路网漳州市云平高速A5合同段　位于福建省漳州市，线路长8.974千米，双向4车道，设计时速80千米。合同投资41513.3万元，合同工期2017年3月至2019年3月。主要工程量：路基土石方540.4万立方米，桥梁13座1865延长米，涵洞43座1474横延米，现浇箱梁235米，T梁预制590片，架梁590片（T梁）。开工累计完成投资22240万元，占合同投资的53.6%。（孙华东）

【海外工程施工】　阿尔及利亚塞提夫2000套租售房屋建筑面积项目　位于塞提夫省欧勒玛镇。合同投资39937万元，合同工期2014年8月至2018年6月。开工累计完成产值34908万元，占合同投资87.4%。

赞比亚恩多拉城市道路工程　位于赞比亚共和国铜带省恩多拉（Ndola）市，线路长42.92千米。合同投资4018万美元（EPC模式），合同工期2107年8月至2019年8月。主要工程量：路基土石方65.5万立方米，水泥稳定碎石7.6万立方米，混凝土1.64万立方米，钢筋533吨，乳化沥青41.5万升，沥青混凝土面层1.6万立方米，圆管涵2.1千米，人行道26千米。开工累计完成投资2400万美元，占合同总额的59.7%。

（孙华东）

【经营管理】　2017年，新揽项目253项，新签合同额420.03亿元，为股份公司下达年度承揽计划303.45亿元的138.4%，集团公司确保指标360亿元的116.7%。较2016年增长61%。其中，国内404.09亿元、海外15.94亿元。路内131.2亿元，占新签合同总额的31.2%；路外288.8亿元，占新签合同总额的68.8%。铁路131.2亿元，占31.2%；公路92.6亿元，占22%；市政103.2亿元，占24.6%；房建18.7亿元，占4.5%；城市轨道交通48.7亿元，占11.5%；工业制造6.8亿元，占1.6%；其他18.8亿元，占4.5%。

企业管理。取得建筑工程施工总承包特级（含建筑行业设计甲级资质）、市政公用工程施工总承包特级（含建市政行业设计甲级资质），上海公司取得公路路面工程专业承包三级、公路路基工程专业承包三级资质。南昌公司取得建筑工程施工总承包三级、公路路基工程专业承包三级、公路路面工程专业承包三级和模板脚手架专业承包（不分等级）资质。电务公司取得电子与智能化工程专业承包二级和消防设施工程专业承包二级资质。编制上报《集团公司2015—2020年发展战略与规划》。推动工程公司“四化”建设。贯彻落实股份公司加快工程公司专业化、属地化、规模化、效益化“四化”建设要求，督导各公司按照《工程公司专业化建设实施方案》，结合本公司专业定位，制定并深化落实本公司“四化”建设。推进“压减”法人工作。按照国资委的要求，股份公司的部署以及集团公司《开展压缩管理层级减少法人户数工作实施方案》，完成7家的目标任务。印发《关于开展2017年度企业管理论文征集活动的通知》，组织开展集团公司企业管理论文征集活动。汇编2016年获奖的优秀企业管理论文，出版《工程科技》（企业管理论文专刊）一期。编制印发《集团公司2017年重大、重要风险管控落实方案》，对集团公司2017年面临的项目管理风险、投资风险、安全与质量风险和应收账款风险四大重大风险和宏观经济风险、成本风险、人力资源风险和现金流风险四大重要风险，进行管理分工，并要求各部门制定具体的管控方案。积极做好风险预警，加强风险动态管理，定期收集各单位风险信息，更新完善集团公司风险信息库。获2016年度全国优秀施工企业、2016年度上海市建筑业诚信企业、2016年度上海市建筑（集团）企业经营实力排名100强。

安全质量。深入开展安全质量大检查、“安全生产月”“质量月”活动，抓好铁路建设项目质量回访及隐患排查整治工作。在股份公司安全隐患排查治理平台中排名第四。强化质量创优工作，尼日利亚铁路现代化项目阿布贾至卡杜纳段工程获鲁班奖，合福闽赣段1、2标综合工程获国家优质工程奖，上海市轨道交通16号线获詹天佑奖，获省部级优质工程奖3项、中国铁建优质工程奖2项。

财务管理。实现营业收入222.6亿元，同比增长3.1%；实现利润总额4.4亿元，同比增长7.8%；实现净利润3.6亿元，同比增长4.4%。强化清收清欠责任落实，明确具体责任人，提高清收清欠考核权重，对35个在建项目进行现场督导，及时跟踪收尾项目的并账销号工作，清收清欠考核目标完成率92.4%。加强债务风险管控，制定《集团公司降杠杆减负债工作实施方案》，并细化为5个方面15条具体实施措施。集团公司资产负债率84.98%，较年初下降1.34个百分点，较年度预算目标降低1.15个百分点；有息负债15.4亿元，同比净减少1.4亿元，降低率8.5%。强化财务共享中心建设，上线以来累计审核单据44万笔。强化投融资项目监管，对3个在建投融资项目开展过程监察。充分利用国家政策，收回置换各类保证金15.1亿元。加强责任成本管控，制订责任成本管理、成本测算、工程价款分割、分包管理、项目绩效考核等管理办法，围绕三项招标、劳务计价、工程量增减、材料节超、设备租赁、资金拨付等关键环节，对22个项目进行督导检查，进一步推动责任成本工作规范化。高度关注概算清理，紧密跟踪项目的变更和计价，完成二次经营额36亿元。加强大型设备使用和维护保养，推进设备物资集中采购，集采215批次40.6亿元，节约1.5亿元。

审计监督。两级审计机构实施和完成审计项目88项，占年度计划的108.64%。投入审计工日3494天，形成书面审计报告88份。针对被审单位在内控制度的建立和执行、项目管理、财务管理、资金管理、物资设备管理、工资薪酬管理、配合外部审计检查等方面存在的问题，提出审计建议780条，被采纳778条，采纳率99.74%。发现违纪违规及损失浪费、不良资产金额8193.57万元，已纠正违纪违规问题金额8016.65万元，移送286起违纪违规线索。通过审计帮促整改，有效地针对劳务分包、物资设备采购、经济纠纷、队伍稳定等方面一些苗头性和倾向性问题，及时采取应对措施、完善防范机制，为集团公司决策提供重要依据。组织实施集团公司完工项目销号并账审计等工作。为推进企业规范管理、改进作风、强化服务、提高效能等发挥应有的审计监督、咨询和促进作用。

（魏　磊　邓珊珊　张　奇　王吉莉　沈　斌）

【科技教育】　2项成果通过中国公路学会评审；4项成果通过中国铁建股份有限公司评审，达到国内先进、国内领先水平各1项，国际先进水平2项；14项科技成果通过集团公司组织评审；14项科技成果通过集团公司组织的验收；32项施工工法通过集团公司级工法评审。获省部级科学技术奖5项，其中获中国公路学会科学技术二等奖2项，获江苏省科学技术二等奖1项，获广西科学技术二等奖1项，获中国产学研合作促进会二等奖1项；获中国施工企业管理协会科学技术奖一等奖1项、二等奖5项；获总公司科学技术奖一等奖1项、二等奖2项、三等奖2项；18项成果获得集团公司科学技术奖，其中一等奖5项、二等奖5项、三等奖8项。7项工法被评为省部级工法，5项工法被评为总公司一等优秀工法，32项工法被评为集团公司工法。获得发明专利10件，实用新型专利33件，受理专利57件。6篇论文获总公司优秀科技论文二等奖。评选出集团公司优秀科技论文一等奖10篇、二等奖14篇。

教育培训。参加各类培训9685人次，其中由集团公司直接组织举办培训班29期，培训人数3130人次；各基层单位自办培训班126期，培训人数5563人次；参加股份公司或社会培训机构培训992人次。

（孙华东）

【党群工作】　党的工作。党委26个，党支部（党工委）329个。党员5238人。强化思想引领作用，深入学习宣传党的十九大精神，组织3期专题学习班，实现处级干部培训全覆盖；局处两级班子开展专题学习研讨46次，班子成员带头到联系单位、施工一线上专题党课335场次；举办中层干部“管理论道”，共谋企业发展新思路；开展“党委书记宣讲十九大精神”“不忘初心 牢记使命”主题演讲、征文和书画展等活动，推动十九大精神进现场、到工地、入人心。理论学习中心组集中学习14次。所属11家子公司把党建工作总体要求、机构设置、职责权限等内容写进章程，把党的领导融入到企业决策、执行、监督等各个环节。修订“三重一大”事项集体决策制度，厘清四大类80项决策事项，制定“一图、一表、一清单”。召开党委常委会11次，研究议题115项，其中前置研究事项58项。制定“两学一做”学习教育常态化制度化实施方案，通过工作调研、专项检查、督查抽查等方式，着重抓好“三会一课”和主题党日活动等42项学习教育任务落地，有效调动广大党员“学”和“做”的积极性。股份公司巡视移交问题94项，完成整改85项，落实长期整改措施4项，3项投资款、2项保证金收回问题正在持续整改。国家审计署延伸审计涉及的5个问题已完成整改4个，1个问题正在持续整改。坚持抓基础、强基层、促提升，不断推进基层党建工作朝着标准化、特色化、品牌化方向迈进。压实党建工作责任，修订《党建工作责任制实施办法》，签订《党建工作责任书》，开展党组织书记抓基层党建工作述职评议，实施党建工作量化考核，增强各级党组织抓党建的主业意识。健全领导干部联系点制度，推动班子成员履行“一岗双责”，局处两级班子成员深入基层一线上党课、开展党建工作调研406场次。制定《基层项目党建工作标准化手册》，明确项目党建35项工作和党组织书记10项职责清单，实现项目党建工作内容清单化、流程图表化、台帐格式化。夯实党建工作基础，及时组建调整15个基层党纪组织，及时纠正基层党组织设置不规范和党员信息不准、数据不实等问题。建立换届选举督导提醒机制，规范基层党组织选举工作，3个党委、38个党支部顺利完成换届工作。制定《发展党员工作流程图》，加强动态跟踪培养，举办“入党第一课”，发展党员98人。在上海交通大学举办4期培训班，集中培训基层党组织书记284人。落实党务干部“传帮带”要求，探索党支部书记“导师带徒”，促进党支部书记成长成才。以“纪念建党96周年，喜迎十九大”为主题，推出“七个一”系列党日活动，进一步增强党员意识。抓实党内主题活动，推出“四先两创”党建品牌2.0版，3个党支部被上海市建设交通工作党委命名为“建设先锋”服务型党组织示范点，1个党支部获中国铁建“首批示范党支部”称号。抓领导班子建设，修订《创建“四好”班子实施细则》，完善考评体系，发挥考核“指挥棒”作用，深化班子创建，提高班子引领企业发展能力。加大对工程公司领导班子培训力度，轮训处级领导干部230人次。抓制度机制建立，制定《集团公司企业领导人员管理规定》及10个配套办法，修订《导师带徒活动实施办法》，首创《伯乐护照》。建立完善突发事件新闻应急预案，举办舆情应对专项培训，加强内部报纸、期刊、网站、新媒体平台、QQ（微信）工作群等意识形态阵地建设，推出“编织经纬 筑梦城市”“东方雄师 铁建劲旅”等企业广告语。刊稿1562篇，其中中央级媒体76篇，省部级媒体583篇。贵阳轨道交通1号线工程两次在中央电视台亮相。刊发集团报24期，推送微信115条，总阅读量超23万人次。3个内部媒体分别获评“全国建筑行业优秀报纸”“精品网站”和“精品微信公众号”。与所属单位签订《党风廉政建设责任书》，明确班子成员、机关部门党风廉政建设工作职责，强化责任传递。制定《集团公司纪委加强对本级党委及其领导班子成员监督暂行办法 》。常委会研究党风廉政建设事项15项，针对“两个责任”落实不到位问题，约谈党委书记6人次、纪委书记8人次。持续改进作风，组织开展为期3个月的党纪条规专题教育。完成2轮对9家子分公司的巡视，实现对所属单位的巡视全覆盖。每季开展在建工程项目督导检查，发现问题7大类526条，提出意见建议198条。坚持开展廉洁从业谈话，对56个新上项目领导班子和重要岗位人员进行廉洁从业交底谈话；进行任前谈话260人次。加大纪律审查力度，诫勉谈话50人次，立案32件，组织处理148人次，纪律处分66人次。服务发展加油提速，创建城市地下空间、地铁维修保养、试验检测、桥梁铺架、项目管理等劳模创新工作室30个，成员288人，承担课题56项。举办BI米和测量两项技术比武，用好劳动竞赛、工地大学、文体俱乐部等平台。

工会工作。工会组织241个，会员10233人，专职工会干部60人。实施“三不让”帮扶，坚持开展“送温暖”，筹集帮扶资金600多万元对8900余人次进行帮扶，为129名困难家庭大学生送上助学金。各项目部普遍建有工地大学、职工书屋，为一线职工学习、培训提供有力的支撑。通过工地大学举办的短期培训600多场次，组织举办第八届“东方铁建杯”，组织开展丰富多彩文体活动。集团公司工会围绕重难点工程，制定下发劳动竞赛计划，并坚持对劳动竞赛进行指导、总结、表彰。创建劳模创新工作室28个（职工创新工作室6个），其中省级劳模工作室1个，市级劳模创新工作室2个，股份公司级劳模创新工作室1个，课题研究56项，工作室288人，创新成果转换32项。根据《项目部民主管理暂行办法》，重点加强项目部职工（代表）大会工作，集团公司直属项目（指挥）部、公司所属项目部，符合条件的基本按规定召开职工（代表）大会，召开率95%以上。累计下拨30多万元，用于新建项目的建家建线。

共青团工作。基层团（工）委22个，团支部171个，专兼职团干部262人。12个集体和16位个人受到上级团委的表彰，团委获“上海市五四红旗团委”称号。贯穿“一学一做”教育实践部署，举办主题演讲比赛，征文686篇、组织参观红色教育基地约1200人次，在革命圣地井冈山团中央团干部培训基地组织基层团支部书记培训班，基层支部书记70余人参加培训。深耕“红铁连”共青团文化，开展寻访公司离休老兵活动，倾听老兵口述战争历史，教育团员青年不忘革命先烈。对新入职大学生进行“红铁连”新兵军训，以“传承红色基因，以铁的意志、铁的纪律、铁的作风、铁的担当，成为锦绣祖国大地的建设者、清朗网络空间的捍卫者”红铁连精神为核心，结合铁道兵改工33周年、建军90周年之际，将视频编辑成《红铁连致敬八一》短片。开展“离团不离心 永远跟党走 青年勇担当”主题离团仪式。《纪一场难忘的离团仪式》《毕业不是鲤鱼跃龙门，而是猛龙过江》《青听丨96岁老兵战火硝烟的一生》《红铁连致敬八一》《在路上》5部作品，被共青团中央转发7次，点击量累计突破350万次。授旗成立青年突击队38支。策划开展“青锋行动”，为企业内部员工提供精准关爱与暖心服务，着力加强青工大讲堂、技能比武、先进青年面对面交流等阵地建设。不断完善导师带徒活动，连续多年导师带徒签约率保持在100%。开展“团组织就在我身边”优困青年关爱行动，发出优困青年关爱金3万元，关注大龄单身青年婚恋热点，组织开展6场单身青年联谊交友活动。

（赖如斌　王祥标　白　雪）

【安徽工程有限公司】 拥有市政公用工程施工总承包特级、建筑工程施工总承包一级、铁路工程施工总承包一级、公路工程施工总承包二级、机电安装工程施工总承包二级；桥梁工程专业承包一级、钢结构工程专业承包一级、隧道工程专业承包一级、城市轨道交通工程专业承包、路面工程专业承包二级、路基工程专业承包二级施工资质；市政行业设计甲级资质；对外承包工程资格证书、C米A计量资质及交通丙级资质、测绘丙级资质。成立于1953年；1989年5月，更名为上海铁路局工程总公司第一工程公司；2002年6月；改制为上海铁路建设集团安徽第一工程有限公司；2004年，因重组整合，控股方更名为中铁二十四局集团有限公司；

同年变更为中铁二十四局集团安徽工程有限公司。执行董事、总经理阚宏明，党委书记房明州。职工 1157 人。资产总额 255552.6 万元。其中，固定资产原值 29992.6 万元、净值 17690.2 万元；流动资产 233779.7 万元。机械运输设备 749 台(套)，总功率 17871.9 千瓦，动力装备率 15.45 千瓦/人，技术装备率 4.38 万元/人。

2017 年，承揽工程任务 390430.17 万元，完成企业总产值 368000 万元，实现利润 1544.1 万元。职工年人均收入 77840 元 。 （葛　珊）

【江苏工程有限公司】 拥有市政公用工程施工总承包一级，铁路、公路工程施工总承包二级，房屋建筑工程施工总承包三级，桥梁工程专业承包一级，钢结构工程专业承包二级，港口与海岸工程专业承包三级资质。前身是上海铁路局工程总公司第二工程公司；2003 年 8 月，企业改制改称上海铁路建设集团江苏工程有限公司；2005 年 1 月，更名为中铁二十四局集团江苏工程有限公司。驻江苏省南京市栖霞区幕府东路 339 号。执行董事、党委书记陈江涛，总经理王飞球。职工 658 人。资产总额 168721.23 万元。其中，固定资产原值 5295.79 万元、净值 1925.70 万元；流动资产 164383.52万元；其他资产 4337.71 万元。机械运输设备 258 台(套)，原值 3897.42 万元、净值 1692.94 万元，总功率 3797.37 千瓦，动力装备率 5.77 千瓦/人，技术装备率 2.57 万元/人。

2017 年，新签合同额 192038.12 万元，完成企业总产值 115023.64 万元，实现利润 1348.96 万元。全员劳动生产率 65.81 万元/人年，职工年人均收入 68584 元。国有资产保值增值率 101%，净资产收益率 2.08%，产值利润率 7.76%，资产负债率 92.61%。

（李倩倩）

【上海铁建工程有限公司】 拥有市政公用、建筑工程一级，铁路、公路、机电工程二级，水利水电工程三级；桥梁工程一级专业承包资质，铁路铺轨架梁专业承包资质、地基基础工程二级专业承包资质、钢结构工程三级专业承包资质、公路路面工程三级专业承包资质、公路路基工程三级专业承包资质，公路检测综合丙级、资质认定计量认证证书。前身是上海铁路局工程总公司第三工程公司；2005 年 1 月，企业改制称中铁二十四局集团上海铁建工程有限公司。驻上海市静安区共和新路 911 号。执行董事、总经理陈克望，党委书记刘建东。职工 595 人。资产总额 166687.55 万元。其中，固定资产原值 23928.33 万元、净值 5755.22 万元；流动资产 159140.35 万元；其他资产 7547.20 万元。机械设备总功率 19225.25 千瓦，动力装备率 32.31 千瓦/人，技术装备率 8.27 万元/人。

2017 年，承揽任务 38.17 万元，完成总产值 260236 万元，实现净利润 1108.47 万元。全员劳动生产率 437.37 万元/人年，职工年人均收入 10.078 万元。资产保值增值率 108.04%，净资产收益率 2.01%，产值利润率 0.56%，资产负债率 91.67%。

（刘　林　朱建民）

【浙江工程有限公司】 拥有市政公用工程总承包一级，房屋建筑工程总承包一级、铁路工程总承包二级、公路工程总承包三级四个总承包资质和桥梁工程专业承包一级、隧道工程专业承包二级、建筑装修装饰工程专业承包二级、预应力工程专业承包二级、钢结构工程专业承包二级专业承包资质。驻浙江省杭州市上城区江城路 692 号。职工 741 人。资产总额 119601.48 万元。其中，固定资产原值 5207.19 万元、净值 1504.61 万元；流动资产 116008.82 万元。机械运输设备 302 台(套)，总功率 11404 千瓦，动力装备率 15.3 千瓦/人，技术装备率 2 万元/人。

2017 年，承揽任务 100580 万元，完成总产值 129000 万元，其中施工产值 129000 亿元，实现利润 1629 万元。全员劳动生产率 161.29 万元/人年，职工年人均收入 95039 元。国有资产保值增值率 100.87%，净资产收益率 10.75%，产值利润率 -0.13%，资产负债率 90.6%，投资收益上缴率 100%，应上缴款完成率 100%。 （何陈松　付　正）

【福建铁路建设有限公司】 拥有市政公用工程施工总承包一级、建筑工程施工总承包一级、公路工程施工总承包一级、铁路工程施工总承包一级、桥梁工程专业承包一级、隧道工程专业承包一级、地基基础工程专业承包一级、建筑装修装饰工程专业承包一级、铁路铺轨架梁工程专业承包二级资质。前身为福州铁路局基建处；1959 年 1 月成立，先后称基建处、工程处、工程团、工程总队，分别隶属福州、南昌、上海铁路局；1985 年 1 月，成立福州铁路工程总公司；2001 年 1 月，企业改制组建福建铁路建设(集团)有限公司；2003 年 11 月，划转中国铁道建筑总公司管辖；2004 年 2 月，隶属由上海、福建、南昌铁路建设集团公司重组而成的中铁二十四局集团有限公司。驻福建省福州市晋安区沁园路 77 号。执行董事、党委书记黄玉仁，总经理郑军锋。职工 1841 人。机械运输设备 709 台(套)，原值 21634.66 万元、净值 5043.75 万元。总功率 20694 千瓦，动力装备率 11.24 千瓦/人，技术装备率 2.74 万元/人。

2017 年,新签合同额 75.4 亿元。

(吴国展　陈阳森)

【南昌铁路工程有限公司】　拥有市政公用、铁路、公路工程施工总承包一级,水利水电工程、建筑工程施工总承包三级,桥梁、隧道工程专业承包一级,铁路铺轨架梁专业承包二级,公路路基、路面工程专业承包三级,模板脚手架专业承包(不分等级)资质。驻江西省南昌市二七南路 109 号。执行董事、总经理李开明,党委书记吴明华。职工 1737 人。资产总额 276644.13 万元。其中,固定资产原值 11078.6 万元、净值 3663.4 万元;流动资产 271107.8 万元。设备总功率 14930.47 千瓦,动力装备率 8.06 千瓦/人,技术装备率 1.21 万元/人。

2017 年,承揽任务 605128.85 万元,完成企业总产值 425561 万元,实现利润总额 3131.9 万元。全员劳动生产率 167.68 万元/人年,职工年人均收入 74150 元。

(张琳雯)

【新余工程有限公司】　拥有市政、建筑工程施工总承包一级资质,铁路、公路工程施工总承包二级,水利水电工程施工总承包三级资质;桥梁、隧道、建筑装修装饰工程专业承包一级资质,钢结构、地基基础工程专业承包三级资质,预拌混凝土专业承包资质。前身是南昌铁路局南昌工程处第三工程段;1996 年 8 月,更名为南昌铁路局工程总公司第三工程公司;2000 年 6 月,与第六公司合并组建新的第三工程公司;2005 年 2 月,与第一公司合并重组更名为南昌铁路新余工程有限责任公司;2007 年 1 月,更名为中铁二十四局集团新余工程有限公司。驻江西省新余市铁兴路 216 号。执行董事、党委书记钟栋材,总经理喻文杰。职工 1413 人。资产总额 22.99 亿元。其中,固定资产原值 1.09亿元、净值 5512 万元;流动资产 22.3 亿元。设备总功率 25330 千瓦,动力装备率 17.93 千瓦/人,技术装备率 3.5 万元/人。

2017 年,完成承揽 32.44 亿元,完成总产值 28.41 亿元,实现利润总额 1703.88 万元。全员劳动生产率 182.76 万元/人年,职工年人均收入 65414 元。

(王　菲)

【上海电务电化有限公司】　拥有铁路电务工程专业承包一级、铁路电气化工程专业承包一级、通信工程施工总承包三级、输变电工程专业承包三级、建筑机电安装工程专业承包三级资质、承装(修、试)电力设施许可证承装类、承修类、承试类四级。2004 年 12 月由原上海铁路局工程总公司电务工程公司、福建铁路建设(集团)有限公司电务分公司、南昌铁路工程建设(集团)有限责任公司电务工程公司整合重组,成立中铁二十四局集团电务电化有限公司。驻上海市静安区王家宅路 40 号。执行董事、总经理黄仲戒,党委书记吴耘。职工 786 人。资产总额 84035.04 万元。其中,固定资产原值 4169.22 万元、净值 1482.59 万元;流动资产 80111.06 万元。机械运输设备 145 台(套),总功率 6096.5 千瓦,动力装备率 7.76 千瓦/人,技术装备率 0.52 万元/人。

2017 年,新签合同额 6.38 亿元,完成企业总产值 55035 万元。实现利润 1256.5 万元。职工年人均收入 70535 元。国有资产保值增值率 107.99%,净资产收益率 7.99%,产值利润率 2.27%,资产负债率 85.97%。投资收益上缴率 100%,应上缴款完成率 100%。

(张笑松)

【贵溪桥梁厂有限公司】　拥有市政公用工程总承包一级、桥梁工程专业承包三级、施工劳务资质。是生产混凝土桥梁、轨枕、电杆的专业化公司,同时也是承担市政公用工程、铁路工程建筑、桥梁工程建筑、建筑施工服务的企业。驻江西省贵溪市柏里路 7 号。执行董事、党委书记胡浩,总经理龚志辉。职工 401 人。资产总额 68832 万元。其中,固定资产原值 22855 万元、净值 5263 万元;流动资产 60482 万元。设备总功率 28539.45千瓦,动力装备率 71.35 千瓦/人,技术装备率 10.94 万元/人。

2017 年,新签合同额 4.68 亿元,全员劳动生产率 221.13 万元/人年,职工年人均收入 9.5 万元;国有资产保值增值率 109.08%,净资产收益率 2.26%,资产负债率 82.51%,应上缴款完成率 100%。

(洪国莉　徐培琦)

【鹰潭设备安装工程有限公司】　拥有机电安装工程施工总承包一级;钢结构、机电设备安装工程专业承包一级,起重设备安装工程专业承包二级资质;压力管道安装改造修理许可证,起重机械制造许可证,起重机械安装改造维修许可证,对外承包工程资格证,三标合一的整合型管理体系认证证书。前身是南昌铁路工程总公司设备安装工程公司;2001 年 12 月,企业改制改称南昌铁路设备安装工程有限责任公司;2006 年 1 月,更名为中铁二十四局集团鹰潭设备安装工程有限公司。驻江西省鹰潭市月湖区环城东路 105 号。执行董事、党委书记叶光灿,总经理文永兵。职工 273 人。资产总额 40891 万元。其中,固定资产原值 21781 万元、净值 4108 万元;流动资产 35620 万元。

2017 年,新签合同额 48209 万元,完成企业总产值23173万元。实现利润185万元。全员劳动生产率147058.52元/人年,职工年人均收入66726元。

（李明芬）

【上海房地产开发有限公司】 房地产开发三级、物业管理三级资质企业。成立于1992年7月1日。驻上海市静安区民德路20号。执行董事、党委书记、总经理白圻业。职工51人。资产总额50970.92万元。其中,固定资产原值431.36万元、净值287.34万元;流动资产50683.58万元。

2017年,完成营业收入1650.76万元,实现利润总额18.18万元。人均创利2796.36元,职工年人均收入131675.9元。国有资产保值增值率100.43%,净资产收益率0.43%,营业利润率-6.79%,资产负债率94.02%,投资收益上缴率100 %,应上缴款完成率100%。 （张欢欢 倪建平 王小兰）

【路桥分公司】 主要从事市政工程、公路及桥梁工程、铁路既有线上跨下穿立交桥、站场改造等施工的工程公司。2006年1月,由原集团公司路桥分公司和集团公司道桥分公司合并成立。驻上海市秣陵路80号。总经理谢钦方,党委书记徐国栋。职工107人。资产总额80200万元。其中,固定资产原值1429万元、净值620万元;流动资产79600万元。设备总功率14050千瓦 。

2017年,承揽工程任务80695万元,完成施工产值100364万元。全员劳动生产率937.98万元/人年,职工年人均收入20万元。 （李 杰）

【轨道交通分公司】 2005年5月成立。驻上海市静安区天目中路585号新梅大厦17-18楼。总经理刘长春(3月任),党委书记朱亮来。职工280人。资产总额80167万元。其中,固定资产原值2165万元、净值1114万元;流动资产76353万元。机械运输设备169台(套),总功率10802.7千瓦,动力装备率38.57千瓦/人,技术装备率3.98万元/人。

2017年,新签合同额17.4亿元,完成施工产值11.56亿元。全员劳动生产率412万元/人年,职工年人均收入13.6万元。资产负债率100%,应上缴款完成率60%。

（宋文涛）

【北京分公司】 经营范围代理母公司业务,自主经营、自负盈亏。由北京区域的新余公司北京分公司、京津冀指挥部、神华项目工程指挥部、北京办事处4个机构整合重组成立。驻北京市海淀区莲花苑5号华宝大厦16层。职工48人。

2017年,新签合同额6.58亿元。

（陈 军 邵同铭 高 路）

【重要记载】

▲1月22日 集团公司获市政公用工程施工总承包特级资质、市政行业甲级设计资质。

▲3月22日 集团公司获建筑工程施工总承包特级资质、建筑行业设计甲级资质。

▲8月8日 集团公司获“2016年度上海市建筑业诚信企业”称号。

▲9月6日 集团公司与中国建设银行上海市分行签订全面合作协议。

▲9月 集团公司获2017年上海企业100强第48名。

▲11月 安徽公司承建的合肥滨湖新区方兴大道(包河大道—福建路)工程和桥梁、安装公司参建的尼日利亚铁路现代化项目阿布贾至卡杜纳段工程获鲁班奖。

（孙华东）

中铁二十五局集团有限公司

【简况】 拥有铁路工程、建筑工程施工总承包特级,市政公用工程、公路工程施工总承包一级,水利水电工程总承包二级,桥梁、隧道、公路路基、铁路铺轨架梁工程专业承包一级及城市轨道交通专业承包资质,援外成套项目施工A级资质,地质灾害治理工程丙级资质。驻广东省广州市越秀区中山一路55号。董事长、党委书记张建国,总经理苏建斌。下辖一、二、三、四、五、六工程有限公司、电务工程有限公司、房地产开发有限公司、南方实业开发有限公司(物业管理有限公司)、广州铁诚工程质量检测有限公司和西北分公司。职工8720人。资产总额160.27亿元。其中,流动资产143.67亿元;投资性房地产0.96亿元;固定资产原值22.08亿元、净值7.79亿元;无形资产4.32亿元。资产负债率84.86%。机械运输设备6427台(套),原值12.05亿元、净值5.32亿元,总功率17.9万千瓦,技术装备率6.04万元/人,动力装备率20.29千瓦/人,设备成新率44.2%,资产增长率21.08%。

2017年,承揽项目185个,承揽总额415亿元,完成营业收入145.02亿元,利润总额10098.14万元,净利润9208.52万元。人均创利1.15万元,全员劳动生产率25.45万元/人年,职工年人均收入9.66万元,国有资产保值增值率103.26%,净资产收益率3.89%,产值利润率0.69%。

（翟湘萍　刘东栋　莫　劲　胡振虎　王慧贞）

【领导人员】

董事会

董事长　张建国

董事　苏建斌

王小青

王国堂

监事会

监事会主席　张超民

监事　田晓南(3月任)

职工监事　凌勋伟

经理层

总经理　苏建斌

副总经理　王小青

葛　斌(1月免)

况成明(1月免)

孙传福

李志锋

李少先

王胜祖

王国堂

张建慈(12月任)

李红旗(12月任)

总工程师　王小青(兼)

总会计师　王国堂(兼)

党群领导

党委书记　张建国

党委副书记　苏建斌

张超民

明思义(7月免)

林春梅(12月任)

纪委书记　张超民

工会主席　林春梅(12月任)

（张观成）

【职工队伍】　职工8720人。其中,干部6133人、工人2587人。专业技术干部6002人,占98%;技术工人1835人,占71%;30岁及以下3363人,31~40岁1920人,41~49岁2163人,50岁以上1274人;工程技术人员4594人,经济人员477人,会计人员649人,政工人员267人;高级职称567人,中级职称1672人,初级职称2695人。研究生以上学历70人,本科学历4617人,大专、高技学历1524人,中专、技校、职高学历984人,高中学历367人,初中及以下学历1158人。

（刘东栋）

【工程项目指挥机构】　新建赣州至深圳铁路赣粤省界至塘厦段站前工程GSSG-4标段工程指挥部　驻广东省河源市龙川县老隆镇龙川大道。指挥长王胜祖。

渝怀铁路梅江至怀化段增建第二线引入怀化枢纽站前工程G吨YHZQ-8标段工程指挥部　驻湖南省怀化市鹤城区鸿业大酒店。指挥长付德伟。

新建深圳至茂名铁路江门至茂名段JMZQ-8标段工程指挥部　驻广东省茂名市茂南区滨河南路98号茂名广播电视大学旧校区。指挥长鲁智安。

改建铁路阳安线增建第二线YAZQ-6标段工程指挥部　驻陕西省汉中市西乡县茶镇。指挥长吕敬军。

新建广州南沙港铁路NSGZQ-2标段工程指部　驻广东省江门市鹤山市雅瑶镇昆东村委小江村。指挥长李映宣。

贵阳火车北站功能区路网工程指挥部　驻贵州省贵阳市云岩区黔灵山路大关隧道出口右侧。指挥长王化有。

成兰铁路13标段指挥部　驻四川省阿坝藏族羌族自治州松潘县委党。指挥长庞尔林。

九景衢铁路站前2标段指挥部　驻江西省九江市都昌县蔡岭镇。指挥长张建平。　（朱必礼）

【铁路工程施工】　新建广州南沙港铁路NSGZQ-2标段　全长87.8千米。合同投资170446万元,合同工期2016年9月30日至2019年9月30日。主要工程量:单线桥4座2.28千米,双线桥6座10.85千米,路基土石方66万立方米,制梁5304片。开工累计完成投资15110万元。

改建铁路阳安线增建第二线YAZQ-6标段　全长29.5千米。合同投资93878万元,合同工期2015年6月1日至2019年5月31日。主要工程量:路基土石方17万立方米,路基2.7千米,隧道11座28111.8延长米,桥梁12座1882.4延长米,涵洞6座69.1横延米;无砟道床24.9千米,站线铺轨3.4千米,道岔15组,车站1752平方米。开工累计完成投资79032万元。

新建玉溪至磨憨铁路站前工程YMZQ-21标段　全长508.5千米。合同投资105086万元,合同工期2016年4月15日至2020年6月23日。开工累行完成投资51276万元。

九景衢铁路JQJXZQ-2标段　全长50.4千米。

合同投资130009万元,合同工期2014年4月15日至2016年5月16日。主要工程量:双线桥28座9200延长米,框架式小桥3座59.37延长米,盖板涵5座241.86横延米,框架涵120座2789.4横延米,倒虹吸6座156横延米,路基27.3千米,隧道6座4078延长米,车站2座。开工累计完成投资134734万元。

新建深圳至茂名铁路江门至茂名段JMZQ－8标段　合同投资241978万元,合同工期2015年4月7日至2018年6月30日。主要工程量:路基16.2千米,桥梁6.1千米,涵洞75座1845横延米,涵洞26座719.1横延米,公跨铁3座19893平方米,制梁吨梁1293双线孔。开工累计完成投资228351万元。

新建成都至兰州铁路CLZQ－13标段　全长22.926千米。合同投资159685万元,合同工期2013年5月1日至2018年12月31日。主要工程量:区间土石方19.03万立方米,站场土石方261.81万立方米,特大桥2座4118.909延长米,大桥9座2186.696延长米,中桥2座83.31延长米,小桥3座64.61延长米,涵洞9座678.15横延米,隧道8048延长米。开工累计完成投资114405万元。

渝怀铁路梅江至怀化段增建第二线引入怀化枢纽站前工程G吨YHZQ－8标段　合同投资140292万元,合同工期2017年8月1日至2020年5月31日。主要工程量:大桥12座8378延长米,框架桥7座462.77延长米,涵洞12座1344.76横延米,预制梁992片,正线铺轨59.15千米,站线铺轨109.66千米,挖土方15.8万立方米,挖石方21.9万立方米。开工累计完成投资19907万元。

新建赣州至深圳铁路赣粤省界至塘厦段站前工程GSSG－4标段　全长37.505千米。合同投资284825万元,合同工期2017年10月30日至2021年9月30日。主要工作量:路基6.71千米,桥梁44座17572延长米,涵洞7座203.75横延米,隧道11座14065延长米,车站2座,制架箱梁565孔。开工累计完成投资1000万元。

(朱必礼)

【路外工程施工】　青岛地铁1号线2标段B1工区土建工程　标段长208米。合同投资84344万元,合同工期2016年1月1日至2019年8月31日。开工累计完成投资4724万元。

青岛地铁1号线2标段9工区工程　标段长1120米。合同投资42164万元,合同工期2016年1月1日至2019年8月31日。主要工程量:路基240米,特大桥2座5000延长米,隧道700延长米,车站4284平方米。开工累计完成投资16902万元。

山西省中部引黄工程施工5标段　合同投资30292万元,合同工期32月。主要工程量:隧洞19985延长米;隧洞支洞6座4343延长米。开工累计完成投资28405万元。

深圳国际会展中心配套市政项目(20号线机场北至会议中心段工程)　合同投资51200万元,合同工期2016年9月20日至2019年10月29日。开工累计完成投资39771万元。

万开周家坝—浦里快速通道1标段(开县段)　合同投资74656万元,合同工期2015年12月29日至2019年3月31日。主要工程量:隧道9663延长米,斜井2230延长米,桥梁2座300延长米,路基土石方14万立方米。开工累计完成投资32768万元。

从莞高速公路惠州段项目(S29)　标段长30.905千米,双向6车道,设计时速100千米。合同投资222601万元,合同工期2015年12月18日至2018年12月31日。主要工程量:特大桥10665.45延长米,大桥22座7847.79延长米,中、小桥47座1676.96延长米,隧道627.5延长米,互通立交4处,路基土石方322万立方米,填方298万立方米。开工累计完成投资112706万元。

(朱必礼)

【境外工程施工】　援白俄罗斯明斯克区中心医院项目　位于白俄罗斯明斯克区博罗夫利亚。主要工程量:地上4层,地下1层;建筑面积7196.7平方米,地上建筑面积5993.2平方米,地下建筑面积1203.5平方米,配有170个病床。2016年12月25日开工。累计完成产值2745万元。

援白俄罗斯学生公寓楼项目　位于明斯克市莫斯科大学村。合同投资23898万元。主要工程量:建筑面积23346.51平方米,床位1038个,地上8层,局部9层(设备机房屋)。累计完成产值18899万元。

中白商贸物流园首发区项目(ZBSG－1标段)　位于白俄罗斯明斯克中白工业园。合同投资45053万元,合同工期13个月。主要工程量:建筑面积52607.41平方米,1号物流仓库17078.48平方米,2号、3号仓库均为16968.36平方米。

援白俄罗斯社会保障房项目(一期)维捷布斯克州项目和格罗德诺州项目　位于白俄罗斯格罗德诺市。合同投资1871万元。主要工程量:建筑面积7004.79平方米,地上9层,地下1层。维捷布斯克市72号保障房项目,位于维捷布斯克市,建筑面积7771.16平方米。奥尔沙市28号保障房项目,位于奥尔沙市,建筑面积6770.02平方米。

中白工业园9号标准厂房项目　合同投资3232万元,合同工期2017年9月25至2018年8月10日。主要工程量:矩形建筑3层,1层5.30米,2层4.8米,3层

4.8米,面积11020平方米。累计完成产值470万元。

孟加拉国家数据中心及两侧动力楼项目　合同投资12422万元。主要工程量:面积28000平方米,包括停车场、绿化用地等。累计完成产值8083万元。

援厄立特里亚太阳能路灯(二期)项目　位于厄立特里亚阿斯马拉市。合同投资729万元,合同工期3个月。主要工程量:安装太阳能路灯300盏9千米。2017年12月24日,完成竣工验收。

援斯里兰卡国家医院门诊楼项目　位于斯里兰卡科伦坡市。合同投资48916.77万元,合同工期2017年8月10日至2020年11月10日。主要工程量:主门诊楼1座、传染门诊楼1座、门卫房1座、配电间1座,建筑面积49150平方米。累计完成产值3014万元。

科特迪瓦蓝宝石股份有限公司2×350骨料生产线建设工程　位于非洲科特迪瓦。合同投资447万元,合同工期2016年12月20至2017年6月25日。主要工程量:开挖1700立方米;混凝土2000立方米,钢筋工程141吨,钢结构制作80吨,砌体520平方米。

科特迪瓦电网发展和改造项目第3标段土建工程　位于非洲科特迪瓦瓦武阿市。合同投资8956万元,合同工期2017年12月15日至2019年7月28日。主要工程量:90千伏输电线路332千米,新建90/30千伏变电站3座。

(朱广兵)

【企业管理】　结合生产经营实际,调整"十三五"期间集团公司营业收入和净利润指标,并逐年分解;增加注册资本金和资产负债率指标,"十三五"末,资产负债率83.9%以下;增加特困企业治理和压减工作内容等,调整修改集团公司"十三五"发展战略与规划,下发并实施。合理调整布局子公司。根据各单位的发展实际,充分利用各地招商引资政策,对有关工程公司的布局进行调整:二公司整体搬迁江苏南京,一公司、电务公司由广州越秀区迁址黄埔广州开发区。通过制定各单位内控指标,签订2017年度经营目标责任书,把任务分解落实,并对此进行绩效考核,兑现奖罚,促进责任的落实。取得建筑施工总承包特级资质证书。开展年度风险评估工作,识别重大重要风险,制定重大重要风险管控措施。积极开展自我评价,配合完成第三方德勤会计师事务所的审计,梳理内控审计和内控评价中的缺陷,制定缺陷整改措施,落实整改责任。加强特困企业整治和"压减"工作。落实清理债权债务,推进降债减负,将二公司注册资本金由1亿元增加到3亿元,将四公司负责的"三清高速公路""哈佳""哈牡"项目整体划转到二公司管理。部分借款利息、应上缴分包差、集团垫付的社保款。建立月报制度。及时掌握人员分流安置、资产处置、制度建设、经营管理情况、财务状况等各方面的信息。完成5家法人企业的注销工作,开累完成注销法人企业7家。通过开展内部外部贯标审核,验证集团公司贯标工作有序、持续开展,质量、环境标准换版完成,三标证书持续有效。

劳资人事(人才)管理。围绕中心任务,扎实开展领导班子创建活动,评选表彰"四好"领导班子,形成争创先进的良好氛围。对下属各单位的领导班子进行调整和加强,提拔副处级干部28人,提拔正处级干部7人,调整处级领导干部25人次,外部引进处级干部3人。修订完善领导干部管理相关制度,修订《集团公司企业领导人员管理规定》,制定《领导人员人选民主推荐和民主测评办法》《领导人员公开招聘、竞争上岗办法》《领导人员人选公示办法》《非领导职务人员管理办法》《后备干部管理办法》《领导人员交流管理办法》和《所属单位领导班子和领导人员综合考核评价办法》,促进选人用人工作走向制度化、规范化、程序化。强化干部考核,开展后备干部推荐,充实后备干部人才库。规范总经理助理级人员的管理。下发《关于规范所属各单位总经理助理级人员配备及其管理的通知》,明确规定各单位总经理助理级人员的职数,规定总经理助理级人员的选拔、任用程序,清理虚职。通过校园招聘、社会招聘等渠道引进优秀人才。加强整合、高效利用集团内部人力资源,合理调配人才。高标准、严要求开展职称评审工作,进一步健全职称评审考察机制和工作流程,建立高级职称申报现场答辩制度,人才专业水平评价机制不断完善。加强技能人才队伍建设,出台《技能工人管理办法》。劳动工资管理。全面推进薪酬体系建设,领导班子实行年薪制、集团公司机关及子(分)公司机关岗位实行岗效工资制、工程指挥部(项目部)人员实行联产联效工资制、市场化选聘人才实行协议工资制。职业技能鉴定。62名员工参加职业技能等级鉴定。经过理论和实操考试,60名员工取得技能等级证书,其中,技师8人、高级工47人、中级工5人。向股份公司推荐高级技师评审人选4人,经股份公司考试、评审,3人获高级技师任职资格。培训教育管理。修订《员工教育培训管理办法》,培训员工14429人次。

(翟湘萍　王树峰)

【经营管理】　承揽415亿元。其中,铁路64.79亿元、公路129.02亿元、房建63.49亿元、市政76.59亿元、城轨54.76亿元、机场码头0.7亿元、其他工程25.46亿元。五大专业工程承揽额均超50亿元。公路工程承揽额129.02亿元,同比增长326.6%。

经营开发。经营承揽400亿元。公路、市政、铁路、房建、城市轨道占比32%、19%、16%、16%、11%。

首次打入新疆、甘肃、云南、陕西、安徽等高速公路市场;江西赣州、湖南韶山、广州南沙、江苏南京等市政市场;广州地铁、柳州轻轨及郓城有轨电车等轨道交通市场。资本经营秉持“风险可控、收益合理、规范运作、量力而行”的原则,不断完善投资管理办法,不断创新投资理念,揽获三清高速公路、安慈高速公路、京新高速公路、合阳至铜川高速公路、安徽溧阳至宁德高速公路、韶山旅游主干道项目、广州南沙自贸试验区项目、南京南部新城项目、石家庄城市轨道等,承揽152亿元,占总额37%。

经济管理。项目综合收益6.59%,同比提高1.56%;其中责任预算节超率2.31%;二次经营完成20.78亿元,完成年度计划的105.1%;亏损项目减亏1.78亿元,完成股份公司下达的年度指标。通过深化提质增效活动,推进绩效管理开展。建立基础信息台账,并深入项目现场督导。完善补充各项制度办法,继续制定并完善制度办法10余项;发布劳务分包指导单价,采取区间形式,反映当前市场的实际情况;强化责任预算管控,明确项目经济目标。紧抓关键环节管理,挖掘降本增效潜力,主要有规范劳务招标管理、经济管理年终考评、经营业绩考核兑现。二次经营。完成二次经营考核兑现。落实“一事一奖”考核制度和二次经营策划制度。布置项目概算清理工作。治亏工作。制定《亏损治理工作考评办法》,采取动态监控重奖重罚,更新亏损整治方案建立工作考评办法,减亏1.78亿元。其中35个过程亏损项目,5个项目扭亏为盈,11个项目亏损减少,10个项目亏损增加,14个项目亏损未发生变化。

清收清欠管理工作。“两金”增长势头得到有效遏制,122.54亿元,较年初下降6.77亿元。清收清欠目标完成值152.22亿元,完成股份公司下达年度目标的81.74%。收尾并账项目取得进展,粤海、广深四线等项目取得进展,完成收尾并账项目销号113个,完成年度计划的107.62%,已并账收尾项目回收应收账款债权2.99亿元,收保证金7.27亿元。

安全质量管理。建立健全安全质量管理体系,交验合格率100%,未发责任生产安全事故、铁路交通事故、道路交通事故、火灾爆炸事故。获中国铁建杯优质工程奖3项、获省市级优质工程奖4项,获评中国铁建安全质量标准工地4项。公路施工企业信用等级为A级企业、铁路施工企业信用等级为B级企业。

投资管理。投资部和投资事业部于10月19日合署办公,完成投资额(产值)92008万元,资金上缴8500万元,偿还集团公司股东借款1.353亿元。编制《中铁二十五局集团有限公司投融资项目管理暂行办法》,整理汇总PPP有关法律、规章制度、政策文件汇编、PPP条例解读及操作指南。与邯郸市峰峰矿区政府、三门峡市湖滨区政府、协鑫集团、粤海水务集团等多个地方政府平台或知名企业签订战略合作框架协议。配合股份公司、集团公司对投融资项目进行全面审计。

财务管理。强化制度建设,梳理修订《资金管理暂行办法》等多个文件。资金集中度77%,通过充分利用内部资金池,节约财务费用约2500万元。大力推行票据业务,累计办理各类票据8亿元,有效缓解资金支付压力。推进产融结合,确保长春南溪湿地、凤凰PPP项目融资方案落实。狠抓清收清欠管理,着力改善财务状况。通过完善机构配置、落实考核制度、强化过程监督、增强内外部沟通协调等有效措施,清收清欠工作成效显著,“两金”占用较年初明显下降。税务管控能力进一步加强。通过开展税务工作开篇布局、强化供应商选择及合同审核、积极推进集采、加强发票管理等多种手段,确保各单位税负平稳;积极研究税收优惠政策,充分利用分包抵减、税费减免、出口退税、研发加计扣除、高新技术企业税收优惠等政策降低企业税负。开展土地、房产清查,登记造册,摸清家底。在此基础上,把握机遇主动开发,切实提高资产创效能力。广州留香市场、三公司总部基地改造、柳州磨滩片区改造、长沙九禧地块及青岛金色蓝庭等项目均有序推进。

审计监事。两级审计机构完成审计项目90个,其中,经济责任审计6个、工程项目审计65个、财务收支审计4个、经济效益审计8个;绩效审计3个,专项审计调查4个。提出审计报告90份,经审计,为企业挽回经济损失20305.81万元,移送纪检监察39人,移送司法机关3人,追责问责101人。开展对一公司、二公司、西北区域的经济责任审计,并进行绩效复核审计;开展对西北分公司的财务收支审计;开展对长株潭铁路项目、九景衢铁路项目、云桂铁路项目、阳安二线铁路项目、南百铁路项目的专项审计。

(贺海燕　王　静　江敏玲　兰文庆　唐　映
张居旺　胡振虎　凌　舟)

【科技成果】 加大科技开发经费投入,加强科技研发过程的管理。获国家发明专利7件、实用新型专利22件;编写《城市轨道交通工程施工验收标准》(国家标准)。获铁路建设工程部级工法4项、广东省工法2项、广西壮族自治区工法2项。2项科技成果获中国施工企业管理协会科技奖二等奖。1项科技成果获股份公司科技奖三等奖;获2017年度广东省工程建设质量管理小组活动优秀企业,获评股份公司优秀QC成果5项,获评省部级优秀QC成果43项,被评为国家级优秀QC成果3项。(朱亮明)

【党的工作】 强化政治引领，深入学习贯彻党的十九大精神实现全覆盖，举办党的十九大精神研讨3次，两级领导班子成员到联系点上党课92人次；落实意识形态工作责任制。强化理论武装，组织党委中心组学习12次，先后2次以中心组（扩大）学习的形式，组织两级领导班子成员和管理骨干认真学习施工项目综合管理系统的相关知识和操作流程。强化“四个意识”，抓好顶层设计和决策把控，修订完善企业章程和党委议事规则，召开12次党委常委（扩大）会，研究议题144项；注重班子和干部队伍建设，扎实推进“四好”领导班子建设，坚持党管干部原则，健全选人用人长效机制，修订《集团公司企业领导人员管理规定》等7个领导干部管理的相关配套办法；探索创新干部选用途径，在一公司开展领导班子副职全员公开竞聘，面向系统内外公开选聘子分公司主管领导；狠抓干部考核调整，对所属10个单位领导班子进行考核、调整和加强，提拔副处级干部31人，提拔正处级岗位10人，调整处级以上领导干部26人次。抓主体责任落实，完善《集团党建工作责任制实施办法》《集团党建工作量化考核暂行办法》等多项党建工作责任制，抓好党组织书记抓基层党建工作述职评议、党建工作量化考核等党建重点工作，8家单位进行现场述职，组织基层党支部书记抓党建工作现场（书面）述职10场次142人；严格组织程序，一、五、实业公司和直属机关等11家单位陆续召开党代会和党代表会完成换届工作，所辖基层党组织54个基层党支部（总支）完成新建或换届。优化基层党组织设置，保证党组织全覆盖，重新调整配备区域指、工程指党工委委员31人；加强培训教育，选派13人参加股份公司党组织书记轮训，对144名项目党支部书记进行基层党组织书记培训，重新修订编印《党支部工作手册》《党支部日常工作图解》《党员发展工作流程图》；深入推进“两学一做”学习教育常态化、制度化，完成272个党组织5374名党员的信息采集和录入。强化学习教育，抓住“关键少数”，加大理论学习频次和深度，两级党委中心组学习涉及党风廉政建设内容的占60%以上；实行纪委书记“咬耳式”提醒教育，推行党风廉政建设“五个一”制度，“做人有道，干事守规”的廉洁文化理念逐步深入人心；大力宣传反腐倡廉工作好经验好做法，加大反面典型警示教育力度，廉洁从业氛围不断浓厚。强化“两个责任”落实，签订《党风廉政建设责任书》，对集团公司重大部署、重要活动进行专项督导，对“两个责任”落实不力的10个单位的纪委书记进行“一对一”约谈，对3名党组织书记给予党纪处分；建立所属单位党委书记、纪委书记报告工作制度，先后听取各单位党委书记、纪委书记报告主体责任、监督责任落实情况9人次、23人次，全面从严治党进一步向纵深发展。开展“拒收红包”承诺活动，140余名机关干部向纪委递交“拒收红包”承诺书；认真开展领导人员违规经商办企业专项治理、违规公款购买消费高档白酒问题集中排查整治工作；在重要节假日开展突击检查、明察暗访、推送廉洁从业提醒信息，坚决防止“四风”问题反弹回潮，把“四风”问题作为巡视监督和执纪审查的重点，加大查处和通报曝光力度，企业风气持续向好。

组织工作。二级党委10个、党工委16个，党支部（党总支）236个，党员5374人。加强制度建设，推动党建工作责任制有效落地。党委将党建工作写入公司《章程》，并办理相应的工商变更手续，从制度上保证党委的领导核心作用得到充分发挥。制定下发《党建工作责任制实施办法》《党建工作量化考核暂行办法》《关于开展创建“四好”领导班子活动实施办法》等制度办法。健全组织建设，确保基层党组织实现全覆盖。因地制宜地优化基层党组织设置形式，撤销南宁枢纽、湘桂七标工程指挥部党工委，新成立赣深客专工程项目指挥部党工委，明确投资事业部党员归属关系，保证党组织覆盖到每个子分公司、事业部和工程项目部。严格组织程序，确保党组织按时换届选举。一公司、五公司、实业公司、直属机关4家单位召开党代会完成换届选举工作，指导所属7家子分公司召开党代表会议，选举产生参加集团公司第二次党代表大会的代表，为集团公司党代会的召开做好充分的准备。制定专项实施方案推动“两学一做”学习教育常态化、制度化，组织深入学习贯彻贯彻党的十九大精神，把“两学一做”学习教育与中心组学习、“三会一课”、民主评议、主题党日活动融合一起，开好两级党员领导干部民主生活会和基层党组织的专题组织生活会，进一步增强各级党员和干部的党性修养。抓好支部书记队伍建设，结合贯彻学习党的十九大精神，集团公司举办今年第一期基层党组织书记集中培训班，146名党组织书记参加培训。发展党员122人。清理未及时转出组织关系党员23人。236个党组织5374名党员的信息采集和录入工作。下发《党员证》，扎实落实补缴党费清查使用、党费留存、党建经费拨付等政策规定。组织慰问生活困难党员和老党员142人，下拨给各基层单位党委慰问金64.5万元。

宣传工作。始终坚持“五个强化”，逐步实现“五大转变”，强化理论学习，逐步实现理论武装由“务虚为主”向“务虚与务实并举”的转变。办好“二十五局学习论坛”，精心安排学习内容，集中学习12次。实现企业“正能量”胜过“负能量”的转变。开展宣传教育活动，引导广大干部职工充分认识对特困企业专项治理的重要性和紧迫性，积极支持集团的改革和管理举措。开展"心系二十五局、奉献二十五局"主题形势任务教育活动，通过员工大会、座谈交流、个别谈心等形式，动员和带领广大员工忠诚企业，爱岗敬业，敢于担当，拼搏奉献，为集团加快崛起多作贡献。通过强化舆情监测员、网络评论员两支队伍建设，做细做实日常的舆情监测工作，完善监测基础台账资料，使集团舆情防控工作逐步迈上规范化轨道。"永远的铁道兵杯"十大楷模、第五届中国铁建"十佳道德模范"的推优工作为契机，扎实做好先进典型的培育、选树和宣传工作，先后开展集团"十大杰出青年""十佳青年技术能手"等评选活动。上报2017—2018年度政研课题立项5个，本级政研课题立项9个。先后在广东、江西等省级媒体上刊发各类稿件377篇，在《中国铁道建筑报》《人民铁道》等行业媒体上刊发稿件126篇。打造以《周观二十五局》为代表的一系列品牌栏目。运用延时摄影、航拍、H5等新型技术手段，推出七一献礼短片——中铁二十五局版《我是谁》、集团新员工招聘等受众喜闻乐见的微信专题，并被广东省共青团官方微博转发。规范企业文化制度建设。制定下发《关于进一步加强和改进集团公司企业文化建设的实施意见》，打造两级机关荣誉室、项目文化建设示范点、集团书画和摄影优秀作品汇展三大形象建设的窗口。搭建"周观二十五局""工程秀""随手拍"等模块，接收信息。

纪检监察工作。制定《纪委书记、副书记提名考察办法》《党风廉政建设"五个一"制度》《纪检监察人员履职考核与薪酬兑现办法》《所属各单位纪(工)委书记报告工作及述职办法(试行)》等文件，把握运用监督执纪"四种形态"，开展提醒谈话186人次、约谈函询58人次、诫勉谈话36人次。累计处置问题线索103件，立案56件，结案54件，处分73人，其中党纪处分26人、政纪处分63人、双重处分16人；涉及处级干部19人；移送司法机关5人；挽回经济损失5075万元。开展有特色的廉洁教育主题活动51场次，专题研究党风廉政建设问题53场次，两级领导班子成员讲党课142场次，发送廉洁提醒信息1546条，对反映有问题的干部开展廉洁提醒谈话186人次。完成3轮对23家所属单位党组织的巡察，通过巡察共发现党的领导弱化、党的建设缺失、全面从严治党不力等问题239个，发现问题线索157个，移交问题线索157条，立案45件，党政纪处分117人，组织处理17人，移交司法机关4人，挽回直接经济损失和避免经济损失1.09亿元。 (赵　洁　张　婷　付晶晶　方　飞)

【工会工作】 签订《集体合同》《工资专项协议》《女职工权益保护专项集体合同》，由工会组织权益女工部牵头，与人力资源部、法律合规部、社会保障部等部门组成检查小组，对集体合同履行情况进行重点抽查，加强对各工程公司的工资发放、"五险一金"上缴、劳动保护、福利待遇、工作时间、休息休假、职工培训、待岗息工，女职工特殊权益保护等情况的检查，形成检查督导报告。坚持和深化企务公开制度。各单位就涉及生产经营管理、职工切身利益等重大问题以及领导班子党风廉政建设等问题，通过职代会、办公会、企务公开栏、文件信息、自动化办公系统、公司网站等多种形式向职工公开。开通"职工之家"微信公众号，完成推送稿件87篇，接待来访员工269次，回访166次，为员工解决困难143件，帮助困难员工149人次。职工息工待岗率控制在5%以下。落实"三不让"承诺。帮扶活动形成常态。继续开展"冬送温暖、夏送清凉、金秋助学、大病资助"的帮困救助工作，筹集送温暖资金195.84万元，慰问困难职工、一线员工1587人次。发放助学金35.4万元，资助329名困难职工子女和9名困难农民工子女。半年开展一次困难职工调查摸底，及时更新完善困难职工档案，加强跟踪管理，不漏掉任何一名困难职工。坚持每季对大病医疗互助及时审核，及时拨付互助资金，救助患病员工33人，发放救助款63.48万元。投入285.3万元，为9354名在册员工续保及新员工参保，发生报案33件，为17名职工办理保险理赔，理赔金281.3万元。获建设单位奖励128万元。3人获"五一劳动奖章"，5人获"火车头奖章"，2人获股份公司"工人先锋奖章"。创建10个"劳模创新工作室"，完成创新课题及成果12项，阳克文创新工作室获首批"中国铁建劳模(先进职工)创新工作室"称号。坚持推行"一法三卡"活动，对82个职业危害作业场所进行现场监测，悬挂安全警示牌，加强职工安全警示教育。"安康杯"竞赛活动持续深入开展。参与全国职工公共安全卫生应急避险知识普及教育和全国"安康杯"竞赛安全文化宣传活动，开展安全知识宣教与普及培训165期。 (白　艳　石妙琪)

【共青团工作】 9个子分公司团委、2个事业部团工委、106个团支部。35岁以下青年4270人。开展"学习总书记讲话 做合格共青团员"教育实践活动，各单位团组织负责人分别为"1+100"直接联系青年讲授团课32次，收集主题征文346篇。开展"庆盛会、创佳绩"为主题的"我和国旗合影"活动，举办"不忘初心、牢记使命"主题演讲比赛，通过讲团课、集中学习交流、制作手抄报、知识竞赛、撰写学习体会等多种形式，学习宣传贯彻党的十九大精神。开展系列"五四"团日活动，参观红色革命教育基地，重温入团誓词。开展"创新发展·青年当先"主题实践活动，挂牌创建"青年创新工作室”15个，完成创新创效成果39项，创新产值达29656万元。推进“号手岗队”创建活动。新成立青年突击队33支，创建广东省直青年文明号6个，设立青年安全生产示范岗56个。开展赠书、荐书活动4场次，发放书籍150余本。新建“青工夜校”22个、“青年书屋”10个。对11家单位532名工程类专业新员工举办集团成立以来规模最大的新员工岗前培训。新员工“导师带徒”合同签约率100%。开展集团公司第三届“十大杰出青年”“十佳青年技术能手”评选活动，通过持续的典型宣传。参与微信讨论活动1215人，共整理记录意见建议3426条。推广应用新编撰的《基层共青团工作管理手册》，开展“手册标准化应用月”活动，对手册应用进行评比表彰。开展“尊老爱幼”“学雷锋”“团组织在我身边”等活动，为17名困难团员青年发放助困资金16000元。发起“为唐鑫捐款，共架生命之桥”活动，募集捐款70150元。开展“六一”志愿服务献爱心活动，崭新的校服600套、书包200个、书籍5000元。（白　艳　石妙琪）

【西北分公司】 2010年8月21日成立，驻陕西省西安市碑林区东关正街70号招商局广场12楼。总经理李文涛，党委书记张天科。职工313人。资产总额17421万元。其中，固定资产原值1339.1万元、净值937.68万元；流动资产16483.4万元。设备总功率3210千瓦，动力装备率10.3千瓦/人，技术装备率3万元/人。

2017年，承揽工程10.5亿元，完成产值3.99亿元，净利润784.17万元，职工年人均收入77000元。（张　婷）

【第一工程有限公司】 拥有铁路工程施工总承包、桥梁工程专业承包、隧道工程专业承包一级，建筑工程施工总承包、公路工程施工总承包、地基与基础工程专业承包、公路路基专业承包三级资质。主要从事铁路大型综合工程、高层房屋建筑、公路、市政、长大隧道和桥梁工程、大型土石方、铺轨架梁、城市轨道交通工程施工等。原名中铁二十五局集团广州铁路工程有限公司，2012年3月16日更名。驻广州市越秀区桂花岗东2号。执行董事、党委书记杨云，总经理王海杰。职工1211人。资产总额306319万元。其中，固定资产原55296万元、净值14852万元；流动资产284588万元；其他资产6879万元。机械运输设备1466合（套），原值3681.51万元、净值1382.35万元，总功率29250千瓦，设备完好率100%，利用率68%，动力装备率22.85千瓦/人，技术装备率10.8万元/人。

2017年，承揽工程任务55.95亿元，完成企业总产值29.1亿元，实现净利润6500.49万元。（郭　瑶）

【第二工程有限公司】 拥有市政公用工程施工总承包一级，铁路工程施工总承包二级，建筑工程、公路工程施工总承包三级，桥梁工程专业承包一级、隧道工程专业承包二级，公路路基工程、输变电工程专业承包三级资质。驻江苏省南京市栖霞区仙林街道齐名路6号。执行董事李少先，党委书记郑烨，总经理（主持经理层工作）范文远。职工1168人。资产总额140324.22万元。其中，固定资产原值11093.43万元、净值2783.2万元；流动资产133826.16万元。机械运输设备663台（套），原值7728.36万元、净值2407.37万元，总功率13566千瓦，动力装备率11.61千瓦/人，技术装备率2.41万元/人，设备完好率80%，利用率54%。年施工能力20亿元以上。

2017年，承揽工程任务64.79亿元，完成企业总产值62997万元，全员劳动生产率53.94万元/人年，职工年人均收入50140元。（代　辉）

【第三工程有限公司】 拥有铁路工程施工总承包一级、市政公用工程施工总承包一级、公路工程施工总承包三级、建筑工程施工总承包三级、桥梁工程专业承包一级和隧道工程专业承包一级等资质。前身是广州铁路工程集团公司第三工程公司；2004年3月，企业改制改成现名。驻湖南省长沙市雨花区七里庙路88号大鸿杰座。执行董事、总经理李红斌，党委书记李章泽。职工1340人。资产总额207347万元。其中，固定资产原值20077万元、净值7151万元；流动资产196587万元。机械运输设备1056台（套），原值1528万元、净值743万元，设备总功率23573千瓦，动力装备率16.77千瓦/人，技术装备率5.28万元/人，设备完好率98%，利用率98%，机械化施工程度100%。年施工能力30亿元。

2017年，承揽64.38亿元，完成企业总产值12.02亿元，实现利润1091.99万元。全员劳动生产率25.46万元/人年，职工年人均收入72607元。（高　彬）

【第四工程有限公司】 拥有铁路、公路、市政公用、建筑工程施工总承包一级；桥梁、隧道工程专业承包一级；营业性爆破作业单位许可证二级；铁路电务工程专业承包三级资质。前身系柳州铁路局基本建设施工总队；1953年1月28日成立；2002年1月8日，企业改制改称柳州铁路工程（集团）有限责任公司；2003年11月19日，划归中国铁道建筑总公司管辖；2004年5月12日，更名为中铁二十五局集团柳州铁路工程有限公司；2011年12月15日更为现名。驻广西壮族自治区柳州市和平路138号。执行董事、党委书记纪青春，总经理、党委副书记来荣国。职工 1074 人。资产总额 291473 万元。其中,固定资产原值 26184 万元、净值 5289 万元;流动资产 278557 万元;其他资产 7627 万元。机械运输设备 236 台(套),原值 7330 万元、净值 2480 万元,总功率 17016.1 千瓦,动力装备率 16.19 千瓦/人,技术装备率 2.36 万元/人,设备完好率 33.83%、利用率 90.8%,机械化施工程度 73.9% 以上,年施工生产能力 20 亿元以上。

2017 年,承揽任务 65.46 亿元,完成企业总产值 20.13 亿元,实现利润总额 801 万元,人均创利6242.99 元,全员劳动生产率 159556.25 元/人年,职工年人均收入 62896.22 元,国有资产保值增值率 102.39%、净资产收益率 2.63%、产值利润率 0.23%、资产负债率 90.66%。（刘永红）

【第五工程有限公司】 拥有市政公用工程施工总承包一级,桥梁、隧道工程专业承包一级,建筑工程施工总承包三级,地基基础工程专业承包三级资质。前身为中铁二十五局集团有限公司北方分公司;2011 年 9 月,更名为中铁二十五局集团第五工程有限公司。驻山东省青岛市崂山区科苑纬三路 25 号。执行董事、总经理张旭海,党委书记马国松。职工 875 人。资产总额 244752.57万元。其中,固定资产原值 58243.65 万元、净值 31123.32 万元;流动资产 211877.22 万元;其他资产 1752.03 万元。机械运输设备 906 台(套),设备原值 33049.81 万元、净值 20058.74 万元,设备总功率 45800 千瓦,动力装备率 49.3 千瓦/人,技术装备率 21.59 万元/人,设备完好率 80.22%,设备利用率 97.91%。机械化施工程度 80% 以上,年施工能力23.46亿元。

2017 年,承揽任务 47.02 亿元,完成产值 24.16 亿元,实现利润总额 1391.04 万元,净利润 1021.45 万元。人均创利 1.46 万元,职工年人均收入 83572 元。（康　晶）

【第六工程有限公司】 拥有房屋建筑工程施工总承包一级、市政公用工程施工总承包一级、铁道工程施工总承包二级,建筑装修装饰、钢结构、消防设施、机电设备安装工程专业承包一级,建筑幕墙工程专业承包二级,地基与基础专业承包二级、公路总承包三级、输变电专业承包三级、环保工程专业承包资质。驻广西壮族自治区柳州市红岩路二区 75 号。执行董事、总经理曾小勇,党委书记谌勍。职工 909 人。资产总额 128190 万元。机械运输设备 629 台(套),原值 3538.99万元、净值 1409.08 万元,设备总功率 9225 千瓦,动力装备率 8.77 千瓦/人,技术装备率 1.34 万元/人,设备完好率 42%,设备利用率 92%,机械化施工程度 75%。年施工能力 18 亿元以上。

2017 年,新签合同额 66.426 亿元,承揽工程任务 10.26 亿元,完成企业总产值 17.43 亿元,实现净利润 1028 万元。职工年人均收入 83638.81 元。国有资产保值增值率 105.48%、净资产收益率 5.42%、资产负债率 88.19%。（张敏莉）

【电务工程有限公司】 拥有铁路电务工程专业承包一级,铁路电气化工程专业承包一级,电子与智能化工程专业承包二级,输变电工程专业承包二级,建筑机电安装工程专业承包三级,通信工程施工总承包三级,承装(修、试)电力设施业务承装类四级、承修类四级许可资质。2004 年 8 月,由原广州铁路集团广州电务分公司和长沙电务分公司重组而成。执行董事、副总经理(主持经理层工作)苏永雄,党委副书记(主持党委工作)顾佳援。驻广东省广州市共和西路 8 号。职工 611 人。资产总值 53995 万元。其中,固定资产原值 1134 万元、净值 238 万元;流动资产 53364 万元。机械运输设备 124 台(套),设备原值 817.16 万元、净值 169.28 万元,总功率 3511 千瓦,动力装备率 8.11 千瓦/人,技术装备率 0.4 万元/人,设备完好率 85%。

2017 年,任务承揽 11.09 亿元,完成施工产值6.06 亿元,净利润 783 万元。资产负债 80.47%,职工年人均收入 91587 元。（张飞武）

【房地产开发有限公司】 主要从事房地产开发业务。驻天津市宝坻区钰华街道钰华街 198 号。董事长孙传福,总经理孙继民,党委书记何政(12 月免)、韩黎明(12 月任)。职工 187 人。资产总额 52969.6 万元。其中,非流动资产 208.33 万元;流动资产 52760.27 万元。

2017 年,营业收入 30405 万元,实现净利润 2332 万元。（王　强）

【南方实业开发有限公司】 经营范围:房地产开发经营;铁路货物运输;批发与零售业;仓储、停车场经营;物业管理;房地产中介;场地租赁;货运代理;货物装卸服务;餐饮、酒店住宿(旅业)及烟草酒类经营。驻广东省广州市越秀区共和西路 8 号。执行董事、总经理李新黎,党委书记彭广华。职工 396 人。资产总额 66319.44 万元。其中,固定资产原值 8417.19 万元;流动资产 42849.53 万元;其他资产 23469.91 万元。机械运输设备486 台(套),原值 1409 万元、净值 271 万元,设备总功率 2152.00 千瓦,动力装备率 7.66 千瓦/人,技术装备率 0.97 万元/人。

2017 年,经营收入 9.42 亿元,实现利润 1452 万

元。职工年人均收入 8.8 万元,应上缴款完成率 100%。（左馨茹）

【广州铁诚工程质量检测有限公司】 国家认证认可监督管理委员会 CMA 的计量认证,交通运输部的公路工程综合乙级试验检测机构资质,广东省住房和城乡建设厅建设工程质量检测机构资质;建设工程质量检测机构信用 AA 级,公路交通工程综合乙级检测机构资质的信用评价的 A 级。驻广东省广州市越秀区共和西路 8 号。执行董事兼总经理李杰。职工 67 人。

2017 年,完成企业总产值 2001 万元,实现净利润 731 万元。（郑其卉）

【重要记载】

▲1 月 15 日 集团公司与邯郸市峰峰矿区人民政府 PPP 项目签署战略合作框架协议。

▲1 月 21—22 日 集团公司召开集团公司在党委一届六次全体委员(扩大)会议、二届三次职代会暨 2017 年工作会议、党风建设和反腐倡廉工作会议。

▲3 月 15 日 集团公司与招商局物流集团有限公司在广州签署战略合作框架协议。

▲7 月 1 日 二公司迁址南京揭牌仪式在南京市栖霞区仙林软件与服务外包产业园举行。

▲8 月 24 日 集团公司在白俄罗斯获 S 吨 B ISO9001—2015 质量体系认证。

▲10 月 12 日 五公司承建的中车四方空轨试验线项目获批 5 件实用新型专利。

▲11 月 28 日 集团公司与三门峡市湖滨区政府签署战略合作框架协议。（滕建奇）

中铁建设集团有限公司

【简况】 房屋建筑工程施工总承包特级和市政公用工程施工总承包特级的“双特级”企业。拥有机电安装工程施工总承包一级,机场场道工程专业承包、地基与基础、建筑机电安装工程专业承包一级,市政行业设计、建筑工程设计甲级,电子与智能化工程专业承包一级,建筑装饰装修工程专业承包一级,公路交通工程(公路安全设施)、公路交通工程(公路机电工程)专业承包二级,钢结构工程专业承包一级,预拌商品混凝土专业承包(不分等级),水利水电施工总承包三级等资质;军工涉密业务安全保密条件备案单位。2017 年 6 月注册资本金从 25 亿元增至 30 亿元。驻北京市石景山区石景山路 20 号中铁建设大厦。前身为中国人民解放军铁道兵独立建筑团 89134 部队;1984 年 1 月,集体转业,先后称铁道部工程指挥部建筑工程处、中国铁道建筑总公司北京工程公司、北京中铁建筑工程公司;2001 年 8 月,改制为北京中铁建设有限公司;2003 年 12 月更名为现名。下辖 8 个区域分公司,5 个事业部,3 个专业公司,5 个子公司及 8 个区域经营指挥部(派驻机构)。职工 9369 人。资产总额 435.3 亿元。其中,流动资产 394.74 亿元。机械运输设备 893 台(套),原值 22270 万元、净值 5227 万元,设备总功率 4.8 万千瓦,技术装备率 0.6 万元/人,动力装备率 5.6 千瓦/人,综合新度系数 23.5%。

2017 年,新签合同投资 810.07 亿元,完成营业收入 366.3 亿元,实现利润 9.7 亿元。国有资本保值增值率 111.26%,净资产收益率 11.31%,资产负债率 83.29%。获各类优质工程 113 项。其中,国家级 18 项、省部级 40 项。获股份公司及以上级别优秀 QC 小组(成果)128 项。其中,国家级 25 项、省部级 90 项。73 项工程获文明安全施工,其中国家级 3 项。获中国施工企业管理协会科学技术奖科技创新成果奖 9 项,中国铁道建筑总公司科学技术奖 15 项。获授权专利 75 件,其中发明专利 14 件。省部级工法 26 项;获评“2016 年度中国建筑业竞争力 200 强企业”“创建鲁班奖工程突出贡献单位”“2017 年度工程建设质量管理小组活动优秀企业”“2017 年度全国工程建设 QC 小组活动优秀企业”“‘互联网 +’时代企业文化传媒融合创新三十标杆单位”“2012—2017 年度企业文化建设优秀单位”,被北京市住建委授予“2017 年度安全生产管理先进租赁单位”称号,企业资信等级 AAA 级。（章 梅）

【领导人员】

董事会

董事长	汪文忠(6 月免)
	赵 伟(6 月任)
董事	赵 伟
	梅洪亮(7 月任)
	郭剑平
	陈有忠
	于久龙

监事会

监事会主席	张军柱
监事	贾学斌
	王曰亮

经理层

总经理	赵 伟(7 月免)

梅洪亮(7月任)

副总经理　郭剑平

陈有忠

于久龙

吴永红

沈天丽

王　闯(3月免)

吴　笛

贾学斌

赵向东

孙洪军

李　擘

总会计师　王　闯(兼,3月免)

党群领导

党委书记　汪文忠(6月免)

赵　伟(6月任)

党委副书记　赵　伟(6月免)

梅洪亮(7月任)

王宏斌

纪委书记　张军柱

工会主席　陈有忠

(章　梅)

【职工队伍】 职工9369人。其中,女职工1724人。博士6人,研究生187人,硕士99人,本科5069人,大专2136人;各类专业技术职务人员4464人。正高级职称34人,高级职称391人,中级职称740人,初级职称2759人,员级职称396人,高级技师29人,技师53人。项目经理307人。接收应届毕业生434人,其中研究生34人。社会招聘专业技术人员368人。(申彦涛)

【工程施工】 乌鲁木齐宝能城项目　商业办公楼。合同投资22.11亿元,建筑面积106.47万平方米。2016年4月26日开工,计划2021年2月15日竣工。2017年,完成施工产值27875万元。

南宁环球金融中心项目　超高层塔楼及裙房组成的大型综合体。最高建筑高度249.6米,合同投资131933万元,建筑面积84万平方米。2014年3月9日开工,计划2020年3月30日竣工。2017年,完成施工产值33202万元。

深圳宝能前海中心T1、T3塔楼项目　商务办公楼。合同投资25245.32万元,建筑面积21.93万平方米。建筑高度285米。2015年11月30日开工,计划2018年12月30日竣工。2017年,完成产值19766万元。

喜之郎总部大厦项目　位于深圳市。合同投资8806.72万元。建筑面积7.35万平方米。建筑高度149.9米,基坑深度18.25米。2016年8月15日开工,计划2018年9月6日。2017年,完成产值7999万元。

江西省总商会企业总部综合体工程3标段　位于江西省南昌市。建筑面积22.33万平方米,檐高249米。合同投资78000万元。2014年10月1日开工,计划2018年12月30日竣工。2017年,完成施工产值10860万元。

佳兆业广场项目　位于湖南省长沙市。建筑面积22.81万平方米,檐高180米。合同投资34694万元。2015年9月1日开工,计划2020年8月30日竣工。2017年,完成施工产值8677万元。

铜仁五馆四中心项目　位于贵州省铜仁市。建筑面积37.38万平方米。合同投资250000万元。2017年6月20日开工。2017年,完成施工产值26822万元。

洛阳正大国际城市广场暨市民中心项目　建筑面积19.85万平方米。合同投资56370万元。2014年5月14日开工,计划2018年10月17竣工。2017年,完成施工产值7735万元。

北京大学肖家河教工住宅G地块项目　建筑面积195215.45平方米。合同投资66189.98万元。2016年8月6日开工,计划2018年11月15日竣工。2017年,完成施工产值14484万元。

北京终端管制中心工程　建筑面积66079.94平方米。合同投资48280万元。2017年7月18日开工,计划2019年2月竣工。2017年,完成施工产值4500万元。

益州大道南二段(武汉路—南宁路段)道路工程　成都城市主干路项目。总长5.733千米。合同投资157192.5万元。2016年1月22日开工,2017年12月31日竣工。2017年,完成施工产值26429万元。

柳州站站房扩建工程　建筑面积79679.65平方米。合同投资64796.67万元。2016年7月1开工日,计划2018年12月31日竣工。2017年,完成施工产值18199万元。(章　梅)

【海外工程施工】 马来西亚四季酒店项目　集商业、公寓和酒店于一体的高端城市综合体,建筑面积23万平方米。合同投资18.64亿元。合同工期2014年7月至2018年1月。

巴新瓦咖尼改造工程　位于巴布亚新几内亚国莫尔兹比港。地上1层改造工程。建筑面积5000平方米。合同投资6235万元。合同工期2016年3月21日至2017年1月21日,2017年2月1日竣工。2017年,完成产值367万元。

巴新海景国际花园4号楼工程　位于巴布亚新几内亚国莫尔兹比港。建筑面积1611平方米。合同投资754.51万元，合同工期2017年7月1日至2018年2月1日。2017年，完成产值439.89万元。

俄罗斯长城汽车厂生活区工程　位于俄罗斯图拉州新莫斯科市。2栋主宿舍楼及泵房、综合用房等配套设施。建筑面积11575平方米。合同投资12629万元，合同工期2016年7月28日至2017年6月23日。2017年，完成产值5979万元。

澳大利亚Winn公寓项目　位于澳大利亚昆士兰州布里斯班。地下3层地上8层公寓楼。建筑面积9132平方米。合同投资9128.57万元，合同工期2016年4月18日至2017年9月25日，2017年9月28日竣工。2017年，完成产值9119.76万元。

澳大利亚Lincoln公寓项目　位于澳大利亚昆士兰州布里斯班。地下3层地上8层公寓楼。建筑面积14253平方米。合同投资11664万元，合同工期2016年5月27日至2017年10月26日，2017年10月26日竣工。2017年，完成产值11662.64万元。

（党国栋　胡金海）

【经营管理】　经营承揽。持续完善和优化经营体系，加强经营资源要素保障能力，做好经营组织架构与制度建设，加强经营队伍建设。加强经营工作风险内控和依法合规经营管理，建立准入清单，防控经营风险；实施绩效考核，引导优揽、精揽的优质经营；建立市场经营责任追究制度，约束经营人员严格遵守行为准则。集中优势资源，开展深度经营：深耕重点区域，聚焦重点领域，维护重点客户。定期召开经营专题会，定期通报本业务系统各项业务开展情况。拓展经营范围，创新经营方式，施工总承包与投资经营相结合，以投资拉动新业务承揽，承揽EPC类工程6个、合同投资74.05亿元；持续改进和完善经营管理信息平台，根据集团经营架构优化改革和承包合同评审办法等制度的修订，及时调整完善各经营评审管理信息平台的评审程序、流程。获股份公司经营工作先进单位（工程承包版块）、工程承包各专业经营工作先进单位（房建），计划统计工作先进单位。

投资管理。在“建造＋投资”双轮驱动的发展方向的指引下，立足实际，认真履行资本运营管理、房地产管理两大方面主要管理职能，将体系建设有序推进，积极推动资本运营业务发展，促使集团公司资本运营业务规模逐年扩大，业务领域进一步拓展。中标资本运营项目4个，完成资本运营项目承揽额164.37亿元。发挥土地经营区域协同效应，挖掘项目信息。大力拓展土地一级开发、棚改项目、片区综合开发项目。获取北京顺义南法信土地一级开发项目，获取包头市开元小区二级开发项目，建筑面积51.7万平方米。

物流贸易。深挖上游资源，合作供应商272家，其中合作厂家或厂家的直销公司128家，贸易商144家。与河北钢铁、凌钢、敬业、龙钢等64家大型钢铁生产企业直接合作，合作量超过300万吨，占采购总量的80%；发展成为中国建筑、中交集团、中国铁建、中国中铁、中国电建的核心供应商；钢材现货贸易占据北京市场的主导地位，并在西安、天津、广州、合肥、南昌、郑州、杭州、贵阳等地开展现货贸易，逐渐成为当地的竞争主力，现货的协议用户已超过100家。

工程管理。着力推进施工分包分级管理、绿色施工和标准化施工工作，强化对二级单位和项目部运行监控和管理提升，保证施工生产工作有序、可控的大面积开展。推广绿色施工技术和标准化实施工作，《建筑工程绿色施工技术指导手册》应用相关技术4453项，各单位接受内外部单位观摩47次，其中接受省部级观摩4次、地市级观摩19次、区县级观摩12次、内部单位观摩12次。建立回访与履约监控机制，及时把控工程质量动态。实施落后项目差异化管理，推动管理均衡。开展工程质量飞行检查及专项督查，消除重大质量问题隐患。加强工程竣工内部预验收管理，减少质量问题遗留隐患。针对工程渗漏、结构强度、质量转扣、业主投诉持续开展专项整治，消除质量通病。开展实测实量，持续提升工程质量水平。公开出版发行《建筑工程施工质量标准化指导丛书》，提升企业的品牌形象和行业话语权，使企业质量标准化管理有据可依。始终坚持“安全第一，预防为主，综合治理”的安全生产方针，落实安全管理理念，完善安全管理体系。安全生产形势稳定，无较大及以上生产安全事故发生。被北京市住房和城乡建设委员会评为“2017年度安全生产管理先进租赁单位”，通过北京市安全生产监督管理局“北京市安全文化建设示范企业”复评，73项工程获各类文明安全施工单位。以加强物资消耗量、价管控和风险内控、规范管理为重点，大力推进二级单位物资集中采购；开发建设现场物资称重防作弊系统、多量预警系统、资源超市板块，并投入使用。狠抓收入确权、变更索赔、亏损整治、责任成本和动态核算等重点工作，逐步推行责任成本过程管控考核兑现机制，从8个区域分公司中选择24个项目作为集团重点监控对象，通过责任成本的落实保证目标利润的实现。上线成本策划系统，全面升级造价管理子系统，用信息化手段全过程监控成本支出。获评股份公司变更索赔工作先进单位、责任成本管理先进单位。

企业管理。为适应集团公司的发展需要，对组织架构不断地进行优化。成立中铁建设集团（赣州）建设有限公司,参股成立中铁建设集团蓉盛成都天府新区投资有限公司、洛阳国展铁建建设有限公司、中铁建南京新市镇开发有限公司、贵州中铁建设工程投资有限公司,设立培训中心,隶属于集团人力资源部。集团法务合约部更名为法律合规部,案件检查室更名为纪检监察室,执法和效能监察室(巡视办)更名为党风政风监督室(党委巡察办)。北京中铁建安装工程有限公司更名为北京中铁建建筑科技有限公司,主要职能由起重机械及施工升降机的租赁、修理和安装变更为负责建筑科技、模架支撑体系材料设备的集中采购和租赁等方面的业务。注销北京中铁建设有限公司、中铁建设集团西北设计有限公司。优化资源配置,加快产业结构调整,取得市政公用工程施工总承包特级资质、市政行业甲级设计资质、水利水电施工总承包三级资质。通过与中铁十二局协商,将中铁十二局集团第七工程有限公司的铁路施工总承包一级资质划转到集团公司。将中铁建钢结构有限公司的钢结构工程专业承包一级资质划转到集团公司。

财务管理。坚持以资金管理和运用为主线,以清收清欠、税务筹划、迎审迎检、完善财务共享中心建设为抓手,优化财务指标、完善财务制度、发挥财务绩效考评导向作用。着力提高财会队伍素质,提升财务管理能力,增强财务人员实力,拓创新,积极作为。内部调剂(含内部委托贷款)资金118.91亿元。有息负债总额23.42亿元,获19家国内银行超过304亿的综合授信。办理承兑汇票和国内信用证81.2亿元。

审计管理。紧紧围绕集团公司工作重心,聚焦外审,聚力内审,深入开展内部审计业务,积极配合迎审整改工作,为规范企业管理、预控风险、促进企业提高经济效益发挥积极作用。完成审计项目38项,完成计划的158%。投入审计工天1229天,出具审计报告38份。

综合管理。落实股份公司"法治铁建"实施方案,围绕集团公司"十三五"战略规划,继续坚持两个凡是、三个同步、五个不能、五个100%,继续坚持以"事前预防、事中控制为主、事后救济为辅"的法律风险防范原则,继续坚持问题导向、结果导向,突出做好重大法律纠纷案件处理、法律纠纷案件降控、重大投资项目和决策的法律审核工作。通过诉讼程序确权52390万元,通过诉讼程序收款23194万元。获股份公司2017年度法治工作先进单位。公文处理、用印管理、档案管理、督查督办继续实行网上办理;年鉴编写、保密管理有序进行。坚持"业务需求驱动"的信息化指导思想,应用行业高、精、尖技术,结合业务管理新理念,扩展完成新业务系统的开发,搭建智能管控大平台,主要包括研发劳务实名制管理系统、升级成本策划管理系统、搭建企业运营监控平台。（章　梅）

【科技教育】 科技创新。新立10项研发课题,在研产学研项目36项。总承包建设的宁波站工程、参建的哈大线工程获中国土木工程詹天佑奖。获2017年度住建部绿色施工科技示范工程立项13项。银河商务区E地块商业金融项目等3项工程通过验收、获住建部绿色施工科技示范工程。获全国建筑业绿色施工示范工程8项。获专利授权75件,其中发明专利14件,实用新型专利61件。

教育培训。举办2期领军人才培训班,打造中铁建设的黄埔军校。升级新生培训,组织435名新入职高校毕业生集中入职培训,进行军事化封闭培训,组织新员工项目基层锻炼。开设中铁建设名家大讲堂,邀请名师、专家授课,不断提升干部职工的职业道德修养和综合素质,举办4场讲演。举办项目经理培训,50名新晋提拔的总承包项目的项目经理参加培训。

（李　蒨　文　华　黄梦妮）

【党群工作】 党的工作。深入学习贯彻中央和股份公司党委关于进一步加强党的建设的一系列重要指示精神,不断完善党建工作机制,扎实开展党建各项活动。集团公司获股份公司2016年度"四好"领导班子。下发《中铁建设党委2017年组织宣传思想文化要点》,组织开展新闻摄影比赛、书记讲党课评比、党建知识竞赛。组织收看十九大直播,为党员购买学习材料。注重督查考核通报,开展党支部建设督查、年度党建考核、党内检查通报。狠抓述职汇报工作,每月收集党政主管、纪委书记工作汇报,每季度集中召开当面述职会议,建立双向沟通机制。党委常委扩大会的形式召开二级单位党组织书记抓基层党建述职评议考核会。开展基层党支部书记培训,举办为期4天的基层党支部书记培训班。强化民主集中制建设,修订下发《中铁建设集团有限公司"三重一大"集体决策实施细则》;印发《中铁建设集团有限公司党委会、常委会议事规则和程序》;完成集团公司及所属16家二级子公司企业章程修改。累计召开5次全委会和13次常委会,讨论议题78项,其中,前置事项19项。

纪检监察工作。组织21个二级单位党政主管签订《党风廉政建设责任书》,签订各类责任书569份。严格按照《中铁建设集团有限公司二级单位纪委书记绩效考核暂行办法》实施考核,并依照规定进行通报和奖惩。扎实开展反腐倡廉教育,内网反腐倡廉专栏发布信息436篇,所属各单位开展各类教育活动1637场次,参加26676人次。按照集团公司党委的统一部署,先后对华东分公司等11个二级单位开展巡察工作，并督导6个单位开展巡察整改工作。立案28件，其中集团公司纪委本级自办案件12件，给予党政纪处分22人，组织处理6人。获评十八大以来中国铁建纪检监察系统先进集体。

工会工作。组织276个。召开集团公司四届一次职工代表大会，落实职工代表大会的职权，签订2017年《集体合同》《工资专项集体合同》《劳动安全卫生专项集体合同》《女职工权益保护专项集体合同》。召开四届二次职代会专项会议，审议并通过《中铁建设集团有限公司市场经营违规行为责任追究暂行办法》等36份文件。开展形式多样的劳动竞赛，掀起施工生产热潮。获股份公司"特色劳动竞赛综合优胜单位"。通过合理化建议活动、企务公开栏、职工座谈会、内部网络、监督电话等多种形式，充分征集职工好的管理意见和建议，做好企业民主管理和民主监督。开展丰富多彩、形式多样的文体减压活动，把全员健身和体育竞赛有机结合，统筹安排单项竞赛与综合性竞赛，适时适度地组织各级、各层面的文体比赛活动。开展全员健身系列比赛活动60余次。以维护女职工权益为重点，卓有成效的展开与企业发展规划相关联地女职工系列活动，推树表彰29位集团公司"三八红旗手"。做好送温暖、三不让帮扶、职工互助合作保险、金秋助学、关爱退休职工等工作，累计各种帮扶救助150多万元。被全国总工会授予全国厂务公开民主管理先进单位，获股份公司工会财务工作竞赛评比特等奖；昆明南站项目部被全国总工会授予全国工人先锋号。

共青团工作。加强青年思想引导，倾心打造道德讲堂思想文化品牌，着力夯实团结奋斗的思想基础。围绕企业中心工作，开展"创新发展·青年当先""学习总书记讲话·做合格共青团员"等实践活动，切实服务企业改革发展；坚持以青年为本，开展"导师带徒"、青年联谊、团组织关爱等活动并推广好的做法和经验，切实服务青年成长成才，凝聚青年力量；开展"1+100"团干部直接联系青年工作。团结带领广大团员青年为企业改革创新、提质增效、转型发展和"十三五"规划的实施做贡献。

（李冠良　王　征　赵春雨　郭忠峰）

【下属单位综述】 下辖8个区域分公司：北京、华北、华中、西北、中南、华东、华南、西南。5个事业部：基础设施事业部、超高层事业部、机电总承包事业部、国际事业部、装饰装修事业部。3个专业分公司：混凝土分公司、房产中心、建筑设计院。5个专业子公司：中铁建设集团房地产有限公司、北京中铁建工物资有限公司、北京中铁电梯工程有限公司、中铁建钢结构有限公司、北京中铁建建筑科技有限公司。8个区域经营指挥部：北京、华北、华中、西北、中南、华东、华南、西南。

（马　谦）

【北京分公司】 2016年4月由原北京分公司、工程资源分公司、设备租赁分公司整合而成。设有同级子公司中铁建设集团北京工程有限公司。驻北京市丰台区张仪村路16号。职工1540人。资产总额78.71亿元。其中，固定资产净值0.67亿元；流动资产78.04亿元。年施工能力45.37亿元。

2017年，新签合同额37.31亿元，完成产值45.37亿元，利润1.74亿元。（宋昀霖）

【华中分公司】 2016年4月由原济南分公司、郑州分公司整合而成。设有同级子公司中铁建设集团济南工程有限公司。驻郑州市郑东新区马庄街3号。职工952人。资产总额453821万元。其中，固定资产净值1471万元；流动资产452241万元。年施工能力105.79万平方米。

2017年，新签合同额68.53亿元，营业收入31.32亿元，实现利润6456万元。（丁茂丹）

【西北分公司】 2016年4月由原西安分公司、新疆分公司整合而成。设有同级子公司中铁建设集团西安工程有限公司。驻西安市高新区高新四路17号志诚商务C座5层。职工596人。资产总额276474万元。其中，固定资产原值9323万元、净值1963万元；流动资产274511万元。年施工能力200万平方米。

2017年，新签合同额78.97亿元，完成营业收入18.05亿元，实现利润9060万元。（徐　旭）

【华东分公司】 2009年12月成立，驻上海市闵行区莲花路1978号。设有同级子公司中铁建设集团华东工程有限公司。职工538人。资产总额43.2亿元。其中，固定资产净值300万元；流动资产39亿元。年施工能力21亿元。

2017年，新签合同额49.51亿元，完成营业收入21亿元，实现利润总额1亿元。（窦雪艳）

【华南分公司】 2016年4月由原广东分公司、南宁分公司、海南分公司整合而成。设有同级子公司中铁建设集团南方工程有限公司。驻广州市南沙区环市大道中商务办公楼。职工997人。资产总额61.46亿元。其中，固定资产净值0.17亿元；流动资产61.26亿元。

2017年，新签合同额105.3亿元，完成营业收入47.35亿元，实现利润1.17亿元。（刘书君）

【中南分公司】 2016年4月由原武汉分公司、长沙分公司整合而成。设有同级子公司中铁建设集团湖北建设有限公司。驻湖北省武汉市青山区友谊大道999号武汉钢铁集团办公大楼B座29层。职工847人。资产总额40.85亿元。其中,固定资产净值661万元;流动资产40.78亿元。年施工能力27.02亿元。

2017年,新签合同63.45亿元,完成营业收入27.02亿元,实现利润3831.07万元。（殷 文）

【中铁建设集团房地产有限公司】 拥有房地产开发二级资质。2010年2月成立,注册资本金5亿元。驻北京市石景山区石景山路20号。职工144人。资产总额651312.51万元。其中,固定资产净值124.93万元;流动资产492426.57万元;其他资产158761.01万元。

2017年,新签项目3个,完成土地储备5.2亿元,完成投资项目承揽129.2亿元;实现销售总额22.7亿元,营业收入10.87亿元,利润总额1.37亿元。

（彭艳芬）

【机电总承包事业部】 2016年4月由原设备安装分公司改组为而成。设有同级子公司中铁建设集团设备安装有限公司。驻北京市石景山区苹果园路28号。职工456人。资产总额176210万元。其中,固定资产原值1668万元、净值706万元;流动资产175445万元。

2017年,新签合同额20.48亿元,完成营业收入15亿元,利润总额1.39亿元。（闫 芬）

【北京中铁建工物资有限公司】 主营钢材现货贸易、钢材工程服务贸易、工程物资系统集成。1993年12月成立。驻北京市石景山区苹果园路中铁创业大厦17层。职工240人。资产总额233328万元。其中流动资产231826万元。

2017年,营业收入101.3亿元,实现利润10986万元。经销钢材310万吨。（高 傲）

【基础设施事业部】 2016年4月由原铁总指、市政分公司整合而成。设有同级子公司中铁建设集团市政工程有限公司。驻北京市石景山区苹果园南路28号。职工741人。资产总额456757.58万元。其中,固定资产净值1969.22万元;流动资产454773.82万元;无形资产净值14.54万元。

2017年,新签合同额35.49亿元,完成施工产值34.25亿元,实现利润15010.49万元。（陈 静）

【装饰装修事业部】 拥有建筑装修装饰工程专业承包一级资质、建筑幕墙工程专业承包一级资质、建筑幕墙工程设计专项甲级资质、建筑装饰工程设计专项乙级资质、钢结构工程专业承包三级资质及特种专业工程专业承包资质。2016年4月由原装饰分公司改组而成,驻北京市石景山区苹果园路28号。职工458人。资产总额111380万元。其中,固定资产净值483万元;流动资产110897万元。

2017年,新签合同额23.38亿元,完成产值80832.39万元,实现利润6421万元。（陈 盼）

【中铁建设集团物业管理有限公司】 拥有物业管理服务二级资质,质量、环境、职业安全健康三体系认证。2009年1月成立,驻北京市石景山区石景山路20号。设有同级分公司中铁建设集团有限公司房产膳食管理服务中心。职工149人。资产总额7656万元。其中,固定资产净值47万元;流动资产7609万元。

2017年,完成企业总产值7258万元。（王 茜）

【重要记载】

▲1月11日　集团公司召开四届一次职工代表大会暨2017年工作会议。

▲1月22日　集团公司取得市政公用工程施工总承包特级资质。

▲2月16日　建筑机电安装工程专业承包资质由二级升为一级。

▲3月1日　集团公司与保亿置业集团有限公司签订战略合作框架协议。

▲3月24日　集团公司取得水利水电施工总承包三级资质。

▲3月25日　集团公司通过华夏认证中心年度体系外部审核,取得体系保持认证证书。

▲4月27日　集团公司与中央军委机关事务管理总局签订军委机关重点工程军民融合发展战略合作协议。

▲4月28日　集团公司与银川市人民政府就银川市城市建设领域战略合作签订框架协议。

▲5月16日　集团公司取得铁路施工总承包一级资质。

▲5月24日　集团公司与江苏省无锡市梁溪区人民政府签订战略合作协议。

▲5月24日　注销中铁建设集团西北设计有限公司。

▲5月25日　集团公司与中国建设银行股份有限公司河南省分行签订战略合作协议。

▲5月29日　集团公司与甘肃省民航机场集团签订兰州中川国际机场三期扩建工程PPP模式合作

意向协议。

▲8月8日 集团公司与北京惠工数字电影院线管理有限公司签订惠工院线装饰装修项目战略合作协议。

▲8月11日 集团公司与东营市广饶县签订战略合作框架协议。

▲8月14日 集团公司与张家口市人民政府签订张家口市城市建设领域战略合作框架协议。

▲8月28日 集团公司与深圳市宝能投资集团有限公司签订战略合作框架协议。

▲8月28日 集团公司与银江股份有限公司、青岛华高物联网有限公司签订战略合作框架协议。

▲9月29日 集团公司与济源市人民政府签订战略合作协议。

▲10月20日 集团公司与前海人寿保险股份有限公司签订施工总承包战略合作协议。

▲11月11日 集团公司与兰考县人民政府签订战略合作协议。

▲12月5日 华东总部基地建成启用。

▲12月19日 集团公司取得钢结构工程专业承包一级资质。

▲12月19日 集团公司注销北京中铁建设有限公司。

（章 梅）

中国铁建电气化局集团有限公司

【简况】 拥有通信工程施工总承包一级，房屋建筑施工总承包一级，机电安装工程总承包一级，电气化、电务、电信、送变电、机电设备安装工程专业承包一级，电力工程施工总承包三级资质，高速铁路“四电集成”总承包企业。主要从事铁路电气化、电务、通信、信号、电力和城市轨道交通、公路交通、机电设备安装、地方电信、送变电工程施工和高速铁路四电集成及高速铁路专用超细晶强化型铜镁合金承导线、城市地铁钢铝复合导电轨、磁悬浮C型钢铝复合导电轨、接触网支柱、H型钢柱、接触线承力索、接触网零部件、钢结构的生产、研发、销售、工程设计及酒店管理、铁路新线“四电”运营维护管理等。驻北京市石景山区石景山路29号。前身为中铁建电气化局有限公司；2005年7月19日挂牌成立，由中铁十五局集团电务工程有限公司、中铁十七局集团电务工程有限公司、中铁十八局集团电务工程有限公司、中铁二十五局集团电务工程有限公司电气化分公司和柳州铁路工程有限公司电务分公司重组而成；2005年12月，更名为中铁建电气化局集团有限公司；2009年8月，股份公司将中铁十一局集团电务工程有限公司、中铁十二局集团电气化工程有限公司主体划转并入；2011年6月，随系统更名为中国铁建电气化局集团有限公司。下辖第一、二、三、四、五工程有限公司及南方工程有限公司、北方工程有限公司、京燕饭店有限公司、西安电气化制品有限公司、科技有限公司、中铁建电气化设计研究院、北京城市轨道工程公司、轨道交通器材有限公司、康远新材料有限公司、新疆维管分公司。职工10846人。资产总额247.64亿元。其中，固定资产原值16.70亿元、净值7.43亿元；流动资产236.22亿元；其他资产3.99亿元。机械运输设备1573台（套），成新率24.44%，完好率82.66%，利用率65.95%，总功率111331.56千瓦，技术装备率1.64万元/人，动力装备率11.59千瓦/人。

2017年，新签合同额279.3亿元，完成股份公司年度计划的106.02%。完成企业总产值227.79亿元，施工产值213.53亿元，实现利润18.4亿元。人均创利17.49万元，职工年人均收入10.6507万元，净资产收益率6.73%，产值利润率8.06%，国有资产保值增值率130.80%，资产负债率72.98%，成本费用占营业收入比重的91.96%，投资回报率221.66%，应上缴款完成率100%。完成主要实物工程量：通信线路6158.77千米；自动闭塞1507.21千米，联锁道岔1326组；电力线路4246.09千米，变配电所122座；接触网4453.95条千米，牵引变电所87.2座；房屋建筑面积242950.9平方米。获鲁班奖1项，国家优质工程奖2项，詹天佑奖2项，北京市安装工程优质奖1项，铁建杯优质工程7项，全国优秀质量管理小组1个，国家级优秀QC成果7项、省部级优秀QC成果27项、股份公司优秀QC成果7项，参建的尼日利亚现代化铁路阿卡段首次获境外工程鲁班奖。被评为北京市地税局、北京市国税局纳税信用A级企业和工商银行AAA级信用企业。（范秀珠）

【领导人员】

董事会

董事长 郑 斌

董事 万传军

杨现庆（10月任）

职工董事 燕正安

监事会

监事会主席 宋旭东

监事 谷明科（10月任）

职工监事　　何明海

经理层

总经理　　万传军

副总经理　　王志国

姜晋南

郭志光

寇宗乾

孟宪浩

宋景奇

罗世昌

程庆海

杨现庆

总工程师　　寇宗乾(兼)

总会计师　　杨现庆(兼)

党群领导

党委书记　　冯学彬

党委副书记　　郑　斌

万传军

燕正安

纪委书记　　宋旭东

工会主席　　燕正安(兼)

(王小东)

【职工队伍】 职工10846人,干部4431人。女干部1017人,占干部总数的23.0%;少数民族干部111人,占干部总数的2.5%;专业技术干部4267人,占干部总数的96.3%。其中,高级职称743人、中级职称1245人、初级职称2279人。本科以上学历3367人,大专学历765人,中专及以下学历299人。35岁以下2923人,36~40岁487人,41~45岁413人,46~50岁258人,51岁以上350人。

工人6088人,占职工总数的56.1%。女工1305人,占工人总数的21.4%;少数民族工人89人,占工人总数的1.5%。本科及以上学历674人,大专学历1620人,中专、技校、职高学历2052人,高中学历880人,初中以下学历862人。　　(王小东　魏雪琴)

【工程项目指挥机构】 新建铁路大西客运专线原平西至西安北段“四电”系统集成及相关工程(SDJC)标段指挥部　驻山西省太原市。指挥长郭志光。

西成铁路客运专线(陕西段)指挥部　驻陕西省西安市。指挥长燕正安。

新建贵阳枢纽白云至龙里北联络线站后“四电”系统集成及相关配套工程项目指挥部　驻贵州省贵阳市。指挥长赵贵能。

京沈铁路客运专线京冀段四电项目部　驻北京市密云区。项目经理刘永进。

成渝铁路客运专线项目经理部　驻四川省成都市。项目经理冯学彬。

新建铁路商丘至合肥至杭州铁路(肥东至湖州段)四电集成及相关工程SHSD－1标段项目经理部　驻安徽省合肥市。项目经理李爱忠。

新建铁路西安至成都客运专线西安至江油段“四电”系统集成XCSDJC－1－2标段项目经理部　驻四川省广元市。项目经理郭志光。

兰新二线乌鲁木齐枢纽项目经理部　驻新疆维吾尔族自治区乌鲁木齐市。项目经理马宝平。

济青高铁四电2标段项目经理部　驻山东省淄博市。项目经理兼党工委书记谭向兵。

新建通辽至京沈高铁新民北站铁路“四电”系统集成及配套房屋TLSG－5标段项目经理部　驻内蒙古自治区通辽市。项目经理张志红。

吴忠至中卫城际铁路项目经理部　驻宁夏回族自治区吴忠市。项目经理周炳学。

银吴四电项目部　驻宁夏回族自治区灵武市。项目经理兼党工委书记喻守军。

滨洲铁路电气化改造工程项目部　驻内蒙古自治区呼伦贝尔市海拉尔区。项目经理张德君。

新建哈佳铁路“四电”系统集成及相关工程项目经理部　驻黑龙江省哈尔滨市道外区。项目经理兼党工委书记金智庆。

怀邵衡铁路项目经理部　驻湖南省邵阳市。项目经理兼党工委书记黄国胜。

新建蒙西至华中地区铁路煤运通道“三电”迁改MHQG－1标段项目经理部　驻陕西省延安市。项目经理李瑞青。

新建蒙西至华中地区铁路煤运通道“三电”迁改SYMHQG－1标段项目经理部　驻山西省运城市。项目经理李瑞青。

新建兰州至重庆铁路站后“四电”系统集成工程LYSD－2标段项目经理部　驻甘肃省兰州市。项目经理廖小平。

九景衢铁路江西段四电系统集成项目经理部　驻江西省景德镇市。项目经理廖军华。

新建准格尔至鄂尔多斯铁路站后工程ZESG－4标段项目经理部　驻内蒙古自治区鄂尔多斯市。项目经理缪剑。

新建黄骅南至大家洼铁路三电迁改工程施工2标段项目经理部　驻山东省东营市。项目经理李佳。

朔黄铁路牵引供电系统扩容改造工程第1标段项目经理部　驻山西省原平市。项目经理古顺斌。

新建杭州至黄山铁路站前及相关工程HHZQ－5

标段三电迁改工程项目经理部　驻浙江省杭州市。项目经理兼党工委书记单锡海。

巴达铁路站后工程项目经理部　驻四川省达州市。项目经理兼党工委书记李汉和。

广大铁路站后工程项目经理部　驻云南省大理市。项目经理郭文宇。

云桂铁路昆明枢纽站后工程项目部　驻云南省昆明市。项目经理李春盛。

珠澳大桥交通工程项目总经理部　驻广东省珠海市。项目经理兼党工委书记蔡俊福。

青岛蓝色硅谷轨道交通工程机电系统设备LGJD－1标段项目经理部　驻山东省青岛市崂山区。项目经理刘晋明。

长春地铁2号线BT12标段项目经理部　驻吉林省长春市。项目经理焦国栋。

石家庄地铁3号线5标段项目经理部　驻河北省石家庄市裕华区。项目经理兼党工委书记聂元凯。

北京地铁8号线及南延工程供电系统及综合监控系统设备安装工程项目经理部　驻北京市。项目经理张承。

武汉市大汉阳地区现代有轨电车试验线工程项目经理部　驻湖北省武汉市汉阳区。项目经理冯大立。

兰州轨道1号线一期供电1标段项目部　驻甘肃省兰州市。项目经理石西全。

上海轨交5号线南延伸供电系统项目部　驻上海市闵行区。项目经理李大建。

南京地铁4号线一期工程车站设备安装工程7标段项目经理部　驻江苏省南京市。项目经理毛伟。

厦门市轨道交通1号线35千伏变电所安装工程2标段项目经理部　驻福建省厦门市。项目经理李善奎。

（李欣欣）

【工程施工】　京沈铁路客运专线京冀段四电项目　正线长290.019千米。合同投资252111.53万元，合同工期2017年3月10日至2019年12月31日。主要工程量：光电缆敷设1682.28条千米，基站设备安装82座，铁塔及设备安装94座，车站设备安装9站；房屋建筑面积30838.69平方米。开工累计完成投资34931.26万元。

新建成都至重庆铁路四电系统集成及相关工程　位于四川省，2站2区间，正线12.701千米。合同投资7382万元，合同工期2016年9月1日至2017年12月31日。主要工程量：光电缆敷设195条千米，漏泄同轴电缆敷设15.16条千米；高压电缆敷设43.5条千米，变配电所1所，支柱组立708根，吊柱安装449根，硬横梁架设30根。

新建铁路商丘至合肥至杭州铁路（肥东至湖州段）四电集成及相关工程SHSD－1标段　线路长239千米。合同投资225021万元，合同工期2016年12月30日至2020年11月10日。主要工程量：敷设各类光缆1564.68条千米，地区电缆16.11条千米，车站安装9个，通信铁塔74座；新建车站7座，2个线路所；既有改造车站2座；四电新建房屋面积23457.28平方米等。开工累计完成投资2362万元。

新建铁路西安至成都客运专线西安至江油段（陕西境内）"四电"系统集成工程　位于陕西省，正线长342.937千米。合同投资329579万元，合同工期2014年9月1日至2016年12月31日。主要工程量：光缆敷设745.588条千米，24芯光缆730.96条千米；通信铁塔42座，泄露电缆193.8千米，直放站192套，建筑面积13623.58平方米。开工累计完成投资348613.18万元，2017年12月6日正式开通运营。

新建铁路西安至成都客运专线西安至江油段"四电"系统集成XCSDJC－1－2标段（四川段）　位于四川省，正线长165.836千米。合同投资142477.65万元，合同工期2014年9月1日至2016年12月31日。主要工程量：光缆线路734.09千米，电缆线路140.53千米，漏泄同轴电缆101.91千米，建筑面积28954平方米。2017年12月6日开通运营。

新建兰新铁路第二双线乌鲁木齐枢纽引入站后工程　正线长4.6千米。合同投资58683万元。主要工程量：光电缆敷设12.1千米，站场光电缆敷设25.5千米，承力索架设18.793条千米。开工累计完成投资58492万元。

新建贵阳枢纽白云至龙里北联络线站后"四电"系统集成及相关配套工程　正线长53.559千米。合同投资87543万元，合同工期2014年1月1日至2015年3月31日。主要工程量：光电缆敷设367条千米，站场通信4站，站场通信设备51台套，基站9站，铁塔18座，漏泄电缆敷设38.7千米。开工累计完成投资90792万元。

新建济南至青岛高速铁路"四电"及相关工程JQGTSDSG－2标段　位于山东省。正线长307千米。合同投资125641万元，合同工期2016年11月1日至2018年12月31日。主要工程量：长途光电缆敷设1050.72千米，站场光电缆敷设651.479千米；信号自闭区间自闭684区段，自闭电（光）缆线路敷设1577千米；信号联锁道岔298组；房屋主体面积12405.2平方米。开工累计完成投资50599万元。

新建通辽至京沈高铁新民北站铁路"四电"系统集成及配套房屋TLSG－5标段　正线长196.903千米。合同投资134240.4万元，合同工期2016年12月

19日至2020年1月18日。主要工程量:通信线路773.6千米,信号自闭873.6千米,信号联锁道岔133组,电力线路529.7千米,变电所11所,接触网577.737条千米,牵引变电所13所,房屋建筑面积13798平方米。开工累计完成投资80421.17万元。

新建吴忠至中卫城际铁路四电集成项目 正线长135千米。合同投资40977万元,合同工期2016年11月1日至2019年6月30日。主要工程量:通信线路294千米,信号自闭333区段,信号联锁道岔62组,牵引变电所9所。开工累计完成投资9946万元。

新建银西铁路银川至吴忠客运专线工程YWZH-2标段 正线长75.957千米。合同投资72862万元,合同工期2017年8月1日至2018年12月31日。主要工程量:通信线路157千米,信号自闭182区段,信号联锁道岔77组,电力线路256千米,变配电所13所,接触网221条千米,牵引变电所7所,房屋建筑面积5026平方米。开工累计完成投资26000万元。

哈尔滨至满洲里铁路电气化改造工程(ZHSD-2标段) 正线长560.5千米。合同投资234152万元,合同工期2015年4月1日至2017年12月27日。主要工程量:通信光缆敷设1416.42条千米,铁塔架设113座,通信设备安装153处。开工累计完成投资240097.5万元。2017年12月27日开通。

新建哈佳铁路“四电”系统集成及相关工程 正线长343.097千米。合同投资177205.4946万元,合同工期2015年11月11日至2018年6月30日。主要工程量:长途干线光缆敷设1505.5条千米,新建通信基站36座,通信铁塔70座;信号电缆敷设371.9区间千米,联锁道岔913组,道岔融雪303组,信号中继站9座。开工累计完成投资164743万元。

新建怀化至邵阳至衡阳铁路“四电”系统集成、防灾安全监控、信息及相关工程HSHSD-1标段 合同投资210621万元,合同工期2016年12月30日至2018年6月30日。主要工程量:电缆敷设721.145条千米,电缆敷设3127.99条千米,信号联锁道岔287组等。开工累计完成投资150621万元。

新建蒙西至华中地区铁路煤运通道“三电”迁改MHQG-1标段 位于山西省运城市,正线长482千米。合同投资31755万元,合同工期2015年3月20日至2018年11月30日。主要工程量:10千伏及以下电力线路迁改513处105.45千米,10千伏以上电力线路迁改110处0.25千米,干线通信光电缆迁改1090处594.2千米。开工累计完成投资31453.09万元。

新建蒙西至华中地区铁路煤运通道“三电”迁改SYMHQG-1标段 正线长632千米。合同投资13641.8908万元,合同工期2015年7月1日至2018年11月30日。主要工程量:电力交叉迁改310处、电力平行迁改23.4千米;通信交叉迁改901处、通信平行迁改147.26千米。开工累计完成投资12097.0689万元。

新建兰州至重庆铁路站后“四电”系统集成工程LYSD-2标段 正线长393千米。合同投资146888万元,合同工期2015年1月10日至2017年12月30日。主要工程量:通信线路817千米,信号自闭1128区段,信号联锁道岔179组,电力线路1280千米,变配电所19所,接触网916条千米,牵引变电所21所。开工累计完成投资127403万元。

新建九景衢铁路江西段“四电”系统集成及配套工程JQJXSD标段 正线长251.938千米。合同投资154295.119万元,合同工期2016年3月1日至2017年7月1日。主要工程量:光缆敷设887.14条千米,站场通信11处,基站32座,直放站92座,杆塔67座;GSM-R铁塔150座。开工累计完成投资158563万元。2017年12月28日开通运营。

新建准格尔至鄂尔多斯铁路站后工程ZESG-4标段 合同投资34654万元,合同工期2015年4月20日至2017年2月28日。主要工程量:光电缆线路敷设122条千米,轨道电路安装350区段,内设备安装2站。开工累计完成投资34654万元。2017年12月28日开通运营。

新建黄骅南至大家洼铁路三电迁改工程施工2标段 正线长174千米。合同投资20773.3164万元,合同工期2014年9月10日至2015年9月10日。主要工程量:通信线路迁改856处,电力线路35千伏及以下迁改427处,110千伏及以上高压线路24处。开工累计完成投资13690万元。

朔黄铁路牵引供电系统扩容改造工程第1标段 正线长255.9千米。合同投资90257.08万元,合同工期2014年5月1日至2015年12月30日。主要工程量:敷设地区及站场光、电缆143千米,配电所7座,杆架式变电台6座,接触导线1013.518条千米,新建或改建牵引变电所7座、分区所6座、AT所9座及相关安全监控系统,新建房屋建筑面积6426平方米,新建给水工程1处。开工累计完成投资47245.02万元。

新建杭州至黄山铁路站前及相关工程HHZQ-5标段三电迁改工程 正线长33.401千米。合同投资5308.254336万元,合同工期2014年11月8日至2015年6月30日。主要工程量:通防迁改441处,电力迁改150处,给排水管线迁改4处,新建临时变压器安装34台。2017年7月完成全部投资。

新建巴中至达州铁路站后工程 正线长99.65千米。合同投资39405万元,合同工期2014年4月28日至2015年6月30日。主要工程量:敷设长途光缆

318 条千米，中继站设备安装及配线 83 处，站场光电缆敷设 18.26 条千米，铁塔组立 11 座，漏泄同轴电缆敷设 12.9 条千米，联调联试 12 站。开工累计完成投资 53950 万元。

广通至大理铁路扩能改造工程站后“四电”系统集成及相关配套工程　正线长 174.629 千米。合同投资 70615.84 万元，合同工期 2016 年 10 月 1 日至 2017 年 8 月 31 日。主要工程量：10 千伏电源线路 34.733 千米，贯通线 390.204 千米，10 千伏配电所 3 座。开工累计完成投资 58481.19 万元。

新建云桂铁路引入昆明枢纽站后工程　正线长 38.83 千米。合同投资 95026.74 万元，合同工期 2015 年 8 月 1 日至 2016 年 12 月 31 日。主要工程量：长途光电缆 105.8 千米，站场光电缆 56.2 千米。开工累计完成投资 81101.6 万元。

港珠澳大桥主体工程交通工程施工 CA02 合同段　正线长 29.918 千米。合同投资 120658.7971 万元，合同工期 2016 年 4 月 1 日至 2017 年 5 月 31 日。主要工程量：交通标志 178 个，轮廓标 8354 个，防眩板 15762 块，百米标 596 个，里程标 60 个，突起路标 11886 个，标线划设 53129 平方米。开工累计完成投资 93237.86 万元。

青岛蓝色硅谷城际轨道交通工程机电系统设备 LGJD－1 标段　位于山东省青岛市。合同投资 93649.2708 万元，合同工期 2015 年 10 月 1 日至 2017 年 6 月 30 日。主要工程量：供电系统主要包括区间 38.904 正线千米环网施工，牵引降压混合变电所 13 座，降压变电所 6 个，跟随降压变电所 5 个；风水电工程主要包括苗岭路站—蓝色硅谷站 15 站及所辖区间通风空调、给排水及消防、动力照明系统施工。2017 年 12 月 31 日通车试运营。

长春地铁 2 号线一期工程 BT12 标段　位于吉林省长春市，正线长 9.715 千米。合同投资46002.3465万元，合同工期 2015 年 4 月 10 日至 2017 年 12 月 31 日。主要工程量：预埋锚栓 19846 套，支架安装 19836 套，漏缆卡具安装 38622 套，区间光、电、漏缆敷设及引入 165947 米，站内线缆敷设 540535 米，区间设备安装 136 套，站内设备安装 4438 套，站内桥架安装及管线预埋 72110 米。开工累计完成投资 4938 万元。

石家庄市城市轨道交通 3 号线项目　位于河北省石家庄市，正线长 4.248 千米。合同投资 15841 万元，合同工期 2013 年 4 月 1 日至 2017 月 9 月 30 日。主要工程量：安装走线槽道、走线架 5.2 千米，安装托板托架 9500 套，敷设光、电缆 324.76 千米，敷设镀锌电线管 29.8 千米，安装室内全向天线 115 处。2017 年 6 月 26 日开通试运营。

北京地铁 8 号线及南延工程供电系统及综合监控系统设备安装工程　位于北京市，正线长 20.7 千米。合同投资 27035.07 万元，合同工期 2015 年 10 月 1 日至 2017 年 12 月 30 日。主要工程量：电力电缆131.88 千米，控制电缆 13.32 千米，机柜安装 1134 面。开工累计完成投资 13044.69 万元。

武汉市大汉阳地区现代有轨电车试验线工程　位于湖北省武汉市，正线长 16.8 千米。合同投资 49503.5889万元，合同工期 2015 年 2 月至 2016 年 12 月。主要工程量：车站 23 座，刚性充电设备 5 个子系统；2 个中心配电室、13 个箱式变电所、4 条电源线、高压电缆约 157.3 千米、直流电缆约 205.3 千米、低压电缆约 40.8 千米、各类光缆约 134.6 千米以及 25 套充电亭。2017 年 7 月完成全部投资。

兰州轨道交通 1 号线一期工程供电系统工程 I 标段　位于甘肃省兰州市，正线长 15 千米。合同投资 12553 万元，合同工期 2016 年 5 月 13 日至 2018 年 9 月 30 日。主要工程量：牵引降压混合变电所 7 个，降压变电所 4 个，跟随降压变电所 2 个，环网电缆 164.994千米。开工累计完成投资 3636 万元。

上海市轨道交通 5 号线南延伸工程变电所和电力监控系统安装及接触网、供电系统干线电缆和杂散电流防护系统、侧向平台安装总承包工程　位于上海市，正线长 16.627 千米。合同投资 31651 万元，合同工期 2017 年 2 月 25 日至 2018 年 3 月 10 日。主要工程量：新建牵引降压变电所 8 座、牵引变电所 1 座、降压变电所 2 座、跟随所 4 座；接触网 35 条千米；干线电缆 32 千米；侧向平台 11.98 条千米。开工累计完成投资 22630 万元。

南京地铁 4 号线一期工程车站设备安装工程 7 标段　位于江苏省南京市。合同投资 9131.5303 万元，合同工期 2014 年 8 月至 2016 年 6 月。主要工程量：垫层 1971.5 平方米，防潮吸声板天花 4883 平方米，砖墙 2978.04 平方米，地面 14550 平方米，离壁墙 4019 平方米，门 459 樘，防火乳胶漆墙面 17368.97 平方米。已完成全部投资。

厦门轨道交通 1 号线工程　位于福建省厦门市，正线长 15.23 千米。合同投资 5603.0914 万元，合同工期 2016 年 4 月 1 日至 2017 年 6 月 30 日。主要工程量：牵引降压混合所 7 座、降压变电所 6 座、跟随式降压变电所的设备安装与接线 3 座。2017 年 9 月完成全部投资，2017 年 12 月 28 日开通。　（李欣欣）

【经营管理】　新签合同额 279.32 亿元。其中，铁路工程 147.55 亿元，占比 52.83%；城市轨道工程 96.7 亿元，占比 34.62%；其他路外工程 13.39 亿元，占比

4.79%；工业制造21.13亿元，占比7.56%；设计咨询0.55亿元，占比0.20%；海外市场18.93亿元，占比6.78%。中标匈塞铁路现代化改造工程，打入欧洲市场及安哥拉输变电市场。

企业管理。整合内部资质资源，拓展资质范围，提升资质等级，完善资质体系。申报资质19项，其中一级资质2项，二级资质9项，三级资质8项，涉及公路机电、消防工程、建筑装修装饰等新领域。

安全质量管理。全面强化安全生产责任制，坚持"党政同责、一岗双责"主线任务，构建"横向到边、纵向到底"责任网络，执行"分级管理、分类落实"的工作原则，签订安全包保责任书，将安全管理责任层层落实。获鲁班奖1项，国家优质工程奖2项，詹天佑奖2项，北京市安装工程优质奖1项，铁建杯优质工程7项；国家级优秀QC成果7项，全国优秀质量管理小组1个，省部级优秀QC成果27项、股份公司优秀QC成果7项。参建的尼日利亚现代化铁路阿卡段首次获境外工程鲁班奖。

财务管理。开展财务监察活动；加大清收清欠力度，层层分解清欠指标，签订目标责任书，明确责任和奖惩；建立财务季度通报机制，实现对各单位财务工作的动态监管；全面启用税务信息模块，做好营改增税务筹划各项工作。实现营业收入190.89亿元，完成股份公司年度预算的84.07%，同比下降16.20%，实现净利润16.20亿元；资金集中度82.14%，资金创收4亿元，内部调剂资金2.45亿元，期末净货币资金存量167.42亿元，同比增长15.51%，经营活动现金流量净额24.25亿元。

经济管理。工程承包板块完成产值209.4888亿元，实现变更索赔额33.8497亿元，变更索赔率16.16%。铁路工程完成产值153.929亿元，实现变更索赔额29.839亿元，变更索赔率19.38%；公路工程完成产值9.0418亿元，实现变更索赔额1.3424亿元，变更索赔率14.85%；地铁及轻轨工程完成产值40.5725亿元，实现变更索赔额2.3574亿元，变更索赔率5.81%；水利水电工程完成产值0.9261亿元，实现变更索赔额0.144亿元，变更索赔率15.55%；其他工程完成产值4.6022亿元，实现变更索赔额0.1669亿元，变更索赔率3.63%。

审计工作。完成审计项目98个，出具审计报告94份，提出审计意见和建议263条，审计发现问题金额5837.05万元，完成整改金额5837.05万元，促进增收节支128万元。（陈思江　赵润莲　李文彬　罗青竹　苏天全　税明军）

【**科技教育**】　科技研发立项221项。其中，新立项目117项、续研项目104项。主持修订、参与编制铁路行业标准4项，参与编制国家住房和城乡建设部行业标准2项、江苏省和湖南省地方标准3项。申报中国施工企业协会科技创新成果奖3项，获中国铁道学会科学技术奖2项，石景山科学技术奖1项，股份公司科学技术奖11项；获授权专利61件，获股份公司优秀发明专利奖1件；获铁路建设工程省部级工法14项，股份公司优秀工法13项；发表SCI论文2篇，EI论文7篇，获股份公司优秀论文5篇。

教育培训。培训职工11930人次，其中，干部5804人次、工人6126人次。（陈　洁　汪文革）

【**党群工作**】　党的工作。下辖党委63个，党总支1个，党支部171个，党员3342人，发展党员83人。各级班子成员以多种形式宣讲十九大专题党课168次。完成公司章程修订和工商备案工作。修订党委议事规则。建立党建工作责任考核体系，逐级签订《党建工作目标责任书》，制定印发《党建工作责任制实施办法》和《党建工作量化考核暂行办法》。5家单位党委书记现场述职。2个子公司和20个基层党组织顺利完成换届选举工作。组织运用"互联网+"思维，利用微信、手机APP等工具，创新党员学习教育模式，开展"讲好自己的故事，做合格共产党员"主题演讲活动，选送作品获股份公司三等奖。181个党支部组织召开"两学一做"专题组织生活会，3056名党员参加民主评议。举办基层党支部书记培训班，对全局188名基层党组织书记和党务工作者进行为期4天的培训。成立2个检查组，对5个局指党工委和7个工程公司的部分项目党支部进行重点抽查，开出整改清单，限期整改落实。制定《集团公司领导人员管理规定》等12项制度办法，规范选人用人制度和程序。对子分公司正职领导和8个区域指挥部干部进行考察任用，提拔正处级领导5人、调整2人，提拔副指挥长（正处级）6人、省区域经营部总经理（副处级）11人。机关新增设4个职能部门，合并2个业务部门，提拔调整机关正处级领导20人、副处级领导25人。完成股份公司下达的年度培训计划，组织38名局处两级领导干部参加各类培训。

宣传工作。加强党委中心组学习。集团公司党委中心组组织集中学习11次。刊发中心组学习文章21篇。班子成员到联系点讲党课21次、到联系点一线支部讲党课11次。完成2017—2018年度政研课题立项26项，5项被列为股份公司重点课题。在中央级媒体刊稿900余篇，省部级及行业媒体刊稿1473余篇条，在股份公司网站及《中国铁道建筑报》刊发稿件200余篇。企业文化建设和精神文明创建。对西成客运专线、滨洲、哈佳、京沈客运专线、怀邵衡、商合杭、港珠澳大桥等项目进行企业文化督查，选树样板；各项目广泛开展红色教育主题实践活动，参观八路军驻陕甘边区根据地、威虎山、大庆油田、新四军纪念馆、北京冀热察抗日司令部等红色教育马栏村举办“迎七一红歌会”；制作“不忘初心、牢记使命、讲好自己的故事、做合格共产党员”主题报告会视频光盘并发放到全集团基层员工。4个工程公司获驻地省级文明单位，1个工程公司获全国文明创建单位。集团公司成功申报首都文明单位。新媒体宣传工作。官方微信发送消息101次。策划主题微信10余次，累计得分13.1分。发布信息3360条，全站浏览量累计突破600万次。设置“学习十九大精神”专栏。

纪检监察工作。签订《党风廉政建设责任书》23份，并对落实情况进行检查考核。所属各二级单位全部健全纪检机构，实行纪委书记绩效薪酬与考核结果相挂钩。对股份公司巡视反馈的4个方面30项问题和移交的61条问题线索，逐一认领整改。诫勉谈话4人次，提醒谈话2人次，批评教育8人次，党纪政纪处分12人。

工会工作。下辖16个子、分公司工会，会员10857人，专兼职工会干部317人。集团所属15个法人实体单位召开职代会率100%；民主评议领导干部127人次，信任率96%；征集提案190条，立案率88%，办结率100%，代表满意率96%；集体合同协商签订率和落实兑现率均100%；企务公开率达95%以上。拨付资金140余万元开展夏送清凉活动，慰问项目16个，惠及职工4700余人次。所属各单位拨付资金340余万元，惠及职工11000余人次。开展“双节”送温暖、“三不让”帮扶和圆梦“微心愿”等活动，发放各类慰问金、慰问品404万元，慰问劳模先进、一线职工2739人，特困职工37户，重困职工26户，一般困难职工125户，进行大病及其他疾病救助13人，发放救助金6.8万元；筹集“金秋助学”款27.76万元，资助困难职工、困难农民工子女63人。劳模创新工作室19个，股份公司级1个，省部级2个，集团公司级4个，一公司2个，四公司、科技公司各1个。五公司“田振海劳模创新工作室”在成都地铁10号线围绕8项科研项目开展技术攻关，获国家专利3项，被成都市总工会评为优秀创新工作室；北方公司获股份公司级劳模创新工作室和省级创新工作室；轨道交通器材公司“储文平劳模创新工作室”立项A级研发课题3项，B级研发课题6项，完成4项成果转化，“时速350千米及以上铁路用高可靠性接触网核心零部件研发及产业化”项目获江苏省科技成果转化专项资金900万元。港珠澳局指挥部获全国工人先锋号，蔡俊福获全国五一劳动奖章。105人和21个集体获集团公司及以上表彰。

共青团工作。下辖基层团委15个、团支部140个，专兼职团干部270人，注册团员2475人。开办专题团课79次，参与授课的团干部数量1550人，撰写心得体会424篇，报送征文232篇。召开为期3天的团二届八次全委（扩大）会议暨青年干部培训班，48名青年团干参加。创建青年突击队28支、青年安全示范岗14个。开展“不忘初心、牢记使命，讲好自己的故事、做合格共产党员”主题演讲比赛。关爱困难团员，转发放股份公司春节关爱行动爱心金8000元，开展“爱心资助，圆梦大学”活动，资助困难大学生爱心金37000元。开展第八届“五小”成果评比活动，参评成果123项，评定优秀“五小”成果62项。开展“导师带徒”活动，签约师徒301对。选树青年典型，模范团队引领新风尚，1人获2015—2016年度“中央企业优秀共青团员”称号，1个项目部获2017年度“北京市青年安全生产示范岗”称号，1项成果获2016年度山西省总工会“五小”竞赛二等奖，1项成果获2016年度山西省总工会“五小”竞赛三等奖。获股份公司2016—2017年度五四红旗团委1个，五四红旗团支部1个，青年文明号2个；优秀共青团员2人，优秀共青团干部2人，青年岗位能手3人。

（张狄箫　王　柳　刘德君　张　珺）

【第一工程有限公司】　拥有铁路电务工程专业承包一级、铁路电气化工程专业承包一级、公路交通工程（公路机电工程）专业承包一级、输变电工程专业承包一级、建筑机电安装工程专业承包一级、城市及道路照明工程专业承包一级、通信工程施工总承包二级、电子与智能化工程专业承包二级、消防设施工程专业承包二级、电力承装二级、承修二级、承试三级资质。经营范围：铁路电务工程专业承包；铁路电气化工程专业承包；公路交通工程专业承包；城市及道路照明工程专业承包；通信工程总承包；输变电工程专业承包；机电设备安装工程专业承包；钢材、建材、五金产品、电气设备、电线、电缆的销售；铁路电务器材、金属构件的制造销售；机械设备、房产经营租赁服务；电力、电气化检验检测技术服务；信息系统集成服务；信息技术咨询服务；工程建设技术咨询服务。具有承担时速350千米以上电气化铁路的“四电”集成系统施工和运营维护能力。驻河南省洛阳市白马寺镇18号。前身为1970年初组建的中国人民解放军铁道兵第二通信信号工程营；2005年7月，整体划转入中铁建电气化局集团有限公司，改称中铁建电气化局集团第一工程有限公司；2011年8月，根据中国铁道建筑总公司上市要求改称中国铁建电气化局集团第一工程有限公司。党委书记、董事长李长波,总经理施亚辉。职工 1237 人。资产总额 162980 万元。其中,固定资产原值 12483 万元、净值 3577 万元;流动资产 159013 万元。机械运输设备 87 台(套),技术装备率 1.46 万元/人,动力装备率 10.17 千瓦/人,年施工能力 30 亿元以上。

2017 年,承揽 130303 万元,完成总投资 192591 万元,施工产值 153181 万元,净利润 5166 万元,人均创利 43158 元,全员劳动生产率 1260116 元/人年,职工年人均收入 97287 元,国有资产保值增值率 100.25%,净资产收益率 6.77%,产值利润率 3.37%,资产负债率 88.53%,应上缴款完成率 100%。 (马舟丽)

【第二工程有限公司】 拥有铁路电务工程专业承包一级、铁路电气化工程专业承包一级、输变电工程专业承包一级、建筑机电安装工程专业承包一级、电子与智能化工程专业承包一级、建筑装修装饰工程专业承包一级、机电工程施工总承包二级、电力工程施工总承包二级、通信工程施工总承包二级、消防设施工程专业承包二级、公路交通工程(公路机电工程分项)专业承包二级、劳务、电力设施许可证(承装类二级、承修类三级、承试类四级)资质。驻山西省太原市尖草坪区昌盛西街 18 号。董事长兼党委书记钟勇,总经理李利军。职工 1439 人。资产总额 183740 万元。其中,固定资产原值 12360 万元、净值 3798 万元;流动资产 179629 万元。机械运输设备 96 台(套),原值 9206.1 万元、净值 1474.5 万元,总功率 15957 千瓦,动力装备 11.1 千瓦/人,技术装备 1.02 万元/人。机械设备完好率 96%,机械设备利用率 75%。

2017 年,实现承揽任务 56 项,完成自揽合同额 15.22 亿元,完成企业总产值 21.92 亿元,实现利润 11132 万元,国有资产保值增值率 159.71%,净资产收益率 52.23%,产值利润率 5.83%,人均创利 94085.86元,全员劳动生产率 270400.62 元/人年,总资产报酬率 6.91%,资产负债率 86.97%,职工年人均收入 100700 元,应上缴款完成率 133.86%。

(饶 娜)

【第三工程有限公司】 拥有铁路电务工程专业承包一级、铁路电气化工程专业承包一级、输变电工程专业承包一级、通信工程施工总承包三级、消防设施工程专业承包二级、承装(修、试)电力设施许可证二级资质。前身系始建于 1967 年的中国人民解放军铁道兵第一通信信号工程营;1984 年 1 月,集体转业并入铁道部后改称铁道部第十八工程局电务工程处;1999 年 12 月,脱离铁道部改称中铁第十八工程局电务工程处;2001 年 10 月,改制后称中铁十八局集团电务工程有限公司;2005 年 7 月,整体划转中铁建电气化局集团公司。驻河北省高碑店市兴华北路 57 号。董事长、党委书记张海军,总经理陈宪祖。职工 1323 人。资产总额 269197 万元。其中,固定资产原值 11957 万元、净值 3596 万元;流动资产 265208 万元;非流动资产 3989 万元。机械运输设备 223 台(套),设备原值 10351 万元、净值 3008 万元,总功率 17658 千瓦。动力装备率 13.35 千瓦/人,技术装备率 2.27 万元/人,设备完好率 90%,利用率 80.27%,机械化施工程度 75%,年施工生产能力 40 亿元以上。

2017 年,承揽 15.01 亿元,企业总产值 280093 万元,施工产值 279503 万元,实现利润总额 14046 万元,净利润 12507 万元。人均创利 10.67 万元。全员劳动生产率 22.58 万元/人年。职工年人均收入 92408 元。国有资产保值增率 105.98%,净资产收益率 51.19%,产值利润率 5.01%,投资回报率 208.45%,资产负债率 90.66%,应上缴款完成率 100%。 (刘 淼)

【第四工程有限公司】 拥有铁路电务工程专业承包一级、铁路电气化工程专业承包一级、电子与智能化工程专业承包一级、建筑机电工程专业承包一级、送变电工程专业承包三级、电力设施进网承装、承修类三级及承试类四级资质。2005 年 7 月由原中铁二十五局集团电务工程有限公司电气化分公司整体划入中铁建电气化局集团公司;11 月,与第一工程有限公司所属第三分公司、第五分公司、攀枝花分公司整合重组,改称现名。驻湖南省长沙市雨花区中意一路 728 号。董事长、党委书记谢文艺,总经理李道新。职工 952 人。资产总额 250805.3 万元。其中,固定资产 2367.5 万元;流动资产 246719.9 万元;其他资产 1717.9 万元。机械运输设备 89 台(套),设备原值 5982 万元、净值 1416 万元,总功率 14001 千瓦,动力装备率 14.7 千瓦/人,技术装备率 1.49 万元/人,设备完好率 96%、利用率 90%。年施工能力 25 亿元以上。

2017 年,承揽 219872 万元,完成企业总产值 245528 万元,实现利润 8564.4 万元,人均创利 89962 元。全员劳动生产率 236.86 万元/人年,职工年人均收入 96000 元。国有资产保值增值率 165.27%,净资产收益率 57.32%,产值利润率 4.3%,投资回报率 3.4147%,资产负债率 93.32%,应上缴款完成率 100%。

(高 翔)

【第五工程有限公司】 拥有通信工程施工总承包二级、机电工程施工总承包三级、铁路电务工程专业承包一级、铁路电气化工程专业承包二级、电子与智能化工程专业承包二级、公路交通工程公路机电工程专业承包二级、输变电工程专业承包二级、建筑机电安装工程专业承包三级、施工劳务资质。前身系 2005 年 12 月成立柳州铁路局工程处电务工程段，由原中铁二十五局柳州电务工程公司与中铁十五局集团电务工程有限公司第六分公司重组而成；2012 年 3 月，公司从广西柳州市搬迁至四川省成都市，并更名为中国铁建电气化局集团第五工程有限公司。驻四川省成都青羊区工业总部基地。董事长、党委书记卫明博，总经理吕彦伟。职工 1063 人。资产总额 182943.33 万元。原值 16482.92 万元、净值 8780.84 万元；流动资产 173225.85万元；其他资产 936.64 万元。机械运输设备 105 台（套），原值 6277.35 万元，总功率 10312 千瓦，动力装备率 9.51 千瓦/人，技术装备率 1.55 万元/人，设备完好率 80%，利用率 100%。年综合施工能力 30 亿元以上。

2017 年，承揽 208030.42 万元，完成企业总产值 170129 万元，实现利润总额 6058.25 万元。人均创利 5.59 万元，全员劳动生产率 25.72 万元/人年，职工年人均收入 92375 元，国有资产保值增值率 124.94%，净资产收益率 10.99%，产值利润率 3.56%，投资回报率 100.96%，资产负债率 92.67%，投资收益上缴率 100%，应上缴款完成率 46%。（刘　颖）

【南方工程有限公司】 拥有铁路电务工程、电气化工程专业承包一级、通信工程施工总承包二级、建筑工程、电力工程、机电工程施工总承包三级、电子与智能化工程专业承包二级、建筑机电安装工程、输变电工程、城市及道路照明工程专业承包三级、承装（修、试）电力设施施工许可证四级资质。主要从事铁路通信、信号、电力、电气化工程，城市轨道交通通信、信号、供电、接触网、机电设备安装工程以及公用通信、专用通信、工业与民用建筑等工程的施工。前身为中铁十一局集团电务工程有限公司；2009 年 7 月，由原中铁十一局集团电务工程有限公司主体并入中国铁建电气化局集团有限公司，改称现名。驻湖北省武汉市东湖开发区佳园路 17 号。董事长、党委书记万靖，总经理王培雄。职工 1471 人。资产总值 325558.5 万元。其中，固定资产原值 14484.6 万元、净值 4996.5 万元；流动资产 318820 万元；其他资产 1741.9 万元。机械运输设备 124 台（套），原值 9612 万元、净值 1645 万元。总功率 17009 千瓦，动力装备率 11.43 千瓦/人，技术装备率 1.2 万元/人，设备完好率 98%，利用率 95%，年施工生产能力 40 亿元。

2017 年，承揽 251811.2 万元，完成总产值 270141.3 万元，实现利润总额 14522.3 万元。职工年人均收入 105942 元，人均创利 95983.73 元。国有资产保值增值率 148.08%，净资产收益率 45.01%，总资产报酬率 4.99%，产值利润率 5.37%。资产负债率 90.64%、应上缴款完成率 100%。（刘　喆　王媛媛）

【北方工程有限公司】 拥有铁路电气化工程、铁路电务工程、输变电工程、建筑机电安装工程专业承包一级资质，电子与智能化工程、消防设施工程专业承包二级资质，承装（修、试）电力设施承装类、承试类二级和承修类三级资质，建筑工程施工总承包、机电工程施工总承包三级资质。前身系中铁十二局集团电气化工程有限公司；2009 年 7 月，划归电气化局集团管理，挂牌成立中铁建电气化局集团北方工程有限公司；2011 年，变更为现名。驻山西省太原市万柏林区迎泽西大街 369 号。董事长、党委书记马功民，总经理徐元成。职工 1440 人。资产总额 283746.98 万元。其中，固定资产原值 19854.29 万元、净值 10311.94 万元；流动资产 273204.28 万元；其他资产 10542.70 万元。机械运输设备 138 台（套），原值 9831.5 万元、净值 3031.5 万元，总功率 16820 千瓦，动力装备率 11.68 千瓦/人，技术装备率 5.12 万元/人，设备完好率 95.4%，利用率 73.2%。机械化施工程度 80% 以上，年施工生产能力 55 亿元以上。

2017 年，承揽 16.93 亿元，完成总产值 24.15 亿元，完成营业收入 24.73 亿元，实现利润总额 1.52 亿元，人均创利 10.55 万元，全员劳动生产率 83.85 万元/人年，职工年人均收入 11.32 万元。国有资产保值增值率 159.46%，净资产收益率 54.74%，产值利润率 6.32%，投资回报率 209.19%，资产负债率90.40%，应上缴款完成率 100%。（李海鹏）

【北京京燕饭店有限公司】 系三星级涉外酒店，占地面积 1.17 万平方米，建筑面积 3.6 万平方米，拥有各类客房 250 余套，大小会议室 8 间，设有会议餐厅、商务餐厅和顶层阳光餐厅。驻北京市石景山区石景山路 29 号。总经理孙建洁，党委书记高砚明。职工 227 人。资产总额 20563 万元。其中，固定资产原值 19720 万元、净值 9610 万元；流动资产 3472 万元；其他资产 17091 万元。

2017 年，营业收入 5673.82 元，实现净利润435.34 万元。全员劳动生产率 17.85 万元/人年，职工年人均收入 66411 元，国有资产保值增值率 100.28%，净资产收益率 0.26%，资产负债率 43.89%。（丁　琳）

【西安电气化制品有限公司】 由中铁建电气化局集团有限公司和西安灞桥电气化电杆厂于 2007 年 4 月

10日在陕西西安合资组建并注册;2010年,经中铁建电气化局集团有限公司、陕西省物资产业集团总公司(后陕西省国资委成立陕西省物流集团有限责任公司,将西安制品公司股权划转到物流集团)和西安灞桥电气化电杆厂资产重组,集团公司持股占比74.375%;2015年,搬迁至西安市未央区文景路;2017年12月,集团公司完成两家股东股份收购,西安公司成为集团公司全资控股子公司。驻陕西省西安市未央区文景路。董事长、党委书记黄兵,总经理戴丽军。职工240人。资产总额41958万元。机械运输设备734台(套),原值3096万元、净值936万元,总功率9000千瓦,动力装备率37.5千瓦/人,设备完好率100%,利用率85%。

2017年,新签合同额3.26亿元,实现营业收入3.01亿元,实现净利润593万元,全员劳动生产率125.58万元/人年,人均创利2.47万元,职工年人均收入8.6万元。（白　雪）

【科技有限公司】 拥有房屋建筑工程施工总承包三级、钢结构专业承包三级、装饰装修工程专业承包二级、中央投资项目招标代理乙级资质。前身为中国铁道建筑总公司高碑店材料总厂;2007年11月,整体划转入中铁建电气化局集团有限公司,改制后企业更名为现名。驻河北省高碑店市西大街建国胡同9号。董事长、党委书记孙维星,总经理白利军。职工228人。资产总额29452万元。其中,固定资产净值2051万元;流动资产26039万元;无形资产净值622万元。机械运输设备201台(套),原值1647万元、净值827万元,总功率4855.56千瓦,动力装备率21.3千瓦/人,技术装备率3.63万元/人,设备完好率93.23%,利用率92%。

2017年,承揽35025万元,实现营业收入30251万元,实现净利润2510万元,职工年人均收入5.71万元,资产保值率111.4%,净资产收益率29.77%,产值利润率8.74%,资产负债率72.42%,应上缴款完成率100%。（黄婷婷）

【北京中铁建电气化设计研究院】 拥有铁道行业乙级资质,铁道通信信号、电气化专业甲级设计资质,铁路专业和通信信息专业丙级咨询资质。2006年6月注册成立。驻北京市石景山区石景山路29号京燕饭店3层。院长、党委书记阚绍忠。职工168人。资产总额12381.87万元。其中,固定资产原值279.65万元、净值31.45万元;流动资产12004.23万元;无形资产21.88万元。

2017年,完成承揽50项,新签合同额5181.7万元。完成总产值7880.73万元,实现利润365.61万元,全员劳动生产率46.91万元/人年,国有资产保值增值率413.19%,净资产收益率2.16%,产值利润率4.64%,投资回报率6.1%,资产负债率44.93%,应上缴款完成率100%。（崔　喆）

【北京城市轨道工程公司】 驻北京市石景山区石景山路29号京燕大厦东配楼4-5层。2007年8月成立,独立经济实体,2012年3月变更为现名。总经理王俊杰,党委书记郭帆。职工392人。资产总额40163.7万元。机械运输设备18台(套),原值4219万元,设备利用率100%。

2017年,承揽6421万元,营业收入5.62亿元,实现利润2827万元,人均创利8.8万元,全员劳动生产率175万元/人年,职工年人均收入10万元,产值利润率5%,应上缴款完成率115.1%。（赵京超）

【轨道交通器材有限公司】 主要经营电气化铁路、城市轨道交通接触网器材、零部件的设计、制造和服务;铁路电气化零部件、城市轨道交通器材设备的质量检测检验。成立于2008年。驻江苏省常州市武进区高速铁路电气化产业园。董事长、党委书记冯晓河,总经理张静波。职工357人。资产总额6.51亿元。其中,固定资产原值1.99亿元、净值0.91亿元;流动资5.27亿元;其他资产0.16亿元。机械运输设备624台(套),完好率99.40%,设备利用率78%。

2017年,经营承揽4.8亿元,实际经营承揽额5.08亿元,总产值3.6亿元。职工年人均收入8.2万元,人均创利8.6万元,全员劳动生产率47万元/人年。（汤　洪）

【康远新材料有限公司】 铁路运输设备生产企业,准予生产和销售18种铜及铜合金接触线、14种铜及铜合金绞线;欧洲CE认证企业,产品可在欧盟市场销售。驻江苏省江阴—靖江工业园区(靖江市人民南路88号)。董事长、党委书记赵德胜,总经理杨玉军。职工195人。资产总额58467万元。其中,固定资产净值6033万元;流动资产50608万元;其他资产1825万元。机械运输设备原值7005万元、净值2750万元。机械运输总功率6800千瓦,其中机器设备6400千瓦,人均功率32.8千瓦,技术装备率32.8万元/人,年生产能力1.2万吨,具备电气化铁路5000正线千米供货能力。

2017年,承揽销售6.58亿元,完成企业总产值51194万元,实现利润339万元。全员劳动生产率262万元/人年,职工年人均收入9.2万元,资产负债率

77.4%,国有资产保值增值率102.28%,净资产收益率2.42%,产值利润率12.01%。 （张　可）

【新疆维管分公司】 主要担负精伊霍铁路正线286千米和精阿铁路正线78千米的牵引供电、电力及精伊霍线给水设备的运营维护管理工作。非独立法人分公司。驻新疆维吾尔自治区乌鲁木齐市。总经理张华峰,党委书记王春林。职工608人。资产总额3580万元,其中固定资产原值328万元、净值90万元,流动资产762万元。设备完好率100%,利用率100%。

2017年,承揽8286万元,完成企业总产值10170万元,实现利润276万元,人均创利4670元,全员劳动生产率17.30万元/人年,职工年人均收入7.85万元,净资产收益率6.52%,产值利润率2.72%,资产负债率81.7%,应上缴款完成率105%。 （刘海安）

【重要记载】

▲1月11—12日 集团公司党委(扩大)会、三届一次职代会暨2017年工作会、党风廉政建设和反腐败工作会在北京京燕饭店召开。

▲2月28日 集团公司与中国铁道科学研究院在北京签署战略合作框架协议。

▲7月19日 二公司尹祖平获"2015—2016年度中央企业优秀共青团员"称号。

▲11月4—7日 集团公司组织海外部、轨道器材公司和康远公司赴德黑兰参加2017年伊朗中国工程技术暨产能合作与装备制造展览会。

▲11月 集团公司参建的尼日利亚阿布贾—卡杜纳铁路获2016—2017年度中国建设工程鲁班奖。

▲11月 集团公司承建的新建兰新铁路第二双线工程(新疆段)和上海市轨道交通12号线工程获第十五届詹天佑奖。

▲12月7日 三公司秦沈项目部获"2017年度北京市青年安全生产示范岗"称号。

▲12月13日 集团公司承建的新建兰新铁路第二双线(新疆段)四电集成工程和北方公司承建的哈密鑫天烟墩七(C)区200兆瓦风电场工程获国家优质工程奖。

▲12月 "京石武高速铁路高可靠性接触网成套装备与集成关键技术"获中国建筑业协会工程施工技术创新成果奖。

▲2017年 北方公司研发的科研成果"高铁双向光电缆自动敷设作业车"和"全自动高铁吊弦线穿线机"获国家发明专利授权。 （范秀珠）

中国铁建港航局集团有限公司

【简况】 拥有港口与航道工程施工总承包特级、公路工程施工总承包特级,建筑工程施工总承包一级、市政公用工程施工总承包一级、铁路工程施工总承包二级、机电工程施工总承包二级、水利水电工程施工总承包三级、电力工程施工总承包三级、地基与基础工程专业承包一级、钢结构工程专业承包一级、桥梁工程专业承包一级、隧道工程专业承包一级、公路路基工程专业承包一级、公路路面工程专业承包三级、特种专业工程(限结构补强)专业承包不分等级施工资质。2011年7月11日成立,驻广东省珠海市前山翠峰街189号。注册资本金25亿元。下辖中铁建港航局集团轨道交通工程有限公司、中铁建港航局集团勘察设计院有限公司、中铁建港航局集团钢结构工程有限公司、中铁建港航局集团岩土工程有限公司、中铁建港航局集团第三工程有限公司、中铁建港航局集团工程检测有限公司、中国铁建港航局集团有限公司第一工程分公司、中国铁建港航局集团有限公司第二工程分公司、中国铁建港航局集团有限公司第三工程分公司、中国铁建港航局集团有限公司第四工程分公司、中国铁建港航局集团有限公司总承包分公司、中国铁建港航局集团有限公司船舶工程分公司、中铁建港航局集团黄冈基础设施投资有限公司、中铁建港航局集团江门基础设施投资有限公司、中铁建港航局集团达州基础设施投资有限公司、中铁建港航局集团山东海洋建设有限公司、南宁市中铁建邕宁水利枢纽投资建设有限公司。职工2592人。资产总额9576640490.15元。其中,流动资产4412822514.55元;固定资产692514326.13元。机械运输设备896台(套),原值74668.28万元、净值60288.35万元,总功率50283.2千瓦,动力装备率19.40千瓦/人,技术装备率32.49万元/人,设备完好率95.13%,设备利用率92.37%,机械化施工率100%。获港口与航道工程施工总承包特级、公路工程施工总承包特级资质,水运行业设计甲级和公路行业设计甲级资质。获2016年度"全国优秀施工企业"称号。1人获全国五一劳动奖章;1人获铁总2016年度火车头奖章;"铁建潜01"获铁总2016年度火车头奖杯;2个项目获2017年度中国铁建杯优质工程奖。

（陈志逸　钟参军　胡连城　李育华）

【领导人员】

董事会

董事长　许四发

董事　许四发

金国亮

王永东

谭世霖

张小平(3月免)

刘齐辉(5月任)

监事会

监事会主席　徐度斌

监事　徐度斌

吴航宇

梁根林

经理层

总经理　张小平(3月免)

金国亮(10月任)

副总经理　金国亮(3月任,主持经理层工作)

王永东

刘齐辉

谭世霖

蹇　宏

李法胜

总会计师　金国亮(兼,10月免)

总工程师　刘齐辉(兼)

党群领导

党委书记　许四发

党委副书记　张小平(3月免)

金国亮(3月任)

李世春

纪委书记　徐度斌

工会主席　李世春

(钟参军)

【职工队伍】　职工2592人。其中,干部2481人、工人111人。专业技术干部1954人,占干部总数的79%;女干部390人,占干部总数的16%;高级技术职称347人,占职工总数的13.4%;中级专业技术职称501人,占职工总数的19.3%;初级专业技术职称1106人,占职工总数的42.7%。大学本科及以上学历2126人,专科学历265人,大专及以下学历201人;35岁以下1721人、36~45岁547人、46~55岁307人、56岁以上17人。

(钟参军)

【工程施工】　清云高速16标段　全长8.32千米,双向4车道高速公路,设计时速100千米。主要工程量:路基6.691千米,大、中桥6座1636.2延长米,互通立交2处。开工累计完成投资43311万元。

云南澄江仙湖路改扩建项目　全长4.91千米。开工累计完成投资32929.4万元。

泰州港泰兴港区七圩作业区公用码头工程　合同投资12.11亿元。主要工程量:水域码头70000吨级散货泊位1个、40000吨级件杂货泊位1个、10000吨级件杂泊位1个,内河码头泊位6个。开工累计完成投资9490.6万元。

浙江石化4000万吨/年液化码头一期工程　主要工程量:液体化工码头1座,引桥2座。开工累计完成投资57965.5万元。

巨单高速4标段　全长23.4千米,路基宽27米,双向4车道高速公路,设计时速120千米。开工累计完成投资16018万元。

大唐东营2×1000兆瓦新建工程海水取排水工程　主要工程量:海域取水明渠为新建2条挡砂堤,陆域取水明渠底宽20米,渠顶标高4米,渠底-6米,长2050米,陆域排水明渠底宽30米,渠顶标高4米,渠底-3.2米,每条长1950米。开工累计完成投资16707万元。

东营港东营港区进港航道及导堤工程　主要工程量:航道两侧建设南、北防波挡沙堤,北防波挡沙堤长6300米,南防波挡沙堤长6709米,防波堤间距1.4千米。开工累计完成投资12958万元。

蒲都高速10标段　全长7.8千米。主要工程量:桥梁6座893.5延长米,中桥9座567延长米,涵洞34座,通道41道,人行天桥5座。开工累计完成投资23282.6万元。

长寿长江二桥工程　位于重庆市长寿区,全长3833米,双向6车道,设计时速60千米,桥梁设计使用年限100年。PPP项目,建设期36个月,运营期20年。主要工程量:特大型跨江桥梁1座,立交2座。开工累计完成投资24681.6万元。

四川九寨沟至绵阳公路路基土建工程LJ16标段　位于四川省绵阳市,全长10.65千米。主要工程量:双线长大隧道2269延长米,特大桥2座4256延长米,大桥3座2394延长米,匝道桥3座252延长米,服务区1处。开工累计完成投资11868.6万元。

鸡啼门特大桥工程　双向4车道+双线有轨电车,全长1679.6米。开工累计完成投资23302万元。

(杨振虎)

【境外工程】　阿米果孟加拉有限公司厂房建设项目　位于孟加拉达卡市。主要工程量:建筑面积

122156.72 平方米,厂房面积 21 万平方米。合同投资 6174.66 万美元。合同合同工期 18 个月。开工累计完成投资 4190.96 万美元。

尼日利亚拉各斯阿帕帕港军船码头重建项目　位于尼日利亚海军拉各斯阿帕帕港军船基地。主要工程量:拆除旧码头 4 座,重建码头 4 座,修建新码头 3 座。合同投资 2280.95 万美元,合同工期 12 个月。开工累计完成投资 475.64 万美元。

巴达格瑞高速公路 CH11 +600 立交桥右侧及延伸段桥梁和路基路面工程　位于尼日利亚拉各斯州巴达格瑞。主要工程量:右侧线路长 468.5 米,延伸段中心线弧长约 226 米。合同投资 667.99 万美元,合同工期 10 个月。开工累计完成投资213.93万美元。

尼日利亚拉各斯轻轨蓝线跨海桥项目钢管桩、钢护筒施打及海底障碍物打捞工程　位于尼日利亚拉各斯市区 Lagoon 湖。主要工程量:海上 107 ~112 号墩的钢平台钢管桩施打和钢护筒施打;跨海桥 108 ~114 号墩海底障碍物沉船、系船墩、废弃钢管桩及其他海底障碍物打捞。合同投资 1500 万美元,合同工期 7 个月。开工累计完成投资 288.97 万美元。

尼日利亚拉各斯轻轨蓝线跨海桥项目海底桩位探查及打设钢栈桥和钢平台钢管桩工程　位于尼日利亚拉各斯市区 Lagoon 湖。主要工程量:拉各斯轻轨跨海桥 104—111 号墩 8 个墩位处所有桩基及栈桥墩位位置 143 个点的桩位探查;104 号、105 号、106 号墩钢平台及第 34 -41 跨钢栈桥钢管桩的施打,钢管桩沉桩 178 根 6254 延长米。合同投资 315 万美元,合同工期 8 个月。开工累计完成投资 447 万美元。

明斯克州斯莫列维奇区招商局中白商贸物流园首发区项目 1 标段　位于白俄罗斯明斯克近郊中白工业园。主要工程量:1 ~3 号标准仓库,能源中心 1 座,消防泵站 1 座,门卫室 1 个,集装箱堆场 1 个,经五路 317 米。合同投资 3419.82 万美元,合同工期 18 个月。开工累计完成投资 4430.8 万美元。

庄胜矿产资源集团有限公司秘鲁港口设计项目　位于秘鲁莫克瓜省伊洛市。业主为庄胜矿产资源集团有限公司。主要工程量:8000 吨级矿石出运泊位,50000 吨级多用途泊位 2 个,17 万吨级矿石出口泊位 1 个。合同投资 103.24 万美元,合同工期 9 个月。开工累计完成投资 4.74 万美元。

贡布深水港 15000 吨码头港池与航道疏浚的设计施工工程　位于柬埔寨贡布深水港。主要工程量:柬埔寨贡布港 15000 吨码头配套港池与航道。合同投资 2750 万美元,合同工期 12 个月。

米尔莎莱工业园 2A 吹填整治项目　位于孟加拉吉大港区米尔莎莱市。主要工程量:陆域吹填 3561233.651712 平方米,路堤 5.32 千米。合同投资 1880.82 万美元,合同工期 18 个月。

马尔科纳圣胡安港口勘察设计项目　位于秘鲁伊卡省马尔科纳市。主要工程量:一期建设 30 万吨级矿石码头泊位 2 个,5 万吨级综合泊位 1 个,二期建设 5 万吨级泊位 1 个,2 万吨级油品、硫酸泊位 1 个。合同投资 379.79 万美元,合同工期 10 个月。　(邵靓杰)

【经营管理】《中国铁建港航局集团有限公司“十三五”企业发展战略与规划》上报股份公司。确保实现新签合同额 800 亿元、完成营业收入 400 亿元、实现净利润 8 亿元。力争实现新签合同额 1000 亿元、完成营业收入 500 亿元、实现净利润 10 亿元。全面风险管理和内控工作。开展制度内控建设,修订《资本运营项目投资管理办法》中将风险控制作为独立章节纳入办法。启动对所属子分公司内部控制的独立评价,选取三公司及其所属巨单项目部开展现场资料检查和复核工作,并就缺陷的认定情况进通报。协会工作。持续做好各关联协会的各项推优评先工作。组织参加由中国施工企业管理协会开展的 2015 年度优秀项目经理、优秀施工企业评选活动,集团公司获“优秀施工企业”称号,2 人获“优秀项目经理”称号;完成中国施工企业管理协会 2017 年度工程建设行业优秀联络员的组织推荐工作,2 人获奖;组织参加由中国疏浚协会举办的 2017 年“十大创新工程”称号的评选活动,申报工程获奖。获珠海市横琴新区工商行政管理局授予的“广东省守合同重信用企业”称号。

市场经营管理。新签合同 150.66 亿元,完成股份公司年度目标 121.3 亿元的 124.20%。新签合同中国内项目合同额 142.19 亿元,海外项目合同额 8.47 亿元;工程承包 149.51 亿元,勘察设计 1.15 亿元;水工项目 66.27 亿元,公路桥梁 56.09 亿元,市政项目 6.98 亿元,房建项目 20.13 亿元,勘察设计咨询 1.15 亿元。经营信息管理。发布各类经营指引文件 20 份,编制《市场开发部业务标准化模板》《经营工作五个阶段 18 个环节实务宣贯材料》,修订《中国铁建港航局集团有限公司区域经营管理办法》,调整责任目标及经营区域。企业信用评价工作。对企业信用评价工作进行过程管理,有针对性的开展工作部署,推动企业信用评价建设。全国公路施工、全国水运设计取得 AA,取得全国水运施工信用评价 A,取得全国信用评价 5A;广东、广西取得水运施工信用评价 AA,江苏、浙江、安徽、湖北、重庆取得 A;广东取得公路施工信用评价 AA,湖南取得 A;所属勘察设计院获广东水运设计 A,广西水运设计 AA。完成各地投标平台注册备案及更新维护工作 254 项。4 人获评 2017 年股份公司经营先进个人,4 人获评 2017 年股份公司计划统计工作先进个人。

生产管理系统以生产计划为目标,引领在建项目有序施工,攻坚克难,按照《集团公司项目策划专家管理办法》做好专家库的管理和维护,各类专家 32 人。组织二季度生产调度会暨项目管理经验交流会在邕宁水利枢纽航运过坝项目经理部召开。组织项目标准化管理现场观摩会议。项目坚持以标准化为抓手,固化常规工作,不断循序渐进,实现从普遍上、根本上提高项目管理水平,促使项目管理更加有效和有力的管控,推广一大批好的做法、经验和成果。始终以顾客满意为标准,快速、有效的响应,及时高效的沟通,友好诚信的处理,如中山沙港项目、梅林码头项目、潮漳 3 标段、格力海岸项目等项目,妥善处理,赢得顾客方的良好评价。对所属项目的分包商进行 4 次履约评价,及时将评价结果录入集团公司 E 米 IS 系统,实行监督。组织相关部门对梅平 5 标段(一公司)、鱼山 19 号地块项目(二公司)、巨单高速(三公司)等 6 个项目进行施工现场管理综合考评。承办中国水运建设行业协会施工专业委员会 2107 年年会,会员单位 33 家,85 位水运建设行业精英参加。

财务部门围绕年度工作目标和财务工作要点,不断夯实财务基础,持续加大财务保障支持,突出预算刚性,强化清收清欠及绩效考核,实现营业收入 623593.07万元,实现利润总额 12844.45 万元;年度资产总额 95.77 亿元;资产负债率76.97%。资金集中度 82.44%,资金上存度 54.25%,内部单位模拟注资使用 3.75 亿元,内部拆借款 8.94 亿元。获银行及财务公司综合授信额 100.27 亿元。针对投资项目主体、项目区域及合同模式的个性化差异,量身定做融资方案,B 吨项目通过资金集中、应收账款保理、提前回购等方式,降低项目投资风险,累计完成回购款 14.11 亿元,实现投资项目滚动发展。利用自有的四艘“铺、插、拖、砼”船舶采取融资租赁方式向中铁金租公司融资 1.08 亿元;开展应收账款保理业务,总承包公司三亚新机场实现保理方式融资 3.35 亿元;清收清欠管理。完成股份公司下达目标的102.31%。针对长期应收款占总资产权重较大的情况,加强对长期应收款的回收,邕宁项目一年以上长期应收款 4.6 亿元,已收回资金 4.4 亿元;达州项目提前回收 0.91 亿元投资款,隆昌项目提前回收 1.47 亿元,新会项目提前回收 0.85 亿元;对重点难点项目加强跟踪与监控,进行现场督导与帮扶,开展项目现场办公研讨会,发挥各部门专业能力合力,根据实际制定切实可行的确权清欠方案,采取不同的方式或方式组合进行催收;通过应收账款保理、保函置换、实物抵债、电话催讨、登门协商谈判、法律诉讼等多种途径,提高清收清欠效果。“营改增”全面实施以来,按照“一般计税法”征税的新项目陆续开工建设,确保增值税实际税负不高于营业税税负,完善各管理层次税务人员配备,推动集团相关管理制度的制定和完善,优化增值税办税流程,增值税综合税负 1.09%,开展稽查应对工作,税务稽查风险总体可控;做好台风自然灾害资产损失税前申报,将税收优惠落在实处;持续推进科研项目研究开发费加计扣除工作,减免企业所得税 723 万元。

强化“大成本、全过程、责权利相统一”的意识,强化成本预控,管理重心前移,持续深化责任成本管理。新签项目经济责任书 68 份,在建项目经济责任书签订率 96%,项目风险抵押金缴纳比例 89%,112 个项目进行年度或完工绩效考核,实现变更索赔率 13.35%,产值计价率 88.42%,项目综合收益率较上一年度提高 1.13%。召开合同成本法务年度工作会议。

审计工作围绕年度工作重点,履行“监督、服务和增值”的职责,外勤审计过程中始终坚持做到 7 个“坚定不移”,充分发挥“预防风险,提升效益”的监督作用;努力转变审计方向,积极提升审计质量,进一步促进审计价值增值,加强审计成果转化,按照监事会工作职责做好监事相关工作,充分发挥监事监督作用。年度审计计划突出审计重点,加大亏损项目审计、经济责任审计等工作力度;加强审计制度体系建设,完善工作机制和审计制度,提升审计管理水平和审计效能,出台 7 项审计制度。开展外勤审计,完成外勤审计任务 69 项,其中,离任经济责任审计 24 项、亏损项目跟踪审计 4 项、项目过程审计 41 项;完成审计报告 44 份,下发查询书 311 份,提出审计整改意见 225 条,移交审计线索 5 条,下发整改通知书 13 份;加强审计问题整改力度,促进审计成果转化;持续提升审计信息化水平。

(陈志逸　赫　龙　杨振虎　李治鸿　叶中荣　吴航宇)

【科技教育】 通过高新技术企业认定和知识产权管理体系认证。1 项科研课题获广东省交通运输厅立项,获 16 万元科研资金资助;4 项科研课题获中国铁建股份有限公司立项,获资助资金 120 万元。多项科技成果获省部级、行业协会及股份公司的科技奖项,其中,获中国公路学会科学技术奖二等奖 1 项;获中国水运建设行业协会科学技术奖二等奖 1 项、三等奖 3 项;获公路工程科技创新成果一等奖 1 项、二等奖 1 项;获中国施工企业管理协会科学技术奖科技创新成果二等奖 2 项;获中国岩石力学与工程学会科学技术奖特等奖 1 项;获中国铁道建筑总公司科学技术奖一等奖 1 项。获得公路工程部级工法 2 项,广东省省级工法 7

项,获中国铁建股份有限公司优秀工法 8 项。设计院获水运交通优秀设计奖三等奖 1 项,水运工程优秀咨询成果二等奖 1 项,广东省优秀工程勘察设计奖三等奖 2 项,中国铁建股份有限公司勘察设计咨询奖 3 项。获发明专利 2 件、实用新型专利授权 6 件,计算机软件著作权 5 项计。主编发布《软土地基路基监控标准》。4 项科技成果经中国水运建设行业协会鉴定评审,1 项达国际领先,1 项达国际先进,2 项达国内领先。多项工程项目取得地方政府及行业协会的质量奖项,获 2017 年度江苏省优质工程奖"扬子杯"1 项,江苏连云港市"玉女峰杯"优质工程奖 2 项,中国疏浚行业新世纪以来十大创新工程 1 项,中国铁建杯优质工程奖 2 项;获中国建筑业协会国家级优秀 QC 小组成果 3 项,省部级优秀 QC 小组成果 6 项。组织开展各类培训 142 班次,参培员工 3227 人次,参培率 124.5%。

(梁晓烨　钟参军)

【党群工作】 党员 1166 人。在建项目中党员 389 人。推进"两学一做"学习常态化制度化。要求各级党委要以理论学习、中心组学习、民主生活会等制度为主要抓手,组织党员领导干部定期开展集体学习;基层党组织要以"三会一课"为基本制度,以党支部为基本单位,把"两学一做"作为党员教育的基本内容,长期坚持、形成长态。落实领导班子成员联系点制度。根据工作需要和领导分工,集团公司党委调整领导班子联系点单位。提出 23 项需帮扶解决问题,联系点第一责任部门制定具体工作计划,党委组织部过程督促工作落实,定期公布工作推进情况。建立项目党组织建设情况季报制度,及时解掌握全局项目党组织动态,对存在的问题进行通报并要求及时整改。七一期间,2 家单位被授予"四好"领导班子称号,12 个"五好"党支部、30 名"六好"共产党员以及 12 名优秀党务工作者受到党委表彰。举办党支部书记培训班,对全体基层党支部书记进行培训。安排党建工作实务模拟演练。落实发展党员工作。修订《三重一大决策制度实施办法》《党建工作量化考核实施细则》《党建工作责任制实施办法》等规章制度。对所属 7 个单位及 8 个项目部党建工作开展情况进行调研并做党务工作宣贯、检查党建基础内业资料。根据股份公司党委《关于开展 2016 年度党委书记抓基层党建工作述职评议考核工作的通知》精神,对所属 3 家单位的党委书记就抓基层党建工作的情况进行现场述职,其余 4 家单位的党委书记进行书面述职。与 7 家分子公司党委书记签订《2017 年度党建工作责任书》,明确各单位党委必须抓好的一系列党建工作重点任务,压实各单位党委的党建工作主体责任,压实党委书记抓党建工作第一责任人职责和其他班子成员的"一岗双责"。

宣传工作。下发《中国铁建港航局 2017 年党委中心学习组(扩大)学习计划》,完善《中国铁建港航局党委理论学习中心组学习规则》,组织以"突出纪律建设,强化责任担当,持续深入贯彻落实党的十八届六中全会和中纪委十八届七次全会精神""以战略为导向,研讨'十三五'企业发展战略与规划,推动集团公司持续、快速、健康发展""贯彻落实总公司第三次(股份公司第一次)党代会精神"等 5 次专题学习。组织召开 10 次党委中心组(扩大)学习会议。学习宣传贯彻党的十九大精神,宣讲 50 余场。在中国网、中华铁道网、中国交通新闻网、人民铁道网、新华社、中国疏浚等网站刊稿 21 篇;在《中国铁道建筑报》和股份公司网站共刊稿 151 篇;各地市级报纸和电视媒体发稿 18 篇,OA 新闻中心发布各类稿件 1196 篇。策划企业专刊 2 期,重点推介邕宁水利枢纽航运过坝项目和金南大桥建设团队的先进事迹。珠海市电视台新闻频道在黄金时间段报道集团公司相关信息 6 条,《南方日报》记者对集团公司鸡啼门大桥建设实况进行深度报道。下发《中国铁建港航局集团有限公司新媒体平台运维管理办法》,推广微信 422 条,阅读量 195208 人次,固定粉丝数 5253 人;推广微博 136 条,其中防台漫画原创微博得到"央企头条"微博号转载支持。在新浪、搜狐、网易及当地媒体涉及集团公司的报道 253 篇。编辑《铁建港航》杂志 4 期,收录稿件 300 余篇。报股份公司政研立项课题 5 个,获二等奖 2 个,获三等奖 1 个。确立本级课题选题 51 个。收集登记各类舆情 253 条,涉及港航局的负面舆情 4 起,依据股份公司和集团公司《突发事件舆情处置办法》,得到妥善处理。下发《中国铁建港航局集团企业文化建设发展纲要(2017—2020)》,修订更新《项目文化手册》,展企业文化理念的征集活动,征集企业文化理念 415 条。评选出 81 条较为优秀的企业文化理念。在 2017 年度企业文化(江苏)峰会上,获企业文化建设先进单位,"铁建潜 01"被评为 2017 年度企业文化建设先进班组,2 人获"2017 年度企业文化建设优秀工作者"称号,1 项理论研究成果被评为 2017 年度企业文化建设优秀理论成果。

落实"两个责任",两级党委对下签订《党风廉政建设责任书》118 份;加强对同级班子成员的监督,落实"画像"要求,指出存在的问题和不足;约谈所属单位党政主要领导 15 人次,向有关部门发出纪律审查建议书 5 份,提出监察建议 12 条。纠正"四风",围绕"四风"问题易发多发各节点,及时开展警示提醒,发布专项通知 33 份,发送提醒短信 4995 条,组成检查组

31个，开展突击性检查93次；严查“四风”问题，诫勉谈话16人，通报批评31人，提醒谈话20人；开展公款购买消费高档白酒集中排查整治活动，给予诫勉谈话1人、提醒谈话2人。对二公司、四公司、总承包（船舶）公司、设计院、投资事业部等单位进行巡察，巡察整改完成率95.15%；开展领导人员及其亲属违规经商办企业暨“三项招标”专项治理工作。对京台高速宁德A5标项目过程亏损问题、原一公司领导人员亲属包工队问题和多个项目劳务分包、合同管理中严重违纪违规问题等进行查处；收到各类问题线索78件，应处置问题线索96件，已处置89件，立案8件；给予党纪处分5人次，政纪处分22人次，党政纪双重处分5人次，组织调整17人次，谈话函询27人次；挽回经济损失233.5万元，经济退赔151.08万元，经济处罚33.7万元。制定下发《关于深化反腐倡廉宣传教育的指导意见》，各级领导干部、“六管人员”签订《廉洁从业承诺书》1201份，主要领导对机关55名中层干部进行廉洁从业集体谈话。制作微动漫“清廉铁建·微视频”获三等奖。与广东省人民检察院广州铁路运输分院召开预防职务犯罪铁路网工作座谈会，推动预防职务犯罪铁路网工作；制定下发《工程项目部党风廉政建设工作交底暂行办法》《党风廉政监督员管理办法（试行）》，选聘项目党风廉政监督员61人。加强纪检监察队伍建设，举办业务培训班，对专兼职纪检干部、重点项目党支部书记39人进行培训；5名纪检监察干部先后被股份公司授予十八大以来“纪检监察先进工作者”“优秀纪检监察干部”称号。

工会工作。召开第二届一次职工代表大会，对领导班子成员进行民主测评；通过行政工作报告等6项决议；审议通过《工资专项协议》《女职工权益保护专项集体合同》。6家分子公司先后召开职代会，履行民主监督职责。1人获全国五一劳动奖章。“铁建潜01”获铁总2016年度火车头奖杯，1人获铁总2016年度火车头奖章，1个项目部获中国铁建“工人先锋号”称号、1人获工人先锋奖章。组织以“学制度、比业务、提技能、促管理”为主题的工程管理办法、经济管理办法及普法知识竞赛，来自7个分子公司、局管邕宁项目部的8支队伍48人参加。主办合理化建议及技术创新成果展示交流活动，80人参加展示交流会。主办、设计院承办主题为“在学习中成长——诗词港航 文化强企宋词大赛”，7支代表队参加大赛。开展“幸福家庭”颁奖暨“走进中国铁建——港航之旅”夏令营活动。在邕宁项目部举行“幸福家庭颁奖典礼”，10个家庭被授予“幸福家庭”称号。2个项目部获股份公司劳动竞赛优秀项目部，2人获股份公司劳动竞赛优秀组织者。采纳实施合理化建议和技术改进9项，创造经济价值4513万元。进一步完善帮扶救助和权益维护机制。开展冬送温暖、夏送清凉、日常送关怀活动，筹措资金86.535万元，走访慰问职工2129人、困难职工家庭193户。发放助学金6.2万元，资助职工子女43人、农民工子女5人。出资33.814万元为3074人续保团体重疾险。

共青团工作。制定《中国铁建港航局集团有限公司青年岗位能手活动管理办法》，修订《中国铁建港航局集团有限公司团费收缴、使用和管理的规定》。组织开展“学总书记讲话，做合格共青团员”主题教育实践活动。大力学习宣传贯彻十九大精神。以录制以谈感悟、谋发展、唱团歌为主要内容的微视频并在集团微信公众号发布，营造学习十九大精神的良好氛围。“不忘初心，牢记使命”主题演讲比赛活动，促进十九大精神的学习和深刻领会。开展“创新发展·青年当先”主题实践活动，促进企业创新发展、提质增效，营造青年创新创效的良好局面。青年突击队抗战最强台风“天鸽”，动员50多人开展自救工作，团队协作，第一时间抢通单位临街通道被严重毁坏的树木，展现央企的责任和担当，受到街道办和附近居民的点赞，树立央企好形象。“导师带徒”活动促进人才培养。成功配对284对师徒，完成对2016年的师徒考核工作，营造传帮带学习的良好氛围。“团组织就在我身边”关爱行动暖人心，加强对青年的人文关怀，发挥组织优势，慰问困难团员青年12人，发放慰问金12000元，“爱心资助·梦圆大学”活动中资助2个困难家庭10000元。1个项目团支部获评“中央企业五四红旗团支部”。2人获评股份公司“2016—2017年度青年岗位能手”；1人获评股份公司“中国铁建优秀共青团员”；1人获评股份公司“2016—2017年度中国铁建优秀团干部”。

（苏黎明　周宏威　雷　震　蔡轶萍　武　斌）

【第一工程分公司】 2017年11月23日完成合并重组。驻广州市番禺区兴南大道118号。党委书记符冠鹏，总经理冯忠。职工1395人。资产总额50.81亿元。其中，固定资产原值19267万元、净值7688万元；流动资产29.26亿元；非流动资产21.55亿元。

2017年，中标合同额52.58亿元，实现营业收入24.23亿元，实现利润总额9779万元，产值利润率4.04%；净资产收益率13.98%，资产负债率98.52%。

（潘丽媛）

【第二工程分公司】 驻浙江省宁波市鄞州区泰康中路459号雷孟德旅游大厦29楼。党委书记陈立，总经理熊卫根。职工214人。

2017年,经营承揽任务11.37亿元,营业收入14.12亿元,实现利润总额1874万元,总资产报酬率1.06%,净资产收益率9.41%,产值利润率1.81%,资产负债率89.96%,应上缴款完成率100%。

(王永强)

【第三工程分公司】 驻山东青岛市李沧区广水路771号。党委书记于强,总经理李世春(8月免)、董鹏(8月任)。职工400人。

2017年,新签合同额49.29亿元,完成施工产值5.55亿元,实现利润704万元,人均创利2.39万元,全员劳动生产率188.14万元/人年,职工年人均收入10.86万元,国有资产保值增值率103.13%,净资产收益率0.53%,产值利润率1.27%。 (董 倩)

【第四工程分公司】 前身系原中国铁建港航局集团有限公司西南办事处;2012年10月,合并原中国铁建港航局集团有限公司华中办事处成立中国铁建港航局集团有限公司第四工程分公司。驻重庆市江北区港安二路28号冠陆两江汇谷D栋10~11楼。党委书记刘鹏,总经理唐大文。职工273人。

2017年,完成经营承揽10.23亿元,完成施工产值8.96亿元,实现营业收入8.21亿元,实现利润总额3519万元,人均创利7.62万元,全员劳动生产率19.11万元/人年,职工年人均收入9.42万元;国有资产保值增值率158.07%,净资产收益率45%,产值利润率3.93%,资产负债率83.16%,应上缴款完成率101.68%。

(胡晓岚)

【总承包分公司(船舶工程分公司)】 驻广东省珠海市香洲区梅华西路2372号26栋。党委书记程旭东,总经理仲维华。中国铁建港航局集团有限公司船舶工程分公司与中国铁建港航局集团有限公司总承包分公司按照“一个机构、两块牌子”的模式运行。职工335人。船舶14艘。

2017年,新签合同额13.39亿元,完成企业总产值10.4亿元,实现利润4952万元,人均创利14.78万元,全员劳动生产率310.45万元/人年,职工年人均收入12.36万元,国有资产保值增值率137.71%,净资产收益率38.52%,产值利润率4.29%,应上缴款完成率181.1%。

(魏素芳)

【勘察设计院有限公司】 拥有水运行业工程设计甲级、工程咨询甲级、工程勘察专业类(岩土工程(勘察)、工程测量)甲级、工程勘察专业类岩土工程(设计、物探测试检测监测)乙级、建筑行业(建筑工程)乙级、测绘乙级、地质灾害危险性评估丙级、地质灾害治理工程勘查丙级、地质灾害治理工程设计丙级、地质灾害治理工程施工丙级等资质证书,获得质量认证机构颁发的质量管理、环境管理、职业健康安全管理体系认证证书。前身系建于1984年广东省航道勘测科研所,属广东省航道局建制管理;1999年10月,政企脱钩;2001年,改制成立广东省航道勘测设计研究院有限公司;2010年6月,重组成立广东省综合交通勘察设计院有限公司;2012年11月,成为中国铁建港航局集团有限公司控股子公司,更名为中铁建港航局集团勘察设计院有限公司;2014年10月,成为中国铁建港航局集团的全资子公司。驻广东省广州市番禺区南村兴南大道118号2号楼5-8楼。执行董事、党委书记、院长董琴亮。资产总额6762万元。其中,固定资产原值1278万元、净值433万元;流动资产6329万元。

2017年,新签合同额18500万元,完成产值14863万元,实现利润总额885万元。国有资产保值增值率113%,净资产收益率3.10%,产值利润率6.35%,投资回报率3.1%,资产负债率24.65%,应上缴款完成率100%。

(谢沐珍)

【重要记载】

▲1月18日 成立中国铁建港航局集团有限公司路桥分公司,与路桥工程公司“一个机构,两块牌子”。

▲3月13日 通过引入广东粤财信托有限公司出资6000万元增资控股惠州投资公司。

▲3月20日 以参股形式成立中国铁建港航局集团泰兴港务有限公司。集团公司以现金出资8400万元,占股21%。

▲4月10日 集团公司注册资本金由14.5亿元增加至25亿元。

▲6月5日 与中融新大、中土集团签订三方战略合作协议。

▲7月12日 获港口与航道工程施工总承包特级资质和水运行业设计甲级资质。

▲7月14日 举行中国铁建港航局集团风电安装船设计交流暨合同签字仪式。

▲10月27日 与武钢绿色城市建设发展有限公司签署战略合作框架协议。

▲11月15日 完成营业执照注册资本金(增加至25亿元)、经营范围和注册地址变更,并启用新营业执照。

▲11月23日 将第一工程分公司、路桥分公司整合重组,存续企业为一分公司,注销路桥分公司。

(李育华)

中国铁建房地产集团有限公司

【简况】 专业从事房地产投资与开发业务，拥有房地产开发一级资质、物业管理一级资质。主要经营房地产开发建设、商品房销售、物业管理，兼营房地产项目策划、信息咨询、技术开发以及相关建筑材料、机械电器设备等业务。驻北京市海淀区复兴路40号中国铁建大厦B座。2007年4月20日，由中国铁建股份公司、中铁十二局集团有限公司、中铁建设集团有限公司和中铁第四勘察设计院集团有限公司共同出资组建中铁房地产开发有限公司；11月28日，变更为中铁房地产集团有限公司；2008年7月，股份公司出资受让中铁十二局集团有限公司、中铁建设集团有限公司、中铁第四勘察设计院集团有限公司所持共计60%的股权，将中铁房地产集团有限公司变为股份公司的全资子公司；2008年8月18日、2011年8月18日股份公司两次以自有资金向集团公司增资，将注册资本金由5亿元增至70亿元；2012年1月6日，正式更名为中国铁建房地产集团有限公司。设4个区域公司、6个专业公司、3个大型项目公司、2个筹备组。下辖112个全资、控股及参股的三级子公司。在北京、上海、广州、天津、成都、杭州、合肥、南宁、武汉、长沙、贵阳、南京、长春、大连、宁波、徐州、佛山、太原、西安、重庆、嘉兴、苏州、福州和昆明24个城市及广州南沙新区、贵安新区布局111个项目。职工5794人。资产总额1150.46亿元。其中，负债总额937.68亿元，净资产212.78亿元。

2017年，新增项目24个，计容建筑规模675万平方米，新签合同额683.21亿元，完成营业收入336.82亿元，实现利润26.43亿元，净利润19.24亿元，全员劳动生产率138.43万元/人年，净资产收益率9.35%，总资产报酬率3.18%，国有资产保值增值率115.19%。销售面积346.38万平方米，土地权益地价231亿元。2017年全国房企销售排行榜排名第34位，占股份公司房地产板块总销售金额的83.18%，带动中国铁建房地产板块排名全国房企第31位。

（王重珍　张　苹　曹薇薇）

【领导人员】

董事会

董事长　　吴仕岩

副董事长　　易善健(5月免)

外部董事　　张　杰

陈方正

严晓建

楼　翱

董事　　倪　真

监事会

监事会主席　　石献友

监事　　洪　梅

经理层

总经理　　倪　真

副总经理　　陈国芳

吴宏晋

李兴龙

杨德昭

叶政诰

马建军

代春利(8月任)

楼英瑞(8月任)

总会计师　　杨德昭(兼)

党群领导

党委书记　　吴仕岩

党委副书记　　倪　真

陈建军

纪委书记　　石献友

工会主席　　陈建军

（郑　恒）

【职工队伍】 职工5794人。其中，女职工2235人，占员工总数的38.57%；大专以上学历3762人，占员工总数的64.93%。

（郑　恒）

【董事会工作】 召开董事会议25次，其中，正式会议2次、临时会议23次。审议145个议案，形成决议145项。召开专门委员会会议12次，形成15项决议提请董事会审议。

（孙丽萍）

【土地储备】 福州市马尾区琅岐岛A08地块　2017年1月16日，中铁房地产集团华南有限公司以土地成交总价7.035亿元竞得该地块国有建设用地使用权。宗地位于福州市马尾区琅岐岛，面积103100平方米，用地性质为住宅、商业用地，计容建筑面积18.04万平方米。

广州市南沙区总部基地二期地块　2017年2月15日，中铁建南沙投资发展有限公司以底价3.615亿元竞得该地块国有建设用地使用权。宗地位于广州市南沙区政府西侧，面积20400平方米，用地性质为商业设施用地、商务设施用地、公园绿地、城市道路用地，计容建筑面积 7.54 万平方米。

西安市灞河新区红旗水泥厂住宅用地（地块一） 2017 年 4 月 1 日，中铁房地产集团西南有限公司以总价 9.1 亿元竞得该地块国有建设用地使用权。2017 年 12 月 6 日，桐乡市安豪投资管理有限公司通过北京产权交易所产权交易程序以 2.4 亿元受让项目公司 50% 股权及对应债权。地块位于西安市灞河新区纺织城板块与浐灞板块交汇处，建设用地面积 118600 平方米，容积率 2.8，计容建筑规模 33.22 万平方米。

北京市门头沟区永定镇冯村自住房项目 2017 年 4 月 25 日，中铁房地产集团北方有限公司以总价 10.3 亿元竞得该地块国有建设用地使用权。宗地位于北京市门头沟区永定镇镇政府南侧，含 3 幅地块，总用地 32600 平方米，计容建筑规模 5.76 万平方米。

合肥市长丰县 CF201702 地块 2017 年 6 月 26 日，中铁房地产集团华东有限公司以总价 7.07 亿元竞得该地块国有建设用地使用权。宗地位于合肥市长丰县岗集镇，面积 70000 平方米，用地性质为居住用地，计容建筑面积 13.99 万平方米。

成都市青羊区烹专 2.3 万平方米商住用地 2017 年 4 月 6 日，中铁房地产集团西南有限公司以总价 15.13亿元竞得该地块国有建设用地使用权。西南公司参股 30%，中铁二十三局四公司参股 30%，陕西逸博置业参股 20%，中铁城建地产公司参股 20% 合作开发。地块位于成都市青羊区浣花溪板块，面积 23000 平方米，容积率 4.83，计容建筑规模 11.14 万平方米。

成都铁路局 5 个旧改项目（成都八里庄、重庆中梁山、贵阳东站、贵阳办事处、贵阳二戈寨） 2017 年 8 月 1 日，中铁房地产集团有限公司以基准利润 28.47 亿元，成都铁路局利润分配比例 51% 的报价条件中选为该项目正式合作方。

北京海淀区翠湖科技园 55 地块 2017 年 8 月 8 日，中铁房地产集团北方有限公司、碧桂园、国瑞联合体以土地上限价格 58.08 亿元并现场竞配自持居住比例 36% 竞得该地块国有建设用地使用权。宗地位于北京市海淀区温泉镇，计容建筑规模 13.9 万平方米。

重庆巴南区李家沱居住用地 2017 年 9 月 27 日，中铁房地产集团西南有限公司与深圳联新投资管理有限公司联合体以 34800 万元竞得该地块国有建设用地使用权。宗地位于重庆市巴南区李家沱组团板块。用地面积 2300 平方米，用地性质为居住用地，计容建筑面积 6.95 万平方米。

武汉市蔡甸区老一中地块 2017 年 9 月 29 日，中铁房地产集团西南有限公司以起始地价 76010 万元竞得该地块国有建设用地使用权。宗地包括 A、B 两个地块，A 地块位于蔡甸区蔡甸街汉阳大街与文兴路交汇处以西；B 地块位于蔡甸区蔡甸街成功大道与临嶂大道交汇处以西。用地面积 127500 平方米，用地性质为居住、商业用地，计容建筑面积 44.57 万平方米。

广州市南沙万顷沙综合开发项目（EPC + PPP） 2017 年 10 月 20 日，中国铁建房地产集团有限公司以股份公司名义联合铁四院、广德铁建万鼎投资合伙企业组成联合体中标该项目。项目位于南沙开发区珠江街、万顷沙镇，为南沙自贸区七大区块之一，定位为国际加工贸易转型升级服务区，本次开发建设面积为 8.64平方千米。

昆明市巫家坝总部基地项目 2017 年 10 月 25 日，中铁房地产集团西南有限公司与昆仑投资、平安不动产按 35%：35%：30% 的股权比例组成联合体以 18.84亿元竞得该项目用地国有建设用地使用权。项目位于昆明市官渡区，五宗地块，建设用地面积合计 93400 平方米，计容建筑规模 46.6 万平方米。

佛山市顺德区北滘镇莘村商住用地 2017 年 12 月 5 日，中铁房地产集团华南有限公司以总价 18.8 亿元竞得该地块国有建设用地使用权。宗地位于佛山市顺德区北滘镇，出让面积 91800 平方米，用地性质为城镇住宅兼容商服用地，计容建筑面积 22.96 万平方米。

佛山市顺德新城 26 号居住用地 2017 年 12 月 11 日，中铁房地产集团华南有限公司以总价 16.42 亿元竞得该地块国有建设用地使用权。宗地位于佛山市顺德区大良街道中心城区。出让面积 53300 平方米，用地性质为二类居住用地兼容商业服务业设施用地，计容建筑面积 14.93 万平方米。

北京朝阳区豆各庄马家湾村共有产权房地块 2017 年 12 月 14 日，中铁房地产集团北方有限公司以土地成交总价 18.6 亿元竞得该地块国有建设用地使用权。宗地位于北京朝阳区豆各庄乡马家湾村，用地 35800 平方米，用地性质为 R2 二类居住用地，容积率 2.1，计容建筑规模 7.53 万平方米。

天津市河北区国印纺机商住用地 2017 年 12 月 20 日，中铁房地产集团北方有限公司以土地上限价格 32.4 亿元竞得该地块国有建设用地使用权。宗地位于天津市河北区万柳村大街和金钟河大街交口东北侧，天津国际城西南 2 千米，含 4 幅地块，总用地 43300 平方米，计容建筑规模 11.36 万平方米。

宁波市江北区湾头 8 号地块 2017 年 12 月 25 日，广州鑫铁新建与十五局下属铁建浙江投资联合体以总价 13.68 亿元竞得该地块。项目由华东公司操盘，按照华东公司 34%、广州鑫铁新建 33%、十五局地产公司 33% 的股权比例合作开发。地块位于宁波市江北区湾头地区,建设用地面积55400平方米,计容建筑规模14.5万平方米。

南京市雨花台区南西营村地块　2017年12月27日,中铁房地产集团华东有限公司以土地成交总价23.3亿元竞得该地块。华东公司参股75%,路劲参股25%合作开发。项目位于雨花台区赛虹桥片区。计容建筑规模9.67万平方米。

嘉兴市经开2017-30号居住用地　2017年12月27日,中铁房地产集团华东有限公司以总价12.76亿元竞得该地块国有建设用地使用权。宗地位于嘉兴市国际商务区,用地面积6700平方米,用地性质为二类居住用地,计容建筑面积14.9万平方米。

(刘学军　奚　华　李　娜　王　静　魏　爽　曾宏谋　劳开拓　郝　轩)

【项目建设】　北京·国际城(花语城、乐想汇、铁建广场)　由北京第六大洲房地产开发有限公司开发,位于北京市朝阳区来广营乡。建筑面积81.4万平方米,可售面积61万平方米。2009年11月开工。

北京·大兴旧宫(大兴项目)　由北京金郡兴盛置业有限公司开发,位于北京市大兴区旧宫镇。建筑面积33.8430万平方米。2014年6月4日开工,2016年12月完成竣工备案(商品房除外);2016年12月完成入伙交付(商品房除外)。

北京·国际花园　由中铁房地产集团北京正达置业有限公司开发,位于北京市房山区长阳镇。建筑面积19.05万平方米,可售面积16.3万平方米。产品形式为住宅、金融商业、配套商业和公建。2013年3月开工,2014年底交付。北京长阳国际花园学校计划2018年9月30日交验入伙。

北京·环保嘉苑　由中铁房地产集团北京海丰置业有限公司开发,建筑面积14.21万平方米。一期以自住型商品房为主,2014年12月份取得施工许可证,2015年12月25日交付完成,二期以公建为主。

北京·原香嘉苑(清盘)　由中铁嘉业(北京)投资有限公司开发,位于北京市房山区城关镇。建筑面积23万平方米,可售面积20万平方米。产品形式为自住型商品房、商业办公。2014年9月开工。

长沙·山语城　由中铁房地产集团长沙置业有限公司开发,位于长沙市开福区秀峰路69号。建筑面积88.3万平方米,可售面积72.5万平方米。产品形式为住宅、公建。

长沙·国际城　由湖南中盛嘉业房地产开发有限公司开发,位于长沙市经济技术开发区。建筑面积67万平方米,可售面积59万平方米。

长沙·梅溪青秀　由中铁房地产集团长沙置业有限公司开发,位于长沙市大河西先导区。建筑面积72万平方米,可售面积58.3万平方米。

贵阳·国际城　由中铁地产(贵州)开发有限公司开发,位于贵阳市南明区太慈桥小车河畔。建筑面积225万平方米,可售面积169万平方米。

成都·北湖国际城　由中铁房地产集团四川有限公司开发,位于成都市成华区。建筑面积48.8万平方米。

成都·西派澜岸　由成都中铁建投资有限公司开发,位于成都市高新区大源片区。建筑面积39万平方米,可售面积27万平方米。2014年4月开工。

成都·铁建广场　由成都中铁龙泰房地产开发有限公司开发,位于成都市成华区。建筑面积23万平方米,可售面积17万平方米。2015年4月开工,2017年12月23日交付开业。

南宁·江湾山语城　由中铁房地产集团广西江湾置业有限公司开发,位于南宁市邕宁区。建筑面积51.2万平方米,可售面积35.3万平方米。

合肥·国际城(清盘)　由中铁房地产集团合肥置业有限公司开发,位于合肥市庐阳区。建筑面积164万平方米,可售面积138万平方米。2009年5月开工,2017年10月21日全部入伙交付。

合肥·青秀城　由中铁房地产集团合肥蜀山置业有限公司开发,位于合肥市蜀山区。建筑面积59.25万平方米,可售面积46.73万平方米。

杭州·国际城　由中铁房地产集团浙江京城投资有限公司开发,位于杭州市拱墅区石祥路。建筑面积36.5万平方米。

杭州·青秀城(清盘)　由中铁房地产集团杭州京顺置业有限公司开发,位于杭州萧山经济开发区建设一路与明星路交叉口。建筑面积16万平方米,2017年12月竣工交付。

杭州·国际花园(清盘)　由中铁房地产集团杭州京发置业有限公司开发,位于杭州市江干区支东至路十七,南至支路十二,北至六号港。项目全期开发,建筑面积7万平方米,2017年12月竣工交付。

杭州·江南国际城　由中铁房地产集团杭州京兆置业有限公司开发,位于萧山新城板块西单元。建筑面积33万平方米,2017年12月竣工交付。

广州·增城国际花园　由中铁房地产集团广州有限公司全资子公司广州增城中铁房地产置业有限公司开发,位于广州市增城区。建筑面积23.3万平方米,可售面积15.8万平方米。2014年9月开工,2017年11月30日交验入伙。

广州·佛山国际公馆　由中铁房地产集团广州有限公司全资子公司佛山中铁房地产置业有限公司开

发,位于佛山市南海区广东国际金融高新区。建筑面积23.3万平方米,可售面积20.8万平方米。

天津·国际城　由中铁房地产集团(天津)置业有限公司开发,位于天津市河北区金钟河大街北侧中环线与外环线之间。建筑面积115万平方米,可售面积84.1万平方米。

宁波·山语城　由中铁房地产集团浙江京城投资有限公司开发,位于宁波市象山县大目湾新城。建筑面积22.16万平方米,可售面积15.16万平方米。

武汉·国际花园(清盘)　由中铁房地产集团武汉有限公司开发。建筑面积15.65万平方米,可售面积12.49万平方米。

南京·青秀城　由中铁房地产集团江苏置业有限公司开发,位于南京市栖霞区。建筑面积43万平方米,可售面积32万平方米。

大连·青秀蓝湾　由中铁建(大连)置业有限公司开发,位于大连市梭鱼湾商务区。建筑面积32万平方米,可售面积26万平方米。

贵阳·兰草坝项目(暂定名)　由中铁地产(贵州)开发有限公司开发,位于贵阳市南明区甲秀南路兰草坝。

成都·西派城(6、7号地)　由西南公司成都中铁业兴房地产开发有限公司开发,武侯区簇桥铁佛村6号住宅地块。建筑面积41.26万平方米。

武侯区簇桥铁佛村7号住宅地块　建筑面积44.79万平方米。

成都·成华区北湖B地块　由中铁房地产集团西南有限公司开发。建筑面积47.45万平方米。

南沙·总部基地(中国铁建环球中心)　由广州南沙中铁实业发展有限公司开发,位于广州市南沙区自贸区。建筑面积30.04万平方米,可售面积28.37万平方米。

长春·花语城　由长春中铁房地产开发有限公司开发,位于长春市高新经济技术开发区。建筑面积9.59万平方米。2017年4月开工。

北京·理想家(自持)　由中铁房地产集团北方有限公司开发,地块名称是北京市大兴黄村21号地(自持)。建筑面积9.59万平方米。

北京·西山梧桐　由中铁房地产集团北方有限公司下属北京嘉达开发,地块名称是北京市门头沟区永定镇MC00-0015-0043地块R2二类居住用地、0038地块A33基础教育用地及0046地块S4社会停车场用地项目。

长春·西派府　由中铁房地产集团北方有限公司下属长春玖华开发,地块名称是长春市经开区洋浦大街居住用地。建筑面积226230.5平方米。一期2017年8月开工。

大连·山语城　由中铁房地产集团北方有限公司下属大连置业开发,地块名称是大连市甘井子区由家村B地块。建筑面积246652平方米。一期2017年12月开工。

杭州·西湖国际城　由中铁房地产集团华东有限公司下属杭州京瑞开发,地块名称是杭州市西湖三墩北地块(杭储35号)。建筑面积252684.3平方米。2017年8月开工。

合肥·国际公馆　由中铁房地产集团华东有限公司下属合肥蜀西开发,地块名称是合肥市高新区NE1-3号商住用地。建筑面积15万平方米。2016年4月开工。

合肥·悦湖国际　由中铁房地产集团华东有限公司下属合肥京丰置业开发,地块名称是合肥市长丰县CF201702地块。建筑面积19.52万平方米。

宁波·青秀澜湾　由中铁房地产集团华东有限公司下属宁波京平开发,地块名称是宁波市江北区湾头02地块。建筑面积27.98万平方米。

南京·原香颂　由中铁房地产集团华东有限公司下属南京江宁开发,地块名称是南京市江宁滨江新区地块(G14)。建筑面积13.86万平方米。2016年3月开工,2017年9月竣工备案。

上海·香榭国际　由中铁房地产集团华东有限公司下属上海京贤开发,地块名称是上海市奉贤区南桥镇地块(西渡)。建筑面积32.12万平方米。一期2017年5月开工。

嘉兴·花语江南　由中铁房地产集团华东有限公司下属嘉兴京禾开发,地块名称是嘉兴市2016南-009号地块。建筑面积14.19万平方米。2017年7月开工。

苏州·花语江南　由中铁房地产集团华东有限公司下属苏州置业开发,地块位于苏州市工业园区。建筑面积43万平方米。

南宁·云景山语城　由中铁房地产集团华南有限公司下属中铁房地产集团(广西)有限公司开发,项目位于广西壮族自治区南宁市青秀区云景路北侧。建筑面积14.27万平方米。

南宁·西派澜岸　由中铁房地产集团华南有限公司下属广西地产开发,地块名称是南宁市江南区江南大道南侧商住用地。建筑面积16.66万平方米。

安吉·山语城　由中铁房地产集团华南有限公司开发,项目位于广西壮族自治区南宁市西乡塘区发展大道东侧、振兴路以北。建筑面积24.8万平方米。

成都·西派浣花　由中铁房地产集团西南有限公司下属成都公司开发,地块名称是成都市青羊区烹专

35 亩商住用地。

重庆·望山国际　由中铁房地产集团西南有限公司开发,地块名称是重庆市中梁山项目。建筑面积 16.49 万平方米。2017 年 8 月 30 日取得施工许可证。

重庆·西派城　由中铁房地产集团西南有限公司下属重庆公司开发,地块名称是重庆市江北区寸滩宗地二地块。

重庆·花语佰骊　由中铁房地产集团西南有限公司下属重庆公司开发,地块名称是重庆市巴南区先锋村 38 亩地块。2017 年 7 月取得施工许可证。

西安·西派国际　由中铁房地产集团西南有限公司下属西安公司开发,地块名称是西安大明宫项目地块。一期 2016 年 12 月取得施工许可证,二期 2017 年 4 月取得施工许可证。

蕉门河·水岸广场　由中铁建南沙投资发展有限公司下属京粤湾区实业开发,地块名称是广州市南沙自贸区蕉门河东西两侧商服用地。建筑面积 15.17 万平方米。东地块 2017 年 10 月取得施工许可证,西地块 2017 年 11 月取得施工许可证。

贵安·山语城　由中铁房地产集团贵州有限公司下属贵安公司开发,地块名称是贵州省贵安新区综合体项目。建筑面积 32.45 万平方米。一期 2016 年 11 月开工。

西安·花语城　由中铁房地产集团西南有限公司下属西安公司开发,地块名称是西安市灞河新区红旗水泥厂住宅用地。建筑面积 7.45 万平方米。一期 2017 年 12 月开工。　（张　斌）

【经营管理】　出台《2016—2017 年度子公司绩效考核实施方案》,将子公司划分为创效型、保障型、创新型三大类,设置差异化考核标准,引导子公司明晰定位,专注发展。修订管理制度。通过制度建设明确各项业务管控思路,理顺总部与子公司的权责边界和关键业务流程,既确保实现总部控制权,注重发挥子公司经营能动性。编印制度汇编,收录制度文件 162 项,制度管理系统收录制度文件 1379 项。针对行业变化,调整完善集团公司“十三五”发展规划。组织研讨会。

成本管理。编制内部定额体系,为各阶段决策及成本控制提供基础数据。动态监控销售费用增长与新签合同额增长情况,实时预警,以月保季,以季保年。修订《合同管理办法》《合约规划工作指引》,加强合约规划管理,促使“先策后控”成本管理的实现。规范项目结算工作,预防由于成本不实造成利润过早释放的风险,并做好项目成本数据的沉淀积累。

产品营销。制定上下半年 1.17∶1 的计划安排。出台《销售激励方案》,引导子公司加大商业、车位去化力度,去化金额 92.55 亿元。销售金额 570.01 亿元,同比增长 46.89%;销售面积 346.38 万平方米。

财务管理。资金管理,优化资金配置,有效提升资金使用效益。强化战略目标落地;强化预算全面审核;强化预算执行监控;强化预算目标的考核;强化预算分析职能,及时提示风险,及时纠偏。结合国家税收政策、征管方式的变化,持续加强政策学习与研究。严格按照准则要求,规范会计业务核算,做实财务报告编报基础。高效完成年度综合分析报告,对内从公司整体、各法人单位、基本财务状况、运营成果 4 个维度开展分析;对外开展行业对标,从全面性、稳定性、时效性等维度筛选分析,掌握行业竞争格局,分析与行业领先企业的差距。

审计工作。完成审计项目 22 个,提交审计报告 22 份,提出审计建议 335 条,被采纳 335 条。完成 21 家单位法定代表人离任经济责任审计项目。完成大连京诚置业有限公司资本运营项目专项审计调查。配合完成 2016 年国家审计署对中国铁道建筑总公司 2015 年度财务收支审计延伸审计的后续工作。配合完成 2016 年国有重点大型企业监事会 05 办对集团公司部分开发项目现场检查的后续工作。

法律事务。出具各类法律审核意见书 113 份,审核经济合同 300 余份;新发生法律纠纷案件 64 件,标的总额 1550.69 万元。其中,起诉(申请)案件 24 件,涉及金额 453.57 万元;应诉(被申请)案件 40 件,涉及金额 1097.12 万元;已结案件 45 件,涉及金额 795.25 万元。未发生标的额在 1000 万元以上的重大法律纠纷案件。　（李曦林　王　奕　张　丹　陈玉芳　郝宪军　黄炳蔚）

【党群工作】　党的工作。党委 14 个,党工委 1 个,党支部 46 个,党员 522 人,发展党员 8 人。各级党政主管领导讲授专题党课,撰写“手写版”研讨材料,召开专题研讨会;在参加上级党组织培训的同时,邀请外部专家开展集中培训;开展演讲、书法比赛、微党课接力、党建知识接龙、OA 网站学习专栏等形式多样的学习宣传活动,使党的十九大精神深入人心。落实党中央供给侧改革要求,突破现有经营模式,探索住宅产品品质提升新途径,全面推广住宅产品精装修交房,向发展环保化、智能化、健康化住宅产品迈出坚定步伐。参与企业重大事项决策。党委对薪酬与绩效改革、引进战略投资者、重要岗位人事安排、企业重大生产经营等重大事项充分研讨,并形成一致决策意见。坚持党管干部,狠抓班子自身建设,持续优化领导班子职责分工,加强二级单位班子建设,努力构建能者上、庸者下的淘汰机制和以业绩才能为导向、鼓励干事创业的人才发展环境。履行党风廉政建设主体责任。坚持预防在先,实现日常警示教育全覆盖和节日检查无遗漏,密织"防尘网";开展专项整治和巡察工作,落实对下级党组织严管要求,坚持高压执纪,2017年收到问题线索52件,坚持件件有落实,完成问题处置超90%,形成巨大监督震慑。推进全国国企党建工作会议精神落地生根。全面落实央企党建工作"四同步"要求,履行"一岗双责",落实"两个责任";完成二级单位党委书记和董事长"一肩挑";创造性地开展"党群专员"招聘,补强党建工作队伍。坚持"两学一做"学习教育常态化、制度化。对党委中心组学习坚持高标准,严要求。以习近平新时代中国特色社会主义理论等为学习重点,增强"四个意识";坚持"引进来"与"走出去";坚持学以致用,在学懂、弄透、做实上综合发力。有序开展日常教育活动。开展"手抄党章"、红色教育、党员"亮身份"、"党员示范岗"等活动,激发党员意识和先锋模范作用。

工会工作。建二级工会组织14个,其中12家工会履行完民主选举程序。组织开展"销售劳动竞赛",获奖单位3家、先进个人33人。开展"送温暖""羽毛球赛""走进铁建地产夏令营""健步走""读书会"等系列活动;利用节日和"互联网+"新鲜元素,组织开展读书分享、幸福家庭评选、趣味运动、时装表演、歌咏朗诵摄影比赛、健康心理讲座等文化娱乐活动。精准帮扶,为单亲等困难女工送去组织的关爱。

(方　研　陆媛媛)

【中铁房地产集团北方有限公司】 房地产开发二级资质企业。2016年4月27日,由中铁房地产集团北京正达置业有限公司正式更名成立。驻北京市房山区良乡长虹西路翠柳东街1号-3406。执行董事、党委书记代春利,总经理钟金东。职工326人。资产总额208.36亿元。其中,流动资产207.06亿元;固定资产原值2170.09万元、净值412.26万元。投资性房地产5711.25万元。

2017年,完成营业收入40.16亿元,销售回款60.03亿元,实现净利润3.54亿元,全员劳动生产率398.05万元/人年;国有资产保值增值率113.22%,净资产收益率12.34%,产值利润率11.95%,资产负债率85.39%。　(温　婕　谢铁军　张　欣　温馨月)

【中铁房地产集团华东有限公司】 房地产开发三级资质企业。2016年1月18日,中铁房地产集团长三角区域公司筹备组成立;2016年4月14日,中铁房地产集团上海置业有限公司正式更名为中铁房地产集团华东有限公司,系中国铁建房地产集团全资子公司。注册资本金20亿元。驻上海市宝山区顾太路380号216-11室。执行董事、法人代表马建军,党委书记倪杰,总经理姚健。职工450人。资产总额250.52亿元。其中,流动资产244.22亿元;固定资产原值4727.63万元、净值614.54万元。

2017年,开发项目26个,建筑面积557万平方米,完成销售面积80.34万平方米,完成销售金额131亿元,销售回款156.39亿元;营业收入105.76亿元,实现净利润9.82亿元,人均创利328.09万元,职工年人均收入27.06万元,国有资产保值增值率136%,净资产收益率31%,资产负债率85%,应上缴款完成率100%。　(付晓明　王昕宇　宋子歆)

【中铁房地产集团华南有限公司】 房地产开发暂定资质企业。2016年8月1日,由中铁房地产集团广州有限公司更名成立。驻广东省广州市天河区珠江西路15号珠江城大厦31楼。职工397人。资产总额101.58亿元。其中,流动资产97亿元;固定资产原值3345.09万元、净值1730.99万元。

2017年,完成销售金额62.21亿元,营业收入66.24亿元,实现净利润7.57亿元,完成土地投资42.32亿元。国有资产保值增值率125.17%,净资产收益率22.6%,资产负债率64.65%。　(陈柳媛)

【中铁房地产集团西南有限公司】 房地产开发一级资质企业。2016年4月5日,由中铁房地产集团四川有限公司正式更名成立。驻四川省成都市成华区成华大道二段298号1幢2层201号。公司执行董事、党委书记李兴龙,总经理阮兴。职工523人。资产总额315.78亿元。其中,流动资产313.12亿元;固定资产原值1139.52万元、净值248.06266.87万元;其他资产2.67亿元。

2017年,开发项目29个,销售面积100.51万平方米,完成销售金额115.42亿元,销售回款105.73亿元,完成企业总产值41.38亿元,净利润0.51亿元,产值利润率1.24%,人均创利16.11万元,国有资产保值增值率156.58%,净资产收益率3.01%,应上缴款完成率100%。

(杜文娟)

【中铁房地产集团商业地产开发管理有限公司】 房地产开发二级资质企业。2016年3月30日,由中铁房地产集团(天津)置业有限公司更名、集团公司增资成立,系中铁房地产集团有限公司全资子公司。注册地天津市河北区中山路与华兴大街交口东南侧鼎盛大厦1-1510,办公地天津市河北区迎春道389号诗景颂苑公建楼内。执行董事、法人代表兼党委书记任望东,总经理许嘉。职工87人。资产总额50.54亿元。其中,固定资产27万元;流动资产47.70亿元。

2017年,完成企业总产值25.05亿元,全员劳动生产率473万元/人年,职工年人均收入27.79万元。公司国有资产保值增值率103.63%,净资产收益率3.56%,产值利润率1.23%,投资回报率是1.8%,资产负债率75.7%。（曹　磊）

【中铁房地产集团海外地产发展有限公司】 房地产开发二级资质企业。2016年4月27日,由原北京第六大洲房地产开发有限公司正式更名成立,是中国铁建房地产集团有限公司旗下的全资子公司。注册资本金10亿元。执行董事、党委书记戴定财,总经理费洪伟。职工146人。资产总额45.73亿元。其中,固定资产原值700万元、净值170万元;流动资产40.19亿元。

2017年,开发项目3个,建筑面积169万平方米,完成销售金额6.91亿元,销售回款20.81亿元,完成营业收入31.8亿元,实现净利润1.76亿元。（尹志远）

【中铁建物业管理有限公司】 物业管理一级资质企业。是中国铁建房地产集团有限公司全资子公司,为集团公司所属各分子公司开发楼盘业主提供物业服务。2012年8月23日,正式完成由中铁建(北京)商务管理有限公司至中国铁建房地产集团有限公司的股权划转工作,并增加注册资本金至2000万元;2016年,公司注册资本金增加至1亿元;2017年12月,由中铁建(北京)物业管理有限公司正式变更为中铁建物业管理有限公司。驻北京市门头沟区永定镇龙兴南二路5号院2号楼。执行董事、党委书记林凤臣,总经理赵如。职工3027人。

2017年,在管项目71个,面积1488.5万平方米,服务业主40多万人,物业早期介入项目53个,介入面积1125.6万平米,介入跟进22个城市;实现主营业务收入4.4亿元,净利润0.22亿元;物业费收缴率94.1%,预收率31.55%;清欠物业费914万元,清欠率71.76%。（王凯坚　周零凌　马　佳）

【中铁房地产集团设计咨询有限公司】 2016年6月3日成立,是中国铁建房地产集团有限公司全资子公司。注册资本金5000万元。驻北京市海淀区复兴路40号铁建大厦B座14层。产品研发中心、技术创新中心、营销策划中心以及人才培养基地,提供工程勘察设计咨询、房地产咨询、架设工程项目管理、规划管理、晒图服务、房地产经济业务等专业服务。执行董事、党支部书记苏剑,总经理胡陆平。职工320人。资产总额7966万元。其中,流动资产7332万元;固定资产原值187.49万元、净值179.96万元。

2017年,新签合同额2.18亿元,实现营业收入7029万元,签约金额32.24亿元,销售面积19.22万平方米;利润总额237万元,净利润175万元,净资产收益率3.95%,资产负债率34.96%。（王雪婷）

【中铁房地产集团创新产业投资有限公司】 房地产开发三级资质企业。2016年5月,由原中铁房地产集团北京顺捷金海置业有限公司正式更名成立。主要经营投资管理、销售商品房、经济信息咨询、技术开发、项目策划、出租商业用房、房地产开发、物业管理。驻北京市门头沟区永定镇龙兴南二路5号院2号楼。执行董事、党委书记铁铮,总经理柳金平。职工101人。资产总额12.08亿元。其中,流动资产9.08亿元;非流动资产3亿元。

2017年,完成营业收入4.16亿元,利润总额-3.7亿元,净利润-2.66亿元,上缴税金1.01亿元。负债总额2.73亿元,其中流动负债2.73亿元。净资产9.35亿元,资产负债率22.57%。（吴　浩）

【中铁房地产集团北京投资管理有限公司】 2016年8月29日成立,系中国铁建房地产集团有限公司的全资子公司。注册资本金5亿元。驻北京市海淀区复兴路40号中国铁建大厦B座。经营范围:项目投资、股权投资、投资管理、投资咨询。执行董事、法人代表杨德昭,党支部书记、总经理钟昌华。职工7人。资产总额10.30亿元。

2017年,营业利润366.91万元,净利润304.37万元。（张　帆）

【中铁建南沙投资发展有限公司】 房地产开发三级资质企业。2015年10月30日成立,注册资本金10亿元,中国铁建股份有限公司的全资子公司。经营范围:城市综合开发,基础设施投融资建设,工程管理及金融投资服务等。驻广东省广州市南沙区海滨路171号金融大厦16楼。执行董事、法人代表兼党委书记彭长城,总经理李宏杰。职工98人。资产总额29.54亿元。其中,流动资产29.46亿元;固定资产原值119.87万元、净值79.43万元。

2017年,开发项目2个,建筑面积44.1万平方米,累计实现销售额16.61亿元。销售回款7.79亿元,净利润-752.54万元,国有资产保值增值率99.24%,净资产收益率-0.76%。（瞿婉璇　夏柳颖）

【中铁房地产集团(贵州)有限公司】 房地产开发暂定资质企业。2010年4月19日成立,是中国铁建房地产集团有限公司全资子公司。驻贵州省贵阳市南明区太慈桥车水路11号。党委书记、执行董事侯思军,总经理李留安。职工143人。资产总额88.66亿元。其中,流动资产70.19亿元;固定资产原值577.53万元、净值84.85万元;其他资产40.06万元。

2017年,完成销售金额1.94亿元,销售回款3.83亿元,营业收入59亿元,净利润0.69亿元,全员劳动生产率1449.68万元/人年,职工年人均收入22.78万元,国有资产保值增值率19.07%,净资产收益率17.41%,产值利润率3.73%,投资回报率17.41%,资产负债率95.13%。(康伟方 周 强)

【中铁房地产集团济南第六大州有限公司】 2017年1月11日在济南市历城区注册成立。驻山东省济南市历下区奥体西路铁建大厦7楼。法定代表人、董事长、党委书记侯加海,总经理陶小俊。职工30人。资产总额35.53亿元。其中,负债总额21.24亿元;所有者权益总额14.29亿元。

(解 亮 郭 静 杨 梅 殷国勇)

【重要记载】

▲1月9日 集团公司工会获2016年度全国“安康杯”竞赛安全文化宣传工作先进单位。

▲1月9日 集团公司成立嘉兴京禾房地产开发公司。

▲1月10日 集团公司成立中铁房地产集团济南第六大洲有限公司。

▲1月20日 集团公司成立成都中铁华府置业有限公司。

▲2月16日 集团公司成立上海蜀翔房地产有限公司。

▲2月21日 集团公司成立北京欣达置业有限公司。

▲3月3日 集团公司成立中铁房地产集团(福州)有限公司。

▲3月6日 集团公司成立大连京信置业有限公司。

▲3月6日 集团公司成立中铁房地产集团苏州置业有限公司。

▲5月12日 集团公司成立西安中铁京茂房地产开发有限公司。

▲6月22日 集团公司与国际WELL建筑研究院签署战略合作框架协议。

▲7月10日 集团公司成立北京嘉达置业有限公司。

▲7月12日 集团公司6家单位获评AA级以上信用等级。

▲7月19日 集团公司与十五局签署郑州市航海路棚户区改造项目合作协议。

▲8月8日 集团公司与中土集团举行合作框架签约仪式。

▲8月24日 集团公司成立中铁房地产集团合肥京丰置业有限公司。

▲9月15日 集团公司成立广州新铁鑫建投资有限公司。

▲9月20日 集团公司成立新兴建新(深圳)开发控股有限公司。

▲11月10日 集团公司成立北京锐达置业有限公司。

▲11月13日 集团公司与易居企业集团签署战略合作框架协议。

▲11月15日 集团公司成立郑州中铁房地产开发有限公司。

▲11月21日 集团公司成立重庆建联新房地产开发有限公司。

▲11月22日 集团公司与京沈铁路客运专线京冀公司签署战略合作框架协议。

▲12月11日 集团公司成立中铁建昆仑云南房地产有限公司。

▲12月27日 集团公司成立中铁房地产武汉蔡甸有限公司。

▲12月28日 集团公司成立佛山市顺德区顺昊房地产有限公司。

▲12月28日 集团公司成立佛山市顺德区顺嘉房地产有限公司。

(王重珍 曾芳君 李 娜 张 苹)

中铁第一勘察设计院集团有限公司

【简况】 国家大型综合性勘察设计单位,持有国家颁发的工程勘察、设计、咨询、建设监理、造价咨询,地质灾害评估、灾害防治、勘查、设计、施工,环境影响评价和测绘等16项甲级资质证书;拥有国家批准的对外经济技术经营合作权。主要经营铁路、轨道交通、公路、市政、建筑等行业中的工程勘察、工程设计、工程监理、工程项目管理与评估咨询、工程总承包、岩土工程治理、环境影响评价和对外经济技术合作等项目。1995

年在全国大型综合性甲级勘察设计单位中第一个通过ISO9001质量体系认证;2008年在全行业首批取得建设部颁发的工程设计综合甲级资质;2010年经商务部会同住房和城乡建设部审批,取得新的对外承包工程资格证书;2009年建立并通过中国船级社质量认证公司"三标一体"(质量、环境、职业健康安全)综合管理注册认证和英国皇家UKAS质量体系认证。驻陕西省西安市西影路2号。院前身为铁道部设计局西北设计分局,成立于1953年1月1日;1956年1月,扩建改称铁道部设计总局第一设计院;1958年,更名为铁道部第一设计院;2001年,由事业单位改为科技型企业,并改称铁道第一勘察设计院;2003年,由铁道部划归中国铁道建筑总公司管理;2007年7月4日企业改制,名称变更为中铁第一勘察设计院集团有限公司;2008年9月18日组建成立中铁第一勘察设计院集团有限公司。下辖9个行政管理职能部门、14个专业设计处(院、部)、1个科研生产单位、11个子公司、13个参(控)股公司、11个驻外经营分支机构。资产总额114.11亿元。其中,流动资产99.51亿元、固定资产4.13亿元;其他资产10.47亿元。机械运输设备8028台(套)。

2017年,新签合同额105.8亿元,营业收入80亿元,利润总额10.42亿元,净利润9.2亿元。国有资产保值增值率116.47%,净资产收益率24.73%,产值利润率12.46%,投资回报率33.04%,资产负债率68.79%,应上缴款完成率100%。获国家、省部、中国铁建等各类先进集体和个人奖71项,其中国家级1项,省部级24项,中国铁建46项。承担"一带一路"铁路通道研究课题,联合北京交通大学申报的"'一带一路'陆路通道国际联运研究与交流中心"重点专项获批。参编完成《中国轨道交通产业发展报告——2017年轨道交通蓝皮书》。　(徐文静　任碧江)

【领导人员】

董事会

董事长	王争鸣(7月免)
	刘为民(7月任)
董事	董　勇
	李金城
	朱力争
职工董事	余　洁(8月任)

监事会

监事会主席	黄锦波
监事	赵君瑞(11月免)
	陈孝勇(11月任)
职工监事	王鲁林

行政系统

院　长	刘为民(8月免)
	董　勇(8月任)
副院长	朱力争
	李金城
	彭文盛
	张学伏
	余　洁(8月免)
	黄　超
	刘宇栋
总工程师	张学伏(兼)
总会计师	刘宇栋(兼)

党群领导

党委书记	王争鸣(7月免)
	刘为民(7月任)
党委副书记	董　勇(7月任)
	余　洁(7月任)
纪委书记	黄锦波
工会主席	余　洁(兼,7月任)

(徐文静　任碧江)

【职工队伍】　职工4005人,其中主业2440人,各公司1565人;专业技术人员(含管理人员)3348人,技能人员657人;教授级高级工程师319人、高级职称1467人、中级职称1044人、初级职称及以下518人;高级技师8人、技师227人、高级工246人、中级工107人、初级工44人、普工25人;硕士以上研究生学历922人(含硕士学位132人)、大学本科学历2060人、大学专科学历439人、中专及以下学历584人;30岁及以下547人、31~40岁1185人、41~50岁1350人、51岁及以上923人。　(徐文静　任碧江)

【生产经营管理】　铁路市场有力开拓。中标西安至安康、延安至榆林高铁项目,包揽法门寺至宝鸡、西安至临潼等陕西省内城际铁路项目,市场经营成效显著。获取中尼、新藏、拉日电化等前期委托项目21项,承揽安恩张、南宁玉林等铁路项目预可研及可研任务30项。城市轨道交通市场持续扩容。传统区域市场份额持续稳定增长,承揽青岛、厦门、合肥、成都等非传统市场总体总包或勘察设计总承包项目,获取总体总包项目15项,各类工点及系统设计任务26项,中标额25.29亿元,同比增长21%。

海外市场捷报频传。紧跟国家战略布局和投资方向,中巴铁路等5个项目获国家发改委国际产能补贴5000万元;斯里兰卡南部高速公路咨询服务项目正式签署优惠贷款协议;中标马来西亚东部沿海铁路、尼泊尔东西电气化铁路,并签订勘察设计合同;积极参与商务部援外、亚投行咨询等项目,中标援塔吉克斯坦重建灾区道路项目管理。资本运营、旅游轨道等业务战略支撑作用充分发挥。京新高速梧木段、西安市公共停车场、朱中铁路等 PPP 项目落地实施,预计建设期内产值近 150 亿元,获 11 个省市相关委托 36 项。房地产项目新增成都西派浣花项。

执行生产管理奖惩考核制度,加强策划指导、中间检查与动态管控,合理安排勘测队伍,及时协调解决问题,保障西安至韩城、阎良至机场、西安法门寺机场等重点项目按时开工。西安至延安、包头至银川、西宁至成都等全院项目生产进度和工期质量平稳可控。强化服务、全面完成任务。坚持定期巡检和设计回访,加强与业主沟通协调,强化变更设计管理,及时解决现场问题,保障西成、宝兰、兰渝等重难点项目年内开通运营。组织开展国铁项目勘察设计 83 项,银西、黔张常等在建项目稳步推进;开展覆盖全国 24 个城市的 129 项地铁总体总包及工点、系统设计工作,重点完成西安、乌鲁木齐、广州等城市的轨道交通勘察设计任务;完成海外项目 19 项,总承包项目 94 项,咨询监理项目 150 余项。财务管理。完善财务制度建设。通过制定和完善财务管理规定以夯实财务管理基础,规范企业经济行为,保证各项生产经济活动有序可控。下发《关于进一步加强财务监督规范报销管理工作的通知》《关于进一步加强资产管理及招标采购工作的通知》等文件,修订《差旅费管理办法》。各公司或部门根据自身发展需要修订或制定一系列财务制度,轨道交通工程信息化国家重点实验室制定《财务管理办法》、陕西逸博置业制定《筹融资管理办法》。院各级财务部门不断推进会计基础标准化建设,狠抓财务基础工作规范,扎实做好会计基础工作精细化管理,依法合规、实事求是处理每一笔经济业务,从源头控制经济业务的真实性、合法性。坚定"不相容岗位相分离"原则和严格内部稽核制度。持续加强财务监察工作。接受国家税源稽查、审计署审计、中国铁建巡视组巡视,暴露一些财务问题和风险。院组织全面覆盖的财务监察工作,聘请会计师事务所,以专业角度和第三方视角监察各单位财务行为和各类整改效果。加强财会队伍建设。从国内外高等院校招聘研究生 3 人,聘用转正研究生 1 人。成立财务资本运营团队和海外项目财务团队,开拓投资类项目融资渠道,建立投资项目财务审核机制,为将实施的 PPP 项目的融资模式、财务风险、收益测算等提供有效审核建议,有效防控项目财务风险。海外项目财务团队集中力量对汇率风险管理工具运用进行深入分析总结,研究成果已在海外项目中初步实施。不断完善人才培训机制,组织二级公司总会计师参加中国铁建培训班,分批派送高级会计职称人员参加国家会计学院高端优质课程学习,择优选择关键岗位人员接受财税培训机构的最新财税知识培训。

审计工作。遵循中国铁建"一个坚持、两个加快、四个升级、两个发展"的审计工作目标,依据院年初审计工作要点,以财务审计和工程项目投资审计为工作重点,推动和提升单位内部控制和风险管理水平,进一步识别、梳理企业经济运行全过程的风险点,认真履行审计监督、评价、控制和服务职能,充分发挥内审工作对企业管理层面的积极影响,推动和促进全院监督机制的健全与落实,顺利完成中国铁建审计监事局对院原董事长王争鸣的离任经济责任审计配合等工作;完成各类内部审计项目 30 项,其中,工程项目合规性审计 2 项、财务收支审计 2 项、领导干部离任经济责任审计 1 项、基建维修项目审计 24 项、配合审计署参与国家审计审计 1 项;物资设备采购招标监督 11 项。

企业管理。院"十三五"规划,经中国铁建审批后正式下发执行。组织制定《中铁第一勘察设计院集团有限公司"十三五"规划分解实施计划》,对院"十三五"规划的各项发展目标进行分解,明确实施计划、具体措施、主管领导及负责部门,保证院"十三五"规划确定的目标和任务落实到位。在风险内控方面,下发《中铁第一勘察设计院集团有限公司 2017 年重大、重要风险管控措施落实方案》,方案进一步明确重大、重要风险管理及内控体系建设管理责任,增强相关工作实效,提高风险防范和管理水平,保证院安全、持续、健康、稳定发展。根据中国铁建的相关要求结合院生产经营实际情况,组织修订院公司章程,对公司章程中关于党组织设置、开展相关工作及院生产经营部分内容进行修订。结合中国铁建巡视整改要求,加强对子公司的合规性管理,制定涉及子公司管理的整改方案,对法人治理结构、三重一大事项决策、股权管理等事项的整改措施进行明确,要求各子公司根据公司章程及董事会、监事会的运作情况,制定相关议事规则,规范两会的运作。完成院所属全资子公司"甘肃预应力技术开发有限公司"的注销工作,顺利实现 2017 年度"压减"工作目标。组织开展股权并购工作,充实院城市轨道交通板块生产力量,选择"广东南海国际建筑设计院"为并购对象,就收购其公司 35% 的股权达成初步意向。法治工作有序推进,召开法治工作会议,明确院法治工作的整体部署和目标;修订院《海外突发事件紧急处置预案》《海外项目风险评估体系》《海外项目合同评估体系》等一系列规章制度;贯彻执行"没有法律意见,领导不签字、议题不上会、单位不用印、上级不受理"的规定;继续做好"七五"普法宣传教育工作。进入亚投行短名单,成为唯一以单一中国法人进入亚洲基础设施投资开发银行短名单成员，获得亚投行全球基础设施咨询合作伙伴资格。参加2017年全国工程项目管理完成合同额和工程总承包完成合同额排名，其中工程项目管理完成合同额排名第3位，工程总承包完成合同额排名第113位。（马继良）

【技术管理与科技创新】 编制发布《铁一院"十三五"科技发展规划》《铁一院"十三五"信息化建设规划》，完善和修订相关技术管理制度，加强铁路建设项目勘察设计过程的技术服务、协调、支持等工作。坚持以问题为导向，积极研究对策，强化勘察设计技术管理工作。修订发布《铁路建设项目变更设计管理办法》《轨道交通项目设计互提资料管理规定》《科技成果转让管理办法》《信息系统数据备份管理制度》《信息系统巡检制度》《信息系统用户和权限管理制度》等文件；结合院规章制度修编要求，启动多项与技术管理相关的管理规定、企业标准的修编工作，其中《铁路建设项目配合施工技术交底管理规定》《公路及市政道路建设项目勘察设计文件审查签署及图幅图标的规定》完成修编。《建设项目勘察资料检查、验收及质量评定规定》《总体设计负责制》《工程勘察设计管理程序》《工程勘察设计接口管理程序》《工程勘察过程控制程序》《工程设计过程控制程序》《配合施工过程控制程序》等管理制度、企业标准开展初稿修编工作。注重加强勘察设计过程中的技术管理工作，积极推进重点建设项目院技术工作组现场办公（中间检查）和技术协调工作的开展。结合院生产计划安排，先后组织技术工作组赴包银、西延、西十、西康、延榆高速铁路、西宁至成都铁路、广佛江珠城际铁路、西法机、西韩、阎机（至阿房宫）城际铁路、七星山旅游轨道交通等项目的初测、定测勘察现场，进行现场办公，完成现场调研、技术方案审查、中间检查和勘察资料的院级检查及验收工作。组织完成银西、宝兰、西成等高铁，黔张常铁路、库格铁路、阳安铁路增建二线、广佛环城际铁路、晋中城际铁路、西安站改、新筑物流、青藏铁路格拉段扩能改造、西安地铁、呼和浩特地铁、包头地铁、成都地铁、青岛地铁、南宁地铁等项目勘察设计专业技术协调等工作。创优报奖取得成果。获国际咨询工程师联合会（FIDIC）杰出工程奖1项；全国优秀工程咨询成果奖3项；2017年度全国优秀工程勘察设计行业奖共13项；获2016年度铁路优秀勘察设计奖32项，其中，一等奖11项、二等奖8项、三等奖13项；获陕西省2016、2017年度优秀勘察设计奖36项，其中，一等奖14项、二等奖10项、三等奖12项；获新疆自治区2017年度优秀勘察设计奖8项，其中，一等奖2项、二等奖1项、三等奖5项；获中铁建2017年度优秀勘察奖9项、优秀设计奖34项，其中，一等奖8项、二等奖16项、三等奖19项；获甘肃省优秀工程咨询成果奖8项，其中，一等奖2项、二等奖3项、三等奖3项；获中铁建优秀咨询成果奖10项，其中，一等奖3项、二等奖7项；获2017年度国家优质工程奖7项。获评全国优秀QC小组1个、国家工程建设勘察设计优秀QC小组16个，省、自治区优秀QC小组31个，铁道行业优秀QC小组2个，中国铁建优秀QC小组5个。申请专利173件，其中，发明专利56件、实用新型114件、外观设计3件；授权专利98件，其中，发明专利18件、实用新型专利78件、外观设计2件。（马继良）

【人才培养】 推荐申报各类专家238人次。何梁何利基金科学与技术奖1人，"科学中国人"年度人物1人，百千万人才工程国家级人选1人，第十五届中国青年科技奖1人，陕西省特支计划杰出人才1人，陕西省特支计划领军人才3人，陕西省特支计划青年拔尖人才1人，陕西省"三千学者"创新团队2个，陕西省工程勘察设计大师2人，甘肃省工程勘察设计大师1人，国资委特殊一线人才23人，菲迪克青年工程师奖4人，中国铁建股份有限公司"科技创新技术带头人"2人，中国铁建股份有限公司"创效功臣"2人，茅以升铁道工程师奖1人，中国铁建工技术评审专家24人，工程教育认证专家2人，商务部对外援助专家68人，工匠精神模范1人，陕西省铁道学会委员40人，成都市城市轨道交通设施安全保护方案论证会评审专家5人，铁道环保奖1人，雄安新区专家1人，太原市轨道交通顾问专家3人，云南省发展和改革委员会铁路建设工程专家3人，交通运输部公路局投标专家2人，国家震后房屋建筑安全应急评估专家4人。

（徐文静　任碧江）

【党群工作】 基层党委14个、党工委17个。党员3783人。基层党委、纪委（党工委）31个，全院纪检监察工作专兼职人员42人。基层工会40个，其中法人独立单位6个，会员3986人。基层团（工）委5个、团总支6个、团支部48个、共青团员279人、专兼职团干147人。组织深入学习贯彻落实党的十九大精神，持续推进"两学一做"学习教育常态化制度化，精心筹备并胜利召开院第二次党代会，党建引领优势有效发挥，从严治党深入践行，党建工作与转型发展同频共振，经济实力与核心竞争力持续攀升。深入开展党的十九大精神学习宣贯工作。集中收看开幕式、邀请中央党校名师授课、党委中心组专题学习研讨、处级干部培训、书记讲党课、书画作品展、主题演讲比赛等多种形式，多层次多手段加强学习宣贯力度，迅速营造出深入学习宣贯十九大精神的良好局面。坚持学以致用、突出实践特色，把学习宣贯十九大精神同企业党建及生产经营管理各方面工作有机结合，有力推动学习宣贯走入日常、走进一线、走向实践。宣贯力度凝聚发展共识。结合转型发展工作实际，围绕旅游轨道、党风廉政建设、意识形态工作等重点内容开展院党委中心组集中学习8次。持之以恒坚持党的领导、加强党的建设，强党建之基，固发展之本。修订完善党委会、“三重一大”等议事规则，党委在重大决策方面的把关定向作用充分发挥。党建规范化水平进一步提升。以抓实党员日常教育管理为立足点，规范“三会一课”等组织生活制度，扎实推进“两学一做”学习教育常态化制度化，班子成员在支部和联系点实现组织生活全覆盖，党内政治生活质量明显提升。企业党建力量切实加强。根据党建工作发展需要，及时调整组织架构，新成立党委、党工委23个，切实强化基层党建工作基础与组织力量，有效加强对二级单位党建工作的垂直领导；建立完善党建工作量化考核体系，扎实开展二级单位党组织书记抓基层党建工作述职评议考核，有效促使党建工作由软指标变为硬约束；组织开展支部书记轮训班2期，实现集中培训全覆盖，有效提升党务工作人员的履职能力。基层党组织的战斗堡垒作用显著增强。涌现出一批先进支部和模范党员，影响和带动广大职工踊跃投身生产会战，党员的先锋模范作用充分发挥，为会战的顺利推进提供有力保障。扎实开展“保密宣传月”活动，依法依规做好信访维稳，和谐一院建设取得成效。“两个责任”全面落实。认真履行管党治党职责，坚持反腐倡廉与中心工作同开展、同考核，与37个二级单位党组织和153个基层党支部签订《党风廉政建设责任书》，组织编发《党风廉政建设工作手册》，有效规范各级党组织履行党风廉政建设主体责任；完善体制机制，修订完善《党风廉政建设责任考核办法》等7项制度措施，进一步厘清权责边界，扎紧制度笼子。扎实有效开展巡视整改与巡察工作。巡视整改工作按期完成，长效机制全面建立，党建工作与党风廉政建设得到进一步加强，有效促进管理提升；按计划对8家单位开展巡察，实现二级单位巡察工作全覆盖，有效解决管党治党、选人用人、作风建设、企业管理等方面存在的问题，全面从严治党深入践行。坚持教育从紧，执纪从严。强化日常教育引导，认真开展反腐倡廉宣传教育月活动，组织集中学习、专题报告、警示教育、“清廉铁建·微视频”征集等系列活动，编发《反腐倡廉每月一课》，全力营造廉洁一院的良好氛围；进一步强化执纪问责，受理信访举报28件，给予党政纪处分6人。增强领导班子履职能力，深化“四好”领导班子创建，评选院“四好”领导班子7个，有效激励各级领导班子争创一流的工作热情；严把选人用人质量关，组织开展241名处级干部配偶移居国(境)外情况摸排和个人有关事项报告等工作；根据生产经营管理需要调整处职领导干部，多形式申报省级工程勘察设计大师等各级各类专家228人次，获评省部级以上专家5人次，成立“李国良勘察设计大师工作室”，高端人才引领功效更加显著；新增院专业技术带头人及优秀青年工程师37人、注册执业资格63人次，完成各类培训近9000人次，员工技术水平和综合素质显著提升。

思想文化工作切实加强。组织召开院宣传思想文化工作座谈会，查找不足、凝聚共识，全力推动宣传思想文化“大格局”的形成；积极落实党委、党工委书记意识形态工作第一责任人的岗位职责，持续开展精神文明建设、道德讲堂等活动，注重文化引领作用的发挥，积极拓展尖兵文化内涵，院史展览馆筹建稳步推进，制作完成《铁一院项目文化手册》，获“全国交通运输文化建设卓越单位”称号，高原冻土地区铁路修建技术当选中国铁建首届十大品牌、刘争平获评中国铁建十大楷模。围绕宝兰、西成高铁与兰渝铁路建成通车等重点事件，开展系列报道，深度挖掘一线鲜活事例和感人事迹。获各级先进集体和个人奖项70项，其中省部级24项，刘争平劳模创新创业工作室被命名为“全国示范性劳模创新工作室”；积极开展劳动竞赛，深化基层建家建线工作，持续推进“书香一院”建设，加强生产一线慰问与扶贫帮困送温暖，开展多种文体活动，职工身心压力有效缓解。围绕生产会战，积极开展青年突击队创建、导师带徒、“我的会战”主题实践等活动，青年生力军优势有力体现；深化“青年文明号”“青年岗位能手”创建，1人获得“中央企业优秀共青团干部”称号，1个集体获得“陕西省青年文明号”称号，4个集体和6位个人受到中国铁建团委表彰。紧密结合对口扶贫村发展需要，开展陕西陇县北关村捐款、电商销售平台搭建，甘肃岷县马掖村危旧房屋改造等，精准扶贫成效显著；开展“爱心资助 圆梦大学”及青年志愿者赴公益机构慰问活动，央企社会责任有效体现。（马建飞）

【新疆铁道勘察设计院有限公司】 驻新疆维吾尔自治区乌鲁木齐市北京南路703号。董事长、党委书记李斌，院长庄新玉。职工546人。拥有全站仪、水准仪、GPS卫星定位仪、绘图仪、计算机、载重汽车、测距仪、测高仪、GPS、静力触探车、地震仪、电磁勘探仪、综合数控测井仪等仪器设备657台(套)。

2017年，完成指令性任务5项，外委任务82项，路局基大改项目71项；新签合同163项1.9亿元，实现勘察设计收入1.6亿元。（马建飞）

【青海铁道工程勘察有限公司】 驻青海省西宁市共和南路23号。执行董事、党工委书记刘德林,总经理李关民。职工69人。拥有全站仪、水准仪、绘图仪、计算机、钻机、手持GPS、GPS等仪器设备63台(套)。

2017年,新签合同额1746万元,完成营业收入3702万元,成本支出3147万元,实现利润555万元。

(马建飞)

【甘肃铁道综合工程勘察院有限公司】 驻甘肃省兰州市和政路131号。董事长、院长贺光华,党委书记席新林。职工167人。拥有锚固钻机、多功能桩机、旋喷桩机、强夯机、搅拌桩机、其他岩土设备、V8电磁测深数据采集系统、轻便工程测井系统、地震仪、地质超前预报系统、隧道地质超前预报系统、其他物探设备、全球定位仪(GPS)、全球定位仪(北斗)、全站仪、电子水准仪、其他勘测设备、地质钻机、其他勘探设备、各类计算机、汽车等仪器设备584台(套)。

2017年,签订外委合同103项,新签合同额13174万元,实现营业收入18170万元,外委进款额13085万元。

(马建飞)

【陕西铁道工程勘察有限公司】 驻陕西省西安市雁塔区公园南路60号中铁一院科技园。董事长、党委书记侯全德,总经理冯海明。职工260人。拥有泥浆泵、钻机、其他施工机械、汽车、发电机组、柴油机、切桩机、履带拖拉机、其他生产设备、静力触探仪、地下管线探测仪、地震仪、GPS定位仪、全站仪、其他测量及实验设备、台式电脑、笔记本、打印机、复印机等仪器设备513台(套)。

2017年,完成收入4.29亿元。 (马建飞)

【重要记载】

▲1月13日 铁一院参建的无锡市轨道交通1号线工程获国家优质工程金奖,参建的兰新铁路第二双线(新疆段)哈密立交特大桥、达坂城湿地特大桥获国家优质工程银奖,参建的哈大客专电力及牵引供电系统集成工程、南高城际南京南站至禄口机场段工程获国家优质工程奖。

▲3月6日 铁一院参研的“钢—高效能混凝土组合与混合结构性能及设计理论体系研究与应用”获陕西省2016年度科学技术一等奖。

▲3月13日 铁一院编制的《新建铁路兰州至乌鲁木齐第二双线(甘青段)水土保持方案报告》,被水利部授予“2016年度生产建设项目国家水土保持生态文明工程”称号。

▲3月21日 中国铁建科研成果评审会在铁一院召开。由铁一院主持的国家级课题“中国铁路工程建设行业走出去标准与专利布局研究”成果达到国际先进水平。

▲3月24日 铁一院勘察设计的兰新高铁获水利部“2016年度生产建设项目国家水土保持生态文明工程”称号。

▲4月14日 铁一院勘察设计的新建铁路哈尔滨至大连铁路客运专线项目获中国土木工程詹天佑奖。

▲7月4日 国家铁路局铁路技术创新工作会议在北京召开,铁一院获35项国家铁路局科技大奖。

▲7月17日 桥隧处“高速铁路大跨度钢桁梁设计QC小组”等多项成果获中国勘察设计协会优秀QC小组成果一等奖。

▲8月18日 铁一院与联想集团签署战略合作协议。

▲9月15日 铁一院与西安建筑科技大学联合申报的西北地区建筑与土木工程领域研究生联合培养基地获第三届“全国工程专业学位研究生联合培养示范基地”称号。

▲10月2日 铁一院总体设计的兰新高铁获FIDIC年度杰出项目奖。

▲10月30日 铁一院设计的沈阳站、黄韩侯铁路芝水沟大桥、青藏铁路西宁至格尔木段增建二线关角隧道3个项目被列为党的十八大以来铁路建设30项优质创新工程。

▲12月6日 铁一院获“全国交通运输文化建设卓越单位”称号。

▲12月25日 高原冻土地区铁路修建技术获“中国铁建首届十大品牌”称号。 (徐文静 任碧江)

中铁第四勘察设计院集团有限公司

【简况】 从事交通基础设施建设勘察设计的高科技大型综合性企业。成立于1953年2月4日;1956年1月,扩编为铁道部第四设计院;2003年11月,由铁道部划转中国铁道建筑总公司;2007年11月,改制为中铁第四勘察设计院集团有限公司。是国家委托铁路、城市轨道交通投资咨询评估单位、国际工程咨询工程师联合会(FIDIC)和国际电工委员会(IEC标准)团体成员,中国城市轨道交通协会常务理事单位,中国工程咨询协会副会长单位。拥有国家住建部颁发的工程设计综合甲级资质证书和工程勘察综合一级资质证书，国家测绘局颁发的甲级测绘资格证书，国家国土资源部颁发的地质灾害防治工程勘查、设计、监理三项甲级资质以及地质灾害危险性评估甲级资质，国家环保总局颁发的环境影响评价甲级资质证书，国家发改委颁发的工程咨询甲级资质，以及工程承包、工程监理、工程造价等20余项甲级及专项资质；主持过数十项国家、行业规范、标准编写；具有独立对外经营权；设有博士后工作站。具有配套完善的ISO9001、ISO14001环境和GB/T28001管理体系，持有相应认证证书。拥有线路、站场、桥梁、隧道、地质路基、电力电气化、通信信号、房屋建筑等40多个专业。能承揽多个行业的工程勘察、工程设计、工程咨询、工程监理、工程总承包业务。资产总额192.81亿元。其中，固定资产净值14.52亿元；流动资产151.79亿元；其他资产26.5亿元。拥有全站仪、光电测距仪、GPS定位系统、RC30航空摄影仪、物理勘探、原位测试等先进设备1028台（套）。计算机11504台，局域网上网结点8180个，大中型计算机工作站244个。机械运输设备621台（套），净值4086万元，总功率89933千瓦，动力装备率18.73千瓦/人，技术装备率10800元/人，设备完好率99%，利用率99%。

2017年，新签合同额200.6亿元，实现营业收入100.62亿元，利润总额17.37亿元，净利润14.65亿元，人均创利26.42万元。其中，国内勘察设计板块新签合同额50.1亿元。国有资产保值增值率134.14%、净资产收益率29.72%、产值利润率17.38%、资产负债率71.02%、应上缴款完成率100%。获铁路行业第一个“中国驰名商标”称号。入选“2017中国企业创新能力100强”，排名第77位。（邵　澎）

【领导人员】

董事会

董事长　蒋再秋

董事　雷佳民

　王玉泽

职工董事　田要成

监事会

监事会主席　刘家美

监事　胡丙齐

职工监事　方　明

行政系统

院长　蒋再秋

副院长　周仲华

　田要成

　王玉泽

　荆　山（11月免）

　谢海林（5月免）

　莫小玲

　蒋兴锟

　徐昌富（12月任）

　韩向阳（12月任）

总工程师　朱　丹

总会计师　周仲华（兼）

党群领导

党委书记　雷佳民

党委副书记　蒋再秋

纪委书记　刘家美

工会主席　刘家美（兼）

（邵　澎）

【职工队伍】　职工4801人。专业技术干部4379人，其中，教授级高级工程师426人、高级职称1976人、中级职称1239人、初级职称713人；全国工程勘察设计大师3人、中国工程监理大师1人、国家有突出贡献中青年专家1人、新世纪百千万人才工程国家级人选2人、享受国务院政府特殊津贴专家8人；原铁道部专业技术带头人1人、青年科技拔尖人才9人、湖北省有突出贡献中青年专家5人、享受湖北省政府专项津贴专家9人、湖北省新世纪高层次人才工程第二层次人选4人、武汉市有突出贡献中青年专家1人、享受武汉市政府专项津贴专家1人、武汉市十百千人才工程第二层次人选2人；詹天佑奖成就奖4人、詹天佑青年奖5人、詹天佑铁道科技发展基金奖15人、茅以升铁道工程师奖7人、湖北省青年科技奖2人、武汉青年科技奖1人、集团公司专业技术带头人104人、青年科技拔尖人才127人次；取得国家各类注册资格1156人次；技能人才367人。其中，高级技师137人、技师138人。

（钟南亚）

【勘察设计】　完成铁路勘察设计730项、实物工作量2586千米、地质钻探239万延长米。铁路新开工项目数量占全路计划的31%，确保杭温、福厦等项目按期开工；积极做好项目管理和配合施工，实现佛山西站综合枢纽、武九客运专线、九景衢铁路先后顺利开通。开展轨道交通总体总包60余项，工点设计任务260多项，南京、郑州、武汉等地一批轨道交通项目相继建成通车。高效推进440千米高速公路、8项水下隧道勘察设计工作。审核文件1300余册、出图207吨。推进京沪二通道、沿江铁路通道、福州南站等铁路和综合交通枢纽规划研究，以及宜昌、襄阳、淄博等城市轨道交通线网规划,全力打好“规划牌”。制定投标管理、勘测工作考核办法,完善项目部和配合施工管理,推行项目现场作业计划,优化调整指挥部设置,进一步规范生产管理。出台勘探检查、用地预审等相关制度;加强与质量安监部门的沟通,制定勘察设计质量事件应急预案;开展大反思大检查活动,推进勘察设计问题库建设,技术质量管理在攻坚克难中得以推进。

(邵　澎)

【经济发展】 新签合同额200.6亿元,实现营业收入100.6亿元、净利润14.6亿元,经济规模首破200亿元。资产总额192.81亿元、净资产55.9亿元。勘察设计新签合同额50.1亿元,同比增长55%。中标襄阳至常德、湖州至杭州西至杭黄连接线、长沙至赣州、合肥至新沂等国铁项目,承揽荆州至荆门、宁波至舟山、莱西至荣成等地方主导铁路项目。中标瓮马铁路南北延伸线,柳州至三江、柳州至河池城际铁路,实现西南铁路干线和广西城际铁路市场零的突破。在福州、杭州、武汉、郑州、合肥、济南等地获得轨道交通总体总包13项,工点和系统46项,总体总包项目88项,线路长2440千米。在云南、四川、山东承揽240千米高速公路,中标沪嘉甬铁路通道跨杭州湾大桥、青岛第二海底隧道等高含金量项目。承揽柳州跨座式单轨,合肥、广州有轨电车和随州综合管廊、鄂州空高联运等项目。着力抓转型、促升级,“强盛四院”建设富有成效。加强业务协同,发挥优势业务引领作用,大力推动多元业务发展。资本运营业务,中标南沙区万顷沙综合开发、广州北站综合交通枢纽等项目,收购苏州房地产项目部分股权,带动勘察设计等相关业务合同额近14亿元;昆明5号线项目公司成立,签订PPP项目合同和设计施工总承包合同,项目融资取得实质性进展。工程总承包业务,新签合同额143亿元,有力支撑企业发展规模;中标大福至仙桃城区支线铁路项目,在铁路工程总承包领域获得突破;推进代建管理品牌建设,承揽四川、山东等高速公路代建项目。岩土业务承揽京沪、广珠等多项铁路病害整治工程,打造高铁运营维护业务品牌。监理咨询业务,监理公司通过湖北省高新技术企业认定;中标牡佳铁路、鲁南高铁等项目,拓展非传统区域市场。咨询业务成功进入新型轨道交通和市域铁路市场;完成施工图审核2.5万册,生产履约能力稳步提升。海外业务,开辟4个重点海外市场,独立承揽尼泊尔铁路勘察设计、巴基斯坦铁路可研任务,自主经营能力得到提升;加强外部合作,承揽马来西亚、尼日利亚、吉布提等铁路项目。房地产业务,拓宽土地储备及项目获取渠道,以起始价获得蔡甸区老一中地块开发权;全力推进杨园片区改造,前期工作取得阶段性成果。高端制造业务,签订专利转化合同额1.35亿元,收款6100余万元,创效能力显著增强;移动式隧道施工救生舱、新型桥梁伸缩缝等产品相继投入市场。

(邵　澎)

【科技创新】 承担国家级课题7项、省部级课题20项。获科技进步和勘察设计省部级奖104项、FIDIC工程奖3项,其中无缝线路关键技术、狮子洋水下隧道成套技术分获国家科技进步一、二等奖。获股份公司“科技创新先进单位”“十大创新成就奖”“杰出科技创新带头人”称号。成功开拓江苏、云南、湖南等地勘察设计奖申报渠道。推进信息化和BIM技术顶层设计,光谷综合体BIM技术应用获中勘协大奖。铁路冷链物流领域先发优势凸显,获评“2017中国冷链年度企业”。主编的《市域铁路设计规范》正式发布。成立大师工作室,建设无砟轨道试验场地。获专利授权324件,有效专利总量达1230余件。持续推进“361”人才工程建设,新增全国创新争先奖、中国公路百名优秀工程师、交通运输青年科技英才等各类省部级及以上奖项20余人次。优化管理、技术、操作3类岗位序列,完善中层管理人员选拔、管理办法,进一步畅通人才发展通道。开展“楚巢315”设计师试点工作,修订招聘录用管理办法,加大紧缺岗位人才引进力度,人力资源紧张局面得到一定程度缓解。制定职工培训管理办法,打造两级培训机制,动态更新内训课程,充分利用外部资源,举办技术、管理等各类培训班2900期,参培职工5.7万人次。

(邵　澎)

【建成开通运营的重点铁路及其他工程项目】 2017年8月18日,铁四院设计的中国最大的下进下出式车站佛山西站通车运营。佛山西站位于广东省佛山市南海区狮山镇罗村社会管理处西北部,隶属广州铁路(集团)公司管辖。10站台23线,站房建筑面积68000平方米。

2017年9月21日,铁四院勘察设计的武(汉)九(江)铁路客运专线全线开通运营。起于武汉市武汉站,线路全长224千米(湖北段127.2千米),设计时速250千米。经湖北省鄂州市、黄石市、阳新县及江西省瑞昌市、九江县。从已建成通车的武黄城际铁路黄石大冶北站延伸至九江县庐山站,并于九江县沙河街附近利用联络线接入昌九城际铁路至九江市九江站。

2017年12月26日,铁四院总体设计的武汉3条地铁线——轨道交通8号线、阳逻线、1号线径河延伸线同时开通试运营。连接武汉市汉口后湖居住组团、永清商务区,以及武昌徐东商业圈、东湖风景区、水果湖行政区、街道口商业圈、南湖居住区,促进汉口北边地区与武昌南部地区的交通联系，是武汉轨道交通线网中重要的镇间过江轨道交通骨干线路。

2017 年 12 月 15 日，深圳至茂名高速铁路江门市境内，由铁四院设计、全长 2.03 千米的全封闭式声屏障主体工程正式完工。是世界首例高铁全封闭声屏障。

2017 年 12 月 30 日，铁四院总体设计的南京最快地铁——S9 线（宁高城际二期）通车试运营。线路全长 52 千米，最高时速 120 千米。由 S1 号线（宁高城际一期）翔宇路南站高架接出，经江宁、溧水、高淳 3 个区，线路全长 52.4 千米，设车站 6 座，与 S1 号线在既有车站翔宇路南站实现“同站台换乘”。（邵　澎）

【企业管理】 成立雄安分院、广西分院和南沙设计院，参股成都、柳州轨道院，完成无锡轨道公司股权回购和新型轨道院工商变更，优化经营和业务发展机构。修订职工奖惩实施办法，建立激励与约束、惩处与教育相结合的奖惩体系。设立华南财务中心，推行财务主管委派、工程总承包项目区域性财务集中等制度，促进财务管理与生产经营深度融合。认真落实审计、巡视整改要求，深入开展自查自纠，完善相关制度办法。成立法治工作领导小组，制定“法治四院”实施方案，召开法治工作会议，依法治企与合规管理深入推进。制定安全生产、工程总承包质量管理等制度，深入开展安全质量隐患排查治理，安全生产态势平稳。召开信访维稳暨保密工作会议，扎实做好综合治理、维稳信访和保密工作，合力维护和谐稳定的发展局面。推进人本管理和民生建设。完成企业年金市场化移交，调整公积金缴存基数，提高一线职工防暑降温费标准，增加职工就餐补贴，建立医疗救助制度，促成武昌实验中学初中部落户铁四院学校，职工福利保障水平稳步提升。安装自动取票机，启用 2 号楼地下车库，完成单身宿舍改造，开办第三职工餐厅，延长餐饮服务时间，丰富物资供应种类，相关举措赢得好评。前大楼顺利爆破拆除，杭州基地、成都办公用房投入使用，光谷基地、苏州创意产业园二期建设稳步推进，北京、海南等驻外单位完成装修改造，办公条件不断改善，企业形象持续提升。（邵　澎）

【党群工作】 组织学习宣传贯彻落实党的十八大、十九大、全国国有企业党的建设工作会议精神，深入学习习近平新时代中国特色社会主义思想，不断增强全体党员“四个意识”，进一步坚定广大职工“四个自信”，把坚持党的领导、加强党的建设、促进企业全面发展作为重点贯穿始终。推进“两学一做”常态化制度化，持续增强全体党员核心意识。制定《关于推进“两学一做”学习教育常态化制度化的工作方案》，把学“党章党规、系列讲话”作为“必修课”；把每月开展的“支部主题党日”活动作为基本载体；把“自己学、交流学、在线学”作为主要方式；把“我是党员我承诺”“会战先锋”等特色活动作为重要抓手。组织开展专题学习交流研讨 1035 场次，到红色教育基地观摩座谈 88 次。落实党委理论学习中心组学习制度，不断提升领导干部政治素质。以党的十八届六中、七中全会、十九大精神等为主要内容，为领导干部发放图书 600 册、编印资料 750 本、更新专用学习机“百度云”理论文章 120 篇。利用调度会定期学与党委会专题学相结合，领导讲党课与研讨互动相结合，集体辅导与个人自学相结合，使同志们边学边干，学以致用，抓住重点，紧联实际。中心组集中学习 19 次，人均学习超过 60 小时，学习效果不断显现。全院各级领导干部撰写调研报告、体会文章 170 余篇，在上级刊物发表 6 篇，理论指导实践逐渐成为一种习惯。开展“迎学”党的十九大系列活动，努力激发全院职工奉献精神。围绕党的十九大，先后开展“喜迎十九大、唱响主旋律”“聆听十九大、领会新思想”“共话十九大、阔步新时代”系列迎学宣贯活动。4000 余名在职职工和 3000 余名离退休职工以不同方式收听收看十九大开幕会。带头到联系点、扶贫点、支部、分管片区宣讲十九大精神 22 次，各单位党委书记、副书记、支部书记宣讲十九大精神 215 次，十九大精神更加深入人心，职工斗志和干劲进一步激发。狠抓领导班子建设，进一步提升发展引领力。贯彻落实“三重一大”决策制度。认真执行董事会、党委会、经理层议事规则以及“三重一大”决策程序，召开党委会讨论有关重大事项，落实前置要求，有力保障企业健康发展。制定中层及以上干部管理、人选公示制度，明确二级单位中层管理人员选拔任用流程，完善干部管理制度体系。创建“四好”班子为抓手，促进班子综合能力提升和整体功能的发挥，形成团结奋进、齐心协力、比学赶超的良好氛围。宣传舆论导向，提升文化软实力。对外宣传报道，做好重要新闻线索策划并发挥中央电视台、新华社等主流媒体作用，刊播 1000 余篇（次），聚焦基层一线，宣传各类典型 140 余人次，《先锋报》、内外网刊稿 3000 余篇，“喝彩四院”成为职工的点击爱好，关注量达 9000 余人，宣传贯彻《企业文化手册》，企业文化标准化建设覆盖率超过 90%。大力弘扬社会主义核心价值观、中国铁建价值观、四院精神，举办道德讲堂 5 期，“六个四院”建设深入人心；深入推进文明创建，经中央文明委复查合格，继续保留“全国文明单位”称号。从严管党治企，切实将“两个责任”落到实处。加强组织建设、健全完善制度，企业党建基础不断夯实。落实国有企业党建工作会议精神，将党建工作总体要求纳入公司章程,成立14个党工委,明确93个党组织管理关系,“四同步、四对接”有效保证。以党组织书记抓基层党建责任书签订、公开承诺、工作述职全覆盖为依托,以被命名为中国铁建第一批“示范党支部”的城地院线站所党支部为标杆,广泛开展党员先锋岗、红旗责任区等特色活动,党建任务指导书、问题整改清单逐项落实,党建督查、党工委专项检查全面发力,党群例会、“四院党建”等平台作用有效发挥,基层基础工作有效补强,基层党建质量不断提升。

严明纪律规矩、严肃政治生活,各级领导干部讲廉政党课73次,开展领导人员任前谈话82人次,组织到监狱开展警示教育460人次,编发“学思践悟”文章10期,发送廉洁短信7次,通报院内外违纪违规典型案件10次。以监督检查为促进,聘任15名特邀纪检监察员,开展监督检查121项次。

抓问题整改,从严落实巡视整改内容。制定各级党组织落实党风廉政建设主体责任清单及纪实制度、履行“一岗双责”办法,层层签订《党风廉政建设责任书》366份,有力推动“一岗双责”履行、“两个责任”落地。突出两级巡视整改双抓双促,对反馈的617条问题建议、移交的12条问题线索,开展约谈、提醒谈话、诫勉谈话等153人次;从严执纪问责,受理信访举报6件,核实问题线索18件,给予党纪政纪处分5人,同时对图文中心巡查发现的问题线索进行立案调查。

发挥群团组织作用,努力推进企业发展全体职工共建共享。开展劳动竞赛120余次,组建青年突击队23个,有效促进急难险重任务的完成;劳模职工创新工作室31家,获授权专利324件,创新驱动实力进一步提升;以“不忘初心、牢记使命”为主题开展演讲、评选表彰“十佳青年”、青年创新成果展示等活动为载体,广大青年发展意识不断增强。集团公司连续7年获评全国“安康杯”竞赛优胜单位,54个集体、120名个人获得上级表彰。修订完善、认真落实企务公开、休养休假、职工体检等制度,健全实体、网站、微信“三位一体”职工服务体系;“十件实事”“三不让”承诺全部兑现,开展单身联谊、文艺汇演,缓解职工身心压力多新的渠道;文明宿舍、文明食堂、文明办公场所评比得到有力推进。被评为全国厂务公开民主管理先进单位、全路群众体育工作先进单位。落实离退休政策,坚持老领导情况通报制度。积极参与湖北省“精准扶贫”、支援三峡移民工程,广泛开展郭明义爱心团队、学雷锋志愿服务等活动,投入帮扶资金265万元。

(邵　澎)

【中铁四院集团广州设计院有限公司】 拥有铁道行业甲(II)级设计资质、建筑工程甲级设计资质、工程勘察专业类岩土工程甲级勘察资质;铁路、建筑、市政公用工程(市政交通)、岩土工程甲级咨询资质;市政行业(桥梁工程、道路工程)专业乙级设计资质;工程测量乙级资质;代管“广东至艺工程建设监理有限公司”具有房屋建筑工程监理甲级资质、铁路工程监理甲级资质及市政公用工程监理乙级资质;通过质量、环境和职业健康安全管理体系的认证;通过广东省2017年第二批高新技术企业认定。职工194人。资产总额6999万元。其中,固定资产原值981万元、净值201万元;流动资产6778万元。

2017年,签订合同额21042万元,开展勘测设计项目411项,完成总产值12117万元,完成营业收入13222万元,利润1102万元,净利润729万元,上缴税费1429万元,净资产收益率25.40%,利润增长率22%,资产负债率59%。勘测设计文件合格率100%,优良率100%,优秀率32.6%;工程监理项目合格率100%。

(郑四安)

【中铁四院集团南宁勘察设计院有限公司】 拥有铁路综合工程、建筑工程、岩土工程、工程测量、市政工程(道路、桥梁)、工程咨询、房屋建筑工程监理等甲级资质证书,以及一类施工图[房屋建筑工程(含超限)、市政基础设施(道路、桥梁、隧道、轨道交通)工程]设计文件审查许可证,铁路工程监理乙级资质等。此外,经国家商务部批准,拥有境外工程勘察设计、咨询经营资格证书。驻广西壮族自治区南宁市西乡塘区高新区科兴路3号。执行董事、总经理、党委副书记张北瑞。职工222人。资产总额31659万元。其中,固定资产原值5453万元、净值3326万元;流动资产26911万元;其他资产1422万元。

2017年,完成企业总产值56239万元,盈利1367万元,人均创利6.1万元,国有资产保值增值率105.63%,净资产收益率10.65%,产值利润率2.43%,资产负债率65.61%,投资收益上缴率100%,应上缴款完成率100%。

(黎建国)

【重要记载】

▲1月1日　铁四院获铁路行业第一个“中国驰名商标”称号。

▲1月26日　“高铁轨道工程设计建造一体化的协同管理”获第二十三届全国企业管理现代化创新成果一等奖。

▲3月31日　铁四院获武汉市“科技创新企业领跑者”称号。

▲5月27日　铁四院主编的《市域铁路设计规范》在北京发布。

▲7 月 28 日　铁四院获 2015—2016 年度铁路优秀工程勘察设计奖 40 项。

▲9 月 12 日　中国铁道学会标准化轨道、路基、电气化专业技术委员会在铁四院挂牌成立，为行业团体标准发展搭建起新平台。

▲11 月 4 日　铁四院申报成果"预制管桩在郑徐高铁深厚松软土路基工程中试验与应用"获 2015、2016 年度建华工程奖集体二等奖。

▲11 月 8 日　铁四院申报的"合福铁路客运专线精密控制测量工程"获全国优秀测绘工程奖最高奖白金奖，贵广铁路精密测量控制工程获银奖。

▲11 月 17 日　铁四院保留"全国文明单位"称号。

▲11 月 20 日　中国铁建科技创新大会在北京召开。铁四院等 5 家单位获评 2006—2016 年度科技创新先进单位。（邵　澎）

中铁第五勘察设计院集团有限公司

【简况】　集工程设计、勘察、咨询、监理、检测及科技研发、设备制造、工程总承包于一体的综合大型勘察设计企业。全国勘察设计百强企业、国家认定企业技术中心，全国文明单位和北京市首批高新技术企业。拥有工程设计综合甲级、工程勘察综合甲级、工程咨询甲级、工程监理甲级、地质灾害危险性评估甲级等各类甲级资质 20 余项，具有商务部对外承包工程经营资格证和北京市科技研究开发机构等证书，通过质量、环境、职业健康与安全管理三体系认证。为国家综合交通和城镇化建设提供全产业链服务及投融资的能力，业务领域涵盖铁路、公路、城市轨道交通、市政、建筑、航务工程等各行业。前身系始建于 1958 年中国人民解放军铁道兵科学研究处（院）；1984 年 1 月，集体转业并入铁道部，为铁道部工程指挥部科学技术研究所；1990 年 10 月，更名为铁道建筑研究设计院；2004 年，原哈尔滨铁路局齐齐哈尔、哈尔滨勘测设计院划到本院；2005 年 7 月，更名为铁道第五勘察设计院；2008 年 1 月，改制为中铁第五勘察设计院集团有限公司。驻北京市大兴区康庄路 9 号。下辖线路运输设计处、站场设备设计处、地质路基勘察设计处、桥梁设计处、电化通号设计处、工程经济设计处、环境工程设计处、建筑设计处、城市轨道交通设计处、公路与市政工程设计处、水利水运工程设计处、工程咨询处、技术研究处（实验中心、交通战备办）14 个专业咨询设计处以及东北分院、郑州分院、天津分院、乌鲁木齐分院、广西分院、苏州分院、常州分院和合肥分院；海外事业部、工程管理处、测绘与地理信息研究处、资本运营处、信息化管理处、基建办公室、图文中心 7 个直属单位；北京铁城建设监理有限责任公司、北京铁研建设监理有限责任公司、中铁路通工程设计咨询江苏有限公司、北京铁五院工程试验检测有限公司、北京中铁建北方路桥工程有限公司、北京铁五院工程设计咨询有限公司、北京铁五院工程机械有限公司、北京铁五院物业有限公司、苏州众通规划设计有限公司、北京铁资造价咨询有限公司、邯郸市华威公路设计咨询有限公司 11 个全资或控股子公司及《铁道建筑技术》杂志社。在南京、上海、杭州、绍兴、南昌、厦门、广州、海南、成都、沈阳、太原、呼和浩特、兰州、西安、济南、青岛、贵阳、越南设立 18 个驻外经营机构。职工 2182 人。资产总额 32.07 亿元。其中，固定资产原值 6.7 亿元、净值 4.78 亿元；流动资产 25.41 亿元；其他资产 1.88 亿元。

（李晓雪）

【领导人员】

董事会

董事长	汤友富
董事	仇　湘
	庞建文
	杜寅堂

监事会

监事会主席	朱　霖

行政系统

副院长	仇　湘
	庞建文
	杜寅堂
	杨岳勤
	戴建国
	沙文杰
	姚汉文
	谌启发
总工程师	杨岳勤（兼）
总会计师	戴建国（兼）

党群领导

党委书记	汤友富
党委副书记	仇　湘
纪委书记	朱　霖
工会主席	朱　霖（兼）

（段恒阳）

【职工队伍】 职工 2182 人。其中,领导班子成员 12 人、中层领导人员 190 人;教授级高工 101 人、高级职称 736 人、中级职称 759 人、初级职称 353 人;博士研究生 14 人、硕士研究生学历 602 人、大学本科学历 1323 人、专科及以下学历 200 人。平均年龄 37 岁。

全国勘察设计大师 1 人、全国工程监理大师 1 人、享受国务院特殊津贴的高级技术专家 22 人;詹天佑奖获得者 10 人、茅以升科学技术奖 6 人、中国铁道学会铁道环保奖 1 人。 (曹玉彬)

【铁路勘察设计】 初测:完成汉巴南、铜仁至吉首、柳沟至敦煌、温岭至玉环、通苏嘉铁路等 11 个项目的初测,里程累计 1496 千米,折算里程 189 千米,同比减少 15%。定测及补定测:完成盐城至南通、温岭至玉环、金华至建德、南防线那罗至马皇段 4 个项目的定测,里程 590 千米,开展杭衢铁路建衢段、铜仁至吉首铁路定测;完成盐城至南通、杭绍台、南防线那罗至马皇段 3 个项目的补定测,里程 564 千米,定测及补定测折算里程 103 千米,同比减少 39%。完成航空摄影 598 平方千米,同比增加 598 平方千米;购买航片 6425 平方千米,同比减少 11%;航测制图 1:2000 地形图 2074 平方千米,同比增加 11%。完成钻探 52.2 万米,挖探 7755 米,静探 4.4 万米;钻探同比减少 44.3%,挖探同比减少 44.6%,静探同比增加 83.6%。

规划研究:完成南宁至玉林至深圳、韶关至龙川、涪陵至柳州、黄山至武夷山铁路等 13 个项目,里程 3234 千米,同比增加 23%。预可研:完成温岭至玉环、建德至衢州、天津至承德、通苏嘉、汉巴南、大丰港支线等 19 个项目的预可研,里程 2386 千米,折算里程 27 千米,同比减少 32%。可研:完成通苏嘉、铜仁至吉首、文山至富宁、柳沟至敦煌铁路等 14 个项目的可研,里程 2107 千米,折算里程 153 千米,同比增加 62%。初步设计:完成杭绍台、金华至建德、盐城至南通、温岭至玉环 4 个项目的初步设计,里程 567 千米,折算里程 66 千米,同比减少 33%。施工图:完成中卫至兰州、安庆至九江、南防线那罗至马皇段施工图,杭绍台、盐城至南通铁路站前施工图,里程 1009 千米,折算里程 111 千米,同比增加 39%。配合施工:承担安九、中兰、连盐、徐宿淮盐、连镇、金台、和邢、长西、干武、额哈铁路 10 个项目的配合施工工作,里程 2519 千米,折算里程 31 千米,同比减少 21%。

开展施工图审核的项目有宝兰铁路、珠海市区至机场城际轨道交通拱北至横琴段、蒙西至华中地区铁路煤运通道工程岳阳至吉安段等 13 个项目。 (隋吉东)

【城市轨道交通勘察设计】 城市轨道交通项目 71 个,分布 25 个城市。其中,总体总包项目有合肥地铁 4 号线、南京地铁 11 号线车辆段、成都地铁 10 号线;前期项目广州市黄浦区有轨电车 5 号线、长沙磁浮试验线、兰州现代 2 号有轨电车;开展土建设计的项目有北京地铁 3 号线、西安地铁 2 号线等 53 个;开展咨询的项目有乌鲁木齐地铁 2 号线 1 期咨询、呼和浩特地铁 1 号线咨询、西安地铁 15 号线咨询、兰州地铁 3 号线咨询 4 个;开展设计监理的项目有乌鲁木齐地铁 2 号线二期,5、6 号线 3 个。 (隋吉东)

【海外项目】 完成巴基斯坦卡拉奇环城轻轨可研、蒙古国乌兰巴托市两座市政桥改造项目施工图,中蒙俄经济走廊东线铁路的预可研等,跟踪和开展前期的项目 19 个。 (隋吉东)

【市政及建筑项目】 公路、市政项目有重庆市合川至安岳高速公路施工图设计,贵州铜仁新城综合开发配合施工,珠海西部中心城区首期开发区域(B 片区)基础设施工程施工图设计及配合施工,滨北线松花江公铁两用桥改建工程(市政部分)配合施工,山西省中阳过境公路初步设计及施工图等 20 个。 (隋吉东)

【站房、综合交通枢纽及建筑项目】 完成郑州南站、太原站、徐州东站、南阳南站、大同南站、岚山西站、昌平站、黄村站等 40 多个大中型站房的投标、初步设计或施工图设计;牡丹江站房和过渡站房的施工配合。

完成北京城市副中心站(通州)综合交通枢纽工程、宿迁市综合客运枢纽工程、南阳综合交通枢纽工程、河源东站综合交通枢纽工程、台州中心站综合交通枢纽工程、杭绍台二期萧山机场综合交通枢纽等 20 个大型交通枢纽工程的竞标、可研、初步设计。完成丰台东铁营棚户区改造回迁安置房及配套设施,天津中国铁建国际城 3C 地块高层商住楼,海淀区复兴路 40 号院 26、30、32、36 号楼及配套设施,中马钦州产业园丹寮村改造,尚义县下马圈乡窑洞宾馆等 30 多个民建项目的方案、初步设计、施工图设计以及设计咨询;开展的有北京市轨道交通新机场线一期工程人防工程、北京市轨道交通 19 号线一期工程人防工程设计施工总承包项目,江苏扬州湾头玉器特色小镇 PPP 项目、广西中马钦州产业园设计施工项目。 (隋吉东)

【经营管理】 与火箭军工程设计研究院合作洽谈，与北京惟思拓达科技有限公司合资设立北京铁五院工程设计咨询有限公司，通过采用军地合作的新模式，实现地铁人防工程设计市场的突破，承揽合同额1.5亿元；与空军设计院等相关专业设计院合作拓展民航设计业务，将上海分院打造成为华东民航分院；皋市人民政府、衢州市人民政府、江门市国资委、十六局、AECOM等行业内外的企业、地方政府签订多项战略合作和业务开展协议。完成部分机构调整。调整人力资源处（党委干部部）、党群工作部职能及编制，将党委干部管理职能移交党群工作部；成立中国铁建知识产权中心，由集团公司代管；合资成立中铁路通工程设计咨询江苏有限公司，成立苏州众通规划设计有限公司、北京铁五院工程设计咨询有限公司、广州分公司；完成五院置业公司、芜湖监理公司、中德（尼日利亚）公司、大地盛景的工商注销工作；杂志社更名为北京《铁道建筑技术》杂志有限公司，成为总公司系统内率先完成改制的单位。

新签合同额37.6782亿元，完成股份公司下达年度新签合同额指标的120.47%。开拓新兴市场，在对有轨电车、综合管廊、现代物流中心、市郊铁路、海绵城市、特色小镇等课题进行深入研究的基础上，与中青旅组成联合体，中标扬州玉器小镇PPP项目，实现集团公司特色小镇设计项目的新突破。与通号集团、十一局组成联合体，中标天水市有轨电车示范线（一期）工程项目PPP，在城市有轨电车这一新兴市场抢占先机。通过公开竞标，独立中标中国移动兰渝铁路红线内公网覆盖总包项目，首个公网覆盖项目。成功中标新航城大礼路、永兴河北路道路及综合管廊勘察设计，进一步开拓京津冀综合管廊市场。与中设设计集团组成联合体，中标宿迁综合客运枢纽工程设计，为拓展综合枢纽业务打下基础。

开展审计项目14个，审计发现问题金额1398.5万元，提出审计意见建议38条，被审计单位均予采纳并落实整改。根据党委干部部委托，对线运处、电通处、环工处等7个单位的原负责人进行离任经济责任审计，针对存在问题提出合理改进建议，督促被审计单位落实整改；对天堂河下穿京九铁路及北屯成品油库铁路专用线等2个总承包项目开展竣工审计，重点检查项目的内控管理、合同执行、债权债务、财务收支、预算管理等方面的情况，注重分析项目的经济效益。针对项目存在的合同签订不规范、资产管理制度不到位等问题提出意见建议，进一步促进总承包项目的规范化管理。

（于宝宏　王　智　刘小锐　牛欣欣　毕　博）

【生产技术管理】 依托国家级企业技术中心创新平台，承担各级科研计划项目136项，其中2017年新立科研46项。先后成立徐宿淮盐铁路BI米试点项目研究、安九铁路BI米试点项目研究、桐泾路北延工程科技创新工作、城市新型轨道交通设计技术储备工作、阿勒泰地区旅游轨道交通项目专题研究、高速铁路40米简支箱梁运架设备研究等专项攻关小组开展研究。积极部署安排集团公司科技创新重点工作，严格创新过程管理，多次组织对重载铁路隧道内无砟轨道结构型式及相关技术研究、杭绍台铁路硅藻土工程特性及工程对策试验课题研究、连盐铁路关键技术研究、徐宿淮盐铁路客运专线穿越郯庐大断裂关键技术研究、铁路隧道智能化成套施工装备及关键技术研究、智能化信息化桥梁主被动防撞系统应用研究、高速铁路无砟轨道病害修复技术等领域的研究、勘察设计一体化研究、北斗系统在轨道交通的应用开发等集团公司重大重点项目组织评审会及工作推进会。承担的“连盐铁路大直径现浇混凝土薄壁筒桩复合地基的试验研究”“严寒地区公铁两用钢桁梁桥成套建造技术”等10项课题通过股份公司组织的科技成果评审。4项成果达到国际先进水平，6项成果达到国内领先水平。

技术质量管理。组织审核并印发总体设计原则及统一规定13项；印发技术方案评审27项；审核勘测任务书14项；组织编写技术总计5项，其中1项完成印发；完成对外技术发函审核90余项；参与招投标及自揽项目委外合同评审80余项，其中总包项目合同评审及招投标12项。

先后组织杭衢铁路（建衢段）初测、汉巴南铁路初测、金华至建德铁路定测、玉林至北海铁路初测、通苏嘉铁路初测、铜仁至吉首铁路初测、柳沟南至敦煌铁路初测、杭绍台线温玉段初测和定测、云桂沿边铁路广西段初测、铜仁至吉首铁路补充初测、乌鲁木齐轨道交通6号线一期工程勘察2合同段、天水有轨电车示范线一期工程初测、盐城至南通铁路定测、北京地铁7号线东延段张家湾停车场详勘、中阳公路前半段和后半段定测中间检查工作，现场确定方案，解决勘测过程中存在的技术问题；组织院副总工程师对和邢铁路、南京地铁、杭州地铁、常州地铁、深圳地铁项目进行巡检，加强现场指导。通过“项目中涉专业分工问题明确通知单”和“技术协调单”等机制，快速解决勘察设计过程出现的需要集团层面解决的重大技术问题和专业分工等问题38余次，重点明确铁路建设项目征拆、测绘相关勘测、设计专业分工，对勘察设计工作提供技术支持；明确地铁、磁浮等城市轨道交通工程专业工作内容（专业分工），为更好开展相关设计工作，实现标准化管理，提高工作效率提供技术保障。（刘　柯）

【综合管理】 完成“三会”、年中工作会议等相关会议材料的起草,保证会议的顺利召开。向股份公司《政务信息》投稿,反映集团公司重要生产经营信息和创新发展成果,其中《装配式建筑与绿色设计》稿件被推荐到国务院国资委刊发。为确保印章使用的安全性及文件出院盖章质量的把控,对申请单位用印进行盖前核对,盖后检查工作。特殊用印情况下,积极协助各单位,请示相关领导,配合完成用印。各单位用印 9000 余次,开具介绍信 3200 余份。应计划经营处、城轨处、资本运营处等单位申请,安排 32 人次累计 75 天,携带印章赴武汉、南京、郑州、常州、杭州、南通、广州、长沙、哈尔滨、西安、深圳等地现场盖章。股份公司下发《关于开展行政清理工作的通知》后,办公室历时 3 个月,梳理集团公司各类印章 526 枚,其中在用 384 枚,收回 142 枚。

引进调入各类经营管理和专业技术人员 65 人。按照将合适的人放到合适岗位上的原则,调配各类人员 30 余人,并高质量的招收西南交大、北京交大、中南大学等全国知名院校 80 名应届毕业生,其中硕士研究生及以上学历占 70% 以上。组织完成 2017 年度职称评审工作。工程师任职资格 157 人;高级工程师任职资格 118 人;教授级高级工程师 13 人,政工师 1 人。高级及以上职称员工约占总人数的 38%,中级及以上职称员工约占总人数的 73%。

按照“统一领导、分级负责、统一标准、规范管理”的原则持续加强财务集中管理。实行会计人员委派制,各子、分公司的会计机构负责人由财务处统一委派,垂直管理;财务处资金中心对院所属各级单位的银行账户实行直接管控,统一调度资金,实行资金集中管理;建立集中核算平台,院各级会计主体全部纳入财务综合管理信息系统,统一会计政策和业务处理标准,实行集中核算。 (陶书煜 曹玉彬 王晋飞 王 斌)

【党群工作】 党的工作。以党的十八大、十八届历次全会精神、十九大精神为指引,认真落实全国国有企业党的建设工作会议精神,以开展“党建规范强化年”为抓手,始终坚持把党的工作摆在企业发展的首要位置来思考谋划,始终坚持把党的工作目标与企业中心工作及职工群众期盼融为一体,始终坚持党要管党、从严治党,突出政治建设,强化政治引领。完成本级和所属 5 家子公司的章程修订工作,修订完善《党委工作规则》《董事会议事规则》《院长工作细则》。重视抓好“两学一做”学习教育成果转化,加强对基层党支部建设的管理和监督。修订《集团公司党支部工作实施细则》,开展铁五院标准化红旗党支部创建活动,形成基层党建工作标准化有力抓手。围绕“做合格党员、为五院增辉,向十九大献礼”主题,按照“5 + X”来设计 2017 年主题党日活动,制定《集团公司学习贯彻党的十九大精神“七个一”系列宣教活动工作方案》,推动各级党组织和全体党员充分发挥作用。铁五院党委一方面开办党组织书记培训暨党支部书记集中轮训班,提高各级党组织书记的理论水平和履职能力。制定《党建工作量化考核实施细则》,开展党组织书记抓基层党建工作述职评议考核,与所属党委全部签订《党建工作责任书》,切实将履行党建工作责任层层传导,层层落实。规范各级党组织的党费收缴使用管理工作,规范和严格执行党员发展程序,发展党员 26 人,预备转正党员 25 人。

组织集中学习 14 次,累计学时 42 小时。领导班子成员先后就党委安排的 6 项学习专题提交学习报告或心得 70 篇。围绕生产经营中心,进一步提升宣传工作品质,以办好《铁五院报》、网站、OA 平台为抓手。推送微信 150 余期,粉丝近 4000 人。先后接受北京电视台、常州电视台、《常州日报》、盐城电视台等媒体专访。铁五院检测公司女工程师陈卓登上央视一套晚间新闻《寻找劳动美——坚守之美》栏目,讲述地铁检测工作。杭绍台高铁、土耳其安伊高铁先后刊登《人民日报》,刊登文章《这条高铁,民企为何愿意投》《中国标准“花开”世界(“一带一路”上的中国技术)》。通过“全国文明”单位复查,成功保留“全国文明单位”称号。举办以“责任、敬业”为主题的道德讲堂活动。在新员工入职培训中开展企业文化主题教育讲座,并为新员工发放企业文化书籍,组织开展新员工在“诚信创新永恒、精品人品同在”企业价值观上的签名仪式。企业文化展厅建成投入使用。被中国交通企业管理协会,交通优秀企业管理成果评审委员会评为“2017 年度全国交通运输文化建设优秀单位”。修订完善《中铁第五勘察设计院集团有限公司企业文化管理办法》。

组织所属 25 个二级单位党组织负责人在会上向集团公司党委递交《党风廉政建设责任书》,对各类责任主体对其应负责的责任清单和对其考核的具体内容及相关责任追究进行“签字背书”。完成《集团公司党风廉政建设责任制检查考核办法》的修订,结合《集团公司党委巡察整改工作方案》要求和集团公司当前党风廉政建设和反腐败工作的实际,制定考核评分细则。持续开展以“增强四个意识,强化纪律规矩”为主题的“五个一”反腐倡廉系列宣传教育活动。通过分批次组织部分在京中层以上领导人员前往北京市海淀区反腐倡廉警示教育基地和北京市大兴区反腐倡廉教育基地参观学习、举办新员工廉洁从业入职教育、征集“我的家风家训家规”等活动。纪委收到信访举报线索 13

件,其中3件因被举报人属股份公司管理领导人员已及时上报股份公司纪委处理,了结7件,正在初核中线索3件。对原2015年违反中央八项规定精神的线索重新立案了结1件,给予党纪处分1人。组织4个巡察组,对线运处、桥梁处、测绘处、铁城监理公司、机械公司、检测公司、天津分院和郑州分院8家所属单位进行内部巡察,着重从管党治党、选人用人、落实"八项规定"、企业管理和项目管理等5个方面进行监督检查,并及时与被巡视单位领导约谈、提醒,督促立行立改,较好地发挥"探头"作用,在企业内部形成有效震慑。开展领导人员及其亲属违规经商办企业专项治理工作。专项治理采取"个人自查自纠申报"与"组织核查"相结合的方式,涉及514名各级领导干部。其中,对进行主动申报的6名干部免于处理或责令限期退出;对未如实申报特定关系人关联业务的2名干部分别给予党内警告处分和进行诫勉谈话。

工会工作。线运处线路所副所长兼所主管闫兴志获火车头奖章;杭绍台铁路勘察项目部获股份公司"工人先锋号"称号,城轨处所长、团总支书记高煌获"工人先锋号奖章"。持续推进"两个普遍",不断提升"建家建线"和"三不让"帮扶工作水平。组织开展"中铁五院·一起走"徒步越野比赛。

共青团工作。团总支6个,团支部17个,团员84人。专兼职团干48人。落实《关于加强和改进中铁第五勘察设计院集团有限公司共青团工作的意见》,组织开展基层团组织建设专项调研及自查整改工作,解决"应建未建"问题,加强基层团的班子建设,新成立站场处、铁城监理、新疆分院、天津分院等基层团组织,指导地路处、电通处、城轨处等完成团组织换届选举,实现团组织全覆盖;规范五院本级团费收缴使用工作;总结经验,规范"两青""两优"的评选流程、评比标准以及奖励措施,做到民主、公正、公开;开展"导师带徒"活动,全面规范统一组织流程、标准和评价机制,确保活动顺利开展;制定出台《青年"五小"成果征选、评比管理办法》。 (李卫花 刘 皓 李晓雪 张 威 田 野 靳淑敏 王少华 段恒阳)

【**线路运输设计处**】 业务范围涵盖铁路、公路、城市道路、城市(际)轨道交通、市政建设等领域的规划、勘测、设计、咨询、配合施工、科研及标准化业务建设等。处长兼党委书记王宇重。职工169人。下设经济运量(经调)、运输组织(行车)、线路、轨道等专业。

2017年,完成产值8147.41万元。 (李 静)

【**站场设备处**】 业务范围涵盖铁路、公路、城市(际)轨道交通、市政建设等领域的规划、勘察、设计、咨询、总包、科研及标准化业务建设等。处长兼党委书记肖少军。职工86人。下设站场、物流、机务、车辆、机械等专业。

2017年,完成产值5424.9万元。 (蔡仔明)

【**地质路基勘察设计处**】 主要承担集团公司铁路、公路及城市道路、城市轨道交通、市政以及工民建等工程的工程地质、水文地质、岩土工程、路基专业勘察设计和物探、评估、岩土试验等业务。处长刘柏林,党委书记时环生。职工125人。

2017年,完成产值17055万元。 (魏润平)

【**桥梁设计处**】 以桥梁设计为主,主要承担铁路、公路、市政和高架轻轨桥梁等各种类型桥梁的设计、咨询、科研等业务。处长兼党委书记王合希。职工105人。

2017年,签定合同额5713万元,EPC项目合同额1180万元。 (王 涛)

【**电化通号设计处**】 涉及铁路及城市轨道交通供变电、接触网、通信、信息、信号、电力等专业领域,覆盖牵引供电、牵引变电、电化防干扰、接触网、供电段、通信、信息、通信防干扰、灾害监测、综合监控、自动售检票、信号、电力、低压配电与照明、FAS、BAS等。主要从事上述专业的设计、咨询、监理、总承包等业务。处长兼党委书记唐抗尼。职工152人。

2017年,完成项目合同额4024万元。 (夏晓青)

【**城市轨道交通设计处**】 主要负责城市轨道交通工程的设计及铁路、公路隧道,各类山岭隧道,水下隧道,城市下穿通道,地铁周边建筑等设计、咨询类业务。处长黄新连,党委书记何明华。职工391人。

2017年,完成产值1.8亿元。 (梁 飞)

【**建筑设计处**】 主要负责普铁、客专等铁路沿线房屋、大中型站房、工业与民用建筑的设计,及地铁人防工程设计和设备安装总承包、国防工程设计和总承包。处长兼党委书记涂强。职工160人。 (师哲青)

【**公路与市政工程设计处**】 主要从事公路,城市道路、桥梁、给排水等公用工程和建筑等的工程咨询、规划、勘察设计、工程监理和施工总承包业务。是北京市政府基础设施投资咨询机构、重大项目稽察机构、节能评估文件编制机构。处长兼党委书记姜保利。职工120人。

2017年,新签合同95项,合同额12399.11万元。 (李玉蓉)

【工程经济设计处】 主要负责建设项目的勘察以及各设计阶段的施工组织设计和估、概、预算编制，工程造价有关的咨询服务及有关招投标咨询服务工作。处长王少坤。职工42人。

2017年，完成合同额1641万元，完成产值3532万元。 （林必强）

【环境工程设计处】 集工程咨询、勘察设计、工程总承包为一体，拥有建设项目环境影响评价甲级资质、水土保持方案编制单位水平评价三星、水土保持监测水平评价一星、园林绿化施工等资质，并入选北京市第一批节能评估中介机构。业务涵盖铁路环境保护、给排水、景观园林、生态修复勘察设计，环境影响评价、环境保护与水土保持监理、竣工环保验收、环境监测、水土保持方案编制、水土保持监测、水土保持设施验收、环保设施（声屏障、隔声窗）总承包、水资源论证和水影响评价、污染场地调查与治理、环境政策及规划咨询、清洁生产咨询以及绿化工程总包等多个领域。处长史昌盛。职工66人。

2017年，新签合同额4387.71万元。 （王　宇）

【水利水运工程设计处】 集水利、水运工程规划、勘察、设计、咨询和专项工程设计施工总包于一体，业务内容包括水利水电工程（含河道综合治理、水闸、水坝、水库、堤防加固、雨洪利用、流域治理、灌区改造、节水排涝、防洪影响评价、防洪影响补偿、给排水管网、水污染防治、水生态景观等），水运工程（含港口码头、游艇基地、锚地、航道、导助航设施、防波堤、陆域形成、道路堆场、船闸、船坞、水上机场、通航论证等）。专业设置包括水利水电工程（水文、水工结构、农田水利、给排水、水资源、河道景观、水利造价等），水运工程（水文、总平面、装卸工艺、水工结构、铺面、岩土工程、给排水、电气、水运造价等）。处长蔡泓。职工30人。

2017年，新签项目20项。 （施　宇）

【技术研究处】 下设交通战备研究所、工程结构研究所、工程检测研究所、BIM技术与应用软件开发研究所和综合办公室。处长桂婞。职工19人。

2017年，技术研究处承担31项科研课题，业务建设7项，铁路标准7项。完成科研课题15项。

（高占军）

【工程咨询处】 主要从事施工图审核、专用线设计、工程总承包等业务。全面负责铁五院咨询业务的生产组织和管理。处长冯延明。职工69人。

2017年，新增项目45项，新签合同额13910.36万元。 （敬亚菱）

【东北勘察设计院】 是集工程设计、工程勘察、工程监理、工程总承包于一体的综合性设计院。下设线站所、桥梁所、市政所、建筑所、城轨所、四电所、路基所、工经所、测量所、勘察所、监理分公司。驻黑龙江省哈尔滨市南岗区西大直街119号。院长兼党委书记沙文杰。职工245人。

2017年，实现营业收入12588万元，实现利润3617万元。 （张　璇）

【郑州勘察设计院】 设有经调、行车、地质、线路、路基、站场、桥涵、隧道、给排水、机务车辆、暖通、环保、电力、通信、信息、信号、电气化、建筑、结构、隧道与地下工程、工程经济、交通工程、景观绿化等20余个专业。下设桥梁设计所、工程经济所、线路站场所、轨道交通所、四电设备所、以及道路交通所。驻河南省郑州市高新技术产业开发区总部企业基地100幢（翠竹街1号）。院长兼党委书记史浩军。职工117人。

2017年，新签合同额5667.5586万元，完成产值7294.69万元。 （王　帅）

【天津勘察设计院】 设道路、给排水、交通规划、结构、电气、概预算6个专业。承担各种市政道路、给排水管网、综合交通规划、海绵城市、综合管廊、结构以及景观工程的勘察、设计、咨询和科研等业务。原隶属市政工程设计院，2015年3月成立。院长孙鹏。职工55人。

2017年，完成合同额5214.2692万元。 （王　芳）

【乌鲁木齐勘察设计院】 设行车组织、经济调查、地质、线路、路基、轨道、站场、桥涵、房屋建筑、电力、通信、信息、信号、电气化、接触网、给排水、暖通、工程经济等专业。下设生产部门有总承包部、线路站场所、桥梁路基所、建筑设计所、工程经济所、电化通号所。院长鲜兵强。职工42人。

2017年，新签合同额2004万元。 （鲜兵强）

【苏州分院】 涵盖市政工程、公路工程、轨道交通工程、建筑工程、水工等领域。2018年10月成立。驻江苏省苏州市相城区高铁新城南天成路8号天成大厦9、10层。院长陈卓。职工15人。

2017年，完成产值166万元。 （杜欣琪）

【常州分院】 定位于技术研发、全方位产业实践、成果转化检测、多功能服务产业。工程建设提供全过程服务的综合性设计咨询单位。驻江苏省常州市经开区科创中心五楼临时办公。院长徐阳。职工 9 人。

(刘凌波)

【广西分院】 涵盖线路、站场、地质、路基、桥涵、工经、房建、暖通、给排水等专业。2017 年 1 月成立,为中铁第五勘察设计院集团公司实体分院。驻广西壮族自治区首府南宁市青秀区。院长冉亚。职工 42 人。

2017 年,新签合同额 2586 万元。 (黄彩华)

【北京铁城建设监理有限责任公司】 中国建设监理协会会员单位、中国铁道工程建设协会建设监理专业委员会会员单位、中国设备监理协会常务理事单位、北京市建设监理协会会员单位、中国土木工程学会成员单位、中国地质灾害治理工程协会成员单位、北京市民防协会理事单位,被原铁道部确定为首批做强做大的试点监理企业,具有铁路工程、公路工程、市政公用工程、房屋建筑工程、人防工程、地质灾害防治工程、电力工程监理乙级资质及工程咨询丙级、地基基础专项检测资质。主要服务项目包括铁路、公路、房屋建筑、市政、地铁及轻轨、地质灾害防治、人防、水利、石油管道工程和通信、信号、电力、电气化工程建设监理;设备监造;工程检测;项目管理;软件开发。2015 年 7 月整体划转铁五院。董事长兼党委书记石跃伟。职工 77 人。固定资产原值 5439 万元。

2017 年,新签合同额 6.1 亿元,同比增长 10.31%。完成营业收入 5.18 亿元,实现净利润 3152 万元,国有资产保值增值率 123.38%。 (李 馨)

【北京铁研建设监理有限责任公司】 经理刘江华,党委书记仇金庭。职工 1900 人。下设哈尔滨、广西、南京、内蒙等分公司。1994 年经国家建设部核定为甲级监理单位,拥有建设部铁路工程、公路工程、市政公用工程、房屋建筑工程等甲级监理资质,通过质量、环境、职业健康安全三体系认证。主要从事铁路、公路、工业与民用建筑、地铁与轻轨、市政公用工程、电力等专业的技术咨询及建设监理。

2017 年,中标 47 项,承揽监理项目合同额 4.38 亿元,营业收入 2.95 亿元。 (魏 昕)

【北京铁五院工程试验检测有限公司】 主要为土木工程提供从现场检测到安全评估、环境影响分析、监测与评价,再到加固设计与探测技术应用研究服务。业务涵盖工程试验、工程质量检测(监测)与评估、安全监测与评估、病害检测与加固(加强)设计、监控量测、超前地质预报、工程物探、探测技术应用研究和施工技术咨询。经理王慨慷。职工 33 人。

2017 年,完成产值 6500 万元,营业收入 5000 万元。 (吴文辉)

【北京中铁建北方路桥工程有限公司】 是目前国内唯一一家专门从事铁路节段拼装梁技术研究、拼装装备及附属产品开发、专项施工为一体的具有独特专利技术的科技型专业化公司,已通过北京市 2017 年第三批高新技术企业认定。拥有桥梁工程专业承包一级、地基与基础工程专业承包二级资质。总经理周光忠,党委书记李华。职工 97 人。生产性固定资产 1 亿元。拥有国内领先的自行研制开发的单线专用移动支架式造桥机 4 套、客运专线双线节段拼装造桥机 4 套、国内最先进的新型造桥机——TPZ80/2500 型移动支架造桥机 1 套,能适应铁路不同类型桥跨节段拼装梁架设;大型龙门吊起重机 8 台,各类大中型桥梁施工机械设备 400 余台(套)。完好率 95%,综合机械化施工水平 95%。年施工能力 5 亿元以上。

2017 年,新签合同额 1.1 亿元,完成年度指标 100%;经营收入指标 1.05 亿元,实际收入 1.15 亿元,完成年度指标 110%。 (戚 金)

【北京铁五院工程机械有限公司】 拥有国家认定企业技术中心机械分中心,是集工业机械产品研发设计、加工制造、销售售后、维护改造和工程施工技术咨询服务于一体的高新技术企业,具备向客户提供综合性、一站式服务能力。经理兼党委书记孙世豪。职工 138 人。主打产品无砟轨道施工成套设备经过优化升级分别在宝兰、西成、呼张、渝黔、杭黄、青岛地铁 R3 线等多条国内线路上广泛应用。

2017 年,新签合同 74 项,合同总额 7700 万元,完成产值 6700 万元,实现利润 1287.19 万元。(郑雪冰)

【资本运营处】 2017 年 4 月成立。处长赵汉。职工 7 人。 (刘韶华)

【工程管理处】 负责铁五院工程总承包及资本运营业务的经营开发和生产管理。处长吕清泉。职工 28 人。

2017 年,新签合同 17 项,新签合同额 133587 万元。 (孙 伟)

【海外事业部】 负责铁五院海外业务经营承揽和外事管理工作。部长冯志刚。职工 8 人。

2017 年,新签合同额 706 万美元。 (彭 程)

【基建办公室】 从事基本建设项目工程管理,建设项目工程前期相关手续办理,项目工程招标,项目合同签订,项目概、预算审核及项目财务管理等业务。主任李兴亚。职工 15 人。 (庄晓峰)

【试验中心】 下设建材室、岩土室、化学室、桥梁结构室、地基基础室、人防工程室、隧道及地下工程室、工程物探室、超前预报室、环境室、管理室及 30 多个监理现场试验室。主任桂婞。 (谭倩倩)

【信息化管理处】 处长欧勇明,职工 8 人。

2017 年,编写《中铁第五勘察设计院集团有限公司 RTX 及微信移动办公系统管理办法》《中铁第五勘察设计院集团有限公司信息化专项资金管理办法(试行)》,修订《中铁第五勘察设计院集团有限公司人员信息安全管理办法(试行)》等 3 个信息化制度。

(董红红)

【测绘与地理信息研究处】 主要承担铁路、公路、城市轨道交通、市政工程、机场码头等领域的航测、勘测;高速铁路精密测量、监测及技术咨询;轨道交通第三方测量、高速铁路精测网及沉降监测咨询评估等。处长周云。职工 28 人。 (刘萍萍)

【图文中心】 主任熊希武。职工 35 人。机械运输设备 37 台(套),其中生产设备 18 台(套)。

2017 年,完成产值 950 万元。 (严义京)

【《铁道建筑技术》杂志社有限公司】 中国铁道建筑有限公司主管主办的刊物,刊号:ISSN 1009 - 4539,CN 11 - 3368/TU,该刊物为月刊,页码 124 页。2007 年,在工商登记注册成立《铁道建筑技术》杂志社;2017 年,公司制改制,变更单位名称为北京《铁道建筑技术》杂志社有限公司。主编余春红。法定代表人汤友富。职工 5 人。

2017 年,出版《铁道建筑技术》13 期(含 1 期增刊),刊发论文 501 篇,发行刊物 70200 册。产值 280 万元。 (杨 超)

【重要记载】

▲4 月 13 日 铁五院常州分院设立。

▲4 月 14 日 铁五院参建的北京地铁 15 号线和监理的新建铁路哈尔滨至大连客运专线获中国土木工程詹天佑奖。

▲5 月 5 月 铁五院获火车头奖杯。

▲6 月 22 日 铁五院与湖南交规院签订战略合作框架协议。

▲8 月 16 日 铁五院通过知识产权管理体系认证。

▲9 月 5 日 铁五院广州分院设立。

▲9 月 20 日 铁五院造价咨询资质成功晋级甲级资质。

▲10 月 31 日 铁五院苏州分院(苏州众通规划设计有限公司)举行揭牌仪式。

▲11 月 15 日 北京大地盛景环境工程有限公司注销。

▲11 月 23 日 铁五院厦门分院注销。

▲11 月 28 日 中国铁建知识产权中心挂牌铁五院。

▲12 月 6 日 《铁道建筑技术》杂志社完成改制。

▲12 月 13 日 铁五院成立北京铁五院工程设计咨询有限公司。

▲12 月 26 日 铁五院与宜兴交通产业集团共同出资设立的中铁路通工程设计咨询江苏有限公司(宜兴分院)。 (李晓雪)

中铁上海设计院集团有限公司

【简况】 国有大型综合甲级设计企业,上海市高新技术企业、科技创新型企业、科技小巨人企业和上海市文明单位、诚信创建单位、平安示范单位。拥有工程设计综合资质甲级、工程勘察综合类甲级、工程测绘甲级、工程咨询甲级、工程项目管理甲级、工程监理甲级综合甲级资质及其他类多项甲级资质,涵盖工程勘察、设计、咨询、监理、总承包、项目管理等工程建设。从事城市轨道交通、铁路、市政、房建、公路等领域的工程勘察设计以及工程总承包、工程监理、技术咨询等业务。下辖南昌、杭州、合肥、南京、天津、徐州、长沙、工勘、城建院及监理等二级单位。设经济调查、行车、线路、路基、站场、桥梁、隧道、建筑、通信、信号、电气化、环境评价、工程经济等专业。职工 1564 人。资产总额 117961.47 万元。其中,流动资产 74681.19 万元;非流动资产 43280.28 万元。

2017 年,新签合同额 166749 万元,营业收入 115340.48 万元,实现净利润 11089.57 万元。国有资产保值增值率 117.1%,净资产收益率 16.07%,资产负债率 38.27%,总资产周转率 1.04 次。获专利 132

件;软件著作权10项;获国家科技进步奖1项,省部级科技奖16项;省部级及以上优秀工程勘察奖7项;优秀工程设计奖20项;优秀工程标准设计奖4项;优质工程奖4项,其中,中国土木工程詹天佑奖2项、优秀工程咨询成果奖奖54项。主持或参与编制国家及行业等标准、规范28项;获评国家及省部级重合同守信用单位、上海市文明单位、上海市高新技术企业、上海市科技小巨人企业、上海市创新型企业、上海市专利工作试点企业。 (邹飞虎)

【领导人员】

董事会

董事长	李永利
董事	薛新功
	喻伟巍
	刘建红
职工董事	王　勋

行政系统

院长	薛新功
副院长	喻伟巍
	刘建红
	马汉枨
	张国峰
	钟国钢
总工程师	薛新功(兼)

党群领导

党委书记	李永利
党委副书记	薛新功
	王　勋
纪委书记	李芳桃
工会主席	王　勋(兼)

(邹飞虎)

【职工队伍】 职工1564人,其中专业技术人员1512人,占职工总数的96.7%;高级职称542人,中级职称570人。 (陈英才)

【境外工程】 孟加拉铁路阿考拉至锡莱特米轨转换为混合轨改造项目预可行性研究　位于孟加拉国东北部。全长176.6千米。车站22座。

新建铁路几内亚矿区铁路工程项目建议书　南起大西洋维嘉港,终至国电投北矿区。全长170千米。车站17座。

几内亚科纳克里城市新干线工程可行性研究　位于科纳克里市。全长24.210千米。

新建科纳克里Conakry – Gomboya路段标准轨铁路可行性研究　位于几内亚首都科纳克里市。全长42.2千米。

菲律宾苏比克至克拉克客货铁路项目可行性研究　位于菲律宾北部吕宋岛。全长63.4千米。车站5座,中间站4座,会让站1座。 (马如箭)

【勘察设计】 新建连云港至镇江铁路工程　全长305.2千米。车站11座。

宁启铁路南通至启东段工程　全长93.6千米。

符夹铁路扩能工程　全长87.28千米。设计国铁Ⅰ级,时速120千米。

淮北至萧县北客车联络线工程　客车联络线24.84千米,桥隧比69.8%。客运专线双线,时速250千米。

青阜线电化改造工程　全长132.3千米,设综合网工区,新建分区所。

阜阳北站扩能工程　衔接京九、青阜、漯阜、阜淮、阜六5条铁路,新建上行系统,改造既有上行到发场为交换场,最终形成双向三级八场站型。

华东二通道芜湖至宣城段工程　北起芜湖市,南至宣城市。全长73.321千米。合同投资89.9亿元。

池州至黄山铁路工程　位于安徽省南部。全长126.1千米。车站5座,桥隧比83.1%,隧道比66.7%。

盐泰锡常宜铁路工程　起苏北盐城市止于宜兴市。全长311千米。时速250千米。合同投资302亿元。 (汪文锋)

【轨道交通工程】 在上海、南京、苏州、杭州、北京、天津、沈阳、广州、成都、福州、呼和浩特、长春、济南等35个城市承担轨道交通工程项目。总体总包8条:上海轨道交通3号线改造工程、南京宁和城际轨道交通一期工程、宁溧城际轨道交通工程、南京地铁9号线一期工程、天津地铁4号线工程、成都轨道交通10号线一期工程、成都地铁10号线二期工程、成都地铁10号线三期工程。 (汪文锋)

【经营管理】 新签合同额16.7亿元。抓地方铁路发展机遇,承揽扬马城际铁路规划方案研究、盐泰锡常宜铁路勘察设计项目泰州至宜兴段等地方铁路项目;贯彻落实十九大的精神,以铁路项目助推"精准扶贫"政策,积极介入广西等西部欠发达地区的经济建设,承揽广西河池至百色铁路项目前期研究。紧紧把握高铁站房项目的爆发期,连续中标高邮、扬州南、盐城等7个高铁站房项目。上海市市域铁路嘉闵线、浙江省都市圈城际铁路二期建设规划2个铁路前期规划项目稳步推进。依托国铁项目的总体地位,做大延伸经营,重点开发沿线过轨、外电迁改、咨询、重大变更、站房、站前广场以及监理、总包项目。成都地铁10号线一期工程开通试运营；宁和城际轨道交通一期工程开通试运营。先后中标济南、沈阳、太原、杭州、苏州、长沙、洛阳、南通、广州、合肥等城市30个轨道交通项目。中标成都轨道交通10号线三期可行性研究及勘察设计总承包。新进入包头、南通和洛阳3个轨道交通新市场。新增外经合作客户8家，新进或新涉国别市场9个，完成国别市场调研及项目考察近70批次，集团海外重点国别15个。项目生产上采取横向到边，即“海外处+生产单位”组织模式、纵向到底即外经人员“一杆子插到底”的海外前期项目管控模式，从订单评审到文件交付，经营人员全过程参与，海外处处总全过程把关，确保技术文件质量，满足国别业主要求及各外经平台经营需求。在安哥拉市场，跟踪项目达20多个，涉及安哥拉、莫桑比克、纳米比亚、刚果金、加蓬、尼日利亚等国别，涵盖铁路、轨道交通、市政、房建、电力、供水6个专业领域。市政房建板块完成新签合同额同比增长65.5%。总承包板继续保持较快发展的速度，以涉铁项目设计为支点，按照《关于进一步推进总承包发展的若干意见》，在项目设计承揽同时，加强和业主沟通宣传，使得总承包板块迈上一个新台阶。集团公司与建华建材（江苏）有限公司合资成立的中铁建预制构件研发咨询（上海）有限公司正式揭牌营业，进一步扩大集团公司经营业务范围。为完善全集团公司区域经营网络布局，更好地挖掘山东市场的潜力，新成立山东办事处。完成经营生产管理办法的修订和补充。修订《工程项目投标管理办法》《勘察设计生产组织管理办法》《勘测劳务分包管理办法》《工程总承包项目管理办法》《合同管理办法》《铁路项目配合施工管理办法》等文件，新颁布《轨道交通项目异地执行管理办法》《轨道交通项目信誉评价管理办法》《投标工作实施细则》等文件。按照集团公司内控管理工作和贯标体系更新的要求，修订《沟通管理程序》《勘察设计项目策划管理程序》《勘察设计项目投标及合同评审控制程序》《设计过程控制程序》《勘察设计项目委外控制程序》等相关文件。（汪文锋）

【科技成果】 科技工作围绕勘察设计主业，全面落实科技兴企的核心战略，推动铁路和轨道交通设计业务做强做优。依托铁路和轨道交通等领域中的重点项目，积极开展科技创新，获中国土木工程学会詹天佑奖；获评2016年度静安区创新创业优秀企业；集团参加的高速铁路建造技术获评股份公司2006—2016年“十大科技创新成就”；获国家授权专利24件，其中，发明专利5件。通过上海市企业技术中心认定，实现从孤立分散的碎片化科研课题管理向集中融合型企业技术中心研发平台转变。主持研发大跨度简支槽型梁系杆拱桥关键技术研究等6项课题通过中国铁路总公司、上海市结题验收以及科研成果评审，其中，1项课题研究成果达到国际先进水平、4项课题研究成果达到国内领先水平。搬迁新建科研生产楼，组织开展技术系列跨年报告活动，邀请院内外专家为广大技术人员授课，邀请中国科协副主席、中国工程院何华武院士开展主题为“我国高铁技术发展与国际展望”技术讲座。与中铁大桥勘测设计院集团有限公司、西南交通大学等联合研发的“铁路线桥隧工程建造技术深化研究——千米跨度公铁两用悬索桥关键技术研究”列入中国铁路总公司重大课题项目。参与编制的国家标准《城市轨道交通桥梁设计规范》《中低速磁浮交通设计规范》《铁路工程设计防火规范》行业标准已经发布实施。（孙蔚芝）

【党群工作】 党的工作。按照“五个全覆盖”和“五个到位”的要求，全面深入宣贯党的十九大精神。会前进行详细部署，会间组织集中收听收看，会后读原著、学原文、悟原理，开展中心组专题学习；集中宣讲党员领导干部既当实干家，又当宣讲家，两级班子讲授党课60余次；研讨58个基层支部全面覆盖，广大党员结合自身工作谈体会、话感受；宣传组织开展主题征文、演讲、应知应会答题等活动，并选送优秀作品、优秀选手在股份公司平台进行展示、参与宣讲。通过全方位、多角度、立体式的学习宣贯工作，学懂、弄通、做实的要求深入人心，“四个意识”“四个自信”更加坚定，党的十九大精神在企业落地生根。落实国企党建工作会议精神，整改股份公司巡视及督导问题，把党的领导融入到公司治理各环节，确保领导作用充分发挥。明确党组织法定地位，实现党建工作总体要求纳入公司章程，从严治党更加有法可依。提高参政议政能力，相继修订《贯彻落实“三重一大”决策制度实施细则》《党委会议制度》《董事会议制度》《院长办公会议议事规则》等制度，明确将党委会研究作为前置程序，召开党委常委会18次、全委及扩大会议2次，所有改革发展重大事宜全面研究，党组织“把方向、管大局、保落实”作用充分凸显。推动党建工作和生产经营深度融合，建立月度党群工作例会制度，在每月一次的大交班会上要求既议发展、也议党建，实现同频共振。按照中央及上级党委要求，把推进“两学一做”学习教育常态化制度化作为一项重大政治任务，坚决改变管党治党宽松软状况。明确目标责任，完善“双向进入、交叉任职”领导体制，出台量化考核办法，建立党建工作联系点制度，印发落实“一岗双责”情况记录册，开展述职评议工作，与16家二级单位党组织书记签订责任书，党建工作从“软任务”变成“硬指标”。深化学习型党组织建设,加强中心组制度化、规范化建设,进行专题学习12次、集体学习10次,达到学理论、强本领、促发展的效果;抓好基层支部学习,统一印发台账记录本,固定每月第一个工作日为“主题党日”,形成规矩。着眼强基固本,落实“四同步”“四对接”要求,规范“三会一课”等党内生活,完善党员发展、党费收缴等日常管理。严把关、强管理,进一步建设符合企业发展需要的干部队伍。严格选人用人,注重在应对困难挑战、完成重大任务、解决复杂问题中考察识别干部,坚决杜绝“带病上岗”“带病提拔”,坚决调整不在状态、不作为的干部,提拔处级干部21人、交流换岗7人、兼任职务8人、免职6人。把党风廉政建设“两个责任”抓在手上、扛在肩上、落实到行动上,营造风清气正的发展环境。加强顶层设计,首次召开专题会议,对党风建设和反腐倡廉工作进行全面部署,提高这项工作的计划性和主动性;单独设立纪检监察处(审计处),实现专职纪检监察部门、工作人员的从无到有、从弱到强。扎紧制度笼子,开展“讲规矩、守纪律、促廉洁”等主题教育,覆盖党员1000余人次。深化巡视整改,以问题清单、任务清单和责任清单为指引,夯实工作责任,强化跟踪落实,整改工作按时按质按量完成;内部巡察首次亮剑,从严治党向基层延伸。严查违纪案件,支持纪委监督执纪问责,处置问题线索5件,了结4件、结案1件、给予党纪政纪双重处分1人,配合上海铁检院查处贪污受贿案3人(待判决)。坚持内聚合力、外树形象,为企业加快发展提供强有力的思想保证、舆论支持和精神动力。落实意识形态责任,进行专题研究2次,清查、登记各类阵地20余个,开展“学先进、爱岗位、重责任”主题教育活动,责任意识更加深入人心,工匠精神得到广泛弘扬。注重典型选树,重点策划“最美上铁院人”系列报道,选树各类典型10余人;所属各单位也以此为导向,纷纷将笔和镜头对准身边人、身边事,宣传报道一线先进40余人,学习先进、弘扬先进、争当先进的良好氛围逐步形成。提升对外报道水平,聚焦新大楼乔迁、淮萧铁路通车等重大事件、重点工程,对外发布新闻报道60余篇;建立企业官微,发布50余期。

工会工作。以评先树模为主要手段,激发干部职工的创造活力;以职代会为主要载体,深化院务公开和民主管理;以友爱基金为主要渠道,加强扶贫帮困及救助工作;以“两会一节”品牌活动、文体协会建设为主要举措,丰富职工群众的业余生活;以退休职工重阳节座谈会、迎新年联欢会等活动为手段,促进和谐企业建设。

共青团工作。各级团组织认真进行“一学一做”学习教育,青年思想教育取得新成效;积极开展“创新创效”活动,为企业科技创新注入青春力量;深化“青”字号品牌活动,涌现出“上海智慧城市建设领军先锋”等一批优秀青年,团员青年的生力军作用更加突出。

(余　毅)

【南昌铁路勘测设计院有限责任公司】　拥有国家发改委颁发的工程咨询甲级资质证书,与集团公司共享工程设计综合甲级、工程勘察综合类甲级,工程测绘甲级等合计八大类甲级资质证书。可承担铁路、轨道交通、市政(道路、桥梁)和建筑工程及其配套的给水排水、电力、通信、信号工程的勘测设计和相应的项目总承包、技术咨询、软件开发等业务。由南昌铁路勘测设计院改制而成,独立法人资格的综合勘测设计单位。驻江西省南昌市工人新村二路27号。院长彭跃辉,党委书记胡庆安。职工347人。资产总额15331万元。其中,固定资产原值2637万元、净值982万元;无形资产1479万元;流动资产12687万元;其他资产184万元。

2017年,实现营业收入20021万元,新签合同额28017万元,利润总额1589万元,净利润1311万元,国有资产保值增值率107.79%,净资产收益率7.57%(不含少数股东权益)。

(王安昌)

【杭州铁路设计院有限责任公司】　拥有铁道行业工程设计乙级、建筑工程设计乙级、工程咨询乙级、工程总承包乙级和工程招标代理暂定级等资质证书,通过ISO体系认证。主要从事铁路线路、站场、桥梁、房建工程设计和建筑设计、工程咨询、工程总承包等业务。原为杭州铁路设计院;2007年7月实施改制,更名为现名。驻浙江省杭州市延安路468号浙江经贸广场综合楼B座6楼。院长、党委书记林平。职工115人。资产总额6525万元。其中,固定资产原值1580万元、净值1208万元;流动资产5212万元。

2017年,完成总产值1.01亿元,新签合同额1.32亿元,利润1158万元,国有资产保值增值率115.93%,净资产收益率15.31%。

(孙世畅)

【中铁上海设计院集团合肥有限公司】　通过质量、环境、职业健康安全管理体系认证。主要从事铁路、桥梁、工业与民用建筑、通信信号、给排水、电力、市政道路、轨道交通等工程勘察设计以及工程总承包、技术咨询等业务。驻安徽省合肥市瑶海工业园区新海大道15号(中国铁建安徽大厦)。院长王可群。职工77人。资产总额3669万元。其中,固定资产1722万元;流动资产1842万元。净资产收益率2.04%,国有资产保值增值率107.31%。

2017年,新签合同额11388.9457万元,营业收入3247万元,净利润194万元。

(张荔敏)

【上海先行建设监理有限公司】 拥有铁道工程综合监理甲级、市政公用工程监理甲级、房屋建筑监理甲级、公路工程乙级资质，通过质量、环境、职业健康安全管理体系认证。经营范围：铁路、公路、市政公用工程，工业与民用建筑工程，暖通、给排水工程，通信、信号及电力工程，室内外装饰工程，园林绿化工程，设备安装工程，环保及消防工程监理；工程检测；工程技术咨询服务。1993 年 8 月成立。驻上海市天目中路 291 号。总经理康新平。职工 458 人。 （贾凤丽）

【中铁上海设计院集团有限公司天津分院】 主要从事轨道交通设计业务。驻天津市南开区卫津路 18 号中恺国际广场新都大厦 A 座 15 层。院长顾培龙。职工 106 人。资产总额 3118 万元。其中，固定资产原值 1803 万元、净值 1267 万元；流动资产 1805 万元。

2017 年，新签合同额 2861 万元，利润总额 444 万元，净利润 376 万元，净资产收益率 15.06%。

（姜熙伟）

【中铁上海设计院集团有限公司南京设计院】 主要从事铁路、建筑、市政领域的工程勘察设计、总承包、技术咨询等业务，设有道路、桥梁、建筑、结构、给排水、电力、暖通、线路、通信、信号、工经等。由原上海铁路局南京铁路勘测设计所划入，2009 年 3 月 16 日挂牌成立。驻江苏省南京市鼓楼区中山北路 223 号建达大厦。院长潘必胜。职工 77 人。资产总额 4689 万元。其中，净资产 1731 万元。

2017 年，新签合同额 1.34 亿元，营业收入 8619 万元，净利润 1241 万元，净资产收益率 20%。（严　云）

【中铁上海设计院集团有限公司徐州设计院】 主要从事铁路工程、桥梁、城市轨道交通、市政、工业与民用建筑等工程的勘察设计以及工程总承包业务，设有线路、路基、站场、轨道、桥梁、建筑、结构、通信、信号、给排水、暖通、电力、电气化等专业。原上海铁路局徐州铁路设计研究院；2013 年 1 月 1 日组建成立。驻江苏省徐州市新城区镜泊西路吉田商务广场 C 栋 4 层。院长韩其胜。职工 54 人。资产总额 2777 万元。其中，固定资产原值 1601 万元、净值 1299 万元；无形资产 97 万元；流动资产 1380 万元；其他资产 1396 万元。

2017 年，新签合同额 4750.39 万元，实现营业收入 3614.93 万元，实现利润 448.59 万元。 （朱　萍）

【中铁上海设计院集团有限公司长沙设计院】 主要从事铁路、轨道交通、市政、房建、公路等领域的工程勘察设计、总承包、技术咨询等业务，设有道路、桥梁、隧道、建筑、结构、给排水、电力等专业。2016 年 5 月 18 日成立。驻湖南省长沙市雨花区香樟路 819 号万坤图财富广场 1 栋 10 楼。院长、党总支书记杨敏捷。职工 28 人。资产总额 317 万元。其中，净资产 224 万元。

2017 年，新签合同额 7464 万元，营业收入 2063 万元，净利润 200 万元。 （向　鑫）

【中铁上海设计院集团有限公司工程勘察设计院】 拥有工程勘察综合类甲级、测绘甲级资质。从事城市轨道交通、铁路、高速铁路、市政、公路、桥梁、工业与民用建筑等工程勘察，工程测绘、工程监测、工程物探、精密控制测量等业务。2006 年成立，非法人独立核算单位。驻上海市天目中路 291 号。院长陈震华，党委书记郑晓慧。职工 109 人。 （李　帅）

【中铁上海设计院集团有限公司城建设计院】 2008 年 1 月成立，非法人独立核算单位。驻上海市共和新路 1265 号。院长朱德荣。职工 252 人。

2017 年，完成合同额 16854 万，净利润 1425 万元。

（严凤珠）

【中铁建预制构件研发咨询（上海）有限公司】 主要从事混凝土预制构件产品研发、销售及技术咨询综合服务，包括混凝土预制构件的设计咨询及技术服务。2017 年 10 月 16 日，由中铁上海设计院集团有限公司控股 51%、建华建材（中国）有限公司控股 49% 合资成立。驻上海市天目中路 291 号 15 楼和江苏省句容市下蜀镇临江经济开发区。董事长、法人代表陈鹏，总经理许俊。职工 7 人。资产总额 202 万元。其中，净资产 200 万元。 （杨志君）

【重要记载】

▲4 月 6 日　上海院获评 2016 年度静安区创新创业优秀企业。

▲4 月　上海院承担监理的新建铁路哈尔滨至大连铁路客运专线获第十四届中国土木工程詹天佑奖。

▲6 月 30 日　上海院总部乔迁至上海市静安区共和新路 1265 号新建科研设计大楼。

▲8 月　上海院获上海市“五星级诚信创建企业”称号。

▲9 月 1 日　上海院与浙江省交通规划设计研究院联合编制的《浙江省都市圈城际铁路二期建设规划（2017—2022）客流预测专题研究报告》专家评审会在杭州召开。

▲9 月　上海院主持的“大跨度简支槽型梁系杆拱桥关键技术研究”通过中国铁路总公司技术评审。

▲10 月 16 日　上海院与建华建材(江苏)有限公司合资成立中铁建预制构件研发咨询(上海)有限公司。

▲12 月　上海院参与勘查设计的南昌轨道交通 1 号线一期工程获 2016—2017 年度国家优质工程金质奖。　(邹飞虎)

中铁物资集团有限公司

【简况】 铁道部铁路建设项目部管物资代理公司、铁路用钢轨招标代理服务商,国家发改委批准的成品油专项供应单位。拥有铁道部铁路建设用钢轨招标与采购供应代理、成品油内部批发经营、工程招标代理、民爆器材经营、铁道部部管物资招标代、中央投资项目招标、国家道路运输经营许可证和北京市道路运输等重要经营资质。主营物流贸易、加工制造、国际业务、集采代理和电子商务。与鞍钢、包钢、攀钢、武钢、河北钢铁、首钢、中石油、中石化、中建材、中远洋、中外运、山桥、宝桥、南岭民爆等大型企业建立长期稳定的战略合作伙伴关系,实现国内首次销售企业与民爆骨干企业共同组建专营公司的合作;成为国内首家成功进军时速 350 千米百米钢轨市场的企业。前身系中国人民解放军铁道兵后勤部物资处;1984 年 1 月,集体转业并入铁道部,改编为铁道部工程指挥部物资处;1990 年 3 月,组建中国铁道建筑总公司物资局;1999 年,改称中铁建物贸公司;2000 年 12 月,更名为中铁建物资集团有限公司;2003 年,改制改称现名。驻北京市海淀区西四环中路 19 号。注册资本金 30 亿元。下辖 13 个全资子公司、4 个控股子公司、4 个钢厂办事处、10 个区域(专业)经营指挥部、5 个区域集采分中心,在 4 家公司参股,在重庆、大同、无锡等地设分公司、办事机构。资产总额 195.3 亿元。其中,固定资产原值 8.34 亿元、净值 5.52 亿元;流动资产 182.1 亿元。

2017 年,完成产值 245.9 亿元,实现报表净利润 4.26亿元。人均创利 23.35 万元,全员劳动生产率 50.47万元/人年,职工年人均收入 13.83 万元。国有资产保值增值率 152.51%,净资产收益率 6.67%,产值利润率 2.49%,资产负债率 87.70%,应上缴款完成率 100%。承担成昆、大秦、京九、南昆、内昆、青藏铁路,京沪高速铁路,郑西、武广铁路客运专线等国家重点工程的物资供应任务,直接或间接参与建设的新建铁路总里程累计 50000 余千米,占全国铁路的 50%;参与京沪、京珠、沪宁等高速公路,北京、上海、广州、深圳、南京等城市地铁,首都机场扩建项目、南京环城铁路、南水北调工程以及诸多港口、码头、水利水电、民用建筑等工程的物资供应;为北京 2008 年奥运会、上海 2010 年世博会、广州 2010 年亚洲运动会的配套工程提供物资保障;与欧洲、中东、南亚、东南亚、东亚等地建立良好的业务关系。获"全国诚信文明示范单位""中央企业先进集体""工人先锋号""火车头奖杯""北京市和谐劳动关系单位""全国守合同重信用企业""中国诚信经营示范企业""全国用户满意企业""国家 AAAA 级综合服务型物流企业""北京市国地税 A 级纳税企业""银行资信等级 AAA 级信用企业""全国首批物流 AAA 级信用企业"等称号;成为中国物流与采购联合会、中国铁道物资流通协会、中国建筑材料流通协会和中国建筑业协会材料分会的副会长级单位。通过中国物流与采购联合会的 AAA 级信用企业评级和 5A 级物流企业复评,名列中国物流企业 50 强前 10 位;取得交通运输部授予的"无船承运人"资格;获全国建筑业 AAA 级信用企业,蝉联全国用户满意企业。钢之家网站被评为"百家诚信 · 品牌供应商"。　(王　蕾)

【领导人员】

董事会

董事长	赵红鹰
副董事长	李锦云
董事	王　辉
	唐建勇
职工董事	董佃俭

监事会

监事会主席	吴婧萍(10 月免)
监事	汪起帆
	李景光
职工监事	刘　芳

经理层

总经理	王　辉
副总经理	熊卫东
	王跃飞
	唐建勇
	吴福存
	王　青
	魏广铭(11 月任)
总会计师	王　青(兼)

党群领导

党委书记	赵红鹰
党委副书记	王　辉
	董佃俭(1 月免)
纪委书记	吴婧萍(10 月免)

工会主席　　　　　董佃俭(1月免)

(王　蕾)

【职工队伍】 职工1854人。其中,干部1682人、工人172人;技术干部1062、技术工人110。

(汪　军　高　艳)

【企业经营】 新签合同额467.71亿元,同比增长24.63%,在股份公司排名第14位,比上年上升3位;营业收入排名第12位,增长19.57%,股份公司排名上升3位;报表净利润在股份公司排名第14位,大幅上升17位。承揽路内工程物流项目89.21亿元,路外工程物流项目167.1亿元;铁路线上料业务,新增基建代理项目69个,执行钢轨103.03万吨,钢轨供应量突破百万吨;现货业务规模增幅15.84%;调整部管物资和招标代理业务的布局和部署;继续升级电商平台,在线交易量实现稳步增长;新签国际业务合同1.23亿美元,累计出口钢轨2.52万吨,承揽拉伊铁路、法国地基建筑公司水泥项目,推进肯尼亚蒙内铁路、亚行渝黔铁路、兰渝外资接运、世行张呼铁路等项目;印尼二期项目进入执行阶段。按照股份公司要求成立5个区域物资集采中心,推进股份公司区域集采工作。各区域中心累计实施联合招标采购钢材及制品249.51万吨、水泥728.79万吨、柴油5.19万吨、商品混凝土120万立方米,组织采购签约总价27.68亿元。厘清股份公司与集团公司集采模式的边界,优化并固化多种模式并存的集采体系;积极服务系统内投融资、房地产、总承包项目,优化"源头采购+共同选商+一体化服务"的采购供应机制,保障四川、云南、广州等地系统内大型项目物资的集采供应。中国铁建物资集采工作基本完成体系重构。集采供应金额同比增长33.59%。推进资产证券化和应收账款保理,争取权益性支持,获永续债12亿元,资产负债率87.69%、带息融资36.4亿元。精简费用支出,"三费"总开支9.26亿元,同比下降14.18%。对接各地交通厅、铁路局、铁投、交投、水投、城际公司、地铁集团,以及商务部、国开行和主要国别大使馆。班子领导带队与陕西交投、浙江交投等40余家地方投资平台单位建立高层联系渠道,各地铁路局对接三分之一以上。各子分公司及时跟进,推动相关合作意向落地。取广东交通厅、深中通道、云南交投、沈阳铁路局的合同和渝黔、哈佳2个外资项目,并和浙江交投、浙江机场集团、武汉铁路局、河南铁投等形成物资供应和管理服务的合作意向。与业主单位直接新签合同108.26亿元,占新签总额的23.15%。加深和实体厂家的战略合作,广泛与重点钢厂、水泥厂签订战略协议,推动采购集中和统一定价,钢材水泥直采比例上升。调研桥梁支座、高端防水材料、外加剂、伸缩缝、轨道信号设备等专用材料和设备生产厂家。坚持贸易先行,与衡水菖裕集团和天津澳泰防水签订战略合作协议。依托系统内投融资项目的混凝土加工和管片生产业务,开发地铁打磨、维保服务、零配件供应等经营项目,购置高速打磨车打破市场垄断。培育转辙机、继电器、信号系统、机电装备等高端经营市场。与徐工机械、中联重科、广州粤海、沃尔沃对接并合作,中标港珠澳大桥重型工程施工养护设备和包钢液压碎石机等项目。

(王　蕾)

【企业管理】 制定《2016—2020年企业专项发展战略与规划》。修订《董事会议事规则》,将党委会研究讨论作为董事会决策重大问题的前置程序内容写入《董事会议事规则》;机关各部门规章制度"废改立"工作完成,依据工作实际更新已有制度,填补工作空白,最终出台最新的规章制度汇编。以"吸收合并"、工商注销等方式压减多家下属二、三级单位,包括江苏公司、海南公司、芜湖中铁科吉富轨道销售有限公司、珠海华铁商贸实业有限公司、陕西瑞中贸易有限公司、鞍山有限公司、北京五棵松国际航空服务有限公司、中铁煤焦销售有限公司山西分公司、海南中铁建混凝土有限公司、青岛中铁混凝土有限公司、贵阳中铁混凝土有限公司、北京中铁工业有限公司太原分公司、中南公司郑州分公司、华北公司天津分公司、铁印宾馆和乌鲁木齐办事。成立中铁物资集团有限公司降杠杆减负债防风险工作领导小组;集团公司机关职能部门调整为19个,定员144人(含集团领导及部门以上领导),机关编制外部门6个,定员77人,总部221人;人力资源部的党委干部部职能及人员并入党委工作部,党委工作部与党委干部部合二为一,将科技信息部与电子商务管理部整合为"科技信息与电商管理部",执法和效能监察室更名为党风政风监督室(党委巡视工作办公室),案件检查室更名为纪检监察室,将国际部调整为事业部管理,更名海外事业部,机关车队和食堂以购买服务的方式交由北京五棵松饭店管理,成立财务(共享)中心,由财务部组建与管理;东北公司石家庄分公司、华南公司海南分公司、华东公司南京分公司、混凝土管理公司青岛分公司、混凝土管理公司贵阳分公司、靖边至神木集运铁路物资服务标项目经理部、云湛高速公路CL-LQ5标段材料供应项目部、港澳公司(印尼代表处);停止华北公司生产经营活动,交由东北公司托管;中铁西城公司由合资公司变更为集团公司全资子公司;油品公司、煤焦公司自2016年停止经营,全力清欠。成立中国铁建股份有限公司物资集中采购北京中心、上海中心、广州中心、武汉中心和西安中心。此为股份公司内部非法人、非营利性服务机构，主业为内部企业、工程项目提供物资采购供应服务、整合供应商资源和组织内部物贸企业进行源头采购。完成新 OA 系统与档案系统、人事管理系统、单点登录系统、微信企业号、门户待办提醒、股份公司公文收发系统、印信管理系统、合同系统等多个异构系统的集成工作；集团公司档案管理信息系统 V8.0 上线；完成 SSL VPN 设备双机热备上线、调试工作；完成客商管理信息系统 V2.0及上网行为管理设备的应用系统、慧峰信息发布系统升级改造相关工作；因 NC 系统数据库服务器存储空间不足，进行 NC 系统数据库迁移。处置集团公司系统范围内超标公务用车 17 辆，成交金额419.24万元；“三供一业”分离移交工作完成率 71%；为整合后的 5 家子公司增加注册资本金 4.5 亿元，有效降低资产负债率。股份公司选派法律专家与集团公司清欠团队深入一线，对大宗物资风险业务重点案件进行督导帮扶。逐月向股份公司书面汇报大宗物资风险业务清欠情况；对所属各公司下达《2017 年度应收账款考核指标的通知》；多方联动沟通公检法机关，落实抵押物排查，并借助钢材回暖行情，探索代加工方案；公开挂牌清欠，实行公开招标风险代理；正常业务清欠回款 246.84 亿元，报股份公司批准划转昆仑投资集团金盘置业房产 11.96 亿元，大宗风险业务闭合风险 6.99 亿元，另避免物资集团本级承担连带责任案件 4 起。清欠回款 253.83 亿元。接受国家审计署专项审计，按照股份公司要求根据国家审计署〔2017〕26 号文件内容进行整改。除 1 项需要长期运作之外，其余 10 项问题均整改完毕，整改结果以书面形式报送股份公司审计监事局；落实《关于中铁物资集团有限公司董事长金跃良同志离任经济责任审计有关问题的处理决定》的审计决定及审计意见书，向股份公司报送书面报告；开展审计项目 23 个，其中集团公司审计监事部开展经济责任审计项目 13 个，专项审计调查 1 个；子公司开展经济责任审计项目 8 个，内控审计 1 个。通过“以物抵债”等方式，保护子公司优良债权和有形资产，避免损失数亿元；制定人格混同法律风险建议供各单位学习，避免因人格混同造成损失；股份公司向物资集团派驻法律专家组；超前谋划，防范次生风险；积极协调系统内应收账款。妥善处理投诉 2 起、业务咨询 29 起；制定回访计划，对中南区域的武汉、武汉地铁 11 号线、武汉地铁 5 号线、长沙地铁 3 号线、雷黄铁路，华北区域北京地铁项目系统内 2 家客户进行实地上门回访，并形成有效报告；建立健全重要客户联系信息库，为群发节日祝福短信，维护客户关系打下基础。（王　蕾）

【党群工作】　党的工作。学习贯彻国有企业党的建设工作会议精神和党的历次全会精神；通过“三会一课”、理论研讨等多种形式组织学习宣贯党的十九大精神；各级党组织书记宣讲十九大精神 180 场次；73 名选手参加演讲比赛；征集到优秀书法作品近百幅。推进“两学一做”学习教育常态化制度化，以“三会一课”现场模拟形式开展党务知识培训，开展“学制度、作表率”主题月活动，“七一”前往延安红色教育基地开展开放式组织生活，开展党建工作经验交流会，汇编《党建知识——口袋漫画》小手册，退休支部开展“微课堂”。组织中心组集中学习 13 次。与所属 26 个单位党委书记签订党建工作责任书，制定《党建工作量化考核暂行办法》，组织召开 2017 年度二级党委书记抓党建述职评议考核会议，将考核结果与“四好”领导班子评比和经营绩效挂钩；与鞍山钢铁集团党委签订党建联盟协议，并通过开展党建联盟交流活动，促进双方党建工作和业务经营深度合作；东北公司和鞍钢大型厂、华东公司与上海市金山区颜圩村、西南公司与攀钢国贸建立党建联盟，实现合作共赢的目标；召开领导班子务虚会，将党委会研究讨论作为董事会、经理层决策重大问题的前置程序；两级党委召开党员领导干部民主生活会；按照国资委党委要求，将企业党组织的设置、企业党建工作总体要求等写入公司章程，集团本级和所属子公司全部完成章程修订工作；坚持“双向进入、交叉任职”的领导机制，所属二级单位领导班子中，绝大多数按照党委书记兼董事长的领导体制模式进行配备。落实“四同步、四对接”的工作要求，撤销华北公司党委、湖南公司党工委与湖北中铁工程有限公司党工委，命名表彰 5 个基层示范党支部；12 个基层党支部顺利完成换届选举；港澳公司第一党支部作为中国铁建党委选派的唯一一家党组织，受邀在“中央企业基层党委书记示范培训班”现场模拟演练组织生活会，得到国资委党委的高度评价；中南公司郑州分公司党支部在股份公司基层党支部建设工作现场推进会上进行交流；举办基层党组织书记培训班暨基层党支部建设推进会，85 名基层党组织书记和党务干部受到教育；班子成员到各单位调研指导工作 68 次，开展两轮 18 次党建工作专项调研；立项建设党建工作信息化管理系统；节日前后，拨付 37.5 万元党费对 117 人次生活困难党员进行走访慰问。遵循“党管干部”和“民主集中制”原则；坚持纪委全程参与干部考察；打通人员晋升通道，按照板块划分，实行差异考核；召开党委书记碰头会 8 次，任免调整领导干部 151 人次，其中选拔任用 36 人次，配合股份公司考察任命 1 名纪委副书记，交流 53 人，集团公司系统外调入 2 人。股份公司党委第一巡视组对集团公司党委进行巡视，集团公司党委成立工作联络组全面配合。启动内部巡察工作，完成三轮对6家子公司的政治巡察工作。依照股份公司《企业视觉识别系统规范手册》(2014年版)要求，指导所属单位更换企业文化标识；举办新闻摄影比赛，展现一线职工的精神风貌；广泛宣传企业发展的新思路、新进展、新成效，结合企业重点工作，开展提质增效、瘦身健体等形势任务和主题教育活动；选树先进典型，表彰在基层党建工作、物资供应、集中采购等领域表现突出的先进个人和团队，推广典型经验做法；在员工队伍中大力弘扬“勇于超越、追求卓越”的进取精神；将企业文化作为新员工入职培训的必修课，让“中国铁建文化”在新员工心中落地生根。成立党建思想政治工作研究会，并确立政研会章程；中南公司和工业公司分别获得中国铁建优秀政研成果一等奖和三等奖。落实股份公司“两个责任”促进会精神，推进下级党委向上级党委报告主体责任落实情况、班子成员向党委报告履行“一岗双责”情况；细化、完善并层层签订《党风廉政建设责任书》；贯彻落实“查办案件以上级纪委领导为主”的要求和“一案双报告”规定，规范办案流程，强化责任追究，加大纪律审查力度；受理信访举报31件，立案7件，结案4件；持续开展大宗物资贸易风险业务清查和追责工作，新增和追加处理7人，加重处分7人；查处华北公司违规开展煤炭业务造成亏损案件，给予华北公司4名原领导班子成员党政纪处分；对“四风”问题专项整治进行“回头看”；开展“违规公款购买消费高档白酒、企业领导人员及其亲属违规经商办企业”等问题的专项整治。以“新闻不过夜”和“新闻再加工”原则，提升企业宣传报道时效性及稿件质量；在集团门户网站增设“区域经营指挥部”和“中国铁建物资集中采购”新闻专栏；各级单位累计在集团公司官网(内网)刊发新闻稿件600余篇，另在新华社客户端、铁建报社、铁建青年网等外部平台刊发稿件超过70篇；加强新媒体建设，推送微信公众号作品17篇。

工会工作。元旦、春节期间，慰问265户特、重困难户，送去慰问金54.2万元；开展征集“微心愿”主题活动，征集42名困难职工的56个“微心愿”，心愿实现率100%；持续加强互助合作基金会会员的管理工作；为11名出险职工办理补偿，补助金额6.6万元。举办劳动竞赛。拨款25万元，对在劳动竞赛活动过程中表现突出的东北、中南、西南、港澳、工业公司进行表彰奖励；各公司工会结合本单位特色开展相应的技能竞赛。根据股份公司工会的部署，选拔一批股份公司级模范职工之家、模范职工小家、优秀工会工作者和优秀工会积极分子；组织驻京单位近百名退休职工到北京市退休职工活动站参加由总公司离退部组织、物资集团承办的休养生活。“三八”节期间，评选出23名巾帼标兵、6名先进女职工工作者、10个先进女职工集体；开展征集“好家风”家庭摄影照片及照片背后的故事活动，对4个优秀组织单位，30幅优秀作品进行表彰和奖励。

共青团工作。开展“创新发展·青年当先”主题实践活动；持续开展“导师带徒”活动，新入职员工导师带徒签约率100%。 (王　蕾)

【中铁物资集团东北有限公司】 主营铁路建设所需的钢轨、道岔及配件、金属材料、油料、煤炭、矿粉、火工品等，大型基建项目所需钢材、水泥等相关物资及工程物流、仓储物流服务等综合物流配送业务。前身为中国人民解放军铁道兵后勤部东北办事处；1984年，铁道兵集体改工并入铁道部，改编为铁道部工程指挥部东北办事处；1989年，更名为中国铁道建筑总公司东北办事处；2003年4月，改制改称现名。驻辽宁省沈阳市大东区东北大马路337号。董事长、党委书记季利平，总经理王成伟。职工406人。资产总额32.25亿元。其中，固定资产原值1.18亿元、净值7827.31万元；流动资产30.75亿元；其他资产7202.87万元。

2017年，承揽任务总量67.28亿元，完成企总产值39.86亿元，利润1.01亿元；人均创利29.92万元，全员劳动生产率48.31万元/人年，职工年人均收入10.2万元；国有资产保值增值率73.24%，净资产收益率-38.44%，产值利润率2.45%，资产负债率103.7%，应上缴款完成率100%。 (刘　晨)

【中铁物资集团华东有限公司】 主营铁路线上料、现货贸易、工程物流、能源矿产及国际贸易业务。前身为中国人民解放军铁道兵后勤部华东办事处；1984年1月，集体转业并入铁道部，改编为铁道部工程指挥部华东办事处；1989年3月，更名为中国铁道建筑总公司华东办事处；2003年4月，企业改制改称现名。驻上海市杨浦区逸仙路25号同济晶度大厦19层。董事长、党委书记陆孜浩(9月免)，总经理张泓。职工159人。资产总额11.66亿元。其中，流动资产10.66亿元。

2017年，承揽任务36.22亿元，完成总产值22.36亿元，实现净利2119万元。人均创利13.33万元。职工年人均收入16.81万元。国有资产保值增值率109.59%，净资产收益率10.32%，产值利润率1.55%，资产负债率77.01%，应上缴款完成率100%。

(王吉飞)

【中铁物资集团中南有限公司】 主营金属成材料、建筑材料贸易，机械设备租赁，房屋租赁，金属矿、非金属矿的销售，水泥、钢材、铁路设备器材销售、仓储服务及货物、技术、代理进出口业务。2005年7月7日成立，

2007年成为集团公司独资子公司。驻湖北省武汉市武昌区丁字桥路25号。法定代表人韩元军(12月免)、李景光(12月任),党委书记韩元军(12月免)、李景光(12月任),总经理李学锋。职工125人。资产总额187255.99万元。其中,固定资产原值3016.77万元、净值2154.79万元;流动资产184181.63万元;其他资产919.57万元。

2017年,新签合同额54.57亿元,完成产值25.19亿元,实现利润总额5578.37万元,实现净利润4115.83万元,人均创利44.63万元,全员劳动生产率2015万元/人年。国有资产保值增值率124.54%;净资产收益率6.67%;产值利润率2.21%;资产负债率88.46%;应上缴款完成率102.90%。(肖胜男)

【中铁物资集团西北有限公司】 主要经营大型基建项目所需钢材、铁路建设所需钢轨、配件和水泥等物资供应、钢材现货贸易、部管物资代理、房屋租赁等业务。前身系中国人民解放军铁道兵西北办事处;1984年1月,集团转业并入铁道部,改编为铁道部工程指挥部西北办事处;2003年4月,企业改制改称现名。驻陕西省西安市友谊东路150号。董事长李景光(12月免)、郭鹏心(12月任),法定代表人郑长伟(12月免)、郭鹏心(12月任),党委书记郭鹏心,总经理郑长伟。职工238人。资产总额124768.11万元。其中,固定资产净值17705.55万元;流动资产122080.15万元;其他资产917.40万元。

2017年,完成总产值168672.53万元,实现利润1623.83万元;人均创利68228.24元,职工年人均收入105757.93元;国有资产保值增值率93.97%,净资产收益率-7.23%,产值利润率1.31%,资产负债率119.66%。(陈玉龙)

【中铁物资集团西南有限公司】 主营批发、零售钢材、水泥等建材;普通货物代办仓储运输;煤炭批发经营;自有房屋租赁;货物进出口贸易。前身为铁道兵西南办事处;1984年1月,集体转业并入铁道部,改称为铁道部工程指挥部西南办事处;1989年,更名为中国铁道建筑总公司西南办事处;2001年,企业改制改称成都中铁建西南物资有限公司;2004年,划归中铁物资集团有限公司,改称现名。驻四川省成都市一环路北三段1号SOHO-C座。董事长、党委书记刘家云,总经理林斌。职工168人。资产总额24.28亿元。其中,固定资产原值2.49亿元、净值2.07亿元;流动资产21.94亿元;其他资产0.27亿元。

2017年,承揽任务83.64亿元,完成产值37.4亿元,实现净利润8025万元;人均创利44.58万元,全员劳动生产率94.66万元/人年,职工年人均收入17.5万元;国有资产保值增值率165.62%,净资产收益率13.41%,产值利润率2.52%,投资回报率80.25%,资产负债率92.32%,应上缴款完成率100%。

(李　政)

【中铁物资集团华南有限公司】 主要从事工程物流和现货自营业务。2004年1月注册成立,注册资本金1.5亿元。驻广东省广州市越秀区东风东路745号东山紫园商务大厦17层。董事长、法定代表人王勇(9月任),党委书记黄广双(8月免)、王勇(10月任),总经理高南林(4月任)。职工113人。

2017年,承揽任务39.44亿元,完成产值20.73亿元,净利润7165.61万元;人均创利55.55万元,职工年人均收入14.72万元。(何素贞)

【中铁物资集团港澳有限公司】 主营城市轨道交通物资供应及铁路物资的国际贸易,机电设备的供应、安装及调试。2010年7月28日成立。注册资本金1亿元。驻广东省珠海市九州大道西3026号11栋。法定代表人、董事长、总经理杨奎,党委书记温锦鹏。职工137人。资产总额99480万元。其中,固定资产2378万元;流动资产97718万元。

2017年,承揽任务21.91亿元,完成产值11.25亿元,实现利润11148万元,净利润8376万元;人均创利61.14万元,全员劳动生产率820.86万元/人年,职工年人均收入24.71万元;国有资产保值增值率120.93%,净资产收益率43.88%,产值利润率7.45%,资产负债率79.00%,应上缴款完成率100%。(朱明明)

【北京中铁工业有限公司】 主要从事铁路物资、工程物流、大宗商品贸易、矿产资源、驻厂监造、混凝土及制品加工制造和物业管理。前身为中国铁道建筑总公司工厂局;2001年11月,工厂局机关撤销;2001年12月,工厂局机关(含局机关服务中心)与其下属北京海石丰工业科技开发公司重组,称北京海石丰工业科技开发公司,划归北京铁建工贸集团公司管理;2006年11月,划归中铁物资集团有限公司管理;2010年1月,北京海石丰工业科技开发公司注销,改称现名;2014年2月,与中铁物资集团北京有限公司(下辖北京五棵松饭店有限公司)、芜湖中铁科吉富轨道销售有限公司、中铁物资集团混凝土管理有限公司合并重组;2014年9月,芜湖中铁科吉富轨道销售有限公司划出;2016年8月,与北京中铁物资贸易有限公司合并重组,沿用现名;9月,北京五棵松饭店有限公司(含五棵松航服)划出。驻北京市石景山区玉泉路65号。董事长、法定代表人、党委书记杨晓明,总经理陈伟。职工269人。资产总额18.73亿元。其中，固定资产原值0.98亿元、净值0.61亿元；流动资产17.89亿元；其他资产0.84亿元。

2017年，新签合同额38.03亿元，完成产值32.18亿元，实现净利润0.94亿元；人均创利32万元，全员劳动生产率73.73万元/人年，职工年人均收入12.76万元；国有资产保值增值率49%，净资产收益率-34.28%，产值利润率3.31%，投资回报率29.98%，资产负债率109.72%，应上缴款完成率100%。

（周　怡）

【北京中铁国际招标有限公司】 拥有中央投资项目招标代理甲级资质证书和工程招标代理机构乙级资质。前身为物资集团部管物资事业部。2012年4月成立。驻北京市西四环中路19号。执行董事、法定代表人、党工委书记刘建军（6月免）、马达（6月任），总经理马达（6月免）、李琦磊（7月任）。职工34人。资产总额2.41亿元。

2017年，承揽任务1975万元，完成产值4876万元，实现净利润654万元，人均创利19.23万元，全员劳动生产率67.72万元/人年，职工年人均收入15.87万元，应上缴款完成率100%。（孙　悦）

【北京五棵松饭店有限公司】 主营业务餐饮、租赁、客房、会议。是国家旅游局涉外三星级酒店。前身是铁道兵司令部第一招待所；1977年1月成立；1996年12月，更名为北京中铁五棵松饭店；2002年8月，更名为北京五棵松饭店；2007年12月，更为现名；2013年1月，变更为中铁物资集团北京有限公司子公司；2016年9月，调整为集团公司的全资子公司。驻北京市海淀区西四环中路19号。董事长、法定代表人张建宾（12月免）、韩元军（12月任），党委书记张建宾（12月免）、韩元军（12月任）。职工177人。资产总额2916万元。其中，固定资产净值84万元；流动资产2833万元。

2017年，完成产值3289万元，实现净利润76.83万元。净资产收益率1.7%，产值利润率3.47%，资产负债率60.03%，应上缴款完成率100%。（胡宇宁）

【中铁物资集团云南有限公司】 主营非金属矿产品、金属矿石（粉）、金属材料、建筑材料、交通道路石油沥青（不含危险化学物品），以工程物流项目为主，涉及各类大宗物资贸易。2013年7月1日成立。注册资本金10000万元。驻云南省昆明市官渡区广福路樱花语幸福广场A1-E栋8楼。执行董事胡永强，党委书记胡永强（3月任），总经理胡永强（3月免）、吴越（4月任）。职工54人。资产总额10.51亿元。

2017年度，新签合同额41.77亿元，完成产值18.61亿元，净利润6651万元；人均创利114.67万，全员劳动生产率206.4万元/人年，职工年人均收入23.21万。净资产收益率40.18%、产值利润率4.56%、资产负债率83.28%、应上缴款完成率100%、国有资产保值增值率142.83%。（段匕鹂）

【中铁物资集团铁建民爆器材专营有限公司】 主要经营炸药、雷管、导爆索等民用爆炸物品和钢材，具有民用爆炸物品销售许可证。2006年10月成立；由中铁物资集团有限公司与湖南南岭民爆器材股份有限公司共同出资组建，原名中铁物资集团铁建民爆器材专营有限公司；2015年11月，改称现名。驻北京市海淀区西四环中路19号26号楼5层。董事长、党委书记范玉峰，总经理姜延华。职工43人。资产总额12801.82万元。其中，固定资产原值240.34万元、净值32.01万元；流动资产12769.81万元。

2017年，完成产值19288.26万元，实现利润477.16万元；人均创利8.17万元，职工年人均收入16.48万元；国有资产保值增值率95.32%，净资产收益率3.14%，产值净利润率1.82%，资产负债率12.61%，应上缴款完成率100%。（孙　静）

【北京中铁福斯罗技术有限公司】 主要从事研究开发扣件系统技术、技术转让和技术咨询；批发城铁打磨设备及其配件、并提供上述产品的相关服务。2009年3月17日，由中铁物资集团有限公司与德国福斯罗公司出资组建。注册地北京市海淀区西四环中路19号218房间。法定代表人熊卫东，总经理刘建国。职工4人。资产总额2048万元。其中，流动资产2014万元。

2017年，完成产值714万元，实现利润总额589万元，缴纳税金147万元，人均创利147.25万元；国有资产保值增值率98.08%，净资产收益率6.56%，产值利润率89.46%，投资回报率117.8%，资产负债率19.77%。

（白　岩）

【中铁物资集团钢之家电子商务有限公司】 主要从事电子商务、软件开发等业务。2012年4月6日，由中铁物资集团有限公司与上海钢之家信息科技有限公司共同出资组建成立。2014年4月10日，股东双方按原股比增资至1000万元。驻上海市浦东新区东方路818号众城大厦10楼D座。董事长、法定代表人张泓，总经理吴文章。职工60人。资产总额2952.65万元。其中，固定资产净值9.81万元；流动资产2921.81万元。

2017年，完成产值5.37亿元，实现净利润26.47万元；人均创利0.43万元，职工年人均收入5.8万元;国有资产保值增值率 103%,净资产收益率 0.61%,产值利润率 0.05%,投资回报率 0.49%,资产负债率63.10%。 (张 琳)

【重要记载】

▲2 月 27 日 内蒙古自治区与中央企业合作恳谈会包头分会场会议召开,集团公司与包钢集团签订战略合作协议。

▲3 月 6 日 集团公司与四川省川威集团有限公司签署战略合作协议。

▲4 月 17 日 集团公司与广东韶钢松山股份有限公司签署战略合作协议。

▲4 月 23 日 集团公司主办的第五届中国大宗物资电子商务高峰论坛在上海国际会议中心举办。

▲5 月 19 日 集团公司召开"智能物流跟踪可视化系统"设计方案审定会。经股份公司同意立项。

▲5 月 集团公司与中建交通建设集团有限公司签订战略合作协议。

▲6 月 9 日 集团公司与宝桥集团举行战略合作签约仪式。

▲6 月 11 日 集团公司与通号(西安)轨道交通工业集团有限公司举行战略合作签约仪式。

▲8 月 2 日 集团公司与鞍钢集团国际经济贸易有限公司举行尼日利亚市场联合开发合作签约仪式。

▲8 月 8 日 中国铁建物资集中采购推进会在武汉召开。

▲8 月 12 日 集团公司通过中国物流与采购联合会 AAA 级信用企业评级。

▲8 月 25 日 集团公司通过中国物流与采购联合会 5A 级物流企业复评。

▲8 月 30 日 集团公司停止华北公司生产经营活动,交由东北公司托管。

▲9 月 4 日 集团公司与中建西部建设股份有限公司举行战略合作框架协议签约仪式。

▲9 月 13 日 集团公司与鞍山钢铁集团在举行党建联盟签约仪式。

▲9 月 26 日 集团公司与十一局举行战略合作协议签约仪式。

▲10 月 16 日 集团公司取得交通运输部授予的"无船承运人"资格。

▲12 月 3 日 集团公司获"全国建筑业 AAA 级信用企业"称号。

▲12 月 7 日 集团公司与中国建材西南水泥有限公司举行战略合作签约仪式。

▲12 月 26 日 集团公司与海螺水泥(川渝区域)举行战略合作协议签约仪式。 (王 蕾)

中国铁建重工集团有限公司

【简况】 国家认定的重点高新技术企业、国家级两化深度融合示范企业。隧道施工智能装备、高端轨道设备装备的研究、设计、制造、服务于一体的专业化大型企业。专注个性化、定制化大型装备研发制造,实施"4 + X"产业布局,形成掘进机、轨道系统、特种装备、大型养路机械等成熟产业和正在发展的货运磁浮等新兴产业。2007 年成立;2011 年,由中铁轨道系统集团有限公司更名为现名。注册资本金38.5554亿元。下辖 27 个直属管理平台(部门),掘进机事业部、特种装备事业部、轨道系统事业部 3 个事业部,掘进制造总厂、特种装备制造总厂、道岔分公司 3 个制造单元,中央研究总院,兰州公司、新疆公司、包头公司 3 个区域子公司,广州公司、大连公司、西安公司、洛阳公司 4 个合资项目公司,中铁隆昌铁路器材有限公司、株洲中铁电气物资有限公司(战备物资事业部)3 个专业子公司和中铁建特种装备工程有限公司。驻湖南省长沙市经济技术开发区东七路 88 号。职工 3517 人。资产总额 151 亿元。其中,流动资产 113.26 亿元;固定资产净值 17.21亿元。机械运输设备 5200 台(套),总功率 7.7 万千瓦,技术装备率 13.3 万元/人,动力装备率 11.67 千瓦/人。

2017 年,新签合同额 117.72 亿元,完成产值102.23 亿元。获评国家重大技术装备首台(套)示范单位、国家 863 计划成果产业化基地、制造业向服务型制造业成功转型的典型企业,获中国专利奖。获评"中国轨道交通创新力 TOP50 企业""中国工程机械制造商 5 强企业""全球工程机械制造商 50 强企业"。获"全国企业文化建设先进单位""中央企业思想政治工作先进单位"称号。

(田如本 邓日红 李 红 肖 文)

【领导人员】

董事会

董事长	刘飞香
董事	程永亮
	赵 晖
	胡 斌
职工董事	贺勇军

监事会

监事会主席	王　彪
监事	王淑川
职工监事	谭光勇

经理层

总经理	程永亮
执行总经理	赵　晖
副总经理	胡　斌
	刘海华
	李　健
总工程师	胡　斌(兼)
总会计师	李　健(兼)

党群领导

党委书记	刘飞香
党委副书记	程永亮
	赵　晖
	贺勇军
纪委书记	王　彪
工会主席	贺勇军(兼)

(陈海燕)

【职工队伍】 职工3517人。研发技术人员971人,占28%;营销与服务人员361人,占11%;管理人员623人,占17%;技能人员1431人,占41%,其他辅助人员约占3%。博士18人(含博士后1人),占0.5%;硕士389人,占12.2%,本科1408人,占40.1%,大专710人,占18.6%,大专以下992人,占28.6%。高级与正高级职称115人;中级职称346人;初级职称561人。高级技师7人,占0.5%;技师52人,占3.6%;高级工298人,占20.8%;中级工471人,占34.3%;初级工603人,占48.7%。 (肖　文)

【经营管理】 新签合同额117.72亿元,实现营业收入89.02亿元,实现净利润13.62亿元,完成工业产值102.23亿元。其中,铁建装备产值17.32亿元,产量57台;掘进机产品完成产值47.38亿元,产量112台(套);轨道系统产品完成产值15.16亿元,产量2211组;特种装备产品完成产值13.28亿元,产量616套;弹条扣件与闸瓦产品完成产值7.17亿元,产量8848万件;电气制品完成产值1.15亿元,产量12427根、9660吨;管片产品完成产值0.77亿元,产量4926环。 (李　红)

【风险内控】 贯彻落实《"法治铁建"建设实施方案》的文件精神,建立"没有法律意见,领导不签字、议题不上会、单位不用印、上级不受理"的理念和机制,突出抓好法律纠纷案件降控,预防和掌控法律风险。明晰董事会、经理层、业务部门及公司各级法人之间在风险内控决策、执行、监督等方面的职责权限,完善"三重一大"的决策监督机制,形成科学有效的职责分工和制衡机制。对业务流程进行梳理和再造,打造高效运作的"流程型组织"。形成39条业务线,3082条纵横交错的流程,横向到边,纵向到底,打破部门和职能的壁垒墙。扎实开展风险内控日常系列工作制定方案、强化监督,做好内控缺陷整改及风险防范工作,修订《内控与风险管理手册》,编制"风险内控权限指引表",统筹规划,有序推进2018年度风险评估工作和2017年度内控自我评价工作。加强法律事务管理,严格把控四项审核,确保经营风险的最低化,重大决策审核率100%,经济合同审核率100%,全面参与监督公司招标、供应商谈判采购过程。 (赵勤砚)

【市场经营】 打造跨区域、多途径信息收集网络,对铁路、公路、城轨、水利等重点工程项目的可研、设计、招标等全过程进行信息收集与跟踪。轨道系统产业板块重点跟踪汉十铁路、吴中城际、蒙华铁路、神华集团、唐曹铁路等地方投资重点项目,全面进入路局市场和城轨市场,预埋槽道产品进入兰州地铁市场,粉末冶金闸瓦装车运营考核。掘进机产业板块针对国内不同区域掘进机产品需求特点,有选择地与地方优势企业进行合作,在洛阳、成都等城市地铁项目中斩获订单;新开拓上海基础江浦路盾构机、华电银川穿黄盾构机、中石油硬岩顶管等系统外高端市场。新疆公司大力实行区域经营,积极投入新兴产业市场开发;兰州公司在保障兰州地铁管片供应的同时积极开展业务;包头公司利用区域优势,积极配合掘进机事业部完成呼市地铁2号线8台盾构机的租赁工作及"引绰济辽"3台TBM的承揽工作。特种装备产业板块开拓中交、中建、中铁等系统外新客户市场,开发多功能作业车、锚杆台车、洞碴加工生产线、掘锚机等新产品市场;在郑万铁路实施"机械化施工、信息化管理"的隧道施工整体解决方案,智能化凿岩台车占有率稳居第一;在张吉怀铁路、赣深铁路、贵州高速公路等十余个重点项目中实行专职专线经营并取得突出成效。海外业务方面,分别在新加坡、泰国、印度、伊朗、俄罗斯、南非等地设立区域经营办事处,完成在澳大利亚、巴西区域市场调研和人才储备,海外产业区域布局初步完成。成功将产品销售至俄罗斯等国家和台湾地区,自主知识产权盾构机首次进入欧洲,产品打破台湾盾构机市场30年来被日本垄断的局面。 (姬海东)

【财务管理】 以资金管理为龙头,严格管控资金流出，强化资金集中管理，资金集中度、上存度连续超额完成股份公司下达的年度指标，超额收益1690万元；采取铁建银信、中车云信等新型结算方式，打破传统结算方式的壁垒，实现延迟支付、便捷支付以及低成本贴现的多重效果，开出各类票据4500余笔，减少融资成本8000余万元；在提高资金增量上加大业财融合力度，将管理触角向业务前端延伸，在对外营销、项目申报等方面及时进行风险提示，建立应收账款预警机制，指导经营回款；在销售模式上推广三方融资租赁，规范运作经营租赁模式，扩充融资渠道，加快资金回笼，控制资金回收与收入确认风险。（胡蓓蓓）

【人力资源管理】 创新招聘体系，强化招聘计划管理，规范需求计划与招聘计划，优化招聘流程，实现快速招聘。启动招聘云系统，实现数字化招聘。增加人才甄选环节，确保人才质量。建立人力资源优化机制，推动人力资源有序循环；建立《职衔制员工考核办法》《技能制员工考核办法》《特定岗位持证上岗管理办法》为核心的考核机制。不断创新薪酬福利机制，修订完善薪酬福利激励体系。采用"定量计算、定性分析"的原则重新制定《制造单元月度效益工资总额管理办法》，制定《职衔制与技能制等员工年度奖励办法》。加强薪酬预算管理，强化薪酬过程控制，根据股份公司薪酬预算管控办法，积极做好薪酬筹划，建立工资总额预算定期预警机制，进行季度分析并发布。线下培训课时同比增长235.81%，人均培训课时同比增长78.75%。（肖　文）

【信息化建设】 以"协同办公、信息流动"为基础，以"全面覆盖、风险预控"为原则，再造公司的流程和制度体系，修订一级制度192个，二级与三级制度269个；形成39条业务线，3082条横向到边、纵向到底的业务流程，将铁建装备融入新重工集团的管理体系，完成制度流程到铁建装备的复制，强化过程监督管控，流程节点考核更具实效，企业风险得到有效管控。提升信息化能力。信息化工作紧紧围绕"超前谋划、夯实基础"方针，完成"十三五"数字化规划，为未来数字化建设描绘蓝图，有力支撑集团发展战略和制度流程再造。开展研发设计数字化（PLM）、ERP、WMS、OA、MES等核心信息系统的分步建设。完成机房改造、数字化会议系统、集中打印、新园区弱电工程等信息化基础设施建设。（沈建龙）

【审计工作】 结合生产经营重点及实际生产情况，以完善企业控制、防范经营风险、加强企业精细化管理、提高经营管理水平和经济效益为目的，突出重点，切实履行职责。制度文件内容进行全面梳理，形成集团公司新的《内部审计管理制度》，完善《监事会议事规则》，明确监事会职权、议事程序和决议程序，加强对"三重一大"事项决策程序的监督。抽查流程近3000条，提高审计的日常监督功能，充分发挥审计的监督和服务作用。通过内调和外招的方式健全人员的配置，配备6名专职审计管理人员，创新审计模式，明确"强监督、重服务、促规范"的职责定位，开展内部审计及专项调查工作7次，促进增收节支630万元，提出审计建议48条，采纳审计建议48条。（徐　辛）

【安全质量】 健全和完善安全生产管理体系，建立安全信息通报机制，严格监控轻微伤和事故苗头，通过安全教育培训提高全员安全意识和安全知识水平；签订安全包保责任书，安全生产责任得到全面落实；长沙高端地下装备制造项目（一期）安全设施与生产线同时建成投产、新疆公司电焊烟尘除尘系统建成投入使用，职业健康安全环境得到改善；加强安全生产大检查和隐患排查治理，"三违"行为得到抑制。以"省长质量奖"申报为契机，快速实现质量管理体系落地，产品实物质量与质量管理体系的成熟度得到不断提升，获第五届"湖南省省长质量奖"；制定《2017年质量KPI指标暂行办法》，设立适用制造系统的KPI指标11类，10类达成预期目标，达成率91%，其中产品质量满意度87.97分，达到满意级；开展两期产品关键质量问题23个项目的质量改进立项，其中22项通过现场验收评审，改进项目问题发生率下降70%以上。

（颜　晨　陈新德）

【科技创新】 研发105项新产品，下线国内首台大直径常压换刀盾构机、硬岩隧道顶管机、多功能作业车、垂直储带仓连续皮带机等新产品；研制锚杆台车、数字化衬砌作业成套装备等新装备；突破重载铁路扣件系统研制等新技术；启动双臂喷射台车、中国铁建首台中低速磁浮车辆、首台采棉机样机试制等。新立主持国家计划3项，参与国家计划1项，省级科技计划2项，股份公司科技计划7项。获中国专利优秀奖2项，获国家级专利优秀奖，获省部级科技进步奖2项，获湖南省产品创新奖1项，股份公司科技进步奖3项，湖南省专利奖1项，股份公司优秀发明专利奖1项，其他科技奖13项。2个项目通过省级科技成果评价，成果均达到国际领先或国际先进水平，"双护盾TBM"获评2017年湖南省首台（套）重大技术装备。15篇论文在《铁道建筑技术》《施工技术》《轨道建筑》等中文学术期刊上发表。完成国家知识产权项目"开展高价值专利工作"结题，积极推动及配合公司专利战略调整。顺利通过湖南省首批国家知识产权贯标认证。主持编制的

2 项 TBM 产品国家标准和参与编制的 3 项盾构机产品国家标准正式发布，填补国内空白；新获批主编国家标准 2 项，行业标准 2 项。（刘　伟）

【党的工作】 党委 16 个、党总支 5 个、党支部 83 个，党员 2211 人。发展新党员 41 人。制定印发《中国铁建重工集团党建工作责任制实施办法》等制度，形成主体明晰、责任明确、有机衔接的党建工作机制，坚持定期召开党委常委会，坚持与所属党组织层层签订党建工作责任书。建立党建工作“述评考用”机制。制定印发《中国铁建重工集团党建工作量化考核暂行办法》，将党建工作考核结果与所属单位班子成员的年度绩效薪酬和评先评优资格挂钩。找准工作重心，上下联动。结合企业“两型三化九力”发展战略，制定实施“党建＋”战略，采取“1＋8＋X”的模式，即党建＋政治引领、＋思想武装、＋中心工作、＋重点任务（攻坚克难）、＋品牌文化、＋凝心聚力、＋清风正气、＋互联网模式，＋“X”是指特色选项，编制“党建＋”标准化工作手册，突出铁建重工的特色。做好思想建设，迅速掀起学习宣传贯彻十九大精神热潮。开展“党委书记宣讲十九大精神”活动、“不忘初心、牢记使命”主题演讲比赛、经典语录书法比赛、党员领导干部撰写学习心得等系列活动。注重抓好先进典型选树，推出一批在科技研发、精益管理、工匠制造等方面的先进典型人物和事迹，开展评选“五好党支部”“六好共产党员”党内表彰活动，持续开展道德讲堂，引导干部职工树立正确的人生观、价值观。完善企业党的领导体制，修订完善《“三重一大”事项决策制度》，抓好领导班子配备和干部人才选拔。制定完善多项干部人才管理办法，引进一批高端人才。建立素质优良、数量充足、门类齐全的后备干部队伍。创新人才考核评价机制，深化“三项制度”改革，铁建重工改革经验被选为国务院国资委“三项制度”改革典型案例。同时，开展“四好”班子创建活动。抓好党委中心组学习和领导干部培训，落实谈心谈话和民主生活会制度，不断增强班子团结协作和引领企业发展的能力。完善《党支部工作指南》《党支部工作台账》《党小组工作台账》三本指导用书，明确党支部工作制度、流程，规范基层党支部工作。推进“两学一做”常态化制度化，坚持抓好“三会一课”、组织生活会、民主评议党员、发展党员、组织关系管理等基础工作，扎实开展两级领导班子民主生活会。开展创先争优活动，全面推进创岗建区活动。落实党建工作经费，加强“党员活动室”“职工之家”等活动阵地建设。运用“三位一体”网络全媒体传播媒介，通过网站、微博、微信和 OA 内网全方位做好企业宣传；在央视十九大特别节目《还看今朝》中作为高端制造的代表两度上镜，更在央视国庆晚会上作为国之重器代表为祖国送上祝福，并经《新闻联播》报道；结合《走进新国企》、海峡两岸媒体联合采访和央视大型专题片制作，唱响大国重器核心突破“国家名片”，对外报道数量呈现大幅增长，在中央主流媒体原创性报道 50 余次，省级主流媒体报道 50 余次。组织参加 2017 北京 BICES 展、第二届中国（长沙）国际轨道交通博览会、央企创新成就展、土耳其隧道施工论坛、印度工程机械展等国内外重大展会 10 余次，展出产品和模型共 80 余套，观展人数 10 余万人次。（刘志河　陈海燕）

【纪检监察工作】 落实纪委监督责任、强化监督执纪问责、加大问题线索处置力度和责任追究力度、集中力量开展专项效能监察，取得较好的效果。签订《党风廉政建设责任书》，制定“一岗双责”责任清单和定期报告制度、领导班子成员定期报送履行主体责任和执行纪律情况报告制度等制度并督促落实。加强对选人用人的全过程监督，对 35 人进行任前廉洁谈话，参与选人用人监督 35 人次，出具廉洁意见回复 35 份；突出重点，加强反腐倡廉警示教育，对 146 名新进营销人员开展廉洁主题讲座，组织广大党员领导干部认真学习党章党规党纪，不断强化纪律意识；加强对领导干部节假日执行“八项规定”等情况的提醒和监督检查，严防“四风”反弹。落实股份公司巡视整改，把巡视整改作为首要的政治任务来抓，对 2016 年内部巡察过的电气物资公司、隆昌公司巡察反馈意见的整改落实情况进行监督检查、对违规公款购买消费高档白酒问题开展集中排查整治；成立 14 个机构按要求开展企业领导人员及其亲属违规经商办企业专项治理，收集统计个人申报表 372 份，对个人申报涉及到的 11 人和 12 家企业进行排查。（谢卫国）

【工会工作】 贯彻落实《企务公开实施办法》，通过微信群组、微信公众号、易企秀、OA 群组、会议、培训、宣传展板等多种形式，将企业生产经营管理、职工福利等方面事宜悉数公开，让广大职工第一时间解公司动态，适应组织架构改革调整，完善工会组织，配备专兼职干部，为充分发挥工会职能提供完善的组织保障。按规定及时吸收新入职人员入会，入会率 100%。新成立二级工会 1 个，配备专职干部 1 人、兼职干部 5 人。开展特色活动。成功举办以“承载铁建梦想 · 再续重工华章”为主题的集团公司成立十周年系列活动，举办首届劳模表彰大会、首届职工趣味运动嘉年华等大型活动，参加湖南省直属基层工会职工气排球比赛、经开区羽毛球比赛、泉星社区星港杯五人制足球赛等活动，丰富职工生活，提高公司的知名度；承办和参与中国铁建长沙区域联动“铁建耀星城”的各类活动；开展各类活动，丰富职工生活。关心职工生活，走访慰问职工723人次，发放慰问金42.54万元；为会员发放节日物资400余万元，发放生日慰问物资110余万元；“金秋助学”活动资助困难职工子女53人，资助金额5.9万元；“夏送清凉”活动发放物资50余万元。（郭　茜）

【共青团工作】 组织团委“中心组学习”、座谈会、团员青年QQ群、微信群交流等方式，加强引导团员青年的理论知识学习。通过QQ群和面对面的谈话交流，解青年的思想动态，做好思想引导。根据股份公司对工业板块重组的战略部署，及时调整团的基层组织架构，对于新成立的单位及时成立团组织，通过信息采集形成数据库。以主题活动为载体，彰显青春与活力，激发广大团员青年奉献企业的热情，通过工团共建的形式，组建各类兴趣小组，鼓励青年员工开展各类活动。组建足球、篮球、羽毛球、乒乓球、气排球、舞蹈、瑜伽、摄影等兴趣小组。与城建集团等单位联合举办相亲活动，参加长沙县举办的系列交友等，持续开展“爱心资助 圆梦大学”活动，开展青年志愿者服务、学雷锋活动等；组织开展“自愿中国”信息系统网络注册活动；组建“青年志愿者”服务队，并到敬老院、老家属区开展青年志愿者活动，受到社会好评。（邓　贤）

【中国铁建高新装备股份有限公司】 主要生产捣固、稳定、道砟清筛、配砟整形、物料运输、道床清洁、钢轨维护，大修、接触网及综合检测等60多种产品。成立于1954年；2015年，由昆明中铁大型养路机械集团有限公司整体改制成立，并在香港联交所上市（股份代号:1786.HK）。注册资本金15.2亿元。驻云南省昆明市官渡区金马镇羊方旺384号。董事长刘飞香，党委书记、执行董事赵晖，总经理童普江。职工2450人。资产总额69.8亿元。

2017年，新签合同额29.6亿元，营业收入18.46亿元。新制造大型养路机械整车57台（含试制车5台）；生产试制盾构机、吊篮臂、搅拌站及其他配套件、刀座、阀块等转移产品13项；完成大修车辆94台。技术服务公司派出服务人员959人次，发运产品146台车。科研开发XCD－16W（ARG）捣固车等44个项目的研制，通过CDW－32Ⅱ道岔捣固稳定车等3种样车试用评审。通过KGM－80II快速钢轨打磨车等9种车型的方案设计评审。钢轨铣磨作业系统关键技术自主化研究、既有线隧道内线路机械化养路作业关键技术研究通过铁路总公司组织的课题结题验收。获DC－32捣固车等7个车型的制造许可证和维修许可证。（高一平　王勇刚　韩　超　孙林继）

【中央研究总院】 科技创新管理机构，负责前沿技术、基础科学研究以及液压、电气、工艺、轨道交通装备等新技术、新产品的研究，承担集团公司科技平台建设、科技成果管理、科研立项实施、知识产权及标准化管理等工作。下设科研管理院、前沿与基础研究设计院、液压研究设计院、电气研究设计院、工艺研究设计院、轨道交通装备研究设计院。驻湖南省长沙市经济技术开发区东七路88号。院长郑大桥。职工239人。（刘　伟）

【轨道系统事业部】 主要经营单开道岔、对称道岔、三开道岔、渡线及组合道岔、固定型辙叉、可动心轨辙叉、钢轨伸缩调节器等道岔及其配件，产品广泛应用于高速铁路、重载铁路、铁路站场、城市轨道交通等各类轨道交通项目。驻湖南省株洲市石峰区建设北路523号。总经理贺勇军。职工79人。

2017年，新签合同额22.01亿元，营业收入15.25亿元。完成各种单开道岔、伸缩调节器、单渡线、交叉渡线、组合道岔与55个新产品的研发。（张新颖）

【掘进机事业部】 负责铁建重工掘进机产业板块的研发、经营、服务、管理及党建工作，下设4个部门。2015年6月成立。总经理何其平。职工634人。

2017年，新签合同额42.76亿元，营业收入31.64亿元。（周展鹏）

【特种装备事业部】 定位客户提供全方位、系列化的隧道机械化施工系统解决凿岩台车、锚杆台车、衬砌台车、洞碴处理等配套装备解决隧道超前探测、钻爆开挖、通风除尘、装渣运输、锚喷支护、衬砌防水、隧道养护、洞碴处理等各工序的整体方案。2016年2月成立。驻湖南省长沙市经济技术开发区东十一路99号。总经理刘在政。职工193人。

2017年，新签合同额10.75亿元，营业收入8.73亿元。（沈　洁　周　斌）

【株洲中铁电气物资有限公司】 主营电气化制品、钢结构产品和物流仓储三大专业板块。厂房面积2.6万平方米，仓储面积10万平方米，铁路专用线1.17千米，年物资吞吐能力7万吨。党委书记、执行董事李滨，总经理李云辉。职工186人。固定资产3339万元。

2017年，新签合同额0.82亿元，营业收入1.22亿元。（王　健）

【中铁建特种装备工程有限公司】 主要从事建筑工

程用机械、矿山机械的制造；城市轨道桥梁工程服务、交通设施工程服务；铁路、道路、隧道和桥梁工程建筑；市政公用工程施工；城市地铁隧道工程服务；装卸搬运；工程机械管理服务；工程机械维修服务；工程机械检测技术服务；机械设备租赁；建材、装饰材料零售。2012 年 11 月 7 日成立。驻湖南省长沙市经济技术开发区东七路 88 号。总经理王淑川。

2017 年，营业收入 1.93 亿元。（陈　瑞）

【道岔分公司】 铁路道岔产品专业制造企业。2006 年成立。驻湖南省株洲市石峰区建设北路 523 号。党委书记贺勇军，总经理贾延春。职工 758 人。固定资产原值 45588.34 万、净值 19370.39 万。机械运输设备 230 台（套），设备原值 32080.23 万元、净值 8671.06 万元，装机总功率 15650 千瓦，技术装备率 10.25 万元/人，动力装备率 18.5 千瓦/人，设备完好率 99%。

2017 年，完成产值 15.16 亿元。（张新颖）

【中铁隆昌铁路器材有限公司】 主要从事高速、普速、重载扣件系统及各种规格型号的城市轨道交通扣件系统产品、货车用合成闸瓦和高铁动车粉沫冶金闸片产品、预埋槽道产品的生产经营和系统集成。原为始建于 1967 年 5 月铁道部隆昌工务器材厂；1971 年，竣工投产，归口铁道部物资局管理；2004 年 1 月，工厂随原上级主管单位中国铁路物资总公司与铁道部脱钩，由国务院国资委管理，更名为隆昌工务器材厂；2008 年 5 月，工厂从中国铁路物资总公司整体划转到中国铁道建筑总公司；2009 年 9 月，整体改制为中铁隆昌铁路器材有限公司，隶属中国铁建重工集团（原轨道系统集团有限公司）。驻四川省隆昌市金鹅街道重庆路 598 号和四川省隆昌市外站路 491 号。执行董事、总经理张栋，党委书记周光成。机械运输设备 292 台（套）。

2017 年，新签合同额 8.21 亿元，营业收入 6.53 亿元。（徐林玲）

【新疆公司】 以研发、制造、供应、服务全断面隧道掘进机（盾构机/TBM）为主，发展高端装备制造业。执行董事、党委书记刘海华，总经理张仕民。职工 240 人。资产总额 15.28 亿元。机械运输设备 203 台（套），原值 5500 万元，设备完好率 100%，利用率 95%。

2017 年，新签合同额 0.49 亿元，营业收入 6.28 亿元。（孙春艳）

【兰州公司】 高端装备制造基地。主要产品系列包括盾构、隧道施工装备、工程机械、管片、轨道系列等。驻甘肃省兰州新区。执行董事、党委书记、总经理叶海波。资产总额 44211.18 万元，机械运输设备 155 台（套），设备原值 5167.72 万元、净值 2440.46 万元。职工 23 人。

2017 年，新签合同额 0.91 亿元，营业收入 1.05 亿元。（马博武）

【铁建重工包头有限公司】 经营范围：盾构机/TBM、地下管廊设备、煤矿机械、海绵城市设备等高端装备研发、设计、制造、销售、服务。2017 年 5 月，中国铁建重工集团有限公司（占股 90%）与包头市城市投资（集团）有限公司（占股 10%）合资注册成立铁建重工包头有限公司，注册资本金 1 亿元。党委书记、董事长、总经理卢庆文。职工 14 人。（王雪婷）

【掘进机制造总厂】 主要负责掘进机系列产品的组装、掘进机结构件的制造、加工生产，协助开展服务工作；管理长沙本部、二园区、新疆的掘进机生产基地和其它地方的掘进机合作生产基地。2015 年 6 月成立。党委书记屈知识，总经理孙章龙。职工 1355 人。

2017 年，完成工厂验收 112 台，产值 47.38 亿元。（傅春香）

【特种装备制造总厂】 主要产品有湿喷机、凿岩台车、搅拌站、护盾式掘锚机、链刀式连续墙、拱架式预切槽、轮胎式移动破碎站、轮胎式移动筛分站、环保型精品机制砂成套设备、喷射台车、隧道除尘装置。前身是 2014 年 6 月成立的特装装备制造有限公司；2015 年 6 月集团公司机构调整，成立特种装备制造总厂。党委书记胡京乔，总经理宋立新。职工 119 人。

2017 年，完成产值 13.28 亿元。

（李伟英　颜　容　李亮庭）

【重要记载】

▲1 月 14 日　集团公司国产首台最小直径敞开式硬岩隧道掘进机在铁建重工成功下线。

▲3 月 28 日　集团公司自主研制的国产首台最小直径敞开式岩石隧道掘进机（TBM）在湖北省鄂北地区水资源配置工程的宝林隧洞施工中始发。

▲4 月　隧道洞碴绿色环保资源化利用示范基地在郑万高铁湖北段新华隧道新华碎石场正式挂牌。

▲5 月 8 日　集团公司携手中信重工、洛阳轨道交通公司举行合资合作协议签约仪式。

▲6 月 15 日　集团公司入围由中国机械工业联合会、中国汽车工业协会主办的“中国机械工业百强企业、汽车工业三十强企业信息发布会”中国机械工业百强榜单。

▲8 月 4 日　集团公司自主研制具有完全自主知识

产权的双护盾岩石隧道掘进机(TBM)“务实号”在长沙成功下线。

▲9月14日　由铁建重工与铁建装备整合重组的新铁建重工集团自主研制的两台土压平衡盾构机、全智能凿岩台车和混凝土喷射台车等一批高端地下工程装备在云南昆明成功下线。

▲9月19日　集团公司入围“全球工程机械50强”,排名第34位。

▲9月24日　集团公司与十四局联合研制、具有完全自主知识产权的国产首台常压换刀超大直径泥水平衡盾构机“沅安号”在湖南长沙成功下线。

▲10月27日　集团公司主编《敞开式岩石隧道掘进机》和《单护盾岩石隧道掘进机》2项标准,经国标委组织的专家组审查认定标准达到国际先进水平。

▲11月29日　集团公司与长沙经开区管委会签署合作协议。

▲11月29日　集团公司自主研发设计制造的国产首台小曲线长距离硬岩顶管机通过中石油管道局工程有限公司验收成功下线。

▲12月13日　《一种用于复合地层的盾构刀盘》(ZL201110251848.8)和《泥水盾构碎石装置和具有其的泥水盾构机》(ZL201410314167.5)2项发明专利获第十九届中国专利优秀奖。

▲12月28日　集团公司3台轨距为1676毫米的宽轨铁路大型养路机械设备下线,交付中国机械设备工程股份有限公司,发往阿根廷贝尔格拉诺货运铁路改造项目投入使用。　　(陈海燕)

中国铁建国际集团有限公司

【简况】　2012年4月11日组建,定位海外大型、特大型基础工程建设承包商,交通建设及城市综合建设运营商,能源、资源、投融资高端运作的发展商,技术开发、装备出口、物流贸易的服务商。驻北京市海淀区复兴路40号。下辖中国铁建阿尔及利亚有限公司、中国铁建国际集团有限公司玻利维亚分公司、中国铁建股份有限公司沙特分公司、中国铁建(加勒比)有限公司、中国铁建(东南亚)有限公司、中国铁道建设(香港)有限公司、中国铁建马来西亚有限公司、中国铁建股份有限公司安哥拉分公司、中国铁建俄罗斯有限公司、中铁建(北京)国际贸易有限公司、中国铁建美国有限责任公司、中国铁建股份有限公司阿根廷分公司、中国铁建股份有限公司巴基斯坦代表处/中国铁建国际集团有限公司巴基斯坦代表处、中国铁建国际集团有限公司孟加拉分公司、中国铁建股份有限公司卡塔尔分公司、中国铁建股份有限公司伊朗代表处、中国铁建国际集团有限公司中美洲分公司、中国铁建国际集团有限公司印度尼西亚代表处、中国铁建墨西哥有限公司、中国铁建国际集团有限公司摩洛哥分公司、中国铁建西非有限公司、中国铁建(国际)尼日利亚有限公司、中国铁建股份有限公司刚果(布)代表处、中国铁建国际集团有限公司东非代表处、中国铁建国际集团有限公司柬埔寨代表处、中国铁建巴西有限公司、中国铁建股份有限公司莫桑比克代表处、中国铁建国际集团委内瑞拉公司28个境内外法人公司和办事机构。职工552人。资产总额1092246.30万元。其中,固定资产原值20258.18万元、净值10336.43万元;流动资产1046072.18万元。机械运输设备624台(套),设备原值37892.11万元、净值32356.77万元。

2017年,新签项目29个,新签合同投资397.69亿元。完成营业收入70.88亿元,实现利润1.45亿元。职工年人均收入27.31万元。国有资产保值增值率109.34%,净资产收益率4.17%,产值利润率2.36%,资产负债率68.19%。承建的阿尔及利亚东西高速公路项目入选第十五届中国土木工程“詹天佑奖”,马来西亚四季酒店QC小组成果获2017年度全国工程建设质量管理小组活动优秀成果奖。1人获中华全国铁路总工会火车头奖章。　　(熊从文)

【领导人员】

董事会

董事长	卓　磊
董事	孙　勇
	郝桂林

监事会

监事会主席	魏万征(9月免)
	冯来刚(9月任)
监事	田晓宇
职工监事	孙利民

经理层

总经理	孙　勇
副总经理	郝桂林
	应尔强(8月免)
	魏万征
	薛立智
	黄健民(9月免)
	于洪忠

李重阳
胡　凡
赵光明
杨晋军
总会计师　薛立智(兼)

党群领导

党委书记　卓　磊
党委副书记　孙　勇
冯来刚
纪委书记　冯来刚(兼)
工会主席　冯来刚(兼)

(王壹平　王玉强　尹曼曼　王　帅)

【职工队伍】 职工552人。硕士研究生及以上学历253人,本科学历283人,大专及以下学历16人。专业技术人员517人,其中正高级专业技术人员10人,高级专业技术人员159人,中级专业技术人员154人,初级专业技术人员175人。35岁及以下325人,36～40岁73人,41～45岁76人,46～50岁42人,51～54岁30人,55～59岁6人。(王玉强　乔方源)

【境外工程】 阿尔及利亚东西高速公路工程　全长1216千米。合同投资110.4亿美元,业主单位阿尔及利亚国家高速公路局。2006年9月,中国铁建与中国中信组成联合体中标该公路的中、西标段528千米的设计施工总承包工程,合同投资62.5亿美元,合同合同工期40个月。设计为双向6车道,全面采用欧洲技术标准设计与建造。2017年,完成产值30.48亿美元。

阿尔及利亚142千米道路升级改造工程　全长142千米。业主单位阿尔及利亚国家高速公路局。中标4个标段。国际集团合同投资7841万美元。

阿尔及利亚赫利赞4000座大学城工程　业主单位赫利赞省公共设施和住房局。主要工程量:教学楼、学生宿舍、行政楼4000个。合同投资2842.15万美元,合同工期24个月。2014年6月3日开工,2016年12月29日通过临时验收。

阿尔及利亚贝佳亚连接线工程　位于阿尔及利亚贝佳亚省和布维拉省。业主单位阿尔及利亚国家高速公路局。高速公路主线100千米,辅路及互通立交坡道30千米。合同工期36个月,合同投资13.1亿美元。开工累计完成产值88442.48万美元。

阿尔及利亚特莱姆森连接线工程　位于阿尔及利亚特莱姆森省。全长42千米。业主单位阿尔及利亚国家高速公路局。合同工期24个月,合同投资26502.57万美元。开工累计完成产值13231.93万美元。

阿尔及利亚贝佳亚2000套保障房工程　业主单位贝佳亚省房地产管理局。主要工程量:建筑面积13.4万平方米;23栋楼73个单元。合同工期24个月,合同投资6223万美元。开工累计完成产值3865.6万美元。

阿尔及利亚布里达5000套租售房工程　业主单位国家住房发展与改善局。主要工程量:社会性租售房5000套,面积77.5平方米,建筑6层,建筑面积约55万平方米。合同投资20996.54万美元。开工累计完成产值14704.3万美元。

阿尔及利亚布里达2000套租售房工程　业主单位国家住房发展与改善局。主要工程量:内净面积77.5平方米,住宅楼6层,建筑面积22万平方米,上部结构及室内外装修、管道工程。合同工期32个月,合同投资7639万美元。开工累计完成产值504.9万美元。

阿尔及利亚赛迪夫2000套租售房工程　业主单位国家住房发展与改善局。主要工程量:内净面积77.5平方米,住宅楼6层,建筑面积22万平方米。合同工期32个月,合同投资8933万美元。开工累计完成产值6481.3万美元。

阿尔及利亚赫利赞2000套租售房工程　业主单位国家住房发展与改善局。主要工程量:内净面积77.5平方米,住宅楼6层,建筑面积22万平方米。合同工期32个月,合同投资8187万美元。开工累计完成产值6463.8万美元。

阿尔及利亚200床公寓楼结构装修工程　位于阿尔及尔省BENI MESSOUS。主要工程量:建筑面积6376平方米,地下2层、地上5层,200床位宿舍、公共卫生间、洗浴间、咖啡厅、网络厅、电视厅、娱乐室等。合同工期16个月,合同投资447万美元。开工累计完成产值150.6万美元。

阿尔及利亚比斯克拉温泉疗养中心工程　位于阿尔及利亚比斯卡拉省。主要工程量:2层建筑物,温泉区1层建筑物,局部设有地下通廊。建筑面积20319平方米。合同工期24个月。

几内亚WAP2号港区运矿道路N3公路和CBG铁路跨线桥工程　采用桩基础及现浇箱梁结构。合同工期6个月,合同投资101.46万美元。开工累计完成产值101.46万美元。

沙特达兰住宅社区扩建240套住宅别墅(4号包)工程　位于沙特达兰市。主要工程量:建筑面积99486平方米;新建240套类型和别墅。合同工期26个月,合同投资17888万美元。开工累计完成产值17174.8万美元。

沙特达曼里维埃拉别墅工程　主要工程量:建筑面积4.31万平方米。合同工期36个月,合同投资5482万美元。开工累计完成产值4784.8万美元。

沙特达曼至利雅得2号线铁路整修工程　主要工程量:78.4千米项目和91千米项目。合同投资3277万美元。开工累计完成产值5183.2万美元。

沙特内政部第五期军营工程　主要工程量:243个地块,建筑面积约155万平方米,82种设计模块,1707个单体建筑。合同工期1440天,合同投资259981万美元。开工累计完成产值10197.6万美元。

卡塔尔卢赛尔体育场工程　主要工程量:建设92000个座位。合同工期40个月,合同投资76967.6万美元。开工累计完成产值7184.4万美元。

马来西亚满家乐公寓工程　位于马来西亚吉隆坡MontKiara。主要工程量:建筑面积20万平方米,31层公寓2栋,30层公寓1栋,附属设施5层,地下停车场4层。合同投资12404万美元,合同工期32个月。开工累计完成产值10804万美元。

马来西亚四季酒店工程　位于马来西亚吉隆坡双塔附近。主要工程量:建筑面积23万平方米,建筑高度342.5米;地下4层,地上76层,客房190个,住宅公寓242个。合同工期36个月,合同投资35755万美元。开工累计完成产值28686.5万美元。

马来西亚槟城梦想之城工程　位于马来西亚槟城乔治城。主要工程量:39层的高档舒适海景套房2栋和,建筑高148.4米,建筑面积15万平方米。合同工期34个月,合同投资6474万美元。

马来西亚金新铁路工程　位于马来西亚金马士与新山。全长191.14千米。主要工程量:车站11座,车辆段1个。合同工期48个月,合同投资202300万美元。

马来西亚M101摩天轮酒店和写字楼工程　主要工程量:建筑面积20万平米,建筑高度316米。合同投资21559.8万美元,合同工期53个月。

马来西亚吉隆坡轻轨3号线GS06标段　主要工程量:2站3区间,高架区段3.9千米。合同工期33个月,合同投资20130万美元。

泰国G－LAND Tower写字楼工程　位于泰国曼谷市中心。主要工程量:建筑面积15万平方米。合同工期25个月,合同投资2300万美元。

泰国115节车厢采购工程　合同投资15196万美元。2017年2月整车一年运营故障率检验通过,2017年2月完工。

泰国曼谷暹罗素坤逸路48巷公寓工程　位于泰国曼谷市素坤威路48巷。主要工程量:高档公寓2栋,地下室2层,地上5层,高度27米,B楼为地下1层,地上39层,层高4.8米,高度197米,建筑面积2.6万平方米。合同投资2440万美元,合同工期24个月。开工累计完成产值735.4万美元。

泰国POSH 12房建工程　位于泰国曼谷NONTHABURI区TIWANON路三巷。主要工程量:建筑面积7.5万平方米,裙房6层,A楼45层,B楼40层。合同投资5463万美元,合同工期28个月。开工累计完成产值1569.8万美元。

泰国巴蜀至春蓬复线铁路(巴蜀—邦萨潘诺伊段)工程　全长167千米。主要工程量:沿线站21座,会车站5个,拆迁火车站14座。合同投资20200万美元,合同工期33个月。

泰国The One公寓停车楼工程　主要工程量:停车楼面积1.5万平方米。合同投资312万美元,合同工期105天。

特立尼达和多巴哥阿利玛医院工程　位于特立尼达岛阿利玛市。主要工程量:建设150个床位新医院大楼,建筑面积26000平方米。合同投资23100万美元,合同工期36个月。开工累计完成产值8155.4万美元。

特多纳撒路商场工程　位于特立尼达岛境内。主要工程量:建筑面积4224平方米。合同工期12个月,合同投资703万美元。开工累计完成产值812.7万美元。

特多东方格调商场工程　位于特立尼达岛Trincity商业区。主要工程量:建筑面积5900平方米。合同工期12个月,合同投资372万美元。开工累计完成产值179.8万美元。

特多丘吉尔罗斯福高速公路与南部干道交叉口立交桥及其附属工程设计与施工工程　主要工程量:宽13.6米、桥长76米的立交桥,匝道6条,附属道路3条。合同投资3348万美元,合同工期18个月。

玻利维亚鲁雷纳瓦克—里韦拉尔塔公路工程　位于玻利维亚贝尼省。总长508.07千米,设计时速100千米。合同投资57941万美元。开工累计完成产值17087.3万美元。

中华人民共和国驻巴西大使馆经商参处修缮工程　位于巴西。主要工程量:建筑面积800平方米。合同投资55万美元。2017年6月15日竣工。

安哥拉卡宾达机场工程　主要工程量:原机场的扩、改建,包括航站楼,航管综合楼、货运站、动力中心、停机坪、跑道排水系统、陆侧停车场等室外工程、外部围挡、及配套设备。合同工期14个月,合同投资18500万美元。开工累计完成产值10852.2万美元。

安哥拉卡宾达新建供水工程　主要工程量:混凝土蓄水池5座,FFD引水管道28千米,一级PEAD配水管网21千米，二级PEAD配水管（环）网9段463千米，用户水管连接及28千米的通信管道及4芯光缆安装。合同工期23个月，合同投资8884万美元。开工累计完成产值3720.2万美元。

安哥拉120国道修复工程　位于安哥拉南宽扎省。全长52千米。主要工程量：清表、土石方、路基、路面、桥涵、防护工程、沿线设施、雨水和通信管道等。合同工期14个月，合同投资4420万美元。开工累计完成产值2998.7万美元。

几内亚博凯内港韦立联盟码头工程　分为5个合同。业主单位韦立联盟港口有限公司，设计单位与监理单位山东港通工程管理咨询有限公司。韦立物流生活区工程合同工期5个月，合同投资89.4万美元，2017年4月11日完工；1号港区排水沟工程合同工期2个月，合同投资8.69万美元，2017年7月21日完工；旗台、景观墙绿化工程合同工期1.5个月，合同投资3.89万美元，2017年3月19日完工；2号港区围墙建设工程合同工期3.3个月，合同投资30.09万美元，2017年3月19日完工；1号港区接待中心合同工期4个月，合同投资42万美元，2017年11月17日完工。

俄罗斯莫斯科地铁第3换乘环线西南段工程　位于莫斯科市西南部。主要工程量：3站4区间，全长4.6千米。合同投资473万美元，合同工期8个月。开工累计完成产值4804万美元。

孟加拉阿米果孟加拉有限公司厂房1+2期工程　位于孟加拉首都达卡市贾吉普区。主要工程量：建筑面积122156.72平方米；住宅楼、办公楼、餐厅、日常护理房、锅炉房、发电房、已经厂区内的道路建设以及包括土建部分和给排水及消防工程等。开工累计完成产值3887.3万美元。　　（何文建　李田田）

【港澳工程】　香港路政署无障碍通道设施工程－第二期第二份合约（HY/2013/16合约）　位于湾仔区及北区。主要工程量：行人天桥（既有）4条，行人隧道（既有）1条，升降机8座。合同投资685.59万美元，合同工期2014年6月27日至2018年4月27日。开工累计完成产值402.41万美元。

香港土木工程拓展署横跨宝邑路连接将军澳第55区及第65区行人天桥工程（TK/2013/02合约）　主要工程量：行人天桥1条，载客升降机1部，行人道、自行车道、排水管、供水管，并进行环境美化及机电工程。合同工期34个月，合同投资387.42万美元。开工累计完成产值298.02万美元。（何文建　李田田）

【工程经营】　新签项目29个，新签合同额397.69亿元，完成股份公司下达的年度计划385.5亿元的103.16%。海外市场布局能力增强。依托CRCC和CRCCI品牌和资质，布局覆盖亚太、欧亚、非洲和美洲地区的49个国别市场；在25个国家注册机构28个，在建项目的国别市场13个；覆盖“一带一路”沿线国家19个，占“一带一路”沿线国家总数的近30%，占国际集团进驻国别市场的39%。加大市场开发力度，中标一批在当地具有较大影响力的项目。做好传统业务的同时，深挖当地市场需求，积极拓展新的业务领域。在海水淡化、垃圾发电、智慧城市等领域进行积极探索，整合国内最优秀的技术和资源，尝试拓展新的业务领域。紧跟国家战略，积极参与政府间合作项目，在高端运作上的努力开始显现效果。股份公司组织召开周边互联互通铁路项目和中巴经济走廊项目务实推进会，明确中巴经济走廊及周边基础设施互联互通共11个项目由国际集团牵头负责，开拓互联互通大型基础设施项目提供难得的机遇。重点推进的政府间框架项目15个，其中，巴基斯坦ML－1、中老铁路和泰国东部经济走廊连接三大机场高铁项目、中吉乌铁路和中尼铁路取得实质性进展。推行大项目战略，不断加大力量投入，密切跟踪的大项目虽然没有实现年内签约。海外经营能力建设。夯实管理基础，海外经营管理逐步走向规范。通过不断优化管理体系，经营管理层级从总部—国别公司/代表处—项目部三层管理层级，逐步整合为总部—区域指挥部/国别公司—代表处/项目部，按照“9+4”方案进行市场布局，即“9个国别公司和4个区域指挥部”，统筹配置海外经营力量，提升经营效果。将阿尔及利亚、玻利维亚、沙特、加勒比、东南亚、香港、马来西亚、安哥拉、俄罗斯9个市场的境外机构定位为国别公司，属地化经营，做深做细当地市场。成立亚太、美洲、西非和中亚4个区域指挥部，统筹管理区域内的代表处，负责区域内除既有国别公司市场以外的新市场开发。推动成立专业事业部。为培育专业化施工能力，以马来西亚公司现有高层建筑专业资源为基础，组建高层建筑事业部；以沙特公司现有轨道交通专业资源为基础，组建轨道交通事业部。推动成立国内工程事业部。按照“稳定驻外员工队伍”“形成人才培育、流动蓄水池”和“开拓国内市场，补充海外市场”的3项基本定位，组建国内工程事业部。

（王　沐）

【企业管理】　组织机构管理。以专业、高效为原则，调整市场开发中心、董事会公办室和企业管理部职能及岗位编制。充分发挥国际集团代管的股份公司海外集采供应平台的作用，做好设备物资集中采购供应工作，成立国际集团设备物资集中采购供应中心。注册设立6个驻外机构；中国铁建股份有限公司卡特尔分公司、中国铁建股份有限公司莫桑比克代表处、中国铁建股份有限公司巴基斯坦代表处、中国铁建国际集团有限公司中美洲分公司、中国铁建股份有限公司阿根廷分公司、中国铁建国际集团有限公司摩洛哥分公司。完成对中国铁建中美洲有限公司的压减工作。风险内控管理。内控制度体系优化升级。新编制度 32 个,修订制度 15 个,公司内控制度 191 个。有序推进风险管理工作机制。推动风险信息收集、企业风险评估及重大、重要风险管控等工作稳步实施。组织完成内控独立评价工作。内部控制评价得分 97.17 分。2 人获评中国铁建发展规划系统先进个人,2 人获评中国铁建风险内控先进个人。 (田春丽 王 建)

【党群工作】 党的工作。下辖 12 个二级党组织,其中,党委 5 个、党总支 7 个。党员 397 人。深入学习宣传贯彻党的十九大精神。组织党员收看十九大开幕式,举办十九大精神专题培训班、上专题党课,开展“不忘初心,牢记使命”主题演讲比赛、主题征文活动和经典语录书法比赛、“一带一路,我和老外共话十九大”等系列学习活动。强化领导班子建设,组织 12 次党委中心组集体学习,认真组织召开国际集团领导班子年度民主生活会。完成党建工作入企业章程,把企业党组织内嵌到公司治理结构之中。有效发挥党委领导作用,落实党委会讨论作为董事会、经理层研究企业重大问题的前置程序,修订《“三重一大”决策制度细则要目》《党委议事规则》,进一步理顺重大问题决策程序,累计召开党委会 16 次。建立党建工作责任制、推进党建量化考核。制定《党建工作责任制实施办法》《党建工作量化考核暂行办法》,与所属 9 个国别公司党组织签订年度党建工作责任状,开展年度党建量化考核工作,并将考核结果与领导班子的年度绩效挂钩。强化境外党建督导,成立由党群业务人员组成的督导组,以《党建问题移交单》为导向,对 10 个所属单位开展党建督导,签订《党建问题移交单》18 份,累计覆盖基础工作 294 项,推动基层党建问题的有效整改。加强党务工作人员培养,举办 2 期党务干部培训班,对 62 名党务干部进行培训,注重培训创新,设置情景模拟、台账观摩等创新环节。认真开展发展党员工作,举办 1 期入党积极分子培训班,新发展党员 14 人。宣传和企业文化工作。重视与国内外媒体、智库的交流互动,与 70 余家海外主流媒体建立良好的关系。坚持策划先行,积极营造良好宣传声势。在中国铁建第一高楼——马来西亚四季酒店项目封顶时,宣传工作同步介入,“第一高”封顶后的密集宣传引发系统内外巨大关注;在阿尔及利亚贝佳亚签约、马来西亚南部铁路中标等超过 5 亿美元项目宣传中,坚持与前方“无时差对接”,待公告发布后第一时间跟进中标新闻及相关深度报道。注重挖掘企业典型,讲好典型故事,对海外一线破格提拔的 6 位青年典型集中采访宣传。在属地媒体、中央、省部级媒体、铁建报、铁建网和集团本级平台发表稿件(含图片)800 余篇;在国际集团官方微信公众平台策划各类专题、新闻消息 145 篇,关注人数 1835 人,阅读量 43578 次。强化意识形态工作。坚持“四提醒、五掌握”思想政治疏导,召开意识形态阵地专题会议,结合实际提出网络管理的“六条底线”,与 OA 平台、微信公众号、工作 QQ 群、微信群等意识形态阵地的负责人签订《中国铁建国际集团意识形态阵地管理责任书》。进一步细化海外企业文化相关要求,对俄罗斯公司、安哥拉公司、巴基斯坦代表处等单位文化展示墙、员工工装、项目文化布置等加强审核指导。开展海外跨文化管理研究,《央企海外跨文化管理研究课题》获评“全国企业文化优秀成果”、全国政研会政研课题一等奖;获评“2015—2017 年首都文明单位标兵”。

工会工作。根据《关于进一步加强国际集团党群工作机构建设的决议》和《党群机构设置方案》,优化党群机构设置。组织干部学习。对 30 余名工会干部进行系统培训;组织工会干部参加党的十九大精神专题培训班。签订责任书,督促工会干部关注职工思想动态,落实谈心谈话制度。开展劳动竞赛。建立“集团公司—国别公司—项目部”三级联动的劳动竞赛体系,阿尔及利亚贝佳亚连接线项目开展“百日大干”劳动竞赛,实现项目优先段顺利通车,项目部和尤丁剑、王启彬获中国铁建“工人先锋号”和“工人先锋奖章”称号。沙特、安哥拉等 5 家二级单位也积极开展劳动竞赛,获“中国铁建模范职工之家”“中国铁建模范职工小家”称号,王京连等 3 人获“中国铁建优秀工会工作者”称号。持续开展职工创新。《国际工程项目实施阶段合同管理机制实践与启示》《沙特市场经营风险管理机制》等论文获 2017 年度中国铁建科技论文二等奖。阿尔及利亚东西高速公路项目入选第十五届中国土木工程詹天佑奖;马来西亚公司四季酒店 QC 小组成果获 2017 年度全国工程建设质量管理小组活动优秀成果奖;1 人获中华全国铁路总工会“火车头奖章”;2 人获股份公司“质量管理先进个人”称号。打造“1+4”家文化品牌。邀请 22 名海外一线职工父母参加第二届“爱在小家·情系大家”海外职工亲属座谈会。在阿尔及利亚举办国际集团第一届海外集体婚礼,9 对新人参加。上线运行“我的后半生”婚恋平台,为创造性地解决海外职工婚恋进行有益尝试。严格执行职代会各项工作制度。将 53 条提案分别交总部 12 个部门办理;召开工会委员会 12 次,集体决策职代会、工会经费预算、大额资金开支等工作;执行《国际集团企业年金方案实施细则》,并为职工补缴 2780 万元。

召开职工代表大会联席会议，审议通过并执行《企业补充医疗保险暂行办法》；为685名员工办理境外意外伤害险。创建覆盖海内外全员的“职工电子书屋”。内容涵盖500种报纸、200种期刊、11万册图书。

共青团工作。建立“一账一册”团委篇和团建工作量化考核，确保海外基层团建工作规范有序；搭建海内外青年交流平台，与发改委、外交部、中信保、中石油等单位组织体育友谊赛并开展联学共建活动；总部员工王纪玮参加股份公司“不忘初心，牢记使命”主题演讲比赛摘得冠军，展示企业职工的良好形象；参与海淀区团委组织的青年先锋岗创建活动，并参加海淀区青年先锋岗创建答辩会；以“提质增效·青年担当”主题活动为契机，海外各单位团组织通过成立青年突击队、主动参与优化设计，不断助推国际集团海外施工生产。

（丁瑞 李红）

【纪检监察】 反腐倡廉宣传教育。以联学共建为契机，针对可能诱发职务犯罪的因素和环节，邀请最高检领导举办专题讲座。邀请股份公司纪委办公室、纪检监察室、党风政风监督室领导集中授课、现场答疑。组织30余名领导干部参观司法部燕城监狱，与监狱党组领导就加强预防职务犯罪工作进行座谈。此外，纪委牵头法律、工程管理、市场开发等部门，参与中国对外承包工程商会举办的国际反贿赂管理体系培训活动，加强境外反贿赂法律体系学习，规范对外合规经营。贯彻落实中央“八项规定”精神。纪委组织总部相关部门及二级单位，对购买的高档酒水进行认真核查，并严格外事接待标准，规范酒水领用审批情况监管。部分领导班子成员已悉数退还未经股份公司批准违规领取的457.69万元经营奖。深入开展领导人员及其亲属违规经商办企业专项治理工作，成立专项治理机构15个。通过“国家企业信用信息公示系统”与“天眼查”网站等多种渠道，对总部重点岗位人员及所属国别公司、代表处领导班子成员进行核查，约谈9名存在个人经商办企业的相关人员。党风廉政建设责任制落实。坚持年初召开党风建设和反腐倡廉工作会，领导班子成员职代会上报告个人履行“一岗双责”情况，对党委班子成员履责情况进行“画像”，与12家单位签订《党风廉政建设责任书》，逐层传递压力。会同党委干部部，动议酝酿调整领导干部141人次，赴阿尔及利亚、玻利维亚、马来西亚、沙特等公司对47名拟提拔人员进行民主测评、个别谈话，对新提拔或调整岗位的74名外派干部进行廉洁谈话。紧盯“三重一大”执行情况，组织专门力量对沙特、马来西亚、玻利维亚等10家单位开展专项督导，重点监督各单位落实《“三重一大”事项决策流程和细目》91个事项要求。巡视巡察工作。坚持巡视巡察“一体化、双促进”。认真落实股份公司巡视整改要求。根据巡视反馈线索，梳理分解为14类问题，研究明确36项整改任务。积极开展内部巡察工作。完成对国际贸易公司、沙特公司、阿尔及利亚公司、马来西亚公司4家单位的巡察工作，对19名二级单位领导班子成员开展廉洁谈话，发现关于管党治党缺失、选人用人不规范、违反中央八项规定精神等问题线索85件。执纪审查。处置4条举报线索。处理咖啡厅亏损问题，对分管咖啡厅经营的领导给予诫勉谈话。对镍矿案件进行初核，挽回经济损失1698万元，给予分管领导诫勉谈话。针对佰山案件，开展立案调查。纪检队伍建设。明确二级机构专（兼）职纪检人员13人。3名二级单位纪委书记、副书记通过提名，完成任命工作，纪检监察力量得以加强。

（朱海侠）

【中国铁建阿尔及利亚有限公司】 在原阿尔及利亚东西高速公路项目部基础上组建；2012年7月成立阿尔及利亚公司项目经理部；2016年4月，中国铁建阿尔及利亚有限公司在香港正式完成注册。驻阿尔及尔。职工149人。总经理徐华祥，党委书记王京连。资产总额373469.87万元。其中，固定资产原值4531.62万元、净值1777.74万元；流动资产371038.90万元。机械运输设备33台（套），原值1183.7万元，总功率3894.4千瓦，动力装备率38.944千瓦/人，技术装备率11.837万元/人，设备完好率100%、利用率94.28%。

2017年度，实现营业收入144243.75万元，利润5560.86万。全员劳动生产率95.79万元/年人。

（马彦林）

【中国铁建国际集团有限公司玻利维亚分公司】 2015年9月注册成立，驻玻利维亚首都拉巴斯。总经理刘孟富。职工69人。资产总额162200.54万元，其中，固定资产净值3715.10万元；流动资产160095.73万元。

2017年，完成产值152320.06万元。（刘胜魁）

【中国铁建股份有限公司沙特分公司】 负责沙特阿拉伯及其他中东国家业务。2013年7月，于沙特阿拉伯吉达市注册成立；2017年7月，注册地变更为阿拉伯利雅得市。总经理杨伟，党委书记赵家庶。资产总额10.08亿元。机械运输设备797台（套），年施工生产能力13.4亿元。

2017年，完成产值13.4亿元。（曾涛）

【中国铁建（加勒比）有限公司】 2007年10月注册成

立。驻特立尼达和多巴哥共和国首都西班牙港。总经理颜猛,党委书记韩文华。职工49人。资产总额47842万元。其中,固定资产净值538万元;流动资产46782万元。

2017年,营业收入24957万元,新签合同额229510万元。 (刘小豹)

【中国铁建(东南亚)有限公司】 主营业务涉及轨道交通、房屋建筑、设备贸易、设计咨询等方面。2013年12月,在泰国曼谷注册成立。董事长杨晋军,总经理朱锡军。职工18人。 (李院生)

【中国铁道建设(香港)有限公司】 负责在港机构的管理以及项目的承揽和实施管理。前身为中国铁道建筑总公司1999年3月在香港设立的中国铁道建筑(香港)有限公司。驻香港九龙观塘海滨道133号万兆丰中心10楼A室。董事长于洪忠,总经理王洪荣。职工22人。资产总额15854万元。

2017年,实现营业收入8792万元。 (张　锋)

【中国铁建马来西亚有限公司】 成立于2012年10月。注册地为马来西亚首都吉隆坡。董事长赵光明。职工91人。

2017年,完成经营承揽16.98亿马币,实现利润605万元。 (韩晓宇)

【中国铁建股份有限公司安哥拉分公司】 拥有公共与民用施工十级资质,为全部类别工程最高级,包括道路工程、水利及给排水工程、基础设施建设工程、结构工程、装饰装修工程、交通信号工程、地质与岩土工程、安装工程(电力、通讯、天热气等)、建材制造(沥青混凝土,水泥混凝土和砂浆)等。2013年4月15日成立。驻安哥拉罗安达省。总经理王海珉。职工30人。资产总额8450万元。其中,固定资产原值162万元、净值16万元;流动资产84434万元。

2017年,企业产值80609万元,实现利润5035万元。人均创利168万元,职工年人均收入440129.73元,产值利润率6.25%,资产负债率98.02%,应上缴款完成率100%。 (张大学　赵东辉)

【中国铁建俄罗斯有限公司】 经营范围:工程总承包、专业承包,房地产开发,工程勘察设计,技术进出口,技术开发、技术转让、技术服务,机械设备租赁,销售机械设备、建筑材料,物业管理,资产管理。2016年9月6日在莫斯科注册成立。董事长蒙涛,总经理杜占辉。职工126人。 (章海建)

【中铁建(北京)国际贸易有限公司】 驻北京市海淀区复兴路40号中国铁建大厦B座2层。董事长、党委书记徐政志,总经理陈海波。资产总额18.09亿元。其中,固定资产原值125.68万元;流动资产18.08亿元。

2017年,新签合同额29.95亿元,营业收入7.89亿元,净利润1010万元,全员劳动生产率455.467元/人年,职工年人均收入158204元,国有资产增值率107.19%,净资产收益率6.84%,产值利润率1.32%,投资回报率9.79%,资产负债率92.08%,应上缴款完成率100%。 (张友涛)

【中国铁建美国有限责任公司】 2010年6月9日在美国加利福尼亚州旧金山市注册成立;2012年3月,正式并入中国铁建国际集团有限公司;2015年12月28日,在德克萨斯州登记,人员在德克萨斯州常驻。 (熊丛文)

【中国铁建股份有限公司阿根廷分公司】 负责开拓阿根廷国家工程承包市场,承揽和实施铁路、公路、房建等项目。2017年10月29日在阿根廷布宜诺斯艾利斯正式注册。总经理官文龙。 (陈铁锚)

【中国铁建国际集团有限公司巴基斯坦代表处】 代表中国铁建开拓巴基斯坦国家工程承包市场,承揽和实施铁路、公路、房建和港口等项目,负责收集、整理巴基斯坦国内的各类市场、法律、政策等信息。2016年1月在伊斯兰堡完成注册。2017年10月,经股份公司批准设立中国铁建股份有限公司巴基斯坦代表处。驻伊斯兰堡F8-3区2街3号。职工18人。总经理杨晋军,执行总经理王雷。 (窦益青)

【中国铁建国际集团有限公司孟加拉分公司】 驻孟加拉首都达卡,2017年2月25日完成注册成立。职工11人。负责人杨志。

2017年,完成产值19017万元。 (周东峰)

【中国铁建股份有限公司卡塔尔分公司】 从事与卡塔尔卢赛尔体育场项目相关的所有工作。2017年1月30日注册成立,驻卡塔尔多哈市。总经理赵家庶于(7月免)、刘大伟(7月任)。职工74人。资产总额4.75亿卡币。机械运输设备442台(套),机械化施工程度35%,年施工生产能力4.1亿美元。

2017年,累计完成产值1.12亿卡币。 (曾　涛)

【中国铁建股份有限公司伊朗代表处】 2015年7月正式在伊朗德黑兰设立,属中国铁建股份有限公司沙

特分公司管理。负责人王彦博。 （王彦博）

【中国铁建国际集团有限公司印度尼西亚代表处】 具有轨道工程、水利工程、商业建筑及公路工程四项施工资质。2015年8月25日成立。驻雅加达市。职工5人。总代表许非。 （韩晓宇）

【中国铁建国际集团有限公司摩洛哥分公司】 2017年10月注册成立。驻摩洛哥王国卡萨布兰卡市。负责人王京连。职工28人。 （栗瑞刚）

【中国铁建西非有限公司】 2013年4月注册成立。驻科特迪瓦阿比让市。法人李晓磊。 （张 峰）

【中国铁建（国际）尼日利亚有限公司】 2016年9月设立。驻尼日利亚首都阿布贾。职工8人，其中内派职工3人，当地雇佣职工5人。窦义锁主持工作。 （王自恒）

【中国铁建股份有限公司刚果（布）代表处】 主要负责开拓刚果（布）建筑市场，并且辐射加蓬国别市场。2016年11月在刚果（布）注册成立。负责人葛强。职工3人。 （葛 强）

【重要记载】

▲1月30日 中国铁建股份有限公司卡塔尔分公司在多哈注册成立。

▲2月24日 集团公司与阿根廷交通部签署阿根廷圣马丁货运铁路改造项目合作备忘录。

▲2月26日 集团公司参展阿尔及利亚第四届国际交通物流基础设施展。

▲3月30日 中国铁建股份有限公司莫桑比克代表处注册成立。

▲4月14日 集团公司承建的马来西亚四季酒店QC小组获评2017年全国工程建设质量管理小组活动优秀成果奖。

▲5月18日 集团公司与阿根廷交通部签署圣马丁线铁路改造项目框架协议。

▲6月6日 集团公司与法国SYSTRA公司签订合作协议。

▲7月24日 集团公司获批准建设欧亚（俄罗斯）集采平台。

▲7月26日 中国铁建国际集团有限公司中美洲分公司注册成立。

▲8月1日 集团公司开发建设的铁建商城电商平台正式上线运营。

▲8月16日 中国铁建国际集团有限公司摩洛哥分公司在摩洛哥注册成立。

▲8月17日 贸易公司通过质量管理体系、环境管理体系、职业健康安全管理体系的外审，获ISO9001、14001、18001管理体系认证证书。

▲10月4日 中国铁建股份有限公司巴基斯坦代表处在巴基斯坦注册成立。

▲10月29日 中国铁建股份有限公司阿根廷分公司在阿根廷注册成立。

▲12月28日 集团公司与龙源电力集团股份有限公司在北京签署战略合作框架协议。 （熊从文）

中铁城建集团有限公司

【简况】 拥有房屋建筑工程施工总承包特级、市政工程和铁路工程施工总承包一级、地基基础、钢结构、建筑机电安装工程、建筑装修装饰专业承包一级资质。2013年11月，由原中铁十二局集团建筑安装工程有限公司主体、原中铁十六局集团北京工程有限公司、原中铁二十二局集团第六工程有限公司、原中铁二十四局集团南昌建设有限公司、原中铁二十五局集团建筑安装工程有限公司整体重组成立。驻湖南省长沙市岳麓区洋湖路695号。下辖第一、二、三工程有限公司及北京工程有限公司、南昌建设有限公司、房地产开发有限公司、物资有限公司、物业管理有限公司8家子公司，设华南、华东、西南、华中、西北、北京、华北、东北区域指挥部和海外经营部9个区域经营机构，总承包分公司和投资事业部2家分支机构，四川、贵州、重庆、广州、海南、山西、陕西、北京、黑龙江、辽宁、深圳、武汉、甘肃、江西、天津、株洲、北京通州、濮阳范县、汤阴17家经营性或项目分公司。职工5720人。资产总额1501476.26万元。其中，固定资产净值39507.6万元；流动资产1248668.07万元；货币资金218906.7万元。机械运输设备1426台（套），原值13027.41万元、净值3202.99万元，总功率53913.5千瓦，动力装备率10.4千瓦/人，技术装备率0.62万元/人。综合机械化施工程度90%以上，年施工生产能力300亿元以上。

2017年，完成主要实物工程量：房屋建筑面积409.8万平方米，土石方425.55万立方米，桥梁1022.03延长米，隧道197延长米，正线铺轨2.04千米，站线铺轨30.9千米，轻轨区间2000折合米。承揽任务总额229.32亿元，完成年度计划的113.88%；完成企业总产值128.34亿元，完成年度计划的

102.67%。新建哈尔滨铁路集装箱中心站工程获国家优质工程奖;获中国钢结构金奖3项;获省部级优质工程11项;获“铁建杯”优质工程6项。中车国际广场项目、二湘西州文化体育会展中心PPP项目、中国铁建·洋湖垸项目获国家建设工程项目施工安全生产标准化工地;获省部级安全文明工地8项。（李　卓）

【领导人员】

董事会

董事长	罗海滨
董事	罗海滨
	贾　洪
	邱　卫

监事会

监事会主席	王　彪(7月免)
	龚道君(7月任)

经理层

总经理	贾　洪
副总经理	周晓兵
	张宇川
	申景涛
	王忠良(12月任)
	张晓峰
	余　跃(6月任)
	郑　军(12月任)
总工程师	王忠良(兼,12月任)
总会计师	余　跃(兼,6月任)

党群领导

党委书记	罗海滨
党委副书记	贾　洪
	邱　卫
纪委书记	王　彪(7月免)
	龚道君(7月任)
工会主席	邱　卫(兼)

（赵　平）

【职工队伍】　职工5720人。硕士研究生学历71人、本科学历3041人、专科学历554人、中专97人、高中及以下57人;各类专业技术干部3582人。其中,教授级高级工程师7人、高级职称394人、中级职称755人、初级职称2426人。（赵　平）

【工程施工】　银川绿地中心项目(南塔楼)　合同投资31402万元,合同工期2015年8月30日至2019年8月30日。主要工程量:建筑面积171440.63平方米,地下40981平方米,地上122119.07平方米,裙房8340.56平方米,地下4层,地上66层,建筑高度301米。开工累计完成产值22547万元。

银川绿地中心项目(北塔楼) 合同投资31387万元,合同工期2015年8月30日至2019年8月30日。主要工程量:建筑面积325100平方米,地下78128平方米,地上246972平方米,地下4层,地上66层,建筑高度301米。开工累计完成产值31010万元。

珠海铁建大厦工程　合同投资27668万元,合同工期2017年1月1日至2020年5月1日。主要工程量:建筑面积163503.97平方米,A座办公楼地上47层高226.75米,B座公寓楼及裙房地上29层高99.65米。开工累计完成产值6825万元。

天津市宝坻蝶恋祥园工程　合同投资45870万元,合同工期2016年11月20日至2018年12月31日。主要工程量:建筑面积150544平方米。开工累计完成产值23684万元。

天津市宝坻蝶恋和园工程　合同投资34130万元,合同工期2016年12月15日至2018年12月31日。主要工程量:建筑面积102035平方米。开工累计完成产值16174万元。

海拉尔冰上运动中心工程　合同投资14793万元,合同工期2016年4月20日至2017年12月31日。主要工程量:建筑面积26957.71平方米。开工累计完成产值15295万元。

湘西州文化体育会展中心PPP项目 合同投资25877万元,合同工期2015年8月3日至2017年8月4日。主要工程量:建筑面积49919平方米。开工累计完成产值31296万元。

湖南财政经济学院学生公寓项目　合同投资11012万元,合同工期2017年10月31日至2018年7月28日。主要工程量:建筑面积47625.66平方米,高49.65米。开工累计完成产值650万元。

广大铁路扩能改造站后工程　合同投资40256万元,合同工期2016年10月1日至2017年8月31日。主要工程量:站房及相应生产生活辅房4座。开工累计完成产值34831万元。

新建大冶北至阳新铁路客运专线站房及相关工程　合同投资8799万元,合同工期2016年4月1日至2016年12月30日。开工累计完成产值8799万元。

新建怀化至邵阳至衡阳铁路站房项目　合同投资40074万元,合同工期2017年2月15日至2018年6月15日。主要工程量:建筑面积101129.7平方米。开工累计完成产值21002万元。

穗莞深城际SZH－11标项目　合同投资38873万元,合同工期2017年4月1日至2018年12月31日。主要工程量:站房12座,隧道2条,建筑面积189783平方米。开工累计完成产值22891万元。

济南至青岛高速铁路临淄北站站房及相关工程　主要工程量：建筑面积9836.65平方米。合同投资15208万元，合同工期2016年12月1日至2018年12月31日。开工累计完成产值6622万元。

霞凝货场扩建站后工程XNHCKJZH－1标段　合同投资17523万元，合同工期2016年11月5日至2017年12月29日。开工累计完成产值18294万元。

广南站和珠琳站站前广场及交通枢纽工程　主要工程量：建筑面积52234平方米。合同投资25260万元，合同工期2016年4月30日至2017年2月28日。开工累计完成产值29179万元。

成都地铁5号线土建2A标工程　主要工程量：建筑面积102562.82平方米。合同投资48000万元，合同工期2016年6月1日至2017年12月31日。开工累计完成产值35778万元。

成都地铁5号线土建2B标工程　合同投资10000万元，合同工期2015年9月至2017年12月。开工累计完成产值8868万元。

成都地铁5号线土建2C标工程　合同投资68000万元，合同工期2015年9月至2017年12月。开工累计完成产值51409万元。

深圳国际会展中心配套市政项目　合同投资60190万元，合同工期2016年9月30日至2018年12月30日。主要工程量：建筑面积100000平方米。开工累计完成产值48174万元。

四平至齐市铁路电气化改造工程　合同投资48714万元，合同工期2015年11月29日至2017年11月29日。开工累计完成产值48164万元。

贺州市铝电子产业项目（一期）工程配套铁路专用线工程　全长2820米。合同投资19800万元，合同工期2016年7月1日至2017年3月23日。主要工程量：桥梁508.3延长米，隧道197延长米，建筑面积7744.86平方米。开工累计完成产值20496万元。

玉赤河流域环境整治及景观工程PPP项目　合同投资15.76亿元。开工累计完成产值8325万元。

（向明前）

【经营管理】　承揽任务139项，合同额229.32亿元，完成年度计划201.38亿元的113.88%。推动与重点业主和核心客户的战略合作，加大与政府机构框架合作协议的签订工作。加大重大项目策划力度，承揽项目质量提升，中标北京丰台看丹村回迁房项目68万平米、威宁统建房项目35万平方米、黔南州中医院项目29万平方米等大体量项目，中标230米珠海铁建大厦、168米济南三馆二期等超高层项目，中标穗莞深东莞至深圳段和新塘站站房工程等大型铁路站房项目，中标黔南州中医院、威宁县人民医院、内蒙古冰上运动训练中心二期项目等公建项目。

项目管理。在建工程149项，其中，房建工程94项、铁路工程18项、市政工程37项。落实工程管理的“红绿线”管理，以工期管理为中心，加强工程进度管理，有效监控公布的24个重点工程项目的运行情况，针对一些通车、交房等需要按时竣工的项目，对重点项目积极采取前期项目策划、指导、现场督导、蹲点等方式，确保重点工程项目按期履约。开展2次过程绩效考核工作，通过考核核查工程公司机关、项目部的体系建设和管理成效，确保在建工程的施工平稳有序进行。

安全质量。印发《信用评价管理与奖惩实施办法》《安全生产约谈制度》《工程项目内部安全许可实施办法》《安全飞行检查制度》，签订责任书，逐级落实责任制，完善责任体系建设；每季度下达新中标项目“三优”工程目标，过程中对创优工作推进情况进行动态跟踪、督导，对目标完成情况进行考核兑现。加强过程检查与帮扶，对在建项目开展节后复工安全专项检查、安全飞行检查38次，下发安全问题整改通知书38份，查处安全问题698项；开展质量检查26次，下发质量问题通知书26份，查处质量问题283项。严格外部信用评价管理，在中国铁路总公司给予评价的47家施工企业中排名第20位。对12个在建铁路工程和24个交付高速铁路工程实施全面质量排查与回访，排查治理质量隐患，增强顾客满意度。积极组织开展“安全生产月”和“质量月”活动，强化活动督导并加强活动情况检查，保证活动效果，进一步增强全员安全、质量意识。

设备物资管理。印发《中铁城建集团有限公司设备物资合同管理办法（暂行）》《中铁城建集团有限公司海外工程项目设备物资管理办法（试行）》。原材料、能源采购467785.01万元，集采购435119.24万元，集采率93%，节资率3.2%，集采节约资金14538.27万元。92台计划处置车辆已完成84台，处置程序严格按照股份公司规定，在依法合规前提下确保设备的保值增值。物资公司新签合同18份，合同额34638万元，实现产值29282万元，开累供应项目26个，合同额48986万元，开工累计完成产值34305万元。

财务管理。制定涉税业务会计核算办法、债务风险管控方案、审计问题财务整改落实方案、降杠杆减负债工作实施方案等相关财务制度。应对税务稽查工作，梳理各类税种业务管理流程，制定集团公司增值税核算办法，规范涉税业务，提升税务管理水平。落实审计整改工作，分门别类进行整理分析，制定改进措施，加强过程管控，规范经济运行，提高风险管控能力。进一步完善过程绩效考核指标，修订财务监察体系，将财务监察融入日常的财务管理和内控制度中。制定财务风险排查工作方案，开展财务风险排查自查和抽查，重点关注属于投资、垫资、潜亏及以集团资质中标的项目，通过对发现问题的即查即改，规避财务风险，提升风险防范能力。梳理共享中心制度流程，采用边试点、边总结、边统一、边扩围的方式积极推进财务共享中心建设工作。组织192名财务人员进行财务业务素质提升培训，召开财务分析会，解各单位经济运行质量和各项经济政策的执行情况。实行全面预算过程管控，按季分析，查找原因、提出具体整改措施。

投融资管理。开展项目融资、跟踪、管理、队伍建设提质增效活动，逐步破解投融资过程中出现的体制不顺、制度不全、管理不善等问题，完成重点投融资项目的落地，在山东聊城、内蒙古呼和浩特、西安、天津等地先后承揽投资项目，累计承揽投资项目7项 。

审计工作。落实上级文件精神，强抓审计发现问题整改落实，利用审计成果，促进追责问责；开展经济责任审计，进行工程项目审计，做好划转项目移交审计，配合股份公司资本运营项目审计专项调查；推进审计信息化建设；编写《企业年度工作报告》。

法律事务。进行合同综合管理，推进法律合规工作与经营管理等工作的深度融合，参与重大项目的论证与谈判，延伸合同管理链条，参与合同示范文本修订，完善合同编号、台账等工作，加强合同管理可追溯性。落实四项法律审核，送审审核率100%。多项举措降控诉讼纠纷案件，加大重大纠纷案件处理力度，助力清欠工作。

企业管理。印发“十三五”规划。强化风险管控，编制《2018年度重大、重要风险管控方案》。一公司取得建筑施工特级、建筑行业设计甲级。

信息化建设。制定《敏感时期信息系统安全管理工作方案》《中铁城建集团有限公司网络与信息安全信息通报机制管理暂行办法》。开展机关新办公楼信息化基础设施建设工作。稳步推进信息化系统集成建设工作，推进办公自动化系统改版升级工作，扩充办公系统使用功能。扩容视频会议系统，满足生产经营需要。

综合管理。印发各类公文400余份，接收公文1200余份，确保信息及时、准确的上传下达。持续规范档案管理的基础工作，保证各类档案的管理及时、完整。严格执行信访工作考核制度，与子公司负责人年度绩效考核挂钩。

（方瑞健　李　勇　张剑强　曹冬梅　刘　帅　张　凯　刘志强　王　超　王　亮　李　卓）

【科技工作】 制定《2017年科技创新指标的通知》《2017年科学技术工作要点》《2017年BIM技术应用工作要点》《2017年集团公司科技计划》，科技研发计划项目81项，科研经费计划4.8亿元。在股份公司科研立项2项，获科研资助50万元。取得股份公司科技进步奖3项，社会力量办奖科学技术奖2项，全国新技术应用示范工程1项，省级新技术应用示范工程6项，省部级工法19项，BIM技术奖7项，获4件发明专利、12件实用新型专利。主编国家铁路局行业标准《高速铁路路基工程施工质量验收标准》，参加编写国家铁路局标准《铁路工程预算定额》第十册（房屋工程）、《铁路工程基本作业安全技术规程》。企业技术中心通过湖南省复审。

（胡明文）

【党群工作】 党的工作。党委7个，党总支2个，党支部166个。党员2456人。以宣传贯彻党的十九大精神为主线，落实“中央企业党建工作落实年”要求，紧紧围绕“提质增效年”主题，发挥党委领导作用。两级公司章程进行修订，设立“党建专章”，将党委会作为董事会、总经理办公会的前置程序，明确党组织在公司治理中的法定地位。召开12次党委会议，研究讨论“三重一大”事项和党群工作事项196项，保证中央大政方针和上级党委部署的贯彻落实。将“两学一做”学习教育与宣贯十九大精神紧密结合起来，分层级、分批次对全集团70余名处级干部、80余名党务干部、160余名基层党组织书记进行集中培训。出台《落实意识形态责任制实施办法》，确保“七个纳入”，用党的最新理论武装全体党员干部头脑。发挥班子示范引领，对《党员领导干部建立工作联系点制度》进行修订，明确领导班子成员到联系点工作“五个一”要求。坚持党管干部原则，严格履行民主测评、民主推荐、个别谈话等组织程序。压实党建工作责任。按照“年初有要点、季度有计划、半年有检查、年度有考核”的思路，将党建工作融入绩效考核体系，建立健全“述评考用”工作机制。下发党建思想政治工作要点，组织二级单位党组织书记签订《党建工作目标管理责任书》17份，召开党组织书记抓基层党建述职评议考核会，层层落实党建工作责任；制定《中铁城建党建工作量化考核暂行办法》，对15家二级单位和16个基层项目的党建工作进行专项检查。夯实党建工作基础。制定的24项党建工作制度进行梳理，对3项制度进行修订完善。督导各基层党组织制定“三会一课”学习计划和内容，确保“三会一课”制度“实施有计划、时间有保障、检查有机制、成果有质量”。举办支部书记培训班，对160名党支部书记进行培训；以“结对子、给位子、打板子”的方式培养30多名专职政工干事，选送64名党员发展对象前往湖南省直工委党校学习。开展“七一”评先评优，对14个基层党组织、35名“六好”共产党员和11名优秀党务工作者进行表彰，激发党员正能量。对2428名党员进行一次系统的信息采集,党员名册齐全,信息详实,高质量完成党员年度报表工作。慰问困难党员59人。提升党建工作实效。积极探索"互联网+"党建工作新模式,运用党建QQ群、党建微信群、党建专栏、"空中课堂"等信息化载体,成功加入人民网"全国党建平台",开展"百日会战、确保年度产值"主题活动,月均产值由10.2亿元提高到17.94亿元。加强党风廉政建设。签订《党风廉政建设责任书》、子公司与项目部签订《党风廉政建设责任书》151份,制定《中铁城建集团有限公司领导干部履行"一岗双责"实施细则》《关于企业领导人员及其亲属违规经商办企业专项治理工作方案》,成立专项治理机构6个,专项治理工作人员134人,治理范围涉及单位173个,治理范围人员1928人,收回自查表1923份。纪检监察工作。受理来信来访20件次,处置问题线索76件次。立案11件,结案10件;处分21人次,其中党纪处分1人、政纪处分21人,约谈4人,通报批评16人,诫勉谈话6人。挽回经济损失26.95万元。与长沙铁路运输检察院深入开展企检联防共建,开展职务犯罪预防工作,共同打造腐败防火墙。开展反腐倡廉教育活动107场次,近4000人次受到教育,教育覆盖率达到90%以上。宣传报道工作。网站开辟"大干150天"新闻专栏。以BIM技术、绿色施工、标准化管理、文化融合等亮点工作为切入点,深入宣传,开展行之有效的新闻报道工作。在股份公司报纸、网站及刊物发稿540余篇,在社会媒体刊稿1900余篇。思想政治教育工作。通过坚持月度分析、季度报告、清账销号、督促检查制度,巩固群众路线教育实践活动成果,确保"两方案一计划"的落实。企业文化建设工作。开展"最美城建"摄影比赛、强化机关建设系列活动、党员红色教育专题活动、周年文艺汇演等一批有意义的活动,以文化活动为载体,抓好文化融合。召开2次专题研讨会。下发《企业文化建设标准化模块规范手册》(2015版),对文化视觉形象进行明确规范。纪委、纪检监察室为合署办公机构,完成双重任务。

工会工作。推送信息145篇,浏览量10万人次。各单位开展"职工文艺晚会""迎新晚会"等活动,组织"才艺之星"评选、中国铁建长沙区域职工艺术节,为职工提供才艺展示的舞台;打造"橘子音乐节""读书"平台,开展摄影采风、文学创作、骨干培训等活动;举办"先锋杯"职工羽毛球赛、迎新篮球赛。以"铁建耀星城"为主线,举办"创新大舞台""文化大讲堂""职工艺术节"三大主题的系列活动,以创新为主题的"绿色施工观摩""中国铁建劳模(企业先进职工)技术观摩";以传播文化为主题的"安全微讲堂""铁道兵精神与湖湘文化的融合发展"文化论坛;"职工艺术节"让摄影采风聚焦一线,"中国铁建一起走"活动打造健康铁建,区域联动总结暨展演,展示铁建职工的多才多艺,提振精气神,展现中央企业的风范。开展以完成产值和完成经营承揽绝对值为内容的劳动竞赛,成都区域"百日会战"劳动竞赛辐射全集团,掀起施工大干高潮。利用职工夜校、农民工业校举办各类技能人才培训1000多场;各工程公司先后组织财务、成本、安全、测量、试验等技术比武10余场。"两节"期间走访慰问352户困难职工家庭、464名生产一线职工、346名劳务派遣工及25个生产一线班组,拨付96.06万元。

共青团工作。团委6个,团支部107个。28个团支部进行换届选举工作。推进从严治团,持续深化共青团"凝聚青年、服务大局、当好桥梁、从严治团"的"四维"工作格局,发挥团组织的自身优势,围绕"学精神,保产值,提效益"主题要求,开展青年突击队、合理化建议、青年"五小"征集、"青年安全示范岗"和"青年安全监督岗"等青字号创建活动,各基层团组织成立青年突击队43支,开展第二届"十大杰出青年"评选活动,在青年微信平台开设"青问·十杰人物"专栏,开展"融入企业·立志成才"迎新系列活动,"导师带徒"签约率100%;组织开展第五期"爱心细流"助学活动,发动社会力量结对帮扶21名贫困学生至大学毕业,捐赠价值3万元的爱心文具和价值2万元的爱心电脑,履约爱心金达100万元。 （石犇 杨曦 易世明）

【第一工程有限公司】 拥有建筑工程施工总承包特级,工程设计建筑行业甲级,钢结构工程专业承包一级,机电工程施工总承包二级,地基基础工程专业承包一级,建筑机电安装工程专业承包一级,市政公用工程施工总承包二级,建筑装饰装修工程设计与施工一级,建筑幕墙工程设计与施工二级资质。驻山西省太原市迎泽西大街169号。执行董事、党委书记郑军,总经理贺旭。职工1190。资产总额50.88亿元。其中,固定资产净值6997.72万元;流动资产50.13亿元。机械运输设备512台(套),原值3480.2万元、净值992.8万元,总功率18891.8千瓦,设备成新率28.9%,技术装备率0.78万元/人,动力装备率14.62千瓦/人,设备资产增长率5.4%,设备资产利润率29.1%,设备物资验收合格率100%。年施工生产能力50亿元以上。

2017年,经营承揽100.97亿元,完成施工产值50.10亿元,国有资产保值增值率126.91%;净资产收益率19.47%;产值利润率2.28%;资产负债率87.80%;应上缴款完成率100%。 （马会会）

【第二工程有限公司】 拥有房屋建筑工程施工总承包一级、市政工程施工总承包二级、铁路工程施工总承包三级和消防设施工程、环保工程、机电设备安装工程专业承包一级资质。主要从事房屋建筑、高速客运专线站房、制梁、市政、消防、机电安装、钢结构、环保、装饰及桥梁等专业施工。2013 年，由二十五局建筑安装工程有限公司整体划转更名。驻广东省广州市，注册资本金 20000 万元。执行董事、党委书记王金海，总经理黄伟强。职工 845 人。资产总额 14.72 亿元。其中，固定资产净值 0.03 亿元；流动资产 14.61 亿元；无形资产 0.04 亿元；递延所得税资产 0.04 亿元。机械运输设备 392 台（套），设备原值 1593 万元、净值 296.26 万元，总功率 8015 千瓦，动力装备率 9.67 千瓦/人，技术装备率 0.35 万元/人。设备完好率65.33%，设备利用率 66.58%。机械化施工程度72.16%。年施工能力 30 亿元。

2017 年，承揽任务 35.19 亿元，实现收入 22.02 亿元，利润总额 4074 万元，净利润 3635 万元，资产负债率 89.61%，人均创利 3.32 万元，全员劳动生产率 15.26万元/人年，国有资产保值增值率 113.62%，产值利润率 1.6%，应上缴款完成率 100%。 （张小芳）

【第三工程有限公司】 拥有房屋建筑工程施工总承包一级、市政公用工程施工总承包一级、建筑装修装饰工程专业承包一级、消防设施工程专业承包一级、机电设备安装工程专业承包一级资质。驻天津市滨海新区海洋高新区桂海路 21 号。前身组建于 1950 年 4 月，先后称为中长铁路大修工程队、哈尔滨铁路工程处、哈尔滨铁路局基础建设处、哈尔滨铁路局第一工程处、哈尔滨铁路工程总公司和哈尔滨铁路建设集团有限责任公司；2003 年 10 月，脱离哈尔滨铁路局，划归中国铁道建筑总公司管辖；2004 年 4 月，由哈尔滨铁路建设集团第一、二、四公司和锅炉公司、装饰公司整合重组，成立为中铁二十二局第六工程有限公司；2013 年 10 月，整体划归中铁城建集团有限公司，成立中铁城建集团第三工程有限公司。董事长、党委书记杨刚。职工 1793 人。资产总额 176422 万元。其中，固定资产原值 10226 万元、净值 5653 万元；流动资产 168736 万元。机械运输设备 227 台（套），设备原值 1349.62 万元、净值 438.6 万元，总功率 4372 千瓦，动力装备率3.83千瓦/人，技术装备率 0.38 万元/人，设备完好率 95%，利用率 74%，年施工能力 22 亿元以上。

2017 年，承揽任务 45 项 123500 万元，完成总产值 22 亿元，实现利润 241 万元，净利润 199 万元，人均创利 24853 元，应上缴款完成率 100%。 （李怀志）

【北京工程有限公司】 拥有建筑工程施工总承包一级、机电工程施工总承包一级、钢结构工程专业承包一级、建筑装修装饰工程专业承包一级、机场场道工程专业承包二级和桥梁工程二级专业承包资质。2013 年，由十六局集团北京工程有限公司整体划转成立。驻北京市朝阳区五里桥一街 1 号院 21 号楼。执行董事、总经理李瑞法，党委书记高明德。职工 799 人。资产总额 34.63 亿元。其中，固定资产原值 1.26 亿元、净值 0.81亿元；流动资产 33.79 亿元；其他资产 0.03 亿元。机械运输设备 117 台（套），原值 2550 万元、净值 292 万元，总功率 7833.54 千瓦，动力装备率 9.56 千瓦/人，技术装备率 0.36 万元/人，设备完好率 78.2%，利用率 81.67%，机械化施工程度 14.54%，年施工生产能力 265469.18 万元。

2017 年，承揽任务 18 项，承揽总额 65.4 亿元。完成总产值 20.11 亿元，实现利润 1952 万元，人均创利 2.4 万元，全员劳动生产率 251.7 万元/人年，职工年人均收入 7.24 万元，国有资产保值增值率 95.8%，净资产收益率 8.33%，产值利润率 5.2%，实现投资回报率 8.52%，资产负债率 92.09% ，应上缴款完成率 100%。 （贾鸣慧）

【南昌建设有限公司】 拥有房屋建筑工程施工总承包一级、市政公用工程施工总承包一级、铁路工程施工总承包二级、机电安装工程施工总承包二级、公路工程施工总承包二级、钢结构工程专业承包一级、建筑装修装饰工程专业承包一级、隧道工程专业承包一级、桥梁工程专业承包一级资质。驻江西省南昌市二七南路 116 号。职工 711 人。资产总额 12.58 亿元。其中，固定资产原值 3513.77万元、净值 557.77 万元；流动资产 124460.508 万元。机械运输设备 144 台（套），总功率 6521.8 千瓦，技术装备率0.72万元/人，动力装备率 9.36 千瓦/人。

2017 年，完成产值 84143 万元，国有资产保值增值率 28.52%，资产负债率 96.95%。 （费义巍）

【房地产开发有限公司】 营业范围：房地产开发、销售，物业管理。2014 年 9 月 2 日成立。驻湖南省长沙市岳麓区洋湖路 695 号。执行董事苏建宇，总经理邓胜兵。职工 25 人。

2017 年，完成房地产项目投资 5.5 亿元，实现回款 3.72 亿元。 （颜　灿）

【物资有限公司】 2016 年 5 月 10 日成立，驻广东省广州市南沙区黄阁镇蕉门村蕉门路 8 号。执行董事李世平。职工 20 人。资产总额 14272.67 万元。其中，流动资产 14259.61 万元，非流动资产 13.06 万元，固定资产原值 15.37 万元、净值 13.06 万元。

2017 年，新签物资供应合同 38298 万元，实现营业收入 28298 万元，净利润 170.83 万元。 （刘炳松）

【物业管理有限公司】 主营物业管理，拥有物业管理三级资质。2016 年 7 月 19 日成立，驻湖南省长沙市岳麓区洋湖路 695 号。执行董事、总经理苏建宇。职工 15 人。（曾向东）

【总承包分公司】 2017 年 5 月 3 日成立，驻湖南省长沙市岳麓区洋湖路 695 号。党委书记、总经理李宏强。职工 124 人。资产总额 51033.75 万元。其中，固定资产净值 426.46 万元；无形资产 58.98 万元；流动资产 50548.31 万元。机械运输设备 3 台（套），原值 63.35 万元、净值 63.35 万元，总功率 414 千瓦，动力装备率 3.34 千瓦/人，技术装备率 0.48 万元/人，设备完好率 100%，利用率 100%。年施工生产能力 20 亿元以上。

2017 年，新签合同额 6.2 亿元，完成总产值 4.2 亿元，实现利润 648.45 万元。（李 卓）

【重要记载】

▲5 月 集团公司获 3 项中国钢结构金奖。

▲8 月 集团公司获评 2016 年度湖南省守合同重信用单位。

▲9 月 20 日 湘西州建州 60 周年庆祝大会在承建的湘西州文化体育会展中心举行。

▲11 月 17 日 北京公司被中央文明委授予第五届全国文明单位。

▲11 月 集团公司承建的哈尔滨铁路集装箱中心站工程、山西省电力勘察设计院、希望·加州华府工程获 2016—1017 年度国家优质工程奖。

▲12 月 26 日 集团公司迁至洋湖新址。

▲12 月 一公司成功晋升建筑工程总承包特级和建筑设计甲级企业。（李 卓）

中国铁建投资集团有限公司

【简况】 拥有公路工程、市政公用工程施工总承包一级资质和安全生产许可证。2011 年 5 月 18 日在北京成立，是中国铁建股份有限公司的全资子公司。初始注册资本金 30 亿元，2012 年 12 月 28 日注册资本金增加到 100 亿元。2014 年 2 月 14 日注册地由北京市迁至广东省珠海市横琴新区。2015 年 6 月 19 日公司更名为中国铁建投资集团有限公司。北京总部驻北京市海淀区复兴路 40 号铁建大厦科研楼 9、10 层；珠海总部驻广东省珠海市香洲区吉大海滨南路财富大厦 17、18 层。职工 616 人。内设 15 个部门、2 个事业部，下辖区域公司 5 个、项目公司 21 个、工程指挥部 27 个。职工年人均收入 17.73 万元。投资项目 39 个，总投资 2446 亿元，主要涉及基础设施、地产开发、城市运营、矿产资源、股权投资五大板块。基础设施项目 17 个，投资规模 1374 亿元，占总投资比例 56.17%；地产开发项目 6 个，投资规模 408 亿元，占总投资比例 16.7%；城市运营项目 5 个，投资规模 470 亿元，占总投资比例 19.22%；矿产资源项目 1 个，投资规模 149.86 亿元，占总投资比例 6.13%；股权投资类项目 10 个，投资规模 43.48 亿元，占总投资比例 1.78%。新签合同额 1204.62 亿元，完成年度计划的 120.46%；完成投资 284.35 亿元，完成年度计划的 79.99%；实现利润 16.75亿元，完成年度计划的 105%。南京市青奥轴线地下交通工程获中国土木工程詹天佑大奖。

（韩烈慧楼 肖 颖）

【领导人员】

董事会

董事长	李 宁（6 月免）
	王 巍（6 月任）
副董事长	安 康（9 月免）
董事	王 巍
	杨哲峰（7 月任）

监事会

监事	王泽泉

经理层

总经理	王 巍（7 月免）
副总经理	谭振武（7 月免）
	刘虎军
	刘青林
	李卫华
	周京波
	戴保民
	唐 刚
总会计师	周京波（兼）

党群领导

党委书记	李 宁（6 月免）
	王 巍（6 月任）
党委副书记	王 巍（6 月免）
	杨哲峰（7 月任）
	亓 超
纪委书记	王泽泉
工会主席	亓 超（兼）

（林 毅）

【所属公司及项目指挥机构】 中铁建投资集团有限公司重庆分公司 驻重庆市江北区复盛镇正街(政府大楼)5层。执行董事、总经理王成。

中铁建南方投资有限公司 驻广东省珠海市香洲区海滨南路88号财富商务大厦16楼。执行董事、党委书记、总经理李寿福。

中铁建华东投资有限公司 驻江苏省南京市鼓楼区广州路5号君临国际2栋21号。执行董事、总经理黄锋昌。

中国铁建投资集团有限公司山东分公司 驻山东省青岛市崂山区苗岭路29号山东高速公路大厦7楼。执行董事、总经理刘生秀。

中国铁建投资集团有限公司北京分公司 驻北京市丰台区阅园一区6号楼801室。常务副总经理冯鹏。

中铁建湛江开发有限公司 驻广东省湛江市人民大道中46号中国建设银行10楼。董事长、总经理郝文洲。

中铁建桂林投资有限公司 驻广西壮族自治区桂林市万福路88号广州军区桂林疗养院宝贤楼。董事长、总经理李恩辉,党委书记达文斌。

中铁建贵州安紫高速公路有限公司 驻贵州省安顺市西秀区新大十字建行13楼。执行董事、党委书记、总经理马涛。

中铁建四川简蒲高速公路有限公司 驻四川省眉山市东坡区二环东路273号。董事长、总经理范军,党委书记郑刚。

中铁建珠海西部开发投资有限公司 驻广东省珠海市金湾区红旗镇双湖北路华信荣楼东区。党工委书记、董事长、总经理王辉。

北京兴延高速公路有限公司 驻北京市昌平区超前路37号。董事长谭振武,党委书记耿杰。

中铁建四川德都高速公路有限公司 驻四川省德阳市鞍山路39号高新大厦16楼。董事长、党委书记罗玉刚,总经理童鹏。

中铁建四川德简高速公路有限公司 驻四川省德阳市鞍山路39号高新大厦15楼。董事长、党委书记罗玉刚,总经理童鹏。

中铁建兰州地铁投资有限公司 驻甘肃省兰州市七里河区恒大名都商业二期三幢。执行董事、总经理高志明。

中铁建甘肃投资建设有限公司 驻甘肃省兰州市七里河区恒大名都商业二期三幢。董事长、总经理高志明,党委书记隆星。

青岛蓝色硅谷轨道交通有限公司 驻山东省青岛市崂山区苗岭路29号山东高速公路大厦7楼。执行董事、总经理刘生秀,党工委书记赵广正。

中铁建南京新市镇开发有限公司 驻江苏省南京市江宁区胜太路99号1号楼8楼。董事长王亚伟,总经理张森。

中铁建万方张家口房地产开发有限公司 驻河北省张家口市桥西区长青路一号尚峰新城A座29层。董事长、党委书记范彬。

中铁建珠海投资开发有限公司 驻广东省珠海市金湾区红旗镇双湖北路华信荣楼东区。执行董事、党工委书记、总经理常铁良。

中铁建湖南高速公路有限公司 驻湖南省常德市武陵区龙岗路448号鼎沣财富广场10楼。董事长耿杰,党委书记车明吉。

中铁建重庆轨道环线建设有限公司 驻重庆市渝北区财富中心财富1号B幢6楼。执行董事、总经理李新民,党工委书记钱耀峰。

珠海铁建大厦置业有限公司 驻广东省珠海市横琴新区宝中路6号105－277室。董事长魏佳中,总经理刘龙。

中铁建青岛投资有限公司 驻山东省青岛市市北区瑞昌路168号汇通大厦707室。执行董事、总经理穆青峰。

中铁建桂林旅游开发有限公司 驻广西壮族自治区桂林市资源县城北新区资源农村商业银行股份有限公司11楼。副总经理杜东升。

珠海铁建梧桐苑置业有限公司 驻广东省珠海市香洲区九州大道西2021号富华里中心写字楼B座15层。执行董事魏佳中,总经理、党委书记刘龙。

中铁香港发展有限公司 驻香港九龙尖沙咀广东道30号 新港中心一座4楼409室。董事长周京波。

中国铁建投资集团有限公司北方指挥部 驻北京市丰台区阅园一区6号楼801室。指挥长冯鹏。

中国铁建投资集团有限公司华中指挥部 驻河南省郑州市管城区凯利国际中心A座1117室。指挥长赵守仁。

中国铁建投资集团有限公司西北指挥部 驻陕西省西安市兴庆路学府首座6栋1单元102室。指挥长高志明。

中铁建湛江东海岛工程建设指挥部 驻广东省湛江市人民大道中46号中国建设银行10楼。指挥长郝文洲。

中国铁建长春地铁2号线工程指挥部 驻吉林省长春市南关区亚泰大街5211号五环国际大厦2608室。指挥长冯涛。

中国铁建股份有限公司乌鲁木齐轨道交通2号线一期工程指挥部 驻新疆维吾尔自治区乌鲁木齐新市

区上海路122号。指挥长隆星。

中国铁建股份有限公司青岛地铁4号线工程总承包部　驻山东省青岛市崂山区海尔路17号多悦酒店216室。总承包部指挥长、总经理梁月胜。

中铁建陕西合铜吴华高速公路工程总承包部　驻陕西省渭南市蒲城县高阳镇高原红酒店4层。指挥长蒋向阳。

中铁建新疆G7高速公路工程施工总承包部　驻新疆维吾尔自治区哈密市巴里坤县团结南路11号。指挥长张永利。

中铁建山东高东高速公路工程总承包部　驻山东省聊城市高新区财金大厦7楼。指挥长刘汝俊。

中国铁建投资集团有限公司珠海B片区工程总承包部　驻广东省珠海市金湾区红旗镇双湖路北段华信荣楼东区。指挥长常铁良。

中铁建湖南安慈高速公路工程总承包部　驻湖南省常德市武陵区龙岗路448号鼎沣财富广场10楼。指挥长车明吉。

中国铁建投资集团有限公司四川德都高速公路工程总承包部　驻四川省德阳市旌阳区鞍山路39号凯德高新大厦16楼。指挥长林金耐。

中国铁建投资集团有限公司四川德简高速公路工程总承包部1部　驻四川省德阳市旌阳区鞍山路39号凯德高新大厦15楼。指挥长顾垒。

中国铁建投资集团有限公司四川德简高速公路工程总承包部2部　驻四川省德阳市旌阳区鞍山路39号凯德高新大厦15楼。指挥长顾垒。

中国铁建投资集团有限公司安徽岳黄高速公路工程总承包部　驻安徽省黄山市徽州区环城西路8号。指挥长李恩辉。

中国铁建投资集团有限公司扬州湾头玉器特色小镇工程总承包部　驻江苏省扬州市广陵区湾头镇茱萸湾路778号。指挥长钟儒华。

中国铁建投资集团有限公司G309线金崖至河口（张家台）段公路工程设计施工总承包项目经理部　驻甘肃省兰州市榆中县和平镇薇乐如意园8号楼2层。党工委书记、总经理代波涛。

中国铁建投资有限公司联合体云南麻昭高速公路B标段项目办公室　驻云南省昭通市昭阳区环城东路122号。副经理王建华。

（林　毅　韩烈慧楼　肖　颖）

【职工队伍】　职工616人。其中，副处级及以上干部占33.44%、专业技术人员占66.56%。博士学历12人，硕士学历151人，本科学历428人，大专及以下学历25人；31～40岁248人，41～50岁185人，50岁以上38人。正高级职称26人，高级职称228人，中级职称196人，初级及以下166人。（朱川青）

【资本运营项目】　新签合同额1204.62亿元。基础设施板块954.11亿元，占全年新签合同总额的79.2%，其中湖南省安乡—慈利高速公路项目102.51亿元，安徽省G4012溧阳—宁德高速黄山—千岛湖段及G42S上海—武汉高速无为—岳西段PPP项目114.47亿元，山东省德郓高速公路高唐—东阿段BOT项目63亿元，陕西合阳—铜川、吴起—华池高速公路PPP项目198.71亿元，京新高速（G7）梧桐大泉至木垒公路建设政府和社会资本合作（PPP）项目178.72亿元，杭州湾地区并行线（杭甬高速复线）宁波段一期工程PPP项目36.75亿元，G309线金崖—河口（张家台）段公路改建工程项目51.4亿元，韶山市旅游主干道及两厢提质改造PPP项目13.5亿元，张掖—汶川高速公路张掖至扁都口段58.72亿元，河南安阳—罗山高速公路上蔡—罗山段136.32亿元。房地产板块216.44亿元，占全年新签合同总额的17.97%，其中江苏省南京市江宁区江宁街道新市镇建设PPP项目34.54亿元，北京市丰台区东铁营棚户区改造和环境整治项目继续投资114.34亿元，河北省张家口市桥西区棚户区改造项目67.55亿元。城市运营板块34亿元，江苏省扬州湾头玉器特色小镇PPP项目，占全年新签合同总额的2.82%。此外，国信双创科技产业发展（北京）有限公司股权投资项目0.08亿元。（谢志军）

【经营管理】　基础设施投资经营，跟踪项目73个，中标10个，新签合同额954.11亿元，超额完成年初制定的710亿元经营指标。巩固山东、甘肃等投资市场的同时，新开拓湖南、安徽、陕西、浙江、新疆等投资市场。在建项目32个，完成投资175.74亿元。房地产投资经营。在建项目10个，北京东铁营棚户区改造和环境整治项目开工累计完成投资7462亿元，占总投资的37.24%；珠海西部中心城区首期开发（A片区）项目开工累计完成投资17.2亿元，占总投资的22.5%；珠海西部中心城区首期开发（B片区）项目开工累计完成投资14.55亿元，占总投资的14.78%；珠海铁建大厦项目开工累计完成投资8.74亿元，占总投资的28%。兰州崔家大滩土地一级开发项目开工累计完成投资21.4亿元，占总投资的21.4%；青岛市北区滨海新区总部大道土地开发项目开工累计完成投资0.84亿元，占总投资的2.68%；珠海梧桐苑项目开工累计完成投资11.67亿元，占总投资的46%；南京江宁区江宁街道新市镇建设PPP项目开工累计完成投资10.15亿元，占总投资的27%；张家口市桥西区棚户区改造项目年内开工，完成投资60万元，占总投资的0.008%；珠海铁建广场项目开工累计完成投资10.37亿元，占总投资的20%。股权经营。有股权投资经营项目11个，投资总额44.73亿元。与央企和金融机构合作，完成5个项目立项，重点跟踪以色列耶路撒冷16号公路项目、巴布亚新几内亚弗里达河铜金矿项目、斯里兰卡汉班托塔29.4兆瓦太阳能光伏电站项目和科伦坡港口城市综合体开发等项目。企业管理。遵照股份公司"1242"产业组合思路，"十三五"规划提出"5+2"业务构成和"1231"产业组合思路，进行产业结构的优化与调整，加快向做强做优方向发展。围绕产业链和价值链的完善与重构，获取关键技术、核心资源、知名品牌为重点，探索开展国内外并购重组业务，力争"十三五"期间集团公司产业结构升级实现新的突破。财务管理。资产总额656.69亿元，实现营业收入140.92亿元，净利润16.75亿元，资产负债率73%。开展"政府保底收入PPP项目核算模式""期权费"公允价值计算模型等研究，制定《PPP、BT、土地一级开发收入管理规定》，为会计核算的规范统一奠定基础；从运作模式、产品架构、风险分担、合并范围等方面深入研究产业基金业务，为规范运作产业基金提供有效途径。被股份公司评为财务决算工作先进单位。在全力配合国家审计署审计整改的同时，还先后开展资本运营项目专项审计和主管领导离任审计。节税创效1.97亿元。收到企业所得税返还0.82亿元。开展清收清欠工作。收回资金35.18亿元。强化资金集中管理，大力提升融资能力。资金集中度89%，上存度76%，超额完成股份公司考核指标，财务公司账户覆盖率100%，累计实现资金管理超额收益1.35亿元，获中诚信国际信用评级AAA主体信用等级。集团银行授信额度1195亿元，新增授信440亿元。取得贷款194亿元，利率均控制在同期基准以下，低于市场平均水平。监察审计。围绕重点工作，开展桂林投资公司、珠海置业公司、德商公司、济鱼公司、青岛投资公司5个项目的任中、离任经济责任审计，德简、德都高速项目的期中审计和德商高速、济鱼高速项目的变更设计专项审计调查。派员参与国家审计署审计，扎实做好国家审计后续配合工作。开展新上项目的前期检查，配合股份公司完成资本运营专项审计调查及领导人员离任经济责任审计工作。法律事务。贯彻"法治铁建"建设总体要求，印发《中国铁建投资集团有限公司"十三五"法律合规工作规划》，成立"法治铁建"建设领导小组。推动法治建设核心要求进公司章程事宜，完成总法律顾问制度纳入公司章程的相关工作。法律人员全程参与投资项目生产经营，通过对实施方案、操作模式、合同文本提供合理化建议以及对项目可行性研究报告出具法律意见等方式，严格控制项目法律风险。组织专职法律人员、项目单位总法律顾问、法律联络员及经营管理人员约40人参加股份公司组织的相关法律合规培训4次，邀请知名律师针对海外PPP项目的操作流程及法律风险防范工作组织现场讲座。会同北京大成律师事务所，对财政部最新下发的政策文件进行逐条解读，提出重点关注的条款及事项，形成法律备忘录。对住建部等相关部委下发的投资类及建设工程类合同示范文本进行整理、汇编成册，供业务部门及相关单位在合同文本拟定、合同谈判过程中参考使用。牵头编制高速公路运营项目合同文本指引，规范、提高运营项目合同文本质量。安全质量管理。完善投资管理制度体系，规范总承包安全管理工作，根据《安全生产法》《企业安全生产标准化基本规范》等法律、法规要求，结合在建项目建设管理实际，制定印发《危险源管理办法》《安全生产事故报告与调查处理管理办法》《安全检查和隐患排查治理制度》《安全操作规程》《安全生产费用提取和使用管理办法》《安全生产管理人员委派制度》《安全专项施工方案编制、论证、审批制度》《职业病防治和职业健康监护监督管理办法》8项制度办法，对《施工企业信用评价管理暂行办法》进行修订，明确各级职责分工及工作流程。制定《安全生产工作评价管理暂行办法》，安全评价10项内容进行细化分解，各级管理人员的安全管理行为与绩效收入挂钩，进一步健全安全生产激励考核机制。投资集团认真落实股份公司安全生产工作视频会议精神，层层落实安全包保责任，搞好班组工前安全教育，推行一线职工收入与安全行为挂钩，配足配强专职安全管理人员，强力推进隐患排查治理，加强安全生产应急救援能力建设，强化安全生产重点管控和安全生产风险预控工作，营造安全质量人人有责、齐抓共管的氛围，促进安全质量管理能力的稳步提升。

（刘　艳　徐世鹏　刘治远　牛　芳　韩烈慧楼　田真真　谢郑欣　龙丝雨　刘晓剑）

【党群工作】 党的工作。领导班子建设。组织开展"四好"领导班子创建活动，修订完善《关于开展创建"四好"领导班子活动实施办法》，加强党委中心组学习，组织党委学习6次，修订完善集团公司《党委会议事规则》《董事会议事规则》《总经理工作细则》《中国铁建投资集团有限公司章程》《贯彻落实"三重一大"决策制度实施办法》等规章制度，切实做好各类议事规则与新《章程》的衔接，召开党委会、常委(扩大)会13次，研究决策事项48项。党组织建设。健全党建工作制度，促进党建责任落实。下发《中国铁建投资集团有限公司党建工作责任制实施办法》《中国铁建投资集团有限公司党建工作量化考核暂行办法》《中国铁建投资集团有限公司党委落实意识形态工作责任制实施办法》等文件,与所属24个单位党组织签订党建工作责任书,明确各单位必须抓好的系列党建工作重点任务,压实党组织书记抓基层党建工作的第一责任人职责和其他班子成员的"一岗双责"。组织开展2016年度党组织书记抓党建工作述职评议考核,5个单位党组织书记在会上现场述职,其他单位党组织书记提交书面述职报告,严格按"述、问、评、测"4个环节进行;加强基层组织建设,树立"抓基层、打基础"的鲜明导向,以"提素质、增活力、全覆盖、强服务"为总体要求,抓实抓紧基层党组织建设,新成立的10家基层单位同步成立党组织,对部分单位党组织设置根据情况变化及时进行调整,调整3个、撤消2个基层党组织;举办党群部长业务考试、党群干部业务培训、基层党支部书记培训班,培训124人;抓好党员教育管理,激发队伍整体活力。坚持贯彻落实"三会一课"、领导班子民主生活会、专题组织生活会、民主评议党员等基本制度,开展"党组织书记讲党课"活动,开讲专题党课73场,受教育党员群众685人,发展新党员10人。宣传文化工作。在省部级及以上媒体发稿147篇,其中报纸32篇(《中国铁道建筑报》刊稿21篇),网站115篇。加强新媒体建设,建立企业微信公众号,改版升级内部网站,刊发稿件144篇。组织相关人员学习《舆情处置办法》和《突发事件新闻处置应急预案》,以案例形式开展对西安地铁电缆事件的讨论,指导所属单位做好应急预案,建立内部网络评论员队伍,提高舆情风险应对能力。开展"十佳道德模范""创效功臣""先进工作者"评选活动。

工会工作。召开投资集团一届一次职代会,选举产生首届职工代表,对投资集团领导干部进行民主评议,审议通过投资集团集体合同、职工(代表)大会实施细则、职工代表大会联席会议制度、职工代表大会专门委员会工作制度等。对所属单位工会财务实行区域财务中心管理方式,将所属单位划分为东部、西部和南部3个区域,各区域由一家工会负责所辖地区的工会财务管理,区域内各单位实行"统一管理、单独核算、互不调剂,形成工会财务"两直管三区域"的最新工会财务管理模式。组织开展第一届"铁建杯"高速公路运营"精细管理、争创品牌"收费业务技能竞赛活动,推动党建工作与生产经营深度融合。组织开展"生日送祝福"、职工体检、庆"三八"健步走、集体观影活动,以及以"突破自我、熔炼团队、追求卓越"和"追忆红色历史、争当时代先锋"为主题的户外拓展活动,落实全民健身计划,在机关开设太极班、瑜伽班,聘请专业老师授课,下拨经费为各单位配置体育用品、健身器材、棋牌、书籍等,丰富职工的业余文化生活,增强企业的凝聚力和向心力。

共青团工作。加强基层团组织建设,指导所属10家单位成立共青团组织;积极开展"学习习总书记讲话,做合格共青团员"系列活动;大力开展"导师带徒"活动,认真总结"导师带徒"活动开展情况,修订完善活动细则;组织开展青工技能培训活动。各级团组织认真组织开展"不忘初心、牢记使命"主题演讲比赛,引导团员青年掀起学习贯彻党的十九大精神热潮。

(张晓新　张晓霆　邓昭华　马燕妮)

【纪检监察工作】 设纪委办公室(巡视办公室)、纪检监察室,定编5人。所属单位成立27家纪检组织,任命22名纪(工)委书记。组织或派员参加各级纪检干部培训300余人次。制定《中层干部监督管理实施细则》《关于加强基层单位党风廉政建设工作的指导意见》等10项制度、办法,为纪检监察工作有效开展提供制度保障。廉洁教育工作。组织开展党规党纪知识竞赛活动,党员干部650余人参与。纪委通过QQ群、微信群、短信、电子屏、宣传栏等方式编发转发各类警示教育信息200余条,网站纪检监察专栏发布廉洁信息40余条。所属单位结合自身实际,开展观看反腐警示教育专题片、参观反腐警示教育基地、邀请专家进行反腐倡廉专题授课等形式多样的宣传教育活动近60场次,受教育干部职工达1000余人次。督促领导班子成员强化政治理论学习,履行"一岗双责"。纪委书记全程参加或列席党委会、董事会、总经理办公会等决策会议,提出有关意见建议,强化对"三重一大"事项的过程监督。对所属5家单位开展"三重一大"决策制度执行情况进行监督检查。两级纪委在"四风"问题预防方面下发重要节点提醒通知110余份,编发廉洁提醒信息100余条。组成15个工作组对31家单位廉洁过节情况进行突击检查,对所属5家单位开展项目前期合规性检查。选人用人监督方面做到选人用人全程纪实监督,实现任职廉政谈话全覆盖。对49名中层领导干部选拔任用进行全程监督。对企业领导人员及其亲属违规经商办企业。进行专项治理,涉及41家单位434人,其中涉及16名领导干部(或亲属)开办或入股21家公司。成立2个巡察组,聚焦"四个着力",紧盯"五大问题",对山东片区6家单位开展内部巡察工作。受理信访举报3件,初核3件,结案3件;收到违纪违规线索3件,立案3件,结案3件,处置率100%;给予1人留用察看、1人党内严重警告和行政降级、1人行政记大过、3人行政记过、3人行政警告处分。

(劳田田)

【北京分公司】 2017年2月23日成立。主要负责在京津冀及东北三省的投资市场信息的收集、汇总、分析、项目前期工作及对外沟通联络,在北京缴纳社保人员的社保缴纳及日常管理以及区域内既有投资项目的统一协调与管理等工作。北方指挥部与北京分公司为“一套班子、两块牌子”合署办公。驻北京市丰台区中堂·紫熙台小区。职工14人。常务副总经理、北方指挥部指挥长、党委书记冯鹏。

2017年,新增投资额113.34亿元。

(刘　洋　石赞熙)

【中铁建湛江开发有限公司】 2011年9月28日,湛江经济技术开发区管理委员会(甲方)与中国铁建股份有限公司(乙方)签订《湛江市石化产业园区投资建设合同》《湛江市东海岛南部围填海工程投资建设合同》《湛江经济技术开发区管理委员会、中国铁建股份有限公司联合成立开发公司的协议》。根据联合成立开发公司的协议,甲乙双方按照1:9的比例注资成立中铁建湛江开发有限公司,于2011年10月28日在广东省湛江经济技术开发区完成工商注册,注册资本金100000万元(2015年11月12日公司注册资本由100000万元变更为50000万元)。建设模式为土地一级开发。驻广东省湛江市人民大道中46号建设银行10楼。党支部书记、董事长、总经理郝文洲。职工10人。资产总额20.13亿元。其中,固定资产原值175.5万元、净值16.78万元;流动资产201300万元。

2017年,完成回购181800万元,累计实现回购223800万元,余款6618117万元。　(周　鹏)

【中铁建桂林投资有限公司】 2013年3月12日成立。驻广西壮族自治区桂林市资源县中锋镇产籽坪。董事长、总经理、党委书记李恩辉。职工132人。资产总额868200万元,其中固定资产原值210万元。

(邓名琴)

【中铁建贵州安紫高速公路有限公司】 2014年5月14日成立。驻贵州省安顺市西秀区龙青路安顺市文化中心3楼。执行董事、党委书记、总经理马涛。职工24人。资产总额442800万元。其中,固定资产原值191万元、净值101.52万元;流动资产12100万元。

(王　琪)

【中铁建四川简蒲高速公路有限公司】 2013年11月20日成立。驻四川省眉山市东坡区太和镇下刘坝子村。董事长、总经理范军,党委书记郑刚(8月免)、范军接(8月任)。职工282人。资产总额1551000万元。其中,固定资产原值961.61万元、净值684.31万元;流动资产8922.56万元。

2017年,完成投资230101万元,开工累计完成投资1444029万元,占合同投资总额的98.6%。

(李林杰)

【中铁建珠海西部投资开发有限公司】 主要负责珠海市西部中心城区首期开发区域(A片区)基础设施工程合作开发项目投资开发建设。由中国铁建投资集团公司和中铁第四勘察设计院集团有限公司共同出资组建,2014年10月13日注册成立,注册资本金1亿元。驻广东省珠海市金湾区红旗镇双湖北路华信荣大厦东区。董事长、党工委书记、总经理王晖。职工27人。

2017年,完成投资14.26亿元,开工累计完成投资20.47亿元,占项目总投资的26.75%。　(陈茂盛)

【北京兴延高速公路有限公司】 经营范围:北京兴延高速公路的投资、建设、运营及项目沿线规定区域内的广告牌、加油站及附属设施。与中国铁建股份有限公司、中铁十二局集团有限公司、中铁十四局集团有限公司联合体(以下简称中国铁建联合体)以PPP模式共同出资建设。北京市首都公路发展集团有限公司作为北京市政府出资人代表与中国铁建联合体共同组建北京兴延高速公路有限公司,负责项目的投资、建设、运营。中国铁建股份有限公司授权中国铁建投资集团有限公司代行社会投资人权利。注册资本金66.82亿元。项目特许经营期:建设期39个月,2015年10月1日至2018年12月31日;运营期25年,2019年1月1日至2043年12月31日。位于京藏高速公路以西,大体呈南北走向,南起北京西北六环路双横立交,北至延庆京藏高速营城子立交收费站以北,途经昌平区、延庆区,线路全长42.2千米,桥梁33座,隧道10座。合同投资130.96亿元。

2017年,完成投资26.83亿元,开工累计完成投资78.52亿元,占合同总投资的60%。　(杨　永)

【中铁建四川德都高速公路有限公司】 2015年11月1日在四川省德阳市工商行政管理局注册成立,注册资本金1亿元。注册地址四川省德阳市旌阳区鞍山路39号高新大厦16楼。董事长、党委书记罗玉刚,总经理童鹏。职工16人。德阳至都江堰线路全长109.659千米,总投资162.9亿元。

2017年,完成投资8.28亿元。　(常　超)

【中铁建四川德简高速公路有限公司】 2015年11月16日在四川省德阳市工商行政管理局注册成立,注册资本金1亿元。注册地址四川省德阳市旌阳区鞍山路

39号德阳高新大厦15楼。董事长、党委书记罗玉刚，总经理童鹏。职工27人。线路全长105.56千米，投资133.86亿元，建设期3年，运营期约30年。

2017年，完成投资53.23亿元，占合同总投资的41.72%。（李正东）

【中铁建甘肃地铁投资有限公司】 主要负责兰州市崔家大滩土地一级开发项目，项目占地面积约4000亩，总投资额暂定100亿元。2012年11月30日成立。驻甘肃省兰州市七里河区秀川街道恒大名都雅苑二期3栋205室。法人代表、执行董事、总经理高志明。职工28人。资产总额11.83亿元。其中，固定资产原值7800万元、净值700万元；流动资产34300万元。

2017年，完成投资0.58亿元，确认营业收入3000万元，实现利润6300万元，开工累计完成投资214000万元，累计确认营业收入15600万元，实现利润14700万元。

（王晋元）

【青岛蓝色硅谷城际轨道交通有限公司】 青岛蓝色硅谷城际轨道交通有限公司和中铁建青岛蓝色硅谷轨道交通工程建设指挥部分别于2013年5月和2012年12月成立，采用“一门两牌”合署办公方式进行项目投融资、建设管理和施工。驻山东省青岛市崂山区苗岭路29号山东高速大厦7层。执行董事兼总经理刘生秀。职工40人。资产总额1027058万元。其中，固定资产原值144万元、净值68万元；流动资产54996万元。

2017年，完成投资369312万元，开工累计完成投资1274038万元，完成营业收入306703万元，实现利润34096万元，完成上缴款34055万元。（张晓惠）

【中铁建南京新市镇开发有限公司】 2017年4月20日在南京市工商局注册成立。由中国铁建投资集团有限公司与中铁建设集团有限公司以及南京江宁城市建设集团有限公司组成的联合体合资成立。其中，中国铁建投资集团有限公司占股60%，中铁建设集团有限公司和南京江宁城市建设集团有限公司各占股20%。驻江苏省南京市江宁区胜太路99号1号楼8楼。党工委书记、董事长王亚伟，总经理张淼。职工23人。资产总额109500万元。其中，固定资产原值94.51万元、净值86.9万元；流动资产46.28万元。

2017年，完成投资101504万元，占总投资的27%。（纪　臻）

【中铁建万方张家口房地产开发有限公司】 2017年11月30日成立。驻河北省张家口市桥西区长青路1号尚峰新城小区1号楼29层。董事长、总经理、党委书记范彬。职工17人。资产总额9000万元。

（冯小亮）

【中铁建珠海投资开发有限公司】 2013年5月24日在广东省珠海市注册成立。驻广东省珠海市金湾区红旗镇双湖北路华信荣楼东区。法定代表人常铁良。职工29人。资产总额153504.14万元。其中，固定资产原值196.38万元、净值37.66万元；流动资产10486.57万元。

2017年，完成投资56217万元，完成建安投资38773万元。（何学根）

【中铁建湖南高速公路有限公司】 2017年4月7日在湖南省常德市挂牌成立。驻湖南省常德市武陵区柳叶大道鼎沣财富商务广场10楼。董事长耿杰、党委书记车明吉。职工26人。固定资产原值207万元、净值100万元；流动资产721万元。（郑　宇）

【中铁建重庆轨道环线建设有限公司】 2014年3月注册成立，代表中国铁建负责重庆轨道环线二期工程（上浩—重庆西）项目的投融资、建设管理和资本回购工作。驻重庆市渝北区洪湖东路财富大道7号财富园1号B幢6楼。执行董事、总经理李新民，党工委书记钱耀峰。职工47人。资产总额314142万元。其中，固定资产原值233万元、净值85万元；流动资产201478万元。

2017年，开工累计完成投资596800万元，开工累计完成建安产值498300万元，完成营业收入214800万元，实现利润36500万元，完成上缴款80000万元，完成回购170000万元，累计实现回购355000万元。

（赵冠乔）

【珠海铁建大厦置业有限公司】 2014年1月23日成立。驻广东省珠海市香洲区吉大情侣中路51号日东广场1单元4楼。执行董事魏佳中，党委书记、总经理刘龙。职工59人。资产总额205839.3万元。其中，固定资产原值247.2万元、净值111.9万元；无形资产19.9万元，流动资产205707.5万元。

2017年，完成投资103658万元。（刘蒙诗）

【中铁建青岛投资有限公司】 主要负责总部大道项目的投资、建设、运营。2014年6月23日在青岛市市北区注册成立。注册资本金10000万元。驻山东省青岛市市北区傍海中路13号。执行董事、总经理林振华。职工14人。资产总额10731.98万元。

2017年，开工累计完成投资8394万元，占项目总投资313700万元的2.68%。（孙　爽）

【中铁建桂林旅游开发有限公司】 2016年3月21日成立。驻广西壮族自治区桂林市临桂区西城南路1号花样年花样城5幢B单元6楼。执行董事、党委书记、总经理杜东升。职工22人。资产总额2322.82万元。其中,固定资产原值165.15万元、净值50.76万元;流动资产606.15万元。

2017年,完成投资1043.86万元,开工累计完成投资1678.07万元。（陈世勇）

【珠海铁建梧桐苑置业有限公司】 主要负责中国铁建梧桐苑项目开发建设。2017年1月在广东省珠海市香洲区注册成立。驻广东省珠海市香洲区九州大道西2021号富华里中心写字楼B座15层。执行董事、党委书记李寿福,总经理高俭坤。资产总额116857.67万元。其中,固定资产净值8.32万元;流动资产116849.35万元。

2017年,开工累计完成投资116706万元,占合同投资的46%。（吴　帆）

【中国铁建长春地铁2号线工程指挥部】 2013年4月7日成立。驻吉林省长春市南关区惠工路759号蓝港中心1203室~1205室。指挥长冯涛。职工19人。资产总额181803万元。其中,固定资产原值67万元、净值25万元;流动资产181777万元。

2017年,实现营业收入244787万元。开工累计完成建安产值629005万元。（罗贞发　李德明）

【中国铁建乌鲁木齐轨道交通2号线工程指挥部】 2016年7月1日成立。受股份公司委托,负责乌鲁木齐轨道交通2号线一期PPP项目土建部分的施工建设和协调管理,管理模式为施工总承包。指挥长隆星。职工27人。驻新疆维吾尔自治区乌鲁木齐市经济技术开发区上海路122号。

2017年,完成建安投资35460万元,实现利润613万元,完成上缴款613万元。（卢　甜）

【中国铁建股份有限公司青岛市地铁4号线工程总承包部】 与中铁建青岛市地铁4号线工程总承包管理部分别于2016年12月8日和2017年2月13日成立,采用“一门两牌”合署办公方式进行项目建设管理。驻山东省青岛市崂山区海尔路17号。指挥长兼总经理梁月胜。职工36人。资产总额28297万元。其中,固定资产原值99万元、净值87万元;流动资产28171万元。

2017年,完成投资17500万元,开工累计完成投资17500万元。（周学娟）

【中铁建陕西高速公路有限公司】 由中国铁建股份有限公司、中国铁建投资集团有限公司、广德铁建大秦投资合伙企业(有限合伙)、中国铁建大桥工程局集团有限公司、中铁十五局集团有限公司、中铁二十局集团有限公司、陕西路桥集团有限公司共同投资组建,2017年7月20日在西安市经开区工商局注册成立。负责陕西合阳—铜川、吴起—华池高速公路项目的投资建设和运营管理。驻陕西省西安市经开区文景路220号中港国际B座15楼。董事长、党委书记郑刚,总经理任文辉。职工34人。资产总额229348.71万元。其中,流动资产99968.77万元;固定资产原值183万元、净值158.83万元。

2017年,完成投资115704万元。（景若慧）

【中铁建新疆京新高速公路有限公司】 2017年8月19日在乌鲁木齐市经济开发区注册成立。驻新疆维吾尔自治区乌鲁木齐市水磨沟区绿城广场。董事长、党委书记达文斌。职工18人。资产总额35400万元。其中,流动资金4154.82万元;非流动资金31200万元;固定资产原值148.02万元、净值140.62万元。

2017年,完成投资76186万元。（李明文）

【中铁建(山东)高东高速公路有限公司】 2017年7月28日在山东省聊城市高新区长江路111号5号楼701室注册成立。总经理、党委书记牛之印。职工24人。（薛　飞）

【中国铁建投资集团有限公司G309线金崖至河口(张家台)段公路工程设计施工总承包项目经理部】 2017年10月10日成立。驻甘肃省兰州市榆中县和平镇薇乐如意园8号楼2层。职工12人。资产总额34161.1元。其中,固定资产原值138.35万元、净值102.4.21万元;流动资产33945.19万元。（马丽君）

【中国铁建投资集团有限公司扬州湾头玉器特色小镇工程总承包部】 2017年10月23日成立。注册地为江苏省扬州市广陵区湾头镇长安路479号。指挥长钟儒华。职工25人。资产总额20012.03万元。其中,固定资产原值111.01万元;流动资产6139.08万元。

2017年,完成投资84293万元,其中完成建安投资3627万元。（彭家兰　张　腾　马　彪）

【中铁建置业有限公司】 2013年11月,在北京市丰台区注册成立,注册资本金23500万元,其中,广德铁建蓝海丰建投资中心(有限合伙)出资13500万元,占注册资本的57%;中国铁建投资集团有限公司出资10000万元,占注册资本的43%。驻北京市丰台区南三环中路南侧东罗园9号楼(新世贸大酒店2~3层)。董事长、党委书记金龙。职工37人。

2017年,开工累计完成投资746212万元。

(蒋建美)

【中铁建山东京沪高速公路济乐有限公司】 经营范围:京沪高速公路济南至乐陵段的投资、设计、建设、运营、维修养护。是由中国铁建投资集团有限公司和齐鲁交通发展集团有限公司按65:35股比出资组建的项目公司,2009年11月10日在山东省工商行政管理局注册成立。驻山东省济南市高新技术开发区天辰大街1188号。董事长、党委书记汤宝东,总经理吴登义。职工286人。资产总额734954万元。其中,固定资产原值1976万元、净值793万元;流动资产17977万元。

2017年,实现运营收入34366万元,运营成本及税金6305万元,发生管理费用1547万元。(张庆波)

【中铁建山东济徐高速公路济鱼有限公司】 2013年6月7日注册成立。驻山东省济宁市任城区永基城商业A座写字楼。法定代表人王庚辰。职工199人。资产总额501239万元。其中,固定资产原值792万元、净值588万元;流动资产1633万元。

2017年,完成投资52281万元,完成运营收入17403.53万元。

(张诗雨)

【中铁建(山东)德商高速公路有限公司】 2013年6月8日在聊城注册成立。驻山东省聊城市东昌区斗虎屯镇聊城北管理中心。法定代表人、党总支书记、总经理崔猛。职工158人。资产总额323200万元。其中,流动资产1867.24万元;固定资产原值587.32万元;净值419.52万元。

2017年,完成营业收入12739.21万元,完成其他经营收入582万元。

(赵 锋)

【河南宁沈高速公路项目筹备组】 2017年11月22日成立。驻河南省郑州市金水路49号卫华大厦2401室。主管领导李斌。职工4人。

(张高海)

【重要记载】

▲1月19日 珠海铁建梧桐苑置业有限公司注册成立。

▲2月23日 北京分公司注册成立。

▲3月14日 集团公司成立西北指挥部,将武汉指挥部改名为华中指挥部,北京指挥部改名为北方指挥部。

▲3月17日 集团公司获公路和市政公用工程施工总承包一级资质。

▲4月7日 中铁建湖南高速公路有限公司注册成立。

▲4月20日 中铁建南京新市镇开发有限公司注册成立。

▲4月27日 山东分公司注册成立。

▲7月7日 集团公司获中国保监会批复,完成信达财险2亿股股份变更。

▲7月12日 广西桂林八角寨景区正式由桂林旅游有限公司接管。

▲7月20日 中铁建陕西高速公路有限公司注册成立。

▲8月7日 中铁建置业有限公司获北京市"青年文明号"称号。

▲8月19日 中铁建新疆京新高速公路有限公司注册成立。

▲10月23日 扬州湾头玉器特色小镇有限公司注册成立。

▲11月30日 中铁建万方张家口房地产开发有限公司注册成立。

▲12月1日 集团公司取得安全生产许可证。

▲12月29日 集团公司参股的黄河财产保险股份有限公司项目获中国保监会开业批复,取得保险公司法人许可证。

▲12月 集团公司参建的南京市青奥轴线地下交通系统及相关工程获第十五届中国土木工程詹天佑奖。

(王 璐)

中国铁建财务有限公司

【简况】 经中国银监会批准,具有独立法人资格的非银行金融机构,2012年4月18日正式开业运营。是中国铁道建筑有限公司重组中国长城财务公司后,引入其下属核心子公司——中国铁建股份有限公司共同出资成立的。注册资本金90亿元,其中,中国铁建股份有限公司出资846000万元,占比94%;中国铁道建筑有限公司出资54000万元,占比6%。职工80人。注册地址北京市海淀区复兴路40号中国铁建大厦10层东。作为非银行金融机构,在中国铁建发展战略指引下,在产业结构调整的大背景下,始终坚持"加强中国铁道建筑总公司、中国铁建股份有限公司及成员单位资金集中管理,提高资金使用效率,为中国铁道建筑总公司、中国铁建股份有限公司及成员单位提供专业的资金管理、投融资等金融服务”的经营宗旨和“依法合规、审慎稳健、依托集团、服务企业、开拓进取、创誉争效”的经营方针，实现自身规范健康发展。促进中国铁建资金集中管理，加强资金监管，防范资金风险；提高资金效益，降低财务成本，优化财务结构；有效配置资源，助力结构调整等方面发挥作用。（杨泽伟）

【领导人员】

股东代表 王秀明
庡守义
曹锡锐

董事会
董事长 王秀明
董事 庡守义
曹锡锐
冀　涛
王旭永

监事会
监事会主席 黄少军
监事 乔国英
吴婧萍

经理层
总经理 冀　涛
副总经理 王道平
王　丽
张国智
总会计师 张国智（兼）

党群领导
党委书记 冀　涛
党委副书记 彭长林

（杨泽伟）

【职工队伍】 职工80人。大学及以上学历79人。（郭融晖）

【经营管理】 日均吸收存款余额576亿元，同比增长12.5%，完成年度计划的96%；日均发放贷款余额462亿元，同比增长33.2%，完成年度计划的121.6%；实现营业收入22.98亿元，同比增长18.76%，完成年度预算的100.78%；实现净利润7.26亿元，同比增长12.91%，完成年度预算的103.71%；资产总额1017.19亿元，同比增长20.79%，完成年度预算的118.83%。通过存款利率上浮、贷款利率下浮、结算手续费免除、中间业务免收保证金、减免手续费等方式，累计让利4.46亿元，创造综合价值13.15亿元。贷款利息收入16.85亿元，由原占比64.19%增加到73.32%，同业存款利息收入5.39亿元，由原占比35.5%下降为26.29%。（陈　钰）

【资金集中】 吸收存款余额902.5亿元，同比增加139.6亿元，增幅18.3%；日均吸收存款575.7亿元，同比增加63.4亿元，增幅12.4%。推动资金池平移工作。先后启动十二局、大桥局、十八局、十九局、二十五局等单位银行资金池向财务公司的平移工作。新增天津、太原、广州、厦门4个区域资金池，新建多个项目专项资金池，开户3029个。夯实财企银三方合作，与电气化局签署全面战略合作协议；与部分成员单位签署资金监管协议，对特定账户资金支付实时进行监管，做实财务公司资金监管平台功能；在大桥局设立首个驻企服务部，并分别在天津和内蒙古举办2次业务推介会。缓解成员单位结算业务量快速增长与财务公司结算效率不相适应的矛盾，将财银证书更换为软证书，办理U盾8079个，提高系统运行速度和安全可靠性；完成农行、建行代理结算系统上线前的调试工作，实现农总行直接代理结算；全口径结算业务笔数累计645万笔，同比增长103.9%；全口径资金结算金额6.7万亿元，同比增长2.9%。累计归集境内外汇资金超过3亿美元，加入外汇交易市场会员和SWIFT会员，稳步开展跨国集团境内外汇资金集中管理、经常项下集中收付汇、即期结售汇等基础业务。（杨佰玲）

【信贷业务】 打造“铁建信贷”“铁建电票”“铁建保函”等业务品牌，产业链金融也迈出实质步伐。央行执行宏观审慎评估（MPA）以来，财务公司信贷增速和规模受到很大约束，积极同监管部门协调沟通，尽最大努力满足成员单位用信需求，信贷投放覆盖中国铁建所有业务板块，信贷投放峰值达538亿元。各项贷款余额436.9亿元，比上年增加8.5%；贷款日均余额461.9亿元，比上年增加39.3%。2017年底，配合成员单位完成双降目标，集中办理还贷约100亿元。推出财务公司管理下的电子商票业务，极大增强成员单位商票的流通性。票据承兑和委托贷款外，推广铁建保函产品，累计为成员单位办理保函金额近170亿元。（王娜娜）

【资金和投资业务】 通过开展同业拆借，补充短期流动性，与23家金融机构开展同业拆借业务，与国开行建立同业合作关系，进一步丰富公司的流动性管理手段。保障资金流动性安全，开展有价证券投资业务，首笔货币基金投资业务顺利落地，购买的3亿元中银货币基金产品获得预期收益。科学管理头寸，提高资金收益和使用效率，通过期限错配、合理调度等措施促进日均备付头寸大幅降低，提高头寸利用效率和资金收益，累计实现存放同业利息收入5.39亿元，占收入总额比例23.45%。为成员单位提供存款证明、信贷证明和资信证明等服务，累计开具银行存款证明204份、金额2695亿元；开具存款证明57份、金额559亿元；开具授信证明和信贷证明21份、金额382亿元；开具资信证明2份、金额8.2亿元。股份公司董事会审议通过开展货币基金投资业务的请示，并给予20亿元的货币基金投资额度。实施首笔有价证券投资业务，成功申购3亿元“中银机构现金管理货币基金”。（陈　钰）

【票据业务】 落实铁建财票、商票“两手抓、两手都要硬”的理念，积极推动“铁建电票走出去”，打通铁建电票全流通环节，提供铁建票据全流程、一体化服务。电子财票发展迅猛。承兑余额96.61亿元，增加29.75亿元，增长44%。电子商票初具规模。商票办理943笔，金额累计52.39亿元。票据贴现稳步增长，票据贴现余额42.77亿元，增长31.74亿元。（王娜娜）

【风险管理和内部控制】 牢固树立风险意识，不断构筑稳健审慎的风险管控体系。各项监管指标及监控指标均符合监管部门规定。通过完善利率定价机制，加强利率风险动态监测，强化资产负债结构和期限管理以应对利率风险；不断完善对成员单位的授信管理，采取定期监控手段，严控信用风险；通过三道防线建设、对授信操作、信贷业务、大额审批制度等相关业务进行优化和持续改进，增强操作风险控制能力；不断提升信息系统防控能力，通过付款审批流程、业务到期前提示、大额资金监控、余额短信通知等方式，加强信息系统建设，确保营运安全。内控分析和报告机制完备，运行正常。每日收集市场信息，对业务进行实时监控；每季度就制度建设、公司治理、法律合规、监管指标情况向经理层和监管部门作出报告；每年就审计稽核结果、内部控制管理情况、全面风险管理情况向董事会报告。内控考核结果达到A级，内控管理健全完善。法务工作有序开展，法律审查率达到100%；严格按照国家法律、法规开展各项工作，围绕公司发展重点任务统筹谋划、同步推进，法律管理与公司经营管理深度融合，充分发挥法律管理的服务保障、规范管理和价值创造作用，成立至今未发生过法律纠纷案件。（常　郁）

【信息化建设】 进一步加大信息科技人、财、物等资源投入，信息科技人员增加至11人，信息化投入近2000万元，有效保证信息系统建设和安全运维等工作的正常开展。坚持稳中求优，在保证现有系统安全稳定、连续运行的基础上，对系统签章、落地规则、银企渠道等进行系统优化和功能扩展，引进浪潮公司、金电公司、中国金融认证中心等国内知名公司作为公司长期战略合作伙伴，开展新核心业务系统建设、新生产中心、应用灾备中心建设和电子签章认证平台建设。与十一局财企直连工作进展顺利，有效缓解共享中心结算人员工作量，提高工作效率和安全性。向保理公司免费提供企业盾、个人盾以及代理结算等服务，避免重复建设，降低运营成本，促进铁建银信业务的开展。加强日常技术保障和科技支撑能力，新OA上线运行，移动办公提高工作效率；更换全部用户U盾7000个，按照银监会要求升级为国密算法，提高安全性，降低CA运营成本；自编程序与外管局系统对接，降低系统开发成本；优化不落地规则，提高结算效率，减少结算人员手工工作量；电票系统成功切换至上海票交所，实现公司电票全国流通结算；自研程序实现巨量会计账页打印；建立业务监控、网络监控和重点环节定时监控的一体化监控体系，及时查缺补漏；组织科研力量重点攻关，解决宕机问题，保证系统安全稳定运行。（葛　斌）

【党群工作】 学习贯彻党的十九大精神和全国国有企业党建工作会议精神，坚持思想建党、制度治党相结合，修改公司章程，明确企业党组织在公司法人治理结构中的法定地位和作用，修订“三重一大”、党委会议事规则等制度，实现各层级决策机制对接。落实党管干部原则，把握“20字标准”和“三个关口”，强化对干部队伍的监督管理。强化支部战斗堡垒作用，成立8个党小组，严格执行“三会一课”制度，严肃党内政治生活，促进“两学一做”学习教育常态化制度化；建立党支部党建工作量化考核制度并加以实践运用，促进支部工作的有效落实；加强党员理想信念教育，组织开展延安党员培训等活动。坚持从严治党，扎实推进党风廉政建设和反腐败工作，按期完成巡视整改，开展“五个一”廉洁教育，建立涵盖员工行为规范和部门箴言在内的廉洁文化体系，出台兼职纪检监察员制度，完善集纪委、财务、审计、风控监督和党员群众监督于一体的“大监督”格局，构建具有铁建金融特色的纪检工作体制。坚持正确舆论导向，加强“两微一站”阵地建设，加大外宣工作力度，取得积极成效。深化企业文化与品牌建设工作，打造“铁建金钥匙”文化与品牌体系，制作《金钥匙之歌》等宣传品，参评首都文明单位，促进企业文化和品牌建设的逐步落地，提升企业发展软实力。发挥群团纽带和桥梁作用，举办经典诵读、趣味运动会、主题演讲比赛等职工喜闻乐见的文体活动，加强民主管理，关爱职工生活，有力地促进和谐奋进企业建设。（李培锋）

【重要记载】

▲1月11日　财务公司经国家外汇管理局批准，

取得开展中国铁道建筑有限公司外汇资金集中运营管理主办企业备案资格。

▲3月17日　财务公司与十一局签署《财企直联业务合作协议》。

▲4月24日　中国铁建国际集团安哥拉项目外汇资金1300万美元顺利归集，实现外汇业务零的突破。

▲5月　财务公司获北京国税、地税联合组织实施的2016年度纳税信用等级评定A级纳税信用企业。

▲6月1日　财务公司获中国财务公司协会公布2016年度财务公司行业评级等级A级。

▲6月28日　财务公司获中国银监会北京监管局批准增资，由60亿元增至90亿元。

▲6月　连通上海票据交易所的中国票据交易系统，完成上线工作。

▲7月　财务公司与电气化局签署《财企战略合作协议》。

▲7月　财务公司获中国外汇交易中心批复，正式成为银行间外汇市场交易会员。

▲8月17日　银联对私批量支付系统升级正式投入使用，由16家增加至209家。

▲12月18日　中国铁建财务有限公司驻大桥局服务部挂牌，驻企服务部成立。

▲12月28日　财务公司成功申购3亿元中银机构现金管理货币基金，实现投资业务零的突破。

（杨泽伟）

诚合保险经纪有限公司

【简介】　2009年11月成立，注册资本金1.1亿元，总部设在北京。从风险咨询、保险建议、保险安排到索赔及公估等后续服务，构成诚合保险经纪完整的业务链条。遍布全国主要区域的十余家子分公司，形成强大的客户服务体系。从铁路、公路、房建、通信信号、城市轨道交通、物流物贸、农业、环保乃至社会各行各业，从国内到海外，诚合保险经纪倾心数载培育市场。

（樊美麟）

【领导人员】

股东代表　　庄尚标

董事会

董事长　　卢永堂

董事　　卢永堂

王　涛

高继红

刘　兵

职工董事　　张德清

监事会

监事会主席　　钱生校

监事　　宋荣信

职工监事　　解　丽

经理层

总经理　　卢永堂

副总经理　　张德清

郎玉华

钱生校

文金朝

蔡梅群

党群领导

党委书记　　王　涛

党委副书记　　卢永堂

（樊美麟）

【职工队伍】　职工163人。其中，男职工105人、女职工58人；博士研究生1人，硕士研究生（含硕士学位）23人，本科学历108人，专科及以下学历31人；30岁以下40人、30～39岁69人、40～49岁39人、50岁以上15人；高级职称33人、中级职称38人、初级职称51人。

（姜妮娜）

【经营管理】　对外签署战略协议8个，访问35次，扩大保险界的“朋友圈”。在对外合作和混合所有制改革上探索，拓展与大型企业集团合作，与铁路自保公司、甘肃公航旅、广州咨询公司、宁波市政府、河北国控、新疆额河建管局、新疆旅投、重庆交开投、重庆高速、重庆林业局、广铁集团、中电建等达成广泛的合作意向。中电建、合资网络科技、保险销售公司等专业化公司正逐步推进，广泛搭建平台，实现从“寻找市场”到“创造市场”的转变。通过上述一系列布局，延伸产业链条，实现价值再造，为企业长远发展奠定坚实基础。

2017年，新签合同额22066万元，完成年度股份公司下达指标15690万元的140.64%；实现营业收入18929.12万元，为年度股份公司批复预算指标15000万元的126.19%；净利润4162.62万元，为年度股份公司批复预算指标3600万元的115.63%。展业项目679个，市场业务61个，创新业务9个。铁路市场，坚持稳扎稳打不动摇，强化与铁总定期对接，郑万湖北段和重庆段、太焦山西段、银西、兴泉、连徐、重庆铁路枢纽东环线站等铁路市场新签8993万元，占比29.5%。公路和轨道交通市场，坚持高端经营策略，新签宜石、石泸、蒲都等公路项目5056万元，占比16.6%；新签石家庄、成都、昆明、乌鲁木齐等轨道交通项目7235万元，占比23.7%。此外，机动车及团意险新签1497万元，占比4.9%。车险业务优化统保模式，推出公车集中投保和北京地区职工家庭车险。创新业务新签6143万元，占比20.1%。其他市场新签2347万元，占比7.7%。10家单位超额完成年度新签指标，7家单位新签收入超过2000万元，子、分公司新签收入接近2.22亿元，同期增长54%，占比升至73%。以经营机制和管理体制改革为主线，全面推进总、分两级管理体制，着力推进“管放结合”，出台《经营单位经济责任目标管理暂行办法》《经营单位负责人绩效考核暂行办法》《2017年经营单位负责人绩效考核实施方案》和《财务支出管理暂行办法》《资产管理暂行办法》《经营单位财务管理实施细则》，构建经济责任管理体系，建立两级核算，给子分公司适度的财权、事权和用人权，以解决资金、成本、人力、服务等一揽子问题。“流程化、规范化、标准化”建设大大提高。机关设立“业务讲堂”，各部门轮流坐庄，每周五定期开课；子、分公司在年中工作会全面进行业务交流，提升标准化管理水平。云南分公司的基础资料管理扎实，日常管理规范，受到上下一致好评。规范化提高，业务管理“三化”水平和展业质量不断上升，询价业务受控度大大提升。

2017年，发挥产业链上下游联系和相互带动作用，不断探索“风险＋保险”“风险＋信息”“投融资＋保险”“风险＋投融资”等不同板块之间的业务联动模式，全面铺开“车险＋子、分公司”“风险＋子、分公司”的业务协同，准确寻找系统内单位对险企合作的切入点，金租公司与中再、地产公司和人保资产之间的合作，诚合适时发挥作用，拓展业务空间。集中管理效果明显，降本增效成果突出，持续为系统内各单位提供保障最全面的、保费最合理的保险采购方案，有效降低各单位保费成本开支。通过诚合保险集采平台交易的各类保险项目802个，经纪保费流入流出11.7亿元，同比增长34%，通过集中招标采购，为全系统成员单位节约保费成本支出2.5亿元。再保险在直保经纪基础上，发挥平台优势，取得公司第一单——黄河财险预约临分业务。施工人意险临分有新探索，并在成都、福州、新疆等地铁和公路项目上取得进展。公估板块加快与同行业交流，通过客服工作挽回损失超6600万元，客服集中处理大批积案，结案数量首次超过新签业务。海外市场积极对接“一带一路”项目。总、分两级客服机构组织90批次客户服务团队，开展风险培训服务110场次，受众达3000余人次，培训场次及受培训人数均创新高。结案3700余起，协助索赔到账金额3.2亿元。分公司独立开展协助索赔结案973起，结案金额1.04亿元。湛江东海岛铁路528万元赔案和商合杭高速铁路2600万元赔案被选为“2016北京保险业十大影响力赔案”。甘肃分公司、交通运输险部客服工作积极主动，赢得好评。（樊美麟）

【党群工作】 各级党组织紧紧围绕经营发展中心，进一步改进和加强企业党建工作，营造助推发展的氛围，为公司经营管理和健康快速可持续发展提供坚实的政治保障。贯彻落实十九大精神，举办专题讲座5期。学习党的十九大报告原文、新党章解读、习近平在党的十九届一中全会上的讲话精神、十八届中央纪委工作报告等，学习《十九大报告辅导读本》《十九大报告辅导百问》《十九大党章修正案学习问答》等，对党的十九大精神进行深入解读。推进“两学一做”教育活动。加强党员干部队伍思想作风建设，坚持统筹谋划，学用结合，确保“两学一做”真学真做，学有成效、做有方向。推进企业文化建设。宣传报道力度持续增强，有多篇文章在股份公司报纸、网站刊载，新媒体运维情况良好，为企业文化建设和形象宣传推广提供新的舞台。以党建带动群团组织建设。创新活动载体，深入开展劳动竞赛、群众性文体活动，切实加强民主管理，维护职工合法权益，促进中心工作开展。（樊美麟）

【重要记载】

▲1月21日　诚合保险组织“凝聚正能量，爆发小宇宙”活动。

▲4月　课题“中国铁建海外风险管控和转移研究报告”获中国铁建2015—2016年度优秀政研成果一等奖。

▲6月　诚合保险开展“诚合楷模”“诚合道德模范”“诚合品牌”评选活动。

▲7月　诚合保险开展“保险为生活添色彩”官微线上宣传月活动，评选出50幅优秀作品。

▲8月　诚合保险组织参观“砥砺奋进的5年”成就展，开展“庆建党96周年 建军90周年”系列参观学习活动。

▲10月　诚合保险组织开展“党在我心中 喜迎十九大”主题演讲和“不忘初心，牢记使命”主题文化作品比赛。

（解　丽）

中铁建商务管理有限公司

【简况】 前身系铁道兵司令部管理处、铁道部工程指挥部管理处、中国铁道建筑总公司机关事务管理部、总公司机关服务中心、北京铁建工贸集团;2008 年 1 月,改制成立为中铁建(北京)商务管理有限公司;2015 年 7 月,改为现名。主营物业管理、医疗服务、餐饮服务、物资贸易、机票差旅服务、车辆保障服务等。下辖北京铁建物业管理有限公司,北京铁建医院,北京铁建宾馆,北京中铁建商贸中心,中铁国际航空服务有限公司,中国铁建股份有限公司机关汽车队,中铁建商务管理有限公司大厦服务中心、朝阳分公司。资产总额 26379 万元。

2017 年,完成营业收入 29604 万元,实现净利润 761 万元,国有资本保值增值率 113.04%。 (韩　明)

【领导人员】

董事会

董事长	吕　岗
董事	贾晖东
	孙　胜
	王凤丽(8 月免)
	石兴国(10 月免)

监事会

监事会主席	唐国荣
职工监事	潘吉江(8 月免)

经理层

总经理	吕　岗
副总经理	孙　胜
	倪训付
	王凤丽(8 月免)
	石兴国(10 月免)
总会计师	王凤丽(兼,8 月免)

党群领导

党委书记	贾晖东
党委副书记	吕　岗
	唐国荣
工会主席	孙　胜

(孙　乾)

【职工队伍】 职工 1237 人。其中,高级职称 19 人、中级职称 30 人、初级职称 35 人;工人 721 人。其中,高级技师 8 人、技师 7 人、高级技术工人 11 人、中级技术工人 1 人。 (孙　乾)

【经营管理】 完善公司治理体系,将党建方面要求写入《章程》,修订完善董事会、党委会议事规则和总经理工作规则,明确权责,基本形成有效制衡的法人治理结构,灵活高效的市场化经营机制。完成所属单位改制,重组合并铁建宾馆、商贸中心,改制为餐饮有限公司。不折不扣贯彻落实股份公司压减要求,注销铁建三招、铁建大食堂 2 家法人单位,完成法人户数压减工作。完成两级"车改"工作,同步落实北京市医药分开综合改革,企业改革既定任务扎实落地。树立做优做精服务理念,以股份公司总部机关和机关院区满意度为尺子,把握需求,多措并举,不断满足业主、客户多层次、个性化的需求,服务质量和服务水平得到明显改进。成立物业客服中心,开通微信公众号,整治辖区秩序,解决老大难问题,展示机关院区服务规范、管理有方的形象。医疗服务坚持企业办医、奉献社会,优势有效发挥。聘请知名专家坐诊,居民享受三甲医院的服务。接待就餐人员 32.9 万人次,为股份公司各类会议提供餐饮保障。完成股份公司重要会议、重要活动期间的车辆保障任务,被评为海淀区交通安全先进单位,股份公司机关被评为北京市交通安全先进单位。持续推进机票集中采购,为铁建员工差旅出行做好服务。出票范围覆盖"一带一路"沿线近 30 个国家。为内部客户垫付票款 4500 万元,为各单位节约大量资金成本。开展"安全隐患大排查、大清理、大整治"专项行动,整改安全隐患近 400 处,清理腾退地下室 183 间 3472 平方米。组织所属单位开展日常安全警示教育、消防演练、防汛演练和"安全生产月"活动。提质增效成效显著。以"提质增效管理年"为契机,强基础练内功提效能,从节能改造、减少用工、资金使用等关键环节入手,压缩运行成本。整体毛利率同比提升1.25%,成本费用利润率同比提升 1.43%。 (韩　明)

【社会事务】 认真履行总部机关赋予的交通安全、消防安全、爱国卫生、绿化美化、避雷检测等社会事务职能工作,代表总部机关与地方政府沟通联系,为总部机关保持良好的社会形象。获评北京市爱国卫生红旗单位、首都绿化美化花园式单位,被评为北京市交通安全先进单位。 (郭　琪)

【党群工作】 4 个基层党委,下设 19 个党支部,党员 326 人。全面贯彻落实党的十九大精神,持续推进"两学一做"学习教育常态化制度化,为推动企业平稳发展提供坚强有力的思想政治保证。召开部署动员会,购置学习工具书、开展主题知识答卷活动、开展党的十九大精神宣讲活动、举办主题演讲比赛和经典语录书法作品展,掀起学习贯彻党的十九大精神热潮;召开领导班子民主生活会、开展书记述职评议、完善换届选举、开展党支部书记集中培训、组织党委中心组学习宣传教育和做好企业宣传思想文化工作,扎实推进党建基础工作。召开党委中心组学习扩大会16次;坚持完善议事规程抓好领导班子建设。修订公司党委议事规则,印发《中铁建商务管理有限公司领导人员管理办法》等干部管理制度,选拔任用领导干部9人,正处级及以上干部4人,副处级干部5人,轮岗交流5人次;抓牢作风建设落实"两个责任",召开党风廉政建设和反腐败工作会议,签订党风廉政建设责任书,紧盯领导人员、关键岗位,节假日重要时间节点进行廉政提醒,开展领导人员及其亲属违规经商办企业专项治理工作。开展巡视整改和巡察工作,整改措施80条,实现内部巡察全覆盖。召开公司二届一次职代会,征集提案21条,及时处理反馈。举办第二届职工职业技能竞赛活动,开展"送温暖"活动,慰问走访135名困难职工,发放送温暖慰问金20.28万元。开展金秋助学活动,为19名困难家庭子女提供助学补助。参加股份公司北京区域乒乓球比赛。举办"迎五一趣味运动会"。开展妇女权益法律法规培训。扎实做好精准扶贫工作,为贫困户精准建档179户,成立"张家口市万铁商贸有限公司",向铁建大院社区销售农副产品,改造修缮村委会房屋,为旧堡乡三里庄村新打机井、平整村道、修建护坡,建设文化墙1600米,绿化美化种植树木100余株。组织10人义诊队进村义诊,接诊村民200余人次。团委围绕中心工作开展思想引导、收看党的十九大开幕式、"一学一做"、号手岗队评选、学雷锋志愿服务、清明祭英烈、"创新发展·青年当先"、导师带徒、演讲、读书、征文等活动。大厦服务中心团支部被评为中央企业五四红旗团支部。（王永红）

【北京铁建物业管理有限公司】 主要负责中国铁建总部机关居民住宅和办公区域的物业管理,在管中国铁建总部院区、中国通号轨道交通研发中心、昌平青秀尚城、海淀环保嘉苑等项目。通号轨道交通研发中心项目于9月30日终止服务。驻北京市海淀区复兴路40号。执行董事、总经理赵军,党委书记、纪委书记王成宝(10月免)。职工289人。资产总额3819万元。

2017年,完成营业收入6751万元,实现净利润63万元。服务满意度达到98%以上。（王庆文）

【中国铁道建筑总公司北京铁建医院】 事业法人单位,是集医疗、健康体检、预防保健为一体的一级综合性医院、社区卫生服务独立站、北京市基本医疗保险定点医院。主要承担院区及周边社区居民的日常门诊、体检、社区卫生医疗服务。前身是中国人民解放军铁道兵司令部门诊部。驻北京市海淀区复兴路40号。院长、党委书记张丽霞。职工113人。资产总额4240万元。

2017年,完成营业收入10106万元,门诊15.5万人次,体检9097人,家庭医生服务签约423人,慢病管理1664人,公共卫生服务3301人次。（丁潇楚）

【北京铁建宾馆】 前身是铁道部工程指挥部机关招待所。下辖北京中铁建第三招待所、股份公司机关餐厅、销售中心。驻北京市海淀区复兴路40号。职工121人。资产总额1076万元。

2017年,完成营业收入2467万元。（谭志强）

【北京中铁建商贸中心】 以营销古井贡酒(8年、16年)、纯茶油、建筑材料租赁、房屋租赁为主营业务。驻北京市海淀区复兴路40号。总经理、党委书记黄水祥。职工40人。

2017年,完成营业收入683万元,实现净利润472万元。（姜　庶）

【中铁国际航空服务有限公司】 具备客运代理一级(国际客运)、二级(国内客运)资质,主要负责中国铁建机票集中采购及差旅管理业务。2010年7月成立。驻北京市海淀区复兴路40号铁建大厦B座1层东区。职工36人。执行董事、总经理、党支部书记孙友霞。

2017年,完成销售额2.4亿元,实现营业收入748万元,净利润10万元。（焦振华）

【中国铁建股份有限公司机关汽车队】 负责中国铁建总部机关的车辆服务保障工作。驻北京市海淀区复兴路40号。队长、党支部书记王继平。职工56人。车辆41辆。资产总额218万元。

2017年,出车2.6万台次,行驶85万千米,完成服务经营收入841万元。（郭　敏）

【中铁建商务管理有限公司大厦服务中心】 主要负责中国铁建总部办公楼铁建大厦A座、B座的安保服务、保洁服务、工程运维和维修服务、会务服务、客服礼仪服务、停车服务等。驻北京市海淀区复兴路40号。总经理、党支部书记聂桂荣。职工127人。

2017年,完成营业收入3605万元。（苗善琪）

【中铁建商务管理有限公司朝阳分公司】 自主经营、独立核算的非法人实体。业务范围涵盖物业管理、热力供应、机动车公共停车场服务等。下辖朝阳区中国铁建国际城物业服务中心、花语城物业服务中心、乐想汇物业服务中心、中国铁建广场物业服务中心。驻北京市朝阳区北苑东路19号。总经理、党支部书记陈洪周。职工155人。资产总额2476.4万元。

2017年,完成营业收入4696万元。（周 娟）

中铁建南方建设投资有限公司

【简况】 2016年5月6日在深圳注册成立,注册资本金10亿元。业务涵盖铁路、公路、市政、城市轨道交通、机场、码头、港口、房建、环保、设备安装工程施工总承包及对外投资,与股份公司广东指挥部"一门两牌",代表股份公司承揽、管理广东地区施工总承包、投资类工程项目。职工171人。在建项目10个,总投资542亿元,线路全长177千米,其中,地铁82千米、城际95千米。

2017年,完成产值95亿元。广东项目获"广东省房屋市政工程安全生产文明施工示范工地"7项,"深圳市建设工程安全生产与文明施工优良工地"8项。地市级安全文明工地21个,深圳安全防护标准化工地2个。（周 圆 邓国栋）

【领导人员】

董事会

董事长	蒋汉祥
董事	柴春明
	朱宝林

监事会

监事	朱 玉

经理层

总经理	柴春明
副总经理	李飞前
	朱宝林
总会计师	朱宝林(兼)

党群领导

党委书记	蒋汉祥
党委副书记	柴春明

（周 圆）

【职工队伍】 职工43人。其中,高级职称29人、中级职称5人、初级职称4人。工程系列32人、经济系列3人、会计系列1人、政工系列2人;博士学历1人、硕士学历6人、本科学历32人、大专学历4人。（谌子煜）

【工程项目指挥机构】 深圳市城市轨道交通6号线6101标段项目经理部 驻广东省深圳市龙华区腾龙路与大洋西街交叉口。执行经理姜立国。

深圳市城市轨道交通8号线8133标段项目经理部 驻广东省深圳市盐田区中青一路。项目经理黄勐。

深圳市城市轨道交通10号线1012标段项目经理部 驻广东省深圳市龙岗区布吉街道甘李六路12号中海信科技园14A栋12层。项目经理朱伟。

深圳市城市轨道交通16号线工程施工总承包联合体项目经理部 驻广东省深圳市龙岗区如意路栖湖村1巷1号。项目经理李飞前。

深圳市国际会展中心配套市政项目经理部 驻广东省深圳市宝安区福永街道新和社区西海堤路26号。项目经理刘广钧。

深圳市前海市政工程6标段集群管理部 驻广东省深圳市前海自贸区前湾二路与临海大道交叉口。项目经理齐勇。

珠三角城际广佛环线GFHD-2标段项目经理部 驻广东省广州市白云区钟落潭镇马洞村湖景山邨。项目经理赵守宪。

佛山市城市轨道交通3号线3206标段项目经理部 驻广东省佛山市南海区科韵中路20号。项目经理何志勇。

新建珠三角城际轨道交通新塘经白云机场至广州北站项目XBZH-1标段项目经理部 驻广东省佛山市南海区科韵中路20号。项目经理谢晋水。

（王晶晶）

【项目建设】 深圳地铁6号线项目 全长24千米。合同投资28亿元,合同工期2015年9月至2019年11月。主要工程量:10站9区间,高架桥占79%,暗挖隧道占21%。

深圳地铁8号线项目 合同投资11亿元,合同工期2015年12月至2019年6月。

深圳地铁10号线项目 全长15千米。合同投资40亿元,合同工期2015年12月至2020年6月。主要工程量:12站11区间。

深圳地铁16号线项目 全长29千米。合同投资185亿元,合同工期2017年12月至2023年7月。主要工程量:车站23座,区间25段,田心车辆段1处,龙城公园停车场1处。

深圳会展配套项目 全长9千米。合同投资60亿元,合同工期2016年9月至2018年12月。主要工程量:5 站 4 区间,车辆段 1 座。

深圳前海市政项目　合同投资 23 亿元,合同工期 2016 年 11 月至 2020 年 12 月。

珠三角城际新白广项目　全长 58 千米。合同投资 83 亿元,合同工期 2015 年 12 月至 2019 年 10 月。主要工程量:车站 10 座、隧道 3 座、桥梁 28 座,土石方 116 万立方米,预制梁 863 孔,现浇梁 224 孔,轨枕 24 万块,无砟轨道铺设 117 千米。

珠三角城际广佛环线项目　全长 27 千米。合同投资 64 亿元,合同工期 2017 年 1 月至 2021 年 8 月。主要工程量:地下工程 25 千米,盾构隧道 15 千米,桥涵 7 座,路基土石方 90 万立方米,轨枕预制 15 万根,正线铺轨及四电集成 94 千米,存车场 1 处。

佛山地铁 3 号线项目　全长 10 千米。合同投资 28 亿元,合同工期 2016 年 11 月至 2021 年 12 月。主要工程量:6 站 6 区间。　(周　圆)

【企业管理】　把市场开拓、经营承揽作为工作重点,主要承揽城市轨道交通项目,建设模式上以施工总承包为主。为紧跟市场发展形势,今后将以轨道板块驱动为主,向大型市政工程等建设领域转移;以工程总承包建设模式为主,向投资、代建等经营领域拓展。

(周　圆)

【经营管理】　承揽项目 1 个,新签深圳地铁 16 号线合同额 184.26 亿元。　(阳　平)

【党群工作】　党的工作。2016 年 8 月成立党委,下辖机关党委 1 个、项目党工委 8 个,党员 94 人;基层党组织 60 个,党员 860 人。强化政治引领。学习贯彻党的十九大精神,党委书记带头宣讲党的十九大精神,集中研讨 3 次,领导班子成员到联系点上党课 4 人次;组织中心组学习 6 次。健全党委议事规则等制度。制定下发《党委会议事规则》《董事会议事规则》《总经理办公会议事规则》《贯彻落实"三重一大"决策制度实施办法》;修订完善企业章程,把党委会研究讨论作为董事会、经理层决策重大问题的前置程序;召开党委(扩大)会 10 次,研究重大事项 45 项。加强基层党组织建设。按照"四同步""四对接"要求,建立机关党委 1 个、项目党工委 8 个、基层党支部 12 个。完善党群机构和人员配置,成立公司党群工作部,配备专职党群工作人员。制定《党建工作实施细则》《关于加强和改进项目部党的建设的决定》《关于推进"两学一做"学习教育常态化制度化的实施方案》等制度和办法。健全干部管理档案,完善干部管理制度体系,制定《中铁建南方建设投资有限公司领导人员管理办法》《员工管理办法》等制度和办法。设立党委专用账户,收缴党费 287070 元。制定下发《公司领导班子建立党建工作联系点的通知》,建立领导班子成员工作联系点 8 个。落实党委主体责任,制定《党风廉政建设责任制实施办法》;加强廉洁警示教育,注重抓早抓小,集中组织观看《巡视利剑》等警示片,开展预防职务犯罪警示教育专题讲座 8 场次,组织管理人员参观地方监狱 4 次;党委与各项目部党工委、项目部党工委与工区党支部分别签订《党风廉政建设责任书》,形成压力传导机制;开展廉洁示范工地创建活动,在深圳地铁 6、8、10 号线项目施工现场设置"工地监督服务之窗";借力深圳地铁集团"共建联控"平台,降低项目建设过程管控风险;全面完成巡视问题整改,实施整改措施 30 项。开展"七个发展理念""树立三个意识"形势任务教育;发挥《铁建南方》官方微信平台窗口作用,刊稿 560 多篇,中央和地方主流媒体发表稿件 61 篇,在《中国铁道建筑报》和股份公司网站发表稿件 25 篇、省部级及地方媒体 35 篇;举办"铁建南方大讲堂",把着力培育和践行社会主义核心价值观与推动中国铁建企业文化在项目的落地紧密结合,打造富有南方公司特色的企业文化;组织召开新闻宣传工作会议,对在新闻宣传工作中表现突出的 8 个先进单位、15 名先进个人进行表彰。

工会和共青团工作。成立筹委会和团工委,健全群团组织。各项目部开展技能培训和技术比武活动,组织并参加业主开展的劳动竞赛活动;开展"冬送温暖、夏送清凉"活动,高标准开展建家建线,组织开展丰富多彩的文体活动。开展"青"字号创建活动和"创新发展、青年当先"主题活动,助力青年成长成材。

(马景波　邢长青)

【重要记载】

▲1 月 12 日　集团公司获评深圳地铁集团 2016 年综合优胜单位、年度安全质量管理综合优胜单位。

▲2 月 14 日　前海市政 6 标段项目收到深圳前海蛇口片区新城指挥部感谢信。

▲5 月 4 日　集团公司 17 个项目部获评"市双优"先进单位,获奖率达 90%。

▲5 月 5 日　集团公司广东指挥部被评为 2016 年中国铁建区域经营先进单位。

▲7 月 26 日　集团公司与招商银行在深圳举行战略合作协议签约仪式。

▲8 月 4 日　集团公司深圳地铁 6 号线首台 TBM——"务实号"下线。

▲12 月 26 日　集团公司会同深圳地铁集团及 4 家央企南方公司负责人,响应党中央和省市精准扶贫

号召,到广东省重点扶贫点河源东源县船塘镇小水村扶贫。 （周 圆）

中铁建昆仑投资集团有限公司

【简况】 主要经营大型基础设施项目的投资、建设和运营管理,涉及轨道交通、高速公路、市政工程、城市综合开发、房地产等多个业务领域和 BT、BOT、PPP 等多种投资模式,是贯彻落实中国铁建“投融资经营＋工程经营”双轮驱动战略,深耕西南、海南区域投融资市场,打造全产业链一体化经营优势的有机载体。2016 年 3 月 11 日成立,5 月 20 日在成都市高新区完成工商注册,注册资本金 30 亿元,主要负责四川、云南、贵州、海南、西藏“四省一区”以及江西南昌等部分具备经营基础和经营优势地区的投融资项目的投资、建设和运营管理。2016 年 9 月 21 日,由中铁建昆仑投资有限公司更名为中铁建昆仑投资集团有限公司。下辖中铁建昆仑地铁投资建设管理有限公司、中铁建昆仑路桥建设有限公司、中铁建云南投资有限公司、中铁建云南交通建设有限公司、中铁建海南投资有限公司、中铁建贵州建设有限公司、中铁建昆仑资产管理有限公司以及西藏筹备组。

2017 年,新增合同投资 532.97 亿元,实现营业收入 166 亿元,完成中国铁建年度指标的 161%,同比增长 163%;实现净利润 11.64 亿元,完成中国铁建年度预算指标的 302%,同比增长 123%。资产总额 170 亿元,增幅达 88%,资产负债率 74.45%。

（欧阳泱 董军薇）

【领导人员】

董事会

董事长	金跃良
董事	徐明新
	吴利红
	周庆国
	黎锡龙

监事会

监事会主席	王 健
监事	陈殿军
职工监事	朱继前

经理层

总经理	徐明新
副总经理	吴利红
	周庆国
	黎锡龙

党群领导

党委书记	金跃良
党委副书记	徐明新
	王 健
纪委书记	王 健(兼)
工会主席	王 健(兼)

（贺 扬）

【项目指挥机构】 中铁建昆仑地铁投资建设管理有限公司 驻四川省成都市金牛区人民北路一环路北三段 1 号万达广场 SOHO C 座 13 层。董事长施振东,党委书记周灿华,总经理栗尚明。

中铁建昆仑路桥建设有限公司 驻四川省成都市金牛区万达广场 SOHO C 座 9 层。董事长、党委书记杨继全,总经理孟卫明。

中铁建云南投资有限公司 驻云南省昆明市官渡区关上街道民航路 663 号融城金阶 H 座。董事长汤世明,党委书记李华,总经理孙宪武。

中铁建云南交通建设管理有限公司 驻云南省昆明市官渡区关上街道民航路 663 号融城金阶 A 座 16 层。董事长、党委书记田大鹏,总经理黄小通。

中铁建海南投资有限公司 驻海南省陵水黎族自治县黎安镇演村。董事长、党委书记吴雷雷。

中铁建贵州建设有限公司 驻贵州省贵阳市观山湖区金阳北路 306 号烈变国际广场 7 层。董事长、党委书记姜子良,总经理张新柳。

中铁建昆仑资产管理有限公司 驻北京市石景山区玉泉路 59 号院燕保大厦 7 层。董事长周庆国,党工委副书记(主持工作)叶玲玲。

中铁建昆仑投资集团有限公司西藏指挥部筹备组 驻西藏自治区拉萨市堆龙德庆区金马国际 8 栋二单元 204 号。副组长吴东儒。

四川天府机场高速公路有限公司(合资项目公司) 驻四川省成都市天府新区正兴街道塘村天府金融谷 18 号公馆。董事长赵爱军,总经理杨继全。

中铁建昆仑天府绿道成都有限公司 驻四川省成都市锦江区三圣街道办事处驸江路江家堰社区 729 号。执行董事杨继全,总经理孟卫明。

云南昆楚高速公路投资开发有限公司(合资项目公司) 驻云南省昆明市西山区前卫街道办事处办公大楼 2 层 216 号。董事长郭凯。

昆明三清高速公路有限公司(合资项目公司) 驻云南省昆明市经济技术开发区云景路中段信息产业园区 5 栋。董事长田大鹏,总经理张博。

昆明福宜高速公路有限公司（合资项目公司） 驻云南省昆明市呈贡区景明北路（中石化加油站对面）。董事长黄小通，总经理包其刚。

中铁建昆仑云南房地产有限公司（合资项目公司） 驻云南省昆明市官渡区民航路663号融城金阶A栋15层。董事兼总经理廖玲辉。

中铁建成都地铁10号线工程项目管理指挥部 驻四川省成都市新津县儒林路与纯阳路交叉口。指挥长兼党支部书记舒进辉。

中铁建成都地铁5号线一期、二期项目指挥部 驻四川省成都市金牛区万达广场SOHO C座10层。指挥长兼党支部书记刘金桥。

中铁建有轨电车蓉2号线工程项目管理指挥部 驻四川省成都市郫都区犀团路141号。指挥长兼党支部书记张学坡。

中铁建成都地铁6号线一、二期工程项目管理指挥部 驻四川省成都市金牛区万达广场SOHO C座12层。指挥长兼党支部书记闫利鹏。

中铁建昆仑投资集团有限公司蒲都高速公路总承包指挥部 驻四川省成都市大邑县蜀望路180号。指挥长杨继全。

中铁建昆仑投资集团有限公司成都环城生态一期一标总承包指挥部 驻四川省成都市锦江区墨香路87号火炬动力港二期8栋2层。指挥长孟卫明。

中铁建云南投资有限公司墨临公路工程临时指挥部 驻云南省普洱市镇沅县（县城内）恩水路。指挥长孙宪武。

中铁建云南投资有限公司昆楚高速公路工程指挥部 驻云南省楚雄州禄丰县金山镇惠民路惠民酒店。指挥长李华。

中国铁建昆明轨道交通6号线二期工程指挥部 驻云南省昆明市官渡区关上街道民航路663号融城金阶A座16层。指挥长、党委书记李维瑞。

中铁建海南国际旅游岛建设管理指挥部 驻海南省陵水县黎安镇演村。指挥长陆强。

中国铁建股份有限公司成都元华路神仙树节点工程项目经理部 驻四川省成都市武侯区高朋大道21号海特集团C座2层。总经理杨继全。

中国铁建股份有限公司贵安新区核心区段地下空间及联络通道配套工程项目经理部 驻贵州省贵阳市贵安新区管委会。副经理岳波。

（董军薇　黎燕梅）

【职工队伍】 职工406人。招聘调入管理及专业技术人才153人，接收高校应届毕业生5人。本科学历372人，占比91.63%；高级职称152人，中级职称124人，初级职称87人。

（贺　扬）

【资本运营项目】 成都地铁10号线一期投融资建设项目　全长10.9千米。合同投资30亿元，合同工期34个月。主要工程量：车站6座。2017年9月6日通车运营。

成都地铁5号线一、二期工程投融资建设项目　全长49.06千米。合同投资172亿元，合同工期54个月。主要工程量：地下42.32千米，地上6.7千米；车站41座，车辆段1座，停车场2座，主变电所4座，控制中心1处，培训基地1处。开工累计完成投资66.08亿元。

成都地铁6号线一、二期投融资建设项目　全长47.7千米。合同投资176亿元，合同工期48个月。主要工程量：车站37座，车辆段1座，停车场1座，主变电站3座。开工累计完成投资24.8亿元。

成都地铁10号线二期投融资建设项目　全长27.07千米。合同投资62.49亿元，合同工期36个月。主要工程量：车站10座，地下站5座，高架站5座，车辆段1处，停车场1处。开工累计完成投资8.82亿元。

成都市IT大道现代有轨电车工程及市政改造工程建设项目　全长39.04千米。合同投资37亿元，合同工期24个月。主要工程量：车站47座，停车场2个，定修段1个。开工累计完成投资24.33亿元。

成都经济区环线高速公路蒲江至都江堰段、成都新机场高速公路项目　全长101.3千米。合同投资357.61亿元，建设期3年，运营期29年6个月。开工累计完成投资55.91亿元。

成都市元华路神仙树节点项目　全长7.5千米。合同投资4.5亿元，合同工期12个月。主要工程量：桥梁6.02千米。一期工程2017年4月30日通车。

成都市环城生态修复综合项目（南片区）一期1标段　合同投资19.14亿元，建设期6个月，运营期2年。开工累计完成投资5873万元。

天府新区“三纵一横”重大基础设施建设项目融资建设正公路（D标段）　合同投资47.27亿元。2012年6月开工，元华路南延线至红星路南延线2012年通车，其余段2013年12月建成通车。

昆明市飞虎大道市政配套项目　全长2.94千米。合同投资24.78亿元。主要工程量：车站4座。开工累计完成投资4亿元。

昆明（福德立交）至宜良高速公路（昆石复线）　全长54千米。合同投资172.57亿元，建设期3年，运营期30年。开工累计完成投资2.3亿元。

曲靖三宝至昆明清水高速公路（昆明段）　全长

51.47千米。合同投资121.81亿元,建设期3年,运营期30年。开工累计完成投资1.3亿元。

巫家坝土桥片区一级开发整理项目　合同投资150亿元。

昆明(岷山)至楚雄(广通)高速公路改扩建工程勘察试验段项目　全长11.61千米。合同投资15.04亿元。开工累计完成投资1.6亿元。

云南省墨江至临沧公路PPP项目　全长236千米。合同投资313.04亿元,建设期4年,运营期30年。主要工程量:互通式立交14处。开工累计完成投资7.4亿元。

昆明轨道交通6号线二期工程　全长7.3千米。主要工程量:4站4区间,地下线6.16千米,地面线0.03千米,高架线1.1千米。合同投资23.86亿元。开工累计完成投资9.5亿元。

海南国际旅游岛先行试验区项目　合同投资200亿元。2013年11月开工。开工累计完成投资13亿元。

贵安新区核心区段地下空间及联络通道配套工程　全长4.42千米。合同投资8.55亿元。主要工程量:地下空间4座,联络通道4段。开工累计完成投资1.88亿元。

江西南昌九龙湖新城起步市政基础设施一期工程　全长7.6千米。合同投资5.28亿元。2013年12月开工。开工累计完成投资约3.2亿元。

江西南昌九龙湖新城起步区市政基础设施B标段二期工程　全长15.13千米。合同投资4.85亿元,合同工期24个月。2015年1月开工。主要工程量:主次干道19条。开工累计完成投资3.6亿元。

南昌西客站地区路网二期工程(加密支路)BT项目　全长13.5千米。合同投资4亿元。2014年6月开工。主要工程量:加密支路31条,立交1座。开工累计完成投资约2.8亿元。　(黄　敏)

【经营管理】　以“高端运作、运作高端”引领市场开拓,构建起多方合作的共赢格局,先后筹划、推动并促成中国铁建与地方政府、金融机构、平台公司等《战略合作协议》的签订。强化优势、创新发展,进军环保、房地产开发领域,板块发展更加均衡。承揽项目5个,新增合同额532.97亿元。其中,PPP项目1个、BT项目4个。出台《2016—2020年发展战略与规划》。取得公路、市政施工总承包一级资质和安全生产许可证。两级管理机构公司章程顺利完成修订和工商变更、备案工作,机构设置和人员编制工作按时完成;增设审计监察部(纪委办公室、巡察办公室)、安全质量监督部、融资管理部(资金管理中心)等部门。“制度建设年”活动有序推进,出台各项管理制度54项。建立风险内控管理体系,并成立内部控制与全面风险管理领导小组;组织开展风险内控评估和自评工作,并接受德勤公司的内控审计和中国铁建的内控独立评价;初步建立风险内控制度体系,出台《内部控制与全面风险管理制度汇编》。加强软硬件设施建设,实现各信息系统门户单点登录化、合同评审网络化、OA系统网上审批流程化、视频会议系统专线化、软件正版化。学习型企业有效创建,全员主动学习新业务、提高新能力,先后有1517人次参加各类培训。财务制度体系基本成型,制定财务制度29项,同时对制度阶段执行情况进行回头看,不断修正完善,确保制度落地。预算目标与管理责任挂钩有效落实,强化目标管理与过程管控有机结合,全员预算管控意识和全过程预算管控意识不断提升。严格投资项目论证、严格项目投资控制和过程风险管控,全面排查财务风险,完善财务内控制度体系,建立财务风险防范长效机制,切实提升公司财务管理水平和风险防范能力。提升税收筹划意识,积极争取优惠政策,优化筹划方案实现降税增效。实现预算管理与绩效考核无缝对接,强化绩效考核刚性约束,充分发挥预算激励和控制作用,保证预算目标实现。严格执行资金管理相关制度,强化资金集中管理,资金池的“蓄水池”作用有效发挥。强化资金预算管理,加大清收清欠力度,资金链运行健康平稳。表内和表外核算单位共开立银行账户68户;完成中国铁建下达的资金上存度预算指标,在财务公司归集资金总额51.01亿元,调剂资金款项36.67亿元。在金融机构共取得授信额度230亿元;神仙树项目经理部、三清项目公司、福宜项目公司和天府机场高速公司4家表外核算单位;母公司在财务公司取得授信额度30亿元。表内有息负债余额53.12亿元;开立票据余额7.04亿元;保函余额2.7亿元。审计监事。审计工作有效开展,下发内部审计管理、经济责任审计管理两个暂行办法,完成8个项目的审计,开展南昌中铁建建设管理有限公司原董事长张宝安离任经济责任审计,完成对公司下属5个子公司的综合管理情况专项检查;对中国铁建抽查6个项目中发现的问题进行认真整改、严肃追责,完成专项审计调查工作。完善监事会组织,按规定将监事会成员增至3人,并设监事会主席1人;制定并审议通过《监事会议事规则》;开展调研工作,及时发现经营管理中存在的风险隐患,并提出有针对性的管理建议。成立法律合规部。成立以主管领导为组长的法治建设工作领导小组,党委会、董事会、总经理办公会4次专门研究和推动法治建设工作。健全规章制度、重要决策、经济合同、授权委托书“四项法律审核”制度。全面落实“没有法律意见,领导不签字、议题不上会、单位不用印、上级不受理”的理念和机制。定制开发并上线合同管理信息系统。未发生法律纠纷案件。邀请成都铁路运输检察院专家开展题为"国有企业职务犯罪预防"的专题法治讲座;总结的"防范投融资项目法律风险"做法在四川省国资系统法治建设推进会上进行书面经验交流。成立安全质量监督部。始终坚持"安全第一、预防为主、综合治理"和"百年大计、质量第一"方针理念,持续构建"党政同责、一岗双责、齐抓共管、失职追责"安全质量责任体系,坚持"依法治安、预防为本、紧盯重特、加强应急"的安全质量管理工作思路,层层包保,推进质量安全标准化建设,提升企业本质安全。在建项目安全生产运行基本平稳,质量管理总体受控。成立安全生产管理委员会及质量管理领导小组;编印安全工作和质量管理工作要点,修订安全质量考核评分标准,印发《工程建设行业安全质量法律法规汇编》《生产安全事故管理暂行规定》等制度,完善安全质量统计报表制度并编制安全质量月报。安全质量管理与"互联网+"深度融合,"互联网+教育、安全、质量"三大系统试点推行。积极开展"全国安全月、质量月"活动。组织开展安全质量大检查5次,以查带训,督促整改。统筹11家工程局全力参与四川省阿坝州茂县发生山地高位垮塌事故的救援工作,彰显中国铁建和昆仑集团的责任与担当,得到四川省政府、四川人民的表彰。积极推行节能减排的先进做法和经验,结合综合检查活动,督促各项目制订和落实环境保护方案和措施,提高环保管理水平。环境保护管理体系运行有效,所属各单位均未发生环境保护方面的事故、事件,未收到当地政府和环保执法部门投拆事件,各类污染物的排放得到有效处治和达标排放。 (董军薇 曹 阳)

【党群工作】 党的工作。党委6个、党工委4个、党支部17个,发展党员4人。"七一"表彰先进基层党(工)委2家、"五好"党支部标兵5个、"六好"共产党员标兵11人、优秀党务工作者4人。召开年度党委扩大会议;举办党建工作能力提升班暨基层党支部书记培训班,59人参加培训,实现党支部书记轮训全覆盖。与四川省建立党组织属地化管理。学习宣传贯彻党的十九大精神工作有效开展,通过集中学习、专题研讨、制定推进计划、专题授课等形式认真组织学习宣传贯彻工作;各单位充分利用报刊、网站、微信等阵地及党委中心组学习、党支部专题会议、培训等形式认真学习会议精神。编印制作企业宣传折页,1人获评中国铁建企业文化建设先进个人。制定下发《新闻宣传报道工作暂行办法》,构建起中国铁建"一盘棋"的"大宣传格局";主动与新华社等媒体建立联络机制,深化企媒关系;改版企业网站,优化栏目设置,扩大内容宽度;做好新闻宣传策划,有力传播昆仑好声音、传递昆仑正能量;在省部及以上媒体刊稿41篇,中国铁建级媒体刊稿65篇,1个微信专题获中国铁建年度优秀专题。学习贯彻党的十九大精神、年初工作会等重大事件、重要活动,加强思想动员,抓好教育引导,充分调动广大职工干事创业的积极性,激励员工为打造"系统内有影响力、行业内有知名度的投资建设集团"的目标建功立业。在各级媒体发表论文10篇;申报的"提高职工幸福指数研究"被中国铁建列为2017—2018年党建政研课题。参加海南陵水县大里乡小妹村、云南怒江兰坪县营盘镇凤塔村扶贫等社会责任实践,彰显央企的责任与担当。出台《党委巡察工作暂行办法》及配套文件,制定《2017—2018年巡察工作方案》,推动巡察工作具体化、制度化、常态化。协助党委推动落实《党风廉政建设责任制实施办法》,对落实"两个责任"进行全面部署,通过层层签订责任书,实现廉洁责任全面覆盖。印发《关于排查廉洁风险点实施廉洁承诺的通知》,初步实现岗位风险点和个人风险点的全面排查和分级防控。组织4次集体学习,研讨中央新思想、新精神、新理论、新政策;先后组织观看《央企领导人员违纪违法警示录》等警示教育片。与成都市人民检察院进行对接,建立良好的共建关系;开展"送法进企业"专题讲座和拒腐防变教育。签订共建协议,建立检企共防长效机制。完成中国铁建巡视反馈意见整改和3个所属子公司巡察工作。开展企业领导人员及其亲属违规经商办企业专项治理和违规公款购买消费高档白酒问题集中排查整治工作,并完成总结、上报、建档等工作。

工会工作。会员449人。下设工会5个,筹委会2个,配备专兼职工会干部67人。组织开展"五比五创"品牌劳动竞赛活动。获年度中华全国铁路总工会"火车头奖章"1次,获中国铁建年度"工人先锋奖章""工人先锋号"、优秀工会工作者、工会积极分子、模范职工小家各1次。以蒲都项目为代表,开展工地文化建设,制作推广《标准化建设手册》。按照"党建带工建"原则,将工会工作业务归口党群工作部,配备专兼职工作人员。组织女职工开展"妇女节"主题活动。出台《"三八"系列表彰评选办法》;在女职工中大力宣传"关改玉"事迹,引导女职工立足岗位建功立业。围绕提升"幸福指数"开展调研活动,广泛征求女职工的意见建议并积极回应落实。深入开展企务公开工作,坚持职代会制度,召开一届一次职代会,对关系职工切身利益和企业发展的重大问题进行审议表决;组织召开工资集体协商会议;开展第二届"健康铁建杯"篮球友谊赛,参与省科教文卫工会组织的单身职工联谊交友、成都市"践行新发展理念 建设国家中心城市"群众知识竞赛、中国农业银行四川分行工会举办的羽毛球邀请赛等活动。

共青团工作。团员60人。团(工)委7个,团支部9个。专兼挂相结合,配备专兼职共青团干部23人。地铁公司机电装饰部被评为中国铁建2017—2018年度青年文明号。获中国铁建年度优秀共青团干部、优秀共青团员各1人,中国铁建第八届十大杰出青年提名奖、十佳青年技术能手提名奖各1人。在成都召开团委第一次全委会。开展“学习总书记讲话,做合格共青团员”教育实践活动;组织机关青年员工开展“五四”主题户外拓展活动;在成都举行“不忘初心、牢记使命”学习宣传贯彻党的十九大主题演讲比赛活动。(王博成　刘建伟　张新瑞　黎　坪)

【中铁建昆仑地铁投资建设管理有限公司】 经营范围:项目建设投资管理(城市建设投资管理、城市公共交通建设投资管理、城市基础建设投资管理、城市及市域轨道交通建设投资管理等)、商务服务等。2014年3月28日注册成立;2017年12月18日,由四川中铁建地铁投资管理有限公司更名为中铁建昆仑地铁投资建设管理有限公司。驻四川省成都市金牛区万达广场SOHO C座13层。董事长施振东,党委书记周灿华,总经理栗尚明。职工300余人。资产总额103.99亿元。

2017年,新签合同额73.4亿元,完成营业收入103.02亿元,实现净利润6.98亿元,资产负债率74.81%。(陈　悦)

【中铁建昆仑路桥建设有限公司】 经营范围:项目管理、房屋建筑施工、市政工程施工、企业管理咨询、商务服务、项目投资、投资咨询、资产管理和社会经济咨询等。2012年8月8日注册成立;2016年7月。完成股权变更及企业改制,成为昆仑集团旗下的全资子公司;2017年11月,由成都中铁建项目管理有限公司更名为中铁建昆仑路桥建设有限公司。驻四川省成都市金牛区万达广场SOHO C座9层。董事长杨继全,总经理孟卫明。职工39人。资产总额10.66亿元。

2017年,新签合同额40.09亿元,完成营业收入16.19亿元,实现净利润1.95亿元,资产负债率57%。(张扬子)

【中铁建云南投资有限公司】 经营范围:投资及投资项目管理、房地产开发、工程项目管理、资产管理、物业管理等。2016年7月27日注册成立,注册资本金20亿元。驻云南省昆明市官渡区关上街道民航路663号融城金阶H座。董事长汤世明,总经理孙宪武。职工72人。资产总额10.94亿元。

2017年,新签合同额190.76亿元,完成营业收入16亿元,实现净利润1.2亿元,资产负债率45.73%。(张博隆)

【中铁建云南交通建设管理有限公司】 经营范围:项目投资、建设及运营维护(包括城市公共交通、城市基础设施、城市轨道交通设施)、工程咨询、物业管理等。2017年11月28日注册成立,注册资本金5000万元。驻云南省昆明市民航路663号融城金阶A座16层。董事长田大鹏,总经理黄小通。职工49人。(孟建海)

【中铁建海南投资有限公司】 经营范围:项目投资、投资管理、房地产开发、工程项目管理、资产管理和物业管理等。2014年4月注册成立;2017年9月,由中铁建(海南国际旅游岛先行试验区)投资管理有限公司更名为中铁建海南投资有限公司。驻海南省陵水黎族自治县黎安镇演村。董事长、党工委书记吴雷雷。职工32人。资产总额9.52亿元。

2017年,新签合同额38.35亿元,完成营业收入9.82亿元,实现净利润1.12亿元,资产负债率77.23%。(张　磊)

【中铁建贵州建设有限公司】 经营范围:项目开发,投资及咨询、房地产开发、工程项目管理、资产管理、土地整治、物业管理、旅游项目开发及建设等。2017年7月11日注册成立,注册资本金10亿元。驻贵州省贵阳市观山湖区金阳北路306号烈变国际广场7层。董事长姜子良,总经理张新柳。职工49人。资产总额1.54亿元。

2017年,完成营业收入2.02亿元。(李　莹)

【中铁建昆仑资产管理有限公司】 经营范围:资产管理、项目投资、投资管理、企业管理咨询、物资设备销售、房地产开发等。2012年8月8日注册成立,注册资本金2亿元。驻北京市石景山区玉泉路59号燕保大厦。董事长周庆国,党工委副书记(主持工作)叶玲玲。职工33人。资产总额20.59亿元。

2017年,新签合同额72.79亿元,完成营业收入30.91亿元,实现净利润1.39亿元,资产负债率95.03%。(姜　博)

【重要记载】

▲1月12日　集团公司与四川省绵阳市签署战略合作协议。

▲6月13日　“央企助力富民兴藏”会议暨战略合作签约仪式在拉萨举行,昆仑集团与西藏自治区政府、中央金融企业驻藏机构签订战略合作协议。

▲6月14日　中国铁建与成都市政府“十三五”战略合作框架协议在成都举行。

▲6月24日　集团公司参与四川阿坝州茂县叠溪镇新磨村发生山体高位垮塌抢险工作。

▲7月3日　中央企业助推“美好新海南”建设座谈会在海口举行。

▲8月17日　集团公司与江西省铁路投资集团在南昌举行战略合作签约仪式。

▲9月2日　集团公司成都天府绿道项目建设启动仪式在玉石湿地举行。　（刘建伟）

中铁建华北投资发展有限公司

【简况】 2013年1月25日在石家庄注册成立。2016年3月，由股份公司直接管理，代表股份公司统筹区域市场开发，履行工程项目投资、建设、运营、维护等综合管控职能的经营性平台公司。下辖青岛指挥部、石家庄地铁工程指挥部、石家庄市汇明路地下综合管廊工程指挥部、石家庄嘉盛管廊工程有限公司、石家庄嘉泰管廊运营有限公司。　（曲晓波）

【领导人员】

董事会

董事长	娄德兰（10月免）
	杜水波（11月任）
董事	刘明杰（11月任）

经理层

总经理	刘明杰（12月任）
副总经理	鞠小华

党群领导

党委书记	娄德兰（10月免）
	杜水波（11月任）
党委副书记	刘明杰（11月任）

（杜晓燕）

【职工队伍】 职工52人。研究生及以上学历9人、本科学历30人、大专（高职）学历9人、中专及以下学历4人；30岁以下9人、30～50岁35人、50岁以上8人；高级职称23人、中级职称14人、初级职称15人。　（杜晓燕）

【工程施工】 石家庄地铁3号线一期工程首开段　全长6.38千米。主要工程量：6站7区间，预留工程2站1区间。合同投资33.62亿元，合同工期54个月。2017年6月26日开通试运营。

石家庄地铁3号线一期工程两边段　全长12.91千米。预留工程2站2区间。合同投资约44.53亿元，合同工期52个月。主要工程量：11站11区间，围护桩109060立方米，土方1512811立方米，结构砼364831立方米。开工累计完成投资143511万元。

石家庄地铁1、3号线二期工程　合同投资65亿元。主要工程量：1号线二期9.71千米，4站5区间，停车场1座，3号线二期8.1千米，5站5区间，车辆段1座。开工累计完成投资9546万元。

石家庄市汇明路地下综合管廊PPP项目　位于河北省石家庄市。总长7.18千米。开工累计完成投资112107万元。

南车小镇（1～6号楼）工程　位于山东省青岛市。主要工程量：建筑面积73579.24平方米。开工累计完成投资23083万元。

南车小镇（7～19号楼）工程　位于山东省青岛市。合同工期2017年7月25日至2019年7月24日。主要工程量：高层住宅13栋129395.7平方米，地下车库1座26924.79平方米，车位3176个。开工累计完成投资3702万元。

石家庄市塔北路管廊PPP工程　全长5.85千米。建设期1年，运营期29年。合同投资75425.86万元。　（曲晓波）

【经营管理】 完成承揽182亿元，完成年度承揽任务200亿元的91%；完成产值21.41亿元。营业收入157018万元，同比增长22.74%；实现净利润11220万元，同比增长80.79%；资产总额288080万元，同比增长143.07%；资产负债率60.37%。下发《财务管理办法》等14项财务制度。秉承“清收清欠就是创效”的理念，明确责任，加强管控，积极落实清收清欠工作，签订预付款和提前支付等补充协议，在无有息负债的情况下实现投融资项目的正常运行和提前回购，累计回购资金157650万元。完善资金管理办法，下发《货币资金管理办法》《银行帐户管理办法》《筹融资管理办法》等规章制度。开立银行结算账户18个，其中，财务公司结算账户6个、其他商业银行结算账户12个。建立资金集中池，资金集中度100%，上存度79.98%，完成股份公司下达预算指标的114%。利用现代金融结算工具，最大限度发挥企业信用效益化，提高资金使用效率。以银行承兑汇票代替现金结算，实现资金支付后置，增加资金存量，提高结算效率。开通电票业务，利用财务公司内部融资低成本高效率的优势。

安全质量。制定《项目监控实施管理办法》和《施工单位履约评价暂行办法》。依据股份公司《安全生产工作评价办法》和《安全生产工作评价细则》,制定《安全生产工作评价实施办法》。按照股份公司《关于实行工程项目内部安全许可的通知》要求,下发《关于落实工程项目内部安全许可的通知》。结合在建项目施工计划安排,下发《关于 2017 年安全管理重点及安全风险管控重点的通知》,对重大风险工程实行三级管控,加强对重大风险工程安全管控。开展安全质量季度综合大检查,加强在建项目安全质量管控,及时对检查情况进行整理汇总,形成完善的检查工作总结和检查通报。开展以"全面落实企业安全生产主体责任"为主题的"安全生产月"活动,开展以"提高质量效益、推进转型升级"为主题的"质量月"活动。开展雨前、雨中、雨后巡视检查,牢固树立防汛工作"一盘棋"的思想,加强汛期安全管理工作,成立石家庄地铁防汛应急抢险救援队,开展防汛应急抢险演练。加强节假日和敏感期的安全管控工作,在党的十九大和国庆节等重大节日期间,实行领导带班制度,加强日常巡视检查和隐患排查治理,落实各项管控措施,确保公司安全质量平稳可控。被河北省建筑协会评为河北省建筑诚信企业和河北省建筑先进企业,被石家庄市安委会评为安全生产先进单位。

经济管理。修订《合同管理办法》《验工计价管理办法》《变更调差管理办法》《计划统计管理办法》《招投标管理办法》等制度和办法,规范经济管理工作的流程。成立责任成本管理组织机构,建立责任成本管理体系,整章建制,确保责任成本管理工作规范且有章可循的落实到位。明确不同阶段的责任成本管理的内容和方法,落实责任成本的管理责任。将各级各类可控成本通过成本费用预控、责任预算、成本控制与核算等管理手段予以确定,有效提高公司各级成本管控意识。激励约束机制逐步建立健全,通过强化资源配置,遵循绩效导向原则,突出绩效激励。

(张红霞　马永博　巩亚峰　张景权　韩金欣)

【科技成果】 三维激光扫描桥梁监测技术,运用徕卡 P40 三维激光扫描仪对桥梁及桩群进行三维全景扫描,建立桩群多期点云数据三维模型,从而直观反映盾构隧道施工掌子面开挖到达桩群前,通过时及通过桩群后的桥体及桩群变形情况。运用全站仪构建局部监测网。在仪器预架站位置处打入十字测钉作为局部监测网的控制点,架设三脚架,同时架设棱镜。每期扫描数据前,用全站仪测量各个控制点的绝对坐标,布设复合导线网或闭合导线网。从第二站开始,保证每站测得前后 2 个的控制点坐标。地面三维激光扫描仪获取点云数据。测钉处架设扫描站,把 3 ~ 4 个球形标靶高低错落的布设在相邻测站之间,布设位置任意。相邻扫描站须有至少 3 个同名点。初期扫描时共设置 5 个测站,后期因现场施工影响,可相应增加测站。不同日期数据获取。每期数据,重复以上观测步骤。盾构通过前和通过后扫描频率为 6 ~ 7 天/次,盾构正在通过时需加大扫描频率,为 2 ~ 3 天/次。点云数据处理及三维模型建立:运用 cyclone 点云预处理软件对原始点云进行拼接与去噪,获得高质量引桥及匝道桥桥梁及桩体点云初始数据,建立盾构穿越影响下,桥梁桩体的四维模型档案。通过把不同期次的点云数据导入 Geomagic Studio 等后处理软件,可用来显示盾构开挖通过前,正通过及通过后的桥梁桩体位移云图。最后通过全站仪站点数据对位移进行校准,获得可靠的变形结果。高精度 GPS 河床监测技术。受地铁隧道施工的扰动影响,隧道上方的河床将会发生变形;河面跨度较大(约 400 米),传统精密水准测量无法直接进行,拟采用高精度 GPS 静态定位,通过远程数据无线传输,对隧道上部的河床进行实时监测,实时分析地铁隧道沿线河床的位移变化规律,及时发现可能的沉降对隧道线路的影响并发出警报。在地铁隧道线路的上部河床均匀布置六个 GPS 测点,在距离滹沱河 2 千米左右的项目部楼顶上布置一台基站,作为参考点。要求每个观测点的 GPS 天线 15°高度角以上的"四周"有空旷、无遮挡的环视,以便接收到最多数量和最少多路径干扰的 GPS 卫星信号。

(马永博)

【党的工作】 学习贯彻党的十八大以来党的创新理论成果和习近平总书记系列重要讲话精神,深入学习贯彻党的十九大精神和中央、股份公司党委重要会议精神,下发《董事会议事规则》等 43 项规章制度的通知,制定《董事会议事规则》《党委会议事规则》《党委中心组学习制度》《关于落实党风廉政建设主体责任和监督责任的实施意见》等制度和办法。坚持以落实全面从严治党要求为主线,全面推进公司党的思想建设、组织建设、作风建设。推进"两学一做"学习教育常态化制度化,进一步学习习近平总书记系列重要讲话精神,使公司全体党员更加紧密地团结在以习近平总书记为核心的党中央周围;严明政治纪律和政治规矩,强化"四个意识"教育。深入开展党的政治纪律和政治规矩学习教育,利用"三会一课"引导党员干部自觉遵守《党章》,下发《关于新形势下党内政治生活的若干准则》等学习书籍,引导全体党员干部严格依法依规依纪开展工作,牢固树立和自觉践行"四个意

识”，始终同习近平总书记为核心的党中央保持高度一致。（南立军）

【石家庄市汇明路地下综合管廊工程指挥部】 负责汇明路地下综合管廊PPP项目施工总包管理工作，包括合同谈判及相关文件签署，投融资、工程总包管理、工程结算、项目竣工验收、接受审计、财务和资金管理等。（韩　熠）

【石家庄嘉盛管廊工程有限公司】 主营城市地下综合管廊项目建设、投资、维护、运行管理业务，经石家庄市人民政府批准，市住建局授予融资、投资和建设石家庄市汇明路综合管廊及其配套和附属设施的特许经营权。2017年6月成立。承担石家庄市汇明路地下综合管廊的建设、运维任务。股东出资占比中国铁建股份有限公司72%、中铁十七局集团有限公司8%、石家庄市城市建设投资控股集团有限公司20%。中铁建华北投资发展有限公司按照股份公司的授权履行股份公司对石家庄管廊公司的义务并享有权利。（韩　熠）

【石家庄嘉泰管廊工程有限公司】 主营城市地下综合管廊项目开发、建设管理、维护、运行管理；数据通讯系统安装维修（无线电发射装置、卫星地面接收设施除外）；设计、制作、代理国内广告业务；发布国内户外广告业务。主要负责石家庄市塔北路地下综合管廊的设计、建设和运营等工作。2017年12月成立。驻河北省石家庄市裕华区槐北路27号。（黄　勇）

【青岛指挥部】 2016年7月，中铁建华北投资发展有限公司承接南车小镇项目；2017年12月，成立青岛指挥部，同时根据与中车集团四方（青岛）车辆资产管理有限公司开发协议的约定，代表中铁建华北投资发展有限公司入驻项目建设单位南车四方（青岛）置业有限公司，进行开发、建设、销售等管理。指挥长兼党工委书记宿春亮。职工15人。（杨　炯）

【石家庄地铁工程指挥部】 加强石家庄市地铁工程项目的建设、组织、协调和管理工作，负责石家庄市城市轨道交通工程项目的建设、组织、协调和管理工作。职工35人。（曲晓波）

【重要记载】

▲2月20日　石家庄轨道交通首开工程试运行仪式在地铁OCC线网指挥控制中心总调度大厅举行。

▲4月25日　公司在河北省庆祝“五一”国际劳动节大会上，获“全国工人先锋号”称号。

▲7月26日　石家庄市轨道交通工程有限公司召开1、3号线首开工程开通试运营表彰大会。

▲9月21日　公司召开股份公司第四巡视组对华北投资公司党委巡视情况反馈会议。（曲晓波）

中铁建金融租赁有限公司

【简况】 2016年5月3日获中国银行业监督管理委员会批准筹建，7月19日在天津挂牌成立，经中国银行业监督管理委员会批准设立的全国性金融租赁企业。注册资本金24亿元，注册地天津自贸试验区（东疆保税港区）。经营范围：融资租赁业务，转让和受让融资租赁资产，固定收益类证券投资业务，接受承租人的租赁保证金，吸收非银行股东3个月（含）以上定期存款，同业拆借，向金融机构借款，境外借款，租赁物变卖及处理和经济咨询业务。租赁业务按照租赁物定位为工程装备、基础设施、同业资产，按照行业领域定位为工业制造、建筑施工、能源环保、文旅健康。依托中国铁建和各方股东的品牌、渠道、网络及技术优势，探索构建具有股东产业背景特色的业务模式、盈利模式和发展模式；积极发挥“以租促揽、以租带建、以租助收、以租促销、以租代购”等金融优势，履行“协同产业发展、促进产融结合、服务主业融资、助力提升增效”职能；着力打造国内行业领先、国际知名品牌的产业系金融租赁企业。2017年，成为国内最大盾构机租赁企业；获联合资信公司主体长期信用AAA评级；入选中国银行业协会金融租赁专业委员会副主任单位。（南　洋　刘　旭）

【领导人员】

董事会

董事长	王秀明
副董事长	张国俊
董事	李　彤
	姚　浩
	吴　烨

监事会

监事会主席	张介鹏
监事	李　健
	杨红梅
	纽元新
	秦　伟

经理层

副总经理	尹金丹
	付必茂
总会计师	李　彤

党群领导

党委书记	张国俊

（李海全）

【职工队伍】 职工89人。研究生及以上学历30人，占总人数33.71%；高级专业技术职称14人，占总人数15.7%；35岁以下职工60人，占总人数67.41%。（李海全）

【经营概况】 以营销业务为龙头，按照确定的营销思路和市场定位，依托股东背景，以融资租赁方式采购设备600多台（套），其中盾构机135台，成为国内最大的盾构机租赁企业；积极开拓基础设施融资租赁市场，以定制化服务支持基础设施投融资项目落地，为10余个项目提供融资综合方案；积极尝试能源环保与文旅健康融资租赁业务，与国内能源、环保企业开展全产业链深度合作，提供切合客户需求的金融解决方案。融资租赁资产余额137.65亿元，经营性租赁资产余额29.62亿元，买入返售金融资产106.28亿元，其他生息资产18.23亿元，生息资产291.78亿元，付息负债229.6亿元，贷款损失准备1.74亿元；资产总额306.49亿元，负债总额278.97亿元，所有者权益总额27.52亿元；实现营业收入15.40亿元，净利润3.11亿元。（张大勇）

【金融营运业务】 金融机构授信总额500余亿元，筹资结构多元化，多项产品创新落地，节支创效成果卓著。开展业内共占承租人银行授信融资业务，拓展融资渠道，降低融资成本，获中长期资金；开拓跨境直贷低成本融资渠道，创天津非银金融机构首单；成功发行首单"租赁资产财产权信托"10.78亿元，获AAA主体信用评级；同业资产交易售后租赁业务运用国内信用证融资，创业内首单，融资成本低于同期银行同业借款价格；开辟同业租赁公司融资渠道，获28.5亿元短期资金，降低融资成本，缓释流动性压力。同业交易业务累计完成346.08亿元，其中投放租赁同业的资金230.67亿元；针对客户个性化需求，创新同业资产交易定价模式，创业内首单。（贺春雷　罗　平　和立飞）

【信息化管理】 下发《中铁建金融租赁有限公司网络专线管理办法》《中铁建金融租赁有限公司信息化项目建设管理办法》《中铁建金融租赁有限公司数据信息备份管理办法》等制度，健全信息化管理制度体系；制定综合信息管理平台建设方案，为异构信息系统提供统一入口和统一的主数据，保证数据同源性及唯一性；启动设备租赁平台建设，为闲置设备的出租方和承租方提供自动交易平台，既能实现股份公司"盘活内部闲置设备"的愿景，又能从股份公司业务需求出发，截留体量较大、金额较高的信息，拓展业务市场；启动智能办公系统、核心业务系统、财务系统及对外网站的等级保护测评，并在年底完成备案工作。（申　晖）

【风险管理和内部控制】 把风险管理和内部控制作为公司建设的重中之重。围绕"安全第一、适度规模、稳中求效"的经营发展思路，做好内控管理、风险防控工作。建立健全完善的内控体系。结合中国铁建内控建设的思路，建立公司治理、资金业务管理、租赁业务管理、风险控制、财务会计、人事劳资、行政管理、信息化管理、安全保卫和党群工团10个方面的内控制度，制定下发各项制度122项，从外部控制、内部控制两个方面以及前中后台三个维度完善对项目风险的控制管理，初步形成较完善的工作制度体系，形成有机协调、相互制衡的风险防控机制。全面落实内控制度，严把项目审核关，严控项目风险。公司始终坚持"安全第一"的投资原则，严格执行各项内控制度，从项目可行性研究、交易结构确定、项目谈判、尽职调查、审前会审查、评审会审查、专委会审查、合同谈判、合同文本起草、项目前提条件落实、项目放款、项目执行及租后管理等13个环节全面控制项目风险。167个项目均经过立项会、审前会、项目评审会及各个部门的层层把关，严控各项风险，未发现租金逾期现象。开展租后管理，动态监控项目风险。为保障公司投放资金的安全，规范公司资产管理工作，加强风险控制，开展租后资产检查工作，检查方式为现场检查和非现场检查相结合，通过检查，发现公司各项目运行良好，风险可控。加强合同管理，推进法治建设。针对业务起草合同模板20余个，完成对900余份合同的起草和签订工作，聘请律师事务所负责法律工作，以"远程服务+驻场律师"的方式提供常年法律顾问服务。加强内外部审计，防患风险于未然。完成高管离任审计1项，完成对金融营运部资金结算账户的自查工作；配合中国铁建股份有限公司内控评价组对公司开展内控评价工作。开展培训工作，提高全员风险意识。建立培训机制，每周五下午开展内部培训，主要培训公司的各项内控制度、业务流程及涉及融资租赁行业的国家法律法规，在提高员工业务素质的同时将风险意识植入员工思想中，完成包括制度宣贯、尽职调查、合同管理等相关内容的6次普法培训。（马建政　郭盛兰）

【党的工作】 强化党委班子建设。坚持民主集中制原则,拓宽党内民主渠道,不断加强班子沟通联系,充分发挥集体智慧和能力,凝聚班子的整体合力。将党组织研究讨论作为董事会,经理层决策重大问题的前置程序,“三重一大”事项一律提交党委会研究讨论,实现政治领导、思想领导、组织领导的有机统一。狠抓党建基层基础工作。开展签订《党建工作责任书》、支部书记述职评议、党建量化考核等工作,构建责任落实体系,充分发挥党支部主体作用和基本功能,增强党员的凝聚力、战斗力。将“三会一课”与周例会、月度分析会相结合,支部书记对党建工作进行同步谋划、同步部署、同步落实,实现党建与业务工作“两手硬、双促进”。强化意识形态引导。注重改进意识形态工作方法,把党的理论、路线、方针和政策宣传教育与企业日常管理紧密结合起来,适时运用以会代训、专题研究、演讲比赛、征文活动等方式,使意识形态教育内化于心,外化于行。注重公司网站、微信等阵地管理,对出现重大、重要企情民意中的苗头性、倾向性问题,及时纠偏、合理疏导、正确引导,有效防范舆情风险。加强思想文化融合。深入开展党支部学习活动,着力推动党的理想信念、宗旨意识、作风建设和廉洁自律教育常态化。（张宇程）

【重要记载】

▲5月10日　公司与徐工集团金融事业部在徐州签署战略合作框架协议。

▲6月14日　公司与东旭建设集团在北京签订《基础设施投融资战略合作协议》。

▲9月20日　公司与中再集团签署战略合作协议。

▲11月28日　公司在北京举行“不忘初心、牢记使命”主题演讲比赛。（刘　旭）

中铁磁浮交通投资建设有限公司

【简况】　主要从事磁浮交通、单轨交通及其他新型交通项目的投融资、研发、规划、设计、建设、运营组织管理、咨询、培训及技术服务等。定位城市新型轨道交通产业资本运作、核心技术研发合作、专业集成平台,具备卓越的投资经营能力、关键技术研发能力、规划设计组织能力、资源整合集成利用能力、运营组织管理能力等全产业链能力。2016年10月9日注册成立。注册资本金20亿元。驻湖北省武汉市武昌区张之洞路169号金星大厦。承担世界最长、中国首条中低速磁浮商业运营线——长沙磁浮快线设计、施工、综合联调、运营维护的一站式总承包服务商,具备中低速磁浮交通设计、建设、运营维护的全产业链优势,拥有“投融资+设计施工总承包+采购+研发+制造+安装+联调联试+运营维护”的产业优势。以投融资为引领,创新合作模式,创新国内外城市轨道交通运营方式,以更加安全、节能、环保、经济、高效的交通方式,解决城市交通问题,领军现代新型轨道交通产业发展。

2017年,新签合同额24亿元,实现营业收入18564万元,营业外收入100万元,实现净利润324万元,资产负债率21.21%。（项何丰）

【领导人员】

董事会

董事长	雷佳民(5月免)
副董事长	张海亮(5月任,主持董事会工作)
董　事	谢海林
	付　裕

监事会

监事会主席	谢维鎏
监事	周　飞
职工监事	冯　亮

经理层

总经理	谢海林
副总经理	付　裕
总会计师	付　裕(兼)

党群领导

党委副书记	张海亮(5月任,主持党委工作)

（洪　伟　杨军军）

【职工队伍】　职工50人。干部48人,占职工总数96%;专业技术干部34人,占干部总数的70.83%;研究生以上学历14人、本科学历34人;30岁以下6人、30~34岁5人、35~39岁12人、40~44岁7人、45~49岁11人、50~54岁7人;教授级高级工程师5人、高级职称36人、中级职称1人、初级职称3人、无职称3人;工人2人。（刘　铭）

【工程项目指挥机构】　长沙磁浮工程设计施工总承包项目部　驻湖南省长沙市雨花区沙湾路齐缘酒店8楼。项目经理谢海林。（刘　铭）

【项目建设】　长沙磁浮工程　湖南省长沙市重点工

程,西起长沙高铁南站,东至黄花机场。全长18.53千米。主要工程量:高架线路17.31千米,低置线路0.9千米,车站0.32千米。2017年,主要完成工程收尾、遗留问题整改销号、工程备案、竣工结算、竣工文件编制与移交。完成长沙磁浮工程城市值机系统工程和全线视频监控覆盖加密工程施工和验收,暂定结算金额10469.06万元;完成遗留问题整改销号106项;完成城市航站楼建筑节能验收备案;完成对上结算工程量计算和结算书编制,完成对下结算初步审核和交换意见,基本确定对下结算金额;完成竣工文件编制,并于2017年7月完成长沙市城建档案馆竣工文件移交。

清远市磁浮旅游专线工程　国内首条中低速磁浮旅游专线。以服务长隆主题公园旅游景区为主要功能,初期实现广清城际银盏温泉站与长隆主题公园站的联通。全长8.01千米。2017年12月29日开工建设。

（项何丰　苏朝锦）

【企业管理】 起草公司章程,完成工商注册。建立以董事会为决策机构、监事会为监督机构、经理层为执行机构的公司法人治理结构。增设技术研发中心(科技部)和运营管理部。推动建立公司全面风险管理及内部控制体系。建立规章制度体系和业务流程管理。在管理各环节和生产经营过程中执行风险管理基本流程,建立健全风险管理体系,培育良好的风险管理文化,将内部控制与全面风险管理理念和要求融入企业的业务流程和企业各项管理的全过程。通过对流程的梳理,风险的识别、评估和管控,对关键控制点和控制缺陷及时改进和完善。印发《中铁磁浮机构编制管理办法(暂行》《中铁磁浮全面风险管理办法(暂行)》,制定《中铁磁浮2017年度风险内控工作实施方案》。配合完成股份公司安排的内部控制独立评价工作。研究产业发展趋势,明晰企业发展方向。编制《中铁磁浮交通投资建设有限公司战略管理办法(暂行)》;结合《中国铁建股份有限公司2016—2020年企业发展战略与规划》,制定公司2018—2022年发展规划编制工作方案,启动2018—2022年五年发展规划编制工作。

（刘　畅　项何丰）

【经营管理】 中选清远市磁浮旅游专线工程银盏站至长隆主题公园段特许经营投资合伙人项目,总额24.03亿元。签订张家界市《关于张家界旅游观光磁浮专线项目合作框架协议》、山西转型综合改革示范区管委会《磁浮轨道交通项目合作协议》、武汉市《战略合作协议》、山西省人民政府《战略合作协议的补充协议》、张家口市《合作意向协议》。制定《中铁磁浮经营管理办法(暂行)》《中铁磁浮投资管理办法(暂行)》。以资金管理为中心,不断加强会计基础建设、内控制度建设、财务队伍建设,持续强化财务控制力和执行力,有效防范和化解企业经营风险,突出预算刚性,严控非生产性开支,积极稳妥推进项目融资工作,积极开展财务状况分析、财务风险管理及税务管理方的工作,确保公司财务工作平稳有序。对接业主和审计机构,多措并举,积极回收资金,磁浮项目回收资金2.36亿元。出台差旅费、交通费、通讯费、会务费、招待费、福利费、备用金及担保管理等一系列财务管理基础规章制度。与金融机构合作方面,积极与多家金融机构接洽,与建行、中行、农行、交通银行、兴业银行等多家金融机构建立联系与合作,积极引入各类银行类和信托类基金,做好项目的融资方案;积极对接铁建南海、铁建成长、建信信托、资产管理公司等金融机构,为项目融资拓宽渠道。技术研发工作情况。联合西南交大成立磁浮研究院,院士工作站也获批复成立。完成磁浮轨道交通可行性研究项目3个29.1千米;规划研究或预可研项目14个900.3千米。完成武汉阳逻港空轨智能集装箱运输系统、滁州轨道交通产业园等预可研报告审查工作;技术交流与培训工作逐渐规范化、制度化、标准化,举办重大技术交流活动6次。通过收集行业相关规章制度和法律法规,逐步制定和修订工程建设管理制度办法,初步构建围绕安全、质量、效益等目标的建设管理体系。编制完成《中铁磁浮运营管理规划》《运营管理工作总则》,提出运营管理部组织架构及人员配置方案。完成公司级和项目及项目级运营管理规章梳理,包括各类规程、管理办法、作业指南、预案等40余项,并启动其中公司级《运营管理办法》和《联调联试管理办法》编写工作。明确企业法治建设的总体思路和以公司班子成员为主的组织领导机构。以"法治铁建"建设为契机,不断加强企业员工特别是领导干部的法律知识学习,努力打造治理完善、经营合规的现代化企业。根据业务需要,制定出台法律顾问管理办法、重要决策法律审核暂行办法。落实重大决策合法性审查机制。对《关于参与赤峰市轨道交通工程由轨电车1号线一期工程PPP项目投标的请示》《关于增资湖南磁浮交通发展股份有限公司用于参与湖南磁浮集团股份有限公司组建的可行性研究报告》《关于参与清远市磁浮旅游专线项目投资的请示》等决策开展法律审核,并出具法律审查意见书。信息化按照股份公司统一要求,统筹推进信息化建设,编制出台公司信息化"十三五规划",网络硬件、OA办公系统、视频会议系统等均投入使用。院士专家工作站建设及机关驻地的扩大配置整修，优化办公环境，改善职工工作生活条件。

（戴雯雯　孟海波　韦随庆　周其祥　别碧勇　刘　畅　项何丰）

【科技成果】　与西南交通大学签订《CMT120中低速磁浮交通系统方案改进研究》科研课题研发合同，针对长沙磁浮工程项目进行改造升级，包括电磁铁、悬浮传感器、悬浮控制器、悬浮架、直线电机、空气弹簧、支承滑块、制动系统、车辆轻量化、车辆电气设备优化、受流系统、轨道接缝连接器改进或系统优化18个子课题。组织西南交通大学、铁建重工、电气化局等单位中间检查与对接会，服务于清远磁浮旅游专线等后续中低速磁浮交通项目。（韦随庆）

【党的工作】　党组织5个，党员28人。加强党的领导和完善公司治理相统一，把党建要求作为重要章节和条款纳入公司章程，建立《党委议事规则》《贯彻落实"三重一大"决策制度实施办法》等制度，召开党委会议13次、研究决定权限内重大问题14项、前置讨论研究重大问题37项，从制度和实施层面落实"党委研究讨论作为董事会、经理层决策前置程序"要求，保障党委领导和政治核心作用发挥。学习宣传贯彻党的十九大精神。以党委中心组学习为基本形式，以书记讲党课为示范，开展集中学习和研讨3次，组织开展"学习贯彻十九大 不忘初心跟党走"知识竞赛，深入学习贯彻习近平新时代中国特色社会主义思想和党的十九大精神，引导党员干部不断将思想行动统一到中央要求和"引领行业发展""树立行业旗帜"的企业发展定位中。"两学一做"学习教育常态化制度化。印发《"两学一做"学习教育常态化制度化实施方案》，发放《中国共产党章程》《习近平谈治国理政》等学习教材，编发《党委中心组学习记录本》《党支部工作台账》等基础台账，组织领导干部和党员党章通过党委中心组、"三会一课"、周四"党日"活动等形式"学习党章党规、学习习近平总书记系列重要讲话、争当合格共产党员"，党内政治生活初步规范，党的建设有效加强。基层党组织建设。开展"争口气、创百亿"立功竞赛活动。干部管理和监督。制定公司《中层管理人员管理办法（暂行）》《总经理助理级人员选聘标准、岗位职责》《技术专家管理办法》等系列制度，进一步规范干部调动、选用、考核、监督、退出等重点环节。9个机关部门和人员编制均按照中国铁建股份有限公司批准意见严格执行，8名党员领导干部均按照中国铁建股份有限公司党委《关于对跨集团调动干部进行审批和集团内提拔干部实行备案的规定》等审批备案要求批准后调入。利用企业微信等有限阵地，宣贯重大时政要闻、刊发企业重大消息，短期内策划推出"党建讲习所""磁浮知识局"等近20期内容，借力中央电视台，对"清远磁浮开工"等进行立体宣传。将党章党规日常教育与反腐倡廉教育有机结合，通过党委中心组、"三会一课"等多重方式讲廉政党课2次，利用重大节日开展2次警示教育，利用企业微信等定期发布党的纪律规矩，引导广大党员干部恪守底线、不碰红线，筑牢廉洁从业思想防线。将企业"三重一大"决策作为重要监督内容，对会前酝酿论证、会上发扬民主、会后分工落实进行全程跟踪，对干部调用上报备案、考察决策等重要环节进行监督，对新上项目竞争性谈判确定装修施工单位等进行源头参与，保障重大决策、项目管理处于监督管控之中。督促制定差旅费、会议费管理办法以及履职待遇和业务支出管理办法等制度5项，组织对公款购买消费白酒情况进行认真排查，对重大节日期间落实中央八项规定精神情况进行监督检查，对9名权限内的领导干部是否存在违规经商办企业等情况进行核查。（洪　伟　杨军军）

【重要记载】

▲5月12日　张家界交通建设投资集团有限公司与股份公司签订《关于张家界旅游观光磁浮专线项目合作框架协议》。

▲5月22日　公司代表股份公司与山西转型综合改革示范区管委会签订《磁浮轨道交通项目合作协议》。

▲8月3日　公司促成武汉市政府与中国铁建股份有限公司签订战略合作协议。

▲8月16日　公司院士专家工作站获批成立。

▲9月29日　公司与西南交通大学联合建立的"西南交大—中铁磁浮"磁浮交通研究院挂牌成立。

▲11月10日　公司与中国建设银行签署战略合作协议。（项何丰）

中铁建重庆投资集团有限公司

【简况】　2016年11月16日在重庆市南岸区注册成立，注册资本金30亿元。2017年12月8日，变更为中铁建重庆投资集团有限公司。下辖重庆铁发遂渝高速公路有限公司、中铁建生态环境设计研究有限公司、重庆铁发建新高速公路有限公司、重庆铁发秀松高速公路有限公司、重庆铁发双合高速公路有限公司、中铁建渝东南(重庆)高速公路有限公司、重庆永泸高速公路有限公司、重庆铁建置业有限公司、重庆铁发物业管理有限公司、重庆中油铁建实业有限公司、中铁建停车服务有限公司。资产总额68.83亿元。其中,负债总额30.53亿元;所有者权益总额38.3亿元。资产负债率44.35%。

2017年,实现营业收入22.5亿元,营业成本18.3亿元,净利润1.67亿元,归属于母公司净利润1.36亿元。 (陈丽玉)

【领导人员】

董事会

董事长	孙公新(股份公司总经济师兼任)
副董事长	陈　涛
董事	王中岐
	秦学合

监事会

监事会主席	张　泽(6月免)
	明思义(6月任)
监事	夏福兵
职工监事	王春云

经理层

总经理	王中岐
副总经理	秦学合
	彭兴国
总会计师	秦学合(兼)

党群领导

党委书记	陈　涛
党委副书记	王中岐
	张　泽(6月免)
	明思义(6月任)
纪委书记	张　泽(兼,6月免)
	明思义(兼,6月任)
工会主席	张　泽(兼,6月免)
	明思义(兼,6月任)

(陈丽玉　罗　婧)

【职工队伍】 职工1049人。干部395人,男性259人,占比65.57%;女性136人,占比34.43%;研究生学历22人,占比5.57%;本科学历292人,占比73.92%;专科学历59人,占比14.93%;专科以下学历22人,占比5.58%。 (陈丽玉　罗　婧)

【经营管理】 围绕"扩规模、调结构、抓创新、促转型、提质量、求发展"这条主线,以"投资、建设、运营"三大板块为依托,践行高端发展,完成注册变更,搭建发展平台,解决资金统借统还涉税问题,形成多领域多产业协同并进良好局面。汇聚发展要素,再度跨越能力稳步提高。成功控股中铁建生态环境设计研究有限公司,有利于缓解高速公路集中通车带来的亏损压力;收购渝勘院金路公司,补充"高速+"短板;平移公路工程、市政公用工程2个总承包一级资质,做实集团公司,把分包差留驻集团、留驻重庆,提高在地方投资的话语权;成功引入产业基金,放大投资规模;跨集团调动、社会招聘、接收毕业生58人,缓解人才压力;抓实党群工作,实现同建共促。借力结构调整,领域区域局限有效改观。在产业优化同时,区域纵深进一步扩大。完成与南岸、永川、黔江、璧山、北碚等区框架协议签订,落地黔江濯水驻车项目、蔡家总部基地项目等,深耕区县初见成效;推进生态环保,落地陕西太白虢川河生态治理项目,并储备一批优质环保项目。借助生态公司和金路公司,布局华东、西南和华北市场,经营范围突破重庆,逐步走向全国,实现全国化战略。强化投资、统筹,区域头雁作用更加突出。发挥集团"区域高地"优势,落地巫镇项目,期到必成,体现市场把控能力;贯彻股份公司"协同土地经营"方针,联合十八局落地蔡家总部基地项目,成功与二十局合作,盘活璧山地块;加大统筹力度,区域内15个公招项目,指挥部协揽中标11个,继续保持在渝同类央企第一。强化项目安全、质量、进度及投资控制。抓好安全生产,抓好质量创优,抓好投资进度,抓好成本控制,推进科技创新,抓好项目收尾,探索管控方式。提升投融资运行预控能力。创新财务管理模式,实施"一级管理、两级核算",优化资源配置,抓好资金集中和财务集中。深入实施"人才强企"战略。坚持高端、精英的原则,为未来集中运营提供人才保障。着力推进企业文化建设。大力倡导"拼搏文化、务实文化、执行文化、创新文化、协作文化、担当文化、补位文化、包容文化"。大力加强纪检监察工作。抓住关键少数,做实"两个责任"、落实"一岗双责",加大干部廉洁从业教育及关键岗位、重要人员监督管理、监察力度,严肃查处各类违纪违法案件,持之以恒抓好中央八项规定精神落实,坚决

防止“四风”反弹。（陈丽玉）

【工程施工】 石黔高速公路工程　全长83千米，双向4车道。主要工程量：特大桥3座3778.3延长米，大桥34座9550.1延长米，中桥8座699延长米，隧道6座27140延长米，互通式立交8处，服务区1处，停车区2处。2017年，累计完成投资22.86亿元。

潼荣高速公路工程　全长138千米。合同投资105.73亿元。主要工程量：特大桥672延长米，大桥25座5890.4延长米，中桥16座1300延长米，互通主线桥14座1033.3延长米，互通式立交12处，匝道收费站9处。2017年，累计完成投资34.8亿元。

渝黔扩能高速公路工程　全长99千米。主要工程量：桥梁65座20962.14延长米，隧道12座20506.56延长米，互通式立交11处，主线收费站2处，匝道收费站8处；服务区2处，停车区1处。2017年，累计完成投资11亿元。

合安高速公路工程　全长94.975千米。主要工程量：特大桥3座3580.08延长米，大桥46座13888.8延长米，中桥5座467延长米，服务区3个。2017年，完成投资2.48亿元。

合璧津高速公路工程　全长94.857千米。主要工程量：特大桥5座6605延长米，大桥39座9682.8延长米，中桥23座1430延长米，隧道2座3069延长米，服务区3个。2017年，完成投资1.43亿元。

黔江区过境高速公路工程　全长20.395千米。主要工程量：互通式立交4处，桥梁18座6487.7延长米，隧道2座1272.5延长米，车行天桥1座，涵洞、通道22座，通立交3处。2017年，累计建设项目投资1.36亿元。

永泸高速公路工程（永川至泸州）　全长20.9千米。合同投资23.08亿元。主要工程量：大桥9座1526.43延长米，中桥2座114.16延长米，涵洞83座，隧道3267延长米，互通立交3处，服务区1处，养护工区1处，管理分中心1处，收费站3处。2017年，累计完成投资1.41亿元。

生态环境治理工程　全长2千米。主要工程量：气盾坝3座，混凝土跌水堰6座，平台4处，景观桥2座。

北碚山语城项目　位于重庆市。主要工程量：建筑面积14.9万平方米。2017年，开工面积14837.81平方米，竣工面积8506.31平方米。累计完成建安投资3496万元。

（陈丽玉　刘汉银　李建林　湛柳青）

【经营管理】 新签合同额101.26亿元。收购中铁二十三局集团有限公司持有的中铁建生态环境设计研究有限公司60%股权。结合重庆投资集团发展需要，通过增资扩股方式收购重庆市交通规划勘察设计院所属的重庆金路交通工程有限责任公司。增资后，重庆投资集团持有金路公司70%股权，渝勘院持有30%股权。经股份公司2017年第24次总裁办公会议研究，同意重庆投资集团对金路公司增资扩股。

经济管理。完成26次招标23个招标项目（合同），涉及施工监理、项目安全性评价、大修沥青采购、日常养护、行洪论证、征地勘界放线、林地可研、工程量清单编制、物业管理保安服务等项目，招标项目中标金额44970万元，通过招标比招标限价节约4.6%。招标采购管理业务依法合规运行。合同管理。签订合同32份，金额826万元。物资集中采购。创新物资集采供应管理思路和方法，推动物资集采落地实施。完成物资集采现场供应12.75亿元。采购到站价与同期具有代表性和公信力网站信息价（含到站运费）相比，水泥节资率12%～35%，钢材节资率3.5%～5%，柴油节资率12%，钢筋、水泥、钢绞线、柴油已供应物资采购价格与市场价格相比，累计节约采购成本约5100万元，平均节资率3.8%。其他物资均比传统分散采购模式采购价大幅降低，物资质量、供应可控，圆满完成预期目标，创新管理方式赢得相关方一致认可。

财务管理。加强资金管控，提升资金使用效率。强化资金收支管控，坚持“量入为出、收支平衡”的原则，保障资金流动安全。加强资金监管和资金上存管理，充分利用闲置资金，提高资金使用效率，有效控制融资信贷规模。落实股份公司资金调剂管理制度，加强资金统筹管理，重庆投资集团及所属子公司的所有融资通过公司统一安排，内部调剂，统借统还。细化投资融资方案，控制投融资节奏。充分依托投资运营项目，认真分析项目盈利能力，合理控制资本结构及融资规模。对投资在建项目，根据年度和总体的投资规模，编制合理的融资计划，统筹融资安排，控制融资节奏；密切监管所属单位融入资金使用情况，提升融入资金使用效率。对于新增的投融资项目要有可行产业基金融资方案，积极稳妥引入产业基金参与投资项目建设，推进权益性融资，降低投资项目对表内资源占用。强化预算管控，发挥刚性约束作用。科学编制预算，以提质增效为目标，以防控风险为前提，以弥补短板为要求，将预算层层分解，逐级会审批复率100%。注重预算执行过程监控，每季度填报全面预算执行分析表，根据预警提示逐项分析，定期召开预算执行分析会议，通报预算执行情况，对年度预算指标执行较差的单位进行约谈，纠偏导正。针对营业收入、净利润等关键指标偏离度较大问题，主管领导超前谋划、亲自布置，各部门协调配合完成生态公司股权收购、投资项目施工产值表内核算、渝遂高速公路大修费用分期摊销、做大油品直销规模，为完成年度各项经济考核指标奠定良好的基础。严格控制非生产性费用开支。重庆投资集团对各单位经费预算进行逐项审核和批复，并按季度进行分析监控；各单位对经费预算层层指标分解，落实管控责任。

安全质量管理。健全安全质量管理体系，成立安全管理委员会，定期召开安委会会议，定期组织安全约谈，推行内部安全许可，落实安全生产经费管理，分析总结安全现状，查找安全管理漏洞，改进安全工作方法，保证生产安全的总体受控；针对工程建设进度的不同和季节性差异，有针对性地开展雨季、雷雹天气、高温天气、冬季施工安全检查；组织定期和不定期的现场安全、质量、标准化监督检查；参与重庆市交委、质监局的现场检查；加强标准化建设，推行临建标准化和工序标准化管理，保证在建项目施工生产的正常平稳推进。组织专家组每月对在建项目的重难点和存在重大风险、重大危险源、重大安全隐患的工点进行安全质量巡查。组织检查11次，组织现场培训5次，检查驻地监理4次。下发检查通报或召开现场会，对存在的问题进行纠正，并对整改情况进行复查，规范项目建设的安全质量管理工作。

科技创新。10个项目开展科技攻关和组织申报股份公司科技立项，参加行业技术交流会5次。组织参加股份科技视频大会，转发股份公司科技管理文件，组织科技工作座谈会，集思广益，研究投资公司科技创新工作思路和具体做法；收集装配式建筑、BI米技术、城市管廊技术的有关资料，进行技术储备。

审计工作。对所属子公司铁发建新公司进行财务收支审计，针对铁发建新公司的项目前期投资决策程序、投融资管理、建设管理以及公司管理情况等内容，提出审计建议6条。对铁发遂渝公司进行财务收支审计，针对铁发遂渝公司高速附属产业，提出审计建议5条。对铁建置业进行审计，主要针对营销管理、工程管理等环节，提出审计建议4条。审计建议采纳率100%。

教育培训。组织或参加培训班318期，参培人数3166人次，与重庆大学网络教育学院联系协商，37名员工报名参加重庆大学学历继续教育提升学习。

（陈丽玉　李健康　徐祥榜　谭金花　刘汉银　周晓红　钱　磊）

【党的工作】　坚持把大局、管大事、保落实，实现对政治领导、思想领导、组织领导的有机统一，成为企业发展的“锋领前哨”。推进思想、组织、制度体系建设，工作基础不断夯实。筑牢思想基础。组织开展党的群众路线教育实践活动、“三严三实”专题教育和“两学一做”学习教育，成立党支部17个、党小组23个。坚持配熟手、复合型的原则，配备党委领导人员12人，党支部书记17人，党务部门领导人员及业务人员19人，能够承担起全部的党务工作。夯实制度基础。起草建立制度20余项。建立完善党建工作责任管理机制，明确主体责任18项。处理与公司法人治理结构的关系，坚持把参与决策作为严格的制度安排，实现边界明确、协调运转、有效制衡。修订《公司章程》。坚持抓基层、固根本，找准基层党组织建设的时期特点、方式方法，党建基础性工作得到股份公司督查组的肯定。坚持“治企之要，在用人”理念，严格用人标准，严格执行民主集中制，严格遵循选用程序，营造公正科学的选人用人环境。建立完善基础制度。出台22项干部人事制度，涉及招聘、培训、绩效考核等13个方面。严格执行选用程序要求。通过党委书记碰头会，从源头上把好干部选人初始关；通过严把考察关，解干部真实情况；通过严把讨论关，落实干部选拔民主集中制。引进急需人才，储备校招人才。坚持“严”字当头，落实廉政建设基本制度，强化党员干部作风建设，用好监督执纪问责。加强对领导干部的监督管理。建立领导干部廉政档案，签订《廉洁承诺书》130份，及时进行廉政提醒，组织实地警示教育。抓好廉政风险防控。组织两级机关部门梳理岗位廉洁风险点，实现岗位廉洁风险防控全覆盖。参与公司组织的施工监理、中心试验室、安全评估、勘界放线等10多项招标；与30多个设计、监理、施工单位签订《工程建设廉政协议书》。贯彻中央八项规定。完善差旅费、履职待遇、业务支出、薪酬管理等办法，切实规范业务开支，严格领导干部履职待遇管理。

（陈丽玉　赵　建）

【工会工作】 会员932人，兼职工会会员8人。下设基层工会组织5个，工会组织健全，机构独立。坚持以习近平总书记重要讲话精神、十九大精神为指导，以"围绕中心，服务大局"为工作方针，积极履行工会四大职能，出台《职工（代表）大会实施办法》《"三不让"帮扶实施办法》《工会财务管理办法》《工会经费支出管理办法（试行）》《平等协商集体合同实施办法》制度。通过职代会制度、平等协商和集体合同制度，协调企业劳动关系，维护职工的劳动权益。组织职工参与企业的民主决策、民主管理和民主监督，听取和反映广大职工意见和要求。

（罗杨洋）

【共青团工作】 团委1个，团支部8个，团员194人。坚持"融入中心、融入管理、服务企业、服务青年"的原则，狠抓团员青年意识教育，开展"学习总书记讲话，做合格共青团员""创新发展·青年当先"等主题实践活动。开展"青年突击队""青年文明号"争创活动，引导广大青年员工积极投身企业生产经营实践，发挥生力军和突击队作用。

（李小香）

【重要记载】

▲1月6日　中铁建重庆投资有限公司在重庆市北碚区城南冯时行路中铁建1159项目办公楼挂牌设立。

▲3月23日　中铁建渝东南（重庆）高速公路有限公司在重庆市黔江区注册成立。注册资本金2亿元。

▲3月27日　重庆永泸高速公路有限公司在重庆市永川区注册成立，注册资本金4405万元。

▲4月7日　重庆铁发双合高速公路有限公司在重庆市璧山区注册成立，注册资本金2.2735亿元。

▲6月23日　铁发建新公司、铁发双合公司、永泸公司、渝东南公司、铁建置业公司举行揭牌仪式。

▲9月22日　股份公司批复同意重庆投资公司收购中铁二十三局集团有限公司持有的中铁建生态环境设计研究有限公司60%的股权。

▲11月6日　中铁建重庆停车服务有限公司在重庆市黔江区注册成立。

▲12月8日　集团公司变更为中铁建重庆投资集团有限公司，注册资本金、注册地和经营范围等未变更。

▲12月13日　渝遂高速大路服务区被授予"全国百佳示范服务区"称号。

▲12月26日　股份公司批复同意重庆投资公司收购重庆市交通勘察设计研究院持有的重庆金路交通工程有限责任公司70%的股权。（陈丽玉　李小香）

中铁建资产管理有限公司

【简况】 2011年3月注册成立，2017年8月正式运营，注册资本金30亿元。服务定位中国铁建主业、推进产融深度融合，同时依托在中国铁建产业链中的核心平台作用，培育战略新兴产业，创新商业发展模式，为中国铁建转型升级提供支撑。有铁建银信、铁建资管、铁建基金和股权投资四大业务，经营范围：互联网金融、商业保理、资产管理、投资并购、新兴产业投资以及电子商务等领域。下辖全资子公司1家、控股子公司3家、合营子公司4家，另有控股孙公司4家、联营企业2家。

（赵　爽）

【领导人员】

董事会

执行董事	曹锡锐

经理层

总经理	易善健
副总经理	王　闯
	黄健民

（赵　爽）

【职工队伍】 职工38人。其中，博士学历占5%、研究生学历（含在职研究生）占34%、本科学历占58%、专科及以下学历占3%；高级职称占32%、中级职称占16%。

（赵　爽）

【企业管理】 结合行业趋势和自身条件，在立足实际、着眼发展、稳妥推进的基础上，初建起"一本两策三专八筑"的发展战略。紧密围绕产融结合、服务主业这个根本，坚持"人才+创新""服务+创效"双轮驱动，开展全系统全科目融资管理、铁建产业圈企业金融服务及适度多元投资,为主业转型发展提供支撑。在发展战略的指引下,资产公司着手加快相关业务开发布局,开创着力构筑起以创新融资平台、新产业投资平台、供应链金融平台、资产管理平台、金融并购平台、个人金融平台、海外投融资服务平台和电子商务平台为基础的运作模式。实施经营开发、内涵建设"两翼齐飞"的管理战略,形成以铁建银信、铁建基金、铁建保理和股权投资业务板块为代表的核心业务,经营范围涉及互联网金融、商业保理、资产管理、投资并购、新兴产业投资等领域。确立金融和产业投资作为发展之基的产业布局。 (赵　爽)

【经营管理】 完成营业收入5303万元,实现净利润3192万元,资产总额260亿元。坚持"服务主业,以融促产",搭建基本业务体系,孵化铁建银信、铁建基金、铁建资管产业平台,在以融促产、服务主业上取得良好效果,受到广泛关注。铁建银信。基于互联网云计算、大数据技术打造的,拥有自主知识产权和专利技术的产业链金融创新服务平台。致力于解决中国铁建产业链上下游企业结算方式单一、中小供应商融资成本偏高等难题,减少内部成员单位资金结算成本、盘活资金存量、增强资金流动性、降低有息负债。铁建银信平台注册用户7351个,系统内23家集团公司入驻,累计开具银信589笔,开票金额11.25亿元,累计融资金额7.02亿元,占开票金额的62%。铁建基金。依托中国铁建实体产业规模优势及中国铁建优质品牌,着力拓展多元融资渠道,创新融资模式,推动铁建基础设施项目落地,促进中国铁建提质增效和转型升级。铁建基金投融资方向包括基础设施项目、新兴及创新产业项目、海外发展项目及其他股权投资类项目。相继与重庆国际信托公司、平安资产管理公司合作设立铁建结构调整投资基金(有限合伙)和铁建平安基础设施投资基金,规模62.51亿元和1000亿元;与中铁建设集团、昆仑投资集团分别设立铁建城市建设基金和铁建昆仑城市建设基金,规模均为12.51亿元。铁建资管。肩负着资产公司实现股份公司产融一体化发展、满足成员单位"降成本、盘活资产、优化现金流"需求的资产管理责任。以开展"资产证券化"业务为载体,通过与各大主流券商建立长期合作关系,与行业内知名的服务机构建立长期战略合作关系,研发创新业务模式,为各成员单位开辟新的融资渠道,提供更优质的产融服务。开展应收账款保理业务2单,为中铁建设集团融资20亿元;与平安—浦发、中银证券合作启动2单资产证券化业务,为5家成员单位提供融资服务,资产交易额39.67亿元。风险管控。把依法合规作为经营管理的底线和生命线,高度重视内控建设,有效防范运营风险。健全风控体系。组织体系上,设立审计稽核、风险管理专职部门,配备法律专职人员;制度体系上,结合业务开展情况,制定合同管理、法律事务以及各事业部的风险管理办法等制度,初步建立较为完善的制度体系。强化全员参与。本着"预防为主"的原则,从决策层到业务层,全员重视、全员参与,严格遵守内控制度要求,对风险实施动态监测。业务部门、风险管理部门、审计稽核部门较好履行三道防线职能,对风险的事前防范、事中控制、事后监督做到动态管理。加强管控重要事项。强化合同管理,对合同谈判、签订、履行到变更、终止等全流程进行监控,做到无死角、无盲点。加强重大事项管理和授权委托管理,对于重大投资事项、重大规章制度出台和使用授权委托书,在提交会议决策或用印前先由法律部门审核并出具书面意见,实行一票否决。 (赵　爽)

【重要记载】

▲8月1日　资产管理公司正式运营。

▲9月1日　公司产业链金融创新平台——"铁建银信"上线运营。

▲9月28日　公司获取全资私募管理人牌照。

▲12月27日　公司首单出表应收账款证券化业务(ABS)成功发行,首笔投资永续债业务成功落地。

▲12月29日　公司首笔权益融资(并表基金)资金28亿元到位。

▲12月31日　公司资产总额突破260亿元。

(赵　爽)

中铁建华南建设有限公司

【简况】 拥有市政公用工程施工总承包和建筑施工总承包一级资质,代表中国铁建开展广州及周边建筑市场的经营承揽、在建项目监管督导、基础设施建设项目投资开发及建设管理、地铁盾构施工专用化工材料及碴土改良等化学产品的研发和生产等业务。2017年1月19日成立，注册地广州市南沙自贸区，注册资本金10亿元。职工19人。

2017年，新签合同额380亿元，完成产值20083万元。（罗贵业）

【领导人员】

董事会

董事长　张　成

监事会

监事会主席　葛　斌（7月任）

经理层

总经理　张　成（7月免）

副总经理　葛　斌（7月免）

张夕和

徐加兵（10月任）

总工程师　徐加兵（兼，10月任）

总会计师　张夕和（兼）

党群领导

党委书记　张　成（7月任）

党委副书记　葛　斌（7月任）

纪委书记　葛　斌（兼，7月任）

工会主席　葛　斌（人选）

（刘海波）

【职工队伍】　职工19人。其中，专业技术干部18人；教授级高级工程师3人、高级职称12人、初级职称3人；博士研究生学历1人、硕士研究生学历3人、本科学历14人；女干部2人。工人1人。（刘海波）

【工程项目指挥机构】　广州市轨道交通18、22号线工程总承包部　驻广东省广州市番禺区。项目经理张成，党工委书记、常务副总经理徐加兵。（尹宝党）

【工程施工】　广州市轨道交通18、22号线总承包项目　位于广东省广州市。全长93.1千米，设计时速160千米。合同投资436亿元。（王雪扬）

【经营管理】　中标广州市轨道交通18号线和22号线及同步实施场站综合体设计施工总承包项目。

企业管理。完成注册备案工作；申办建筑工程和市政公用工程一级施工总承包资质2项；组织制定公司发展规划；建立内控风险体系，开展内控风险基础工作，成立内控风险组织机构，制定内控风险管理暂行办法等系列制度并开展内控评价工作；建立办公自动化（OA）系统和视频会议系统；开展基础管理建设，制定公司内部管理制度，初步建立公司管理制度体系。

安全质量管理。坚持“安全第一，预防为主，综合治理”安全管理方针，制定安全质量管理制度，开展以“全面落实企业安全生产主体责任”为主题的全国安全生产月活动；取得广东省住房和城乡建设厅颁发的安全生产许可证，编制三标体系文件，完成三标体系认证工作；组织建筑施工企业安全管理人员培训班2期。

财务管理。以成本管理为中心、资金管理为纽带，规范各项财务管理工作。制定《中铁建华南建设有限公司财务管理办法》等6项财务管理办法；加强财务监督职能，强化资金使用监管，资金集中度99.28%；组织公司各部门学习股份公司全面预算相关管理办法，编报2018年度全面预算报表。

（张　科　罗贵业　郑云雷　张熙文）

【党群工作】　党的工作。党委（本级）1个，党工委1个，党支部3个，党员78人。起草“三重一大”决策议事制度，参与股份公司领导班子亲属在本单位工作排查清理、失联党员组织信息处置、党内统计年报及党员基本信息收集等基础工作。干部、人才队伍建设：组织参与国资委、股份公司及公司各类业务培训30余次；出台《人力资源管理规定》《职工日常管理规定》《薪酬管理办法》《劳动合同管理办法》《员工培训管理办法》等；做好公司处级以上干部跨集团调动备案、领导班子家庭成员信息统计、股份公司总会计师后备人选遴选、三项制度改革、企业年金、社保清算等工作，参与各类日常基础工作及制度意见上报20余次。深入学习贯彻落实党的十九大精神，组织210人次观看党的十九大直播，积极组织两级“党委书记宣讲十九大精神”活动；组织参加股份公司“两个责任”“党委中心组理论学习”视频会2次，覆盖党员干部80人次；企业文化建设逐步推开，对公司机关及所属总承包部10个参建分部的企业文化标识进行统一指导，内容涉及对外标识、临建基础、人员服装及基本办公等；制定出台华南建设《宣传报道管理办法（试行）》，在省部级媒体刊稿4篇；筹划开通官方微信，彰显“华南建设 Freestyle”，推送各类推文30篇，在股份公司微信公众号头条推送1

期,参与专题1次,吸引粉丝526人,单条最高阅读量1987人、点赞量56次、留言10条,按照《股份公司新媒体运维考评(暂行)办法》,关注率5.01%。参建国资委纪委、股份公司纪委业务培训及纪委书记座谈会6人次,落实中央"八项规定"精神,配合做好企业领导人员及其亲属违规经商办企业专项治理、高档白酒集中整治,参与股份公司各项制度修订4次、公司招标监督4次,提前起草华南建设党风廉政建设责任书和廉洁从业承诺书。

工会、共青团工作。加强学习,紧密沟通,不断提升人员业务工作水平,开展问题场馆整治、"金秋助学"及股份公司团委学习十九大精神"不忘初心,牢记使命"主题演讲,与广州地铁开展秋季徒步登山、篮球友谊赛等活动。　(王丽娟　刘石顺　刘海波)

【重要记载】

▲1月19日　公司注册成立,入驻广州市万胜广场B塔16层。

▲3月17日　公司获建筑工程施工总承包和市政公用工程施工总承包一级资质。

▲6月1日　公司获广东省安全生产许可证书。

▲9月26日　公司通过"三标一体"认证。

▲12月5日　公司与广州地铁集团公司签订广州地铁18、22号线工程总承包项目合同。

▲12月15日　股份公司党委批复成立公司党委、纪委。　(邓　岩)

中铁海峡建设集团有限公司

【简况】　拥有市政公用总承包一级,城市及道路照明工程专业承包一级,环保工程专业承包一级资质。2017年3月,股份公司将福建指挥部、海峡公司、福州分公司整合重组,将原福建指挥部更名为东南指挥部,成立中铁海峡建设集团有限公司,列股份公司二级单位管理,实行"两块牌子,一套人马"管理,负责福建、江西两省和台湾地区市场开发、经营承揽、市场维护工作,重点联系跟踪以股份公司名义投标的投资类和各类总承包项目,代表股份公司负责以股份公司名义中标项目管理,对项目安全、质量、效益等全面负责。注册地福建省厦门市集美区,注册资本金10亿元,股份公司出资5亿元,二十二局出资5亿元(实缴2.88亿元)。驻福建省厦门市湖里区护安路652号凌云玉石大厦7层。

2017年,营业收入28.94亿元,利润总额2282万元,资产负债率59.91%。　(任冉彬)

【领导人员】

指挥部领导

指挥长　孟文林

筹备组领导

组长　孟文林

副组长　孙桐林

经理层

副总经理　孙桐林

党群领导

指挥部党工委书记　孟文林

(任冉彬)

【职工队伍】　职工25人。其中,硕士学历4人、本科学历16人、专科学历4人、中专学历1人;教授级高级工程师2人、高级工程师13人、工程师4人、初级职称6人。　(曹国英)

【经营管理】　在福州市、厦门市和南昌市设立经营管理部。福州经营部与中铁建(福州)工程有限公司同为一个机构,负责福州市(含)周边区域内的经营等工作;南昌市经营管理部,负责江西省内经营工作;厦门经营部负责厦门市(含)周边区域的市场经营工作。东南指挥部区域内股份公司系统各单位路外承揽614.98亿元,其中,福建承揽299.91亿元、江西承揽315.07亿元。区域市场平均值359.99亿元,增长率66.12%。东南指挥部(海峡公司)新签合同额59.95亿元。建立健全规章制度46项。成立安全质量管理委员会,执行和落实股份公司"九项管理规定",按期开展季度大检查和专项检查,组织4次综合性季度大检查,4次专项安全排查,整改消除安全隐患829条。

(黄晓宇　任冉彬　王建强)

【党群工作】　开展情况及领导班子建设情况。按照党建工作"四同步""四对接"建立9个基层党组织,党员79人。认真学习宣传贯彻党的十九大精神和习近平新时代中国特色社会主义思想，统一开展“不忘初心、牢记使命”主题教育活动。狠抓领导班子建设，制定完善党委中心组学习相关制度，组织党委中心组学习6次，研究制定《党委议事规则》和《“三重一大”决策制度实施细则》，将党组织集体研究讨论作为企业重大问题决策的前置程序。党风建设和反腐倡廉工作。坚持全面从严治党，加强党风廉政建设，签订《2017年度党风廉政建设责任书》，推动各级党组织认真落实党风廉政建设主体责任，促进班子成员认真履行“一岗双责”，落实“两个责任”。

工会工作。春节期间与厦门市建设局开展“温暖回家路”春运志愿者活动。2人被厦门轨道集团有限公司评为先进个人，1人获厦门市五一劳动奖章。

（张宇莹　康　燕）

【重要记载】

▲3月27日　股份公司对福建指挥部、福州分公司和中铁海峡建设集团有限公司进行整合重组，福建指挥部更名为东南指挥部，成立中铁海峡建设集团有限公司，列股份公司二级单位管理。

▲5月　海峡公司与二十二局三公司进行对接和财务交割，完成债权债务确认，并与二十二局签订《重组划转协议》。

▲10月　股份公司工会批准成立中铁海峡建设集团有限公司工会筹委会。（任冉彬）

中铁建北部湾建设投资有限公司

【简况】　经营范围：铁路、公路、市政、城轨、房建、水利、环保等项目的施工总承包与投资、地产开发与建设等。面向湄公河区域及东南亚经济圈、大西南出海通道枢纽的战略支点机构。2017年11月3日成立，12月29日在广西壮族自治区注册，注册资本金10亿元。驻广西壮族自治区南宁市。按广西壮族自治区及南宁市政府要求解决以中国铁建名义中标项目产值入统问题；组织实施以中国铁建名义在南宁中标项目的全面管理，并承担全部管理责任；建立维护与广西壮族自治区、南宁及各主要城市政府高端沟通联系；为中国铁建所属各集团公司在广西经营承揽提供支持服务；跟踪组织承揽各集团公司承揽不、承揽不到的体量大的项目；利用东盟博览会永久举办地、环北部湾沿岸重要经济中心、东南亚经济圈的连接点等优势，为中国铁建参与湄公河及东盟国家建设提供信息、建立关系和沟通渠道。北部湾公司与中国铁建股份有限公司广西指挥部为“一套人马，两块牌子”，领导由广西指挥部领导兼任，广西指挥部指挥长为公司法定代表人。首任董事长、党委书记覃正标，总经理王继红。职工32人。

2017年，新签合同额361.61亿元。其中，以中国铁建名义承揽的工程总承包项目2个，合同投资61.06亿元；协同经营承揽300.55亿元。完成产值23.71亿元，协同完成产值89.6亿元。（蒋清泉）

【工程施工】　南宁市轨道交通3号线一期工程（科园大道—平乐大道）施工总承包1标段　位于广西壮族自治区南宁市，全长17.85千米。合同投资57.55亿元，合同工期2015年6月至2019年3月。主要工程量：土石方149.4万立方米，车站13座，区间单线14.2千米，场段挖填方154万立方米。开工累计完成施工产值40亿元。

南宁市轨道交通2号线东延工程（玉洞—坛兴村）施工总承包　位于广西壮族自治区南宁市，全长6.26千米。合同投资31.48亿元，合同工期2017年4月至2020年6月。主要工程量：主体结构土方44.8万立方米，车站4座，区间单线12千米，场段挖填方175万立方米。开工累计完成施工产值1.46亿元。

南宁市轨道交通5号线一期工程（国凯大道—金桥客运站）施工总承包1标段　位于广西壮族自治区南宁市，全长4.32千米。合同投资29.51亿元，合同工期2017年8月至2020年12月。主要工程量：4站6区间，出入段1.37千米，路基土石方488万立方米，隧道5456延长米，桥梁251.8延长米，涵洞738横延米，正线铺轨9.45千米，房屋建筑面积11.8万平方米。开工累计完成施工产值0.95亿元。（蒋清泉）

【经营管理】　以“统筹、协调、监管、服务、高端经营”的职责为经营工作导向，主要承揽各集团公司承揽不到的高端项目、重大项目、城市综合体项目、产业链协同项目，坚持“三不做”的市场统筹原则，与各集团公司共同深耕区域市场。中国铁建广西区域承揽工程任务361.61亿元。广西指挥部促成中国铁建与南宁市政府就南宁市基础设施建设领域签订意向投资1200亿元的合作框架协议;促成中国铁建与广西北海市政府就北海市基础设施建设领域签订投资规模300亿元的合作框架协议。 （蒋清泉）

【重要记载】

▲4月5日　公司与南宁市签订1200亿元城市基础设施建设合作框架协议。

▲7月4日　公司与北海市签订300亿元城市基础设施建设合作框架协议。

▲11月3日　经中国铁建党委常委会和总裁办公会研究,第三届董事会第48次会议审议通过,成立中铁建北部湾建设投资有限公司。

▲12月29日　公司在广西壮族自治区工商行政管理局完成工商注册,注册资本金10亿元。

（蒋清泉）

中国铁建股份有限公司北京培训中心

【简况】　驻北京市大兴区龙河路16号。前身是1983年12月组建的中国人民解放军铁道兵指挥部干部学校;1984年1月,集体转业,改编为铁道部工程指挥部干部学校;1990年10月,改称中国铁道建筑总公司干部学校;1991年1月,定名为中国铁道建筑总公司党校、干部学校;2002年3月,总公司批准成立中国铁道建筑总公司北京培训中心,实行一套班子,兼有党校、干校、北京培训中心3种职能;2005年5月,总公司决定将干部学校更名为管理学院;2008年1月,随着中国铁建股份有限公司整体上市,更名为中国铁建股份有限公司北京培训中心;2009年1月,总公司党委决定将中国铁道建筑总公司党校更名为中国铁建股份有限公司党校,实行培训中心(党校)党委领导下的主任(校长)负责制。2002年被列入中央党校原中央企业工委分校(现中央党校国资委分校)教学管理体系,同年被列为中央国家机关会计人员继续教育培训单位。2006年被定为中央党校在职研究生教学点。2011年4月7日,国家事业单位登记管理局批准中国铁建股份有限公司北京培训中心(党校)培训业务范围变更为政治思想教育、领导素质教育、建筑工程项目管理、工商管理和财务管理专业培训,可同时接待280多名学员办学。校园占地面积1.8万平方米,建筑面积1.54万平方米。

2017年,举办各类培训班69期,培训学员11528人,毕业研究生60人。 （姜忠杰　李　冲）

【领导人员】

常务副主任(常务副校长)	沈玉泉
副主任(副校长)	江耀明
党委书记	沈玉泉

（姜忠杰　李　冲）

【职工队伍】　职工32人。本科及以上学历28人、专科学历4人;高级职称16人、中级职称5人、初级职称8人。 （姜忠杰　李　冲）

【教学培训】　企业内部培训方面,重点从提高培训层次、扩大培训规模入手,积极争取总部领导和机关各部门的支持,及时掌握培训需求,根据国资委党委和股份公司党委安排部署,组织国有企业基层党支部书记试点班2期和党的十九大精神培训班3期,探索出可复制、可推广的模式,为全系统轮训工作奠定基础。在外部培训市场,创品牌、提素质,扩大企业社会影响力。承办多家大型央企的培训班,这些班次的成功举办,为培训工作创造新模式,提供新思路,扩大对外培训影响力。注重实效,培训质量不断提升。围绕强党性和强能力的培训总要求,综合运用讲授式、研讨式、体验式、互动式等教学方式,将理论教学和现场教学相结合,正面引导和反面教育相结合,坚持"走出去"与"请进来"相结合,提高培训针对性和实效性。邀请股份公司领导和国内知名专家来校进行深层次辅导,8位股份公司领导出席开班典礼并授课,增强授课的权威性和针对性,有效提升培训层次和质量。 （谢　谅）

【学历教育】　中央党校在职研究生教育面向股份公司系统内外招收处级以上干部和具有中级以上职称的专业技术人员,负责日常的教学、教务和学籍管理工作。在职研究生教育招生名额、学制、课程设置均由中央党校研究生院确定,授课教师由中央党校选派。自2006年开办以来,毕业学员594人;注册在职研究生学员167人。其中,2015级50人、2016级62人、2017级55人。（王爱芬）

【行政工作】 为改善办学条件,更新教室硬件设施,完成3号楼报告厅电子屏装修改造。完成门面房清退工作,将380余平方米门面房收回后重新装修。加强财务预算和资金审批,强化成本核算和集中采购管理,降低管理成本。加强消防安保工作,实现安全无事故,确保教育培训工作正常运行。制定《中国铁建股份有限公司党校安全生产工作评价细则》《中国铁建党校(北京培训中心)干部管理办法补充规定》等管理制度。（谢 谅）

【党群工作】 党的工作。党支部3个,党员44人。以党的十九大和股份公司党代会精神为指导,通过收看视频会议、集中宣讲、党课辅导、撰写体会等形式,将学习贯彻党的十九大和股份公司党代会精神具体化、明晰化。党建宣传工作取得一定实效,通过组织开展支部书记述职评议活动,建立健全"两学一做"常态化机制。结合纪念建党96周年,围绕"爱党爱国爱校"主题,先后开展参观红色教育基地、评先评优、走访慰问老党员和困难党员等主题党日活动,增强党组织的凝聚力。

工会工作。工会小组3个,兼职人员4人,工会会员32人,职工入会率100%。组织开展健步走、为职工过生日、为职工健康体检、迎新茶话会等活动,丰富职工文化生活。（谢 谅）

【重要记载】

▲3月6日 股份公司党委常委、副总裁夏国斌出席中国铁建项目物资管理培训班并讲话。

▲5月7日 股份公司党委常委、纪委书记李春德出席中国铁建2017年第一期纪检干部培训班并讲话。

▲5月16日 股份公司党委副书记、副总裁夏国斌出席中国铁建2017年第一期处级领导干部培训班并讲话。

▲5月20日 股份公司总裁、党委副书记庄尚标到党校为2017年第一期处级领导干部培训班学员授课。

▲6月12日 中国铁建房地产高级管理人员培训班在党校举办。

▲9月25日 中国铁建2017年经营管理人员法律培训班在党校举办。

▲12月4日 中国铁建宣传思想文化工作会议暨宣传干部培训班在党校举办。

▲12月11日 中国铁建2017年第二期处级干部培训班在党校举办。（谢 谅）

相关链接

中国铁建高新装备股份有限公司2016年度发展概况

【简况】 中国铁建高新装备股份有限公司(以下简称铁建装备)始建于1954年,2015年由昆明中铁大型养路机械集团有限公司整体改制成立,并在香港联交所上市。注册资本金15.2亿元,资产总额69.8亿元。职工2500余人。是国家铁路大型养路机械生产基地、国家高新技术企业、连续4届获全国文明单位。中国铁建高新装备股份有限公司始终致力于铁路养路机械事业的发展,2016年,生产制造铁路大型养路机械2600多台,国内市场占有率80%以上,并有部分出口,成为亚洲第一、世界第二的铁路养路机械研发制造企业。（高一平）

【领导人员】

董事会

董事长	任延军
执行董事	任延军
	江 河
	余园林
独立董事	李学甫
	伍志旭
独立非执行董事	于家和
	孙林夫
	黄显荣

监事会 吕检明

张主民

王华明

经理层

总经理	江　河
副总经理	黄兆祥
	胡　斌
	孙国庆
	张　忠
	陈永祥
	余园林
	童普江
总工程师	胡　斌(兼)
总会计师	余园林(兼)

党群领导

党委书记	任延军
党委副书记	江　河
纪委书记	莫　斌

(汤利军)

【职工队伍】 职工 2522 人。其中,专业技术人员 695 人、高级技师 95 人、技师 74 人;专业技术人员中,博士研究生学历 2 人、在读博士学历 2 人、硕士研究生学历 135 人、本科学历 457 人。(邱　彦)

【经营管理】 2016 年,实现营业收入 36.53 亿元,实现净利润 4.67 亿元。其中,机械制造及销售板块完成营业收入 23.43 亿元;零部件销售及服务完成营业收入 7.81 亿元;产品大修服务完成营业收入 4.64 亿元;铁路线路养护服务完成营业收入 0.64 亿元。

营销工作。始终坚持以市场为导向,以经营为龙头,强化经营工作先导地位,努力实现提质增效。国内市场紧盯中国铁路总公司集中采购,为公司完成各项经济指标奠定坚实的基础;深挖自采市场,有效缓解任务不足的压力。继续推进区域营销平台建设,筹建广州、武汉营销分公司,区域经营实现“四变六”;全面推进有偿售后服务,形成大型养路机械产、检、修全面营销的格局。国际市场继续加强对外交流,先后参加第 11 届德国柏林国际轨道交通技术展览会等 9 个国内外展会,进一步扩大公司在全球铁路行业的知名度,借助中国铁建等工程施工企业,“借船出海”开拓国际市场。

安全质量。紧紧围绕生产经营总体目标,严抓安全、质量、环境、风险内控等各项工作,确保公司安全、质量、环境、清洁生产、集团管控、风险内控、5S 管理工作严格按照要求认真开展、扎实推进。开展对 2015 年出现的产品质量问题的系统梳理和整改,制定更加严格的防控措施,并加大考核力度,有效提升产品质量,获“2015 年度云南省质量效益型先进企业”及“2016 年度云南省质量管理小组活动优秀企业”称号。

财务管理。以中国铁建“提质增效”精神为指引,以公司上市为契机,强化企业生产经营各环节的有机结合,整体经济运行情况基本稳定。实现成本节支 9442.73 万元,完成年度计划的 106.13%;获批重大技术装备制造企业进口件减免税额度 7446 万美元,实际办理额度 7118.07 万美元,为企业减免关税额 3452.64 万元,降本增效工作取得实效;严格全面预算管理,统筹资金支付,加强税收筹划,节约资金成本超过 5851 万元,财务管理更加规范;本部享受西部大开发企业所得税优惠政策,适用 15% 所得税率,5 家子公司,除 1 家受行业限制外,1 家子公司享受西部大开发税收优惠,另外 3 家符合高新技术企业条件,均享受 15% 的企业所得税。享受企业所得税减免逾 3500 万元;根据相关公务接待管理办法,结合实际情况,本着“有利公务、务实节俭、严格标准、高效透明、尊重少数民族风俗习惯”的原则,制定《公务接待管理规定》和《投资者来访接待工作实施办法》,同时,根据中国铁建最新的差旅费管理办法,重新修订并下发《员工差旅费管理办法(暂行)》,对员工国内差旅费住宿标准、补贴范围和标准作较大调整,在符合要求的同时,更加贴近实际,满足广大员工出差的基本需求。

审计监督。3 次平稳迎接外部审计,积极化解风险;组织开展对相关子公司的薪酬审计、财务收支专项审计、原主要负责人离任审计等;切实加强内控缺陷整改及重大、重要风险管控,有效降低企业经营风险。

人才管理。深入推进人力资源改革,编制《人力资源能力建设方案》,进一步明确各部门工作职责,重新设计薪酬和绩效管理体系,为公司发展提供人力资源基础保障。持续优化集团管控项目,切实解决管理协同程度低、流程冗长、效率低下等问题,管理向规范、高效迈进。

(高一平)

【科技成果】 加快新产品研制步伐,MM-1800 地铁铣轨车完成方案设计,MM-1000B 地铁铣轨车完成下图,MM-1000K 地铁铣轨车正在试制,GMC-48 钢轨打磨车、HFXⅣ恒张力接触网放线车完成下图;QS-1200II 全断面道砟清筛机正在进行样机试制,CDW-32II 道岔捣固稳定车、CQS-300 侧切式清筛机完成动力学连挂、自运行试验,TX-100 铁路道床吸污车(吸煤车)完成出厂验收,CDW－32连续式线路道岔捣固稳定车准备进行补充试验检测,GCS－80轨道除沙车准备进行运用考核,GCX－1000轨道除雪车正在进行运用考核,DPZ－440Ⅲ高速铁路配砟整形车完成研制;CNAS项目顺利通过国家合格评定委员会的复审;成功取得XM－1800钢轨铣磨车的型号许可证和制造许可证,以及CQS－550道岔清筛机的制造许可证,为新产品快速走向市场奠定基础。（沈　杰）

【党群工作】 所属39个基层党支部分别以党委中心组学习、支部大会等形式,开展学习研讨172次。党委领导班子成员以普通党员身份参加所在支部组织生活会10次,参加学习18次,受教育党员实现100%全覆盖。2015年民主生活会中,涉及基础管理、人力资源、干部管理、技术管理、营销管理和关心职工生活等需要整改的33个问题和自查自纠发现的14个问题,整改率100%。各级党组织从严落实组织生活会制度,把从严从实要求贯穿于组织生活会的会前准备、会上查摆、会后整改各个环节,进一步强化素质提升;从严落实民主评议党员制度,对照党员标准,按照个人自评、党员互评、民主测评、组织评定的程序,严格进行党员评议,进一步强化自身监督;落实"两个责任",全面从严治党。敢于担当,狠抓主体责任落实。纪委以中国铁建"纪律建设年"为契机,持之以恒抓作风建设,认真落实"三转",深入开展效能监察工作,重视信访力度,加大执纪监督力度,有效确保党风廉政建设和反腐败工作任务的落实。9—10月,公司党委配合中国铁建巡视工作,同时督促对巡视立行立改问题坚决迅速的完成相关整改;以基层党组织建设为重点,抓好基层党建,为公司提供坚强的组织保障。继续深化"四好领导班子"创建活动。持之以恒深入开展创岗建区。进一步规范发展党员和党员组织关系转接工作,转入转出党员组织关系41份。创新组织生活激发党建活力。认真做好党代会代表推选工作。以生产经营为工作中心,坚守舆论宣传报道阵地,对外报道稿件111篇。同时,大力开展建党95周年纪念系列活动,有效增强广大共产党员的荣誉感和责任感。党委修订下发《铁建装备"双文明"、党工团评选表彰的管理办法》,促使评优评先管理更加规范;修订编印2016年版《企业文化手册》,进一步传承弘扬铁道兵精神;通过开展"弘扬优秀文化,抵制不良言行"系列活动,促进广大员工对公司价值体系的认同和践行,进一步打造优秀的企业文化;积极申报铁道企业文化建设优秀成果和企业文化示范基地以及昆明市优秀企业、云南省百强企业等,打造文化品牌,树立良好形象。从严规范管理,筑牢保密工作防线。进一步修订完善保密工作制度,信息公开保密审查制度,同时严格实施有关计算机网络信息保密管理制度,加大保密审查力度。同时拿出专项经费,加强保密基础设施建设,加强涉密人员管理,加强涉密计算机的管理,加强资料台账和流程管理,做到严格管理、责任到人、严密防范、确保安全。各级群团组织始终坚持正确的政治方向,正确认识和把握新形势下做好群团工作的新任务、新要求,主动融入中心工作,积极建功立业,努力在服务大局工作中亮出群团的旗帜,发出群团的声音,体现群团的作为,展现出较强的凝聚力和战斗力。离退休、公共事务管理、计划生育、关工委等工作在党委领导下,扎实有效,取得新成绩,为企业和谐稳定发展作出积极贡献。

（袁国强）

【昆明中铁恒源商务服务有限公司】 2012年6月1日成立,注册资本金980万元。驻云南省昆明市金马镇羊方旺384号X－1幢1层101－102号。主要承担集团公司的后勤保障工作,经营范围:保健品生产与销售、餐饮、住宿、商务服务、会议及商品展览服务、房屋建筑工程的设计与施工、园林绿化工程的设计与施工、绿化保洁服务、物业管理、蔬菜及苗木种植、日用百货、五金交电、铁路机械设备及配件的销售等。下设职能部门4个、经营中心4个。职工148人。资产总额1722.53万元。其中,固定资产原值540.56万元、净值309万元;流动资产1343.09万元。

2016年,国有资产保值增值率100.26%,净资产收益率0.78%,资产负债率42%。（赵水英）

【北京昆维通铁路机械化养护工程有限公司】 2010年5月10日注册,驻北京市房山区阎村镇阎富路1号－A120。法定代表人熊伟伶,注册资本金6000万元。企业类型为有限责任公司(法人独资)。经营范围:施工总承包;劳务分包;技术开发、技术服务、技术转让、技术咨询(中介除外);销售、维修、租赁铁路专用设备及零配件;货物进出口(国营贸易管理货物除外)。拥有铁路施工总承包三级资质。职工140人。资产总额12788.99万元。其中,流动资产9884.02万元。机械运输设备66台(套),设备原值6363.83万元、净值2822.74万元。

2016年,完成施工项目16个,完成捣固作业单捣566千米、双捣654千米,稳定351千米,配碴186千米,道岔853组,清筛16千米,激光拨道26千米;完成铁建装备新车押运任务41台次、北京瑞维通公司车辆押运任务5台次;完成北京瑞维通公司试车线落道施工任务1次。国有资产保值增值率103.74%,净资产收益率6.29%,资产负债率44.69%。 (孙浩鑫)

【昆明广维通机械设备有限公司】 2013年12月3日成立,注册资本金3000万元。以铁路养路机械产品配件加工为主营业务,为中国铁路养路机械配套生产优质铸钢件、铸铁件、铸铜件、锻压件、铆接件及零部件热处理、机械加工和部件总成组装。产品涵盖铁路、工程机械、冶金矿山、水电、轻化工等领域。执行董事兼总经理徐连江,党委书记杨国华。下设职能部门6个、生产车间2个。职工128人。资产总额4867.02万元。其中,固定资产原值1412.21万元、净值989.35万元;流动资产3515.26万元。

2016年,为德国专业生产驱动桥的Kessler + Co(凯斯勒)公司开发重型车辆传动部件桥壳、转向轴等25个产品,初步向国际市场迈进。全员劳动生产率48.3万元/人年,职工年人均收入7.4万元。国有资产保值增值率135.43%,净资产收益率32.31%,产值利润率29.06%,投资回报率50.16%,资产负债率6.38%,应上缴款完成率100%。 (胡 兵)

【昆明奥通达铁路机械有限公司】 2010年成立,为铁建装备全资子公司,注册资本金5000万元。法定代表人、执行董事、总经理张瑞荣,党委书记李伟。主要从事铁路机械及配件制造、铁路机械及配件、工程机械及配件、汽车配件、摩托车配件、电器机械及器材、普通机械、五金、交电、建筑材料、矿产品、电子产品及通讯设备的销售;科技及经济技术咨询服务;货物及技术进口;经营材料加工和“三来一补”(来料加工、来样加工、来件装配和补偿贸易)业务;养路机械技术检修服务。产品遍布全国18个铁路局及各工程局、地方铁路、城市轨道交通。驻云南省昆明市官渡区金马镇羊方旺384号。职工202人。资产总额56246万元。其中,固定资产原值796万元、净值297万元;流动资产55779万元。

2016年,完成营业收入39898万元,实现利润10221万元,完成产值46680.66万元。全员劳动生产率89万元/人年,人均创收246万元。国有资产保值增值率156.66%,资产负债率64.30%,净资产收益率52.80%,产值利润率21.90%,投资回报率189.54%。

(王勇刚)

【北京瑞维通工程机械有限公司】 2009年6月成立。驻北京市房山区大件路77号。具有DC-32捣固车、QS-650全断面道砟清筛机、WD-320轨道动力稳定车、SPZ-200双向配砟整形车、CDC-16道岔捣固车、DCL-32连续走行捣固车6种机型国家级行政许可修理资质。职工474人。资产总额72178万元。其中,固定资产原值9983万元、净值7670万元;流动资产44250万元。机械运输设备171台(套),设备原值1724万元、净值982万元,设备完好率、利用率100%。

2016年,新签合同额4060万元,实现经济效益120万元,并实现研发费用税收减免31.56万元。国有资产保值增值率112.05%,净资产收益率11.53%,资产负债率53.24%。 (夏 涛)

【昆明中铁鑫瑞通物资设备有限公司】 2016年6月2日成立,为铁建装备全资子公司,注册资本金29854万元。法定代表人施展,不设董事会,设执行董事1人。主要从事生产、加工铁路物资设备及配件(生产仅限分支机构)、铁路机械设备及配件、建筑材料、五金交电、机械电子设备的销售、货物进出口业务。驻云南省昆明市官渡区金马镇羊方旺384号。职工12人。资产总额37663万元。其中,固定资产原值11万元、净值9万元;流动资产37652万元。

2016年,完成营业收入54935万元,实现利润8404万元。全员劳动生产率912万元/人年,人均创收700万元。资产负债率4%,净资产收益率34.86%,营业利润率15.3%,投资回报率44.63%。 (杜杭域)

【重要记载】

▲2016年1月15日 铁建装备组织召开TX-100铁路道床吸污车技术设计及型式试验大纲评审会,并与到会专家进行技术交流。

▲2016年1月18日 2016年大型养路机械质量工作会议在铁建装备召开。

▲2016年1月23日 国家科技部、云南省科技厅等单位领导就国家铁路大型养路机械工程技术研究中心建设工作到铁建装备进行调研。

▲2016年2月3日 铁建装备召开一届一次职工代表大会暨2016年工作会议。

▲2016年2月15—18日 第三届阿尔及利亚国际交通展在首都阿尔及尔国家展览中心举行,铁建装备应邀参展。

▲2016年3月5日 法国北部大区政府投资促进局局长Yann Pitollet、投资促进局亚太区负责人针对

铁建装备的海外发展战略和在欧洲的发展意向与公司进行交流与沟通，以实现公司在欧洲市场的业务突破，促进双方合作共赢。

▲2016年3月12日　铁建装备工程研究中心顺利通过CNAS体系复评审。

▲2016年3月18—21日　国务院发展研究中心主办的“2016中国发展高层论坛暨创新前沿展”在北京钓鱼台国宾馆举行。铁建装备展出GCX-1000型轨道除雪车模型。

▲2016年3月21日　铁建装备青年研发工程师孙俊鑫、吴新丰的“移动气压焊轨车改进及线上焊研究”项目获第二届全国铁路青年科技创新奖。

▲2016年4月6日　云南省质量强省电视电话会议在昆明召开，铁建装备获第二届省政府质量奖。

▲2016年4月21—23日　第四届中国(上海)国际技术进出口交易会在上海世博展览馆举行，铁建装备重点展示XM-1800钢轨铣磨车产品模型。

▲2016年5月19—22日　铁建装备首次参展第十九届中国(重庆)国际投资暨全球采购会。

▲2016年5月21日　铁建装备微信平台的志愿者运维模式作为中国铁建的成功典型案例在国务院国资委宣传局进行交流。

▲2016年5月30日　中国铁建总裁庄尚标到铁建装备调研。

▲2016年6月12日　铁建装备亮相第四届中国—南亚博览会暨第二十四届中国昆明进出口商品交易会。

▲2016年6月20—22日　铁建装备亮相第十三届中国国际现代化铁路技术装备展览会。

▲2016年6月23—25日　铁建装备获评2016年度云南省质量管理小组活动优秀企业。副总经理黄兆祥获“2016年度云南省质量管理小组活动卓越领导者”称号，安全质量部部长王文宏获“2016年度云南省质量管理小组活动优秀推进者”称号。制造总厂机加工分厂转向架工段、结构分厂焊接工段获“2016年云南省质量信得过班组”称号。研究院信之源QC小组与制造总厂总装分厂精益QC小组获“2016年度云南省优秀质量管理小组”称号。

▲2016年6月24—25日　铁建装备官方微信《铁建装备心视界》获2016年度云南省优秀企业微信平台，《铁建装备报》获2016度云南省优秀企业报。

▲2016年6月25—28日　铁建装备制造总厂工艺QC小组获2016年度全国铁道行业质量管理小组活动优秀奖。

▲2016年7月11—14日　铁建装备亮相第三届中国—俄罗斯博览会。

▲2016年7月20日　铁建装备大型养路机械助力建设昆明枢纽“四线”正式开通。

▲2016年7月30日　2016年云南省企业100强发布，铁建装备位列第45位，在云南省制造业企业50强中位列第16位。

▲2016年7月31日至8月3日　铁建装备参加中国—东盟轨道交通教育培训高峰论坛暨成果展。

▲2016年8月17日　铁建装备与德国Vossloh公司签订高速打磨车部件销售合同。

▲2016年9月2日　在云南省人才工作大会上，铁建装备制造总厂结构分厂焊工张贵波获2016年度第三届“云岭首席技师”称号。

▲2016年9月20—23日　铁建装备亮相第十一届国际轨道交通技术展览会。

▲2016年9月23日　铁建装备董事长、党委书记任延军陪同中国铁建党委书记齐晓飞带队的代表团参观访问奥地利普拉塞&陶依尔公司林茨工厂。

▲2016年10月14日　铁建装备研究院召开PLM推进动员大会。

▲2016年11月7日　铁建装备取得国家标准GB/T29490—2013《企业知识产权管理规范》外审认证证书。

▲2016年11月22—25日，在2016年“金紫荆”香港国际金融周系列活动中，铁建装备获第六届中国证券“金紫荆”奖，被评为最佳科技创新上市公司。

▲2016年11月30日至12月9日　阿根廷贝尔格拉诺货运铁路宽轨改造项目二次签图工作圆满完成。

▲2016年12月12日　成都局定制的专门用于员工培训的教学仿真车完成铁建装备内部的生产试验历程，顺利装车发运出厂。

▲2016年12月23日　铁建装备获评昆明市第十三届优秀企业，在昆明地区工业企业2015年度百强排序中位列第11名。　（富建强）

2017 年 5 月 5 日，中国铁建在总部机关召开国内经营工作专题会议。（杜进才 摄）

区域经营机构

中国铁建重庆指挥部

【简况】 按照股份公司“统筹、监管、协调、服务和高端经营”的职能定位，是总部职能的延伸，代表股份公司负责重庆区域的市场开发、高端对接，负责对本区域系统内各二级子公司统筹协调、资源共享和服务，负责区域内在建重点项目信用监管及经营行为监督。驻重庆市渝北区财富中心 A19 幢。2017 年，新签合同额 329 亿元，其中建安总额 300 亿元。 （宋成贤）

【领导人员】

负责人　王中岐（重庆投资集团公司总经理）

副指挥长　袁　勇

（王良全）

【经营管理】 新签合同 329 亿元。路外项目 80% 为施工总承包项目；经营结构多元化，涵盖公路、轨道交通、市政、四电、房建等市场份额；属地经营持续发展。协同重投公司和十二局中标重庆巫溪至陕西镇坪高速公路 BOT 项目，投资 101 亿元。重点生产经营服务与监管。指挥部主动与重庆市城乡建委协商，帮助在渝各局集中培训“十大员”400 余人，第一批已考试合格取证 150 人，增加外地入渝企业投标竞争的优势；帮助解决 11 项影响生产经营问题，如恶意投诉、企业信誉评价、招标条件修改和外部审计等。坚持职能定位、强化基础建设。保留并按编制调配 4 名经营骨干负责区域指挥部工作，立足发挥区域优势，立足传统市场不放松，守土尽责，实现总承包项目承揽最大化。在中国铁建“一盘棋”下，两级联动，搭建区域“信息共享中心”“资源统筹平台”“协调服务之家”，建立健全经营工作联系机制，基础建设不断强化和完善。筛选项目，确定跟踪重点和单位，实行“清单”管理和源头经营，组织各局重庆区域指拜访业主、考察调研项目，既当好“参谋”又做到精准投标；坚持报备、报表制度化，按月收集重庆区域业主招标特点、系统内投标中标剖析、跟踪推进情况、在建项目较大负面影响等信息，实现区域内各局资源共享，政令畅通，产生“1 + 1 > 2”的中国铁建整体效应；组织开好区域经营例会、座谈会、专题会、半年研讨会和年度经营工作会，研判形势制定对策，对大标段、有影响的施工总承包项目，做到逢标必争，志在必得。统筹区域资源，联合经营有力。统筹区域资源，凝聚区域力量，把公路、市政、轨道交通和新兴市场等领域作为经营工作重点，上下联动，各个击破。精心策划、精准投标。对大标段、有影响的总承包项目，从项目跟踪、业主编制招标文件到挂网公招、标前准备等，指挥部都会同各局区域指，精心策划、对标对点、标前分析、标后研讨，既减少投标的盲目性、随意性，又能夺得有效报价与基准价得分、主要清单项得分和标书高分的决胜权。2017 年，重庆市挂网公招的 15 个较大土建项目，中标 12 个。采取牵头组织、强强联合、协同经营与重点协调等方式，认真研判竞争对手，制定切合实际的成本分析，有的放矢的报价方案，保证铁建系统的整体市场份额，提升高中标率和中标质量。规范经营与风险防范并举。注重项目监管，维护铁建信誉。对安全生产事故、违规经营事件、重大投诉事件等信用问题，纳入本级区域经营指挥部考核内容。为更加有针对性地强化在建项目信用监管工作，指挥部在各集团申报在渝重点难点施工项目 68 个，采用专题会议、网络、现场巡视等形式，反复宣贯股份公司有关安全生产、质量管理、市场维护等方面的要求和规定，及时传达贯彻中国铁建股份有限公司相关系列重要文件精神。建立区域工程监管体系。督促各局重庆区域经营机构必须指定专人负责工程监管工作，形成股份公司重庆区域工程监管网络。启动区域工程监管督查机制。经过排查，列出重点督查项目，并开展重点难点工程巡查工作。开展巡查的 10 个项目现场，安全质量受控，对发现的问题和薄弱环节当场指出，并要求限期整改，确保不出事故。

（袁　勇　宋成贤）

【重要记载】

▲4 月 13 日　招商银行重庆分行与重庆指挥部联合主办投融资业务研讨会。

▲12 月 11 日　重庆指挥部帮助协调重庆市审计局对黔恩高速公路项目竣工审计相关工作。

▲12 月 18 日　重庆指挥部组织召开创新经营模式研讨会。 （王良全）

中国铁建山东指挥部

【简况】 2015 年 12 月成立。是股份公司派出的区域经营机构,在青岛、济南设点,代管青岛和洛阳 2 个分公司。负责山东省、洛阳市(2017 年 7 月,股份公司明确洛阳市场由山东指挥部管辖)区域工作。十四局作为山东省属地企业,经营维护山东市场;分别由十一局、大桥局、二十局、二十一局为牵头单位设淄博、滨州,济宁、枣庄、菏泽,烟台、威海,潍坊、东营 4 个地市经营部,旨在强化各牵头局在经营部所在地市的资源优势,同时带动其他配合局实现市场的拓展。2017 年,两个市场承揽项目 124 个,合同额 437.62 亿元。 (王申龙)

【领导人员】

指挥长、党工委副书记 金守华

党工委书记、副指挥长 郭衍敬

副指挥长 崔连友

(王申龙)

【重要记载】

▲7 月 24 日 指挥部参加"2017 · 央企助力济南新旧动能转换项目集中签约仪式",签约济阳文体旅游综合项目。 (王申龙)

中国铁建海南指挥部

【简况】 2014 年 4 月成立。驻海南省海口市龙华区滨海大道 123 - 8 号信恒大厦 12 层。负责在海南地区的市场开发、统筹管理工作。 (董军薇)

【领导人员】

指挥长 金跃良

副指挥长 汤世明(2 月免)

总经济师 陆 强

【经营管理】 落实中国铁建与海南省《战略合作协议》,海南指挥部深入研究海南省"十三五"规划,按照中国铁建关于开展区域经营工作的有关要求,积极与地方政府对接《战略合作协议》框定的各领域合作可能,协助各在琼单位中标海南项目,形成资源共享、信息共享的良好协同机制。组织召开海南指挥部工作座谈会,落实中国铁建年度工作会、国内市场经营工作专题会等会议精神,对下一步工作作出安排部署。协助在琼单位中标项目 14 个,中标金额 26.68 亿元,其中,十六局中标陵水县吊罗山旅游公路项目;十八局中标如意岛跨海大桥项目和海口棚户区改造项目,同时应海南省交通厅委托承建琼海博鳌通道工程项目;十九局中标海南省琼中至乐东高速公路(五指山至乐东段)工程 10 标段;二十五局中标海南省万宁至洋浦高速公路土建 11 标段;铁四院中标海南省文昌至琼海高速公路工程代建后,大桥局、十五局、十六局中标海南省文昌至琼海高速公路工程土建施工;港航局中标三亚新机场人工岛项目起步工程 2 标段、三亚新机场临空国际旅游商贸区填海工程 4 标段;昆仑集团海南公司在试验区实现曲港河景观廊道、富力海洋公园公共停车场、长水岭山体整治等多个项目滚动发展等。

项目跟踪力度增强。根据海南省发展规划以及区域发展重点,加大与省政府,三亚、陵水、琼海、文昌、澄迈等市县进行逐一对接的力度,积极协调各单位,对区域内一批重点项目进行跟踪。由海南指挥部牵头,对海南环岛旅游公路工程、国际旅游岛试验区双子星酒店项目、中央民族大学海南校区建设项目、美兰机场至演丰高速公路代建项目、三亚西水东调工程项目、澄迈县 PPP 项目、澄迈新兴渔港建设项目(一期、二期)、澄迈金马物流基础设施建设等项目进行重点跟踪和对接,并通过加大项目前期参与力度,为项目规划、设计等环节提供智力支持和咨询服务。统筹协调各经营能力,主动搜集项目信息,积极跟踪一批优质项目,如东环高铁博鳌站改造工程、东环高铁新建海棠湾车站、海口市城市轨道交通建设、三亚市有轨电车、省道 S314 天新线天涯至新宁坡段改建工程、五指山至保亭至海棠湾高速公路、文昌至定安高等级公路、海秀快速路二期、三亚市崖州区创意产业园高架拔高工程、三亚河口海底隧道工程、陵水安马大桥、琼海市文化体育中心、三亚主城区停车设施工程、东方市文化体育广场、儋州机场等基建工程和多个棚户区改造,保障房、安置房建设以及海口华润中心、海口海航豪庭等房建项目,项目跟踪领域也从基建市场向水利、环保、地产开发等多个方面拓展。

在建项目管控水平显著提升。应对经济环境复杂多变、市场竞争异常激烈局面,全力做精在手项目。由海南指挥部作为总协调方,铁四院负责设计,十八局负责施工的博鳌海底隧道工程,开工累计完成投资7.15亿元。由十四局承建的乐东房地产开发项目,十八局承建的如意岛跨海大桥和海口市新琼片区棚户区改造,十九局承建的海南中线高速、海口美兰机场扩建二期,二十一局承建的三亚古城北路市政道路,二十四局承建的海口水环境综合治理、三亚"南山四个一"交通配套工程设计施工总承包项目,中铁建设承建的海口长影海南生态文化产业园中国区项目及博物馆项目、三亚国寿健康公园项目,港航局承建的三亚新机场人工岛起步区和临空国际旅游商贸区填海工程,中铁城建负责施工的三亚海棠湾国美酒店等一批在建项目推进顺利。由十二局承建的琼海博鳌民用机场飞行区场道工程、二十一局承建的三亚市崖州区崖州路跨铁路桥工程、二十三局承建的博鳌乐城国际医疗旅游先行区雅园路道路工程等项目顺利完工交付。在建项目始终贯彻"安全第一,预防为主"的方针,不断加强组织管理,面对超强台风"海葵""泰利"情况,岛内各建设工地应急防范得当,未发生人员伤亡事故,经济损失降到最低限度。

加强组织机构建设,突出党的核心作用。加大区域内项目推进落实力度。根据党的十九大精神,坚持"全面管控,不等不靠"的总体思路,积极组织在琼各单位党群干部开展十九大精神宣贯工作,同时举办学习十九大报告精神座谈会,切实把员工的思想和行动统一到习近平新时代中国特色社会主义思想上来,党的领导在企业改革发展中的政治核心作用得以有效发挥。(金丽 曹阳 董军薇)

中国铁建西南指挥部

【简况】 负责四川、云南、贵州及西藏等区域的市场开发、经营承揽和协调管理等工作。2015年12月成立,由原中国铁建云贵指挥部更名而成,与中铁建昆仑投资集团有限公司合署办公。驻四川省成都市高新区益州大道中段1999号。(董军薇)

【领导人员】

指挥长	金跃良
副指挥长	徐明新
	汤世明(2月免)
总经济师	陆　强
总工程师	施振东

【经营管理】 新签项目326个,新签合同额1709.57亿元。其中,四川省中标项目122个,中标金额591.13亿元;云南省中标项目78个,中标金额589.59亿元;贵州省中标项目98个,中标金额464.52亿元;西藏自治区中标项目28个,中标金额64.33亿元。西南指挥部直接参与运作中标项目5个,合同总额425.76亿元。

推动中国铁建领导与四川、云南、贵州、西藏以及成都、昆明、贵阳、遵义、绵阳等各级政府的高层互访,已与责任区域内所有省(自治区)政府,成都、昆明、遂宁等重要城市以及贵州省交通厅等政府部门签订《战略合作协议》。与四川高速、云南交投、成都轨道交通集团等地方重要投资平台深化沟通交流,与成都交投、成都环投等单位签订《战略合作协议》,争取到更大的发展支持。与中国中铁、中交、中建等央企西南区域总部共同维护良好的市场秩序;与中国中铁西南总部签订《战略合作协议》,并在成都新机场高速公路及外绕线项目中实现强强联合。与国开行、建行、农行的区域分行签订《战略合作协议》,与中国政企PPP基金、四川省交通产业基金等产业基金进行深度合作,并着力推动系统内铁建蓝海、铁建成长、铁建宏图等基金在区域内落地。

实现项目跟踪。定期保质编制"西南区域在建项目完成情况表""西南区域中标情况统计表""西南区域投融资项目信息跟踪情况表""西南区域工程总承包和施工总承包项目信息跟踪情况表",并不定期按照中国铁建要求报送各类报表,为各级领导全面了解西南区域整体项目跟踪信息提供参考,为项目投资决策提供支撑。与各集团西南区域指挥部在核心资源掌握情况上加强联络,建立核心客户清单,以推动经营资源更好地整合。西南指挥部、昆仑集团、各子公司立体经营网络作用充分发挥,广泛收集、认真筛选项目信息,对重点跟踪项目形成由昆仑集团牵头的工作组,积极对接政府机构及其平台公司，及时为各级领导提供第一手信息，掌握项目跟踪的主动权。

协同经营。召开生产经营会议暨房地产协同经营会议，围绕持续巩固发展成果、进一步拓展协同空间、提升协同能力和做好进度、安全和质量管理，规范区域经营机构等业务展开，还对房地产协同经营的背景、方向、保障措施以及对西南市场的认识做交流，各集团班子成员、参建工程公司主要领导和项目经理200余人参会。立足昆仑集团投资平台职能，充分发挥投资对效益增长的拉动作用。带动18家集团公司、46家工程公司参与投资项目建设，涵盖勘察设计、建筑施工、装备制造、物资供应、金融保险等多个产业。运作昆明巫家坝片区地块房地产开发项目，迅速落实中国铁建房地产协同经营推进会的精神，落实中国铁建与云南省和昆明市政府战略合作协议的要求。牵头与成都市国资委及各平台公司对接，梳理重点项目，编拟《战略协议落地工作方案》并印发中国铁建系统各相关单位，确定包括五环快速路、成都环城生态区、成都“东进”快速路等重点跟踪项目39个，总投资约3500亿元。根据各项目情况，成立由昆仑集团牵头，工程局、设计院参与的项目跟踪小组，与项目业主、投资平台公司对接沟通。

以在建项目为载体，提升中国铁建品牌形象。成都地铁项目群均实现提前回购，首条机场快线——地铁10号线提前通试运营；元华路神仙树节点项目创造成都市市政建设领域的“新速度”；中国铁建系统内投资建设的首条机场高速公路——成都新机场高速公路项目基本完成征地拆迁，提前进入全面建设阶段。坚持“安全第一、预防为主、综合治理”和“百年大计、质量第一”的方针理念，持续构建“党政同责、一岗双责、齐抓共管、失职追责”的安全质量责任体系，持续完善安全质量管控体系，增强安全质量管理力量，不断优化安全管理红线制度、安全质量回防制度、全覆盖监督检查制度等，并以“互联网+多媒体安全教育培训”和“互联网+危大工程可视化安全监控”两大系统强化科技兴安，提升安全管理水平。针对投资领域142个标段开展上、下半年施工企业信用评价，较好发挥“硬”考核的刚性约束作用。蒲都高速公路、贵安新区轨道交通S1线等多个项目成为观摩示范点，受到业主的广泛好评；成都地铁36家系统内参建单位获评成都市建委文明施工达标单位。

（詹斯兰　曹　阳　董军薇）

【工程项目】　成都地铁10号线二期投融资建设项目　合同投资62.49亿元，合同工期36个月。全长27.07千米。主要工程量：地下10.42千米，高架段16.65千米；车站10座，地下站5座，高架站5座。

昆明市飞虎大道市政配套项目　合同投资16.07亿元。该项目为昆明轨道交通8号线的试验。主要工程量：车站4座，线路2.94千米。

昆明（岷山）至楚雄（广通）高速公路改扩建工程勘察试验段项目　合同投资15.04亿元。全长11.61千米。

云南省墨江至临沧公路PPP项目　合同投资313.04亿元，建设期4年，运营期30年。全长235.97千米。主要工程量：互通式立交14处。

成都市环城生态修复综合项目（南片区）一期（1标段）　合同投资19.14亿元，建设期6个月，运营期2年。

中国铁建上海代表处

【简况】　是股份公司派出的区域经营机构，负责上海工程建筑市场的经营、监管和浙江区域的市场经营工作。职工5人。按照“统筹、监管、协调、服务、高端经营”的职能定位积极开展工作，维护股份公司在上海、浙江市场的整体利益，扩大市场份额。2017年，承揽项目119个，合同额254.41亿元，同比增长35%。其中，上海代表处组织中标5项，合同额51.69亿元。利用地方税收优惠政策减税增收840.4万元。获省部级以上奖项116项，其中，国家级8项、上海市级98项。被评为上海市工程建设质量管理优秀集体。

（邢　露）

【领导人员】

主任	尹　华
党工委书记	王　鉴

（邢　露）

【经营管理】　上海、浙江区域完成承揽119项，合同额254.41亿元。在浙江公路、水利、海绵城市领域实现历史性突破。与浙江省交投、宁波市交投组建联合体,中标浙江省第一个高速公路 PPP 项目——杭甬高速复线一期工程 PPP 项目,中标浙江省第一个 TBM 工法项目——台州市朱溪水库工程土建 2 标段,中标浙江省第一个成片区规模海绵城市项目——宁波慈城新城生态区海绵化改造项目。组织成立海绵城市联合体,为宁波住建委提供研究和规划方案。在股份公司系统内单位中标的 8 个项目上,为企业增效约 1.1 亿元。

二次经营增加效益。组织进沪企业申报查账征收优惠,减税增收 840.4 万元。（邢　露）

2017 年 12 月 25 日，中国铁建第二届“十大楷模”、第五届“十佳道德模范”、首届“十大品牌”表彰大会暨官方动漫形象发布会在北京举行。（周福荣 摄）

人 物

新闻人物

【王利民·“中国好人榜”敬业奉献模范】 王利民，中铁二十三局集团第二工程有限公司执行董事、党委书记。1975 年 4 月出生，山东省曹县人。中共党员，本科学历，高级工程师。2011 年 8 月，任牡绥铁路工程项目经理，刚开工就多次组织召开开源节流降低成本分析会，对到位的施工图进行核算，再与初设图纸比较找出量差，通过逐级上报设计变更审批方案，实现“二次经营”创效降低成本，在精细化管理中寻找突破口；严格实施物资招标采购机制，严把工程结算关，重大物资采购亲自组织询价谈判；提出新的管理模式——高标准，严要求，关键工序责任到人，每道工序都要有可追溯性，出问题第一时间查出问题的源头。所负责建设的牡绥电气化铁路项目达到优良标准，先后获得中华全国铁路总工会火车头奖章、黑龙江省铁路建设先进个人、黑龙江省敬业奉献好人等荣誉，入选黑龙江省铁路建设群英谱。2017 年，获“中国好人榜”敬业奉献模范。（邓东林）

【祁建光·全国道德模范提名、全国向上向善好青年、“中国好人”】 祁建光，中铁十一局集团桥梁公司团委副书记。1990 年 12 月出生，河北省保定市人。共青团员。毕业于石家庄铁道大学，本科学历，助理工程师。先后在石济项目、郑阜项目工作。2015 年 9 月，祁建光得知父亲患病瘫痪在床，经过考量决定将父亲接到所工作的铁路建设工地上，一边工作一边照顾父亲，直至父亲病逝。祁建光“带着爸爸建高铁”的事迹被中央电视台、新华社等主流媒体报道，引起社会关注。被誉为“忠孝两全”的好小伙，先后两次被邀请到高校作事迹演讲，诠释出中华民族孝老爱亲的传统美德。先后获得第六届全国道德模范提名奖、全国向上向善好青年、“中国好人”、江西省青年五四奖章、湖北省五一劳动奖章、鹰潭市五一劳动奖章、最美鹰潭人、孝老爱企楷模、最美铁大学子等荣誉。（俞文喜）

科技人物

【李国良·全国工程勘察设计大师】 李国良，中铁第一勘察设计院集团公司副总工程师。1966 年 4 月出生，甘肃省平凉市人。1988 年毕业于兰州交通大学，本科学历，教授级高级工程师。从事隧道及地下工程专业勘察设计和科技攻关工作近 30 年，先后担任乌鞘岭隧道、关角隧道、西秦岭隧道等特长隧道，以及郑西高铁、兰新高铁、兰渝铁路、拉日铁路等十余条国家重点隧道工程的勘察设计和科研技术负责人。在乌鞘岭铁路特长隧道设计中，提出通过宽大活动断裂带和岭脊高应力挤压性围岩地段隧道结构形式和设计参数，计算出控制软弱围岩大变形的施工参数和技术参数，解决隧道穿越宽大活动断裂带的技术难题，该项目获中国铁道学会科技进步特等奖。在宝兰高铁的设计和科研攻关中，探明黄土隧道工程基底压应力分布规律，建立针对隧道工程的隧道湿陷性评价方法，并纳入《铁路黄土隧道技术规范》。发表学术论文近 20 篇，主持编写行业建设标准 1 项，获发明专利 5 件。获国家科技进步二等奖 2 项，省部级优秀工程设计一等奖、科技进步一等奖 10 多项。获茅以升铁道工程师奖、陕西省优秀勘察设计师、火车头奖章、铁一院专业技术带头人、中国铁建科技工作先进个人、中国施工企业管理协会科技创新先进个人等荣誉。（任碧江）

【肖明清·全国工程勘察设计大师】 肖明清，中铁第四勘察设计院集团有限公司副总工程师。1970 年 12 月出生，湖南省新邵县人。中共党员，博士学历，教授级高级工程师，国家一级注册结构工程师，国家有突出贡献中青年专家，入选国家“百千万人才工程”，享受国务院政府特殊津贴。主要负责水底隧道、复杂地质山岭隧道等工程领域的勘察设计工作，主持完成长江第一隧——武汉长江隧道、铁路行车速度最高的水下隧道——广深港铁路客运专线狮子洋水底隧道、第一座采用非爆破法施工的水下高速铁路隧道——武广铁路客运专线浏阳河隧道、直径和水压力最大的盾构隧道——南京长江隧道等多项重大工程。先后参与武汉—广州、郑州—西安、广州—深圳—香港等铁路客运专线隧道的设计工作，设计隧道近1000千米，其中武广铁路客运专线浏阳河隧道、大瑶山隧道群和广深港铁路客运专线狮子洋隧道成为中国高速铁路隧道的代表性工程；主持时速350千米的高速铁路隧道复合式衬砌、帽檐斜切式新型洞门、隧道洞口缓冲结构等多项铁道部标准设计，形成高速铁路隧道结构、防水、气动效应缓解的成套技术；主持完成国家"863"计划课题大型跨江海隧道结构力学特征及整体化设计方法研究，作为主要研究人员参与国家科技支撑计划项目复杂艰险地区高速铁路隧道修建技术研究。主持或参与20余项省部级重大科研项目，是琼州海峡通道工程和渤海海峡通道工程隧道方案的研究负责人。主持完成的《高水压浅覆土复杂地形地质超大直径长江盾构隧道成套工程技术》获2014年国家科技进步二等奖（排名第一）、《大型及复杂水下隧道结构分析理论与设计关键技术》获2011年国家科技进步二等奖（排名第二），获省部级优秀设计一等奖11项，土木工程詹天佑奖3项。获国家发明专利14件（其中第一发明人11件）及中国专利优秀奖1项；出版《水下隧道设计技术》《武广高铁隧道工程》等专著7部，发表EI检索论文14篇，主编和参编行业规范2本，主持编制铁路行业标准设计10项。获得詹天佑科学技术奖（成就奖）、詹天佑科学技术奖（青年奖）。（夏　季）

模范人物

【关改玉·全国三八红旗手标兵、全国最美职工、全国五一劳动奖章获得者、中央企业青年先锋】 关改玉，中铁十七局集团铺架分公司钢轨探伤工。1988年1月出生，山西省万荣县人。中共党员。毕业于山西金融职业学院信息管理专业，大专学历。2009年7月参加工作，始终倾注于高铁建设钢轨探伤事业，先后参建海南东环、京沪高铁、汉宜铁路、宁杭高铁、唐曹铁路等9项工程，累计在铁路线步行约1900千米，平均每个工作日步行16千米，检测焊头8000多个，准确率95%以上。牵头组建的课题组引领"铺架工匠孵化室"开展技术创新，使钢轨焊缝探伤的控制方法在施工中得到推广应用。先后获山西省五一巾帼标兵、十大杰出女职工、五一劳动奖章，全国五一巾帼标兵、全国三八红旗手、全国三八红旗手标兵、全国五一劳动奖等荣誉。2017年，作为国企、中国铁建和山西省唯一女职工代表获全国三八红旗手标兵，位列十佳之首，先进事迹被多家中央主流媒体集中报道。（岳永秀）

【吴刚·全国五一劳动奖章获得者】 吴刚，中铁十一局集团有限公司副总经理。1971年8月出生，湖北省钟祥市人。中共党员，本科学历，高级工程师。2009年任中铁十一局集团电务公司执行董事、总经理，带领员工内强管理、外拓市场、挖潜增效、全面发展，落实安全包保责任和质量管理制度，强化安全生产和质量过程监控，任职以来公司承建的120余个项目实现安全零事故、质量零缺陷、环保零投诉、工程零亏损，屡获业主好评。对内提高员工薪酬和福利待遇，共享企业发展成果；对外积极履行社会责任，开展"学雷锋"志愿活动，"大爱无疆"捐款活动，为武汉陈路小学捐献教学用品、向灾区捐款捐物180余万元。先后获得中国工程建设优秀（高级）职业经理人、全国安康企业家、湖北省五一劳动奖章、湖北省优秀企业家（金牛奖）、企业文化建设先进个人等荣誉。（易　婷）

【潘建立·全国五一劳动奖章获得者】 潘建立，中铁十八局集团有限公司副总工程师兼港珠澳大桥珠海连接线第一合同段项目经理。1971年10月出生，河南省荥阳市人。中共党员，工学博士学历，教授级高级工程师。1993年7月参加工作，先后参与南昆铁路、内昆铁路、海南亚龙湾国防工程、厦门翔安海底隧道、港珠澳大桥珠海连接线等重点工程建设。2001年4月，任海南亚龙湾国防洞库工程项目总工程师，带领施工技术人员组织大段面洞库群分层分部开挖，立体交叉作业，获全军优质工程奖；2005年，任厦门翔安海底隧道工程项目经理，"零伤亡"工程受到交通部表彰，获厦门市五一劳动奖状、劳动模范、突出贡献先进个人荣誉；2012年8月，任港珠澳大桥珠海连接线第一合同段项目经理，拱北隧道是港珠澳大桥珠海连接线控制性工程，施工难度大、科技含量高，团队不断改进施工方案，多项施工工法为世界首创，个人授权专利13件，发表论文18篇，被中华全国总工会授予"工人先锋号"称号，项目被交通部评为平安工地示范项目，获天津市"工人先锋号"称号。2017年4月10日，拱北隧道全隧贯通，中央电视台等20多家媒体到工地现场进行报道，其中《走进科学》栏目对拱北隧道建设进行详细介绍。先后获省部级科技进步奖6项，入选天津市“131”人才工程第一层次人选，被评为享受国务院政府特殊津贴专家，获得茅以升铁道工程师奖、天津市五一劳动奖章、全国五一劳动奖章。（申　敏　李秀云）

【孙圣杰·全国五一劳动奖章获得者】 孙圣杰，中铁二十三局集团有限公司董事长、党委书记。1965年11月出生，河南省临颍县人。中共党员，毕业于石家庄铁道学院工程起重运输与工程机械专业，本科学历，教授级高级工程师。任职期间，履行抓党建第一责任，全力领导并指导抓好企业党建的各项工作，开展“三项制度”改革，着力提升经营规模和质量。探索区域经营，拓展传统市场，创新经营模式，实施“经营城市和城市经营”，通过参股、合作等模式参与成都、上海、山东、银川等城市建设，实现建筑工业化领域和城市经营领域新突破；实现PPP投融资经营零突破，海外经营布局成为格鲁吉亚及高加索地区的市场开拓牵头单位，东南亚市场开拓取得良好效果。健全完善法人治理结构，不断完善决策、执行、监督的体系；扎实推进“瘦身健体”，压减法人层级，进一步缩短管理链条、压缩管理成本；深化定编、定岗、定责工作，形成激励与约束并重的考核机制，稳妥推进混合所有制改革。先后被评为全国铁路青年岗位能手、山西省优秀青年企业家、山西省劳动模范、全国安康企业家。2017年，获全国五一劳动奖章。（邓东林）

【蔡俊福·全国五一劳动奖章获得者】 蔡俊福，中国铁建电气化局联合体港珠澳大桥交通工程项目经理部高级工程师。1963年出生，河南省民权县人。中共党员，毕业于上海铁道学院铁道通信专业，教授级高级工程师，国家一级建造师。1985年参加工作，先后主持兰新线、南昆线、成昆线、郑西铁路客运专线、京石武铁路客运专线等工程建设，参与秦沈铁路客运专线等重要线路的通信信号、牵引供电电力供电“四电”系统集成施工项目和港珠澳大桥交通工程项目。参与施工的秦沈铁路客运专线是中国第一条时速200千米以上高速铁路，获铁道部科技管理进步奖；参建的郑西铁路客运专线创造运营线路动车试验时速397千米的世界水平，获中国铁建科学技术一等奖；参建的郑西、石武、宁杭、秦沈铁路客运专线电气化工程均被评为部级以上优质工程。2006年，被评为全国建设工程优秀项目管理工作者。2017年，被授予全国五一劳动奖章，所带领的港珠澳大桥交通工程联合设计小组获“全国工人先锋号”称号。（禹　新）

【梅志文·全国五一劳动奖章获得者】 梅志文，中国铁建港航局船舶工程分公司“铁建砼01”船长。1976年5月出生，湖北省武汉市人。中共党员，中专学历。1994年参加工作，从事工程船舶操作和管理。2014年，任“铁建砼01”船长，在平潭海峡公铁两用特大桥项目施工中，克服常年6~9级风浪的恶劣海况，创浇筑首个海上承台、首个钢吊箱封底、首个海上墩身等多个第一，单月最高浇筑量1.65万立方米，累计创收3100余万元，连续作业近60个小时、浇筑混凝土3711立方米；成功抵御台风“苏罗迪”多次袭击，施工能力始终走在整条建设线的前列。“铁建砼01”先后获得全国工人先锋号、全国总工会和全国铁路总工会模范职工小家、中国企业文化建设峰会企业文化建设先进班组等荣誉。（李育华）

【彭京平·全国五一劳动奖章获得者】 彭京平，中铁第四勘察设计院集团有限公司副总工程师。1962年7月出生，湖北省钟祥市人。中共党员，毕业于成都铁路工程学校，本科学历，教授级高级工程师。负责湖北省铁路规划、设计等技术管理工作，先后主持武汉城际圈城际铁路、武汉经襄阳至十堰高速铁路、武汉至九江客运专线、三峡铁路及武汉枢纽总图规划、武汉西站、光谷综合交通枢纽中心等工程的前期研究、勘察设计工作。作为汉十高速铁路项目的设计技术总负责人，带领设计团队在一年内获国家批复，项目于2015年2月15日按计划开工建设。先后获得湖北省有突出贡献中青年专家、铁四院首届优秀总体设计负责人、全国铁路总工会火车头奖章等荣誉。（王　静）

【何海泉·国家优质工程奖突出贡献者】 何海泉，中铁二十局集团第一工程有限公司中环1标段项目经理。1977年出生，河南省灵宝市人。中共党员，本科学历，工程师，国家一级建造师。2000年7月参加工作，先后参建苏嘉杭、常熟南三环、宿新、苏州中环、海启高速、通扬线顶升桥等工程项目,历任施工队总工程师,项目技术主管工程师、总工程师、项目经理等职务。在苏州中环高新区段1标项目担任项目经理兼总工程师期间,参与主持所有施工方案的制定和落实,在方案制定过程中充分利用公司资源,实现质量和效益的双提高;严格执行预期方案,现场采用信息化二维码录入责任人手段,加强质量管理人员责任心,保证每一构件成优,最终达到国优标准。在地下污水管道施工中,克服原地面受高压线影响,改变原钢筋混凝土沉井施工方式,采用倒挂井方式施工,拖管法跨路,减少对地面行车环境的干扰,以最快速度完成业主预期目标。面对业主前期因征地和管线迁改问题造成的工期损失,在现浇箱梁施工过程中,科学部署,总体统筹,确保工期达到业主要求。2017年,被评为2016—2017年度国家优质工程奖突出贡献者。（符妮娜）

【肖飞龙·国家优质工程奖突出贡献者】 肖飞龙,中铁二十局集团第一工程有限公司中环3标段项目经理。1976年出生,湖南省益阳市人。中共党员,本科学历,工程师,国家一级建造师。1999年7月参加工作,先后从事公路、铁路、地铁和市政工程的施工技术和项目管理工作,参建乍嘉苏高速公路、青藏铁路、连盐高速公路、锡张高速公路、无锡地铁、苏州中环快速路等工程项目的施工,历任项目技术员、技术部长、总工程师、项目副经理、项目经理等职务。负责建设的苏州中环高新区3标段是整个施工期间未全封闭施工标段,提出修建3条纵向保通道路并保留5处横向通道的交通组织方案,在狭小空间多层面同时作业,确保附近工厂的正常生产。在管道、高架、车行道、机非隔离带、人行道等各类复杂作业环境下,合理安排施工顺序,提前规划,做到先下后上,先施工高架桥投影内,后施工高架桥外,各作业队伍、各施工工序衔接井然有序。与项目技术人员一起编制施工方案,全线第一家完成现浇箱梁浇筑。2017年,被评为2016—2017年度国家优质工程奖突出贡献者。（符妮娜）

【邹符良·全国技术能手】 邹符良,中铁二十局集团第三工程有限公司计量测试中心精测队队长。1987年6月出生,云南省威信县人。2010年毕业于山东交通学院测绘工程专业,本科学历,工程师。历任绥遵项目测量员、合冶项目测量班班长、公司计量测试中心精测队队长。在合冶项目工作期间,克服高程起伏大对水准测量的影响,气压、温度对全站仪测距误差影响,白天完成各工区施工放样,晚上复核完测量数据,查看施工图纸及测量书籍,不断研究测量方案,解决高原测量难题,形成科学的高原地区工程测量方案,为公司在高原项目施工测量管理奠定基础。在计量测试中心精测队期间,主要负责公司大中型项目前期接桩复测、精密控制网建网、隧道施工监控量测、沉降变形监测、地铁监测、铁路轨道控制网及轨道精调作业等技术支持工作,在精密控制测量、隧道施工测量、监控量测和建筑物变形监测等方面积累丰富经验。先后获得中央在渝企业优秀共青团员、重庆市青年职业技能大赛一等奖、重庆市十大青年职业标兵、中央企业职工技能大赛工程测量工决赛个人金奖等荣誉。

（符妮娜）

【云一鸿·中央企业岗位能手】 云一鸿,中铁二十局集团第二工程有限公司经济管理部部长。1982年出生,甘肃省陇南市人。中共党员,毕业于兰州理工大学土木工程学院工程管理专业,本科学历,工程师。先后在济东高速、襄渝二线、兰渝铁路兰州枢纽从事验工计价、合同管理、成本管理与核算、变更理赔等工作。担任创效部副部长期间,负责公司计价清收及二次经营管理工作,参与项目督导和帮扶,完善定期报表制度、策划制度、督导帮扶制度,修订二次经营考核机制。任工程经济管理部部长期间,负责公司项目策划、劳务分包管理、责任成本、进度管理、计价清收及二次经营等工作。以预控为出发点,制定项目管理流程,优化施工方案,配置施工资源,预防各类风险。统一劳务分包模式,制定公司劳务分包指导价,对项目劳务管理提前策划,规范劳务队伍准入和选用。先后获评先进个人、先进生产者、优秀团干部,中国铁建青年岗位能手。（符妮娜）

逝世人物

【王贵德】 开国少将、原铁道兵副政委兼政治部主任。因病医治无效,于2017年4月7日在北京逝世,享年103岁。

1914年出生,福建省上杭县人。1931年,参加中国工农红军;1932年,由共青团员转为中共党员,任上杭县独立团一连战士,红12军第34师第100团排长;1931年,到福建军区随营学校学习,任政治连排长、长汀县独立团一连指导员；1933 年，任红 12 军第 34 师第 100 团连政委、团政治处党总支部书记；1934 年，进入红军大学政治队学习，毕业后担任红八军团第 21 师第 62 团政委，参加中央苏区第二至五次反“围剿”作战和二万五千里长征；1935 年 7 月，调任红 31 军第 91 师第 273 团政委；抗日战争时期，历任八路军 129 师第 386 旅第 771 团政委，冀南军区新编第九旅政治部主任，冀南军区第二军分区政委，冀南军区第二、第四、第三军分区副政委，参加百团大战和开辟冀南抗日根据地的斗争；解放战争时期，历任冀南军区第二军分区副政委、华北野战军第 13 纵队 39 旅副政委、38 旅政委、第十八兵团 61 军 182 师政委等，参加晋南、晋中、太原、西北、西南等战役；建国后，任中国人民解放军第 61 军政治部主任，川北军区副政委，第 14 军副政委，贵州省军区政委；1960 年，到解放军高等军事学院高级速成系学习，毕业后任铁道兵副政委兼政治部主任、铁道兵顾问。中国共产党第八次全国代表大会代表，中国人民政治协商会议第五届全国委员会委员。1955 年，被授予少将军衔，获二级八一勋章，一级独立自由勋章，一级解放勋章。1988 年，获一级红星荣誉功勋章。1983 年 2 月离休。（刘珊珊）

【徐诚之】 原铁道兵党委常委、政治部主任。因病医治无效，于 2017 年 1 月 21 日在北京逝世，享年 96 岁。

原名徐崇信，山东省招远县人。1921 年出生，1938 年 10 月参加八路军，1939 年 5 月加入中国共产党。1944 年 11 月，调任在刘公岛起义的伪汪海军改编的胶东军区海军支队政治处任俱乐部主任；1945 年 10 月，任辽东人民自卫军第二纵队二支队政治部宣传股长；解放五常后，被派担任五常县县长，参加辽沈、平津等战役；新中国成立后，任铁道兵团宣传部副部长；1950 年参加抗美援朝，任中朝联合前方铁道运输政治部宣传部部长；回国后，历任铁道兵宣传部部长、师政委，大兴安岭会战指挥部政治部主任，铁道兵学校副政委，铁道兵政治部主任，铁道兵党委常委、政治部主任。1960 年，晋升大校军衔，获三级独立自由勋章、二级解放勋章，朝鲜民主主义人民共和国授予二级共和国勋章、二级国旗勋章；1988 年，获独立功勋荣誉章，第五届全国人民代表大会代表。（刘珊珊）

【顾秀】 原铁道兵华东办事处副军职顾问。因病医治无效，于 2017 年 1 月 26 日在上海逝世，享年 95 岁。

1922 年出生，江苏省启东市合作镇人。1941 年参加革命工作，1944 年加入中国共产党；1941—1949 年，参加抗日战争、解放战争；1952 年 6 月，赴东北修建森林铁路；1953 年，参加抗美援朝战争；1954 年，编为铁道兵部队，先后参与东北森林铁路工程、海南岛环线铁路修复工程以及广东坪连铁路、贵昆铁路、成昆铁路等建设项目；1970—1974 年，任铁道兵五师师长，兼四川省渡口市委第一书记，参加攀枝花钢铁基地建设；1976 年，任铁道兵第二指挥部副司令员，参与新疆铁路工程建设；1984 年，调铁道兵驻上海办事处任党委书记。1985 年离休。（刘珊珊）

【金克】 原铁一院院长、党委书记。因病医治无效，于 2017 年 3 月 3 日在北京逝世，享年 97 岁。

1920 年 7 月出生，四川省通江县人。1933 年 3 月，参加革命跟随红军参加长征；1938 年 3 月，加入中国共产党。历任红四军总部报务员、宣传员、班长、排长；延安枣园敌工部报务员；晋东南十八集团军总部电台队长；十八集团军总部情报处开封敌后地下电台队长；晋冀鲁豫军区通信三局通信学校队长；国民党 85 军 100 师敌工电台报务员；华北军区政治部军官教导团副政委；平津前线司令部人事处理委员会将官招待所政委；铁道部人事司课长；铁道部设计总局电务设计事务所、站场设计事务所技术处副主任、副处长、处长；铁道部基建总局勘测设计处处长；铁道部专业设计院政治部副主任；铁道部第五设计院副院长；铁道部建厂工程局副局长、革委会主任；铁道部第一勘测设计院革委会副主任、院长、党委书记，从事西北铁路工程施工和铁路勘测设计工作。1982 年 12 月离休。（任碧江）

【薛焕章】 老战协铁四院分会长、原铁四院院长。因病医治无效，于 2017 年 1 月 4 日在武汉逝世，享年 98 岁。

1919 年 7 月出生，湖南省澧县人。1938 年 2 月，参加八路军入延安抗大学习；1938 年 6 月，加入中国共产党。历任八路军 129 师司令部任训练参谋、电讯教导队副队长；八路军太行军分区任训练参谋、团参谋长、作战股长；解放军一野、二野部队参加解放战争，任司令部训练科长、代理参谋长。1950 年 8 月，转业从事铁路建设工作，历任西南铁路工程局工程总队处长、中南设计分局局长、铁四院副院长、院长，参与完成多条铁路重大项目建设的组织和指挥工作。1983 年 7 月离休。（邵　澎）

【史展志】 原铁道部第十一工程局副局长。因病医治无效，于 2017 年 11 月 8 日在武汉逝世，享年 79 岁。

1938 年 7 月出生，陕西省户县人。1962 年 7 月毕业于西安铁道学院；1963 年 8 月参加中国人民解放军铁道兵，历任铁道兵一师技术员、工程师、参谋、副总工程师、副团长、团长，在襄渝铁路建设中，因技术精湛、成绩显著，荣立三等功并多次获得师团嘉奖；1966 年 9 月加入中国共产党；1984 年 1 月随部队集体转业并入铁道部；1984 年 2 月任铁十一工程局一处处长；1985 年 4 月任铁十一工程局副局长；1998 年 6 月退休。（罗　彬）

2017 年 7 月 8 日，萍乡市政府主办、中国铁建大桥工程局集团有限公司承办的海绵城市建设论坛在江西省萍乡市举办。
（李仕兵 摄）

统计资料

特载 | 大事记 | 概况 | 董事会工作 | 工程施工 | 海外经营 境外工程 | 经营管理 | 综合管理 | 科技管理 | 党的工作 | 工会 共青团 | 所属单位 | 区域经营机构 | 人物 | 统计资料 | 文献辑要 | 附录

中国铁建系统企业总产值完成情况排名

（2017 年度）

排名	单位名称	企业总产值(万元)
1	中铁十二局集团有限公司	6165618
2	中铁十一局集团有限公司	6109666
3	中铁十八局集团有限公司	4808428
4	中铁十六局集团有限公司	4739393
5	中铁十七局集团有限公司	4387413
6	中铁二十局集团有限公司	4227197
7	中铁十九局集团有限公司	4000482
8	中铁十四局集团有限公司	3880373
9	中铁建设集团有限公司	3773910
10	中国铁建房地产集团有限公司	3368179
11	中国铁建大桥工程局集团有限公司	3228486
12	中铁物资集团有限公司	2468934
13	中铁二十四局集团有限公司	2399286
14	中铁十五局集团有限公司	2367948
15	中国铁建电气化局集团有限公司	2272322
16	中铁二十一局集团有限公司	2241068
17	中铁二十二局集团有限公司	2122054
18	中国土木工程集团有限公司	1881214
19	中铁二十三局集团有限公司	1730257
20	中铁二十五局集团有限公司	1474545
21	中铁城建集团有限公司	1283368
22	中国铁建重工集团有限公司	1022368
23	中铁第四勘察设计院集团有限公司	1009091
24	中国铁建国际集团有限公司	865951
25	中铁第一勘察设计院集团有限公司	729965
26	中国铁建港航局集团有限公司	675702
27	中国铁建投资集团有限公司	519765
28	中铁第五勘察设计院集团有限公司	277958
29	中国铁建财务有限公司	228980
30	中铁建重庆投资集团有限公司	206041
31	中铁建昆仑投资集团有限公司	162737
32	中铁建金融租赁有限公司	148136
33	中铁上海设计院集团有限公司	131388
34	中铁建南方建设投资有限公司	40580
35	中铁建商务管理有限公司	30691
36	中铁建华北投资发展有限公司	26366
37	诚合保险经纪有限公司	18922
38	中铁磁浮交通投资建设有限公司	12814
39	中铁建资产管理有限公司	5755
40	中铁海峡建设集团有限公司	3397
41	中国铁建股份有限公司北京培训中心	3071

（制表：马佶卿）

中国铁建系统承揽任务合同额完成情况排名

（2017 年度）

排　名	单位名称	承揽任务合同额(万元)
1	中国铁建投资集团有限公司	12046200
2	中铁十六局集团有限公司	10611176
3	中铁二十局集团有限公司	10387539
4	中铁十一局集团有限公司	10349755
5	中国铁建大桥工程局集团有限公司	10196322
6	中铁十二局集团有限公司	10124968
7	中铁十八局集团有限公司	10088017
8	中铁十四局集团有限公司	8776485
9	中铁建设集团有限公司	8100679
10	中铁十七局集团有限公司	8031463
11	中国铁建房地产集团有限公司	6832086
12	中铁十九局集团有限公司	6258596
13	中铁二十一局集团有限公司	5198165
14	中铁物资集团有限公司	4677081
15	中铁十五局集团有限公司	4540532
16	中国土木工程集团有限公司	4327545
17	中铁二十四局集团有限公司	4200338
18	中铁二十五局集团有限公司	4070000
19	中国铁建国际集团有限公司	3975965
20	中铁建城市建设投资有限公司	3814367
21	中铁建华南建设有限公司	3803095
22	中铁二十二局集团有限公司	3382426
23	中铁二十三局集团有限公司	3282600
24	中国铁建电气化局集团有限公司	2793164
25	中铁建昆仑投资集团有限公司	2723762
26	中铁建西北投资建设有限公司	2501100
27	中铁城建集团有限公司	2293235
28	中铁第四勘察设计院集团有限公司	2006238
29	中铁建南方建设投资有限公司	1842600
30	中铁建华北投资发展有限公司	1818760
31	中国铁建港航局集团有限公司	1506601
32	中国铁建重工集团有限公司	1177232
33	中铁第一勘察设计院集团有限公司	1057760
34	中铁建重庆投资集团有限公司	1018735
35	中铁建北部湾建设投资有限公司	609855
36	中铁海峡建设集团有限公司	580513
37	中铁第五勘察设计院集团有限公司	362114
38	中铁建金融租赁有限公司	342199
39	中铁磁浮交通投资建设有限公司	233595
40	中国铁建财务有限公司	210708
41	中铁上海设计院集团有限公司	166749
42	诚合保险经纪有限公司	22066
43	中铁建资产管理有限公司	9073

（制表：马佶卿）

中国铁建系统新签合同额完成情况统计

（2017 年度）

单位：万元

指标 单位	年度计划	完成	其中							其中：海外	完成年度计划(%)	2016 年同期完成	同比增长(%)
			工程承包	勘察设计咨询	工业制造	物资贸易	房地产开发	金融保险	其他				
合计	124000000	150831238	129318487	1707778	2837622	8232135	6841259	584046	1309911	10498879	121.6	121910644	23.7
中国土木工程集团有限公司	5816300	4327545	4174284	29200		112268	1373		10420	4115210	74.4	4900870	-11.7
中铁十一局集团有限公司	7034500	10349755	9507512	9322	462917	338440	25609		5955	168024	147.1	8523470	21.4
中铁十二局集团有限公司	7038000	10124968	9953285	1352		126872	43459			147930	143.9	8632490	17.3
中国铁建大桥工程局集团有限公司	4638000	10196322	10145754	5262	31548		13758			1538685	219.8	5210225	95.7
中铁十四局集团有限公司	6276000	8776485	8536703		203890		35892			287106	139.8	6381739	37.5
中铁十五局集团有限公司	4034500	4540532	4322999	2634	19137	154692	41070			19247	112.5	2950040	53.9
中铁十六局集团有限公司	6534500	10611176	9964220		34648	533371	78937			592311	162.4	8435073	25.8
中铁十七局集团有限公司	6076000	8031463	7583859	7952		413289	26363			624639	132.2	5900063	36.1
中铁十八局集团有限公司	6276000	10088017	9947264	7934	4248	93568	35003			1263032	160.7	6521699	54.7
中铁十九局集团有限公司	5638000	6258596	6150697			82107	25792			74751	111.0	6028749	3.8
中铁二十局集团有限公司	5676000	10387539	10007867	5059	20997	229997	123619			288054	183.0	6090847	70.5
中铁二十一局集团有限公司	3834500	5198165	4967150	1955	16639	6307	190450		15664	138350	135.6	4050614	28.3
中铁二十二局集团有限公司	3602760	3382426	3303604				78822			6934	100.0	2600196	30.1
中铁二十三局集团有限公司	2706900	3282600	2695432	7091	580077					7009	121.3	2299177	42.8
中铁二十四局集团有限公司	3034500	4200338	4113255		67783		19300			159416	138.4	2609237	61.0
中铁二十五局集团有限公司	3034500	4070000	3815664			170494	83842			73896	134.1	3151405	29.1
中铁建设集团有限公司	6034500	8100679	5655542	1608		993506	227109		1222914	43642	134.2	6126533	32.2
中国铁建电气化局集团有限公司	2634500	2793164	2575561	5486	212117					189283	106.0	2616388	6.8
中国铁建港航局集团有限公司	1213800	1506601	1494656	11945						84682	124.1	1326878	13.5
中国铁建房地产集团有限公司	5200000	6832086	1082087				5687935		62064		131.4	4223005	61.8
中铁第一勘察设计院集团有限公司	935520	1057760	366547	658179			33034			6673	113.1	870609	21.5
中铁第四勘察设计院集团有限公司	1205520	2006238	1429854	543561			32823			11286	166.4	1901379	5.5
中铁第五勘察设计院集团有限公司	312760	362114	81230	274495	6389					4572	115.8	335608	7.9
中铁上海设计院集团有限公司	152760	166749	32006	134743						4662	109.2	140032	19.1
中铁物资集团有限公司	3600000	4677081				4677081				67444	129.9	3502712	33.5

续表

单位 \ 指标	年度计划	完成	其中							其中：海外	完成年度计划(%)	2016 年同期完成	同比增长(%)
			工程承包	勘察设计咨询	工业制造	物资贸易	房地产开发	金融保险	其他				
中国铁建重工集团有限公司	1275190	1177232			1177232					34650	92.3	1172545	0.4
中国铁建国际集团有限公司	3855000	3975965	3675822			300143				3676932	103.1	3595408	10.6
中铁城建集团有限公司	2013800	2293235	2263272				29963				113.9	2028048	13.1
中国铁建投资集团有限公司	5500000	12046200							12046200		219.0	4494979	168.0
中国铁建财务有限公司		210708						210708			100.0		
诚合保险经纪有限公司	15690	22066						22066			140.6	15119	45.9
中铁建南方建设投资有限公司		1842600							1842600			1281182	
中铁建昆仑投资集团有限公司	4300000	2723762							2723762			6034333	
中铁建华北投资发展有限公司	2000000	1818760							1818760			268172	
中铁建金融租赁有限公司		342199						342199			100.0	1078000	
中铁磁浮交通投资建设有限公司	1000000	233595	233595										
中铁建重庆投资集团有限公司	1500000	1018735							1018735			1564739	
中铁建资产管理有限公司		9073						9073			100.0		
中铁建华南建设有限公司		3803095	3803095										
中铁海峡建设集团有限公司		580513							580513				
中铁建北部湾建设投资有限公司		609855							609855				
中铁建西北投资建设有限公司		2501100							2501100				
中铁建城市建设投资有限公司		3814367							3814367				

（制表：马佶卿）

中国铁建系统工程承包业务新签合同额按类别分完成情况统计

（2017 年度）

单位：万元

单位＼指标	工程承包	其中							
		铁路	公路	房建	城轨、地铁	市政	水利、电力	机场、码头	其他工程
合计	129318487	21526146	39788870	20541291	20475556	19713414	2420670	976172	3876368
中国土木工程集团有限公司	4174284	1542531	697387	545168	1132111	39743	68700	94239	54405
中铁十一局集团有限公司	9507511	1751979	2989219	1020683	2883032	615346	170331		76921
中铁十二局集团有限公司	9953285	2907752	3588809	967992	1172321	1239054	29018	48339	
中国铁建大桥工程局集团有限公司	10145754	2108267	3190853	823962	920189	959108	131326		2012049
中铁十四局集团有限公司	8536703	1595763	3555268	801213	1148498	1078134	282296	12813	62718
中铁十五局集团有限公司	4323000	180801	3065262	41232	471604	508643	51641		3817
中铁十六局集团有限公司	9964220	2208177	2569239	711300	3549286	758539	167679		
中铁十七局集团有限公司	7583859	546050	3354789	629093	805689	1813473	318697	68930	47138
中铁十八局集团有限公司	9947264	1168778	3365282	1104117	2067882	1943085	264989		33131
中铁十九局集团有限公司	6150697	1215356	1626509	667583	1411443	334425	256018	40055	599308
中铁二十局集团有限公司	10007867	1270819	3414191	3515366	311940	1129159	73960	151337	141095
中铁二十一局集团有限公司	4967150	1350354	1291487	878577	209660	887057	330358		19657
中铁二十二局集团有限公司	3303604	430398	407531	322603	719523	1404828	11735	5601	1385
中铁二十三局集团有限公司	2695431	57136	1506276	457108	118573	338542	206899		10897
中铁二十四局集团有限公司	4113256	1312637	925761	187498	486930	1032085	3997		164348
中铁二十五局集团有限公司	3815664	647896	1290203	634878	464640	765903	3232	6950	1962
中铁建设集团有限公司	5655542	10954		5120496	181102	339725		1293	1972
中国铁建电气化局集团有限公司	2575560	1474684	14772		966968		25913		93223
中国铁建港航局集团有限公司	1494656	290	560529	201345		69762		660541	2189
中铁第一勘察设计院集团有限公司	366547	98529	208477	1273		55322			2946
中铁第四勘察设计院集团有限公司	1429854	19547			227963	1182344			
中铁第五勘察设计院集团有限公司	81230	24384			2558	54288			
中铁上海设计院集团有限公司	32007	11271		341	318	19868	209		
中国铁建国际集团有限公司	3675821	346719	608784	483827	131533				2104958
中铁城建集团有限公司	2263272	185047		1657605	185075	235545			

（制表：马佶卿）

中国铁建系统企业总产值完成情况统计

（2017 年度）

单位：万元

指标 / 单位	年度计划	完成	其中								其中：海外	完成年度计划（%）	2016 年同期完成	同比增长（%）
			施工产值	勘察设计咨询	工业制造	物资贸易	房地产开发	金融保险收入	运营维管收入	其他营业收入				
合计	73000000	74510733	60278431	2074327	1600146	4289142	4326658	436793	169583	1335654	4488576	102.1	67830580	9.8
中国土木工程集团有限公司	1700000	1881214	1758443	5093		97709	1476			18493	1606593	110.7	1466306	28.3
中铁十一局集团有限公司	5800000	6109666	5855739		26175	35676	186003		2011	4062	44714	105.3	5708098	7.0
中铁十二局集团有限公司	5800000	6165618	5980098	898		128734	927	35000		19961	175504	106.3	5509517	11.9
中国铁建大桥工程局集团有限公司	3300000	3228486	3079213	3211	28249	94412	12745			10656	55590	97.8	3101335	4.1
中铁十四局集团有限公司	4100000	3880373	3635397		194976		49359			641	148739	94.6	3752717	3.4
中铁十五局集团有限公司	2600000	2367948	2116892	1260	30229	158437	19120		22027	19983	31813	91.1	2316656	2.2
中铁十六局集团有限公司	4377600	4739393	4310305	187	32507	255300	101957		36000	3137	30274	108.3	3946610	20.1
中铁十七局集团有限公司	4350000	4387413	4202626			158756				26031	161552	100.9	4186735	4.8
中铁十八局集团有限公司	4350000	4808428	4682989	8248	7258	50609	56605			2719	264350	110.5	4190980	14.7
中铁十九局集团有限公司	4000000	4000482	3970048			952	26147			3335	108197	100.0	3600384	11.1
中铁二十局集团有限公司	3500000	4227197	4001748	2316	37250	54106	105200		13935	12642	1027198	120.8	3196311	32.3
中铁二十一局集团有限公司	2360000	2241068	2088787	1089	15609	13521	105431		5529	11103	42235	95.0	2018081	11.0
中铁二十二局集团有限公司	2200000	2122054	2032473			14739	54569			20273	5296	96.5	2027138	4.7
中铁二十三局集团有限公司	2000000	1730257	1705350	5618	16834	2227				228	34145	86.5	1802294	-4.0
中铁二十四局集团有限公司	2280000	2399286	2331167		30172					37947	47619	105.2	2157331	11.2
中铁二十五局集团有限公司	2000000	1474545	1355203			82831	19178			17333	35436	73.7	1400246	5.3
中铁建设集团有限公司	3772400	3773910	2935363	125	8	716546	108363			13505	121488	100.0	3509361	7.5
中国铁建电气化局集团有限公司	2360000	2272322	2094888	6127	153511	5127			7269	5400	10608	96.3	2171389	4.6
中国铁建港航局集团有限公司	700000	675702	667238	8464							48586	96.5	587031	15.1
中国铁建房地产集团有限公司	3300000	3368179					3337598			30581		102.1	2903975	16.0
中铁第一勘察设计院集团有限公司	680000	729965		694482			35483				10524	107.3	579717	25.9
中铁第四勘察设计院集团有限公司	980000	1009091		932863			76228				6372	103.0	850050	18.7
中铁第五勘察设计院集团有限公司	260000	277958		272958	5000						3701	106.9	236676	17.4
中铁上海设计院集团有限公司	130000	131388		131388							690	101.1	120271	9.2
中铁物资集团有限公司	2175300	2468934				2283691				185243	50384	113.5	2052572	20.3
中国铁建重工集团有限公司	1120000	1022368			1022368						27010	91.3	988923	3.4

续表

指标 单位	年度计划	完成	其中								其中：海外	完成年度计划（%）	2016 年同期完成	同比增长（%）
			施工产值	勘察设计咨询	工业制造	物资贸易	房地产开发	金融保险收入	运营维管收入	其他营业收入				
中国铁建国际集团有限公司	760000	865951	735565			130386					735565	113.9	668098	29.6
中铁城建集团有限公司	1250000	1283368	1277985			5383						102.7	1125755	14.0
中国铁建投资集团有限公司	317200	519765								519765	174051	163.9	1400594	-62.9
中国铁建财务有限公司	230000	228980						228980				99.6	193452	18.4
诚合保险经纪有限公司	15000	18922						18922			380	126.1	13545	39.7
中铁建商务管理有限公司	21000	30691								30691		146.1	30673	0.1
中铁建南方建设投资有限公司		40580								40580				
中铁建昆仑投资集团有限公司		162737								162737				
中铁建华北投资发展有限公司		26366								26366				
中铁建金融租赁有限公司	208400	148136						148136				71.1	14384	
中铁磁浮交通投资建设有限公司		12814								12814				
中铁建重庆投资集团有限公司		206041					30269		82812	92960				
中铁建资产管理有限公司		5755						5755						
中铁海峡建设集团有限公司		3397								3397				
中国铁建股份有限公司北京培训中心	3100	3071								3071		99.1	3374	-9.0

（制表：马佶卿）

中国铁建系统施工单位建筑业总产值按构成分完成情况统计

（2017 年度）

单位：万元

指标 单位	建筑业总产值	其中		按构成分			
		装饰装修产值	在外省完成的产值	建筑工程产值	安装工程产值	设备工器具产值	其他产值
合　计	60817517	287116	51811744	58810484	993740	466258	547035
中国土木工程集团有限公司	1758443	4728	123470	1690857	6491		61095
中铁十一局集团有限公司	5855739		4952153	5828040			27699
中铁十二局集团有限公司	5980098	47612	5065386	5951721	28377		
中国铁建大桥工程局集团有限公司	3079213		3002264	3013472	65741		
中铁十四局集团有限公司	3635397		2903046	3479227	128186		27984
中铁十五局集团有限公司	2116892	34082	2040087	2026832	26331	1688	62041
中铁十六局集团有限公司	4310305	6145	4139377	4224722	28145		57438
中铁十七局集团有限公司	4202626	30995	3839711	4033395	86246	9280	73705
中铁十八局集团有限公司	4682989	26568	4092379	4614766	53336		14887
中铁十九局集团有限公司	3970048		3872257	3944830	138	25080	
中铁二十局集团有限公司	4001748	12229	3644253	3910156	65997	6777	18818
中铁二十一局集团有限公司	2088787	7204	1662240	1961362	10166	32910	84349
中铁二十二局集团有限公司	2032473		1886714	2029597		2402	474
中铁二十三局集团有限公司	1705350	628	1382807	1703588	1040		722
中铁二十四局集团有限公司	2331167		2255720	2293075	25391	8113	4588
中铁二十五局集团有限公司	1355203	1185	944333	1346303		8900	
中铁建设集团有限公司	2935363	65004	2363890	2922217	13146		
中国铁建电气化局集团有限公司	2094888	46	2094842	1194827	418246	369885	111930
中国铁建港航局集团有限公司	667238		458397	667238			
中国铁建国际集团有限公司	735565			735538	1		26
中铁城建集团有限公司	1277985	50690	1088418	1238721	36762	1223	1279

（制表：马佶卿）

中国铁建系统施工单位建筑业总产值按类别分完成情况统计

（2017 年度）

单位：万元

单位 \ 指标	建筑业总产值	其中											
		铁路	公路	房建	市政	轻轨地铁	铁路四电	水利	电力	机场	矿山	港口与航道	其他
合计	60817517	20008541	12667668	8595129	6615600	7986141	1888739	968863	269981	353523	375794	290838	796700
中国土木工程集团有限公司	1758443	565998	392542	315164	129943	189255	50	7586		71092	9187	16310	61316
中铁十一局集团有限公司	5855739	2502385	1086009	461268	243903	1340551	94417	64111	1568				61527
中铁十二局集团有限公司	5980098	2697759	1240955	563652	415881	632351	112799	75879	8767	94095			137960
中国铁建大桥工程局集团有限公司	3079213	783160	1094856	139069	310277	622442	7543	86987	12503	4729		4747	12900
中铁十四局集团有限公司	3635397	1004419	1118238	219195	297577	720334	82149	13716	73627	22342		259	83541
中铁十五局集团有限公司	2116892	853452	707523	65952	166592	266304	9644	45977					1448
中铁十六局集团有限公司	4310305	1451223	820297	307143	639138	935469	44749	40902		12649			58735
中铁十七局集团有限公司	4202626	1460305	1028798	309973	808697	347114	38775	57396	80154		7841		63573
中铁十八局集团有限公司	4682989	1352936	998352	707927	734614	520231		224183	10635		3749		130362
中铁十九局集团有限公司	3970048	1820321	768839	198409	139077	521788	20741	67879	14825	46786	330212		41171
中铁二十局集团有限公司	4001748	877129	1125979	605489	876897	308609	44360	91754		15802		8141	47588
中铁二十一局集团有限公司	2088787	1088443	265036	182916	257372	150880	86876	38768	299		17580		617
中铁二十二局集团有限公司	2032473	982271	249765	227859	207286	237909	37199	35654	50988	300			3242
中铁二十三局集团有限公司	1705350	472532	576322	150251	140102	258182	54863	41703			7205	384	3806
中铁二十四局集团有限公司	2331167	962979	483246	105548	535337	175381	34474	10340	70		20	2311	21461
中铁二十五局集团有限公司	1355203	459235	175870	194768	310431	171753	13824	25465	370				3487
中铁建设集团有限公司	2935363	110388		2565265	201148	41203				17359			
中国铁建电气化局集团有限公司	2094888	332608	91211	2510	3915	395137	1206276		16175				47056
中国铁建港航局集团有限公司	667238		242289	66564	57897			40563				257482	2443
中国铁建国际集团有限公司	735565	18567	200019	392953	24188	30265				68369		1204	
中铁城建集团有限公司	1277985	212431	1522	813254	115328	120983							14467

（制表：马佶卿）

中国铁建系统施工单位建筑业总产值按地域分完成情况统计(一)

(2017 年度)

单位:万元

地域 单位	合计	北京市	天津市	河北省	山西省	内蒙古自治区	辽宁省	吉林省	黑龙江省	上海市	江苏省	浙江省
合计	60817517	1944685	849127	1284120	1851454	1453442	1131881	1109424	1340902	537605	2763523	1890206
中国土木工程集团有限公司	1758443	28480	215	8710	8049	2873		7070	6925		13565	
中铁十一局集团有限公司	5855739	61623	25502	69685	76601	84787	112511	25711	123375	60664	272481	232457
中铁十二局集团有限公司	5980098	208505	38378	37241	779812	62622	29201	62322	61054	42387	448042	138398
中国铁建大桥工程局集团有限公司	3079213	54854	76949	31904	51426	20747	117731	170153	249326	47182	38020	59314
中铁十四局集团有限公司	3635397	237318	134824	42161	40174	33919	83697	70155	3179	14286	297853	117666
中铁十五局集团有限公司	2116892	24014	15488	20462	55229	471	28857	19646		44992	282305	98933
中铁十六局集团有限公司	4310305	170928	50016	88814	75325	144703	11238	17928	5566	12971	174508	267390
中铁十七局集团有限公司	4202626	1905	15395	187806	362915	38460	144570	129874		12219	185676	171792
中铁十八局集团有限公司	4682989	113868	326260	213478	90333	107020	104339	38116	30634	66832	42064	57741
中铁十九局集团有限公司	3970048	97791	2819	99871	62942	505438	355190	90633	153499	23798	200967	71419
中铁二十局集团有限公司	4001748	13996		156621	8600	36247	17142	77639	51678		90799	9425
中铁二十一局集团有限公司	2088787	31126	800	19767	7912	38088	24065		16			16761
中铁二十二局集团有限公司	2032473	145759	25525	59694	17417	87953	9338	53315	262519	6772	33997	87612
中铁二十三局集团有限公司	1705350	16098	5307	7662	5326	49701	10317	94475	226130	33974	27266	
中铁二十四局集团有限公司	2331167	16245	501	7678	24473	103084	9302	1106	387	75447	301656	319870
中铁二十五局集团有限公司	1355203	487	24524	9339	16835	9198	180	82190	2212		102954	3908
中铁建设集团有限公司	2935363	571473	27006	192701	72187	58260	4900	14837		50616	178839	32293
中国铁建电气化局集团有限公司	2094888	56778	17042	12502	46823	53384	52452	136801	114006	34145	6515	21080
中国铁建港航局集团有限公司	667238			2381			5402	12736		7044	6433	125117
中国铁建国际集团有限公司	735565											
中铁城建集团有限公司	1277985	93437	62576	15643	49075	16487	11449	4717	50396	4276	59583	59030

(制表:马佶卿)

中国铁建系统施工单位建筑业总产值按地域分完成情况统计(二)

(2017 年度)

单位:万元

地域 单位	安徽省	福建省	江西省	山东省	河南省	湖北省	湖南省	广东省	广西壮族自治区	海南省	重庆市
合计	1620802	2229782	1423580	2604909	2212643	2325291	1382560	5003611	1343644	603088	2003879
中国土木工程集团有限公司		3874						72145			
中铁十一局集团有限公司	176963	172034	76859	265686	317190	903586	100242	699483	82975	3061	225047
中铁十二局集团有限公司	163273	257744	11764	230485	109173	201540	87795	739029	131502	39237	196329
中国铁建大桥工程局集团有限公司	100690	63389	144493	118159	97902	180309	41317	120558	89917	28338	77790
中铁十四局集团有限公司	33436	123989	19978	732351	43037	194700	103539	444880	37907	24734	19712
中铁十五局集团有限公司	50302	23843	25381	22845	211946	170296	93806	137776	2877	25025	179437
中铁十六局集团有限公司	121015	205260	174490	45675	189006		108952	347632	149955	132141	185191
中铁十七局集团有限公司	102001	420527	89534	61022	203723	80368	6492	136183	29684	16205	214206
中铁十八局集团有限公司	123408	234448	3016	100017	356139	163310	99876	248767	61271	94661	193554
中铁十九局集团有限公司	71441	103345	43759	125800	169298	148587	41731	368352	119743	50956	62524
中铁二十局集团有限公司	87693	20534	91817	62175	171685	30843	65036	166579	64926	2797	222066
中铁二十一局集团有限公司	121826	19475	168822	246812	41944	39507	36284	4712	20550	26031	5186
中铁二十二局集团有限公司		239707	55459	93366		29900		267806	5972	2161	157722
中铁二十三局集团有限公司	32681	56836	40660	121017	44607	5687	6730	210692	46416	3532	85153
中铁二十四局集团有限公司	324907	247834	174928	14843	6042	22840	7814	13140	9259	7021	70927
中铁二十五局集团有限公司	92	5200	56352	39773	33148	21808	173854	410870	114990	18344	-7918
中铁建设集团有限公司	71359	4323	148029	52012	196963	40204	47283	158225	250544	79407	11504
中国铁建电气化局集团有限公司	24723	18443	96441	195427	12219	76781	162059	134868	42503		47159
中国铁建港航局集团有限公司	6354	8794		35163	2216	4091	10183	208841	43789	42988	32803
中国铁建国际集团有限公司											
中铁城建集团有限公司	8638	183	1798	42281	6405	10934	189567	113073	38864	6449	25487

(制表:马佶卿)

中国铁建系统施工单位建筑业总产值按地域分完成情况统计(三)

(2017 年度)

单位:万元

地域 单位	四川省	贵州省	云南省	西藏自治区	陕西省	甘肃省	青海省	宁夏回族自治区	新疆维吾尔自治区	香港特别行政区	澳门特别行政区	海外
合计	3189604	3397392	2989755	566160	2364916	1813171	419372	1354576	1147922			4664491
中国土木工程集团有限公司						44						1606493
中铁十一局集团有限公司	174839	423898	446774	41465	253868	99582	50722	23926	127428			44714
中铁十二局集团有限公司	298379	351918	364267	163408	285491	194994	44903	19774	46231			134900
中国铁建大桥工程局集团有限公司	218936	131069	242785	2708	23371	67311	28957	262385	65674			55549
中铁十四局集团有限公司	219579	8650	115507		126387	51000	28336	34232	49472			148739
中铁十五局集团有限公司	96877	97582	81542	21385	26434	59445	30631	174	137078			31813
中铁十六局集团有限公司	354418	177671	269333		28563	65926	46220	585323	74060			30087
中铁十七局集团有限公司	170882	346069	300559	129772	311104	145592	17396	1837	28442			140416
中铁十八局集团有限公司	169970	532219	200519	63242	370140	49745	12803	69755	81094			264350
中铁十九局集团有限公司	106753	96066	209091	72205	114624	115517	687	75772	101233			108197
中铁二十局集团有限公司	124107	417716	160458	55149	357495	299020	11292	40434	60657			1027122
中铁二十一局集团有限公司	73749	90864	89786	10764	122078	426547	64180	94950	203965			42220
中铁二十二局集团有限公司	85462	89057	50647		80	100440	52250		7247			5296
中铁二十三局集团有限公司	288398	15537	59959	100	8881	47939	2767	48198	69159			34145
中铁二十四局集团有限公司	143571	196872	107670		54144	14934	70	356	6627			47619
中铁二十五局集团有限公司	58101	65281	52892		33241	-2761	921	989	1500			26699
中铁建设集团有限公司	171700	105830	92953		72777	48605		15135	43910			121488
中国铁建电气化局集团有限公司	223367	109809	86797		160124	29291	22704	45892	44145			10608
中国铁建港航局集团有限公司	46914		11556	5962								48471
中国铁建国际集团有限公司												735565
中铁城建集团有限公司	163602	141284	46660		16114		4533	35444				

(制表:马佶卿)

中国铁建系统施工单位主要实物工程量完成情况统计(一)

(2017 年度)

指标 单位	土石方(万立方米)	隧道(折合米)	桥梁			铁路正线铺轨		铁路站线铺轨(千米)	铺道岔(组)	铁路架梁(孔)	铁路制梁(片)
			总计(折合米)	特大桥(折合米)	大中桥(折合米)	总计(千米)	其中:高速(千米)				
合计	131584	1337081	1564608	949303	445201	4033	997	750	1410	31874	38826
中国土木工程集团有限公司	1920	305	1282		1232						
中铁十一局集团有限公司	7737	108898	156234	111663	33598	707	49	120	129	9394	9730
中铁十二局集团有限公司	12908	241385	187759	111363	73450	97		45	52	2725	4479
中国铁建大桥工程局集团有限公司	5415	38559	88514	61204	26739	66		37	68	937	1610
中铁十四局集团有限公司	6522	88253	130319	57580	22310	200	2	96	155	2491	1784
中铁十五局集团有限公司	5395	56810	130960	86686	22474	2		7	5	244	80
中铁十六局集团有限公司	6924	145341	143357	77988	35616	215		7	50	4078	4635
中铁十七局集团有限公司	10251	130958	142672	80876	47749	182		48	29		
中铁十八局集团有限公司	8948	128625	120758	81022	37341	70		86		1205	2151
中铁十九局集团有限公司	26503	102481	131813	100245	26848	886	650	54	140	2644	3276
中铁二十局集团有限公司	8556	78721	49636	22416	19541	1				1067	914
中铁二十一局集团有限公司	8553	35164	91666	69142	21010	42	31	18	79	1981	1873
中铁二十二局集团有限公司	3310	57159	44288	27127	10741	607	28	67	360	1687	2432
中铁二十三局集团有限公司	5247	45537	32120	7781	17018	491		74	203	661	
中铁二十四局集团有限公司	5993	41553	69651	38247	24172	159		47	84	1781	2779
中铁二十五局集团有限公司	2666	35624	32019	14846	16963	266	218	13	56	979	3083
中铁建设集团有限公司											
中国铁建电气化局集团有限公司											
中国铁建港航局集团有限公司	3875	1088	9775	1055	7225						
中国铁建国际集团有限公司	436	422	763		537	39	19				
中铁城建集团有限公司	426	197	1022	61	638	2		31			

(制表:马佶卿)

中国铁建系统施工单位主要实物工程量完成情况统计(二)

(2017 年度)

指标 单位	铁路无渣轨道(千米)	铁路机械化整道(千米)	地铁(折合米)	轻轨(折合米)	公路			公路架梁(片)	通信线路	
					总计(折合千米)	高速公路(千米)	公路路面(平方米)		总计(千米)	其中:光缆(千米)
合计	364	468	346408	70952	3186	1468	30973581	49881	13071	6115
中国土木工程集团有限公司			433	548	133	26				
中铁十一局集团有限公司		77	55105	975	77	50		5016		
中铁十二局集团有限公司	25		21810		101	134	2471001	4053	630	123
中国铁建大桥工程局集团有限公司			55616	6781	289	160	6023997		12	2
中铁十四局集团有限公司			58431	41027	464	390	4647978	10810	219	34
中铁十五局集团有限公司			3417	134	91	56	2882946	3739	38	30
中铁十六局集团有限公司	19		39571	166	85	40	695969	7003	860	853
中铁十七局集团有限公司			22690		197	145			16	
中铁十八局集团有限公司			20167	177	640	104	2143327	3220	35	6
中铁十九局集团有限公司	274	10	30934	1038	731	194	5862969	1854	149	83
中铁二十局集团有限公司			12106	1410	49	5	1492300	1240	290	90
中铁二十一局集团有限公司	1		7334		98	21	99209	2410	897	775
中铁二十二局集团有限公司		282	245	763				271	73	5
中铁二十三局集团有限公司			534	161	113	12	4435073	3062	70	59
中铁二十四局集团有限公司	35	99	9059	14553	28	25	218811	3320	266	88
中铁二十五局集团有限公司	9		8956	1218	43	43		3883	201	147
中铁建设集团有限公司										
中国铁建电气化局集团有限公司					22	15			9311	3818
中国铁建港航局集团有限公司					27	47				
中国铁建国际集团有限公司										
中铁城建集团有限公司				2000					3	3

(制表:马佶卿)

中国铁建系统施工单位主要实物工程量完成情况统计(三)

(2017 年度)

指标 单位	通信设备(站)	自动闭塞(区间千米)	电器集中(联锁道岔)	供电线路(千米)	接触网(条千米)	牵引变电所(处)	变配电所(处)	房屋建筑施工面积	
								总计(平方米)	本年新开工面积(平方米)
合计	719	3412	2870	8406	7346	101	491	171660575	38676933
中国土木工程集团有限公司								1511262	203368
中铁十一局集团有限公司	47	249	106	473	188	4	13	12156463	1552636
中铁十二局集团有限公司				379	610			17243621	4390643
中国铁建大桥工程局集团有限公司	1		8	5	21	2	2	4696726	972720
中铁十四局集团有限公司		136	375	67	279		17	3311406	1286205
中铁十五局集团有限公司	4		12	26			3	1544525	129659
中铁十六局集团有限公司	40	735	56	1178	221	19	27	7364817	1626705
中铁十七局集团有限公司				29	16			6225404	1077377
中铁十八局集团有限公司				7				8340257	3199301
中铁十九局集团有限公司				212	76			4758231	750116
中铁二十局集团有限公司	7		12	155	120	2	11	3607394	464582
中铁二十一局集团有限公司	39	213	199	368	302	2	14	3883714	1767972
中铁二十二局集团有限公司				3	21		5	3087674	171981
中铁二十三局集团有限公司	12	51	86	126	233		11	2458153	149082
中铁二十四局集团有限公司	6	181	143	60	72		2	2726508	497429
中铁二十五局集团有限公司	10	25	148	345	188	10	1	3645990	1486220
中铁建设集团有限公司								61335263	12467821
中国铁建电气化局集团有限公司	553	1822	1725	4970	4999	61	384	458204	146885
中国铁建港航局集团有限公司								225043	207168
中国铁建国际集团有限公司								3256941	268458
中铁城建集团有限公司				3		2	1	19822982	5860606

(制表:马信卿)

中国铁建系统施工单位主要实物工程量完成情况统计(四)

(2017 年度)

单位 \ 指标	房屋建筑施工面积		码头（折合米）	护岸（折合米）	防波堤（折合米）	挖泥（万立方米）	水下炸礁（万立方米）	围堰（万立方米）	吹填（万立方米）	软基处理（万平方米）
	实行投标承包（平方米）	住宅（平方米）								
合计	77388281	37131748	3043	1797	5757	229	6	17	2215	329
中国土木工程集团有限公司										
中铁十一局集团有限公司	11546286	8999246								
中铁十二局集团有限公司										
中国铁建大桥工程局集团有限公司	4648106	2036061	230							
中铁十四局集团有限公司	3311406	2430412								
中铁十五局集团有限公司	1361426									
中铁十六局集团有限公司	7364818	3764072								
中铁十七局集团有限公司										
中铁十八局集团有限公司	8340257									
中铁十九局集团有限公司	4443457	1669230								
中铁二十局集团有限公司	2991184	2572348								
中铁二十一局集团有限公司	3867984									
中铁二十二局集团有限公司	3151909	1121427								
中铁二十三局集团有限公司										
中铁二十四局集团有限公司	2685308	164851								
中铁二十五局集团有限公司	3645990	2084565								
中铁建设集团有限公司										
中国铁建电气化局集团有限公司										
中国铁建港航局集团有限公司	207168		2813	1797	5757	229	6	17	2215	329
中国铁建国际集团有限公司										
中铁城建集团有限公司	19822982	12289537								

（制表：马佶卿）

中国铁建系统施工单位房屋建筑完成情况统计(一)

(2017年度)

指 标 名 称	合 计			1. 住宅房屋			2. 商业及服务用房屋		
计量单位	施工面积(平方米)	竣工面积(平方米)	竣工价值(万元)	施工面积(平方米)	竣工面积(平方米)	竣工价值(万元)	施工面积(平方米)	竣工面积(平方米)	竣工价值(万元)
合 计	171926027	22855988	4959238	109917992	16522905	3497665	14456619	1554283	300447
中国土木工程集团有限公司	1511262	455489	176375	544145	403157	156870	51043	17598	8223
中铁十一局集团有限公司	12156463	264165	190986	8999246	161065	158746	674937		
中铁十二局集团有限公司	17243621	772659	150753	10723897	564429	137384	496492	70895	
中国铁建大桥工程局集团有限公司	4696726	562171	123174	2036061	363624	77290	130689		
中铁十四局集团有限公司	3311406	384438	296997	2430412	208641	230383	82867	82867	22660
中铁十五局集团有限公司	1544525	216522	11948	833051	10063	10612	326000		836
中铁十六局集团有限公司	7364817	455789	55692	3764072	344435	53051	1834755		
中铁十七局集团有限公司	6225404	82043	22141	3611757	46692	22141	653858	18000	
中铁十八局集团有限公司	8340257	995142	110752	6283640	693539	42353	821656	100262	23500
中铁十九局集团有限公司	4758231	825848	47286	1669230	109071	19930	742210	93716	12000
中铁二十局集团有限公司	3607394	459253	114337	2572348	318365	78152	288242	10448	4625
中铁二十一局集团有限公司	3883714	257255	80342	2274676	106933	33928	417604	61740	12260
中铁二十二局集团有限公司	3353126			1121427			79678		
中铁二十三局集团有限公司	2458153	31094	55	1380601	30889		486845		
中铁二十四局集团有限公司	2726508	149131	32843	1321858	81124	20133	18470	18470	3117
中铁二十五局集团有限公司	3645990	261953	57824	2084565	138379	28593	273728		
中铁建设集团有限公司	61335263	13562876	2714610	44451259	10785848	1887133	5487460	953983	186371
中国铁建电气化局集团有限公司	458204	76236	5542						
中国铁建港航局集团有限公司	225043	25115	21361						
中国铁建国际集团有限公司	3256941	63750	108201	1526211	63750	108201	45730		
中铁城建集团有限公司	19822982	2955061	638019	12289537	2092902	432765	1544356	126304	26855

(制表:马信卿)

中国铁建系统施工单位房屋建筑完成情况统计(二)

(2017 年度)

指 标 名 称	(1)商厦房屋(批发和零售用房)			(2)宾馆用房屋(住宿用房)			(3)餐饮用房屋(餐饮用房)		
计量单位	施工面积(平方米)	竣工面积(平方米)	竣工价值(万元)	施工面积(平方米)	竣工面积(平方米)	竣工价值(万元)	施工面积(平方米)	竣工面积(平方米)	竣工价值(万元)
合 计	4900841	325110	52014	2567315	350986	91509	324173		
中国土木工程集团有限公司	17598	17598	8223	33445					
中铁十一局集团有限公司	84513			50886					
中铁十二局集团有限公司	87640	70895					105086		
中国铁建大桥工程局集团有限公司	45000			27435					
中铁十四局集团有限公司									
中铁十五局集团有限公司	320000								
中铁十六局集团有限公司	727222			227240					
中铁十七局集团有限公司	490691			97205					
中铁十八局集团有限公司	355592			195409					
中铁十九局集团有限公司	360664			3811					
中铁二十局集团有限公司	139021								
中铁二十一局集团有限公司	260735			51729		715			
中铁二十二局集团有限公司	4117						55751		
中铁二十三局集团有限公司	260000			186327					
中铁二十四局集团有限公司									
中铁二十五局集团有限公司									
中铁建设集团有限公司	1316600	236617	43791	1555765	350986	90794	118828		
中国铁建电气化局集团有限公司									
中国铁建港航局集团有限公司									
中国铁建国际集团有限公司									
中铁城建集团有限公司	431448			138063			44508		

(制表:马佶卿)

中国铁建系统施工单位房屋建筑完成情况统计(三)

(2017年度)

指标名称	(4)商务会展用房屋			(5)其他商业及服务用房屋(居民服务业用房)			3.办公用房屋		
计量单位	施工面积(平方米)	竣工面积(平方米)	竣工价值(万元)	施工面积(平方米)	竣工面积(平方米)	竣工价值(万元)	施工面积(平方米)	竣工面积(平方米)	竣工价值(万元)
合　计	618306	247867	60272	6045984	630320	96652	11969355	2013472	474884
中国土木工程集团有限公司							219902	34734	11282
中铁十一局集团有限公司				539538			285603		
中铁十二局集团有限公司	27584			276182			824290	1000	
中国铁建大桥工程局集团有限公司				58254			55260		
中铁十四局集团有限公司	82867	82867	22660				40771		
中铁十五局集团有限公司			836	6000					
中铁十六局集团有限公司	324194			556099			71504		
中铁十七局集团有限公司				65962	18000		179028		
中铁十八局集团有限公司				270655	100262	23500	108497	3024	5355
中铁十九局集团有限公司				377735	93716	12000	448410	342445	
中铁二十局集团有限公司				149221	10448	4625	160775	10040	2375
中铁二十一局集团有限公司				105140	61740	11545	315426	48516	19219
中铁二十二局集团有限公司				19810			325282		
中铁二十三局集团有限公司				40518			16868		
中铁二十四局集团有限公司				18470	18470	3117	30442	10306	2161
中铁二十五局集团有限公司				273728			23556		
中铁建设集团有限公司	174096	165000	36776	2322171	201380	15010	6677939	1236709	335404
中国铁建电气化局集团有限公司							1397		
中国铁建港航局集团有限公司							37783	7240	2799
中国铁建国际集团有限公司				45730					
中铁城建集团有限公司	9565			920772	126304	26855	2146622	319458	96289

(制表:马佶卿)

中国铁建系统施工单位房屋建筑完成情况统计(四)

(2017 年度)

指标名称	4. 科研、教育、医疗用房屋			(1)科学研究用房屋			(2)教育用房屋		
计量单位	施工面积(平方米)	竣工面积(平方米)	竣工价值(万元)	施工面积(平方米)	竣工面积(平方米)	竣工价值(万元)	施工面积(平方米)	竣工面积(平方米)	竣工价值(万元)
合　计	7321359	985154	260361	1209268	123489	127329	3254457	794442	118670
中国土木工程集团有限公司	75945			15230			60715		
中铁十一局集团有限公司	256989						125389		
中铁十二局集团有限公司	1003102	45247		20370			712815	45247	
中国铁建大桥工程局集团有限公司	65534			65534					
中铁十四局集团有限公司	408042	88250	19473	100951			238841	30000	7580
中铁十五局集团有限公司	220296	204606					220296	204606	
中铁十六局集团有限公司	491241	106254	2171				292919	106254	2171
中铁十七局集团有限公司	651152			28305			282195		
中铁十八局集团有限公司	422109	159824	35057				351936	159824	35057
中铁十九局集团有限公司	290460								
中铁二十局集团有限公司	208660	100004	22252				204552	95896	21337
中铁二十一局集团有限公司	81842	7057	3407	41054	7057	3407	24297		
中铁二十二局集团有限公司	205169			19397			185772		
中铁二十三局集团有限公司	101839			70575			14153		
中铁二十四局集团有限公司	519702						125348		
中铁二十五局集团有限公司	187040						130288		
中铁建设集团有限公司	1487646	163496	145408	758853	116432	123922	150571	42199	19932
中国铁建电气化局集团有限公司									
中国铁建港航局集团有限公司									
中国铁建国际集团有限公司									
中铁城建集团有限公司	644591	110416	32593	88998			134370	110416	32593

(制表:马佶卿)

中国铁建系统施工单位房屋建筑完成情况统计(五)

(2017 年度)

指　标　名　称	(3)医疗用房屋(卫生医疗用房)			5. 文化、体育、娱乐用房屋			6. 厂房及建筑物		
计量单位	施工面积(平方米)	竣工面积(平方米)	竣工价值(万元)	施工面积(平方米)	竣工面积(平方米)	竣工价值(万元)	施工面积(平方米)	竣工面积(平方米)	竣工价值(万元)
合　计	2857635	67223	14362	2039677	63297	8329	6870515	864576	97123
中国土木工程集团有限公司							291143		
中铁十一局集团有限公司	131600			41988			213319		
中铁十二局集团有限公司	269917			105835			130658	72246	10965
中国铁建大桥工程局集团有限公司							1219635		
中铁十四局集团有限公司	68250	58250	11893				73367		
中铁十五局集团有限公司				1803			1853	1853	500
中铁十六局集团有限公司	198322			241519			194471		
中铁十七局集团有限公司	340652			120403			19627	5490	
中铁十八局集团有限公司	70173			89973			406728	38493	4487
中铁十九局集团有限公司	290460						596839	242438	10441
中铁二十局集团有限公司	4108	4108	915	32963			25780	10800	1372
中铁二十一局集团有限公司	16491			83416			153636		
中铁二十二局集团有限公司							1134498		
中铁二十三局集团有限公司	17111			60000			229441		
中铁二十四局集团有限公司	394354						81494		
中铁二十五局集团有限公司	56752			2497			265633	35271	6740
中铁建设集团有限公司	578222	4865	1554	830811	14902	2495	928706	253617	40409
中国铁建电气化局集团有限公司									
中国铁建港航局集团有限公司							169385		
中国铁建国际集团有限公司				135000					
中铁城建集团有限公司	421223			293469	48395	5834	734302	204368	22209

(制表:马信卿)

中国铁建系统施工单位房屋建筑完成情况统计(六)

(2017 年度)

指 标 名 称	7. 仓库			8. 其他未列明的房屋建筑物			9. 铁路工程		
计量单位	施工面积(平方米)	竣工面积(平方米)	竣工价值(万元)	施工面积(平方米)	竣工面积(平方米)	竣工价值(万元)	施工面积(平方米)	竣工面积(平方米)	竣工价值(万元)
合 计	940124	46531	26821	3823698	100192	24021	6440838	317052	163122
中国土木工程集团有限公司				3381			56752		
中铁十一局集团有限公司				48529			448265		
中铁十二局集团有限公司	135035			292897			1625659	6757	2404
中国铁建大桥工程局集团有限公司				337363	72008	12908	208158	61539	18223
中铁十四局集团有限公司				97532			123542	4679	5008
中铁十五局集团有限公司				21945			115988		
中铁十六局集团有限公司	277111			3630			116169		
中铁十七局集团有限公司	59858			206374	100		393078		
中铁十八局集团有限公司	53557			13411			114926		
中铁十九局集团有限公司				430114			114723	12428	226
中铁二十局集团有限公司	5196			51146	596	237	181385		
中铁二十一局集团有限公司				2051			114419	27110	3829
中铁二十二局集团有限公司	137156						54658		
中铁二十三局集团有限公司				2864			128739	205	55
中铁二十四局集团有限公司	17622			159996			347547	18071	5832
中铁二十五局集团有限公司				2400			193474	39591	14162
中铁建设集团有限公司	103414	28656	8259	454490			886819	115665	102785
中国铁建电气化局集团有限公司							155739	5276	
中国铁建港航局集团有限公司	17875	17875	18562						
中国铁建国际集团有限公司				1550000					
中铁城建集团有限公司	133300			145575	27488	10876	1060797	25730	10598

(制表:马佶卿)

中国铁建系统施工单位房屋建筑完成情况统计(七)

(2017年度)

指 标 名 称	10. 铁路四电			11. 公路工程			12. 城市轨道		
计量单位	施工面积(平方米)	竣工面积(平方米)	竣工价值(万元)	施工面积(平方米)	竣工面积(平方米)	竣工价值(万元)	施工面积(平方米)	竣工面积(平方米)	竣工价值(万元)
合 计	429269	76060	11502	266804	27620	6020	3204225	179863	50533
中国土木工程集团有限公司							90678		
中铁十一局集团有限公司							988560	103100	32240
中铁十二局集团有限公司	68762			27294	6000		639901		
中国铁建大桥工程局集团有限公司				12087			378900	65000	13824
中铁十四局集团有限公司	13358			39515			2000		
中铁十五局集团有限公司				2906					
中铁十六局集团有限公司	5805	5100	470				15760		
中铁十七局集团有限公司				12114	11761		39174		
中铁十八局集团有限公司				17500					
中铁十九局集团有限公司				2707					
中铁二十局集团有限公司				9000	9000	5324			
中铁二十一局集团有限公司	44264		5490	859	859	696	15936		
中铁二十二局集团有限公司	2796			93606					
中铁二十三局集团有限公司				48093					
中铁二十四局集团有限公司							26534		
中铁二十五局集团有限公司				1124			406062	11763	4469
中铁建设集团有限公司									
中国铁建电气化局集团有限公司	294284	70960	5542						
中国铁建港航局集团有限公司									
中国铁建国际集团有限公司									
中铁城建集团有限公司							600720		

(制表:马信卿)

中国铁建系统施工单位房屋建筑完成情况统计(八)

(2017 年度)

指标名称	13. 市政工程			14. 电力工程			15. 水利工程		
计量单位	施工面积(平方米)	竣工面积(平方米)	竣工价值(万元)	施工面积(平方米)	竣工面积(平方米)	竣工价值(万元)	施工面积(平方米)	竣工面积(平方米)	竣工价值(万元)
合　计	2518729	46799	7029	69702	20940	3033	34708		
中国土木工程集团有限公司									
中铁十一局集团有限公司	75794						1600		
中铁十二局集团有限公司	201355						3933		
中国铁建大桥工程局集团有限公司	235370			17669					
中铁十四局集团有限公司									
中铁十五局集团有限公司	20683								
中铁十六局集团有限公司	329070								
中铁十七局集团有限公司	266878			1000			9924		
中铁十八局集团有限公司				7409					
中铁十九局集团有限公司	263575	4810	1656	36840	20940	3033	15624		
中铁二十局集团有限公司	62408								
中铁二十一局集团有限公司	379586	5040	1513						
中铁二十二局集团有限公司	186643						200		
中铁二十三局集团有限公司	56						2807		
中铁二十四局集团有限公司	84737						620		
中铁二十五局集团有限公司	202661	36949	3860						
中铁建设集团有限公司									
中国铁建电气化局集团有限公司				6784					
中国铁建港航局集团有限公司									
中国铁建国际集团有限公司									
中铁城建集团有限公司	209913								

(制表:马佶卿)

中国铁建系统施工单位房屋建筑完成情况统计(九)

(2017 年度)

指 标 名 称	16. 机场工程			17. 矿山工程			18. 港口与航道工程			19. 其他工程		
计量单位	施工面积(平方米)	竣工面积(平方米)	竣工价值(万元)	施工面积(平方米)	竣工面积(平方米)	竣工价值(万元)	施工面积(平方米)	竣工面积(平方米)	竣工价值(万元)	施工面积(平方米)	竣工面积(平方米)	竣工价值(万元)
合 计	285363	16085	2340	16640						1320410	21160	6535
中国土木工程集团有限公司	178273											
中铁十一局集团有限公司										121633		
中铁十二局集团有限公司	41459	6085								923052		
中国铁建大桥工程局集团有限公司												929
中铁十四局集团有限公司												
中铁十五局集团有限公司												
中铁十六局集团有限公司	19710											
中铁十七局集团有限公司										1179		
中铁十八局集团有限公司										851		
中铁十九局集团有限公司				16640						130860		
中铁二十局集团有限公司	6490									3000		
中铁二十一局集团有限公司												
中铁二十二局集团有限公司										12013		
中铁二十三局集团有限公司												
中铁二十四局集团有限公司	12713									104772	21160	1600
中铁二十五局集团有限公司										3250		
中铁建设集团有限公司	26718	10000	2340									4006
中国铁建电气化局集团有限公司												
中国铁建港航局集团有限公司												
中国铁建国际集团有限公司												
中铁城建集团有限公司										19800		

(制表:马佶卿)

中国铁建系统施工单位从业人员及工资总额情况统计(一)

(2017 年度)

指标名称	计量单位	合　计	中土集团	十一局	十二局	大桥局	十四局	十五局	十六局	十七局	十八局	十九局
一、从业人员												
(一)从业人员期末人数	人	322868	6599	18228	21465	15093	32688	16613	27698	21109	31102	16670
其中:女性	人	55261	517	3025	2994	1991	5791	3827	4422	4279	4908	3506
其中:非全日制	人	89										
按人员类型分												
在岗职工	人	252756	5667	18228	14864	11868	23997	13652	19925	21109	14747	15116
劳务派遣人员	人	14094				743	3099	1416				1183
其他从业人员	人	56018	932		6601	2482	5592	1545	7773		16355	371
按职业类型分												
中层及以上管理人员	人	19900	315	367	501	3033	2237	2755	390	1397	569	1195
专业技术人员	人	144477	3811	12074	7277	8835	8609	6297	13958	8911	10858	10329
办事人员和有关人员	人	35954	189		2675		4157	1184	8020	362	5691	2131
商业、服务业人员	人	13490			303		355		30	842	299	
生产、运输设备操作人员及有关人员	人	107715	2284	5787	10709	3225	17330	6377	5300	9597	13685	3015
(二)从业人员平均人数	人	321671	6778	18947	21017	15137	30512	17958	27610	20930	30566	16692
按人员类型分												
在岗职工	人	252268	5865	18947	14695	11813	21821	14849	19902	20930	14546	15247
劳务派遣人员	人	13296				671	3099	1405				1069
其他从业人员	人	56107	913		6322	2653	5592	1704	7708		16020	376

续表

指标名称	计量单位	合　计	中土集团	十一局	十二局	大桥局	十四局	十五局	十六局	十七局	十八局	十九局
按职业类型分												
中层及以上管理人员	人	20074	349	368	496	3028	2237	2863	385	1397	562	1182
专业技术人员	人	144602	3896	12440	7235	8813	8609	6459	13949	8911	10330	10295
办事人员和有关人员	人	36159	203		2701		4157	1243	8001	362	5703	2136
商业、服务业人员	人	3524			302		355		29	842	299	
生产、运输设备操作人员及有关人员	人	118483	2330	6139	10383	3296	17330	7393	5246	9418	13672	3079
二、从业人员工资总额	千元	30371651	1733002	2252142	1957290	1210560	3567641	1277332	2520967	1536331	2223647	1534274
按人员类型分												
在岗职工	千元	24731081	1563912	2252142	1516604	1045455	1623330	1134945	2166888	1536331	1427007	1454205
基本工资	千元	13375054	1042608	1347345	750084	470455	1285320	918376	823417	719290	953300	896638
绩效工资	千元	5982812	521304	541002	406688	209091	241470	69659	834252	533030	103132	424361
工资性津贴和补贴	千元	2314338		210389	254197	365909	96540	25848	244858	131077	155457	133205
其他工资	千元	1694103		153406	105635			121062	264361	152934	215118	
劳务派遣人员	千元	905570				39273	344223	7998				61013
其他从业人员	千元	4735001	169090		440686	125832	1600088	134389	354079		796640	19057
按职业类型分												
中层及以上管理人员	千元	3231111	201222	132954	126648	393601	253700	263461	57641	159152	151857	172878
专业技术人员	千元	14947847	994228	1498659	745063	801586	943680	501808	1383283	691894	890124	1015447
办事人员和有关人员	千元	3175859	31185		226816		477380	77386	727751	14498	444341	156272
商业、服务业人员	千元	399648			16326		27750		1855	36972	17118	
生产、运输设备操作人员及有关人员	千元	8617188	506367	620529	842438	15373	1865131	434677	350437	633815	720207	189678

（制表：马佶卿）

中国铁建系统施工单位从业人员及工资总额情况统计(二)

(2017 年度)

指标名称	计量单位	二十局	二十一局	二十二局	二十三局	二十四局	二十五局	中铁建设	电气化局	港航局	城建公司	国际集团
一、从业人员												
(一)从业人员期末人数	人	21113	16577	11616	10007	12395	10333	9941	12305	3847	5391	2078
其中:女性	人	4471	2756	2125	1910	1677	1683	1587	2305	445	925	117
其中:非全日制										89		
按人员类型分												
在岗职工	人	16162	11928	10435	8757	10233	8352	9314	10419	2495	4534	954
劳务派遣人员	人	1340	1502	386	1250	975		627	810	593	27	143
其他从业人员	人	3611	3147	795		1187	1981		1076	759	830	981
按职业类型分												
中层及以上管理人员	人	232	364	1542	1765	1437	236	262	307	128	736	132
专业技术人员	人	9679	5603	6138	4086	4624	5984	8134	4522	1447	2784	517
办事人员和有关人员	人	2097	166	820	356	1347	1719	1545	1123	428	612	1332
商业、服务业人员	人	204	10464	291		114			226	145	177	40
生产、运输设备操作人员及有关人员	人	8901		2825	3800	4873	2394		6127	347	1082	57
(二)从业人员平均人数	人	20898	15950	11526	10275	12996	10434	10018	12126	3600	5609	2092
按人员类型分												
在岗职工	人	15317	11766	10296	9223	10933	8415	9418	10284	2495	4784	722
劳务派遣人员	人	1340	1307	375	1052	860		600	792	544	27	155
其他从业人员	人	4241	2877	855		1203	2019		1050	561	798	1215

续表

指标名称	计量单位	二十局	二十一局	二十二局	二十三局	二十四局	二十五局	中铁建设	电气化局	港航局	城建公司	国际集团
按职业类型分												
中层及以上管理人员	人	229	342	1428	1900	1418	236	267	306	128	823	130
专业技术人员	人	9532	5405	6168	4165	5161	5984	7957	4381	1447	2933	532
办事人员和有关人员	人	2054		794	377	1357	1785	1794	1113	428	621	1330
商业、服务业人员	人	218	160	585		139			236	145	179	35
生产、运输设备操作人员及有关人员	人	8865	10043	2551	3833	4921	2429		6090	347	1053	65
二、从业人员工资总额	千元	1359594	1298950	1035291	748005	1143676	864200	1534061	1359841	345782	512338	356727
按人员类型分												
在岗职工	千元	1072434	1071984	944796	706896	1013991	767792	1448112	1095317	269456	459636	159848
基本工资	千元	685689	532132	520750	516436	509606	454426	609685			243566	95931
绩效工资	千元	271439	505976	276873	118917	338348	230754	193476			119881	43159
工资性津贴和补贴	千元	84976	9005	142169	59872	123477	74918	103722			77961	20758
其他工资	千元	30330	24871	5004	11671	42560	7694	541229			18228	
劳务派遣人员	千元	68947	59550	32173	41109	55378		85949	48002	40120	1684	20150
其他从业人员	千元	218213	167416	58322		74307	96408		216522	36205	51018	176729
按职业类型分												
中层及以上管理人员	千元	66885	49360	216913	180500	227629	44988	182921	98220	47282	138237	65063
专业技术人员	千元	613610	688443	560760	349860	522362	565789	1090115	597026	134752	251868	107490
办事人员和有关人员	千元	116145		61958	25636	95389	111486	261025	89423	45281	42571	171315
商业、服务业人员	千元	11529	9872	18250	192009	6206			12202	32583	11460	5516
生产、运输设备操作人员及有关人员	千元	551425	551275	177410		292090	141937		562970	85883	68203	7343

（制表：马佶卿）

中国铁建勘察设计咨询单位主要经济技术指标完成情况统计(一)

(2017 年度)

类别 / 数量 / 单位	企业总产值(万元)								从业人员年末人数(人)			
	合计	其中:境外	勘察设计产值		技术咨询与技术转让产值	勘察设计延伸经营产值	工程承包产值	其他产值	合计	其中		
			合计	其中:建设项目产值						在岗职工	聘用人员	临时人员
合计	2148402	21360	1170489	1074159	25124	151521	684557	81228	22556	12636	9920	
中铁第一勘察设计院集团有限公司	729965	10524	463020	463020	4455	38607	188400		5435	3998	1437	
中铁第四勘察设计院集团有限公司	1009091	6372	456005	456005	11037	36019	429802	76228	6609	4806	1803	
中铁第五勘察设计院集团有限公司	277958	3701	155134	155134	9222	67701	40901	5000	8892	2268	6624	
中铁上海设计院集团有限公司	131388	763	96330		410	9194	25454		1620	1564	56	

(制表:马佶卿)

中国铁建勘察设计咨询单位主要经济技术指标完成情况统计(二)

(2017年度)

类别 数量 单位	专业技术人员年末人数(人)					生产人员年末人数(人)					注册执业年末人次数(人)						
	合计	其中				合计	其中				合计	其中					
		高级职务人员	中级职务人员	初级职务人员	其他人员		勘察生产人员	设计生产人员	工程监理人员	其他人员		一级注册建筑师	二级注册建筑师	一级注册结构工程师	二级注册结构工程师	其他注册工程师	其他注册人员
合计	17170	5122	3720	2457	5871	20093	2244	10661	6279	909	3608	71	34	172	15	3299	17
中铁第一勘察设计院集团有限公司	3348	1786	1044	444	74	3705	773	2755	130	47	1161	14	11	44	5	1087	
中铁第四勘察设计院集团有限公司	4627	2012	1421	1194		6197	795	4316	895	191	1078	32	7	80	3	951	5
中铁第五勘察设计院集团有限公司	7736	852	722	413	5749	8892	616	2407	5198	671	982	12	3	15	2	950	
中铁上海设计院集团有限公司	1459	472	533	406	48	1299	60	1183	56		387	13	13	33	5	311	12

(制表:马信卿)

中国铁建勘察设计咨询单位主要经济技术指标完成情况统计(三)

(2017 年度)

类别 / 数量 / 单位	从业人员平均人数(人)		完成主要实物量情况										
	合计	其中：勘察设计平均人数	工程地质（实钻米）	水文地质（实钻米）	工程物探（标准点）	预可行性研究铁路正线（千米）	初测铁路正线（千米）	可行性研究铁路正线（千米）	定测铁路正线（千米）	初步设计铁路正线（千米）	补充定测铁路正线（千米）	施工图铁路正线（千米）	线路（折算千米）
合　计	22129	13882	4872858	5074	2891766	11862	5871	7485	6027	4618	3119	4326	5228
中铁第一勘察设计院集团有限公司	5388	4776	1728959	2498	1678004	6724	1271	2498	3083	1558	217	403	1868
中铁第四勘察设计院集团有限公司	6545	4902	2390561		963974	2473	2967	2594	2231	2493	2785	2914	2586
中铁第五勘察设计院集团有限公司	8596	3000	571000		244898	2386	1496	2107	590	567	89	1009	680
中铁上海设计院集团有限公司	1600	1204	182338	2576	4890	279	137	286	123		28		94

（制表:马佶卿）

中国铁建所属企业投资完成情况综合统计(一)

(2017 年度)

单位名称	固定资产设备购置(万元)					固定资产信息化(万元)			固定资产建设项目(万元)		
	年度计划	设备数量(台)	实际投资	实购数量	完成(%)	年度计划	实际完成	完成(%)	年度计划	实际完成	完成(%)
2017 年企业投资	446255	258777	57.99	762480	29883	639243	20742	83.84	38119	27621	72.46
中国土木工程集团有限公司	1775	5406	304.56	5492	170	27507	496	500.90	1073	503	46.83
中铁十一局集团有限公司	13037	12571	96.43	20823	561	38679	950	185.75	2072	1747	84.29
中铁十二局集团有限公司	14647	12387	84.57	66855	792	53810	816	80.49	959	921	96.04
中国铁建大桥工程局集团有限公司	60940	30709	50.39	111981	2345	40098	832	35.81	420	367	87.38
中铁十四局集团有限公司	22976	4906	21.35	73442	526	153493	486	209.00	566	535	94.52
中铁十五局集团有限公司	2000	1462	73.09	42223	911	20654	544	48.92	255	344	134.90
中铁十六局集团有限公司	15041	1401	9.31	50296	1636	45194	737	89.86	631	604	95.72
中铁十七局集团有限公司	8000			29857	461	31139	1147	104.29	327	116	35.47
中铁十八局集团有限公司				41054	1536	50058	1283	121.93	1194	744	62.31
中铁十九局集团有限公司		650		49938	842	29216	1185	58.51	1775	1245	70.14
中铁二十局集团有限公司	1580	624	39.49	77827	747	37248	510	47.86	465	459	98.71
中铁二十一局集团有限公司	10864	11596	106.74	30238	1043	19240	803	63.63	543	361	66.48
中铁二十二局集团有限公司	2294	961	41.89	23130	292	12647	702	54.68	273	104	38.10
中铁二十三局集团有限公司		769		8770	643	6619	439	75.48	550	389	70.73
中铁二十四局集团有限公司	4643	350	7.54	9770	537	8297	504	84.93	773	751	97.15
中铁二十五局集团有限公司				15733	709	6211	496	39.48	344	276	80.23
中铁建设集团有限公司	8795	7890	89.71	4066	265	793	259	19.51	1098	1119	101.91
中国铁建电气化局集团有限公司	35901	9849	27.43	6538	429	915	47	14.00	357	295	82.63
中国铁建港航局集团有限公司				28662	427	3853	367	13.44	220	71	32.27
中国铁建房地产集团有限公司				278	10	330	10	118.69	1826	1577	86.36
中铁第一勘察设计院集团有限公司				1800	920	294	10	16.31	1060	1230	116.04
中铁第四勘察设计院集团有限公司	21176	13000	61.39	9160	2850	8210	3015	89.63	1671	1443	86.36
中铁第五勘察设计院集团有限公司	2500	18296	731.84	4438	1342	3211	1635	72.35	1461	1215	83.16
中铁上海设计院集团有限公司	15889	7461	46.96	1634	754	1021	673	62.48	723	727	100.55
中铁物资集团有限公司	6194	4325	69.83	4376	7703	535	27	12.22	458	235	51.31

续表

单位名称	固定资产设备购置(万元)					固定资产信息化(万元)			固定资产建设项目(万元)		
	年度计划	设备数量(台)	实际投资	实购数量	完成(%)	年度计划	实际完成	完成(%)	年度计划	实际完成	完成(%)
中国铁建高新装备股份有限公司	47576	3789	7.96	10636	195			0.00	1678	662	39.45
中国铁建重工集团有限公司	142764	77859	54.54	15047	217	15517	1023	103.12	3948	2324	58.87
中国铁建国际集团有限公司				10566	176	18079	382	171.10	428	171	39.95
中铁城建集团有限公司		26364		1099	72	1139	119	103.63	504	408	80.95
中国铁建投资集团有限公司		1674		3561	415	2514	520	70.60	379	254	67.02
中国铁建财务有限公司				818	51	606	61	74.12	1238	1438	116.16
诚合保险经纪有限公司				20	40	2	45	11.25	48	5	10.42
中铁建商务管理有限公司				22	20	58	20	263.14	97	6	6.19
中铁建南方建设投资有限公司	2022	974	48.17			547	260				
中铁建昆仑投资集团有限公司	5641	3505	62.14	1093	32	459	45	42.04	500	287	57.40
中铁建华北投资发展有限公司											
中铁建金融租赁有限公司				56	2				349	21	6.02
中铁磁浮交通投资建设有限公司				260	77					25	
中铁建重庆投资集团有限公司				923	135	877	185	95.04	158	145	91.77
中铁建资产管理有限公司						172	109			760	
中铁建华南建设有限公司											
中铁海峡建设集团有限公司											
中国铁建股份有限公司北京培训中心											
股份公司总部									7698	3738	48.56
新购土地汇总											
预备项目											

（制表：马佶卿）

中国铁建所属企业投资完成情况综合统计(二)

(2017 年度)

单位名称	资本运营项目(万元)			房地产(万元)			合计(万元)		完成计划(%)
	年度计划	实际完成	完成(%)	年度计划	实际完成	完成(%)	计划合计	实际合计	
2017 年企业投资	7084252	6094098	86.02	4884109	6221239	127.38	13215215	13240978	100.19
中国土木工程集团有限公司	10632	2849	26.80	13900			32872	36264	110.32
中铁十一局集团有限公司	64200	68131	106.12	237641	193634	81.48	337773	314761	93.19
中铁十二局集团有限公司				21410	5774	26.97	103871	72893	70.18
中国铁建大桥工程局集团有限公司	17019	479	2.81	165321	227676	137.72	355682	299329	84.16
中铁十四局集团有限公司	76332	115675	151.54	189670	245166	129.26	362986	519774	143.19
中铁十五局集团有限公司	18984	14645	77.14	1000	6143	614.30	64462	43248	67.09
中铁十六局集团有限公司	42852	19430	45.34	84135	48473	57.61	192955	115102	59.65
中铁十七局集团有限公司	41172	31805	77.25	74136	314729	424.53	153492	377789	246.13
中铁十八局集团有限公司	17557	27545	156.89	553	21883	3957.1	60358	100229	166.06
中铁十九局集团有限公司	11574	7552	65.25	3316			66603	38664	58.05
中铁二十局集团有限公司	80000	80258	100.32	45055	40526	89.95	204927	159115	77.64
中铁二十一局集团有限公司	254721	171972	67.51	18431	8289	44.97	314797	211458	67.17
中铁二十二局集团有限公司	68710	123874	180.29	74790	7600	10.16	169197	145186	85.81
中铁二十三局集团有限公司				2000	37979	1899.0	11320	45756	404.22
中铁二十四局集团有限公司	8000	8000	100.00	24218	82266	339.69	47404	99664	210.25
中铁二十五局集团有限公司	11000	23280	211.64	6650	136300	2049.6	33727	166067	492.38
中铁建设集团有限公司	117434	149159	127.02	15030			146423	158961	108.56
中国铁建电气化局集团有限公司							42796	11059	25.84
中国铁建港航局集团有限公司				45372	114088	251.45	74254	118012	158.93
中国铁建房地产集团有限公司	3093622	4975955	160.85	94566			3190292	4977862	156.03
中铁第一勘察设计院集团有限公司	26732	11433	42.77		2516		29592	15473	52.29
中铁第四勘察设计院集团有限公司	63300	116626	184.24	7554	5340	70.69	102861	144619	140.60
中铁第五勘察设计院集团有限公司							8399	22722	270.53
中铁上海设计院集团有限公司							18246	9209	50.47
中铁物资集团有限公司							11028	5095	46.20
中国铁建高新装备股份有限公司							59890	4451	7.43

续表

单位名称	资本运营项目(万元)			房地产(万元)			合计(万元)		完成计划(%)
	年度计划	实际完成	完成(%)	年度计划	实际完成	完成(%)	计划合计	实际合计	
中国铁建重工集团有限公司							161759	95700	59.16
中国铁建国际集团有限公司							10994	18250	166.00
中铁城建集团有限公司	22000	11740	53.36	10422	18755	179.96	34025	58406	171.66
中国铁建投资集团有限公司	19375	116916	603.44	2596925	2802390	107.91	2620240	2923748	111.58
中国铁建财务有限公司							2056	2044	99.43
诚合保险经纪有限公司							68	7	10.66
中铁建商务管理有限公司							119	64	53.69
中铁建南方建设投资有限公司				12000			14022	1521	10.84
中铁建昆仑投资集团有限公司				908134	985497	108.52	915368	989749	108.13
中铁建华北投资发展有限公司				103920	144119	138.68	103920	144119	138.68
中铁建金融租赁有限公司							405	21	5.19
中铁磁浮交通投资建设有限公司							260	25	9.62
中铁建重庆投资集团有限公司	19035	16774	88.12	27960	753241		48076	771037	1603.79
中铁建资产管理有限公司								932	
中铁建华南建设有限公司									
中铁海峡建设集团有限公司					18855			18855	
中国铁建股份有限公司北京培训中心									
股份公司总部							7698	3738	48.56
新购土地汇总	3000000						3000000		
预备项目				100000			100000		

（制表：马佶卿）

中国铁建系统人员情况统计

（2017 年度）

单位 \ 类别 数量（人）	从业人员年末人数	在岗职工	长期职工	临时职工	息工放假人员	其他从业人员	聘用的离退休人员	零散外部劳务及其他	在岗职工和非在岗职工合计年末人数	非在岗职工年末人数	内部退养	长期病休假及其他	其他非在岗人员	建制单位外部劳务人员年末人数	离休退休退职人员年末人数	离休	退休	退职
合　计	412326	340977	330242	12090	7412	70121	1455	51198	392240	49927	35551	2450	12242	902052	118612	970	115877	1763
中国土木工程集团有限公司	6167	4994	4882	112		1174	73	1101	4999	7	4	3		346	677	31	646	
中铁十一局集团有限公司	17776	17703	17703			73		73	19492	1789	1712		77	114773	4744	7	4736	3
中铁十二局集团有限公司	22185	16718	16718		107	5467		5467	20972	4254	3953	316	300	119227	5026	1	5025	
中国铁建大桥工程局集团有限公司	18425	15062	13525	1537	168	3363		3363	19692	4631	4099	33	499	48260	5853	18	5740	95
中铁十四局集团有限公司	22634	16007	15421	586	408	6627		6687	19603	3595	1912	36	1647	25396	7154	14	6731	408
中铁十五局集团有限公司	24346	21602	21602		1316	2744		2744	27953	6351	2987	391	2973	23232	5662	7	5641	14
中铁十六局集团有限公司	32241	23160	23160		411	9082	248	8834	25676	2516	1486	81	949	38476	5312	9	5220	85
中铁十七局集团有限公司	26267	26267	22606	3661					30022	3756	3756			74234	2574		2542	33
中铁十八局集团有限公司	35569	19436	19436		160	16133		16133	23306	3870	3155	4	711	65511	5087	3	5008	77
中铁十九局集团有限公司	21445	21445	19899	1546	945				26034	4590	2757	196	1637	83437	4003	10	3935	57
中铁二十局集团有限公司	26867	21524	21524		29	5343		5343	24587	3062	1867	702	493	69618	3523	5	3359	159
中铁二十一局集团有限公司	18975	14849	14849		906	4126		4126	17008	2159	2055	65	39	33090	8091	65	8026	
中铁二十二局集团有限公司	12935	12727	12679	48		208		208	14310	1582	117	101	1365	20639	3558	64	3479	14
中铁二十三局集团有限公司	14382	14006	14006		673	376	25	351	16665	2659	1347	373	939	30260	7201	78	6503	619
中铁二十四局集团有限公司	14966	13728	13728		1586	1238	267	971	14377	650	451	81	118	37885	18356	144	18160	52
中铁二十五局集团有限公司	12804	10686	10670	16	176	2118	55	2063	11691	1006	941	14	51	3354	9819	72	9643	104
中铁建设集团有限公司	11044	11044	11044						11044					83802	1162	3	1158	
中国铁建电气化局集团有限公司	13967	13482	13176	306	220	486		486	14474	993	993			10599	1632	3	1628	
中国铁建港航局集团有限公司	4141	2725	2725			1416	27	1388	2763	38	38				1491	10	1479	
中国铁建房地产集团有限公司	4820	4602	4602			218	16	203	4602						1		1	
中铁第一勘察设计院集团有限公司	5621	3051	3051			2570	96	2473	3944	893	888	5			4911	117	4789	5
中铁第四勘察设计院集团有限公司	7439	6037	6037			1401	454	948	6205	168	168				4902	112	4780	10
中铁第五勘察设计院集团有限公司	5312	5095	2197	2898		217		217	5178	85	57		26	140	543	33	511	
中铁上海设计院集团有限公司	1615	1543	1543			72	53	18	1559	14	14				627	12	615	
中铁物资集团有限公司	3509	2895	2895			614	56	556	3186	293	247		46	13	874	5	861	7
中国铁建重工集团有限公司	3203	3162	3162			42	12	30	3180	18	18			933	771	4	767	
中国铁建国际集团有限公司	1256	933	477	456		322		322	933									
中铁城建集团有限公司	6266	4156	5511		307	880		880	6262	764	346	47	372	18733	3089	117	2959	13
中国铁建投资集团有限公司	736	696	582	114		39		39	698									
中国铁建财务有限公司	55	52	52			3	3		52									
诚合保险经纪有限公司	133	125	125			8		8	125									
中铁建商务管理有限公司	1190	1143	382	761		47		47	1195	52	52				371		371	
中国铁建股份有限公司北京培训中心	48	49	46	3					53	4	3	2			38		38	
中国铁建高新装备股份有限公司	3441	2456	2456			985		985	2510	55	55				797	4	785	8
北京铁城监理建设有限责任公司	4558	3665	3619	46		893	70	823	3665									
中铁建中非建设有限公司	5580	3744	3744			1836		1836	3744					94	4		4	
中国铁建股份有限公司机关	408	408	408						481	73	73				759	22	737	

（制表：张　寒）

中国铁建系统在岗职工和非在岗职工人数专项指标统计

（2017 年度）

类别 / 数量（人） / 单位	在岗职工和非在岗职工年末人数中专业技术人员			专业技术人员中		专业技术人员技术职务				从事专业技术管理工作之外的其他管理人员	年末人数按文化程度分组							
		从事专业技术工作	从事专业技术管理工作	工程技术人员	女性	初级职务	中级职务	高级职务	无技术职务		合计	初中以下	高中	技校	中专	大专	大学本科	研究生
合　计	237579	177922	59658	165636	37635	116594	65776	30010	30243	11510	339780	28425	25734	11491	15722	81939	167969	8500
中国土木工程集团有限公司	1596	732	864	1398	226	451	571	511	74	77	4531	116	242	30	49	1333	2515	246
中铁十一局集团有限公司	16726	14347	2378	11846	2269	7306	3773	1486	4994		20299	1891	1478	654	880	2831	12385	180
中铁十二局集团有限公司	13742	9122	4620	8388	2024	6509	4135	1741	1628		18590	1806	1651	410	743	2330	11382	268
中国铁建大桥工程局集团有限公司	10404	6530	3874	7381	1381	4738	3083	1634	1139	485	16664	1317	1876	930	694	3185	8508	154
中铁十四局集团有限公司	14462	10397	4066	10676	1952	6996	4081	1841	1853	1308	19738	1586	1322	361	825	4606	10824	214
中铁十五局集团有限公司	14012	10915	3097	9739	2904	7962	3506	1423	1345	314	23609	2530	1938	1565	1122	7405	8882	167
中铁十六局集团有限公司	19748	16591	3156	12646	3113	9142	4102	1964	5449	1394	23104	2550	2403	909	1030	5224	10657	331
中铁十七局集团有限公司	14712	10382	4330	7898	2039	8044	3840	1417	1693	326	24256	1694	2165	714	1859	6141	11490	193
中铁十八局集团有限公司	15355	9880	5474	10650	2537	9109	3448	1705	1312	1075	20134	1790	1558	623	603	5913	9408	239
中铁十九局集团有限公司	12479	8754	3725	8376	1885	6719	2972	1318	1764	804	19921	1941	1546	726	993	6291	8347	77
中铁二十局集团有限公司	13880	9451	4429	9865	2468	7012	4042	1226	1921	804	21516	1866	1517	1616	919	6059	9343	196
中铁二十一局集团有限公司	8929	8596	334	6737	1949	5280	2376	1064	251		13949	1454	1445	378	603	4004	5947	118
中铁二十二局集团有限公司	9005	7626	1378	6480	1493	5098	2334	877	835	834	12497	916	878	262	389	3786	6072	194
中铁二十三局集团有限公司	10034	7128	2906	6458	2104	5575	2693	979	944	574	14132	1285	938	708	760	4599	5734	108
中铁二十四局集团有限公司	7439	5172	2267	5740	683	4002	2569	793	89	265	11339	2026	1140	106	566	2569	4852	80
中铁二十五局集团有限公司	7661	4903	2758	5462	988	4517	2176	668	360	150	10432	942	707	95	386	2439	5803	60
中铁建设集团有限公司	7388	6503	886	5153	757	5194	1535	59	721		10635	443	377	151	142	2346	6936	240
中国铁建电气化局集团有限公司	6370	3662	2707	4667	901	3404	1502	676	944	269	11884	694	807	268	1679	3076	5174	186
中国铁建港航局集团有限公司	1780	1514	265	1370	376	714	606	308	181	466	2846	34	45	47	53	447	2054	166
中国铁建房地产集团有限公司	2059	1232	827	1073	359	307	628	188	1123	821	3595	158	145	60	131	1011	1828	262
中铁第一勘察设计院集团有限公司	3839	3558	281	3506	721	226	1771	1817	30	2	4082	139	211	1	77	323	2640	691
中铁第四勘察设计院集团有限公司	6290	5273	1016	5282	1194	1021	2592	2671	7	107	6855	78	94	60	113	581	3865	2064
中铁第五勘察设计院集团有限公司	5126	4774	353	4728	661	1714	2438	960	17	264	4493	1	58	465	509	613	2254	593
中铁上海设计院集团有限公司	1646	1368	278	1484	430	365	593	535	185		1730	25	26	2	22	164	1204	287
中铁物资集团有限公司	1486	772	714	454	287	863	354	202	80	553	3361	93	186	11	47	661	2065	298
中国铁建重工集团有限公司	1259	661	598	564	283	722	323	130	101	34	2605	164	215	89	99	675	1226	137
中国铁建国际集团有限公司	455	372	84	286	74	38	67	103	295	182	719	16	17	2	5	79	377	223
中铁城建集团有限公司	4507	3472	1036	3595	814	2600	1342	395	204	116	5811	494	486	54	175	1392	3146	64
中国铁建投资集团有限公司	602	462	139			109	230	260	2	7	738	7			45	84	484	118
中国铁建财务有限公司	66	44	22		34	12	20	16	22		62					3	43	16
诚合保险经纪有限公司	56		60	26	5	16	26	19	6	48	109		1			11	89	8
中铁建商务管理有限公司	130	89	41	24	71	56	49	29			619	126	124	18	23	184	131	13
中国铁建股份有限公司北京培训中心	38	14	24	5	8	2	19	16	1	16	61	1			2	12	41	5
中国铁建高新装备股份有限公司	956	730	226	703	196	331	416	187	26	84	1741	189	61	168	104	377	715	127
北京铁城监理建设有限责任公司	2714	2564	150	2716	395	401	1388	461	557		2458	30	74	8	67	1100	1124	55
中铁建中非建设有限公司	174	109	65	78	6	34	55	29	67	131	266		2		2	61	146	55
中国铁建股份有限公司机关	454	223	230	182	48	5	121	302	23		399	23	1		6	24	278	67

（制表：张　寒）

中国铁建系统劳动报酬、生活费情况统计

（2017 年度）

单位 \ 数量 \ 类别	从业人员劳动报酬总额（千元）	在岗职工工资总额（千元）	其他从业人员劳动报酬总额（千元）	在岗职工工资和非在岗职工生活费总额（千元）	非在岗职工生活费总额（千元）	建制单位外部劳务人员劳动报酬总额（千元）	从业人员人均劳动报酬（元）	在岗职工人均工资（元）	息工放假人员人均生活费（元）	其他从业人员人均劳动报酬（元）	在岗职工和非在岗职工人均工资（生活费）（元）	非在岗职工人均生活费（元）	内部退养人员平均生活费（元）
合　计	29121696	26228422	2893268	37942081	1222293	41662495	103809	113030	7350	60052	140938	78068	27576
中国土木工程集团有限公司	743064	676353	66711	947416	522	575870	105890	129290		118157	188872	153604	40243
中铁十一局集团有限公司	1311339	1309421	1918	1893606	60417	3966151	74052	68285	14899	31494	61981	40942	15423
中铁十二局集团有限公司	1708426	1466856	241570	2207503	153905	6281261	75173	88343	6698	69663	86275	90562	37759
中国铁建大桥工程局集团有限公司	1091856	1090926	930	1635675	108378	1804342	71354	68314	12550	121698	64817	158207	27062
中铁十四局集团有限公司	1798209	1305342	492867	1908908	81430	1075882	58206	64165	15805	47905	63614	62277	19208
中铁十五局集团有限公司	1541247	1449839	91409	2131212	101437	1172406	67364	63287	12338	54573	59810	70945	28341
中铁十六局集团有限公司	2448594	1997195	451399	2864280	68207	2321816	74974	82670	36582	53292	86624	69280	29168
中铁十七局集团有限公司	1698439	1698439		2441572	63757	3019311	70832	63558			65282		18590
中铁十八局集团有限公司	1438933	1292661	146272	1887467	77742	2496347	73262	72004	15019	47908	67249	62280	22859
中铁十九局集团有限公司	1508511	1508511		2229101	117186	3822102	86782	82416	7969		75160		33645
中铁二十局集团有限公司	1560532	1284199	276333	1855613	57735	2227053	72754	67556	10542	70392	65239	91510	28709
中铁二十一局集团有限公司	1174736	1089075	85660	1597267	72562	1389087	81795	76892	14609	57014	77046	74118	31751
中铁二十二局集团有限公司	878667	861417	17249	1222655	16671	526278	84886	81725		82053	80406	106669	23304
中铁二十三局集团有限公司	533131	514916	18215	773854	52972	1191742	44884	39393	5398	67659	40268	87957	25172
中铁二十四局集团有限公司	976275	918575	57700	1303214	17209	1621617	77258	67466	15581	67369	71711	87580	23349
中铁二十五局集团有限公司	967728	842906	124821	1215088	35020	101689	88281	86649	17095	70376	85895	91489	30189
中铁建设集团有限公司	929396	929396		1318722	17567	7067234	100817	110270			111159		
中国铁建电气化局集团有限公司	1003822	951845	51978	1358224	25641	321943	82250	81101	15324	63634	84945	82724	27256
中国铁建港航局集团有限公司	118807	111371	7435	156864	945		120254	113584		45262	125087	58841	29331
中国铁建房地产集团有限公司	515039	512250	2789	717150			117027	115986		28449	177414	36984	
中铁第一勘察设计院集团有限公司	812027	455715	356311	677159	39158		119407	133743		135051	140273	175566	41620
中铁第四勘察设计院集团有限公司	1290334	1068544	221789	1513670	17709		113574	135920		53537	204720	69598	78334
中铁第五勘察设计院集团有限公司	562303	557158	5145	785098	5076	5082	104286	132499		56580	137927	73554	61563
中铁上海设计院集团有限公司	267589	260635	6954	365490	601		107736	140754		105196	183681	136755	41457
中铁物资集团有限公司	451606	425111	26495	604037	8882	727	115604	133120	61829	62881	149386	81745	31493
中国铁建重工集团有限公司	211939	209413	2526	293867	689	43681	83082	80883		66908	85571	86980	24209
中国铁建国际集团有限公司	112826	112826		157956			111632	145591			229516		
中铁城建集团有限公司	396710	389138	7571	553308	8515	620746	72556	75009	9712	58217	63773	75682	15809
中国铁建投资集团有限公司	115321	115321		161449			106196	137766			211583		
中国铁建财务有限公司	10763	10262	501	14367			156265	181073		239305	287183	311097	
诚合保险经纪有限公司	27899	27756	143	38858			219569	239023		65936	357417	85717	
中铁建商务管理有限公司	86764	83332	3431	122416	5751		107594	108676		103934	118807	135114	86525
中国铁建股份有限公司北京培训中心	15854	15854		22406	210		208443	201010			320874		83465
中国铁建高新装备股份有限公司	372884	299443	73441	421425	2205		115303	118847		77883	164522	101248	1409
北京铁城监理建设有限责任公司	217497	180729	36768	253021			78638	98608		77206	107468	100368	
中铁建中非建设有限公司	70693	53756	16937	75258		10128	70413	164596		22400	335901	29120	
中国铁建股份有限公司机关	151936	151936		216905	4194		322550	332038			377243		63086

（制表：张　寒）

中国铁建系统劳动工资主要指标情况统计

（2017 年度）

项目 / 数量 / 指标名称	计算单位	2016 年	2017 年	比 2016 年	
				±	±%
从业人员（在岗职工＋其他从业人员）年末人数	人	380603	412326	31723	8.33
其中：在岗职工	人	315016	340977	25961	8.24
长期职工	人	304836	330242	25406	8.33
临时职工	人	11156	12090	934	8.37
其他从业人员	人	64724	70121	5397	8.34
聘用的离退休人员	人	1341	1455	114	8.50
在岗职工和非在岗职工合计年末人数其他	人	362069	392240	30171	8.33
其中：非在岗职工	人	46081	49927	3846	8.35
内退	人	32816	35551	2735	8.33
长期病、休假及其他	人	2260	2450	190	8.41
女性	人	70890	71320	430	0.61
建制单位外部劳务人员年末人数	人	832662	902052	69390	8.33
离休退休退职人员年末人数	人	109487	118612	9125	8.33
从业人员劳动报酬总额	千元	24961453	29121696	4160243	16.67
其中：在岗职工工资	千元	22481507	26228422	3746915	16.67
其他从业人员劳动报酬	千元	2479947	2893268	413321	16.67
在岗职工工资和非在岗职工生活费总额	千元	28025486	37942081	9916595	35.38
其中：非在岗职工生活费	千元	1047679	1222293	174614	16.67
建制单位外部劳务人员劳动报酬总额	千元	35710711	41662495	5951784	16.67
从业人员人均劳动报酬	元	88979	103809	14830	16.67
其中：在岗职工人均工资	元	104335	113030	8695	8.33
其他从业人员人均劳动报酬	元	55433	60052	4619	8.33
非在岗职工人均生活费	元	23774	78068	54294	228.38
其中：内部退养职工	元	22068	23272	1204	5.46

（制表：张　寒）

中国铁建系统工人情况统计

（2017 年度）

项目		人数（人）
2016 年末工人总数		136759
2017 年末工人总数		150435
合同期限	有固定期限	59781
	无固定期限	90905
2017 年度新增工人		2537
其中	新招收（招聘）工人	602
	接收复员退伍军人	394
	接收中专技校以上毕业生	662
	总公司系统外调入	169
	其他	713
2017 年度减少工人		11953
其中	调出总公司系统	50
	办理退休	6003
	因工死亡	7
	非因工死亡	243
	终止劳动合同	325
	用人单位解除劳动合同	87
	劳动者解除劳动合同	1656
	其他	2809

项目		人数（人）
内部退养		23579
外出劳务		715
行政奖励总人数		922
其中	局级劳模和先进	163
	省部级以上劳模	13
	五一奖章获得者	1
	省部级以上三八红旗手	
	火车头奖章	8
行政处分总人数		32
其中	记大过	17
	撤职	3
	留用察看	3
	开除	
除名		142
劳动教养		
刑事处分		
外部劳务	城乡建筑企业人数	437237
	零散使用人数	51182

（制表：张　寒）

中国铁建系统工人构成情况统计

（2017 年度）

项目		人数（人）	其中技术工人（人）
2016 年末工人总数		136759	91372
2017 年末工人总数		150435	129576
其中	女工人	43357	26470
	中共党员	40570	31230
	共青团员	30927	24144
	少数民族	4329	3339
文化程度	初中及以下	32116	28348
	高中	39226	35026
	中专技校职高	44252	36137
	大专高技	31863	24490
	本科及以上	7066	5575
年龄	30 岁以下	47154	37699
	31～40 岁	45123	38303
	41～50 岁	38089	36211
	51～55 岁	48606	39090
	56～60 岁	16248	14418
参加工作时间	1983 年以前	72320	60713
	1984—2000 年	70576	62059
	2001 年以后	51326	45288
获得国家职业资格证书人数	初级工		11814
	中级工		32303
	高级工		60127
	技师		17787
	高级技师		4842
	合　计		1001799

（制表：张　寒）

中国铁建系统铁道行业工种情况统计

（2017 年度）

工种名称	人数(人)	工种名称	人数(人)
铁路线路工	8779	电控组调工	2
铁路桥梁工	2621	通信工	2100
铁路桥梁装吊工	1202	电源工	87
桥隧工	1503	信号工	2791
铁路隧道工	2137	舟桥起重工	22
电力线路工	1569	舟桥组装工	2
接触网工	2256	轮渡组装工	3
道岔钳工	6	栈桥组装工	2
铺轨机司机	200	机动舟驾驶员	31
轨道车司机	821	蒸汽机车钳工	15
大型线路机械司机	1272	蒸汽机车锅炉工	
钢轨焊接工	118	蒸汽机车司机	47
钢轨探伤工	25	蒸汽机车副司机	18
浸注处理工	4	蒸汽机车司炉	3
木材防腐整备工	2	内燃机车司机	1953
装载机司机	2397	信号员(长)	15
装卸工	121	扳道员(长)	65
通信组调工	2	调车长	223
通信钳工	3	运转车长	78
信号组调工	2	其他	1069
信号钳工	4	合　计	33300

（填表人:张　寒）

中国铁建系统社会通用及其他工种情况统计

（2017 年度）

工种名称	人数(人)	工种名称	人数(人)
车工	549	筑路工	681
铣工	138	砌筑工	1338
磨工	33	混凝土工	6008
镗工	79	测量工	9219
组合机床操作工	21	钢筋工	3040
铸造工	66	架子工	1250
锻造工	196	防水工	124
焊工	5867	装饰装修工	32
金属热处理工	157	电工	3817
冷作钣金工	179	电气设备安装工	87
涂装工	194	管工	838
装配钳工	744	汽车驾驶员	14529
工具钳工	238	起重装卸机械操作工	2143
机修钳工	2140	天车司机	501
汽车修理工	2147	计算机操作员	1552
锅炉设备安装工	21	计算机维修工	15
锅炉操作工	371	话务员	72
维修电工	1296	中式烹调师	1258
手工木工	1025	中式面点师	117
精细木工	7	钻探工	1795
土石方机械操作工	4620	合　计	68504

（制表:张　寒）

中国铁建系统干部基本情况统计

（2017 年度）

单位	总数（人）干部总数	总数（人）其中：女	总数（人）其中：少数民族	各类干部（人）局级	副局级	相当局级职务	处级	副处级	相当处级职务	科级	副科级	相当科级职务	科员、办事员	专职从事专业技术工作	学历（人）高等院校：研究生毕业	高等院校：大学本科毕业	高等院校：专科毕业	中专毕业	高中及以下	政治情况（人）共产党员	共青团员	民主党派	无党派	年龄（人）35岁以下	36岁至40岁	41岁至45岁	46岁至50岁	51岁至54岁	55岁至59岁：小计	55岁至59岁：女	60岁以上
合计	179935	38112	6551	146	386	67	2746	5003	830	14166	15355	2759	28426	110051	9148	123185	37695	5258	4649	71772	41150	351	25342	116740	20925	17308	10698	7045	7206	73	13
中国铁建股份有限公司机关	314	72	18	52	47	8	67	17						123	68	234	9	1	2	286				46	47	47	77	52	43		2
直属指挥部	32	1		11	3		3							15	6	24	2			30				3	7	7	3	6	6		
中国土木工程集团有限公司	1440	199	41	2	14	1	93	89	10	281	117		289	544	350	993	66	11	20	842	251	10	337	894	160	117	119	75	75	1	
中铁十一局集团有限公司	12825	2006	411	2	15		80	233	3	1000	1539	8	4236	5709	287	9598	2221	249	470	5128	2703	1	4993	9231	1198	958	533	239	666		
中铁十二局集团有限公司	10831	1927	331	2	12	4	157	260	91	904	1285	120	929	7067	177	9259	928	278	189	3450	2414	2		7392	1077	858	679	376	449		
中国铁建大桥工程局集团有限公司	8481	1244	589	2	12	1	102	207	23	583	890	72	1785	4804	142	6466	1552	235	86	3066	2460	7	1629	5689	1045	882	457	281	126	1	1
中铁十四局集团有限公司	9831	2349	116	2	12		119	228		930	1053		956	6531	222	6765	2341	399	104	4295	2324			5948	1426	1431	482	303	241		
中铁十五局集团有限公司	9052	2677	180	1	9	2	115	189	48	795	671	29	1137	6056	142	5073	3081	423	333	3451	1205	3	55	5796	1103	922	432	374	425		
中铁十六局集团有限公司	14249	3541	517	3	10	1	135	248	65	894	728	256	825	11084	359	9306	3878	358	348	5153	4878	1		10170	1548	895	490	463	683		
中铁十七局集团有限公司	10951	2348	150	2	10	2	168	363	154	935	1159	156	954	7048	278	8300	1689	348	336	4716	3412			7398	1276	820	492	343	622		
中铁十八局集团有限公司	11036	2433	473	2	9	4	139	344	57	1232	1318	342	2036	5553	192	7187	2726	419	512	4348	2763		3925	6557	1670	1359	668	309	473		
中铁十九局集团有限公司	9199	2286	887	2	11	4	94	233	37	727	1006	225	1893	4967	69	6114	2735	193	88	3200	2954	4		6446	744	954	542	250	262	3	1
中铁二十局集团有限公司	9553	2346	148	2	11	1	124	205	42	1056	704	70	1179	6159	156	5854	2730	414	399	3492	1238		16	5599	1487	998	607	388	474	1	
中铁二十一局集团有限公司	6730	1353	199	3	10	3	106	191	36	542	770	22	1319	3728	94	4825	1529	191	91	2795	1957		1978	4340	696	640	479	319	256		
中铁二十二局集团有限公司	8429	1918	347	2	9	5	87	176	42	435	774	27	1081	5791	161	5073	2616	241	338	2730	1242	254	482	6034	694	670	383	255	389	1	4
中铁二十三局集团有限公司	5960	1368	151	2	8	2	75	143	15	470	690	26	657	3872	63	3508	1884	381	124	2420	1553	3	1984	3771	728	769	432	206	54		
中铁二十四局集团有限公司	6021	880	102	2	12	3	86	136	28	483	488	67	524	4192	99	4519	1108	214	81	2616	1782	6	1619	3790	519	581	435	423	273	5	
中铁二十五局集团有限公司	6073	1196	449	2	10	1	61	147	18	465	269	3	994	4103	70	4575	1215	170	43	2325	2527		994	4406	489	505	309	234	130		
中铁建设集团有限公司	6232	806	255	2	12	1	54	197				1048	2341	2577	303	4278	1095	156	400	2727			3505	4305	695	445	275	173	339		
中国铁建电气化局集团有限公司	4431	1017	111	3	11		73	128	26	472	370	10	405	2933	177	3190	765	154	145	1922	1258		1251	2923	487	413	258	144	206		
中国铁建港航局集团有限公司	2462	390	83	2	7	1	46	79	5	202	230		193	1697	131	2070	225	23	13	908	812	1		1605	317	259	189	74	18		
中国铁建房地产集团有限公司	3109	1139	199	2	10	3	70	97	6	398	201		1847	475	371	1887	634	76	141	781	251	1	634	1984	588	295	149	59	34	3	
中铁第一勘察设计院集团有限公司	3348	605	98	2	8		81	127	14	75	43		135	2863	790	2159	313	66	20	1955	349	24		1164	483	437	515	487	260		2
中铁第四勘察设计院集团有限公司	5443	946	140	2	11	1	55	187	32	86	124	174	384	4387	1946	2419	880	71	127	2558	538	16	67	2505	735	552	741	595	315		
中铁第五勘察设计院集团有限公司	1970	586	81	2	8	2	82	107	6	191			273	1299	705	1170	95			1240	165	3	562	1055	380	311	121	68	35	12	
中铁上海设计院集团有限公司	1513	395	26	2	8		33	58	7	69	11		110	1215	507	923	77	3	3	749	177	2		935	207	138	103	89	41	7	
中铁物资集团有限公司	1577	335	56	2	7	1	47	95	19	166	137	29	768	306	153	1068	258	35	63	634	165	1	146	951	196	116	142	87	85	38	
中国铁建重工集团有限公司	2440	452	137	4	13	8	98	135	8	108	119	2	296	1649	401	1587	330	62	60	993	167	4	214	1606	265	237	166	135	31		
中国铁建国际集团有限公司	551	117	27	3	8	2	60	52	7	89	29	54	44	203	253	283	15			322	35	2	192	325	73	76	42	29	6		
中铁城建集团有限公司	3616	643	146	2	9		37	71	10	262	381		186	2658	65	2973	475	65	38	1288	1351		433	2811	240	239	160	81	85		
中国铁建投资集团有限公司	616	96	27	2	11		69	124		139	67		204		163	428	25			406	1			279	107	118	67	28	16		1
中国铁建财务有限公司	80	36	2	1	5	1	7							66	23	56	1			41	19	3	17	56	8	8	4	4			
诚合保险经纪有限公司	171	62		2	5		17	12						135	31	111	14	1	14	82	29		60	91	31	22	15	6	5		1

续表

类别 数量 单位	总数(人)			各类干部(人)										学历(人)					政治情况(人)				年龄(人)							
	干部总数	其中		局级	副局级	相当局级职务	处级	副处级	相当处级职务	科级	副科级	相当科级职务	科员、办事员	专职从事专业技术工作	高等院校			中专毕业	高中及以下	共产党员	共青团员	民主党派	无党派	35岁以下	36岁至40岁	41岁至45岁	46岁至50岁	51岁至54岁	55岁至59岁		60岁以上
		女	少数民族												研究生毕业	大学本科毕业	专科毕业												小计	女	
中铁建商务管理有限公司	156	62	3	2	3	2	11	8	7	17	11			95	11	61	50	7	27	97	19			25	4	24	19	38	46		
中铁建南方建设投资有限公司	45	4		2	2		10	11	2	4	1		13		8	33	4			35	8		2	14	7	6	14	3	1		
中铁建昆仑投资集团有限公司	406	45	17	2	4	1	36	50	2	80	62		100	69	79	293	30	1	3	299	34		73	202	67	89	30	10	7		1
中铁建华北投资发展有限公司	23	5		2	1								20		4	17	2			19			4	10	6	3	3		1		
中铁建金融租赁有限公司	83	26	9	1	4		10	4		15	37		12		30	51	2			48	22		13	55	12	7	3	4	2		
中铁磁浮交通投资建设有限公司	48	3	2	1	2		5	3		13		2	4	18	13	35				37	3	2	1	13	11	9	9	6			
中铁建重庆投资集团有限公司	447	157	12	2	3	1	15	32	6	35	67	13	236	37	22	309	79	12	25	176	72	1	156	257	65	67	31	18	9		
中铁建资产管理有限公司	38	11	3	2	2		5	1					28		11	26			1	24	4			26	3	2	6		1		
中铁建华南建设有限公司	27	3	3		4		2	1		1	1		1	17	7	20				22				8	6	4	6	3			
中铁海峡建设集团有限公司	27	5			2	1	2	5		8	3			6	4	18	4	1		21				6	6	10	3	1	1		
中国铁建股份有限公司北京培训中心	32	10	5	2			5	5	4	4		4	8		1	27	4			25	4			6	1	5	4	5	11	1	
北京通达京承高速公路有限公司	37	12		1	2		5	5					24		4	20	8		5	20	4			13	11	3	4	2	4		

（制表：熊卫红）

中国铁建系统技术干部情况统计

（2017 年度）

项目 数量 单位	总数（人）				工程技术人员（人）					卫生技术人员（人）				教师（人）				经济人员（人）				统计人员（人）				政工人员（人）				会计人员（人）				文案人员（人）	翻译人员（人）	新闻人员（人）	文艺人员（人）	农艺研究体育律师（人）
	技术干部总数	其中：高级及以上	其中：中级	其中：初级及以下	小计	教授级高工	高级工程师	工程师	助工、技术员及未聘职务	小计	正副主任医师	主治医师	医、护师及未聘职务	小计	教授、高师	讲师	助教、助讲、教员及未聘职务	小计	高级经济师	经济师	助经、经济员及未聘职务	小计	高级统计师	统计师	助统、统计员及未聘职务	小计	高级政工师	政工师	助政、政工员	小计	高级会计师	会计师	助会、会计员及未聘职务					
合　计	169952	25370	46705	87554	129185	1832	19590	40143	67620	1689	188	522	979	266	73	98	95	12997	1471	2296	9230	156	12	44	100	8202	1626	2797	3779	16964	1733	2812	12420	122	297	13	3	58
中国铁建股份有限公司机关	309	245	56	8	131	46	68	16	1									49	37	12						69	48	20	1	50	37	7	6	1	1	7		1
直属指挥部	32	26	6		12	8	3	1										2	2											18	13	5						
中国土木工程集团有限公司	1354	508	436	410	938	27	375	280	256	1			1	3	2		1	93	17	45	31					23	4	14	5	139	38	41	60	2	150	1		4
中铁十一局集团有限公司	12825	1198	3463	8164	9875	76	835	2980	5984	146	15	41	90	23	2	12	9	901	74	65	762	2		1	1	692	105	239	348	1181	89	124	968	4				1
中铁十二局集团有限公司	10671	1450	2790	6431	7732	66	1117	2294	4255	273	31	69	173	20	2	9	9	898	95	118	685	14		1	13	410	85	140	185	1315	120	159	1036	1	4	1		3
中国铁建大桥工程局集团有限公司	8432	178	105	103	6140	90	964	1846	3240	55	3	21	31	41	12	17	12	767	99	75	593	2			2	465	99	131	235	950	96	139	715	10	1		1	
中铁十四局集团有限公司	9788	1575	3289	4924	7696	83	1153	2754	3706	55	1	24	30	24	8	6	10	471	109	118	244	5		2	3	573	100	215	258	957	118	169	670	7				
中铁十五局集团有限公司	8782	968	2442	5372	6700	55	620	1873	4152	75	5	25	45	7	3	3	1	546	94	149	303	2		2		519	113	204	202	929	76	184	669	3	1			
中铁十六局集团有限公司	14004	1521	3923	8560	10905	76	1074	3245	6510	80	7	32	41	5	1		4	982	86	162	734	24		1	23	731	129	282	320	1257	146	201	910	19				1
中铁十七局集团有限公司	10239	1187	2844	5272	6752	43	782	2106	3821	416	84	121	211	10		2	8	1152	84	159	909	19	2	6	11	787	109	270	408	1098	83	179	836	3				2
中铁十八局集团有限公司	10375	1620	2728	6027	8136	76	1188	2362	4510	82	8	19	55	29	16	8	5	557	81	79	397	3		1	2	468	112	126	230	1066	128	127	811	14	16	1		3
中铁十九局集团有限公司	9199	1126	2458	5615	7129	41	737	2056	4295	210	22	85	103	2	1		1	619	152	89	378	5	2	2	1	239	72	87	80	973	97	138	738	2	19			1
中铁二十局集团有限公司	8892	1062	2886	4944	6010	65	770	2075	3100	47	1	12	34	50	16	15	19	960	52	292	616	6		4	2	712	96	175	441	1063	61	312	690	5	36			3
中铁二十一局集团有限公司	6617	997	2324	3296	5138	49	789	2009	2291	41	1	17	23	3		2	1	297	20	57	220	4		1	3	300	90	104	106	829	47	132	650	4			1	
中铁二十二局集团有限公司	7681	837	2123	4475	6078	52	624	1858	3544	113	3	18	92	3		2	1	382	31	50	301	7		1	6	418	73	124	221	675	47	73	555	4	1			
中铁二十三局集团有限公司	5683	669	1757	3156	4390	19	502	1447	2422	16		4	12	3	1	1	1	330	57	80	193	3			3	325	42	118	165	596	46	106	444	6	13			1
中铁二十四局集团有限公司	5917	892	1840	3185	4601	32	685	1551	2333	3	1	1	1	6	1	3	2	482	60	74	348	5	1		4	214	50	113	51	606	62	98	446					
中铁二十五局集团有限公司	6002	567	1672	3763	4594	21	423	1408	2742	7		5	2	3	2	1		477	45	104	328	2			2	267	44	73	150	649	32	80	537	3				
中铁建设集团有限公司	4362	434	909	3019	3038	26	295	698	2019	1			1					782	56	96	630	3	1	1	1	162	30	46	86	372	26	65	281	1	2			1
中国铁建电气化局集团有限公司	4267	743	1245	2279	3295	44	528	1045	1678	10	1	4	5	2	1		1	233	44	25	164	1		1		222	70	98	54	503	55	72	376	1				
中国铁建港航局集团有限公司	2099	309	553	1237	1704	16	244	431	1013					1	1			142	18	54	70	1			1	82	13	33	36	168	18	35	115		1			
中国铁建房地产集团有限公司	1562	170	537	401	1155	9	130	404	612									128	3	53	72	20		4	16	28	5	5	18	221	23	69	129	1	1	1	1	6
中铁第一勘察设计院集团有限公司	3348	1786	1044	518	3124	291	1443	952	438	11	1	2	8	8		1	7	33	7	14	12	4	2	1	1	34	16	17	1	124	21	48	55	7	3			
中铁第四勘察设计院集团有限公司	5391	2427	1925	1010	5056	381	1946	1798	931	3		1	2	13		12	1	70	15	24	31	18	4	11	3	60	19	21	20	137	53	44	40		5	1		28
中铁第五勘察设计院集团有限公司	1820	831	613	360	1705		803	586	316									29	3	8	18					16	5	7	4	67	19	10	38	1	2			
中铁上海设计院集团有限公司	1513	475	570	468	1453	43	425	547	438	1	1							10	1	2	7	2		2		8	2	1	5	38	3	17	18	1				
中铁物资集团有限公司	1062	97	231	734	203	2	37	76	88	2			2					613	23	101	489					76	17	27	32	168	18	27	123					

续表

项目 数量 单位	总数(人)				工程技术人员(人)					卫生技术人员(人)				教师(人)				经济人员(人)				统计人员(人)				政工人员(人)				会计人员(人)				文案人员(人)	翻译人员(人)	新闻人员(人)	文艺人员(人)	农艺研究体育律师(人)
	技术干部总数	其中 高级及以上	其中 中级	其中 初级及以下	小计	教授级高工	高级工程师	工程师	助工、技术员及未聘职务	小计	正副主任医师	主治医师	医、护师及未聘职务	小计	教授、高师	讲师	助教、助讲、教员及未聘职务	小计	高级经济师	经济师	助经、经济员及未聘职务	小计	高级统计师	统计师	助统、统计员及未聘职务	小计	高级政工师	政工师	助政、政工员	小计	高级会计师	会计师	助会、会计员及未聘职务					
中国铁建重工集团有限公司	1719	227	460	615	1206	9	168	353	676	11		8	3					372	19	56	297	3		2	1	31	6	15	10	75	15	27	33	18	3			
中国铁建国际集团有限公司	517	169	154	194	303	10	114	100	79	1	1			3	1	2		92	15	21	56					20	8	9	3	58	13	12	33	1	36			3
中铁城建集团有限公司	3582	400	757	2345	2910	7	329	660	1914	3	1	1	1	3		1	2	197	19	21	157					125	21	43	61	343	24	29	290	1				
中国铁建投资集团有限公司	616	228	196	192	435	26	170	127	112									77	15	39	23					16	7		9	87	35	26	26		1			
中国铁建财务有限公司	80	19	27	34	10		1	4	5									13	1	10	2					7	3	3	1	50	14	10	26					
诚合保险经纪有限公司	133	33	41	59	60		17	20	23									34	6	6	22					15	2	8	5	21	5	7	9	2	1			
中铁建商务管理有限公司	140	19	30	91	10	1	2	4	3	26	1	12	13					73	7	5	61					14	6	5	3	17	2	4	11					
中铁建南方建设投资有限公司	36	27	7	4	31	12	10	6	3									2	1	1						2	2			1	2							
中铁建昆仑投资集团有限公司	363	153	124	86	237	11	110	86	30									44	13	12	19					26	7	11	8	56	12	15	29					
中铁建华北投资发展有限公司	23	10	4	9	14	2	7	2	3									3		1	2					1			1	5	1	1	3					
中铁建金融租赁有限公司	83	14	18	51	11		2	7	2									48	3	6	39					1	1			23	8	5	10					
中铁磁浮交通投资建设有限公司	48	41	1	6	41	7	29	1	4									2	1		1					2	1		1	3	3							
中铁建重庆投资集团有限公司	274	70	93	111	177	5	48	65	59									29	4	9	16					24	3	10	11	44	10	9	25					
中铁建资产管理有限公司	18	9	6	3	1		1											2		2										15	8	4	3					
中铁建华南建设有限公司	27	17	2	8	20	3	11	1	5									2	1	1						1			1	4	2		2					
中铁海峡建设集团有限公司	25	13	7	5	15	1	8	5	1									1	1			1			1	3	1	1	1	5	2	1	2					
中国铁建股份有限公司北京培训中心	29	16	5	8	7		1	1	5					4	3	1										13	9	2	2	4	2	1	1			1		
北京通达京承高速公路有限公司	13	7	4	2	7	1	2	3	1									1		1						1	1			4	3		1					

（制表：熊卫红）

中国铁建系统政工干部情况统计

（2017 年度）

单位（数量/类别）	总数（人）									部门情况（人）					学历（人）					年龄（人）						
	合计	其中																								
		选聘	女	少数民族	共产党员	民主党派	已取得专业职务	局级	处级	党委政治部门	纪委	工会	共青团	其他	研究生毕业	本科毕业	专科毕业	中专毕业	高中及以下	35岁以下	36岁至40岁	41岁至45岁	46岁至50岁	51岁至54岁	55岁至59岁	60岁以上
合　计	8939	609	2644	317	6463	2	5462	101	1002	2328	746	736	398	4731	522	5662	1930	262	563	3523	1121	1237	1026	786	1245	1
中国铁建股份有限公司机关	74	74	17	8	73		72	30	23	42	17	13	2		23	49	2			8	11	9	19	16	11	
中国土木工程集团有限公司	24	1	7		21		21	1	9	13	5	5	1		5	17	2			10	6	1		3	4	
中铁十一局集团有限公司	692		175	30	207		514	1	27	146	26	32	10	478	36	396	138	15	107	295	68	78	50	26	175	
中铁十二局集团有限公司	446	74	83	17	356	1	395	3	55	173	46	42	7	178	26	257	90	25	48	192	30	40	40	35	109	
中国铁建大桥工程局集团有限公司	464	54	160	29	306	1	387	3	41	66	38	35	10	315	9	339	99	6	11	203	71	72	55	34	29	
中铁十四局集团有限公司	470		66	3	439			3	72	382	41	30	17		20	337	88	8	17	111	84	117	67	52	39	
中铁十五局集团有限公司	492	6	157	14	392		461	2	42	72	30	53	20	317	12	297	128	20	35	159	62	75	46	56	94	
中铁十六局集团有限公司	731		363	32	453			2	39	115	58	60	25	473	37	468	182	10	34	408	65	46	31	56	125	
中铁十七局集团有限公司	787		300	9	496		437	2	62	135	26	39	89	498	33	486	182	31	55	398	81	69	39	38	162	
中铁十八局集团有限公司	722	94	161	19	603		444	3	112	192	74	62	43	351	75	404	143	23	77	194	147	145	90	66	80	
中铁十九局集团有限公司	317		91	31	238		195		36	96	35	45	27	114	6	229	68	12	2	94	64	44	71	27	17	
中铁二十局集团有限公司	702	9	202	12	492		401	1	45	62	45	33	12	550	30	398	181	44	49	254	102	108	125	50	63	
中铁二十一局集团有限公司	301	17	45	8	280		179	2	45	68	34	34	11	154	5	187	83	14	12	87	33	47	52	41	41	
中铁二十二局集团有限公司	408	17	161	20	284		321	4	35	97	25	35	21	230	24	251	104	11	18	186	40	59	38	31	54	
中铁二十三局集团有限公司	314	10	105	7	259		238	1	42	103	28	24	25	134	9	200	94	3	8	121	36	67	52	26	12	
中铁二十四局集团有限公司	428	7	79	11	272		412	3	52	52	13	31	8	324	2	320	88	10	8	236	17	30	47	53	44	1
中铁二十五局集团有限公司	258	22	58	20	249		196	1	40	53	31	23	10	141	12	176	56	6	8	71	35	48	41	37	26	
中铁建设集团有限公司	285	22	55	7	235		162	2	35	75	48	6	2	154	31	138	63	15	38	93	40	31	38	27	56	
中国铁建电气化局集团有限公司	235	25	85	4	186		109	3	26	44	30	35	8	118	18	153	48	1	15	78	32	33	38	19	35	
中国铁建港航局集团有限公司	91	74	30	5	60		78	2	18	51	18	13	9		10	74	6	1		31	16	22	10	9	3	
中国铁建房地产集团有限公司	84	20	35	6	73		14	12	8	42	14	9	6	13	25	56	3			44	12	10	9	6	3	
中铁第一勘察设计院集团有限公司	34	15	9	2	31		34	2	14	12	4	5	2	11	4	23	7			4	3	5	10	10	2	
中铁第四勘察设计院集团有限公司	35		4		35		12	2	21	11	5	5	1	13	9	24	2			7	4	2	5	12	5	
中铁第五勘察设计院集团有限公司	16		8		14		5		2	3	2	1		10	2	11	3			3	2	4		7		
中铁上海设计院集团有限公司	8		2		8		4	1	3	5	3				1	7				3	1	1		2	1	
中铁物资集团有限公司	76	12	30	3	60		76		17	23	9	9	3	32	10	57	9			29	14	6	9	6	12	
中国铁建重工集团有限公司	55	28	19	1	47		28	2	19	29	4	12	2	8	8	33	12	1	1	19	1	8	9	15	3	
中国铁建国际集团有限公司	28	8	11	2	23		12	2	12	16	6	4	2		12	16				12	1	6	4	4	1	

续表

数量 类别 单位	部门情况（人）									学历（人）					年龄（人）											
	合计	其中																								
		选聘	女	少数民族	共产党员	民主党派	已取得专业职务	局级	处级	党委政治部门	纪委	工会	共青团	其他	研究生毕业	本科毕业	专科毕业	中专毕业	高中及以下	35岁以下	36岁至40岁	41岁至45岁	46岁至50岁	51岁至54岁	55岁至59岁	60岁以上
中铁城建集团有限公司	192	5	57	11	155		173	1	10	73	16	21	12	70	7	131	34	5	15	96	16	22	17	14	27	
中国铁建投资集团有限公司	12		4		9		9	1	5	7		1		4	3	9				5	5		1		1	
中国铁建财务有限公司	7		6		7			1	2	3	2	1	1		2	5				4		1	1	1		
诚合保险经纪有限公司	15		11		9				1	5		1	1	8	1	13			1	6	6	3				
中铁建商务管理有限公司	1	1	1		1				1	1					1									1		
中铁建南方建设投资有限公司	2		2		1				1	2					1	1				1			1			
中铁建昆仑投资集团有限公司	37		7	2	32		14	2	11	23	5	4	5		6	29	2			18	4	11	2		2	
中铁建华北投资发展有限公司	1		1		1									1		1				1						
中铁建金融租赁有限公司	6		1		5		1	2	2	2	1	2	1			6				3		1		1	1	
中铁磁浮交通投资建设有限公司	2				2		2		1	2						2				1		1				
中铁建重庆投资集团有限公司	65	1	27	1	35		38	2	11	24	7	10	5	19	5	43	12	1	4	30	10	12	6	5	2	
中铁建资产管理有限公司																										
中铁建华南建设有限公司	1				1		1			1						1				1						
中铁海峡建设集团有限公司	3		1		3		3			2		1				2	1			1	1	1				
中国铁建股份有限公司北京培训中心	13	13	6	3	9		13	1	4					13	1	12				4		2	3		4	
北京通达京承高速公路有限公司	5		2		1		1	1	1	5					1	4				2	1				2	

（制表：熊卫红）

中国铁建系统机械动力设备资产综合情况统计

（2017 年度）

单位	职工人数（人）	企业年度利润总额（元）	期末实有			新购		报废		大修		设备资产利润率（%）	资产增长率（%）	成新率（%）	设备总功率（千瓦）	技术装备率（万元/人）	动力装备率（千瓦/人）
			总台数（台）	原值（元）	净值（元）	台数（台）	原值（元）	台数（台）	原值（元）	台数（台）	费用（元）						
2016 年度汇总	263265	14142575950.2	116117	63477581289.4	23659577183.1	10872	4647703026.8	5686	1151610721.9	1380	394466925.9	24.4	17.0	37.3	10287984.9	9.0	39.1
2017 年度汇总	268337	14531050346.8	128084	62112376014.5	25480349406.0	13159	6607644408.1	7330	1193389493.9	1720	317209310.0	24.2	7.0	41.0	10377824.7	9.7	44.5
中国土木工程集团有限公司	2758	1130000000.0	12096	3717735194.3	419340604.1	435	56699911.8	80	5323036.9	423	3335262.8	30.4	1.5	11.3	872919.1	15.2	316.5
中铁十一局集团有限公司	19001	1612198493.0	7678	4585398209.0	1883240019.4	1095	531991073.4	179	56136738.7	441	130746027.7	35.2	10.4	41.1	835219.1	9.9	44.0
中铁十二局集团有限公司	18440	1656480000.0	8527	5428199439.5	2427395480.7	878	1076396358.7	349	110181867.5	148	37405312.7	32.5	13.7	44.7	972723.6	13.2	52.8
中国铁建大桥工程局集团有限公司	15242	409610637.1	5327	3550533854.1	1212196985.6	560	283761546.9	105	51044550.7	65	12211347.2		6.4	34.1	563380.4	8.1	37.0
中铁十四局集团有限公司	14030	453500000.0	5475	5926307279.9	3410254061.9	1063	419765000.1	813	108562297.1	96	22612757.5	7.7	6.1	57.5	647906.4	24.3	46.2
中铁十五局集团有限公司	17459	71200000.0	6211	4192385248.6	1633517470.4	489	308322812.2	344	98316475.3	93	44774618.3	1.7	3.4	39.0	817736.2	9.4	46.8
中铁十六局集团有限公司	20959	455271568.0	4662	4916260467.0	2216079264.1	902	927388547.0	171	72203476.4	56	10128235.5	12.5	18.7	45.1	795024.6	10.6	37.9
中铁十七局集团有限公司	19361	815520000.0	7083	3532379059.6	1263235184.1	1143	343692371.8	388	138279118.2	61	12652371.2	23.4	10.0	35.8	707679.5	6.5	36.6
中铁十八局集团有限公司	16449	783760000.0	8094	5722736333.9	2546258605.9	1283	500576308.1	502	159791308.2	22	1098051.4	14.0	4.8	44.5	903019.5	15.5	54.9
中铁十九局集团有限公司	18070	915000000.0	7825	5434536521.8	1808063193.4	1104	338410098.2	246	44291135.7	123	15015813.0	17.1	2.6	33.3	2346131.4	10.0	129.8
中铁二十局集团有限公司	17318	966870000.0	4072	3239693578.5	1525274701.5	386	473565910.0	176	74964903.3	88	6803268.6	31.5	11.5	47.1	756060.8	8.8	43.7
中铁二十一局集团有限公司	12840	184000000.0	4366	1807063869.1	815704094.1	566	150992269.3	219	17391066.6	21	3454856.0	10.5	8.6	45.1	335748.2	6.4	26.2
中铁二十二局集团有限公司	11838	208080000.0	9339	1793026066.2	731353937.6	702	220501497.3	613	89126582.8	13	4005995.1			40.8	385540.5	6.2	32.6
中铁二十三局集团有限公司	10740	61508932.1	11156	1688659356.0	472360829.2	458	78600848.7	1302	76532483.6	6	501256.0	3.6	-1.5	28.0	287185.2	4.4	26.7
中铁二十四局集团有限公司	10403	335860000.0	4972	1432925095.1	431824414.6	505	162428102.3	434	25927266.4	4	1309000.0	24.6	10.6	30.1	178435.5	4.2	17.2
中铁二十五局集团有限公司	8825	115630000.0	6466	1209092915.1	613344863.1	468	230678992.8	901	22590031.7	47	5451117.0	10.5	21.1	50.7	179222.1	7.0	20.3
中铁建设集团有限公司	8687	600000000.0	893	222705638.0	52274789.0			2	588497.0			618.5	0.0	23.5	48612.5	0.6	5.6
中国铁建电气化局集团有限公司	9604	1600050510.0	1573	645155050.1	157673016.4	121	22140363.3	64	7119010.0	12	5648020.0	248.0	3.4	24.4	111331.6	1.6	11.6
中国铁建港航局集团有限公司	2436	90446000.0	4146	842262366.5	627602200.9	226	116155380.6	252	6933655.5			10.7	25.4	74.5	68001.2	25.8	27.9
中国铁建重工集团有限公司	6590	1624026501.5	6068	1715447619.2	877430070.5	617	185421469.7	100	4593399.6	1	56000.0	94.7	12.1	51.1	114903.0	13.3	17.4
中国铁建国际集团有限公司	2076	194160000.0	624	378921075.0	323567767.3	39	168799500.0					0.8	2.5	0.7	29419.7	15.6	14.2
中铁城建集团有限公司	5211	247877705.1	1431	130951778.0	32357852.4	119	11356046.0	90	23492592.6			1.9	1.8	24.7	50859.5	0.6	9.8

（制表：张宏成）

中国铁建系统大型施工设备综合情况统计

（2017年度）

类别 / 数量 / 单位	期末实有					新购				报废			大修		闲置			成新率（%）	闲置率（%）	完好率（%）	利用率（%）
	总台数（台）	其中进口台数（台）	原值（元）	其中进口原值（元）	净值（元）	总台数（台）	其中进口台数（台）	原值（元）	其中进口原值（元）	台数（台）	原值（元）	净值（元）	台数（台）	费用（元）	台数（台）	原值（元）	净值（元）				
2016年度汇总	4587	1071	31036408695.20	8441094379.08	13664335487.96	325	173	3052697291.49	141377757.93	100	285727366.02	44309992.85	306	280517086.25	917	7916231599.36	2850508564.96	44.03	25.51	91.21	73.88
2017年度汇总	4216	755	32920667554.03	9429024143.88	13947105659.87	339	139	2126355122.78	131732162.60	56	217619312.83	21751758.39	218	234318563.53	802	7937185169.56	2841971780.21	42.37	24.11	90.85	74.36
中国土木工程集团有限公司	1316	210	1050058500	192440259	194058244.6	128	121	12415124.76	8616285.92	8	938192.2	367456.29	1	23686.37	64	177673990.4	30880375.18	18.48	16.92	45.32	83.08
中铁十一局集团有限公司	221	44	2659695768.87	1030092103.15	1070497136.86	11	1	66149169.24	8500000.00	2	6160000.00	2011666.38	38	109110299.00	60	822967727.21	475883910.97	40.25	30.94	85.36	78.98
中铁十二局集团有限公司	231	37	2673898715.78	429570115.71	1430290923.92	37	1	520103392.23	6232478.63	1	3022735.00	151136.75	37	27078457.90	58	299232116.46	80727318.01	53.49	13.22	92.70	75.00
中国铁建大桥工程局集团有限公司	165	40	2190130994.09	661965725.65	776206759.67	7		130090012.87		4	22039659.71	1283115.95	13	7717306.68	52	753981795.30	253568469.54	35.44	28.00	90.00	77.00
中铁十四局集团有限公司	218	39	4545732203.79	946754126.96	2765378681.57	26	9	298459764.72	65369314.48	6	20805321.37	4119273.15	20	14084120.53	47	679742202.67	162650396.85	60.83	14.95	83.03	75.00
中铁十五局集团有限公司	184	47	2643777557.15	1566161138.90	1045322426.07	8		197803444.46		2	24284500.00	1214225.00	24	40208828.00	57	749326352.32	293809875.05	39.54	28.34	90.00	70.00
中铁十六局集团有限公司	219	27	3319626650.29	664898320.27	1078555470.44	16	1	159444354.00	14280000.00				8	4120000.00	29	915604787.11	369390112.41	32.49	27.58	88.36	81.23
中铁十七局集团有限公司	196	28	1798834010.05	376398288.72	558237052.73	5	1	20278632.85	7264957.60	6	13430600.00	669883.00	3	6941200.00	60	412734070.48	92847953.28	31.03	22.94	88.49	79.28
中铁十八局集团有限公司	225	57	3485412488.29	530112304.41	1658440549.66	14	2	97840177.18	4200000.00	6	23609018.93	736747.10			62	968998998.60	474636750.95	47.58	27.80	96.64	84.56
中铁十九局集团有限公司	374	137	3083691641.84	799416375.72	1026494443.53	10	3	81857801.19	17269125.97	2	24400000.00	7322166.40	33	9204966.00	62	701665711.24	199560457.50	33.29	22.75	91.41	74.95
中铁二十局集团有限公司	152	10	1577380789.97	66790149.06	868078399.42	18		214523648.17					3	492425.00	32	245052676.56	68996191.12	55.03	18.00	95.99	81.92
中铁二十一局集团有限公司	75	3	769582336.09	32222109.62	394975917.16	2		48350000.00		2	36886309.62	2000482.37	8	3050955.00	22	167660388.60	45927115.34	51.32	21.79	92.78	80.56
中铁二十二局集团有限公司	79	16	620747837.23	113398512.69	133908274.82	9		36292303.83		4	16450000.00	822500.00	13	4005995.05	16	156508597.62	45745727.96	21.57	25.21	93.23	78.36
中铁二十三局集团有限公司	72	17	604299622.15	1394940652.45	191019664.43	1		2034188.03		5	19620000.00	981000.00	1	349854.00	26	233421134.60	80950391.18	31.61	38.63	91.73	57.67
中铁二十四局集团有限公司	102	14	724211868.43	470536574.12	198911162.44	6		66139752.14					1	819000.00	48	349546921.79	86583855.00	27.47	48.26	94.15	59.51
中铁二十五局集团有限公司	55	9	525446738.38	76641573.26	257669925.80	4		99974358.94		2	4327700.00		3	1463450.00	16	174985091.50	53761233.95	49.04	30.27	90.01	80.80
中铁建设集团有限公司	8	1	44265089	8500000	14126009													31.91		100.00	100.00
中国铁建电气化局集团有限公司	306	19	375772587.89	68185814.20	104003282.32	36		12636931.63		6	1645276.00	72106.00	12	5648020.00	85	110010222.34	22805326.68	27.68	29.28	81.87	76.28
中国铁建港航局集团有限公司	13		215311789.20		177949117.18	1		61962066.54							2	8063018.75	403150.94	82.65	4.00	92.00	87.80
中铁城建集团有限公司	5		12790366.00		2982218.30										4	10009366.00	2843168.30	23.32	78.26	53.88	7.15

（制表：刘　磊）

中国铁建系统设备专业人员综合情况统计

（2017 年度）

项目/数量/单位	设备管理人员（人）						设备操作技工（人）						主要工种人数（人）			全年专业培训	
	总人数	其中					总人数	其中					机械司机	汽车驾驶员	修理工	期数	人数
		高级工程师	工程师	助理工程师	技术员	其他管理人员		高级技师	技师	高级工	中级工	初级工					
2016 年度汇总	13184	737	2201	3694	1956	4584	24087	626	3256	6919	7483	5821	11359	10514	3086	921	17209
2017 年度汇总	12646	675	2221	3352	1799	4568	22052	793	3060	6261	6240	5683	11394	10202	2984	884	16238
中国土木工程集团有限公司	206	9	33	31	17	85	389	5	5	36	61	267	451	415	180	35	205
中铁十一局集团有限公司	935	34	116	304	112	369	1810	52	106	649	368	635	1184	882	400	339	3541
中铁十二局集团有限公司	934	60	139	182	121	432	1636	69	316	697	302	252	808	852	99	42	738
中国铁建大桥工程局集团有限公司	713	34	114	189	112	264	754	26	133	240	224	131	207	333	91	12	123
中铁十四局集团有限公司	792	51	155	212	98	276	450	26	90	106	91	137	656	640	116	28	751
中铁十五局集团有限公司	612	27	107	167	109	202	1818	39	224	409	724	422	688	701	192	6	181
中铁十六局集团有限公司	1187	88	340	322	174	263	1867	44	248	470	614	491	1303	762	314	25	744
中铁十七局集团有限公司	919	30	138	253	149	349	2573	56	395	877	709	536	1174	1063	336	38	523
中铁十八局集团有限公司	939	87	152	220	92	388	1868	64	201	442	463	698	635	729	261	53	529
中铁十九局集团有限公司	984	47	196	270	162	309	2322	156	544	761	484	377	856	643	192	20	482
中铁二十局集团有限公司	849	27	114	227	98	383	947	20	187	189	331	220	500	371	62	35	809
中铁二十一局集团有限公司	585	32	89	115	52	297	696	31	109	200	158	198	427	552	71	37	951
中铁二十二局集团有限公司	737	52	166	247	111	161	828	24	119	244	232	209	405	232	128	29	741
中铁二十三局集团有限公司	344	18	77	122	71	56	727	38	165	195	167	162	537	457	109	14	246
中铁二十四局集团有限公司	365	20	73	97	66	109	841	36	51	277	417	60	267	221	202	29	287
中铁二十五局集团有限公司	485	15	66	185	68	151	500	76	29	156	153	86	139	360	87	38	1836
中铁建设集团有限公司	85	1	13	19	16	36	370	2	14	37	203	114	220	301	28	2	30
中国铁建电气化局集团有限公司	243	11	20	29	42	141	633	7	63	126	189	248	359	339	8	15	348
中国铁建港航局集团有限公司	211	9	38	47	65	52	45	1	0	0	5	39	68	140	12	10	89
中国铁建重工集团有限公司	212	8	27	24	38	115	868	15	48	129	330	346	475	23	84	38	2533
中国铁建国际集团有限公司	30	1	12	8	2	7	24				2	22	19	80	9		
中铁城建集团有限公司	279	14	36	82	24	123	86	6	13	21	13	33	16	106	3	39	551

（制表：张宏成）

中国铁建系统原材料、能源收支存统计

（2017 年度）

物资名称	计量单位	年初库存量		收入量累计		消费量累计		年末库存量	
		数量	金额	数量	金额	数量	金额	数量	金额
总　值	万元		685023		22875567		22821847		739679
（一）能源类	万元		23498		1207098		1206558		27412
其中：煤炭	吨	14868		262452		251403		25887	
电力	万千瓦时	387		349937		345242		215	
原油	吨			6		6			
汽油	吨	557		133336		132793		1100	
煤油	吨			1534		1534			
柴油	吨	30224		1172897		1167398		35722	
燃料油	吨	547		55859		55873		532	
天然气	立方米	117506		14795753		11989178		2924325	
其他能源	吨标煤	65		15838		15631		273	
（二）原材料类	万元		661525		21668469		21615289		712267
1. 黑色金属类	万元		255746		7498910		7427167		327354
其中：钢材	吨			18942750		18814487		859122	
2. 有色金属类	万元		647		6954		7153		152
3. 化工类	万元		18054		414031		415740		16345
其中：炸药	吨	6664		121511		121638		6537	
雷管	万发	540		21037		20688		888	
导火索	万米	331		19858		19795		393	
4. 建材类	万元		116327		5762587		5743769		135145
其中：水泥	吨	929907		61581232		61547802		1114794	
5. 木材类	万元		6607		131698		132754		5551
其中：原木	立方米	8759		128741		128598		8861	
锯材	立方米	12783		309049		309541		12291	
胶合板	立方米	84376		1520082		1531572		72841	
6. 金属制品类	万元		26952		318900		322226		21619
7. 一次转值机电类	万元		18671		856781		856807		18645
8. 其他类	万元		218521		6678607		6709672		187456

（制表：刘宝庆）

中国铁建房地产开发经营情况统计

（2017 年度）

开发单位名称	项目名称	建设地点	股权比例（%）	规划总建筑面积（万平方米）	其中：地上建筑面积（万平方米）	项目计划总投资（万元）	2016 年底开工累计完成投资（万元）	2017 年实际完成投资（万元）	其中土地价款支付资金（万元）	2017 年实际销售金额（万元）	2017 年实现营业收入（万元）	2017 年实际销售面积（万平方米）
总　计				5933.17	4550	57558462	26747302	6094098	5553320	6841256	4346837	517.31
中国铁建房地产集团有限公司				4003.49	3010	46257594	21026948	4975955	4562441	5700095	3368314	346.38
中铁房地产集团长沙置业有限公司	中国铁建·长沙山语城	长沙市开福区	100	88.54	74	359534	285348	40183	21845	55847	49707	8.93
徐州中铁房地产开发有限公司	中国铁建·徐州龙域中央	徐州市新城区	100	65.10	55	243511	244034	947	946		8470	
贵州中泓房地产开发有限公司	中国铁建·贵阳国际城	贵阳市南明区	100	233.20	178	1094227	874523	55849	47732	11862	112984	2.22
长春中铁房地产开发有限公司	中国铁建·长春国际花园	长春市长沈路	100	53.68	45	224841	218510	3167	8719	8702	22070	1.67
中铁嘉业（北京）投资有限公司	中国铁建·北京原香小镇	北京市房山区	100	21.52	17	200649	200649				3	
中铁地产（成都）开发有限公司	中国铁建·成都国际城	成都市龙泉驿区	100	128.03	100	546127	530151	880	2499	5094	4089	1.88
中铁房地产集团（广西）有限公司	中国铁建·南宁凤岭山语城	南宁市青秀区	100	41.89	32	251614	248160	830	233	2973	3831	0.70
湖南中盛嘉业房地产开发有限公司	中国铁建·长沙国际城	长沙市星沙镇	51	66.10	60	238282	201215	8757	14018	37140	65031	7.40
中国铁建房地产集团合肥置业有限公司	中国铁建·合肥国际城	合肥市庐阳区	100	170.12	138	797598	756315	19656	23275	35605	109914	6.09
中铁房地产集团海外地产发展有限公司	中国铁建·北京国际城	北京市朝阳区	100	85.58	61	1026961	815327	31473	41680	2483	10113	
中铁房地产集团北京丰基置业有限公司	中国铁建·北京青秀城	北京市丰台区	100	30.94	25	381536	375392	209	－1893		632	
房地产集团浙江京城投资有限公司	中国铁建·杭州国际城	杭州市拱墅区	100	36.36	27	598280	577630	6151	7940	20045	42844	0.90
中铁房地产集团北方有限公司	中国铁建·北京长阳国际城	北京市房山区	100	29.64	24	288224	265795	1804	1999	5320	5067	
中铁房地产集团西南有限公司	中国铁建·成都西派国际	成都市高新区	100	33.42	24	436842	398981	537	7710	9802	20149	1.00
中铁房地产集团西南有限公司	中国铁建·成都青秀城	成都市成华区	100	26.55	19	154284	150425	373	9031	24184	5422	4.81
中铁房地产集团广州有限公司	中国铁建·广州荔湾国际城	广州市荔湾区	100	25.16	17	308557	307839	567	2290	3062	3848	
房地产集团商业地产开发管理有限公司	中国铁建·天津国际城	天津市	100	122.80	87	1350343	917947	95922	94057	171316	250486	7.28
中铁嘉业（北京）投资有限公司	中国铁建·北京原香漫谷	北京市房山区	100	40.87	34	380955	361536	12700	24359	12834	37568	0.68
中铁房地产集团北京丰昊置业有限公司	中国铁建·北京山语城	北京市丰台区	100	32.61	27	391041	369896	14696	29550	16175	24191	1.00
中铁房地产集团（贵州）有限公司	贵阳兰草坝项目（暂定）	贵阳市南明区	100	62.93	51	254990	114324	10157	4568		72575	
房地产集团宁波京城投资有限公司	中国铁建·宁波山语城	宁波市象山县	100	24.47	15	102816	77024	5867	4809		401	
中铁房地产集团武汉有限公司	中国铁建·武汉国际城	武汉市汉阳区	100	47.50	39	299468	212242	13167	7038	－2954	11220	0.66
中铁房地产集团创新产业投资有限公司	中国铁建·北京梧桐苑	北京市门头沟区	100	43.84	38	445162	440600	4772	16024	5150	35597	
中铁房地产集团北方有限公司	中国铁建·北京国际花园	北京市房山区	100	19.05	16	239488	191950	37068	37144	54115	33896	

续表

开发单位名称	项目名称	建设地点	股权比例（%）	规划总建筑面积（万平方米）	其中 地上建筑面积(万平方米)	项目计划总投资（万元）	2016年底开工累计完成投资（万元）	2017年实际完成投资（万元）	其中土地价款支付资金（万元）	2017年实际销售金额（万元）	2017年实现营业收入（万元）	2017年实际销售面积(万平方米)
中铁房地产集团长沙置业有限公司	中国铁建·长沙梅溪青秀	长沙市岳麓区	100	71.87	59	440822	236224	54291	48088	80385	68885	7.76
中铁房地产集团华东有限公司	中国铁建·上海青秀城	上海市宝山区	100	30.02	23	492180	412055	22246	53295	37577	67377	0.93
中铁房地产集团杭州京发置业有限公司	中国铁建·杭州国际花园	杭州市江干区	100	7.04	5	90225	84848	1660	1814	19262	18651	0.88
中铁房地产集团北京金达世纪房地产开发有限公司	中国铁建·北京青秀尚城	北京市昌平区	100	23.13	17	218708	193162	12693	8767		92112	
徐州中铁房地产开发有限公司	中国铁建·徐州原香漫谷	徐州市新城区	100	20.60	15	107421	104030	3399	6704	18416	17201	2.73
房地产集团杭州京顺置业有限公司	中国铁建·杭州青秀城	杭州市萧山区	100	16.43	11	186669	179623	5004	7931	52276	57907	2.63
中铁建(大连)置业有限公司	中国铁建·大连青秀蓝湾	大连市甘井子区	100	34.60	26	353069	303816	27449	24654	52706	54235	3.49
中铁房地产集团西南有限公司	中国铁建·成都北湖国际城	成都市成华区	100	49.98	36	505329	336549	32356	69652	118731	28164	11.04
房地产集团合肥蜀山置业有限公司	中国铁建·合肥青秀城	合肥市蜀山区	100	60.19	48	367538	222050	36828	35132	128644	58572	9.07
成都中铁建锦城投资有限公司	中国铁建·成都锦江国际花园	成都市锦江区	100	20.45	15	182890	175916	3284	5095	−14257	1128	
房地产集团广西江湾置业有限公司	中国铁建·南宁江湾山语城	南宁市邕宁区	100	49.97	35	258940	192132	32769	26960	107992	97781	14.84
成都中铁建投资有限公司	中国铁建·成都西派澜岸	成都市高新区	100	38.53	27	645679	359296	39105	24820	42848	60686	1.84
房地产集团北京海丰置业有限公司	中国铁建·北京环保嘉苑	北京市海淀区	100	17.37	10	309839	247865	3328	4912	2493	5381	0.65
中铁房地产集团武汉有限公司	中国铁建·武汉国际花园	武汉市汉阳区	100	15.63	13	117029	110846	10820	9490	19971	43523	1.82
中铁房地产集团江苏置业有限公司	中国铁建·南京青秀城	南京市栖霞区	100	42.92	33	661098	563177	38537	38916	3706	90399	
佛山中铁房地产置业有限公司	中国铁建·佛山国际公馆	佛山市南海区	100	28.80	21	393400	333700	39421	33891	123107	195206	6.20
中铁嘉业(北京)投资有限公司	中国铁建·北京原香嘉苑	北京市房山区	100	23.25	19	214379	191835	7442	18705	16670	69528	0.97
房地产集团北京浩达置业有限公司	中国铁建·北京顺新嘉苑	北京市顺义区	100	13.22	10	199166	185333	5712	6664	3776	71813	
房地产集团杭州京兆置业有限公司	中国铁建·杭州江南国际城	杭州市萧山区	100	34.63	26	434853	367363	66911	77895	200743	483548	8.12
北京金郡兴盛置业有限公司	中国铁建·北京兴盛嘉苑	北京市大兴区	100	33.84	24	527628	429169	35819	55351	42599	299502	0.57
广州增城中铁房地产置业有限公司	中国铁建·广州增城国际花园	广州市增城区	100	23.23	16	198172	170903	19817	23816	50545	175565	2.97
成都中铁龙泰房地产开发有限公司	中国铁建·成都中国铁建广场	成都市成华区	100	23.69	16	173539	110564	54779	54999	31676	33632	3.74
北京通瑞兴盛置业有限公司	中国铁建·北京通瑞嘉苑	北京市通州区	100	51.75	38	411134	365850	9913	41682	20468	8409	2.17
房地产集团合肥蜀西置业有限公司	中国铁建·合肥国际公馆	合肥市高新区	100	15.10	12	101839	79712	11794	20923	64542		5.28
房地产集团南京江宁置业有限公司	中国铁建·南京原香颂	南京市江宁区	100	13.77	11	87400	47710	29484	23336	44116	100555	4.05
太原金郡同达房地产开发有限公司	中国铁建·万科·太原紫郡	太原市	70	26.30	21	236007	116671	22907	23010	158088		12.31
成都申珑房地产开发有限公司	成都皇冠湖壹号	成都市龙泉驿区	40	36.25	27	186318	105328	17592	19373	110612	88626	13.48

续表

开发单位名称	项目名称	建设地点	股权比例（%）	规划总建筑面积（万平方米）	其中 地上建筑面积(万平方米)	项目计划总投资（万元）	2016年底开工累计完成投资（万元）	2017年实际完成投资（万元）	其中土地价款支付资金（万元）	2017年实际销售金额（万元）	2017年实现营业收入（万元）	2017年实际销售面积(万平方米)
杭州京平置业有限公司	中国铁建·杭州德信君宸	杭州市萧山区	35	15.88	11	146545	130888	8742	9765	97691		3.86
北京鑫庄房地产开发有限公司	中国铁建·北京金茂府	北京市丰台区	51	23.52	17	926325	547506	38597	37582	272264		2.76
杭州京滨置业有限公司	中国铁建·杭州滨江·江南之星	杭州市萧山区	34	35.05	25	418252	229128	32299	30086	628794		24.21
杭州京瑞置业有限公司	中国铁建·杭州西湖国际城	杭州市西湖区	100	25.27	18	275684	169903	25556	19081	17880	1	0.67
杭州京科置业有限公司	中国铁建·杭州万科江湾城	杭州市萧山区	51	26.63	20	116024	60605	20367	13965	159005		12.69
中铁房地产集团西南有限公司	中国铁建·成都北湖国际城Ⅱ	成都市成华区	100	47.53	34	388331	119577	50296		67768	113162	8.10
成都中铁业兴房地产开发有限公司	中国铁建·成都西派城	成都市武侯区	100	40.36	28	483165	220707	76147	105725	268746		16.33
成都欣然置业有限公司	中国铁建·成都西派城	成都市武侯区	100	43.12	30	522221	213239	27192		41284		2.64
长春中铁房地产开发有限公司	中国铁建·长春花语城	长春市高新南区	100	9.70	8	73744	36297	20613	17147	54329		5.47
上海中铁京贤房地产有限公司	中国铁建·上海香榭国际	上海市奉贤区	100	32.12	21	640185	392393	66261	56986	55177		1.45
广东保瑞房地产开发有限公司	旭辉·中国铁建·保利花海湾	广州市荔湾区	24	18.21	15	338295	227572	5039	282			
杭州建申房地产开发有限公司	中国铁建·杭州保利像素	杭州市下沙经济技术开发区	50	19.19	14	141861	77752	13567	13477	177929		13.55
南京新城广闳房地产有限公司	中国铁建·南京新城保利天地	南京市江宁区	38	23.60	18	201941	96184	18895	21760	175064		10.22
广州宏嘉/广州璟晔/广州宏轩房地产开发有限公司	越秀保利紫云（地块一及三）/华润保利紫云(地块二)	广州市白云区	17	29.85	22	408720	281927	5179	5657	200881		4.80
北京捷海房地产开发有限公司	中国铁建·北京翡翠长安	北京市门头沟区	50	35.42	25	805302	310466	128232	23150	202354		4.48
房地产集团宁波京平置业有限公司	中国铁建·宁波青秀澜湾	宁波市江北区	51	28.23	21	344500	231515	31004	26634	120588		5.37
西安铁兴/西安中铁京泰公司	中国铁建·西安西派国际	西安市北二环	100	54.25	39	375667	133981	61625	48675	146387		10.69
中铁房地产集团(广西)有限公司	中国铁建·南宁云景山语城	南宁市青秀区	100	13.99	10	127824		80466	9088	81949		5.39
中铁房地产集团(广西)有限公司	中国铁建·南宁西派澜岸	南宁市江南区	100	16.66	12	119369	54159	16720	13490	35903		3.35
长春玖华房地产开发有限公司	中国铁建·长春西派府	长春市经开区	100	22.97	18	190031	45884	57719	50240			
房地产集团(贵安)有限公司	中国铁建·贵安山语城	贵安新区	100	62.06	48	239882	42360	41450	31660	30683	1	4.42
上海泓钧房地产开发有限公司	中国铁建·上海保利熙悦	上海市宝山区	51	26.28	18	678269	512345	26762	38134	378141		7.42
中铁房地产集团重庆有限公司	中国铁建·重庆西派城	重庆市江北区	100	92.96	69	1331220	231596	241400	203397	98960		6.36
嘉兴京禾房地产开发有限公司	中国铁建·嘉兴花语江南	嘉兴市	100	17.37	11	228400	65904	62759	69406			
太原融创慧丰房地产开发有限公司	中国铁建·融创·学府壹号院	太原市万柏林区	50	43.68	33	501954	217653	11118	15767	86370		5.43
广西领筑置业有限公司	中国铁建·南宁市安吉山语城	南宁市西乡塘区	100	24.48	17	198053	47929	51715	53262	10844		1.00

续表

开发单位名称	项目名称	建设地点	股权比例（%）	规划总建筑面积（万平方米）	其中	项目计划总投资（万元）	2016年底开工累计完成投资（万元）	2017年实际完成投资（万元）	其中土地价款支付资金（万元）	2017年实际销售金额（万元）	2017年实现营业收入（万元）	2017年实际销售面积（万平方米）
					地上建筑面积（万平方米）							
大连京信置业有限公司	中国铁建·大连山语城	大连市甘井子区	100	17.48	12	116159	30616	9199	6366	4235		
中铁房地产集团重庆有限公司	中国铁建·重庆花语佰丽	重庆市巴南区	100	5.10	4	30062	7611	12516	9516	14730		1.91
北京欣达置业有限公司	大兴黄村兴华大街地块(暂定)	北京市大兴区	100	21.12	13	648817	75000	320411	304973			
中铁房地产集团苏州置业有限公司	苏州苏园土挂(2016)04 地块项目	苏州市苏州工业园区	100	43.13	28	1308617	460000	376429	345036		2	
成都中铁华府置业有限公司	中国铁建·成都西派国樾	成都市双流区	50	88.57	62	1187510		362645	298900			
中铁房地产集团（福州）有限公司	中国铁建·福州琅岐山语城	福州市马尾区	100	25.60	18	184903		77948	75492			
天津万安建创置业有限公司	中国铁建·万科·天津翡翠大道	天津市西青区	33	48.64	33	1125336		275315	258540			
西安中铁京茂房地产开发有限公司	西安市灞河新区红旗水泥厂地	西安市灞桥区	50	43.34	34	293533		33026	56923	49238		5.33
成都中铁瑞兴房地产开发有限公司	成都青羊区35亩地块(暂定)	成都市青羊区	100	15.66	11	288331		160997	160997			
北京嘉达置业有限公司	门头沟永定镇地块（暂定）	北京市门头沟区	100	9.84	6	165759		110043	108038			
大连万城之光置业有限公司	中国铁建·万科·大连翡翠公园	大连市甘井子区	50	33.29	25	282915		81573	11894	124100		9.19
房地产集团合肥京丰置业有限公司	中国铁建·合肥悦湖国际	合肥市长丰县	100	19.53	14	156146		76704	71013			
北京锐达置业有限公司	北京市海淀技园055 地块项目	北京市海淀区	32	27.37	14	897748		195396	192106			
成都成铁华晟置业有限公司	青秀·未遮山	成都市成华区	50	75.85	54	630964		79810	77559			
重庆渝铁房地产开发有限责任公司	重庆中梁山项目（暂定）	重庆市九龙坡区	50	21.15	16	136703		7139	6382			
贵阳办事处项目公司（暂定）	贵阳办事处项目（暂定）	贵阳市云岩区	50	18.72	14	185338		21300	21300			
贵阳东站项目公司（暂定）	贵阳东站项目公司（暂定）	贵阳市南明区	50	40.30	31	158890		7950	7950			
贵阳二戈寨项目公司（暂定）	贵阳二戈寨项目公司（暂定）	贵阳市南明区	50	18.28	14	82418		4950	4950			
重庆李家沱组团35 亩住宅地块项目	重庆李家沱组团35 亩住宅地块项目	重庆市巴南区	50	9.53	7	83181		18228	18228			
昆明巫家坝总部基地项目公司	昆明巫家坝总部基地项目	昆明市官渡区	70	61.06	47	568188		135927	66604			
	佛山市顺德区北滘镇莘村商住项目	佛山市顺德区	65	29.75	23	515918		14203	14203			
	佛山顺德顺德新城26 号居住项目	佛山市顺德区	50	21.66	16	268514		13140	13140			
北京朝阳豆各庄乡马家湾村项目公司	北京朝阳豆各庄乡马家湾村项目	北京市朝阳区	100	11.87	8	247763		51000	51000			
	天津河北区项目（暂定）	天津市河北区	100	15.52	11	419787		70000	70000			
宁波市江北区湾头8 号地块项目公司（暂定）	宁波市江北区湾头8 号地块项目（暂定）	宁波市江北区	84	21.24	15	278785		20959	20959			

续表

开发单位名称	项目名称	建设地点	股权比例（%）	规划总建筑面积（万平方米）	其中：地上建筑面积（万平方米）	项目计划总投资（万元）	2016年底开工累计完成投资（万元）	2017年实际完成投资（万元）	其中土地价款支付资金（万元）	2017年实际销售金额（万元）	2017年实现营业收入（万元）	2017年实际销售面积（万平方米）
嘉兴市经开2017－30号居住用地项目公司(暂定)	嘉兴市经开2017－30号居住用地项目(暂定)	嘉兴市	100	21.10	15	228984		18300	18300			
南京市雨花台区南四营村地块项目公司(暂定)	南京市雨花台区南四营村地块项目(暂定)	南京市雨花台区	100	12.09	10	374046		86500	86500			
广州南沙中铁实业发展有限公司	中国铁建·广州南沙环球中心	广州市南沙区	100	31.01	25	358740	116738	93701	92159	82354		4.70
广州京粤湾区实业发展有限公司	广州南沙蕉门河东西商服用地	广州市南沙区	49	13.09	10	172009	52614	9833	7550			
中国铁建房地产集团有限公司总部	集团总部差额			1.76	2	5923165	225358				36654	
中国土木工程集团有限公司				10.00	10	67443	34487	2849	2849	1837	1469	1.00
中国土木工程集团有限公司	尼日利亚拉各斯七公顷房地产项目	尼日利亚拉各斯	100	3.17	3	22852	14778	768	768		155	
中国土木工程集团有限公司	塞拉利昂弗里敦1.9公顷项目	塞拉利昂弗利敦	100	1.35	1	7755	4389	1301	1301	912	179	
中国土木工程集团有限公司	坦桑尼亚奥斯特贝住宅项目	坦桑尼亚达累斯萨拉姆市	100	1.08	1	7320	7320			925	1135	
中国土木工程集团有限公司	坦桑尼亚达市英亩地块住宅项目	坦桑尼亚达累斯萨拉姆市	100	4.00	4	29516	8000	780	780			
中铁十一局集团有限公司				104.10	84	623514	352934	68131	68131	25609	186004	2.75
武汉房地产开发有限公司	中国铁建·梧桐苑	武汉市东湖新技术开发区	100	37.06	31	234829	159323	11729	11729	10737	90358	0.88
重庆房地产开发有限公司	中国铁建·重庆玖城壹号	重庆市九龙坡区	100	26.89	20	214689	177355	13743	13743	8951	89685	0.55
重庆房地产开发有限公司	中国铁建·重庆玖城贰号	重庆市九龙坡区	100	3.35	2	19686		7802	7802			
重庆璧和房地产开发有限公司	中国铁建·重庆璧河国际	重庆市璧山区	100	4.22	4	16860	16256	56	56		40	
重庆合绘房地产开发有限公司	中国铁建·重庆香漫溪岸	重庆市璧山区	75	32.58	27	137450		34801	34801	5921	5921	1.32
中铁十二局集团有限公司				2.79	3	8550	8550			927	927	
北海晋海房地产开发有限公司	晋海御园二期	北海市云南路	100	2.79	3	8550	8550			927	927	
中国铁建大桥工程局集团有限公司				43.33	38	234506	232357	479	316	13758	12745	2.11
大桥工程局第四工程有限公司	哈尔滨先锋路改造开发项目	哈尔滨市先锋路	100	19.00	17	113000	111081	479	316	520	497	
大桥工程局房地产开发有限公司	中铁·滨海欣城	天津市汉沽区	100	14.94	13	76400	72536			5433	4287	0.88
大桥局集团房地产开发有限公司	中铁·香堤美郡	长春市绿园区	100	9.39	8	45106	48740			7805	7961	1.17
中铁十四局集团有限公司				141.74	114	912359	584992	115675	115675	101896	49907	12.07
泰安房地产开发有限公司	中国铁建·山语观邸	泰安市	100	9.11	6	65931	34479	13088	13088	13271	16582	0.64

续表

开发单位名称	项目名称	建设地点	股权比例（%）	规划总建筑面积（万平方米）	其中 地上建筑面积（万平方米）	项目计划总投资（万元）	2016年底开工累计完成投资（万元）	2017年实际完成投资（万元）	其中土地价款支付资金（万元）	2017年实际销售金额（万元）	2017年实现营业收入（万元）	2017年实际销售面积（万平方米）
济南庆龙置业有限公司	中国铁建.国际城	济南市历下区	100	38.84	27	350315	279458	27438	27438	9013	26382	0.87
房地产开发有限公司莱西分公司	中国铁建·岸芷汀兰（西区）	莱西市	100	18.61	19	47829	29459	1461	1461	485	756	
青岛中铁凯华房地产开发有限公司	中国铁建·岸芷汀兰（东区）	莱西市	100	8.52	9	28125	26764	609	609	1645	1572	
济南中铁凯华房地产开发有限公司	中国铁建·明山秀水	章丘市	100	17.63	13	75360	56044	4428	4428	6297	3017	0.84
南京昌和房地产开发有限公司	中国铁建·江佑铂庭	南京市浦口区	100	27.03	21	159500	158788	93	93	1401	1598	
乐东锦都实业投资有限公司	中国铁建·龙沐湾一号	乐东县龙沐湾国际旅游度假区	100	22.00	19	185299		68558	68558	69784		8.93
中铁十五局集团有限公司				128.84	108	457313	272874	14645	14015	41070	19120	8.56
十五局集团东来地产开发有限公司	中国铁建·临沂东来尚城	临沂市河东区	100	25.74	20	104721	98766	2461	2983	10918	6944	1.96
十五局集团东来地产开发有限公司	中国铁建·周口东来尚城	周口市川汇区	100	32.35	28	123650	79219	5476	5806	20120	6062	3.99
十五局集团东来地产开发有限公司	中国铁建·都匀东来尚城	都匀市开发区	100	70.75	60	228942	94889	6708	5226	10032	6114	2.61
中铁十六局集团有限公司				104.70	91	503055	293590	19430	19430	78937	101957	11.59
置业公司	中国铁建·顺昌天天花园四期	顺昌县	100	18.27	15	65709	63285	2093	2093	1262	3517	
置业公司	中国铁建·梧州玫瑰湾	梧州市	100	7.55	6	33147	27247	740	740	5239	8020	1.42
置业公司	中国铁建·通辽国际城	通辽市	90	20.05	18	87380	45635	2403	2403	7044	6937	2.07
置业公司	中国铁建·梧州江语城	梧州市	100	20.68	18	80109	13727					
置业公司	中国铁建·南昌青秀城	南昌市	41	38.15	34	236710	143696	14194	14194	65392	83483	7.86
中铁十七局集团有限公司				22.50	16	121107	65862	31805	20344	26363		5.13
上海铁峰房地产开发有限公司	上海芦潮港社区商贸中心项目	上海市浦东新区	100	9.20	7	64436	23842	24191	7500			
西安润居房地产开发有限公司	中国铁建青秀城	西安市浐灞区	100	13.30	9	56671	42020	7614	12844	26363		5.13
中铁十八局集团有限公司				72.99	58	485381	370437	27545	40654	35003	48767	8.80
湖北博瀚置业有限公司	中国铁建·武汉1818中心	武汉市武昌区	100	33.89	26	282810	272377	10107	19072	30000	45660	8.50
武汉房地产开发有限公司	中国铁建·武汉中北春天	武汉市武昌区	100	10.26	9	51259	47389	1183	4731		1984	
天津置业有限公司	中国铁建·天津御水园	天津市塘沽区	100	6.42	5	53593	46107	5515	6807	5003	1123	
湖南长轻置业有限公司	中国铁建·长沙18公馆	长沙市雨花区	100	2.49	2	14767	4564	1981	1285			
遵化融辉房地产开发有限公司	遵储〔2017〕13地块	遵化市	100	11.27	9	45833		4305	4305			
遵化融辉房地产开发有限公司	遵储〔2017〕14地块	遵化市	100	8.66	7	37120		4454	4454			

续表

开发单位名称	项目名称	建设地点	股权比例（%）	规划总建筑面积（万平方米）	其中：地上建筑面积（万平方米）	项目计划总投资（万元）	2016年底开工累计完成投资（万元）	2017年实际完成投资（万元）	其中土地价款支付资金（万元）	2017年实际销售金额（万元）	2017年实现营业收入（万元）	2017年实际销售面积（万平方米）
中铁十九局集团有限公司				70.68	54	257813	156917	7552	7552	25792	26147	4.66
十九局房地产开发有限公司	梧桐苑一期	沈阳市	100	29.63	21	109093	101397	5643	5643	25792	26147	4.66
十九局房地产开发有限公司	梧桐苑二期	沈阳市	100	34.00	27	117745	38286	1539	1539			
十九局房地产开发有限公司	中铁十九局文化宫老城区改造项目	辽阳市	100	7.05	6	30975	17234	370	370			
中铁二十局集团有限公司				135.71	106	742600	401259	80258	60192	123619	105200	16.00
二十局集团房地产公司	C组团	重庆市南岸区	100	9.80	8	33000	33000			263	263	
二十局集团房地产公司	DEF组团	重庆市南岸区	100	25.10	21	142800	111887	1167	875	25306	34939	3.53
二十一局集团房地产公司	R组团	重庆市南岸区	100	5.30	4	33600	13613	11375	8531	9658	22261	1.45
二十二局集团房地产公司	山水逸城	重庆市南岸区	100	62.18	47	408700	154780	45714	34286	56341	30535	3.93
重庆中景置业有限公司	Q组团	重庆市南岸区	100	12.23	10	59500	54484			1320	1202	
安徽中景置业有限公司	燕山城	蚌埠市	100	21.10	16	65000	33495	22002	16500	30731	16000	6.62
中铁二十一局集团有限公司				236.84	183	1458984	709539	171972	109977	190450	105431	21.05
德盛和置业有限公司(本级)	中国铁建·西安梧桐苑项目	西安市曲江新区	100	33.16	25	187232	176418	7443	7443	1684	4081	0.58
德盛和置业有限公司(本级)	中国铁建·西安国际城一期	西安市曲江新区	100	43.97	34	231627	194481	31914	21291	30282	91827	5.12
甘肃项目公司	中国铁建·兰州梧桐苑项目	兰州市安宁区	100	12.29	10	63215	63215			6998	6955	0.96
甘肃项目公司	二十一局集团兰州经适房项目商铺	兰州市七里河区	100	1.78	1	9129	9129			2568	2568	
德盛和置业有限公司(本级)	中国铁建·西安国际城二期	西安市曲江新区	100	48.41	39	333690	87079	58143	30331	128392		12.69
德盛和置业有限公司(本级)	中国铁建·西安国际城三期	西安市曲江新区	100	83.01	64	572188	179217	61742	40243	20526		1.53
重庆置业有限公司	中国铁建·重庆梧桐苑项目	重庆市永川区	100	5.51	4	18761		6146	4084			
西宁项目公司	中国铁建·西宁梧桐苑项目	西宁市城东区	100	8.71	7	43142		6584	6584			
中铁二十二局集团有限公司				236.85	190	1389306	465111	123874	127390	78822	50102	10.00
中铁房地产开发(保定)有限公司	中国铁建·京南一品	保定市北市区	100	50.65	41	251077	215486	7715	7715	4938	11450	0.73
二十二局集团第三工程有限公司	海新大厦	厦门市集美区	100	5.40	4	36162	20668	2356	2356	1388	13355	
二十二局集团第三工程有限公司	中国铁建·海曦	厦门市思明区	100	5.79	5	66441	66441			104	118	
文昌书香小镇发展有限公司	中国铁建·书香小镇	文昌市	75	25.02	21	227875	98190	9886	9016	32835	24786	3.19
二十二局重庆房地产有限公司	中铁5号	重庆市北碚区	100	5.40	4	30954	31185	200	200	332	393	
房地产开发(荆门)有限公司	中国铁建·公园3326	荆门市东宝区	65	29.76	26	115994	15612	13145	13107	17045		3.79

续表

开发单位名称	项目名称	建设地点	股权比例（%）	规划总建筑面积（万平方米）	其中：地上建筑面积（万平方米）	项目计划总投资（万元）	2016年底开工累计完成投资（万元）	2017年实际完成投资（万元）	其中土地价款支付资金（万元）	2017年实际销售金额（万元）	2017年实现营业收入（万元）	2017年实际销售面积（万平方米）
兰州房地产开发有限公司	中国铁建·云公馆	兰州市城关区	90	6.58	5	47233	17529	7424	11848	22180		2.13
北京中实置业有限公司	中国铁建·御景阳光	北京市石景山区	65	8.25	4	212736		83148	83148			
铜陵华融置业有限责任公司	花语西湖（待定）	铜陵市	70	100.00	80	400834						
中铁二十四局集团有限公司				22.53	20	63000	25610	8000	6900	19000		4.47
九江铁建置业公司	中国铁建山语城（原名锦绣城）	九江市柴桑区	100	22.53	20	63000	25610	8000	6900	19000		4.47
中铁二十五局集团有限公司				37.58	30	184039	51187	23280	25548	23251	19178	4.78
柳州龙泰房地产开发有限公司	中国铁建·柳州·金色蓝庭项目	柳州市	100	6.58	5	29504	28233	132	132	79	69	
二十五局房地产开发衡阳有限公司	中国铁建·衡阳·金色蓝庭	衡阳市	100	16.19	13	52029	22954	9948	12216	23172	19109	4.77
青岛方茂置业有限公司	中国铁建·青岛·金色蓝庭	青岛市高新区	100	14.81	12	102506		13200	13200			
中铁建设集团有限公司				245.16	199	1387123	860062	149159	101955	229044	110282	41.92
西安侨隆置业有限公司	中国铁建·西安瑞园	西安市	100	12.70	11	77942	76295	327	39	2380	2007	
信阳房地产开发有限公司	中国铁建·信阳领秀城	信阳市	100	91.20	81	347565	216596	13951	13503	45000	10472	9.17
北京佳景晟房地产有限公司	中国铁建·北京耀中心	北京市	100	12.23	8	183191	176503	1985	1977	4540	8174	
金日房地产有限公司公司	中国铁建·莱州国际城	莱州市	70	54.79	41	268776	161500	11550	5939	42854	14629	6.87
大连创富房地产开发有限公司	中国铁建·大连国滨苑	大连市	100	22.80	18	311719	227444	31546	17815	36270	75000	2.01
内蒙古景晟房地产有限公司	中国铁建·包头景晟开元	包头市	100	51.44	41	197930	1724	89800	62682	98000		23.74
中铁第一勘察设计院集团有限公司				28.69	23	182287	130197	11433	11433	32916	35483	2.79
陕西逸博置业有限公司	中国铁建.逸园（A区）	西安市雁塔区	100	14.50	11	81600	75972			7342	19710	0.83
陕西逸博置业有限公司	中国铁建.逸园（B区）	西安市雁塔区	100	5.01	4	26805	11900	7076	7076			
新疆逸博房地产开发有限公司	乌鲁木齐天汇花园小区	乌鲁木齐市新市区	100	3.18	2	18402	18018			2143	15773	
甘肃逸丰房地产开发有限公司	兰州 Soho	兰州市城关区	51	6.00	5	55480	24307	4357	4357	23431		1.63
中铁第四勘察设计院集团有限公司				142.06	109	766207	341529	116626	116626	32823	76228	6.50
株洲分公司	荷塘星城	株洲市荷塘区	100	37.70	30	144698	142903	12968	12968	32500	15081	6.46
武汉铁科高创置业有限公	杨春湖畔	武汉市洪山区	100	40.34	33	285509	198626	26571	26571	323	61147	
中铁地产武汉蔡甸有限公司	蔡甸项目	武汉市蔡甸区	100	64.02	46	336000		77087	77087			
中铁城建集团有限公司				20.26	15	100000	43262	11740	13000	29963		4.13
中铁城建集团房地产开发有限公司	中国铁建.长沙洋湖苑	长沙市	100	20.26	15	100000	43262	11740	13000	29963		4.13

续表

开发单位名称	项目名称	建设地点	股权比例（%）	规划总建筑面积（万平方米）	其中 地上建筑面积(万平方米)	项目计划总投资（万元）	2016年底开工累计完成投资（万元）	2017年实际完成投资（万元）	其中土地价款支付资金（万元）	2017年实际销售金额（万元）	2017年实现营业收入（万元）	2017年实际销售面积(万平方米)
中国铁建投资集团有限公司				45.11	34	852126	74179	116916	116916			
珠海铁建大厦置业有限公司	珠海铁建大厦	珠海市	100	16.94	13	337865	74179	13278	13278			
珠海铁建大厦置业有限公司	珠海铁建广场	珠海市	100	28.17	20	514261		103638	103638			
中铁建重庆投资有限公司				77.63	56	504155	245419	16774	11977	30081	29576	2.88
重庆润君房地产开发有限公司	中国铁建·北碚山语城	重庆市北碚区	100	17.09	15	179886	138762	9582	7147	28380	27187	2.68
重庆铁建置业有限公司	中国铁建·北碚公园1159	重庆市北碚区	100	5.20	4	28705	27052	1303	2278	1701	2389	
重庆铁发北山地产有限公司	中国铁建·涪陵山语城	重庆市涪陵区	90	55.34	37	295564	79605	5889	2552			

（制表：赵文晴）

2017 年 7 月 12—13 日，中国铁建党委书记、董事长孟凤朝一行到中国铁建定点扶贫对口区县河北省张家口市万全区、尚义县实地调研扶贫工作。图为孟凤朝到张家口市尚义县调研扶贫工作。（李美华 摄）

文献辑要

中国铁建股份有限公司员工教育培训管理办法

中国铁建人〔2017〕52 号

第一章 总 则

第一条 为规范中国铁建股份有限公司(以下简称“股份公司”)员工教育培训管理,根据国家有关法律法规和上级规定,结合股份公司实际,制定本办法。

第二条 员工教育培训工作必须以马列主义、毛泽东思想、邓小平理论、“三个代表”重要思想、科学发展观为指导,深入贯彻习近平总书记系列重要讲话精神,紧紧围绕股份公司中心任务,强化全员培训,不断提高员工队伍素质,推动企业持续健康发展。

第三条 员工教育培训工作应当遵循下列原则:

1. 服务大局,按需施教。
2. 以德为先,注重能力。
3. 分类分级,全员培训。
4. 学以致用,力求实效。
5. 与时俱进,改革创新。

第二章 管理机构和职责

第四条 股份公司员工教育培训工作在股份公司党委领导下,由股份公司人力资源部(党委干部部)主管。股份公司、二级单位、三级单位、项目部(设计所、工作室等)按照职责分级负责。

第五条 股份公司人力资源部(党委干部部)履行股份公司员工教育培训管理的整体规划、制度建设、宏观指导、协调服务、督促检查等职能。负责股份公司总部机关员工教育培训;负责股份公司副处以上领导干部的调训;统筹协调股份公司总部机关职能部门开展高端、紧缺、应急、创新、关键型等业务培训;负责组织编写股份公司岗位培训教材和股份公司师资队伍建设;负责股份公司网络培训平台建设;负责股份公司员工教育经费的管理。

第六条 二级、三级单位人力资源部(党委干部部)是本单位员工教育培训工作主管部门。负责落实上级单位培训规划和计划;制定和编制本单位的教育培训规划、年度计划并组织实施;根据需要对本单位相关人员进行培训;负责组织编写有关岗位培训教材和本单位师资队伍建设;负责本单位网络培训平台建设;负责本单位员工教育经费的管理。

第七条 项目部(设计所、工作室等)负责落实上级单位的培训计划;组织实施本项目部(设计所、工作室等)人员岗位实际操作培训和所需业务培训。

第八条 股份公司及二级单位人力资源部(党委干部部)应分别设置教育培训管理机构(处、科或室),三级单位人力资源部(党委干部部)应配备专职负责教育培训工作的管理人员,项目部(设计所、工作室等)应明确兼职教育培训管理人员。

第三章 培训对象

第九条 员工有接受教育培训的权利和义务。

第十条 教育培训对象为全体员工。教育培训应当根据员工的岗位特点和工作要求,有针对性地开展履行岗位职责所必备知识的培训,加强各种新知识新技能的教育培训,帮助员工提高综合素质和实际工作能力。

第十一条 股份公司副处以上领导干部应当每 5 年参加股份公司或二级单位人力资源部(党委干部部)认可的培训机构累计 3 个月或者 550 学时以上的培训。提拔担任局级领导职务的,近 3 年内必须参加一次股份公司组织的调训。确因特殊情况在提任前未达到教育培训要求的,应当在提任后 1 年内完成。

其他管理人员参加教育培训的时间,根据有关规定和工作需要确定,每年累计不少于 12 天或者 90 学时。

施工一线(车间)员工应利用工地学校、职工夜校或施工现场(车间)每年至少参加一次岗位培训。

第四章 培训方式方法和程序

第十二条 员工教育培训以脱产培训、党委中心组学习、网络培训、现场培训、在职自学等方式进行。

第十三条 脱产培训以组织调训为主,对重要岗位的人员可以实行点名调训。员工参加组织选派的脱产培训,应当享受在岗同等待遇,一般不承担所在单位的日常工作。

第十四条 各级党委中心组学习应当以党的理论、路线方针政策为基本内容,在自学和调研基础上保证每个季度不少于 1 次集体学习研讨。

第十五条 建立兼容、开放、共享、规范的员工网络培训体系,搭建网络教育培训平台,用好大数据、“互联网 +”等技术手段开展员工教育培训。

第十六条 充分利用职工夜校、工地学校和施工现场(车间)的实际课堂,通过岗前培训、技术比武、技术交底、导师带徒等方式加强施工现场(或车间)员工的培训。

第十七条　员工教育培训应当根据内容要求和员工特点，综合运用讲授式、研讨式、案例式、模拟式、体验式等教学方法，实现教学相长、学学相长。引导和支持员工教育培训方式方法创新。

第十八条　员工教育培训工作按照需求分析、计划制定、组织实施、考核评估、记录备案等程序进行。

第十九条　各级机关职能部门每年 12 月底向本单位人力资源部(党委干部部)报送下一年度员工教育培训需求计划。年度教育培训计划一经批准，原则上不得调整，因工作需要确需调整的，报单位主要领导审批。

第二十条　员工培训原则上应在股份公司系统内部培训中心或系统内单位进行。确需在股份公司系统外培训的，需经本单位主要领导批准。

第二十一条　员工参加脱产培训情况应当记入员工培训档案；参加 2 个月以上的脱产培训情况应当记入员工个人档案。

第二十二条　因专业、师资、参训人数等原因，本单位不能组织举办的培训项目，可将需求计划报上级单位人力资源部(党委干部部)。

第五章　教育培训机构

第二十三条　构建分工明确、优势互补、布局合理、资源共享的员工教育培训机构体系，充分发挥股份公司党校(培训中心)、股份公司高技能人才培训基地和各单位培训中心在培训中的主渠道、主阵地作用；注重发挥工地学校、职工夜校等现场培训基地作用。

第二十四条　积极打造学习型企业，鼓励有条件的二级单位创办企业大学。

第二十五条　教育培训机构应当以开展企业内部员工培训为中心，根据企业发展需要，深化教学改革，完善培训内容，创新培训方法，不断提高培训质量和服务水平。

第二十六条　充分利用外部资源开展培训，培训机构应当加强与高等院校、科研院所、社会培训机构联系与沟通，建立长期交流合作关系，通过联合办学等方式，促进资源优化配置，增强员工教育培训的活力和实力。

第六章　师资、课程、教材、经费

第二十七条　按照政治合格、素质优良、规模适当、结构合理、专兼结合的原则，根据管理权限，建立股份公司、二级单位、三级单位的三级培训师资库。

建立健全领导人员上讲台制度，各级领导班子成员、机关部门中层以上人员应当带头授课。

第二十八条　建立完善员工教育培训课程开发和更新机制，构建与时俱进、务实管用的员工教育培训课程体系。建立企业内部员工教育培训精品课程库，实现优质课程资源共享。

第二十九条　适应不同类别员工教育培训的需要，逐步建立形式多样、具有时代特色的教材体系。股份公司组织制定主要专业(含特殊作业)工种和现场施工岗位培训教材的规划和大纲，二级单位根据本单位专业优势组织编写。

第三十条　教育培训机构的教学、基建和科研等经费，各单位要纳入财务预算，确保每年有一定的投入，逐步改善基础设施和办学条件。

第三十一条　根据有关规定，教育培训经费按员工工资总额的 2% 提取；经济效益好、从业人员技术要求高、培训任务重的单位，可按 2.5% 提取；按一定比例分级使用。

第三十二条　培训费标准应根据培训内容、地点、方式和参训人数、授课师资等情况综合考虑确定。

员工报销培训费应当提供培训通知等相关资料和凭证。

第三十三条　企业内部讲课费原则上按以下标准执行(税后)：

1. 中级技术职称专业人员每半天最高不超过 1000 元。

2. 副高技术职称专业人员每半天最高不超过 1500 元。

3. 正高级技术职称专业人员每半天最高不超过 2000 元。

4. 院士、勘察设计大师等知名专家每半天最高不超过 4000 元。

其他人员讲课费参照上述标准执行。邀请股份公司外部专家、教授可按照相关协议执行。

第七章　培训考核与评估

第三十四条　员工接受教育培训情况应当与员工考核、使用、待遇相结合，把参加教育培训的考核结果作为任职、晋升和评先选优的重要依据。

第三十五条　员工教育培训考核的内容主要包括员工的党性修养、学习态度和表现、理论知识掌握程度以及解决实际问题的能力等。

第三十六条　各级人力资源部(党委干部部)负责对本单位员工教育培训机构、项目的评估，评估结果作为评价教育培训机构办学质量优劣的重要标准，作为确定教育培训机构承担培训任务的重要依据。

员工教育培训课程评估由教育培训机构组织实施，评估结果作为指导教学部门和教师改进教学的重要依据。

第八章　培训纪律

第三十七条　员工必须严格遵守教育培训的规章制度和廉洁自律各项规定。对无正当理由不参加教育培训的，给予批评教育直至组织处理；员工因故未按规定参加教育培训或者未达到教育培训要求的，应当及时补训；员工教育培训考核不达标的，年度考核不得确定为优秀等次；员工弄虚作假获取培训经历、学历或者学位的，按照有关规定严肃处理。

第三十八条　员工参加脱产培训原则上不准请假，因特殊情况确需请假的，必须严格履行手续。累计请假时间超过总学时 1/7 的，按退学处理。未经批准擅自离校的，责令退学。

第三十九条　员工参加脱产培训，不得安排住高档套房，培训用餐不得上高档菜肴，不得提供烟酒；不得组织与培训无关的调研、考察、参观。

第四十条　单位派出员工参加脱产三个月以上的、内容涉及企业核心技术或费用较高的培训，选派单位应与其签订培训协议，约定服务年限及违约赔偿责任。

第四十一条　员工取得与生产经营和资质相关执业资格证书，需在所在单位注册，单位与其签订服务协议，并报销其参加考试和继续教育所发生的有关费用，可给予一次性奖励或按月发放补贴，具体按有关规定执行。员工的执业资格证书不准在股份公司系统外注册。

第四十二条　股份公司不再统一组织员工学历教育。本着专业对口、工作需要的原则，支持在职员工自学成才，鼓励在不影响工作的前提下参加相关学历教育。员工个人参加学历教育，费用由员工个人承担。

第四十三条　开展员工教育培训工作情况应当作为单位领导班子考核的重要内容。单位未按规定履行员工教育培训职责的，由上级单位人力资源部（党委干部部）责令其限期整改，并在一定范围内给予通报批评。

第九章　附　则

第四十四条　所属单位根据本办法，结合单位实际，制定本单位员工教育培训管理办法。

第四十五条　本办法自颁布之日起实施。此前发布的有关员工教育培训的规定，凡与本办法不一致的，按本办法执行。

第四十六条　本办法由股份公司人力资源部（党委干部部）负责解释。

中国铁建股份有限公司科技创新平台管理办法

中国铁建科设〔2017〕189 号

第一章　总　则

第一条　为做实做强股份公司创新平台，充分发挥其在科技开发，成果转化、科研团队建设等方面的作用，特制定本办法。

第二条　“创新平台”是指通过国家、省部级和股份公司认定的科技研发平台。本办法适用对象为依托各集团公司（以下简称依托单位）建设的企业国家重点实验室、国家工程技术研究中心，国家企业技术中心等国家级创新平台和中国铁建股份有限公司工程实验室（以下简称股份公司工程实验室）。

第三条　创新平台的主要任务是：

1. 国家级创新平台要积极承担国家级、省部级和股份公司重大专项科研课题，主持或参与国家、行业、团体标准制定，解决依托单位施工生产制造中的重大技术难题，发挥好在行业科技创新方面的先导作用，提升企业核心竞争力。

2. 股份公司工程实验室要围绕股份公司主业开展共性、前瞻性技术研究，积极承担重大专项工程关键技术研究，重大装备样机及其关键部件的研制，解决施工生产中的技术难题，主持或参与行业、团体技术标准制定，开展相关科技成果或专利产品的转化推广工作。

3. 创新平台要加强科研团队的建设，打造一支高水平的科研队伍，推进以院士、大师、百千万人才为核心的科研团队建设，积极承担高端研发课题，形成一批具有自主知识产权的核心技术、专利产品，积极开展国际、国内技术交流与合作。

第二章　机构及职责

第四条　股份公司技术中心委员会是创新平台的领导机构，主要职责是：

1. 协助国家相关部委对国家级创新平台进行宏观分类管理和监督。

2. 协调各单位引进高端人才。

3. 批准股份公司工程实验室的建设、调整、撤销。

4. 负责推荐股份公司工程实验室申报国家级创新平台。

第五条 股份公司技术中心办公室是创新平台的主管部门,主要职责是:

1. 贯彻落实国家相关部委政策,负责对国家级创新平台进行年度考核。

2. 组织股份公司工程实验室的认定工作。

3. 协调解决股份公司工程实验室建设中的重大问题。

4. 负责股份公司工程实验室进行年度考核。

第六条 依托单位是创新平台建设运行的具体负责单位,主要职责是:

1. 落实国家部委相关政策和股份公司对创新平台的要求,制定相应的建设计划,配备相应的人员、经费、设施、政策等保障,负责创新平台建设与运行中的有关问题。

2. 通过人事任免程序聘任创新平台负责人和在编科研人员,报股份公司技术中心办公室备案。

3. 负责组织股份公司工程实验室申报及管理。

4. 落实国家有关部委或主管部门评估和检查工作。

第三章 国家创新平台的管理

第七条 国家级创新平台的认定和运行管理,按照《依托企业建设国家重点实验室管理暂行办法》(国科发基〔2012〕716 号)、《国家工程技术研究中心暂行管理办法》(国科发〔93〕计字 060 号)、《国家认定企业技术中心管理办法》(2016 年第 34 号令)的要求,开展申报认定和运行管理工作。

第八条 国家级创新平台实行主任负责制,主任一般由依托单位的总经理(院长)担任,企业国家重点实验室主任或国家工程技术研究中心可由本领域学科带头人担任;设立常务副主任 1 名,一般由依托单位的总工程师担任,企业国家重点实验室或国家工程技术研究中心可指定本领域专家担任。

第九条 列入依托单位年度预算的建设经费和运行经费由常务副主任签批,未列入年度预算的由主任签批;上一年度未使用完的经费额度可转入下一年度使用,但不能抵扣下一年度的经费预算。

第十条 国家级创新平台依托单位应于每年底向股份公司上报年度工作总结和下一年工作计划。股份公司协助国家主管部门进行检查、管理。

第四章 股份公司工程实验室认定与管理

第十一条 股份公司工程实验室申报与认定,申报单位应具备以下基本条件:

1. 符合股份公司主业发展战略和趋势,有前瞻性、共性技术研究储备。

2. 研发实力强,在全系统有代表性,具备承担股份公司重大专项科研任务的能力。

3. 拥有一支结构合理的科研团队。

4. 具备良好的科研条件和集中的办公场所。

5. 申报主体为股份公司的二级单位。两个以上单位共同申请的,必须确立一个牵头单位,并附有协议书,明确各方权责。

6. 申报主体能提供股份公司工程实验室的建设经费和运行经费。

7. 具备较完善的组织体系、管理体制和运行机制,较强的研发组织管理水平,发展计划和目标明确,具有稳定的产学研合作机制。

第十二条 股份公司工程实验室认定的组织工作由股份公司技术中心办公室负责,其认定的程序:

1. 依托单位填报《中国铁建股份公司工程实验室认定申请书》。

2. 技术中心办公室组织有关专家对依托单位进行现场或会议评审,形成专家评审意见,上报股份公司技术中心委员会。

3. 股份公司技术中心主任批准认定股份公司工程实验室。

第十三条 股份公司工程实验室经认定后予以授牌,统一命名为"中国铁建股份有限公司 XXX 工程实验室"。

第十四条 股份公司工程实验室需要更名、变更研究方向进行结构调整、重组的,需由股份公司重新认定。

第十五条 股份公司工程实验室依托单位于每年底向股份公司报送年度总结和下一年度计划,股份公司按照各自上报情况进行检查。

第五章 考核与评价

第十六条 股份公司每年组织一次对通过认定的国家级创新平台考核评价,考核主要对国家创新平台的自主创新能力和整体运行状况进行综合评价,具体包括:固定科研人员数量、研究水平、对行业的引领和带动作用、人才队伍建设、开放交流与运行管理等。

(一)研究水平与对行业的引领和带动作用

1. 创新平台定位、研究方向及承担国家相关科研任务和省部级重点科研任务情况。

2. 代表性研究成果水平与国际学术影响、在社会经济发展中的贡献、投入产出比。

3. 合作研究与自主研究课题的组织情况与实施

效果。

(二)人才队伍建设

1. 创新平台负责人与学术带头人作用。

2. 队伍结构与创新团队建设。

3. 青年骨干人才的培养。

(三)运行管理与开放交流

1. 运行管理、依托单位支持(经费等)。

2. 学术交流。

3. 仪器设备使用与共享。

第十七条 依托单位对国家级创新平台考核评价材料真实性出具意见,并报送至股份公司技术中心办公室;考核评价材料主要包括年度工作总结、考核指标及必要的证明材料。

第十八条 股份公司工程实验室依托单位于每年底向股份公司报送年度总结和下一年度建设计划等,股份公司对认定的工程实验室组织有关专家,开展年度考核评价工作。

第十九条 股份公司工程实验室考核分为优秀、良好、合格和不合格。出现下列情形之一的,撤销"中国铁建股份有限公司工程实验室"资格:

1. 年度评价不合格的。

2. 不接受股份公司技术中心的跟踪管理,或不参加年度评价的。

3. 依托单位自行要求撤销中国铁建股份有限公司工程实验室。

第二十条 依据《中国铁建股份有限公司科技创新指标考核管理办法》(中国铁建科设〔2016〕34 号),对依托单位报送创新平台的材料进行评价,并将考核得分纳入中国铁建股份有限公司子公司负责人年度绩效考核。

第二十一条 国家级创新平台,被撤销其资格,扣罚依托单位负责人当年绩效的 20%;股份公司工程实验室,被撤销其资格,扣罚依托单位负责人当年绩效的 10%。

第六章 优惠政策

第二十二条 建设资助,对通过认定的国家级创新平台,股份公司给予依托单位一次性 300 万元的建设资助,对通过认定的工程实验室,股份公司给予依托单位一次性 50 万元的建设资助,其中 20% 建设资助用于奖励在申报认定过程中作出突出贡献的个人。

第二十三条 优惠政策,创新平台拥有承担股份公司重大专项的优先权,享受被优先推荐承担国家级课题的优惠政策。

第七章 附 则

第二十四条 本办法所涉及的费用统一列入股份公司年度科技经费预算,发放办法执行《中国铁建股份有限公司科研经费管理办法》(中国铁建财〔2017〕202 号)。

第二十五条 本办法由股份公司技术中心办公室负责解释。

第二十六条 本办法自公布之日起施行,《中国铁建股份有限公司科技创新平台管理办法》(中国铁建科设〔2015〕38 号)同时废止。

中国铁建股份有限公司责任成本管理专家管理办法

中国铁建经管〔2017〕198 号

第一章 总 则

第一条 根据股份公司项目责任成本管理指导意见,为加强责任成本管理人才队伍建设,充分利用专家优势,解决企业责任成本管理难题,提高股份公司责任成本管理水平,特制定本办法。

第二条 专家队伍建设秉持原则:坚持公平、公开、优秀的原则;坚持技术成果与实践经验相结合的原则;坚持动态管理的原则。

第三条 本办法适用于股份公司总部及所属各单位。

第二章 组织管理

第四条 股份公司成立责任成本管理专家评选委员会,负责专家队伍建设与评选工作。专家评选委员会主任由股份公司分管领导担任,委员会成员由股份公司经济管理部、人力资源部等相关部门人员组成。

第五条 责任成本管理专家评选委员会下设办公室,办公室设在股份公司经济管理部。

第六条 责任成本管理专家评选委员会职责:

1. 指导股份公司责任成本管理专家队伍建设。

2. 负责专家评选、使用、考核、退出的审批工作。

第七条 责任成本管理专家评选委员会办公室职责:

1. 在专家评选委员会领导下，负责股份公司责任成本管理专家队伍建设及制度建设等工作，负责指导督导各集团公司落实专家配套制度体系建设工作。

2. 负责专家评审、考核组织等工作。

3. 负责建立股份公司专家库、专家活动组织管理、专家交流等工作。

4. 完成专家评选委员会交办的其他工作。

第三章　专家评选

第八条　专家评选时间。凡符合任职条件的人员，根据专家评选条件，每三年申报、评审一次，由集团公司向股份公司申报；已纳入专家库的人员，有效期满需重新申报，参与评选。

第九条　专家评选原则。坚持标准，严格把关，同时遵循以下原则：

1. 优中选优原则，专家选拔要严格程序，坚持条件，参评人选必须符合本办法设定的评选条件。

2. 唯才是举原则，专家评选要重业绩，重能力，重专业技术水平，重工作成效，重点选拔业务能力突出和对企业有突出贡献的拔尖人才。

3. 实事求是原则，业绩要优秀真实，重点突出个人的主要贡献。

第十条　评选范围。凡中国铁建在职员工并直接从事责任成本管理工作的人员。

第十一条　评选条件。专家评选条件分为基本条件和具备条件，基本条件为参评准入条件，具备条件为评选选拔条件。凡参评人员应满足全部基本条件和 2 项及以上具备条件。

（一）基本条件

1. 具有较高的政治素质和良好的职业道德，爱岗敬业、工作严谨、求实创新、廉洁自律。

2. 具有丰富的实践经验，能够独立解决现场责任成本管理工作中的具体问题，具有较好的沟通能力。

3. 取得高级工程师、高级经济师、高级会计师职称 2 年以上。

（二）具备条件

1. 直接从事责任成本管理工作 10 年以上，有丰富的成本管理经验，能解决现场实际成本管理方面的问题，在成本管理方面成效显著，业绩突出。

2. 近 10 年在国家级刊物发表与成本管理相关文章不少于 2 篇的作者（独著、合著均可以）。

3. 近 10 年出版发行有关成本管理方面的专著的作者（作为编委正式编辑出版或独著、合著均可以）。

4. 近 10 年主持或参与研究关于责任成本管理方面的课题等获省部级、股份公司三等奖以上前 10 名的作者。

5. 在成本管理方面有突出业绩。

第十二条　有以下情形之一的，各单位不得推荐：

1. 所负责公司或项目发生管理亏损且应承担管理责任或直接责任的。

2. 个人廉洁自律存在严重问题的。

3. 个人存在严重违纪违法等行为的。

第十三条　评选程序。

1. 专家申请。凡符合评选条件的中国铁建在职人员按规定填写《中国铁建责任成本专家申请表》，并附被提名者有代表性的成果、著作和论文，以及重要奖项获奖证书的复印件等证明材料，相关证明材料要加盖单位公章，由所在单位初审、集团公司复审后上报股份公司专家评选委员会办公室。

2. 初审评选。专家评选委员会办公室负责参评人员资格审查、组织初审评定。初审中发现证明材料存在弄虚作假、材料不全或不合格的，取消评选资格。评委会办公室根据初审结果形成评价报告。

3. 专家评选委员会评审。专家评选委员会依据评价报告，对参评人员进行无记名投票表决，获得“同意”票数超过评委人数三分之二的人员为通过人选。

4. 评审结果公示。对评审通过的专家人选在股份公司系统内进行公示。公示后，对有争议的申报人员进行再次核实，确属不满足条件的取消评选资格。

5. 发放资格证书。公示无异议的专家，纳入股份公司责任成本管理专家库并发放《责任成本管理专家资格证书》，证书有效期三年。

第四章　专家职责

第十四条　股份公司责任成本管理专家主要职责如下：

1. 主动申请或单位安排的有关责任成本管理方面的课题研究及需要解决的重大问题。

2. 分析、研讨建筑行业或所在行业责任成本管理工作所面临的形势、存在的机遇和风险，对企业在成本管理工作方面的优劣势及所存在的问题等情况，提出建议对策。

3. 及时汇总、分析、解读相关政策、文件并对各单位进行宣贯。

4. 参与股份公司责任成本管理方面的文件、政策、作业指导书等的起草工作。

5. 针对责任成本管理工作中的重难点问题，提出建议和对策。

6. 指导帮扶重难点工程项目的责任成本管理工作。

7. 参与或参加股份公司责任成本管理教育培训工作及责任成本管理方面的专业交流会议。

8. 参与股份公司责任成本管理考评工作。

9. 每位专家每年度需提交至少一篇关于责任成本

管理工作的研究成果，如论文、课题、案例、课件、分析建议等。

第五章 专家管理

第十五条 股份公司评选委员会办公室负责专家库专家日常管理工作，定期（每年至少1次）和不定期（根据工作及项目需要）开展有关活动，包括课题立项，成本管理业务交流及培训、重点项目调研督导等。

第十六条 股份公司评选委员会办公室负责专家的评选、增补及退出工作。

第十七条 各单位要积极支持股份公司对专家的工作安排。

第十八条 责任成本管理专家调出本单位或调离原专业岗位的，所在集团公司要及时报股份公司评选委员会办公室备案。

第十九条 专家考核。专家考核三年开展一次，考核合格后，由股份公司重新发放《责任成本管理专家资格证书》。出现以下情况，予以退出专家库队伍：

1. 不服从股份公司统一调配管理的专家。

2. 因岗位调整、调出、离职、退休等原因不再适合担任专家的人员。

3. 因工作、身体等原因，不能正常履行专家职责的人员。

4. 未能完成每年度下达的成本管理相关任务的专家人员。

5. 其他不具备继续担任专家情况。

第六章 附 则

第二十条 各集团公司可参照本办法制定配套管理制度办法。

第二十一条 本办法从发文之日起执行，由股份公司评选委员会办公室负责解释。

中国铁建股份有限公司
国内工程承包单位行业信用评价管理办法

中国铁建经计〔2017〕207号

第一章 总 则

第一条 为加强股份公司信用评价管理，完善考核激励机制，进一步提升企业诚信履约能力，促进生产经营工作，根据工程建设各行业信用评价主管部门以及建设单位信用评价管理有关规定，结合股份公司实际，特制定本办法。

第二条 本办法适用于国内施工的铁路、公路、城市轨道交通、水利建设项目的信用评价工作，被评价对象为股份公司承担国内工程承包业务的二级单位。

第三条 股份公司依据中国铁路总公司、交通运输部、水利部公布的行业信用评价结果，以及城市轨道交通建设单位考核评价情况，确定所属单位信用评价考核得分，信用评价情况在股份公司系统内进行通报。

第四条 信用评价涉及企业施工管理的全过程，直接关系企业经营承揽工作，全系统各级领导和管理人员必须树立“干好在建”就是最大的经营理念，通过诚信经营、优质履约，实现生产与经营的良性互动，促进企业持续健康发展。

第二章 管理机构与职责

第五条 股份公司成立信用评价工作领导小组，庄尚标总裁任组长，李宁副总裁、孙公新总经济师任副组长，成员由股份公司办公室、发展规划部、人力资源部、经营计划部、工程管理部、安全质量监督部、房地产开发部、设备物资部、资本运营部、财务部、经济管理部、审计监事局、法律合规部、党委组织部（党委干部部）、纪委办公室以及股份公司本级区域经营机构（投资平台公司）组成。领导小组下设办公室，办公室设在经营计划部。

第六条 股份公司信用评价领导小组全面负责国内工程承包单位信用评价工作，研究制定股份公司信用评价管理制度，负责与各行业信用评价主管部门高层领导的沟通联络，对各单位信用评价工作进行督导，根据考核情况，实施奖罚，协调处理信用评价工作中的重大事项。

第七条 股份公司经营计划部（领导小组办公室）为国内工程建设单位信用评价业务管理部门，负责股份公司信用评价的政策管理，对所属单位信用评价工作进行指导、监管及考核，收集、汇总各行业主管部门发布的信用评价结果，定期在系统内进行公布。

第八条 股份公司领导小组成员部门按照各自职责分工负责有关单位的安全、生产、质量、物资、资金、人员配备等与信用评价业务相关的管理工作。

第九条 股份公司本级区域经营机构（投资平台公司）负责对在建项目信用进行监管，将业主对区域内项目建设的有关建议向施工单位进行反馈，利用与区域内地方政府、核心客户建立的良好关系，为所属单位开展信用评价工作提供关系资源。

第十条 集团公司作为信用评价的责任主体，主要职责为：

1. 成立领导机构。各集团公司应成立信用评价领导小组，主管领导担任组长，亲自挂帅，分管生产、安全质量领导担任副组长，机关有关部门负责人担任成员，领导小组下设办公室，与业务部门一个机构两块牌子，负责业务管理以及调配一切资源为信用评价工作服务。领导小组明确机关相关部门、区域指挥部、工程公司、项目部的管理职责，制定工作目标，强化责任落实，建立考核激励机制，加大奖罚力度。

2. 加强全面管控。认真研究各行业信用评价管理政策，制定企业信用评价管理办法，完善信用评价管控体系，做好信用评价工作的指导和检查工作。督导工程公司加强施工生产要素配置，确保资源投入充足合理；规范投标行为，建立健全项目管理体系，实现在建项目全过程管控。监督和指导项目部按照要求做好施工现场管理、标准化建设、内业管理以及迎检工作，发现问题，及时报告，妥善解决，确保在建项目安全、质量、进度等履约行为始终规范、有序、高效运转。

3. 做好沟通协调。集团公司本级、驻京机构组建信用评价行业主管部门协调小组，负责与中国铁路总公司、交通运输部、水利部、中国水利工程协会工程建设、质量监督、运输管理等信用评价管理部门的联络、沟通、协调工作；集团公司区域指挥部、工程公司、项目部组建建设单位协调小组，负责铁路局（公司），省市交通、水利部门，建设单位质量监督、造价管理、工程建设、运输管理等信用评价管理机构的联络、沟通、协调工作。工程公司、项目部全力配合集团公司两级信用评价协调小组，通过上下沟通，共同做好信用评价的信息收集、分析、问题处理以及信用风险化解工作。

4. 及时上报信息。集团公司应加强与股份公司业务部门沟通，贯彻落实股份公司工作部署，每半年将信用评价开展情况以及各行业主管部门公布的信用评价结果向股份公司报告。

第三章 组织管理

第十一条 加强项目信用管控。为强化在建项目信用管理，实行股份公司、集团公司、工程公司三级监督检查机制。工程公司在每个信用评价期内至少对在建项目履约情况排查一次，发现问题，及时解决，严防不良行为发生。集团公司区域指挥部对区域内在建项目进行监管，做好考核评价单位与项目部信息对接和关系协调工作。集团公司重点检查施工难度大、社会影响大、发生问题多的项目，督促工程公司、项目部落实信用评价工作要求，加强业务指导，做好协调工作。股份公司对集团公司在建项目信用情况进行不定期抽查，凡是信用评价重视不够、管理粗放、存在较大风险隐患的项目，视情况采取警告、限期整改、要求撤换项目主要负责人、对集团公司年度信用评价考核扣分等措施进行处罚。

第十二条 构建协同联动机制。所属单位信用评价主管部门协调小组和建设单位协调小组加强对接单位的沟通联络，及时将信用评价的检查计划、工作内容、考核安排等情况，报送集团公司业务部门、工程公司以及项目部，由集团公司督导相关工程公司、项目部提前谋划、完善管理，高质量开展迎检工作。项目部在重大施工检查、考核评价过程中，形成集团公司领导现场指导，信用评价协调小组加强跟踪，工程公司、项目部全力配合联动机制，通过齐抓共管，实现预期考核目标。

第十三条 严格防范信用风险。项目部及时将外部信用评价考核检查情况报送工程公司、信用评价协调小组、集团公司业务部门，存在评价扣分、不良行为风险的，配合集团公司信用评价建设单位协调小组或主管部门协调小组等机构，做好与考核评价单位的沟通、协调、解释、申诉工作，通过多方联动，采取有效措施，及时化解对综合得分产生影响的不利因素。

第十四条 定期开展质量回访。所属单位定期组织对施工过程、静态验收、动态验收，尤其是评价期内的运营项目进行回访，及时掌握项目安全质量评价情况，对建设单位提出的问题、要求及建议，必须积极响应，认真整改。特别是运营类项目要根据回访情况，主动提供维修、保养和技术服务，坚决防止因发生安全、质量事故产生重大不良行为。

第十五条 积极争取信用加分。集团公司两级信用评价协调小组积极收集信用加分信息，及时报送工程公司、项目部。项目部要结合地理位置、气候环境等特点，提前谋划，主动争取，积极制定各类抢险应急预案。当台风、洪水、滑坡等灾害发生时，第一时间与建设单位、地方抢险救灾主管部门密切联系，积极参与各类抢险救灾行动；工程复杂、技术难度大的特殊建设项目，坚持按要求做实基础工作，积极配合集团公司两级信用评价协调小组开展加分申报工作。

第十六条 建立信用评价台帐。集团公司对信用评价期内项目建立管理台帐，掌握各个项目信用管理动态，根据生产运行情况，积极发挥好督促、指导、协调和服务作用。

第四章 考核评价

第十七条 考核原则。股份公司以工程承包建设行业信用评价主管部门公布的结果为依据，计算所属单位信用评价考核得分,并将考核得分直接纳入所属单位负责人年度绩效考核体系实施奖罚。

第十八条 评价标准。

一、铁路市场(得分上限4分)

铁路市场信用评价考核得分按照中国铁路总公司上半年和下半年公布的结果为依据,两个评价期合并计算。半年度评价期计算方法为:

1. 进入A类的企业,考核得分加2分。

2. 进入B类的企业,在中国铁路总公司排名前5名的,以排名第五名考核得0.1分为基础,每前进1名得分增加0.1分;排名在中国铁路总公司后3名的,均扣0.5分。

3. 被评为C类的单位,考核扣2分。

二、公路、水运市场(得分上限3分)

公路、水运市场信用评价考核得分按照交通运输部发布的年度最新评价结果为考核依据。

1. 进入AA级的企业:一个集团公司一家单位进入的考核得1.5分,每增加一个单位增加0.5分。

2. 进入A级的企业:一个集团公司一家单位进入的考核基础得分为0.5分,在此基础上,每增加1家单位得分增加0.1分。

3. 各集团公司获得AA级和A级考核合计得分为3分封顶。

4. 进入B类的企业:一个集团公司一家单位进入的考核基础扣分为0.5分,在此基础上,每增加1家单位扣分增加0.1分。

5. 进入C类的企业:一个集团公司一家单位进入的考核基础扣分为1分,在此基础上,每增加1家单位扣分增加0.2分。

6. 进入D类的企业:直接扣3分。

三、城市轨道交通市场(得分上限2分)

(一)因城市轨道交通市场信用评价标准不统一,部分城市尚未开展信用评价工作,为确保考核客观公正,股份公司通过选择市场集中度较高、参与单位较多、市场潜力较大以及业主信用评价经验比较丰富且有代表性的项目,依据业主的得分、排名等情况进行考核加分,最多加2分。

(二)参建单位因管理问题,发生不良行为,被业主通报批评或投诉的,视情况进行扣分,最多扣2分。

四、水利市场(得分上限1分)

水利市场信用评价考核得分按照水利部发布的年度评价结果计算。

1. 进入AAA级的企业:考核得分加1分。

2. 进入AA级的企业:考核得分加0.5分。

3. 进入A级的企业:不奖不罚。

4. 进入BBB级的企业:考核得分扣0.5分。

5. 进入CCC级的企业:考核得分扣1分。

第十九条 考核最终得分。各单位信用评价考核最终得分按以上四个专业市场得分合并计算。

第二十条 考核结果的应用。

1. 股份公司将各行业市场主管部门公布的信用评价结果以及各单位考核得分情况在全系统进行通报,对成绩突出的单位和个人进行表彰奖励。

2. 将所属单位信用评价管理情况纳入子公司负责人绩效考核体系,作为兑现薪酬和职务调整的重要依据。

3. 凡是对信用评价管理工作重视不够、管控疲软、成效较差、被建设单位通报批评、发生重大不良行为的单位,股份公司视情况采取警告、限期整改、约谈问责、追究主要领导责任等措施进行处罚。

第二十一条 本办法自印发之日起执行,股份公司经营计划部负责解释工作。

中国铁建党建工作责任制实施办法

中国铁建党组〔2017〕73号

第一章 总 则

第一条 为了深入贯彻党的十八届六中全会和全国国有企业党的建设工作会议精神,深入贯彻习近平总书记系列重要讲话精神,坚持党对国有企业的领导,落实全面从严治党要求,履行管党治党责任,不断加强和改进中国铁建所属单位党的建设,根据《中国共产党章程》、《中国共产党问责条例》、《中央企业党建工作责任制实施办法》等有关党内法规及文件精神制定本办法。

第二条 落实党建工作责任制必须坚持党的领导、加强党的建设;坚持党要管党、从严治党,权责统一、失责必究;坚持围绕中心、服务大局,把提高企业效益、增强企业竞争力、实现国有资产保值增值作为企业党组织工作的出发点和落脚点,以企业改革发展成果检验党组织的工作和战斗力,为企业做强做优做大提供坚强组织保证。

第三条 建立上级党组织履行领导、指导和督导责任，下级党组织履行主体责任、党组织书记承担第一责任、党组织专职副书记承担直接责任、领导班子成员分工负责、党委组织部、党委工作部等党建工作责任部门牵头抓总、相关部门齐抓共管，一级抓一级、层层抓落实的党建工作格局，形成主体明晰、责任明确、有机衔接的党建工作机制。

第二章　责任内容

第四条　企业党委（组织）发挥领导核心和政治核心作用，把方向、管大局、保落实，具体负责本企业党的建设，坚持从严治党，坚持思想建党和制度治党紧密结合，加强对企业的政治领导、思想领导、组织领导。主要职责是：

（一）保证监督党和国家方针政策，党中央、国务院决策部署在企业贯彻执行；落实上级党委工作要求。

（二）研究讨论企业重大经营管理事项。

（三）落实党管干部原则和党管人才原则，加强企业领导班子建设和人才队伍建设。

（四）履行企业党风廉政建设主体责任，建立健全纪检监察机构，领导、支持纪检监察机构履行监督执纪问责职责，加强对企业各级领导人员履职行为的监督。

（五）加强企业基层党组织和党员队伍建设，注重日常教育监督管理，充分发挥党支部战斗堡垒作用和党员先锋模范作用，团结带领干部职工积极投身企业改革发展。

（六）领导企业宣传思想政治工作、精神文明建设、统一战线工作、企业文化建设和群团工作。

第三章　责任履行

第五条　企业党委（组织）履行本企业党的建设主体责任，主要包括：

（一）研究贯彻落实党和国家方针政策，党中央、国务院决策部署及上级党委工作要求的具体措施，履行好企业的政治责任和社会责任。

（二）统筹谋划企业党的建设和改革发展，做到两手抓、两手硬。

（三）研究讨论企业改革发展和生产经营重大问题，确保党组织的领导核心和政治核心作用在参与企业重大决策中得到有效发挥。

（四）每年初召开党委会议，专题研究部署企业党的建设年度重点工作任务；每半年至少召开一次党委会议，听取企业有关党的建设工作汇报，研究党的建设重要问题。

（五）在每年初召开的党委全体（扩大）会议或其他党的工作会议上，与下级党组织签订《年度党建工作责任书》。

（六）以“党组织书记抓基层党建工作述职评议考核”和对所属党组织进行“党建工作量化考核”为抓手，加强对所属企业党的建设工作的考核，确保党的建设各项要求在所属企业得到全面落实。

（七）每半年至少召开一次专门会议研究落实党风廉政建设和反腐败工作，领导、支持纪检监察机构监督执纪问责，严格执行和维护党的纪律。

（八）按照“四个同步”要求，加强企业党建基础保障，健全企业党的组织和工作机构，配齐配强党务工作人员，保障党的工作经费，加强基层党组织书记和党务工作人员培训，规范党费收缴使用和管理。

（九）建立健全企业党的建设制度体系，加强对制度执行情况的督促检查。

（十）领导和组织企业党内学习教育，抓好党员教育管理。加强思想政治建设，创新思想政治工作，着力增强党内政治生活的政治性、时代性、原则性、战斗性。

（十一）加强对所属企业党的建设工作的调研检查、督促指导，对所属企业党的建设中遇到的新情况新问题及时进行研究，并提出解决问题的指导性意见和措施。

（十二）落实党管干部原则，加强对选人用人工作的领导和把关，管标准、管程序、管考察、管推荐、管监督，保证党组织对干部人事工作的领导权和对重要干部的管理权，严格执行国有企业领导人员“对党忠诚、勇于创新、治企有方、兴企有为、清正廉洁”的选任标准。

（十三）加强人才队伍建设，根据企业发展需要，加强“领导人员、经营管理人员、专业技术人员、党务工作人员、技能人员”五支人才队伍建设，着力培养造就结构合理、素质优良、专业匹配的人才队伍。

（十四）加强对所属企业领导干部的教育管理监督，注重抓好党性观念教育、理想信念教育、政治纪律和政治规矩教育，严格日常管理，加强日常监督，坚决治理不思进取、不接地气、不抓落实、不敢担当的“四不”干部。

（十五）加强领导班子自身建设，坚持政治引领，增强“四个意识”，定期开展理论学习中心组学习，组织开好领导班子民主生活会，按照中央《关于新形势下党内政治生活的若干准则》要求，切实加强思想政治建设和作风建设。

（十六）坚持领导班子成员建立党建工作联系点制度，督促班子成员在基层企业建立党建工作联系点，指导、帮助基层企业解决党的建设中遇到的实际困难和问题。

（十七）定期研究企业宣传思想政治工作、统一战线工作、企业文化工作和群团工作，推动企业积极履行社会责任。

第六条 企业党委(组织)书记履行企业党的建设第一责任,主要包括:

(一)全面负责企业党的建设,主持制定党的建设工作计划和措施,抓好重点工作谋划、部署、推进和督查,抓好党的建设工作责任落实检查考核、责任追究等。

(二)带头加强党的领导,坚决维护党中央权威,遵守党章党规党纪,严守政治纪律和政治规矩,坚持民主集中制,坚决执行上级党组织的决议决定。

(三)坚决落实全面从严治党要求,自觉履行好党风廉政建设第一责任人职责,做全面从严治党的表率。

(四)带头加强理论学习,坚定理想信念,坚定正确的政治立场和方向,增强政治意识、大局意识、核心意识、看齐意识,自觉接受组织和各方面监督。

(五)带头落实"四个同步"和"四个对接"要求,着力抓好健全企业党的组织和工作机构,配齐配强党务工作人员,建立完善党的建设基本制度体系等基础性工作,为加强企业党的建设奠定坚实基础。

(六)带头坚持党的建设工作联系点制度,每年主持制定领导班子成员建立党的建设工作联系点方案,并带头建立党的建设工作联系点,经常深入基层调查研究,发现解决问题,总结成功经验,加强具体指导。

(七)带头维护党内政治生活的政治性、时代性、原则性、战斗性,主持制定领导班子年度民主生活会工作方案,组织开好领导班子民主生活会,带头运用批评和自我批评的武器,加强领导班子思想政治建设。

(八)带头落实"三会一课"制度,坚持以普通党员身份参加所在党支部的"两学一做"学习教育和组织生活会,认真参加所在党支部组织的理论学习、专题研讨和讲党课等活动。

(九)带头定期给基层企业生产和工作一线的党员干部讲党课,主动贴近基层企业生产和工作一线的党员干部和职工群众,及时了解掌握他们的思想动态,有针对性地做好他们的思想政治工作。

第七条 企业党委(组织)专职副书记履行企业党的建设直接责任,主要包括:

(一)协助党组织书记统筹推进企业党的建设各项工作,制定党的建设工作计划,提出工作思路和措施,抓好组织实施、监督检查和责任追究。

(二)根据党组织确定的目标任务,协调各方力量抓好党的建设各项工作落实。

(三)及时掌握党的建设动态,研究问题、提出建议,供党组织决策参考。

(四)组织执行党组织关于全面从严治党的决策部署。

(五)直接领导并具体指导党委组织部门做好党内重大教育实践活动的工作方案制定、任务要求落实、实施过程检查和经验成效总结等工作。

(六)直接领导并具体指导党委组织部门按照"四个同步"和"四个对接"要求,健全企业党的组织和工作机构,配齐配强党务工作人员,建立完善党的建设基本制度体系,夯实企业党的建设工作基础。

(七)督促和指导党委组织部门做好领导班子成员建立党的建设年度工作联系点的方案制定、工作推进、成效总结等工作。

(八)督促和指导党委组织部门加强对所属各级党组织党的建设工作的调研、检查,重点检查所属各级党组织建立党的建设基本制度体系、落实中央"两学一做"学习教育常态化、制度化要求和上级党组织重点工作部署、坚持"三会一课"制度等情况,发现问题,及时督促整改,并研究提出对落实企业党的建设要求不力人员的责任追究方案。

第八条 企业党委(组织)领导班子其他成员履行"一岗双责",主要包括:

(一)结合分工抓好分管领域、分管部门党的建设工作。

(二)关注并支持企业党的建设工作,积极参与企业党的建设重点工作及有关问题的讨论研究、部署落实和督促检查。

(三)带头落实中央"两学一做"学习教育常态化、制度化要求及上级党组织重点工作部署,积极参加企业党组织部署开展的各种党内集中教育实践活动,自觉参加政治理论学习、专题研讨、调研检查等活动,在领导班子民主生活会上严肃认真地开展批评和自我批评。

(四)认真落实"三会一课"制度,坚持以普通党员身份参加所在党支部的"两学一做"学习教育和组织生活会,认真参加所在党支部组织的理论学习、专题研讨和讲党课等活动。

(五)认真落实企业党组织关于领导班子成员建立党的建设工作联系点制度要求,深入基层,深入群众,采用座谈调研、专题研讨、讲党课等方式,宣讲党和国家的方针政策,以及上级党组织的重要工作部署,指导帮助联系点企业解决党的建设中遇到的热点难点问题。

第九条 企业党委组织部门负责党的建设日常业务工作,主要包括:

(一)负责贯彻落实中央重大决策部署及上级党委重要决议、决定具体工作方案的制定、实施和跟踪检查,发现问题,及时研究提出解决问题的具体思路和措施。

(二)负责党内重大集中教育活动方案的制定、组织实施、督促检查和归纳总结,及时发掘和宣传重大集中教育活动中涌现出来的先进典型。

（三）负责起草制定企业党的建设年度重点工作目标和任务计划，跟踪了解企业党的建设年度重点工作任务的进展情况，并定期向党组织书记和专职副书记报告工作任务计划的进展情况。

（四）负责《党建工作责任制实施办法》《企业党建工作情况量化考核办法》《党组织书记抓基层党建工作情况年度述职评议实施方案》等制度办法的建立和完善工作，并牵头按照上述办法和方案对所属单位落实党建工作责任制要求、加强党建工作情况进行评议考核，促使党建工作责任的有效落实。

（五）负责领导班子成员建立党的建设工作联系点制度的实施和完善工作，具体负责企业本级领导班子成员建立党的建设工作联系点的方案制定、工作协调推进、成效总结等工作，并对所属企业领导班子建立党建工作联系点情况进行督促检查，推动各级领导班子成员落实“一岗双责”要求。

（六）按照严格党内政治生活新要求，制定企业本级领导班子年度民主生活会工作方案，做细相关准备工作，为开好本级领导班子民主生活会做好基础性工作。

（七）定期组织对所属各级党组织党建工作情况的调研、检查，重点检查所属各级党组织建立党的建设基本制度体系、落实中央“两学一做”学习教育常态化、制度化要求和坚持“三会一课”制度等情况。

（八）按照中央“四个同步”和“四个对接”要求，研究提出企业党的组织设路、工作机构设立、党务工作人员配备的具体方案，夯实企业党建工作组织基础。

第四章　责任考核与监督

第十条　建立企业党委落实党建工作责任制的检查考核与监督机制，明确考核评价内容、标准、方法、程序。

第十一条　建立企业党建工作考核评价机制，定期开展企业党建工作考核评价和党组织书记抓党建述职评议，考核评价结果在一定范围内通报，与企业领导人员的任免、薪酬、奖惩挂钩。

第十二条　建立企业党建工作责任制落实情况报告制度，各级党委每年应向上级党组织报告党建工作责任制落实情况，设常委的企业党委常委会每年应当向全会专题报告党建工作责任落实情况，党委班子成员每年应当向所在党委报告履行党建工作责任情况。

第十三条　上级党组织通过以下方式加强对所属企业党建工作责任落实情况的监督检查：

（一）加强日常检查，及时了解掌握党建工作情况。

（二）开展专项检查，对上级部署的专项任务落实情况或者党建工作中存在的突出问题，有针对性地开展检查。

（三）强化巡视监督，把落实党建工作责任情况纳入巡视内容。

（四）重视群众监督，畅通监督渠道，充分听取党员干部和职工群众的反映和评价。

第五章　责任追究

第十四条　企业党委及其班子成员落实从严治党要求不力，未能严格履行党建工作责任制，有下列情形之一的，应当追究责任：

（一）党和国家方针政策，党中央、国务院决策部署，上级党委工作要求没有得到有效贯彻落实，出现国有资产流失、职工队伍不稳定、社会责任不履行、长期经营不善等情形，造成严重损失，产生恶劣影响的。

（二）维护党的政治纪律、组织纪律、廉洁纪律、群众纪律、工作纪律、生活纪律不力，导致违规违纪行为多发，特别是维护党的政治纪律和政治规矩失职，对本单位党员干部违反政治纪律行为放任不管，有令不行、有禁不止，对重大事项隐瞒不报或者不及时、不据实报告的。

（三）意识形态领域和思想政治工作出现重大问题，重大舆情处路不当，严重损害党和国家以及企业形象的。

（四）违反规定选拔任用领导人员，用人失察、失误，任人唯亲、跑官要官等不正之风严重，干部教育管理监督失之于宽松软，领导人员不作为、乱作为问题突出的。

（五）党内政治生活不经常、不认真、不严肃，表面化、形式化、娱乐化、庸俗化严重，党内监督职责不落实，发现问题不处路、不整改、不问责，造成严重后果的。

（六）违反民主集中制原则，违反“三重一大”集体决策等有关规定，独断专行，造成重大损失的。

（七）党风廉政建设主体责任落实不到位，腐败问题严重、“四风”问题突出的。

（八）基层党组织软弱涣散，党组织及其工作机构不健全、党务工作人员配备数量不足、能力素质不强、经费得不到保障，影响党组织正常开展工作、发挥作用，职工群众合法权益被侵害，影响恶劣的。

（九）发生严重失、泄密案件案件，扶贫工作不力被上级通报批评的。

（十）其他应当追究责任的情形。

第十五条　出现本办法第十四条所列情形的，按照《中国共产党问责条例》《中国共产党纪律处分条例》等有关规定追究责任。

第六章　附　则

第十六条　本办法由中国铁建股份有限公司党委组织部负责解释。

第十七条　本办法自颁布之日起实行。

2017年中国铁道建筑总公司文件目录

文件号	文件标题
中铁建海外〔2017〕1号	中国铁道建筑总公司关于尼日利亚卡诺轻轨项目情况的报告
中铁建发展〔2017〕2号	关于明确机关房地产管理中心有关职责的通知
中铁建财〔2017〕3号	中国铁道建筑总公司关于申请2017年企业外债规模试点的请示
中铁建人〔2017〕4号	中国铁道建筑总公司关于2016年度工资总额预算调整的报告
中铁建财〔2017〕5号	中国铁道建筑总公司关于上报2017年度预算报告的请示
中铁建科设〔2017〕6号	中国铁道建筑总公司关于推荐2017年度国家科学技术奖候选项目的函
中铁建发展〔2017〕7号	中国铁道建筑总公司关于设立中国土木工程集团有限公司厄立特里亚分公司的请示
中铁建董〔2017〕8号	中国铁道建筑总公司关于补充修订《公司章程》部分条款的请示
中铁建发展〔2017〕9号	中国铁道建筑总公司关于设立中国土木工程集团有限公司苏丹分公司的请示
中铁建海外〔2017〕10号	中国铁道建筑总公司关于申请2017年国际产能合作补助资金的请示
中铁建审监〔2017〕11号	中国铁道建筑总公司关于贯彻落实《国务院办公厅关于建立国有企业违规经营投资责任追究制度的意见》情况的报告
中铁建海外〔2017〕12号	中国铁道建筑总公司关于2015年度国际化经营自评情况的报告
中铁建法〔2017〕13号	中国铁道建筑总公司关于2016年度重大法律纠纷案件情况的报告
中铁建发展〔2017〕14号	中国铁道建筑总公司关于2016年并购情况的报告
中铁建海外〔2017〕15号	中国铁道建筑总公司关于厄瓜多尔桑潘项目营地遭受暴力侵占事件及后续处置结果有关情况的报告
中铁建外事〔2017〕16号	关于2016年外事工作情况和2017年外事工作要求的通知
中铁建科设〔2017〕17号	关于颁发2016年度中国铁道建筑总公司科学技术奖的通知
中铁建资本〔2017〕18号	中国铁道建筑总公司关于报送投资项目负面清单(2017年版)的报告
中铁建资本〔2017〕19号	中国铁道建筑总公司关于报送境外投资项目负面清单(2017年版)的报告
中铁建发展〔2017〕20号	关于成立中国铁道建筑总公司外事工作领导小组的通知
中铁建经管〔2017〕21号	中国铁道建筑总公司关于报送《2017年"瘦身健体"提质增效工作实施方案》的报告
中铁建发展〔2017〕22号	中国铁道建筑总公司关于上报《中国铁建2016—2020年企业发展战略与规划》的报告
中铁建安质〔2017〕23号	中国铁道建筑总公司关于2016年安全生产工作总结及2017年工作计划的报告
中铁建安质〔2017〕24号	中国铁道建筑总公司关于2016年安全生产工作总结及2017年工作计划的报告
中铁建安质〔2017〕25号	中国铁道建筑总公司关于2016年安全生产工作总结及2017年工作计划的报告
中铁建财〔2017〕26号	中国铁道建筑总公司关于2016年度国有资产评估管理工作总结的报告
中铁建财〔2017〕27号	中国铁道建筑总公司关于上报2016年度财务决算报告的请示
中铁建资本〔2017〕28号	中国铁道建筑总公司关于确定2017年非主业投资控制比例的请示
中铁建发展〔2017〕29号	中国铁道建筑总公司关于设立中铁十一局集团有限公司驻中非共和国办事处的请示
中铁建财〔2017〕30号	关于调整评估机构备选库的通知
中铁建人〔2017〕31号	中国铁道建筑总公司关于2017年度工资总额预算方案的报告

续表

文 件 号	文 件 标 题
中铁建财〔2017〕32 号	中国铁道建筑总公司关于金融业务开展情况的报告
中铁建财〔2017〕33 号	中国铁道建筑总公司关于 2016 年国有资本经营预算结转资金情况的请示
中铁建财〔2017〕34 号	中国铁道建筑总公司关于申请全额预拨驻黑龙江省内大集体企业改革中央财政专项补助资金的请示
中铁建海外〔2017〕35 号	中国铁道建筑总公司关于参与菲律宾铁路项目建设的请示
中铁建经管〔2017〕36 号	中国铁道建筑总公司关于 2017 年中央企业处置“僵尸企业”国有资本经营预算申报的报告
中铁建海外〔2017〕37 号	中国铁道建筑总公司关于申请 2017 年国际产能合作补助资金的请示
中铁建外事〔2017〕38 号	中国铁道建筑总公司关于邀请尼日利亚卡杜纳州州长访华的请示
中铁建董〔2017〕39 号	关于修订《中国铁道建筑总公司章程》的通知
中铁建财〔2017〕40 号	中国铁道建筑总公司关于 2016 年财政专项补助资金结转情况的请示
中铁建发展〔2017〕41 号	中国铁道建筑总公司关于报送《2017 年度全面风险管理报告》的报告
中铁建发展〔2017〕42 号	中国铁道建筑总公司关于上报《中国铁建股份有限公司 2017—2019 年滚动规划》的报告
中铁建人〔2017〕43 号	中国铁道建筑总公司关于中国铁建股份有限公司所属单位企业年金方案实施细则备案的报告
中铁建财〔2017〕44 号	关于 2016 年度产权管理工作情况的通报
中铁建外事〔2017〕45 号	中国铁道建筑总公司关于邀请尼日利亚财政部长和交通部长访华的请示
中铁建发展〔2017〕46 号	中国铁道建筑总公司关于 2016 年度内部控制评价情况的报告
中铁建经管〔2017〕47 号	中国铁道建筑总公司关于 2017 年一季度“僵尸”特困企业治理情况的报告
中铁建资本〔2017〕48 号	中国铁道建筑总公司关于 2017 年“三供一业”分离移交国有资本经营预算申报和清算的报告
中铁建财〔2017〕49 号	中国铁道建筑总公司关于 2016 年度国有资本收益情况的报告
中铁建安质〔2017〕50 号	中国铁道建筑总公司关于安全生产工作有关情况的报告
中铁建审监〔2017〕51 号	中国铁道建筑总公司关于审计发现有关问题整改情况的报告
中铁建资本〔2017〕52 号	中国铁道建筑总公司关于调整 2017 年非主业投资控制比例的请示
中铁建房管〔2017〕53 号	中国铁道建筑总公司关于办理海淀区复兴路 40 号职工住宅项目划拨用地的请示
中铁建发展〔2017〕54 号	关于锦鲤资产管理中心增加编制定员的通知
中铁建经计〔2017〕55 号	中国铁道建筑总公司关于中铁第五勘察设计院集团有限公司大院规划调整的请示
中铁建财〔2017〕56 号	关于印发《中国铁道建筑总公司国家专项财政补助资金管理暂行办法》的通知
中铁建人〔2017〕57 号	中国铁道建筑总公司关于上报 2016 年度工资总额预算执行情况的报告
中铁建法〔2017〕58 号	中国铁道建筑总公司关于请求对重大法律纠纷案件给予支持帮助的请示
中铁建财〔2017〕59 号	中国铁道建筑总公司关于报送《2017 年度债务风险管控方案》的报告
中铁建房管〔2017〕60 号	中国铁道建筑总公司关于中铁二十三局集团有限公司第二工程有限公司无偿划转土地、房屋的请示
中铁建安质〔2017〕61 号	中国铁道建筑总公司关于质量安全环保隐患排查治理情况的报告
中铁建海外〔2017〕62 号	关于对持因私证件执行因公任务进一步检查和整改的通知
中铁建财〔2017〕63 号	中国铁道建筑总公司关于报送“两金”压控工作方案的报告

续表

文件号	文件标题
中铁建财〔2017〕64号	中国铁道建筑总公司关于申请驻黑龙江省内大集体企业改革支持资金情况的报告
中铁建董〔2017〕65号	中国铁道建筑总公司关于中国铁建董事会2016年度工作情况的报告
中铁建法〔2017〕66号	中国铁道建筑总公司关于境外法律风险排查处置情况的报告
中铁建经管〔2017〕67号	中国铁道建筑总公司关于2017年二季度“僵尸”特困企业治理情况的报告
中铁建办〔2017〕68号	关于贯彻落实中央企业、地方国资委负责人培训班精神情况的报告
中铁建发展〔2017〕69号	关于成立中国铁道建筑总公司公司制改制专项工作领导小组的通知
中铁建发展〔2017〕70号	关于成立中国铁建企业功能界定与分类工作领导小组和办公室的通知
中铁建房管〔2017〕71号	中国铁道建筑总公司关于《中国铁道建筑总公司机关按经济适用住房价格出售旧有住房实施办法》的请示
中铁建财〔2017〕73号	中国铁道建筑总公司关于中国铁建股份有限公司非公开发行H股有关事项的请示
中铁建发展〔2017〕74号	中国铁道建筑总公司关于设立中铁二十五局集团有限公司科特迪瓦分公司的请示
中铁建财〔2017〕75号	中国铁道建筑总公司关于进口贴息资金支持的请示
中铁建财〔2017〕76号	中国铁道建筑总公司关于进口贴息资金支持的请示
中铁建发展〔2017〕77号	关于调整中国铁道建筑总公司外事工作领导小组的通知
中铁建发展〔2017〕78号	中国铁道建筑总公司关于公司制改制有关事项的请示
中铁建安质〔2017〕79号	中国铁道建筑总公司关于玉磨铁路“9·14”隧道坍塌险情情况的报告
中铁建发展〔2017〕80号	关于成立中国铁道建筑总公司降杠杆减负债防风险工作领导小组的通知
中铁建审监〔2017〕81号	中国铁道建筑总公司关于审计署2016年审计查出有关问题整改落实情况的报告
中铁建财〔2017〕82号	中国铁道建筑总公司关于报送降杠杆减负债工作方案的报告
中铁建海外〔2017〕83号	中国铁道建筑总公司关于紧急转移多米尼克受灾人员回国情况的报告
中铁建海外〔2017〕84号	中国铁道建筑总公司关于2016年度国际化经营自评情况的报告
中铁建外事〔2017〕85号	中国铁道建筑总公司关于邀请吉布提交通装备部部长访华的请示
中铁建海外〔2017〕86号	中国铁道建筑总公司关于应对多米尼克飓风灾害的报告
中铁建人〔2017〕87号	中国铁道建筑总公司关于2016年度企业负责人薪酬兑现情况的报告
中铁建海外〔2017〕88号	中国铁道建筑总公司关于应对多米尼克飓风灾害情况的报告
中铁建审监〔2017〕89号	中国铁道建筑总公司关于审计署2016年审计查出有关问题整改落实情况的报告
中铁建财〔2017〕90号	中国铁道建筑总公司关于2018年国有资本经营预算预申报的报告
中铁建人〔2017〕91号	关于印发《中国铁道建筑总公司总部机关职工生活补贴和采暖补贴管理暂行办法》的通知
中铁建经计〔2017〕92号	中国铁道建筑总公司关于中铁十六局北京市朝阳区皮村北巷2号院申请办理规划调整函延期的请示
中铁建海外〔2017〕93号	中国铁道建筑总公司关于申请2018年国际产能合作补助资金的请示
中铁建发展〔2017〕94号	中国铁道建筑总公司关于变更《铁道建筑技术》杂志社主管单位和主办单位名称的请示
中铁建发展〔2017〕95号	中国铁道建筑总公司关于变更《铁道建筑技术》杂志社出版单位名称的请示
中铁建财〔2017〕96号	中国铁道建筑总公司关于中国铁建股份有限公司公开发行A股可转换公司债券有关事项的请示

续表

文件号	文件标题
中铁建外事〔2017〕97号	中国铁道建筑总公司关于邀请赞比亚内阁秘书长访华的请示
中铁建人〔2017〕98号	中国铁道建筑总公司关于所属单位企业年金方案实施细则备案的报告
中铁建海外〔2017〕99号	中国铁道建筑总公司关于报送境外安全工作经验交流材料的报告
中铁建海外〔2017〕100号	中国铁道建筑总公司关于报送境外安全风险防控典型案例的报告
中铁建海外〔2017〕101号	中国铁道建筑总公司 中国铁路工程总公司关于亚吉铁路项目近期进展和融资情况的报告
中铁建战备〔2017〕102号	关于印发《中国铁道建筑总公司交通战备年度责任考核实施细则(试行)》的通知
中铁建发展〔2017〕103号	中国铁道建筑总公司关于上报中央企业培训疗养机构有关情况的报告
中铁建审监〔2017〕104号	中国铁道建筑总公司关于国有企业监事会2016年度监督检查发现问题整改情况的报告
中铁建法〔2017〕105号	中国铁道建筑总公司关于报送2017年法治工作报告的报告
中铁建财〔2017〕106号	中国铁道建筑总公司关于2017年度财务决算有关事项的报告
中铁建人〔2017〕107号	中国铁道建筑总公司关于2018年中央企业离休干部医疗药费国有资本经营预算的报告
中铁建海外〔2017〕108号	中国铁道建筑总公司关于参与中吉乌铁路项目建设的请示
中铁建海外〔2017〕109号	中国铁道建筑总公司关于参与中吉乌铁路项目建设的请示
中铁建人〔2017〕110号	关于印发《中国铁道建筑有限公司表彰奖励管理办法(试行)》的通知
中铁建科设〔2017〕111号	关于公布2017年度勘察设计“四优”、优秀工程咨询成果的通知
中铁建科设〔2017〕112号	关于颁发2017年度中国铁道建筑总公司科学技术奖的通知
中铁建人〔2017〕113号	中国铁道建筑有限公司关于2017年度工资总额预算调整的报告

2017年中国铁道建筑总公司党委文件目录

文件号	文件标题
中铁建党组〔2017〕1号	中国铁道建筑总公司党委关于党的建设工作情况的自查报告
中铁建党组〔2017〕2号	关于确定中国铁道建筑总公司出席中国共产党第十九次全国代表大会代表候选人预备人选的情况报告
中铁建党组〔2017〕3号	中国铁道建筑总公司党委关于2016年党建工作的报告
中铁建党组〔2017〕4号	中国铁道建筑总公司二级单位党委书记抓基层党建调研检查情况的报告
中铁建党组〔2017〕5号	中国铁道建筑总公司党委关于延期换届的请示
中铁建党组〔2017〕6号	中国铁道建筑总公司党委关于2016年度党员领导干部民主生活会情况的报告
中铁建党组〔2017〕7号	关于夏国斌同志继续兼任中国公路建设行业协会第四届理事会副理事长的请示
中铁建党干〔2017〕8号	关于推荐夏国斌同志为中国铁建股份有限公司党委副书记人选的请示
中铁建党组〔2017〕9号	中国铁道建筑总公司党委关于推荐党的十九大代表候选人初步人选的报告
中铁建党干〔2017〕10号	关于印发《中国铁道建筑总公司因私出国(境)管理办法》及《中国铁道建筑总公司因私出国(境)管理办法实施细则》的通知
中铁建党组〔2017〕11号	关于召开中共中国铁道建筑总公司党代会大会的请示

续表

文件号	文件标题
中铁建党纪〔2017〕12号	关于推荐上报中央企业纪委书记、副书记备用人选的报告
中铁建党组〔2017〕13号	关于中共中国铁道建筑总公司党员代表大会选举出席中央企业系统（在京）党代会议代表结果的报告
中铁建党办〔2017〕14号	中国铁道建筑总公司关于学习贯彻两起国有资产重大损失案件通报会精神情况的报告
中铁建党干〔2017〕16号	关于学习习总书记重要讲话精神情况的汇报
中铁建党干〔2017〕17号	关于请求继续给予中国铁建领导干部培训名额的报告
中铁建党组〔2017〕18号	关于召开中国共产党中国铁道建筑总公司第三次（中国铁建股份有限公司第一次）代表大会进行换届选举的报告
中铁建党组〔2017〕19号	关于中国铁道建筑总公司第三届（中国铁建股份有限公司第一届）党委、纪委职数的说明
中铁建党干〔2017〕20号	关于中国铁建股份有限公司领导班子有关人选的请示
中铁建党干〔2017〕21号	关于“畅谈十八大以来变化、展望十九大胜利召开”和“建言十九大”活动“建言”成果的报告
中铁建党组〔2017〕22号	关于召开中国共产党中国铁道建筑总公司第三次（中国铁建股份有限公司第一次）代表大会和党委、纪委组成人员获选人预备人选的请示
中铁建党干〔2017〕23号	中国铁道建筑总公司党委、中国铁道建筑总公司转发国务院国资委党委关于鲁斌等3名同志任职的通知
中铁建党干〔2017〕24号	关于拟推荐孟凤朝同志兼任丝路产业与金融国际联盟主席团副主席的请示
中铁建党干〔2017〕25号	关于拟推荐李宁同志兼任中国土木工程学会第十届理事会副理事长的请示
中铁建党组〔2017〕26号	关于召开中国共产党中国铁道建筑总公司第三次（中国铁建股份有限公司第一次）代表大会和中国铁道建筑总公司第三届（中国铁建股份有限公司第一届）委员会、纪律检查委员会议全会选举结果的报告
中铁建党干〔2017〕27号	关于中国铁道建筑总公司党建重点任务落实情况和选人用人工作报告［呈国资委党委］
中铁建党办〔2017〕28号	中国铁道建筑总公司党委关于赵玉国等人聚集上访情况的报告
中铁建党办〔2017〕29号	关于学习总书记“7·29”讲话和贯彻落实江金权组长在部分中央企业党委（党组）书记集体谈话会上讲话精神情况的报告
中铁建党办〔2017〕30号	关于报备中国铁建领导班子成员分工调整建议的报告［附件：关于调整股份公司经理层人员分工的通知］
中铁建党干〔2017〕31号	关于推荐副总裁公开遴选初步人选的报告
中铁建党巡〔2017〕32号	印发中国铁建股份有限公司党委巡视组《关于对北京通达京承高速公路有限公司党委的巡视报告》
中铁建党巡〔2017〕33号	关于印发《中国铁道建筑总公司党委关于巡视“回头看”整改情况的通报》的通知
中铁建党干〔2017〕34号	关于推荐曹锡锐同志为中国铁建股份有限公司第三届监事会主席人选的报告
中铁建党办〔2017〕35号	关于建议将“坦赞铁路精神”作为中央企业先进精神进行大力宣传的报告
中铁建党干〔2017〕36号	关于推荐中国铁道建筑总公司职工监事人选的报告
中铁建党干〔2017〕37号	关于中国铁道建筑总公司职工董事人选的请示
中铁建党干〔2017〕38号	关于推荐十三届全国人大、全国政协有关人选的报告
中铁建党组〔2017〕39号	中国铁道建筑总公司党委关于中国共产党中国铁建股份有限公司第一次代表大会和第一届党委纪委一次全会选举结果的批复
中铁建党办〔2017〕40号	关于贯彻落实《中共中央办公厅印发习近平总书记关于进一步纠正“四风”加强作风建设重要批示的通知》情况的报告
中铁建党组〔2017〕41号	关于变更中共中国铁道建筑总公司党委名称的请示

2017年中国铁建股份有限公司文件目录

文件号	文件标题
中国铁建工管〔2017〕1号	关于开展2016年度重点工程、勘察设计项目劳动竞赛及特色劳动竞赛评比的通知
中国铁建安质〔2017〕2号	关于表彰2016年度安全质量标准工地(车间)的通报
中国铁建科设〔2017〕3号	关于命名首批中国铁建劳模(先进职工)创新工作室的决定
中国铁建发展〔2017〕4号	关于成立中国铁建股份有限公司深圳市前海市政工程VI标集群管理部的通知
中国铁建发展〔2017〕5号	关于成立中国铁建股份有限公司佛山市城市轨道交通三号线工程3206标指挥部的通知
中国铁建信管〔2017〕6号	关于印发《中国铁建信息化总体架构设计报告》的通知
中国铁建发展〔2017〕7号	关于成立中国铁建股份有限公司福州分公司的通知
中国铁建发展〔2017〕8号	关于合资成立北京久其金建互联科技有限公司的通知
中国铁建信管〔2017〕9号	关于印发《中国铁建股份有限公司"十三五"信息化总体规划》的通知
中国铁建房产〔2017〕10号	关于进一步规范房地产业务发展的通知
中国铁建办〔2017〕11号	关于表彰2016年政务信息工作先进单位和先进个人的通报
中国铁建人〔2017〕12号	关于进一步做好社会保险纳入地方管理工作的通知
中国铁建经计〔2017〕13号	关于下达2017年股份公司企业投资计划的通知
中国铁建经计〔2017〕14号	关于下达2017年生产经营计划的通知
中国铁建科设〔2017〕15号	关于颁发2016年度股份公司优秀专利奖的通知
中国铁建办〔2017〕16号	关于开展留存礼品清查处置工作有关事项的通知
中国铁建法〔2017〕17号	关于发布2016年版中国铁建合作方警示名录的通知
中国铁建发展〔2017〕18号	关于印发《2017年发展规划工作要点》的通知
中国铁建资本〔2017〕19号	关于转发《中央企业投资监督管理办法》的通知
中国铁建资本〔2017〕20号	关于转发《中央企业境外投资监督管理办法》的通知
中国铁建发展〔2017〕21号	关于成立中国铁建股份有限公司福州地铁6号线土建1标项目部的通知
中国铁建发展〔2017〕22号	关于设立中国铁建股份有限公司卡塔尔分公司(项目公司)的通知
中国铁建审监〔2017〕23号	关于表彰2016年度审计工作先进单位和先进工作者的通报
中国铁建发展〔2017〕24号	股份公司 股份公司党委关于调整中国铁建全面深化改革领导小组成员的通知
中国铁建人〔2017〕25号	关于印发《股份公司2017年员工培训计划》的通知
中国铁建发展〔2017〕26号	关于印发《中国铁建股份有限公司2016—2020年企业发展战略与规划》的通知
中国铁建办〔2017〕27号	关于印发《中国铁建股份有限公司总部机关安全保卫工作奖惩办法(试行)》的通知
中国铁建经管〔2017〕28号	关于印发《中国铁建股份有限公司处置"僵尸企业"工作方案》的通知
中国铁建安质〔2017〕29号	关于2016年度安全包保责任书兑现的通报
中国铁建安质〔2017〕30号	关于表彰2016年度安全生产达标单位的通报
中国铁建安质〔2017〕31号	关于2016年下半年安全隐患排查治理综合考核情况的通报

续表

文件号	文件标题
中国铁建董〔2017〕32号	关于落实股份公司二届二次职代会暨2017年工作会议董事长、党委书记孟凤朝讲话重点工作责任分工的通知
中国铁建发展〔2017〕33号	关于表彰2016年度“压减”工作先进个人的通报
中国铁建法〔2017〕34号	关于印发《“法治铁建”建设实施方案》的通知
中国铁建经管〔2017〕35号	关于印发《中国铁建股份有限公司特困企业专项治理工作方案》的通知
中国铁建法〔2017〕36号	关于表彰2016年度法治工作先进单位、先进个人和优秀法律联络员的通报
中国铁建信管〔2017〕37号	关于建立股份公司网络与信息安全信息通报机制的通知
中国铁建信管〔2017〕38号	关于印发《中国铁建股份有限公司网络与信息安全信息通报机制管理暂行办法》的通知
中国铁建办〔2017〕39号	股份公司 股份公司党委关于印发2017年会议计划的通知
中国铁建发展〔2017〕40号	关于成立中国铁建股份有限公司厦门市轨道交通4号线工程土建4标项目部的通知
中国铁建发展〔2017〕41号	关于成立中国铁建股份有限公司珠三角城际广佛环线GFHD－2标项目经理部的通知
中国铁建科设〔2017〕42号	关于表彰2016年度获得国家科学技术奖励单位的通报
中国铁建董〔2017〕43号	关于贯彻落实国资委《关于推进中央企业信息公开的指导意见》的通知
中国铁建资本〔2017〕44号	关于印发《中国铁建投资项目负面清单（2017年版）》的通知
中国铁建资本〔2017〕45号	关于印发《中国铁建境外投资项目负面清单（2017年版）》的通知
中国铁建发展〔2017〕46号	股份公司 股份公司党委关于设立党委巡视组及调整纪委机构编制定员的通知
中国铁建海外〔2017〕47号	中国铁建股份有限公司关于参与秘鲁铁路项目有关情况的请示
中国铁建发展〔2017〕48号	关于成立石家庄嘉盛管廊工程有限责任公司（项目公司）的通知
中国铁建发展〔2017〕49号	关于成立中铁建渝东南（重庆）高速公路有限公司（项目公司）的通知
中国铁建发展〔2017〕50号	关于成立重庆铁发双合高速公路有限公司（项目公司）的通知
中国铁建办〔2017〕51号	关于表彰2016年度股份公司外网信息发布先进单位和优秀信息员的通报
中国铁建人〔2017〕52号	关于印发《中国铁建股份有限公司员工教育培训管理办法》的通知
中国铁建经管〔2017〕53号	关于印发《中国铁建股份有限公司2017年瘦身健体提质增效工作实施方案》的通知
中国铁建海外〔2017〕54号	关于印发《中国铁建股份有限公司海外经营对外联络工作管理暂行办法》的通知
中国铁建科设〔2017〕55号	关于公布2017年度股份公司技术重难工程项目的通知
中国铁建发展〔2017〕56号	关于成立重庆永泸高速公路有限公司（项目公司）的通知
中国铁建财〔2017〕57号	关于印发《中国铁建股份有限公司“十三五”财务战略规划》的通知
中国铁建科设〔2017〕58号	关于表彰2016年通过国家级技术中心认定单位的通报
中国铁建发展〔2017〕59号	关于中铁建资产管理有限公司法人治理结构设置及编制定员的通知
中国铁建发展〔2017〕60号	关于整合福建指挥部、福州分公司和中铁海峡建设集团有限公司的通知
中国铁建经管〔2017〕61号	关于印发《中国铁建股份有限公司2017年度处置“僵尸企业”和特困企业专项治理工作方案》的通知
中国铁建发展〔2017〕62号	关于中国铁建高新装备股份有限公司收购铁建宇昆有限公司100%股权的通知

续表

文件号	文件标题
中国铁建发展〔2017〕63号	关于成立中国铁建股份有限公司南京南部新城指挥部的通知
中国铁建海外〔2017〕64号	关于印发《中国铁建股份有限公司海外经营工作协调管理试行办法》的通知
中国铁建海外〔2017〕65号	关于印发《中国铁建股份有限公司援外成套项目投标协调管理办法》的通知
中国铁建科设〔2017〕66号	关于调整中国铁建股份有限公司技术中心技术委员会组成人员的通知
中国铁建海外〔2017〕67号	关于印发《中国铁建股份有限公司海外项目标前专家评审会议事规则》的通知
中国铁建房产〔2017〕68号	印发《关于进一步加强房地产业务协同,拓宽土地经营信息渠道的指导意见》的通知
中国铁建经管〔2017〕69号	关于表彰2016年度二次经营工作先进单位和先进个人的通报
中国铁建财〔2017〕70号	关于加强资金管理有关事项的通知
中国铁建财〔2017〕71号	关于印发《子公司负责人2016—2018年任期战略引领指标考核方案》的通知
中国铁建房产〔2017〕72号	关于表彰2016年度中国铁建房地产板块十大"明星楼盘"的通知
中国铁建安质〔2017〕73号	关于表彰2017年度中国铁建股份有限公司优秀质量管理小组的通报
中国铁建董〔2017〕74号	中国铁建股份有限公司关于庄尚标同志兼职限制豁免的请示
中国铁建发展〔2017〕75号	中国铁建股份有限公司关于恳请解决中铁建设集团有限公司铁路壹级资质重组有关问题的请示
中国铁建发展〔2017〕76号	关于加强2017年度重大、重要风险管控的通知
中国铁建人〔2017〕77号	关于成立中国铁建股份有限公司全面治理拖欠农民工工资问题工作领导小组的通知
中国铁建科设〔2017〕78号	关于成立股份公司"中央企业知识产权工作政策研究"课题工作组的通知
中国铁建工管〔2017〕79号	关于表彰中国铁建股份有限公司2016年度优秀项目经理的通报
中国铁建董〔2017〕80号	关于修订《中国铁建股份有限公司董事会审计与风险管理委员会工作细则》的通知
中国铁建审监〔2017〕81号	关于印发《中国铁建股份有限公司审计分局业务管理及考核评价暂行办法》的通知
中国铁建董〔2017〕82号	关于印发《中国铁建董事会2017年工作要点》的通知
中国铁建审监〔2017〕83号	关于印发《中国铁建股份有限公司审计整改工作实施方案》的通知
中国铁建科设〔2017〕84号	关于成立中国铁建股份有限公司科技创新工作领导小组的通知
中国铁建经计〔2017〕85号	关于印发《中国铁建股份有限公司"十三五"国内工程承包经营专项规划》的通知
中国铁建房产〔2017〕86号	关于修订《中国铁建股份有限公司房地产开发与经营管理暂行办法》的通知
中国铁建办〔2017〕87号	关于印发《中国铁建股份有限公司总部机关文件材料归档范围和档案保管期限表》的通知
中国铁建发展〔2017〕88号	关于将中铁轨道工程研究设计有限公司重组至中铁海峡建设集团有限公司管理的通知
中国铁建法〔2017〕89号	股份公司 股份公司党委关于印发《中国铁建股份有限公司规章制度建设专项整改工作方案》的通知
中国铁建科设〔2017〕90号	关于2016年度合理化建议和技术改进项目评审结果的通报
中国铁建安质〔2017〕91号	关于公布2016年度中国铁建杯优质工程奖的通知
中国铁建经计〔2017〕92号	关于表彰2016年度国内工程板块集团公司区域经营二十强和其它板块十佳经营机构的通报
中国铁建经计〔2017〕93号	关于表彰2016年度经营工作先进单位和先进个人的通报

续表

文件号	文件标题
中国铁建资本〔2017〕94号	关于表彰2016年度资本运营工作先进单位和先进个人的通报
中国铁建发展〔2017〕95号	关于成立中国铁建股份有限公司对接雄安新区工作领导小组的通知
中国铁建经管〔2017〕96号	关于发布《2017年合格与不合格劳务分包商和专业分包商名录》的通知
中国铁建财〔2017〕97号	关于印发《中国铁建股份有限公司2017年债务风险管控工作方案》的通知
中国铁建人〔2017〕98号	关于做好2017年专业技术职务评审工作的通知
中国铁建资本〔2017〕99号	关于调整资本运营投资项目财务收益指标的通知
中国铁建房产〔2017〕100号	关于印发《中国铁建房地产业务协同经营工作推进方案》的通知
中国铁建董〔2017〕101号	关于修订《中国铁建股份有限公司总裁工作细则》的通知
中国铁建董〔2017〕102号	关于修订《中国铁建股份有限公司对外投资管理制度》的通知
中国铁建房产〔2017〕103号	关于印发《中国铁建房地产开发项目全盘开发计划编制指引》的通知
中国铁建信管〔2017〕104号	关于印发《中国铁建股份有限公司软件集中采购目录(第二版)》的通知
中国铁建董〔2017〕105号	关于表彰2016年度重大信息内部报告工作先进个人的通报
中国铁建信管〔2017〕106号	关于印发《中国铁建股份有限公司信息化工作考核管理暂行办法》的通知
中国铁建安质〔2017〕107号	关于印发《中国铁建股份有限公司安全生产约谈制度》的通知
中国铁建审监〔2017〕108号	关于印发《中国铁建股份有限公司资本运营项目专项审计调查方案》的通知
中国铁建发展〔2017〕109号	关于增加中国铁建财务有限公司领导职数的通知
中国铁建经管〔2017〕110号	关于印发《中国铁建股份有限公司工程项目施工合同管理办法》的通知
中国铁建安质〔2017〕111号	关于实行工程项目内部安全许可的通知
中国铁建发展〔2017〕112号	关于成立呼和浩特市地铁二号线建设管理有限公司的通知
中国铁建办〔2017〕113号	关于印发《中国铁建股份有限公司总部机关协同办公系统使用管理暂行办法》的通知
中国铁建发展〔2017〕114号	关于成立中国铁建股份有限公司物资集中采购区域中心的通知
中国铁建办〔2017〕115号	关于调整股份公司经理层人员分工的通知
中国铁建董〔2017〕116号	关于修订《中国铁建股份有限公司董事会议事规则》的通知
中国铁建科设〔2017〕117号	关于印发《中国铁建股份有限公司"十三五"勘察设计咨询规划》的通知
中国铁建经计〔2017〕118号	关于印发《中国铁建股份有限公司经营承揽、计划统计和固定资产建设管理违规行为处罚规定(试行)》的通知
中国铁建办〔2017〕119号	关于印发《〈中国铁建年鉴〉2017年卷框架设计及编写分工》的通知
中国铁建科设〔2017〕120号	关于印发《中国铁建股份有限公司"十三五"科技创新规划》的通知
中国铁建发展〔2017〕121号	中国铁建股份有限公司 中国铁建股份有限公司党委关于规划整合中国铁建高新装备股份有限公司、中国铁建重工集团有限公司组建新中国铁建重工集团有限公司的通知
中国铁建发展〔2017〕122号	关于设立中国铁建股份有限公司工会经费审查委员会办公室的通知
中国铁建设物〔2017〕123号	关于推行区域物资集中采购的决定(前文作废,以此为准)
中国铁建发展〔2017〕124号	关于发布2016年度"中国铁建工程公司营业收入20强""中国铁建工程公司经济效益20强"的通报

续表

文　件　号	文　件　标　题
中国铁建财〔2017〕125 号	关于印发《中国铁建股份有限公司子公司负责人 2017 年度绩效考核实施方案》的通知
中国铁建财〔2017〕126 号	关于印发《中国铁建股份有限公司 2016 年审计问题财务整改方案》的通知
中国铁建财〔2017〕127 号	关于印发《中国铁建股份有限公司财务共享中心风险预警通报制度》的通知
中国铁建发展〔2017〕128 号	关于成立铁建宏图(天津)投资管理有限公司的通知
中国铁建发展〔2017〕129 号	关于设立中国铁建股份有限公司巴基斯坦代表处的通知
中国铁建发展〔2017〕130 号	关于奖励 2016 年以来新取得特级资质单位的通报
中国铁建发展〔2017〕131 号	关于设立股份公司内部治安保卫机构的通知
中国铁建发展〔2017〕132 号	关于成立中国铁建股份有限公司南宁市轨道交通 2 号线东延工程指挥部的通知
中国铁建法〔2017〕133 号	关于印发《2017 年规章制度专项整改“立改废”清单》的通知
中国铁建安质〔2017〕134 号	关于表彰 2017 年全国“安全生产月”活动先进个人暨年度安全生产先进工作者的通报
中国铁建发展〔2017〕135 号	关于成立中国铁建股份有限公司洛阳地铁 1 号线土建一标工程指挥部的通知
中国铁建发展〔2017〕136 号	关于成立中国铁建股份有限公司洛阳分公司的通知
中国铁建发展〔2017〕137 号	关于成立中铁建陕西高速公路有限公司(项目公司)的通知
中国铁建人〔2017〕138 号	关于重新明确职业技能鉴定收费管理有关问题的通知
中国铁建安质〔2017〕139 号	关于印发《中国铁建股份有限公司安全生产大检查实施方案》的通知
中国铁建发展〔2017〕140 号	关于调整中国铁建股份有限公司网络安全和信息化领导小组成员的通知
中国铁建海外〔2017〕141 号	关于印发《中国铁建股份有限公司海外国别市场分级管理办法(试行)》的通知
中国铁建发展〔2017〕142 号	股份公司 股份公司党委关于调整人力资源部(党委干部部)、党委组织部职能及编制的通知
中国铁建海外〔2017〕143 号	关于印发《中国铁建股份有限公司海外国别市场主导单位管理办法(试行)》的通知
中国铁建经计〔2017〕144 号	关于印发《2017 年各产业经营管理督导工作方案》的通知
中国铁建发展〔2017〕145 号	关于设立中国铁建股份有限公司菲律宾分公司的通知
中国铁建办〔2017〕146 号	关于调整股份公司机关档案工作领导小组和档案鉴定领导小组成员的通知(前文作废,以此为准)
中国铁建办〔2017〕147 号	关于印发《中国铁建“十三五”规划期间档案工作指导意见》的通知
中国铁建发展〔2017〕148 号	股份公司 股份公司党委关于调整中国铁建全面深化改革领导小组成员的通知
中国铁建发展〔2017〕149 号	关于将原福建指挥部以股份公司名义中标项目划转到中铁海峡建设集团有限公司管理的通知
中国铁建发展〔2017〕150 号	关于设立中国铁建股份有限公司阿根廷分公司的通知
中国铁建安质〔2017〕151 号	关于对近期安全生产事故单位进行处罚的通报
中国铁建工管〔2017〕152 号	关于表彰 2016 年度劳动竞赛获奖单位和先进个人的通报
中国铁建设物〔2017〕153 号	关于贯彻落实国资委《关于进一步排查中央企业融资性贸易业务风险的通知》的通知
中国铁建发展〔2017〕154 号	关于印发《中国铁建股份有限公司建设工程企业资质管理办法》的通知
中国铁建安质〔2017〕155 号	关于印发《中国铁建股份有限公司生产安全事故管理补充规定》的通知

续表

文件号	文件标题
中国铁建安质〔2017〕156号	关于印发《中国铁建股份有限公司安全生产工作评价办法》的通知
中国铁建经管〔2017〕157号	关于印发《中国铁建股份有限公司工程项目分包商信用评价指导意见(试行)》的通知
中国铁建办〔2017〕158号	关于印发《中国铁建股份有限公司档案工作规定》的通知
中国铁建人〔2017〕159号	关于做好2016年度工资总额清算评价工作的通知
中国铁建人〔2017〕160号	关于印发《中国铁建股份有限公司企业年金基金受托人考核评价管理办法》的通知
中国铁建人〔2017〕161号	关于表彰中国铁建第二届技术能手的通知
中国铁建经管〔2017〕162号	关于进一步明确亏损企业考核认定标准的补充通知
中国铁建经管〔2017〕163号	关于印发《中国铁建股份有限公司外派劳务管理指导意见(试行)》的通知
中国铁建发展〔2017〕164号	关于成立中国铁建股份有限公司南宁市轨道交通5号线01标工程指挥部的通知
中国铁建安质〔2017〕165号	关于印发《中国铁建股份有限公司安全生产工作评价细则》的通知
中国铁建人〔2017〕166号	关于调整中国铁建股份有限公司全面治理拖欠农民工工资问题工作领导小组的通知
中国铁建人〔2017〕167号	关于印发《中国铁建股份有限公司治欠保支三年行动计划(2017—2019年)实施方案》的通知
中国铁建发展〔2017〕168号	关于印发《中国铁建股份有限公司机构编制管理办法》的通知
中国铁建发展〔2017〕169号	关于印发《中国铁建股份有限公司项目部机构编制管理指导意见》的通知
中国铁建财〔2017〕170号	关于印发《中国铁建股份有限公司降杠杆减负债工作方案》的通知
中国铁建资本〔2017〕171号	关于印发《中国铁建资本运营项目专家库管理办法》、《中国铁建资本运营项目专家评审会议事规则》的通知
中国铁建法〔2017〕172号	股份公司 股份公司党委关于印发《中国铁建股份有限公司企业主要负责人履行推进法治建设第一责任人职责实施办法》的通知
中国铁建发展〔2017〕173号	关于印发《中国铁建全面深化改革总体方案》的通知
中国铁建发展〔2017〕174号	关于印发《中国铁建发展混合所有制经济指导意见(试行)》的通知
中国铁建科设〔2017〕175号	关于印发《中国铁建股份有限公司企业技术标准(工程建设)体系框架》的通知
中国铁建发展〔2017〕176号	关于印发《中国铁建股份有限公司2017年度内部控制评价及考核工作实施方案》的通知
中国铁建安质〔2017〕177号	关于安全生产应急演练情况的通报
中国铁建财〔2017〕178号	关于表彰全国财税知识竞赛获奖团队及选手的通报
中国铁建海外〔2017〕179号	关于对巴基斯坦、马来西亚对外承包工程市场实行准入协调的通知
中国铁建发展〔2017〕180号	关于成立中国铁建股份有限公司包头市城市轨道交通1号线首开段工程项目经理部的通知
中国铁建发展〔2017〕181号	关于成立中国铁建股份有限公司南京地铁七号线工程施工总承包D7-TA03标项目部的通知
中国铁建发展〔2017〕182号	关于将昆明轨道交通6号线二期工程指挥部划转移交中铁建昆仑投资集团有限公司管理的通知
中国铁建发展〔2017〕183号	关于成立中国铁建股份有限公司军民融合领导小组的通知
中国铁建发展〔2017〕184号	关于成立中国铁建股份有限公司福州轨道交通5号线一期工程3标项目部的通知
中国铁建董〔2017〕185号	关于修订《中国铁建股份有限公司章程》的通知
中国铁建科设〔2017〕187号	关于印发《中国铁建股份有限公司专利转化收益分配管理办法(试行)》的通知

续表

文件号	文件标题
中国铁建科设〔2017〕188 号	关于表彰中国铁建科技创新先进单位的通报
中国铁建科设〔2017〕189 号	关于印发《中国铁建股份有限公司科技创新平台管理办法》的通知
中国铁建发展〔2017〕190 号	股份公司 股份公司党委关于成立中铁建北部湾建设投资有限公司的通知
中国铁建科设〔2017〕191 号	股份公司 股份公司党委关于进一步加强科技创新工作的决定
中国铁建法〔2017〕192 号	关于成立中国铁建股份有限公司法治铁建建设领导小组的通知
中国铁建发展〔2017〕193 号	关于成立石家庄嘉泰管廊运营有限公司(项目公司)的通知
中国铁建经计〔2017〕194 号	关于印发《中国铁建股份有限公司名义国内工程总承包项目合同评审管理办法》的通知
中国铁建科设〔2017〕195 号	关于公布 2016 年度技术标准编制奖励项目的通知
中国铁建人〔2017〕196 号	股份公司 股份公司党委关于印发《中国铁建股份有限公司首席技师管理办法》的通知
中国铁建科设〔2017〕197 号	关于印发《中国铁建股份有限公司科技研究开发计划管理办法》的通知
中国铁建经管〔2017〕198 号	关于印发《中国铁建股份有限公司责任成本管理专家管理办法》的通知
中国铁建人〔2017〕199 号	股份公司 股份公司党委关于印发《中国铁建股份有限公司技术专家管理办法》的通知
中国铁建人〔2017〕200 号	股份公司 股份公司党委关于表彰“中国铁建杰出科技创新带头人”的决定
中国铁建科设〔2017〕201 号	关于印发《中国铁建股份有限公司科技重大专项管理办法》的通知
中国铁建财〔2017〕202 号	关于印发《中国铁建股份有限公司科技经费管理办法》的通知
中国铁建经计〔2017〕203 号	关于进一步明确股份公司本级区域经营管理有关事项的通知
中国铁建海外〔2017〕204 号	关于认真学习借鉴“亚吉模式”的通知
中国铁建董〔2017〕205 号	关于印发《中国铁建股份有限公司二级公司董事会规范运作指导意见》的通知
中国铁建董〔2017〕206 号	关于印发《中国铁建股份有限公司二级公司董事会规范运作考核评价暂行办法》的通知
中国铁建经计〔2017〕207 号	关于印发《中国铁建股份有限公司国内工程承包单位行业信用评价管理办法》的通知
中国铁建海外〔2017〕208 号	关于印发《中国铁建股份有限公司“十三五”海外业务发展战略规划》的通知
中国铁建经计〔2017〕209 号	关于表彰 2017 年度计划统计工作先进单位和先进个人的通报
中国铁建科设〔2017〕210 号	中国铁建股份有限公司 中国铁建股份有限公司党委关于公布 2006—2016 年“十大科技创新成就”的通知
中国铁建经管〔2017〕211 号	关于表彰责任成本管理工作先进单位和先进个人的通报
中国铁建经管〔2017〕212 号	关于表彰“中国铁建创效功臣”的通报
中国铁建人〔2017〕213 号	关于印发《中国铁建股份有限公司“十三五”人力资源规划》的通知
中国铁建办〔2017〕215 号	关于重新印发中国铁建系统档案全宗编号及档案单位名称代号的通知
中国铁建财〔2017〕216 号	关于表彰 2017 年财务工作先进单位和先进个人的通报
中国铁建财〔2017〕217 号	关于 2017 年度优秀财会论文评选结果的通报
中国铁建人〔2017〕218 号	关于表彰中国铁建盾构机操作技能大赛获奖单位和个人的决定
中国铁建办〔2017〕219 号	关于印发《中国铁建股份有限公司管理类档案管理办法》的通知
中国铁建发展〔2017〕220 号	关于成立中国铁建知识产权中心的通知

续表

文 件 号	文 件 标 题
中国铁建发展〔2017〕221 号	关于成立中国铁建股份有限公司南通市城市轨道交通 1 号线一期工程土建施工 4 标项目经理部的通知
中国铁建财〔2017〕222 号	关于印发《中国铁建银信业务管理暂行办法》的通知
中国铁建经计〔2017〕223 号	关于印发《中国铁建股份有限公司内部施工企业信用评价管理办法》的通知
中国铁建发展〔2017〕225 号	关于将新疆指挥部人员关系委托中国铁建投资集团有限公司管理的通知
中国铁建办〔2017〕226 号	关于印发《中国铁建股份有限公司行政印章管理办法(试行)》的通知
中国铁建安质〔2017〕227 号	关于表彰 2017 年度质量管理先进个人的通报
中国铁建资本〔2017〕229 号	关于贯彻落实国资委《关于加强中央企业 PPP 业务风险管控的通知》的通知
中国铁建人〔2017〕230 号	关于印发《中国铁建股份有限公司二级公司外部董事薪酬管理办法(试行)》的通知
中国铁建人〔2017〕231 号	关于印发《中国铁建股份有限公司表彰奖励管理办法(试行)》的通知
中国铁建科设〔2017〕232 号	印发《中国铁建股份有限公司关于加快勘察设计咨询产业升级发展的指导意见》的通知
中国铁建法〔2017〕233 号	关于表彰 2017 年度法治工作先进单位、先进个人和优秀项目法律联络员的通报
中国铁建发展〔2017〕234 号	关于成立北京华北投新机场北线高速公路有限公司(项目公司)的通知
中国铁建科设〔2017〕235 号	关于颁发 2017 年度股份公司优秀专利奖的通知
中国铁建科设〔2017〕236 号	关于公布 2017 年度中国铁建优秀科技论文的通知
中国铁建科设〔2017〕237 号	关于公布 2017 年度中国铁建股份有限公司优秀工法的通知
中国铁建信管〔2017〕238 号	关于印发《中国铁建股份有限公司“十三五”信息化子规划》的通知
中国铁建信管〔2017〕239 号	关于表彰 2017 年度信息化工作先进个人的通报
中国铁建财〔2017〕240 号	关于表彰 2016—2017 年保险资源集中管理先进单位的通报

2017 年中国铁建股份有限公司党委文件目录

文 件 号	文 件 标 题
中国铁建党组〔2017〕1 号	转发国资委党委《关于加快推进中央企业党建工作总体要求纳入公司章程有关事项的通知》的通知
中国铁建党干〔2017〕2 号	关于规范所属单位总经理助理级人员配备和管理的通知
中国铁建党干〔2017〕3 号	关于转发《党委(党组)讨论决定干部任免守则》的通知
中国铁建党宣〔2017〕4 号	股份公司党委 股份公司关于表彰 2016 年度企业文化建设先进单位、优秀项目部和先进个人的决定
中国铁建党组〔2017〕5 号	关于转发中共中央组织部关于在“两学一做”学习教育中召开专题组织生活会和开展民主评议党员的通知
中国铁建党组〔2017〕6 号	关于商务公司 中铁建商务管理有限公司纪委一次全会选举有关问题的通知
中国铁建党组〔2017〕7 号	关于中共中铁建商务管理有限公司党员大会和党委一次全会选举结果的批复
中国铁建党组〔2017〕8 号	转发国资委关于转发中共中央组织部关于做好与党组织失去联系党员规范管理和组织处置工作通知的通知
中国铁建党组〔2017〕9 号	关于中铁建昆仑投资有限公司党群组织更名的通知
中国铁建党宣〔2017〕10 号	关于表彰 2016 年度对外宣传报道先进单位和个人的决定

续表

文 件 号	文 件 标 题
中国铁建党办〔2017〕11 号	关于印发孟凤朝同志在中国铁建二届十三次全委(扩大)会上的报告的通知
中国铁建党办〔2017〕12 号	关于印发股份公司党委全会工作报告重点工作责任分工的通知
中国铁建党干〔2017〕13 号	关于转发《中央企业领导人员选拔任用廉洁从业结论性评价办法(试行)》的通知
中国铁建党纪〔2017〕14 号	关于印发郝鹏、江金权同志在 2017 年党风廉政建设和反腐败工作会议上讲话的通知
中国铁建党办〔2017〕15 号	关于转发"国资巡办〔2017〕9 号"文件和中国铁建党委书记、董事长孟凤朝在巡视整改"回头看"会议上表态发言的通知
中国铁建党纪〔2017〕16 号	关于印发孟凤朝、李春德在党风廉政建设和反腐败工作会议上的讲话和报告的通知
中国铁建党办〔2017〕17 号	关于开展定点扶贫考核自评工作的通知
中国铁建党办〔2017〕18 号	关于表彰 2016 年党委信息工作先进单位和先进个人的通知
中国铁建党办〔2017〕19 号	关于印发《贯彻落实全国国有企业党的建设工作会议精神重点任务的措施》的通知
中国铁建党巡〔2017〕20 号	印发股份公司党委巡视组《关于巡视中国铁建高新装备股份有限公司党委情况的反馈意见》的通知
中国铁建党巡〔2017〕21 号	印发股份公司党委巡视组《关于对诚合保险经纪有限公司党委巡视情况的反馈意见》的通知
中国铁建党巡〔2017〕22 号	印发股份公司党委巡视组《关于对中铁第五勘察设计院集团有限公司党委巡视情况的反馈意见》的通知
中国铁建党巡〔2017〕23 号	印发股份公司党委巡视组《关于对中国铁建电气化局集团有限公司党委巡视情况的反馈意见》的通知
中国铁建党巡〔2017〕24 号	印发股份公司党委巡视组《关于对中国铁建财务有限公司党委巡视情况的反馈意见》的通知
中国铁建党巡〔2017〕25 号	印发股份公司党委巡视组《关于对中铁第四勘察设计院集团有限公司党委巡视情况的反馈意见》的通知
中国铁建党巡〔2017〕26 号	印发股份公司党委巡视组《关于对中国铁建房地产集团有限公司党委巡视情况的反馈意见》的通知
中国铁建党巡〔2017〕27 号	印发股份公司党委巡视组《关于对中铁建商务管理有限公司党委巡视情况的反馈意见》的通知
中国铁建党巡〔2017〕28 号	印发股份公司党委巡视组《关于对中铁上海设计院集团有限公司党委巡视情况的反馈意见》的通知
中国铁建党巡〔2017〕29 号	印发股份公司党委巡视组《关于对中国铁建股份有限公司党校(培训中心)党委巡视情况的反馈意见》的通知
中国铁建党巡〔2017〕30 号	印发股份公司党委巡视组《关于对中国铁建投资集团有限公司党委巡视情况的反馈意见》的通知
中国铁建党巡〔2017〕31 号	印发股份公司党委巡视组《关于对中铁城建集团有限公司党委巡视情况的反馈意见》的通知
中国铁建党巡〔2017〕32 号	印发股份公司党委巡视组《关于对中铁建设集团有限公司党委巡视情况的反馈意见》的通知
中国铁建党巡〔2017〕33 号	印发股份公司党委巡视组《关于对中国铁建国际集团有限公司党委巡视情况的反馈意见》的通知
中国铁建党巡〔2017〕34 号	印发股份公司党委巡视组《关于对中国铁建重工集团有限公司党委巡视情况的反馈意见》的通知
中国铁建党巡〔2017〕35 号	印发股份公司党委巡视组《关于对中铁第一勘察设计院集团有限公司党委巡视情况的反馈意见》的通知
中国铁建党宣〔2017〕36 号	关于印发《中国铁建股份有限公司党委理论学习中心组学习规则》的通知
中国铁建党干〔2017〕37 号	关于印发《中国铁建股份有限公司员工挂职锻炼工作管理办法》的通知

续表

文件号	文件标题
中国铁建党干〔2017〕38号	关于印发《中国铁建股份有限公司总部机关部门副职以下工作人员管理办法》的通知
中国铁建党干〔2017〕39号	关于印发《中国铁建股份有限公司总部机关员工绩效综合考核办法》的通知
中国铁建党干〔2017〕40号	关于印发《中国铁建股份有限公司员工招聘录用管理办法》的通知
中国铁建党干〔2017〕41号	关于印发《中国铁建股份有限公司区域经营指挥部人员及薪酬管理办法》的通知
中国铁建党干〔2017〕42号	股份公司党委 股份公司关于印发《中国铁建股份有限有限公司领导人员管理规定》等干部管理制度的通知
中国铁建党宣〔2017〕43号	关于开展向关改玉同志学习活动的决定
中国铁建党宣〔2017〕44号	股份公司党委 股份公司关于印发《中国铁建股份有限公司舆情处置办法》的通知
中国铁建党办〔2017〕45号	关于加强国家安全人民防线建设工作的通知
中国铁建党办〔2017〕46号	关于调整中国铁建股份有限公司国家安全工作领导小组组成人员的通知
中国铁建党办〔2017〕47号	关于印发《落实国资委党委第六巡视组整改“回头看”情况反馈意见措施的任务分工》的通知
中国铁建党组〔2017〕48号	关于成立中铁建重庆投资有限公司党委和纪委的通知
中国铁建党组〔2017〕49号	关于转发中共中央组织部 国务院国资委党委《关于扎实推动国有企业党建工作要求写入公司章程的通知》的通知
中国铁建党组〔2017〕50号	关于成立中国共产党中铁建金融租赁有限公司纪律检查委员会的通知
中国铁建党干〔2017〕51号	转发国务院国资委党委关于夏国斌同志任职的通知
中国铁建党巡〔2017〕52号	关于调整中国铁建股份有限公司党委巡视工作领导小组组成人员的通知
中国铁建党办〔2017〕53号	关于转发《北京市国家安全局关于印发〈国家安全领导小组工作规定〉的通知》的通知
中国铁建党干〔2017〕54号	关于师文有同志停职检查的通知
中国铁建党办〔2017〕55号	关于调整中国铁建扶贫开发领导小组组成人员的通知
中国铁建党干〔2017〕56号	关于印发《中国铁建股份有限公司二级公司外部董事管理办法(试行)》的通知
中国铁建党干〔2017〕57号	关于做好2017年政工专业职务任职资格评审工作的通知
中国铁建党办〔2017〕58号	关于转发国资委党委《关于启用国资委党委办公厅印章的通知》的通知
中国铁建党办〔2017〕59号	关于进一步规范股份公司党委发文及公章使用的通知
中国铁建党组〔2017〕60号	关于转发《中共中央组织部党费收缴工作专项检查中清理收缴的党费使用有关问题的通知》的通知
中国铁建党组〔2017〕61号	关于转发《中共中央组织部关于认真学习贯彻习近平总书记重要指示精神广泛开展向廖俊波同志学习的通知》的通知
中国铁建党组〔2017〕62号	关于转发国资委党委办公厅《关于转发中共中央组织部办公厅进一步规范党费工作的通知》的通知
中国铁建党组〔2017〕63号	中国铁建股份有限公司党委印发《关于推进“两学一做”学习教育常态化制度化的实施方案》的通知
中国铁建党宣〔2017〕64号	关于印发《中国铁建股份有限公司2016—2020年企业文化建设规划》的通知
中国铁建党组〔2017〕65号	关于成立中国共产党中铁磁浮交通投资建设有限公司委员会的通知
中国铁建党组〔2017〕66号	股份公司党委 股份公司关于修订《关于开展创建“四好”领导班子实施办法》的通知
中国铁建党办〔2017〕67号	关于表彰2016年度扶贫工作先进单位、优秀单位和先进个人的通知

续表

文件号	文件标题
中国铁建党宣〔2017〕68 号	关于表彰新闻摄影大赛获奖单位和个人的决定
中国铁建党宣〔2017〕69 号	关于认真学习宣传贯彻总公司第三次(股份公司第一次)党代会精神的通知
中国铁建党组〔2017〕70 号	关于转发《中共中央组织部 中共中央宣传部 中共教育部党组关于认真贯彻习近平总书记重要指示广泛开展向黄大年同志学习活动的通知》的通知
中国铁建党风〔2017〕71 号	关于成立中国铁建股份有限公司党委党风廉政建设和反腐败工作领导小组的通知
中国铁建党组〔2017〕72 号	关于印发《中国铁建 2016 年度领导班子民主生活会整改方案》的通知
中国铁建党组〔2017〕73 号	关于印发《中国铁建党建工作责任制实施办法》的通知
中国铁建党巡〔2017〕74 号	关于深入学习贯彻习近平总书记重要讲话精神对照中央“机动式”巡视中国船舶重工集团公司党组反馈意见深入开展自查自纠不断深化巡视整改工作的通知
中国铁建党风〔2017〕75 号	印发《关于企业领导人员及其亲属违规经商办企业专项治理工作方案》的通知
中国铁建党组〔2017〕76 号	关于转发《中共中央组织部建立健全基层党组织按期换届提醒督促机制的通知》的通知
中国铁建党组〔2017〕77 号	关于转发《中共中央组织部印发〈关于加强组织部门督促检查工作的实施意见〉的通知》的通知
中国铁建党组〔2017〕78 号	关于转发《中组部进一步加强基层党支部书记集中轮训工作通知》的通知
中国铁建党巡〔2017〕79 号	印发股份公司党委巡视组《关于对中铁二十局集团有限公司党委专项巡视情况的反馈意见》的通知
中国铁建党巡〔2017〕80 号	印发股份公司党委巡视组《关于对中铁物资集团有限公司党委巡视情况的反馈意见》的通知
中国铁建党巡〔2017〕81 号	印发股份公司党委巡视组《关于对广西指挥部党工委巡视情况的反馈意见》的通知
中国铁建党巡〔2017〕82 号	印发股份公司党委巡视组《关于对昆仑投资集团有限公司党委巡视情况的反馈意见》的通知
中国铁建党巡〔2017〕83 号	印发股份公司党委巡视组《关于对山东指挥部(青岛分公司)党工委巡视情况的反馈意见》的通知
中国铁建党巡〔2017〕84 号	印发股份公司党委巡视组《关于对华北投资发展有限公司党委巡视情况的反馈意见》的通知
中国铁建党巡〔2017〕85 号	印发股份公司党委巡视组《关于对东南指挥部党工委巡视情况的反馈意见》的通知
中国铁建党巡〔2017〕86 号	印发股份公司党委巡视组《关于对兰州轨道交通工程指挥部党工委巡视情况的反馈意见》的通知
中国铁建党巡〔2017〕87 号	印发股份公司党委巡视组《关于对南方建设投资有限公司党委巡视情况的反馈意见》的通知
中国铁建党巡〔2017〕88 号	印发股份公司党委巡视组《关于对重庆投资发展有限公司党委巡视情况的反馈意见》的通知
中国铁建党组〔2017〕89 号	股份公司党委 股份公司关于表彰 2016 年度“四好”领导班子的决定
中国铁建党组〔2017〕90 号	关于成立中国共产党中国铁建股份有限公司乌鲁木齐轨道 2 号线一期工程指挥部工作委员会的通知
中国铁建党组〔2017〕91 号	关于命名中国铁建第一批“示范党支部”的通知
中国铁建党组〔2017〕92 号	关于转发《中央组织部 财政部 国务院国资委党委 国家税务总局关于国有企业党组织工作经费问题的通知》的通知
中国铁建党宣〔2017〕93 号	中国铁建党委关于深入学习宣传贯彻党的十九大精神的通知
中国铁建党办〔2017〕94 号	关于印发《网络安全工作责任制实施办法》的通知

续表

文件号	文件标题
中国铁建党组〔2017〕95号	关于同意召开中国共产党中国铁建房地产集团有限公司第一次代表大会和党委纪委组成人员获选人预备人选的批复
中国铁建党组〔2017〕96号	关于同意召开中国共产党中铁建重庆投资有限公司党员大会和党委纪委组成人员获选人预备人选的批复
中国铁建党组〔2017〕97号	关于同意召开中国共产党中铁第一勘察设计院集团有限公司党员大会和党委纪委组成人员获选人预备人选的批复
中国铁建党组〔2017〕98号	关于进一步深入学习宣传贯彻党的十九大精神的实施意见
中国铁建党宣〔2017〕99号	股份公司党委 股份公司关于确定中国铁建官方动漫形象的通知
中国铁建党办〔2017〕100号	关于转发《国务院扶贫办关于印发〈2017年中央单位定点扶贫工作考核实施方案〉的通知》的通知
中国铁建党组〔2017〕101号	关于同意召开中国共产党中铁十八局集团有限公司第四次代表大会和党委纪委组成人员获选人预备人选的批复
中国铁建党组〔2017〕102号	关于开展2017年度党委书记抓基层党建述职评议考核工作的通知
中国铁建党组〔2017〕103号	关于中铁建华南建设有限公司成立党委和纪委的通知
中国铁建党宣〔2017〕104号	股份公司党委 股份公司关于表彰第二届“永远的铁道兵杯”十大楷模、第五届“十佳道德模范”和首届“十大品牌”的决定
中国铁建党组〔2017〕105号	关于中国共产党中国铁建股份有限公司第一次代表大会和第一届委员会、纪律检查委员会一次全会选举结果的报告更名的通知
中国铁建党组〔2017〕106号	关于中铁建重庆投资有限公司党群组织更名的通知
中国铁建党组〔2017〕107号	关于印发《中国铁建股份有限公司党委关于加强境外单位党建工作的指导意见》的通知
中国铁建党组〔2017〕108号	关于加强所属二级单位组织人事部门正职任免管理有关事项的通知
中国铁建党组〔2017〕109号	关于修订《中国共产党中国铁建股份有限公司委员会议事规则》的通知
中国铁建党宣〔2017〕110号	关于表彰中国铁建“不忘初心，牢记使命”主题演讲比赛获奖选手的决定

2017 年 7 月 1 日,中铁十七局集团有限公司与五家单位共同启动“N+1”党建联盟。　　（赵桂军　摄）

附　录

美国《财富》2018 年度“世界企业 500 强”前 30 名企业名单

2018 年排名	2017 年排名	公司名称	营业收入（百万美元）	利润（百万美元）	国家
1	1	沃尔玛	500343.0	9862.0	美国
2	2	国家电网公司	348903.1	9533.4	中国
3	3	中国石油化工集团公司	326953.0	1537.8	中国
4	4	中国石油天然气集团公司	326007.6	-690.5	中国
5	7	荷兰皇家壳牌石油公司	311870.0	12977.0	荷兰
6	5	丰田汽车公司	265172.0	22510.1	日本
7	6	大众公司	260028.4	13107.3	德国
8	12	英国石油公司	244582.0	3389.0	英国
9	10	埃克森美孚	244363.0	19710.0	美国
10	8	伯克希尔-哈撒韦公司	242137.0	44940.0	美国
11	9	苹果公司	229234.0	48351.0	美国
12	15	三星电子	211940.2	36575.4	韩国
13	11	麦克森公司	208357.0	67.0	美国
14	16	嘉能可	205476.0	5777.0	瑞士
15	13	联合健康集团	201159.0	10558.0	美国
16	17	戴姆勒股份公司	185235.4	11863.9	德国
17	14	CVS Health 公司	184765.0	6622.0	美国
18	26	亚马逊	177866.0	3033.0	美国
19	20	EXOR 集团	161676.5	1569.1	荷兰
20	19	美国电话电报公司	160546.0	29450.0	美国
21	18	通用汽车公司	157311.0	-3864.0	美国
22	21	福特汽车公司	156776.0	7602.0	美国
23	24	中国建筑工程总公司	156070.8	2675.2	中国
24	27	鸿海精密工业股份有限公司	154699.2	4559.9	中国
25	23	美源伯根公司	153143.8	364.5	美国
26	22	中国工商银行	153021.3	42323.7	中国
27	25	安盛	149460.9	6998.9	法国
28	30	道达尔公司	149099.0	8631.0	法国
29	39	中国平安保险（集团）股份有限公司	144196.8	13181.4	中国
30	29	本田汽车	138645.8	9561.3	日本

美国《财富》2018年度“世界企业500强”中国企业名单

序号	2018年排名	2017年排名	公司名称	营业收入（百万美元）	总部所在城市
1	2	2	国家电网公司	348903.1	北京
2	3	3	中国石油化工集团公司	326953.0	北京
3	4	4	中国石油天然气集团公司	326007.6	北京
4	23	24	中国建筑工程总公司	156070.8	北京
5	24	27	鸿海精密工业股份有限公司	154699.2	台北
6	26	22	中国工商银行	153021.3	北京
7	29	39	中国平安保险(集团)股份有限公司	144196.8	深圳
8	31	28	中国建设银行	138594.1	北京
9	36	41	上海汽车集团股份有限公司	128819.3	上海
10	40	38	中国农业银行	122365.5	北京
11	42	51	中国人寿保险(集团)公司	120224.1	北京
12	46	42	中国银行	115422.7	北京
13	53	47	中国移动通信集团公司	110158.5	北京
14	56	55	中国铁路工程总公司	102767.1	北京
15	58	58	中国铁道建筑总公司	100854.8	北京
16	65	68	东风汽车公司	93293.8	武汉
17	72	83	华为投资控股有限公司	89311.4	深圳
18	86	86	中国华润有限公司	82184.1	香港
19	87	115	中国海洋石油总公司	81482.2	北京
20	91	103	中国交通建设集团有限公司	79416.9	北京
21	96	89	太平洋建设集团	77204.5	乌鲁木齐
22	98	143	中国中化集团公司	76764.8	北京
23	101	276	国家能源投资集团	75522.4	北京
24	109	120	中国五矿集团公司	72997.4	北京
25	110	100	中国南方电网有限责任公司	72787.3	广州
26	111	183	正威国际集团	72766.2	深圳
27	113	119	中国邮政集团公司	72197.3	北京
28	117	114	中国人民保险集团股份有限公司	71579.1	北京
29	122	136	中粮集团有限公司	69669.1	北京
30	124	137	北京汽车集团	69591.3	北京
31	125	125	中国第一汽车集团公司	69524.4	长春
32	132	129	天津物产集团有限公司	66577.4	天津
33	140	135	中国兵器工业集团公司	64646.3	北京
34	141	133	中国电信集团公司	63974.0	北京
35	149	172	中国中信集团有限公司	61316.2	北京
36	161	162	中国航空工业集团公司	59262.5	北京
37	162	204	中国宝武钢铁集团	59255.1	上海
38	167	211	中国化工集团公司	57989.4	北京
39	168	171	交通银行	57711.4	上海
40	181	261	京东集团	53964.5	北京
41	182	190	中国电力建设集团有限公司	53870.1	北京
42	185	159	山东魏桥创业集团有限公司	53203.0	滨州

续表

序号	2018年排名	2017年排名	公司名称	营业收入（百万美元）	总部所在城市
43	194	199	中国医药集团	51844.4	北京
44	202	238	广州汽车工业集团	50322.7	广州
45	213	216	招商银行	47950.7	深圳
46	220	252	中国太平洋保险(集团)股份有限公司	47318.8	上海
47	222	248	中国铝业公司	46683.5	北京
48	227	245	上海浦东发展银行股份有限公司	46295.2	上海
49	230	338	中国恒大集团	46018.6	深圳
50	234	372	山东能源集团有限公司	45649.5	济南
51	235	268	恒力集团	45562.8	苏州
52	237	230	兴业银行	45491.0	福州
53	239	221	河钢集团	45390.2	石家庄
54	240	226	联想集团	45349.9	香港
55	242	101	中国兵器装备集团公司	44785.4	北京
56	243	259	中国建材集团	44701.2	北京
57	245	233	中国船舶重工集团公司	44431.0	北京
58	251	251	中国民生银行	43297.5	北京
59	252	277	绿地控股集团有限公司	42970.1	上海
60	256	334	中国机械工业集团有限公司	42638.1	北京
61	267	343	浙江吉利控股集团	41171.9	杭州
62	270	348	物产中大集团	40928.6	杭州
63	273	241	中国联合网络通信股份有限公司	40663.5	北京
64	280	* *	招商局集团	39970.8	香港
65	283	279	怡和集团	39456.0	香港
66	285	296	和硕	39237.6	台北
67	288	326	陕西延长石油(集团)有限责任公司	38897.8	西安
68	289	274	中国华能集团公司	38872.0	北京
69	294	337	陕西煤业化工集团	38482.6	西安
70	295	383	友邦保险集团	38330.0	香港
71	300	462	阿里巴巴集团	37770.8	杭州
72	312	341	中国保利集团	37001.9	北京
73	322	329	中国光大集团	35840.2	北京
74	323	450	美的集团股份有限公司	35794.2	佛山
75	331	478	腾讯控股有限公司	35178.8	深圳
76	332	307	万科企业股份有限公司	35117.4	深圳
77	333	312	中国能源建设集团有限公司	35048.3	北京
78	335	366	中国远洋海运集团有限公司	34667.8	上海
79	339	205	来宝集团	34420.8	香港
80	343	336	中国航天科技集团公司	34253.6	北京
81	346	355	中国航天科工集团公司	34073.0	北京
82	353	467	碧桂园控股有限公司	33572.0	佛山
83	354	390	广达电脑公司	33563.8	桃园
84	359	320	冀中能源集团	33187.8	邢台
85	360	494	厦门国贸控股集团有限公司	32901.6	厦门
86	361	* *	雪松控股集团	32711.5	广州
87	362	488	厦门建发集团有限公司	32588.4	厦门
88	364	365	江苏沙钢集团	32560.5	张家港

续表

序号	2018 年排　名	2017 年排　名	公　司　名　称	营业收入（百万美元）	总部所在城市
89	368	369	台积电	32126.4	新竹
90	369	362	中国电子信息产业集团有限公司	31990.4	北京
91	370	339	江西铜业集团公司	31964.1	贵溪
92	371	439	中国航空油料集团公司	31942.2	北京
93	374	319	长江和记实业有限公司	31892.4	香港
94	375	* *	象屿集团	31676.4	厦门
95	381	322	新兴际华集团	31078.2	北京
96	385	318	中国中车股份有限公司	30634.1	北京
97	388	400	中国电子科技集团公司	30175.5	北京
98	393	364	中国船舶工业集团公司	29796.9	北京
99	395	368	国家电力投资集团公司	29726.5	北京
100	397	382	中国华电集团公司	29611.8	北京
101	399	* *	兖矿集团	29473.5	邹城
102	404	458	仁宝电脑	29175.2	台北
103	410	411	国泰人寿保险股份有限公司	28804.5	台北
104	427	485	苏宁易购集团	27805.7	南京
105	428	* *	鞍钢集团公司	27792.0	鞍山
106	431	* *	首钢集团	27488.7	北京
107	432	* *	纬创集团	27480.0	台北
108	436	* *	台湾中油股份有限公司	27105.5	高雄
109	456	495	新疆广汇实业投资(集团)有限责任公司	26106.0	乌鲁木齐
110	464	459	阳光龙净集团有限公司	25605.1	福州
111	465	* *	中国太平保险集团有限责任公司	25597.5	香港
112	468	454	中国大唐集团公司	25299.2	北京
113	479	* *	富邦金融控股股份有限公司	24688.3	台北
114	481	476	山西晋城无烟煤矿业集团有限责任公司	24658.7	晋城
115	489	* *	泰康保险集团	24058.3	北京
116	494	445	山西阳泉煤业(集团)有限责任公司	23792.8	阳泉
117	495	448	潞安集团	23784.5	长治
118	496	* *	河南能源化工集团	23699.4	郑州
119	497	430	大同煤矿集团有限责任公司	23697.5	大同
120	499	* *	青岛海尔	23563.2	青岛

注:表中 2017 年排名名次标* *的为 2018 年首次入选或 2017 年未入选企业。

2018 年全球最大 250 家承包商中国企业排名

序号	2018 年排名	2017 年排名	企业名称	营业收入(百万美元)
1	1	1	中国建筑集团有限公司	145046.5
2	2	2	中国中铁股份有限公司	131556.2
3	3	3	中国铁建股份有限公司	102237.0
4	4	4	中国交通建设股份有限公司	75383.2
5	6	5	中国电力建设集团有限公司	45662.8
6	9	9	上海建工集团股份有限公司	30530.7
7	10	8	中国冶金科工集团公司	30099.2
8	12	11	中国能源建设股份有限公司	26599.3
9	25	35	江苏南通三建集团有限公司	13255.4
10	27	* *	湖南建工集团有限公司	12507.3
11	28	26	陕西建工集团有限公司	12416.5
12	30	28	浙江省建设投资集团股份有限公司	11643.9
13	31	29	北京城建集团有限责任公司	10682.7
14	38	40	安徽建工集团有限公司	9418.1
15	39	38	中国化学工程股份有限公司	9148.8
16	40	41	青建集团股份公司	8898.4
17	42	101	中国石油集团工程股份有限公司	8314.3
18	44	47	江苏中南建设集团股份有限公司	7501.3
19	46	43	北京建工集团有限责任公司	7404.5
20	47	* *	山西建设投资集团有限公司	7217.6
21	57	56	中国机械工业集团有限公司	6005.9
22	61	59	上海城建(集团)公司	5760.7
23	65	61	中国东方电气集团有限公司	5509.0
24	68	53	中石化炼化工程(集团)股份有限公司	5362.8
25	69	70	江苏南通六建建设集团有限公司	5252.4
26	71	71	特变电工股份有限公司	4864.8
27	84	74	新疆生产建设兵团建设工程(集团)有限责任公司	4120.2
28	85	* *	江苏省建筑工程集团有限公司	4012.2
29	87	121	中铝国际工程股份有限公司	3915.4
30	103	107	中国通用技术(集团)控股有限公司	3105.0

续表

序号	2018年排名	2017年排名	企业名称	营业收入（百万美元）
31	113	＊＊	河北建设集团有限责任公司	2752.7
32	117	123	浙江交工集团股份有限公司	2578.1
33	123	132	中国武夷实业股份有限公司	2300.5
34	127	127	中信建设有限责任公司	2138.6
35	128	42	北京住总集团有限公司	2116.8
36	130	135	烟建集团有限公司	2010.6
37	135	＊＊	湖南路桥建设集团有限责任公司	1979.8
38	136	116	南通建工集团股份有限公司	1939.7
39	140	131	中国江苏国际技术经济合作集团有限公司	1849.0
40	148	149	哈尔滨电气国际工程有限责任公司	1627.8
41	154	185	上海电气集团股份有限公司	1556.5
42	158	＊＊	北方国际合作股份有限公司	1465.3
43	177	＊＊	安徽水安建设集团股份有限公司	1242.8
44	188	210	中石化中原石油工程有限公司	1151.5
45	203	202	中国电力技术装备有限公司	1073.3
46	205	＊＊	山东德建集团有限公司	1061.0
47	209	211	中国江西国际经济技术合作公司	1028.6
48	212	＊＊	神州长城股份有限公司	1013.0
49	219	＊＊	中国有色金属建设股份有限公司	977.4
50	225	＊＊	威海国际经济技术合作股份有限公司	920.3
51	228	241	中国中原对外工程有限公司	914.7
52	229	212	中国水利电力对外公司	901.7
53	243	193	沈阳远大铝业工程有限公司	843.2
54	247	206	中钢国际工程技术股份有限公司	829.7

注：表中＊＊表示未进入2017年度250强排行榜。

2018 年国际承包商 250 家中国企业入选名单

序号	国际业务排名		企 业 名 称	国际营业收入（百万美元）
	2018 年	2017 年		
1	3	3	中国交通建设股份有限公司	23102.0
2	8	11	中国建筑股份有限公司	13971.7
3	10	10	中国电力建设股份有限公司	12242.0
4	14	23	中国铁建股份有限公司	7003.0
5	17	21	中国中铁股份有限公司	6098.0
6	21	27	中国能源建设股份有限公司	5495.3
7	25	31	中国机械工业集团有限公司	4509.4
8	33	* *	中国石油集团工程股份有限公司	3699.6
9	44	48	中国冶金科工集团有限公司	2862.2
10	46	50	中国化学工程集团公司	2729.4
11	55	53	中石化炼化工程(集团)股份有限公司	2112.4
12	56	56	中信建设有限责任公司	2086.0
13	62	64	青建集团股份公司	1804.6
14	65	67	哈尔滨电气国际工程有限责任公司	1627.8
15	80	93	中国电力技术装备有限公司	1073.3
16	83	84	特变电工股份有限公司	982.5
17	85	106	中国有色金属建设股份有限公司	967.0
18	87	94	浙江省建设投资集团股份有限公司	920.6
19	88	* *	威海国际经济技术合作股份有限公司	920.3
20	89	96	中国中原对外工程有限公司	914.7
21	90	83	中国水利电力对外公司	901.7
22	92	90	中国江西国际经济技术合作公司	878.6
23	94	103	北方国际合作股份有限公司	824.6
24	97	95	江西中煤建设集团有限公司	802.2
25	100	141	上海电气集团股份有限公司	763.1
26	102	104	通用技术集团控股有限责任公司	761.0
27	109	117	上海建工集团有限公司	680.8
28	110	108	新疆生产建设兵团建设工程(集团)有限责任公司	680.2
29	111	102	中地海外集团有限公司	661.7
30	118	* *	中国航空技术国际工程有限公司	607.8
31	120	126	中国地质工程集团公司	560.1
32	123	142	北京建工集团有限责任公司	548.9
33	125	124	中石化中原石油工程公司	536.3
34	126	* *	江苏省建筑工程集团有限公司	520.1
35	129	115	中国江苏国际经济技术合作集团有限公司	503.0

续表

序号	国际业务排名		企业名称	国际营业收入（百万美元）
	2018 年	2017 年		
36	130	131	中国武夷实业股份有限公司	489.8
37	132	159	云南省建设投资控股集团有限公司	477.8
38	133	143	江苏南通三建集团股份有限公司	471.9
39	138	* *	神州长城国际工程有限公司	459.9
40	140	146	烟建集团有限公司	452.0
41	143	116	安徽省外经建设(集团)有限公司	429.7
42	144	163	中国成套设备进出口(集团)总公司	413.0
43	145	150	中国河南国际合作集团有限公司	400.7
44	146	127	中鼎国际工程有限责任公司	400.4
45	148	180	北京城建集团有限责任公司	391.8
46	152	149	沈阳远大铝业工程有限公司	358.4
47	155	132	中国东方电气集团有限公司	340.6
48	157	129	中钢设备有限公司	333.5
49	158	* *	江西江联国际工程有限公司	333.2
50	162	153	上海城建(集团)公司	324.5
51	174	* *	江西省水利水电建设有限公司	261.3
52	175	177	山东德建集团有限公司	259.7
53	182	179	南通建工集团股份有限公司	233.8
54	185	202	烟台国际经济技术合作集团有限公司	232.5
55	186	245	中铝国际工程股份有限公司	223.7
56	192	147	安徽建工集团有限公司	199.6
57	201	185	江苏南通六建建设集团有限公司	174.3
58	204	139	中国山东对外经济技术合作集团有限公司	172.0
59	207	203	重庆对外建设(集团)有限公司	158.4
60	210	* *	安徽水安建设集团股份有限公司	150.9
61	211	* *	湖南建工集团	148.5
62	215	210	浙江交工集团股份有限公司	138.1
63	216	193	中国甘肃国际经济技术合作总公司	135.0
64	219	181	中国大连国际经济技术合作集团有限公司	130.3
65	222	228	江苏中南建筑产业集团有限责任公司	121.1
66	242	* *	湖南路桥建设集团有限责任公司	89.4
67	243	240	北京住总集团有限责任公司	81.2
68	244	* *	蚌埠市国际经济技术合作有限公司	79.3
69	246	* *	山西建设投资集团有限公司	69.0

注:表中 2017 年排名名次标* *的为 2018 年首次入选或 2017 年未入选企业。

2018 年中国企业 500 强名单

名次	企业名称	营业收入（万元）
1	国家电网有限公司	235809970
2	中国石油化工集团公司	220974455
3	中国石油天然气集团有限公司	220335751
4	中国工商银行股份有限公司	108505900
5	中国建筑股份有限公司	105410650
6	中国平安保险(集团)股份有限公司	97457000
7	中国建设银行股份有限公司	90525300
8	上海汽车集团股份有限公司	87063943
9	中国农业银行股份有限公司	82702000
10	中国人寿保险（集团）公司	81254776
11	中国银行股份有限公司	77961427
12	中国移动通信集团有限公司	74451800
13	中国铁路工程集团有限公司	69456232
14	中国铁道建筑有限公司	68163814
15	东风汽车集团有限公司	63053613
16	华为投资控股有限公司	60362100
17	苏宁控股集团有限公司	55787511
18	华润（集团）有限公司	55532551
19	中国海洋石油集团有限公司	55070629
20	国家开发银行股份有限公司	54767200
21	中国交通建设集团有限公司	53674740
22	太平洋建设集团有限公司	52168191
23	中国中化集团有限公司	51882319
24	国家能源投资集团有限责任公司	50590077
25	中国五矿集团有限公司	49336087
26	中国南方电网有限责任公司	49194057
27	正威国际集团有限公司	49179850
28	中国邮政集团公司	48795358
29	中国人民保险集团股份有限公司	48377500
30	中粮集团有限公司	47096311
31	北京汽车集团有限公司	47034067
32	中国第一汽车集团有限公司	46988810
33	天津物产集团有限公司	44997060
34	中国兵器工业集团有限公司	43691880
35	中国电信集团有限公司	43237525
36	中国中信集团有限公司	41441221
37	中国航空工业集团有限公司	40481588
38	中国宝武钢铁集团有限公司	40048193
39	中国化工集团有限公司	39192750
40	交通银行股份有限公司	38967227
41	中国电力建设集团有限公司	36408712
42	北京京东世纪贸易有限公司	36233175
43	山东魏桥创业集团有限公司	35957819
44	中国医药集团有限公司	35039624
45	广州汽车工业集团有限公司	34011160
46	招商银行股份有限公司	32394000
47	中国太平洋保险（集团）股份有限公司	31980900
48	中国铝业集团有限公司	31551516
49	恒大集团有限公司	31102200
50	山东能源集团有限公司	30852723
51	恒力集团有限公司	30794113
52	上海浦东发展银行股份有限公司	30752500
53	兴业银行股份有限公司	30745600
54	河钢集团有限公司	30677432
55	联想集团有限公司	30325079
56	中国兵器装备集团有限公司	30217075
57	中国建材集团有限公司	30211799
58	中国船舶重工集团有限公司	30029204
59	中国民生银行股份有限公司	29496500
60	绿地控股集团股份有限公司	29017415
61	中国机械工业集团有限公司	28817424
62	浙江吉利控股集团有限公司	27826459
63	中国联合网络通信集团有限公司	27635310
64	物产中大集团股份有限公司	27621748
65	招商局集团有限公司	27008604
66	陕西延长石油(集团)有限责任公司	26289529
67	中国华能集团有限公司	26074952
68	陕西煤业化工集团有限责任公司	26008890
69	阿里巴巴集团控股有限公司	25026600

名次	企业名称	营业收入（万元）
70	中国保利集团公司	25002621
71	万科企业股份有限公司	24289711
72	中国光大集团股份有限公司	24217624
73	美的集团股份有限公司	24191889
74	海尔集团公司	24190125
75	腾讯控股有限公司	23776000
76	中国能源建设集团有限公司	23687776
77	中国远洋海运集团有限公司	23425514
78	中国航天科技集团有限公司	23111309
79	中国航天科工集团有限公司	23028623
80	碧桂园控股有限公司	22689979
81	冀中能源集团有限责任公司	22430330
82	厦门国贸控股有限公司	22236907
83	雪松控股集团有限公司	22108396
84	潍柴控股集团有限公司	22067298
85	厦门建发集团有限公司	22025250
86	江苏沙钢集团有限公司	22006344
87	金川集团股份有限公司	21704239
88	中国中车集团有限公司	21693414
89	中国电子信息产业集团有限公司	21621041
90	江西铜业集团有限公司	21603291
91	中国航空油料集团有限公司	21588470
92	厦门象屿集团有限公司	21408866
93	新兴际华集团有限公司	21004510
94	中国电子科技集团公司	20359818
95	中国船舶工业集团有限公司	20138579
96	国家电力投资集团公司	20086831
97	中国华电集团有限公司	20013470
98	兖矿集团有限公司	19919956
99	国美零售控股有限公司	19256200
100	鞍钢集团有限公司	18783491
101	首钢集团有限公司	18578512
102	华晨汽车集团控股有限公司	18511220
103	新疆广汇实业投资（集团）有限责任公司	17644044
104	阳光龙净集团有限公司	17305500
105	中国大唐集团有限公司	17098735

名次	企业名称	营业收入（万元）
106	中国太平保险控股有限公司	17009725
107	山西晋城无烟煤矿业集团有限责任公司	16665833
108	泰康保险集团股份有限公司	16260053
109	海亮集团有限公司	16259643
110	青山控股集团有限公司	16158784
111	光明食品（集团）有限公司	16116091
112	阳泉煤业（集团）有限责任公司	16080629
113	山西潞安矿业（集团）有限责任公司	16074995
114	河南能源化工集团有限公司	16017486
115	大同煤矿集团有限责任公司	16005877
116	铜陵有色金属集团控股有限公司	15734470
117	中国通用技术（集团）控股有限责任公司	15700579
118	中南控股集团有限公司	15387043
119	山西焦煤集团有限责任公司	15260208
120	万洲国际有限公司	15121714
121	珠海格力电器股份有限公司	15001955
122	三胞集团有限公司	14600354
123	新华人寿保险股份有限公司	14413185
124	上海建工集团股份有限公司	14208263
125	东浩兰生（集团）有限公司	14118438
126	山东钢铁集团有限公司	13523275
127	安徽海螺集团有限责任公司	13252810
128	广西投资集团有限公司	13217082
129	上海医药集团股份有限公司	13084718
130	中国华融资产管理股份有限公司	12990999
131	中国南方航空股份有限公司	12748900
132	中国平煤神马能源化工集团有限责任公司	12734413
133	万向集团公司	12662384
134	陕西有色金属控股集团有限责任公司	12614881
135	中国有色矿业集团有限公司	12377899
136	中天钢铁集团有限公司	12204388
137	清华控股有限公司	12064481
138	华夏银行股份有限公司	11929800
139	协鑫集团有限公司	11890515

名次	企业名称	营业收入（万元）	名次	企业名称	营业收入（万元）
140	四川长虹电子控股集团有限公司	11702131	177	紫金矿业集团股份有限公司	9454862
141	中国中煤能源集团有限公司	11681181	178	中国林业集团有限公司	9380037
142	小米集团	11462474	179	杭州钢铁集团有限公司	9361757
143	天能电池集团有限公司	11277583	180	上海电气（集团）总公司	9177583
144	TCL 集团股份有限公司	11157736	181	山东东明石化集团有限公司	9067237
145	中国东方航空集团有限公司	11157305	182	中国重型汽车集团有限公司	9053607
146	云南省建设投资控股集团有限公司	11120486	183	广西建工集团有限责任公司	9051117
147	海信集团有限公司	11106466	184	腾邦集团有限公司	8988264
148	开滦（集团）有限责任公司	11103437	185	云南省投资控股集团有限公司	8951740
149	浙江省交通投资集团有限公司	11081387	186	国家开发投资集团有限公司	8940334
150	海澜集团有限公司	10885541	187	复星国际有限公司	8802516
151	黑龙江北大荒农垦集团总公司	10823186	188	北京金隅集团股份有限公司	8753276
152	东岭集团股份有限公司	10812595	189	酒泉钢铁（集团）有限责任公司	8743652
153	富德生命人寿保险股份有限公司	10665854	190	山东晨鸣纸业集团股份有限公司	8702236
154	浙江荣盛控股股份有限公司	10663705	191	湖南建工集团有限公司	8649902
155	比亚迪股份有限公司	10592470	192	中升集团控股有限公司	8629029
156	盛虹控股集团有限公司	10501949	193	杭州锦江集团有限公司	8553673
157	南通三建控股有限公司	10478217	194	中国广核集团有限公司	8535527
158	浙江恒逸集团有限公司	10470453	195	百度网络技术有限公司	8480900
159	北京电子控股有限责任公司	10440445	196	北京建龙重工集团有限公司	8433340
160	北大方正集团有限公司	10418199	197	陕西建工集团有限公司	8383343
161	杭州汽轮动力集团有限公司	10293092	198	万达控股集团有限公司	8361646
162	晋能集团有限公司	10291762	199	新华联集团有限公司	8337797
163	超威电源有限公司	10268301	200	江苏悦达集团有限公司	8319887
164	湖南华菱钢铁集团有限责任公司	10253503	201	福中集团有限公司	8273165
165	广州医药集团有限公司	10210515	202	北京控股集团有限公司	8179398
166	北京银行股份有限公司	10176176	203	浙江省能源集团有限公司	8134373
167	远大物产集团有限公司	10152254	204	太原钢铁（集团）有限公司	8095685
168	长城汽车股份有限公司	10116949	205	江铃汽车集团公司	8058150
169	河北津西钢铁集团股份有限公司	10090231	206	广厦控股集团有限公司	8048522
170	南山集团有限公司	10073149	207	浪潮集团有限公司	8033895
171	浙江省兴合集团有限责任公司	10045944	208	四川省宜宾五粮液集团有限公司	8021809
172	中国黄金集团有限公司	10020376	209	南京钢铁集团有限公司	8020646
173	上海均和集团有限公司	9997329	210	福晟集团有限公司	8010873
174	西安迈科金属国际集团有限公司	9893701	211	华侨城集团有限公司	8010784
175	东方国际（集团）有限公司	9610744	212	日照钢铁控股集团有限公司	7989090
176	阳光保险集团股份有限公司	9605931	213	马钢（集团）控股有限公司	7958732

名次	企业名称	营业收入（万元）
214	内蒙古伊泰集团有限公司	7881841
215	银亿集团有限公司	7830148
216	亨通集团有限公司	7802628
217	山东大海集团有限公司	7787142
218	中国国际海运集装箱集团股份有限公司	7629993
219	淮南矿业（集团）有限责任公司	7618381
220	中天控股集团有限公司	7612358
221	中国国际技术智力合作有限公司	7605761
222	中融新大集团有限公司	7533168
223	利华益集团股份有限公司	7501836
224	云南省能源投资集团有限公司	7497357
225	山东黄金集团有限公司	7488345
226	上海银行股份有限公司	7461974
227	宁夏天元锰业集团有限公司	7400594
228	九州通医药集团股份有限公司	7394289
229	上海钢联电子商务股份有限公司	7369705
230	河北新华联合冶金控股集团有限公司	7362531
231	华泰集团有限公司	7301169
232	新希望集团有限公司	7299781
233	甘肃省公路航空旅游投资集团有限公司	7257895
234	江阴澄星实业集团有限公司	7237863
235	龙湖集团控股有限公司	7207504
236	无锡产业发展集团有限公司	7204545
237	深圳顺丰泰森控股（集团）有限公司	7109429
238	宁波金田投资控股有限公司	7059927
239	重庆市金科投资控股（集团）有限责任公司	7058643
240	庞大汽贸集团股份有限公司	7048514
241	世茂房地产控股有限公司	7042587
242	扬子江药业集团	7008812
243	北京城建集团有限责任公司	7007405
244	卓尔控股有限公司	6986924
245	奇瑞控股集团有限公司	6908612
246	唯品会（中国）有限公司	6892996
247	深圳市怡亚通供应链股份有限公司	6851511
248	广西柳州钢铁集团有限公司	6839830
249	内蒙古电力（集团）有限责任公司	6816737
250	内蒙古伊利实业集团股份有限公司	6805817
251	敬业集团有限公司	6746750
252	山东高速集团有限公司	6663351
253	雅戈尔集团股份有限公司	6654041
254	正邦集团有限公司	6635299
255	天津荣程祥泰投资控股集团有限公司	6604932
256	北京外企服务集团有限责任公司	6500916
257	奥克斯集团有限公司	6493012
258	云天化集团有限责任公司	6359792
259	北京能源集团有限责任公司	6325119
260	传化集团有限公司	6317160
261	上海华谊（集团）公司	6269963
262	通威集团	6261031
263	上海永达控股（集团）有限公司	6250001
264	大冶有色金属集团控股有限公司	6245374
265	浙江省建设投资集团股份有限公司	6236450
266	神州数码集团股份有限公司	6221595
267	陕西汽车控股集团有限公司	6170812
268	杭州滨江房产集团股份有限公司	6150000
269	贵州茅台酒股份有限公司	6106276
270	玖隆钢铁物流有限公司	6067876
271	天津泰达投资控股有限公司	6062983
272	北京住总集团有限责任公司	6057009
273	百联集团有限公司	6055733
274	红豆集团有限公司	6033816
275	正泰集团股份有限公司	6017696
276	淮北矿业（集团）有限责任公司	6016413
277	青建集团股份公司	6008048
278	华夏幸福基业股份有限公司	5963543
279	广州富力地产股份有限公司	5927786
280	福建省能源集团有限责任公司	5866723
281	永辉超市股份有限公司	5859134
282	中国化学工程股份有限公司	5857143

名次	企业名称	营业收入（万元）
283	江苏南通二建集团有限公司	5736659
284	山东京博控股股份有限公司	5700045
285	南通四建集团有限公司	5686289
286	深圳市爱施德股份有限公司	5673587
287	白银有色集团股份有限公司	5663428
288	山东如意国际时尚产业投资控股有限公司	5613106
289	江西方大钢铁集团有限公司	5602438
290	蓝思科技股份有限公司	5594430
291	广东温氏食品集团股份有限公司	5565716
292	甘肃省建设投资（控股）集团总公司	5558630
293	山东海科化工集团有限公司	5500774
294	昆明钢铁控股有限公司	5498649
295	云南锡业集团（控股）有限责任公司	5495338
296	上海找钢网信息科技股份有限公司	5468164
297	河北普阳钢铁有限公司	5467220
298	山西煤炭进出口集团有限公司	5453982
299	网易公司	5410202
300	广东省广物控股集团有限公司	5408619
301	万华化学集团股份有限公司	5312317
302	河北省物流产业集团有限公司	5285940
303	新疆特变电工集团有限公司	5273129
304	德力西集团有限公司	5258941
305	深圳光汇石油集团股份有限公司	5252736
306	宝塔石化集团有限公司	5247847
307	本钢集团有限公司	5233601
308	江苏三房巷集团有限公司	5233236
309	隆鑫控股有限公司	5229376
310	新余钢铁集团有限公司	5223113
311	中国铁路物资股份有限公司	5184400
312	雅居乐地产控股有限公司	5160706
313	稻花香集团	5156194
314	新疆中泰（集团）有限责任公司	5121297
315	山东招金集团有限公司	5106370
316	福建省三钢（集团）有限责任公司	5102003

名次	企业名称	营业收入（万元）
317	江苏国泰国际集团有限公司	5070385
318	浙江桐昆控股集团有限公司	5058084
319	江苏省苏中建设集团股份有限公司	5056959
320	亚邦投资控股集团有限公司	5037379
321	四川华西集团有限公司	5029492
322	双胞胎（集团）股份有限公司	5014839
323	新凤祥控股集团有限责任公司	5006899
324	广州市建筑集团有限公司	5001726
325	安徽江淮汽车集团控股有限公司	4996822
326	前海人寿保险股份有限公司	4962945
327	重庆商社（集团）有限公司	4952118
328	渤海银行股份有限公司	4926359
329	北京首都旅游集团有限责任公司	4916940
330	重庆小康控股有限公司	4834099
331	新奥能源控股有限公司	4826900
332	山东科达集团有限公司	4785635
333	江苏华西集团有限公司	4750174
334	云南冶金集团股份有限公司	4717319
335	四川德胜集团钒钛有限公司	4651620
336	杭州娃哈哈集团有限公司	4643785
337	广西北部湾国际港务集团有限公司	4643424
338	深圳海王集团股份有限公司	4623669
339	东营鲁方金属材料有限公司	4583917
340	上海仪电（集团）有限公司	4553965
341	重庆建工投资控股有限责任公司	4533229
342	广东省交通集团有限公司	4515921
343	山东金诚石化集团有限公司	4513739
344	广州轻工工贸集团有限公司	4511235
345	四川省川威集团有限公司	4511062
346	天津友发钢管集团股份有限公司	4494604
347	山东太阳控股集团有限公司	4490230
348	徐州工程机械集团有限公司	4483689
349	武安市明芳钢铁有限公司	4472500
350	中天科技集团有限公司	4465308
351	三一集团有限公司	4448808
352	珠海华发集团有限公司	4415523
353	广东省建筑工程集团有限公司	4410276

名次	企业名称	营业收入（万元）
354	广东省粤电集团有限公司	4375260
355	重庆化医控股（集团）公司	4375138
356	天瑞集团股份有限公司	4361911
357	江苏新长江实业集团有限公司	4357390
358	西王集团有限公司	4350599
359	唐山港陆钢铁有限公司	4349142
360	华勤橡胶工业集团有限公司	4325182
361	旭阳控股有限公司	4320094
362	北京首都创业集团有限公司	4309673
363	武汉金融控股（集团）有限公司	4306560
364	荣盛控股股份有限公司	4291398
365	广州智能装备产业集团有限公司	4259323
366	重庆力帆控股有限公司	4258898
367	重庆机电控股（集团）公司	4240387
368	太极集团有限公司	4236428
369	河南森源集团有限公司	4236265
370	江苏南通六建建设集团有限公司	4205069
371	杉杉控股有限公司	4203413
372	重庆农村商业银行股份有限公司	4195316
373	通鼎集团有限公司	4182581
374	北京建工集团有限责任公司	4182184
375	山东渤海实业股份有限公司	4170157
376	河北建设集团股份有限公司	4129596
377	四川省能源投资集团有限责任公司	4129332
378	江苏华宏实业集团有限公司	4117625
379	盘锦北方沥青燃料有限公司	4107120
380	四川科伦实业集团有限公司	4106113
381	山河控股集团有限公司	4101786
382	浙江中成控股集团有限公司	4070972
383	湖南博长控股集团有限公司	4058828
384	物美控股集团股份有限公司	4055741
385	江西省建工集团有限责任公司	4052354
386	安阳钢铁集团有限责任公司	4034777
387	人民电器集团有限公司	4034049
388	山西建设投资集团有限公司	4025142
389	金浦投资控股集团有限公司	4020150
390	上海城建（集团）公司	4019942
391	中华联合保险集团股份有限公司	4018039
392	安徽建工集团有限公司	4017496
393	四川省交通投资集团有限责任公司	4003945
394	武安市文安钢铁有限公司	3982618
395	老凤祥股份有限公司	3981035
396	同程控股股份有限公司	3975285
397	冀南钢铁集团有限公司	3971613
398	山东玉皇化工有限公司	3968785
399	安徽新华发行（集团）控股有限公司	3960249
400	创维集团有限公司	3955878
401	四川蓝润实业集团有限公司	3952830
402	河北新金钢铁有限公司	3950773
403	山东恒源石油化工股份有限公司	3931048
404	江苏中利能源控股有限公司	3920488
405	吉林亚泰（集团）股份有限公司	3917156
406	天音通信有限公司	3915873
407	福佳集团有限公司	3902737
408	山东金岭集团有限公司	3888736
409	北京首都开发控股(集团)有限公司	3866932
410	三河汇福粮油集团有限公司	3864917
411	中运富通控股集团有限公司	3864403
412	武安市裕华钢铁有限公司	3863513
413	金澳科技（湖北）化工有限公司	3861055
414	弘阳集团有限公司	3854291
415	山东胜通集团股份有限公司	3854216
416	申能（集团）有限公司	3844343
417	浙江省国际贸易集团有限公司	3844124
418	环嘉集团有限公司	3838626
419	东旭集团有限公司	3835433
420	永锋集团有限公司	3817616
421	杭州市实业投资集团有限公司	3817570
422	中基宁波集团股份有限公司	3798145
423	晶龙实业集团有限公司	3788441
424	威高集团有限公司	3781624
425	金地（集团）股份有限公司	3766218
426	安徽国贸集团控股有限公司	3753952

名次	企业名称	营业收入（万元）
427	上海国际港务(集团)股份有限公司	3742394
428	江苏阳光集团有限公司	3738814
429	武汉商联(集团)股份有限公司	3733155
430	广州越秀集团有限公司	3726759
431	步步高投资集团股份有限公司	3709413
432	天元建设集团有限公司	3706550
433	东营方圆有色金属有限公司	3699621
434	大汉控股集团有限公司	3690237
435	金鼎重工股份有限公司	3687235
436	江苏汇鸿国际集团股份有限公司	3679996
437	中科电力装备集团有限公司	3660237
438	成都兴城投资集团有限公司	3656108
439	杭州华东医药集团有限公司	3653071
440	河南豫光金铅集团有限责任公司	3638914
441	天津纺织集团(控股)有限公司	3631543
442	河南豫联能源集团有限责任公司	3626436
443	西部矿业集团有限公司	3616136
444	徐州矿务集团有限公司	3609896
445	北京江南投资集团有限公司	3579996
446	郑州宇通集团有限公司	3563402
447	研祥高科技控股集团有限公司	3560817
448	广西玉柴机器集团有限公司	3560665
449	江苏扬子江船业集团	3553722
450	宜昌兴发集团有限责任公司	3553187
451	滨化集团公司	3544816
452	中国东方电气集团有限公司	3532946
453	双良集团有限公司	3518421
454	华仪集团有限公司	3510126
455	华芳集团有限公司	3503459
456	新疆生产建设兵团建设工程(集团)有限责任公司	3491190
457	卧龙控股集团有限公司	3475874
458	维维集团股份有限公司	3471726
459	通州建总集团有限公司	3461257
460	富通集团有限公司	3453862
461	广州万宝集团有限公司	3451914
462	浙江宝业建设集团有限公司	3423621
463	万基控股集团有限公司	3421979

名次	企业名称	营业收入（万元）
464	河北建工集团有限责任公司	3420810
465	安徽省皖北煤电集团有限责任公司	3416493
466	浙江前程投资股份有限公司	3407529
467	法尔胜泓昇集团有限公司	3403315
468	浙江富冶集团有限公司	3396477
469	远东控股集团有限公司	3389258
470	天狮集团有限公司	3387737
471	宁波富邦控股集团有限公司	3380633
472	欧菲科技股份有限公司	3379103
473	北京粮食集团有限责任公司	3358164
474	哈尔滨电气集团有限公司	3351853
475	上海农村商业银行股份有限公司	3338050
476	富海集团有限公司	3337975
477	红狮控股集团有限公司	3330775
478	重庆市能源投资集团有限公司	3322053
479	北京市政路桥集团有限公司	3318101
480	浙江昆仑控股集团有限公司	3301926
481	山东博汇集团有限公司	3300949
482	石横特钢集团有限公司	3300133
483	世纪金源投资集团有限公司	3291300
484	龙信建设集团有限公司	3285745
485	东华能源股份有限公司	3267828
486	深圳市中农网有限公司	3260177
487	山东清源集团有限公司	3253538
488	精功集团有限公司	3241386
489	波司登股份有限公司	3240801
490	北京金融街投资(集团)有限公司	3235534
491	华峰集团有限公司	3226386
492	山东泰山钢铁集团有限公司	3205069
493	澳洋集团有限公司	3186041
494	万通海欣控股集团股份有限公司	3162744
495	重庆轻纺控股(集团)公司	3151559
496	金东纸业(江苏)股份有限公司	3150433
497	岚桥集团有限公司	3132545
498	广州农村商业银行股份有限公司	3125565
499	广西盛隆冶金有限公司	3114547
500	山东汇丰石化集团有限公司	3068944

中国铁建所属单位名录

单位名称	地址	电话	邮政编码
中国土木工程集团有限公司	北京市海淀区北蜂窝4号	010-63263392	100038
北京中土大厦	北京市海淀区北蜂窝6号	010-51818888	100038
中土集团北方建设有限公司	北京市丰台区望园北路西街300号呼铁大厦	010-83063615	100038
中土南方建设有限公司	广东省珠海市香洲区香工路18号金地门道B2区43栋	0756-2669700	519030
中土集团福州勘察设计研究院有限公司	福建省福州市晋安区火车站沁园支路41号	0591-87051157	350013
中土东非有限公司	坦桑尼亚达累斯萨拉姆市邮政信箱4083号	00255-22-2851129	
中国土木工程集团(布隆迪)有限公司	布隆迪鲁蒙盖市自由大街54号	00257-71002160	
中土埃塞俄比亚工程有限公司	埃塞俄比亚的斯亚贝巴市内法斯尔克-拉夫托区沃雷达03号	00251-116181806	
中土尼日利亚有限公司	尼日利亚阿布贾格拉迪马村外第二个路口丹塔塔采石场后面机场路	00213-83488488	
中非莱基投资有限公司	北京市海淀区复兴路40号中国铁建大厦A座8层	010-52689888	100855
尼日利亚莱基自贸区开发公司	尼日利亚拉各斯州伊贝约—莱基当地政府区莱基埃普沿海路莱基自贸区	00234-8023191541	
中国土木工程(赞比亚)有限公司	赞比亚卢萨卡市赞比西路609号福克斯代尔二期213-214号;邮政信箱36186号	00260-211293461	
中国土木工程集团博茨瓦纳有限公司	通信地址:博茨瓦纳哈博罗内市特洛昆区邮政信箱T08号	00267-3925332	
中国土木工程集团(纳米比亚)有限公司	纳米比亚温得和克市厄洛斯邮政信箱86094号	00264-61254911	
中国土木工程集团(肯尼亚)有限公司	肯尼亚内罗毕市邮政信箱21617-00505号	00254-203860808	
中铁建中非建设有限公司南非办事处	南非约翰内斯堡市桑顿区中钢大厦		
中国土木工程集团有限公司南苏丹办事处	南苏丹中赤道省朱巴市京华酒店301室	00211-921359506 00211-925577888	
中国土木阿尔及利亚有限公司	阿尔及利亚阿尔及尔市阿舒尔区瓦迪罗玛尼公寓瓦赫拉尼70号	00213-23-300211	16000
中国土木工程集团有限公司埃及分公司	埃及开罗市		
中国土木工程集团有限公司利比亚分公司	利比亚的黎波里市加尔加什街邮政信箱1409号	00218-21-4834600	
中国土木工程集团塞拉利昂有限公司	塞拉利昂弗里敦市蓝茉莉海滩“西非阳光”小区7号B2-3&4		
中国土木工程集团有限公司塞内加尔分公司	塞内加尔达喀尔市		
中国土木工程集团科特迪瓦有限公司	科特迪瓦阿比让市		
中铁建几内亚有限公司	几内亚科纳克里市		
中国土木工程集团刚果(布)有限公司	刚果共和国布拉柴维尔市		
中铁建喀麦隆股份有限公司	喀麦隆雅温得市		
中国土木工程集团(尼日尔)有限公司	尼日尔普拉特卢鲁伊恩170号	00227-92888880	
中国土木工程集团有限公司沙特分公司	沙特阿拉伯利雅得市苏莱曼尼亚区欧鲁巴路邮政信箱99861号	00966-11-4608288	11625

续表

单　位　名　称	地　址	电　话	邮政编码
中国土木工程集团有限公司阿联酋分公司	阿联酋阿布扎比市穆罕默德·本·扎耶德区马扎德购物中心大厦1103室	00971－02－6459417	
中国土木工程集团有限公司伊拉克分公司	伊拉克埃尔比勒花园风景小区D栋39号	00964－7511523859 0086－13911737467	
中国土木工程集团卡塔尔有限公司	卡塔尔多哈市		
中国土木工程集团有限公司驻伊朗办事处	伊朗德黑兰市		
中国土木工程集团(香港)有限公司	中国香港九龙尖沙咀漆咸道南39号铁路大厦23楼	00852－22718999	
中国土木工程(澳门)有限公司	中国澳门宋玉生广场263号中土大厦22楼C－H座	00853－28781160	
中铁(澳门)有限公司	中国澳门新口岸友谊大马路1023号南方大厦1楼AB-CDJLMNO座	00853－28706416	
中土集团公司日本代表处	日本东京都江户川区东葛西6－23－5号106室	0081－3－35535065	
中国土木工程集团印度尼西亚代表处	印度尼西亚雅加达市默加库宁岸DEA大厦1座MZ层	0062－21－5760815	12950
中国土木(新加坡)有限公司	新加坡市克罗士街上段531号芳林大厦04－42号	0065－82188868	050531
中国土木工程集团(巴布亚新几内亚)有限公司	巴布亚新几内亚莫尔兹比港首都区科尼多布滨水区邮政信箱303号		
中国土木工程集团有限公司巴基斯坦分公司	巴基斯坦伊斯兰堡F－8/2区公园路28号		
中国铁道建筑总公司土耳其安卡拉分公司	土耳其安卡拉市奥兰区尤卡勒迪克门区629街丰达拜亚泽维尔3号	0090－312－4911130/29	06500
中国土木工程集团(波兰)有限公司	波兰华沙德拉夫斯卡大街17号	0048－22－8223062	02202
中国土木工程集团有限公司欧洲代表处	德国法兰克福海波林大街62号	0049－69－520148	60431
中国土木工程集团罗马尼亚有限公司	罗马尼亚伊尔佛夫县沃伦达瑞市扬古尼古拉英雄大街83号	0040－31－1010076	077190
中国土木工程集团有限公司贝尔格莱德分公司(中国土木工程集团有限公司驻塞尔维亚代表处)	贝尔格莱德市斯梅塔尼娜街4号	00381－11－4099518	11000
中国土木工程集团(黑山)有限公司	黑山波德戈里察市克诺哥尔斯科格巴塔约纳bb2号	00382－69854626	81000
中土巴西国际商业有限公司	巴西圣保罗市雅尔丁保利斯塔区阿图尔拉莫斯街241/cj.91	0055－11－38127068	
中国土木工程集团有限公司玻利维亚分公司	玻利维亚拉巴斯市		
中国土木工程集团有限公司厄瓜多尔分公司	厄瓜多尔基多市葡萄牙大街阿玛巴勒大厦901室	00593－2－3959840	170150
中国土木工程集团(俄罗斯)有限责任公司	俄罗斯莫斯科维尔纳茨大街93－1－282室	007－9153114921	52514
中国土木工程集团有限公司以色列分公司	以色列卡密艾尔市纳什街45号	00972－52－8706688	
中国土木工程集团有限公司塔吉克斯坦分公司	塔吉克斯坦杜尚别市鲁达基大街127号鲁达基大厦910室	00992－888088717	
中国土木工程集团有限公司白俄罗斯代表处	白俄罗斯明斯克市弗兰齐斯克·斯科里纳大街8号54室	00375－172782860	220114
中国土木工程集团南太平洋有限公司	瓦努阿图维拉港邮政信箱1185号	00678－35668	
中铁十一局集团有限公司	湖北省武汉市武昌区中山路277号	027－88710611	430061
第一工程有限公司	湖北省襄阳市襄州区航空路73号	0710－3712139	441104
第二工程有限公司	湖北省十堰市茅箭区白浪中路99号	0719－8362049	442000

续表

单　位　名　称	地　址	电　话	邮政编码
第三工程有限公司	湖北省十堰市茅箭区武当路15号	0719－8763791	442012
第四工程有限公司	湖北省武汉市东湖开发区佳园路21号	027－87586438	430074
第五工程有限公司	重庆市沙坪坝区新桥新村71号	023－61536226	400037
第六工程有限公司	湖北省襄阳市高新区七里河路2号	0710－3719459	441003
汉江重工有限公司	湖北省襄阳市樊城区中航大道22号	0710－3124972	441046
电务工程有限公司	湖北省武汉市东湖开发区佳园路19号	027－87570801	430074
建筑安装工程有限公司	湖北省武汉市武昌区丁字桥路47号	027－87255685	430064
桥梁有限公司（物资贸易有限公司）	江西省鹰潭市月湖区南站路24号	0701－6463802	335003
城市轨道工程有限公司	湖北省武汉市东湖开发区佳园路23号	027－87201548	430074
房地产开发有限公司	湖北省武汉市东湖开发区民族大道324号		430000
勘察设计院	湖北省武汉市东湖开发区民族大道324号	027－87029097	430074
襄阳管理部	湖北省襄阳市高新区七里河路2号	0710－3718400	441003
财务共享中心	湖北省武汉市东湖高新区汤逊湖北路中国铁建梧桐苑写字楼（9F—12F）	027－81715102	430070
新加坡分公司	3Gambas Crescent 8#08，08#07NordcomOne，Singapore	0065－69339150	757088
中铁十二局集团有限公司	山西省太原市西矿街130号	0351－2653130	030024
第一工程有限公司	陕西省西安市灞桥区柳雪路368号	029－89512850	710038
第二工程有限公司	山西省太原市小店区人民南路19号	0351－2655010	030032
第三工程有限公司	山西省太原市万柏林区西线街39号	0351－2656010	030024
第四工程有限公司	陕西省西安市未央区徐家湾红旗东路3号	029－68571904	710021
建筑安装工程有限公司	山西省太原市西矿街130－1号	0351－2654076	030024
电气化工程有限公司	天津市空港经济区环河北路与中心大道交口空港商务园西区12号楼	022－58096806	300308
第七工程有限公司	湖南省长沙市天心区友谊路202号	0731－85585548	410004
振海工程有限公司	海南省海口市面前坡东村1号	0898－36630208	570206
市政工程有限公司	广东省广州市南沙区海滨路169号成卓大厦	020－39002686	510000
铁路养护工程有限公司	西藏自治区拉萨市柳梧高新区火车站青藏公司工务楼	0891－6752100	850000
国际工程有限公司	北京市大兴区亦庄经济技术开发区科创十三街锋创科技园18号20栋	010－56386137	100176
物资有限公司	山西省太原市万柏林区西线街27号	0351－2656551	030024
房地产开发有限公司	山西省太原市西矿街130号	0351－2653770	030024
投资管理有限公司	山西省太原市西矿街130号	0351－2654079	030024
铁道大厦	山西省太原市迎泽西大街143号	0351－2653765	030024

续表

单　位　名　称	地　址	电　话	邮政编码
中心医院	山西省太原市西矿街182号	0351－2654145	030053
湘潭铁路工程学校	湖南省湘潭市广技路58号	0732－58281074	411100
兴城疗养院	辽宁省兴城市兴海北路二段103号	0429－3919478	125100
中国铁建大桥工程局集团有限公司	天津市自贸试验区(空港经济区)中环西路32号	022－88958900	300300
第一工程有限公司	辽宁省大连市沙河口区沙跃街9号	0411－62838201	116033
第二工程有限公司	广东省深圳市盐田区东海大道盐田港9号小区中铁大厦	0755－36884891	518083
第三工程有限公司	辽宁省沈阳市沈河区方家栏路60号	024－24202435	110043
第四工程有限公司	黑龙江省哈尔滨市道外区先锋路459号	0451－55188599	150008
第五工程有限公司	四川省成都市新都区学院路东路289号	028－83961551	610500
第六工程有限公司	吉林省长春市二道区岭东路2138号	0431－86161068	130033
电气化工程有限公司	天津市自贸试验区(空港经济区)中环西路32号	022－58802071	300300
中铁株洲桥梁有限公司	湖南省株洲市建设北路487号	0731－28372018	412005
西北工程有限公司	宁夏回族自治区银川市中山北街571号	0951－3837085	750000
建筑工程有限公司	天津市自贸试验区(空港经济区)中环西路32号	022－58802058	300300
南方工程有限公司	广东省广州市南沙区丰泽东路106号	020－36970304	510800
房地产开发有限公司	天津市自贸试验区(空港经济区)中环西路32号	022－58802010	300300
海外公司	天津市自贸试验区(空港经济区)中环西路32号	022－88958831	300300
中铁津桥工程检测有限公司	吉林省长春市二道区岭东路2072号	0431－86161562	130033
中铁现代勘察设计院有限公司	天津市自贸试验区(空港经济区)中环西路32号		300300
物资贸易有限公司	天津市自贸试验区(空港经济区)中环西路33号	022－58503593	300300
靖江桥梁科技产业园有限公司	江苏省靖江市斜桥镇康桥路2号	0523－81160656	214500
中铁十三局技师学院	吉林省长春市兴隆山镇	0431－86165313	130102
物业管理分公司	吉林省长春市二道区岭东路2138号	0431－86161680	130033
中铁十四局集团有限公司	山东省济南市历下区奥体西路2666号铁建大厦A座	0531－88386460	250000
第一工程发展有限公司	山东省日照市海曲东路66号	0633－2285919	276826
第二工程有限公司	山东省泰安市岱岳区东岳大街西首樱桃园西路71号	0538－8871111	271000
第三工程有限公司	山东省济南市长清区崮云湖街道西部创新园B座1312	0531－82516383	250300
第四工程有限公司	山东省济南市英雄山路267号	0531—82516777	250002
第五工程有限公司	山东省济宁市兖州区金谷路80号	0537－3638051	272117
隧道工程有限公司	山东省济南市市中区二环南路兴隆山庄29号	0531－88387001	250002

续表

单　位　名　称	地　址	电　话	邮政编码
大盾构工程有限公司	江苏省南京市浦口区新浦路120号江浦总部经济园5F—7F	025－58171996	211800
建筑工程有限公司	山东省济南市奥体西路2666号铁建大厦A座	0531－88386697	250000
房桥有限公司	北京市房山区阎村镇大件路1号	010－89349121	102400
电气化工程有限公司	山东省济南市历下区和平路1号	0531－88385366	250013
房地产开发有限公司	山东省济南市奥体西路2666号铁建大厦A座	0531－88385801	250000
铁正检测科技有限公司	山东省济南市和平路1号	0531－88385493	250013
西北工程有限公司	陕西省西安市沣东新城后卫寨地铁口启航时代广场A座10层	029－89145061	710086
海外工程分公司	山东省济南市奥体西路2666号铁建大厦A座	0531－88385631	250000
北非建设分公司	山东省济南市历下区奥体西路2666号铁建大厦A座	0531－88386555	250000
市政工程分公司	山东省青岛市崂山区香港东路254号碧海山庄E3号栋	0532－80622658	266061
京津冀区域总部	北京市海淀区阜城路115号	010－88120700	100142
资金管理中心	山东省济南市历下区奥体西路2666号铁建大厦A座	0531－88385318	250101
职业教育培训中心	山东省济南市二环东路12856号兴隆山庄	0531－88387263	250002
物业管理中心	山东省济南市历下区和平路1号	0531－88385175	250014
中铁十五局集团有限公司	上海市静安区共和新路666号	021－66119030	200070
第一工程有限公司	陕西省西安市凤城二路13号凯发大厦901室	029－62689130	710018
第二工程有限公司	上海市青浦区朱家角镇沪青平公路6670号	021－39251366	201713
第三工程有限公司	四川省成都市郫县犀浦镇珠江东街16号	028－87847202	611731
第四工程有限公司	河南省郑州市二七区新圃东街117号	0371－67055019	450052
第五工程有限公司	天津市红桥区芥园道6号红桥国投大厦11楼	022－59003062	471002
路桥建设有限公司	江苏省南京市浦口区泰山街道三河280号	025－58170263	210031
城市建设工程有限公司	河南省洛阳市洛常路6号院	0379－62631065	471002
城市轨道交通工程有限公司	河南省洛阳市四通路2号院	0379－62637156	471013
电气化工程有限公司	上海市松江区九亭镇博安路46号	021－57637777	201615
物资有限公司	河南省洛阳市西工工业园区红山乡	0379－62638438	471041
四川建筑勘察设计有限公司	四川省宜宾市翠屏区岳武里14号	0831－8221117	644000
东来地产投资开发有限公司	河南省郑州市二七区航海路197号索克大厦917房	0371－87553035	450000
济阳迎宾黄河大桥有限公司	山东省济阳市济阳县黄河大桥1号	0531－84225799	251400
铁建浙江投资开发有限公司	浙江省宁波市鄞州区惠风东路257号鄞州商务大厦18楼	0574－55123177	315000
华东中铁工程检测技术有限公司	河南省洛阳市四通路2号院		471013

续表

单　位　名　称	地　址	电　话	邮政编码
轨道交通运营公司	河南省洛阳市四通路2号院		471013
洛阳基地	河南省洛阳市四通路2号院		471013
财务共享服务中心	河南省洛阳市瀍河区邙山路4号院		471013
职工培训中心	河南省洛阳市瀍河区振兴北路2号院		471013
四通劳务公司	河南省洛阳市四通路2号院	0379－60892037	471013
澳门公司	澳门特别行政区冼星海大马路81－121号金龙中心	00853—28783085	
福州投资开发公司	福建省福州市台江区海润滨江花园B区23号楼2201室	0591－87488173	350000
中铁十六局集团有限公司	北京市朝阳区红松园北里2号	010－51883114	100018
第一工程有限公司	北京市顺义区府前东街15号	010－89959686	101300
第二工程有限公司	天津市河东区万新村三区	022－24017036	300162
第三工程有限公司	浙江省湖州市湖东路288号	0572－2096966	313000
第四工程有限公司	北京市怀柔区迎宾中路2号	010－51045421	101400
第五工程有限公司	河北省唐山市丰润区光华道2号	0315－3082231	064000
北京轨道交通工程建设有限公司	北京市通州区新华西街26号	010－69551058	101100
地铁工程有限公司	北京市朝阳区惠河南街1008－A四惠大厦	010－87661921	100124
铁运工程有限公司	河北省高碑店市兴华北路117号	0312－5591013	074000
路桥工程有限公司	北京市密云县新北路29号	010－69063643	101500
电气化工程有限公司	北京市朝阳区金盏乡皮村北街16号院3号	010－51884400	100018
物资贸易有限公司	北京市朝阳区金盏乡皮村北街2号院	010－51883971	100018
置业投资有限公司	北京市朝阳区皮村北巷甲2号	010－51883599	100018
城市建设发展有限公司	北京市朝阳区红松园北里2号	010－51884805	100018
建工机械有限公司	北京市密云区新北路29号西门	010－61095318	101500
中国友发有限公司	北京市朝阳区金盏乡皮村北街2号院	010－51883155	100018
中铁十七局集团有限公司	山西省太原市平阳路84号	0351－7257114	030006
第一工程有限公司	山西省太原市小店区人民北路18号	0351－7093970	030032
第二工程有限公司	陕西省西安市咸宁中路55号	029－62827210	710043
第三工程有限公司	河北省石家庄市中山西路	0311－83986582	050081
第四工程有限公司	重庆市北部高新区洪湖西路18号上丁企业公园25栋	023－67030811	401121
第五工程有限公司	山西省太原市小店区人民北路20号	0351－2620114	030032
第六工程有限公司	福建省福州市连江中路181号中铁大厦	0591－3662081	350014

续表

单位名称	地址	电话	邮政编码
建筑工程有限公司	山西省太原市平阳南路34号中铁十七局集团建筑科技大厦	0351-7259567	030032
电气化工程有限公司	山西省太原市平阳南路34号中铁十七局集团建筑科技大厦	0351-7059678	030032
上海轨道交通工程有限公司	上海市浦东新区张杨路1515弄16号	021-68554723	200135
铺架分公司	山西省太原市平阳南路34号中铁十七局集团建筑科技大厦	0351-7259983	030032
物资有限公司	山西省太原市平阳南路34号中铁十七局集团建筑科技大厦	0351-3252633	030032
山西铧兴工程检测有限公司	山西省太原市平阳路西一巷17号	0351-7258527	030012
房地产开发有限公司	山西省太原市平阳南路34号中铁十七局集团建筑科技大厦	0351-7257842	030032
勘察设计院	山西省太原市平阳南路34号中铁十七局集团建筑科技大厦	0351-7257427	030032
物业管理中心	山西省太原市平阳路84号	0351-7258316	030006
中心医院	山西省太原市小店区人民北路19号	0351-7259800	030032
中铁（贵州）市政工程有限公司	贵州省贵阳市贵安新区兴安大道汤庄	0851-88904868	550003
中铁十八局集团有限公司	天津市河西区柳林大沽南路1519号	022-60283520	300222
第一工程有限公司	河北省涿州市冠云西路128号	0312-3686239	072750
第二工程有限公司	河北省唐山市丰润区光华道28号	0315-7763491	064000
第三工程有限公司	河北省涿州市冠云路	0312-3686868	072750
第四工程有限公司	天津市双港高科技产业园丽港园33号	022-60978292	300350
第五工程有限公司	天津市滨海高新区塘沽海洋科技园新北路3199号	022-25216515	300450
隧道工程有限公司	重庆市北碚区蔡家岗镇凤栖路6号	023-60310378	400700
轨道交通工程有限公司	天津市津南区中铁十八局家属院东区	022-28349828转8023	430000
建筑安装工程有限公司	天津市空港经济区中环西路西八道285号	022-58098568	300300
北京中铁大都工程有限公司	北京市大兴区西红门镇欣荣北大街31号	010-60299096	100162
房地产开发有限公司	天津市滨海新区（塘沽）海缘路199号滨海国际企业大道E2-9号	022-65159659	300450
物资贸易有限公司	天津市空港经济区中环西路285号8楼	022-59060572	300308
中铁十九局集团有限公司	北京市经济技术开发区荣华南路19号	010-59819114	100176
第一工程有限公司	辽宁省辽阳市白塔区卫国路138号	0419-2324114	111000
第二工程有限公司	辽宁省辽阳市白塔区和平路17号	0419-2327210	111000
第三工程有限公司	辽宁省沈阳市沈北新区沈北路36号	024-67856839	100136
第五工程有限公司	辽宁省大连市金州区拥政街586号	0411-82163715	116000
第六工程有限公司	江苏省无锡市国家高新技术产业开发区香山路7-101	0510-83109698	214045
第七工程有限公司	广东省珠海市拱北夏湾港昌路111号中铁大厦	0756-8180416	519020

续表

单　位　名　称	地　址	电　话	邮政编码
电务工程有限公司	北京市经济技术开发区荣华南路 19 号 1 号楼	010－57550018	100176
轨道交通有限公司	北京市顺义区林河大街 16 号 2 幢	010－57477798	101300
房地产开发有限公司	辽宁省辽阳市白塔区和平路 17 号	0419－2327005	111000
矿业投资有限公司	北京市丰台区莲怡园东路风荷曲苑 3 号楼	010－52730878	100161
国际建设分公司	北京市经济技术开发区路东区经海 3 路 109 号院天骥智谷科技园区 19 号楼	010－67817857	100176
辽阳基地	辽宁省辽阳市白塔区和平路 17 号	0419－2327940	111000
计量测试中心	辽宁省辽阳市白塔区和平路 17 号	0419－2327082	111000
物资公司	天津市自贸试验区(东疆保税港区)亚洲路 6865 号金融贸易中心北区 1－1－2001－7	0419－2327498	111000
职工中心医院	辽宁省辽阳市白塔区卫国路 75 号	0419－2327160	111000
中铁二十局集团有限公司	陕西省西安市太华北路 89 号	029－82153600	710016
第一工程有限公司	江苏省苏州市新区大同路 10 号	0512－66160128	215151
第二工程有限公司	北京市海淀区西四环北路 158 号慧科大厦东区 12 层	010－88591336	100142
第三工程有限公司	重庆市南岸区黄桷垭镇崇文路 28 号附 7 号	023－62626940	400000
第四工程有限公司	山东省青岛市崂山区东海东路 89 号	0532－88017020	266061
第五工程有限公司	云南省昆明市官渡区国贸路星河明居 A 幢附属楼	0871－67176639	650200
第六工程有限公司	陕西省西安市未央区广安路 3619 号	029－62600206	710032
市政工程有限公司	甘肃省兰州市城关区北龙口永新化工园区永新集团 5 楼	0931－7893300	730046
中铁贵州工程有限公司	贵州省贵阳市贵安新区黔中大道沙坝路口	0851－88915055	550025
电气化工程有限公司	陕西省西安市高新区新型工业园企业壹号公园 6 号	029－62680920	710119
房地产开发有限公司	重庆市南岸区茶园新区同景路 8 号 22 幢 7－1	023－62962309	401336
中铁长安重工有限公司	陕西省西安市辛家庙广安路 3619 号	029－62600318	710032
阿达驻车投资建设管理有限公司	天津市自贸试验区(空港经济区)东三道瑞航广场 21 号楼 5 层	022－84958586	300308
中铁建科检测有限公司	陕西省西安市未央区太华北路 89 号	029－81033669	710016
物业管理有限公司	陕西省西安市未央区太华北路 89 号	029－82152509	710016
安哥拉国际有限公司	安哥拉罗安达省维也纳市卡库西区中国城		
莫桑比克有限公司	莫桑比克国楠普拉省 NACALA 市 Maiaia 区		
中铁建安工程设计院有限公司(合资)	河北省石家庄市长安区北环东路 15 号	0311－87939537	050041
西安市政勘察设计院(分公司)	陕西省西安市未央区太华北路 89 号	029－82152969	710016
巴基斯坦分公司(分公司)	巴基斯坦伊斯兰堡		
技工学校	陕西省渭南市向阳北街 245 号	0913－2167628	714000

续表

单　位　名　称	地　址	电　话	邮政编码
咸阳基地管理处	陕西省咸阳市渭城区新兴北路北端东侧	029－33785467	712000
中铁二十一局集团有限公司	甘肃省兰州市安宁区北滨河西路921号	0931－4539986	730070
第一工程有限公司	新疆维吾尔自治区乌鲁木齐市经济开发区河南西路275号	0991－7924237	830011
第二工程有限公司	甘肃省兰州市城关区和平路63号	0931－8783160	730030
第三工程有限公司	陕西省咸阳市迎宾大道	029－33761739	712000
第四工程有限公司	陕西省西安市高新区唐延路中段37号洛克大厦7、8、9楼	029－68593506	710065
第五工程有限公司	重庆市江北区海尔路港城工业区D区港安二路28号	023－88730777转8014	402100
第六工程有限公司	北京市经济技术开发区科创十四街99号33幢A座	010－56532206	101111
电务电化工程有限公司	甘肃省兰州市城关区红山根西村148号	0931－4924656	730030
路桥工程有限公司	陕西省西安市高新区唐延路37乙号洛克大厦	029－68593621转515/609	710065
德盛和置业有限公司	陕西省西安市雁塔区曲江新区新开门南路梧桐苑	029－85567281	710061
国际工程有限公司	北京市海淀区万丰路18号院5号楼3层	010－59811999	100161
勘察设计院	甘肃省兰州市城关区和平路63号	0931－4930615	730030
轨道交通工程有限公司	山东省济南市槐荫区烟台路与顺安路交叉口西元大厦东楼18—21楼	0531－55620918	250000
西部铁建工程材料科技有限公司	甘肃省兰州市永登县秦川镇经十三路纬五十四路交叉口以南900米	0931－7847611	730300
铁路运营管理有限公司	新疆维吾尔自治区乌鲁木齐市经济开发区太原路645号	0991－7959189	830000
市政工程分公司	宁夏回族自治区银川市西夏区兴州北路303号	0951－8552310	750000
铁建中原工程有限公司	河南省郑州市二七区嵩山路街道陇海中路70号河南省交通规划设计研究院6楼		450000
中铁二十二局集团有限公司	北京市石景山区石景山路35号	010－51886220	100043
第一工程有限公司	北京市石景山区鲁谷路86号	010－51888357	100040
第二工程有限公司	北京市石景山区实兴大街西山汇30号院6号楼12、15层	010－57551530	100041
第三工程有限公司	福建省厦门市观音山国际商务营运中心11号楼22层	0592－5550126	361008
第四工程有限公司	天津市武清开发区创业总部基地B16	022－59903508	301700
第五工程有限公司	重庆市北碚区城南新区文长路2号	023－61389907	400700
哈尔滨铁路建设集团有限责任公司	黑龙江省哈尔滨市南岗区西大直街113号	0451－8642365	150006
电气化工程有限公司	北京市门头沟区永定镇龙兴南二路中国铁建梧桐汇S13号楼14—18层	010－63379259	102300
北京中铁天瑞机械设备有限公司	北京市石景山区银河大街6号院1号楼二层南塔203	010－68636570	100043
房地产开发有限公司	北京市石景山区实兴大街30号院6号楼11层	010－57551383	100041
中铁京诚工程检测有限公司	北京市房山区长阳镇夏场村天瑞嘉园29号楼	010－60355283	102444
建筑工程分公司	河北省保定市雄县雄州路与金谷街交叉口(东侧)	0312－6155800	071800

续表

单　位　名　称	地　址	电　话	邮政编码
市政工程公司	广东省广州市花都区新化镇交通东路21号	020－86888902	501800
中铁二十三局集团有限公司	四川省成都市二环路西二段10－1号	028－68311110	610072
第一工程有限公司	山东省日照市黄海二路65号	0633－31638029	276826
第二工程有限公司	黑龙江省齐齐哈尔市铁锋区站前大街256号	0452－2924257	161000
第三工程有限公司	四川省成都市温江区天府街中段336号	028－67230000	611130
第四工程有限公司	四川省成都市青羊工业总部基地G区8栋A/B座	028－68618103	610091
轨道交通工程有限公司	上海市浦东新区惠南镇城南路335号	021－68037915	201300
第六工程有限公司	重庆市北部新区金开大道68号协信星光天地2幢22—27楼	023－63035822	401121
电务工程有限公司	天津市南开区密云一支路燕宇小区45号	022－27531522	300100
建筑设计研究院	四川省达州市通川区张家湾路2号	0818－2373110	635000
中铁二十四局集团有限公司	上海市会文路2号	021－51221317	200071
安徽工程有限公司	安徽省合肥市瑶海工业园区新海大道15号	0551－2124910	230011
江苏工程有限公司	江苏省南京市栖霞区幕府东路339号	025－68029912	210038
上海铁建工程有限公司	上海市静安区共和新路911号	021－51231157	200070
浙江工程有限公司	浙江省杭州市上城区江城路692号	0571－87806165	310009
福建铁路建设有限公司	福建省福州市晋安区沁园路77号	0591－87577551	350013
南昌铁路工程有限公司	江西省南昌市西湖区二七南路109号	0791－87022857	330002
新余工程有限公司	江西省新余市铁兴路216号	0790－6968255	338025
上海电务电化有限公司	上海市静安区王家宅路40号	021－51226558	200071
贵溪桥梁厂有限公司	江西省贵溪市柏里大道	0701－3773371	335400
鹰潭设备安装工程有限公司	江西省鹰潭市月湖区环城东路105号	0701－6447216	335000
上海房地产开发有限公司	上海市静安区民德路20号	021－51223735	200071
路桥分公司	上海市静安区秣陵路80号华象大楼15F	021－51236006	200070
轨道交通分公司	上海市静安区天目中路585号新梅大厦18楼	021－51223097	200071
北京分公司	北京市海淀区莲花苑5号华宝大厦16层	010－63941280	100036
中铁二十五局集团有限公司	广东省广州市越秀区中山一路55号	020－61335418	510000
第一工程有限公司	广东省广州市越秀区桂花岗东2号	020－61353016	510000
第二工程有限公司	江苏省南京市栖霞区仙林街道齐名路6号	025－87750201	210000
第三工程有限公司	湖南省长沙市雨花区七里庙路88号大鸿杰座	0731－85099576	410000
第四工程有限公司	广西壮族自治区柳州市和平路138号	0772－3924997	545000

续表

单　位　名　称	地　址	电　话	邮政编码
第五工程有限公司	山东省青岛市崂山区科苑纬三路25号	0532－58702750	266000
第六工程有限公司	广西壮族自治区柳州市红岩路二区75号	0772－3924527	545000
电务工程有限公司	广东省广州市越秀区共和西路8号	020－61327529	510000
南方实业开发有限公司	广东省广州市越秀区共和西路8号	020－87678912	510000
广州铁诚工程质量检测有限公司	广东省广州市越秀区共和西路8号	020－61330251	510000
房地产开发有限公司	天津市宝坻区钰华街道钰华街198号	022－22530730	301800
中铁建设集团有限公司	北京市石景山区石景山路20号	010－51885010	100040
北京分公司	北京市丰台区张仪村路16号	010－52282285	100040
华北分公司	天津市空港经济区中环西路62号	022－58503588	300308
华中分公司	河南省郑州市郑东新区马庄街3号	0371－55352987	450018
西北分公司	陕西省西安市高新区高新四路17号志诚商务C座5层	029－87939848	710075
中南分公司	湖北省武汉市青山区友谊大道999号武钢集团办公大楼B座29层	027－83592841	430080
华东分公司	江苏省昆山市花桥经济开发区光明路88号	0512－81863267	215332
华南分公司	广东省广州市南沙区环市大道中南沙城商务办公楼A栋	13647800038	511458
西南分公司	四川省成都市成华区东华一路47号铁建广场大厦6层	028－84311381	610051
基础设施事业部	北京市石景山区苹果园路28号中铁创业大厦A座	010－51885657	100041
国际事业部	北京市石景山区石景山路20号中铁建设大厦南配楼西2楼和3楼	010－51812840	100040
超高层事业部	北京市石景山区石景山路20号中铁建设大厦南配楼	010－51812478	100040
机电总承包事业部	北京市石景山区苹果园路28号	010－51885164	100043
装饰装修事业部	北京市石景山区苹果园路28号中铁创业大厦A座16层	010－51885423	100043
中铁建设集团房地产有限公司	北京市石景山区石景山路20号	010－51812899	100040
中铁建设集团建筑设计院	北京市石景山区石景山路20号中铁建设大厦南配楼	010－51885084	100040
北京中铁建工物资有限公司	北京市石景山区苹果园路28号院2号楼17层1701—1707	010－51885211	100040
混凝土分公司	北京市丰台区张仪村路16号	010－51885172	100040
北京中铁建建筑科技有限公司	北京市丰台区张仪村路16号	010－51885232	100040
北京中铁电梯工程有限公司	北京市丰台区张仪村路16号509室	010－51885201	100040
中铁建钢结构有限公司	河北省涿州市华阳中路143号	0312－3972508	072750
房产膳食管理服务中心	北京市丰台区张仪村路16号	010－51812170	100040
中国铁建电气化局集团有限公司	北京市石景山区石景山路29号	010－88779872	100043
第一工程有限公司	河南省洛阳市洛龙区白马寺18号	0379－62630033	471013

续表

单　位　名　称	地　址	电　话	邮政编码
第二工程有限公司	山西省太原市尖草坪区柴村镇昌盛西街18号	0351－3258099	030023
第三工程有限公司	河北省高碑店市兴华北路57号	0312－2826802	074000
第四工程有限公司	湖南省长沙市雨花区中意一路728号	0731－85627022	410017
第五工程有限公司	四川省成都市青羊区成飞大道一号青羊工业园N区12栋	028－81726929	610091
南方工程有限公司	湖北省武汉市东湖开发区佳园路17号	027－50108779	430071
北方工程有限公司	山西省太原市万柏林区迎泽西大街369号	0351－6867526	030053
北京中铁建电气化设计研究院有限公司	北京市石景山区石景山路29号	010－68145100	100043
科技有限公司	河北省高碑店市西大街建国胡同9号	0312－7938598	074000
西安电气化制品有限公司	陕西省西安市未央区文景路首创富北高银26号楼5层	029－86682700	710000
康远新材料有限公司	江苏省无锡市锡山区浙大网新3栋	0523－88535792	214400
轨道交通器材有限公司	江苏省常州市武进区雪堰镇潘家工业集中区旷达路27号	0519－86547055	213179
北京京燕饭店有限公司	北京市石景山区石景山路29号	010－68876666	100043
北京城市轨道工程公司	北京市石景山区石景山路29号	010－88779952	100043
新疆维管分公司	新疆维吾尔自治区乌鲁木齐市新市区长春中路澳龙广场A座7楼	0991－5056558	830011
中国铁建港航局集团有限公司	广东省珠海市前山翠峰街189号	0756－6250000	519000
第一工程分公司	广东省广州市番禺区兴南大道118号1号楼	020－84567068	510000
第二工程分公司	浙江省宁波市鄞州区泰康中路459号雷孟德旅游大厦28、29楼	0574－89069058	315100
第三工程分公司	山东省青岛市李沧区广水路771号	0532－55719696	266041
第四工程分公司	重庆市江北区港安二路28号冠陆两江汇谷D栋10—11楼	023－67071033	400025
总承包分公司(船舶工程分公司)	广东省珠海市香洲区梅华西路2372号26栋	0756－6333515	519000
勘察设计院有限公司	广东省广州市番禺南村兴南大道118号2号楼5—8楼	020－83300830	511400
中国铁建房地产集团有限公司	北京市海淀区复兴路40号中国铁建大厦B座	010－52689999	100039
中铁房地产集团北方有限公司	北京市丰台区小屯路美域家园南区1号楼	010－68635667－800	100166
中铁房地产集团华东有限公司	上海市静安区裕通路100号宝矿洲际商务中心51楼	021－60768900	200070
中铁房地产集团华南有限公司	广东省广州市天河区珠江西路15号珠江城大厦31楼	020－81237200	510000
中铁房地产集团西南有限公司	四川省成都市高新区锦城大道1288号中铁办公楼	028－61682255	610000
中铁房地产集团商业地产开发管理有限公司	天津市河北区金钟河大街中国铁建·国际城诗景颂苑项目公建楼	022－26779666	300150
中铁房地产集团海外地产发展有限公司	北京市朝阳区来广营乡清河营东路2号乐想汇3号楼	010－84912850	100012
中铁建物业管理有限公司	北京市门头沟区永定镇龙兴南二路5号院2号楼5、6层	010－56965918	102308
中铁房地产集团设计咨询有限公司	北京市石景山区金融街长安中心1号楼8—9层	010－53856888	100043

续表

单　位　名　称	地　　址	电　　话	邮政编码
中铁房地产集团创新产业投资有限公司	北京市门头沟区永定镇东辛秤村龙兴南二路5号院2号楼	010－56965913	102308
中铁房地产集团北京投资管理有限公司	北京市海淀区复兴路40号中国铁建大厦B座14层1411	010－52689405	100039
中铁建南沙投资发展有限公司	广东省广州市南沙区海滨路171号金融大厦16楼	020－39030030	511458
中铁房地产集团(贵州)有限公司	贵州省贵阳市南明区太慈桥车水路11号	0851－85505188	550003
中铁房地产集团济南第六大州有限公司	山东省济南市历下区奥体西路铁建大厦7楼	0531－82516172	250000
中铁第一勘察设计院集团有限公司	陕西省西安市西影路2号	029－82365023	710043
线路运输设计处	陕西省西安市西影路2号	029－82365210	710043
地质路基设计处	陕西省西安市西影路2号	029－82365308	710043
桥梁隧道设计处	陕西省西安市西影路2号	029－82365382	710043
工程经济设计处	陕西省西安市西影路2号	029－82365260	710043
电气化设计处	陕西省西安市西影路2号	029－82365712	710043
通信信号设计处	陕西省西安市西影路2号	029－82365686	710043
环境与设备设计处	陕西省西安市西影路2号	029－82365880	710043
交通与市政工程设计研究院	陕西省西安市雁塔区公园南路60号	029－82365395	721001
城市轨道与建筑设计研究院	陕西省西安市雁塔区公园南路60号	029－82365520	721001
测绘地理信息工程技术研究院	陕西省西安市西影路2号	029－82365978	710043
工程咨询院	陕西省西安市雁塔区公园南路60号	029－82349701	721001
信息网络处	陕西省西安市西影路2号	029－82349001	710043
轨道交通工程信息化国家重点实验室	陕西省西安市西影路2号	029－82349800	710043
海外事业部	陕西省西安市西影路2号	029－82365176	710043
资本运营事业部 工程总承包事业部	陕西省西安市西影路2号	029－82349776	710043
兰州铁道设计院有限公司	甘肃省兰州市和政路131号	0931－4934519	730000
陕西逸博置业有限公司	陕西省西安市雁塔区公园南路60号	029－82349629	721001
新疆铁道勘察设计院有限公司	新疆维吾尔自治区乌鲁木齐市北京南路703号	0991－3838877	830011
青海铁道工程勘察有限公司	青海省西宁市共和南路23号	0971－6103780	810007
甘肃铁道综合工程勘察院有限公司	甘肃省兰州市和政路131号	0931－4934733	730000
陕西铁道工程勘察有限公司	陕西省西安市雁塔区公园南路60号	029－82366416	721001
甘肃综合铁道工程承包有限公司	甘肃省兰州市和政路127号	0931－4934597	730000
中铁一院南方工程咨询监理有限责任公司	广东省珠海市香洲区香工路18号金地门道B2区34栋	0756－8919895	519000
西安铁一院工程咨询监理有限责任公司	陕西省西安市高新区丈八一路1号汇鑫ABC大厦D座	029－81770772	710065

续表

单　位　名　称	地　址	电　话	邮政编码
陕西格瑞环境治理有限责任公司	陕西省西安市雁塔区公园南路60号	029－82349064	721001
甘肃环通工程试验检测有限公司	甘肃省兰州市和政路131号	0931－4933093	730000
山东建筑设计院有限公司	山东省威海市环翠区光明路96号	0631－5169697	264200
甘肃宏图文印有限公司	甘肃省兰州市和政路131号	0931－4934592	730000
西安百和物业管理有限公司	陕西省西安市西影路2号	029－82349833	710043
兰州鑫铁物业管理有限公司	甘肃省兰州市和政路131号	0931－4934021	730000
中铁第四勘察设计院集团有限公司	湖北省武汉市武昌区和平大道745号	027－86812844	430063
线路站场设计研究处	湖北省武汉市武昌区和平大道745号	027－86816193	430063
桥梁设计研究院	湖北省武汉市武昌区和平大道745号	027－86811470	430063
地质路基设计研究处	湖北省武汉市武昌区和平大道745号	027－51155953	430063
通信信号设计研究处	湖北省武汉市武昌区和平大道745号	027－86814195	430063
设备设计研究处	湖北省武汉市武昌区和平大道745号	027－51155236	430063
电气化设计研究处	湖北省武汉市武昌区和平大道745号	027－86814200	430063
城市轨道与地下工程设计研究院	湖北省武汉市武昌区和平大道745号	027－51155305	430063
建筑与城市规划设计研究院	湖北省武汉市武昌区和平大道745号	027－51156234	430063
工程经济设计处	湖北省武汉市武昌区和平大道745号	027－51155288	430063
道路交通设计研究院	湖北省武汉市武昌区和平大道745号	027－51184246	430063
环境工程设计研究处	湖北省武汉市武昌区和平大道745号	027－51156792	430063
工程勘察研究院	湖北省武汉市洪山区铁机村	027－51156248	430063
国际事业部	湖北省武汉市武昌区和平大道745号	027－5115594	430063
信息中心	湖北省武汉市武昌区和平大道745号	027－86811459	430063
图文印制中心	湖北省武汉市武昌区和平大道745号	027－86814198	430063
保障服务中心	湖北省武汉市武昌区和平大道745号	027－51155657	430063
接待中心	湖北省武汉市武昌区和平大道745号	027－51155080	430063
杭州分院	浙江省杭州市江干区环站南路59号铁四院杭州大厦	0571－56297205	310016
厦门分院	福建省厦门市思明区湖滨东路6号华龙大厦29楼	0592－5800708	361010
深圳分院	广东省深圳市南山区学府路荟芳园D栋5楼	0755－26530649	518052
海南分公司	海南省海口市美兰区国兴大道国瑞城写字楼北楼23楼	0898－65337543	570203
浙江分院	浙江省杭州市江干区环站南路59号铁四院杭州大厦	0571－86539879	310016
北京分院	北京市海淀区北小马厂华天大厦11楼	010－63368415	100038

续表

单　位　名　称	地　址	电　话	邮政编码
新疆分院	新疆维吾尔自治区乌鲁木齐市阿勒泰路306号香格里拉美泉小区12座B室	0991－3818118	830011
山东分院	山东省济南市经十东路619号凤鸣山庄2区6号楼2单元101室	0531－68658539	250101
河南分院	河南省郑州市金水区郑汴路138号英协广场B座26楼2615室	0371－53371565	450003
徐州分院	江苏省徐州市泉山区解放南路265号	0516－83950879	221000
江苏分院	江苏省南京市鼓楼区中央路399号天正国际广场15楼	025－83575520	210037
南通分院	江苏省苏州市高新区青石路500号	0512－68310160－8169	215000
安徽分院	安徽省合肥市瑶海区滁菊路18号铁四院安徽分院（中绿广场）	0551－62122868	230012
常州分院	江苏省常州市通江南路257号	0519－69800455	213002
上海分院	上海市广灵四路24号甲开隆大厦7层	021－55390249	200083
江西分院	江西省南昌市红谷滩绿茵路129号联发广场写字楼1509室	0791－88890913	330038
湖南分院	湖南省长沙市芙蓉区袁家岭湘域中央2栋32楼	0731－88210156	410005
温州分院	浙江省温州市龙湾区温州大道78号速8酒店	0577－86578167	325011
福建分院	福建省福州市北环东路96号沁园新村3－101－103	0591－87577950	350011
广东分院	广东省广州市越秀区三元里大道463号		510400
佛山分院	广东省佛山市南海区桂城南海大道北5号兴业大厦A座3楼	0757－63380501	528200
珠海分院	广东省珠海市香洲区联安路99号	0756－3926838	519020
湖北分院	湖北省武汉市武昌区和平大道745号	027－51184190	430063
川渝分院	四川省成都市高新区天府大道530号东方希望天祥广场B座37楼	028－88613019	610041
广西分院	广西壮族自治区南宁市高新五路3号	0771－2720237	530003
尼日利亚分公司	C. C. E. C. C NIG LTD. NO. 46, NNAMDI AZIKIWE DRIVE NIGERIA RAILWAY COMPOUNDEBUTE－METTA, LAGOS NIGERIA	2349085353800	999062
中铁四院集团广州设计院有限公司	广东省广州市越秀区共和西路6号	020－61329017	510600
中铁四院集团南宁勘察设计院有限公司	广西壮族自治区南宁市高新区高新五路3号	0771－2721367	530003
铁四院（湖北）工程监理咨询有限公司	湖北省武汉市武昌区和平大道745号	027－86811518	430063
武汉铁四院工程咨询有限公司	湖北省武汉市武昌区和平大道745号	027－51156952	430063
武汉铁四院工程造价咨询有限公司	湖北省武汉市武昌区和平大道745号	027－51155305	430063
武汉铁道工程承包有限责任公司	湖北省武汉市武昌区和平大道745号	027－86715014	430063
中铁四院集团岩土工程有限责任公司	湖北省武汉市武昌区和平大道745号	027－51155953	430063
中铁四院集团投资有限公司	湖北省武汉市武昌区和平大道745号	027－51185719	430063
中铁四院集团昆明工程建设投资有限公司	云南省昆明市呈贡新城白龙潭善书院25栋	0871－63962233	650500

续表

单　位　名　称	地　址	电　话	邮政编码
中铁四院集团房地产开发有限公司	湖北省武汉市武昌区和平大道745号	027－51155729	430063
武汉铁辰工程检测有限公司	湖北省武汉市武昌区和平大道745号	027－51155407	430063
中铁四院集团新型轨道交通设计研究院有限公司	江苏省苏州市高新区马涧路2000号电车基地11楼	0512－68310027	215009
海峡(福建)交通工程设计有限公司	福建省福州市台江区交通路43号	0591－83371570	350004
中铁四院集团西南勘察设计有限公司	云南省昆明市官渡区官渡镇广福路5349号银海樱花语幸福广场F幢	0871－63512359	650214
中铁四院集团楚桂审图咨询有限公司	广西壮族自治区南宁市高新区高新五路3号	0771－2721367	530003
中铁第五勘察设计院集团有限公司	北京市大兴区康庄路9号	010－51010102	102600
线路运输设计处	北京市大兴区康庄路9号	010－51010298	102600
站场设备处	北京市大兴区康庄路9号	010－51010303	102600
地质路基勘察设计处	北京市大兴区康庄路9号	010－51010400	102600
桥梁设计处	北京市大兴区康庄路9号	010－51010710	102600
电化通号设计处	北京市大兴区康庄路9号	010－51010519	102600
城市轨道交通设计处	北京市大兴区康庄路9号	010－51011227	102600
建筑设计处	北京市大兴区康庄路9号	010－51010566	102600
公路与市政设计处	北京市大兴区康庄路9号	010－51015112	102600
工程经济设计处	北京市大兴区康庄路9号	010－51010672	102600
环境工程设计处	北京市大兴区康庄路9号	010－51010636	102600
水利水运工程设计处	北京市大兴区康庄路9号	010－51011133	102600
测绘与地理信息研究处	北京市大兴区康庄路9号	010－51011849	102600
技术研究处	北京市大兴区康庄路9号	010－51011517	102600
工程咨询处	北京市大兴区康庄路9号	010－51011660	102600
东北勘察设计院	黑龙江省哈尔滨市南岗区西大直街119号	0451－86424957	150006
郑州勘察设计院	河南省郑州市高新区翠竹街1号总部企业基地100号楼	0371－86628312	450000
天津勘察设计院	天津市南开区黄河道大通大厦A803	022－87900005	300000
乌鲁木齐勘察设计院	新疆维吾尔自治区乌鲁木齐市新市区北京南路946号金坤大厦9楼	0991－7959002	830011
苏州分院	江苏省苏州市相城区南天成路8号天成大厦9—10层	0512－68838103	215100
常州分院	江苏省常州市武进区潞城街道东方东路51－1号	0519－85550583	213025
广西分院	广西壮族自治区南宁市青秀区紫荆路1号	0771－8060102	530000
北京铁城建设监理有限责任公司	北京市海淀区复兴路40号中国铁建大厦西侧9楼	010－52689372	100855
北京铁研建设监理有限责任公司	北京市大兴区金星路12号奥宇科技英巢2号楼0715	010－53203313	102628
北京铁五院工程试验检测有限公司	北京市大兴区康庄路9号	010－51011217	102600

续表

单　位　名　称	地　址	电　话	邮政编码
北京中铁建北方路桥工程有限公司	北京市大兴区康庄路9号	010－53271798	102600
北京铁五院工程机械有限公司	北京市大兴区康庄路9号	010－51015112	102600
资本运营处	北京市大兴区康庄路9号	010－51010827	102600
海外事业部	北京市大兴区康庄路9号	010－51011629	102600
工程管理处	北京市大兴区康庄路9号	010－51011579	102600
基建办公室	北京市大兴区康庄路9号	010－51011179	102600
试验中心	北京市大兴区康庄路9号	010－51013957	102600
信息化管理处	北京市大兴区康庄路9号	010－51011565	102600
图文中心	北京市大兴区康庄路9号	010－51011512	102600
《铁道建筑技术》杂志社	北京市大兴区康庄路9号	010－53271773	102600
上海星通机场规划设计分院	上海市长宁区定西路1310弄6号(福安大厦)5楼	18621800919	200050
中铁上海设计院集团有限公司	上海市共和新路1265号	021－63818358	200070
南昌铁路勘测设计院有限责任公司	江西省南昌市工人新村二路27号	0791－87021157	330002
杭州铁路设计院有限责任公司	浙江省杭州市延安路468号浙江经贸广场综合楼B座6楼	0571－56735698	310006
中铁上海设计院集团合肥有限公司	安徽省合肥市瑶海工业园区新海大道15号(中国铁建安徽大厦)	0551－62123591	230011
上海先行建设监理有限公司	上海市天目中路291号	021－63817060	200070
中铁上海设计院集团有限公司天津分院	天津市南开区卫津路18号中恺国际广场新都大厦A座15层	022－27776838	300073
中铁上海设计院集团有限公司南京设计院	江苏省南京市鼓楼区中山北路223号建达大厦7楼	025－83302580	210009
中铁上海设计院集团有限公司徐州设计院	江苏省徐州市新城区镜泊西路吉田商务广场C栋4层	0516－80805777	221007
中铁上海设计院集团有限公司长沙设计院	湖南省长沙市雨花区香樟路819号万坤图财富广场1栋10楼	0731－85350987	410014
中铁建预制构件研发咨询(上海)有限公司	江苏省句容市下蜀镇临江经济开发区建华学院3楼	0511－87183168	212413
中铁物资集团有限公司	北京市海淀区西四环中路19号	010－51881098	100143
东北有限公司	辽宁省沈阳市东北大马路337号	024－88204333	110044
华东有限公司	上海市杨浦区逸仙路25号同济晶度大厦18—19楼	021－62172358	200437
中南有限公司	湖北省武汉市武昌区丁字桥路25号	027－87129851	430070
西北有限公司	陕西省西安市碑林区友谊东路150号	029－82258480	710054
西南有限公司	四川省成都市一环路北三段1号SOHO－C座	028－87666612	610081
华南有限公司	广东省广州市越秀区东风东路745号东山紫园商务大厦17层	020－28079988	510080
港澳有限公司	广东省珠海市香洲区九洲大道西3026号11栋	0756－3800255	519000
北京中铁工业有限公司	北京市石景山区玉泉路65号院	010－51888700	100040

续表

单　位　名　称	地　址	电　话	邮政编码
新疆有限公司	新疆维吾尔自治区乌鲁木齐市经济技术开发区中亚南路81号	0991－3776903	830026
北京中铁国际招标公司	北京市海淀区西四环中路19号	010－51881640	100143
北京五棵松饭店有限公司	北京市海淀区西四环中路19号	010－51881187/88/89	100143
湖南有限公司	湖南省长沙县星沙镇经济技术开发区开元大道17号湘商世纪鑫城3901室	0731－88289215	410100
云南有限公司	云南省昆明市官渡区广福路樱花语幸福广场A1－E栋8楼	0871－63575127	650200
中铁煤焦销售有限公司	北京市石景山区玉泉路65号院	010－51886233	100040
中铁民爆物资有限公司	北京市海淀区西四环中路19号26号楼5层	010－51886649	100143
北京中铁福斯罗技术有限公司	北京市海淀区西四环中路19号218房间	010－51881080	100143
钢之家电子商务公司	上海市浦东新区东方路818号众城大厦10楼D座	021－50582191	200122
中国铁建重工集团有限公司	湖南省长沙市经济技术开发区东七路88号	0731－84071801	410100
中央研究总院	湖南省长沙市经济技术开发区东七路88号	0731－84071770	410100
轨道系统事业部	湖南省株洲市建设北路	0731－28300288	412005
掘进机事业部	湖南省长沙市经济技术开发区东七路88号	0731－84071779	410100
特种装备事业部	湖南省长沙市经济技术开发区东七路88号	0731－84071343	410100
株洲中铁电气物资有限公司	湖南省株洲市田心北站路81号	0731－22681288	412001
中铁建特种装备工程有限公司	湖南省长沙市经济技术开发区东七路88号	0731－84071826	410100
道岔分公司	湖南省株洲市建设北路	0731－28300006	412005
中铁隆昌铁路器材有限公司	四川省隆昌市金鹅街道重庆路598号	0832－3998026	642150
新疆公司	新疆维吾尔自治区乌鲁木齐市经济技术开发区融合南路399号	18599136294	830000
兰州隧道装备有限公司	甘肃省兰州市永登县中川镇纬三路	0931－8258008	730314
铁建重工包头有限公司	内蒙古自治区包头市青山区包头装备制造产业园	0472－2622758	014000
掘进机制造总厂	湖南省长沙市经济技术开发区东七路88号	0731－84071860	410100
特种装备制造总厂	湖南省长沙市经济技术开发区东七路88号	0731－84071439	410100
中国铁建国际集团有限公司	北京市海淀区复兴路40号中国铁建大厦B座7层	010－52689100	100855
中国铁建阿尔及利亚有限公司	143. Route d'Amara, Chéraga, Alger, Algérie	00213－23305032	16002
中国铁建国际集团有限公司玻利维亚分公司	Av. Fuerza naval No. 55, Zona Calacoto, Lapaz, Bolivia	00591－78966748	
中国铁建股份有限公司沙特分公司	Office No. 8, Building No. 24, Al Yamaniyah Street, Al Sahafah District, Riyadh, KSA	0966－114873114	11473
中国铁建(加勒比)有限公司	Savannah East, 11 Queen's Park East, Port of Spain, Trinidad and Tobago, West Indies	001868－6222074	
中国铁建(东南亚)有限公司	B3801—3802, CW tower, Ratchadaphisek Road, Huaykwang District, Bankok, Thailand	0066－21683060	10310
中国铁道建设(香港)有限公司	香港九龙观塘海滨道133号万兆丰中心10楼A室	00852－27749886	

续表

单位名称	地址	电话	邮政编码
中国铁建马来西亚有限公司	Suite 20－02,20th floor,Menara Tan&Tan,207, Jalan Tun Razak,50400 Kuala Lumur,Malaysia	0060－321628228	50400
中国铁建股份有限公司安哥拉分公司	Condomínio Cajueiro － Talatona, Casa H5, Município de Belas,Província de Luanda	00244－940774228	999104
中国铁建俄罗斯有限公司	Москва,Бережковская набережная, 16а, с3, этаж 1	007－9851115277	121059
中铁建(北京)国际贸易有限公司	北京市海淀区复兴路40号中国铁建大厦B座2层	010－52687500	100855
中国铁建美国有限责任公司	22 Battery Street,Suite 333,San Francisco,CA 94111,USA	001－4157952118	94111
中国铁建股份有限公司阿根廷分公司	Viamonte 1815,Piso 13,Ciudad Autónoma de Buenos Aires,Argentina	0054－1152549051	
中国铁建国际集团有限公司巴基斯坦代表处	House 3,Street 2,F－8/3,Islamabad	0092－3104385888	44000
中国铁建国际集团有限公司孟加拉分公司	House #41,Flat#B－2,Road #7, Block#G, Bajitpur, Banani,Dhaka	00880－1703656467	1213
中国铁建股份有限公司卡塔尔分公司	Villa No. 77,East Gate,Lagoona Compound(Near Lagoona Mall),West Bay Lagoon,Doha,Qatar	00974－50383550	40134
中国铁建国际集团有限公司印度尼西亚代表处	APL Tower #20 Unit T2 Jl. Letjen S. Parman Kav. 28, Tanjung Duren Selatan,Jakarta Barat	0062－2150101348	11470
中国铁建国际集团有限公司摩洛哥分公司	Lotiss Colline II Lot 37&38,2EME Etage SIDI MAAROUF, Casablanca	00212－762754271	2648
中国铁建西非有限公司	Zone 4,Lot 591 lot3,Abidjan,Côte d1voire	00225－87650755	1706ABJ06
中国铁建(国际)尼日利亚有限公司	No. 25B,Panama Street,Maitama,Abuja,Nigeria	00234－09068005679	99062
中铁城建集团有限公司	湖南省长沙市岳麓区洋湖路695号	0731－88605600	410208
第一工程有限公司	山西省太原市迎泽西大街169号	0351－2654912	030024
第二工程有限公司	广东省广州市越秀区共和西路8号	020－87657007	510600
第三工程有限公司	天津市滨海新区海洋高新区桂海路21号	022－60615955	300450
北京工程有限公司	北京市朝阳区常营五里桥一街1号院	010－85717577	100024
南昌建设有限公司	江西省南昌市二七南路116号	0791－87021287	330002
房地产开发有限公司	湖南省长沙市岳麓区洋湖路695号	0731－89590657	410208
物资有限公司	广东省广州市南沙区黄阁镇蕉门村蕉门路8号		510000
物业管理有限公司	湖南省长沙市岳麓区洋湖路695号	0731－89590603	410208
总承包分公司	湖南省长沙市岳麓区洋湖路695号	0731－89590892	410208
中国铁建投资集团有限公司	北京市海淀区复兴路40号铁建大厦B座	010－52689500	100855
中国铁建投资集团有限公司重庆分公司	重庆市江北区复盛镇正街(政府大楼)5层	023－63410818	401121
中铁建南方投资有限公司	广东省珠海市香洲区海滨南路88号财富商务大厦16楼	0756－8725136	519000
中铁建华东投资有限公司	江苏省南京市鼓楼区广州路5号君临国际2栋21	025－52815390	210008
中国铁建投资集团有限公司山东分公司	山东省青岛市崂山区苗岭路29号山东高速大厦7楼	0532－88700589	266000
中国铁建投资集团有限公司北京分公司	北京市丰台区阅园一区6号楼801	010－63863132	100071
中铁建湛江开发有限公司	广东省湛江市人民大道中46号中国建设银行10层	0759－2532665	524000

续表

单　位　名　称	地　　址	电　　话	邮政编码
中铁建桂林投资有限公司	广西壮族自治区桂林市万福路88号广州军区桂林疗养院宝贤楼	0773－2086679	541002
中铁建贵州安紫高速公路有限公司	贵州省安顺市西秀区龙青路安顺文化中心3楼	0851－32229668	561000
中铁建四川简蒲高速公路有限公司	四川省眉山市东坡区二环东路273号	028－36028199	620010
中铁建珠海西部开发投资有限公司	广东省珠海市金湾区红旗镇双湖北路华信荣楼东区	0756－7686806	519090
北京兴延高速公路有限公司	北京市延庆县康庄镇长城二路八达岭经济开发区D26号	010－69706306	102299
中铁建四川德都高速公路有限公司	四川省德阳市旌阳区鞍山路39号凯德高新大厦16楼	0838－2530320	618000
中铁建四川德简高速公路有限公司	四川省德阳市旌阳区鞍山路39号凯德高新大厦15楼	0838－2909798	618000
中铁建兰州地铁投资有限公司	甘肃省兰州市七里河区恒大名都商业2期3幢	0931－2395975	730000
中铁建甘肃投资建设有限公司	甘肃省兰州市七里河区恒大名都商业2期3幢	0931－2395975	730000
青岛蓝色硅谷轨道交通有限公司	山东省青岛市崂山区苗岭路29号山东高速大厦7楼	0532－88700589	266000
中铁建南京新市镇开发有限公司	江苏省南京市江宁区胜太路99号1号楼8楼	025－86108978	211106
中铁建万方张家口房地产开发有限公司	河北省张家口市桥西区长青路一号尚峰新城A座29层	0313－5985173	075061
中铁建珠海投资开发有限公司	广东省珠海市金湾区红旗镇双湖北路华信荣楼东区	0756－7686806	519090
中铁建湖南高速公路有限公司	湖南省常德市武陵区龙岗路448号鼎沣财富广场10楼	0736－7778765	415000
中铁建重庆轨道环线建设有限公司	重庆市渝北区财富中心财富园财富1号B幢6楼	023－63410818	443702
珠海铁建大厦置业有限公司	广东省珠海市香洲区情侣中路51号日东广场1单元4层	0756－2680800	519000
中铁建青岛投资有限公司	山东省青岛市市北区瑞昌路168号汇通大厦707	0532－66981126	266000
中铁建桂林旅游开发有限公司	广西壮族自治区桂林市资源县中锋镇产籽坪	0773－7915165	541400
珠海铁建梧桐苑置业有限公司	广东省珠海市香洲区九州大道西2021号富华里中心写字楼B座15层	0756－8607723	519000
中铁香港发展有限公司	香港九龙尖沙咀广东道30号新港中心一座4楼409室		999077
中国铁建财务有限公司	北京市海淀区复兴路40号中国铁建大厦A座10层	010－52689068	100855
诚合保险经纪有限公司	北京市海淀区复兴路40号中国铁建大厦A座8层	010－52689665	100855
湖北分公司	湖北省武汉市武昌区中山路277号中铁大厦1711室	027－88716616	430000
云南分公司	云南省昆明市官渡区民航路398号顺新时代1栋505室	0871－68258522	650000
重庆分公司	重庆市渝北区洪湖东路55号财富中心国际公寓20幢2单元301	023－63064571	404100
甘肃分公司	甘肃省兰州市安宁区北滨河西路919号梧桐苑2幢1单元1001室	0931－7752404	730000
陕西分公司	陕西省西安市未央区太华北路89号中铁二十局综合楼4层	029－89166435	710000
上海分公司	上海市闸北区共和新路666号2202室		200000
河北分公司	河北省石家庄市桥西区平安南大街190号驿家3653楼	0311－68029871	050000
广东分公司	广东省广州市越秀区中山一路57号11层1107—1108室	020－37609184	510000

续表

单　位　名　称	地　址	电　话	邮政编码
辽宁分公司	辽宁省沈阳市东北大马路337号	024－88227161	110000
新疆分公司	新疆维吾尔自治区乌鲁木齐市经济技术开发区上海路122号1栋1层		830000
四川分公司	四川省成都市高新区天府大道北段1700号9栋1单元8楼822号	028－66332522	610000
山东分公司	山东省济南市历下区奥体西路2666号中国铁建国际城A座办公楼16层1607/1608		250000
天津分公司	天津市河西区怒江道北侧创智东园2－1009		300000
北京分公司	北京市海淀区复兴路40号中国铁建大厦A座601	010－52689658	100855
中铁十二局集团保险代理公司	山西省太原市万柏林区西矿街130号	0351－2653938	030000
北京佳实德保险公估有限责任公司	北京市海淀区复兴路40号中国铁建大厦A座5层	010－52689663	100855
诚合瑞正风险管理咨询有限公司	北京市海淀区复兴路40号中国铁建大厦A座6层	010－52689645	100855
中铁建商务管理有限公司	北京市海淀区复兴路40号	010－51889291	100855
北京铁建物业管理有限公司	北京市海淀区复兴路40号	010－51888400	100855
北京铁建医院	北京市海淀区复兴路40号	010－51888417	100855
北京铁建宾馆	北京市海淀区复兴路40号	010－51888692	100855
北京中铁建商贸中心	北京市海淀区复兴路40号	010－51887115	100855
中铁国际航空服务有限公司	北京市海淀区复兴路40号	010－51887251	100855
中国铁建股份有限公司机关汽车队	北京市海淀区复兴路40号	010－51886222	100855
大厦服务中心	北京市海淀区复兴路40号	010－52689702－8005	100855
朝阳分公司	北京市朝阳区北苑东路19号	010－64128188－631	100012
中铁建南方建设投资有限公司	广东省深圳市福田区滨河大道京基滨河时代广场北区49层	0755－82717001	518000
中铁建昆仑投资集团有限公司	四川省成都市高新区益州大道中段1999号4栋21—22层	028－83106813	610094
中铁建昆仑地铁投资建设管理有限公司	四川省成都市金牛区人民北路一环路北三段1号万达广场SOHO C座13F	028－83106801	610032
中铁建昆仑路桥建设有限公司	四川省成都市金牛区万达广场SOHO C座9F	028－83410656	610036
中铁建云南投资有限公司	云南省昆明市官渡区关上街道民航路663号融城金阶H座	0871－63186607	650299
中铁建云南交通建设管理有限公司	云南省昆明市官渡区关上街道民航路663号融城金阶A座16楼	0871－65236059	650299
中铁建海南投资有限公司	海南省陵水黎族自治县黎安镇演村	0898－83339591	572400
中铁建贵州建设有限公司	贵州省贵阳市观山湖区金阳北路306号烈变国际广场7楼	0851－88349729	550081
中铁建昆仑资产管理有限公司	北京市石景山区玉泉路59号院燕保大厦7层	010－88632649	100040
西藏筹备组	西藏自治区拉萨市堆龙德庆区金马国际8栋二单元204号		851400
中铁建华北投资发展有限公司	河北省石家庄市槐北路27号	0311－87051505	050011
中铁建金融租赁有限公司	北京市石景山区石景山路45号星座大厦	010－68093187	100043

续表

单　位　名　称	地　址	电　话	邮政编码
中铁磁浮交通投资建设有限公司	湖北省武汉市武昌区张之洞路169号金星大厦19楼		430060
中铁建重庆投资集团有限公司	重庆市北部新区财富东路6号B3号楼20层	023－68289131	401121
重庆铁发遂渝高速公路有限公司	重庆市渝北区洪湖东路国际公寓C3栋20楼	023－67902939	401121
重庆铁发秀松高速公路有限公司	重庆市秀山县平凯街道邓阳社区	023－85051360	409900
重庆铁发建新高速公路有限公司	重庆市北碚区城南冯时行路286号	023－68285235	400711
重庆铁发双合高速公路有限公司	重庆市合川区南津街道望鹿街169号	023－62730672	401519
重庆永泸高速公路有限公司	重庆市永川区凤凰湖工业园区电子五小区1幢5楼	023－49500695	402160
中铁建渝东南(重庆)高速公路有限公司	重庆市黔江区正阳街道黔州大道50号博宏大厦1幢2—3	023－79426378	409000
重庆巫镇高速公路有限公司	重庆市巫溪县城厢镇一段宁河街66号	023－51696828	405800
中铁建生态环境有限公司	重庆市北碚区城南冯时行路286号	023－68327607	400711
北京中铁生态环境设计院有限公司	北京市大兴区西红门镇中鼎北路1号2层209室		100162
重庆铁建置业有限公司	重庆市北碚区城南冯时行路286号	023－63221826	400711
重庆铁发物业管理有限公司	重庆市北碚区歇马镇冯时行路363号附9号	023－63221279	400711
重庆金路交通工程有限责任公司	重庆市南岸区四公里街132号	023－67883795	400060
重庆中油铁建实业有限公司	重庆市渝北区金开大道56号两江天地	023－81392031	401120
中铁建资产管理有限公司	北京市石景山区石景山路45号	010－68448202	100043
中铁建华南建设有限公司	广东省广州市海珠区新港东路1222号	020－89557607	510220
中铁海峡建设集团有限公司	福建省厦门市湖里区护安路652号凌云玉石大厦7层	0592－5701577	361000
中铁建北部湾建设投资有限公司	广西壮族自治区南宁市青秀区佛子岭路33号凤岭佳园29栋	0771－5888260	530022
中国铁建股份有限公司北京培训中心(党校)	北京市大兴区龙河路16号	010－60282716	102600
中国铁道建筑报社	北京市海淀区复兴路40号	010－52689219	100855
北京通达京承高速公路有限公司	北京市密云区巨各庄镇前焦家坞村左堤路171号	010－60699698	101500

索　引

使用说明

一、本索引采用内容分析索引法编制，除大事记外，年鉴中有实质检索意义的内容均予以标引，以便检索使用。

二、本索引基本上按汉语拼音音序排列，具体排列方法如下：以数字开头的，排在最前面；以英文字母开头的，列于其次；汉字标目则按首字的音序、音调依次排列，首字相同时则以第二个字排序，依此类推。

三、索引标目后的数字，表示检索内容所在的正文页码；数字后面的英文字母a、b，表示正文栏别，合在一起即指该页码及所在的版面区域。年鉴中用表格、图片反映的内容，则在索引标目后面用括号注明（表）（图）字，以区别于文字型标目。

四、为反映索引款目间的隶属关系，对于二级标目，采取在上一级标目下缩二格的形式编排，之下再按汉语拼音音序、音调排列。

0～9

A～Z(英文)

A

B

C

D

E

F

G

H

J

K

L

M

N

P

Q

T

W

X

Y

Z

(王彦祥、张若舒 编制)